春秋枯华

上册

礼承西周

王洪 著

团结出版社

图书在版编目（CIP）数据

春秋枯华：全3册 / 王洪著. -- 北京：团结出版社，2017.8

ISBN 978-7-5126-5346-7

Ⅰ．①春… Ⅱ．①王… Ⅲ．①中国历史－古代史－通俗读物 Ⅳ．①K220.9

中国版本图书馆CIP数据核字(2017)第171632号

出　　版	团结出版社	
	（北京市东城区东皇城根南街84号　邮编：100006）	
电　　话	（010）65228880　65244790	
网　　址	http://www.tjpress.com	
E－mail	65244790@163.com	
经　　销	全国新华书店	
印　　刷	成都新千年印制有限公司	
装帧设计	成都天恒仁文化传播有限责任公司	
开　　本	145mm×210mm　　1/32	
印　　张	41	
字　　数	1078千字	
版　　次	2017年8月第1版	
印　　次	2017年8月第1次印刷	
书　　号	ISBN 978-7-5126-5346-7	
定　　价	128.00元（全三册）	

春秋主要国家君主系

绍其远祖，截止于春秋 242 年（春秋元年是鲁隐公元年，公元前 722 年）。

姬周

稷……古公亶父→季历→文王→武王→成王→康王→昭王→穆王→共王→懿王→孝王→夷王→厉王→宣王（春秋前 105 年至春秋前 60 年）→幽王（春秋前 59 年至春秋前 49 年）→平王（春秋前 48 年至春秋 3 年）→桓王（春秋 4 年至春秋 26 年）→庄王（春秋 27 年至春秋 41 年）→僖王（春秋 42 年至春秋 46 年）→惠王（春秋 47 年至春秋 71 年）→襄王（春秋 72 年至春秋 104 年）→顷王（春秋 105 年至春秋 110 年）→匡王（春秋 111 年至春秋 116 年）→定王（春秋 117 年至春秋 137 年）→简王（春秋 138 年至春秋 151 年）→灵王（春秋 152 年至春秋 178 年）→景王（春秋 179 年至春秋 203 年）→王子猛（春秋 203 年）→敬王（春秋 204 年至春秋 242 年……）

姬鲁

周文王……周公……鲁公禽父→考公（春秋前 274 年至春秋前 271 年）→炀公（春秋前 270 年至春秋前 265 年）→幽公（春秋前 264 年至春秋前 251 年）→魏公（春秋前 250 年至春秋前 201 年）→厉公（春秋前 200 年至春秋前 164 年）→献公（春秋前 163 年至春秋前 132 年）→真公（春秋前 131 年至春秋前 102 年）→武公（春秋前 101 年至春秋前 93 年）→懿公（春秋前 92 年至春秋前 84 年）→伯御（春秋前

83年至春秋前73年）→孝公（春秋前72年至春秋前46年）→惠公（春秋前45年至春秋元年）→隐公（春秋元年至春秋11年）→桓公允（春秋12年至春秋29年）→庄公同（春秋30年至春秋61年）→子般（春秋61年）→闵公（春秋62年至春秋63年）→僖公（春秋64年至春秋96年）→文公（春秋97年至春秋114年）→宣公（春秋115年至春秋132年）→成公（春秋133年至春秋150年）→襄公（春秋151年至春秋181年）→昭公（春秋182年至春秋213年）→定公宋（春秋214年至春秋228年）→哀公（春秋229年至春秋242年……）

姬**卫**

周文王……康叔封→康伯牟→考伯→嗣伯→疌伯→靖伯→贞伯→顷侯（春秋前144年至春秋前133年）→僖侯（春秋前132年至春秋前91年）→武公（春秋前90年至春秋前36年）→庄公（春秋前35年至春秋前13年）→桓公（春秋前12年至春秋4年）→州吁（春秋4年）→宣公（春秋5年至春秋23年）→惠公（春秋24年至春秋54年）←—黔娄（春秋28年至春秋35年）→懿公（春秋55年至春秋63年）→戴公（春秋63年）→文公（春秋64年至春秋88年）→成公（春秋89年至春秋123年）→穆公（春秋124年至春秋134年）→定公（春秋135年至春秋146年）→献公（春秋147年至春秋179年）←—殇公（春秋165年至春秋176年）→襄公（春秋180年至春秋188年）→灵公元（春秋189年至春秋230年）→出公辄（春秋231年至春秋242年……）

姬**晋**

周武王……唐叔虞→晋侯燮父……靖侯（春秋前136年至春秋前119年）→僖侯（春秋前118年至春秋前101年）→献侯（春秋前100年至春秋前90年）→穆侯（春秋前89年至春秋前63年）→殇叔（春秋前62年至春秋前59年）→文侯仇（春秋前58年至春秋前24年）→昭侯（春秋前23年

至春秋前 17 年）→孝侯（春秋前 16 年至春秋前 2 年）→鄂侯（春秋元年至春秋 5 年）→哀侯（春秋 6 年至春秋 14 年）→小子侯（春秋 15 年至春秋 18 年）→晋侯闵（春秋 19 年至春秋 45 年）

姬**晋**（成师）

晋穆侯（春秋前 89 年至春秋前 63 年）……曲沃桓叔成师（春秋前 23 年至春秋前 11 年）→曲沃庄伯（春秋前 10 年至春秋 6 年）→武公（春秋 7 年至春秋 46 年）→献公（春秋 47 年至春秋 72 年）→奚齐（春秋 72 年）→卓子（春秋 72 年）→惠公夷吾（春秋 73 年至春秋 87 年）→怀公圉（春秋 87 年）→文公重耳（春秋 88 年至春秋 95 年）→襄公（春秋 96 年至春秋 102 年）→灵公（春秋 103 年至春秋 116 年）→成公（春秋 117 年至春秋 123 年）→景公（春秋 124 年至春秋 142 年）→厉公（春秋 143 年至春秋 150 年）→悼公周（春秋 151 年至春秋 165 年）→平公彪（春秋 166 年至春秋 191 年）→昭公（春秋 192 年至春秋 197 年）→顷公（春秋 198 年至春秋 211 年）→定公（春秋 212 年至春秋 242 年……）

姬**郑**

周厉王……桓公（春秋前 84 年至春秋前 49 年）→武公（春秋前 48 年至春秋前 22 年）→庄公寐生（春秋前 21 年至春秋 22 年）→厉公突（春秋 23 年至春秋 50 年）←→昭公忽（春秋 27 年至春秋 28 年）→子亹（春秋 29 年）←→子仪（春秋 30 年至春秋 43 年）→文公（春秋 51 年至春秋 95 年）→穆公兰（春秋 96 年至春秋 117 年）→灵公（春秋 118 年）→襄公坚（春秋 119 年至春秋 136 年）→悼公（春秋 137 年至春秋 138 年）→成公（春秋 139 年至春秋 152 年）→僖公（春秋 153 年至春秋 157 年）→简公（春秋 158 年至春秋 193 年）→定公（春秋 194 年至春秋 209 年）→献公（春秋 210 年至春秋 222 年）→声公（春秋 223 年至春秋 242 年……）

姬吴

古公亶父……太伯、仲雍……寿梦（春秋 138 年至春秋 162 年）→诸樊（春秋 163 年至春秋 175 年）→馀祭（春秋 176 年至春秋 179 年）→夷昧（春秋 180 年至春秋 196 年）→王僚（春秋 197 年至春秋 208 年）→阖庐（春秋 209 年至春秋 227 年）→夫差（春秋 228 年至春秋 242 年……）

姜齐

四岳……姜太公……丁公吕伋→乙公→癸公→哀公→胡公→献公（春秋前 128 年至春秋前 120 年）→武公（春秋前 119 年至春秋前 94 年）→厉公（春秋前 94 年）→文公（春秋前 93 年至春秋前 82 年）→成公（春秋前 81 年至春秋前 73 年）→前庄公（春秋前 72 年至春秋前 9 年）→僖公（春秋前 8 年至春秋 25 年）→襄公（春秋 26 年至春秋 37 年）→桓公小白（春秋 38 年至春秋 80 年）→无亏（春秋 80 年）→孝公（春秋 81 年至春秋 90 年）→昭公（春秋 91 年至春秋 110 年）→舍（春秋 110 年）→懿公商人（春秋 111 年至春秋 114 年）→惠公（春秋 115 年至春秋 124 年）→顷公（春秋 125 年春秋 141 年）→灵公环（春秋 142 年至春秋 169 年）→后庄公光（春秋 170 年至春秋 175 年）→景公（春秋 176 年至春秋 233 年）→安孺子荼（春秋 234 年）→悼公阳生（春秋 235 年至春秋 238 年）→简公壬（春秋 239 年至春秋 242 年……）

嬴秦

颛顼……女修→大业→大费→大廉、若木……费昌……中潏→蜚廉→恶来→女防→旁皋→太几→大骆→非子（秦嬴）→秦侯（春秋前 135 年至春秋前 126 年）→公伯（春秋前 125 年至春秋前 123 年）→秦仲（春秋前 122 年至春秋前 100 年）→庄公（春秋前 99 年至春秋前 56 年）→襄公（春秋前 55 年至春秋前 44 年）→文公（春秋前 43 年至春秋 7 年）→宁公（春秋 8 年至春秋 19 年）→出子（春秋 20 年至春秋 25 年）

→武公（春秋 26 年至春秋 45 年）→德公（春秋 46 年至春秋 47 年）→宣公（春秋 48 年至春秋 59 年）→成公（春秋 60 年至春秋 63 年）→穆公（春秋 64 年至春秋 102 年）→康公（春秋 103 年至春秋 114 年）→共公（春秋 115 年至春秋 118 年）→桓公（春秋 119 年至春秋 146 年）→景公（春秋 147 年至春秋 186 年）→哀公（春秋 187 年至春秋 222 年）→惠公（春秋 223 年春秋 231 年）→悼公（春秋 232 年至春秋 242 年……）

芈**楚**

高阳→称→卷章→重黎祝融→吴回祝融→陆终→季连→附沮→穴熊……鬻熊→熊丽→熊狂→熊绎→熊艾→熊䵣→熊胜→熊杨→熊渠→熊挚→熊延→熊勇（春秋前 125 年至春秋前 116 年）→熊严（春秋前 115 年至春秋前 106 年）→熊霜（春秋前 105 年至春秋前 100 年）→熊徇（春秋前 99 年至春秋前 78 年）→熊咢（春秋前 77 年至春秋前 69 年）→若敖（春秋前 68 年至春秋前 42 年）→霄敖（春秋前 41 年至春秋前 36 年）→蚡冒（春秋前 35 年至春秋前 19 年）→武王（春秋前 18 年至春秋 33 年）→文王（春秋 34 年至春秋 48 年）→堵敖（春秋 49 年至春秋 51 年）→成王（春秋 52 年至春秋 97 年）→穆王（春秋 98 年至春秋 109 年）→庄王（春秋 110 年至春秋 132 年）→共王（春秋 133 年至春秋 163 年）→康王（春秋 164 年至春秋 178 年）→郏敖（春秋 179 年至春秋 182 年）→灵王围（春秋 183 年至春秋 194 年）→平王（春秋 195 年至春秋 207 年）→昭王（春秋 208 年至春秋 234 年）→惠王章（春秋 235 年至春秋 242 年……）

子**宋**

汤……纣……武庚禄父……微子→微仲→宋公→丁公→前闵公→炀公→厉公→僖公（春秋前 136 年至春秋前 109 年）→惠公（春秋前 108 年至春秋前 79 年）→哀公（春秋前 78 年）→戴公（春秋前 77 年至春秋前 44 年）→武公（春秋前

43 年至春秋前 26 年）→宣公（春秋前 25 年至春秋前 7 年）→穆公（春秋前 6 年至春秋 3 年）→殇公（春秋 4 年至春秋 13 年）→庄公冯（春秋 14 年至春秋 31 年）→后闵公（春秋 32 年至春秋 41 年）→桓公（春秋 42 年至春秋 72 年）→襄公兹父（春秋 73 年至春秋 86 年）→成公（春秋 87 年至春秋 103 年）→昭公（春秋 104 年至春秋 112 年）→文公鲍（春秋 113 年至春秋 134 年）→共公（春秋 135 年至春秋 147 年）→平公（春秋 148 年至春秋 191 年）→元公佐（春秋 192 年至春秋 206 年）→景公栾（春秋 207 年至春秋 242 年……）

春秋主要世族

晋国范氏

传说为陶唐氏后人。按传说，陶唐氏后人刘累向扰龙氏学习饲养恐龙，以此技艺臣事于夏部落首领孔甲。刘累的后人是为杜伯，为官于周朝。周宣王杀杜伯，其子隰叔流落至晋国。隰叔生士苪。士苪生缺、縠。缺生士会。晋献公年代，士苪为晋献公出谋划策，巩固政权。事后，官封大司空。士会生范燮、范魴、范渥浊。范燮建范氏，范魴建彘氏。为方便，笔者将士苪的后人都称作范氏。士会因晋国内部斗争逃奔秦国，后被召回晋国。士会最高级别做到第一大夫。士会传其子范燮。范燮传其子范匄。范匄传其子范鞅。范燮、范匄、范鞅均曾经做到第一大夫。范鞅生范吉射、范皋夷。范渥浊生范弱。范弱生范文伯。范文伯生范弥牟。范氏在与赵氏的斗争之中被赶出晋国，退出晋国的政坛。

晋国先氏

渊源不详，兴盛于春秋前期。春秋62年，晋献公命太子申生将下军讨伐皋落氏。其时，先友为申生的车右，先丹木为罕夷的车右。晋文公流亡归国后，先氏得到重用。春秋90年，晋文公进行城濮之战前的阅兵，是为被庐之蒐。于此时，先氏的先轸官居下军副手，为第六大夫。春秋91年春，第一大夫郤縠于进攻卫国的时候去世。晋文公临时将先轸连升五级，晋级为中军主帅，为第一大夫。城濮之战中，晋国方面的战略主要出自先轸。后来先轸战死，成为烈士。作为特别表彰，其子先且居世袭为中军主帅。先且居生先克。族人有先蔑、先縠、先都。邲之战中，先縠为第二大夫。他成了荀林父战败的替罪羊，遭到处理。此后，先氏衰落。

晋国栾氏

出自晋国君主系。晋靖侯之孙分房建栾氏，是为栾宾。春秋前22年，成师受封于曲沃。其时，栾宾为成师的监护人。曲沃居正之后，栾氏成为开国功臣。栾宾生栾共子，栾共子生栾枝。栾枝于春秋91年的城濮之战中官居下军主帅，为第五大夫。栾枝生栾盾。栾盾生栾书。栾书曾经做到第一大夫。栾书生栾黡。栾黡生栾盈。栾盈在晋国的世族斗争中被赶出晋国，流亡至齐国。后又从齐国回国，发动兵变。战败，再度流亡。之后，栾氏衰落。另有族人栾纠。

晋国狐氏

源出白色人种的游牧部落大戎。少数民族仰慕华夏衣冠，套用中原姓氏，故大戎部落为姬姓狐氏。晋献公灭大戎，大戎首领狐突降为晋臣。晋献公收用狐突之女狐姬，狐姬生公子重耳，即晋文公。晋献公命太子申生建下军时，狐突隶属下军。由于政治形势的变化，狐氏认公子重耳为主人。狐突生狐毛、狐偃。狐偃为追随公子重耳的几个名臣之一。重耳成为晋文公之后，为了宣扬任人唯贤的宗旨，故意压制亲信，故而狐氏的官职不高。但是它被晋国君主系视为心腹。狐偃之子是为狐射姑。在与赵氏的斗争之中，狐氏离开晋国，回到游牧部落，从此淡出春秋政坛。另有族人狐鞫居。

晋国赵氏

传说源出秦国君主系。其实考无实据。春秋62年，晋献公建二军。其时，赵凤为申生的御戎。赵凤之弟是为赵衰，为追随公子重耳流亡的名臣之一。重耳在大戎期间，跟随大戎部落讨伐异族，得到姐妹二人。重耳收用妹季隗，将姐叔隗赏与赵衰。叔隗生赵盾。后来，重耳又将自己的女儿赵姬嫁予赵衰。赵姬生赵同、赵括、赵婴。赵盾生赵朔。赵朔娶晋成公之女赵庄姬。赵庄姬生赵武。赵武生赵成。赵成生赵鞅。赵盾、赵武、赵鞅均曾经官居中军主帅，为第一大夫。赵鞅生伯鲁、赵无恤。伯鲁生赵浣。赵浣生赵籍。春秋320年，周朝批准赵籍开国，是为战国七雄之中的赵国。这个"赵"字，先为氏，后为国号。另有族人赵穿、赵午。赵穿生赵旃。

晋国魏氏

传说源出周朝"三公"毕公高。毕公高的后人流亡至晋国，传至毕万。春秋 62 年，晋献公建二军。其时，毕万为上军车右。晋献公以二军攻取了霍、耿、魏，将魏分封予毕万。毕万的后人以封地建氏，是为魏氏。毕万的后人魏犨为追随公子重耳流亡的贤臣之一。城濮之战前，魏犨放火烧了晋文公的恩人的房子。晋文公原本要处死他，因舍不得他一身武艺，所以从轻发落。魏犨生魏錡、魏颗。魏錡开创吕氏，魏颗开创令狐氏。为了方便，也为了突出战国之中的魏国的起源，本书对吕氏、令狐氏统称为魏氏。魏錡生魏相、魏绛。魏绛生魏舒。魏颗生魏颉。魏舒做到第一大夫。魏舒生魏戊、魏曼多。魏曼多之孙是为魏桓子。魏桓子之孙是为魏斯。春秋 320 年，周朝批准魏斯开国，是为战国七雄之中的魏国。这个魏字，早先为国号，后为地名，后为氏，至战国又成为国号。

晋国韩氏

源出晋国君主系。晋文侯仇生万。万受封于韩以为大夫，是为韩万。韩万之孙是为韩简。韩简曾参加秦、晋韩原之战。韩万生求伯，求伯生子舆。子舆生韩厥。春秋 134 年鞌之战中，韩厥官居司马，进入晋国权力上层。后来，他做到第一大夫。韩厥长子韩无忌有残疾，不能做继承人，故传韩无忌之弟韩起。韩无忌为公族大夫。韩起也做到第一大夫。韩起之孙，是为韩不信。韩不信生韩庄子。韩庄子生韩康子。韩康子生韩武子。韩武子生韩虔。春秋 320 年，周朝批准韩虔开国，是为战国七雄之中的韩国。

晋国中行氏

渊源不详。晋国在春秋初期不断壮大，其军制随之变化，最多时候达到六军。按礼制，只有天子能够建六军。为掩人耳目，晋国将早先用于军队内部编制的"行"扩充为军，建中军、上军、下军、中行、左行、右行，共计六军。荀林父曾经担任中行主帅，其后人以官职建氏，是为中行氏。春秋90年被庐之蒐，荀林父官居御戎，进入权力上层。后来，荀林父做到第一大夫。荀林父生中行庚、中行偃。中行偃生中行吴。中行吴生中行寅。中行偃也曾做到第一大夫。中行寅与范吉射在晋国的世族斗争中被赵鞅赶出晋国，最终未能回国。中行氏自此衰落。

晋国知氏

荀林父的后人以中行氏居正，荀林父的弟弟荀首分家出去，建立知氏。荀首生知罃。知罃生知盈。知盈生知跞。知跞生知甲。知甲生知瑶。知罃、知盈、知瑶均做到第一大夫。知氏一直流传至战国。战国初期，赵、魏、韩三家合攻知瑶，知氏灭亡。

晋国胥氏

胥臣为追随重耳的五大贤臣之一。胥臣生胥甲。胥甲胥生胥克。胥克生胥童。胥童在帮助晋厉公对付权臣的时候灭亡。这一族人主要担任较小的官职。

晋国郤氏

郤豹生两子，一为郤芮，一为郤义。郤芮生郤缺。郤缺生郤克。郤克生两子，一为郤锜，一为郤至。郤义生步扬。步扬生郤犨。郤芮是夷吾的党羽，在晋文公回国的时候因谋杀晋文公而受到处理。其子郤缺得到破格提拔。至郤克，官居第一大夫。郤锜、郤至、郤犨号为"三郤"，在晋国权倾一时。"三郤"遭到晋厉公的处理，从此郤氏衰落。另有族人郤縠、郤溱，于晋文公年代分别担任第一大夫、第二大夫。

晋国羊舌氏

早先，羊舌大夫为太子申生的军尉。羊舌大夫生羊舌职。羊舌职一生四子：伯华、叔向、叔鱼、叔虎。其中叔向继承家业。叔向娶于申公巫臣，生食我。食我追随栾氏，受牵连，遭到族灭。

鲁国三桓

鲁桓公与文姜共同生下四个儿子。长子同进入君主系，为鲁庄公。次子庆父，三子叔牙，幼子季友。三个弟弟分家出去，分别建立仲孙氏、叔孙氏、季氏。三家源出鲁桓公，故号为"三桓"。

庆父生公孙敖。公孙敖生穀、难。穀生仲孙蔑。仲孙蔑生仲孙速。仲孙速生仲孙秩、仲孙羯。仲孙羯生仲孙貜。仲孙貜生仲孙何忌、南宫敬叔。仲孙何忌生武伯彘。仲孙蔑之孙子服椒另建子服氏。子服椒生子服回。另有族人子服何。

叔牙生公孙兹。公孙兹之孙是为叔孙得臣。叔孙得臣生叔孙侨如、叔孙豹。叔孙侨如因女色离开祖国，其弟叔孙豹继承家业。叔孙豹生孟丙、仲壬、叔孙婼。叔孙婼生叔孙不敢。叔孙不敢生叔孙州仇。叔孙州仇生叔孙舒。另外，叔牙之孙叔彭生另建叔仲氏。叔彭生之孙是为叔仲带。叔仲带生叔仲小。另有族人叔孙辄。

季友之孙是为季孙行父。季孙行父生季孙宿。季孙宿生公弥、季孙纥。季孙纥生季孙意如、公父穆伯。季孙意如生季孙斯、季孙癏、季孙肥。公父穆伯生公父文伯。

鲁国臧氏

源出鲁国君主系。鲁孝公生公子彄，字子臧。公子彄于春秋5年去世，其子以父字建臧氏，是为臧孙达。臧孙达生子臧文仲，乃是鲁国于孔子出世之前的第一号贤人。臧文仲生臧孙许。臧孙许生臧贾、臧为、臧纥。其中臧纥继承家业。臧纥因乱流亡外国，臧为成为臧氏继承人。臧为生臧昭伯，臧贾生臧会。

郑国穆公族

因为太子造反，郑文公迫害自己的儿子。这造成了郑穆公即位。因为这种身世，郑穆公惩于其父的教训，育下众多子女。其子郑灵公即位后，为保护君主系，想要处理自己的兄弟。在子良的奉劝下，郑穆公的儿子得以保存。郑穆公的兄弟死亡殆尽，郑穆公儿子又很多，这造成郑灵公以后的郑国君主系丧失主权，政权掌握于郑灵公的弟弟及其后人手中。这些人源出郑穆公，统称穆公族人。

穆公嫡妻生郑灵公、夏姬。穆公另有十一个儿子较为著名：子良、子罕、子驷、子丰、子国、子孔、子游、子印、士子孔、子然、子羽。子孔联合士子孔、子然造反。造反失败，这三房遭到族灭。子羽一房未曾显宦。故剩下七门望族：

子良一房建良氏。子良生子耳。子耳生良霄。子良为长庶子，且早先得郑灵公信任，故良霄为第一大夫。良霄在世族斗争中被杀，这一房从此衰落。

子罕一房建罕氏。子罕生子展。子展生子皮。子皮生子齹。子齹生罕达。这一房在子展、子皮两代手握重权。

子驷一房建驷氏。子驷生子晳、子西。子西生驷带、驷乞。驷带生驷偃。驷乞生驷歂。子驷率先发动对于君主系的斗争，为穆公族之中早先掌权者。驷歂后来做到第一大夫。

子丰一房建丰氏。子丰生公孙段。公孙段生丰施。子罕、子驷、子丰三人为同一母亲所生，故而罕氏、驷氏、丰氏结成政治联盟。这三房团结一致，共同搞垮了良氏。

子国生子产。子产为穆公族人中最有才华者，在长达数十年时间内，他为郑国最有实权者。

子游一房建游氏。子游生子蟜、公孙楚。子蟜生游眅、子太叔。游眅生良。子太叔继子产之后为第一大夫。子太叔生游速。

子印一房建印氏。子印生子张。子张生印段。印段生印癸。

楚国若敖族

楚武王的祖父若敖在位二十七年，在相邻的几代之中，算是在位时间最长的君主。这造成若敖的儿子在春秋前期手握重权。若敖之子霄敖进入君主系，另有两个儿子：鬪伯比、公子成。鬪伯比的后人建鬪氏。公子成的后人建成氏。

鬪伯比生鬪穀於菟、鬪射师、司马子良。鬪穀於菟生鬪般。鬪般生箴尹克黄。司马子良生鬪椒。鬪椒生苗贲皇。这一房另有族人：鬪克、鬪勃、鬪宜申、鬪韦龟。鬪韦龟生鬪成然。鬪成然生鬪辛、鬪怀。

公子成生两子，其中一子生成得臣，另一子生成嘉。成得臣生成大心。

自春秋 58 年鬪穀於菟杀死楚文王之弟子元、自立为令尹，至春秋118年楚庄王杀死鬬椒、清理若敖族；这六十年间，若敖族掌握楚国实权。鬬椒死后，若敖族势力仍然很大。

宋国戴公族

宋戴公在位长达34年。他的儿子除宋武公进入君主系之外，另有三人分家出去建立起华氏、乐氏、皇氏。这三房源出宋戴公，统称戴公族。

三房中的华氏，在较长时期内掌握宋国实权。宋戴公生好父说。好父说生华父督。春秋初期，华父督杀死宋殇公，拥立宋庄公，成为宋国第一大夫。在南宫长万造反时，华父督被杀死。然而，华氏此时已经树大根深。华父督生世子家。世子家生两子，一为华御事，一为秀老。秀老生华郑，华郑生华喜。华喜生老佐。华御事继承家业。华御事生两子，一为华元，一为华耦。自宋文公即位起，华元长期执掌宋国政权。华元生华臣、华阅。华阅生华皋比、华亥、华㹫。华耦继华元之后继承家业。华耦生华定、华费遂。华费遂生华登、华貙、华多僚。华氏族人众多，甚至弥漫至其他国家。

宋戴公生乐父术，乐父术生硕父泽，硕父泽生夷父须，夷父须生乐吕。华元当权的时候，乐吕晋升为第二大夫。春秋后期，乐氏的乐罕崛起为实权人物。乐大心、乐舍、乐祁、乐輓均是乐罕之孙。

宋国桓公族

宋桓公的儿子之中，宋襄公进入君主系。其余分家出去，建鱼氏、荡氏、鳞氏、向氏。鱼氏、荡氏、鳞氏、向氏同出自宋桓公，统称桓公族。宋襄公庶兄子鱼曾经为国家建立功勋。宋襄公感激子鱼，立下规矩：宋国第二大夫（即左师）永远由桓公族人担任。此举影响宋国政治，造成春秋时期戴公族人、桓公族人交替掌握宋国政权。

宋桓公生子鱼。子鱼的后人建鱼氏。子鱼生公孙友。公孙友生鱼石。

宋桓公生公子荡。公子荡的后人建荡氏。公子荡生公孙寿。公孙寿生两子，一为荡意诸，一为荡虺。荡虺生荡泽。

宋桓公生公子鳞。公子鳞的后人建鳞氏。公子鳞生东乡曜。东乡曜生司徒文。司徒文生大司寇子奏。大司寇子奏生小司寇鳞朱。

宋桓公生向父盻。向父盻的后人建向氏。向父盻生司城訾守。司城訾守生两子，一为向戍，一为小司寇鳣。向戍生向宁、向宜、向郑。

在与戴公族的华元的斗争之中，桓公族人大部分被赶出宋国。遗留下来的向戍按宋襄公立的规矩官居左师。向戍韬光养晦，隐忍多年，最终重振桓公族。

卫国孙氏

孙昭子生孙良夫。孙良夫生孙林父。孙林父生孙襄。孙氏的封地在戚。孙林父因受猜忌逃奔晋国。晋国强令卫国封孙林父于戚，让孙林父做晋国的外臣，让戚成为"第二宋国"。孙林父是卫国贵族，然而在政治上效忠于晋国。

卫国宁氏

宁速生宁俞。宁俞生宁殖。宁殖生宁喜。宁俞得到卫成公的信任和保护。宁殖参与了驱逐卫献公的政变。宁喜感激卫国君主系对宁氏的恩典，接流亡的卫献公回国。卫献公回国后，处理宁氏。

齐国惠公族

春秋后期崛起的世族，源出齐惠公。齐惠公生公子栾、公子高。公子栾一房建栾氏。公子栾生子雅。子雅生栾施。公子高一房建后高氏。公子高生子尾。子尾生高彊。

齐国田氏

源出陈国君主系，本是妫姓。陈厉公最小的儿子名为完。春秋51年，完逃奔齐国，从此成为齐国贵族。他的后人建立田氏。完的曾孙是为田须无。田须无生田无宇。田无宇生田开、田乞。田乞继承家业。田乞一生八子，其中田恒继承家业。田恒又名田常。这恒、常二字，想必一个是字，一个是名。田恒的曾孙名为和。和取代原有的齐国君主系，建立起田氏的齐国。而早先的姜姓的齐国则从此消亡。战国时候著名的齐威王是和的孙子。田氏源出陈国，故史书又称之为陈氏。为切合于汉初的田氏，笔者于本书统称其为田氏。

目 录

CONTENTS

礼承西周

包含第一回

壮弃儿厥初生民　让贤弟伯仲迁吴

传说大约春秋前1600年（春秋元年是公元前722年）前某一年的初春。黄河的冰，还没有消融。河岸边的冰上，一张麻布裹着个被抛弃的新生儿。这是一个先天特别强壮的婴儿，身长超过六十厘米，体重达八公斤。他的母亲为什么要抛弃他呢？没有人知道。或许是生而无力养，或许是遭到某种诅咒，或许仅仅因为他过于强壮、被视为妖怪？

他的名字叫作稷。

一只大鸟在岸边的草丛里筑巢产卵。新生的稷，慢慢从冰上往岸上爬。麻布从他的身上滑落，他赤裸地钻进大鸟的巢。鸟不在自己的巢。稷靠鸟巢里的草保存体温。他本能地想要吃奶。巢里有几个鸟蛋。在稷拼命地手舞足蹈之下，有一枚蛋撞在旁边的石头上，破裂而流出蛋汁。稷吮吸蛋汁，获得新生的最初食物。他继续往岸上爬，爬到岸边的一个山洞。洞里一只野生的母羊正在为小羊哺乳。出于本能，稷爬过去吮吸母羊的乳头……

母羊收留了稷。稷在野生动物的哺育下成长。因为没有衣服，他的身上长出比常人更加浓密的体毛。小羊断奶之后，跟随母羊外出吃草。稷也渐渐长出牙齿，他爬着跟随其他小羊出去寻找食物。他咽不下青草。他能够吃一种草的种子。这种草是野生的高粱。这地方恰好生长有很多野生高粱。稷靠它渐渐长大。

因为从小跟随羊寻找植物，稷特别擅长寻找野生的高粱。

他渐渐能够直立行走。这让他比羊更高。身高的差异让他觉得自己与羊不是同类。这其中最重要的一点在于：他比羊更加聪明。为了得到稳定的食物，他将野生的高粱收集起来，储藏于山洞。山洞里堆积了很多野生的高粱。山洞的洞口，也撒落了很多高粱。在春季的时候，洞口渐渐长出高粱。稷发现了这一点，主动地在洞口撒播高粱的种子，开始一种原始的种植。凭借这一点，他不再专门出去寻找食物。

十来岁的时候，稷离开了羊群，渐渐融入到人类社会。他学会了人类社会的一切。与羊群在一起的经历，让他特别擅长寻找高粱，而且会种植高粱。他将自己的高粱送给别人，又教别人种植高粱。为此，他受到人们的尊敬。高粱在当时叫作"稷"，所以人们称他为"稷"，跟随他采集高粱，种植高粱。有人问起他的身世，他说自己从来没有见过自己的父母，只是一个弃儿。为此，又有人称他为"弃"。到了后世，弃这个名字基本不用了。他的称呼主要是"稷"，甚至是"后稷""社稷"。

稷渐渐成为一个部落的首领。这个部落固定地居住于庄稼旁边，从不迁徙。这个部落凭借种植拥有更加稳定的食物来源，并且用种植所得的粮食换取人类所需要的一切。这个部落比其他部落更富有，它什么都有。什么都有，就叫作"周全"。所以，后世称它为"周"。周部落凭借多余的粮食收养人口，其民众越来越多，闻名于中原。

在稷大约五十岁的时候，轩辕部落首领舜派人来请稷参加中原部落联盟会议。周部落经常与轩辕部落做交易，用粮食来换取对方的车和陶器。用车来搬运让周部落收获粮食时更加省力。而且，有车来运送土石，让周部落能够建造房屋。而陶器则让粮食不至于耗散。稷也想自己建造车。但是，那工艺比较复杂。他自建的车总是不如轩辕部落的好。

这一次，舜的使者带来了一辆牛车。这车的车轮还是像以前见过的那样，用横截的大树树干做成。然而，车轭之上套一头牛。这是稷以前没有见过的。使者对稷说：

"把你的粮食放到车上，让牛拉着车走。我们空手走路就行了。再也不用亲自拉车。"

使者又说：

"跟我去见舜。你还可以见到更多新奇的东西。"

舜是一个大约八十岁的老人。他身穿着羔羊皮缝制的大衣，只有大概一米四高。他的头发已经白完，甚至开始变成黄色。他的背有点驼，但是身体和气色都很不错。舜站在一辆高大的车上，这使他比别人高出许多。舜对大家说：

"我请大家来，有重要事情宣布。来的都是著名的部落。我先来一一介绍。"

他指着一个肤色黝黑、神情阴鸷的中年男人说：

"这是皋陶。他是轩辕部落的第一能人，也是我本人的好朋友。他说我们人类能够战胜一切高大的野兽，能够成为其他生物的主宰。"

他指着一个金发碧眼的人说：

"这是契。他说他来自东方的神山。他有很多新奇的东西，总是用这些东西来换吃的。他找我做交易，我不同意。然而，妇女们喜欢他手里的东西。他向我的女人推销胭脂，换走了我很多食物。妇女们有了胭脂之后，就变了。变得更加招人喜欢。"

他指着一个瘦而敏捷的人说：

"这是垂！他是我见过的最好的工匠。他会制作车，又会制作瓦罐。"

他指着一个秃顶的老人说：

"这是羲和部落首领。他能够区别出我们的两只手。他说其中的一只左手，另一只叫右手。他知道一种叫时间的东西，还知道到什么地方可以打到猎物。"

他指着一个四十来岁的精壮男人，说：

"这是龙。他会驯养恐龙。一只恐龙，够一个部落吃很久哩！"

他指着一个抱着石磬的人说：

"这是夔。他懂音乐，懂鸟语、兽语，能够召来鸟兽。"

他指着稷说：

"这是稷。他会寻找粮食，还能让粮食生出粮食。他的部落，从来都不挨饿。"

最后，他指着一个比稷还要高大、强壮的人。这个人身高有大约两米二，穿着两张熊皮：一张做成裙，围在腰间；另一张做成背心。手执一把比他本人还高的木叉。木叉的叉头，榫接着亮闪闪的金属尖头。榫接之处，又用麻绳捆绑。此人面色黝黑，一脸沧桑，手和脚上满是老茧，胳膊和小腿肚上青筋暴起。那青筋，差不多有普通人的小手指那么粗。他的眉目间有一种精光，让人既害怕他，又尊敬他。舜说：

"这是禹。他带领大家开凿出九条河，泄放洪水到大海。是他解除了中原水患。"

舜又说：

"很久很久以前，洪水就一直泛滥天下。（东方和西方的古书都传说上古的洪水。这应当是某一季冰川融化的结果。）低矮地方的部落，都逃到这太行山来。为了共抗水灾，各部落公推我轩辕部落为部落联盟首领，图的是我们部落的车，可以用来搬运治水的土石。我轩辕部落的尧，为第一任联盟首领。我为第二任。现在，洪水已经退去。这主要是禹的功劳。洪水退去，说不定哪一天还会来。所以，部落联盟，还应当继续存在。各部落为共抗洪水，聚集到一起。这也让我们能够相互交易，得到各自需要的东西。为这一点，联盟也应当继续存在。我已经老了，不想再做首领。我让禹做我轩辕部落的首领，同时也做联盟首领。让他来带领大家做共同的事业。"

羲和部落首领说：

"我羲和部落是羲皇的后人，我们知道神的旨意，知道山、河的分布。在治理洪水的时候，是我指引出道路。应当由我来做联盟首领。"

轩辕部落有人说：

"那么，你为什么不让神别下这么多的雨、为什么不让地上别冒出洪水？"

众部落大多承认禹的功绩。禹成了部落联盟首领。

各部落说着各不相同的语言。主要通过轩辕部落的人从中转译，各部落彼此进行交流。会议上，各部落相互交换各自的特产，相互学习。通过与羲和部落首领交流，稷知道了什么是一年，什么是四季。羲和部落首领对稷说：

"你给我粮食。我派人通知你什么时候开始播种会丰收。"

充当翻译的禹说：

"不。应当由稷给我粮食，由我来通知什么时候播种。"

羲和部落与禹发生争执。这个争执，后来演变成战争。

大约春秋前 500 年的时候，周部落的首领名叫古公亶父。此时，有一种游牧民族从天山、河西走廊来到中原。这个民族经常抢劫其他部落。因为它总是带来战争，中原部落称之为"戎"。今天，我们称军装为戎装，也还是用的当时的这个意思。戎总游走于道路险恶的山林，让居住于平原的中原部落找不到他们。为此，中原部落又称其为"山戎"。周部落进行耕作的时候，很少见到戎。一到收获的季节，却有山戎弥山而至，前来抢夺周部落的粮食。为了逃避戎的侵略，古公亶父带领部落沿泾河上溯，最后定居于陕西彬县。古公亶父生有三个儿子，分别是：

太伯、虞仲、季历。

三弟兄都很能干，然而部落首领只能是一人。太伯与仲雍商量说：

"凭了我们种庄稼的本事，哪里不能生活？季历比我们强，能够给部落带来好运。我们到别处去，让弟弟来做首领。"

仲雍同意了。二人离开部落，往东走。他们觉得自己走得越远越好，所以最终到了大海边。前面再也没有路，仿佛上天让弟兄二人定居于此。他们在这里定居下来。这地方，就是当今江苏太湖。

　　到了这里之后，两弟兄发现这里的人太不开化，男女同浴于河，并且，用鼻孔吸食河水。这地方江、河、湖、泊星罗棋布，交通工具主要用船，而不是轩辕部落惯用的车。崇拜的神灵，不是祖宗，而是一些奇怪、丑陋的水怪。他们将周身都进行刺青。刺青的图案，也就是些水怪。当地人的生计，主要是打鱼。为着要打鱼，经常要入水。为了减少水中的阻力，当地人将自己的头发剪成一种比较短的发型。这种发型，大致与当今社会的士兵的发型类似：

　　并不是完全没有头发，只是不像当时的中原人那样永远不剪短自己的头发。

　　太伯两兄弟，来自农耕文明部落，而且是酋长的长子、次子。两兄弟的种种讲述，对当地人而言，简直是神仙一般的生活：

　　不必天天劳作，只需按历书在相应的时候进行相应的耕作，即可获得一年甚至是数年的食物。在这些工作日之外，人们只是唱歌、跳舞、谈恋爱。以天为幕，以地为席，享受那生命中最美好的"生"的快乐。生再多的孩子也能够养活，而且生得越多越好。因为这样能带来更多的耕作者，生产出更多的粮食。粮食多到无论如何也吃不完，于是酿成酒。酒，乃是人间第一美味。当时人认为，喝了它，人就与神是一样，想什么就是什么，要什么就有什么！因此，周部落总是将这最美好的东西，献祭给祖宗。祖宗，乃是生命的归宿。无论生死，周部落有祖宗神灵保佑。他们在天上保佑我们，所以我们周部落一直繁荣昌盛。

　　太湖地方的当地人，只知道跳进水中，捞取鱼类。人一入水，往往遭受各种水中怪兽的侵害，常常不得生还。就算是在水边采集点菰米、莲蓬。那种东西，甚至还不如鱼肉禁得饥饿。鱼肉不像粮食那样可以长时期储藏。把鱼用盐渍过、让风吹干，其营养成分又大打折扣，吃多了让人短命。这就让人不得不天天打鱼。听了这两兄弟的介绍，当地人将其看作高度发达的外星文明，奉之为神灵。于是，太伯、仲雍两兄弟，成了当地的祭司。二人于当地的女人之中，选了些勉强看得过去的，来做自己的女人。他们的后代，代代相传，为当地的精神领袖和部落首领。只不过，为了要适应当地的生活，他们的后代渐渐融入了当地：也剪短头发，也刺青。太伯去世后，仲雍为当地首领。春秋后期的吴王寿梦，是仲雍的后人。

太伯、仲雍出走，让季历成为周部落首领。季历娶了太任，生下了周文王。周文王做首领时候，中原联盟首领夏早已灭亡，取而代之的是商。商部落就是前面提到的契的后裔。它的都城朝歌在当今的河南淇县一带。此时的周部落定居于镐，其势力已经发展到整个关中和四川北部。周文王娶了太姒，生下了十弟兄，按年龄大小依次是：

伯邑考、周武王、管叔鲜、周公、蔡叔度、曹叔振铎、成叔武、霍叔处、康叔封、冉季载。

伯邑考早逝，周武王继承周文王当家。周武王集结起陕西、四川、甘肃等地的部落，进取中原，灭了商部落，建立了周朝。

新建的周朝从商王子箕子那里得到《夏历》《洪范》。

周武王寻思让箕子来做自己的手下，帮助自己创建周朝；不料箕子只留下《洪范》而走。周武王对周公说：

"《洪范》确是了得！我自命为王。我这王，不过是自己加的个称号。箕子讲解的，才是真正的王道！这个人已经走了。如何是好？"

周公说：

"据兄弟看来，天下事，也不过是事在人为。我们周部落，早先不过是西岐的一个小部落，如今不也做上了联盟首领？他有他的好。然而，若要说我们自己的东西不行，何以能够打败他？不过，我们再也不能像早先一样，只讲武力。夏部落的仲康、羿，灭了羲和，却没有杀死羲和族人，而是让羲和族人做自己的师父。我们何不让商部落王族，也做我们的师父？箕子走了，不还有其他人吗？撒播一粒种子，可以长出庄稼。我们像种庄稼一样养活商人，就可以收获你想要的王道。"

欲知后事如何，且看下回。

并列第二回

学弋射五子悲歌　设骗局启迪后人

上回说到，周公劝周武王收养商部落的人，用种庄稼来打比方。周武王听了周公的这番话，说：

"说得好！我周部落的壮大，确实是在一个养字！我祖后稷养出庄稼；而我，要养人！商朝人可以养。天下人，都可以养！

"只不过，究竟什么是王道，我还是不甚了然。"

周公说：

"兄弟近来走访了些部落首领，问了些前朝的掌故。说起来，这商朝的王道，其实来自大海。"

周公介绍他了解到的历史：

在稷参加的联盟会议上，禹做了部落联盟首领。禹的儿子启也长得很强壮。凭借其父亲的威望，也靠了他个人的武力，启成为中原部落联盟首领。启认为自己的部落很大，所以自称为"大"部落。"大"字在当时写作"夏"，所以后世称之为夏朝。夏朝的本部承袭于尧、舜，在当今的太行山一带，横跨黄土高原、华北平原。中国地方号为"华夏"。这其中的"华"字，指的是周朝的文化。这其中的"夏"字，则源于夏朝。古书所谓"区夏"，是上古对夏部落的称呼。古书所谓"东夏"，则是周部落对位于自己东方的夏部落的称呼。

　　大约春秋前 1300 年的时候，有穷氏的部落首领羿从鉏迁到穷石，来到中原。此时，夏朝已经自禹传至启，又由启传其子太康。羿制作的弓箭，比中原的弓箭好。它能够射得更远、更准。还有一种令中原人称奇的地方：

　　人们传说，羿的箭带着神灵。能够在射中猎物之后，带着猎物回到羿的手里。

　　其实，那只是因为羿在箭镞部位，制作了倒钩；在箭的尾部，又系上了一根丝线。丝线的另一头，又系上一块特别染色的石头。箭射中猎物之后，倒钩将猎物抓牢，石头又将猎物逃跑的行程拖延。猎手沿着石头的轨迹，很快就能够追上猎物。系于箭上的这丝线，叫作缴。系于丝线上的这块石头，则名为磻。用这种方式射箭，就是所谓弋射。

　　人们打猎的时候，为追捕中箭的猎物，经常要跑很远的路。很多时候，受伤的猎物逃上山崖，或者跳入河中。猎手没有动物特有的登山、游泳的能力，就只好放弃。如果继续追下去，往往因为追捕途中险阻的地形而伤亡。有时候，猎物已经中箭死亡，但是找起来费力，也只好放弃。当时的中原人，虽然也会使用弓箭，却没有弋射的技艺。羿挟弋射的技艺来到中原，差不多相当于中国的指南针第一次传到了欧洲。人们纷纷请教于羿，既学习弋射，又学习弓、箭、缴、磻的制作。一时间，夏部落的人都改变了生活方式，纷纷外出游走射猎。就连部落首领太康，也迷恋上弋射，成天钻研射术，驾着马车游走于草原，数月都不回家。太康身边有伙伴劝告说：

　　"后！你是禹的孙子，是整个中原的首领。部落联盟的大事，需要你来决断。你总是不回家，你的这位子怕要被人抢占！"

　　太康正凝视天空的一只雁。他说：

　　"拾起磻！待我射时，将磻扔出……

　　"雁的羽毛，就是我的衣裳。雁的肉，就是我的口粮。我还要什么其他？"

　　因为特别的技能，羿得到中原人民的爱戴。男人们视他为领袖，跟随他打猎；女人则视他为梦中情人，想要得到他的身体，顺便得到他猎获的肉和动物皮毛。然而，太康才是首领，最漂亮的女人都是太康的妻子。在荣誉和美女的诱惑下，羿生出了政治上的野心。太康游猎的范围，越来越远。他从太行山南下，渡过黄河，到南方射猎。在他回家的时候，羿于黄河北岸组织起箭手，阻止太康回家。羿派人宣言于河岸：

"你总是不在家，让神灵得不到祭祀！得不到神灵的帮助，我们都会死！所以，我们让羿来主持祭祀。你喜欢打猎，就到南方打猎去吧，我们不需要你！"

从此，太康流落于南方，不知所终。太康毕竟是禹的孙子。人们时常想起禹治理黄河的功绩，并且想念太康。这其中最怀念太康的，是太康的五个弟弟。这五个人来到黄河边，哭祭太康。哭的时候，唱起一种丧歌。五人各自哭诉，号为《五子之歌》。《尚书》记载这五首歌的歌词如下：

皇祖有训。民可近。不可下。民惟邦本。本固邦宁。予视天下愚夫愚妇一能胜予。一人三失。怨岂在明。不见是图。予临兆民。懔乎若朽索之驭六马。为人上者。奈何不敬。

译文：我的祖父有这样的训言：要亲近拥戴自己的人，而不是欺负他们。他们才是部落的根本，他们强大，部落才强大。在我看来，天下任何一个男人或者女人都有胜过我的地方。自己一再地犯错，错误已经越积越多，自己往往还不知道。我领导这天下所有的人，总是谨慎，这谨慎犹如手握朽坏的缰绳，驾驭六匹马的马车。做上首领，怎能不谨慎？

训有之。内作色荒。外作禽荒。甘酒嗜音。峻宇彫墙。有一于此。未或不亡。

译文：训言又说：在宫室里过度迷恋女色，在宫室外过度迷恋打猎，喜欢酒和音乐，修建高大的宫殿并予以雕饰。这四种嗜好，只需沾上一件，就要灭亡。

惟彼陶唐。有此冀方。今失厥道。乱其纪纲。乃底灭亡。

译文：打自发明陶器的尧开始，我们部落就一直拥有这北方。现在我们失去了真理，我们的后灭亡了，这里落入外族之手。

明明我祖。万邦之君。有典有则。贻厥子孙。关石和钧。王府则有。荒坠厥绪。覆宗灭祀。

译文：我伟大的祖父禹是天下所有部落的首领。他制定的法律，留传给我们。我们颁布计量规则，收取关税作为我们的财富。现在我们失去了首领位子，我们这一族要绝后了！

呜呼曷归？予怀之悲。万姓仇予。予将畴依。郁陶乎予心。颜厚有忸怩。弗慎厥德。虽悔可追？

译文：逃往哪里？我心多么伤悲！所有的部落都不喜欢我们，我们依附于谁？我的心郁闷，我厚着脸皮继续生活。是我自己丧德，现在后悔已经无济于事。

且说羿做上后之后，根本就管不下中原部落。他是因为看上了太康的漂亮女人，才来做后。得到这些女人之后，他发现男女交欢的快乐不能持久，还是打猎的快乐更有趣味。羿没有重用华夏部落原有的能人，而是重用另一个特别善于巴结讨好的人。此人名叫浞。

浞是寒部落的人，被自己部落抛弃，为羿所收留。羿很喜欢浞，让浞做自己的亲信。每当羿与女人交欢的时候，浞作为最信得过的心腹，在旁边守卫。羿倒是风流快活了，却让浞心生嫉妒。

浞想要搞羿的女人，苦于没有机会。好在羿最喜欢的外出打猎，浞就怂恿羿外出打猎。春季时候，说是冬眠的熊刚刚醒来，可以搏熊；夏季时候，说是鹿、麋正肥，可以逐鹿；秋季时候，说是湖中鱼正产卵，可以弋射水兽；冬季时候，说是雪地拖慢了老虎的脚步，正可以围虎。总之，寻找出种种打猎的乐趣，让羿游走于旷野、深山，不归家室。羿出门在外，家里的事情就交给浞打理。浞趁机建立起自己的势力。当然，必不可少的，也趁机占有了羿的女人。如此几年下来，羿的女人已经生下了几个浞的种，羿却毫不知晓。终于，在一次围猎回家的途中，羿遭到伏击。最擅长射箭的羿，被无数暗箭射死。羿的尸身和羿猎获的猎物一起被送回家中。浞很尊重他，单独用一只鼎将羿煮熟，以示此猎物贵其他猎物。煮好之后，浞想出个特别的名目：

　　他不知道羿的女人所生的儿子之中，哪些是自己的种，哪些又是羿的种；就决定让这些孩子都来吃羿的肉。他以为：敢吃肉的，就是他的儿子；不吃肉的，就是羿的儿子。

　　结果是：大一些的孩子怕死，就吃了肉。小一些的孩子胆小。看到亲人被煮，已是胆寒；听说要亲尝其肉，都吓得哇哇大哭。浞也不管这些，就将不吃肉的孩子丢入鼎中，一锅烩了；又将吃了肉的孩子，视为己出。不曾被煮的孩子有两个，一个名浇，另一个名豷。羿的族人靡逃奔到了有鬲氏。太康的家人出逃至斟灌氏、斟寻氏。浞追杀夏朝后裔，灭了斟灌氏、斟寻氏。

　　夏本是中原部落的首领，熟悉各种部落的生计。太康、羿两代首领都迷恋弋射，带领人们打猎。在首领的带领下，从事农耕业的人放弃原有的生计，学着太康和羿的样子，游走于走四方。一开始，人们有一种新鲜感，愿意参加打猎。到后来，人们发现，一旦没有猎物，就会饿死。另外，常年游走的生活，不利于照老弱妇孺。这让部落的人口越来越少。太康的弟弟仲康生下相，相生下少康。少康见识了祖先的遭遇，决心放弃游猎生活，进行农耕。他带领族人耕作农田。稳定的粮食收成让投靠他的人越来越多。少康联络靡，让靡模仿浞的方式，到浞的身边巴结浞，做自己的内应。靡与少康里应外合，灭了浞。浇、豷出逃。后来，少康灭了浇，少康之子杼灭了豷。于是，有穷氏灭亡，夏朝重归于禹的后人。

　　羿抢占了太康的位子，让仲康等人唱起《五子之歌》。按说有穷氏与少康，乃是世仇。然而，羿的族人竟然与少康结成同盟。这是因为当时社会还没有世袭家族的观念，羿抢占太康的首领位子，不同于后世的改朝换代。当时的部落，并不讲究世袭，而是谁更能干，谁就做首领。羿做首领，很大程度上是夏部落公推的结果。因此，羿做首领的时候，就连太康的弟弟仲康，也都承认羿的首领地位。某一年，发生日食。仲康对羿说：

"灭羲和部落的时候到了！

"羲和部落以神灵的使者自居，到处发布预言。他们说某地会有大量禽兽出没，让人们去围猎。他们说某时可以种植庄稼，让人们按他的时间播种。他们说这是上天的指示，让人们将拼了命猎获的猎物、整年耕作收获的粮食，进献给神灵。实际上，是进献给他们享用。他们不劳作，却成天饮酒作乐。这不公平！

"现在，大白天变成黑夜。这是上天脸色变黑，是上天发怒。羲和部落不是以天使自居吗？何以得罪上天，让上天发怒？我们正好以此为由，消灭他们，然后像他们那样收取其他部落的东西。"

羿说：

"这好办！凭我们的箭术，还怕收拾不了这些只知道看星星的人？"

仲康记起禹与羲和部落的争执，说：

"后！不能杀死他们！很久很久以前，羲和部落就开始观察星空，研究天意。他们的预言，大多数情况下都灵验。我们要他们教会我们怎样观看星空，就像你教会我们弋射一样。然后，由我们来发布预言。那样一来，我们就可以像他们一样不劳而获，坐享其成。"

羿派胤进攻羲和部落，打败了羲和部落。夏部落强迫羲和部落教他们怎样发布预言。羲和部落首领不愿意将本部落的知识传授外人。夏人将其杀死。人性毕竟贪生怕死。威逼利诱之下，羲和部落中有人愿意加入夏部落，愿意传授夏人知识。

这些知识，主要是夜空里面星星的分布和"活动"情况。由于地球自转、公转，于不同的时间，某些星星位于夜空中不同的位置。对这些不同进行千百年的统计、归纳、总结，就大致形成了一种粗浅的历法。另一方面，某些星星在夜空中的位置相对固定。所以，通过确定天上的星星的位置，就能够确定地上的某一地理位置。羲和部落于星空之中根据星星排列的形状，划分出粗浅的星座。就连后世所谓"左青龙、右白虎、前朱雀、后玄武"，在羲和所在的年代就已经成形。

夏部落原本就是中原联盟首领，有机会见识众多部落的先进东西。掌握羲和部落的天文知识之后，夏部落将其予以完善，形成了使用至今的一部历法，那就是《夏历》。在近代天文学出现之前，《夏历》是世界上最准确的历法之一。这并不是因为某一个人的特别聪明，而是因为《夏历》是由千万年的原始统计数据总结而来。这些原始数据最初并非出自夏部落，而是出自羲和部落。《胤征》之中说"咸与维新"。夏部落对战俘进行"维新"，霸占了羲和部落的知识产权。

正是因为《夏历》的产生，少康得以用农耕文明夺回联盟首领之位。根据禹的遗愿，夏部落又要求周部落于每年收获季节上交粮食。作为交换，夏部落派人于相应的节气到周部落指导农耕。夏部落的人带着一个木铃来到周部落。他走村串户，摇着木铃宣布：

"春耕已到，开始春耕。"

"秋收已到，开始秋收。"

至此，禹当初的意愿，终于实现。由于当时的人没有现代的时间概念，周部落必须依靠夏人的指令才能即时农耕，展望丰收。为此，周人将夏人视为神祇，而周的首领则视《夏历》为天书，一心想要得到。

夏朝末年，中国地方海平面下降。原本居住于东方海岛的契的后人，可以通过陆路到达太行山。早先，东方海岛之中，有一个岛海拔较高。那就是当今的泰山。契的部落自古以海运和商业为生，航海于陆、海之间，选泰山为其常住的本部。这个部落以商业为生计，所以人们称其为"商"部落。商部落内部实行奴隶制度，分为贵族、奴隶两种阶级。因为它长期从事海运，在海上行船时只能以夜空的星座指路，于是形成了对于天空的崇拜。因为天空空无一物，无所标志，于是又形成一种形而上的"上帝"的观念。商部落认为：

世上有一个至上神。这个神比其他所有的神灵都要伟大。这个神就在人们头顶的天空之上。这个神就是上帝。

商部落很早就与中原部落交流。现在陆路连通，让他们更多地接触到中原部落。商部落首领汤生出野心。他对部落中最高祭司伊尹说：

"中原的部落联盟首领，自己不劳动，却享受着世间最快乐的生活。而我们四海经营，到处买贱卖贵。遇到上天发怒的时候，风浪滔天，就不得生还。我们的生活，反正都要用性命去拼；不如号召起族人，灭了夏部落，由我们来做部落联盟首领。这就好比走特别凶险的航线，风险最大，但能够带来最多的财富！"

伊尹说：

"打仗最重要的，是人心。只要人心向着我们，可以冒这个险。"

汤说：

"以往我们与别的部落交易，每当冒犯当地神灵，都由你来解决。你是上帝的使者；人心的向背，正需要你的指引。

"西到大渡河、东到泰山、北到沙漠、南到长江的部落，都在夏的统领之下。凭我们这点人，肯定打不过。这需要你将敌人变成朋友。我保证用我的士兵来战胜夏部落本部。其他的部落，就靠你来劝说。我不指望他们来帮我——只要他们不帮夏，我就有胜算！"

伊尹说：

"这个，是我的老本行！什么样的部落我没见过？"

在这种计议之下，商部落实施起一个开国的大计：

伊尹来到中原，宣扬起上帝的观念，让中原部落相信上帝的存在。他对别人说：

"我到过很多地方，见到过很多神灵。有的地方的神灵是一种鸟，有的地方的神灵是一种野兽。然而，一地的神灵只保佑一地，到另一地方，就归另一神灵统管。只有天空，它覆盖着所有的地方。无论我到哪里，都在天空的覆盖之下。天是最大的神灵。各地的神灵，都在天的统管之下。"

这种话让人渐渐相信之后，他又散布另一神话：

"在东方大海之上，有三座神山，其中最高的一座山名叫泰山。这座山是到达上天的唯一通路。到了这座山的山顶，就可以见到天的神灵。那就是上帝。我是世上唯一到过泰山山顶的人。我见到了上帝。上帝命我做他的使者。"

听了这话，就有好奇的人问道：

"你见到的上帝是什么样呢？"

伊尹说：

"我只是天使，怎能见到上帝本人？只不过，上帝启迪了我，向我传达了他的指令。"

人们问：

"什么指令呢？"

伊尹说：

"上帝命我于地上寻找他的儿子。上帝说，他的儿子像我们这些人一样，都是父母所生。不同的是，他的儿子可以见到他本人。"

弄完这些玄虚之后，伊尹又开始传授"上帝"教给他的知识：

世界由五种要素组成。这五种要素分别是：金、木、水、火、土。这五种要素相生相克，循环而成大千世界。世间的部落也如同这五种要素一样，会有一个部落灭了另一个部落。

伊尹随身带着一些从不同部落收集来的药材，随时随地为人们治病。得到他的救治的人，都视他为救命恩人。渐渐地，中原部落的人相信伊尹是上天的使者。人们称伊尹为圣人。

在伊尹四处传教的同时，汤积聚钱财，四处收买强壮的奴隶，组建军队。大约春秋前700年的时候，汤集结起军队进攻夏部落。在发动战争之前，由伊尹主持了一次重大的祭祀活动。这个活动的地点在泰山的半山腰。祭祀活动邀请所有中原部落首领参加。活动的主题乃是：

经过伊尹的寻找，最终发现，汤就是他要找的人。

商部落让人们见证了许多装神弄鬼的仪式。之后，却让汤一人继续上山，到山顶去见上帝。这泰山乃是商部落的本部，此时又有重兵把守。其他部落的人也想上山，却都被拦在了半山腰下。汤从山上下来时，手里拿着一个金属的盒子。汤将这盒子打开，从里面拿出一片玉石。汤向人们宣读这玉石上雕刻的文字。他说这是上帝的钧谕。这上面究竟写了些什么呢？是这样四句：

溥天之下，莫非王土。率土之滨，莫非王臣。

读者注意：在此之前，中国古文字之中并没有"王"这个字。《五子之歌》之中出现"王"字，那只说明它要么是后人所著，要么遭到了篡改。当时没有"王"字，"王"的意义也就还不为人所知。于此祭祀之时，圣人伊尹宣称这十六个字即是上帝的旨意，然后宣讲"王"的定义：

王与普通人不一样。普通人由父母二人所生。而王则是父、母、天三合而成。三合而一以贯之，写出来就是一个"王"字。王是天的儿子，所有生活于水滨的生命（商部落的人交通工具主要用船。故而传教的对象最初都是水岸边的人），都是王的奴隶。

后世史家将这十六个字作出了精辟的解释：

礼乐、征伐自王者出。（法律习俗由王制定。人性的快乐出自于王，由王颁布。战争由王发起，由王定性。）

这就是人们所熟知的王道。下一回，将叙及王道的另一种意义。那种意义就不太为人们所熟知。本书所涉及的王道，主要是它不太为人所熟知的意义。

在这煞费心思的洗脑之后，商部落进攻夏部落。中原的其他部落原已痛恨夏桀的横征暴敛，现在又见证了天下第一个天子，所以不帮助夏桀，甚至反过来帮助商。商灭了夏朝。汤做上了部落联盟首领，成了世间第一个天子。

商部落做了部落联盟首领之后，如愿以偿地过上了理想的生活。历代商王族将商部落的宗教思想与夏朝的《夏历》相结合，做出了一部关于人统治人的书。那就是《洪范》。

周武王听完这些掌故，心驰神往。他说：

"看来，王道远不是我想象的那么简单。夏朝有《夏历》，商朝有《洪范》。我们要不做点什么出来，好像是说不过去。我们做点什么呢？"

周公说：

"我寻思了很久，心里已有大致的提纲。这个提纲，要由一张图说起。"

说着，周公命手下奴隶拿出一整张牛皮来。这牛皮上画着很多东西。是些什么东西呢？且看下回。

《禹贡》不是虞夏书，农耕原本出诸侯。

羲和晨昏省三辰，衍成儒教第一目。

尊卑第三回

立周约开创儒教　封诸侯国运八百

上回说到，周公拿出了一张牛皮。周武王走近看这张牛皮。牛皮上画着些山、河、海、岛。有些地方，与自己到过的某地类似；有些地方，又完全不是实际的地理分布。周武王说：

"这图画得并不对。有什么用处？"

周公说：

"幸好是它不对！你想：这图我们能见到，别人也就能见到。要是它都对了，别的部落照这图上所示地形来打我们，我们怎能应付？不过，我们要有一张正确的图，既用于打仗，又用来收取贡物。说到上贡，我先问你，你以为：商朝灭亡，是因为什么？"

周武王说：

"商纣成天酒池肉林，不理正事。"

周公说：

"说起来，是这个原因。然而，这也因为他没有掌握各部落的情况。你想，寻欢作乐的事情，是没有止境的。要是无限制地向各部落征求上贡，总有一天会逼成造反。然而，我们又不能不要上贡。这就需要将上贡的数量，定成一个不多不少的数目；既不至于收多了、引起造反，又不至于少收了、让我们吃亏。我手里的这张图，给了我启示：

"我们要经常与其他部落交流，了解他们对于上贡的限度。今后，我们立一个规矩：每三年一次，各部落都到我周朝来朝拜。朝拜的时候，必须带上当地的特产。我们方面哩，就仿照当初夏朝颁布《夏历》的规矩，每逢节气就派使者到各地颁布历法。这些使者必须搞清各地的物产情况，向我们报告。了解到了各地的情况，我们收的上贡就既不会多，又不会少。如此一来，我朝就不会有人造反，就不会步夏、商的后尘。"

周武王闻言大喜，说：

"不再有人造反，那我周朝岂不就可以永远做天下的王，永远受天下供奉！"

周公说：

"天性变易，世间任何东西都必将灭亡。按照《洪范》五行生、克的道理，周朝必然会像夏、商一样灭亡。只不过，飞蛾寿止数天，神木寿至数千年。生物的寿命有长有短，国家亦然……

"商朝国运号称六百年。因为有天子的称号，没有人抢占汤的后人的王位。然而，商王将天下人视作卑贱的奴隶，用天命来恐吓人民，只知道杀，不知道养，让人民宁愿舍弃一切，与他同归于尽……"

听到这里，周武王打断道：

"对！商之亡，正在于此！我们要反其道而行。我们用养庄稼的方式对待天下，天下的人必将如同庄稼一样，越生越多。然而，具体怎样做呢？"

周公说：

"早先的祝融，能够保存火种。依靠火种，祝融得到很多人的拥戴。到今天，即便是野人，也会保存火种。商王声称天灾是天子对人类的惩戒，那是用天文知识来统治天下人。然而，商王其实并不能控制天气。并且，商王视为命根子的天书《洪范》，如今不也到了我们手中？我祖后稷总是用粮食来收买天下人。然而，我们并不能保证永远都有足够的粮食。而且，我们的农耕技术，也早已经不是我们专有。通过控制某种知识来治天下，这知识最终会流落外人之手。知识传播之际，即是国家灭亡之时。

"一计不成，当反其道而行。趁今天我们的农耕技术更加先进，将其无偿传授给外人。我们的农耕知识，犹如商朝的天文知识。按商朝的历史，我们最终将不再拥有最多的粮食。反正最终不能拥有，不如今天就放弃。我们今天就宣布天下粮食为天下公有。让天下的粮食养活天下的人——无论由谁生产，无论其技术是否学自于周……

"国家最终要亡。国家灭亡，都是战争的结果。你预先将自己的亲人培养成敌人，让他们各自为政。让他们彼此在战争之中锻炼战争的技艺。它们中的某一部落，就会成为最终的强者，最终取代周。那样一来，周虽亡，天下仍然在周人的手中。你要注意：不能让周的继承者参与这种战争，因为这种战争是大浪淘沙，存活下来的可能很小。如果周参加这种战争，可能很快就会灭亡。"

周武王越听越奇，问道：

"一个部落不打仗，只会越来越弱。你让周的敌人越来越强，又让周越来越弱。那周岂不是比夏、商还要早亡？"

周公说：

"难道你忘了我讲的伊尹和汤的故事？当时，商岂不是很弱，夏岂不是很强？何以商能灭夏？"

周武王说：

"是了。说起来还是要搞祭祀。"

周公说：

"那是当然！商朝圣人傅说曾经说过：战争和祭祀，是国家最不可少的两样。那个话，难倒是乱说？

"用我以上这些办法，再参照商朝的王道，我敢说：周朝虽最终要亡，其命数要长于夏、商。我敢问卜于天，卜周朝国运八百年……"

　　根据周公的谋划，周朝制定出一整套治国的规则。这套规则经过不断地添加而变得丰富，最终成了著名的《周礼》。《周礼》从表面上看是一些跪拜的方式和祭祀的程序。究其实质，乃是周部落生活方式与商部落政教合一思想的结合。笔者去繁就简，从其最基础的经济单元说起。

　　周朝的基础经济单元，是"井田"。这个名目总让人觉得是传说，从来就没有确切的史料记载。其实，直到新中国的改革开放之前，中国的基础经济单元一直都是井田，或者说是井田的变化形式。

　　当初，稷开创起种植农业，让人们告别了游走四方的采集农业，固定地居住于一地。人们于某一地方住得久了，就渐渐对这地方产生感情。特别是，人们的先人，一代接一代地埋葬于同一地点。这就形成了一个固定的易于祭祀的坟场。

周部落的粮食生产，相对于采集农业的野菜、游牧业的肉、奶，都更加稳定。特别是，更易于储存。这就让周部落可以积存下食物，形成财富。一个人临死时，总是要自己的财产移交给活着的人。人们很自然地将积存的粮食遗传给自己的儿女。由此，形成一种遗产制度。这个制度导致人们都感激自己的父亲，所以就时常到坟场拜祭祖宗。带有实际好处的祭祀，最能够形成稳固而长久的宗教感情。人们渐渐相信祖宗的神灵会保佑自己。这种保佑，说白了，是以祖宗早先留给自己财产为基础的。人们不遗余力地崇拜祖先，所以为祖先制作起刻有祖先称号的木牌；又建设起专门的房屋，来供奉这木牌。这木牌，叫作"木主"。这房屋，叫作"庙"，又叫"宗庙"。

一人生多个儿子。各个儿子又生下多个孙子。伴随着人口的增加，开拓出越来越多的耕地。在这许多耕地的正中间，就是埋葬祖先的坟地和供奉木主的庙。这些彼此有血缘关系的人们所供奉的祖先，若追溯上去，其实是同一个人。他们都要拜祭这个人，所以就共同支付拜祭所需的经费。为了方便，人们将最靠近宗庙的耕地划出来，由大家共同耕种。这就是最早的"公田"。公田所产收入，就用于宗庙祭祀。到得后来，人们发现还有其他一些公共费用，比如战争，比如备荒所用的公积金。这些费用，也顺便由公田支付。为了方便，人们将各自居住的房屋，也建在公田正中的宗庙的四周。甚至最初的水井，乃至最初的菜园、果园，都在这公田之内，为大家公有。在这公田之外，各人各自开荒，拥有各自的土地。那就是私田。公田的收入，形成中国最早的税收。而中国的税收体制，直至国家、社会体制，都由这种最基本的单元组成。就是现今的地名，某村名为"张家村"，某一房屋群名为"李家大院"，那都是这种源出远古的血缘关系造成的。"井"字正中的那个口字，就好比是公田。"井"字四周八个区域，就好比是私田。在地面较为平整的黄土高原和华北平原能够形成这种"井"字形的村落，故而史称井田。由于种种原因，中国的更多的村落并不是"井"字形；然而其社会思想无不源出农耕文明之初的这种渊源。

以上是周部落自有的习俗。《周礼》的形成，是在这个习俗的基础上建立起来的。

按周公的计划，周朝有事没事都派使者到诸侯国去，暗中都带有周公所说的间谍任务。然而，表面上却做成当初夏朝的使者的样子：手持木铃，说是向诸侯颁布指导农耕的历法。这木铃是一根长长的竹竿，顶部系一根长绳，绳子上，是一连串的铃铛，共有十多个。一直到很久很久以后，中国朝廷的使者所持的使节，都还是这木铃的样子。于此之外，更有一种迷惑了世界几千年的幌子，说这些使者到地方上是为了采集民歌，号为"采风"。实际上，他们确实采集了民歌，并且用采集来的民歌来制定出《诗经》的《风》。但是，这采集的目的，犹如当今的监控，是一种信息收集。因为经常要派使者到各地，周朝专门修建起通往各地的道路，号为"周道"。

至于那张用于征税的图，周朝结合周公的那张牛皮和实际的考察最终做了出来。新图太大，已经不是一张牛皮所能承载。为了将这图流传子孙，以便照图收税，周朝将其分成九部分，做成铭文铭图，铸于鼎上。这九个鼎的落成，号为定鼎中原。它被视为周朝和《周礼》形成的标志。为此，将最初安置九鼎的地方命名为"成周"。成周即是当今洛阳。据说九鼎之上镌刻着天下所有部落所供奉的神灵，是世间最神圣的东西。其实，九鼎上的神灵，乃是各地土著的图腾。为了赋予九鼎神性，周朝称九鼎代表九州，又假称九鼎乃是由最、最伟大的大禹所铸。九鼎上面的文字部分，就是流传至今的《尚书》的《禹贡》。而九鼎的母本，也就是那张牛皮，也流传至后世；那就是《山海经图》。从《禹贡》之中，正可以找到抄袭《山海经》的痕迹。到春秋时候，周朝没有了武力做后盾，《禹贡》对于物产的记载已没有实际的意义。楚庄王想要看九鼎的大小，实际上则是想要知道图的内容。楚庄王并不是想参照这图来收税，因为收税的事情他自有主张。楚庄王想要的，是一幅全中国的军事地图。

按照周公预设终结者的计划，周朝又创制出一种一直使用到清朝的制度。什么制度呢？那就是"封建诸侯"。这个制度，是从商朝后裔开始的。

当时，周武王命周公请来商部落王子微子，宣告王命：

"我王这样说：商人不是我们的仇敌，而是我们的客人。从知识上讲，更是我们的师父！现在，划出毫一带地方，供你们居住。请你做商部落当家人，延续你们的祭祀。我周朝将永远视你们为客人。"

微子是商王纣的哥哥，也是箕子的兄弟。部落灭亡，朝歌被占，让他对人生的一切都丧失希望。听说这种命令，微子与自己的族人商量之后，回复周武王：

"亡国之虏，无人权，无人道。周愿保存我祖汤一线血脉，我商人当以臣奴身份事奉周。天上只有一个太阳，人间只有一个王。有了周王，我不能再称王。道分五行，人秩五级。道为金、木、水、火、土。人为公、侯、伯、子、男。我自愿降级为公爵，永为周王之臣。另外，王赐我新生，而我早先的亡国称号不祥。请王另赐我国名，永为周朝下属部落。"

周武王回复说：

"历史来讲，我周部落与商的祖宗早先都在舜和夏的统领之下。而且，是箕子教了我王道。我怎能用师父的东西来统治师父？我发誓视你为客人，将于某日与你盟誓，让天地永鉴誓言！按部落大小，我要分封国家。毫地的商朝遗民，赐国号为宋。"

大约春秋前 400 年的某一天，新建的周朝与中原各部落于某地进行盟誓。整个仪式，由周公参照周部落的习俗和商部落的礼仪杂合而制成：

用土筑起祭坛，其高度等于一辆车的高度。坛顶圆基方，顶部约有十平米。周武王穿一身大红丝绸衣服，戴一顶十二旒的王冠，登于坛上，说：

　　"来自西方的我的同盟部落、商部落的王子王族、商部落的附属部落，你们听我说：

　　"上帝为什么放弃了商，兴我周？是因为我们的粮食，养活了天下人。你们用器具、牛羊来换取我的粮食。然而，器具不能吃，牛羊不够吃。我的祖宗稷，教会了我们种植。稷种植庄稼，让食物永远生生不息。我是稷的后代，继承了农耕的传统，所以我的部落越来越壮大。我的部落将自己多余的粮食给予别人，让天下的人类健康地生长，越来越多。

　　"早先，上帝启迪汤，所以汤取代夏后而为商王。商王纣无道，已经被我杀死。我让微子做王，微子推让给我。我又让箕子做王。箕子对我说：父、母、天三合而生王。王是父母所生，又是上帝所生，全天下只能有一个。如果天下有两个王，会遭受上帝的惩罚。"

　　……

　　仿照商汤封禅的样子，周武王也拿出一片玉石，宣称：

　　"天命无常。当初，汤从上帝那里得到钧谕。今天，上帝给我钧谕有所不同。作为上帝的儿子，我于此立誓遵守此谕：

　　"我要将自己吃不完的多余粮食，用来养活其他人；我要让天下的土地，为天下人共同生长的地方。我发誓不将土地划为个人使用的禁地。我发誓不向你们征收粮食。

　　"我只保有一个继承人。我不让其他人占有他的地位。我只保有一个正式妻子。我不让其他女人占有她的地位。

　　"以这两种誓言，我做全天下的王。你们要供奉起稷的神灵，要向我和我的后人上贡祭祀稷的祭品。

　　"请上帝喝儿子种出的粮食酿成的酒，请上帝喝儿子养活的牲口的血，请上帝赐儿子福祉，让儿子代你保护天下的生灵。请上帝见证儿子的誓言，保证它得到执行。

　　"请各位与我共饮此血，让这誓言进入我们的身体。"

　　一种加有郁金香的粮食酒装在杯子里。周武王将这杯酒倾洒于一团白茅之上。白茅吸水性很好，吸收了这酒。酒香飘散于空中。这个把戏，用来代表上帝歆飨。

一头红色公牛被牵到祭坛。周武王手执一把青铜刀，摇晃这刀。刀的尾部有一个铃铛，所以发出清脆的声响。周武王用刀割下牛耳。周武王将受伤的牛按倒于祭坛上预先开挖出一个坑上面。从牛的耳根涌出的血灌洒入坑中。周武王将手中牛耳的血抹于嘴唇，然后将牛耳递给微子。微子也将牛耳的血抹于嘴唇。然后，各部落首领按部落的大小顺序，将牛耳上的血抹于嘴唇。

坑里洒上牛血之后，放入周武王手中那块玉石。玉石上刻着两列字。那是上帝的钧谕：

无障谷。无巫余。
无易树子。无以妾为妻。

这四句话翻成白话，就是周武王前面的誓言。读者注意：史传齐桓公称霸的时候，用的就是这四句誓言。虽然齐桓公行的是霸道，然而霸道继承于王道，宣扬的是周朝的政治理想。

这政治理想的前两句，大致是天下为公的意思。从有生物开始，就有争夺。天下为公的说法，就连动物界之中都不存在。天下为公的誓言，其实是一种很难实现的社会秩序。这个社会秩序，说穿了乃是无秩序。周朝要让无秩序的状态，引发诸侯间的战争；让战争的强者，最终取代周朝。至于后两句，则是因为农耕土著的周朝崇拜祖宗，故而特别在乎后代的血统，特别希望子子孙孙、千秋万代。所谓"无易树子"，其实就是预设继承人的太子制度，这是周朝为了尽量延长国运而想出来的名目。人们对前人的财富的继承，实际都是弱肉强食的结果。周朝预先内定继承人的做法，违背了弱肉强食的生物准则，让周朝越来越弱。就是后来的霸主，无一不是这四句话的违背者。而最终终结周朝的秦，并不是如周公计划那样，由周武王的后人来完成。然而，周公的计划也有成功之处：

由于封建诸侯制度，周部落的后人渐渐占据了中国人口的主流。秦灭六国之后，不能够杀尽东方所有的人。所以，周朝虽亡，其人种和基因却流传了下来。

这四句话在当今已经比较陌生。然而，它对春秋时候的历史影响很大，对后世的影响也很大。它是王道的另一种意义。为方便理解，本书称这四句话为《周约》，它将多次出现于后面部分。

称王之后，周武王兑现与天下人共有土地的承诺，以上帝的名义，将天下土地分给与会的部落。在分封的同时，周朝将农耕的生活方式传播到四方。

宋国是周朝封的第一个国家。宋国的史官，将封建宋国的誓词记录于玉石之上。宋国宗庙的正北面的墙壁上，砌出一个石室。石室之内，安放一个金属柜子。柜子之内，放置这块玉石。这块玉石，成为宋国的国家象征。宋国供奉起稷的神社。这神社名叫"稷社"。后世传讹了，将其颠倒过来，叫作"社稷"。其他分封的国家，也都建立起社稷。社稷的内在意义，乃是对于《周约》的信奉。从有社稷开始，中国人有了自己独有的东西。列国诸侯又都仿照周朝，建立起自己的宗庙。从有宗庙开始，中国人有了自己独有的第二样东西。

周朝的治国思想，同时吸取了夏的《夏历》和商的《洪范》。周朝认夏、商为自己的师父，要求诸侯于祭祀社稷之外，还要对夏、商的神灵进行祭祀。这个设计影响深远：

周灭了商，却保存了对汤的供奉。后来的中原诸侯，到了远比周朝强大的时候，却不愿消灭周朝。这一则是因为这些国家都是由周朝分封的国家，根子上源出周朝。再是就是因为周朝对自己的前任抱有仁慈。打败一个国家之后，让这个国家保有对先人的祭祀；这是《周礼》的一个名目，叫做"存亡续绝"。这个习俗影响深远，很大程度上延续了周朝的国运。

夏的祭祀，传说是流传到杞国，其实已经不可考。商的祭祀，其神社名为"亳社"。在春秋早期，列国诸侯中都还有对于"亳社"的祭祀。有人认为还有对于舜的祭祀，流传到陈国。古代称舜的年代为虞朝。所以将周对于虞、夏、商三朝的祭祀称为"三恪"，意思这是三个客人，不是周朝的下属。这是周朝重视文化、尊重师父的意思，也反映出西周开创之初，乃是天下为公的思想。

继宋国之后，周朝陆续分封出许多国家。这些国家将出现在本书后面的部分，笔者选其较大国家，于此点清眉目：

周武王时候，封商朝王子微子于当今安徽西北的亳，始建宋国。

周成王时候，封周武王之弟康叔封于商朝故都朝歌，始建卫国。

周成王时候，封周公之子伯禽于曲阜，始建鲁国。

周成王时候，封周部落权臣旦公于燕山，始建燕国。

周成王时候，封祝融部落首领熊绎于荆山，始建楚国。

周成王时候，封周成王之弟唐叔虞于汾河之东，始建晋国。

周成王时候，封周部落权臣姜太公于山东营丘，始建齐国。

周孝王时候，封西方游牧部落首领秦嬴于渭河，始建秦国。

周成王时候，封蔡叔度之子胡于河南上蔡，始建蔡国。

周武王时候，封舜的后人胡公满于当今河南东南，始建陈国。

春秋前83年，周宣王封其弟郑桓公于当今河南郑州附近，始建郑国。

太伯、仲雍出走，才有季历当家，也才有周朝。为此，周武王时候，周朝寻找太伯、仲雍的后人。此时，仲雍的后人周章已经是太湖一带的部落首领。周朝封建周章，号为吴国。为表记恩，又特意封周章之弟虞仲于当今山西南部，始建虞国。后来，虞国由晋献公假虞灭虢而亡，吴国则于春秋后期发迹。

周朝封建的国家，超过一半都是与周朝带有血亲关系的姬姓，另有相当一部分是跟随周朝打天下的功臣。根据天下为公的思想，也封了一些上古的著名部落。然而，周王将好的地方、大的地方封给与自己沾亲带故的人，只将边远的或是较小的地方分给其他部落。这个做法，正是周公、周武王预先培养终结者的思想。周文王的儿子，封建为诸侯者达 14 个。那分别是：郕、霍、鲁、卫、毛、聃、郜、雍、曹、滕、毕、原、酆、郇。周武王的儿子，封建诸侯者达 4 个，那分别是：邘、晋、应、韩。就连周公的儿子，也封建诸侯达 6 个。那分别是：凡、蒋、邢、胙、祭。

周朝首创封建诸侯的制度。被周朝分封的部落名为"国"。周朝习惯了这个说法，从此称天下部落为"国"。笔者也采用这一惯例。本书从此以后无论其是否得到周朝的封建，称一切部落为"国"。诸侯的封地名为国，而诸侯之下的大夫的封地则叫作"家"。从周朝开始，中国有了中国意义上的国家。

放散第四回

谋一笑东渐成周　赠杂佩白马王子

周武王之后，历 11 代 12 传而西周灭亡。西周的灭亡，传说与一个名叫褒姒的女人有关。

传说在夏朝走向衰落的时候，有一雌一雄两条龙出现在夏朝的宫廷。它们开口说话：

"我们是褒氏的君主。"

神龙现身，让夏后无比惊惧。他对此事进行占卜。神灵告诉他，要将龙交配后产生的液体收藏起来。否则，会有大灾难。二龙在宫廷中交配，留下一些液体。夏后将这东西收藏到一个匣子里。于是，这两条龙离去了。

这收藏起来的液体号为"漦"。它含有龙种，关乎神灵，所以没有人敢打开来看。它被夏朝流传给商朝，又被商朝流传到周朝，足足保存了近千年。到周厉王的时候，周厉王忍不住好奇，打开了盒子。龙漦流到地上，怎么也清除不掉。周厉王想要得到龙种，就派一些裸体女人在龙漦上跳一种舞蹈。舞蹈之下，龙漦变成一只黑色的大乌龟。大乌龟钻到了周厉王的后宫。它遇到一个十二三岁的宫女。这宫女成年之后，未经男人就怀上孕，产下一个女婴。因为非婚生子，不敢收养。所以她将女婴抛弃到大路边上。有人拾到这个女婴，将其带到了褒国。

周朝征伐四方，打败了褒国。作为战败后的上贡，褒国向周朝贡献女人。这上贡的女人中，就有当初从周朝王宫中出来的女婴。她的名字叫褒姒。到周幽王的时候，周幽王于后宫中看到褒姒，喜欢上了她。这个源自神龙的女子长得异常美丽。男人一旦看到她的眼睛，就会神不守舍，意乱情迷，不能自己。然而，她的国家遭到周朝的蹂躏、践踏，所以她对周朝心怀仇恨，并不像其他女人那样死心塌地地服侍周幽王。特别是，她总是有一种幽怨的眼神，从来没有笑容。

周幽王得到褒姒，却不能得到她的心。几经交合，如同木偶。这种事情，要换了世上其他男人，也许会索然无味。然而，周幽王是天子，自以为是天下第一的男人。只有他看不上的女人，没有看不上他的女人。越是办不到的事情，越是非办到不可。周幽王决心让褒姒爱上自己。他下令：谁要是能让褒姒一笑，有重赏。有人想出了办法：让周幽王假称遭到外族入侵，用烽火台召集天下诸侯到周都镐京勤王，让褒姒来观看这大会诸侯的盛容。等诸侯的军队到齐，又宣布：没有这么回事儿，请各位怎么来，还怎么回去！如此，滑天下之大稽，庶几可以博佳人一笑。

这个主意，关乎周朝的信誉。但凡有点理智，总不至于拿国家声誉开玩笑。然而，此时的周幽王，已经沉湎于爱情。因恨成痴，转思作想，日日为情颠倒。海棠带醉，杨柳伤春，同是一般怀抱。如此美丽的褒姒，她的笑容是什么样呢？由一个笑容，想象出诸多情态，完全就是极乐仙境。越是想，越是迷；越是迷，越是执着。于是赶紧就下令照此办理。

褒姒对周朝心怀仇恨，听说有外族入侵，暗地里巴不得有人灭了周朝，好为自己的国家报仇。因此，她也很想看个究竟。看到事情的结果竟然是个玩笑，她心中生出一种鄙视：

好了不起的周朝！好了不起的周王！原本是这种荒唐人物！

她发出了一种鄙视的声音，终于笑了……

女人的防线一旦突破，无论是什么原因造成，它毕竟就是失守。褒姒立志不以笑容事君王。而今当众开颜一笑，自己也就再也撑不住了。她从心里顺从了周幽王，终于与周幽王有了灵与肉、身与心的结合。他们一起生下了儿子，此子名为伯服。

费了如此大的功夫，才得到的女人和儿子。周幽王当然爱惜。爱到深处，差不多愿意付出一切。周幽王早先的王后，是申国侯爵的女儿，号为申后。申后早先就产下一子，已立为太子。此子就是开创东周的周平王。春秋前57年，周幽王违背周约，废申后而立褒姒为后；废周平王的太子位，立伯服为太子。此举引起申国仇恨。春秋前49年，申国、缯国、西方民族犬戎共同进攻周朝，镐京沦陷。

说到戎，笔者于此介绍古代的游牧民族。按史书的说法，古代中国有四种采取农耕之外的生活方式的人群，分别是东方的夷，南方的蛮，西方的戎，北方的狄。这个方位的划分，是就这些人迁徙于中原之前的方位而言，而不是说他们到中原之后固定地居住于某一方位。因为他们过的是游牧的生活，并定居住于某地；所以，到中原之后，按习俗四处游走，故而戎可以南至江南，蛮可以北至太行。戎又叫山戎，最早从青藏高原和新疆来到中原。他们习惯于山上的生活，所以又叫山戎。西周本部在当今甘肃、陕西一带的镐，所以四夷之中，戎最早出现于周朝的史书。古公亶父的年代，戎进攻周部落。古公亶父战败，流亡于岐山，定居于彬县。周文王年代，周文王进攻戎，将戎赶到当今陕西的泾河、洛河以北。戎遭到重创，被迫接受周文王的条约：周、戎之间以此二河为界，彼此于河岸进行商品交换，相互不得逾越过河。戎的方面，一则打不过周，再则又能得到商品交易的好处，也愿意遵守这条约。所以，历文、武、成、康、昭、穆六代，周、戎之间基本相安无事。后世所谓御戎的中策，就是指周文王与戎的这个条约。传说当时周文王已经完全包围了戎，却故意留出北面一条出路，让戎带着自己的牛羊往北逃走。人们看到大量的牛羊由此逃走，称周文王的盛德波及禽兽。就是成语的"网开一面"，也是由此而产生。其实，这是周文王认识到戎的流动性，无法彻底消灭，故而与之达成和平条约。就在周、戎和平期间，周朝渐渐看到戎的一个弊端：他们虽是习性相同的一个民族，却总是分散居住，彼此间没有固定的联络。于是，周朝套用封建诸侯的名目，将较大的戎的部落封为男爵、子爵之类的诸侯。又与之联姻，造成不同民族之间的人口融合。其实，于此以前，农耕的中原部落与戎之间就有交流。不少的中原贵族流落于戎的部落，并且成为戎部落的重要人物。这些接收了中原贵族的戎部落，早先没有自己的姓氏。接收了中原人之后，出于对中原的仰慕，他们就借用来投的中原贵族的姓氏。周朝的初衷，是分化戎的力量，使其无法形成整体的政治力量，却让戎的部落既有姓氏，又有爵位，仿佛中原国家一般。然而，他们实际不以农耕为主要生活方式，其社会状况迥异于中原国家。到周穆王年代，周穆王违背条约，越过二河进攻戎，一路往北、往西，追杀戎至昆仑山下。神话传说中有穆王八骏、玉女西王母，甚至说周穆王于昆仑山顶采伐了神奇的竹子，由之制成黄钟，并且由此开创了儒教的音乐。

周穆王率先违约开战，当然引起戎的仇恨。自周穆王以后，戎也不再遵守条约。他们偷偷越过二河，渗透到中原。这戎的一支立国号秦。秦被周朝收买，养为雇佣军。周朝想用它来以夷制夷，结果却让秦最终终结了周朝。那是后话。且说此周幽王年代，戎已经到达关中。周幽王背弃周约，改立伯服，影响到申国的利益。申国联合山上的戎，与之共同进攻周朝。戎围攻镐京的时候，故太子周平王往东逃奔洛阳。

周平王沿渭河往东逃亡，路上遇上两路勤王的诸侯。一路是车兵，来自北方晋国，由晋文侯带领。一路是步兵，来自东方郑国，由郑桓公带领。晋文侯对周平王说：

"王子！西方已经不能居住，请跟随我到东都成周。从成王时候，我朝就开始经营东都，用来策控东方诸侯。现在镐京沦陷，最好的安身之处，非成周莫属。我已驻兵于成周，可保王子无恙！"

郑桓公则说：

"我为周朝司徒，奉王命驻守东都。现在镐京沦陷，我当西行。此身誓与王共存亡！"

郑桓公到达镐京，与周幽王一起战死于骊山之下。太子伯服，也被乱兵杀死。就连那倾国倾城的褒姒，也被戎王卷走。晋文侯方面，接周平王至东都。春秋前49年，周平王即位于成周，开创东周。

这晋文侯、郑桓公是什么来头呢？他们分别是晋国、郑国的君主。笔者于此叙其身世。

晋国的前身，是号为唐的部落。周朝灭了唐之后，由周成王桐叶封弟而开创姬姓唐国。当时，按周朝的怀柔政策，将早先的唐国徙封于湖北。后来，早先的唐国消亡，姬姓唐国则改国号为晋，流传了很久。姬姓唐国的首任君主，是周武王之子、周成王之弟唐叔虞。其位置，在汾河以东，太行山以西，也就是当今山西省东部。唐叔虞始封于晋阳。至其子晋侯，将国号改为晋，将都城迁到曲沃。自唐叔虞开始，历9世9传，至晋穆侯。晋穆侯先迁都于绛，后又迁都于翼。

春秋前83年，晋穆侯讨伐晋国的仇敌条国，取得胜利。胜利归国的时候，恰逢其妻姜氏产子。人们请晋穆侯为孩子起名。因打败了仇敌，晋穆侯为孩子起名为"仇"。这个孩子，就是勤王的晋文侯。三年后，晋穆侯讨伐千亩国，又取得胜利。归国时候，逢姜氏再次产子。晋穆侯于此战中建立起了正式的军队，所以为这孩子起名为"成师"。成师是晋文侯同父同母的兄弟，在晋国之中极为尊贵，渐渐树立起自己的势力。晋文侯去世、其子晋昭侯即位的时候，成师被封到故都曲沃。事在春秋前 23 年。

自晋侯至晋穆侯，将近三百年的时间，曲沃都是晋国都城。这个城市的规模比此时的都城翼还要大。为此，有人劝阻晋昭侯说：

"封邑大于国都，恐怕将来要难以控制。好比尾巴比身子重，身子就不能调动尾巴。早先起名就埋下预言：仇，是说文侯会有人与之对等，会有仇敌。成师，是说此人最终要成事啊！"

晋穆侯的起名，最终成了预言。成师传其子曲沃庄伯。曲沃庄伯传其子晋武公。春秋 45 年，晋武公灭了晋文侯的后人，向周王申请继承晋国家业。周王批准晋武公为晋国君主，并且以一军建国。成师的后人，最终既成师，又成事。东周由晋文侯辅助而建立，周王却不帮助晋文侯的后人。这也好算是恩将仇报。周王为什么这么做呢？读者于后面可见分晓。

郑桓公，是周厉王最小的儿子，周宣王的弟弟。算起来，他是周幽王的叔叔，周平王的叔祖。还在小时候，郑桓公就得到封地。这封地在当今的关中平原，名为郑。周宣王年代，郑桓公以司徒之职，奉命驻守东都成周。成周城，传说是周公建成。周武王灭商朝之后，不断有商朝遗民造反。周朝频繁从关中调兵到华北平原肃反，很是麻烦。为此，周朝在洛河河谷建立起一个军事基地，那就是成周（当今洛阳）。这个城市是周朝在整个华北平原的基地，特别重要。所以它渐渐演变成周朝的第二都城，总是由重臣驻守。周宣王时候，周朝的国势已经衰微。郑桓公看西方的游牧部落越来越强，西周就要灭亡，所以想要借驻守成周的工作之便，于华北平原另找一个地方安家立国。他找了个知道掌故的史官，向其征询意见。这在当时，叫作卜居。史官为郑桓公选址于后世的河南新郑，理由如下：

　　成周的南面，有楚国、申国、应国、邓国、陈国、蔡国、随国、唐国。

　　成周的北面，有卫国、燕国、狄、鲜虞、潞、洛、泉国、徐国、蒲国。

　　成周的西面，有虞国、西虢国、晋国、隗国、霍国、杨国、魏国、芮国。

　　成周的东面，有齐国、鲁国、曹国、滕国、薛国、邹国、莒国。

　　这些国家，大多是周王的亲戚，势力较大。又有很多是非农耕部落，不好与之打交道。只有在济河、洛河、黄河、颍水之间，有一片空旷地带。这地方只有一些小国。较大一点的，就只有东虢国和郐国。这两个国家在当地，很有点夜郎自大。你先把家人从郑迁到那里，假装请他们照顾你的家人。然后，找时机里应外合灭了它们。以周朝的军队对付这两个国家，那还不是手到擒来？将这两个国家拿下，其周围一带的部落，自然就会臣服你。这地方北面是黄河，东面是济河，西面是洛河，都可以用作天然的国防屏障。其中又有较小河流溱水、洧水，可以用来做农业灌溉，保证庄稼收成。建国于此，可以国运长久。

　　郑桓公觉得有理，就套上马车，带着家人和手下去拜访郐国。他送郐国很多礼物，说是犬戎泛滥，故国暂时不宜居，所以请求郐国照料自己的家人。郐国国君，平常间在国内唯吾独尊，自以为了不起。等看到郑桓公的派头，方才知道世间有这等人物，自然是仰慕得五体投地。就连郐国的夫人，于帘子后面偷窥，竟然也意乱情迷，与郑桓公对上了眼。

　　周朝，乃是农耕文明的发源。郑桓公送的种种丝绸、器具，都是制作精美，郐国闻所未闻。郑桓公，乃是周厉王的儿子，当今的司徒；不光人长得漂亮，其谈吐、气质，更是令人倾心。郑桓公与郐国君主于宴席上饮酒的时候，郐国夫人有意无意地掀开门帘。一双眼睛，总是往郑桓公身上瞧。待郑桓公回看过去，她却又低下头，用手来抚弄那头发。或者是转开脸，用牙来咬指甲。要么就侧过身，故意将其胸部挺起。甚至故意使唤下人，说什么"赶紧给贵客上菜、斟酒，不要怠慢！"声音哩，弄得个柔声细气。隐约中，似有颤音。郑桓公正当壮年。这种场面，见得也多了。他转念一想：

史官让我里应外合灭这邻国。这事情正好从这婆娘身上做起！

到邻国后的某一天，郑桓公带着随从去拜访邻国夫人。郑桓公的随从通过邻国夫人的保母献上礼物：一枚玉环，一个木瓜。礼物代表着心意：玉环欲求男女交合圆满，木瓜则是赠给夫人丰胸。随从传话说：

"司徒仰慕夫人国色。然而来得匆忙，不曾备下好礼。些许微物，聊表思忱。"

郑桓公本人，想到自己的建国大计，于大门外朗声唱起周地民歌《鹊巢》：

维鹊有巢。维鸠居之。之子于归。百两御之。

这诗意，已是取代邻国君主之意。邻国夫人于二门之内，隔着帘子往外看：

王子站在高高的马车上。一身麻衣如雪，映衬着车前白马。丽日之下，几乎是天国人物，令人目眩。一阵风吹过，王子的衣带、纨绳，连同两鬓浓密秀美的耳发，都随风飘动。腰间玉佩于风中相撞，响出清脆的叮当声。

此时的邻夫人，已是酥倒半边。听了鸠占鹊巢的歌辞，她不但不生气，反倒视为天赐的奇遇。邻夫人情醉神迷，即兴唱答：

投我以木瓜，报之以琼琚。匪报也，永以为好也。

她命保母带着自己的贴身玉佩还礼，回话说：
"荒裔边塞之国，贱陋浅薄之姿，不意得天朝司徒垂青！

小国无物以报，为之奈何？"

保母传完这话，又低声说：

夫人意欲今夜造访司徒还礼，不知司徒是否有空？

那意思是：夫人无物以报，要用身子来答谢。随从早就得郑桓公授意，当即代主应承。是夜，郐夫人涂饰胭脂，熏服香草，来会郑桓公。此次幽会，关系到郑桓公的建国基业。郑桓公打起百倍的精神，把性欲、爱情和周礼，三面做全。不光卖弄其清扬之貌、孔武之力、矢命之情，更三次以玉佩相赠，用以买动妇人春心。何以是三次相赠呢？刚进门，彼此问候，送上见面礼，这是第一次相赠。妇人献身之际，为表感激，故有二次相赠。云雨之后，觉得彼此畅快和谐。意在美好，美好更出于意料之外。于是就有第三次相赠。这种礼仪，并非笔者凭空杜撰，实有《诗经》的佐证：

知子之来之。杂佩以遗之。

知子之顺之。杂佩以问之。

知子之好之。杂佩以赠之。

郐夫人得此奇遇，又惊又喜。动情之处，恨不得将生命献出。郑桓公得了这个情妇，慢慢说起自己的计谋：

我爱的是你！最爱的是你！我要与你长相厮守！为了我们的长相厮守，某某时候，我带兵来，你做内应，为我打开城门，我们占了这郐国，做这里的国主、国母！

按史官的计谋，原是要郑桓公以安置于郐国的家人来做内应。现在，内应之中加上郐国第一夫人。为了情夫，郐国夫人联络郑桓公的家人，于夜里打开郐国城门，接郑桓公的军队进城。凭了这种伎俩，郑桓公灭了郐国，占据其地盘，在东方站稳了脚。春秋前84年，郑桓公以郐国为基地，整顿军马，进取东虢国。灭了郐、东虢之后，郑桓公却不住进这两国，而是于旁边另建一个城市。他的封地原本是关中的郑。这新城就起名为新郑。为了逃避关中的戎患，郑桓公向周王请求改封于新郑，开创出郑国。

郑桓公是周幽王的亲叔叔，所以拼了性命为周幽王而战，死于骊山。他死之后，新郑城中立其子为君主，是为郑武公。在所有诸侯之中，郑国与周朝的血缘最近。而郑桓公又为周朝而战死。因此，新建东周的周平王封郑武公为卿士。所谓卿士，意为做卿的士。春秋时候的卿，相当于当今的国务卿，乃是大夫之中的最有职权者，是周朝最大的官。凭了这个职位，郑武公有权调动周朝军队，甚至有号令天下诸侯之权。春秋前23年，郑武公去世。其子继位，是为郑庄公。郑庄公继承其父的职务，为周朝卿士。

西周封国东夏，夹辅河南河北。
孽子夺嫡唐晋，因妇取国郑桓。

正副第五回

忍母弟郑伯克段　恨周约远交近攻

郑武公的夫人名叫武姜。她为郑武公生下了两个儿子。长子即是郑庄公，次子名叫段。在武姜生郑庄公的时候，出现了奇怪的事情：头一晚睡觉时并无临盆征兆，一夜都在睡梦之中。到第二天早上醒来时，孩子已经出生。武姜于睡梦中醒来，觉得下身有东西蠕蠕而动，摩擦着自己的身体。那东西仿佛是蛇，又像是狗。惊惧之下，她想要躲开，所以用脚去踢这东西。不料这东西却"哇"的一声，大哭起来。武姜大吃一惊。为此一惊，吓出月子病来；养了很久的身体，终究成了个养不好的老毛病。为此，她总觉得这个孩子带着某种不祥，所以讨厌郑庄公，更喜欢次子段。然而，立长是规矩。所以郑庄公还是做了太子，并于春秋前23年即位为郑国君主。

武姜从小惯着段。在郑武公时代，她就一再为段请求封地，没有得到郑武公的同意。到郑庄公即位后，仗着国母的身份，武姜直接向郑庄公索要郑国最大的城市制，用来做段的封地。

制这个城市，说起来很有点渊源。它位于当今的嵩山与黄河、巩义与荥阳之间。制的北面不远地方，即是著名的虎牢关。虎牢关背靠洛河、黄河，前瞰济水、中原，左拊九河、太行，右带嵩岳、太室。整个中原，无论自东往西，抑或自南往北，无不经过虎牢关。当今的虎牢关，于此春秋初期还没有成规模的城市建设。而邻近虎牢关南面，却已经建有两个军事重镇。其一是制，其二是北制。制早先是东虢国都城。上回说到，郑桓公开创郑国之初，史官建议其攻取郐国与东虢国。郑桓公通过郐夫人拿下了郐国，随后又攻取了东虢国。以这两个国家为基础，开创东方的郑国。东虢国源出古公亶父之子季历。季历一生三子。长子即是周文王。次子、三子分别名为：虢仲、虢叔。周武王开创周朝、分封诸侯的时候，分别封建虢仲、虢叔，是为西虢国、东虢国。西虢国在关中，邻近晋国。东虢国即在制。郑国灭东虢国之后，就只剩下一个虢国，所以就不再有东虢、西虢的称号。虢国为卿士，晋国假虞灭虢，那都是指的西虢。

且说当时，郑庄公因制的位置重要，视之为国家的门户，驻以重兵。武姜为段索要制，郑庄公不能答应。他托辞婉绝：

"制乃是东虢之都，东虢亡于此城。这是个亡国之城、不祥之城。它又是军事重镇，为兵家必争之地，随时可能遭遇战事。为这些缘故，先君开国之际，都不敢建都于制。封弟弟到那里去，简直就是害他！这样吧，除制之外，其他的城市，随便你挑。"

于是，武姜为段挑选了郑国第二大的城市京。段走马上任，到了京，号为：京城大叔。郑国大夫祭仲对郑庄公说：

"京是一个大城市，封他到那里，将来恐怕不好控制！"

又有公子吕建议说：

"一国不能两个君主。主公此举，不知是何意？如果你想将国家送给段，那就简直我们就都去事奉段！要是没这想法，就该早点处理他。"

郑庄公心里，何尝又不是这样想。然而，从小缺失母爱，让他也渐渐生出一种暴戾的思想：

母亲不是要惯着他吗？好吧，那就惯着他吧！

由于母亲的善意的惯和哥哥的恶意的惯，段变得越来越骄横。第一步，他让京周边的城市在向郑国上贡的同时，向自己上贡。后来，发展到让这些城市只向自己一人上贡，撇开君主郑庄公。再后来，他招兵买马，准备进攻自己的哥哥。面对这些情况，郑庄公的态度是"忍"。他说出一句经典的话：

"多行不义，必自毙！"

段让武姜做内应，马上就要打过来。郑庄公这才说：

"可以动手了！"

其实，郑庄公一开始就防着段，早就预备下这最后一战。春秋元年，郑庄公以车二百乘进攻京。段逃奔鄢。郑庄公于鄢大败段的军队。段又逃奔共。共乃是附庸于郑国的一个小国，城墙方圆不过三里，人口统共不过数千。特别是，它在郑国疆域的包围之中，差不多算是笼中之鸟。郑庄公至此，却也不为已甚，只派出几名官员赴共任职，名义上说是监护段，实则将段禁锢于共。后来，段逃离共，浪死他乡。

且说武姜充当段的内应，有谋杀君主之罪。郑庄公将武姜逐出新郑，囚禁于城颖的地牢，当众对她发毒誓：

"不及黄泉，无相见也！"

郑庄公想向武姜证明自己不是不祥的怪胎，而是值得疼爱的好儿子。然而，他失去了自己的亲弟弟。并且，为了誓言，再也见不到自己的亲生母亲。颖地大夫颖考叔，看出了君主的这种处境，想要做个好心的调解人。颖考叔自颖赴新郑，向郑庄公送礼。出于礼仪，郑庄公回请请颖考叔，请颖考叔赴宴。

宴席上，颖考叔故意将饭桌上的肉往衣领、衣袖之中掖藏。郑庄公问他：

"你为什么不吃肉呢？"

他说：

"我是个荒野边陲的守吏，平常哪有肉吃？今天有肉吃，是生平一大幸事。然而，我吃到君主赏赐的肉，我母亲却还从来没有吃到过君主赏赐的肉。我要把它带回去给母亲吃。"

这话一下子触动了郑庄公。郑庄公忍不住泪流满面，哽咽地说：

"人都有母亲，只有我没有啊！"

颖考叔假装不知道缘由，故意问：

"这是为什么？"

郑庄公将自己的家事，一一相告。颖考叔说：

"唉！不就是个誓言吗？你就遵照誓言：挖地挖到黄泉，不就可以见她了吗？"

于是，郑庄公派人在囚禁武姜的地牢外挖地道，一直通到地牢。站在地道门口，他也开不了口，只好唱歌来试探。他唱道：

大隧之中，其乐也融融？

牢中的武姜，回想起一生来对郑庄公的态度，早也已经悔悟。然而，自己犯下了谋杀君主的大罪，深感罪不可赦。至此，听到一种赦免自己的试探，那叫一个喜出望外！于是，顺着外面的曲调，武姜回复歌唱：

大隧之外，其乐也泄泄？

由此，郑庄公接母亲回宫，让武姜继续做郑国国母。颖考叔此举，其实是一种臣下讨好君主的常见心理。后世的东魏有高欢、高澄父子，弄出子烝父妾的风化案。就有与颖考叔类似的"好心人"，出面来调解其父子关系。那就是学习颖考叔的结果。有人论颖考叔，说他达到了"纯孝"的境界，差不多算是"老吾老以及人之老"、孝吾孝以及人之孝。这里且按下不表。

却说段在京盘踞多年，手下党羽众多。郑庄公于鄢击溃段的部队，一心追杀段，却让段的儿子公孙滑率领段的党羽逃奔卫国。公孙滑为何选择卫国呢？这要从卫国的身世说起：

周武王年代，周武王封弟弟康叔封于淇水与黄河之间的商朝故都朝歌，始建卫国。自康叔至卫庄公，加头加尾，计11世12传。春秋前35年，卫庄公即位。卫庄公娶齐前庄公之女，是为庄姜。庄姜之美，有《诗经》的《硕人》为证：

手如柔荑。肤如凝脂。领如蝤蛴。齿如瓠犀。螓首蛾眉。巧笑倩兮。美目盼兮……
译文：手的柔软，犹如芦苇迎风弯。皮肤白皙，犹如油脂凝结。颈项修长，犹如螳螂脖子。牙齿细密，犹如瓜籽粒粒。额如螓首的广阔，眉似蛾的触须。笑一声，带着姑娘的机灵；回望一眼，其中饱含柔情。

大约是天妒红颜。这样一个高贵的美女，却没有为卫庄公生下儿子。卫庄公再娶于陈国，是为厉妫。厉妫的媵女生下了卫桓公。庄姜认养了卫桓公。

关于这种认养，有必要多讲几句。按周礼，贵族男子一生只进行一次娶妻。这唯一的一次娶妻，同时娶进九个女人。九女须为同姓，且分别来自三个国家，每国三女。三个嫁女的国家之中，一国为主，二国为媵。来自同一国的三个少女，又是一女为主，二女为媵。同一国的三女之间要么是姐妹关系，要么是姑姑与侄女的关系。这种规定，让一家之中的妻妾同属一个姓，且有血缘关系，让她们因血缘关系而友爱，进而彼此爱护对方所生的儿子，以免妻妾间因嫉妒和争夺权势而彼此谋害。说起来，是维护家庭和睦、利于传宗接代的意思。当时的说法，叫"一人有子，三人缓带"。那意思是：来自同一国的三个女人中任何一个产子，三女都为之解开腰带，用乳房来哺育。

礼如同法律，它之所以产生，正是因为有人违背它。就是春秋时候，一娶九女的制度已经不能贯彻。卫庄公一娶无子，就进行再娶。想来，要儿子的心思，固然是有；好色的念头，也在所难免。作为第一夫人的庄姜，看到丈夫再娶生子，就由一种做母亲的天性，将"一人有子，三人缓带"的大义，推广再推广，延伸到卫桓公身上。她服下一种药物，让乳房产生乳汁，哺育卫桓公。卫桓公原是庶出，只因贵为嫡妻的庄姜认养了他，就按子以母贵的规则，转而成为嫡出，进而立为太子。国家后继有人，于卫国，于卫庄公，都是好事。偏偏卫庄公既不喜欢庄姜，也不喜欢卫桓公。

庆姜将一生情感，转化为母爱，都给予养子卫桓公。卫庄公则不免多方采择，借他山之石，反倒可以攻玉。就算是床脚下为自己洗脚、灶头边为自己烧火做饭的女奴，逢着一时兴起，也往往临而幸之。因为这种广泛采纳，他又有了一个儿子，此子名为州吁。州吁为女奴所生，是庶出。卫庄公喜欢州吁，甚至过分地宠爱州吁。

州吁在这样的环境下长大，其性格渐渐就有点像郑国的段。州吁与段，一个得父亲宠爱，一个得母亲宠爱，偏偏都不幸成不了太子。郑、卫两国是紧邻。国与国之间交往的时候，州吁与段一见莫逆，再见倾心，彼此间叙及本国的太子，深感"同为天涯沦落人"，竟有了知音的味道，结下了深厚友谊。

段在郑国谋求政权的时候，卫国之中，卫庄公于春秋前11年去世，太子卫桓公即位。段被追杀至共的时候，卫国的州吁，也正在步段的覆辙，正准备谋反。公孙滑逃到卫国，认州吁为世叔，所以请得卫国军队，讨伐郑国，攻取廪延。郑庄公身居周朝卿士之职，所以率周、郑军队反攻卫国。

春秋 3 年，郑庄公准备讨伐卫国，向周朝征兵。周朝军吏回复郑国使者：

"先王去世，小子在谅闇之中，不便对外用兵。"

这是怎么回事呢？前面提到，周平王感激郑武公勤王之功，任命郑武公为卿士。郑庄公继位之后，世袭卿士之职。周朝明里推奖郑国，暗里却很是不平。周平王想要恢复王道。他问权臣周公黑肩：

"武王开创周朝，卜筮国运八百年。不想，中途波折，镐京竟被犬戎攻破。东迁至此，倒让秦国霸占了关中。隔着殽山、函谷。回，是回不去了。我经营东方五十年，至今仍然事事倚靠郑国。想我祖宗武王、成王，灭国以万计，又建国以万计。号令天下，无思不服。如今空有这王的名头，就连手头的这点兵，也听他人号令。我欲重振王权，该如何做起呢？"

周公黑肩说：

"郑国拯王于危难，并且三代勤王。王却不下这个情，所以封以卿士之职。按说，礼乐征伐，当自王出。这兵权，早该收回了。我以为，王可以渐渐侵消郑国的兵权。可创立左、右卿士的名目，先立自己人为左卿士。自幽王时代，虢国就忠于朝廷。可封虢国为左卿士。不过，此事不能让郑国得知。"

读者注意：前面提到，虢国是文王的两个兄弟的封国，分别位于关中和中原。中原的虢国于春秋前八十年代为郑国开君主郑桓公所灭，就只剩下关中的虢国。郑国是在灭了东虢国的之后，在东虢国的土地上建立起来的。东、西虢国本是兄弟，故而仅存的西虢国仇视郑国。黑肩此议，正是利用这种仇恨，借力打力。

周平王暗中命虢国君主建起卿士的旗帜，招兵买马，效忠于王室。当时的习俗尚右。从名义上讲，郑庄公为右卿士，虢国君主为左卿士，仍然是推崇郑国。天下没有不透风的墙，此事传到郑国，让郑庄公十分恼火：

我郑国三代为周朝权臣。我祖父以身殉难，我父亲兴建东周、夹辅王室。这世代功劳，奈何一朝忘之？

郑国三番五次派出使者，到周朝说这事情。周平王说：

"没有这些事情，伯父不要听信谗言。"

郑国与周朝，关系越闹越僵。最后，为表互信，双方互置人质。周朝将王子狐送到郑国，郑国将太子公子忽送到周朝。这公子忽，就是后来的郑昭公。此人后来引出许多事端，这里且按下不表。春秋3年春，周平王去世。其子继位，是为周桓王。

按照《周礼》，继承人必须要于前任君主去世后的第一个正月初一举行即位的仪式。于此仪式之后，方才算是正式的君主。于此之前，国家的前任君主已死，而继承人又还没有正式的职权，故而国家大事，无论其何等重要，都必须搁置、推延。新任的周桓王继承其父光复王道的思想，一方面暗中承诺兵权于虢国，另一方面就找出这个服丧的借口，拒不发兵与郑庄公。郑庄公追杀段的党羽，正需要军队。此时请兵不成功，尤其愤慨。他问手下的祭仲：

"武王立誓无障谷，无巫彖，乃是天下为公的意思。因为这一种意义，才有诸侯勤王。先王虽立了左卿士，毕竟军队还是听我的军令。今王直接不给我军队，这是何道理？"

祭仲冷笑两声，说：

"那老掉牙的《周约》，主公居然也信？要说无障谷，那就不必征伐四方。武王何以征伐天下，抢占别人的土地？要说无巫彖，那就不必征求贡赋。周朝何以三年一朝，五年一巡，到处收取财物？

"他想要让大家效忠，故意说这些好听的话。按说，彼此同根，保护王就是保护自己。但是他把你往绝路上逼，你也不可不防哩！"

郑庄公听了这话，由气愤激出壮志：

"什么王？我的祖宗，何尝不是王！他做得的事情，我何尝做不得？面子上我尊敬他。若论本事，他那点偷偷摸摸的伎俩，算得了什么？"

郑庄公气愤不过，却又不敢公然进攻周朝，他派兵到温县和成周，收走了田野里刚刚成熟的周朝的麦子。周、郑关系越来越僵，郑庄公只寻求其他支持。经一番谋划，郑国立下个"远交近攻"的策略：

结交远在东方的齐、鲁，进攻附近的卫、宋。

卫国，是因公孙滑而结仇；宋、郑之间，又有什么过节呢？说到宋国，叙其身世。

宋国自微子开国之后，历4代5传至宋闵公。四辈人却传了五代，是因为其中有立弟。之后，宋闵公传其弟，是为宋炀公。之后，炀、厉、僖、惠、哀、戴、武、宣，八代都是传子。

一般来讲，立嫡立长，便于保证国家的稳定。而立弟，则往往是以人的才力为依据，具有强者为王的原始习俗。在《周约》规定嫡妻嫡子之前，中原的国家部落早就有立弟的传统。立嫡立长的规矩，出自周朝，并以《周约》而成为天下公义。宋国乃是商朝后裔，虽接受了《周约》，却带有早先的商朝的习俗，有立弟的传统。春秋前7年，宋宣公临死前不传其子宋殇公，而传其弟宋穆公。春秋3年，宋穆公病危。宋穆公原有儿子公子冯。然而，他召来大司马孔父，说：

"先君不立自己的儿子而立我。这恩德我不敢忘。我死后，你们立先君之子。"

这场景有个名目，叫作"顾命"，又叫"托孤"。由此，孔父成为顾命大臣。他根据宋穆公的遗命，立宋宣公之子，是为宋殇公。孔父以宋穆公的托孤成为重臣，当然要保护宋穆公的儿子公子冯。然而，立了宋殇公，就让公子冯与宋殇公之间呈无需论证的仇敌关系。为此，孔父想将公子冯送到外国。春秋3年，孔父派人带着礼物，送公子冯到郑国，请求郑庄公收留。使者说：

"我国先君的遗命：不立公子冯，立宣公之子。公子冯乃是先君嫡出长子，若再居于祖国，多有不便。请贵国下顾敝国，收留公子冯。"

郑庄公想：

这人是宋国嫡系长子，本该做当家人。要是将来能够送他回国为君，凭我收留他、拥立他的大恩，可以挟持宋国，让宋国听我的号令。这正是奇货可居！

因为这个长远考虑，郑庄公收留公子冯。宋殇公当权之后，根据"斩草除根"的规则，要求郑国交出公子冯。郑庄公拒绝交出公子冯。于是，郑、宋结仇。

为了应付国际紧张局势，郑庄公虽痛恨周桓王，表面上却装出以德报怨的样子。春秋 6 年，周朝出现饥荒。周、郑关系不好，周桓王寻求远方的鲁国的帮助。鲁国向郑国发出照会，郑庄公带着大量粮食朝拜于周桓王。周桓王至此，伸手不打笑面人，也只好表面应酬，说什么"彼此至亲，血浓于水，虢叔任卿士一说，率皆无谓的传言。我朝历史以来靠着郑国，怎能不仰仗郑国？"郑庄公心下不信这些，另外寻求东方大国齐国的帮助。郑庄公派使者到齐国送礼，对齐国君主齐僖公说了一箩筐仰慕的话，最后才道出自己的目的：

"贵国乃是中原第一大国，贵国的号令谁敢不听？现在，我国因为一点家事，与诸侯失和。敢恳请贵国出面调停。若得与诸侯和好，我国君主感你的情，我国举国事奉贵国。我国的财产，即是贵国财产；我国的儿女，即是贵国的臣妾！"

齐僖公听了这些话，难免有点飘飘然。他寻思对方无非就是出钱办事。收了郑国的钱财，齐国分派出使者，到鲁、卫、宋等国转述郑庄公的和好之意。春秋 8 年，齐僖公做个牵头人，召集宋、卫，盟于瓦屋。会议的议题，乃是宋、卫释怨于郑。郑庄公感激不尽，向齐僖公许以爵位，带齐僖公朝拜周王。周桓王收了郑国许多钱财，就答应郑国的请求，为齐僖公进爵。齐、郑之间，互换名利，结下友谊。

读者注意：郑、齐关系，真如郑庄公所言：乃是出于对齐国的仰慕？是的。然而不仅于此。郑庄公其人，对自己的亲兄弟都采用"惯"的手法，其心机极其深沉。他不过是将对于段的计谋，重新运用到诸侯身上。当时，齐国是东方大国，声威高于郑国。齐僖公以为自己是拿钱办事，殊不知郑庄公以此手段买动齐国，让齐国为郑国做事，以此造成一种郑国使唤齐国的迹象。中原诸侯看到齐国都在为郑国做事，感受到郑国的强大，渐渐就认同郑国的大国地位。这其中暗含一种"狐假虎威"的计谋。

得齐国支持之外，郑庄公又寻求鲁国支持。殊不知这鲁国，却很难搞定。郑、鲁关系一波三折。相关情况，下回再叙。

母爱纠缠心臆，儿心不足成仇。
怎样彻底占有？欲望尽头是魔。

循环第六回

顺天命为鲁夫人　考仲子初献六羽

上回说到，郑庄公用"远交近攻"之计，计划结交东方的鲁国。就在郑庄公追杀段的春秋元年，鲁国新君即位，是为鲁隐公。鲁隐公与郑庄公之间，曾经有一个解不开的疙瘩：

鲁隐公做公子的时候，曾经率领鲁国军队与郑庄公交战。郑庄公俘虏了鲁隐公，将其囚禁于郑国贵族尹氏家中。鲁国方面几番向郑国送礼，只求买回鲁隐公。郑庄公说：

"我国死了许多将士，只得到这个公子。要让他回国，也不是不可以，鲁国可以用许田来换！"

许田是什么呢？是郑国以南的一片土地。这地方全部是耕地，且都是历经无数年代开发的熟田。照现代的话讲，是个粮食基地。这个地方早在周朝开创以前，就有农耕部落。最初的定居者，乃是楚国的先祖昆吾。周武王建周朝后，将此地封与姜太公的亲戚，赐国号为许。后来，鲁国向周朝送礼，请周王将此地分出一部分，赐给鲁国。鲁国人说：

"周、鲁至亲。鲁国朝拜周朝，一年都不知有几多回！请王将许田赐予鲁国，让鲁国使者有个落脚之地。让使者于此斋戒沐浴，换身干净衣裳，才好来拜见天王！"

周王得了鲁国的钱财，一时高兴，就同意了。周王想：鲁国是同姓亲人，而许国则外姓人。帮里、帮亲，原是周朝的传统。当时的许国，拗不过天王，就只好割让土地。从此，这许田虽冠以许国的名号，却成了鲁国的疆域。这地方与鲁国本土，隔着一百多公里，却能够源源不断地为鲁国提供粮食，为鲁国所珍视。郑庄公的国家郑国，早先原本在关中。郑桓公提前预测到关中的沦亡，到东方开创新郑。这新兴的郑国，是灭了邻国、东虢，在别人的土地上开国。郑国的所有土地，都来自于巧取豪夺。现在得了个公子，郑庄公就又想用来换土地。鲁国珍视许田，拒绝郑庄公的条件。消息传到尹氏，鲁隐公为之失意、失志，进而失去生活的希望。尹氏的主人看不过去，担心他寻短见，让自己无法向郑庄公交代，就对鲁隐公说：

"公子，你这样愁下去不是个办法。过两天鬶氏家有神社，我带你去见祭司钟巫，求神灵给你指条明路吧！"

鲁隐公闻言，心中一亮。然而，他故意说：

"我已到这般田地，还能有什么明路？"

话虽如此说，他却将随身的钱财，用来买通羁押自己的人。神社之中，钟巫对鲁隐公说：

"向山神说出你的心愿，山神会保佑你！"

身为贵族，鲁隐公平日常信仰的是泰山、鲁山的山神。这种小地方的山神，他打不上眼。然而，自己流落至此，或许需要此神灵的保佑？鲁隐公诚心正意，向这鬶氏的山神祈祷自己能够逃脱回国。趁着祷告的时机，鲁隐公逃跑。负责羁押他的人假装追赶不及，让鲁隐公得以逃脱。回国之后，鲁隐公心中仇恨郑庄公，却将鬶氏的山神视为自己的保护神。

这一段往事，让郑庄公踌躇起来。臣下中有人建议：

"直接找他，确是不好开口。不如寻求第三方的斡旋，由他国出面，或许可以成功。我们买通鲁国的附庸邾国，由邾国出面来办！邾国在他刚即位时就去朝贺，邾、鲁定下了友好条约。邾国出面，他多少要给点面子。"

郑庄公备下重礼，建交于邾国。邾国的祖先，乃是陆终（参看《春秋主要国家君主系》）的后人，与楚国同宗。按照周朝重姬姓轻外姓的原则，只要不是古公亶父的后人，都遭到压制。邾国被中原诸侯夷狄视之，只好寻求近邻鲁国的保护。值鲁国新君即位，邾国君主仪父亲自前去朝贺。鲁隐公即位一事，因鲁国是个二流国家，国际上并不重视。周朝只知道鲁国死了人，没搞清死者是谁，竟然送来两份葬礼，同时为鲁隐公之父鲁惠公、鲁隐公嫡母仲子送葬。宋国君主宋穆公，原是计划前往朝贺。半路途中国内有事，就折了回去。除此而外，没有一个大国前来祝贺。鲁隐公感叹人心不古，所以就热情接待仪父。春秋元年秋，邾国仪父再次造访鲁国，转告郑国的结盟的意向，请鲁国派兵支援郑庄公。鲁隐公对自己遭郑庄公俘虏一事怀恨在心。他不好公开自己遭俘虏的丑事，只拿出外交上的客气话来婉绝：

"我哩，只是因为弟弟还小，暂时坐在这位子上。要说军国大事，也还不好擅自作主。你可以找我国的其他人商量。"

这又是什么情况呢？笔者从鲁国的身世说起：

鲁国是周公的后裔。周公为史载的第一贤相，在世时候长期居于周朝，为周朝工作，忙得不可开交。周朝要封他于鲁国，他却没有时间去。于是，只好封周公之子伯禽为鲁国第一任君主。自伯禽之后，历7代13传至鲁惠公。春秋前1年，鲁惠公去世。为着这谁做继承人的事情，出现了波折。

鲁惠公原配的第一任夫人，名叫孟子。她没有生下儿子就去世了。孟子的媵女声子做继室夫人。声子生下了鲁隐公。算起来，鲁隐公先是媵女所生，为庶出；后来媵女继室，子以母贵，可以算是嫡出。然而，后来鲁惠公又娶了仲子。仲子的身世带着神奇：她出自宋国，是宋武公的女儿，算起来是宋宣公、宋穆公的妹妹，宋殇公、公子冯的姑姑。在她出世的时候，手上的掌纹先天呈现为四个字：

为鲁夫人

读者或者要问：这又是什么胡编的神话？这不是神话。春秋时候的书法，使用的是现代所说的大篆、古篆体。这种书法的笔画起头粗大，然后细而弯曲，形如蝌蚪，号为"蝌蚪文字"。这种文字与人的掌纹有相似之处。

春秋时候的人，要迷信得多。看到了这几个字，人们认定这是上天的旨意。于是，待仲子成年，宋国就将其嫁到鲁国。鲁国人同样迷信，也就顺应天意，娶仲子为正室夫人。仲子，生下了鲁桓公。这鲁桓公是宋国公爵的嫡外孙、嫡外甥，又是正室夫人所生，按子以母贵的规则，当然是嫡出。与此同时，声子降级为第二夫人，鲁隐公随之又回到庶出的身份。

按当时的惯例，无论是依立嫡的规矩，还是顺应迷信的天意，都应当立鲁桓公。然而，鲁桓公年龄太小，只有几岁。鲁隐公比鲁桓公年长很多。在仲子嫁到鲁国之前，鲁国贵族之中有人认为鲁隐公会做继承人，预先巴结储君。所以，鲁隐公早已有了自己的一帮支持者。鲁国贵族开会讨论，最终的决议是：

由鲁隐公做摄政君主。待鲁桓公成年后，鲁隐公让位给鲁桓公。

一国之内，君主为大。君主说什么找我国其他人商量，这分明就是推脱之辞。不想，邾国君主仪父为巴结郑国，真的找到鲁国贵族公子豫，要公子豫出兵。此时的鲁隐公刚刚才即位，并且做的是摄政君主。公子豫不是鲁隐公的党羽，在政治上拥护年幼的鲁桓公，所以率军加入到郑国联盟。公子豫擅自拉走鲁国军队，让鲁隐公心中恼火：

就算我只是摄政，政令不出于弟弟，也该出于我。何至于由他如此自作主张？

他于事后刺杀了公子豫。内政之中处理公子豫，外交之中就与郑国为敌。

鲁隐公即位以后，家事不断。春秋元年，要为父亲鲁惠公服丧。春秋 2 年，纪国前来说娶鲁隐公的大女儿伯姬。同年冬，嫡母仲子去世。春秋 3 年夏，鲁隐公生母声子又去世。当时的社会，特别重视葬礼、婚礼。婚礼分为纳币、纳采、问名、纳徵、亲迎，共计五个步骤。每个步骤都要准备许多财物。另有一大堆琐碎的礼仪，那是不消说的。葬礼就更加繁琐。又要预先对下葬时间进行卜，又要预先准备寿材棺椁。高规格的坟墓，特别地讲究，差不多相当于修建一个地下的套房。先是开挖一个墓道，由墓道通往墓室，以此来比拟现实社会之中住家院子外面的大路。然后依照房屋的格局，先是院子，然后正厅，然后才是寝室。一层层到最里面，才是放置棺椁的主墓室。坟墓之中，还要仿照生前的样子，预备下生活所需的器具。总之，相当于另建一个人生。如此繁杂的事情，有的由死者于生前预先准备，更多的则要由生者来料理。对生者而言，这些都还是小事。为死者服孝，这样要忌，那样要行，琐碎的东西一大堆，要占去人很多时间和精力。就是到了后世，如果一个官员死了父亲，那需要直接辞职三年，才能料理完丧事。鲁隐公接连遭遇三件丧事，忙得不可开交。春秋元年为鲁惠公服丧。麻布衣服刚换成礼服，正好举行了女儿的婚礼。婚礼一结束，又开始为仲子服丧。为仲子服丧还没有完，又开始为声子服丧。怎样服丧呢？按标准的礼仪，服丧至少有以下名目：

选用最粗劣的麻布，用刀将其斩成几块。将这种块状麻布披在身上，当作衣服。又将这麻布戴于头上做头巾、系于腰上做腰带、系于所扶的竹杖上做标志，以标明自己的孝子身份。穿草鞋。住木屋。以草为缛，以草为枕。除清汤寡水的稀粥之外，不吃任何其他东西。因为总是以薄粥为食，为人乏力。更因为哀悼天伦，悲痛的感情伤及身体。所以，原本健康的人，需要扶着拐杖才能行走。这孝子日常间的功课，乃是病恹恹地靠于木屋外的东墙，不断地哭泣和叹息。

这样的生活，实在让人觉得晦气！至春秋 4 年夏，举行完声子的周年祭，鲁隐公总算松了口气。换了身光鲜的衣裳，外出围猎，预备去一去身上的晦气。游猎的队伍一路往南，见山围猎，遇水取鱼。白日里驰骋于原野，到晚上烧烤猎物，开篝火晚会。

一日正在赶路，斥候来报：

前方出现一支人马，从旗帜上看是宋国君主。

鲁隐公道：

"宋国是嫡夫人的祖国，是我的亲戚。然而，彼此没有预约，且在此荒郊野外，如何行礼？"

手下有官员进言：

"按《礼》：不期而遇，可行遇礼。"

鲁隐公与宋殇公叙起亲戚关系，行起"遇"礼：

双方用围猎中用的栏杆、围帐圈起一个场所，用马车来当案桌，上面摆上些刚刚猎获的野味和随身的酒。二人分别面向正东方、正西方，面对面地同时下跪，双手按于地面，叩头至手背。彼此都保持这一姿势，足足有两三分钟。这个名目，叫作"稽首"。

礼毕起坐，二人又相互为对方酌酒于爵。对饮两爵之后，才开始叙谈。鲁隐公说：

"宿之会，结鲁、宋之好！敝国夫人去世，蒙贵国下顾，失谢为过。君承宋国先君遗命，主祀宋国宗庙，寡人又失贺。于此告罪！"

宋殇公说：

"宋、鲁为近邻。天命仲子为鲁夫人。宋、鲁之好实乃天意！贵国君氏去世，失吊为憾！君承鲁国君统，主祀鲁国宗庙。寡人失贺。寡人告罪焉！"

读者注意：这话中的君氏，是鲁隐公的生母声子。声子是媵女出身，地位卑贱。然而，宋殇公为了讨好鲁隐公，故意称其为"君氏"。照字面的意思，意为：君主的女人。在鲁惠公年代，鲁宋关系并不好。鲁惠公曾经与宋宣公发生战争。宋穆公即位后，想要搞好宋、鲁关系，就于春秋元年趁鲁惠公去世、鲁隐公即位的时机与鲁隐公约会于宿，建立鲁、宋友好关系。之后，因仲子是宋国女儿，宋穆公派人参加了仲子的葬礼。宋殇公即位后，为了对付公子冯，与郑国为敌。最近郑国正设法拉拢鲁国，这让宋殇公不舒服。得了这机会，正好拉拢鲁国，借以削弱郑国的联盟。

鲁隐公以庶夺嫡，宋殇公以侄继叔，二人均违背了当时视之为大义的《周约》。二人一唱一和，相互吹捧，彼此承认对方的合法性，已成宋、鲁同盟的意向。客套话之后，二人谈到国际形势，宋殇公请鲁隐公加盟于共同对付郑国的联盟。场面之上，鲁隐公满口应承。这一年的秋季，宋殇公派人到鲁国，向鲁隐公借兵。使者说：

"郑国僭用卿士之名，实乱王室。胆敢侵略天王，兴兵至京师，犯王畿而残王民，实为大逆不道。寡君欲匡扶周室，与天下诸侯共伐郑国。照会之下，诸侯响应。现已结成宋、卫、陈、蔡多国联盟。举多国伐一国，必将包郑国而尽取之。寡君念宋、鲁亲戚，不忍独肥，故请贵国参战。"

鲁隐公听完这些场面上的大话，派人安顿使者，回身开会商议。手下的人介绍国际形势：

周、郑关系闹僵。郑国寻求齐、鲁支持，与卫、宋为敌。宋殇公今年刚刚即位，正在追杀公子冯。卫国收留公孙滑，与郑国成仇。今年春季，卫国的州吁造反，杀死了卫宣公，自立为君。现在宋、卫结成联盟，又结交上陈、蔡，四国直指郑国抢收周朝麦子的罪名，围攻郑国。

鲁隐公看参战的胜算极大，就说：

"郑国的寤生（郑庄公），连自己的同胞弟弟都不放过，又把自己的亲生母亲关入地牢，使其不见天日。这是人做的事情？譬如说我，说过要让位与弟弟，何曾起过一丝一毫的歪念？算起来，他是王的至亲，却又去抢周朝的粮食。这好比看着父亲端碗吃饭，劈手夺走父亲的饭碗。此等行径，岂止四国围攻，直可以举天下而共伐之！然而，我坐的这个位子，是弟弟的位子。该怎么办好，你们看着办吧！"

众人听了这种话，就议成由鲁国贵族公子翚率军参战。鲁、宋、卫、陈、蔡，五国联军包围新郑。郑庄公不敢出战。此时正当麦收时节，五国联军以郑国不该抢周朝粮食为名，将新郑城外的郑国粮食全部收割抢走。抢走之后，却并没有送与周朝做补偿，而是按出兵的多少分成，各自用牛车将粮食运回自己国家。

当时的中国，以《周约》为国际准则。郑庄公侵略周朝，遭到五国围攻。而鲁隐公以庶子摄政，也为列国所不齿。他的即位，仅有邾国一国前去朝贺。就连这个邾国，也被中原诸侯视为不开化的蛮夷，不上算的。鲁隐公迫于社会压力，感到自己最终不得不让位与鲁桓公。如果不让位，可能会遭到诸侯的讨伐。每当想到这事情，他就揪心。眼看弟弟一天天长大，他感到天意难违。寻思到最后，他想：

假设没有这个弟弟，做正式的君主，也还是有死的那一天，也还是只能享有限的富贵。人生无常，且于有限的生命之中，追寻无限的快乐。未来不可预测，人应当活在当下，今朝有酒今朝醉，遑论其他？

想通了这点之后，鲁隐公不再管什么国际、国内，开始致力于享乐。春秋5年春，鲁隐公跑到当今山东的东平湖去组织打鱼。读者或者会问，打鱼有什么特别好玩的地方呢？这需要搞清楚，君主打鱼不同于普通渔民，那是大型的捕捞活动。对于经常身处深宫的君主而言，打鱼既可以赏玩山水风光，又可以有难得的划船的乐趣，还可以吃到稀奇难得的鱼肉。就是后来的明朝武宗，也仰慕古人的这点乐趣，跑到南方去"矢鱼"，结果坠于湖中，险些淹死。另外，当时的江河湖泊之中，生长着极大的鱼，其体形巨大，约等于上古的恐龙。就是到了晋朝，周处也曾跳入河中去杀这种大鱼。捕杀这种大鱼，差不多相当于捕杀尼斯水怪，极其惊险有趣。

对湖中的大鱼，当时用的是弋射的方法：

先派出船只到湖中招引出大鱼。然后用巨型的弓箭，箭头设倒钩，箭尾缚上丝绳。数人合力拉弓，用这种箭来射大鱼。

射中之后，再将鱼拉上湖岸。

东平湖所在的地方，已经出了鲁国疆域。跑这么远的路去打鱼，要耗去个把月的时间。先是赶路。到达目的地之后，又要预备船只、渔网，又要清理湖中的冰。鱼打起来之后，又要举行大型的宴会。宴会之中，少不了的，当然是音乐、女色和酒。对此，有人进谏说：

"按照礼仪，鱼并不是祭祀之中的必需品。祭祀之中用粮食酒。就算是太牢，也只是牛、羊、猪，也没有鱼。打鱼只能得到点鱼皮来装饰车篷，得到点贝壳来做盛器。那都是无关痛痒的东西。主公有偌大的国家，有无数的政事，不应当为了打鱼去那么远的地方。"

鲁隐公不但不听劝告，反倒耍出了兴致，又开始筹划关于仲子的祭祀。读者会问，祭祀又有什么好玩的地方呢？举个例子来讲，祭祀好比是过年。一切好吃的、好看的、好玩的都在里面。鲁隐公借口要供奉仲子的木主，专门修建起仲子的神社。在这神社落成的时候，按照礼仪举行歌舞表演。当时的舞蹈分两种，一种名为万，是宣扬武功的舞蹈。另一种名为籥，是宣扬文教的舞蹈。万舞的道具是盾牌和斧头。表演的时候，每两人为一组，模仿战争的打斗场景。"万"字在古时有两人相对的意思。故而此舞名为万舞。籥舞的道具为插有一支美丽羽毛的笙。表演时边吹笙边跳舞。籥即是笙。万舞展示的是武力，其表演者必须是男性。籥舞则男女不限。鲁隐公于自己的女奴之中，挑选出一些性感的美女，命其穿上半裸的衣服，来表演籥舞。伴随音乐的节奏，细细赏玩其胸部的起伏、臀部的扭动，一边就在幻想自己于小寝、敞轩中与之交欢的场景。鲁隐公计划等祭祀结束，挑选某几个来侍寝。正在心猿意马，旁边的众仲问道：

"八佾是我鲁国的体面，你何以主动减损？这不是丢祖宗的脸吗？"

原来，籥舞的队形排列为正方形，其人数与级别有关。后世对籥舞的级别规定是：天子为八八六十四人，是为八羽。诸侯为六六三十六人，是为六羽。大夫为四四一十六人，是为四羽。士为二二四人，是为二羽。羽又叫作佾，是指表演中所用的羽毛的支数，代指表演的人数、规模。鲁国是周公的后裔。因为周公对周朝有巨大的功勋，周朝特别批准鲁国建天子礼乐。所以，鲁国的籥舞用的八佾。至此时，鲁隐公第一次用六佾的规格。鲁隐公听臣下发问，不得不丢下幻想，板起脸说：

"若论丢脸，如今丢脸的事情多了去了。就算是周王，被戎赶出镐京，那也是丢脸。实大于名，是谦逊。名大于实，则是树大招风。减损人数，是为了保我国家安全。与宗庙社稷的存亡相比较，丢脸是小事情。"

鲁国自降身份，一则因为鲁隐公是摄政君主，再则也因鲁隐公对于权力的欲望不够强烈。政客最重要的素质，正是强烈的权力欲和征服欲。鲁隐公不够强势，并且时常出游，手中的兵权、政权就渐渐落入臣下手中。在国际外交中，他又持一种骑墙态度，以至于后来遭人暗算，没有人为他惋惜，也没有人替他出头。怎样的骑墙态度呢？春秋5年，因邾国曾经充当郑国的使者，替郑国求兵于鲁国，故而宋国实施报复，讨伐邾国。邾国抵挡不住，求救于郑国。郑庄公率领周朝军队，打起王的旗号，讨伐宋国，以释邾国之困。此前，鲁、宋遇于清，达成同盟意向。之后，包围郑国的战争，鲁国也曾参加。至此，宋殇公再次求助于鲁隐公。面对宋国使者，鲁隐公说自己需要考虑一下，请使者先到宾馆休息。使者说：

"郑军已经攻破我国外城，我哪有心思休息！"

鲁隐公不管这些，支开宋国使者，召集鲁国贵族会议此事。宋国使者在宾馆左等右等，久久得不到回复，心中焦躁起来，就闯进会议室，大声质问：

"我来的时候，郑国军队已包围敝国外城。此时恐怕要入城了！军情容不得耽搁，君主究竟是何态度，请给个确信！"

鲁隐公向来自诩为礼仪之邦，心中最见不得无礼的行为。他想：

我为你的事情专门开会，你却闯进会场，干扰会场秩序。

实在可恶！

鲁隐公故意发问：

"你说已经兵临城下。郑军现在到哪里了嘛？"

使者见鲁隐公明知故问，焦躁转为愤怒，就赌气说：

"不是兵临城下，还没有到我国境内哩！"

这话激怒了鲁隐公。鲁隐公当即解散会议，派人通知宋殇公：

"贵国求助于我。我询问军情。然而，贵国使者说敌军还没有到宋国境内。我搞不清情况，不知该如何应对。"

郑庄公对宋国围攻不下，也就离去。宋、鲁之间却因此借兵一事产生隔阂。这一隔阂，被精明的郑庄公充分利用。

春秋 6 年，郑庄公派人送礼至鲁国，寻求鲁、郑友好。鲁隐公看在钱的分上，不好提旧恨，但也没有同意。此事传到宋国，宋殇公心下已经很不高兴了。春秋 8 年，郑国使者再度访鲁。此番来访，于平常的礼物之外，另有一幅地图，一册户口簿。使者传郑庄公的话：

"寡君念鲁、郑情好，献郑国属下的祊予鲁国。使者此行，即将此地交割予贵国。"

世间财富，都是由土地所生。天地之间最值钱的东西，莫过于土地。郑国平白地送土地给鲁国，鲁隐公简直不相信自己的耳朵。客套之后，鲁隐公派人去问郑国的意图。使者回复说：

"我国要将祊送给贵国。地图、户口簿都带来了，这能有假？我此行的任务，就是要交割这地方。我国君主说：这地方离郑国本土太远，不好管理，干脆送给贵国。至于说条件，也不是没有。贵国的许田，离本土太远。我国想要另付租金，租借贵国的许田。"

这所谓的祊，恰好与鲁国的许田类似。它是郑国的土地，却在泰山脚下的鲁国旁边。这片土地，与封禅有关。封禅被视为儒教第一大盛典。笔者于此介绍其渊源：

早先，周宣王听人说起伊尹和汤于泰山上参见上帝的故事，仰慕得了不得，也想要到泰山去举行个类似的祭祀活动。到了山顶之后，除了云山雾罩，哪里见得到什么上帝的踪迹？百思不得其解之后，糅杂古今，做出一种礼仪：

于山顶平整出大约两个平方米的土地，让周王面向正东方，跪拜于这地方。几番拜起，然后又凝视东方大海，假装出接收天意的样子。到最后，效仿当初的汤，也拿出一个盒子来，也宣读天谕。

随从的人跟随王的目光凝视东方。那茫茫的云气在阳光的折射下变幻万千。你要说它像什么，它就像什么。就是今天，某些高山的山顶，也有什么"佛光"。那其实主要是雾气流动、光谱呈现的结果。这些云气的影像，哪里有什么神灵？这种鬼把戏，按说没人会信。然而，在那大山之巅，人类感受到自然的伟大，同时感到人类的渺小。其景其情，最容易让人相信冥冥之中有神灵。组织者又将整个仪式搞得极其庄严肃穆，定下一大堆讲究和规矩。让人越觉真有神灵存在。其实，孔子有一言，道穿了真谛：

祭如在。

什么意思呢？进行祭祀，一定要想着真的有神灵存在。老这样想，想到后来，自己也搞不清是自己的臆想，还是真的客观存在。于是乎，但凡是从山上下来的人，都变得神神叨叨，这个添点油，那个加点醋，越说越神，最后竟然传说上帝亲手给了周王五色土，又宣告周王死后将回到其父亲，也就是上帝的身边。编来编去，只为了让人相信周王的神圣和伟大，好让人们老实地将自己的劳动所得上贡给他。这一整套祭祀，有一个名目，就是"封禅"。

祭祀搞完之后，人们都视周宣王为神。周宣王忍不住高兴的心情，就将泰山脚下的土地，分封给自己亲朋好友。那意思，是让与他要好的人来沾点泰山的"仙气"。当时的郑国君主郑桓公，乃是周宣王的亲弟弟。所以郑国由此得到一片土地，那就是祊。这个地方在山区，不那么适宜农耕。其实用价值远不如许田。为此，郑国方面不好直接用祊来换许田。

鲁隐公分析此事：祊不如许田。然而，对方眼下就将祊送给我。这个实惠，且先拿过来再说。他说要租用许田，那只是意向，将来可以找出无数的理由来推脱。纵然不能推脱，总可以拖延。

于是，鲁国实受郑国的祊，郑、鲁达成租用许田的意向。此事让鲁隐公觉得占了极大的便宜，暗中对郑庄公生出好感。然而，郑庄公费尽心思，所要的正是这一好感。

至春秋十年，郑国使者又来送礼。鲁隐公想：

该不会是来要许田吧？

究竟郑国是否索要许田，且看下回。

最有文化是周朝，吃喝玩乐皆文章。

田猎是操练武艺，祭祀乃神道设教。

叠加第七回

杀石厚大义灭亲　　立许叔郑庄小霸

上回说到，郑国使者造访鲁国，鲁隐公担心是来索要许田。不料郑国使者对租用许田一事，一字未提，却说起另外一件事：

"武王立誓：无易树子。宋国废嫡子，立小宗，背天悖伦，为天地所不容。寡君身为天王卿士，以维护《周约》为己任。现敝国责成齐国加盟，共讨此不义之举。贵国乃礼仪之邦，贵国先祖周公匡扶周室，勒成《周礼》。想来贵国不至于坐视？"

前面提到，郑国自追杀段以来，遭到诸侯围攻。郑庄公用

"远交近攻"的计谋，几年惨淡经营，见了些成效。加之卫国的州吁倒台，公孙滑随之沦亡，无形中帮了郑庄公。郑庄公寻仇于宋、卫，先讨伐宋国，故有此请。

卫国的变故，发生于春秋 4 年。卫国的州吁，打小时候，就喜欢舞枪弄棒，其为人好乱喜祸，平白的，都要惹是生非，是个闯祸的头目。公孙滑投奔州吁，向州吁倾诉自家遭遇。一番诉说，让州吁由郑国联想到卫国，由段联想到自身。将心比心，他觉得哥哥卫桓公总有一天也要对自己下手。想起自己的兄弟关系，时而害怕，时而兴奋，仿佛热锅上蚂蚁。恐惧，演变成一种朝不虑夕的紧张心情。终于，春秋 4 年春，州吁带兵闯入宫中，杀死了哥哥卫桓公，自立为卫国君主。

州吁做上君主之后，觉得自己于名分上不对。然而，他心中不愿意承认这种不对。他对公孙滑说：

"前任做了足足十五年。这卫国之内，不知有多少人向着他。我现在连觉都睡不安稳。这些人随时都要对付我啊！"

公孙滑对他说：

"要人心向着你，最好的办法是立威！只要打了胜仗，别人就怕你。人都怕了你了，哪还敢有动你的心思？我国的那个人，仗恃有王的支持，攻打卫国。现在，王封了左卿士，他与王闹得不可开交，你正好趁机报仇。

"去年，宋国的孔父立小宗，将公子冯赶走。公子冯逃到了郑国。郑、宋因此结仇。我们可以联合宋国来对付他。"

州吁最喜欢的就是打仗。听了这种建议，就派人对宋国君主宋殇公说：

"你哩，想除掉祸害；我哩，也看不惯郑国君主的作为。我想，由你来承头，我来出军费。再加上陈国、蔡国。打郑国，应当不是问题。"

这话中的祸害，是指什么呢？按照《周约》，宋国的君主应当是公子冯而不是宋殇公。宋殇公以侄继叔，名分上不对，所以担心政权的稳定，想要追杀公子冯。公子冯是宋殇公的心腹大患。所谓"祸害"，就是指公子冯。宋殇公得州吁的这个建议，当即应承。为扩大同盟，宋殇公争取鲁国的支持。鲁隐公看形势于宋、卫有利，就参与其中。

春秋4年夏，宋殇公做了个带头大哥，组织宋、卫、陈、蔡四国军队，包围郑国东门五天。秋季，四国联军之外，又加上公子翚所率的鲁国军队，再次讨伐郑国，收走了郑国的粮食。

州吁借兵打败了郑国，却还是担心位子坐不稳。他有一个篾片朋友，名叫石厚。此人是卫国权臣石碏的儿子。石碏总是告诫石厚，不要与州吁搞在一起。石厚哩，自以为傍上了高枝，不以为然。石碏教子不成，也只好听之任之。眼看州吁继位，于自己的政见不合，石碏辞职回家。州吁担心自己位子不稳，征询于石厚。石厚本是个草包，哪能有什么主意？就跑回家去请教自己的老子石碏。这老头子说：

"照你说来，君主担心的是名分。要得名正言顺，那最好是去找周王。要是能够得周王赐命，谁还敢说你不是卫国君主？"

石厚说：

"平白的，怎好找到他。这种事情，也不好开口。"

读者试想：州吁乃是弑君的人物。按照儒教的规矩，人人得而诛之。周朝，仿佛基督教的梵蒂冈，乃是儒教的最高法庭。罪犯向法庭申请枉法的事情，那当然是不好开口。石碏强忍住心中的冷笑，慢吞吞地说：

"也罢，我为你们出个主意。现在陈国君主与周王关系不错。我国哩，与陈国关系也还不错。你们向陈国送点礼，让陈国君主到周王那里为你们说话。这样，中转一下，事情就成了。"

石厚得计，跑去转告州吁。二人带着钱财，到陈国去送礼。

陈国，相传是舜的后裔，为妫姓。周武王灭商之后，找到了个舜的后裔，名叫胡公满。周武王将自己的大女儿太姬嫁给他，将其封于陈。这地方，大致在今天的河南周口市，相对于当时的中原来讲，陈国位于南部。因它是舜的后裔，周朝追溯起稷与舜的关系，视陈国为客人，为"三恪"之一。自胡公满至陈桓公，加头加尾，历 10 世 12 传。春秋前 22 年，陈桓公即位。

陈桓公只知道卫国出了事，卫桓公死了，新任君主是州吁。州吁原不是继承人，是否合法，陈国搞不清。见二人来送礼，陈桓公搞不清情况，怕把事情弄错，就派人到卫国，问卫国权臣石碏：

这是什么情况？

石碏回答来使：

"蒙贵国君主看得起，还想得到老臣。我卫国国小力弱，又遭遇灾祸，生出这样两个人来！我哩，年纪也大了，什么都做不成！倒蒙贵国费心。这是两个乱臣贼子，是犯上弑君的人！请你们趁这机会收拾他们！"

陈国与卫国间的友好，乃是陈桓公与卫桓公之间的友谊。石碏乃是卫桓公的心腹，早年曾经多次代表君主与陈国交往。故而州吁、石厚造访之际，陈国想到石碏。陈桓公听说卫桓公为州吁所弑，觉得弑君的人是兔子尾巴，长不了。所以，他不敢收礼，只将州吁、石厚二人软禁起来。因为这是卫国的家事，陈国请卫国方面自己来清理门户。石碏接信后，派人到陈国，找了个风高月黑之夜、荒山野岭之地，杀死了州吁和自己的儿子石厚。之后，石碏到邢国接回卫庄公的另一儿子做君主，是为卫宣公。石碏为了儒教的教义，杀死了自己的亲生儿子。儒教大义之中的大义灭亲，就是渊源于石碏。

卫宣公原本只是个寄居于外国的普通公子。坐上君主位之后，很需要树立威信，培植心腹，所以暂时无心于国际争端。来自郑国的公孙滑，被卫宣公视为州吁的党羽，予以驱逐。公孙滑原是寄人篱下，如今没有了保护人，从此流亡天涯，消失于人们的视线。卫国的这些变故，让郑庄公得以专心讨伐宋国。春秋 5 年，郑庄公报复宋殇公，侵略宋国。宋殇公联络南燕国，反攻郑国。郑庄公主力从新郑出兵，用正规的三军迎战。另一方面，命制地的部队从敌军背后发起进攻。进攻的突破口，选择友军作战的南燕国的军队。南燕国是东方小国，看了郑国的三军，心下畏惧。此时背后遭袭，不免就四下溃散。郑军发起总攻，大败卫军于虎牢。

春秋4年围攻郑国的诸侯，除宋、卫之外，还有陈国、蔡国、鲁国。对于鲁国，郑庄公用的一个"买"的政策。从春秋元年开始，郑庄公就开始寻求郑、鲁外交。郑庄公一再地向鲁国送礼，并且送出祊，渐渐买动了鲁隐公的心思，冲淡了鲁隐公被俘的记忆。买动了鲁国，郑庄公又去买陈国。春秋4年，郑庄公向陈国送礼，请求陈、郑建立。陈桓公刚刚才与石碏联手，灭了州吁，算是送了卫宣公一个大大的人情。现在卫国的仇敌前来建交。考虑到与卫国的情谊，陈国不肯答应。郑庄公听说陈国不肯，心头火起：

"区区一个陈国，也敢藐视寡人！家门口的一个小国都搞不定，还敢横行天下？必须是打痛了，他才懂得尊敬人！"

春秋5年，郑庄公大举进攻陈国，抢夺了大量财物。陈国以北是郑国。郑国以北才是卫国。陈国邻近于郑国，却与远处的卫国建立，所以落得这个下场。至春秋7年，陈国方面担心挨打，主动向郑国送礼，反过来请求与郑国建立。至此，反对郑国的力量，又少了一环。

春秋2年，郑庄公与周平王闹矛盾，双方互换人质。春秋3年，周桓王拒不发兵予郑庄公。郑庄公赌气不再朝拜于周朝。他自己本人虽不去，却还是年年派人前去送礼。至春秋6年，已经是周桓王即位的第三个年头。这一年周朝出现饥荒，求助于鲁国。鲁国知会郑庄公。郑庄公为了要卿士的职权，本人押着粮车亲自朝拜周桓王。周桓王态度傲慢，郑庄公却假装谦卑。然而，毕竟双方见了面，周朝方面又收了礼，周桓王于场面上不得不同意郑庄公继续带兵。

春秋8年，郑庄公的友邦齐国斡旋成功，劝动宋、卫不再与郑国为战争。郑庄公一方面送礼到齐国，表示由衷的感谢；

另一方面却积存粮食和军备，筹备进攻宋国。原计划是春秋 9 年发动对宋国的战争，偏偏山上的山戎又来侵略郑国。

前面提到，自周穆王以后，戎与周都撕毁和平条约，戎渐渐进入中原。犬戎灭了西周，抢占关中。周平王开创东周之后，命关中的虢、秦抵御犬戎，做中原的屏障。然而，戎不同于中原人，他们号为"山戎"，特别擅长走山路。中原的国家都居住于平原，不可能于山上阻断戎的渗透。所以，于此春秋初年，整个中原的山区，都有戎出现。戎因为游牧的生活习惯，既不宣称某片荒地为自己的领土，也不承认中原诸侯国家的土地为中原国家私有。他们信奉丛林法则：打得赢，就是主人。打不赢，就逃跑。如果不能逃脱，那就成为别人的猎物。春秋 9 年，戎围攻郑都新郑。郑国召开军事会议，商量对策。郑庄公说：

"今年的草长得不好。这些山贼牛羊死绝了，没得吃了，拼了命要来抢我们的粮食！

"按说，以我们的战车冲击这帮子乌合之众，那还不是摧枯拉朽？问题是：山贼败了就作鸟兽散。等我们没防备，他们又要来。得想个一网打尽的法子才行。"

郑庄公之子郑厉公说：

"儿子以为，可以用计诱杀：山贼成天上、下山岗，其身体敏捷，与虎豹无异。若下车肉搏，我们的军士打不赢。我们故意派些步兵与他们交战，让他们打赢。他们自以为打赢了，就会乘胜追击。那就好进入我们的包围圈。只不过，明知打不过，却上前去肉搏，要选些不怕死的人才行。"

于是，郑庄公命祝聘带领一队步兵做先锋，去与戎交战。这些步兵既不带弓箭，也不带长戈，而是手执短兵器，做出贴身肉搏的架势。戎军看这架势，还以为郑军遵循上古的公平战斗的原则，不用战车，要以身体素质来较量。

中原的士兵，一年中春、夏、秋三季都在种地，只在冬季进行军事训练。而戎的战士几乎天天都要奔跑，投矛，以石击兽，以手脚与野兽相搏。肉搏战是郑军以短击长。郑军的先锋原本就打不过戎军，且又预先得到可以逃跑的批准，所以一经交战就纷纷后退。戎已经饥饿了很久，就算是人，也想烤了来当点心。所以，得了这胜势之后，拼命追击。

一逃一追的两军到一个平缓的峡谷。峡谷两边突然冲出三队战车，截断戎军。而原本逃跑的祝聃的步兵，也转身回攻。四部分军队，加上两面的山冈，形成一个"目"字，将戎军切割成三部分。每一部分的戎军，都是腹背受敌。戎军至此，左跑是山，右跑是山，都不是路。前面是敌军，后面是敌军，也不是路。郑军战车上的人，举着长长的戈，自上而下啄戎兵的头。又有身穿犀牛甲的人，弯弓搭箭，射杀戎军。戎军还没有靠近，先就遭到箭射。稍稍接近一些，偏偏手中石斧，短于郑军的长戈。磨制的投枪的锋刃，又远不及郑军的青铜剑锋利。身形虽然是矫捷，却只能用来躲避而不是进攻。臂力虽然强健，却无法远程打击。投掷的石块和矛，往往击中战车和犀甲。就连郑军的战马，也足以撞倒和踏死戎兵。郑、戎的战斗，简直就是郑庄公的一次围猎。虎豹虽猛，终成猎物。此战擒获了大部分戎军，只有少部分逃脱。

解决了国内危机之后，郑庄公执行计划已久的郑、宋之战。齐国是老盟友，自然参战。另派使者借兵于鲁国。鲁隐公收了郑国的祊，心下有些过意不去。并且，因鲁隐公回绝宋国使者，鲁、宋关系已经恶化。所以，鲁国加入郑国一方。

春秋10年，郑庄公、齐僖公、鲁隐公于战区开了个联席会议。紧接着，三国联军进攻宋国，于菅打败了宋军。之后，又灭了宋国的附庸郜国、防国。郑庄公很大方，将攻取的郜、防，转手就送给鲁隐公。交割之前，郑庄公说：

"我这人向来是说话算话。当初说另付租金租借许田。这两个小城，就算是租金的一部分。这只是借道于许田的过路费。我要讨伐许国，须经过许田。以后，我还要另付租金。"

鲁隐公听说两个城市只换一次过路，当然是应允。郑国处处让利与鲁国，让鲁隐公欢喜得屁滚尿流，把当初郑庄公俘虏自己的事情，简直忘到了九霄云外。

宋殇公方面，因齐僖公的斡旋，虽不至于相信郑国讲和的诚意，却也有点疏于防范。连失三城之后，才联合起老盟友卫国，两国趁郑庄公出兵在外，国内空虚，直接进攻新郑。也很收获了点东西，方才离去。宋、郑两国，相距不远。双方各有收获之后，回国的路上很可能要相遇。为求胜算，宋国联络友军。陈国此时已经转投郑国。宋殇公派人联络蔡国，请蔡国加盟。蔡桓公匆匆赶到，听说打郑国的战争已经结束，战利品由宋、卫两国瓜分两讫，现在怕打不赢，才想到自己，为此心下很有意见。

郑庄公一方，灭了郜、防之后，在途中，顺便灭了戴国。往回迎上宋、卫、蔡三国联军。双方于戴国附近相遇。由于蔡国出工不出力，宋国方面战败。

此战之后，郑庄公再次以宋国不向周王上贡为借口，攻入宋国、郕国。由于买通了鲁国，郑国南面与许国交界。春秋11年，郑庄公组织军队通过鲁国的许田，南下吞并了许国。

许国，后来做了楚国附庸，一再迁徙。于此，先叙其身世：

舜在位的时候，有一种部落议会制度。重大的事情，都拿到议会讨论。当时的议会，名叫四岳。四岳名义上分指泰山、华山、桓山、衡山，实指四山范围之内的所有部落。这些部落公推出一些有威望的部落酋长。这些酋长的威望仿佛这四座山一样，能够镇住一方。故而称这些酋长组成的议会为四岳。四岳之中，有一个部落叫姜。周朝权臣姜太公，就出自这个部落。因为姜太公有功于周朝，且因四岳是上古的权力机构，周武王封建诸侯的时候，连带封姜部落的后人文叔于当今河南许昌一带，始建许国。河南许昌，位于当今河南省的正中间，地理上背靠嵩山，东临平原，既有发源于山上的河流充当天然的灌渠；又海拔稍高，不至于遭受水患；乃是一片宜居的沃土。分封之前，此地向来是祝融的后人昆吾的居住地。周王将许国封建于此，同时赶走了昆吾的后人。郑庄公从鲁隐公那里租借的许田，早先就是许国土地。许国在郑国南面。后来，楚国势力北上方城之后，许国首当其冲。

灭许国，仍然是郑、齐、鲁三国联军。三国联军攻入许国，许国君主许庄公逃奔卫国。郑庄公、齐僖公、鲁隐公三人，商量起瓜分许国的事情。齐僖公率先发话，测试别人的态度：

"鲁国，乃是周公之后，又是礼仪之邦。我建议：这许国应当归鲁国！"

鲁国在这三国之中是最弱小的一个。鲁隐公其实争不过郑、齐。鲁隐公以为：最好是自己得不到，别人也得不到。他说：

"你说许国不向周朝上贡，所以我才跟着你来讨伐它。现在许国已经认罪，你的这个建议，我不想听！"

鲁国为什么是这种态度呢？这涉及周朝的一种政治理想。前面提到，周武王灭了商朝之后，将商朝的后裔封建为宋国。此举开创出存亡续绝的先例。周朝封建宋国，表面是为了践行天下为公的大义，实际则有很深远的政治考虑。中原诸侯都是由周朝封建而产生，视周武王为神灵，故而公开地场合总是高举《周约》，不敢直接吞并别人的国家。鲁国乃是周公的后人，而周公正是《周约》的设计者。鲁国以礼仪之邦之自居，故而鲁隐公是这个态度。

齐僖公听这话不对路，想想这许国与齐国之间隔得远，倒是郑国的紧邻。就算今天得到了，保不齐哪天还是要落入郑庄公手中。反正都是那种结果，还不如做个大大的人情，直接将许国让给郑国。

郑庄公早就将许国视为囊中之物。至此，假意推辞一番之后，就老实收受。私下里，又承诺给予齐、鲁其他的好处，作为独占许国的交换。然而，想到鲁隐公的说法，他也怕这地方坐不稳。于是，他高举"存亡续绝"的大义，于吞并许国大部分土地之后，立许庄公之弟许叔为君，让其居住在许国东部的一小片地方，就仿佛美国为印第安人划出"保留地"一般。

至此，郑国疆域扩展到许田以南。许田南北两面都是郑国的领土。形势上，许田已经不得不归属于郑国。

郑庄公在名义上立许叔，实际则派了心腹百里监察许国。为了自己不灭许国的善举，他对百里发了一通冠冕堂皇的言论。灭许国，只是件小事。然而重建许国的做法，却秉承了周武王封建诸侯的大义，具有维护周朝的意义。因此，这一番言论被视为郑庄小霸的标志，算是春秋的"霸道"的萌芽。此事关系春秋霸道的渊源，笔者据其本意，全译郑庄公的话如下：

天祸许国。鬼神实不逞于许君，而假手于我寡人。寡人唯是一二父兄不能共亿，其敢以许自为功乎？寡人有弟，不能和协而使糊口于四方，其况能久有许乎？吾子其奉许叔以抚柔此民也，吾将使获也佐吾子。天其以礼悔祸于许，无宁兹许公复奉其社稷，唯我郑国之有请谒焉！如旧昏媾，其能降以相从也，无兹他族，实逼处此。以与我郑国争此土也。吾子孙其覆亡之不暇，而况能禋祀许乎？寡人之使吾子处此。不唯许国之为，亦聊以固吾圉也。

译文：上天降灾祸给许国，鬼神不再保佑许国君主，让我来完成惩罚许国的天意。我自己有那么一两个父兄（指段、公孙滑。称其为父兄，乃是谦辞），不能使其平安生活，哪里还敢得到许国？我有一个弟弟，不能与他和睦相处，使其到外面去讨饭吃，哪里还敢得到许国？请你奉许叔为君，养育这些老百姓。我会派获（公孙获）来帮助你。如果我得以平安地死去，上天会因我不灭许国而看到我对礼的认识，看到我的悔意：我用保护许国公爵，延续许国社稷的方式来向上天请求豁免我追杀弟弟之罪。如果我占有许国，老亲老戚能够答应吗？如果我占有许国，恐怕不消异姓国家动手，我姬姓国家都要来与我争许国。那样的话，我的子孙灭亡的可能大，得到对许国山川的祭祀权的可能性小。我让你奉许叔为君主，不光是为了许国，也是为了我国能有安定的周边环境。

照这话的意思，段在共国受到囚禁之后，最终流落他乡。公孙滑及其党羽，也是不知所终。很可能已经被他派人去暗杀致死。他有点怕段的鬼魂找上自己。不灭许国，段的鬼魂就不找上自己。这种因果关系，不知从何说起？然而，因为他一则高举维护周朝的大义，二则高举存亡续绝的大义，三则对追杀段又有悔过之心，所以渐渐闯出了名头。史称郑庄小霸，表面上，说的是这些大义；实际上，一则靠武力，再则是靠政客的演技。

郑庄公为人，确实也还是谨慎。他于安置许叔于许国东部之后，让公孙获驻守许国西部，对公孙获作出重要指示：

"不要将贵重物资放到这里！保不齐哪天就要失去这地方。我死后，你就赶紧离开这里。这许国乃是太岳的后裔，其民间的人心，并不向着我们。我国到这东方，时间也还不长。不要为着这点地盘，把自己给葬送了！"

这种眼光，还很是不错。到得后来，许国落入楚国手中。郑国，也还能全身而退。那都多亏了郑庄公的这点远见。

利用第八回

铭庙鼎循墙而走　论官制三公为臣

就在郑庄公一步步走向霸主的时候，周桓王却一步步丧失威信。春秋11年，周桓王夺取了郑国的邬、刘、芴、邘。郑庄公派人质问，周桓王说：

"伯父不要急，我另外给你更多的地盘，不会让你吃亏！"

周桓王将温、原、絺、樊、隰郕、欑茅、向、盟、州、陉、隤、怀十二个邑送给郑国，作为交换。然而，周朝所取土地，是郑国的土地。周朝给出的土地，却不是自己的土地。这是什么讲究呢？原来，这十二个邑位于当今黄河的小浪底水库至花园口的河两岸一带地方。在当时却是经大禹治水后转北分流的地方，乃是洪泛区。这里四面大山众多，有太行、王屋、殽山、嵩山。这些山当时为山戎所盘踞。山戎由山而下，顺水行舟，首先就接触到这十二个邑。并且，因地处洪泛区，逢夏秋水涨，多有黄河水患。因此，这些地方，说起来虽是地处平原，其实很不宜居。早先，苏忿生于周朝有功，做了周朝的司寇，周朝将这些土地封给他。苏氏到这里之后，时常因洪灾、戎患不得不离开封地。很多时候，这些地方都成为荒城，无人居住。周桓王将这些地方送给郑国，定的是一箭三雕之计：

其一，构造郑国与此地早先的领主苏氏之间的矛盾。

其二，让郑国于此地遭遇戎的进攻，遭遇洪水的侵袭。

其三，让戎、苏氏、郑三家于此地相互战争，彼此削弱。反过来，就可以保证周都王城的安全。

按说，周朝仿佛是家长，有权将一国的土地夺去，送给另一国。然而，自平王东迁以来，周朝已经不能号令天下。天下诸侯，各自为政。周桓王实际是用别人的东西做筹码，为自己换来实际好处。周桓王苦心算计，心思不可谓不周密。只是这交易违背了公平的市场原则，有点欺行霸市、强买强卖的意味。郑庄公按王命向苏国索要这十二个邑。苏国当然不给。郑国渐渐回味出周桓王的心计，深恨周朝。就是天下诸侯，看到周朝这种市侩行径，也不免为之齿冷。

按照当初周公的计划，周朝对于天下政局采取一种平衡、再平衡的战略，而周朝自身则不参与到诸侯的战争之中。周朝的军队原本是天下最强大的军队。为了规避风险，周朝主动将兵权托付给诸侯。郑国靠了周朝的军队，打出了郑庄小霸基业。周朝方面，却因长期不带兵打仗，战斗力越来越弱。军事是如此，政治、经济也无不是如此。按孔子的《春秋》记载：

春秋3年，周平王去世，周朝派使者向鲁国征求周平王葬礼的礼金。孔子记成"**武氏子来求赙**"。

以王的葬礼要钱，必须要有王去世。要是平常钱不够用，怎么办呢？于是，春秋 26 年，周朝向鲁国征求王朝礼仪所需的马车。孔子记成"**天王使家父来求车**"。

以王的礼制要钱，也还是需要寻找出名目。要是找不出名目，就要不到钱。于是，春秋 105 年，周朝向鲁国征求周朝日常用度所需的钱财。孔子记成"**毛伯来求金**"。

从堂堂皇皇的上级摊派，到最后的白手要钱；千载而下，看孔子的记载，也能感受到这个贵族沦落为乞丐的过程。中国俗话说每下愈况，又说"一代不如一代"。这其中究竟是什么原因，实在发人沉思！

且说郑庄公自追杀段开始，以一国与卫、周、宋、陈、蔡多国为敌。郑国的位置，又恰好在这些国家的包围之中。郑庄公用一招"远交近攻"的策略，将仇郑的诸侯联盟逐个瓦解；就连最顽固的宋国，竟然又出现变故，将郑、宋关系，由仇敌演变为睦邻。这宋国的变故，因当初的收留公子冯而起。

春秋 13 年，宋殇公被宋国贵族华父督杀死。这件事情，起因于顾命大臣孔父的妻子。

一天，华父督在大街上看到了孔父的妻子。孔父的妻子，长得极漂亮。强盛的荷尔蒙，造成她由内而外的性感。毛发，因之而浓密清秀；肤色，因之而白里透红；身材，因之而窈窕绰约；就连眼神，也因生命力的旺盛，显得特别地精神。那年代的衣服，统统是由大块的布制成。当时没有现代的内衣。布匹对于身体的展现，能起到更好的作用。孔父妻行走的时候，裙摆现出腿部白皙的肌肤，步伐导致胸部的起伏。越是一低头，越是让人看到颈部的轮廓和浓密茂盛的发根。华父督，乃是宋国数得着的权臣。他目不转睛，目送孔父妻远去之后，心"咚咚"乱跳，几乎要跳出来。

因这一偶遇，华父督带领一帮子手下，闯入孔父家中，杀死孔父，强奸孔父妻。几番欢娱之后，他编造了个借口，去对宋殇公说：

"主公！孔父早先就向着公子冯（宋穆公之子、宋殇公堂兄）。现在，他看郑国的势头强了，密谋要接公子冯回国。我听说他的密谋，也没来得及通报，赶紧先把他办了！"

当初宋穆公临终不立公子冯，改立宋殇公。孔父作为托孤重臣，同时担负着拥护宋殇公、保护公子冯这两项相互矛盾的责任。若论前一种责任，他是宋殇公的功臣；若论后一种责任，他是宋殇公的仇人。华父督正是看到这其中的矛盾，所以敢于杀人。宋殇公即位之初，孔父将公子冯送到郑国。之后，孔父成宋国第一权臣。宋殇公对孔父，犹如汉宣帝之于霍光，有如芒在背的感觉。宋殇公平时遇上大事，都还要与孔父商量。如今华父督一时间起意，就将其杀死。这让宋殇公听得心惊肉跳，吓得一屁股坐到地上，战战兢兢地说：

"好！好！"

华父督的行为，让宋殇公又是气，又是怕：

就算是真有这种事，也该是我来办！孔父他都敢杀，怕不要连我一起杀了吧？

华父督通报宋殇公之后，从神情上早已看出了君主的不乐意。宋殇公害怕的样子，又让他生出胆量。为绝后患，一不做二不休，他又带兵闯入宫中，杀死了宋殇公。事情做到这个地步，想来想去，只有扶立公子冯，算是个出路。于是，华父督派人去通告郑国，请求接公子冯回国为君。

读者注意：华父督虽为宋国权臣，何以竟能够一时间起意，就杀死君主？宋国君主宋殇公，在继承国家的名分上，是以侄继叔。偏偏叔叔的儿子又还在世。为了保住自己的君主位，他不遗余力地追杀公子冯。赶上郑庄公来管闲事，平白地为公子冯撑腰。为了追杀公子冯，自春秋4年宋殇公即位，至此春秋13年，十年之间，宋、郑之间足足有11次战争。当时的战争，主要的战斗编制是贵族。贵族们在繁重的兵役下痛恨君主，所以华父督借舆情而弑君。

郑庄公于春秋3年收留了公子冯。为了这个公子冯，一再遭受宋国攻击。他为公子冯担受了无数惊险，只差没有把国家葬送！现在听说这种事情，高兴得拍掌：

"十年盼出个闰腊月！这灾星转运了！我也该转运了！"

面对华父督的使者，郑庄公强忍住心中的欢喜，板起脸来，说：

"按说你宋国的事情，本不该我管。然而，当初既然管了，我这人是有始有终，总还是要管到底！早先，你们说他是叛贼，要我将他交出来。现在，又说他是君主，又要我将他交出来。我也不是不可以交。只不过……当初包围我的东门，抢走我的粮食，总还是要算一算！就算是不说这两件。我为求与你宋国和好，低声下气去讨好齐国、鲁国，也花费了不少哩！"

这个口气，说到底是想要钱。使者回去通报。华父督此时，只想保命、保官，哪有工夫爱惜钱财？花钱就能搞定，又不要自己的命，那简直是最好不过！算一算，此时的郑国，已经是郑、齐、鲁等等国家中的老大。而且，郑庄公又专门提到了齐国、鲁国。所以，华父督就按郑庄公的要求，将礼物做成三份，准备分别送给郑、齐、鲁三国。华父督回复郑庄公：

麻烦你，让你花费这许多，如今我帮你到齐国、鲁国那里还礼。

郑庄公方面，也不敢小视此事。他不清楚宋国国内的情况，也怕临时间出意外。所以就联络了齐国、陈国、鲁国，在稷召集联席军事会议，以防意外。前面得知，郑国花钱买来的盟友，就是齐、鲁。这里怎么牵扯上陈国呢？这正是郑庄公的一点小心思：

早先，陈国加盟宋国，与郑国为敌，让郑国以一敌多，很是吃力。现在宋国来示好，乃是结交陈国的绝佳时机。郑国与周朝结怨。陈国、蔡国，向来忠心于周朝。故意将战利品分给陈国，可以增加郑国的盟友，减少周朝的盟友。这点小心思，在后来的周、郑之战中，显现出作用。

却说华父督，用钱买回公子冯，立之为君，是为宋庄公。自此以后，本书称他为宋庄公，不再用公子冯的称呼。宋庄公虽是宋穆公之子，然而流亡外国达十年之久，对于国内情况已经不了解。回国后，只好封华父督为国相，对华父督唯唯诺诺。华父督此时，美女也到手了，权力也到手了，那真是踌躇满志。华氏家族自此发迹，长期把持宋国政权，其势力一直强盛到春秋后期。只苦了那孔父一家，自弗父何以来，世代为宋国望族，至此家破人亡，沦落为平民。

被华父督杀死的孔父，乃是中国第一圣人孔子的祖先。算起来，他是宋国君主的血统；追溯上去，是商王后裔。宋国为子姓，而孔子为孔氏。这种不同，是姓衍生出氏。

宋国的君主代系，自微子以后，历4世5传至宋前闵公。之后是前闵、炀、厉、僖、惠、哀、戴、武、宣、穆、殇、庄。宋前闵公嫡出的儿子名为弗父何。前闵公舍子立弟，是为宋炀公。宋炀公年代，前闵公之子鲋，也就是弗父何的弟弟，杀死了叔父宋炀公，自立为君，是为宋厉公。在鲋杀死宋炀公之际，依照立嫡的规矩，应当立弗父何。然而，抢来君主位的是宋厉公鲋。弗父何不敢去争。为了弗父何的这点谦让，宋厉公让弗父何分家出去，开创孔氏。弗父何的曾孙，名为正考父。正考父之子，就是孔父。自孔父至防叔，加头加尾，历4世。防叔的时候，宋国发生内乱，防叔逃奔鲁国。防叔生伯夏。伯夏生耶人纥。耶人纥生孔子。

正考父所在年代，正当宋戴公、宋武公、宋宣公年代。此人为人处事极其谨慎、谦逊。用现代的话讲，叫作低调做人。他最终的爵位，是三命大夫。什么叫三命大夫呢？这类似于诸侯的晋爵。周王封某人为某种爵位的国君，那叫晋爵。诸侯国的君主封手下某人为大夫，那叫命大夫。君主将某人由士晋封为大夫，那是一命大夫。对一命大夫再次进行命大夫的仪式，即是二命大夫。对二命大夫再进行命大夫的仪式，即是三命大夫。三命大夫是一国臣民之中最高的爵位。二命大夫和三命大夫，方才能够称为卿。卿之中最有权势者即是正卿。正卿，往往执掌国家政权。

孔父的时候，已经有孔氏。同时，也就有孔氏家庙（此庙在宋国，不是当今曲阜的孔庙）。孔氏家庙之中有一个鼎，鼎上铭刻有铭文。这铭文是正考父所作：

一命而偻。再命而伛。三命而俯。循墙而走。亦莫余敢侮。饘于是。鬻于是。以糊余口。

这话的意思是：

受命为一命大夫的时候，我谦卑地鞠躬。受命为二命大夫的时候，我更加谦卑，更加往下勾腰。受命为三命大夫的时候，我越发谦卑，越发低调，往下俯身，几乎就要仆倒在地。为了不引人注目、不遭人忌恨，在大街上行走的时候，我不走路的正中，而是沿路边房墙根行走。这样夹紧尾巴做人，总算没有人来侮辱我，总算得以立身处事，混得一口饭吃，方才得以在这鼎里煮上点稀粥或是干饭，填饱肚子。

这种话，简直是把为人的立身处事，看成了极审慎、极艰难的事情。这家人起源于让国的弗父何，又在家庙之中铭刻下这种"做人难，难做人"的金科玉律，教育一代又一代的子孙。传至孔子，那著名的《论语》中说什么"人不知而不愠"，又说什么"三思而后行"，很有这家学的渊源。孔子的性格，教育出了中国人的性格。中国人的性格失于懦弱，就是孔子造成。读者试想，夹紧尾巴做人，真能保平安吗？孔父妻按家教沿墙根行走，不还是被恶人抢劫霸占？华氏纵横春秋三百年，史实便是恶人一生平安，且其后人也平安。那又作何解释？

郑庄公主持扶植宋庄公，名声越来越响亮。这让儒教教主周桓王感到憋屈：

天下，乃是周家的天下。如今却让郑国出尽风头。他在国际上，今年封建诸侯，明年伸张正义。置我于何地？如此下去，我的权威何在？

周桓王想：

他用卿士的名号将我的军队拉走，简直是解除了我的武装。这卿士的职权，不能再给他。

春秋16年秋，周桓王公开任命虢国君主为卿士，同时撤销郑庄公右卿士之职。早先，郑庄公一心争取的，就只是这个职务。凭借这个职务，他号召起诸侯，将郑国从危机之中解脱出来。而今，国家也安定了，名声也有了。你不要我做官，我不做就是了。不想，周桓王反倒召集起虢国、蔡国、卫国、陈国的军队，于春秋16年进攻郑国。郑庄公被迫迎战。

战场上，郑庄公摆出"鱼丽阵"。什么叫"鱼丽阵"呢？那是一种形似于"V"、"凵"形状的阵形。左右两边，分别设置偏军，用作发动包围的两翼。名之为"左距"、"右距"。"左距"、"右距"的编制相同，都是：二十五乘战车，用五人一组的步兵来填补各乘之间的空隙。以"左距"、"右距"为主力。中间部分，是郑庄公本人带领的中军。中军主要起个诱敌的作用。这个阵，是偏重于进攻的阵形。因为它将主力安置于左右两边，其设计思想，乃是从左、右两边迅速包抄敌军，形成包围态势。

周王亲自出战，那规格是标准的三军。周桓王本人，带领中军；卿士虢国公爵率蔡国军队、卫国军队组成右军；周公黑肩率陈国军队组成左军。中军为主力，左军、右军相对较弱。

两军对垒，郑军的左距，面对的是周军的右军；郑军的右距，则面对周军的左军。郑军的子元，事先分析战局：

周王的盟军之中，陈国国内刚刚才发生内乱，并且与郑国关系暧昧，肯定是出兵不出力。因此，可以将郑军的右距所面对的周军的左军定成突破口。

陈国有什么内乱呢？陈桓公在郑庄公先礼后兵之后，主动与郑国和好。就在这春秋16年的春季，陈桓公去世。按规矩，应当是由太子免继位。陈桓公的弟弟陈佗杀死了免，自立为君主。陈佗何以胆敢弑君呢？这又与蔡国有关联。春秋前32年，陈桓公之父陈文公即位的时候，娶了蔡国女儿，生下了陈佗。陈佗是蔡桓公的亲外甥，凭借蔡国的支持，得以谋取君主位。陈佗既要查杀免的党羽，又要培植自己的心腹。正在忙乱之际，就接到周桓王讨伐郑国的邀请。陈国国内很不安稳，所以陈佗心思不在战斗上。而且，郑庄公对陈国又是拉拢，又是讨伐，于春秋7年达成郑、陈外交。陈国看郑国国势蒸蒸日上，有心巴结，故而将陈国的女儿许嫁于郑国太子公子忽。陈、郑之间成了儿女亲家。春秋10年，郑、宋之战，陈国就已经不再加入宋、卫联盟之中，拒绝对抗郑国。春秋13年，宋国华父督向郑国行贿的时候，陈桓公还参与联席会，分了一杯羹。然而，天王的命令，陈国不好不遵。因为有这些渊源，陈国仓促出兵，却无心交战。

郑国的檀伯带领的右距，冲散了无心作战的陈国军队。周军的主力中军，游动过去增援。周军中军阵形一动，右军出现观望。郑军方面，郑庄公本人于此时开始擂鼓。郑军的左拒、右拒两边包抄周军的中军。周军败退。郑国贵族祝聃，箭射周桓王。周桓王肩部中箭。

赫赫威灵的周王，主动进攻与自己至亲的国家，偏偏又不能取胜。败就败了，本人又还被别人射中一箭。这简直把周朝祖宗的脸面丢尽！郑庄公方面，虽是被迫应战，却是诸侯对抗天王，有叛逆之罪。郑庄公难乎为情，命人于夜里探视周桓王，又是送药，又是送钱，为周桓王遮羞。周桓王则恼羞成怒，怪罪于陈、蔡。周朝派使者申斥蔡国：

你扶立陈佗，坏我周家立嫡的规矩。你于战争之中首鼠两端，败我军威。

蔡桓公无法推脱这责任，只好找了个借口，诱陈佗至蔡国，于春秋17年杀死了陈佗。陈国国内另立陈桓公之子，是为陈厉公。

早先，陈国、蔡国一心拥戴周王，与周朝关系很好。就是卫国的州吁，想要得到周王的承认，也转央陈国帮忙。然而，周桓王以来，迫切想要恢复王权，与至亲的郑国为敌。周桓王将周、郑间的至亲，忘却纪念；将彼此的怨隙，深刻铭记。郑庄公则事事照顾周王体面，高举勤王的大旗。在郑庄公的军事、外交之下，周朝越来越弱，郑国则越战越强。

英雄总是拗不过命数。郑庄公即位于春秋前23年，至春秋22年，在位已达45年之久。这一年夏，号为"小霸"的郑庄公去世。郑庄公死后，郑国的国势一蹶不振，从此长处于列国围攻之中，再也使不出那招美丽的"远交近攻"。往大处看，这是因国际局势；往小处看，则是由于郑庄公的两个儿子之间的斗争。郑庄公之子的内斗，笔者以顺反之式，从早先说起。

早先，郑庄公手下有个宠臣名叫祭仲。祭仲忠于君主，体谅君主，所以为君主物色了一个女人。此女出自南方邓国，与楚武王的老婆是姐妹。楚武王的老婆名叫邓曼，她也名叫邓曼。为什么是这种情况呢？当时对于女人的称号，习惯于先国后姓。邓是这个国家的国号。曼是这个国家的姓。所谓邓曼，意为：来自邓国的姓为曼的女人。《诗经》上的什么"齐姜"、"宋子"，另外还有什么"郑姬"、"秦嬴"，都是采用这种规则。邓曼生下了公子忽，也就是郑昭公。郑庄公感激祭仲这种无微不至的关心，命祭仲为公子忽的监护人。

关于春秋时期的监护制度，涉及古代中国的官制，甚至深远影响当今。于此，笔者述其本原，论其病灶：

《周约》之中的"无易树子"，意思是只保有一个继承人，并且让此人的地位确定不移。此人就是后世所谓太子、世子。这个誓言让太子身边的人，成为了中国历史上最早的官员。太子成立之时，大多是未成年人。一个未成年人，身边有什么人呢？因他无知，他有教师；因他无能，他有助手；因他弱小，他有保姆。当太子继位成君主之后，他会重用什么人呢？当然就是从小在他身边的这三种人。这三种人，即是所谓"三公"。"三公"分指太师、太傅、太保。"师"即是从小教太子知识、技能的教师。"傅"训为副，指从小协助太子做事情的助手。"保"是保护人之意，指保护小孩子免遭伤害的保姆。从周朝直到清朝，"三公"始终是中国的最高官员。由"三公"的职能，自上而下、自内而外，演变出很多官职。

古中国的官职，说起来林林总总，差不多可以做成一个专门的学科。然而，就其设计思想而言，无不是效仿"三公"制度，立意于教师、助手、保姆的职能。下级总是将自己看作上级的教师、助手、保姆。由教师的职能，故而产生出儒教特色的"谏"。由保姆的职能，故而有所谓"忠"。由助手的职能，故而有当今所谓"官僚主义"：

　　既然身边有了助手，因人性之中天生的懒惰，做上级的人，总是将自己不愿意去做的事情，一股脑儿都交给手下去做。

　　这三种职能，在思想本原上视上级为未成年人。要说中国古代的皇帝，为什么总是一代不如一代，正病源于此。要说中国的官员何以腐朽无能，也不过是因为效仿皇帝，视下级为师、傅、保，越来越脱离实际的工作，越来越丧失技能和智慧。中国的皇帝，纵然是天资聪颖，在这种温室般的育儿制度的保育下，也就难免要干出孩子家不懂事的事情。中国人的内心深处，总是把做皇帝当作为人的至高追求。实际上，这相当于把四体不勤、五谷不分、智力低下当作理想。终极理想设计成这样，民族性格就可想而知！

　　春秋时期，官制虽然还远没有后世那么多的名目，却已经将"三公"的思想精髓，运用了社会的方方面面。不光列国诸侯采用了这种官制；就连一个贵族妇女，身边也有所谓"傅"、"保"。笔者为适应现代人思维，将这三种人，统称为"监护人"。其实，古代的师、傅、保均是主人的臣奴，与现代法律上的监护人有着较大区别。当今社会基本不存在奴隶制度，故而只能用略微近似的"监护人"来称呼。

　　邓曼之外，郑庄公又娶于宋国权臣雍氏。此女名叫雍姞。雍姞生下了郑厉公。郑庄公去世后，按正常程序由太子公子忽继位。公子忽即是郑昭公，笔者从此称其为郑昭公，不再用公子忽的称谓。郑昭公成立的消息传到宋国。雍氏进见宋庄公，说：

　　"郑国的忽（郑昭公）早先在周朝做人质，在国内没有威望。倒是突（郑厉公）从小得国人拥护，又立有军功。突是我的女婿。如果立突为郑国君主，于我国有利。"

宋庄公说：

"别人家先君去世，太子继位，那是正理。我怎好去管这闲事？何况，郑国的前任于我有恩，我怎好恩将仇报？"

雍氏说：

"君主说的恩，恐怕应当算是仇。在郑国那十年是怎样度过，别人不知道，主公自己最清楚。他送你回国，哪是一心为你好？他年年向我国索要钱财，我们报答得也够了。现在是天道循环，轮到郑国报答我国了。违背天意不祥，我们应当拥立突！"

在这种计议下，宋国设计诱祭仲、郑厉公到宋国。宋国囚禁祭仲，逼祭仲改立郑厉公；并且，要求郑国于郑厉公成立之后送给宋国钱财，作为宋国帮助郑厉公做君主的回报。究竟郑厉公是否成立，且看下回。

周朝的"三公"制度，造成了中国人性格的最大弊端。对此，笔者以为：

　　雏受哺食，终需自飞。
　　育儿宗旨，重在自立。
　　父母养子，不死不休。
　　儿女啃老，视为天理。
　　此俗不改，遑论富强！

顺反第九回

鲁桓罟难言之丑　齐襄复九世之仇

　　本书前面已多次提到齐国，于此述其渊源。齐国的开国君主，乃是著名的姜太公。姜太公帮助周武王打江山，在周朝内部，是仅次于周公的第二号功臣。为此，周朝将当今山东省的整个北部封给姜太公，创建齐国。在初封的诸侯之中，齐国的地盘算是很大的。齐国地方靠近大海，有海鱼、海盐的收入。后来的齐桓公称霸，有这个地理、历史的原因。姜太公之后，历13传至齐僖公。齐僖公即位于春秋前8年，去世于春秋25年。次年，齐襄公即位。齐僖公年代，郑庄公结交齐国，做成远交近攻的战略，成就郑庄小霸的基业。齐、郑之间关系很好，交往很多。郑国崛起的过程，齐国历历在目。看到郑国的先例，齐国于僖公之后的襄、桓两代生发出政治野心，最终让齐国成为了春秋的第一个霸主。

　　春秋11年，鲁桓公杀死了鲁隐公，自立为君主。齐国方面，为图霸业，将齐僖公之女文姜嫁与鲁桓公。

　　齐襄公即位之后，不忘姐弟情，时常与鲁国交往。仗着姐姐在鲁国做第一夫人，可以为自己说话，齐襄公讨伐世仇纪国。春秋2年的时候，纪国君主娶了鲁国女儿伯姬。鲁、纪之间结成亲戚关系。纪国打不过齐国，就找到鲁国，请鲁国出面说媒，将纪国女儿嫁与周桓王，希望借周朝的威望，保护国家安全。周朝方面，命鲁桓公主婚，郑庄公、虢国君主、晋武公证婚，于春秋19年娶纪国女儿为王后，是为纪后。有这两层关系，鲁桓公于春秋28年春与齐襄公和纪国君主盟于黄，希望做个和事佬，调解齐、纪纠纷。对于鲁桓公的调解，齐襄公并不给面子。表面上满口应承，却又于同年夏，变本加厉，讨伐鲁国。鲁国边疆将士通告说有齐军入境。鲁桓公受制于家中的母老虎，回答说：

"有敌入侵，防守就是了。又来通告做什么！"

君主是这种态度，下面的将士当然就不出力。由此，齐国侵占了鲁国汶水以北的土地。这一片土地，成了齐、鲁争端的种子。一直到春秋后期，孔子却莱人而盟齐侯，都还在追索这汶北田。且说当时，鲁桓公完全被老婆挟持，乾纲不振。丧失土地之后，反倒于春秋29年春，与齐襄公会于泺。接下来，鲁桓公夫妇同赴齐国。文姜回到祖国，当然是重温旧梦。她与齐襄公既叙亲情，又叙爱情，一偷再偷，弄得来就连鲁桓公手下的人，都在谈论。鲁桓公毕竟也是男人，逢着这种事情，暗地里咬牙切齿。在一次与齐襄公宴会的时候，鲁桓公一时间喝高了，终于忍不住出口破骂：

"你这对狗男女，做出的事情，弄得满世界都知道了！还要我假装不知！"

为这一骂，鲁桓公丢了性命。齐襄公离开宴席，找了个武士名叫彭生，对他说：

"你送鲁国君主回去，路上结果了他！"

彭生驾车送鲁桓公的时候，找了个清静地方，直接将鲁桓公的脖子拉断。这名目，叫作"拉杀"。事情发生了，文姜在齐国存身不住，赶紧回到鲁国，派了个使者来对齐襄公说：

"齐国杀死了我国君主。我国不敢得罪齐国，请齐国杀死彭生，就说是彭生杀死了我国君主。这样，免得国际上有人说闲话。"

说什么闲话呢？其实就是说她姐弟间的闲话。齐襄公采纳姐姐的建议，杀死彭生向鲁国谢罪。鲁桓公去世，身世迷离的太子同即位，是为鲁庄公。

……

鲁桓公谋杀了自己的哥哥，结果自己也遭人暗算。当初他将鲁隐之死弄成个无法追查的迷案，而今他的死，又被齐襄公姐弟二人以相同的方法弄成疑案。他比鲁隐公更惨，因为他至死也搞不清鲁庄公是否自己亲生？自己的家业，是否传给了外人？这好像就是因果报应。其实，这与齐国的一种国策有关：

齐襄公想要效仿郑庄公，图谋霸业。他搞死鲁桓公，一则是遮丑，再则也是想要让文姜执掌鲁国政权，让鲁国附属于齐国。在那男尊女卑的年代，女人如何能执掌国政呢？按当初周公的计划，周朝封建的诸侯，半数以上都是周部落的血统，都是姬姓。当时已经有同姓之间不通婚的习俗。这就让姬姓诸侯讨老婆的时候呈现僧多粥少的局面。齐国为姜姓，又是东方第一大国。宋国为子姓，也算是姬姓之外的大国。齐国、宋国的女儿，在当时最为紧俏。就连《诗经》之中，都说"岂其娶妻，必齐之姜"，"岂其娶妻，必宋之子"。齐国世代将女儿嫁与姬姓国家，渐渐意识到此事之中有利可图：

既然齐国女儿紧俏，那对方须得要给出相当的好处，我才将女儿嫁给他。既然齐国女儿紧俏，那夫家必须得尊重她，给予她足够的权力，让她在夫家为齐国出力。

因为齐国有这种国策，文姜的婚姻带上政治目的。齐襄公杀死鲁桓公，一则是为了掩盖姐弟乱伦，再则也是为了让自己的姐姐、外甥掌握鲁国政权。后来，齐桓公禀承这种思想，也用齐国女儿来挟持外国。这里且按下不表。

齐襄公的私生活，不可详也；其公开言论，却弄得冠冕堂皇。就在杀死鲁桓公这一年，齐襄公组织诸侯大会于首止，发出一通冠冕堂皇的言论：

"祭仲以保、傅之名，僭夺主权。视君主如傀儡，视废立如儿戏。监护世子，卖国于宋；废长立幼，逼主沦亡。子亹非嫡非长，而立之为君；于国无亲无功，而俨然君父。卖女杀婿，挟权将君。播二主于郑国，间郑、宋而乱衣冠。似此等人，岂能立于人间！？

"武王立约：无易树子。我祖太公，受命为伯，讨伐不义。我当行我祖遗志，翦灭此乱臣贼子。"

上回说到，宋国逼祭仲立郑厉公，郑昭公因此流亡外国。后来，郑厉公谋杀祭仲未果，也流亡外国。郑昭公又回来，郑昭公在位又立了子亹，不久被人谋杀。打自春秋前二十多年，祭仲就已经预算出段要造反。此人老于政治，相当狡猾。齐襄公请祭仲到首止赴会。祭仲嗅出异味，托病不参加。齐襄公在会议上公开处死郑国君主子亹，以立威于诸侯。新郑城中的祭仲，却又用起权术，顺水推舟，拥立起"非嫡非长"的公子仪，继续把持郑国政权，继续做所谓"乱臣贼子"。

为图霸业，齐襄公一再进攻纪国。春秋 32 年，纪国在齐国的威逼之下，由纪季将纪国的酅献与齐国，同时请求齐襄公保留纪国的存在，话说得惨痛悱恻：

"我纪国畏惧大国的威灵，无所求生！请贵国念在彼此同姓，共为四岳之后，留我一线血脉！敝国分国之半，以献于大国。请求你放过你的姑姑们、姐姐们，让纪国保存五个庙，维持对于我们姜姓的祭祀。"

齐襄公这人，就连同父同母的姐姐都不放过，哪会放过隔了八百辈远的远房姑姑？然而，齐、纪之间，究竟有怎样的世仇呢？这要从很久以前说起。

姜太公的祖先，传说是大禹治水时候的四岳的后代。所谓四岳，是上古时候的原始议会。四岳之中，有一个部落名叫姜部落。姜太公就源出于姜部落。西周时候，周王于封建齐国的同时，另封姜部落于邻近齐国的纪，是为纪国。因为这个渊源，齐、纪同姓，有着血亲。齐国自姜太公至齐僖公，加头加尾，历 11 代 13 传。那分别是：太公、丁公、乙公、癸公、哀公、胡公、献公、武公、厉公、文公、成公、前庄公、僖公。

在齐哀公年代，纪国侯爵也不知为了什么事，与齐哀公产生矛盾。他到周王那里说齐哀公的坏话，导致周王杀死齐哀公而立其庶出的弟弟，是为齐胡公。齐国内部，并不拥戴齐胡公。只是当时周天子很有权威，所以齐国不得不承认齐胡公。因为齐国贵族并不拥戴，所以齐胡公由故都营丘迁至薄姑。立嫡立长，具有确定性和唯一性。立弟，因为弟弟不止一人，就会有非分的事情。齐胡公成立之后，齐哀公的同母弟造反，杀死齐胡公而自立，是为齐献公。齐献公又迁都至临淄。到齐历公年代，齐胡公的后人又造反，最终仍是齐献公的后人继承国家。因为纪国君主的一句谗言，造成齐国五代内乱，齐国贵族自相残杀。所以，历代齐国君主仇视纪国。齐僖公、齐襄公，不断进攻纪国，报复世仇。春秋 16 年，齐僖公邀约郑庄公，假装朝拜纪国，计划趁机偷袭纪国，与郑国平分。纪国听到些风声，组织国防，拒绝齐、郑的拜访。事后，纪国为了生存，求助于鲁桓公，请鲁桓公出面，将纪后嫁与周桓王，希望由此得到周朝的保护。周桓王连身旁的郑国都不能搞定，哪有能力顾及东方的一个小国？纪季将纪国的一半出让给齐襄公，齐襄公并不领情，于春秋 33 年最终吞并了纪国。自齐哀公至齐僖公，历哀、胡、献、武、厉、文、成、前庄、僖，加头加尾，计七代九传。其间相隔，差不多有两百年。这就是著名的齐襄复九世之仇。孔子的经文将齐襄公灭纪国记录为：

纪侯大去其国（所谓"大去"，意思是：离开之后就不再回去。当时的实际情况是齐军将纪侯赶出纪国，然后灭了纪国的宗庙。"大去其国"是对亡国的委婉的、避讳的说法。）

为什么要这样记录呢？《公羊传》以为这是为贤者讳。它认为齐襄公能够报复九世之仇，就算是贤者。对于贤者所犯的错，应当讳。齐襄公灭纪国，违背了"存亡续绝"的大义；按《春秋》笔法的一般规则，应当记为"齐灭纪"，以便直指齐国的不义。然而，孔子认为齐襄公此举弘扬了一种比"存亡续绝"更加伟大的"大义"，值得表扬。所以，用"为贤者讳"的规则，就记成"纪侯大去其国"。

笔者不厌其烦地记录此事，是因为此事与后世的另一重大事情有关。汉朝初期，匈奴强于汉。汉朝的君主系以《公羊传》的思想治国，用齐襄复九世之仇来激励自己，自文帝开始实施报复，最终于宣帝年代彻底征服匈奴。自刘邦白登山被围，至汉宣帝年代，汉朝君主系传了八传（高、惠、高后、文、景、武、昭、宣），时间上间隔了一百多年。汉朝用的是怎样的治国思想呢？《公羊传》的原文是：

九世，犹可以复仇乎？虽百世，可也！（隔了九世，还应当复仇吗？即便隔了一百世，也应当复仇！）

报复世仇的思想是否正确，不得而知；报复世仇的思想很强大，却是事实。因为：正是这种思想，造就了天下第一强国汉朝，造成了匈奴的西迁和罗马帝国的灭亡。

为了图霸业，齐襄公一再到国际上招揽闲事。杀死郑国子亹之后，齐襄公又召集诸侯，送卫国的卫惠公回国。这卫惠公是什么来头呢？前面提到，石碏杀死州吁之后，立卫庄公之子卫宣公。卫宣公颇有郑、卫之风，即位后即收用了父亲的小老婆夷姜，与之生下急子。卫宣公命右公子做急子的监护人。到急子渐渐长大，右公子为急子说娶齐国女儿宣姜。

按礼仪，婚前男女双方不能见面。因此，宣姜到卫国前，先不能进城，而是在城外住下。卫宣公在黄河边为儿媳妇修建婚馆。这婚馆名叫"新台"。宣姜住进新台后，卫宣公于夜里赶到。名义上，说是看儿子的婚礼是否布置妥当；实际上，却忍不住趁机偷窥宣姜。殊不知偷窥之后，就更加忍不住。为什么呢？只因宣姜长得太漂亮。宣姜的美貌，是上了《诗经》的。那种描述，既然入得孔圣人的法眼，笔者哪敢另作描述？且抄录《诗经》如下：

君子偕老。副笄六珈。委委佗佗。如山如河。象服是宜。子之不淑。云如之何。

鬒发如云。不屑髢也。玉之瑱也。象之揥也。扬且之皙也。胡然而天也。胡然而帝也。

瑳兮瑳兮。其之展也。蒙彼绉絺。是绁袢也。子之清扬。扬且之颜也。展如之人兮。邦之媛也。

译文：她是君主的嫡妻，我们的国母。六支副簪斜出，垂下六串珍珠。她的高大、美丽和威严，犹如大山、大河。那身绣有地理图案的衣服，穿在她身上才合适。然而，她品行不端，我们能说什么呢？

长发天然、健康、浓密，用不着梳理。青色的玉缀，乳白的象牙梳背，衬出她白皙的脸庞。她是上天的女儿？她是上帝的女儿？

美玉，多么高贵！洁白的胴体裹上半透明的丝衣，外衣打个结，套在外面。她真美！她的脸真美！这个高贵的人，是我国第一贵妇！

卫宣公见了这样美女，哪还管什么人间礼法？他以君主之命遣开身边的下人，说是有重要的话要问宣姜。钻进宣姜的房间后，他向宣姜提出一种发自天性的要求。宣姜是齐僖公之女，鲁国国母文姜的姐妹。要不是当初郑昭公二度拒婚，她可能已经嫁给了天下第一美男郑昭公。她只知道嫁的是年轻的急子，不料却钻进来个胡子一大把的老头，所以心下很有些不情愿。卫宣公不得要领，却又不甘心就此罢手，于是向宣姜许以卫国第一夫人的地位。在此之外，免不了的，是"得意一人，是为永讫"的山盟海誓。盛情之下，宣姜只好将就。然而，多年以后，她将这种心态唱成一首诗。此诗就是《诗经》的《新台》：

新台有泚。河水弥弥。燕婉之求。蘧篨不鲜。
新台有洒。河水浼浼。燕婉之求。蘧篨不殄。
鱼网之设。鸿则离之。燕婉之求。得此戚施。

此夜之后的第二天，卫宣公与宣姜连翩进城，直接利用为急子准备的婚礼排场，举办自己与宣姜的婚礼。按约定，宣姜成为卫国第一夫人。宣姜与卫宣公，生下卫惠公、公子寿。卫宣公又让左公子做卫惠公、公子寿两兄弟的监护人。

在宣姜的逼迫下，年老色衰的夷姜上吊自杀。早先没有第一夫人，按立长的规矩，当立急子为继承人。现在宣姜做上第一夫人，子以母贵，按立嫡的规矩，当立宣姜的儿子卫惠公为继承人。这就让夷姜之子急子，由早先的太子降格为庶子。急子与宣姜之间，原计划是夫妻。却因这些变故，结下天大的仇恨。宣姜先发制人，在卫宣公那里说急子的坏话。凭了她扬且之颜、如山如河之美，席间婉转，枕上柔情，说动卫宣公谋杀亲子。卫宣公让急子出访齐国。在急子去齐国的路上，安排下杀手，准备弄死急子。宣姜的另一个儿子公子寿，很有兄弟情谊，专程去通告急子，劝急子赶紧逃命。急子长叹一声，说：

"要我死的命令，源出于父亲。父亲要我死，我往哪里逃？普天下都是讲孝道的国家，谁会接收抗拒父命的人？父亲就是天，谁能逃避头顶的天空？你让我往哪里逃呢？"

公子寿看急子脑袋不开窍，就请急子喝酒，将其灌醉，然后自己驾着马车，车上插上急子的旗，代替急子往齐国路上赶。杀手在路上杀死公子寿的时候，急子于酒醒之后赶到。他对杀手说：

"请将我一并杀死！"

于是，急子又被杀。春秋23年，卫宣公去世。急子、公子寿都已经死去，所以卫惠公即位。卫国权臣右公子、左公子，实在看不惯宣姜母子的行径，就趁了君主系母寡子弱的时机，于春秋27年发动政变，赶走卫惠公，另立公子黔娄为君。卫惠公逃奔母亲的祖国齐国。

卫惠公是宣姜之子，算起来是齐襄公的外甥。齐襄公当然收留。至春秋34年，卫惠公居于齐国已经七年。齐襄公召集鲁国、宋国、陈国、蔡国，五国联军，讨伐卫国，送卫惠公回国为君。他要借七年收留卫惠公之功，挟持卫国以图霸业。五国联军兵临卫都朝歌，卫国城中的黔娄抵挡不住。卫惠公进城杀死左公子、右公子，赶走公子黔娄。公子黔娄由此流亡周朝，又引出许多事端。那是后话。

齐襄公率诸侯联军讨伐卫国的时候，鲁国国母文姜赶到。名义上，说是做母亲的放心不下儿子，专程来看望参战的鲁庄公；实际上，则是到齐军之中与弟弟齐僖公幽会。卫惠公反正之后，用卫国的钱财和人口，答谢舅舅齐僖公。齐僖公将卫国外甥的东西，转送给鲁国外甥鲁庄公。照他的意思：军旅之中难得有艳遇，所以要答谢鲁国国母的殷勤厚意。后来，齐、鲁回国之后，齐国又向鲁国进献战俘、战利品。这都是文姜献身于军中造就的功勋。

应酬完文姜，齐襄公进入朝歌，与另一姐妹宣姜相见。宣姜对齐襄公说：

"哥哥、姐姐一个有齐国，一个有鲁国。就是小妹我命苦，嫁了个糟老头。十年前，就连这老头也长伸腿去了！这卫国的人，还一心要对付我。哥哥要为我做主！"

这个话，是说左公子、右公子拥立黔娄的事情。齐襄公道：

"我把你儿子送回来，不正是为你做主吗？妹妹为一国之母，还想要什么？"

宣姜道：

"姐姐死了男人，毕竟还有你。我有什么？我的男人死了都十年了，我这日子别提有多苦！你真不知道我要什么吗？"

听了这话，齐襄公不禁脸红。寻思片刻，齐襄公说：

"妹妹是卫国国母。卫国的男人，哪一个不是你的？你想要哪一个？我来为你主婚！只是，你不能让他参政。卫国的君主，必须是你的儿子、我的外甥。"

趁此机会，齐襄公向妹妹宣讲齐国女儿身负的重任。什么重任呢？就是帮助齐国控制卫国。在这种情形下，政治之中羼入情欲，上演出一种奇特的女权主义：

宣姜于所有的卫国贵族之中，如同选妃一般，选出个中意的来做她的男人。此人名叫昭伯，是卫宣公的庶子，名分上讲乃是宣姜的儿子。这实际是嫡母下嫁庶子。齐襄公以大国兵力相慑，主媒证婚。他将宣姜为卫国第一夫人的事情，做成誓言，刻成简书，与卫国贵族杀牲盟誓。昭伯与宣姜一起生下三男二女。分别是：

齐子、卫戴公、卫文公、宋桓夫人、许穆夫人。

宣姜是大国齐国的妹妹、姑姑，又是卫国的实际统治者。她的子女按子以母贵的规则，算是中原的顶级贵族，都做了国主、国母。齐子早逝。卫戴公、卫文公后来相继为卫国君主。

宋桓夫人嫁为宋桓公嫡妻，许穆夫人嫁为许穆公嫡妻，又分别为宋、许第一夫人。宣姜是散布齐国势力的使者。他的儿女，就是二代使者。齐国的此举，在后世来讲，可以算是违背了"夫为妻纲"的大伦。然而，它具有扩张齐国势力的实用性，为齐桓公的霸业做了铺垫。后来的楚庄王，过于地好古，也学习这个做法，平白地让夏姬于楚国贵族之中选男人。其结果，搞成楚国内斗。那才叫画虎不成反类犬。

齐襄公在国际上风光无限。然而，好景不长。三年之后的春秋 37 年，齐襄公被人刺死。欲知详情，且看下回。

并列第十回

三衅三浴相管仲　筚路褴褛徙荆山

上回说到，齐襄公霸业未成即被人刺死。齐襄公虽死，齐国的霸业却没有中断。继承了齐襄公家业的齐桓公，在前任的基础上继续壮大，成就了霸业。齐襄公之死，与公子无知、连称、管至父有关。

早先，齐僖公很喜爱公孙无知，给予无知太子的待遇。这个公孙无知是齐前庄公之孙、齐僖公的同母弟之子，算起来是齐襄公的堂弟。齐襄公即位后，打压公孙无知。所以公孙无知对齐襄公有怨气。连称、管至父是齐国的两个贵族。齐襄公让此二人镇守边关葵丘，对他们说：

"现在是瓜成熟的时候。到这瓜再次成熟的时候，我就派人来替换你们。"

驻守边关，从古至今都是苦差事。苦在什么地方呢？不荒凉，就不叫边防哨所。真有敌军来袭，倒还有点事做。人闲下来看到的，总是日复一日地枯草黄沙、落日朝霞。看不多久，就腻了。每日只是在空虚、无聊的心境之中等待，等待回家。

连称、管至父二人，眼巴巴地盼望、等待第二年秋季瓜成熟的时候。到了第二年秋季，没有替换的消息。连称、管至父送信到齐都临淄，请求回国。齐襄公不予答复。秋季之后是冬季。寒风渐起，黄沙满天。临淄城中的贵族在进行烝祭，喝酒吃肉听音乐。他二人却冬服未成、回国无望。二人在葵丘熬得难受，激发出造反的想法。连称的妹妹，恰好在齐襄公宫中为妾。这女人不得宠。连称请她随时注意齐襄公的动静，许诺于事成之后让她做齐国第一夫人。二人又联络公孙无知，讲成刺杀齐襄公、拥立公孙无知的密谋。

某一天，齐襄公到郊外打猎，看到一只野猪。齐襄公的随从说：

"快看，这是彭生（杀死鲁桓公的齐国武士。在鲁国的要求下，齐襄公杀死了彭生来谢罪）！"

齐襄公因为谋杀鲁桓公的事情，一直就心中有鬼。听说彭生出现，齐襄公慌了神，大声喊：

"彭生，你敢来！"

他弯弓搭箭，射向野猪。慌乱之中，箭没有准头，射偏了。那野猪却站立了起来，像人一样放声大哭。齐襄公吓呆了，一时间六神无主，马鞭乱抽乘马。马车颠簸，将他从车上甩下。齐襄公腿摔伤，鞋子也掉了。他顾不得许多，赶紧回宫。回到宫中之后，他发现自己赤着脚，就派一个名叫费的奴隶去找鞋子。费没有找到鞋，遭到气急败坏的齐襄公的鞭打。费挨打之后出门，迎头碰上前来刺杀齐襄公的人。刺客将费抓起来。费虽然刚刚遭受主人的鞭打，却还是忠于主人。他用话来诳刺客：

"我虽是他的卫兵，却也想对付他！他刚刚才毒打了我。不信你看！"

他脱去衣服，露出鞭伤。费又说：

"我为你们带路！"

费先一步进入房中，将齐襄公藏在门背后，又让人假扮齐襄公，躺于床上。刺客杀死床上假扮的齐襄公之后，于门脚下看到齐襄公的脚，杀死了齐襄公。

其实，野猪是公孙无知、连称、管至父等人于得知齐襄公的行踪之后，派人假扮。呼喊"彭生"的人，也是故意安插。公孙无知等人于猎场导演此事，是想通过惊吓齐襄公，使其疏于防备。

齐襄公被刺身亡，公孙无知成为君主。齐襄公的两个儿子逃奔外国。这两个儿子，一个叫公子纠，逃奔到鲁国。另一个即是著名的齐桓公，他逃奔莒国。公子纠有两个监护人，一个是召忽，另一个是著名的管仲。齐桓公有一个监护人，那是著名的鲍叔牙。

齐国的这番内乱，需要首先辨别其君主系的名分：

公孙无知，是齐僖公之侄，齐襄公的堂弟，于君主系隔房，名分上不对。齐桓公是齐襄公长子，应为第一继承人。公子纠是齐桓公次子，应为第二继承人。

公孙无知于齐僖公年代有些势力。到齐襄公年代，长期遭受压制，其威望已经大不如前。特别是，他在名分上隔得太远。因此，他成立后不久即遭到国内贵族反对，被人杀死。

公孙无知一死，齐桓公、公子纠都想回国做君主。鲁国方面，既然接收了公子纠，当然要拥护公子纠，以利于鲁国。鲁庄公赶紧与齐国国内联系，约定好里应外合，送公子纠回国。然而，齐桓公在鲍叔牙的辅佐之下，先一步从莒国回到齐国，自立为君。春秋38年秋，鲁、齐战于乾时，鲁军战败。鲁庄公的御戎、车右扛起旗，跳下战车，引开齐军，才让鲁庄公得以逃回曲阜。鲍叔牙乘胜追击，逼近曲阜，对鲁国提要求：

"公子纠毕竟是我国君主的弟弟，我们不好在国内下手，就麻烦你们帮忙除掉。是召忽、管仲教坏了他，所以我们希望要这二人的活口，拿回齐国去正法。"

在这种形势下，不等鲁庄公表态，公子纠赶紧逃离曲阜。逃至鲁邑生窦时，遭遇鲍叔牙的兵。公子纠被杀。召忽为公子纠而战，也被杀。管仲是识时务的俊杰，举手投降。鲍叔牙押着管仲进入齐国地界后，为其松绑，说：

"君主素闻先生大名，愿尽释前嫌，举齐国以付先生！先生受了些不应当的惊吓，应行三衅三浴之礼，以祓除不祥！"

在公孙无知即位，齐桓公、公子纠出逃之际，管仲曾经与齐桓公遭遇。当时管仲箭射齐桓公，射中了齐桓公的腰带。如果不是金属的腰带阻挡，齐桓公已经丧命。为这事，齐桓公想杀死管仲。鲍叔牙进谏说：

"君主以为高傒之才何如？"

齐桓公说：

"高傒为齐国第一贤才，故先君用为正卿。"

鲍叔牙说：

"管仲的才华，还在高傒之上。

"忘却小辱，成就大事。你要做成大事，非管仲不可！"

……

齐桓公、鲍叔牙召集齐国贵族，搞出一种奇怪的礼仪：

鼎中加入水。水中加入些奇怪草药。鼎下烧火，让水温保持至四、五十度。然后将管仲脱光衣服，放入鼎中蒸煮。这个名目叫作"浴"，意在洗尽管仲的罪恶。

鲍叔牙服下一种药水，昏迷之后醒来，变成尸主。他手执桃木制的弓、篙制的箭，又唱又跳，口叫念念有词。他厉声问管仲：

"你的命是谁的？"

管仲答道：

"我的命是纠的！"

鲍叔牙用那射不死人的篙箭射向管仲。管仲却大叫一声，昏死过去。待其醒来，鲍叔牙又问管仲：

"你的命是谁的？"

管仲答道：

"我的命是小白（齐桓公）的！"

这一番做作，叫作"衅"。它象征着管仲改命。这两种迷信分别进行三次，意在被除管仲身上的不祥。其实，这迷信活动有另外一种意义。管仲本是齐桓公的政敌，反倒为齐桓公重用。这种巨大转折，让齐国众臣不服。就是齐桓公本人，心中也难免影影绰绰。迷信的目的在于增强自信。有了这三衅三浴之礼，管仲算是涤湔罪愆，重新做人。

齐桓公立管仲为相，内政、外交，无不向之请教。管仲相齐之后，拿出一整套治国的政策。齐桓公在位的时间是春秋 38 年至春秋 80 年，长达 43 年。在齐桓公年代，齐桓公、管仲、鲍叔牙等人共同搞出了一揽子的改革，使齐国出现了翻天覆地的变化。经过改革，齐国一步步壮大起来，齐桓公成为了春秋第一个霸主。整个春秋时期的政治结构、社会风貌，乃至于后世两千年的中国社会，都在一定程度上参照了管仲改革的这一套东西。至春秋 61 年，齐国专门建设小榖城，封管仲于小榖，永远纪念管仲的巨大贡献。在后世的历史中，战国时候的商鞅、申不害，汉朝的贾谊、董仲舒、晁错，乃至于三国诸葛亮、宋朝王安石，甚至《水浒》之中的吴用，无不师事管仲，无不仰慕管仲。究竟这管仲的改革是些什么东西？笔者按下不表，且待后面再叙。

中原地方出现郑庄小霸、齐桓改革的同时，中国南方的楚国，由一个江滨小国，渐渐崛起为南方第一大国。到得后来，齐国的霸权陡然中止，楚国的霸权，却延续、又延续。国力之强，一直到战国时候；疆域之广，差不多漫延半个中国。于此，笔者另起一支事由，插叙楚国的渊源。

楚国的身世，说起来也是上古著名部落。很久很久以前，人们还没有掌握保存火种的方法。人们于原野之中猎获动物的时候，因长途奔跑，特别口渴。于是就将动物的耳朵割掉，直接饮用从动物耳根涌出的血。之后，就像老虎之类的猛兽那样，直接生吃动物的肉。这个习俗，号为"血食"。祭祀之中的歃血，就是由此演变而来。茹毛饮血的生活，对食物的营养吸收不足。生食肉、菜、粮食，让人摄入很多病菌，影响身体健康，导致人们寿命很短。一个名叫祝融的人，发现了生产和保存火种的方法，开始用火来烹饪食物。祝融渐渐成名，聚集成一部落。祝融发明火种，差不多与稷一样伟大，当然被人们神灵视之。因此，祝融部落闻名于中原。

祝融部落的后裔号为昆吾，生活于当今的河南许昌一带。周朝封建诸侯的时候，赶走了昆吾，将许昌封予许国。祝融部落的另一支曾经追随周武王打天下，故周平王时候，将其封至当今湖北的荆山，赐姓为芈姓。这一支部落的首领，名叫熊绎。这支部落，就是楚国的前身。在当时来讲，荆山僻处南方，属于不开化的地方。

楚国到荆山之后，辗转定居于当今的枝江县附近。都城号为郢，就在沮漳河与长江交汇之处。这个地方西面关隘三峡，东面湖泊棋布。当今的洞庭湖、洪湖一带地方，当时叫作云梦泽。自云梦泽往东，经小别山（桐柏山的古称）、大别山而出长江下游平原；北上，即可进入华北平原，经略齐、鲁。南面为蛮荒之地。比较起楚国以南的部落，楚国算是先进、文明的大国。北面沿荆山、武当山东侧，一马平川，越汉水即可至中原。比较而言，楚国进取中原的道路，要数汉水一线最为便捷。

周朝存有私心。将其亲人、心腹封到好地方，却将昆吾驱逐，又将熊绎封到边远蛮荒之地。原本居于中原沃土的熊绎，不得不到南方去开荒。迁徙和开荒的艰辛，可想而知。为此，熊绎的后人总是想要回到中原，并且世世代代怨恨周朝。中原地方的人，因熊绎的封地在荆山，故而称之为"荆"。荆的同义词即是"楚"，故而又称之为"楚"。无论是"荆"，还是"楚"，都是荆棘、柴火之意。熊绎的后人渐渐融入长江流域的土著之中，其穿着，其习俗，甚至其相貌，都渐渐变得与中原不同。于是，中原人对楚国的态度渐渐又成了蛮夷视之。其实，楚国的身世，大致与吴国类似，都是源出中原，又重新回归中原。而且，自春秋初期开始，楚国就渐渐进取中原。比起吴国，还算是早一步回归中原。后来的屈原自称"帝高阳之苗裔"，那正说明楚国于沦落边埵之先，曾经是中原部落。

自熊绎之后，历 10 世 11 传，传至熊勇。春秋前 116 年，熊勇去世，其弟熊严即位。熊严生有四子，分别是：伯霜、仲雪、叔堪、季徇。四子相继为君，传至季徇。季徇传其子熊咢。春秋前 68 年，熊咢去世，传其子若敖。若敖的后人，严重影响了楚国历史。春秋前 41 年，若敖之子立，是为霄敖。春秋前 35 年，霄敖之子立，是为蚡冒。春秋前 18 年，蚡冒之弟熊通弑蚡冒而自立。

由于前面提到的身世，熊通认为自己的国家受到了不公正待遇，立志进取中原。为表达与周朝决裂的态度，熊通自命为王，是为楚武王。楚武王自命为王，其国家体制就不同于其他诸侯。楚国效仿西周开国的做法，进攻四周的国家，然后将自己的亲信封到所攻占的地方，收取其上贡。楚国所封建的国家，均不再向周朝称臣，也不向周朝上贡。这个做法，乃是与周朝为敌，进而与整个中原诸侯为敌。早在若敖年代，西周就已经灭亡。周平王开创东周的时候，第一紧要的事务，乃是保全周朝的延续；第二紧要的事务，乃是抵挡犬戎的进攻。于此之外，还要处理与中原诸侯的关系，哪里顾得及楚国的称王？有人向周平王通告楚国称王之事，周平王于鼻孔里发出一声冷笑，说：

"戎王、荆王，不过是蛮夷自大的称号。当初先王让他到那里去，就是要他去抵御魑魅魍魉。蒸湿烟瘴之地，荒山江湖之滨，乃是蛮夷聚集的渊薮。就让他做个蛮夷的首领，统率那些用鼻孔喝水的野人，有何不可？"

这种话传到楚国，楚武王越发愤懑。他率军北伐，进攻东周。周平王自恃东周在地理上易守难攻，就采取了当初周文王御戎的中策，于当今的南阳至许昌一带，伏牛山、平顶山的关隘地方建设起军事基地，阻挡楚国北进。照周平王的意思，楚国犹如牛虻，驱之而已。这一种交锋，由于周朝方面的行军路途主要是平原，而楚国的行军路途山河纵横，故而于楚国大大不利。楚武王几番北伐，均如诸葛亮的出祁山，吃力不讨好，就只好放弃。周朝方面，以为御戎中策大功告成，暗中洋洋得意，殊不知楚国却转而拟定如下战略：

其一，攻取南方、西方，保证后方的稳定。

其二，出北方测试中原的反应。

其三，若出北方不成功，就考虑绕道东方，经由齐、鲁而取中原。

楚武王攻取了长江中游的一些小国，积聚起力量，选中随国为测试中原的目标。随国位于汉水东面，就在当今的湖北随州。这是一个姬姓国家，与周朝沾着血亲。

春秋17年，楚武王入侵随国，然后派芴章与随国方面进行和谈，自己带兵在瑕等待。随国派少师为和谈代表赴楚军军营，一则议战议和，再则也试探楚国虚实。楚军方面于少师到达之前召开会议。谋臣鬭伯比率先建议：

"进取中原，是我国长远国策，不可以示人。随，是汉东第一大国，又是姬姓国家。如果我们示之以强大实力，随国因而畏惧，回身致力于国防，纠结周边姬姓小国，一致抗楚。那样于我国不利。因此，我建议故意示弱，惯养其骄心。此乃《诗》所谓遵养时晦之计！

"少师是个好大喜功的人。听说他很得随国君主的宠幸。我们于接下来的军事、外交之中故意示弱，让他轻视我们，一则防止随国由畏惧而致力于军事，对我们构成威胁；二则让我们得以腾出手来，对周边小国各个击破；三则可以利用其骄心，灭而取之。"

另一谋臣熊率且比说：

"此计原是不错。然而，随国有个贤人季梁。有此人在，此计难免要被识破。"

鬭伯比说：

"长远的计谋，当看长远的效果。当前，可能不会有直接效果。长远来看，还是要示弱才对。周王表面上藐视我们，暗中能没有忌惮？动作过于大了，怕引起中原姬姓的围攻。以我国现在的力量，哪敢招惹中原大国？"

楚武王故意找些从南方俘获的奴隶，冒充军人，展示给来访的少师看。在接下来的战争中，楚军毁掉既有的军事编制，用小规模的军队与随军交战。楚武王率大军驻扎于附近，设下伏兵，预备诱歼随军。随国方面，少师建议大举进攻楚军：

"据我到楚军营中所见，楚国确是南方蛮夷。其军队由奴隶组成，纯属乌合之众。这种兵，烧火、打柴倒还可以；要说打仗，我看他们弓箭都不会使！"

季梁反对进攻楚国。随国君主说：

"见利不进，你这是什么讲究？"

季梁说：

"楚国，乃是汉南大国。楚军表现出这种状态，其中必然有诈。这是羸师诱敌之计。如果大举进攻，必遭埋伏！"

在季梁的干涉下，随军放弃了对楚军的追击。楚军全身而退。一年后，随国君主罢黜季梁，重用少师。楚国的鬭伯比对楚武王说：

"时机成熟了！罢黜季梁，说明随国君主已经不愿意听不同意见。他呈现这种倨傲、刚愎的性格，说明其骄心已经养成。现在，我们后方的小国已经平定，正好对随国下手！"

于是，楚武王以王的名义，号令周边小国集会于沈鹿。随国是姬姓国家，当然不承认芈姓的楚王，所以拒绝参加。楚军以此为由进讨随国，随军大败。战后，双方再次议和。这一次议和，就不再是势均力敌的会议。随国接受城下之盟，给出许多战争赔款，答应向楚国上贡。

楚武王打败随国之后，又以两次战役，先后打败邓国、郧国。

邓国在当今河南西南，邻近丹江口水库。当时，位于重庆的巴国求婚于邓国。因路途上要经过险恶的三峡，为防意外，巴国求助于大国楚国，请楚国派兵护卫迎亲的使团。楚武王命道朔为将，护送巴国的聘礼。经行邓国辖下的鄾，遭到鄾人的伏击，礼物被抢，巴国使者、道朔一同被杀。楚武王派人到邓国质问此事。邓国方面说：

"说起来鄾是我的治下，其实那地方山高林密，地形险要。他愿意呢，就上贡点东西；不愿意时，我也拿它没办法。"

楚武王闻讯，说：

"好嘛！你管不下来，我来管！"

楚军联合巴国军队进攻鄾。此时，邓国却派养、聊前来护卫鄾国。养、聊三次冲锋，未能冲动巴军阵形，转而冲击楚军。楚军请巴军后撤于山谷两侧埋伏，独自抵挡。养、聊进攻时，楚军后撤。冲过山谷之后，巴军与后撤的楚军包围邓军。邓军全军覆没。

邓国战败服输，送出女儿邓曼，结邓、楚姻好。同样被打败的鄾国则不甘失败，伺机报复。正如鬬伯比所预计，楚国渐渐打出了名气，引起了其周边国家的警觉。汉水流域的随国、绞国、州国、蓼国均感到楚国的威胁，推举随国为老大，结成共抗楚国的姬姓联盟。楚国方面，应之以一种类似于张仪的"连衡"的战略，致力于拉拢、分化、策反，忙得不可开交。

春秋 22 年，楚国派屈瑕带兵去联络贰国、轸国，借以应对随国组织起的联军。鄖国刺探到军情，将军队拉到鄖国郊外的蒲骚，挡在了屈瑕一行的路上。而随、绞、州、蓼四国联军正在赶往鄖国的路上，策应鄖国。屈瑕召开前敌会议。鬬廉建议：

"鄖国以为它的盟军就要到来，将军队拉到国都之外，其都城没有戒备。你带兵在郊郢阻击随、绞、州、蓼，我带精兵于夜里偷袭鄖都。鄖都之中只想着援军，又自以为守城是以逸待劳，所以没有防备。我可以一举攻下鄖都。只要我这一路取胜，入援的四国联军也就散了。"

屈瑕说：

"对方那么多人，我们却只有这点兵。兵分作两路，人就更少。怕应付不过来。不如派人向君王请求增援。"

鬬廉说：

"取胜的关键在于团结一心，不在于人多。等援军到来，我方力量倒是够了，对方却有了防备，那样未必能够取胜。"

　　鬪廉一路于夜里偷袭成功，回身进攻蒲骚。驻于蒲骚的郧军听说国都失守，丧失了斗志。鬪廉击溃郧军，又增援于屈瑕，打败四国联军。这一战役，结合了围点打援和奇兵夜袭，很有随机应变之巧。照主帅屈瑕的意见，原是想等待楚武王增援，并没有想到这种计策。战争胜利后，功劳全部记到屈瑕头上。这叫作"大人不亲小事，小人不尸大功"。屈瑕却因此自鸣得意，渐渐骄傲起来。

　　为翦除随国的同盟，春秋23年，楚武王命屈瑕率军讨伐绞国。战前的军事会议上，屈瑕说：

　　"绞国总共不共两三千人。这样的小国，如果还要靠将士的性命去换，那不是本事！我用个诱敌之计。量他绞国城中，无人识得！"

　　绞国探得军情，于城墙上严阵以待，防守楚军。等了几天，不见楚军到来，却见三三两两的野人，有的肩挎箩筐，一路采集野菜；有的手拿绳索、斧头，到郊国城外的山上打柴。

　　读者要问，这野人是什么情况呢？这要从春秋时期的国家分布说起。春秋早期时候的国家，并不是现代这样一国与另一国接壤，而是犹如一个个的点，散布在中原大地。这些点之外的广阔地方，没有国家声称其主权，实际是人类共同的"公共地"。在这种公共地之上，往往生活着一种以一个人或者一个家庭为单位的散居人类。他们既不像周朝封建的诸侯国那样围绕宗庙土著定居，又不像戎、狄那样群居迁徙。他们或者以采集为生，或者以放牧为生，或者以狩猎为生，或者就是以农耕为生。他们于科技上并不一定落后，却因不能抱成团，所以在军事上打不过周朝的封国。世代土著农耕的周朝的封国，称这种人为野人。对春秋诸侯国而言，野人犹如猎物。猎获禽兽，可以用来食用；猎获野人，则可以强迫其做奴隶。男的，给他戴上脚镣，让他在地里为自己干活；女人，则用作性奴和纺织女工。

　　起初几天，绞国贵族一心防范楚军，不敢去抓野人。到后来，楚军不至，野人却一再出现。一天，绞国贵族派出小股军队，抓回了二三十个野人。这意外收获让绞国城中兴奋不已。第二天，又有大量野人在城北的山上打柴。一眼看去，差不多漫山遍野都是，至少有一两百人。绞国城中，再也控制不住，倾国出动，都到山上去抓捕野人。凭借正规的武装和团体作战，他们轻松地捕捉野人。更有甚者，就在那山林隐蔽之处，奸淫野人妇女。绞国人用预先准备好的绳索、枷锁，将野人羁押，下山回城。一路上，他们唱起淫歌《桑中》和《野有死麇》，自鸣得意。

凯旋的绞国人走到山脚的时候，忽然从两边冲过来两队战车。先是一阵羽箭，射得绞人大乱。继而，高高的战车上伸出长长的金戈。迎面冲来时，戈的尖刃冲刺人的胸；到达面前时，戈的镰尖啄人的头；战车冲过时，戈的镰刃反勾人的颈。车到时，又从车上跳下无数孔武有力的车右，身穿犀甲，手执利剑，如狼似虎扑过来。绞国人措手不及，心中慌乱。此时，在一辆挂着战鼓的战车上，一个身穿黑衣的人大声说道：

"绞人听着：反抗者立死！降者可生！"

此人是谁？就是诗人屈原的祖宗，此战的楚军主帅屈瑕。听了这话，绞国人纷纷放下兵器。那早先用于野人的绳索、枷锁，反用到绞国贵族身上。戴上枷锁的绞国男女，两人一组，呈一个个"夶"字，反被当作野人，牵往楚国。这些出现于绞国城外的野人，都是楚军的随军奴隶。楚军命随军奴隶到绞国城外采集、打柴，用的是诱敌之计。

楚国的官制，用的是王的体制，又夹杂有南方习俗。楚王之下较大的官，一种叫莫敖，另一种叫令尹。到后来，莫敖废弃，专重令尹。屈瑕正是此时的莫敖。屈瑕略施小计，逼迫绞国与楚国进行城下之盟。他感到周边小国不值一提，变得骄傲起来。这个情绪葬送了其性命。如何葬送呢？且看下回。

国学无不好古，法家哪来新意？
不学天赋人权，只好师事管仲。

顺反第十一回

心盈荡楚武不终　振万舞情感子元

　　就在进攻绞国的时候，楚军的一支侦察小分队渡过彭水，其行踪为罗国察觉。罗国是楚国仇敌。得知楚军动向，罗国派了个间谍混入楚军之中，掌握了楚军的行军计划。春秋24年春，屈瑕率军进攻罗国。出兵之前，鬬伯比为其送行。送行后回家的途中，鬬伯比对其御戎说：

　　"莫敖必败！我看他走路将脚抬得很高，说话盛气凌人。这是心浮气躁的表现。"

　　鬬伯比对楚武王说：

　　"必须为莫敖增兵。"

　　楚武王没有理会。回宫后，楚武王对邓曼说：

　　"鬬伯比年纪大了，头脑都不清醒了。我明明已经派出全国军队，他却要我增援莫敖！"

　　邓曼说：

　　"王误解了！大夫的意思是莫敖骄兵必败。他怕触怒你，也怕得罪莫敖，所以不愿直说。莫敖狃于蒲骚之役的胜利，自以为是，藐视罗国。带着这种情绪领军打仗，必然凶多吉少！鬬伯比打小跟着母亲到了郧国，经历不少磨难，没有国内贵族这些骄气。他是个城府很深的人，怎会不知道楚国的军队全部都已派遣出去？"

　　鬬伯比如何经历磨难，笔者先按下不表。且说当时，楚武王派人去追屈瑕，没有追上。

　　……

因为屈瑕自大，其手下有人进谏。屈瑕宣令于军中，说：

"谁要进谏，处以刑罚！"

屈瑕行经鄢水。渡河的时候，军队的顺序和队形就已经乱了。过河之后，又不设置巡逻和警备。到达罗国的时候，罗国与卢戎以两支军队夹击楚军，楚军大败。屈瑕无颜回国，自缢于荒谷。同行的其他楚国贵族自囚于冶父，等待楚武王的处罚。楚武王说：

"这是我的罪过！"

他没有处理这些人。

凭借接连不断的征伐，楚国势力渐渐覆盖当今的整个湖北省，直逼中原。楚国西取丹江口，东取随国。两地的夹角直指当今河南南阳。楚国出北方测试中原的计划，取得初步的成功。

楚武王胸怀高远、励精图治，就是死，也是死于战场。春秋 33 年，已是楚武王在位的第 52 个年头。刚刚开春，楚武王即召集军人，趁农闲演练"荆尸阵"。何为"荆尸阵"呢？这个"尸"字，并非现代汉语的"尸体""尸身"之意，而是"陈列"的意思。"荆尸"，即是"排列楚国阵法"。这个阵法，是根据楚国特点而设计的：

楚国位于长江中游。与中原比较，其地理结构山多地少，故而楚国辖下的人口较少，兵员也少。受人口限制，楚国进取中原的大计需要借助他国兵力。为此，楚国效仿西周体制，封建诸侯，命周边小国应征参加楚国的军队。与之配套，又创制出一种先求自保、首重防守的战车阵法。那就是荆尸阵。此阵形状大致呈倒置的"父"字。前面两翼，为左拒、右拒，类似于郑国的"鱼丽阵"。后面又有两翼，名为"左广"、"右广"。荆尸阵为楚国特有的阵法，一直延用了很久，期间不断改善加强。笔者将于本书的后面部分详述其特点。

楚武王演练阵法之后，出兵讨伐随国。在出兵之前进行祷告的时候，楚武王对邓曼说：

"我觉得心里发慌！"

邓曼叹气说：

"君王的福享尽了！人享福到了极致就会心里发慌，这是天理。这是先君神灵知道你快要死了，才在你准备出兵打仗的重要时候让发慌！先君神灵担心你死在外面，在提醒你哩！你不要去，让其他人去吧！"

以现代医学看，楚武王患的是心绞痛、心肌梗塞、中风之类的病。这种病极易导致猝死。古人虽不知这些病理，却有相关的经验，故而用迷信来解释。楚武王的身体已经老迈，自知必死。然而，他仍然亲自给士兵分发兵器。之后，他俯视讲武台下的万千士兵，发出豪言：

"男儿汉当终身进取，不得以老自懈！我有这千万臣民！我有数十个儿孙！我要身为榜样，教给他们进取中原的雄心！"

楚武王按计划出兵，死在行军途中。其子继位，是为楚文王。临死不忘进取的精神，激励了楚文王，楚文王继续进取中原。为达目的，他连邓曼的祖国也不放过。

春秋 35 年，楚文王讨伐位于当今河南唐河县的申国。从楚国治下的丹江口出发讨伐申国，途中要经过位于当今邓州的邓国。为防邓国断楚军归路，楚文王造访邓国，向邓国赠送买路钱。楚武王的女人邓曼是邓国女儿。亲戚关系上讲，此时的邓国君主是楚武王的舅子、楚文王的舅舅。邓国君主热情款待楚文王。他的三个儿子却看出楚国野心，建议于宴席上杀死楚文王。古人谓舅之子为甥。故而楚国贵族称这三人为三甥。三甥说：

"将来灭邓国的必然是这个人！如果现在不早点除掉他，将来再想除掉他，就如同自己咬自己的肚脐那样，极难！现在这机会难得，就现在动手吧！"

邓国君主说：

"我为他准备好酒菜，现在反倒杀死他，人们会说我不讲信义。如果我杀死了他，这桌酒菜就算是送给奴隶，奴隶也不会吃！"

三甥说：

"如果你不听我们的，祖宗神灵将永远吃不上你献祭的牲血，你也会因此吃不上祭祀之后的酒、脤！"

邓侯不听。楚文王在讨伐申国之后回国。他听说三甥的进谏，感到后怕。当年，楚军即讨伐邓国。至春秋45年，楚国又一次讨伐邓国，灭了邓国。

邓国，在当今的河南邓州附近。灭邓国之后，楚国势力北上至方城。方城这个地方，在春秋史上被视为楚国的北门。这与地理分布有关。

楚国的本部，最早在大巴山、武当山交汇处的荆山。按《禹贡》"荆及衡阳惟荆州"的划分，楚国的本部大致与天下九州之中的荆州重合。荆山为长江、汉水的分水岭，为西北、东南走向。山的东北面，为汉水流域。山的西南面，为长江流域。楚国北伐中原受阻，转而南下。即延荆山西南一侧的沮漳河至长江。沮漳河与长江的会合处，是当今的枝江、荆州一带。那就是楚都郢。经威服随国，楚国势力东至荆山东北侧的汉水流域。楚军借用汉水水运的便利，运兵北上，最终到达水运的尽头，那就是方城。这其中，要经过中国著名的军事重镇襄樊。

汉水乃是长江第一重要的支流。它源自甘肃省，自西往东流，至武汉汇于长江。沿途经过三大重要的农耕区域：上游有汉中，中游有襄樊，下游则有武汉。楚国北上中原的途中，重要据点乃是中游的襄樊。襄樊又是汉水与其最大支流唐白河交汇处。楚军由长江顺流而下，至武汉又溯汉水而上，至襄樊又溯唐白河而上。至唐白河上溯，又分两支。

一支为白河。古邓国，也就是当今的邓州，就在白河的支流上。由白河的干流上溯，先至新野，再至南阳。白河的最终源头，乃在伏牛山的西南麓。此山的东北，即进入黄河流域。伏牛山是山戎、南方部落的聚居地，不适农耕。适宜农耕的，是伏牛山东面的地方。那个地方，就是著名的中原，也就是华北平原。

　　另一支为唐河，蜿蜒绕至桐柏山的北面。唐河的第一支流，是为泌阳河，上溯为正东、正西走向。泌阳河上溯的尽头，邻近于淮河的源头，然后邻近于蔡国，然后邻近于陈国。唐河的干流溯至尽头，那就是方城。方城在伏牛山的脚下。楚军至此，水路走到尽头，北望即是中原。至此，再也不能用水路运兵，不得不改用战车，不得不面临战车、战阵的战争模式。在地理上，方城又恰好是中国的南、北分界点。按《诗经》记载，周平王于许昌、南阳、唐河建设起军事基地，阻截楚武王的北上，捍卫王城。戍边的周朝将士至此南方的水路，成天价看着流水，意淫故乡的女人，吟成中国最早的戍边诗。诗云：

　　扬之水，不流束薪。彼其之子。不与我戍申。怀哉怀哉！曷月予还归哉？

　　……

　　中国的大江大河大抵都是西东走向。这造成中国的北方与南方往往以江河为界，彼此不能逾越。只有这汉水的支流唐白河先天呈北南走向，连通了华北平原和长江中游平原。这造成这一带地方在军事上具有特殊的重要性。曹操在这里追杀刘备。关羽在这里水淹七军。明末的李自成，则从这里走出困境，纵横天下。因此地贯通南北，曹操于追杀刘备之后，顺水南下，随即灭了荆州。因此地贯通南北，关羽于襄樊取得胜利之后，即能够溯水北上中原，以至于定都于许昌的曹操吓得几乎要迁都。明朝末年，李自成被追杀至陕西东南部的商雒谷地。张献忠则降于明朝，驻于丹江口与襄樊之间的谷城。当时，明朝朝廷以为：叛匪悍目张献忠已归顺朝廷。叛匪悍目李自成远窜穷山荒谷，虽无确切死讯，其势不足为患。结果李自成竟然亲自到谷城，劝动张献忠重新起事。二人合力同举，搅动天下：李自成一路沿丹江而下，攻取南阳，势力往四周漫延，如虎出樊笼。张献忠一路由荆山转大巴山，西出四川，也如虎出樊笼。此乃明朝末年军事上的最大巨变，其地理上的原因就在于唐白河一带贯通南北，为四战之地，无险可守。

楚文王将楚国势力发展到唐白河一带。因此地四通八达，楚国随即打败蔡国。打蔡国，是楚国与中原著名国家的第一交锋。事由，是因女人而起。

蔡国，是周武王十弟兄之中的蔡叔度的后代。周武王封管叔鲜于管、蔡叔度于蔡。蔡，大致位于当今河南上蔡县。周武王去世后，周成王年幼，由周公摄政。管国、蔡国认为周公想要篡权，合伙造反。被镇压之后，蔡叔度被流放至死。其子名胡，被周公重新封到蔡，是为蔡仲。自蔡仲至蔡宣侯，加头加尾，历10代10传。春秋前27年，蔡宣侯即位。春秋9年，蔡宣侯之子蔡桓侯即位。蔡桓侯曾经参加春秋16年的周、郑之战。此战之后，周桓王逼迫蔡桓侯杀死陈佗，立陈厉公。此事造成原本友好的陈、蔡，出现怨隙。陈、蔡是紧邻，又都是倒大不小的国家。两国需要团结，才能抵抗大国。为此，两国间进行盟誓，交换人质。蔡桓侯之弟蔡哀侯，作为蔡国方面的人质，被送到陈国。春秋29年，蔡桓侯去世。陈国方面拥立蔡哀侯。蔡国方面，为照顾陈、蔡的世交，接回蔡哀侯。蔡哀侯居于陈国期间，陈国方面预先考虑到蔡哀侯有回国为君的可能。所以，陈桓公将自己的女儿嫁给蔡哀侯，希望用婚姻加固陈、蔡间的睦邻友好。

春秋39年，息国娶陈国女儿。息国君主所娶女人，是蔡哀侯的陈国老婆的妹妹，名叫息妫。息国在当今河南淮河上游的息县。蔡国在当今河南上蔡。陈国在当今河南淮阳一带。从陈国迎亲回息国的队伍，要途经蔡国。

蔡哀侯娶陈国女儿的时候，息妫还是三五岁的小孩。时隔十多年，这孩子出落成什么样子了呢？是不是像她的姐姐当年一样呢？这很让蔡哀侯好奇。于是，息国迎亲队伍进入蔡国地界时，蔡哀侯亲自去接待。名义上，就说是要尽姐夫的地主之谊。几辆马车之中，有一辆是用海豹（史称"海狗"。当时，中国东部的大海中有更加丰富的物种。笔者猜测其为海豹。）

皮做车壁，车壁将车内部完全遮蔽。那是"容车"。因为这种车用海鱼的皮做车壁，所以又叫"鱼轩"。用四壁将车的内部遮蔽起来，为的是不让人看到车内隐私。所以，这种车是贵族妇女专用的马车。就是后世的请柬之中，用到"鱼轩"二字，也是用来指代女眷。

蔡哀侯走到容车面前，想要钻进去看一看这新娘。按习俗，迎亲途上的新娘，就是新郎本人，也不能来看。所以，迎亲的息国贵族拒绝这要求。越是拒绝，越是让人好奇。息国方面的拒绝，让蔡哀侯坚信新娘是个美女。于是，他用了武力，强行扣留下车队，钻进车中，揭开那红盖头。

新娘长得盛发如鬵，肌肤如雪，眉宇间很与当年的夫人神似，而更有一种处女的精神。遭遇姐夫的突然闯入，她又是怕，又是羞，又是惭愧。奇怪的是，内心深处，竟然也产生出好奇和希冀。此情此景，让蔡哀侯忆起当年与她姐姐的初夜，顿时性欲勃起，不能自己。他下令卫兵远离马车，背向马车守卫，轻声说：

"妹妹莫怕，我是你嫡亲的哥哥，专门来看你哩！十年不见，不想妹妹长成了大美人！"

说话间，上前动手。息妫至此，挣扎不脱，欲罢不能，只好是咬紧牙，闭上眼，听天由命了。蔡哀侯尽情快活之后，放息妫继续赶路嫁人。带着残破的身子，息妫嫁为息国夫人。息国君主让蔡哀侯做了先头军，心下的滋味可想而知！每当见到夫人，总有一种吞下了苍蝇的感受。这种感受，每天夜里都在提示，让他纠结，让他郁闷，让他睡不着。百思不得其解之后，息国君主想出了解脱办法。他派人到楚国，对楚文王说：

"我国仰慕大国，愿意做楚国的马前卒，愿意帮助楚国灭蔡国。请贵国派兵，假装讨伐我国。我国与蔡国是连襟。我请求蔡国救助，蔡国君主必定亲自带兵前来。我们两国里应外合，定能擒获其君主。"

楚文王原本就计划进取中原，开疆拓土。听了这种建议，哪还管什么道义，当即就应允。春秋39年9月，楚军于莘大败蔡军，擒获蔡哀侯。蔡哀侯一时荒唐，为了一点好奇心，得到片刻的欢娱，就成了阶下囚。

蔡哀侯由一国之君，沦落为奴隶身份。在楚文王解手的时候，他负责在旁边拿衣服。在楚文王玩女人的时候，他充当帮嫖的角色。甚至沦落为男优，为楚文王表演规定动作。这种遭遇，让他对息国君主恨入骨髓，暗中发誓报复。楚文王于闲暇时候，叫来蔡哀侯，出于一种意淫的心理，问起蔡哀侯当初调戏息妫的情形。蔡哀侯趁机向楚文王说息妫是如何如何地漂亮。触体时候，啼声婉转，尤其楚楚动人、引人怜惜。这样一个尤物，落到息国君主手里，那真是好白菜让猪给拱了。几番诉说、描绘，说得楚文王心动。楚文王派人对息国君主说：

念及彼此友谊，仰慕你的风采，我想要来拜访你！

春秋43年，楚文王出游狩猎。之后，带了很多猎获的猎物，到息国去请息国君主共享。席间把酒言欢，息国君主请息妫出来敬酒。不料楚文王一声令下，随行的武士杀死了息国君主。息国贵族还没有回过神来，楚文王已经扛起息妫，驾车飞奔而去。这息国君主，简直比蔡哀侯还惨：几口饮食，就换取了身家性命！

楚文王抱得佳人归，自然垂幸。他感激蔡哀侯的推荐，将其释放。息妫也还宜子，一索得男，再索得男，为楚文王生下了堵敖和楚成王。息妫生这两个儿子的时候，都没有通知楚文王。楚文王问她：

"生儿子这样的大事，你怎么都不派人来通知一声？"

息妫回答说：

"好的妇人，应当一生只事奉一个男人。我这脏身子，曾经让其他男人沾过。为此，总觉得对不住君主。我生的儿子，不过是下贱的人，又怎好大张旗鼓，专门通告？"

楚文王看这女人：因为产子，体形出现变化。胸部越发鼓胀，臀部越发浑圆。就是皮肤，也变得更加润泽。头扎一张白巾，脸色于红润中夹杂苍白。因自降身份，只穿一身片色的麻衣，包裹着成熟到极致的肉体。犹如结实之树，累累垂垂，让人垂涎；犹如盛放之花，娇艳如玉，让人欣羡！这样健康而充满活力的女人，偏偏说话畏畏缩缩。眼睑低垂，嘴角微抿，一副可怜的样子。神情之中，带着羞愧；羞愧之外，一种无助的神情。如小院幽静，静谧中蕴含无限的雅致；又如江水回沱，曲折成爱的漩涡。

读者得知：男性的性心理，乃是一种雄性的自强心理。男人总是希望自己显得充满力量。偏偏这种念头，总是由女人来勾起，来加强，来爆发。为什么呢？因为女人弱于男人，能够印证男人的强大。为此，女性越是柔弱，倒显得可爱。这就是《女诫》首论"卑弱"的道理。息妫的身子三易其主，命运多舛，自叹命苦，原是女人寻求保护的天性。楚文王看这样子，觉得她的命运，只因她前任的男人不够男人。天地之间非我楚王，不足以保护这弱女子。由此情窦一开，转成迷恋。息妫越是自谦，楚文王越是爱怜，于是立息妫为后。堵敖、楚成王两兄弟根据子以母贵的规则，成为楚国的继承人，后来相继做上楚国国君。息妫怂恿楚文王进攻蔡国。蔡哀侯打不过楚国，只好向楚文王叙同靴之谊，送出钱财，表示臣服。

……

楚武王年代，楚国灭了周边小国权国，派楚国贵族鬬緡驻守于权国。鬬緡从权国造反。楚武王带兵镇压，杀死了鬬緡，将权国的人民，迁到那处（地名），另派阎敖驻守那处。楚文王即位后，于讨伐申国的时候，征集巴国军队。在军中，楚国人凌辱巴国人，激起巴国人的仇恨。为此，巴国入侵那处。驻守那处的楚兵战败，阎敖跳入河中，潜水逃脱。巴国军队乘胜追击，包围楚都郢。逃回楚国的阎敖，被楚文王处死，引起阎敖的族人造反。巴国方面趁楚国的这种内乱，于春秋47年冬再次讨伐楚国。春秋48年春，楚文王带兵迎战巴国军队，结果大败于津。楚文王带着残兵败将，回到郢都城门下。守城门的鬻拳拒绝开门，并且对楚文王说：

"区区一个巴国都打不过，还好意思回来！你拿什么面见宗庙的神灵？要想我开门，你先打个胜仗来看！"

楚文王又累又饿，却回不了家。不得已，只好重整旗鼓，再次出征，讨伐黄国。他于踌陵打败了黄国。再次回国的路上，楚文王因病去世。楚文王的灵柩送回国中，鬻拳主持其葬礼。因为自己拒绝为君王开门，所以鬻拳于葬礼之中自杀谢罪。

鬻拳拒绝为君王开门，这是个什么人物呢？他原本是楚国贵族。在某一次进谏于楚文王的时候，鬻拳性子太急，固执己见，竟然手执兵器逼迫君王。事后，鬻拳觉得自己有犯上的罪，不等君主问罪，自己处罚自己，斩了自己的双脚。当时的习俗，用腿脚有问题的人来看门。所以，他成为郢都的看门人，在城门口拒绝楚文王进城。鬻拳的事迹，反映的是因爱生恨的心理。他一心希望君王好，恨铁不成钢，所以拒绝楚文王进城。他开创出兵谏的先例。后世视他为诤臣的代表。

楚文王去世，息妫之子堵敖继位。至春秋 52 年，堵敖去世，堵敖之弟即位，是为楚成王。堵敖、楚成王即位的时候，都还是几岁的孩子。楚国的政权，就由权臣掌握。楚文王有个弟弟，名叫子元。此人官居令尹，掌握楚国实权。

息妫的身子，曾经侍奉过三个君主：蔡哀侯、息国君主、楚文王。蔡哀侯为她做了俘虏。息国君主为她丧了性命。这种艳名，差不多与北方的宣姜齐名，可以号为南方第一美女。令尹子元早就仰慕息妫的美色。楚文王死后，趁着这子弱母寡，子元正好下手。他声称为了更好地辅佐年幼的王，需要搬到宫中居住，就跑到息妫的卧室旁边，修建起自己的寝室。他找来一帮子强壮男人，对息妫说：

"闲来无事，请嫂嫂来观看万舞！"

三十六个精壮的男优，排成六纵六横的舞阵。这些人上身完全赤裸，下身穿豹皮战裙。左手执木盾，右手执青铜斧。舞蹈模仿捕猎猛兽的动作，又模仿战争中格斗的样子，时而疾奔，时而起跳，时而仆倒，时而两两对打。伴随舞蹈，男优口中发"嘿""嗨"声音。息妫她没有理会，反倒放声大哭，说：

"先君用这个舞蹈来演练武功，为的是强军。令尹不将它用到敌人身上，到我这寡妇身边卖弄什么！"

令尹子元听了这话，也感羞愧：

大丈夫患功名之不立，不患无妻！做男人不去建功立业，倒让女人笑话了！

当时，楚国势力已到达当今的黄河、淮河之间，正与郑国争夺对于陈国、蔡国的宗主权。在女人的激励下，子元想要逞能，计划进攻郑国。在郑庄公年代，郑国乃是中原第一大国。经郑昭公、郑厉公的分裂，郑国国力已经变弱。春秋 57 年秋，子元集结起战车六百乘，讨伐郑国。

前面讲郑国历史，只讲到子亹。至此春秋 57 年，郑国已经历子亹、子仪、郑厉、郑文四代。相关的演变，下回再叙。

> 人生百年终是死，为龙为虫人自为。
> 荆尸授了楚武王，临死定计铁木真！
> 鬻拳身残血性在，子元好色计成空。
> 长风为我问上帝：何等男儿是风流？

阶级第十二回

杀子元若敖根深　述商周霸道出世

春秋 28 年，郑国的高渠弥立公子亹。次年，齐国的齐襄公生发出霸权思想，出头来主持公道。齐襄公在诸侯大会上杀死子亹、高渠弥。新郑城中，祭仲拥立郑庄公的另一儿子子仪。此时的郑国，国际上遭受诸侯围攻，国内又有郑厉公于栎自立门户，与新郑分庭抗礼。好在有祭仲体国忠君，为国家鞠躬尽瘁，死而后已。凭借祭仲数十年权臣的威望，新郑政权算是勉力维系。春秋43年，祭仲去世。仿佛是将军一去，大树飘零，子仪的政权随之瓦解，郑厉公反正，郑国政权重新合二为一。有人以此事评论祭仲，说他一身系郑国安危。几乎是他在国在，他死国亡。笔者不论其曲直，只说史实：郑庄公年代，郑国的国势蒸蒸日上，总体呈扩张的趋势。郑庄公一死，郑国政权主要由祭仲掌握。祭仲主持下的郑国不但无力争天下，就连自家的地盘和势力，也日蹙一日。郑国从此沦为二流国家，总是力求自保，永远地与霸权无缘。

却说郑厉公于春秋26年被祭仲赶出新郑，辗转居于栎，自立为君主。虽几度进攻新郑，终究打不过祭仲。听说死对头祭仲去世，郑厉公组织军队进攻新郑，擒获子仪一方的将领傅瑕。傅瑕是个识时务的俊杰，他向郑厉公说：

"请你放我回去！我回去做你的内应，帮你除掉子仪！"

他与郑厉公进行盟誓，发了些毒誓，然后回新郑。此时的新郑城中，为了由谁来填补祭仲留下的权利真空，分裂成许多派别。这派别之中，当然有拥护郑厉公的一派。趁着这种混乱，春秋43年6月，傅瑕杀死子仪，迎郑厉公回国。至此，郑国由分裂重新统一。

郑厉公自春秋26年出逃，至此，离开都城足足有17年。国内的权臣、贵族，是否还支持自己？这很需要注意。叛变子仪的傅瑕，首当其冲，第一个被杀。之后，郑国贵族遭到逐个的清查。就连管理宗庙祭祀的闲职，也不放过。当时，郑国宗庙的看管人名叫原繁。郑厉公派了个使者对原繁说：

"傅瑕为臣不忠。按王法，已经予以处理。所有真心拥护我的人，我都让他做上大夫。我与伯父你商量：当初我离开的时候，你未曾为我说句好话。现在我回来了，也看不出你想念我的迹象。这让我感到遗憾！"

照这话的意思，傅瑕投靠郑厉公，为郑厉公杀死子仪，却有不忠于子仪之罪。忠于子仪，势必就是不忠于郑厉公。反之，若忠于郑厉公，又难免象傅瑕那样，有不忠于子仪之罪。

读者会想：如果采取中立，是不是好一点呢？原繁就是中立，却又得到不关心君主的罪名。如此算来，郑国国内的贵族，简直是无一不可杀。郑厉公本人谋杀了子仪，却又要追查不忠于子仪的人。原繁想到这一点，愤懑起来：

"先君桓公命我的先人掌管郑国宗庙的石室金匮。我世袭了这个工作。依我的职责，只要郑国社稷有主，那就行了。我从不参与继承人的纷争。我没有拥护你，却也没有拥护其他人。子仪在位这十四年间，都城中暗中谋求迎你回国的人，算起来也都是对子仪不忠的人。按王法，这些人是不是都该处理呢？先君庄公的儿子，现存八个。要是他们向我们这些官员送钱财、谋求君主位，未必就轮得到你！"

这番话，只是气话，改变不了结果。不过是想到反正是一死，所以图说话痛快。话一说完，原繁就自行上吊自杀。

郑厉公一番清洗，巩固了政权。郑国内乱结束，郑厉公想要重新立于诸侯之林。他寻思自己最大的优势，也还就只是与周朝的血亲。于是，郑厉公主动建交于周朝。春秋47年，周惠王迎娶惠后。此时，晋武公刚刚得到周朝批准，以小宗夺大宗，成为合法君主。晋武公想得到天下诸侯的承认，就假装出善意，邀约虢、郑，以晋、郑、虢三国勋爵，共同主媒证婚，为周王迎娶王后。郑厉公趁机巴结王、后。三国君主的保媒证婚，算是东周以来周朝最有面子的事情。就连惠后也因此树立特别的威望，所以才有后来的惠后干政。周惠王感激媒人，周、郑关系缓和。恰逢周朝又出现内乱，郑厉公承袭郑国勤王的传统，匡扶周室。

周朝自平王之后，历平、桓、庄、僖、惠，共计五传。此前的周桓王年代，桓王宠爱王子克，命权臣周公黑肩为其监护人。当时，周朝有个人物名叫辛伯。此人奉劝周公黑肩不要去蹚君上系的浑水。周公黑肩不听。当时，辛伯说出了个名言：

内宠并后，外宠贰政，孽子配嫡，大都偶国；乱之本也。

这就是著名的"辛伯谂"，号为"四乱"。内宠，说的是君主宠幸女人、宦官、乳母之类的人物。南朝张丽华、盛唐杨玉环是这情况。外宠，说的是君主重用某一个权臣。汉朝霍光、清朝多尔衮是这情况。孽子，是说让某个庶子拥有太子的般的势力，唐朝的李世民就是这种情况，此时的王子克也是这种情况。大都，说是分封某个人，让这人的封地与首都差不多大小。郑国的段就是这种情况。

至周庄王的时候，周公黑肩拥护王子克，阴谋造反。辛伯提醒周庄王，王子克、周公黑肩遭到处理。世事仿佛循环，庄王之弟王子克开了先例，之后僖王之弟王子颓、襄王之弟王子带，直至春秋末期的王子猛，都应了辛伯的"孽子配嫡"。且说周庄王所宠爱的女人王姚生下了子颓。爱人及乌，子颓又得周庄王宠爱。周僖王在位仅四年，来不及处理子颓，就已经谢世。至周惠王，哪里还容得下这个叔叔。子颓的监护人名叫蒍国。蒍国站到子颓的立场，暗中对抗周王。

早先，晋国的晋武公曾经讨伐周朝属地夷，擒获夷国君主夷诡诸。周朝命蒍国为使者，到晋国过问此时。当时晋武公还没有成为合法君主，为取得周朝支持，晋武公释放夷诡诸，归还夷。蒍国回去后，以此事为由，向夷诡诸索要钱财。夷诡诸以为命出于周王，不至于答谢使者，所以拒绝给钱。蒍国为此怀恨在心。春秋44年，周僖王批准晋武公为晋国的合法君主。此时，蒍国联络晋武公。他对晋武公说：

"早先的事情，是王执意要帮夷诡诸。就是我本人，心下也不以为然。现在贵国已经成立，我想来做个补偿：你来进攻夷。朝中由我来替你说话。"

晋武公乃是一代英主，一眼就看出其中端倪。他想：

天下哪有这种送上门的好事？此事必然另有隐衷！他是子颓的监护人。无非是要我支持子颓。进攻夷，势必得罪周王。然而，周朝内部纷争，于我何尝不是好事？

由这种考虑，晋武公假装感激，当即拍胸脯说：

"若由你而攻取夷，今后，你的事情就是我的事情！"

　　二人私下进行盟誓，达成秘密盟约。当年，晋武公即率军吞并夷，杀死夷诡诸，并且趁势逼近王城。晋武公借口说周公忌父是奸臣，要周朝交出周公忌父。当时是周僖王在位，周公忌父乃是僖王手下第一权臣。于此兵威之下，忌父逃奔虢国。周惠王成立后，接回周公忌父。周公忌父对晋国怀恨在心；周、晋之间由此结仇。

　　芮国借用晋国势力，逼走周惠王手下权臣。此举相当于断了周惠王的右臂。惠王以其人之道还其人之身，反攻倒算，清理子颓党羽。他以王命强占了芮国的果园，用来做猎场。又处理子颓的党羽边伯、子禽、詹父、石速。边伯的住所邻近王宫，为扩建王宫，惠王强占了边伯的房子。惠王又强占了子禽、詹父的耕地，剥夺了石速的俸禄。惠王与子颓之间势成水火，终成正面交锋。芮国、边伯、子禽、詹父、石速五人，共谋作乱，于春秋 48 年，伙同苏氏，拥立子颓，进攻惠王。五大夫战败，拥子颓逃奔至温。

　　温，是前面提到的周、郑交换土地之中的 12 个邑之一。这 12 个邑，原本是苏氏的土地。周庄王将其送给郑国，得罪了苏氏。正因这一点，所以苏氏加入到动乱之中。苏国子爵于战败之后带子颓逃奔卫国，又组织起卫国、燕国军队，反攻周朝。春秋 48 年冬，反惠王的势力于卫国拥立子颓为王，周朝同时存在两个王。

　　王子颓逃奔卫国时，卫国君主卫惠公，一心拥护王子颓，联合起盟友燕国，共同进攻周惠王。卫国的这个态度，与卫国历史有关。前面提到，周桓王用洛阳以北的 12 个邑换取郑庄公的土地。之后，这地方成为郑、狄、苏氏三方争夺的目标。在这种争夺之中，苏氏依托于邻近的卫国，时常逃奔卫国落脚。苏氏原本是周朝属内的附庸。卫国与苏氏交好，就结怨于周朝。因周、卫之间有这种矛盾，齐襄公送卫惠公回国为君的时候，公子黔娄就逃奔卫国的仇敌周朝。公子黔娄做了七年卫国君主，在卫国国内很有些党羽。周朝收留公子黔娄，是为卫惠公保留下天大的祸根。为此，卫国深恨周朝。现在周朝出现与卫国一样的事情，卫惠公正好依照周朝的做法，予以收留。非但收留，还要拥护。非但拥护，还要进攻周惠王。卫国、燕国军队进攻王城，周惠王岌岌可危。

春秋49年，郑厉公率军至成周，试图以武力调解周朝内乱。周惠王与王子颓混战正酣，成周已成战场。郑厉公不想开罪于卫国，卷入过多的是非，所以就将周惠王接走，让周惠王住自己的故都栎。王子颓抢占成周。

自西周成王时候，成周即是周朝的第二都城。镐京沦丧之后，周平王投奔成周。后来，周平王在成周以东另建一城，是为王城。王城为第一都城，成周仍旧为第二都城。周惠王出奔郑国，让王子颓独占王城、成周。王子颓以为自己占据了都城，是为正统，所以就大开庆功宴。他把周朝的礼乐，搬出来翻演，昭示自己的正统地位。正在这高兴时候，郑厉公率军进攻王城。此时，卫、燕军队已经离去，王子颓又疏于防范，所以王子颓战败被杀，周惠王反正。

郑庄公年代，事事照顾周朝的面子，凭借卿士之职，高举勤王的旗号，打下了小霸的基业。郑厉公采取相同的思路，主动救助周朝。然而，历史的结果是：郑厉公的努力没有为郑国带来特别的好处。这是什么缘故呢？这是个一表一里的问题。勤王这个名目，只是表；自己的国家利益，才是里。就是郑庄公，也只是勤王能带来好处的时候，才高举勤王的旗帜。他抢走周朝的粮食，同样违背了勤王的精神。

春秋50年，郑厉公去世。其子继位，是为郑文公。郑文公在位时间，自春秋51年延续至春秋95年，足有45年。其间，东方崛起齐国，南方崛起楚国，西方崛起秦国，北方崛起晋国。处于中原正中央的郑国，难免像周朝一样，于夹缝中求生存，几面讨好，苦苦支撑。想要重新用"远交近攻"的招式，无奈远方的大国已经太多，而且胃口越来越大。结交一个，都往往力不从心，又遑论四国之多？就在郑文公初期，楚国迅速强大起来，而齐国则成长为中原第一大国。

且说春秋 57 年，楚国子元在息妫那里受了点刺激，组织起六百乘之众，大举进攻郑国。郑文公一面联络齐国、鲁国，寻求援助；一面设下疑兵之计：

楚军自外城到达新郑的逵门，见城门大开，城上也没有军士驻守，却有一队队的军人，从城里走出。这些人一边走，一边轻松地相互谈话。说话的语言，却不是郑国语言，而是楚国语言。走出城之后，这些人沿城墙一排站开，面对楚军，又用楚国话与楚军战士攀谈。说的话，令人迷惑，令人诧异：

"你们才到？我们天天这样排队，等你们都有好多天了！"

"路上见到齐国人没有？没见到？齐国人比我们还要准备得早，按说你早该见到。难道都埋伏起来了？"

"你们不要紧张，我国君主说，他不想与楚国打仗，只是想请子元转达我国的好意，请楚国与我们结盟。"

前哨将这些情况报告主帅子元。子元第一次与北方大国交手，心里既紧张，又害怕：

郑国的先君郑庄公，曾经用鱼丽阵打败周王。后来的郑厉公，曾经用三伏之计诱歼山戎。现在这样子，是不是想要诱我进城，将我分割包围，全歼于城中？这些人会说楚国话，是不是准备混入我军中，挑动我军中哗变？齐国那么远，肯定还没有赶到。但是这些人如此说，分明是早就通告了齐国。故意做出没有防备的样子，说要与我结盟。是不是想趁盟誓的时机，将我活捉？

凡此种种猜测，将子元弄得心里影影绰绰，思绪乱七八糟。手下将领请求研究作战计划的时候，他回答：

"我烦着哩！先等一等！什么作战计划？先按兵不动，严密防守！"

在这种情绪下，子元错过了进攻的最好时机。第二天早晨，郑国都城之中，已经准备弃城出逃。侦察兵报告郑文公：

"楚军军营之中，有鸟聚集。这是楚军已经离去，鸟在吃楚军洒落的剩饭。"

原来，子元越想越怕，竟下令部队于夜里悄悄离去。

子元在郑国被人用空城计吓走，回国后居然还自鸣得意。他觉得自己已经带兵出征，可以算是真正的男子汉了，就又跑到宫中，找到息妫，将旧事重新提起。楚国大臣鬬射师，看不惯子元的行径，向子元进谏：

"按说，此行虽然没有战败，毕竟也没有多少战功。她是国母，又是你嫂子，你去住到她旁边，多有不便。"

子元听了这话，恼羞成怒，说道：

"我的事，要你来多管！你阻拦我，莫非是对她也心存想法？哼，就凭你，还够不着！"

子元下令将鬬射师铐起来，关进囚牢。此事，激怒了楚国的另外一人。此人名叫鬬榖於菟。鬬榖於菟的身世，带着离奇。

前面提到，春秋前68年，楚国君主季徇之孙立，是为若敖。春秋前41年，若敖之子立，是为霄敖。楚武王，是霄敖之子、若敖之孙。现任的楚成王，则是楚武王之孙。若敖生有三子：霄敖、鬬伯比、成氏。霄敖做了君主，鬬伯比、成氏就分家出去，形成鬬氏、成氏。鬬氏、成氏，统称若敖族人。

鬬伯比，是郧国女儿所生。霄敖即位之时，鬬伯比还小。长子即位，先君的其他儿子为避嫌疑，往往寄居外国。因此，郧夫人携鬬伯比回到祖国郧国。鬬伯比到郧国时，还是个婴儿。他在郧国一住数十年。至春秋初年，鬬伯比已经五十多岁。在郧国期间，他与当时郧国君主的女儿私通。此女因此怀孕产子。非婚生子，不敢收养，就将其抛弃于湖边。湖边的一只母老虎用虎乳喂养此子，此子得以不死。有人将这奇事通告郧国君主。郧国君主追查起来，才知道那是自己的外孙。当时的人远比现代人迷信。郧国君主觉得这孩子被弃而不死，且得猛虎收养，是个命硬的人，大约有上天保佑。于是，他将错就错，将女儿嫁与鬬伯比，又从湖边领回这孩子。当地的土话称乳为"榖"，称虎为"於菟"。根据"信、义、象、假、类"之中的"义"，以生养得名，此子即名为鬬榖於菟。春秋十几年时，楚武王打败郧国，鬬氏一家，得以回到祖国。此时，鬬伯比已经六十多岁，鬬穀於菟却只有十来岁。鬬氏回国后，以王族身份成为大臣。楚武王命屈瑕出征罗国时，鬬伯比曾经进谏。

鬬射师，是鬬伯比的另一儿子，鬬穀於菟之兄。子元因禁鬬射师，激得鬬穀於菟谋杀子元。鬬穀於菟命自己的儿子鬬般杀死了子元，自己本人则夺取了令尹的职位，成为了楚国执政大臣。此时的楚成王，只有十来岁。息妫又是个听天由命的人。所以，楚国政权掌握于鬬穀於菟手中。鬬穀于菟的家族自楚武王年代进入楚国政坛。几十年的经营，已经家大业大。鬬穀于菟掌权之后，看到国君寡弱，就把楚国的国事当作自己的家事，忠君报国，毁家纾难。从此，楚国的政权相当程度地受控于若敖家族。自春秋 57 年，直到春秋 86 年，鬬穀于菟一直做楚国令尹，把持楚国政权。鬬穀於菟离职时，又将令尹之位传与成氏的成得臣。若敖家族在楚国渐渐树立起强大的势力，树大根深，威胁到君主系的主权。历代楚王都想要清除若敖家族。楚国的君主系与若敖氏之间的斗争，贯穿了大半部春秋史。后来的楚庄王，正是通过处理若敖氏，才得以成就霸业。

子元的讨伐郑国，虽没有取得胜利，却迈出了挺进中原腹心地带的重要一步。楚国由此测试出中原大国的实力，有了争霸于天下的勇气。至春秋 65 年、春秋 66 年，楚国两次讨伐郑国。因这两次战争，激得齐桓公南下，压制了楚国北伐的势头。

齐国的崛起，须从管仲的改革方案说起。前文提到，管仲本是公子纠的监护人，于公子纠死后经三衅三浴认齐桓公为主人。齐桓公坐稳位子之后，求教于管仲：

“寡人欲效法郑庄公，做一番事业。于此，先生有何见教？”

此时的管仲，身子也洗干净了，一切的顾虑也没有了，换了身新的贵族衣服，说起话来神采飞扬。他手捻长须，哈哈大笑，说：

"主公说差了！郑庄公算什么！依在下愚见，上古三皇五帝，说起来伟大，其实都是些好事者胡编的故事，哪有真实可考的事迹？有史可考的圣王，莫过于商汤、周武。为君者，当效法商汤、周武。敝人于这商、周二代的学术，稍稍有点心得。主公愿听么？"

齐桓公吃了一惊，急切发问：

"当今有周天子见在，何以能够效法商汤、周武？寡人愿闻其详！"

管仲道：

"周王，不过是个名目。主公也知道，就连郑庄公，他也斗不过。天下至尊的王，搞成这样，这只怪他死守那过了时的《周约》，不知变通。依了《周约》，得一片土地，便封给别人。到得后来，就要反过来被自己封出去的人欺负。封的时候哩，说起来要么是至亲，要么是心腹。传上三、五代，亲的也不亲了，心腹也变心了，弄成个下陵上替，尾大不掉。

"敝人以为：什么无障谷，无亟灸的约定，正应当反过来做。正是要将土地收归国有，对民众予以严格管制，方才能够保证有粮有兵，战可以胜，守可以坚，国内可以一呼百应，国际可以号令诸侯。如此一来，岂不好过那虚有其表的周王？岂不可以比肩商汤、周武？"

齐桓公道：

"普天之下，莫非王土。率土之滨，莫非王臣。天下土地都是王的土地，天下人都是王的臣。我将土地收归国有，对人民进行管制，岂不是篡夺了王权？岂不遭天下诸侯围攻？"

管仲道：

"这四句话，乃是商朝的王道，原本很有道理。只是，周朝学得不好，没有做到这境界。若说莫非王土，现在让你将土地送还给周王，你愿意么？若说莫非王臣，现在周王让你去死，你就去么？

"他做不到，不证明别人做不到。只不过，要做这事情，须反过来做。你不能强令别人将土地送给你，而要反过来送土地给别人；你不能让别人去死，而是要带给人们和平和安康。当初武王立约无障谷，其实是天下为公的意思。然而周朝表面上这样说，实际上却将公有的土地送给私人，弄出这封建诸侯的名目。列国诸侯于国内至高无上，并且代代世袭。列国庶民只知本国君主，不知有周王。正坐了"民之多辟"的弊病。

"天下诸侯号为万国。这无数诸侯布于天下，犹如夜空中洒布星星。主公且看河水：河中有无数鱼类。各种鱼类之间，每天不知有多少大鱼吃小鱼，小鱼吃虾米？天下封为大大小小的万国，诸侯之间怎能少得了战争？此乃一举抛弃天下，挤之落于战争之河。周朝设计出这种局面，哪能带给人们和平、安宁？天地之大德曰生。周朝逆天而行，纵有经天纬地的心计，也不能算作王道！"

齐桓公道：

"我不过是周朝封建的一国，难道我还能达到王道？"

管仲说：

"世间哪里有王道？就算有，今后也不会再有了。人不能迷恋过去，你要往前看。今后的天下，将奉行霸道。"

齐桓公说：

"什么是霸道呢？"

管仲说：

"好比一个家，当家的父亲已经老了，不能带领他儿子们做事。这时候，就需要儿子中有人来管事。这个管事的人，就是老大。周朝，就好比是已经老了的父亲；我齐国，则可以做诸侯之中的老大。老大借用父亲的名义号令其他兄弟做事，他并不完全听令于父亲。父亲老了，很多新情况也不了解，所以也并不完全照父亲那一套来做。如此，就是霸道。"

究竟齐国如何做成霸道？且看下回。

循环第十三回

参国起案分四民　不畏强御闲仇牧

上回说到，管仲向齐桓公提出霸道的学说。齐桓公随即问道：

"请问如何做成霸道？"

管仲说：

"做成王道，需要《洪范》九畴；做成霸道，就简单些，取其一、二畴可也！"

齐桓公说：

"《洪范》一书，我也学过。先生不必卖关子，直接说重点就是了。"

管仲板起脸来：

"按主公所学，且问何为三德？"

齐桓公接口道：

"一曰正直，二曰刚克，三曰柔克。如此，便是三德。"

管仲哈哈大笑，狂笑声把屋梁上的灰尘都振落下来：

"你以为我明知故问吗？非也。正是因为一般人都不得其中真意，我才有此问。我想，齐国之大，或许有人知道其中真谛，说给你听。那我就不必出来献丑。如此看来，还是非说不可。要做成霸道，正要从这三德说起。

"我说只取九畴的一、二，正是取三德、皇极。三德，并非三种德，而是只有刚克、柔克两种。主公没有注意到：就是当初箕子，也只分析这两种，没有对正直的分析？"

齐桓公不解：

　　"我原以为那是史书失传，有的解释失传了。既然只有两种德，何以又称之为三德？还有一德是什么呢？"

　　管仲道：

　　"另外那一德，说浅一点，是刚克、柔克之和；说深一点，是刚克、柔克的反面。大道生一，一生二。什么是三呢？一生二就是三。大道生义，义生刚克、柔克。什么是三德呢？义生刚克、柔克就是三德。已经有一生二，又何必再说三？"

　　听到这里，齐桓公的数学概念为之混淆、为之颠倒、为之错乱。他想：

　　听说过一加一加一为三，一加二为三，二加一为三。一生二即是三？倒是第一次听说。

　　管仲看对方迷惑，且不深论，继续说：

　　"大道点到为止。止，当止于其实用之处。我说要管制土地和人民。其实，土地是死的；管制了人，土地也就不必管了。怎样管人呢？按照三德所指示的天意，就应当是由一生二，合而为三。

　　"周朝建三公之制，把个周天子，惯养成无能之辈。那便是误将正直定成第三种德。搞到后来，觉得这样下去有问题，又定成官不必备，搞成可有可无。天下最高的决策，都采用这种可有可无、不伦不类的机制，又怎能做成王道？其实，君主做不完天下事，总需要帮手；只不过，君主不能将政事完全托付给别人，不能够什么都不做。什么都不做，就要变成周天子那样的笨蛋。我设想的管人办法，就是三分职权，君居其一，臣居其二。臣又有力所不足，于是臣又三分职权，臣居其一，臣之臣居其二。如此类推，最高至主公，最低至齐国奴隶。

　　"以上为表。表之内有里。何为里？表面上，君是臣之和；说深一点，君是臣的反面。

　　"何为君是臣之和？君将两份权力赐予臣，是为一生二。二臣用权，应当秉承于君主之命。故而二臣之权皆为君用，这就是君为臣之和。

　　"何为君是臣的反面？天下的政策，无不有其对立面；先天就是二。为臣若有私心，必居正、反两面意见之一。为君者，并不是单列的第三种意见，而应当参详正、反两面，于利之中见弊，于弊之中见利。《洪范》论：无偏无党，正是谓此。一臣说一事可行，君主当考虑他的意见可能出自私心，想到其不可行之处。一臣说一事不可行，君主亦当考虑他的意见出自私心，想到其可行之处。这就是君为臣的反面。

"君有职权，这职权不是平行于二臣的第三股力量，而是驾临于二臣之上的权衡力量。君主权衡两面，其职权加于左，则左因此而立，于是政策为左；其权加于右，则右因此而立，于是政策为右。无论是左、是右，合计只有两种意见，没有第三种意见。这就是三德只说刚克、柔克，不说正直的缘由。如此权衡，君必与一臣合，而合之力必胜于另一臣。于是，君主的意见，总是占多数的、具有压倒优势的意见。君主总是执掌政策的权重，其令何愁不行？无论何事，当事人合计为三人，三人中生出支持与反对两种不同意见。而最终施行的，乃是这两种意见之中的一种。一事生二见，二见又归于一见。无论顺看、反看，都呈现为一生二为三的天意。这叫作三分国家而起治国大案。

"行此方案有个前提：臣为二，二臣的政见必须彼此相背、互不掺杂。切不可做成君为左，二臣为右。唯其彼此相背，方才能够尽显天意；唯其彼此相背，方才能够分而治之。《洪范》论：人无有比德，惟皇作极，就是强调不能让臣下的意见一致。"

齐桓公天资聪颖，当即领悟其中诀窍，说道：

"其实就是个分而治之的道理。你把它说得太复杂。"

管仲道：

"为学当穷究天意。不至天意的根本，如何能做天下的大事？一旦得出天意，则可放之四海而皆准。天意三德，用于贵族是三分起案；用于庶民，则是四分职业。"

齐桓公道：

"为什么会有不同？"

管仲道：

"道心惟微，人心惟危。故天意玄奥而混沌，人心偏执而明晰。只有人可以发明天意，而人所发明的天意又总是不全面，总是谬执一端。故而天下人无不处于错误之中，并且朝错误的方向越走越远。贵族稍近于天意，其谬误稍轻；庶民如同禽兽一般只知道觅食求生，其愚昧尤其深重。分化贵族，当用一生二为三的天意；分化庶民，则只须按君主你的需要，为其划分出职业。分民为士、农、工、商四种职业，使工毕生为工，世代为工；商毕生为商，世代为商；农毕生为农，世代为农；士毕生为士，世代为士。唯其各执其专业，朝错误的方向越走越远，方才合乎于天意。无论庶民操何种职业，君主掌握他们所有人的生杀予夺，且又有贵族替你管理他们，他们怎能不听命？"

读者注意：管仲的这一番言论，虽然假称天意，做得神神道道，其实很实用。做君王的人，总希望将对人的管理简化到最少的程度，好腾出最多的时间到后宫玩女人。而管人的最省的办法，正是只管两个人。如果进一步减省，只管一个人，这人难免要将君王架空，渐渐呈篡逆之势。整个古代中国，很多朝代都采用了管仲说的一生二的理论。具体的官职，就是后世的左仆射、右仆射。而人心惟危的思想，让人世代从事专一的职业，也确实便于精通业务，提高生产效率。就是西方的《国富论》，对于工业文明的分析，分析到最根源，也是讲的分工和专职。科技的发展，与政治之间存在密不可分的关系。而政治思想的理论渊源，最终总是关乎宗教和神学。且说当时，齐国按这种理论制定出管人的方法：

齐桓公本人亲自掌管齐国军政大权的三分之一。另由齐国望族高氏、国氏各掌管三分之一。日常的军政事务，三个三分之一完全相同。在重大决策之时，齐桓公所有的三分之一的投票权作为最后的筹码，用以保证君主系的终极权力。

按管仲的政治理想，这个体制犹如一个三角形，先天具有稳固性。齐国所有建制，都用这一生二、二生四、四生八的办法类推，简直就形成一个稳固到极致的金字塔，可以历万世而不朽。然而，政治形式不是物理之中的公理，从来就没有什么政策体制能够放之四海而皆准。春秋后期，齐国望族田氏终结了管仲的这个设计。他的办法，是反其道而行之。管仲的管理，是自上而下层层以权重约束。田氏的策略，则是从基层做起，先造成基层贵族对田氏的拥护，然后以基层贵族对抗上层的一君二臣。那好比从金字塔的腰部抽走所有石块，顶层的几块石头当然就会坍塌。这个思路根本不理会上层的关系，而是将整个上层视为革命的对象。这好比打牌：在一种既定的规则下操练出最高的牌技。赶上别人采用另一种规则，再高的牌技也不顶用。

且说当时，管仲又将全部齐国人分为二十一个乡。其中三个乡全为工人，定居于作坊，世世代代以做工匠为职业。工人以其所制器具上贡于国家，不承担其他职责。其中三个乡全为商人，定居于集市，世世代代以经商为职业。商人以其所赚取的钱财上贡于国家，不承担其他职责。

另外十五个乡全为农民，散居于耕地、村落，世世代代以务农为职业。农民受到严格管制：每五家为一轨，设立一轨长；每十轨为一里，设立一里有司；每四里为一连，设一连长；每十连为一乡，设一乡良人。齐桓公本人统率五个农民乡，齐国望族国氏统率五个农民乡，齐国望族高氏统率五个农民乡。实行军政一条线。农民同时身负两种责任：其一是上交粮食，其二是服兵役。每一家出一士兵，逐级上去，最终形成士兵三万。

由贵族世袭产生士。同时又从农民之中选拔出士。怎样选拔呢？后面会提到。士居于城市，与农民之间隔离。农民可以晋级为不进行生产劳动的士，即贵族。而工、商则永世为工、商，永远不能成为贵族。士的职责在于读书明礼，并且充当职业军人。士居于城市，除兵役之外没有任何负担，为四民之中最高贵者。士、农、工、商分别聚居于不同的地方，彼此不得通婚，不得彼此交流。

　　管仲按家、轨、里、连、乡的行政区划编制军队，让各级军事单位于日常时候在各自的居住地以小的编制进行军事演练。管仲以为：以土著的农民为军队的基础，可以让部队之中的人于战友关系之前，先天就是亲人关系、邻居关系、同乡关系。在军队之中，他们不需要进行磨合，先天就有默契。夜战时候，彼此能听声音识别战友；昼战时候，彼此能够一眼认出战友。战友之间从小一起长大，一起玩耍，一起劳动，一起练兵，打小就有深厚友情。由于井田制度，很多战友之间是堂兄弟、兄弟、甚至父子关系。这些士兵从小受到孝、悌的教育，为了兄弟和父亲，勇于牺牲生命。由此，军队会形成儒教之外的任何军队所没有的凝聚力。这就是所谓"打仗亲兄弟，上阵父子兵"的儒教子弟兵。

　　管仲对于农民的管理制度，就是后世的民兵制度、保甲制度。中原诸侯采用周部落的习俗，形成井田制度。井田制先天适宜进行户口管理，也适宜采用民兵制度。管仲首创的这个制度，影响深远。汉朝的晁错，号为"智囊"。其军事思想，乃是对管仲的这个制度的发展。宋朝的王安石，差不多算是宋朝第一人物。他的军事思想，也不过是对于管仲这一思想的发展。著名的电影《抓壮丁》，反映出民国时候仍然在采用保甲制度。再到当今，说起户口改革所面临的积弊根深蒂固，那不过是因为中国的保甲制度从春秋之初、一直延续到了春秋2700年。

　　管仲洞彻周朝官制的病灶，让齐桓公亲自管理三分之一的齐国农民。在齐桓公的亲自管理中，学习了上古的一种推荐制度，开创出另一种影响深远的用人制度。什么推荐制度呢？其实就是第一回提到的舜推荐禹。在舜的年代，部落首领都是各部落的第一能人。而天下部落联盟的首领，也套用部落首领的产生办法，由各部落首领公推产生。禹继任舜的位子，既是舜的意愿，也是原始议会票选的结果。舜的推荐表达了多数人的意愿，那不过是一种巧合，并不说明个人的推荐总能代表民意。当夏部落出现太康那样的人物时，夏部落的民意就放逐了他。齐桓公仰慕舜、禹，用之于新政。新政第一年的正月初一，齐桓公属下五个乡的乡良人述职于齐桓公。齐桓公训政于五乡良人：

"分给你的地和农民，与其他四个乡一样。别的乡都有特别的成绩，你何以无功可述？你这官是怎么当的？此乃新政第一年，我且原谅你，明年再是如此，有刑罚等着你！"

"在你属下有没有好学的人、慈孝的人、特别聪明的人？如果有，必须向我上报。有而不上报，有刑罚等着你！"

"在你属下有没有身体特别强健、武力特别出众的人？如果有，必须向我上报。有而不上报，有刑罚等着你！"

"在你属下有没有不孝于父母、不友于兄弟、不遵纪守法的人？如果有，必须向我上报。有而不上报，有刑罚等着你！"

"你们要套用我的这个惩戒办法，用来管理你的属下。"

读者注意：在齐桓公的这些话之中，要求五乡良人于属下举荐人才。这就是前面提到的从农民之中选拔士。士不同于前面提到的三万士兵。那三万士兵既要服兵役，又要进行生产劳动，相当于现代的民兵。士只服兵役，不从事农耕，相当于现代的职业军人。在春秋时候，因为士的级别高于普通兵，故而为士配备犀牛甲，称之为"甲士"。如齐桓公所要求的那样，士必须有一技之长。这个特点流传至战国。战国时候，从民间的士之中涌现出各种各样的能人。那就是因为管仲的这次改革开创出了"士"这个阶级。

当时，齐桓公为图霸业，需要民间的能人。他让下属由下而上逐级推荐能人，让能人为他打天下。此举造就了齐国的霸权，让汉朝的董仲舒仰慕不已。董仲舒将齐桓公的新政稍稍改动，创造出一种流传千古的用人制度。什么用人制度呢？那就是《天人三策》之中提到的"察孝廉"。察孝廉制度自汉朝兴起，绵延至六朝。就是到了唐宋，也都还没有完全消失。从时间上讲，从这春秋初期开始，延续了一千好几百年。要说这个制度的影响，说得再大也不为过。因为，中国社会最深刻的病灶，正在于儒教关系网浸透至社会的方方面面。这一张网是如何编织而成？就是渊源于这个上级推荐下级的习俗。下级经上级的举荐上位，势必效忠于举荐自己的人。而他本人又用相同的方法网罗起效忠于自己的人。由此规则散布弥漫，形成牢不可破的关系网。举荐的方式，说白了，是由一人来内定某个职位的人选，其弊病不言自明。有人认识到这其中有问题，建议采用一种更加公平的选人制度，于是就又有科举。然而，察孝廉在先，科举在后。这个史实造成中国的选人总是先做私下的推荐，再做公开的选拔。

因为采用军政一条线的民兵制度，齐国于列国诸侯之中率先进行正规的军事编制和日常练兵。每一个家庭的当家人，充当士兵。此人向轨长上交粮食充当赋税，又于军事上直接归轨长指挥。由此逐级上达，直至齐桓公或者高氏、国氏。这个士兵于日常时候带领家人进行农耕，于农闲时候参加国家组织的军事训练，于战争时候应征参加战斗。由此产生出一种持续不间断的军事训练，天长日久，渐渐形成一套完整的军事思想。春秋后期，源出齐国的司马穰苴总结管仲以来的经验，制成一本兵书，名为《司马穰苴兵法》。整个中国古代，都推崇这本兵法。只是因为它失传了，才让《孙子兵法》显现出来。而《孙子兵法》的内容，大抵承袭于《司马穰苴兵法》。由古军事家侧面地反映，《司马穰苴兵法》中讲到很多军事编制之类的具体的东西，不像《孙子兵法》那样只讲空洞的理论。

管仲又对齐国土地实行国有、进行征税。禁止普通庶民到公共的山、河、海去打柴、打鱼、煮盐。管仲的这个做法，目的当然是增加国家的收入。早先，耕地为农民私有，人们只是耕种王田作为赋税。而耕地之外的山林、滩涂、湖泊、海洋，都是公共性质。任何人都可以到那里去采集食物、打柴、煮盐，无须交税。《周约》之中的"无障谷"，说的就是这种土地公有性质。管仲剥夺了人们的这些好处，当然遭到反对。几乎整个齐桓公年代（春秋38年至春秋80年），齐国都在进行变革。在这些变革中，齐国的新、旧习俗一直在斗争。因为改革之中存在巨大的阻力，所以齐桓公称霸是管仲执政了很久之后的事情。为了贯彻管仲的政令，春秋46年，齐国军队驻扎于齐国的附庸遂国，以维持当地的经济、政治秩序。当地人民不堪忍受管仲的管制，假装请齐军士兵喝酒，将其灌醉之后全部杀死。事后，齐桓公处理了遂国。遂国虽是臣服，却与齐国结下仇恨。

以上为内政。内政之外，管仲另有一套在国际上图霸业的计划，因为涉及鲁国，需要先补叙鲁国历史。

齐襄公谋杀鲁桓公之后，身世迷离的鲁庄公即位。齐襄公被谋杀之后，公子纠逃奔鲁国。鲁庄公收留公子纠，讨伐齐国，计划扶植公子纠，以利于鲁国。齐桓公先一步回国，打败鲁庄公。之后，鲍叔牙围攻曲阜，杀死公子纠、召忽，取走管仲。春秋39年春，齐桓公再次讨伐鲁国，两军战于长勺。这一次，齐军战败。鲁国方面，出了个曹刿，指挥了此次战役。

齐国率先进行改革，对民众进行了职业的划分。而齐国也正是靠了这种分工，变得富强。反过来讲，鲁国等其他国家，其民众都还有权自行选择职业。因此，民间存在曹刿这样的贤人。也正是因为这一点，曹刿主动求见鲁庄公，鲁庄公也还没有等级偏见，直接接见。《史记》将曹刿列为《刺客列传》之中的第一个人物。其实，从出身上讲，曹刿是春秋初期的自由民，而《刺客列传》之中的其他人物都是"士"。身份为士，即是已经被政权进行编制的人，只能够"为知己者死"。身份为自由民，则带有自己独立的思想，故而敢于说"肉食者鄙"。曹刿说"肉食者鄙"，不同于后世的贫贱骄人。因为，曹刿所处的社会之中，还有很多人并不接受儒教的尊卑观念。这些人并不认为所谓的贵族更加高贵。

且说当时，曹刿听说齐军入侵，担心自己的家业毁于战火，所以主动求见于鲁庄公，问鲁庄公怎么打算。贵族出身的鲁庄公，打起官腔，说自己对上帝是如何如何地虔诚，每一次祭祀都是毕恭毕敬，所以上天必将保佑自己。平常不搞祭祀的曹刿，听了这种话，觉得对方肉吃多了，脑子里面油水过多，所以脑子出了问题，就问：

"这些东西，跟打仗有什么关系？"

鲁庄公说：

"怎么没有关系？正是因为我符合了天意，所以才根据天意来统治鲁国。我的政策，都是由天意指导。大家相信这一点，所以才听我号令。"

曹刿说：

"这么说哩，倒还是有点道理。要是大家都听你号令，这仗可以打！"

战场上，曹刿建议鲁庄公等对方三次擂鼓之后，再擂鼓，趁对方气馁的时机，集中起最强盛的战斗力发起总攻。

古代战争，以鼓声代表进攻的号令，以钟声代表撤退的号令。鼓声急，是号令战士加速冲锋；鼓声缓，则是号令其放缓进攻。击鼓敲钟，都必须由战争的主帅亲自动手。战士听到鼓声，感受到主帅在为自己鼓劲。鼓声的缓急，能够影响战士的战斗力。齐桓公三次擂鼓，鲁军方面只是防守。齐桓公三次擂鼓之后，已经劳累，其鼓声自然变缓。此时鲁庄公开始擂鼓，其鼓声很急，很有生气，号召起的战斗力最强。以最强的战斗力对付对方已经变弱的战斗力，就更容易取胜。

齐军大败。鲁国打了个自入春秋以来最拿得出手的一次胜仗。春秋史上最著名的齐桓公，出道就败于一个乡间农民。

鲁庄公凭了曹刿的指点，居然正儿八经打败了大国齐国。这让他兴奋不已，自以为鲁国已经是大国，似乎也可以争霸于中原。此时的齐国，又用起一种隔山打牛的计策，怂恿鲁庄公进攻宋国。鲁庄公小孩子家，哪里看得穿管仲想法？还以为是自己武功盖世，引起了别人的推崇，就于春秋 39 年春进攻宋国。

宋国庄公，自春秋 13 年被郑庄公送回祖国，至春秋 31 年去世。其子继位，是为宋后闵公。宋国对鲁国没有防备，应付不过来，将都城迁到宿。为了报复，宋后闵公于春秋 39 年夏

联合齐桓公与鲁庄公战于乘丘，又于春秋 40 年夏与鲁军战于
鄑。鲁庄公运气还不错，两番都取得了胜利。正当宋国接连战
败之际，其国内又出现饥荒。后闵公无计可施，只好备下重
礼，哀求于鲁国：

"敝国遭天谴，无所求生。迁都之后，迭遇旱馑。寡君悉
以本国敝器，进献于大国。贵国乃中原礼仪之邦，华夏文化的
渊薮。若大国念我祖汤的阴德，垂怜于小国，予一线生机。不
意顾及仲子婚媾之情，体恤敝国灾情，非敢望也！敝国敢不世
代铭记，永世相报！"

此时，齐桓公又转央文姜，前来替宋国说情。鲁庄公得了
好处卖乖，不但放过宋国，而且送出粮食赈济。这种事情，出
现于春秋早期，后世却不常见。只因当时的诸侯，还相当程度
地信守周朝的礼制。周朝封建诸侯，有存亡续绝之义；周朝以
农耕自傲，发誓让天下的粮食养活天下的人民。这些思想，在
当时还有较大影响。

在春秋 39 年的乘丘之战中，鲁庄公射中了宋国将领南宫
长万，将其活捉。春秋 40 年，鲁、宋讲和，鲁国将南宫长万
释放。南宫长万被囚于鲁国期间，被关在鲁庄公关押性奴的地
方，看到了鲁庄公精选出的美女。回国后的一天，南宫长万与
后闵公在宋国后宫下围棋，身边也有不少后闵公的女奴。南宫
长万看到这些女人，想起自己于鲁国宫中所见，随口就说：

"鲁国君主那才真叫男人！他身边的女人，个个都是绝
色！"

后闵公平常，很以自己的女人自豪。最近几次败于鲁庄
公，心里很感自卑和愤恨。听了这种话，后闵公很生气。他破
口大骂：

"你是一个被俘虏的囚犯！亏得我营救，才被放回来。这
些女人，不过是我俘虏的女奴。你这个囚虏，见过女俘虏，哪
里见过真正的贵族女人！"

南宫长万是个极强健的武士，向来很以自己的武力而自
豪。被鲁庄公俘虏的事情，他本人视为奇耻大辱。现在被人揭

开这伤疤，也不禁勃然大怒。他与后闵公打了起来。后闵公平日间，研习对付女人的床上枪法比较多，锻炼体质与男人打架就比较少。两人厮打下来，南宫长万一只胳膊夹住他的脖子，另一只胳膊撑住他的肩。双臂用力，就扯断了后闵公的脖子。事情做出之后，南宫长万顾不得其他，只好召集起自己的手下，四处屠杀后闵公的亲人、亲信。宋国大臣仇牧听说君主被杀，赶紧跑来。他在国门口遇上了南宫长万，用剑指着南宫长万，说：

"贼人！站住！"

南宫长万冲上前，甩臂打向仇牧的头。这一击，将仇牧的头打碎。仇牧的牙齿，竟然被巨大的力量打得插入城门的门扇之上。这样强健的武士，仇牧明知打不过，还是上前阻拦。所以，古人称他为不畏强御的代表。南宫长万兵变于宋国都城，几乎是十步杀一人。那个强占孔父妻的华父督，也未能幸免，被南宫长万杀死于东宫。宋国的公子、公孙，侥幸的，逃出城外；晦气的，均遭屠杀。南宫长万杀累之后，要求城中贵族听令于他。然后，立后闵公之弟子游为君。外逃的公子、公孙，有的到了萧，有的到了亳。萧是宋国第一大城市，亳则是宋国的故都。南宫长万的手下南宫牛、猛获，又带兵包围亳。春秋41年冬，逃到萧的宋国贵族在萧叔大心的带领下，联合起曹国军队，讨伐宋都中的南宫长万。南宫长万只是一个武将，号召起的士兵有限。他凭借一时发作，占领了宋国都城，但是宋国都城之中的人并不拥护他。城中未被杀害的贵族主动充当内应，里应外合，进攻南宫长万。南宫长万战败之后，只身一人，用背篓背起自己的母亲，一天时间就跑到了百里之外的陈国。其手下武将猛获逃奔卫国。

宋都之中，立了后闵公之弟宋桓公，又向卫国、陈国发出照会，请求解递宋国叛贼。卫国方面，卫惠公原想收留猛获。有人对他说：

"这不过是个身手好一点的武夫。为了个武夫去得罪一个国家，太不划算。何况，他有弑君之罪。收留这种罪犯，于道义不合。"

卫国交出猛获。陈国方面出于同样的考虑，也答应宋国的要求。然而，南宫长万武力过人，普通士兵近不得身。于是，陈国人派些女人带着酒去服侍南宫长万。南宫长万狂饮滥交，差不多是一御九女，弄得既疲倦，又酒醉，终于昏昏入睡。趁了这时机，陈国人将其装进一只犀牛皮制成的袋子，用了好几条大汉，将其扛上车，往宋国送去。在路上，南宫长万醒来，拼命挣扎。到达宋国都城的时候，他的手脚都已经从犀皮袋子中伸出来。宋桓公看这情形，也不敢要活口来祭亡灵，赶紧下令，将其乱戈刺死于皮袋之中。死定之后，方才取出尸身，与猛获一道，分割其肉体，煮熟成羹。所有宋国贵族都分一杯羹。

宋桓公是后闵公之弟，其即位，乃是非正常即位。对此，胸怀大志的齐桓公看到机会。相关情况，下回再表。

　　贵族并非天注定，民间自有猷为守。
　　农民曹刿能打仗，武夫长万敢弑君。

放散第十四回

哄骗吓隔山打牛　利威信欲取故予

上回说到，宋国发生内乱。正在图谋霸业的齐国，从中看到机会。齐桓公派使者宣言于宋国：

"贵国的君主被贼人杀死，寡君吊迟！听说新任是前任的弟弟。这不合于武王无易树子的周约，恐为天下诸侯非议。寡君愿主持诸侯大会，为贵国君主正名，请贵国君主参会。"

宋桓公乃是宋庄公之子，因后闵公无嫡子，故而成立。兄死无子而立弟，原本无可厚非。偏偏齐国于鸡蛋里面挑骨头，要来指责。这暗中乃是讹诈之意。然而，齐国说要为宋桓公正名，又似乎带着善意。宋桓公想：

齐国无非是想要讹点钱财。出点钱来买国际上的承认，算起来也不吃亏。

于是，齐桓公于春秋42年春组织起北杏之会，有齐、宋、陈、蔡、邾等国参加。会上，齐国不但要求宋国给钱，并且要与会国家服从齐国领导。就在会议期间，齐国军队灭了不服管教的遂国，将遂国国民，悉数处死。齐国军人将遂国人民的左耳，割下带到北杏的会场，扔到列国诸侯的面前。公开宣言：

"遂国拒不参加北杏之会，是藐视盟主，更是藐视周王。"

此事，渊源于早先的遂国贵族围攻齐国军人。此时灭遂国，叫作敲山震虎，目的是威慑参会诸侯。此时的宋国，并不比齐国弱小很多。宋桓公瞟了眼地下那堆血淋淋的耳朵，说道：

"就凭这点东西，齐国就是盟主？想当初，郑国也自称盟主，我宋国何曾惧之？"

宋桓公拒绝承认齐国的霸权，齐国组织起齐国、陈国、曹国三国联军讨伐宋国。战事原本于齐国方面有利。齐桓公按管仲的军事思想，不愿出现大量伤亡，所以主动求和。最终是宋国出了些钱，讲成两国和好。和好之后，齐国又邀请宋国讨伐郑国，说是胜利后平分战利。郑国，是郑国的附庸。进攻郑国，可以侵消郑国。此时的郑国，已分裂为郑厉公与子仪两部分，国力大减。齐桓公抓住这时机，打压郑国。齐桓公联合宋国进攻郑国，打的是这样的算盘：

宋国位于齐、郑之间。齐国与宋国联合进攻郑国，郑国报复起来，势必先打宋国。就算它想要打齐国，途中也有宋国为齐国抵挡。

宋桓公想不到这一层，还以为齐桓公以大国之尊，主动求和，给足了自己面子。两国联手出兵，战利平分，自己并不吃亏。郑国于郳国遭进攻之后，果然报复到宋国身上。宋、郑交战，你报复来，我报复去，足足斗了一二十年。齐国站在宋国背后，见利而进，知难而退。郑国胜利，吃亏的是宋国；宋国胜利，却要与齐国平分战利。到得后来，宋、郑都因战争而国力减弱，而齐国则越来越强。此时，齐桓公又来召集大会，说是要调解郑、宋和好。春秋 56 年，齐、鲁、宋、陈、郑同盟于幽。这次会议之上，宋国口头虽不同意，暗中却也不得不承认齐国已是中原第一大国。齐国对宋国，时而强硬，时而交好，用的是隔山打牛的招式。齐、宋关系，只是齐国霸业图中一个小的分支。在管仲的霸业路线图中，宋国简直还排不上号。

北杏之会后，齐国开展与鲁国的双边关系，派使者到鲁国，请求与鲁庄公相会。会议地点，定在齐国境内的柯。鲁庄公收到齐桓公的邀请，担心齐桓公在会上发难，让自己竖着出去，横着回来。齐国杀死了鲁庄公之父。鲁庄公与齐桓公之间，又因力挺公子纠而结仇。然而，齐国国势越来越盛，遂国的下场，让鲁庄公心生畏惧。他找来曹刿，说出自己的烦恼，长叹一声，说：

寡人之生。则不若死矣。

曹刿义愤填膺，拍案而起，厉声说：
"生而为丈夫，有什么可惧怕！我跟你去，你来抵挡齐国君主，我来抵挡管仲。彼此一对一，唯勇者得胜！"
春秋 42 年冬，齐、鲁会于齐国境内的柯。齐国建起盟誓用的祭坛。齐桓公作为主人率先登坛。之后，鲁庄公登坛。按盟誓的规矩，坛上只能有齐、鲁两国君主。但是，曹刿拔剑在手，跟随在鲁庄公之后，也要上坛。管仲在阶级前拦住曹刿，呵斥道：

"何等人，你要做什么！"

曹刿说：

"国家有难，为臣忧患，故而至此！若齐国有难，君不行乎？"

说话间，踏步上前，举剑自卫，有以死相争的架势。管仲看这情形，唯恐齐桓公和自己遭到伤害，软了口气，说：

"那么，你有什么要求？"

曹刿说：

"我想要回原属我国的汶水以北的土地。"

读者注意：汶阳之田，是在齐襄公年代，由齐襄公进攻鲁国而抢占。当时，鲁桓公迫于文姜的压力，没有向齐国索还。此时，管仲向齐桓公递眼色，说：

"君主你答应他！"

齐桓公说：

"诺！"

之后，两国就此事进行盟誓。春秋时候的盟誓，其实没有多少实际意义。各国往往根据实际情况，于自己有利，就执行盟约；于自己不利，则随意悔约。简书上写的什么"明神殛之"，甚至诅咒国破家亡、宗庙不祀，都视作儿戏。然而，柯之盟后，齐桓公居然信守承诺，归还了这土地。正式的誓言，都要违背；这种遭挟持而定的誓言，齐桓公为什么要践约呢？这与管仲的霸业路线图有关。

齐国自管仲实施内政改革之后，国家富裕起来。就在与鲁庄公的柯之会后，齐桓公跃跃欲试，召集起齐国贤达，商议霸业路线图。贵族隰朋，先介绍此时国际局势：

"周平王、周桓王两代，秉承西周的王道，采取势力均衡策略，致力诸侯国力的相互制衡。之后，历桓、庄、僖、惠，基本已无力维持这一策略。臣以为：周朝已不是领导者，而是需要保护的老弱病残。

"郑国自庄公以后，一国二主，且遭遇诸侯围攻。郑厉公反正之后，其国势稍有起色。然而，郑国在地理上先天处于诸侯的包围之中，臣以为：郑国不可能恢复到郑庄公时候的势力，更无力与我国争霸。

"西北方向的晋国，由晋武公以小宗夺大宗，严重违背《周约》，故而深恐政权不稳。国际上，周朝又利用虢、秦牵制晋国。有此内外两种问题，臣以为：晋国内顾不暇，数十年之内无力出中原而争天下。

"西方秦国，早先是戎的一支，经周朝收买而实际充当周的雇佣兵，为周朝防御西戎。它与我国相距最远。臣以为：可以结交秦国，使其充当我国仇敌的背后一把刀。然而，秦国不脱戎狄习性。戎狄无信义，不可深交。

"南方楚国，身世凄惨而怨毒最深。尤可忌者，其历代君主无不励精图治，将进取中原视为国家的计划任务。臣以为：楚与齐相距虽远，却终将是齐国霸业路上的最大障碍。

"说起来，天下诸侯成千上万。其实，除以上数国而外，大都营营碌碌、苟且偷生，不足畏也。倒是夷、狄、蛮、戎之中，偶有英豪。其风俗教义迥异于中华，或有不可知的战略计划。臣以为：对夷狄应心存戒心。"

齐桓公的监护人鲍叔牙，介绍齐国国情：

"我国位于东海、泰山之间，西有济水、河水阻隔，南有泰山、泗水为城壕。自泰山山脚东至海滨，沃野数百里，《禹贡》定土壤塙情为上下。平原产粮，泰山出禽兽，东海出鱼盐。我国得天独厚，非但能够自给，并且有海盐输出，为齐国第一大利市。

"先君僖公，交好于郑庄，斡旋于诸侯，已树立齐国好善睦邻之名。先君襄公，灭纪国而扬威名，纳卫惠而称美声，戕子亹而慑诸侯，已经为主公的霸业打开局面。我齐国女儿，为鲁、卫国母。宣姜之子，乃我国外孙，又结婚于宋、许。仅以周边而论，我国的外交形势一片大好。"

听完这些介绍，众人都将目光投向管仲：

君主深信此人怀抱不世之学。是骡子是马，牵出来遛遛？

齐桓公问管仲：

"一个乡间农夫，竟然两番辱我。按先生说的反行《周约》之法，我国国库渐渐充牣。现在是不是可以攻打鲁国，可以号令诸侯了呢？"

此时的管仲，得齐桓公特批，穿了身大红的衣服，坐于齐桓公右下首。他离齐桓公的位子，上隔着三级阶梯。他离其他的人，却下隔着六级阶梯。其人年龄只有三十岁上下。体形虽胖，却不健壮。由于长年夜读，所以皮肤苍白。管仲先由长跪的姿势行一个稽首礼，然后站起身来。他的身高有将近一米九，又戴了顶五十厘米高的竹皮冠。这使得他虽站于三级阶梯之下，却只比跪坐着的齐桓公稍矮一头。他举目四顾，已是为天下师的派头。管仲说：

"主公必将号令诸侯，不过这有个过程。要号令诸侯，一则在利，二则在威，三则在信。

"利，是要别人能够从我国得到好处，离不开我国。盐，是人的命脉。人不吃盐，就没有力气。我国东濒大海，盛产鱼、盐。实行四民分工以来，我国工人生产出大量鱼、盐。用盐腌制的鱼干，可免人于淡食，各国普遍需要。我们要分派给商人重要任务，让他们组建商队，将我国特产低价倾销于外国，让全天下都吃我齐国的盐。诸侯列国离不开我国的盐，就不得不听我国号令。

"威，是要强兵。要打天下，先要拥有天下最犀利的兵器。当今天下的金属，良莠不齐。大致来讲，掺入了南金冶炼成的剑、戟最为锋利。甲士的铠甲，数犀牛甲最为坚韧。而犀牛则遍布中原。我们并不盛产这些兵器。然而，我们不消专门去制作兵器，也不消专门去买兵器。我国为商人建有专门的集市。集市上流通着来自中原各地的物产。君主只消制定一项刑法，准许罪犯用良金、良甲来赎罪，我国罪人为了保命免罪，就会找商人购买好的兵器。商人为了赚钱，会想尽办法找来这些兵器。

"信，是要如实履行承诺，让别人相信我们说到必能做到。当今的诸侯，视盟誓、简书为儿戏。无论誓言说得多么歹毒，事到其间，为了点小利，就总是背弃盟誓。我们要号令天下，务必信守承诺。要是我们总是说到做到，诸侯有难时，第一个就会想到我国。也才会听令于我国。"

齐桓公说：

"先生说得很好。不过，我还想听点具体的。究竟该先打哪个国家，怎样一步步霸于天下？"

管仲莞尔一笑，说：

"主公想差了！打仗，是为了什么？不过是为了称霸。上战之术，在于以必胜之势，让对方不战即败。主公应当多想和平的胜利，少想那种残害我国将士的拼死决斗。如果让齐国战士大量战死，国内剩些孤儿寡母，只会积成怨气和死气。那有什么好？即使要打仗，那也最好是用我国的少量伤亡，换取重大胜利。

"要说打仗，面对晋、秦、郑、周、楚之外的国家，我们都能以小的伤亡取得大的胜利。发展势力，需要由近而远地发展。如果先取远国，怕途中遭到近国的阻挠。邻近我国的国家，是我们的最初目标。主公要先威服周边的鲁、卫、燕三国，逐年浸染，让齐国势力，如水弥漫，布满中原。"

究竟齐桓公怎样威服鲁、卫、燕三国呢？笔者先从鲁国说起。

柯之会之前，齐桓公与宋后闵公站在一起，共同进攻鲁庄公。听了管仲的不战而屈人的法门，齐桓公转武为文，利诱鲁国。为了威服鲁国，齐桓公不光信守承诺，归还了土地，而且还拿出了齐国的另一特产。什么特产呢？就是天下著名的姜姓女人。柯之会后，齐桓公向鲁庄公叙起表哥、表弟的亲情，对鲁庄公说：

"问姑姑好，问贤弟好！我齐、鲁两国，是世代邻邦。我们两国的友谊，直可追溯到太公、周公之谊。我们是兄弟国家、是友好邻邦。贤弟的事情，就是为兄的事情。我愿与贤弟亲上加亲，愿将女儿许配与你！"

　　鲁庄公打小时候就看不起父亲的猥琐，倒很仰慕齐襄公的风流和豪迈。春秋33年，文姜到齐国与齐襄公幽会。鲁庄公以国君之尊，去做个随行的拖油瓶，与齐襄公叙甥、舅之谊。齐、鲁两国君主共同狩猎，相得甚欢。齐襄公亲自指点鲁桓公箭术。十多岁的鲁庄公，学得很起劲。齐襄公看这孩子的表演，心中想起与文姜的爱情，眼中竟然流露出慈祥的神态，又是赞许，又是欣慰。他于事后做成一首诗。此诗流传至今：

　　猗嗟昌兮，颀而长兮。抑若扬兮，美目扬兮。巧趋跄兮，射则臧兮。
　　猗嗟名兮，美目清兮。仪既成兮，终日射侯。不出正兮，展我甥兮。
　　猗嗟娈兮，清扬婉兮。舞则选兮，射则贯兮。四矢反兮，以御乱兮。
　　译文：多么神气的人啊，他长得修长又美貌。神情举止潇洒自如，快步间多么地敏捷。他射箭的样子，真是棒极了！
　　多有魅力的人啊，他的眼睛那么清朗！他熟谙饮射的礼仪，一整天都没有出差错。他是我的外甥，这个棒小伙子！
　　多么美貌的人啊，他高贵，而又美得令人心悸！他的舞蹈如风一般迅捷，他的箭射穿靶子！四支箭同时射中靶心，他的武艺可以抵御敌人！

　　齐襄公将鲁庄公视为己出，鲁庄公也对齐襄公生出犊子情。齐襄公死后，文姜淫性不改，几番出国去偷人。齐国杀了自己的男人，不好意思再去，就另寻了个莒国贵族做情夫，表面上算是与齐国决裂。

　　前面提到，齐国于国际交往中得出以齐国女儿挟持外国的国策。齐、鲁国邻国，且齐国强于鲁国。齐僖公嫁文姜至鲁国之时，即有以文姜挟持鲁国之意。齐襄公一代，就已经利用这层关系为齐国捞取好处，攻取了汶阳田。齐桓公得管仲建议，要威服鲁国，就将家传的这点法门，重新运用。他向鲁国送礼，名义上说是看望自己的亲姑姑文姜。使者向文姜提起齐国女儿肩负的使命，要文姜为祖国出力；并且要文姜勒令鲁庄公娶齐桓公之女哀姜。鲁庄公的父亲已经去世。按儒教的规矩，娶亲必须父母之命。文姜要鲁庄公娶齐国女儿，鲁庄公不得不从。考虑到齐、鲁之间有不共戴天之仇，齐桓公担心鲁庄公心里有抵触，所以又归还了齐襄公从鲁桓公手里抢去的汶阳田。

春秋51年，鲁国向齐国行婚礼之中的纳币礼。春秋52年，鲁庄公的表哥齐桓公，又以未来老丈人的身份，邀鲁庄公参观齐国社戏。齐国用一种类似于"三表五饵"的计谋，安排了几个美女为鲁庄公侍寝。那意思，算成是嫁哀姜之前的"先礼"，意在让鲁庄公先尝后买。鲁庄公睡了几个齐国性奴，已觉畅快非凡，推想到哀姜，不免想入非非。自此遂迷于温柔乡中，眼巴巴盼望娶哀姜。回国后，鲁庄公丹楹刻桷，装修新房，准备娶表哥的女儿。春秋53年，鲁庄公亲自迎娶哀姜。此时，文姜已死，哀姜继承衣钵，继续齐国女儿的使命。鲁庄公命令鲁国贵族，全部来参拜第一夫人。就连鲁国贵族的嫡妻，也要求其进献礼物于哀姜。

按周礼，贵族宗妇觐见第一夫人的礼物，是枣、栗之类的坚果。这个讲究，带着原始的习俗。早先的男女分工，让男人负责打猎或是耕种庄稼，让女人负责家中的内勤。女人负责于后园的果树上打下点浆果、坚果，剥出来做点心。所以就以坚果为贽。男人的礼物，因狩猎的职能，故而有羔、雁。至于农耕，由于《周约》规定粮食为天下公有，所以粮食以及由粮食酿制的酒均不得用于礼仪交换。男人从事农耕的成果，被另一种东西替代。什么东西呢？就是玉器和丝绸。儒教以农耕立国。这代表农耕成果的玉器、丝绸，就成了儒教的礼物的代名词。所谓"礼云，礼云，玉帛云尔"，就是说玉器、丝绸是通行的儒教礼物。礼为表，经济关系为里。当时的国际间的经济交往，很多是以送礼、还礼的名义进行。送的东西，主要就是玉帛。玉帛实际相当于后世的金银，乃是春秋时候的国际通用货币。国际间的结算，是以玉器、丝绸为国际货币。鲁庄公一心要抬举哀姜，觉得让哀姜收点坚果太不够意思，就下令鲁国宗妇以帛为币，献赞于国母。哀姜刚到鲁国，就享受这破格的礼遇。自此以后，齐国女儿尊于鲁国，齐国自然就驾临鲁国。齐桓公做了鲁庄公的老丈人，平白地由平辈晋升为长辈。鲁国君主向来是贵人多忘事。鲁庄公将杀父之仇，忘却纪念；渐渐入齐国彀中，做齐桓公的铁杆粉丝。齐桓公威逼利诱，达到了威服鲁国的目的。

春秋49年，周朝发生子颓之乱。在郑厉公的帮助下，周惠王灭了子颓，反正于王城。周朝遭此内乱，已经无暇奢望中兴。子颓虽死，其党羽仍居于卫国。子颓的党羽，关系周惠王的位子，最让周惠王上心。周惠王想要讨伐卫国以清除叛党。然而，周朝的军事力量已经不行，只好到国际上寻求帮助。早先匡扶周室的郑国，此时经历一国两主之乱，国力大不如前，不敢开罪于近邻卫国。这让周惠王想到国势蒸蒸日上的齐国。春秋56年，周惠王命召公为使者，赐给齐桓公爵命，说：

"卫国为叛乱者逋逃渊薮，吸纳亡人，天下诸侯当共伐之。惟伯舅主之！"

威服卫国，是管仲设计的霸业路线图的一环。而假借王命号令诸侯，也正是齐桓公的理想。周惠王主动找上门来。这种机遇，犹如当初郑庄公听到请公子冯反正的消息。春秋57年，齐桓公带兵讨伐卫国。此时，卫国君主卫惠公已于两年前去世，其子继位，是为卫懿公。前面提到，齐襄公年代，齐国以兵力胁迫卫国，立宣姜为卫国第一夫人。宣姜乃是齐僖公之女、文姜和齐襄公之妹、齐桓公的姑姑。新即位的卫懿公，则是宣姜的孙儿。

有齐襄公的铺垫，齐桓公进攻卫国的时候，外面还没有进攻，里面就已经开城迎接。宣姜一声令下，做孙子的卫懿公，只好交出公子颓的党羽。卫懿公内惧于祖母，外慑于王命，不消说，当然臣服于齐桓公。因为此事，周朝欠了齐国大大的人情。

　　春秋 59 年冬，齐桓公带兵讨伐山戎。此举是为实现管仲所说的威服燕国。当时的燕国，分南燕、北燕。南燕国身世不可考，只知道其位置在当今山东境内。北燕国，传说是召公的后裔。召公，是周武王的重臣。他与周部落无血缘关系，但与其同为姬姓。在周成王年代，召公与周公同为"三公"。周武王封召公于北燕，位置在燕山一带，今天的北京附近。自召公至燕僖侯，加头加尾，历十传。春秋前 105 年，燕僖侯即位。之后，历僖、顷、哀、郑、穆、宣、桓、庄，八传至燕庄公。春秋 32 年，燕桓侯之子燕庄公即位。这燕国爵位，由侯至公，就是齐桓公之力。春秋 59 年，山戎入侵北燕国。燕国向齐桓公求救，齐桓公正好借此机会实现征服燕国的计划，所以带兵出征。前面提到，戎与周之间的和平终止于周穆王。周穆王将戎赶走。之后，西周衰落，戎重新回到中原，并灭了西周。至此春秋初期，戎已经到达华北平原。齐桓公打山戎的时候，顺便灭了辽西的令支、孤竹二国。这些部落，主要以游牧为生，区别于周朝所封建的国家，算是异族。齐桓公为了向天下诸侯显示齐国的军威，又以保护农耕的中原诸侯为由，追杀戎，向西越过太行山，甚至到达当今甘肃西部的流沙河。史称他历尽艰难险阻。在一些交通不便的山路，为了行军，用绳索将战车、战马拉上去，号为"悬车束马"。后来他与楚军对阵，楚国还没有交战，口气上先就认输，就是因为齐军的这些光辉战绩。

　　齐桓公军锋所指，所向披靡。沿途的各种部落、国家，无不听从号令。燕庄公至此，感激得五体投地，举燕国所属，愿为齐国外臣。在齐桓公离去的时候，燕庄公长途相送。最后离别之际，齐桓公站在战车上对燕庄公抱拳行揖。他手指车前战马，说道：

　　"终须一别，就此别过。我回去后，在周王那里为你请求公爵之命。以此乘马之蹄为界，由此以北，尽为你燕国封地！"

　　这话说得，大有裁判天下的威灵。燕国爵命，也就因此由侯爵晋级为公爵。齐桓公何以有此权力呢？且看下回。

　　盟主岂是侥来物？内紧外张五十年。
　　禁迫人权立内政，悬车束马流沙河。

对等第十五回

抗外族存亡续绝　造胜势侵蔡伐楚

　　上回说到，齐桓公的霸业路线图，第一步选定的是鲁、卫、燕三国。完成第一步之后，即考虑南征楚国。正在齐国威服卫国的时候，出现了一股意想不到的力量，严重威胁中原诸侯的生存。此事拖延了齐国称霸的进程。齐桓公的霸业，不像后来的霸主那样。后来的霸主，主要是通过与其他诸侯战争来争霸。齐桓公一生中的战争对手，都主要是中原诸侯之外的外来力量。什么力量呢？威服燕国的时候，打的是山戎。威服卫国之后，又遭遇来自蒙古高原的狄。

　　狄，是中原对于北方游牧民族的总称。打自犬戎攻陷镐京，来自中亚的戎就进入中原。然而，戎是一种山居民族，文化上相对闭塞，科技上相对落后，对中原国家构不成大的威胁。亚欧大陆的地形，大致是南方山河阻断，北方则地势平缓，易于沟通。亚洲北方的西伯利亚平原，往西一路平坦，可以延伸至欧洲的波罗的海和北海。狄人游牧于西伯利亚，兼采东、西方文明，其军事实力远强于戎。当时的秦、晋、齐、鲁之类的北方国家，更多地与戎、狄交流。当时的吴、楚、越等南方国家，更多地与蛮、夷交流。历时数千年，造成中国的南方人与北方人在相貌上出现一些细微差异。例如：北方人的体毛更为浓密，骨骼更为宽大。南方人则身体更为敏捷，性格较为急躁。这种差异，在学术上称为北方蒙古人、南方蒙古人的差异；在中国则成为北方人、南方人的差异。狄与戎外貌相似，生活习性差异也不大。久而久之，就融为一体。这一种人群，在春秋诸侯的打压之下，最终的残余开国于中山，建国鲜虞，绵延至战国。直到晋朝，这一人种仍然生活于太行山。

且说春秋 60 年代，狄人从蒙古高原南下，翻越燕山、太行，进入华北平原，侵略中原国家。邢国、卫国，首当其冲。春秋 61 年，狄进攻邢国。邢国求救于齐国。齐桓公咨询于管仲。管仲说：

"出于三大理由，你应当救助邢国。狄人贪得无厌。灭了邢国之后，就会侵略到我国。这是第一个理由。邢国为姬姓国家，农耕国家。遭受的是游牧异族的攻击。救助它具有维护《周约》、匡扶农耕国家的意义。这是第二个理由。为图霸业，我国积聚起经济、军事的力量。兵不实战，即无法确定其战斗力。国家不参与大事，即无法确定应对事变的能力。听说狄人打仗特别厉害。正好可以演练我军的实战能力。这是第三个理由。

"邢国虽是小国，却也曾与我国盟誓。誓言上面有相互帮助的字样。我们去救助邢国，就以这誓言为公开的口号和旗帜。《诗》云：岂不怀归，畏此简书。这等美名，主公怎能放过？"

于是，齐桓公组织诸侯救助邢国。春秋 64 年春，狄再次进攻邢国，齐桓公组织齐、宋、曹三国军队驻扎于聂北，为邢国防守狄。然而，狄的势力太强，包围了邢国。邢国人从国中逃出之后，诸侯从外面进攻狄人，赶走了狄。邢国原有的都城，遭狄洗劫一空。齐桓公将邢国宗庙神主，迁到夷仪，重建邢国。齐、宋、曹三国军队，为邢国新都城进行城市建设。为了让邢国复国，在齐桓公的命令下，三国军队将军中所有财产、器物无偿捐献给邢国。

　　笔者多次以事例说明周朝的迂腐、《周约》的陈旧。然而，事物有两面性：无论是否出自真心，周武王提出天下的土地、粮食为天下公有，又以一种家长的姿态，号令天下诸侯救助有难的国家。这在儒教教义里面，叫作"天下为公""存亡继绝"。周朝的思想，影响到想做家长的齐桓公，所以有这种义举。

　　春秋63年冬，狄于灭了邢国之后，南下进攻卫国。卫懿公命石祁子指挥城防；命甯速负责组织反攻。然后，亲率军队，与狄战于荥泽。

　　狄人也使用弓箭，但是更多地，是使用投石器和投矛器。一种宽的皮带子，包裹上石块。经过长年练习，用这带子能够将石块甩出很远。这种兵器，都还不足以打败中原军队。另有一种使用杠杆原理的投石车，能将数十斤重的石头，抛出数十米远。卫军的战车被这种大石头砸坏，不能排列战阵。另外，由投矛器投出的矛，动能远胜于箭，能够穿透中原士兵所穿犀牛甲，杀伤力也很强。狄人的铠甲刀剑，夹杂有源出西方的铁。铁甲坚于卫国甲士的犀甲，铁剑利于卫国甲士的青铜剑。而狄人身高体壮，身体素质又强于卫国士兵。在贴身近战的搏斗中，差不多一个狄人士兵，就可以应付两个卫国甲士。因为这些原因，卫懿公大败而归。狄人乘胜追击，进攻卫国都城。卫国的史官、礼官，被狄人俘虏后，对狄人说：

　　"我们是卫国祭司。请你们让我们先去宗庙通知卫国祖宗神灵。如果不先通知，让宗庙见到血光之灾，神灵怪罪下来，你们也不得好死！"

　　狄人迷信鬼神，同意让他们先行一步。这二人通知卫国都城中的人赶紧逃命，才让卫国保存少量遗民。卫国君主卫懿公，不曾逃脱，战死于都城。攻占卫国都城之后，狄人继续追杀。一直追杀到黄河边。眼看卫国人就要彻底灭亡，好在有宋桓公预先在这里准备下船，将卫国人渡过黄河，方才脱离危险。宋国军队于船上放箭，箭雨止住了狄人的攻势。卫国遗民趁这时间登船脱险。宋桓公是怎样赶来的呢？这与许穆夫人有关。许穆夫人是卫国国母宣姜之女。她听说祖国有难，请求许国出兵。许国听说狄人厉害，不敢出战。许国贵族商议半天，没有个结果。许穆夫人愁肠百结，吟诗《载驰》，然后求救于宋国、齐国。宋国的第一夫人，是宣姜之女宋桓夫人。而齐国，则是宣姜的祖国。因这种亲戚关系，宋国派人到黄河边接应；齐桓公则组织起齐国军队，誓与狄人决战。

卫国遗民，渡过黄河之后，清点起来，总共只剩下730人。因为仓皇出逃，不曾带得任何东西。至此，宗庙也丧失了，君主也战死了，真是惶惶如丧家之犬。齐桓公来到黄河东岸，看到卫国人的难民惨状：

有的人衣服被抢去，赤身裸体。有的人临时折了树枝来做兵器，长途奔波之后，树枝用来当拐杖挂地。有的人身体受伤，由旁人搀扶。妇女背着小孩，小孩嗷嗷待哺。全部人都满面尘土、衣衫不整、一脸倦容。绝望的哭号声，痛苦的呻吟声，此起彼落。

领头的，是个大约一米七五高的中年女人。她皮肤白皙，体态丰满而性感。虽是满脸灰尘，但那一身重锦衣服上绘画着山河鸟兽，说明其身份非凡。头上还插着几根玉簪，然而一头黑发已散披开来，垂至臀部。上身遭人抓扯，褒衣凌乱而酥胸半露。跑步之后气喘吁吁，丰满的胸部上下起伏。腰间玉佩被人扯去，只剩下丝带飘舞。麻布的绑腿之上，受了刀伤，鲜血正汩汩往外浸滴。这女人身后跟着个少年。这少年怀中抱着卫国木主。女人远望见齐桓公，望尘拜倒，大呼：

"伯舅救我！"

这女人，就是宣姜。她身后的少年，乃是卫戴公。齐桓公一跃跳下战车，一眼审视，他心中暗忖：

都说她是天下第一美女。我齐国女儿，姿色自是不凡！

齐桓公直着双腿，低头弯腰，将手掌按于地。他说：

"在军，行肃礼。失礼莫怪！"

起身后，又说：

"夫人受惊了！狄人是卫国仇敌，亦是中原华族之仇敌！夫人且放心，有我在，卫国就不会亡！"

齐桓公让卫国人住到曹国，召集起未曾遭蹂躏的卫国附庸的百姓，合起来，凑合成五千人。然后立卫戴公为君，送给卫戴公马四匹，祭祀用的衣服五套，牛、羊、猪、鸡、狗各三百只。另外送修建国门用的木材。宣姜，算起来是齐桓公的姑姑，所以体己送宣姜鱼轩一乘，重锦三十匹。之后，为防止再遭狄的攻击，齐桓公又派儿子公子无亏率战车三百乘，甲士三千人戍兵于曹，监护卫国。

读者不要小看这三百乘的兵力。前面提到，齐国将国人进行了分工，其士兵进行了专业的训练。而此次出征的齐国士兵，更全部由不交公粮的士组成。这种士兵，主要以学习礼仪、参加军训为职业，其身体素质和知识觉悟都是专业水平。因为出身贵族，所以身穿犀牛皮制成的甲，号为甲士。这种兵优于由农民组建成的民兵，更远胜于由奴隶组建成的军队。当时的中原国家，大都是由甲士充当车兵，由奴隶充当步兵。车兵是正式的战斗编制，步兵则类似于后世的勤务兵，日常间主要的职责是为甲士提供后勤服务，没有专门的军事技能。齐国进行了专门地人员分工，其步兵已经优于中原其他国家的步兵。而此次因面临空前的强敌，用甲士来充当步兵，更大大提高了军队的战斗力。

齐国军队训练有素、阵形严整。狄人攻入齐军阵中，总是遭到四面围堵。他们于兵器上虽占着优势，于战阵的演练方面，却不如常年进行军训的齐国军队。狄人遭遇南下以来的第一劲敌，久攻不下之后，只好撤离。

卫国方面，卫戴公于春秋 63 年即位当年即去世，其弟即位，是为卫文公。狄人脱不了游牧本性，所以在抢占卫国都城之后，杀人放火，强奸妇女，抢劫财物，然后才离去。卫国故都朝歌，经历此难之后一片狼藉。若要回去生活，需要先清理废墟，然后才能重建家园。为此，中原诸侯在齐桓公的主持下，于卫国遗民的落脚地楚丘新建城市，作为流亡的卫国遗民的都城。朝歌乃是早先的商朝的都城，其历史可以追溯到盘庚。它于此时成为废墟，无人居住。后来，晋国抢占了这个地方，朝歌时而属晋，时而属卫。主要靠了齐桓公的帮助，卫文公于楚丘发展生产，复兴卫国。卫文公即位的春秋64年，卫国能够组建战车三十乘。至卫文公晚年的春秋八十年代，卫国国力至战车三百乘。而卫国的国运，一直延续至战国中期。这确实是多亏了齐桓公的帮助。《诗经》的《定之方中》，记载的正是建设楚丘城的情形：

定之方中，作于楚宫。揆之以日，作于楚室。树之榛栗，椅桐梓漆，爰伐琴瑟。

升彼虚矣，以望楚矣。望楚与堂，景山与京，降观于桑。卜云其吉，终然允臧。

灵雨既零，命彼倌人。星言夙驾，说于桑田。匪直也人，秉心塞渊，騋牝三千。

译文：定星悬挂于夜空，是修建房屋的时节。用日影测量方位，于一片荆棘之中开工。后院种植榛、栗，妇女用它助祭。前院种植桐、梓，贵族用它制琴。

站在这山坡之上，望见山下茂密的树林。俯视可以看到山下的树林，可以看到宽广的前厅。房屋建在半山腰上，大得如同一座山峰。从这里看下去，新开辟的桑田一望无际。修建之前问卜于天，得到吉兆。新都城将长久吉祥。

连日的霖雨终于结束，可以出行试车。车夫将车驾至桑田，于此与民同乐。多亏了那个好心的人，如今我已经有战马三千！

此诗或是卫文公所作，或是卫文公手下词臣所作。其中的"匪直也人"，正是指急公好义的齐桓公。邢、卫之外，狄人还进攻了鲁国。也是亏了齐桓公的救助，鲁国才得以不亡。春秋75年，齐桓公组织诸侯为卫都楚丘建设外城。春秋77年，齐桓公又组织诸侯重建被狄灭亡的杞国于缘陵。此外的小国，被狄所灭者，不计其数，齐桓公想救，却也救不过来了。从此以后，狄融入中原，象山戎一样散布于中原的山区。

　　齐桓公救助诸侯的行为，虽则是出于与文姜、宣姜的亲情，却也实在是一种义举。后世称"天下诸侯有相灭亡者，桓公不能救，则桓公耻之"。这话虽有点夸大，也部分是实情。狄人对中原的侵扰，一直持续了二、三十年。它阻碍了齐国称霸于天下的步伐，让南方的楚国，越发壮大。

　　楚国子元北伐郑国，虽不曾胜利，却也实现了与中原大国的正面交锋。鬬穀於菟做上令尹之后，继承楚武王、楚文王的理想，进取中原。楚国同时推进两条战线：东方，沿大别山南麓至长江中下游平原，再北上至华北平原。此时，楚国东方的势力发展到当今的安徽、江苏一带，已经临近齐、鲁。正北方向，楚国于春秋 65 年、春秋 66 年，两次讨伐郑国。因齐桓公利用宋国合攻郑国，郑国越打越弱，此时的国力已经大不如前。郑文公与楚国两次战斗，均以失败告终。郑国开会商讨国事，想要与楚国讲和。郑国贵族孔叔说：

　　"当今的国际局势，是齐国最强。我国不与齐国结好，反倒求和于南方蛮夷，这将成为郑国的耻辱。不如将预备送给楚国的钱财转送齐国，托身于齐国，让齐国来应付楚国。"

　　郑文公采纳这建议，求好于齐国。面对此事，齐桓公求教于管仲：

　　"现在郑国遭楚国进攻，我若再从北面进攻，是不是正好灭了郑国？"

　　管仲说：

　　"南北夹击，确实可以灭郑国。然而，楚国离郑国近，我国离郑国远。楚国自武王以来，在南方经营了近百年。郑国以南的陈、蔡，已经在楚国势力之内。我国新近才崛起，于郑国以南的威望，不如楚国。灭郑国之后，就算是平分战利，终究是楚国靠了地理上就近的优势，得利大于我国。我们须以渐进方式，逐渐侵消。愚计以为，郑国不是急所，楚国的附属国陈、蔡，倒应当特别注意。"

　　在这种计议下，齐国定下战略：先取东方淮夷，断楚国绕出东面攻击齐国的可能。然后以兵力的绝对优势，取郑国以南的陈国、蔡国。如此削弱楚国势力之后，再逼近楚国。又以必胜之势，强迫楚国退出中原。

春秋65年秋，齐、宋、江、黄盟于贯。春秋66年秋，齐、宋、江、黄会于阳谷。这江国、黄国，就是东方淮夷小国。说到淮夷，笔者于此介绍四夷之中的东夷。在很早以前，就有长相不同于中原人的沿海部落，或者从海岛上迁至中国东部沿海，或者从南方的东南亚，沿海岸游走至中国。这些人不会种植业，主要以渔业为生。到了中原之后，他们沿海岸到达淮河入海口，又由淮河上溯，进入淮河中下游。由此再往西、往北，就要接触从事农耕的周朝的封国。因此，他们的活动范围止于当今的山东南部和淮河中下游。这些部落，因为处于中原的东方，所以被称为东夷。因为曾经居于中国东部沿海的岛屿，所以又被称为岛夷。因为大量定居于淮河流域，所以又称为淮夷。夷人于陆上的军事，远不如中原诸侯，却有比中原更加先进的船运和航海技术。中原贵族太伯、仲雍流落太湖，融入了夷的部落。后来的吴国，在舟战方面领先于中原，甚至能够组建海军进攻齐国。那就是因为学习了东夷的船运技术。就像对待戎一样，周朝也将夷人之中的某些部落分封为国家。江国、黄国，就是淮夷之中较大的国家。它们此时正处于南北势力的交界处。在齐国的绝对优势下，江、黄加入齐国联盟。

陈、蔡两国之中，陈国在蔡国北面，更加靠近齐国。陈国此前与楚国关系并不好。早先，郑庄公年代，陈国即与郑国联盟，共抗楚国。齐国崛起以来，陈国又与齐国结好。蔡国则是自蔡哀侯被俘，就已经臣服于楚国。楚文王得到息妫，感谢蔡哀侯的推荐，释放蔡哀侯。息妫痛恨蔡哀侯，于其回国之后，支使楚文王进攻蔡国。后来，出于睦邻关系的考虑，楚文王又与蔡哀侯推论同靴之谊，要结交蔡国，让蔡国做楚国的盟弟。时而打、时而哄，把个蔡哀侯收拾得服服帖帖，一心臣服于楚国。蔡国开国之君，乃是周文王的儿子蔡叔度，算起来是地道的中原国家。蔡国呈现这种状态，当然就是齐桓公讨伐的对象。然而，齐桓公进攻蔡国，还有另外的原因。

齐桓公崛起之后，蔡国巴结大国，将女儿蔡姬送予齐桓公。在一次围猎的时候，蔡姬与齐桓公同船游湖。蔡姬是个十多岁的年轻女人，童心未泯。她在船上左右晃荡，弄得船左右摇摆。这让已经上了年纪的齐桓公经受不起。齐桓公一再地呵斥制止，蔡姬不但不停，反倒哈哈大笑。齐桓公吓得面如土色，上岸后心里还咚咚直跳。这种事情，怪只怪他老牛吃嫩草，心有余、力不足，没本事与年轻人胡闹。齐桓公也明白这道理，就将蔡姬遣返回蔡国。遣返的时候，齐国并没有过多指责，只说是自己年纪大了，经不起少女的折腾。蔡国方面，也不多问，就将此女另外嫁人了事。一个女人的去留，本是小事。齐桓公做的是霸主，态度当然是霸道。他说蔡国不该将他用过的女人改嫁别人，以此为借口，讨伐蔡国。春秋67年春，齐桓公组织起齐、鲁、宋、陈、郑、许、曹，七国联军，侵略蔡国。这七国军队，任选其中一、两个，就完全能够灭了蔡国。如此大动干戈，形势如同巨石压卵，蔡国随之崩溃。

整个中原的大国，差不多倾巢出动。这让楚国看出端倪，不由得慌张。鬭縠於菟召集楚国贵族商议。会议的结果，定下个委曲求和的主调。鬭縠於菟派出使者到诸侯军中，探听虚实。最初的言语，倒还是硬气：

"你的国家在北方，我的国家在南方。自来不曾有什么交往。现在到我的地界上来做什么呢？"

管仲代为应答说：

"早先，召康公向我先祖太公传达王命：五侯九伯。汝实征之。以夹辅周室。见有赐物、封地为证。你楚国应当上贡周王的苞茅，不曾上贡。造成王的祭祀之中没有缩酒之物。这是其一。昭王南巡于你楚国地界，从此就没有回来。这事不明不白，也要向你过问。这是其二。"

其实，周王封建诸侯的时候，往往都说一些好听的话，图的是诸侯喜欢。而且，那始建国时候的誓书契约，从来都被视为国家最高级别的文书，被安置于宗庙正北面墙壁的夹层里面。谁又有那个胆量，敢去齐国宗庙取来做证呢？

周朝初为部落首领的时候，各国迫于周朝的军事压力，都向其进贡东西。周朝假装天下为公的样子，说收取贡物是为了维持对于上帝的祭祀。所以，对楚国征求的贡物之中，有一种芦苇花之类的东西，名为苞茅。在祭祀之中，为了模仿出神灵在喝酒的样子，将酒往苞茅上倒。苞茅吸水性很好。酒倒上去被苞茅吸收。那样子就像神灵在喝酒一样。吸收了酒的苞茅放置于祭坛上，酒香飘散于空中，大约可以吸引天上的神灵降临下来，然后赐福予献祭的人。就是到了后世，人们祭奠祖先的时候，一则是将酒洒于地面，再则是用手指沾酒往空中弹洒。前者号为"灌祭"，意在召唤居于地下的鬼。后者号为"扬祭"，意在召唤居于天上的神。这其中的扬祭，用手指来沾染圣物，颇为不敬。那是因为吸水性好的苞茅是难得的楚国特产。就连春秋时候的周王都缺乏。为此，礼仪不得不简化和更改。

周朝越来越衰落，各国各自为政，不再上贡。进入春秋时候，周朝能够收到的贡物，已经很少。找周王办事，能够得到好处，就寻找出这古礼。平常间无事，就没有人干这上贡的事情。至于说周昭王南巡，其实是在摆渡汉水的时候，因渡船出事，淹死于汉水。总之，为寻求进攻楚国，平白地找出许多理由。

对于管仲的质问，楚国作何答复呢？且看下回。

孔子的《春秋》，仅用一万多字，记载出242年的历史，文字极其简练。极其简练的文字同样可以写得精彩。召陵之盟，是春秋第一霸主齐桓公称霸的标志。孔子对此的记载，乃是经典之中的经典。笔者以孔子的经文（黑体字为《春秋》原文）来结束这一回：

四年春。王正月。公会齐侯宋公陈侯卫侯郑伯许男曹伯侵蔡。蔡溃。遂伐楚。次于陉。夏。许男新臣卒。楚屈完来盟于师。盟于召陵。齐人执陈辕涛涂。秋。及江人黄人伐陈。八

月。公至自伐楚。葬许穆公。冬。十有二月。公孙兹帅师会齐人宋人卫人郑人许人曹人侵陈。

译文：四年（春秋67年。鲁僖公四年。公元前656年。）春，周王颁布的源自上帝的天意、真理、历法、起始月，主公会齐国侯爵、宋国公爵、陈国侯爵、卫国侯爵、郑国伯爵、许国男爵、曹国伯爵侵蔡国。蔡国溃。于是，讨伐楚国。驻扎在陉。夏，许国男爵新臣去世。楚国的屈完来盟于军中，盟于召陵。齐国贵族逮捕陈国的辕涛涂。秋，我国派人及江国贵族、黄国贵族讨伐陈国。八月，主公自讨伐楚国之后回国，行饮至礼。举行许国君主的葬礼，定谥为穆公。冬十零二月，公孙兹带领军队会齐国贵族、宋国贵族、卫国贵族、郑国贵族、许国贵族、曹国贵族侵陈国。

包含第十六回

寻周约读书加牲　逞奸心卖国求荣

上回说到，管仲寻出两个理由，指责楚国。当时，楚国使者看管仲仪表堂堂，盛气凌人，已经心头发虚。再看他旁边那个中原盟主，身材原本高大，又站于最高的位置；面无表情，仰望长空，简直连眼角的余光，都不曾扫视到自己。面临对方大军，使者一时间忘记了楚国自命是王，对方只是周朝封建的勋爵，竟然双手抱拳，前揖至地，口气陡转：

"苞茅很久不曾上贡，那是我国的罪过。至于昭王之死，你可以到汉水边去问实际情况。"

这种服软认输的态度，已经让齐桓公挣够了面子。为进一步造成震慑之势，诸侯联军继续南下，驻扎于楚国境内的陉。

在这军事压迫下，齐、楚达成和议条款。这和议的内容，是楚国服输。在此之前，楚国以王命号令南方诸侯。至此，向北方的一个勋爵认输。这让楚国很失面子。和议条款大致说定之后，楚国使者就签约的地点提出要求：

"敝国承认齐国君主的盛德，不敢与上国争锋。然而，敝国以南有些小国。敝国要率领它们朝拜上国，务须维持国家体面。城下之盟，国之大耻。敢恳请上国退出楚境，彼此于楚国境外进行盟誓。"

这种建议，在当时来讲，纯属掩耳盗铃。正式的盟誓之中，有相关的礼仪、规格和次序，又有当众宣读的誓言。与会的国家一眼就能看出楚国服输的事实。只不过，北方联军后撤一事，于楚国国内看来，算是于主要方面认输之后，找回一点点颜面。齐桓公不为已甚，率领诸侯联军撤退至当今河南中部的召陵。楚国方面，派出正式使者屈完，赴召陵参加盟誓，算是正式签约。从局势上讲，齐桓公带兵南下，进入到楚国境内，楚国被迫媾和。这南北霸主的第一次交锋，是齐桓公取得完胜。楚国自入春秋以来，经楚武王、楚文王开疆拓土，势力由当今湖北西部的狭小地方，发展到差不多整个长江中下游。北面，已到当今河南中部。楚国扩张的势头，持续了半个世纪之久。经此召陵之盟，楚国止住了北进的步伐。齐桓公于北方，虽然建立不少功业。却多是与一些小国或者是游牧民族交手。至此压倒楚国，方才显出霸主的赫赫威灵。齐桓公本人，也觉得人生至此，真正意满志得。在与屈完会晤之后，齐桓公带其巡视诸侯联军，看那一队队的旗帜，弥漫原野的车阵，齐桓公开言说道：

以此众战，谁能御之？以此攻城，何城不克？

那意思，仍然想要攻打楚国。屈完听后，心中恐惧，场面上却不得不用硬话回应：

君若以德绥诸侯。谁敢不服。君若以力。楚国方城以为城。汉水以为池。虽众。无所用之。

这话中的"谁敢不服"，正说明楚国服输。齐桓公经历召陵之盟，渐生骄态。对于天下诸侯，往往强征暴敛。此次南下，诸侯联军所到之处，要求当地国家提供军事补给。读者试想，七国联军的吃喝用度，那不是少数。一般小国，哪里承受得起！联军回去要途经郑国、陈国。陈国贵族辕涛涂，找到郑国贵族申侯，商量说：

"联军回去，要是途经我们两国，怕不要吃光我们的粮食，糟蹋尽我们的妇女！大家同为衣冠华族，何苦如此虐待？不如建议盟主，让回去的路线，改走东海之滨。那一带是淮夷，灭之不为虐，且是为我华夏民族消灭潜在敌人。"

此次联军南下，直接的原因，乃是楚国进攻郑国。召陵之盟，齐桓公解除了郑国的亡国之忧。如果用这个建议，多少有点知恩不报的意味。对这建议，申侯心下原本同意。他却转念一想，假意应答说：

"你说得对！你去对盟主讲，我也去对盟主讲。大家都去说，更容易说成！"

辕涛涂向齐桓公提出申请之后，申侯却这样对齐桓公说：

"联军之中粮食补给已经不足，要是再去那不产粮食的海滨，饭都吃不饱，拿什么来打淮夷？怕不要反过来被淮夷给灭了！"

齐桓公听这话，心想：

我不远千里，来为大家做事，陈国却连吃的都不愿意提供。实在可恶！陈国邻近楚国，最易受楚国拉拢。它这种态度，必须打压。不打压，不足以立我盟主之威！

齐桓公当即下令逮捕辕涛涂。又觉得申侯对自己忠心，故而命郑文公将郑国的虎牢一邑，赏赐给申侯。回国之后，齐桓公于春秋 67 年两次组织对于陈国的讨伐。之后，按管仲的计划，齐桓公寻求周朝对其盟主地位的承认。春秋 68 年秋，齐桓公于首止召集齐、鲁、宋、陈、卫、郑、许、曹，请求周惠王参加。周惠王意识到这将是丧失权威的会议，不甘心王权变弱，所以不参加首止之会，只是派王世子参会。为阻止齐桓公称霸，周朝再次改变立场，又去拉拢郑国。周惠王派宰孔对郑文公说：

"看齐国现在的样子，是要称霸天下。我周家天下危险了。王的意思是：表面上，还是与齐国敷衍。暗中，由你来联络楚国，由王来联络秦、晋。几方联合，共抗齐国。你家祖宗桓公，乃是厉王的儿子。全天下诸侯，就数郑国与我周朝最亲。望伯父效仿当初的桓公、武公，匡护我周室！姜姓兴盛，姬姓势弱。郑国居天下正中，王道存亡，系于伯父啊！"

一番话之后，又许诺事成之后为郑文公加官晋爵。郑文公又是感激，又是兴奋，又是害怕。感激的是周王的信任，兴奋的是建功立业，害怕的是与齐国为敌。齐桓公已经通知郑国参加首止之会，郑文公心里怀着这些鬼胎，就没有亲自参加。

郑国没有参会，让齐桓公也看出些苗头。于是，春秋69年夏，齐桓公召集起齐、鲁、宋、陈、卫、曹，六国联军，讨伐郑国，包围了郑国的新城。郑国方面，势成骑虎，只好按照与周朝的约定，求救于楚国。

楚国于召陵之会搞成了城下之盟，简直是颜面扫地。中原联军退去之后，楚国令尹鬬縠於菟于春秋68年秋灭了淮夷弦国，试图找回一点脸面。当时，齐桓公的军队所到之处，诸侯纷纷称臣纳贡。原本臣服于楚国的江国、黄国、道国、柏国、弦国，都转而事奉齐国。这几个国家，都在江淮一带，彼此是邻国。其中的弦国，与江、黄、道、柏均有婚姻关系。江国、黄国，于春秋66年阳谷之会，就已经站到齐国一边，与齐国已经有了攻守同盟。楚国不敢直接对江国、黄国下手，就选了弦国。现在接到郑国的求救信号，楚国召开军事会议。会议认为：

郑国的位置，是进取中原的第一要害。齐国要是灭了郑国，其势力就逼近方城。这对楚国而言，相当于门户大开。因此，面对郑国求救，楚国必须出兵。

中原联军在新城，楚国不敢过于靠近，就于春秋 69 年秋进攻邻近的许国，做一种声援。中原联军南下救助许国，楚军不敢直接对抗，撤军离去。

春秋 67 年，齐桓公南下的时候，首先侵略了蔡国，蔡国崩溃。蔡国君主蔡穆侯，因之流亡国外。只因嫁了个女人，就遭到齐国侵略，蔡穆侯对齐国，自然怀恨。至春秋 69 年，楚国出兵许国的时候，蔡穆侯带领蔡国遗民，站到楚国一边。齐军离去之后，蔡穆侯进攻许国，俘虏许国君主许僖公，将其押解到楚国，做个投命状，一心投靠楚国。许、蔡之间是邻国，蔡穆侯的想法，只是要巴结楚国，并不是要灭许国。为此，故意搞了个献俘的仪式：

将许僖公帽子摘去，双手反剪于背，嘴里叼一块玉璧。许国大夫，统一穿上黑色丧服。许国的士，抬起一口棺材。

楚成王小孩子家，没见过这阵仗，就问身边的人。一个名叫逢伯的楚国贵族应答说：

"早先周武王灭商朝的时候，商朝王子微子投降，就是这个样子。他们这样子，是将你比作周武王，是特别讨好你的意思。"

楚成王问：

"那我该怎么办呢？"

逢伯说：

"传说当时周武王亲自解开捆微子的绳子，接过那嘴里叼的璧，烧了棺材，然后对微子进行祓祭，去除其囚犯的不祥，封建其为诸侯，让其重新统治故国。"

楚国方面，原本畏惧中原联军。意外得此献俘，当然也就体谅蔡穆侯的一番美意，效仿古礼，收留蔡、许为附庸。

郑国的申侯陷害陈国的辕涛涂，让自己得到了虎牢。这件事情，不光造成辕涛涂个人被逮捕，还让陈国于春秋 67 年两次遭到齐国组织的进攻。辕涛涂对于申侯的仇恨，可想而知。

春秋 67 年冬，辕涛涂被释放回国。经此事，他设计了个报复办法。他找到申侯，谈起往事。申侯假意道歉，辕涛涂也假装一笑置之，说道：

"当初的事情，还提它做什么！怪只怪我考虑不周，所以得罪了盟主。倒是你考虑周全，所以得了这虎牢，很值得庆贺！虎牢，虎牢，就算是老虎，也要关进这囚牢！虎牢二字，乃是美名啦！你得此美名，暗含发迹的征兆！你应当扩建它，成就一番事业！"

申侯卖弄谦逊：

"小小一个城邑，有什么美名？！况且，我也没有力量来进行扩建。"

辕涛涂说：

"这个好办！由我出面，向我国君主建议，用诸侯的力量来为你做扩建。"

之后，辕涛涂四处外交，求得诸侯来扩建虎牢。扩建之后，辕涛涂到郑国找到郑文公，说：

"虎牢位置险要。申侯又大搞建设。他四处联络外国，让外国人为他做扩建。这是不是想要造反？虎牢，虎牢，这是说申侯是老虎，要被囚死于牢房。君主你应当顺应这天意，把他关进牢房！"

因为与周王的密约，郑文公与齐国为敌，导致齐国围攻新城。春秋 70 年，郑国两次遭到齐国的讨伐。此时的郑国，哪是齐国的对手？郑文公想要化解与齐国的矛盾。回想起申侯历史上的一些事情，郑文公很反感，于是就杀死申侯，函其头颅于木匣，送到齐国：

"我郑国不敢得罪大国，是我国的一个佞人与陈国的辕涛涂闹纠纷，平白地弄出是非！就是首止之会，也是这个人里通楚国，阻止我参加。现将这人杀死，请罪于大国。望大国体谅我小国的一点穷心！"

究竟这申侯早先有怎样的历史呢？原来，此人本不是郑国人，乃是申国君主的外甥。申国，乃是楚国的附庸。因楚文王水陆并行，申国君主将申侯作为娈童，进献楚文王。申侯模样长得标致，很得楚文王宠爱。楚文王在世的时候，为了这男风，在申侯身上花费了无数钱财。到得后来，干脆废了在任的申国君主，将申国封建给申侯。到楚文王临死之际，息妫产有两子，自然可以做王后。这申侯是个男人，不可能产子，于楚文王死后，即将的遭遇就很不妙。楚文王倒还有情，临终前送给申侯一块贵重的玉璧，要申侯另谋生路。他对申侯说：

"你我彼此相好一场。有我在，就有你的一切享用。而今我要死了。我死后，她们肯定容不下你。你拿了这块玉，到外国另谋生路吧！你不要到小国，小国供养不起你。另外，争权夺利的事情，你今后不要再做！你要是不听我这劝告，必有性命之忧！"

为什么小国供不起申侯呢？楚文王的意思是：像他那样权势的人，方才罩得住申侯。换了小国，以申侯那惹是生非的性格，必然出事。这也好算是多年相交的知己了。

申侯至此，哭哭啼啼，离开楚国。想想自己别无所长，唯有重操那不堪闻的旧业，庶几可以度日。于是，申侯逃奔郑国，又做起郑厉公的娈童。郑厉公去世，郑文公继位。此时，申侯年龄已经大了。郑文公对他没有兴趣，只是看已故的父亲的面子，没有对他下手。现在这人到外国招惹是非，让齐国逼着自己给他虎牢。其情可恶！他又是来自楚国，正好嫁之以里通楚国的罪名，除掉他为先君的其他女人出气。

此事之后，郑文公主动请求与齐国和好，请求参加中原诸侯的会盟。春秋 70 年秋，齐桓公组织中原诸侯会于甯母。于此会之上，齐桓公正式以盟主的名义，代周王收受列国的贡赋。当时的说法，叫作"官受方物"。那意思，是秉承周朝的惯例，收取列国上贡的土特产。以这一次会议为起点，中原的盟主开始向列国征税。早先，周朝向列国征求土特产，名义上是用于祭祀。东周以后，就连名义上的上贡也没有以。自此以后，盟主以勤王的名义，要求列国服兵役、徭役，并且以收土特产为名，实际进行了征税。到后来，这种征税成为一种制度，并且税负越来越重。古代史学认为春秋之前通行王道，春秋时候通行霸道。这霸道的实质内容，正是这征税权。此时的郑国，正致力于南、北两面讨好。赶上这个大会，郑文公担心自己本人去会有危险，就命其子世子华参会。世子华对齐桓公说：

"我国无心与贵国为敌，是我国的泄氏、孔氏、子人氏三族人怂恿君主，弄得彼此不快。如果你灭掉这三家人，然后与郑国和好，我保证让郑国成为你的臣民。"

齐桓公乃是一代霸主，何其聪明！马上明白其中的道理：

这三族人，想来是郑文公的心腹。郑国世子的这些话，是要我帮着他对付他的父亲，好让他提前做上君主。

为稳妥起见，齐桓公先找管仲商量：

"郑国的世子，不知为了什么，想要我帮他对付郑国君主。郑国出现这种内斗，是不是正好予以利用？我想：支持他，立他做成君主，以后郑国就能听我号令。不知先生怎么看？"

管仲说：

"先不说现在的形势，就说世子华这个人：跑到外国寻求帮助，来灭自己的国家。这是奸人啊！支持奸人，在道义上首先就为人所不齿！他说的这三家人，是郑国世族，被郑国君主视为心腹，在郑国极有权势，差不多可以代表郑国。你结交一个国家，是应当结交它的权力基础，而不是这国中的一个奸人。

"再说现在的国际形势：弦国，已经为楚国吞并。江、黄等国家，是观望情绪。周朝，对我们称霸的想法很不满。周王根本不愿参加你组织的会盟。秦、晋等国，并不认同你的地位。郑国，是楚国必争的急所。你讨伐郑国，楚国不会不管。想要灭它，哪里就一定灭得了？你帮助奸人，又让天下诸侯有反对你的口实。盟主是不好当的。召陵之会，虽然总体上很成功，却因为辕涛涂和申侯的事情，失去了蔡国、许国、陈国的拥护。我看，你还是要慎重才对。"

齐桓公听从管仲，不理会世子华的建议，而是将相关情况知会郑国。世子华到外国去寻求对付祖国，事情渐渐为郑文公得知。至春秋 79 年，郑文公杀死了世子华。世子华的这一故事，刺激了郑文公，由此造成郑国的许多变故。那是后话。

春秋 56 年，周惠王已经请求齐国主持天下政治。在那以后，齐国抗击狄的入侵，遏制楚国北上，建立了赫赫功勋。至春秋 70 年，周惠王去世。为了争夺王位，周朝再次出现动乱：

周惠王的嫡妻惠后，生下两个儿子。一个是周襄王，另一个是王子带。惠后来自陈国，她与周惠王的婚礼有虢国君主、郑厉公、晋武公主婚，弄得很郑重。惠后宠爱小儿子王子带，所以王子带阴有夺嫡之心。周惠王去世后，王子带纠结起周朝附近的山戎，对抗周襄王。周襄王求助于齐桓公。春秋 71 年，齐桓公召集起周、齐、鲁、宋、卫、许、曹、陈八国，大会于洮。会议的宗旨，就是拥护周襄王。周襄王因此赶走王子带，坐稳王位。

为了感激齐桓公，周襄王命宰周公正式批准齐桓公做霸主。相关的仪式，就是春秋 72 年的葵丘之会。为什么说此会是齐桓公称霸公的标志呢？因为此会之中，周王批准齐桓公不用下跪。当时的情况如下：

宰周公对齐桓公说：

"天子祭祀于文王、武王。命我将这祭祀中献祭的肉赐给伯舅！"

齐桓公正准备下拜答谢，宰周公又说：

"天子另有赐命：因伯舅年高，加赐一级，命伯舅于此不必下拜。"

齐桓公回答：

"举头三尺有神灵！我小白怎敢贪图天子的赐命，不下拜？怕这会遭天谴，丢了命，反倒让天子蒙羞。我怎敢不下拜？"

于是，他走下台阶，下拜行礼，然后才登上台阶，接受胙肉。于天下诸侯的大会赐给代表周朝最高权威的文王、武王的胙肉，又让齐桓公无须下拜于天使。这就是周朝承认了齐桓公的霸主地位。

究竟这所谓霸主，是个什么样的职能呢？按儒教的思想，它是在王丧失权威的情况下，由一个诸侯来代行王的职权，匡护儒教。齐桓公于此之前，实际已经充当了霸主。然而，经此会得到周王的承认，才显得名正言顺。此会之中，齐桓公发布出中国历史上第一个霸主的第一道命令：

凡我同盟之人。既盟之后。言归于好。

此会之中，没有杀牲来献祭神灵，而是将一份文书放置于牲的身上，朗读文书的内容。这文书原文是：

毋壅泉。毋讫籴。毋易树子。毋以妾为妻。毋使妇人与国事。

读者得知，这其实就是周约，只不过语句稍有变更。正是因为没有新的誓言，所以不用专门杀牲。而不杀牲的做法，也用以彰显齐桓公的一种思想：

在他的领导之下，倡导生的繁荣，制止死的痛苦。

周朝的宰周公，于赐给齐桓公胙肉之后，先一步离开会议。宰周公于赶往葵丘的路上曾遇到前来赴会的晋国君主晋献公。宰周公对他说：

"你不用去参加这个会议。齐国北伐山戎、南伐楚。已经将力量使尽。他没有能力进讨西方，你不必去巴结他。我劝你不要去了。"

照这话的意思，周朝仍然抱定早先的再平衡战略：

西方依托晋国，南方依托楚国，对抗齐国，以维护周朝权威。

晋献公此行，是畏惧齐国的势力，不得不前往。听了这话，就转向回国。宰周公的说法，是从周朝的利益考虑。但他的说法也有一定道理。齐桓公自春秋38年即位，至此已经三十多年。三十多年的拼搏，任何人也会觉得疲倦。他的晚年，主要是应对靠近齐国不远的淮夷，没有进取西方的打算。打淮夷，对齐桓公而言，是其无数功绩之中的一件。跟随齐桓公打淮夷的鲁僖公，却将其视为莫大的功劳。相关事情，下回再叙。

正副第十七回

假望祭登台渔色　征淮夷象齿南金

春秋53年，鲁庄公娶了齐桓公之女哀姜。哀姜颇有齐国女儿淫荡的传统，与鲁国贵族庆父私通，造成鲁国君主接连更换。庆父何许人呢？他是三桓之一。所谓三桓，是指鲁桓公的三个儿子。鲁桓公之妻文姜生下四个儿子，其中长子鲁庄公进入君主系。另外三个，按年龄大小分别是：庆父、叔牙、季友。这三兄弟的孩提时代，正是齐桓公霸于中原的时期。文姜的儿子，乃是盟主的嫡亲外甥，其权势不同于他人。鲁桓公被齐襄公杀死之后，三桓的哥哥鲁庄公以嫡长子为君。三桓就分家出去，形成后来的三大世族：

仲孙氏、叔孙氏、季氏。

鲁庄公的嫡妻是齐桓公的女儿哀姜。哀姜没有儿子。庆父希望按兄死弟及的规则，由自己接任鲁国君主。哀姜与庆父勾搭成奸之后，也想拥立庆父。哀姜将自己的想法通知齐桓公。齐桓公继承齐国用女人挟持外国的思想，暗中拥护庆父，阻止鲁庄公立太子。慑于盟主的压力,鲁庄公至病危时候,都没有立太子。春秋61年,鲁庄公病危。为继承人的事情,他找三弟叔牙商量。叔牙说:

"国中的人都认为庆父最能干。这你是知道的。"

按这话的意思,是拥立庆父。叔牙的这个立场很好理解:立庆父,就是采用传弟的规则。采用这规则,将来庆父去世,就应当传给他叔牙。鲁庄公听了这话,心中一凛。然而,自己已经是日落西山、气息奄奄,已经不能再做什么。所以,他也不敢马上发作,而是另找四弟季友商量。季友的答复是:

"我不知道其他,只知道拼了性命来拥立子般!"

这话正中鲁庄公下怀。鲁庄公说:

"问题是:叔牙说庆父是国中最能干的人。"

季友说:

"请君主放心!就算有些阻挠,拼了我的性命,也要立子般。"

鲁庄公说:

"那好!就按你说的去做吧!"

庆父、叔牙一方面,当时已经在准备造反所需的兵器。季友以君命通知叔牙:

"君主命你去鍼巫家里,替他祷告。"

这是怎么回事呢?鍼巫是个巫师。当时的人迷信,得了病,总以为是鬼神作祟,要祈祷神灵。鲁庄公病重,起不了床,不能亲自去祷告,所以命叔牙代替自己。叔牙不明就里,来到鍼巫的家中。鍼巫端出一壶毒酒,传达季友的话:

"喝了它,我保证你的死是正常死亡,保证你的后人在鲁国继续存在,并且继续做贵族。要是你不喝,你的死将是造反未遂而死,你将从此绝后。"

情势所迫,叔牙喝酒自杀。之后,鲁庄公去世,季友立子般为君。这子般又是何许人呢?他是鲁庄公的庶子。他的身世,又是一个故事:

鲁国君主,有爱慕虚荣的传统。早先的鲁隐公,喜欢跑到边远地方去组织大型捕鱼活动。后来的鲁桓公，喜欢组织围猎。为了围猎，甚至放火烧山。点燃了山上的林木之后，于山脚下用陷阱和围网，捕捉从山上的火海之中逃出来的野兽，以及惊飞而下的鸟类。然后，又带上刀箭、绳扛，到山上搜寻被大火烧死、烧伤的禽兽。这前一种捕猎方法，因为类似于守株待兔，所以号为"狩"。这后一种捕猎方法，因为是到草丛中搜寻，所以号为"蒐"（音、义均为搜）。狩、蒐之后，视打败禽兽为天大的功绩，又举行盛大的阅兵，号之为"振旅"。到鲁庄公一代，将爱慕虚荣的传统发扬光大。娶一个老婆，又是丹楹刻桷，又是宗妇用币。并且沾染上另一嗜好，那就是游山观景。贵族的旅游，不像我等草根，需要攒点钱，到风景点借餐、借宿。因为国土是他的领地，所以要到哪里去玩，就事先在哪里修建起住房。这种住房，为了要视野开阔，所以都修建在高敞的位置，号为"观台"。

　　鲁庄公游山玩水，在当时被冠之以望祭之名。望祭原本是周王对天下大山大河的神灵的祭祀。为了显出宗教的神秘力量，望祭选在很高的地方进行，假装能够看到遥远的大山大河。鲁国的祖宗周公，曾经做出特别巨大的功绩。周成王特别地表彰周公，允许鲁国使用天子的礼仪。于是乎，鲁国也学起周王的样子，既要郊天，又要望祭。周朝以天下总祭司的名义，望祭整个中原，是分别望东、南、西、北四个方向，那叫作四望。鲁国疆域狭小，境内没有太多的山、河可望，就东望泰山、北望济水、南望淮河，是为三望。其实，就连这三个地方，都并不在鲁国境内，也不在视野范围之内。看不到山、河，总得要搞些迷信。于是乎，就将天空的天色和云朵，仔细地望了又望。这样，又形成一个名目，叫作"望氛"。望氛的人将天色、云朵的情况分为吉、凶两种。吉的，名之为"祥"；凶的，名之为"祲"。这个名目传到后世，就有所谓"望气"的术士。《三国演义》中诸葛亮能够预测天气，那是小说家的浮夸。然而，古中国人由望氛的习俗，多少掌握了一些看云识天气的知识，偶尔也能够作出正确的天气预测。小说家的浮夸，却是依据于此。

望祭需要选址于高敞的地方，暗合于鲁庄公观赏风景的愿望。鲁庄公以望祭为名，修建许多观景点。仅春秋60年一年之内，鲁庄公就于鲁国境内的郎、薛、秦修建了三个观台。这众多的观台之中，有一个邻近一户叫党氏的人家。有一天，鲁庄公在这个观台上观赏风景，居高临下，看到了党氏家的一个女人孟任。时值夏季，孟任在自家园子里，以为周围没人，就脱下外衣，走到大树下乘凉。鲁庄公见此女美艳，冲下观台，翻入党氏园中，向孟任提出一种源自天性的要求。孟任说：

"我可以从你。但是你要让我做夫人。"

鲁庄公哪管这些，孟任不从，甚至以死抗争。没奈何，鲁庄公说：

"好吧！我答应你，让你做夫人。"

双方进行盟誓，指天地鬼神为证。野合地方，不得牲血。就地割彼此手臂上的鲜血献祭神灵，请神灵来证婚。行过这夫妻之礼，方才做成好事。

夫人之说，不过是鲁庄公一时兴起，不得已而同意。国中的第一夫人哀姜，乃是盟主齐桓公之女，哪敢说换就换？然而，经此事之后，孟任成了鲁庄公的女人，很受宠爱。她产下一子一女，即：子般和子般妹。有哀姜居于正统地位，子般算是庶出子。然而，鲁庄公最爱的是孟任。爱人及乌，他希望子般做继承人。

某一年鲁国出现旱灾，按例进行祈雨的雩祭。祭祀之后，在梁氏进行歌舞表演。子般和子般妹，都前往观看。子般妹当时大约十五六岁。当时的人，发育得早，按这年龄，已经该找婆家了。跟随哥哥出来游玩，她什么都觉得稀奇：

一些人在敲打编钟，一些人在吹笙、埙之类的乐器。都是一脸严肃，特别郑重的样子。又有一队漂亮的小伙子，头插美丽的羽毛，站成一个方阵，又歌又舞。声音时高时低，绕来绕去，很好听。正在看得兴起，忽听见有人喊她：

"小妹妹，这些不好看，你看这里！"

回身看时，看见一个二十来岁的男人，手攀在右边围墙的墙头，正从墙外探头看自己。这人一头黑发又长又浓密，用一根绳子束住，散披在肩后。赤裸的双臂肌腱强劲，感觉就像一下子就可以翻过墙来。

子般妹平常没有见过这样没礼貌的人，觉得好奇，就问：

"你让我看这里，有什么好看的？"

那人说：

"如果我一下子跳到你面前，是不是很好玩？"

子般妹正觉得此人力气大，那样子好像一跳就能越过墙头。这人正好说出了自己心中所想，引起了她的兴趣。出于童心，她说：

"我不信！你跳过来，让我看看！"

只听"呼"的一声，那人用双手猛压墙头，凭空越过墙，跳到子般妹面前。原来此人头发很长，跳的时候头发飞舞起来，简直像一件披风。此时头发垂下，直垂到臀、股之间。他整个上身没有穿衣服，肌肉看起来像石头一样坚硬。手臂上的青筋，曲曲折折，又像蚯蚓，又像树根。

子般妹已经初知人事。此人近身，让她又惊又喜。有些羞涩，有些害怕，更有一种说不出的欣喜和感动。此人说：

"小妹妹，你真漂亮！你是我见过的最漂亮的女人。我喜欢你。"

说话间，一手拉起她的手，另一只手就来搂她的腰。又说：

"你跟我走，跟我去玩，好吗？"

子般妹正在犹豫之际，子般走了过来。那人下跪行礼，将手掌放在地上，又把头放在手上，一直不敢抬起来。

子般说：

"哪里来的野人！胆敢调戏女公子！来人！用马鞭抽他！"

子般将此人抽到鞭子带血，方才放过。这个调戏子般妹的人，是鲁国的马夫，名叫圉人荦。他的武力强健，是鲁国出了名的。有人曾经看见他将整个马车的车盖，一下子扔上鲁国的稷门。因为子般鞭打了围人荦，鲁庄公对子般说：

"你不该这样处理。要么就不管，要么就杀了他。平白地得罪这种莽夫做什么？"

子般不以为然。叔牙被毒死之后，鲁庄公去世，子般成立为君主。此时，想要夺取君主位的庆父找到围人荦，说：

"般当众鞭打你。这事举国皆知。做男人遭这种羞辱，还不如去死！现在我给你个机会：你去杀死他，我来另立君主。事成之后，我让你做官！"

围人荦在庆父的指使下杀死了子般。拥立子般的季友闻讯逃奔陈国。庆父看季友已经逃脱，感到继续待在国中凶多吉少，也就逃奔齐国。君主被弒，权臣出逃，然而国不可一日无君。鲁国国内，贵族们经商议，立鲁闵公为君。这鲁闵公，是鲁国第一夫人哀姜的妹妹叔姜所生。算起来，乃齐桓公的外孙。齐桓公接收庆父，原是支持庆父的意思。看到鲁国的变故，想鲁闵公也是自己的外孙，就转而支持鲁闵公。为了让鲁闵公坐稳位子，春秋 62 年秋，齐桓公与鲁闵公盟于落姑，商量召回季友的事情，又命仲孙湫赴鲁国吊唁，顺便打听鲁国的近况。仲孙湫回齐国复命说：

"有庆父在，鲁国的祸事就不会完！"

齐桓公说：

"那鲁国不会想办法除掉他？"

仲孙湫说：

"用不着别人动手，他会自取灭亡！你等着瞧吧！"

齐桓公说：

"鲁国这个样子，我是不是可以灭了它？"

仲孙湫经此一问，讲出个霸道的道理来：

"鲁国虽乱，毕竟还秉承周礼。我们对鲁国，只能是帮助它平定动乱，与它结成友谊。要做成霸道，讲究亲有礼、间携贰、覆昏乱。如主公所说，乃是乘人之危，纵然能带来一时的好处，却非霸主所为！"

齐桓公问：

"何谓亲有礼、间携贰、覆昏乱？"

仲孙湫道：

"你要用一种道义来号召天下诸侯，让天下诸侯集结于你的统率之下。如果有某个国家的做法正好体现了你倡导的道义，那你就要亲近它。这就叫亲有礼。

"有的国家内部出现彼此对立的两种政治势力。对那种国家，你用不着花费力气去讨伐它。只需要让这种两势力保持对立的状态，彼此斗争。那样自然会把这个国家搞垮。由此，让他们内部帮你完成讨伐，省下你的财力、兵力。这就叫作间携贰。

"有的国家，政权已经为多数人所不容。犹如一个已经吹胀的气球，一戳即爆。讨伐那种国家，基本上是马到成功。对那种国家，你才应当予以讨伐。这叫作覆昏乱。

"《商书》说：兼弱攻昧。取乱侮亡。推亡固存。邦乃其昌。就是这个道理！"

听了这个道理，整个齐桓公年代，齐国致力于保护鲁国，齐、鲁睦邻友好。然而，齐桓公死后，其子齐孝公完全背离这个思想，与鲁、卫为敌，很快就丧失霸权。那是后话。

由于齐桓公一力保护鲁国，季友得以从陈国回到鲁国。庆父原本是逃到齐国。他想，国内已有新君。这新君与子般并不是同一房，大约不会追查自己。所以也就从齐国回国。回去后，他捏造出一个案件情节，将圉人犖杀死，为子般抵罪。至此，从表面看，鲁国算是安定了。

庆父心中，原本想做君主。他指使了对于子般的谋杀，并且又与第一夫人哀姜有奸情。心中怀着这些鬼胎，诸多情事，都害怕暴露。季友对叔牙的做法，更让他心有余悸。思来想去，唯有一不做二不休，将所有反对自己的力量全部消灭，方才能够保全自己。他又找了个杀手，此人名叫卜齮。早先，鲁闵公的监护人霸占了卜齮的耕地。卜齮怀恨在心。在庆父的指使下，春秋 63 年秋，卜齮刺死鲁闵公。

季友回国后，一直防着庆父。他与鲁庄公的另外一个夫人成风的关系不错。成风很早就将自己的儿子鲁僖公托付给季友，请季友做其监护人。鲁闵公被刺时，季友打听到风声，携鲁僖公逃脱至邾国。

季友和鲁僖公走脱，让庆父满盘皆输。庆父与情妇哀姜商量：

两番刺杀君主，这国内的人，是不会拥护自己的。鲁闵公与齐桓公有盟约，齐国不但不会支持自己，反倒要对付自己。鲁僖公已经被季友带走。若重新立一个君主，恐不能够服众……

三十六计，走为上计。一对露水夫妻，大难临头各自飞。哀姜逃到邾国。庆父逃到莒国。风闻庆父出逃，季友带鲁僖公回国。鲁僖公即位。之后，季友派人向莒国送礼，说：

"我国的这个人，是个两番刺杀君主的人，天下人人得而诛之。不知贵国收留他，是个什么打算？我国新任君主，是庄公的儿子，理应即位。这一点，贵国也是知道的。我国君主的意思，是请贵国将这人交回我国，由我国自行处理。各家的事情各家办。这件事情，不敢给贵国添麻烦。些许礼物，聊表敬意。来日方长。他日另有重谢！"

莒国是个小国。其君主看到光闪闪的重锦，沉甸甸的玉器，已经是两眼放光。再听到最后一句，更觉得这生意划算。别人家先君故去，儿子即位，那是正理。自己去管别人的闲事做什么？于是乎，顺水人情，就派人送庆父回国。庆父刚到莒国的时候，与莒国贵族承诺很多好处，口头上说得天花乱坠，只要哄得莒国君主开心。至此，莒国一时垮不下脸，也不好动用囚车，只是让士兵监视送行。

到行半路的时候，远处传来哭声。车上的庆父，听出是自己故国的好友奚斯的声音。鲁国人已经来了。来的目的，可想而知：

季友与自己是兄弟，不好在国内下手，要在这荒郊野外结果自己的性命！

　　奚斯与庆父是好友，本不愿做这种事。看到鲁国贵族相互残杀，更增加了不情愿。然而，世事如箭在弦上，不得不发。因此，一路哭，一路还是来办正事。听到哭声渐近，庆父思前想后，觉得自己绝无生存的可能。长叹一声，自缢于路边的树上。

　　季友原是僖公的监护人，又为僖公完成了斩草除根的大事。鲁僖公感激不过，以三命命其为第一大夫，又将费封给季氏做领地。

　　逃奔到邾国的哀姜，命稍长一点。春秋64年秋，齐桓公派人于邾国取走哀姜。同样，在由邾至齐的路上，将其杀死。同年冬，齐国将哀姜的灵柩送回鲁国，算是向鲁国表白立场。按管仲的霸业路线图，威服鲁、卫、燕三国是齐国争霸的第一步基础。齐桓公此举，是以国事为重。他看重的是齐、鲁睦邻关系，不在乎女儿的性命。要是个把女儿都舍不得，又怎能做霸主？因为齐国的这种善意，鲁国命第一大夫季友为使者，于春秋66年拜访齐国，结齐、鲁友谊。齐国方面，又将齐桓公的另一女儿嫁予鲁僖公。当时的人在乎的是政治关系，于辈分上比较马虎。齐桓公的姑姑文姜嫁了鲁桓公。齐桓公的女儿哀姜嫁鲁庄公。哀姜的媵女叔姜也是齐桓公的女儿。叔姜生下鲁闵公。鲁僖公乃是鲁闵公的弟弟，算起来是哀姜、叔姜的侄儿，却又娶了哀姜的妹妹。这齐、鲁之间的辈分，很有点混乱。齐、鲁结婚之后，鲁国一心做齐国的小弟，事事追随霸主齐桓公。春秋67年的召陵之盟、春秋72年的葵丘之会，鲁国都作为齐国的忠实盟友参加。追随于盟主，让鲁僖公在国际上顺风顺水，很得了些甜头。整个春秋史，鲁国共计12个君主。这12个君主之中，数鲁僖公在位时间最长，并且也最风光。那其实多是沾齐国的光。

　　春秋76年，中原国家又遭异族侵略。身为盟主的齐桓公，又不得不出兵。这一次的外敌，来自南、北两路。先是北方的狄，灭了温国，侵略卫国、郑国；继而南方的淮夷，侵略卫国，灭了杞国。北方的狄，前面有介绍；这南方的淮夷，却与楚国有关。

淮夷乃是东南小国的统称。他们何以有能力灭掉中原国家？按楚国北伐的计划，于汉水以北的正面战场受阻后，转而经营东方，于春秋75年灭了黄国。楚国自思国力弱于齐国，不敢向齐桓公正面宣战，故而扶植淮夷，借淮夷之力，侵消中原的东部。楚国逐年侵消，势力渐渐发展到泗水流域。楚国所支持的淮夷灭杞侵卫，势力渐至礼仪之邦的鲁国。关于楚国绕出东方的战略，先介绍华东地方的地理。

当时的黄河，传说是经大禹治水，在今天的河南省中部转而北流。为分杀水势，大禹开凿河道，将黄河干流分成九条河。这九条河于当今的郑州附近，由黄河干流分出，转而北流，散布于当今的河北南部，又于今天的北京一带，汇总入海。九河于入海口冲积出陆地，才有当今的天津。今天的黄河下游，在当时乃是发源于今天河南中部的另一条河，叫济水。后世黄河夺济入海，才形成当今的黄河下游。济水以南，即是淮河流域。济水与淮河之间，于上游部分没有明确的分水岭；于下游部分则以泰山为分水岭。故而，流经当今开封的汴水，曾经属于淮河水系；源出泰山南麓的泗水，则南流入淮河，传统上算是淮河的支流。后世黄河先是夺济入海，后又经汴水夺淮入海。所以古词有"汴水流，泗水流，流到瓜洲古渡头"。当今的山东省，其中部有倒置的"品"字形的三座大山。西北为泰山。东北为鲁山，又名沂山。南部，是为蒙山。鲁山南麓，形成一条河，是为沂水。沂水南入泗水，为淮河水系。泰山与蒙山之间，形成两条河。其北为大汶河，北入济水。其南为泗水，南入淮河。这两条河所流经地方，就是当时的鲁国。而所谓汶阳、济西，在当时正是齐鲁交界一带。楚国绕出东方的战略，乃是顺淮河而下，然后由淮转泗，由泗上溯至鲁，之后经较短的陆路转大汶河，再转济水。又由济水上溯，到达太行山东麓，进入黄河下游所在的华北。按楚国的设想，这相当于按逆时针方向做成一个对周朝的包围圈。包围圈做成之后，周王将不得不让位于楚王。

读者得知：当时的交通条件远不如现代。有这几条河流作为现成的水路，军队于船上划桨，河岸拉扦，顺风的时候还可以借助于风力，比起陆路穿越茫茫森林要省力很多。

淮河一带的小国，小到三里之城、七里之国，星罗棋布，所在甚多。楚国灭了黄国、杞国之后，齐、楚争夺的目标转为鄫国、徐国。鄫、徐邻近鲁国南疆。鲁僖公的女儿季姬，嫁到鄫国为第一夫人。春秋 77 年，季姬回祖国看望父母。此时，鄫国已经投靠楚国，而鲁国则是齐国的铁杆粉丝。鄫、鲁虽是亲家，政治上却分入不同阵营。鄫国君主怕遭到鲁僖公的杀害，没有随同季姬省亲。鲁僖公很气愤，赶走季姬。季姬回鄫国的路上，遇上鄫国君主。刚受了父亲的气，所以哭诉于丈夫。为了夫人的情，也因为惧怕大国，鄫国君主及季姬带礼物朝拜鲁国。至春秋 79 年，季姬不明不白死于鄫国。鲁僖公怀疑自己的女儿遭到谋杀，就汇报盟主齐桓公，商量对付鄫国。此时，齐、楚争锋，正胶著于徐国。徐国，就是当今江苏徐州的前身。在古代相当长的时期内，古人称之为彭城。这个地方地势平坦、四通八达，连接着当今山东、河南、江苏、安徽四省，是个四战之地。在当时来讲，徐国是中原国家南下征服淮夷的必经之地。早先，徐国既没有加入中原阵营，也没有加入楚国阵营。为此，双方都要争夺它。春秋 78 年，楚国讨伐徐国。徐国战败，故而投入楚国阵营。齐国、曹国讨伐邻近的厉国，从侧面威逼徐国。徐国又表达出投靠齐国的意向。楚军闻讯再度进攻徐国，败徐军于娄林。春秋 79 年夏，齐军再伐厉国。春秋 79 年冬，齐、鲁、宋、陈、卫、郑、许、邢、曹大会于淮，商讨对付淮夷。会后，中原联军兵临鄫国，为鲁季姬报仇。又于鄫国建设军事基地，与在厉国的齐军合成包围徐国的态势。徐国地方，离齐、鲁等中原国家甚近，离楚国则较远。至春秋 80 年，徐国审时度势，最终加入齐国阵营。这一番争夺徐国的战争，最终是齐国得胜。齐国拿下徐国这个战略要地之后，顺势南下，征服了淮夷。追随于齐桓公的鲁僖公，于战后得了些战利品，甚感得意。《诗经》的《鲁颂》四篇，全部是歌颂鲁僖公。歌颂的内容，就是春秋七十年代的打败淮夷。这种诗，多半是夸夸其谈，言过其实。笔者也不便悉数录译，且选其部分：

> 既作泮宫。淮夷攸服。矫矫虎臣。在泮献馘。淑问如皋陶。在泮献囚。

这是擒获淮夷俘虏的写照。抓回来几个俘虏，对其进行审讯，便自以为是刑法的祖宗皋陶。

又云：

> 憬彼淮夷。来献其琛。元龟象齿。大赂南金。

这是收受淮夷贡物的写照。有人根据这其中的象齿二字，认定当时的淮河流域气温高于现代。其实，大象生存的条件，并不依赖高温，主要靠茂密的植被。这只说明当时淮河流域植被茂盛。

又云：

> 泰山岩岩。鲁邦所詹。奄有龟蒙。至于海邦。淮夷来同。莫不率从。鲁侯之功。

这是洋洋得意的情绪。诗意将齐桓公的功绩进行拷贝，说成是鲁僖公的功绩。这种诗风流传到后世，很教坏了一些人。

打败淮夷让齐桓公的事业达到鼎盛。然而，物极必反是世间规律。在搞定徐国的这一年，晋国公子重耳投奔于齐桓公。这个公子即是后来的晋文公。春秋两大霸主因此有短暂的相会。这一年冬季，齐桓公去世。此后近半个世纪里，齐桓公的四个儿子相继为君。由此造成齐国自桓公以后永久地丧失霸主地位。为什么会是如此呢？事情的失败源于事情的成功。齐桓公深受管仲的思想影响，一心开创霸道，消灭王道。王道的思想，基础于周武王开创的《周约》。齐桓公要建立起由大国把持天下政治的霸道，就一心反对《周约》。齐国通过反对“无鄣谷，无亟籴”而走向富强。这让齐桓公以为“无易树子，无以妾为妻”的《周约》条款也应当废除。思想上是这种观念，行为上，齐桓公一再更换嫡妻，且终身不立太子。齐国有用婚姻和女色挟持外国的传统。将心比心，齐国就担心来自外国的女人把持齐国政权。为此，齐国将姜姓女人视为天下最高贵的女人，希望姜姓女人到外去掌握政权；却对来自外国的女人加以提防。嫁给齐桓公的女人因此缺乏地位。女性政治地位较低，就被视为玩物。女人不能更多地参政，还导致另一种对后世影响深远的传统。那就是宦官参政。君主天天想着国家大事。回到后宫后，这些大事不能向女人商量，难免就会征求后宫的太监的意见。齐桓公年代，就已经信任一个名叫寺人貂的宦官。春秋 65 年，寺人貂收受外国贿赂，向外国泄漏齐国军情。事情被报告到齐桓公那里，齐桓公却并没有处理寺人貂。这种宦官参政的习惯，加重了齐国内乱。读者于本书后面部分可以看到。

因为歧视女性，齐桓公一再更换嫡妻。他的第一夫人先后有三人：王姬、徐嬴、蔡姬。王姬，乃是周王的女儿，按说地位很尊贵。齐桓公认为霸道高于王道，视王的女儿如性奴，玩了几天玩腻了，就将其废黜。继任的徐嬴、蔡姬，命运大致类似。前面曾经提到，蔡姬在一次游湖的时候拿齐桓公寻开心，结果被遣返回国。蔡姬成了齐桓公进攻蔡国的借口，召陵之盟后却没能重新做盟主夫人。盟主有太多的女人等着垂青，顾不上她。齐桓公对夫人浅尝辄止，所以三个夫人都没有为齐桓公生下儿子。蔡姬之后，齐桓公索性不立夫人，而是四海渔色，广结情缘。他征伐四方，足迹遍及天下。每臣服一个国家，当地的君主都于自己的女儿之中选出最漂亮的一个进献于他。由此，齐桓公小老婆众多，养下众多庶子。对于这些小老婆，齐桓公以博爱的态度，均等地赐以嫡妻的待遇，史称“嬖如夫人”。后世有人慕贤希古，于此找到典故，将其中不那么好听的"嬖"字删除，尊称别人的小老婆为"如夫人"。

按照《周约》"无以妾为妻"的规定，中原贵族都只保有一个正式的妻子。贵族男子在这个正式的妻子之外，不应当给予任何女人妻的名分。天子的嫡妻号为后，诸侯的嫡妻号为夫人，大夫的嫡妻号为内子，士的嫡妻号为妻，那都是确指一人。在一娶九女的标准婚礼之中，也只有一人为正式的妻子，其余的八个女人，名为媵，乃是奴仆身份。笔者为了表述的方便，根据政治地位的由高到低，在本书中采取第一夫人、第二夫人、第三夫人之类的说法。需要指出的是：在实际的历史之中，没有这种说法。实际的情况是：一国之内，只有一个夫人。齐桓公的如夫人之中，有六个因儿子而出名，按其儿子的年龄大小排序如下：

长卫姬生公子无亏

少卫姬生齐惠公（春秋 115 年至春秋 124 年在位）

郑姬生齐孝公（春秋 81 年至春秋 90 年在位）

葛嬴生齐昭公（春秋 91 年至春秋 109 年在位）

密姬生齐懿公（春秋 110 年至春秋 114 年在位）

宋华子（宋国的姓为子、氏为华的女人）生公子雍

在没有嫡子的情况下，一般来讲采用立长的规矩。也有根据本事立太子的情况，即所谓立德。齐桓公以为自己超脱于《周约》之外，一直不立太子，当然也就谈不上立长、立德。他比较喜欢齐孝公，曾经将齐孝公托付给宋襄公，私下认宋襄公为齐孝公的监护人。然而，这是齐桓公与宋襄公私下的协议，并非正式立太子。到齐桓公晚年，这六个儿子就都有做君主的想法。管仲比齐桓公先一步去世，也赶不上为齐桓公料理后事。齐国后宫的厨师易牙，平常很得长卫姬的恩惠。易牙买通宦官寺人貂，得以向齐桓公进献美食，得齐桓公宠幸。易牙请求立公子无亏为嗣。齐桓公一时间只觉得东西好吃，就同意了这请求。因为有这道口谕，齐桓公去世时，易牙、寺人貂立即闯入宫中，刺杀反对势力，立公子无亏。齐孝公逃奔宋国。宋国君主宋襄公，受托为齐孝公的监护人，当然要拥护卫孝

公。宋襄公是什么来头呢？且看下回。

在孔子的经文中，将季友回国记成"季子来归"。这是孔子巴结权贵的实用主义思想。笔者感于《春秋》经文站于鲁国的立场，写成几句：

> 国家信仰孰轻重？鲁元周正鲁在先。
> 身世难忘少年苦，发迹为官是此地。
> 善记大事恶记小，意如伯姬俱是亲。
> 遍观周身我何在？不在祖宗在名声。

递增递减第十八回

不击半渡败于泓　庭实旅百送于军

春秋 13 年，华父督立公子冯为君，是为宋庄公。春秋 31 年，宋庄公去世；其子继位，是为宋后闵公。春秋 41 年，南宫长万杀死宋后闵公，宋国贵族立宋后闵公之弟宋桓公。宋桓公在位长达 30 年，养下众多儿子。春秋 71 年，宋桓公病死，其嫡子即位，是为著名的宋襄公。

春秋史上，宋襄公是宋国第一著名的人物。此人被滥竽充数，算作春秋五霸之一。之所以如此，是因为后世有人仰慕宋襄公的性格。什么性格呢？笔者以为，就是"假仁假义"四字。成都俗话说"一个假字害终身"。此人正坐此病。

宋襄公是在宋桓公死前不久才被立为太子。宋桓公的儿子之中，年龄最长者名叫子鱼。子鱼是庶子，但他比宋襄公年长很多。宋襄公还没有出世，子鱼就已经成年。当时，君主嫡出无子，宋国贵族之中有人抱"立长"的思想，揣测子鱼有可能做君主，暗中拥护子鱼。为此，子鱼在宋国很有势力。宋国这个背景，与鲁国的鲁隐公、鲁桓公类似；然而，因宋襄公特别的性格，宋、鲁的结果很不一样。宋桓公病危时，宋襄公担心将来的位子坐不稳，一再请求改立子鱼为太子。宋桓公问子鱼的意见，子鱼坚决推辞。宋桓公去世后，宋襄公即位。子鱼的谦让出自真诚，这让宋襄公特别感动。宋襄公信任子鱼，封子鱼为左师，使其成为执政大臣。后来，子鱼又为国家做出了巨大功绩。于是，宋襄公的感动又升华为感激。宋国早先有立弟、立侄的先例，然而那造成了很多动乱。宋襄公想要报答子鱼，又惩于历史，不敢让子鱼的后人做君主。想来想去，他想出一种奇特的报答方式：

让全国贵族参加盟誓，盟誓中的誓言刻入简书，永久保存于石室金匮。这誓言的内容是：子鱼的后人，世世代代做宋国的左师。

宋国的左师一职，职权上是第二大夫。宋襄公以为左师之上还有第一大夫制衡，此举不会有问题。然而，历史的结果是：这个誓言成了宋国动乱的根源。相关情况后面会讲到。

齐孝公逃奔宋国的时候，宋襄公做宋国君主已经近十年。早先的郑庄公，送宋庄公回国，成就了郑庄小霸。早先的齐襄公，送卫惠公回国，又间接导致了齐国称霸。送流亡公子回国为君的事情，在政治上乃是一本万利。现在霸主去世，其最有可能做继承人的儿子来投奔宋国；宋襄公由此看到了宋国称霸的可能。春秋81年春，宋襄公集结宋、曹、卫、邾四国联军，讨伐齐国，意在送齐孝公回国为君。此时的齐国，君主是公子无亏，执政的则是厨师易牙、宦官寺人貂。厨师、宦官之类的人物，尤其不能服众。外敌一至，齐国内部先就杀死了公子无亏。春秋81年夏，宋襄公再伐齐国。齐国的六个公子，死了一个，流亡了一个到宋国，剩下四个分成四股力量，内斗纷争。面对外敌，四兄弟勾心斗角，相互间巴不得自己的兄弟战死，好减少竞争对手。齐军本是此时天下第一的军队。然而，齐国内部锣齐鼓不齐，让宋襄公捡了便宜，取得胜利。宋军进入齐国都城，立齐孝公为君主。

宋襄公拥立齐孝公之后，觉得自己已经是盟主。春秋82年春，宋国贵族抓捕滕国君主，用以显示盟主的霸道。春秋82年夏，宋襄公召集中原诸侯会议于曹南。因鄫国君主迟到，宋襄公命邾国君主抓捕鄫国君主，将其用于对睢水之神的祭祀，以立宋国的盟主之威。什么叫用于祭祀呢？就是将人杀死，用人血献祭于神灵。具体的做法是：

将人像牲口一样捆绑起来，升高并倒悬其身体。用钝器猛撞其鼻子，让血自上往下流。

当时的血祭，大致都是如此。只不过，一般都是用预先豢养的牛，割牛耳来放血。因人的耳朵较小，担心放的血不够神灵享用，所以改成撞鼻。如果放出的血滴落于放置于下面的某种器物，那就叫作"落祭"；如果这血浸入地面的泥土之中，那就叫作"灌祭"。落也好，灌也好，意思都是请神灵来喝血，其实源出于上古的茹毛饮血。儒教认为神灵的性格与人一样。所以，神灵像人一样喜欢吃难于得到的稀奇之物。动物的血不够珍稀，就用人的血。普通人的血不够珍稀，所以用一国之君的血。鄫国君主命途多舛。先是遭到鲁僖公的欺负，继而遭到齐桓公的逮捕，最终又落得如此下场！

……

齐桓公的霸业思想有一个特点：打造并宣扬齐国在政治、军事上的压倒性的优势。让天下人认识并且承认齐国国力为天下第一，从而服从于齐国。在这种思想的指导下，齐国在国际上行事多用借力打力、震慑之类的手段，很少进行伤亡惨重的大规模厮杀。成为盟主之后，齐国在整个中原倡导这种和平思想，故而齐国做盟主期间，中原诸侯大多遵从盟主的这种思想，彼此间的战事大为减少。齐桓公的儿子内斗，无力主持中原。这让中原重新回复到战争之中。还在齐桓公去世之前的春秋79年，鲁国就无视盟主"重归于好"的命令，率军灭了项国。现在齐桓公已经不在，所以宋襄公敢于讨伐滕、鄫。为了做霸主，宋襄公又于春秋84年支使邾国出兵灭了须句国。

须句，乃是鲁僖公生母成风的祖国，是风姓国家。早先，周朝封建诸侯的时候，命任国、宿国、须句国、颛臾国主持对伏羲氏和济水的祭祀。伏羲氏，传说是周朝的祖师爷。周文王于牢狱之中推演出《周易》。这《周易》之中的数学知识，就源出伏羲氏。济水，号为四渎之一。什么叫四渎呢？一曰河，它包含当今黄河的上游、中游和九河。二曰济，乃是当今黄河的下游部分。三曰淮，即是当今淮河。四曰江，乃是当今长江。

邾国早先是鲁国附庸。在国际会议上，邾国由鲁国代表，没有自己单独的位子。邾国灭了须句，鲁国的成风首先就不答应。邾国作为鲁国附庸，不请示鲁国而擅自出兵，又伤及鲁国尊严。春秋84年，鲁伐邾。春秋85年，鲁再伐邾。最终，鲁国为须句复国。因这些事情，鲁国首先就不承认宋襄公是盟主。

霸主齐桓公一生最光辉的事迹，乃是逼迫楚国认输。宋襄公以为：如果能像齐桓公那样逼迫楚国认输，那自己就可以算是天下盟主。为了实现霸业，齐桓公致力于内政改革。改革进行了数十年，才让齐国的经济、军事等方方面面都领先于诸侯。齐国威服楚国，是靠齐国国力为后盾。宋襄公觉得齐国这种方式太慢。他别出心裁，想要靠礼仪和外交来让楚国尊宋国为老大。怎样做呢？想来想去，他想出个衣裳之会的法门。

什么叫衣裳之会呢？当时的诸侯相会，为了自身安全，往往都是军队随行。各国君主的穿着，都是犀甲护身、弓剑在腰。这种会议，彼此间带着敌意，叫作兵车之会。有时候，与会国家为了表达或真或假的和平愿望，不带军队随行。与会的诸侯君主，就不穿军装，而穿儒教礼服，那就叫作衣裳之会。就参会诸侯而言，衣裳之会更加凶险。因为衣裳之会禁止穿护身的甲，禁止携带兵器。自己没有警备，又不知对方是否暗藏兵器。一旦对方暗藏杀机，自己就有性命之忧。宋襄公军事上不行，想通过召集衣裳之会，让天下诸侯、特别是楚国，于会议上承认自己的盟主地位。读者试想，那楚国一心进取中原。现在齐桓公已死，正是大展身手的时机，怎么可能与中原国家讲和？收到宋襄公大会诸侯、衣裳参会的建议，楚成王心中大喜，满口答应。为这事，宋襄公的哥哥子鱼想要制止灾难的发生，一再进谏。然而，宋襄公说：

"我与他已经讲好了！为人不能不讲信用。我中原国家之所以为四夷所仰慕，正在于信义二字！"

春秋84年秋，宋、楚、陈、蔡、郑、许、曹七国以衣裳之会的规则会于盂。这七个国家中，除宋、曹之外，其余全都属于楚国阵营。这样的场合，宋襄公怎能幸免？会上，楚成王埋伏军队，挟持宋襄公。之后，楚国使者来到宋国，提出无穷多的不平等条约。宋国贵族商议一番之后，采用子鱼的意见，公开回复说：

吾赖社稷之神灵。吾国已有国君矣。

传话人说完之后，私下对楚国使者说：

"我国的子鱼，早先让国。让国归让国，心下谁不想做君主呢？现在，子鱼已经即位。他要我转告贵国君主：请贵国就地处理掉他，就连尸身我们都不要。免得拿回来后，反倒多事！"

这话传到楚成王那里，让楚成王一番欢喜化成空。宋襄公毕竟是一国之君。就算要杀，那也须慎重。倒是随行于宋襄公的其他人，杀死几个，无伤大雅。楚成王将随行于宋襄公的人杀死，将其人头带到鲁国，想要以此震慑鲁国，逼鲁国臣服。鲁僖公毕竟是春秋十二公之中最能干的一个。他一眼看出楚国的思想，这样回答楚国：

"兹父（宋襄公的名）挑唆邾国灭须句，我原也巴不得他死。他死之后，天下诸侯，还有谁不臣服楚国呢？倒是这子鱼有点难办。我鲁国向来仰慕楚国，早就有归顺楚国的心。我愿意帮楚国做点事。我想由我来出面，帮楚国重新拥立兹父。有我承头，他兹父什么条件都得答应！为支持楚国，我也顾不得个人恩怨了。我这就到会议中去拜见楚王，帮忙做这事情。"

春秋84年冬，鲁僖公牵头，集会诸侯于薄，劝说楚成王释放了宋襄公。这件事情，天下诸侯都说鲁国君主为了大义，不顾私怨，比那个冒充盟主的宋国君主要强。宋襄公被释放之后，首先逃到卫国，派人打听国内的情况。子鱼回复说：

"为臣冒充君主，犯大逆不道之罪。请君主治罪。一朝为臣，即永世为臣。宋国早先不是我的，现在仍然不是我的。请君主回国来治我的罪。"

看子鱼至诚，宋襄公方才回国。回国后，宋襄公称霸之心不死，又干出遵古礼的傻事来。笔者以为，宋襄公干的这事，虽则说最终失败，却也算其志可嘉：

他想用自己的一个人生，拼换天下。这种事情可能有巨大回报，乃是世间男人内心深处的梦想。为着这个梦，人们往往愿意为了极小的可能投下全部的赌注。这种愚蠢的决定，在很多时候造成失败。然而世间最卓越的成功，正产生于这无数的失败之中。

究竟宋襄公干了什么傻事呢？那就是讨伐楚国。宋国国力远不如楚国，宋襄公却毅然决定与楚国为敌。春秋 85 年夏，宋襄公讨伐楚国的盟友郑国。此举激起楚国出兵。春秋 85 年冬，宋襄公与楚军战于泓。

泓是一条河。当时，楚、宋军队隔河对峙。楚军向宋军提出要求，要宋军退后，以便楚军过河交战。这种隔河对峙的阵势，在兵法上有个讲究，叫作"击其半渡"。因为，在对方军队渡河一半的时候，正是其已过人员正在休整、未过人员正专注于过河的时候。这个时候发起进攻，因对方注意力不在战斗，所以容易取胜。又因已经渡过一半，所以有较大的战果。

兵者，诡道也。楚军提出这要求，乃是试探宋军。宋军原本弱于楚军，正应当击其半渡。然而，宋襄公过于好名。追慕齐桓公，他都还嫌不足，还要追慕上古君子。他说：

"君子不攻击已经负伤的敌人，不俘虏头发花白的老人。古时候的人打仗，不借用狭窄、局促的地形来取胜。我虽则是已经亡了的商朝的后裔，也不能对没有排列好的敌人发起进攻。"

　　宋襄公原本打不过别人，又不肯用计。所以，楚军顺利过河，打败了宋军。宋襄公于此战之中身负重伤，因伤于春秋86年去世。其子继位，是为宋成公。

　　宋、楚之间泓之战，是楚国与中原大国的正式战争。楚军取胜之后，威震华夏。邻近楚国的郑国，原本已加入楚军阵营。至此，更感到楚军实力强大，就派人赴楚军之中去犒劳楚军。关于郑国，于此补叙其历史：

　　郑庄公去世后，郑昭公、郑厉公两弟兄争夺君主位，最终是郑厉公成功。郑厉公重新为君之后，一心修复与周朝的关系，所以参与主持周惠王的婚礼，又于春秋49年帮助周惠王杀死子颓。一年之后，郑厉公去世，其子继位，是为郑文公。郑文公继承的家业，早已不是郑庄小霸时候的风光。南方的楚国，于春秋57年进攻郑国，又于春秋65年、春秋66年两次进攻郑国。郑国是正统的中原国家，原是不服楚王，故而求救于齐国，导致齐桓公南下成就霸业。召陵之盟后，为讨好齐国，郑文公处理了申侯。此后，楚国用绕出东方之计，不再进攻正北方向的郑国。楚、郑之间相安无事十多年。楚国方面，假装出善意，将楚成王的妹妹芈氏嫁与郑文公。春秋80年，齐桓公去世。次年，郑文公看中原无霸主，不等楚国进攻国，主动朝拜楚国。郑国是周朝至亲、中原大国。郑国倒向楚国，让楚成王惊喜。为了奖励这种归顺，楚成王送给郑国南方特产南金。前面提到，鲁僖公南征淮夷，《鲁颂》之中唱道"象齿南金"。这南金是什么东西呢？

　　春秋时候，中原地方还没有铁。就算有，也还是杂质较多的粗铁，其强度甚至不如青铜。当时的农具、兵器，主要由青铜制成。史称周武王灭商朝时手执黄钺，那就是青铜制的斧。青铜不同于铜，而是一种铜占最大比例的合金。优质的青铜的强度很高，所制兵器比当今最锋利的合金钢差不了太多。现存的越王句践剑，历两千年，仍然比当今普通刃具要锋利。造成这种强度的，主要是青铜之中所含的铜之外的其他金属。这些金属当时主要产于南方，特别为北方国家珍视，所以称为"南金"。前面提到，齐桓公为图霸业，曾经派商队赴外国采购商品。这些商队于南方的任务之一，就是为了得到南金。可以说，南金是春秋时期的重要战略资源，有点类似于当今的攀枝花的钒和钛。南方的楚、吴、越之所以能够崛起称霸，都与南方出产南金有关。

楚成王一时高兴，赐给郑文公南金。事后，想到郑国如果用这些南金做成兵器，用来对付楚国，那岂不成了授人以柄？为此，楚成王派出楚国贵族，与郑国立誓，誓约"无以铸兵"。郑国为搞好与楚国的关系，反正是平白得来的东西，所以就将得到的南金浇铸成三枚钟。

有了楚国撑腰，郑国胆子大起来，于春秋83年入侵滑国。滑国早先是郑国的附庸，后投靠卫国。说到卫国，补叙其历史。

卫国于春秋63年曾经灭亡，由齐桓公帮助复国。至春秋81年，趁齐桓公去世，狄伙同邢国讨伐卫国。卫国前番遭狄进攻，国家灭亡，幸得齐桓公救助，方才集结遗民，存亡续绝。卫国人对于狄，心有余悸。现在盟主不复存在，卫文公想想这一次只能靠自己的力量，就卖一个破绽，召集起国中贵族，说：

"寡人无德，不能睦邻诸侯，致使外敌入侵。若要再坐在这个位子，导致国家灭亡，我死后有何颜面对列祖列宗？请诸位推举贤人为君主，拯国民于将溺。但凡社稷平康、国家有主，我宁愿让出这位子！"

卫国贵族心想：

平常没有事的时候，没听说你有这种心。现在遇到事情，不敢出头，却来以此戏耍我等！

卫文公又将覆巢之下没有完卵的道理讲了又讲，最终总算是整肃军民，齐心应战。卫军戍兵于菟圃。狄、邢一方，看卫国军备整齐，也就不敢进犯。至春秋82年，卫文公想要报复头一年的狄、邢合攻。狄人游牧生活，卫军无力追击，故而准备讨伐帮凶邢国。当时卫国出现旱灾，影响粮食收成。卫文公借机卖弄神道：

他派人祭祀山川神灵，得到不吉的结果。转而由祭司向国中宣布：当初周朝进攻商朝的那一年，周朝也有饥荒。求雨于神灵，那是救饥荒；取外国战利品，也是救饥荒。问卜于神灵已经不吉，这是天意让我们取食于外国。邢国无视同姓之情，无端帮助异族，于去年进攻我国。这是上天要我们从邢国获取胜利。

当时的人们，特别是普通无知识的庶民，都极度迷信。庶民之所以接受贵族的统治，很大程度就是因为迷信的思想。人们很容易听信了这种编撰出来的借口。

至春秋82年，狄再次进攻卫国。为此，卫文公决心灭了邢国。当时，卫国贵族礼至，献计于卫文公：

不拿下邢国的城防，就不能拿下邢国。让我和我的弟弟到邢国去为官，争取做卫国的守城人。

春秋88年春，卫国再次讨伐邢国。礼至兄弟已经成为邢国的守城将领。他们请邢国君主到城头巡城。两兄弟一人掖住一只胳膊，将其抛下城墙，摔死于城下。然后打开城门，让卫国灭了邢国。礼至对于自己功绩很有点洋洋得意，落祭彝器，镌刻如下铭文：

余掖杀国子。莫余敢止。

狄伙同邢国入侵卫之前，担心齐国阻挠，派军队帮助齐国国内的四公子抵抗宋襄公的进攻。早先，卫国、邢国都是在齐国的帮助下得以复国。卫国灭了邢国，齐国因内部纷争管不过来。虽是管不过来，却也对卫国不满。齐、卫关系恶化，让郑文公看到机会。郑国抓紧时机收复失地，入侵卫国附庸滑国。逼得滑国投降之后，郑国又想趁机进攻卫国。不想，与郑国至亲的周朝，此时却来作梗。周朝派出两名贵族，找郑文公说项，要郑文公放过滑国。

周朝在地理位置上类似郑国，也是处于南北之交。周朝对于天下政局，持一种均衡思想：既不愿意楚国强大，也不愿意中原出现霸主。值此齐桓公去世、齐国国力衰退之际，周襄王放弃当初的联络晋、楚对抗齐国的思想，转而寻思怎样对抗楚国。现在郑国投靠楚国，让楚国势力北上到黄河以北。楚国方面眼看就要入主中原，周襄王着急了，故有此举。

春秋49年的时候，郑文公之父郑厉公帮助周惠王平定叛乱，让周惠王重返王位。不想周惠王爵重鑑轻，赐给郑厉公女人用的东西。对此，郑国方面对周惠王怀恨在心。现在周襄王又来作梗，挑唆自己的附庸独立。郑文公气愤不过，再也不管什么祖上的亲情，抓捕了周朝贵族。周襄王看郑文公不顾姬姓血亲，铁了心追随楚国，就联络狄，进攻郑国。至春秋87年，狄在周朝的指使下入侵郑国。为了感谢狄的这次帮助，周襄王娶了狄的隗氏，引发了王子带的造反。这里且按下不表。

泓之战，是在郑国被狄侵略之前。当时，郑文公看宋襄公战败，出于巴结，派使者到楚军中犒劳楚成王。这派去犒劳楚军的使者，不是衣冠楚楚的男人，却是两个女人。她们是郑文公的两个夫人：芈氏、姜氏。早先的楚国，被中原夷狄视之，没有人愿意与楚国结婚。自楚武王、楚文王以来，历经差不多百年时间，楚国渐渐闯出名头。楚成王效法齐国的做法，用女人来挟持外国，所以将自己的妹妹芈氏嫁与郑文公，为郑国第一夫人。

芈氏身负楚、郑外交的重任，郑国方面也视之为外交的使者。值此楚国势大之际，郑文公故意命芈氏为使者，副之以另一夫人姜氏。芈氏对楚成王说：

"我的夫君知道君王旅途寂寞，让我送来姜氏暂且相陪。我国并且备下盛宴，请君王来我国享用。过两天，我国另有好女相送。只请君王不忘郑、楚姻好。"

楚成王于军营之中，军旅劳顿，正愁没有女人来消遣。送上门的好事，怎肯轻轻放过？于是，楚成王恭敬不如从命，欣然笑纳。之后，楚军入驻郑国。连同楚军之中的楚国贵族，均饟以美酒、美女。那种淫乐场面，类似于古罗马的犒军。读者于影视作品之中，可以想见。见不到，甚至也想象不出的，笔者介绍：

楚成王进入新郑后，被郑文公请入其正寝。这是一个近似于当今的四合院的房屋群，其朝向面南背北。门的基础是一个台，台之下有三级台阶。台阶下面，才是路面。楚文王的马车还没有到，郑文公先于门台上鹄立迎候。马车到时，郑文公走下台阶，楚文王下车。郑文公面东背西，楚文王面西背东，二人面对面下跪，都是双手平放于地，然后将头磕至手背。保持这一姿势，约半分钟。之后，郑文公敬对方为王，请楚成王先行。楚成王用正常人步行的步伐走路，郑文公却是另外一种步伐：

左脚迈出踏下之后，右脚只迈到左脚的位置。双脚平齐。之后，又迈左脚，重复这一步伐。

这一个名目，叫作"继武"。按照周礼，当今人们正常走路的步伐，叫作"接武"。在祭祀之中，只有祭司和君主能够用这一步伐。由此而下，低一级，就是"继武"。还有更低一级的步伐：左脚迈出之后，右脚迈至左脚与右脚间距离的一半；之后，又迈左脚，也是只迈半步。由此重复，名为"中武"。史书记载臣见君主的礼仪之中有"舞蹈山呼"。这其中的"山呼"，就是高呼"万岁"；这其中的"舞蹈"，却不是现代意义上的舞蹈，而是这种表示臣服的步伐。在今天中国，只有本色当行的戏剧之中，偶或能够见到这种步伐。

楚文王迈上三级台阶，到达门台之时，郑文公才开始由路面迈至第一级台阶。这一番做作，算是郑文公向楚王称臣。

之后，双方又一次施礼。之后，郑文公让楚文王进门。进门之后，楚文王看到的场景，是其生平所未见：

这是一个极大的院子，大约有一千多平米。左、右两边是院墙，正面一排房屋是正厅。院子临门的正中央，立有一块石碑。号为庭碑。（由庭碑演变出后世的影壁、二门之类的东西。）庭碑东、西两边，各放置六十个陶罐，内装醢，也就是当今所谓醋。这是春秋时候最常用的调味品。仰头前看，由庭碑至厅前，一列九个双耳四足大方鼎，每个约有一人高、内径约一米见方。这九个鼎，从厅前至庭碑，顺次分别煮的是牛、羊、猪、干鱼、腊肉、动物内脏、纯肥肉、鲜鱼、鲜肉。仍旧按刚才的行走方式，楚文王行至正厅。路上见猪鼎西边有一个较小的无耳三足鼎，内煮猪肉羹；羊鼎之旁同样的一个鼎，内煮羊肉羹；牛鼎之旁同样的一个鼎，内煮牛肉羹。这较小的鼎，号为陪鼎。九鼎已是最高礼仪，陪鼎则是锦上添花。厅上一左一右各有一案桌，桌面约有五个平方。按礼，楚文王入座于右边。左边郑文公的桌上，放置三十二个青铜大豆（豆为一种高脚盛器）。每个约有一尺高，口径半尺，深半尺。楚文王的案桌上，则有四十六个相同的青铜大豆。这些盛器里面，都单独装食物，计有：

煮熟的麦，白色的装一豆，黑色的另装一豆。雕琢成虎形的盐。烹熟的各种鱼类。枣、栗、桃、榛之类的浆果、坚果。菱角、芡之类的水产菜。制熟的米粉、麦粉之类的精加工粮食。各种蔬菜。各种烹熟了的动物。各种调味品。总之，案桌上都是当即可食用的食物。

由厅上往下看，院墙左右两边又陈设很多东西。每一奴隶手牵一牛一牛一猪。这样的奴隶共计五组，合有五牛五羊五猪。120个竹筥（密编无漏洞的圆形竹筐），内装米、麦，由十数个奴隶守候，旁边有一车。另有不计其数的竹籩（籩为竹制盛器，形如豆），其中分别装着厅上豆中的那些食物，只不过，全部都是生的，活的，不曾煮熟。也是旁边站立奴隶，备以车。

满院子的这些陈设，号为庭实旅百。

郑文起身，向楚文王的爵中酌酒，之后，回到他西方的座位。楚文王由坐变为长跪，举爵向郑文公。郑文公举爵相应。彼此对饮。之后，郑文公再次起身为楚文王酌酒。二人在厅上行此礼之际，厅下郑国的奴隶或牵牛羊，或推拉载满食物的

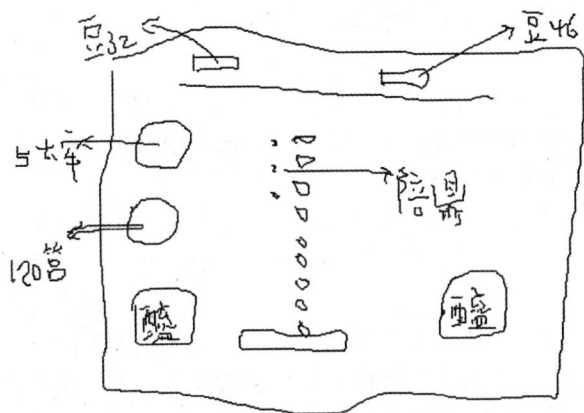

车，或抱盛满食物的簋，候于厅下。二人对饮之际，郑国奴隶在厅下将食物交给楚国随从。整个过程，叫作一献。

郑文公将这种流程重复九次，号为九献。经九献，郑文公将院子里陈设的一切食物，悉数赐予楚文王。

楚国虽然也以王自命，毕竟生长于南国江湖，不曾见识如此繁华的场面。第一次得了这种礼遇，楚成王洋洋自得。经此事之后的次年，晋国的重耳流亡至楚。楚成王为了显示自己有文化，就用这礼仪来款待重耳。他只管热闹，不管级别。殊不知，接受了王的礼仪，重耳最终称霸。却说当时，楚成王于郑国得到大量犒劳之后，正准备回国，却有人报告郑国夫人再次来军营探访。来的又是楚成王的妹妹芈氏。这一次，不是姜氏随行，而是带来两个郑文公的女儿。芈氏此来，是兑现当初"另有好女相送"承诺。楚成王此番北伐，因宋襄公的礼让，风流得圆满！郑国的此番款待，先是老姜氏，然后九献，最后少姬氏。这得自其开国祖宗的真传。什么真传呢？就是本书第四回提到的礼仪：

知子之来之。杂佩以遗之。
知子之顺之。杂佩以问之。

知子之好之。杂佩以赠之。

楚成王回国后的次年，命成得臣讨伐宋国的盟友陈国。成得臣攻取了陈国的焦夷，又于顿国建设起军事基地。事后，楚国令尹鬭榖於菟对楚成王说：

"我已经老了，想为王效力，然而心有余力不足。得臣忠君爱国，且立有军功。我请求将令尹之位让予得臣，就此告老。"

这成得臣是何许人呢？前面提到，楚国君主若敖的儿子分家出去，分别建立鬭氏、成氏。鬭氏、成氏的后人，统称若敖族人。春秋时候的君主系分房，严重影响春秋的历史。笔者于此述其政治关系：

一个君主养下众多儿子。其中一人成为继承人，继承国家。（有些时候，不是传子，而是传予弟弟、侄子甚至远房的人。）继承了国家的新君主后来又传位与下一任继承人。这样形成一种一人传一人的传代系统。笔者本书称此系统为君主系。

继承人之外的君主的其他儿子之中，有的得到赐姓和封地，形成家；也有的什么也得不到，只是个普通贵族。笔者按《五经正义》的规则，将某个君主的、继承人之外的所有儿子，称为某某族人。例如，若敖之子霄敖作为继承人，进入了君主系。霄敖之外的所有的若敖之子，即称作若敖族人。具体而言，鬭氏、成氏即是若敖族人。另外，鬭氏、成氏的所有后人，也都称作若敖族人。

族人与君主系之间存在变化的政治关系。当某个君主刚刚即位之时，往往会重新洗牌，将自己的心腹安排到重要的位子。与他同一父亲的兄弟，与他带着血亲，故而时常成为他的心腹。举例来讲，若敖族人会成为霄敖的心腹，在霄敖在位期间成为权臣。当这个君主去世之后，新的君主又用相同的方式，又一次重新洗牌。举例来讲，当霄敖去世之后，蚡冒即位。蚡冒在位期间，霄敖族人成为权臣。这个政治规则造成族人内部必须团结。举例来讲，鬭氏必须团结成氏。因为在蚡冒即位之后，霄敖族人同时将鬭氏、成氏视为政敌。以此类推，后来的蚡冒族人、武王族人、文王族人都会将鬭氏、成氏看来是同伙。政敌的政敌，即是盟友。鬭穀於菟告老之后举荐成得臣，就是因为他们同为若敖族人。

某一族人能否长久掌权，与其父亲在位时间的长短有关。楚国的君主系在若敖之前、之后都在位时间不长。若敖在位时间为 27 年。其前任熊眴在位 9 年，其后任霄敖在位 6 年。这就造成霄敖即位之时，若敖族人已经年富力强。于是，若敖族人比起从君主系之中析出的其他族人更加强势。因为这种强势，鬭穀於菟才有能力对抗子元。（注意：子元在族人划分上属于武王族人。而武王在位时间长达 51 年。）

楚成王很小时候，其父楚文王就已经去世。是鬭穀於菟灭了试图篡权的子元，并且一直辅佐楚成王。他教楚成王如何治理国家，又一点点地将政权还给楚成王。楚成王对鬭穀於菟，差不多如同儿子与父亲。对于鬭穀于菟的话，楚成王不能不听。后来，成得臣于城濮之战后自杀。再后来，成得臣之子成大心任令尹。继成大心之后，成嘉又任令尹。若敖家族的人长期担任令尹，权高逼主，引得楚国君主系猜忌，造成楚国内乱。那是后话。

就在成得臣新任令尹这一年，晋国的晋文公流亡至楚。刚刚做上令尹的成得臣请求杀死晋文公，楚成王不但不听，还用庭实旅百来款待晋文公。春秋早期的晋国，很少与东方打交道。而东方盟主齐桓公又没有臣服西方的打算。因此，当时的晋国历史相对独立。自晋文公成立之后，晋国长期做中原盟主。笔者从下一回开始，从晋国的渊源说起。

笔者感于庭实旅百，祖述中国的饮食文化：

禘郊精洁，全烝血腥。
王公立饫，体荐房烝。
亲戚宴飨，折俎簬烝。

百笾加豆，酬币宴货。

柔嘉馨香，以示合好。

利用第十九回

逼桓庄士苪建策　娶骊姬胜而不吉

　　本书第四回提到，成师的后人灭了晋国君主系，并且取而代之。在当时的君主传代之中，有子继父，有弟继兄，甚至有侄继叔，却从来没有晋国这种远隔了几代的偏房做君主的先例。按儒教的思想，头代亲兄弟，二代堂兄弟，三代、四代之后，差不多形同路人。这种隔了几代的血亲，居然跑来继承家业。这种情形，就是当今的中国人，也难以接受。在以家为国的春秋贵族看来，这更是极度的叛逆行为。偏偏成师的后人，竟然得到周朝的承认，后来又做了一百年的中原霸主。古中国的历史学家，无论如何地开明，总是不敢触及《孝经》，总是不能抛开正闰思想。于是乎，就认定此事具有划时代的意义，说：这种怪事都出来了，王道就已经荡然无存。后来，晋国为赵、魏、韩三国所灭。又有人说，这是天道循环，报应到晋国身上：成师的后人以小宗夺大宗，所以最终灭了晋国的赵、魏、韩，都不是成师的后人。赫赫有名的《资治通鉴》，也认定赵、魏、韩灭晋也具有划时代的意义，以为赵、魏、韩的成立，标志着霸道的结束、战国的开始。由笔者看来，晋国的兴亡变故之中，掺杂了背离了儒教思想的"任人唯贤"。晋国的这种思想，对后世法家思想的诞生，有着重要的意义；直到今天，仍然具有现实的意义。究竟晋国的思想如何产生，又如何衰落？且从其本原说起。

成师生于春秋前 80 年，是晋穆侯之子，仇的同父同母的弟弟。春秋前 63 年，晋穆侯去世。按正常程序，应当是太子仇继位。晋穆侯之弟殇叔赶走了仇和成师，自立为君主。四年之后，仇夺回君主位，成为晋国君主，是为晋文侯。经历了此事的成师，算是看到了一种以弟继兄的先例。春秋前 24 年，晋文侯去世。其子继位，是为晋昭侯。晋昭侯惩于上一代的动乱，主动提出将成师封到晋国故都、晋国第一大城市曲沃。照当时的形势看，昭侯是想用土地收买成师，只求成师不要效仿殇叔。成师时年周岁 56 岁，正是人生鼎盛之时。数十年的政治生涯，他已经有了一大帮党羽。此时受封于曲沃，已成大都偶国之势。偏偏一种生命的自然法则，又来帮助他。什么法则呢？君主系的人，个个短命；而成师一房，每一代都长寿。这就让曲沃的领主总是面对年幼无知的晋国国君，于知识、经验方面，占尽上风。

春秋前 17 年，成师的党羽于翼都中杀死晋昭侯，接成师入翼为君。翼都中君主系的势力赶走了成师，立晋昭侯之子，是为晋孝侯。这晋孝侯成立之时，只有几岁。春秋前 9 年，成师去世，享年 71 岁。其子继承家业，是为曲沃庄伯。春秋前 2 年，曲沃庄伯继承成师的政治理想，进攻君主，杀死了晋孝侯。曲沃庄伯也被赶走。翼都之中又立晋孝侯之子，是为晋鄂侯。晋鄂侯的即位，比其父还要年幼，完全就是个婴儿。偏偏他在位仅六年，不等曲沃的进攻，自己就自然死亡。时在春秋 5 年。曲沃庄伯闻讯，当即组织起曲沃、郑国、邢国军队，进攻翼都。曲沃一房频繁进攻自己的君主，让周朝无法坐视。周桓王作为儒教教主，要匡扶"无易树子"的正义，就以周朝的军队讨伐曲沃庄伯。郑国本是周朝的卿士，于春秋 3 年与周朝关系闹僵，所以站到曲沃庄伯一边。周桓王改命虢国君主为卿士，进军翼都，拥立晋鄂侯之子，是为晋哀侯。晋鄂侯即位时候，大约三四岁，做了六年君主，也不过十来岁。好在当时的人发育得早，几岁就开始性生活，故而这晋国君主系，还能勉强传承。晋都翼在曲沃一方的频繁进攻下，城防已经破坏。故而晋哀侯迁都至鄂，逃避曲沃的进攻。春秋6年，曲沃方面庄伯去世，其子继承家业，是为晋武公。春秋13年，还是个小孩的晋哀侯居然反攻曲沃，侵占了曲沃的领地陉庭之田。晋武公大怒，进军陉庭，追杀晋哀侯，于汾河边将其俘虏。鄂都之中，不免又立晋哀侯之子。这孩子年龄实在太小，故而史称小子侯。晋武公听说十二三岁的孩子在家中留种，心中火起，当即将俘虏的晋哀侯杀死。至春秋18年，晋武公略施小计，诱杀小子侯。原想这回总该是斩草除根了，不料，周朝又命虢国君主带兵，立小子侯之弟，是为晋侯闵。就是这个孩子，最终绝了仇的后。史书原本不知道他的名。只因其身世其实太令人同情，其情可悯，故名之为"闵"。周朝一再阻挠曲沃，晋武公也感到忍无可忍。春秋19年，晋武公率军踏平故都翼，引来周朝的干涉。周朝组织起周、虢、芮、荀、贾、梁六国联军，讨伐曲沃。晋武公奋起反抗，大败六国联军。

周桓王自即位之初即立志要恢复王道。那边厢对付郑庄公，弄成个郑庄小霸；这边厢想要维护正义，结果越帮越忙。至此，周桓王感到心灰意冷，问道于权臣周公黑肩：

"自我即位以来，想要把事情做好，结果越弄越糟。我周家的天下是不是要完了？天意究竟如何？"

周公黑肩道：

"我朝开创之初，封建天下土地与诸侯。当时就定下了家训：周朝不能与诸侯发生战争，而应当做诸侯之间的权衡力量。王一再讨伐诸侯，原是违背了祖训。你这样做；就是祖宗先王，也不会保佑你。"

周桓王回忆起几百年前的那个家训，生发出一种奇怪的想法：

"周公说要预先扶植终结者，那是说天下无不亡之国。按这种天意，晋国也是要亡的。现在晋国的君主系老是打不过偏房。君主一房哩，个个短命，个个无能；曲沃一房哩，又是长寿，又是武力过人。这曲沃是不是上天选定的晋国的终结者？不然，何以至此？天意要求培养终结者，我不能违背天意。"

　　在这个迷信思想下，周桓王不再管晋国的闲事。至春秋45年，齐桓公第一次号召起天下诸侯会盟于幽。与会的有齐、宋、陈、卫、郑、许、滑、滕，达到八国之多。会议之中虽不曾明言，却实际认同了齐国老大的地位。王城中的周僖王，于此时想起祖训中有权衡力量一说，决定扶植起新的力量来对付正在崛起的齐国，就命虢国君主到曲沃封晋武公为侯爵，为晋国正式君主，并且特别批准晋武公组建军队。封建的时候，周朝特别言明：

　　曲沃一房，既已得到君主位，就应当知足，不得再追杀仇的后人。

　　曲沃方面，历成师、庄伯、武公三代，历时百年，终于修成正果。晋武公觉得曲沃是诞生终结者的城市，带着不祥；若定为都城，恐将来又生出革命者来，于是就迁都至绛。然而，成师和曲沃庄伯都葬在曲沃，且其木主也在曲沃。儒教国家认为改葬和搬迁木主带着不祥。所以，不能将先人的宗庙迁到绛。儒教祭祀之中又有一种"祫"的大祭，要求死者的木主最终必须与先人放在一起。于是，此后的晋国君主都葬在曲沃，并且立庙于曲沃。

　　接受封建的时候，晋武公对周朝的要求唯唯诺诺，无不答应。受封之后，却又继续追杀晋公闵。晋公闵及其族人，逃奔至虢，寻求卿士虢国的救助。由此导致了后来的假虞灭虢。

　　晋武公居正仅一年就去世，其子继位，是为晋献公。春秋47年，是晋献公正式即位的第一年。按儒教的礼仪，晋献公头一年才死了父亲，处于大丧期间，不得参加重大庆典。然而，晋献公为了向天下昭示其转正为合法的诸侯，主动参加周惠王的婚礼，与虢国君主、郑厉公、周朝的原庄公一道，到陈国迎娶惠后。按礼仪，王娶后由三个公爵出面。周朝原已议定由虢国君主、郑厉公、原庄公三人主婚。晋献公苦苦请求加入，周朝只好答应。这一婚礼之中，"三公"变成四公，孝子穿起吉服，可谓不伦不类。好在违背周礼是晋国的传统，别人也就不予计较。

晋献公一房，以偏房篡夺晋国政权。这是对于《周约》的公然背叛。《周约》的"无易树子"，是由商朝的天命思想与周部落农耕土著的习俗结合而成。其初衷，乃是为了保证周朝王位的稳固。周朝封建诸侯，这种思想传播到诸侯列国。从那以后，列国君主发现"无易树子"保证了继承人的确定性，有利于国家政权的稳固，就都从思想上接受了《周约》。于是乎，《周约》成了春秋贵族公认的公约。自武王立约至此，差不多有四百年。无易树子的思想深入人心，为中原诸侯的共识。无论是晋国贵族，还是中原其他国家，内心里面都不会承认晋献公的君主地位。这个问题，关系到晋国政权的根本。晋武公居正一年即去世，将这个重大问题留给了晋献公。晋献公不可能将"无易树子"的观念从晋国贵族的脑子里剔除，就用残酷地政治清洗，来完成偏房居正的合法性论证。帮助他完成这一工作的，是晋国贤人士苪。

晋献公问士苪：

"总有人说文侯的后人才是晋国的正经主人。我想对文侯的后人进行清理，分辨出哪些可以放心使用，哪些可以限制使用，哪些必须坚决清除。不这样，国家终究不稳。先生以为如何？"

士苪反问：

"主公以为，文侯的后人之外，就没有人反对你，就都承认你的位子？"

晋献公一愣，说：

"是啊，就算是我自己的手下，内心里面也无不认同无易树子之约。况且，我以嫡长子转为当家人，也是依照无易树子的规则。这可如何是好？"

士苪说：

"武王，也无非是个人。他能够制定规则，主公何以就不能？要是这无易树子的规则，止于主公。自主公以后，新创一规则。这问题不就解决了？"

晋献公诧异起来，心中万分佩服。不经意间移膝靠近士芴，低声问道：

"天下还可以有其他规则？愿闻其详！"

士芴说：

"当然有！如果没有，先君何以得国？主公细思先君何以得国，竟可以得出这新的规则。"

晋献公道：

"我曲沃一房的兴盛，虽说是借用了旧都的规模，但也因我们自桓叔（即成师）以来，代代英明勇武。而文侯的后人，一代比一代窝囊。我们的成功，主要在于人的本事……"

晋献公刚说到"事"字，士芴竟然鼓起掌来。他打断晋献公：

"主公说得好！我说的新规则，正是要依本事来选人。主公试想，若我们总是依据本事选人，晋国的人就会越来越有本事。那样一来，不光主公的位子没有疑问，还会让我们越来越强，争雄长于天下！"

晋献公道：

"争雄于天下？我倒还没想到。你且说当前怎么办，怎么处理文侯的后人？"

士芴说：

"如主公所言，文侯的后人，原本没有本事。只是靠了世袭的名分，坐着与自己本事不相称的位子。这些没用的废物，早就该让出位来！反过来讲，主公居于这个位子，就需要拿出本事来，立威于晋国。"

晋献公说：

"那该如何做呢？"

士芴道：

"在我看来，国人无论是不是文侯的后人，一概只需分成两种人：富人和穷人。富人，往往不愿意放弃手中的权势。你跟他们讲理，是讲不通的。只有用武力、用血来清洗！穷人，从来都嫉妒富人。你不必亲自动手去做什么，只需要让晋国的穷人、富人相互斗起来，由你在一旁掌控局势，事情就成了！

只不过，将穷人、富人作比较，富人手里有权势，更难对付。打蛇打七寸，所以要先对付富人。"

晋献公听了这种论调，觉得简直是说到自己心坎上去了。就继续问：

"现在的问题是：闵虽已逃走，其族人、党羽遍布于国中。经先君一再打压，他们已经堕落，可以算成穷人。但是我们抢了他们的政权，他们心里恨我。我自己这一房哩，桓叔、庄伯的后人，很有点权势，可以算成富人。他们又不服我管。桓叔、庄伯的后人之中，游氏一族，尤其可恨。具体该怎么办？你去做吧！"

士荮得了这个差事，拿出一套手段来。他先找到仇的后人，说：

"你们的故国，根据周王的天命，已经灭亡。往远里看，我们都是一家人！如今君主既往不咎，格外施恩，要对你们量才录用，让你们做官。然而，我们这一房的那些人，特别可恨。把个官位，看得比命还重。君主的意思：你们去把游氏灭了，游氏的一切，就归你们。"

然后，士荮又找到游氏，说：

"新迁到绛，要与这一帮子人打交道，很麻烦。君主的意思，想要请各位为国家出点力，选几个特别不听招呼的，杀一儆百。大家是一家人。这事情，是国家的事情，何尝又不是你们的事情哩！"

春秋53年，游氏之中的两个人被人杀死。没有人声称对事情负责。士荮知道，那是文侯族人所为。春秋54年，桓叔族人、庄伯族人大致被消灭。这也是由文侯族人充当杀手。同年，士荮为那些刺杀桓、庄族人的文侯族人专门建一个城市，使其聚居于一处。他对这些人说：

"诸位杀死了桓、庄族人，主公要论功行赏。然而，都城之中还残留着桓、庄族人的党羽，一心要找你们报仇。所以，都城不宜于诸位居住。君主令我为诸侯修建此城，请诸位暂时住到这里。这是君主为了保护各位的特别恩典！待都城之中安定之后，就请各位回去做官。"

待文侯族人入住之后，士茇选取一个月黑风高之夜，派军队进攻此城。战术上，用的是火攻。士茇命士兵沿城墙包围城市，往城中射火箭、掷火把。又派专门的士兵挟弓箭守射于城门。城里的人要么翻出城墙，摔死于城下；要么冲出城门，被箭射死。还有听天由命者，死守城中，与这新城一道，尽皆化为灰烬。至此，晋国国内硬茬的角色都已经消灭。晋献公虽不得外国承认，于其本国，却已经立威立势，一呼百应了。春秋55年，士茇晋封大司空，受命扩建新都绛，并且得到一所大房子。士茇的后人，后来成了晋国著名望族范氏。

晋献公并没有完全推行按本事选人的政策，倒是让晋国人见识了他本人的"才华"。什么"才华"呢？就是阴谋和残忍。晋国由晋武公开创出孽子夺嫡的先例，又于治国思想中接受了士茇的所谓"新规则"。受这种传统影响，晋国的用人制度，比起春秋时候的其他国家，具有更多的唯才是举的倾向。为方便读者理解，笔者将晋国独有的、更加偏重于以本事选人的用人制度称作"新规则"。新规则将多次出现于本书的后面部分。晋国自文公以后长期做北方霸主，与新规则有关。另一方面，至战国初期，晋国于中原列国之中第一个分裂，那也与新规则有关。

用了近十年的时间，晋献公掌控了国内局势。然而，在国际上，他仍然得不到承认。春秋45年，晋武公开国之初，并没有采取晋献公这种一网打尽的策略。当时，有不少文侯族人出逃到了虢国。在士茇的清洗过程中，又有一部分文侯族人、桓叔族人、庄伯族人逃奔虢国。这些人聚集于虢，彼此倾诉遭遇，深感与晋献公有弥天之恨，千方百计请求虢国以卿士之名，维护《周约》，讨伐晋国。

说到虢国，笔者重述其渊源。古公亶父生三子，其中季历进入君主系。季历又生三子。其中周文王进入君主系；另外二人名为：虢仲、虢叔。这两兄弟于周武王封建诸侯的时候分别建国东虢、西虢。郑桓公始建郑国的时候，选地于虢、郐之间。这虢国，即是东虢。东虢定都于制，位置在当今河南郑州市。郑桓公定都于新郑之前，灭了东虢。制成为郑国第一大城市，也就是武姜为段所索要的大城市。东虢为郑所灭之后，天下就只剩下西虢。西虢，在当今河南三门峡市。因已经只剩一个虢国，故而不再称西虢，而称虢国。周桓王为对抗郑庄公，封虢国君主为卿士。后来，又完全免去了郑国的卿士之职，让虢国君主成为唯一的卿士。虢国君主看郑庄公以卿士之职混出了名堂，心下也想图谋霸业。依据《周约》，文侯的后人才是晋国的主人。在文侯族人的请求下，虢国假借维护《周约》的名义，早在春秋 20 年就联合芮国、梁国、晋国进攻曲沃的晋武公，与成师一房结仇。接收了新的文侯族人之后，春秋 55 年秋、冬两季，虢国又两次侵略晋国。

两番遭侵略，晋献公想要报复。此时，士蒍因为帮晋献公做成大事，已成晋献公心腹。晋献公请教士蒍：

"虢国靠了郑国的内乱，得以做上卿士。其实，就是郑国，也都不把这什么卿士放在眼里。他倒得了鸡毛当令箭，跑来为我国的叛党出头！现在我晋国上下一心，我欲灭此虢国，根除叛党。先生以为何如？"

士蒍道：

"主公莫急。灭此虢国，不在此时。他不过是周王卿士，终究还大不过周王。周王明令先君开国，有简书誓言见在。他来出头，道理上首先就站不住脚。我国刚刚完成清洗工作，国内有点空虚。此时用兵，恐怕不太合适。我国有黄河、太行山为天然屏障，不怕他的进攻。倒是西面和北面的那些山贼，时常骚扰我国，为心腹之患。愚计以为：宜先定异族，再灭叛党。

"虢国这样的小国，能够做得了什么！就让它赢两回，又能怎样？我们不报复，让他觉得自己了不起。多打几回仗，他那点人口，是经不起战争折腾的。人们都打仗去了，谁来种庄稼呢？就让他打吧！出不了几年，它自己就会闹饥荒。这就是亟战将饥的道理。"

按士芳的建议，晋献公着手平定太行山、关中的戎，先后打败了大戎、小戎、骊戎。大戎的首领狐突降于晋献公，成为晋臣。按当时的规矩，这三个部落的女人，即成为战利品。晋献公本人收用其中的三个。

在晋献公进攻山戎之前，先进行卜。当时的人特别迷信，稍稍有点事情，都要进行卜。什么是卜呢？就是将一张乌龟壳用火烘烤。龟背在火的烧烤下，裂出一些纹路。那种纹路，反映的其实是乌龟的血脉和骨骼的结构。喜欢象形文字的中国人，认为文字即是天意；反之，天意也无非就是象形文字。于是将这龟背上裂出的纹路，视为预测未来的文字符号，号之为"兆"。那种裂纹乱七八糟，如同白云苍狗，你说它像什么，它就像什么。有人说这种纹路是山，那种纹路是河，编造出一大堆东西，做成一种专门的学术。又有人将一些基本的道理运用到其中，做出一种概括性的歌谣，专门用来解释"兆"。这概括性的歌谣，号为"繇"。为了解释所预测的具体事情，又形成一种规则：由卜人于看到兆的时候即兴创作歌谣。歌谣的意思，则弄成模棱两可、似是而非。这即兴的歌谣，号之为"口占"。这个习俗流传到后世，后人就将即兴创作的诗歌称作"口占"。后世的什么"口占一绝"，意为"即兴创作一首四句的近体律诗"；已经与占卜无关。从古代政治学来看，卜具有增强人的信心的作用。上古的大禹、商汤，都曾经利用卜来论证自己的权威。后世有人看不透卜的本质，相信命运可以预测，于是世间就有了"算命"这一事物。

且说晋献公在打山戎前找了个卜人来预测。卜人炙了张龟壳，看了半天，然后说：

遇兆，挟以衔骨，齿牙为猾，戎夏交捽。

晋献公听不懂这些专业术语，说：
"你且说结果究竟如何？"

卜人说：

"胜而不吉。"

晋献公心想：

问的是战事。打仗的事情，胜便是吉。既是胜，何来不吉？这卜人是个滑头！

晋献公取得胜利之后，心情大好。有一天，他想起战前的卜，找来当初的卜人，请卜人赴宴。宴席上，他让人给卜人摆下酒，却不摆下酒的菜。晋献公心情好，并不想杀卜人，而是故意揶揄：

"你卜我胜而不吉，我赐你酒而无肴！"

读者得知：卜人这个行当，虽则属于江湖术士，其实也有些名堂。他们经常被有权势的贵族强令做占卜。卜得准，得点赏钱；卜得不准，可能就要掉脑袋。为此，他们于现代数学中的可能性学说，进化出一些独到的地方。这个"胜而不吉"的预言，虽则说不完全准确，让他得不到更好的赏赐；却到底是说对了一半，总还不至于被杀。按卜人的算计：胜了就是这个结果；若败了，又拿"不吉"二字，编造些荒唐不经的话来搪塞。到得后来，"胜而不吉"真成了准确的预言。那真是龟背通灵吗？读者自有见地。

早先，晋献公首娶贾国女儿，是为贾君。贾君没有生子。晋献公收用了自己的父亲晋武公的妾齐姜，与之生下了秦穆夫人和申生。收用了三个部落的女人后，大戎的女儿狐姬，生下了公子重耳，也就是著名的晋文公。小戎的女儿生下了夷吾，也就是后来的晋惠公。骊戎的女儿骊姬，生下了奚齐。骊姬的妹妹，生下了卓子。打大戎、小戎比打骊戎要早将近十年。所以，奚齐和卓子，比申生、重耳、夷吾要小很多。前面提到，戎有自己的姓氏。大戎、骊戎均为姬姓，仅以姓而言，与周朝乃至晋国同姓。小戎为允姓，借用的是上古的四岳的姓。晋惠公是允姓戎的外甥，所以与其结交，造成戎入陆浑。那是后话。

男儿爱后妇。比较而言，晋献公最喜欢的是年轻的骊姬，所以立骊姬为第一夫人。按子以母贵的规则，应当立骊姬之子奚齐为太子。齐姜生申生在先，且当时晋献公只有申生一个儿子，故而申生在这三个女人到来之前就已经立为太子。当时的规则，讲究"母以子贵，子以母贵"。这个规则的意思是：

如果立了某个女人为第一夫人，则这个女人所生的儿子随之成为太子。反之，如果立了某个儿子为太子，则这个儿子的亲生母亲随之成为第一夫人。

然而，晋献公废齐姜、立骊姬为第一夫人，却又让申生继续做太子。为什么出现这种彼此矛盾的做法呢？晋献公以为：

我喜欢骊姬，所以要立她为夫人。至于我去世之后的晋国君主，那必须由最有本事的儿子来做！不要说奚齐，就是申生，我也先看他是否真有本事！

且说当时，晋献公的思想给了骊姬可乘之机。骊姬其人，生性淫荡且心狠手辣。她与晋献公的一个男优私通。此人名叫优施。有一天，骊姬与优施幽会之后，说：

"我与你两情相悦，难以割舍。然而，我们的事情，总有一天要暴露。只有让奚齐做上太子，我们才能够长相厮守。我要搞死申生、重耳、夷吾。该怎么做呢？"

优施说：

"你一个女人家，要做此等大事，谈何容易？好在，君主受了士芳的影响，心中有了按本事选人的观念，而且又迷恋于你。这让你有一些机会。你要早做算计，做成既成的形势，让他们早点知道自己没有可能。你设法让申生、重耳、夷吾做臣子该做的事情，让奚齐做太子才能做的事情，让晋国人渐渐看出奚齐必将继承晋国。人们有了这样的观念，才好做下一步。君居于都，统治一国；臣受封于邑，为邑的领主。所以，你首先要让奚齐、卓子之外的公子离开绛，受封于都城之外。只有你的儿子在君主身边，君主又喜欢你，那还不是你说什么，就是什么？"

骊姬说：

"照此说来，是不杀死他们？"

优施说：

"哪能不杀？你想：他们毕竟是君主的儿子，你立马就要杀死他们，君主一时如何忍心？并且，狗急了也要跳墙。要是三公子团结起来对付你，你不是对手。你须用计逐个消灭他们。这三人之中，申生乃是人们心目中的太子，尤其非杀不可。我看这人性格有点迂，他喜欢为别人着想，不愿意伤害别人。这种笨蛋，可以用作第一个开刀！"

骊姬得了这个主意，想想自己一己之力，还嫌不够，就用钱买通两个外臣，让他们照自己安排的去做。这两人分别名叫梁五、东关五。史称"二五"。二五向晋献公说：

"北方狄人的势力最近很盛。他们的地盘比我国还要大。我国边防需要加强。于攻于防，都应当派重臣驻守边关。"

晋献公说：

"派谁去呢？"

二五说：

"派其他人，没有威信。最好是君主你的儿子亲自去。那样也好让他们由此得到历练。"

晋献公回到宫中，说起此事。骊姬说：

"奚齐、卓子还小，什么都不懂。就让大的三个去吧！"

晋献公想：

"士蒍说我曲沃一房，是由本事而得晋国。国内臣民，若完全以本事来选择，只怕会于国家不利。但是，我的后人，正应当继承曲沃开国的传统：谁有本事，谁来继承家业。且让他们各守一城，试其贤愚。申生身负家国重任。他能否担当国家，尤其需要测试。"

春秋 57 年夏，晋献公命申生驻守曲沃、重耳驻守蒲、夷吾驻守屈。三子赴任于边地，相当于得到封地。于此之外，晋献公将奚齐、卓子之外的所有儿子都封到外地。骊姬唯恐别人的儿子抢占了奚齐的位子，要晋献公与晋国贵族一起公开发毒誓，誓言奚齐、卓子之外的公子永远不得居于绛。三公子的受封，与普通功臣得到封地不同。他们肩负着国防的任务，并且受封的事由就是政治迫害。这种遭遇最能够锻炼人。三子渐渐意识到骊姬的目的，分别建立起忠于自己的亲信党羽，孕育出晋国内乱的祸根。究竟晋国历史如何演变？且看下回。

并列第二十回

避大乱一国三公　赐偏衣夜半而泣

春秋 62 年左右，晋国首建两军。此前的春秋 45 年，周朝批准晋武公以一军开国。当初周朝专门批准晋国建军，图的是让晋国去抗衡崛起中的齐国。晋国虽是正统的中原诸侯，却有违背《周约》的传统。随着国势发展壮大，晋献公自建两军。建制的时候，也不申请周朝，而是用现代公文中的抄报的方式，通知上级单位周王。周朝早已不是礼乐征伐的发起者，只好听之任之。按西周时候的礼制，周朝的军队规模最大，为三军。晋献公自建两军，算中原国家之中军事比较强大的一个。后世的班固于《封燕然山铭》之中说"爰该六师"。那意思是王者之师的建制应当为六军。西周时候，无史迹可考；就春秋时候而言，周朝从未有过六军。倒是晋国曾经达到过六军。

晋献公建两军还有另外一个目的。那就是历练太子。晋献公自己统率上军，让太子申生统率下军。对于让申生统率下军，申生的监护人里克进谏说：

"如果你安心让他继承你，就不应当让他领军。继承人要么不领军，要么就应当统率全军。军队要求严格地执行军令。他做下军主帅，在部队中要听命于上军将领。如果听命，他就树立不起威望。如果不听命，则会破坏军中的规矩。"

晋献公说：

"我正是要以此来历练他。"

晋国权臣士蒍，于此事之中看出问题。他评论此事：

"我看不会有好结果。又封给他曲沃，又让他领军。这大约是君主心下已经决定要废除他，故而让他享受人臣的最高待遇。这个待遇岂能长久？为太子计，最好是学习早先的太伯、仲雍，逃离晋国。谚云：心苟无瑕，何恤乎无家。"

士蒍的分析，虽不一定正确；其设想的解决办法，却是历史证明了的正确方法。后来晋国发生变故，正是逃离了祖国的重耳、夷吾，最终取得成功。士蒍其人，心思极其缜密；于官场的生存哲学，达到了极高的境界。而且，这种本事又成为他的家学渊源，流传给了他的后人。相关情况后续可见。

申生听了士蒍的评论后，这样说：

"做儿子，就是要服从父亲；做臣，就是要替君主着想。如果君主真要废我，我为臣子，理当顺从。太伯是上古贤人，岂是我等所能追踪？"

晋献公用新建的两军开疆拓土，先后灭了耿国、霍国、魏国。战后封赏功臣。晋献公将耿封赏给自己的御戎赵夙，将魏封赏给自己的车右毕万。这两个人，就分别是后来的战国七雄中赵国、魏国的先祖。正是因为晋献公崇尚任人唯贤，赵氏、魏氏才涌现出来。然而，正是晋献公所提拔的这两个人最终灭了晋国。这并不是巧合，也不是上天故意开玩笑；这其中带有必然性：

既然采用了"谁有本事谁来做"的规则，就必须同时接受这个规则好、坏两方面。好的方面是：晋国因此成为春秋列国之中最强大的一个。坏的方面是：当晋国的君主系本事不如别人时，也就不得不让位。

胜利回国的途中，晋献公命下军组织扩建曲沃城，又命士蒍负责扩建重耳的封地蒲和夷吾的封地屈。申生不知利害，按照命令如期扩建曲沃。蒲和屈却久久不见动工。夷吾想：

士蒍是不是觉得自己是大功臣，不愿意做这种小事？

夷吾将自己的想法告诉晋献公，晋献公责问士蒍。士蒍回答说：

"没有死人，就不必无端地悲哀；没有敌人，就不必无端地防备。我们无端地建设城市，四邻的敌国就会有戒心。那样一来，并不会带来好结果。守城最重要的是忠心。诗云：宗子惟城。君主已经任命儿子来守城，那就再稳固不过的了，还用得着扩建？"

晋献公于这话中，发现士芮已经看穿自己的思想。晋献公想：此人如此聪明，如果与我的某个儿子勾结起来，恐怕连我也不能应付。于是，晋献公以士芮监工不力为由，免除其大司空之职，从此不予重用。他哪里知道，他对士芮的处理，正是士芮所希望的。士芮离职之后，吟诗一首：

狐裘尨茸，一国三公，吾谁適从？

照这诗意，他已经预料到晋国内乱，希望的正是免职，好让自己置身于事外。

春秋 63 年，晋献公命太子申生率下军讨伐太行山的异族皋落氏，同时赐给太子申生金玦、偏衣。玦，是一种有缺口的环。《鸿门宴》上，范增数次掏出玉玦给项羽看，那用玦来提示项羽：

玦（决）！赶紧下决心，杀了刘邦！

晋献公赐太子以玦，意思是让太子拥有对这支新建军队的决定权。那么，偏衣又是什么呢？那是一件黑色的贵族礼服。只不过，这件衣服的一半进行了染色，是黑色；另一半，没有进行染色，是丝绸原本的颜色。这种不伦不类的衣服，不要说当今的人搞不懂，就是当时，太子申生和下军的将领，也都是一头雾水。太子申生问身边的人：

"君上这是不是故意侮辱我？是不是要废我？"

众将领说七说八，有的说这是君主特别的信任，有的说这是暗示太子最终不得好死。究竟这偏衣是什么意思呢？情况如下：

太子申生为新军统率，又扩建曲沃，都有骊姬的怂恿。骊姬要用欲取故予之计，谋害申生。申生居于曲沃之后，骊姬与优施经一番商量，继续如下的计策：

一天夜里，晋献公与骊姬同房之后，昏然入睡。夜半时候，晋献公听到骊姬的哭声。晋献公起身问：

"你哭什么？"

骊姬忸忸怩怩，只是抽泣，就是不说话。晋献公在一旁，又是着急，又是心疼，说：

"你倒是说话啊！"

晋献公越是着急，骊姬越发号啕大哭起来。哭过之后，说：

"想到就要去死，就要永远离开你，所以忍不住！"

晋献公大吃一惊，问：

"好好的，你这、这是从何说起？"

骊姬说：

"太子！太子会是个好君主！只有我娘几个死了，国家才会安宁！"

晋献公说：

"你这是什么话！一家人好好的，老提这个做什么？我已经按你说的，让他到外面去。将来，这国家是奚齐的。让他与你们分开，住到曲沃，就像早先的文侯（仇）与桓叔（成师）那样。"

骊姬说：

"最后，你还不是把文侯的后人全部杀死了！"

晋献公心里一紧，沉思片刻，说：

"那你说怎么办？他该不会那么无情吧？"

骊姬说：

"我听人说：做大事的人，是不顾亲情的。你这个儿子，表面上做事很低调，其实厉害着哩！我看你不如提前把位子让给他。他得了你的位子，心下满意了，或许会放过你。"

晋献公心中一凛，想：

自我即位以来，晋国蒸蒸日上。我为天下人所敬畏。要是还没有死，就把位子让给儿子，那算什么君主？算什么男人？

然而，他说：

"太子素有仁孝之名！知子莫若父。他的本事，我清楚！"

骊姬说：

"你敢与我打个赌！你让他单独带兵打仗，看他心够不够狠！要是他打不赢，我就信你的话，相信他不至于对我娘俩怎么样。要是他打赢了，就说明他不会放过我们。"

看骊姬年轻的身子，再看自己越来越老态的样子，晋献公感到国家的未来，要坏在这女人手里。然而，奚齐还小，申生已经在带兵。就算不立奚齐，他也不希望奚齐受到申生的欺负。仇与成师的故事，犹如历史的轮回。自己的儿子，真的会自相残杀吗？他想问上天：

太子，真的就只能有一个吗？兄弟之间，为什么就不能和平相处？

晋献公赐申生以玦，那是希望申生尽力去做，展示出自己的本事。另一方面，晋献公又担心儿子间相互残杀。曲沃的申生，会不会与早先的成师一样，与京城共大，最终灭了奚齐？心中有此狐疑，故有偏衣之赐。那意思是：衣服的染色部分与不染色部分，能够合成一衣；希望绛都的奚齐，与曲沃的申生，能够合成一国。身为父亲的人爱护自己所有的儿子。这种心思，旁人怎能得知呢？

太子申生以重耳的外祖父狐突为御戎，以先友为车右，于稷桑大败皋落氏。战前，狐突对申生说：

"此战你只能败，不能胜！如果取胜，你将越发遭人忌恨！"

申生的监护人里克说：

"为人臣子，只管服从。让你去打仗，你就认真去打仗。成败利钝，付诸天意罢了！"

申生听从里克，大胜而归。回去后，狐突称病不出，并且召集其子狐毛、狐偃，训话如下：

"士芳已经隐退，我也该隐退了！申生脑子不开窍，再跟他，就是跟着去死！你们也要另择新主。重耳是我的外孙，你们的外甥。今后，你们去辅佐重耳。重耳会是好君主！"

申生的胜仗，加速了其死亡。这里且先按下不表。

却说虢国，两番进攻晋国，却没有遭到报复，已经是自鸣得意。至春秋 61 年，神降于莘。虢国君主求地于神，得神灵同意。为此，虢国更加自大。

这神降于莘，是怎么回事呢？传说是天空中发出人的声音，仿佛神灵在向人间说话。这其实是莘地特殊的地理环境造成的回声。虢国君主听说神降于莘，就带着祭祀用的供物来到莘。做了一番迷信的仪式之后，他面对天空的"神灵"高声呼喊：

"神啊！请赐给我土地吧！"

这地方原本就能产生回声。在他这大呼大喊之后，时隔几秒，回声断断续续传来：

"啊……给……土地啊！"

听了这声音，虢国君主兴奋不已：这是神灵喝了自己进献的牲血和酒，却不过情，所以答应了自己的请求。注入了这股迷信的力量之后，他变得更加自大。春秋 63 年，虢国于渭汭打败了犬戎。同一时候，关东地方的邢国、卫国，被游牧的狄打败、灭亡。比较起来，虢国君主越发感到不可一世。殊不知，他的行为，早有人冷眼旁观。晋国的贵族正在谋划假虞灭虢之计。晋国的卜偃说：

"虢国一再地出兵打仗，已经兵疲民怨。其君主不思收敛，反倒妄求天意。天意推亡固存。神灵答应给他土地，不过上天故意送他走上不归路！"

就是虢国内部，也有人看到这一趋势。虢国贵族舟之侨，于这一时候认定虢国将亡，举家迁到晋国，改头换面，成了晋国贵族。晋国方面，春秋 65 年，荀息向晋献公献计，请求用晋国国宝屈产之乘、垂棘之璧来向虞国送礼，以便借道于虞国，进攻虢国。前面提到，虢国乃是季历之后。虞国的身世，乃是仲雍之后。虢国、虞国，都在当今的关中。而虢国离晋国更远。晋国进攻虢国，要途经虞国。

什么是屈产之乘呢？当时的人不是骑马，而是为马套上羁绊，使其拉车。标准的一乘车要用四匹马。驾车用的马，就叫作"乘马"。屈产、垂棘，都是地名。前者以产良马著称，后者以产玉著称。这两样东西，是晋献公的爱物，晋献公很有点舍不得。荀息说：

"请主公放心！按我的计划办，马和玉不过暂时寄放到虞国，让虞国为我们保管和喂养。这就像将马由宫内的马厩转入宫外的马厩一样。"

晋献公终究不情愿，又找出理由来：

"虞国有个著名的贤人宫之奇。有这个人在，怕不会谏阻此事？"

荀息说：

"宫之奇这人，性格比较懦弱。他确实会进谏，不过，他不能够坚持自己的意见。而今世界的人，都不过与舟之侨一样，为自己打算。那虞国君主看了宝物，一时间着迷，听不进好话。宫之奇是著名耆老，平常间为虞国君主所忌。他要是过于坚持意见，惹恼了君主，怕遭杀害。出于这种考虑，他的进谏只能是点到为止。"

晋献公听此说，就让荀息去办此事。荀息来到虞国，先不说借道的事情，却从冀国说起：

"冀国不道，经由颠軨地方，侵略贵国属邑。冀国的这种行径，贵国是反对的。现在，虢国也干这种事情：收留起一种无家可归的浪人，侵略我国属邑。为这件事，我们请求借道于贵国，讨伐虢国。"

其实，虢国收留的是仇的后人。从名分上讲，仇的后人才是晋国主人。荀息不愿提到名分，故而蒙眬称呼为"浪人"。荀息这话，以反对侵略为名，仿佛大义凛然。特别是，为借道而送的东西，又特别贵重。虞国君主，当即就要答应。宫之奇进谏，虞国君主不听。不但不听，还自告奋勇，甘愿做先锋，要与晋国一起讨伐虢国，平分胜利果实。春秋65年夏，晋、虞共同讨伐虢国，攻取了虢的下阳。春秋68年，晋国再次借道于虞国。宫之奇再次进谏：

"虢国是虞国的背后支持力量。虢国灭亡了，虞国将随之而亡。晋国对我国暗含敌意，不能与它走得太近。我们已经遭到一次欺骗，还经得住第二次吗？谚语所谓：辅车相依、唇亡齿寒，那就是虞国与虢国的关系。"

虞国君主说：

"晋国与我同宗，他怎么会害我呢？"

宫之奇说：

"我国自虞仲与周朝分房。虢国自虢仲与周朝分房。晋国，自成王与周朝分房。算起来，晋国与虢国更亲一些。他既然都要灭虢国，怎么就不能灭我虞国？况且，仇的后人，对晋国而言，比虞、虢还要亲许多。而曲沃桓叔、曲沃庄伯，直接就是他的祖父、曾祖父。他们的后人，又比仇的后人还要亲。这些人都遭到他的清洗，我们算什么呢？"

虞国君主想起莘地的回声，说：

"我在祭祀中的献祭丰盛而精洁，神灵会保佑我。"

宫之奇说：

"我听说，神灵不是专门保佑某些人，而是保佑有德的人。只有德能够让庶民拥戴自己，让神灵保佑自己。晋国灭了我国后，将我们的血献祭神灵，难道神灵就不吃？"

话说到这份上，虞国君主仍然不听。宫之奇感到天意难违，想想自己没必要陪着去死，就效仿舟之侨，带领自己的族人离开虞国。

春秋68年冬，晋国灭虢国。虢国君主逃奔周朝。灭虢国之后回国的途中，晋国军队灭了虞国。荀息于灭了虞国之后，一手握垂棘之璧，一手牵屈产之乘，到晋献公面前，笑呵呵地说：

"对不住君主！经过三年，璧还是老样子，但是这马的牙齿又长了几颗啦！"

晋国君臣相视而笑。只苦了虞国君主。为了炫耀战功，晋献公让虞国君臣做自己的女儿秦穆夫人的陪嫁奴仆，陪嫁至秦国。

春秋 63 年，晋献公命太子申生讨伐皋落氏，太子申生于稷桑大胜皋落氏，坐实了骊姬的赌言。晋国之中，士芳、狐突之类的高人，看出了苗头，谋及生前身后。其他更多的人，也都感受到太子与绛都之间的矛盾越来越明朗。骊姬、奚齐得君主的支持，所以晋国贵族纷纷站到骊姬一边，说申生的坏话。申生本人，又不在绛都，不可能为自己辩解。有道是众口铄金、积毁销骨，晋献公经不住内外交逼，渐渐也萌生出杀害申生的念头。

五年之后的春秋 68 年，某一天，骊姬对晋献公说：

"我听说，申生就要造反了！早先，我跟你说他已经深得人心，你不信。他不得人心，能够打败皋落氏？稷桑之战打赢了，他更有信心了。就连狐突都看出他有反心，不愿跟随他造反，所以杜门不出。申生是个重信用的人。听说他曾经向手下承诺了造反之后的许多好处。就算是他本人还有点人性，不敢弑君父。他手下那些人，为了个人的好处，也要逼他造反！为了不食言，也为了自保，申生只有造反。事如骑虎难下，又如箭在弦上，不得不发啊！"

这话说完，骊姬免不了又做出许多乔张致来，装痴撒娇，又哭又闹，说什么反正都是死，不如趁早抱着儿子奚齐，立马就去死。晋献公听得心烦了，千不该万不该，随口这样说：

"我知道了。问题是，他并没有罪过啊！"

读者试想，这种话，岂不是摆明了要找个借口杀申生？骊姬得了这口风，说：

"记住你说这话！我让你看他的罪过！"

究竟骊姬如何谋害申生？且看下回。

递增第二十一回

试里克暇豫吾吾　屏西戎秦嬴息马

上回说到，晋献公于不经意间透出口风。杀申生已经只需要一个借口。骊姬兴高采烈地跑去通知情夫优施：

"君主已经默许我杀死申生，现在只需要给他安个罪名。现在的问题是：申生身边还有些党羽。如果这些人拼死反抗我们，弄成个鱼死网破，后果也让人害怕。特别是申生的监护人里克，随时都在他身边，尤其让人忌惮。"

优施说：

"他是个臣，怎能违背君主旨意？只消向他说明这是君主的意思，他还能怎样？只不过，这话要说得隐晦。我们故意向他透露君主要杀申生的意思，让他将这消息传给申生身边的人。因为众人不敢与君主作对，申生的党羽势必瓦解。就算还剩少数人支持申生，那也好对付。我是个演员，说话可以没有忌讳。你去请他两口子来吃饭，话由我来说。"

骊姬命人在鼎里煮上一只羊，请来里克夫妇。席间，优施跳舞侍宴。酒过三巡，优施对里克的妻子说：

"请主人赏我吃的，我教主人唱歌。主人学了这歌，好侍奉夫君！"

里克的妻子说：

"唱什么歌呢？你先唱来听听！"

优施唱道：

暇豫之吾吾。不如鸟乌。人皆集于苑。己独集于枯。

译文：为求安定，做法甚至不如鸟儿！别人都知道藏身于花园，自己却藏身于枯木！

里克得第一夫人邀请，原本就觉得有事情要发生。听了这歌词，觉得有些诧异，但也还不太在意，随口就问：

"什么是苑？什么是枯？"

优施说：

"有的人，母亲做夫人，自己做君主，这就叫作苑。有的人，母亲已经去世，自己又遭忌谤，这就叫作枯。"

优施说完这话，赶紧就离去了。里克想：

苑显然是指奚齐。申生是齐姜所生。齐姜已经去世。枯就是指申生。此人说奚齐做君主，不知从何说起？

里克觉得事态严重，饭也不吃了，赶紧起身告退。回家后，左右寻思：

一个优伶，怎么胆敢说这样的话？看骊姬那样子，分明是故意指使他说这话。难道，君主要杀申生？

想来想去，想不明白。里克黄夜请来优施，亲自询问：

"你白天说的话，是玩笑话，还是你听到了什么？"

优施板起脸来，说：

"我受君主命向你宣布：君主要杀死太子、立奚齐。你必须就此事表明立场！"

里克想了想，说：

"我是太子的监护人，是太子的臣。我不可能去杀太子。然而，我保证不泄漏这消息。我保持中立，可以免于罪责吗？"

优施说：

"可以！"

第二天，里克找到太子申生的党羽丕郑，通告情况。丕郑说：

"你答错了！你当时应当表示不相信他的话，然后寻找出太子不可废除的种种理由，坚决拥护太子申生，让他们心存忌惮，暂时不敢下手。那样，才能为我们赢得时间！你保持中立？这种事情，哪有中立这种立场？！"

里克说：

"你是什么立场？"

丕郑说：

"身为臣子，这身子早就不是我自己的了。我没有自己的立场。君主的立场就是我的立场。"

这话中说的君主，搞不清是指晋献公，还是指太子申生，拟或是指奚齐？这种答复，仿佛外交辞令，特别滑头！

骊姬方面，向太子申生传达晋献公的命令：

"君主在夜里梦见了齐姜，怕她的鬼魂作祟，命你于曲沃祭祀齐姜，事后带祭物到绛都来，散福于君主。"

太子申生于春秋 57 年驻守于曲沃。齐姜在骊姬得宠的情况下，犹如弃妇，所以随同儿子到了曲沃。到曲沃不久，她就去世了，所以葬于曲沃。晋献公心中对齐姜有愧，日有所思，夜有所梦，所以做了齐姜怪罪自己的噩梦。骊姬趁机想出这个点子。晋献公以为骊姬一心为他着想，竟然不再嫉妒他的前妻；哪里想得到后来的变化！太子申生听此号令，就在曲沃对自己的生母进行祭祀，并且带着祭祀中的酒和脤回到绛。

什么是脤呢？就是祭祀之中献祭给神灵的肉。这是一种未煮熟的生肉，因当时的礼仪将其放置于一种贝壳制的食器之中而得名。贝壳即是蜃。取蜃之音，命名为脤。从宗教上讲，设想这肉曾经由神灵享用，所以带有神灵的旨意，可以带给人们福祉。进行祭祀的人于祭祀之后将脤带回，送给未曾参加祭祀的人享用，是个赐福的意思。晋献公怕齐姜的鬼魂作祟。太子申生带祭祀中的酒肉回去，那意思是：齐姜已经享用了君主的酒肉，答应不再作祟。这齐姜享用过的酒肉，让晋献公来吃，就算是消除了鬼魂的怨气。鬼魂就不会再搅扰晋献公。这个习俗后世一般称作"散福"，在春秋时候叫作"归脤"。

太子申生归脤于绛的时候，偏偏晋献公出门围猎去了。酒和肉，就交到骊姬手中。隔了六天，晋献公才回来。骊姬于这期间在酒肉之中下毒。晋献公回来后，要太子申生进献酒肉。享用之前，先洒酒于地、灌祭神灵。酒倒到地上，将地烧出水泡。晋献公警觉起来，下令将脈给狗吃，狗当即毙命。他又让旁边的奴隶吃这酒、肉，奴隶也被毒死。太子申生看出这嫁祸之计，转身逃去。骊姬拍手跌足，哭天喊地：

"天啊！天啊！申生要害君主！"

申生逃到新城，却不继续外逃。照他的意思，是希望君主念及父子之情，蒙眬处理此事。里克、丕郑对申生说：

"你并没有谋害君主。为什么不去辩解？就算不辩解，你也该赶紧出逃。坐等于这里，岂不是等死？"

申生说：

"这种事情，不必搞清真相。搞清了真相，就必然要杀死骊姬。没有骊姬，君主就不快乐。君主已经老了。他离不开骊姬。替君主着想，不如我去死。"

几天后，骊姬亲赴新城，望着申生大哭：

"连父亲都忍心杀害，天下还有什么人不可以杀？身为儿子，竟然谋杀父亲！谁还敢追随于你？你这种人，不能继续活下去！"

骊姬来自晋献公身边。骊姬带来这种话，已经表明了君主的态度。申生面向绛都跪拜。将头置于手背之上，长久停留。他说：

"我祝福君主快乐、长寿，祈祷国家安宁。为人为鬼，此念永恒！"

话说完后，申生上吊自杀。

申生自杀，除掉了骊姬最大的心病。然而，她还是不放心。按照优施的计划，骊姬接下来对付重耳。她对晋献公说重耳参与了申生造反的预谋。春秋68年，晋献公命寺人披赴蒲追杀重耳。重耳下令：

对于君主派来的武装，任何人不得予以抵抗。

寺人披长驱直入，公子重耳越墙逃亡。寺人披剑斩过去，在墙头上斩下了公子重耳的衣袖。重耳逃到柏谷，与身边的随从商议下一步何去何从。

春秋57年，晋献公听信狐姬之言，分封申生、重耳、夷吾于曲沃、蒲、屈。至此春秋68年，公子重耳他在蒲已经11年，身边已经形成党羽。他出逃的时候，他的心腹追随于他。这其中，最著名的有五人：

第一位，名叫狐偃。他是狐突之子，重耳的舅舅。此人是根据其父的嘱托而追随重耳。

第二位，名叫赵衰。春秋62年，晋献公创立两军。同年，晋献公讨伐当今山西省中部的耿国、霍国、魏国。此战之中，赵夙做御戎，毕万做车右。灭了这三国之后，晋献公将耿封予赵夙，将魏封毕万。赵夙生共孟。共孟生赵衰。

第三位，名叫颠颉。此人后来做了魏犫的替罪羊。

第四位，名叫胥臣。此人的后代传了四代，其后人亡于晋平公与栾氏的斗争之中。

第五位，名叫魏犫。魏犫是战国七雄之中的魏国的祖宗，也于此叙其身世。在周武王的功臣之中，有一个与周朝同为姬姓的毕公高。周武王封其于毕，其后人以封地为姓，是为毕姓。毕公高的后人毕万，臣于晋献公。毕万于春秋62年的战役之中担任车右，后来封于魏国。于是又以封地为氏，改为魏氏。毕万之子，即是魏犫。此人武力过人，后面会提到。

柏谷会议上，赵衰率先说：

"申生坐等于新城，结果被骊姬逼死。我们于此，只能是歇脚。只有逃奔于外国，才能免遭追杀。"

重耳道：

"我想于齐、楚之中选一国作为寄身之处。且取龟炙，问卜于天！"

狐偃道：

"我们现在这个样子，哪能走齐、楚那么远的地方？绛都中的战车，不消两天就能追上我们。往北就是我的故乡大戎。大戎逐水草而居，居无定所。居于大戎，可免于追杀。我父原本是大戎的首领。现在由我出面，保证能得到大戎的收留。"

由此议定，重耳逃奔大戎。

一年之后，骊姬继续其计划，又支使晋献公追杀夷吾。夷吾出逃时，原打算到大戎去追随其兄重耳。其监护人郤芮说：

"你不能只顾眼前，要考虑长远。如果去大戎，居于大戎期间，你们两兄弟同为天涯沦落人，当然能够友好。要是将来有一天能够回国，为了回国后的位子，彼此间就难免成仇敌。到时候，你们两兄弟同在一起，会弄成你死我活。我建议去梁国。梁国虽小，却间于秦、晋之间。你姐姐现为秦国第一夫人，会出面帮你。并且，如果将来有机会回国，得秦国这样的大国帮助，事情才能成功。"

重耳、夷吾出逃，按说骊姬的计划可以实现了。然而，晋献公一死，骊姬及其儿子随之灭亡。这个女人计谋如此深远，何以如此不经事呢？其实，也还是当初计划不周。骊姬谋害申生，用的是打赌的方式，借用的是晋献公磨炼儿子的思想。她让申生、重耳、夷吾出去镇守边关，结果三人因此建立起自己的党羽。申生因此做了下军主帅，掌握了兵权。申生于下军之中组建起七舆大夫。

什么是七舆大夫呢？申生作为太子担任下军主帅，所以仿照君主的礼仪建下军体制。君主出行，为安全考虑，于自己乘坐的马车之外，设立格式相同的马车。其目的，是混淆刺客的视听，让刺客搞不清君主在哪辆车内。这种马车，叫作舆车，又叫副车。就是到了今天，尊贵的人物也还在采用这种安保的措施。只不过，当今的副车之内坐的是武警，而申生的舆车大夫则是有职权的大夫。舆车之内乘坐的人，都是愿意代替申生去死的人。不消说，都是申生的死党。申生方面，为得到这种死党的支持，故给予其很高的职权。申生统率着晋国一小半的军队，所以舆车达七乘之多。这七乘车的上所乘坐的人，就是七舆大夫。因为七舆大夫拥有兵权，他们的立场，基本上就是晋国一小半的军队的立场。

七舆大夫跟随申生居于曲沃，效忠于申生。申生死后，下军重归于晋献公。由于有跟随于申生的经历，七舆大夫愿意效忠于晋献公，却不愿意效忠于奚齐。重耳、夷吾流亡之后，骊姬也没有对其党羽进行清洗。说起来，骊姬的计划，源出于女人和娼优，毕竟不熟悉国家体制，所以才有这斩草不除根的后患。

……

春秋 72 年，晋献公去参加齐桓公组织的葵丘之会，半路途中被周朝的宰周公劝返。当年，晋献公即去世。晋献公去世前，也意识到奚齐的位子可能坐不稳，就将其托付给奚齐的监护人荀息，委任以托孤的重任。晋献公对荀息说：

"孩子还这么小，今后全靠你了！"

荀息将双手放置于地，又将头叩拜至手背之上，停留于手背之上，行稽首之礼，说：

"以神灵的名义，我将拼尽力量保护世子。我要做到信！"

晋献公还是不放心，故意问：

"你说的信，怎么讲呢？"

荀息说：

"我说信，是说假使你于死后重新复生来面对我，我也问心无愧！"

春秋 72 年冬，里克、丕郑组织起申生、重耳、夷吾的党羽，杀死奚齐。荀息准备信守承诺，为奚齐而战。有人劝他说：

"还有奚齐的弟弟卓子。与其白白送死，不如拥立卓子。"

卓子乃是骊姬的妹妹所生，同属骊姬一房。荀息想起自己的诺言，心想：

假使先君复生，会有怎样的意愿？

想来想去，他立卓子为君。春秋 73 年春，里克又杀死卓子、骊姬。荀息死于与里克的战斗之中。孔子做的《春秋》，对三个人的死用了"及其大夫"四个字。孔子门徒公羊高精研《春秋》，咬文嚼字，认为其中大有深意，由这三个人的事迹概括出春秋大义。那分别是：

义形于色的孔父，不畏强御的仇牧，不食其言的荀息。

这三人的事迹，笔者都有记载，读者可以参照。这后两个成语好理解。第一个"义形于色"，其意思与当今有些差别。"形""刑"互训，用的是《诗经》"刑于寡妻"的意义，意为"压倒""打败"。"色"字，则是佛学之中"色即是空"的本意，指的是物质世界。"义形于色"的意思是：道义的、精神的力量压倒了现实的、物质的罪恶。孔父是孔子的祖宗。公羊高作为孔氏门生，赶上师门祖宗的好人好事，怎能放过？怎能不大加赞颂？

骊姬一房，悉数灭绝。晋国国内，由太子申生的党羽丕郑、里克掌权。国不可无君。丕郑、里克筹划的结果，是请秦穆夫人来确定晋国的当家人。前面提到，晋献公与晋武公之妾齐姜生下一男一女。男的即是太子申生，女的嫁到秦国，是为秦穆夫人。里克等人是申生之臣，算起来隶属齐姜一房，所以认秦穆夫人为主人。说到秦国，叙其身世。

秦国，乃是统一了中国的秦始皇的祖先。因为它统一了中国，史家说它是五帝之一的颛顼的后代。说什么颛顼的后人之中出了个姑娘叫女修，女修吞了一只黑色的大鸟的卵，产下大业。大业生大费。大费生大廉、若木。玄孙名为费昌。其后裔有人名为中潏。中潏生蜚廉。蜚廉生恶来、季胜。季胜生孟增。孟增又名宅皋狼。宅皋狼一族，居于赵，是晋国权臣赵衰的祖宗。恶来一族，传至非子。传说蜚廉特别擅长奔跑，恶来特别有力气。宅皋狼的后人，又曾经做周穆王的车夫，驾驶著名的穆王八骏。非子特别擅长放牧，于渭河流域放马。这种种传说，说明秦的祖先，乃是游牧民族。秦国于西周时候就居于中国西方，一直延续到秦朝灭亡。它隔断了中国与西方之间的联系，是东、西方的中介。故而西方的古代史称中国为秦；而中国的史书，又称西方的罗马帝国为秦。秦这个称号，无论在东方还是西方，都指的是既有中原儒教思想、又有西方游牧习俗的国家。

非子一族，居于关中，曾经为周孝王负责养马。周孝王赐非子姓为秦嬴。这"秦嬴"二字，意为"秦地的嬴姓"。这算是正式的赐姓。秦嬴生秦侯，渐有确切时间记载。春秋前134年，秦侯立。之后，历秦侯、公伯、秦仲、秦庄公、秦襄公、秦文公、秦宁公、秦出子、秦武公、秦德公、秦宣公、秦成公、秦穆公，加头加尾，计9代13传。秦穆公即位，是在春秋64年。他娶秦穆夫人，则是在春秋68年。

秦仲在位的时候，正当周厉王年代。这个时候，周朝已经衰落。西方的游牧民族犬戎，自立为王，与周朝抗礼。周朝命秦仲讨伐犬戎，结果秦仲被戎王杀死。秦国与犬戎交战，占据犬戎的部分地盘，与犬戎结成世仇。为表彰秦国，周宣王赐命秦为公爵，故而秦仲之子号为秦庄公。秦庄公的长子世父，为报祖父之仇，放弃酋长位子，自命为将，战死于与犬戎间的战争。国家由其弟继承，是为秦襄公。秦襄公年代，犬戎报复周、秦，一直攻打到镐京，导致西周灭亡。周平王东迁洛阳之后，将秦视为西部屏障，封以岐山以西。其实，岐山以西当时是犬戎的势力范围。这个封赐，是将敌人的地盘封给自己的手下，让手下于打下地盘之后建国。秦襄公传其子秦文公。秦文公年代，秦打败犬戎，占据岐山以西，形成秦国的雏形。秦文公去世时，其太子已经去世，故而立太子之子，是为秦宁公。秦宁公娶鲁国女儿，生下秦武公、秦德公。秦德公之子名为出子（有史书记此人名为非子。）。宁公去世时，秦国内乱，让出子成立为君主。出子立五年遭杀害，秦武公继位。秦武公传其弟秦德公。秦德公一生三子，分别是：秦宣公、秦成公、秦穆公。秦德公去世后，三子相继为君。算起来，秦穆公带有鲁国血统。

春秋初期，中原的西部除了戎之外，主要有秦、晋、虞、虢、梁、芮（这个国家与当今山西省芮城县有一定关系。）等国，秦国于其中处于最西面，被周朝视为抵御戎的屏障，有点类似于后世的异族雇佣兵。秦国得到周朝的封赏，自以为得到了周朝的宠幸。然而，中原的诸侯视秦国为异族，不但予以歧视，并且在政治上玩弄秦国。整个春秋时期，秦国的历史，就是被歧视的历史。这种历史在秦国人的心中留下不可磨灭的伤痕，导致秦国报复中原诸侯，不灭中原誓不罢休。战国的结局弄成秦国以一抗六，与春秋时候的这种历史有关。

春秋14年，芮国出现内乱。芮国君主万成天玩女人，结果被其母芮姜赶走，逃奔魏国。芮姜赶走万之后，没有另立君主，而是自立为君。周朝以来，诸侯之中从来没有女人做君主的先例。此举严重违背了"毋使妇人与国事"的古训。于是，儒教教主周桓王命令秦国讨伐芮国。春秋15年，秦宁公率军讨伐芮国。不想这女人煞是厉害，竟然将秦军打败。秦宁公通报桓王，周桓王另派军队与秦军联合，攻陷芮国，送万回国为君。这件事情说明春秋初期秦国还很弱小。秦国的强大，始于秦穆公。秦穆公乃是春秋霸主，其霸业与两个贤人有关。那就是百里奚和蹇叔。前面提到，春秋68年，晋献公灭了虞国。虞国君主成了晋国的奴隶。在此之前，秦穆公就向晋国求娶申生的姐姐秦穆夫人。对秦穆夫人而言，母亲齐姜早已去世，弟弟申生又刚刚自杀。现在奚齐成为太子，骊姬的势力如日中天。秦穆夫人急切需要安身之处。为此，她向父亲申请，请求与秦国完婚。晋献公刚刚取得假虞灭虢的胜利，为了向秦国炫耀，就将虞国君主作为陪嫁的媵人，陪嫁到秦。虞国贤人百里奚，也是这陪嫁的奴隶中的一员。百里奚中途逃亡，逃至当时的宛，即当今的南阳。这地方当时在楚国势力范围。秦穆公素闻百里奚的贤名，然而唯恐楚国得知百里奚的本事，不愿意交出百里奚，就向楚国交涉，提出以五张羊皮赎买百里奚。那意思是，此人不值钱，只值五张羊皮。秦穆公买回百里奚，予以重用。百里奚举荐其朋友蹇叔。

秦穆夫人与申生都是齐姜所生。晋国的丕郑、里克，是太子申生的党羽，算起来与秦穆夫人属于同一房。申生已死，二人没有了主人，所以就派使者到秦国，一则认秦穆夫人为主人，再则请秦穆夫人主持晋国家事，选立晋国当家人。秦穆夫人嫁夫随夫，征求秦穆公的意见。于是，晋国的家事，又成了秦、晋的外交。秦穆公对丕郑说：

"你们国家的事情，不该我这外人来管。实在要说我的意见哩，你们的先君献公，还有儿子。在他们之中选立一个，那是最好。"

秦穆公这个表态，其实并没有特别的立场。然而，此时却有人，要来争取秦国的立场。此人是谁？就是晋国的流亡公子夷吾。究竟夷吾做了什么，且看下回。

《公羊传》论荀息为忠臣的楷模，号为"不食其言"。古代的君臣关系不可取，然而，只要还是人类社会，守信始终是人与人交往的基本准则，值得宣扬：

《春秋》记史，《公羊》阐义。
受人之托，忠人之事。
生死系之，不食其言。
死者反生，生者不愧！

包含第二十二回

丧乱剿重耳不入　践妖梦反首拔舍

上回说到，秦穆公对丕郑、里克的回复，意思是于重耳、夷吾之中选取一人为晋国君主。里克、丕郑派出使者，按先长后幼的顺序，先找到重耳。

春秋68年，重耳逃避骊姬的追杀，逃到了母亲的祖国大戎。至此春秋73年，丕郑、里克的使者来到大戎，意思要请重耳回国为君。在骊姬造成的阴影之下，就连太子申生，都弄得惶惶不可终日。重耳受点牵连，也弄得有家不能归。至此，忽然间否极泰来，居然有君主位可坐，重耳心里乐开了花，当即就要同意。这时，他身边的一个人进谏，阻止他。此人是他的亲舅舅狐偃。狐偃说：

"丧和乱，是两把刀。在这两把刀之下，总是造成杀戮。你不应当去接近这两把刀。"

这话让重耳听得迷糊。重耳问：

"没有丧事，就没有新君主。没有乱事，别人就不会请我做君主。正是因这两样，我才能做君主。这怎能说是两把刀呢？"

狐偃说：

"奚齐、卓子，都是新君主。奚齐和卓子，都有人请他做君主。他们的下场，你是看到了的。你愿意做他们那样的人吗？晋国已经形成了弑君的风气，各种势力在斗争。你加入进去，会受到伤害。

"如果你在国外旁观，一边观察形势、积累经验，一边等待时机、坐收渔利。这样既能保证你的安全，又能让你最终牢固地得到一切。"

在这教导之下，重耳回复使者：

"感谢你的厚意！我父亲在世的时候，我不能尽孝。他去世，我又不能参加葬礼。我是一个流亡的人，哪里敢想君主位！除我之外，你们看立了谁能让国家安定，我就认他做君主，我就是他的臣。"

这话不光表达了谦逊，还向新君主表忠心。都因为这一番话，重耳在大戎平安度过了几年。秦穆公方面，又命公子挚为使者，以吊丧为名义，也按先长后幼的顺序，会晤于重耳。重耳将先前的态度，重述一遍。

重耳不愿回国为君，丕郑、里克只好去找夷吾。春秋68年，夷吾出逃，逃至秦、晋之间的梁国。这个地点的选择，是想要依托秦国，以求最终回国为君。晋国的使者还没有到，夷吾已经预备做君主。面对里克等人的使者，夷吾承诺给予里克、丕郑好处，说回国后要封给他们大片土地。里克、丕郑的使者走后，秦国的公子挚又到来。夷吾回国，要借用秦国军队的护送，所以又向秦穆公许诺很多好处。说什么事成之后，我的国家就是你的国家，要割让黄河以西土地予秦国。另外，又献上贵重礼物若干。风闻晋国发生动乱，作为中原的盟主，齐桓公派兵逼近晋国，观望形势。夷吾不敢直接联络齐国，派人带着礼物到周朝，请周朝将其转交齐国，斡旋于盟主。周襄王于此前一年的葵丘之会承认了齐桓公的霸主地位，很希望晋国成为对抗齐国的力量。他说：

"僖王冒天下之大不韪，保养曲沃一房，为的是晋国的安定。只要你们国内安定，谁做君主，我是无所谓。只是，请叔父不要忘了彼此的血亲，不要忘了先王对你们的恩典。"

齐桓公原是不支持晋惠公，看晋惠公成立已是大势所趋，收了点钱财，也就不予讨伐。

公子挚向秦穆公汇报吊丧的情况，秦穆公说：

"重耳以兄长让于弟弟，实在难能可贵。夷耳开言即是行贿，其心术大不可取。我们不立仁者，而立不仁；似乎有背天意。"

公子挚道：

"晋国不仁，乃秦国之利。就让他来败坏晋国，搞乱晋国，我们好从中取利。此乃《诗》遵养时晦的意义。"

因秦国的这种心思，春秋73年夏，夷吾在秦国军队的护送下回到晋国，由周朝和齐国贵族见证即位。夷吾成为晋惠公。笔者从此对他改变称呼。晋惠公即位后第一件事情，就是杀里克。他派人对里克说：

"没有你，就没有我的今天。然而，你接连杀死了两个君主、一个大夫。做你的君主，真是难啊！"

里克听这口气，是要让自己体面点去死。想想从前做过的事，里克不由悲从中来。他说：

"没有我的废，哪有你的兴！想要给我罪名，还怕没借口？我听命就是！"

里克伏剑而死。里克死了。接下来对付的人物是丕郑。然而，丕郑是个极狡猾的人。就在晋惠公刚刚回国的时候，丕郑主动请求到秦国去送礼，答谢秦国的支持。当时，秦国的军队还在晋国境内。晋惠公靠了人家的兵才得以回国，怎好拒绝对人家的答谢？也没细想，就同意丕郑出使秦国。凭了这伎俩，丕郑得以逃脱。丕郑在秦国得知里克被杀，兴起兔死狐悲之叹。经一番考虑，他向秦穆公说：

"我国君主自五年前就决心与秦国和好。不然，也不会定居到梁。不然，早就像重耳那样逃到小戎去了。但是，这一次我来送礼，吕甥、郤称、郤芮这三个人，好不可恶，一再从中作梗！这样下去，难免会做出过河拆桥的不义之事。"

吕甥、郤称、郤芮是何许人呢？这三人是晋惠公的党羽心腹。做君主的人，最喜欢装糊涂。听了这种话，秦穆公故意问：

"先生所虑极是！依先生之见，我该怎么办？"

丕郑说：

"夷吾、重耳都是君主你的郎舅，按理不应当分彼此。我看重耳倒是个重情义的宽厚之人。他将国家让给夷吾，真有周太伯的风骨！这种人不立，去立那忘恩负义的人做什么！"

秦穆公想：

当初你不是也同意立夷吾吗？现在夷吾要杀你了，你又兴起这念头！你这种人，也不是什么好东西！也罢，别国的贰臣，与我何干？夷吾答应给里克土地，却反过来杀了里克。他对我会不会过河拆桥，倒也令人担忧。

于是，秦穆公派丕郑与秦国使者泠至一道到晋国。临行前，秦穆公向泠至交代许多话。泠至到晋国，对晋惠公说：

"我国君主感谢贵国的厚礼，令我回访。区区薄礼，一则是恭贺君主即位，再则回礼。我国君主说：替我问候阿舅。阿舅的事情，就是我的事情。阿舅不忘彼此的情好，践行诺言，秦、晋亲如一家。然而，听说阿舅身边有几个坏人。阿舅要小心啊！"

这话中说什么"践行诺言"，暗中的意思是：当初许诺的黄河以西的土地，是不是该支付了？这话中说"坏人"，则是说看不惯晋国的某些人。泠至将场面话讲完，又低声对传话人说：

"我国君主的意思：要我将吕甥、郤称、郤芮三人带回秦国去。"

晋惠公自春秋68年逃到梁，至此足足有五年以上。这五年期间，天天都在计划回国的事情，早就盘算好一切。他谋求君主位的心思，就连重耳身边的狐偃都知道其志在必得，所以劝重耳避其锋芒。晋惠公的所有计谋，正出于吕甥、郤称、郤芮三人。现在秦穆公要这三个人，分明就是要灭晋惠公的党羽，然后对晋国动手。晋惠公想：

就算我答应了给你土地，也不好这般紧逼！刚刚才坐上这位子，我国内事情正乱如麻，你却跑来一要土地，二要人。土地和人都没有了，我还算什么君主！什么阿舅！你心中的阿舅，恐怕是重耳，不是我！

晋惠公想想心中有气，下令杀死丕郑，同时于国中搜捕太子申生的党羽。晋献公年代，太子申生曾经统率下军。于此，晋国的下军被视为申生的党羽，其七舆大夫全部被杀。这七个人分别是：左行共华、右行贾华、叔坚、雅歆、纍虎、特宫、山祁。当初里克杀死骊姬、奚齐，靠的正是这七人的支持。晋惠公看到这种历史，所以要对付七舆大夫。在晋惠公的搜捕之中，丕郑之子丕豹漏网，逃脱至秦国。丕豹与晋惠公结下杀父之仇，到秦国见到秦穆公，就更加继承其父的政见，一再请求讨伐晋国，他说：

"夷吾处理七舆大夫，是与整个下军为敌。他流亡在外多年，在晋国国内的威望已经不行。现在又与众多晋国贵族为敌，困难程度可想而知。你于这个时候进攻晋国，他那点党羽，禁不住内外交攻，势必崩溃。此乃绝佳时机！"

秦穆公向晋惠公索要土地的事情，没有得到明确回复；听了丕郑的建议向晋国要人，又遭拒绝。经此事，他看到了晋惠公厉害的一面，觉得自己向晋国要人的做法有点唐突。他说：

"你说他大失人心。他失了人心，却怎么有本事杀人？你不过是个逃命的人，不要去想谋害君主那样的大事情。"

丕豹由此成为丧家之犬，从此消失于政治舞台。

春秋75年，晋国出现饥荒。春秋76年，晋国又出现饥荒。晋惠公招架不住，向秦国借粮食。秦穆公召集谋臣讨论此事，说：

"他答应给我的土地，至今都还没有给。现在又来问我借粮食。我该不该帮他呢？"

百里奚说：

"他不仁，我们不能不义。晋国的饥荒，并非晋国君主一人的饥荒。就算不救晋国君主，也不能不救晋国庶民。"

秦国贵族公孙枝抱相同观点：

"就是要让他知恩不报！他知恩不报，他的庶民又感激我们。到那时候来进攻他，我方有怒，他方有愧，何患不胜？"

于是，秦穆公下令，沿渭河、黄河、汾河，先顺流后溯流，漕运粮食周济晋国。至春秋77年，秦国反过来出现饥荒，秦穆公反过来向晋惠公借粮食。晋国贵族虢射说：

"不给秦国承诺的土地，已经是得罪它了。秦、晋的矛盾已经存在，秦国已经视我为仇敌。帮助它，乃是让它更有力量来报复我们；不帮它，无非是让既有的矛盾更深一些。"

另有贵族庆郑，表示反对：

"这是背弃信义，得罪邻居。这样子做，以后谁会帮你？忘却别人的帮助，又在别人有难的时候幸灾乐祸、落井下石。这种行径，就算是原本的朋友，也要变成仇敌。更何况我们与秦国已经有了矛盾！此事让我国的庶民得知，也会为之不齿！君主你会后悔的！"

晋惠公其人，答应给予丕郑、里克土地，却反过来谋杀丕郑、里克；答应给秦穆公黄河以西的土地，结果也是不了了之。这种赖账人物，哪能记得秦国赈济之情？他想自己的位子已经坐稳，似乎也不必求着秦国。敌国之饥，乃是本国之福，所以就干脆拒绝赈济。庆郑于此事上据理力争，却不为君主采信。为此，他心里激出一种反叛思想，后续可见。

《周约》的"无亟籴"，含有天下粮食为天下公有的意义。在这种教义影响下，中原诸侯有一种无偿地赈济外国饥荒的传统。所以，当时的诸侯国之间借粮食，名义上是借，实际是白送。然而，同样的事情，秦穆公愿意帮忙；晋惠公原本就欠对方人情，却还反过来不帮忙。晋国拒绝借粮，让秦穆公感到晋惠公许诺的土地更加不可能得到。秦穆公立志报复。春秋78年冬，秦国已经从头一年的饥荒之中缓过来，秦穆公带兵讨伐晋惠公。晋惠公组织军队迎战于韩。

韩是战国七雄之中的韩国起家发迹的地方，笔者于此述其渊源。韩早先是一个城邑，名叫韩原，位于秦、晋之间。周武王封建诸侯的时候，将其封建给自己的一个儿子。那就是古韩国。后来，晋国吞并了古韩国。晋文侯仇生子名万，受封于韩，是为韩万。其后人以封地建氏，是为韩氏。传至此时，韩氏当家人是韩万之孙韩简。韩简之侄，是为韩厥。韩厥之子，是为韩起。韩厥、韩起，后来都做到了晋国正卿。韩起传其子韩贞子，韩贞子传其子韩简子。韩简子传其子韩庄子。韩庄子传其子韩康子。韩康子传其子韩武子。韩武子传其子韩景侯。韩景侯时候，周王同意赵、魏、韩三国取代晋国。晋国由此消失，赵、魏、韩列于诸侯，为战国七雄之三。

却说晋惠公到韩之后，因韩简是当地地主，就命其做晋国方面的使者，到秦军之中探听虚实。韩简回来后，对晋惠公说：

"秦军人数上少于我军，但是军队的士气比我们高得多。"

战前，晋惠公对于车右的人选进行卜，卜的结果应当由庆郑为车右。因为庆郑曾经建议赈济秦国，所以晋惠公有点讨厌他，故而不从卜的天意，改命家仆徒做车右。另外，让步扬做御戎。庆郑驾车的本事，是晋国第一。晋惠公不用庆郑，却想借用庆郑调教出的战马，所以征用庆郑的四匹战马，用来拉自己的战车。对此，庆郑说：

"驾御马车是有讲究的。马虽是畜生，却也通人性。马与主人心意相通，马车才能行进自如。我驾这四匹马很久了。经过平常的调教，它们能从我的声音、我的鞭子的响声之中感受到我的想法。它们甚至知道爱我，能够主动地避险就夷来保护我。"

"你不用我，就不该用我的马。不是它们的主人来驾它们，它们心头不服，发起怒来乱冲乱撞，在战场上会对战斗不利。"

晋惠公总觉得庆郑向着外人，对其反感。庆郑越是这么说，他越是不听。两军阵势对圆，晋惠公趾高气扬，派韩简单车出阵挑战。韩简秉承君主的高傲，命自己的车右梁由靡为使者。梁由靡跳下马车，走到秦穆公的战车前，传晋惠公的话：

"我国君主说：**寡人不佞，能合其众而不能离也。君若不还，无所逃命。**（我没什么本事，但是能够团结、召集起晋国的人。你再不回去，我就只好照你的意思与你交战。）"

秦穆公手握一杆雕镂花纹的戈，将戈微微前指，战车缓步出阵，面对使者。按贵族的礼仪，他的眼睛不看使者，而是平视前方，看着对面的晋惠公，大声说话，希望对面阵营能够听到：

"君之未入，寡人惧之。入而未定列，犹吾忧也。苟列定矣，敢不承命！"

译文：在你回国之前，我怕你不能回国。你回国之后，不能够整肃政治，也令我担忧。如果你能够办好晋国的事情，我不敢不照你的命令撤兵离去。

这话有指责晋惠公忘恩负义的意思，又嘲笑晋惠公政治上无能。表面文章做完之后，双方开战。战场上，因为御戎对乘马不熟悉，晋惠公的战马陷入泥淖。庆郑正好在旁边。晋惠公向庆郑呼救。庆郑几番遭晋惠公的偏见，心头有气。他说：

"我说什么你都不听！偏要一意孤行。现在想起我来了？"

当时，韩简正在追秦穆公，眼看就要追上了。庆郑不去施救于晋惠公，而是跑去对韩简说：

"主公的车陷入泥淖，就要被敌人抓住了，你快去救主公！"

韩简赶去救晋惠公，错过了抓住秦穆公的机会。韩简还没有赶到，晋惠公已经被秦军俘虏，交到秦穆公那里。

在当时，人们视君主为信仰。君主是一国的灵魂，也是军队的灵魂。晋惠公被抓，晋军马上放弃战斗。晋国贵族跟随在载着晋惠公的秦军战车后面，摘下帽子，取去簪子，让头发披散下来，遮住脸。这辆车到哪里，他们就跟到哪里。这车停下来时，他们就地坐于草地上。

当时的人，无论男女，都从少年时期的某一时间起，就永不剪短头发，任凭头发长长。所以，古人的头发比现代人长很多。头发很长，所以需要用向身后梳理，并且用带子、簪子之类的东西将其束住。如果不这样，任凭头发自然下垂，就会遮住整个面部，看起来像野人、鬼魅一般。中原贵族以衣冠礼仪立身。这些晋国贵族不戴帽子，就地坐到地上，那意思是放弃贵族的身份、自贬为奴，期望以此博取秦穆公的同情。晋国贵族的丧君之痛，让秦穆公有点感动。他派人对跟随的晋国贵族说：

"你们真是伤心！事情是你们的君主自作自受！我带他西去，也不过是践行妖梦。顺应天意。我不希望你们这样！"

这话中的妖梦是指什么呢？这又要从晋国贵族狐突说起。前面提到，狐突是重耳的外公，早先是太子申生的手下，于申生被杀之前告老辞职，一心要投靠重耳。晋惠公成立后，狐突出于帮助重耳的目的，四处散布这样一个故事：

前不久，我遇到申生的鬼魂了！我去曲沃的路上，遇到申生。他让我上他的马车，对我说：

"夷吾无礼，霸占先君的女人，抢占我的位子！我已经控诉于上帝，要将他的晋国送给秦国！今后，秦国会祭祀我！"

我对申生说：

"我听说鬼魂不吃异族献祭的东西，世人也不祭祀异族的鬼魂。你本是姬姓，却让嬴姓的秦国来祭祀你。那你将得不到献祭的食物！何况，夷吾对不住你，晋国庶民并没有对不起你！"

申生回答说：

"你说得是！我回去考虑一下，七天后答复你！七天之后，曲沃城西会有一个巫师。通过他，你可以见到我！"

说完这些，申生和他的马车一下子消失了。七天之后，我来到曲沃城西，果然遇到了一个巫师。巫师带我到郊外，喝神水而变成尸主，说出了申生的答复：

"我重新请求于上帝。上帝说要处罚夷吾，要让他在韩吃大亏！"

当时的人迷信鬼魂。狐突的这番讲述，被视为天意。不但流传于晋国，并且在秦、晋两国交往之中，流传到了秦国。秦穆公听到这种鬼话，觉得自己正好加以利用，所以出兵晋国的时候驻扎于韩。现在于韩擒获晋惠公，正验证了这个天意。不过，晋惠公究竟做了什么无礼的事呢？那又要从秦穆夫人说起。

春秋73年，晋惠公请求秦穆公护送回国的时候，曾经找到秦穆夫人帮忙说话。秦穆夫人是晋献公早先的第一夫人齐姜的女儿，与太子申生同母。她当初出嫁，就带有逃避灾难的意思。她出嫁时，晋国发生内乱：申生被杀，重耳、晋惠公出走。之后，奚齐、卓子相继被杀，晋国动乱不定。在晋献公年代，骊姬为了让自己的儿子做上君主，要晋献公与他一起发下毒誓：

奚齐、卓子之外的所有公子，都不得居于都城。

因为这一誓言，申生、重耳、夷吾，以及晋献公的其他儿子，均离开绛都。秦穆夫人是家里的老大姐，念手足之情，希望自己的兄弟能够回国团聚，就请晋惠公回国后召回这些在外的公子。这个要求，算是做姐姐的纪念娘家的一点情。另外，秦穆夫人在祖国的时候，与晋献公的另一个夫人贾君关系很好。所以秦穆夫人又请晋惠公照料国内的贾君。当时，晋惠公一心回国为君，所以满口答应。

晋惠公回国后，处理了七舆大夫，已是与申生一房为敌。对于召回群公子一事，他想：

召回早先遣出的公子，岂不是平白地树立起潜在敌人？让重耳之类的人回国，岂不是自找麻烦？

为此，他没有如约召回群公子。倒是照料贾君一事，无伤大雅，可以用来搪塞秦穆夫人。有一天，晋惠公想到秦穆夫人的嘱托，专程带了些礼物去看望贾君。这个贾君，打自申生出世开始，就已经失势。从此以后三十来年的时间，她不得君主宠幸，居于冷宫。现在有君主专程前来看望，当然是感激涕零。晋惠公说：

"你不必谢我。是姐姐要我来看望你。今后，你有什么困难，尽管来找我。"

此后，晋惠公完全违背对于秦穆夫人的承诺，索性将申生、重耳及其他公子的家人降格为奴。男的，强命其参加劳役；女的哩，就依照对贾君的方式，收入后宫做性奴。这种事情，在当时司空见惯，却让狐突以之为据，编造出申生鬼魂的故事。

秦穆公擒获晋惠公，晋国贵族反首拔舍，跟随在后。秦穆公说自己并不想俘虏晋惠公，只不过是践行妖梦。晋国贵族感受到秦穆公的同情心，觉得晋惠公有生还的希望，就全体下跪，手放于地，三次叩头，然后将头停留于手背上。他们说：

"你脚踏着地，头顶着天。天、地都听着你的这些话。我们处于你的下风的位置。风带来你的话，天地铭记你的恩德。希望你照说的做。"

读者注意：中国话的"下风"一词，就本原于此。话说到这个份上，秦穆公毕竟不肯就此放了晋惠公。秦穆公回师路上，驻于王城（此城在关中，与此时的周朝首都同名。），召集军中贵族，准备商议处置晋国君主。忽有宫中使臣，穿一身黑色丧服来报：

"大事不好，夫人携公子站于柴火之上，准备自焚！"

这是怎么回事呢？且看下回。

放散第二十三回

救兄弟登台履薪　奖功臣州兵爰田

晋惠公虐待申生的家人，背弃自己对秦穆夫人的承诺。然而，对秦穆夫人而言，他毕竟是自己的弟弟、祖国的君主。女人家心肠软，对人的仇恨不如男人那么深。风闻晋惠公被俘，秦穆夫人决定救助。她带起自己所生的四个儿女来到大门口，准备自焚，以要挟秦穆公。当时的贵族的大门，于门槛的位置，修建有一个高于路面的石台。由这石台往下走几个阶梯，才到路面。以这石台为基础，在上面修建门楼。阶梯中间为步行所用的石梯。阶梯两边，则是没有梯步的斜角于地面的平面，用于通行马车。这种门，在当今很常见，在古中国很多朝代，却是只有皇帝才能拥有的礼制。它有一个专门的称呼，叫作"纳陛"，属于"九锡"之一。人们熟知的"陛下"二字，就是由此而生。因为全天下只有皇帝拥有纳陛，故而"陛下"专指皇帝。然而，这种礼制并非自古就有。后来晋文公得到"九锡"，其中就没有纳陛。春秋时期是中国讲究级别的最初时期，所以当时的禁忌还没有后世那么多。秦穆公只是诸侯，其寝宫也有纳陛。

且说秦穆夫人携儿女来到门台之上，堆起一堆柴火，准备自焚。同时派人穿上丧服，去对秦穆公说：

"上天降下灾难，让秦、晋两国不以姐夫、舅子的关系相互送礼，反倒刀兵相见。如果晋国君主早晨进入秦国都城，我当天晚上就去死；如果晋国君主晚上进入，我次日早晨就去死。请你决定吧！"

得到这个消息，秦穆公的会议中不得不考虑老婆儿女的因素。会上，秦穆公说：

"抓住晋国君主，原本是件好事。但是，为了这事失去老婆儿女，就不划算。现在看来，杀他是不可能的了。是放他回国，还是赶走他，还是囚禁他？诸位有什么意见？"

公子挚说：

"不能放他走！将他赶到其他国家，只会让晋国与其他国家合谋对付我国。也不能放他回国。放他回去，必然使得晋国君、臣一心，寻仇于我国。"

公孙枝说：

"周朝的史佚说过：无始祸，无怙难，无重怒。杀死晋国君主，只会造成我们的罪恶，增加晋国的愤怒，让他们难以接受。那样一来，什么事都可能发生！况且，欺负人，显得不祥。晋国还不是一个可以灭得了的国家。不如扣押他，拥立重耳。重耳因我国而立，必然感恩于我国。而且，重耳为了自己的位子，也会对付夷吾的党羽。"

公孙挚说：

"你这主意原是不错，然而违背了早先定的国策：我们就是要让晋国在夷吾手里动乱，就是不能让重耳这样有德的人为君。"

秦穆公说：

"我与他战争，又俘虏了他。不说其他；就是面子上，一时间也不可能就与晋国友好。这样吧，先扣押下来，总要得些好处才放他回去。如果一定要放他回去，就让他儿子来换他！"

会议成这种结果之后，考虑到秦穆夫人放下的狠话，秦穆公不敢带晋惠公回国，而是将其软禁于王城的旅馆，准许他与自己的臣下见面。晋惠公得了这个机会，赶紧命人从绛都召来谋臣吕甥。吕甥到王城后，先是带着礼物去拜见秦穆公。秦穆公素闻此人乃是晋惠公身边的能人，所以单独接见。秦穆公向吕甥问起晋国的国情：

"贵国一向动乱，不知现在情况如何？经历了这些事，现在该团结了？"

吕甥说：

"并不团结。"

秦穆公原想对方出于外交，会说什么晋国上下一心、众志成城之类的话。不想竟是这个答复。秦穆公觉得这人果然有点名堂，又问：

"怎样不团结呢？"

吕甥说：

"晋国有一些贱人。他们不知道君主即是社稷，不为君主的罪过担心，只想着自家的父兄死于与秦国的战争，一心要拼尽一切，报复秦国。他们说：一定要为我们的亲人报仇。为了报仇，宁愿事奉齐国、楚国。现在，他们正在与齐、楚接洽。

"好在，晋国还有一些懂得礼仪的君子。他们为君主的做法感到羞耻，觉得晋国很对不起秦国。所以一心要事奉秦国。这两种人立场不同。所以晋国并不团结。正是为了要调解他们之间的争执，所以我才来晚了。"

秦穆公原想是自己赈济了晋国，会让晋国人感恩戴德。现在吕甥说晋国人不但不感激自己，反倒要与自己拼命。说起来，秦军于战争中杀死了晋国人。这又是事实。秦穆看此人确实是能言善辩，转而又问：

"其实，就算是你不来，我还是要放了贵国君主。顺便问一下：贵国人民以为贵国君主将是怎样的结局呢？"

吕甥说：

"晋国的小人，以为君主将遭不幸。但是，晋国的君子不这么看。"

秦穆公说：

"这又是怎样讲呢？"

吕甥说：

"晋国的小人恨你，巴不得你杀死了晋国君主，好以之为借口来报仇！晋国的君子是这样想的：我国君主回国，是靠了他。他能够立我们的君主，又能够逮捕我们的君主，当然就能够释放我们的君主。他是一个好人。好人不至于记仇，不至于将早先的恩德变成怨仇。难道，你竟然不是这样的人？"

这个话，算是拐着弯拍马屁。吕甥的外交应变，先硬后软，张弛有度。于此之外，他拿出早先承诺的黄河以东的地契，另献玉帛若干，赎买晋惠公。这些东西都还买不回一国之君，所以另添一项条款：晋国用太子公子圉到秦国充当人质，替换晋惠公。秦穆公为一国之君，不可能由着别人怎么说就怎么做；所以他当面并不答应，倒是于送走吕甥之后，派人备下猪、牛、羊，送住晋惠公的宾馆，尽点地主之谊。这个做法，已暗含释放晋惠公的意思。

吕甥见过秦穆公之后，赶紧去见晋惠公。晋惠公对吕甥说：

"从前做过的事情，如今报应到来。多亏姐姐舍身相救，现在看，回国已经问题不大。现在的问题是：怎样重新收拾人心？"

吕甥说：

"眼下众臣由丧君之痛生出爱国心，你稍稍表演一番就行了。长远来看，要维持人心，必须要给臣下长远的实际好处。

"你以为他们打仗不出力，真的是感激秦国？那不是过看到里克、丕郑为你做事，却得到不好的结局。以里克、丕郑为鉴，谁愿意为你卖命呢？"

晋惠公说：

"给他们什么好处呢？"

吕甥道：

"士芳曾经向先君建议任人唯贤的新规则。先君用新规则来选择继承人，所以才有主公你的继位。选君主可以用新规则，选官员也可以用新规则。新规则让你努力奋斗，做上君主；也可以让晋国官员为之奋斗，为之效力于国家。主公回国后，就用有功必赏，有罪必罚的规则，用土地和世袭的官职，奖励忠心于你的人。有了这种实际的好处，何愁不得人心？"

读者注意：吕甥的这个建议，其实带有私心。他本人是晋惠公的心腹，为晋惠公回国出谋划策，算是大功臣。按有功必赏的规则，他本人首先就要得利。究竟如何实施新规则，这里先按下不表。且说晋惠公在吕甥的指导下，假装出一种悔过的态度，杀猪宰羊，犒劳跟随自己的晋国贵族，席间又拿出钱财来赏赐。他说：

"我不回去了！我回去，只会让社稷蒙羞！你们回去进行卜，让公子圉之外的其他公子来做君主。国家有新君主了，就不怕秦国拿我来要挟晋国！"

吕甥在一旁帮腔：

"君主不顾个人安危，而是想着国家社稷。你们准备怎么办呢？"

这些人一时也反应不过来，就问：

"你说，我们该怎么办呢？"

吕甥说：

"做臣子的，还能怎么办？回去后，忠心辅佐公子圉，做好国内的事情。用国内的安定局面做后盾，再来要回我们的君主！"

晋国群臣走后不久，会议中议定做君主的公子圉被吕甥秘密接到秦国，替换晋惠公回国。说到公子圉，于此叙其身世。春秋69年，晋惠公逃到梁国。梁国是一个小国，与秦国同为嬴姓，位置在秦国与晋国之间。流亡的时候，晋惠公是想要利用梁国靠近秦国的优势，争取秦国的支持，回国为君。读者或许会问，既然想要秦国支持，何以不直接逃到秦国呢？须知当时的晋国，政权掌握在骊姬一房。骊姬等人害死了申生，与申生的姐姐秦穆夫人结仇。如果晋惠公直接投奔秦国，就显出伙同申生一房，共抗骊姬的意图，那会招致晋国不遗余力的追杀。晋惠公到梁国后，按当时的习俗，取梁国女儿梁嬴。梁嬴怀孕，过了预产期还没有生产。当时的人迷信，晋惠公派人对此进行卜。大约是看梁嬴没有顺产，卜人这样说：

"这将是一个龙凤胎。出生的男孩，将做别人的奴隶。出生的女儿，将做别人的女奴。"

孩子出世，果然是一男一女的龙凤胎。晋惠公顺应天意，为这男孩起名为"圉"，女孩起名为"妾"。按"圉"字的意思，是养马人。不过，春秋时候的养马人，不同于后世的"太子洗马"，乃是奴仆的一种。圉是晋惠公的长子，被立为继承人。至此春秋80年，圉和妾，果然到秦国为人质，成了别人的臣妾。公子圉虽是人质，却是晋国的太子。秦穆公又将自己的女儿怀嬴嫁给圉。

且说晋惠公回国后，第一件事情，乃是处理庆郑。庆郑于韩之战中陷害晋惠公。在其他贵族反首拔舍跟随晋惠公的时候，他又没有跟随，而是独自逃回晋国。听说晋惠公回国，庆郑并不出逃，而是坐等君主的处理。他的朋友对他说：

"因为你，君主才被秦国俘虏。现在君主就要回来了，你还不赶紧逃命？"

庆郑说：

"做军人，眼看要战败，当以死战斗；眼看上级要被俘，也应当以死救助。我于违背这两条之外，另有一条故意陷害君主的罪状。我的人生已经记录下这三大罪状。我的心中，也永远记录下这三大罪状。我怎能逃避？我只能面对！我要等待君主的处理。如果君主不回来处理我，我将拼死讨伐秦国。哪怕只剩下我一个人，也要进行这场战争！我为了自己的个人情绪陷害君主，我必须接受君主的处理！"

读者注意：这个话，说得简直是大义凛然！未必然春秋时候的人物，果真就如此取义成仁，看破生死？其实，庆郑得知晋惠公就要回国，势必追查到自己。自己逃避是死，不逃避也是死。于绝无生机的情况下，说点高尚的话，指望的是这话传到晋惠公那里，为自己带来哪怕是一点点保命的可能。

晋惠公听说此人等着自己去杀他，倒也有些诧异。他先派个使者去见庆郑，听庆郑有什么话讲。庆郑得了这个机会，赶紧表白心迹：

"我对君主的怨恨最初是因为君主得秦国帮助而不报答。如果他听了我的进谏，借粮予秦国，就不至于有后来的战争。不听我的进谏，所以有战争。战争到来，我又进谏，请他用我做御戎。如果听了我的进谏，他不至于被俘。不听我的进谏，所以被俘。我的每一个进谏，都是得到验证的正确进谏。如果处理我，就是处理正确的人、正确的行为。这样做，将来还有谁愿意拼死进谏？……

"其实，就算君主不处理我，我也要自杀。"

晋惠公听这说法，不禁疑惑起来。他征求其他人的意见。有人说：

"这事涉及对韩之战的评价，还涉及对秦国的态度。处理庆郑，显得你挑起的韩之战是对的。这背离了你最近表现的悔过态度。放过庆郑，既是你就韩之战认错，又显得你没有忘记秦国加予你的耻辱。"

又有人反对这观点：

"释放本国的一个人，就算是报复秦国？何况，我们现在正与秦国讲和，我国太子又在秦国做人质，又怎能报复秦国？此人陷害君主之罪不可赦！"

晋惠公综合分析，发现庆郑的命远不如儿子的命重要，决定对庆郑的处理是：阻止其自杀，执行公开死刑。行刑前，召集起晋国全体官兵，宣布庆郑罪行：

君主求救于庆郑，庆郑不救。这是第一罪状。庆郑假传军令，让韩简回身救君主。这是第二罪状。明知韩简即将抓住秦国君主，却加以阻止。这是第三罪状。君主被俘之后，没有以死争取。这是第四罪状。数罪并罚，处庆郑斩刑。

这第四条，是指晋惠公被俘的时候，庆郑没有像其他人那样反首拔舍。庆郑听到这一条，心头火起，忍不住开口说话：

"快动手吧！说这些做什么？我能够等待死刑，却不能够像你们那样脱了帽子放声哭泣？这两样，哪样困难些？"

......

经历了韩之战,晋惠公变得成熟,致力于内政外交。他的很多政策,后来都成了晋文公的榜样。晋惠公的政策,对于晋国的霸业有着重要的意义。笔者先从外交说起。

曾经收留了晋惠公的梁国,乃是晋国夫人梁嬴的祖国。晋惠公回国后,利用这层婚姻关系,秘密结交梁国。梁、晋达成协议:梁国事奉晋国,为晋国侵略秦国。梁国在晋国的支持下,于靠近秦国的地方为晋国建设军事基地。梁国先于梁、晋之间建了几个基地;后又于春秋81年,于梁、秦之间建设起一个新城,名为新里。这些基地虽然建起,因晋国国内不稳,晋军没有进驻。秦穆公听到点风声,也不用外交手段,而是利用就近的优势,派兵占领新里。秦、梁本是同姓,因此事成为仇敌。春秋82年,秦穆公于梁国内部安插间谍,让这些间谍到处制造恐慌气氛,于大街上惊呼:

秦军来了!快逃啊!

梁国本是个小国,其国力与秦国完全不在一个档次。在这惊吓之下,梁国国民纷纷外逃,只剩下一个空城。秦穆公兵不血刃,直接派人进驻梁国。

利用梁国,是晋惠公暗中报复秦国的密计。此计实施的同时,晋惠公表面上对秦国的态度很友好。晋惠公派使者对秦穆公说:

"贵国与戎之间的仇,完全是因周朝而起。我替贵国作想:你何苦为周朝卖命,充当周朝的挡箭牌?我们两国合力,将戎迁到中原。如此移祸于中原,可以解你西顾之忧。"

这是怎么回事呢?前面提到,戎与周朝之间,因周穆王违约而开战。戎攻陷镐京,周平王于成周开创东周。在此过程之中,周朝采用分化政策,将戎的一支封建为国,命其做周朝的雇佣军,阻挡戎的进攻。这个被封建的国家,正是秦国。晋国自成师以来,以小宗夺大宗,严重违背周约。成师一房与仇一房之间的战争,从春秋前五十年代一直进行到春秋五十年代。作为儒教的本原,周朝于战争之初一直支持正统的仇一房。到得后来，成师一房越战越强，周朝迫不得已，才承认晋武公开国。晋武公开国之后，周朝仍然暗中支使虢国进攻晋国。关中的秦国，也被周朝用作对付晋国的棋子。由于这一个历史，晋惠公模仿周朝的计策，想要利用秦国、戎来对付周朝。晋惠公的生母，源出小戎允姓。允姓戎在周穆王年代被追杀至当今甘肃敦煌。西周衰落之后，才又渐渐移迁至当今黄土高原一带。因为与晋惠公有亲戚关系，允姓戎于晋惠公即位后找到晋国，请求晋惠公给片土地做生存空间。当时，晋惠公也没细想，就将晋国边疆地方不适宜于农耕，只适宜于游牧的土地划拨给允姓戎。晋惠公被秦国释放之后，寻思要做成霸业，所以设计将允姓戎迁到周朝旁边，使其成周朝身边一个不可磨灭的心腹之患，借以报复周朝，削弱周朝的力量。此时的秦穆公，正与戎进行战争。晋惠公的这一建议，于秦国有利无害。秦国当然就同意。戎从西方东进中原，途中最大的两个中原国家就是秦、晋。秦、晋都让出路来，允姓戎得以进入骰、函以东，到达当今河南省的熊耳山，从此号为陆浑戎。直到今天，伊河之上的一个水库，仍然名为陆浑水库。早先的周穆王违背约定进攻戎，将戎追赶至当今的新疆。戎与周朝之间有三百年的世仇。为此，陆浑戎时常下山侵扰周朝。东周以来，周平王、周桓王两代，还有些振作气象，有重振王道的理想。身边被安插下这股仇敌之后，渐渐就自顾不暇，无心于天下权势。居于中原正中的陆浑戎，后来又造成了周朝的分裂，这里且按下不表。

以上是对外政策。内政方面，晋惠公开创了爰田、州兵。前面提到，吕甥建议对晋国贵族实行有功必赏的政策，赐之以土地和世袭官职。这种赐地，不同于先前的封地。春秋诸侯将国中某片土地封予某人，那是套用的周朝的封建诸侯，要受封的人做当地的领主，同时向君主上贡。爰田与之不同，它出自公田。按井田制度，贵族要求农民于耕种自己的私田之外耕种公田。公田的收入，归君主支配。这种公田，名义上用于君主的祭祀，实际上则相当于现代的赋税。从秦国回晋国之后，晋惠公想要激励手下，所以将部分公田的收入，交由功臣支配。这用于奖励功臣的公田，就叫作爰田。这一改革，实际是从君主的收入之中分割出一部分，用于奖励功臣。

自管仲以后，列国都学习齐国，采用民兵制度。农民于春、夏、秋三季从事农业，于冬季练兵。这种制度寓兵于民，让贵族充当将领；兵员，则从农民之中产生。所谓州兵，是在州一级选拔职业军人。春秋列国的行政区划，地方上最高一级是县，其次一级是州。仅以地理面积而言，当时的州大致相当于当今的县。州兵从农民之中产生，却不再从事农业，而是专门以军事为职业。晋国君主封某人以封地，又让此人以州为单位，统率由封地之中产生出的军队。这其实是下放兵权。这个政策，明显是效仿管仲的由民产生士的制度。而晋国将州兵的统帅权下放到臣下，又带着晋国特有的新规则的味道。州兵制度逐渐推行，大大鼓励了晋国贵族的积极性，让晋国越来越强大。然而，它也让晋国的兵权分散到了世族豪门手中。

晋国的国力，因新规则而越来越强；晋国的政局，也因新规则而长久动荡。按谁有本事谁来做的规则，晋惠公之子不如晋文公能干，晋国就只能继续动乱。相关情况，下回再叙。

循环第二十四回

无纵亡人期不至　天启霸主二十年

春秋 86 年，晋惠公病危。身在秦国的圉决定偷逃回国，继承家业。他想要带怀嬴一起走。怀嬴说：

"你是晋国的继承人，理应回国为君。我的君主将我嫁给你，乃是为了用我来拴住你。我不能完成使命，也就罢了；若再随你而去，如何对得起自己的祖国？你我毕竟夫妻一场。你走吧，我不会去告密！"

圉回到晋国，继承晋惠公的国家，是为晋怀公。笔者按史书的习惯，从此称其为晋怀公。

晋怀公在秦国做了五年人质，突然间回国为君。国内的贵族，是否忠诚于他？这很是一个问题。特别是，是否有人心中想着那个流亡在外的重耳，要趁晋惠公去世之机，拥立重耳？由于这些疑虑，晋怀公需要进行政治上的清洗和人员更换。春秋 86 年 9 月，晋怀公下令"无纵亡人"，要求晋国流亡于外的贵族于指定时间回国报到，于指定时间未报到者，即视为叛国。狐毛、狐偃二兄弟，是狐突的儿子，公子重耳的舅舅。二人此时追随公子重耳，身在秦国。公子重耳的外祖父狐突，没有按这规定召回儿子狐毛、狐偃。晋怀公于做人质期间，得知了狐突编造妖梦的事情真相。至此，晋怀公将狐突谳成叛国之罪，予以处死。此举传达出一个重要的信号：

晋怀公要对公子重耳下手！

说到公子重耳，重述其身世。公子重耳是晋献公与大戎女之子、太子申生的弟弟、晋惠公的哥哥、晋怀公的伯父。春秋 57 年，晋献公听信狐姬之言，分封申生、重耳、夷吾于曲沃、蒲、屈。至春秋 68 年，公子重耳从封地蒲出逃至大戎。春秋 73 年，秦穆公派人到大戎征求重耳意见，请重耳回国为君。重耳将位子让给晋惠公，并且说要忠诚于晋惠公。为此，晋惠公暂时放过重耳。在大戎期间，重耳跟随大戎部落讨伐赤狄廧咎如，俘获两个女人：叔隗、季隗。重耳娶季隗。季隗生下伯儵、叔刘。赵衰娶叔隗。叔隗生赵盾。后来，赵盾生赵朔。赵朔生赵武。赵武，就是所谓"赵氏孤儿"。

至春秋 80 年，晋惠公觉得重耳终究是心腹大患，派寺人披趁重耳围猎的时机追杀重耳。至此，重耳不得不再度流亡天涯。重耳在大戎已经娶妻生子，很有点难于割舍。他与季隗话别，说：

"你等我二十五年。过二十五年我都还不来找你，你再改嫁。"

这红头发的白种女人也还贞洁。她回答说：

"我现在二十五岁。再过二十五年，就五十岁了。年老色衰，还说什么改嫁？请夫君放心，我为你守一辈子就是了。"

因为这种贞洁，才有后来的晋国接回叔隗、季隗、赵盾。当时，因家事而流亡外国的公子、公孙很多。接收国的政策，往往是根据流亡公子的身价，给予相应的政治待遇。如果被接收的公子后来能够回国为君，那接收国于这人有恩，就可以向这人要求报答。如果趁机欺侮流亡公子，流亡公子后来又成立为君主，就造成两国结仇。公子重耳流亡于东方，于不同的国家，得到了不同的待遇。这些事情，影响了后来的历史。这已经是重耳第二次遭追杀而不得不流亡。这一次，重耳决定投奔齐国。这个决定缘于狐偃的分析。狐偃说：

"早先，我建议你到这里，是看这里离祖国近，又有层亲戚关系。其实，这里并不是可以成事的地方。现在，我们呆这里已经有 12 年，实在是够久的了。好比是水，长久地不流动，就要变成死水。早先我说不能到齐、楚，说那里太远。现在积攒力量 12 年，可以走远路。齐国是诸侯的老大，却一直没有臣服晋国，总想要亲近晋国。管仲已经死了，齐国君主有了暮气。如果是早先，他可能会冒险对付你。现在，他只想让人生圆满地结束，定会善待你。"

重耳从大戎逃奔齐国，途经卫国。此时的卫国君主是宣姜之子卫文公。卫国正遭受狄人和邢国的围攻，国门紧闭。卫文公没有心思接待流亡公子，将重耳一行拒于国门之外。重耳原指望到卫国好生休息几天，却连门都不让进，只好继续赶路。行到卫国地界一个名叫五鹿的地方，一行人又饥又渴。看到路边有个种地的野人，重耳向其要吃喝的东西。野人看不惯这种不劳而获的公子哥儿，吃喝不献上，倒将地里的一块土献上。重耳大怒，举鞭要打野人。狐偃拦住重耳，说：

"公子息怒！这是上天赐土地给你的征兆！我姬姓大有于天下，正是以农耕土壤之力！周王封建诸侯，正是以五色土为封建的信物。这没有国属的野人，是天使。他给你土壤，你应当保存，并将其收藏于社稷的石室金匮。怎能拒绝呢？"

这种话，在当时来讲，算是穷困潦倒之际聊以自慰。卫国君主不接纳重耳，就连卫国的一个野人，也欺负重耳。对此，重耳怀恨于心，暗暗发誓报复。到达齐国之后，齐桓公果然给予重耳很好的礼遇。他将女儿嫁给重耳，赏赐给重耳大片土地、很多奴仆，让重耳重新过上贵族生活。就在这一年，齐桓公去世。继任的齐孝公，继承先君的态度，对重耳也很好。就是到了后来的城濮之战，齐国也是站到晋国一边。齐桓、晋文公两大霸主之间，没有霸主间常见的斗争。这主要是因为此时的重耳对齐国不构成威胁。

重耳到齐国，一住就是 5 年。在大戎期间，重耳跟随大戎逐水草而居，要么放牧，要么狩猎，终日驰骋于原野。生活格调粗犷、豪迈，但是不够精致。如今重回中原，一切的衣食住行，都有人照料；就有了刘备入赘东吴的感觉，乐不思蜀了。安定的生活，让人髀中生肉，更由酒色消磨了体质和理想。儿女牵挂让人贪生怕死。因为已有的快乐而畏惧可能的苦难。以当前的平安而无视将来的灾难。总之，安逸的生活让重耳渐渐有了暮气，不思进取了。

重耳手下的人，打自追随重耳出国那一天，就已经不可能再投靠晋国的其他君主。重耳回国为君，是他们转运发迹的唯一指望。要是重耳老死于齐国，重耳本人倒还没有什么；他手下这帮人，就彻底成了丧家之犬，非但丧失祖国，并且丧失主人。为此，狐偃、赵衰等人，经一番计议，说动重耳的齐国女人姜氏，让姜氏去劝说重耳。姜氏对重耳说：

"我爱的是你胸怀大志，历经磨难而矢志不渝。爱的是你德才兼备，为天下人所仰止。爱的是你的男子汉本色，愈是磨难愈是坚强、愈是成熟。而今你为了臣妾这身子，舍弃远大前程。倒是我有罪了！我这就与儿女一起去死，好让你去做大事！"

男人最听不得的，就是女人说自己有男人魅力。重耳听了这话，倒也激起许多气概，答应回国。女人正青春年少。她这些话，是说来哄自己高兴。然而，自己真要是这样不振作，保不齐哪天她就要偷人。要想老婆不偷人，唯有掌握政权。于是，重耳反过来宽慰姜氏说：

"女人都有此决心，我还有什么话说？我正是打算回国。你要安心在齐国等我。我若无能，你尽可以再嫁。我若得一步前程，定会来接你母子到晋国。你当为晋国第一夫人！"

这种话，当然是哄女人开心。后来重耳做上霸主，其第一夫人既不是守身如玉的季隗，也不是这个于重大时刻激励丈夫的姜氏，而是秦穆公之女。这样的结果，是因为当时秦晋关系对晋国而言最重要。只不过，姜氏成了霸主的女人，无论身处哪里，总是受到身边的人尊重。且说当时，重耳与姜氏缠绵离别，于春秋85年离开齐国。至春秋86年，重耳到达秦国。就是在到达秦国的时候，接到晋怀公"无纵亡人"的命令。这春秋85年至春秋86年一年间，重耳从齐国出发，先后到了曹、宋、郑、楚、秦等国。这路线由北而南，由南转西，绕了一个大圈。为什么要耽搁这么久呢？前面提到，重耳接受了狐偃的思想，认为丧和乱是两把刀。须得让晋国乱个够，乱极思治，然后再回国。这就好比医学上的一种测试：让病情尽量发散出现，方才能够找出病根所在。重耳没有抄近路直接回国，绕这么一大圈，又有点像武术上的游龙八卦掌，沿圆圈绕对手而走，那是伺机而动，是观察对手的破绽。晋怀公下令"无纵亡人"，就仿佛是对手终于出招……

一年多的游历，让重耳身处晋国之外，更能够看清国内的情况；又让他寻得了国际上的支持，为后来的霸业打下基础。重耳绕这一圈，其中有苦有乐：

重耳到曹国，曹共公不予礼遇。曹共公听说晋国的公子重耳，乃是白种女人所生。混血造成特别变异，天生成一种千年一见的"骈胁"（此"骈"字为"骿"字之误。）。曹共公心里好奇，就于重耳洗澡的时候，跑去偷看：

这公子大约有四十岁，全身皮肤洁白。头发、胡须虽是黑色，眼睛却是灰中带蓝。身材差不多有一米九十。因从小练习驾车、射箭，所以体格匀称，全身肌肉、骨骼都十分强健。特别是其腋下：

肌腱鼓胀突起。背肌如倒三角，腹肌如倒置的"品"字。腰肌与腹肌之间，凹陷成深窝；延伸至腹股沟，形成裸体雕像一般的美感。

肋骨排列得比常人更加紧密，又因为长期练习某种箭术，让肋骨之上的肌肉比常人更加发达、更加厚实，厚实的肌肉盖住了排骨，故而看不到肋条的形状。腋下肌肉呈紧固的块状，仿佛是一整块铁板，刀砍不进、箭射不入的样子。一般来讲，健美的"肌肉男"无论怎样练习，其肋骨之上很难练出大块的肌肉，难免呈现出肋骨的形状，看起来有点瘦骨嶙峋。要是连这个部位都练出美感，那就简直达到了完美！重耳的基因是混血，遗传变异出特殊的骨骼。重耳生于尚武的春秋时期，青少年时期又遭遇必欲置其于死地的骊姬，不得不苦练武艺，所以才形成这千年一见的"骿胁"。后世盛传李广生成千年一见的"猿臂"，其手腕、前臂、上臂都能够以常人不能到达的角度转动。其实，天生的骨骼只是一个方面，更重要的是练习。在骨骼还在生长的少年时期练习特殊的动作，能够让人类远古时期的基因"复活"，做出常人不能做出的动作。古人特别重视射箭，练习背后反手拉弓，练习用牙齿、用脚拉弓。如果世代练习这些动作，就会进化出特殊的身体技能。李广的"猿臂"，与敦煌壁画上的反弹琵琶道理相通；主要是从小习武的结果，而不是什么天赐的神技。重耳的骈胁，则说明春秋贵族世代习武，其身体素质超越常人……

春秋贵族总是以衣冠示人。如果赤身露体，就会被视卑贱的奴隶。曹共公偷窥重耳，是视重耳为奴隶。

曹共公不尊重重耳，但是曹国贵族僖负羁却帮助了这落难公子。僖负羁派人送给重耳食物，并且在食物的下面，垫上贵重的玉璧。重耳毕竟是贵族出身，只接受了食物，将玉璧退还。

之后，重耳到宋国。此时的宋国君主宋襄公，刚刚打过泓之战，正在养伤。他是一个比齐桓公还要好名的人物。对这大国的公子，宋襄公盛情款待，又送了重耳乘马八十匹。

之后，重耳到郑国。此时的郑国君主是郑厉公之子郑文公。郑文公听说曹共公偷窥了骈胁，也觉得好奇，也去偷窥重耳洗澡。郑国贵族叔詹进谏于郑文公，请郑文公尊重重耳。郑文公不听。叔詹又说：

"如果不予礼遇，那就请杀死他。让他回去之后成了气候，终将报复于君主。"

郑文公照样不听。

之后，重耳到楚国，得到楚成王盛情款待。楚成王很赏识重耳，认为晋国将在重耳的统治下成长为一个大国。楚成王头一年接受了郑文公的九献、庭实旅百的礼仪。刚刚见识到一种新奇东西，总想向别人卖弄。所以就用这种礼仪来款待重耳。重耳受宠若惊，坚持推辞这一礼遇。狐偃将重耳拉到旁边，悄悄对他说：

"这大概是天命！是上天要让你成为霸主！上天认定你将来会做霸主，所以让他来讨好你。你要是一味推辞，反倒会让他小看你！你不但要接受，还要做出未来霸主的样子。"

款待的时候，楚成王问重耳：

"公子你将来要是做上国君，用什么来报答我呢？"

重耳说：

"我晋国有的东西，你楚国都有。我能有什么来报答！"

楚成王说：

"素闻重耳公子是天下第一重情义的人，怎么可能没有报答？请如实说出你的志向！"

重耳听这话，想到狐偃的提醒，一时也激起大丈夫之志，就说：

以君之灵，得反晋国。晋、楚治兵，遇于中原，其避君三舍。若不获命，其左执鞭、弭，右属櫜、鞬，以与君周旋。

译文：如果靠你的帮助，我得以回到晋国，假设将来某一天晋国与楚国在战场上相遇，我退让你三舍地。如果在我的退让之后，你仍然不退后，那我也只好左手握马鞭、弓匣，右手摸箭盒，与你周旋。

至此，重耳犹如一把剑，已经磨到最锋利的时候，跃跃欲试，就要杀人！然而，这种话一说，在楚国就待不下去了。楚国贵族成得臣，看重耳胸怀大志，终为楚国大患，建议杀死重耳。楚成王乃是春秋时期楚国君主系中仅次于楚庄王的人物，很有点豪气。他说：

"我打天下，靠的是我的本事。我岂会畏惧一个流亡公子？杀了他，倒显得我下作了！我就是要放过他，看他怎样与我争天下！"

重耳继续流亡，至最后一站秦国。此时，晋怀公已经即位，狐突已经被杀，晋怀公、重耳之间已经公开为敌。秦国为什么愿意收留重耳呢？因秦穆公与晋怀公之间，有几种过结：

春秋78年，秦国于俘虏晋惠公之后，要求晋怀公到秦国为人质。春秋80年，晋怀公及其同胞妹妹妾同赴秦国为人质。春秋82年，秦国灭了梁国。而梁国乃是晋怀公的母亲的祖国。春秋86年，晋怀公偷逃回晋国，让秦国挟持晋国的计划落空。

这些都还次要。重要的是，秦穆公早先设计搞乱晋国，以从中谋利。结果处处遭晋国暗算。他想：

搞乱晋国的思路就不对！让道德败坏的人来做邻居，这种人当然要背信弃义。让仁义的人统治邻国，才会对我好！重耳有让国的义举，又素有重情义的名声。立重耳为晋国君主，晋国会报答秦国。

因这种种原因，秦穆公愿意拥立重耳。秦穆公与重耳之间，一个想要依靠对方的帮助回国为君；一个想要扶植亲戚，从中得到好处。二人请秦穆夫人做中间人，叙起姐夫、郎舅之情，颇有相见恨晚的感觉。按当时的习惯，两人于酒席上把酒言欢，互唱《诗经》，搞得秦、晋之好，仿佛天下最好。后世所称"秦晋之好"，就是指的此时秦穆公与重耳之间的关系。"秦晋之好"又指婚姻关系，那是因为以下事情：

为表明反对晋怀公、支持重耳的态度，秦穆公将晋怀公在秦国的老婆怀嬴，连同另外几个嬴姓女人，送给重耳侍寝。怀嬴是秦穆公的女儿。秦穆公的意思，一则是亲上加亲，再则有鼓励重耳之意：要打败晋怀公，就先占有他的女人。这主意另有一层深意：让你与他结下夺妻之恨，不怕你不与他为敌。

然而，直接去睡自己的侄儿媳妇，让重耳觉得有点难乎为情。想想姐夫也是好意，所以重耳只好领命。怀嬴侍奉前夫的伯父，乃是出于秦国的政治目的。重耳却觉得此女人尽可夫，如同性奴，如同后世的官妓，所以就有点看不起她。有一天早晨，睡了起来，洗脸的时候，怀嬴在旁边抱着瓶子倒水。重耳洗过之后，挥手示意怀嬴退下。一甩手，将手上的水洒到了怀嬴脸上。这种态度，是有点不喜欢这个仇人的老婆。不想，怀嬴发怒说：

"你还是个流亡公子！我乃是秦国国君的女儿！现在你就这样子。将来做上国君，岂不是要我的命？你藐视我没有什么。但是，你藐视我就是藐视我秦国国君！"

重耳吓了一大跳。赶紧赔礼道歉。并且主动向秦穆公请罪。秦穆公却说：

"在我嫡出的女儿之中，就数她最漂亮。要不是当初子圉曾经收用了她，我本想将她正式地嫁给你。我又想把最好的女儿给你，又不愿让你娶个不洁的女人，所以才让她做下人来服侍你。为结秦晋之好，我何惜一女。郎舅不必介意。"

这个话原本自相矛盾：既是不洁的女人，何以算是最好的女人？不过，他想要搞好与重耳的关系，倒是实情。重耳听这话中提到婚姻，却不敢怠慢，回去后与手下商议：

"秦国君主说他本想把怀嬴正式嫁给我。出于友好，我应当向秦国正式求婚，娶怀嬴为嫡妻。然而，此女曾经侍奉子圉。我、子圉，还有她的灵魂，将来都要进入曲沃的宗庙。到时候，将她的木主安放什么位置呢？怕不会让祖宗蒙羞？"

狐偃说：

"据我看来，秦国君主无非是想讨好你。他让你睡子圉的女人，不过是让你与子圉彻底决裂，以表明他拥护你、反对子圉的态度。不然，此事平白地增加他与子圉的仇恨，对他有什么好处？别人如此处心积虑地替你作想，你却不能不放在心上！"

赵衰说：

"按先君的新规则，君主当由有本事的人来做。子圉那点本事，与主公相去何啻渊壤？他命里就是奴隶，哪里配做君主？曲沃的神庙里，不能有他的位子。主公娶秦国女儿为夫人，夫人的木主只配于主公一人。这不会让祖宗蒙羞。"

经过这种周详的考虑，重耳先送怀嬴回家，然后命人带上正式的聘礼，说娶怀嬴为嫡妻。秦穆公心下虽期待此事，事到其间，却又觉得自己的行径确实有点猥琐。重耳敬一尺，秦穆公敬一丈。秦穆公改将另一女儿文嬴嫁予重耳，以避嫌疑。后来，出于对秦国的尊重，重耳立文嬴为晋国第一夫人。再后来，文嬴的儿子晋襄公继承了晋文公的家业。再后来，秦穆夫人的儿子秦康公又成了秦国君主。秦、晋之间相互嫁女娶妇，并且因婚姻关系造成了双边友好。实际上，秦康公按其母秦穆夫人一方面计算，与晋襄公之间是中表关系；按其姐文嬴一方面计算，则晋襄公与他之间又是甥舅关系。秦穆公与重耳之间，为了政治上的同盟，你替我作想，我替你作想，友好得如同一家人。为此，后世称之为"秦晋之好"。其实，这说起来特别美好的事情，其中却既有叔占侄媳的龌龊情节，又有娶外甥女的乱伦。好在当时儒教总设计师孔子还没有出世，使用至今的伦常也都还没有产生，所以孔子对晋文公不但没有指责，反倒特别仰慕。

春秋 87 年初，秦穆公派兵护送公子重耳回国。重耳及秦军以雷霆手段，先后拿下了晋国的令狐、桑泉、臼衰。晋怀公逃奔高梁。同时，晋国国内的吕甥、郤芮带领晋军迎战。秦穆公手下公子絷、重耳手下狐偃作为使者来到晋军中。狐偃宣言：

"献公去世的时候，你们请重耳回国为君。出于友生之义，重耳效仿太伯、仲雍，逃位于外，让位与惠公，主动向惠公称臣。此事为天下诸侯所共知。然而，惠公误听人言，追杀重耳，以至重耳流亡东方。重耳不得见宗庙社稷，有二十年了。新君即位，督责重耳以无纵亡人。重耳仰天俯地，竟无一藏身之处。不得已，告求于友邦亲家，欲一见祖宗神灵，涤湔前愆。

"诸位乃晋国臣民。所望，无非国家有主，宗庙有祀。去一君，有一君；哪一个又不是先君血脉？献公九子，唯存重耳。天启重耳为君，这是智者达人所共识。重耳天纵聪明，仁厚待人，常欲尽搜天下英才而用之，更何况各位乃是先君旧臣、晋国遗老？重耳欲与各位戮力同心、共守祖宗基业。且欲开创一代霸业。各位不止保于旧秩，更会有新的封地和爵命。重耳有命：凡在重耳入绛前归顺者，例加命一级！"

这一番话，吕甥、郤芮二人是不相信的。然而，此时晋怀公已经逃奔高梁，生死未卜。在场的其他晋国贵族听了这话，再看那相貌凶狠的公子絷，心里不免影影绰绰，渐渐有首鼠两端的情态。拗不过群情，众人择日盟誓。誓言内容哩，无非是说晋国贵族拥戴重耳为君，重耳则保证决不会对晋国贵族下手。

有了这种公开的态度，重耳先是到故都曲沃，朝拜于晋武公的庙。之后，选了个好日子，进入晋国都城绛，即位称君。自此，公子重耳变身为晋文公，笔者也从此改变对其称呼。

晋文公即位后，第一件事情，就是刺杀晋怀公于高梁。接下来，按"一朝天子一朝臣"的惯例，当然就是政治上的清洗和人员更换。

前面提到，吕甥、郤芮，乃是晋惠公的心腹。他们与晋惠公十多年的君臣关系，怎可能一时间就改事晋文公？他们与狐偃进行了盟誓。然而，盟誓的双方均不相信誓言，都想着违背誓言。吕、郤密谋放火烧死晋文公。晋文公则是一种后发制人的思想：

因为誓言，不好处理你。正是要你谋反，我才好下手。

春秋 87 年 3 月，晋文公的宫中发生火灾。晋文公不在宫中，而是提前悄悄到了王城，与秦军会合商议。这火灾，正是吕、郤二人所为。二人纵火不得手，知道事情败露，赶紧就往外逃。逃到黄河边的时候，遭遇到秦国使者。秦国使者将二人骗过黄河，一并杀死。这事，当然是晋文公王城之会的计划。晋惠、晋怀的党羽众多，晋文公迫切需要军队的保护。他向秦国申请卫士。秦穆公派出三千卫兵，专门保护晋文公的安全。晋文公不能仅靠外国军队来保护自己，他必须在晋国贵族之中建立起威信。这种政治环境，影响到他的用人。

晋国自晋文公以后，号为多士。无数的晋国贵族为国家出力，让晋国的霸主地位百年不倒。从历史延革上看，这是因为晋献公以来，晋国君主系推崇任人唯贤的国策；从个人魅力上讲，则因为晋文公重视人才，不拘一格地起用人才。对于晋文公的用人，笔者由总而分，先述其梗概：

晋国政权的最核心，乃是晋文公、赵衰、狐偃三人。赵、狐二人追随晋文公流亡二十年，其忠心毋庸置疑，其才华也历经无数次的检验。为表现任人唯贤的思想，就需要压制"任人唯亲"。为此，赵、狐二人并没有得到最高的官职。然而，所有重大的事情，晋文公都征求赵、狐的意见。赵、狐的身份，有点像后世的"白衣卿相"。以上为晋国政权的第一层。

于晋国既有的贵族之中按才华选拔人才，形成居于绛都的中央官。这其中主要有以下十一族：

胥、籍、狐、箕、栾、郤、柏、先、羊舌、董、韩。

以上家族，除栾、柏之外，其他都会或多或少地出现在本书的后面部分。这些家族大多不是晋文公的亲信，却得到重用。此举很大程度上造就了晋国的霸业。此举也确立了晋国按本事选人的惯例。以上十一族，为权力的第二层。

于姬姓之中选拔人才，担任地方官。为权力的第三层。

于异姓之中选拔人才，担任低级官员。为权力的第四层。

如此层层拱卫，先考虑亲疏关系，同时注意才华，形成一种实用的用人方法。

在晋文公之前，因晋武公以旁系居于正统，所以始终有对于原有贵族的清洗。这种清洗，历经武、献、惠三代，基本完成。晋国贵族对于曲沃一房居正的历史，不再抱疑虑。与此同时，以才华选人的做法，也已经深入人心。在这种背景下，晋文公不再采用前几任那种斩草除根的政策，改用一种更加柔性的用人政策。主要靠了用人方面的长处，晋文公成就了霸业。晋文公的用人，流传很多佳话。且待下回再叙。

包含第二十五回

介休永志介之推　王子盗嫂王室乱

就在晋文公即将渡过黄河回国的时候，他身边第一谋臣狐偃，就主动提出辞呈。他向晋文公献上一块玉璧，表示谢罪的意思，说：

"这些年来，我做你的臣，追随你走遍天下。其间，我犯下了很多罪。我自己都知道这些罪，更何况你！我请求从此离去。"

狐偃的这种话，是想到了自己的父亲狐突。狐突在春秋63年申生大败皋落氏的时候，就杜门不出，不沾惹是非。结果仍然因儿子受牵连，遭到杀害。政坛凶险，步步惊心。君主的心意，犹如春天的云，飘移不定，变幻莫测。自己现在拥有的，还只是功。早点离去，最终就以功定性。要是继续混下去，说不定哪天就要变成以罪定性。狐氏的出身乃是游牧的白人部落的酋长。游牧部落的人，只想个人干一番事业，不追求子孙的千秋万代。到得后来，赵氏与狐氏争权，狐氏离开晋国，回归游牧部落。算起来，狐氏与晋文公之间有血亲，关系比赵氏近一层，本可以成为晋国望族。狐氏最终消失于晋国政坛，正与这身世有关。

晋文公在江湖上，混的就是一个"情"字。对于这第一功臣，怎能用到鸟尽弓藏的地步？晋文公当即将玉璧沉入黄河，献祭于河神，请河神见证自己的誓言：

所不与舅氏同心者，有如白水！

其实，狐偃的辞呈，多少有点做作。真要是想离去，走就是了，又何必辞行？当时，就有这样一个人物，在晋文公困难的时候，默默地奉献；在晋文公即位后，悄然离去。按理说，他悄然离去了，就应当史书不载。然而，此人却名垂千古，以至于两千多年后的今天，仍然以他的名字命名地名。此人即是介之推。介之推之所以出名，正是晋文公促成。这件事，尤其彰显晋文公在用人上的手腕。晋文公自春秋 68 年离开祖国，一直没有中断与国内的联系。他在晋国国内安插下人做内应。这些在国内为晋文公做事的人当中，有竖头须和介之推。

晋文公回国后，政事千头万绪，来不及封赏这些人。竖头须坐不住了，主动去求见晋文公。晋文公当时正在洗头，一时间随口答复说：

"等一下，我正在洗头。"

传话的人如实将这话传给竖头须。竖头须以为君主是不想见自己，就怏怏离去。事后，晋文公并没有忘记，还是封赏了竖头须。事情传到介之推耳中，激起了介之推的一种自尊：

人人都一心表功。我就偏不去表功！我不愿用热脸去贴别人的冷屁股，我不想求着别人来赏赐！

介之推召集起家人，悄悄离开晋国，到一个别人找不到的地方去开荒做野人。临行前，有人对他说：

你毕竟为他做事一场，彼此有个君臣的名分。就算要走，也该当面辞行。就算不当面辞行，也该派个人去通知一声，以明心迹。

介子推没有理会这种说法，从此消失于人们的视线。晋文公得知这事，深感此人乃是真正的高人。为了表彰这个无名英雄，晋文公将晋国当时名为緜上的一片土地赏赐给介之推。介之推本人已经离去，吃不到这土地上出产的粮食。于是就供奉起他的生祠，让人们献祭于介之推。做君主的人，最、最喜欢的就是这种为自己做事不求回报的人。介之推的事迹，不仅为晋文公推崇，且为后世历代统治者推崇。后世有人于緜上重建神庙，纪念介之推。辗转至后来，又有人将这个地方所在的县，命名为"介休"。那意思是说：

介之推的神灵，永远休息于此。

这个地名，沿用至今。地点就在当今的山西省中部、汾河的中游。

晋国贵族郤芮，封地在冀。所以又名冀芮。郤芮早先是晋惠公最铁杆的心腹，因晋文公的王城之谋而死。他死后，其子郤缺得特别施恩，既不处死，也不禁锢；只是取消其一切贵族待遇，贬为冀的普通农民。晋文公派胥臣到民间物色人才。有一天，胥臣来到冀，看到了郤缺。郤缺在地里薅草，郤缺的妻子到田间为丈夫送吃的。郤缺妻对丈夫的态度，相当恭敬。她将餐盘递给郤缺的时候，为表尊敬，自己屈膝矮身，举托盘高过自己的眉毛，避免直视丈夫。这个举动，成了后世的一个成语，叫作"举案齐眉"。这让胥臣感到惊奇：

此人由贵族沦落为庶民。他的老婆不但不嫌弃他，反倒如此尊敬他！此乃周文王"刑于寡妻"的境界！看来，这人有点本事。

经胥臣举荐，晋文公起用郤缺。按儒教思想，郤缺与晋文公有不共戴天之仇。晋文公心下难免有所忌惮。起用郤缺，主要是表明不计前嫌的政治姿态，为的是激励更多的人才为国家出力。此时，晋文公毕竟担心郤缺寻仇，故而不敢给他高官。郤缺虽不得高官；毕竟重新进入大夫的行列。凭了"刑于寡妻"的本事，郤氏渐渐重振家声。至其子跛子郤克之时，郤克做到了第一大夫，郤氏则发展出"三郤"，为晋国第一大望族。

两度追杀晋文公的寺人披，是晋文公的反对者之中的顽固派，与吕甥、郤芮是同伙。在吕、郤密谋烧死晋文公的时候，寺人披人经一番形势分析，转而投靠晋文公。他跑去向晋文公告密。求见的时候，晋文公将被寺人披斩下的衣袖拿出来，说：

"蒲城追杀我的时候，君主让你在一天一夜之内完成，你当天就赶到了。我跟随狄的君主在渭河边围猎，你向惠公请求暗杀我。惠公命你三天三夜之内完成，你第二天就赶到了。虽说是有君命，你也来得太快了吧！被你斩断的衣祛还在，你还是走吧！"

寺人披说：

"我以为君主得以回国，也该明白道理了；照此看来，还是不明白。而且，这样下去，还要再次遭难。执行君主的命令，不能有二心。为君主做事，当然要尽全力！齐桓公忘却射钩，才有管仲相齐。现有管仲一样的人，你还是要拒绝吗？"

晋文公听话中有话，立即改变态度，支开身边的其他人，详细询问，才得知吕、郤的密谋，得以逃脱烧死的厄运。齐桓公不计前嫌，号为"射钩"；晋文公不计前嫌，号为"斩祛"。从此以后，"射钩斩祛"就成了不计前嫌起用人才的典故。

晋文公手下第二号人物，名为赵衰。晋文公即位后，为表彰赵衰，将自己的女儿赵姬嫁给赵衰。赵衰与晋文公同娶赤狄的女儿，算起来是连襟。如今赵衰又娶晋文公女儿，这辈分就有点乱。好在，当时的人不在乎这点。晋献公可以娶自己的小妈，晋文公可以娶侄儿媳妇，赵衰当然可以娶连襟的女儿。赵衰与赵姬一起生下了三子：赵同、赵括、赵婴。后来，晋文公想起自己在大戎的女人，派人接季隗到晋国。赵姬深体父志，也主动请求接回赵衰的女人叔隗。叔隗携儿子赵盾到晋国后，赵姬又请求立叔隗为正室，立赵盾为赵氏继承人，自己情愿做偏房，自己的儿子情愿为庶子。晋文公对赵衰如此厚待，让赵衰一家，怎能不感念君恩？

上述故事源出传说，其中难免有添油加醋的成分，并不十分可信。可信的是被庐之蒐。为什么呢？被庐之蒐中创立的官制，被庐之蒐中所定的官员人选，都重复印证于后来的历史，不可能有假。这些东西，可以用来反证晋文公确实有极重的任人唯贤的思想。被庐之蒐是晋文公即位后第一次集中任命官员。在被庐之蒐中，为强调任人唯贤、反对任人唯亲，故意排斥晋文公的心腹。因被庐之蒐造就了晋国的霸业，后来的晋国朝廷每当选人之际，总是要考虑被庐之蒐的传统。这个传统不论出身，不论是否有罪，不论是否与君主有仇，不论身上是否有严重的缺点；最大限度地选拔人才。被庐之蒐涉及晋国军制，相关内容较多，笔者将于后面专门叙述。后世有诗"我愿天公重抖擞，不拘一格降人才"。照诗意，仿佛不拘一格降人才是一种不可能达到的理想社会。众所周知，上天是否不拘一格降人才，主要取决于选人机制是否不拘一格选人才。春秋时候的晋国，就是很大程度的不拘一格选人才。任人唯贤的政策究竟如何？究竟有什么成、败、功、罪？读者不必到讲究民主、人权的西方去取经，只需看接下来的晋国的延革。

晋文公回国前，晋惠公经营晋国达十年。绛都之中，原本有很多坚决反对晋文公的人。因为晋文公待人坦诚，不计前嫌，所以很短时间内，晋国国内就不再有谋反的人。晋献公、晋惠公挖空心思，用数十年时间才完成的整肃工作，晋文公三年就完成。这是为什么呢？除了晋国的历史背景，就在于晋文公性格上的豁达，用人上的任人唯贤。

国内整肃之后，晋文公开始图霸业。他问赵衰：

"我用潜伏伺机的大计，流亡了差不多二十年。如今国内安定了，是不是可以像齐桓公那样主盟中原？"

赵衰说：

"主盟中原，谈何容易！齐桓公得旷世奇才管仲而用之，苦心经营五十年，方才做成盟主。就是做成盟主之后，一个不小心，却又失去。当初经营的时候，何其小心。到失去的时候，简直如同水决河堤，一溃不可收拾。"

晋文公说：

"是啊！创业已是不易，要做到守成，就更加不易。都怪他的儿子不争气，彼此内斗，败坏了家业。因为这个教训，我总是要求自己只记恩，不记仇，遇事先从国家团结考虑。"

赵衰道：

"管仲这个人，本事是不消说的。只是，他是个人臣。是人臣，做事难免从人臣的角度着想。从今以往，他管仲的大名，算是可以流传千古了。齐国的国运如何，并不影响他的名声。他背弃无障谷，无亟籴的传统，管制国民，齐国因之而霸。然而，武王的《周约》，岂是轻易能够违背的？天下为公的传统，一时间违背，最终还是会回来。以齐国为鉴，我国必须高举《周约》，重申天下为公的大义。于国内，以封地、官职奖励百官，与国人共治国家；于国外，以封建诸侯、存亡续绝感召天下，与诸侯共有天下。遇事总考虑这一大义，方才能够长保霸权！"

晋文公说：

"我知道这个道理。这好比夷吾，他对秦国一味用心计，结果只是害了自己。为人君者，终究应当与人为善。与人为善，必有善报。只不过，我回国时间这么短，要树立名声和威望，恐怕不容易。齐桓公的名声，用了几十年时间才树立起来。我已经四十多岁，恐怕不能照他那样慢慢施行。怎样才能更快地成就霸业？"

赵衰说：

"主公不必忧心。时不同，势不同也。齐国开创霸道，很多东西都是第一次尝试，那当然需要时间，需要天下人慢慢接受。而今人们已经见识了霸道，主公可以不用齐国那么长的时间。主公只需要做成一两件大事，就能够树立霸权。眼下楚国用绕出东方之计，势力包举半个中原。若能团结我姬姓诸侯，将楚国赶出中原，就可以一举成名。只不过，借鉴齐国的先例，我们必须要以保护周朝为名义，必须与周朝搞好关系。楚国当初以庭实旅百来款待你。那是天意。天意要让你从楚国身上得到霸权！"

晋文公说：

"我国国力原不如楚国，且刚刚走出动乱，怎能打败楚国？"

赵衰说：

"战争的决定性因素，并不在人数，而在人的意志。周武王有乱臣十人，十人一心；商纣有臣亿兆，却有亿兆心。故而武王打败商纣。只要晋国上下一心，晋国群臣群策群力，什么事做不成？为了让晋国贵族群策群力，我们要改良现在的军制，用荣誉和地位，激发国人去战斗！

"以主公眼下的情况，只须做到义、信、礼，就可以做成天下霸主。"

晋文公问：

"怎样叫义、信、礼？"

赵衰说：

"新接手国家，国内还有人不服你。怎样才能让他们服从你呢？要让大夫服从于君主，君主就需要先服从天子。你要主动寻求勤王，匡扶周室。你总是尊重周王、服从周王，你的臣下就会尊重你，服从你。这叫作义。

"你新接手国家，别人怀疑你的号令能否得到执行。这就需要你做出实际的例子，来证明这一点。这叫作信。

"你新接手国家，搞不清国内贵族之间有怎样的恩怨和矛盾。这会造成你指派的官员管不住手下。这就需要建立起一种管理办法，让军队令行禁止。这叫作礼。"

读者注意：接下来的历史中，仿佛天意，出现了种种机遇，让晋文公做成了义、信、礼。难道晋文公真的是得了上天特别的眷顾，是"天启霸主"？其实，他自春秋68年流亡出国，之后二十年的时间，都在等待时机，都在为做霸主做准备。因为有这种准备，时机到来的时候，他能够一举成名。这些机遇的出现，并非偶然，而是二十年等待的结果。英雄的成名，都要靠机遇。然而，机遇总是留给有准备的人。春秋87年，周朝内乱，给了晋文公难得的机遇。说到周朝，补叙其历史：

春秋以来，周朝历平、桓、庄、僖、惠、襄五传。春秋47年，周惠王迎娶惠后，有虢、郑、晋和周朝的原庄公四人主婚。惠后生下周襄王和王子带。周襄王为嫡出长子，于春秋72年成立为王。然而惠后更喜欢的是王子带，从小宠爱王子带。

此时的周朝，周边有两种游牧民族。一种是戎。前面提到，春秋85年，允姓戎在晋惠公的设计下来到熊耳山，演变成陆浑戎。陆浑戎从熊耳山往东，沿伊河顺流而下，来到伊河河谷。他们时常北上洛河河谷，侵扰成周、王城。另有一种游牧民族，是从太行山南下的狄。狄在齐桓公年代灭了邢、卫，之后南下渡过黄河，游牧于嵩山，与洛阳为邻。前面提到，狄在军事上很强大，就连齐桓公都不能战胜它。春秋74年，王子带勾结狄，进攻周朝，烧毁王城东门。周襄王寻求诸侯的帮助。霸主齐桓公勤王，赶走狄。次年，周襄王讨伐王子带，王子带逃奔齐国。周朝向齐国索要王子带，齐桓公说：

"他是王的同胞弟弟，先王的爱子。王与弟弟之间一时失和，我作为外人，只能是劝其和好，哪能任凭他们拼成你死我活？要是我今天将他交出来，导致他被杀；将来王念及兄弟感情，追查他的死因，我倒脱不了干系！"

这话说来说去，是要保护王子带。齐桓公以勤王为名，为什么不帮助周王呢？其实，这正是霸道与王道的区别。齐国作为霸主，借用周王的名义号召天下，所以于表面上不得不保护周朝。然而，齐国也不愿意周朝回复到早先的强大，不愿意天下重归于王道。为此，齐桓公故意保存周朝的反对势力。此时的齐国，威望如日中天。齐国不交出王子带，周朝无可奈何。齐桓公也觉过意不去，就又命管仲为使者，朝拜于周朝，一则是向周襄王送礼，抹过此事；再则以盟主之威，命戎、狄与周朝盟誓，保证不再为难周朝。王子带于齐国一住十年。至春秋85年，因齐桓公已经去世，周朝向齐国要回了王子带。王子带哭诉于惠后，请求母亲的保护。惠后央及周襄王，请周襄王放过弟弟。周襄王想此人离开周朝已经十年，大约也成不了气候，却不过母亲的情面，所以并不处理王子带。

周襄王于春秋75年遭到戎、狄的进攻，回想起周朝利用秦国做雇佣军的传统，主动寻求与戎、狄的友好。当时，周朝与郑国有矛盾。周朝提供军费，让狄为周朝进攻郑国。事后，为表感激，周襄王娶狄的女儿，立之为后，是为隗氏。王子带回周朝后，旧心不死，谋求王位。想来想去，他剑走偏锋，在女人身上动心思，主动勾搭王后隗氏。隗氏乃是白种女人，又比周襄王年轻很多。周朝在军事上不如狄；周襄王在床上，同样不能战胜隗氏。游牧的民族，原本没有多少从一而终的思想。王子带长得俊俏，又肯下功夫。两相比较，隗氏的感情，竟然转到王子带的身上。

春秋 87 年夏，周襄王又请求狄进攻郑国。之后，隗氏与王子带私通的事情败露，周襄王废除了隗氏的王后位。王子带逃奔嵩山，向狄通告隗氏被废的事，伙同狄进攻周襄王。周襄王逃到周邑坎欿。春秋 87 年秋，王子带带领狄的军队再次进攻周襄王，周朝贵族大部分被俘。周襄王走投无路，逃到汜。王子带携隗氏住到温，二人连翩正坐，俨然伉俪，自称天王、王后。

周襄王之所以出逃，起因是与郑国为敌。郑国虽是中原国家，此时却是楚国的盟国、周朝的仇敌。周襄王的寄居地汜，位于郑、楚之间，处于特别危险的境地。一旦周襄王落入楚成王之手，后果不堪设想。为此，周襄王赶紧通知天下诸侯，请求诸侯勤王，照会说：

不谷不德，得罪于母弟之宠子带，鄙在郑地汜。敢告叔父！

接到周朝求救的通知，晋文公想：

这真是天有凑巧！我正想要勤王，王就主动来求救。

当时，秦穆公已经率兵勤王，军队到达黄河边。晋文公急切想要勤王，担心这功劳被抢走，就派人对秦穆公说：

"这是我姬姓内部的事情，我不去出力，倒烦劳贵国。这样说不过去！请贵国回师，我能够办好这事情！"

秦穆公与晋文公亲如一家，也想不到晋国的这种算盘。想想卖命打仗的事情，你要争，那就让你去吧！晋文公心里怀着鬼胎，担心秦穆公识破，再度派人通告秦穆公：

"我到过东方列国，知道些东方的情势。东方诸侯的事情，我比你熟悉。就由我出东面，应对曹、卫、郑、宋。请你出兵西南，从背后牵制楚国。"

晋文公成立后，立了秦穆公之女为第一夫人。秦、晋之间正在蜜月期。因此，秦穆公同意放弃北线，出兵南方。晋文公分派出两路军队，一路包围温，志在灭王子带。另一路进军汜，去迎接周王。晋文公本人驻军于阳樊，起个震慑作用。春秋88年4月，周襄王回到洛阳。王子带则被人从温取走，秘密杀害于隰城。之后，晋文公朝拜周襄王。周襄王赐晋文公以礼酒。晋文公向周襄王请求隧的礼制。

什么叫"隧"呢？就是墓道。高规格的坟墓的建设，犹如宫殿。它像宫殿一样有大门，只不过进门之后越走越低，走到地下。进门之后，通过墓道，然后才到达坟墓的主体部分。在墓道上，甚至还比照宫城的护城河，建有地下河，河上搭桥。墓道两边的墙上，插以火炬照明。这连接大门与墓室主体的墓道，就叫作隧。古人迷信，认为死后的墓穴是一个人永世的居所，所以特别看重坟墓。《周礼》对坟墓的规格有规定：

只有王的坟墓，才允许建设墓道。

其实，当时的诸侯国各自为政。诸侯君主都可以按自己的意愿修建坟墓。只不过，如果逾制，就不能得到别人的承认。晋文公于公开场合向周王请求墓道，是想造成一种政治上的权威。对此，周襄王说：

"这是王才拥有的礼制。如果你没有取代我成为王，就享有这待遇，那就是让天下同时存在两个王。那是不合规矩的。我感谢你的帮助，我可以给你土地。"

周襄王给了晋文公阳、樊、温、原、攒茅五个邑。读者注意：这樊、温、原、攒茅几个邑，乃是春秋11年周桓王给予郑庄公的十二个邑之中的几个。前面提到，这个地方乃是四战之地，历来被周朝用来做缓冲地带。它的周围有周、晋、卫、郑，周围的山上又有戎、狄，并且时有水患。就是周朝的进攻郑国，也正是因为郑、卫两国争夺这一带的滑国，将周朝卷入其中。周襄王将其送给晋国，出于与当初周桓王相同的心思：

你不是喜欢勤王吗？这地方正是周朝的屏障，你就到这里来保卫周朝。让你接收这个是非之地，看你能不能摆平！

晋文公所在的年代，已经不同于郑庄公年代。郑庄公年代，人们的观念中并不承认霸主，所以郑庄公即使灭了许国，也不敢完全吞并。此时的晋文公，正嫌疆土不够大，国力不够强。得此地盘，哪还管什么王道大义。晋国贵族合计一番，即决定将当地人全部迁往晋国内地去做苦力，另派军队于当地建设基地。晋国军队于当地抢劫财产、强奸妇女、杀人放火，激起民愤。阳当地一个名叫仓葛的人，振臂一呼，大声宣告：

"你帮助王，也不过是顺应尊王的礼。我们这里的人还不熟悉你，不愿意做你的臣。你残害我们，岂不是反过来违背周礼？我们阳人根基深厚。我们有夏朝、商朝留传下来的典籍，有周室的军队，有贤人仲山甫任命的官员。这里的人，若不是官员，那也是周王的叔伯、后家兄弟。你为安定王室而来，却残害王的亲戚。你让我们怎么过？请你们转告晋国君主，考虑我们的诉求。"

晋文公哪管这些，放任士兵残杀阳人。春秋88年冬，因原反抗，晋文公率军包围原。晋文公令军队带三天的军粮，宣布要在三天之内拿下原。原人知道了阳的下场，拼死抵抗。晋军死伤严重。三天之后，原并不投降。晋文公下令撤军。此时，有侦察兵报告：

"原就要投降了！"

军吏说：

"请主公再等一等。"

此时，晋文公发出冠冕堂皇的言论：

"信，国之宝也。民之所庇也。得原失信，何以庇民？"

照这话的意思，他体恤士兵的苦处，既已承诺三天之后撤兵，就不愿意让士兵再冒死伤的危险。晋国士兵在阳为非作歹，得到晋文公的包庇，心中已经存了感激。现在又听到这种话，真有"生我者父母，知我者重耳"的感觉。话虽是这般说，晋文公却又命间谍到原城里面策动投降。原最终降于晋国。得到这几个邑之后，晋文公将当地还没有杀尽的遗民迁徙至晋国腹心地带的冀，对其进行种族同化。将原封赏给心腹赵衰。将温封赏给狐毛之子狐溱。在赵衰临行前，晋文公托付重任：

"你是我最信任的人，我极不愿让你离开我身边。然而，这地方是个烫手山芋，非你不能胜任！早先，桓王将其给予郑国庄公，酿成周、郑、狄、苏氏的四战之地。苏氏寄托于卫国，又将卫国卷入其中。按说，我本可以不要这种是非之地。然而，此乃我国在太行以东的第一个据点。有它，就可以进取中原。此地的贵族已经迁走，今后这地方就姓赵。你要让这里变成赵氏的天下，为我晋国东出河、济站稳脚跟！"

晋国原本是黄土高原上的一个国家。早先的晋献公开疆拓土，主要还是在黄土高原和关中。至此，晋国的疆域扩张到太行山以东，于华北平原建立起军事基地，随时可以南下、东出。这就有了争霸于天下的基础。此后的一百年时间内，晋国长期做中原盟主。那有地理上的这种原因。

王子带造反促成了晋文公的勤王。有了勤王的名义，两年之后的城濮之战，晋文公一举成为霸主。相关事情，且待下回再叙。

包含第二十六回

蒐于被庐作三军　曲跃距跃血换命

　　春秋 67 年，齐、楚召陵之盟。之后，楚国北上的势头停顿。经此事后，楚国放弃中路，采用绕出东方的战略，暗中扩张势力。春秋 80 年，齐桓公去世。此后的齐国陷入内乱之中，永远丧失霸权。楚国趁机迅速壮大，很快将势力发展到东方的齐、鲁、宋、卫，有吞并中原之势。春秋 90 年冬，楚国令尹成得臣率军包围宋国。宋国贵族公孙固到晋国求救。晋文公与狐偃商议。晋文公说：

　　"楚国君主于我有恩，我不好直接与他为敌。然而他东取齐、鲁，西取汉水，隐约有吞并天下之志。我不能不防。宋襄公于我有恩，宋国也不能不救。"

　　狐偃说：

　　"岂止是东、西两面！最近楚国征服了曹国，又与卫国结婚。就是中路，也已经临近太行山下。楚国的威胁，已经迫在眉睫！"

　　晋文公说：

　　"曹、卫对我无礼，早就该讨伐。"

　　狐偃说：

　　"楚国早就与郑国达成同盟。去年，楚军又驻兵于毂，监护齐、鲁。臣以为楚国的计划是将齐、鲁、宋、郑连成一线，形成统一服从于楚国的战线。由这战线自东南往西北，先取曹、卫，然后集天下大半的诸侯，逼我国臣服。这个策略，是效仿当初齐桓公争夺霸权的方法，明眼人一眼即能看出！"

晋文公说：

"如此说来，要打破这战线才行。我国势单力薄，该怎样做呢？"

狐偃说：

"以寡敌众，务须迅速！迅速形成重大战果，就能瓦解楚国的战线。我国全是车兵，楚国则兼有舟兵。无论汉水、泗水、淮水，大都是自西北往东南流。故而楚军北上多是逆水行舟。楚军舟兵划桨拉扦，行动缓慢。行军速度方面，我们占先天优势。凭借这一优势，我们可以集中兵力进攻中路。赶在远处的小国的观望期之内，用一次决定胜利来奠定霸业。

"早先的召陵之盟，也是由中路的战果奠定最终的胜利。只要中路能取得成功，东方的齐、鲁就会转变立场。就较小范围看，曹、卫已经与楚国交好，并且一个邻近宋国西北，一个邻近宋国东北。拿下曹、卫，可以形成对包围宋国的楚军的反包围态势。"

大战在即，晋国于军事行动之前先练兵。春秋91年春，晋国于被庐举行"蒐"的典礼。什么叫"蒐"呢？它最初的意思是指春季围猎。中原国家与游牧民族一样，其军事思想起源于打猎，总是于战争之前进行大型围猎。为什么如此呢？原因如下：

其一，围猎之中的分工，演变出对军队官员的任命。整肃围猎的部队，形成战争之中的口令、条令和军纪。

其二，新任命的官员在围猎之中指挥自己的手下，用来实现官兵之间的磨合。

其三，围猎部队对动物的猎杀，用以演练对敌战争。

其四，通过大型围猎，获得动物皮毛、羽毛、肉、骨骼，获得木材、石材等物资。用作即将到来的战争之中的军粮、服装、兵器、装备。

其五，围猎之后对将士的犒赏和惩罚，演变出治军中的授勋、职务变动、军事法庭。

且说当时，晋文公早在很久以前，就已经在筹划军制改革。有了战争的需要，立即就付诸实践。

晋国在春秋前80年，"成师"出世的时候始建军。春秋45年，曲沃武公居正为晋武公。当时晋国为一军编制。春秋62年，晋献公自领一军，命太子申生另领一军，是为两军。至此春秋91年，晋文公为了展开军事行动，创建三军。晋武公的军队，是由晋武公统领。晋献公的军队，由晋献公统领人数更多的上军。至晋文公，三军均由大夫统领。于被庐之蒐中，晋国结合周礼的等级制度，建立起一种一人领导一人的逐级领导制度：

中军主帅为第一大夫。中军副手为第二大夫。上军主帅为第三大夫。上军副手为第四大夫。下军主帅为第五大夫。下军副手为第六大夫。另建君主的御戎和车右，直接由君主领导。此二人级别也较高。

君主领导所有官员，第一大夫领导第二大夫及其以下所有官员。第二大夫领导第三大夫及其以下所有官员。以此类推。

齐国管仲的管理体制，是三分起案，实际为一人管理二人。晋国特别崇尚人的才华，按谁有才华谁就做上级的思想，所以形成这个管理办法。这个制度，经此蒐于被庐的改革开创先河，为后世所借鉴。古今中外的军队管制，很多都借鉴了这种一人领导一人的制度。当国家安全形势特别严峻的时候，这制度也被用作行政管制。

三军将领的人选，涉及到军队的号召力，涉及到晋国贵族最切身的利益，是极棘手的事情。晋文公高屋建瓴，想了个最简单的解决办法。他对赵衰说：

"军制大概就这么定了。先前，你说要用荣誉和地位激励国人去战斗。所以，三军将领的人选，就由你来定。你把名单弄出来，我大概看一下，没有问题，就定下来。"

赵衰得了这个差事，意识到一个严重问题：

君主让我来选定官员，我总不好自己选自己。看来，这摆明了是将我排除在外。

因为自己没戏，反倒没有了私心。赵衰拟定的人选，大抵以才华为标准。他先测试晋文公：

"郤氏的郤縠可为中军主帅。此人行年五十，年富力强。他熟知我国典章法制，且行事沉稳。须得这样的人，才能领导三军。"

晋文公说：

"郤氏乃夷吾之臣。当今晋国贵族，大部分早先都是夷吾之臣。选他，可以奖率大多数人。这个人选，你定得好！索性让郤氏的人做他的副手。同是一家人，同领一军；免得一军之中意见不一。不过，你也不必避嫌，你也要选自己。"

依晋文公的意思，赵衰又推荐郤溱为中军副手。读者注意：前面提到，起用郤缺，乃是晋文公不计前嫌的典范。何以这里没有郤缺呢？其实，晋文公终究还是担心郤缺为父报仇。他于名义上起用郤缺，却只是让郤缺担任下军大夫。整个晋文公年代，郤缺都不得重用。至晋襄公年代，郤缺得以率军出征，活捉白狄子，立了大功。晋襄公命郤缺为卿，却都还是不让他带兵。然而，郤縠、郤溱是郤芮、郤缺的亲戚。得此重用，尤其彰显晋国独有的任人唯贤。

听了晋文公的说法，赵衰想：

看来，君主的意思，第三大夫应当用君主的亲信。他让我选自己。我哪能就选自己？狐偃是他的亲舅舅，且推荐狐偃，再探他的口气。

于是，选定狐偃为上军主帅，即第三大夫。按"同是一家人同领一军"的指示，又用狐氏的狐毛为上军副手。狐偃得了这位子，看赵衰的谦逊，自己也不得不有所表示。他说：

"狐毛为兄，我为弟。我不能领导我的哥哥。"

于是乎，二人对换：狐毛为上军主帅，狐偃为上军副手。

根据晋文公不拘一格起用人才的思想，又从选取栾枝为下军主帅，先轸为下军副手。栾枝源出古老贵族。先轸则源出下层贵族。御戎，乃是为君主驾车的车夫，就选晋国中最擅长驾车的人，选定荀林父。车右，乃是君主的贴身护卫，就选晋国中武力最强健者，选定魏犨。

　　晋文公的这一番任命，差不多具有空前绝后的意义。为什么这么说呢？最主要一点在于：它基本上是完全按才华选人，没有让亲情、友情、资历、既有的功绩之类的东西影响到用人。正是为了强调这一点，故意压制晋文公的心腹狐氏、赵氏。当时的普通农民，成年劳作，不得休息，根本没有条件接受教育，其素质远不如贵族。于贵族之中任人唯贤，已经是最大限度地起用人才。后世的秦始皇、刘邦，将前朝豪族集中管制。唯恐其造反，哪想得到予以重用？后世的朱元璋，重用跟随自己打天下的人。就是说起来很了不起的李世民，也根据亲情，重用自己的姐夫长孙无忌。历朝历代之中，皇帝重用的人，无不是与自己关系紧密的人。人们总是认为打天下需要人才，务必唯才是举；而坐天下则是皇帝一家的家事，无须外人参与。慈禧太后在废光绪的时候，对军机处说：

　　"这是我家的家事，与诸位无关！"

　　就连军机处的大员，都无权过问；由此而下的普通国人，就可想而知！

　　晋文公的被庐之蒐，成了晋国任人唯贤的佳话。它是怎么想出来的呢？其实，这是因为晋文公在齐国待了足足五年，学习了齐国的体制。读者若有心，可将其与齐桓公的改革对照，寻找其中的异同。

　　蒐于被庐之后，晋文公按计划进攻曹国、卫国。卫国在宋国西北，曹国在宋国东北。从太行山以西的晋国过去，先遭遇的是卫国。晋文公向卫国借道。结果遭卫国拒绝。说到卫国，插叙其历史。

　　前面提到，卫国为狄所灭，由齐桓公扶植宣姜的儿子，让卫戴公、卫文公相继为君。卫国位于黄河北面，太行山以东。卫国以南，就是温、原、阳樊等地。打自春秋 11 年周桓王将 12 个邑送给郑庄公，这一带就成了周、郑、卫的战场。周王将此地送给郑国，导致此地早先的领主苏氏仇恨周王。狄被齐桓公打败之后，聚居到中原的大山之中。太行山绵延千里，是狄最大的聚居地。苏氏联络太行山的狄进攻周朝，周朝则利用中原国家与之对抗，并且暗中收买狄。狄为周朝收买，于春秋73年转而进攻苏氏，灭了温。苏氏与卫国是世交，所以逃奔卫国。春秋81年，狄追杀苏氏，联络邢国讨伐卫国。卫国无法消灭四海为家的狄，就报复到邢国身上，用计灭了邢国。当初的齐桓公，又讲同根之义，又讲存亡续绝，迁邢国于夷仪，出军资以重建邢国。齐桓公费尽心血，保得邢国不亡。他哪里想得到，邢国不亡于游牧的狄，倒是与狄为友，为同姓所灭。救助邢国，乃是齐桓公的一大善举。现在卫国打不过狄，却对自己人下手，灭了邢国。邢国遗民流亡齐国，再次请求复国。然而，齐国内部很不团结，无力主持公道。邢国灭亡，只是邢国君主系的宗庙消失，邢这个地名长久地保存下来。直至今天，地名有邢台。姓之中也邢姓。邢国地方为卫国吞并之后，后来又转为晋国吞并。春秋后期，邢成了申公巫臣的封地，这且按下不表。就在灭邢国这一年，卫文公去世，其子继位，是为卫成公。卫成公刚刚即位，就接收到楚国方面的善意：

楚成王要将自己的女儿嫁给卫成公，结卫、楚双边友好。

这是怎么回事呢？春秋67年召陵之盟，楚国的北进受阻于齐国。随着楚成王渐渐长大，楚国渐渐壮大。此时，楚国的势力已经到达华东，逼近齐鲁。楚国要结交卫国，形成对晋国的统一战线。

此时的楚国，已经是天下第一大国。大国主动求婚，卫成公当然同意。晋文公出兵救助宋国的时候，是在卫、楚结婚两年之后。因为与楚国的婚姻关系，卫成公不愿意借道予晋军。晋文公早先流亡的时候，卫国不予接待。而今借道又不成功，所以要讨伐卫国。赵衰进谏：

"主公，当前的敌人，主要是楚国。你不能树敌过多。且放过卫国，将来再收拾它！"

当时的黄河，在当今的河南北部转而北流，经河北、北京入海（当今天津的大部分地方，当时尚在海平面以下。）。当今的黄河下游段，在当时是另外一条河，名为济水。晋文公借道不成功，就放弃黄河，转而渡过济水，到达当今的黄河以南。在途中，晋文公想起五鹿野人向自己进献土块的故事，觉得自己应当顺应天意占有五鹿的土地，回身攻取了卫国的五鹿。在进攻五鹿的时候，第一大夫郤縠病死。人们都以为会让赵衰接替这位子。晋文公的任命，大大出人意料之外：

将第六大夫先轸，连升五级，晋级为中军主帅。

晋军绕道济水，包围曹国，遭到顽强抵抗。城池攻守战，从来都是进攻的一方吃亏。一般来讲，攻守双方战斗减员的比例为十比一。但凡是城中有足够的粮食和箭，进攻方仰攻高城，极其费时费力，吃力不讨好。晋军在曹国都城下僵持不下，晋文公心中焦虑。

晋文公正在军帐中来回踱步，魏犨一脸怒气冲了进来。行过肃礼之后，魏犨说：

"这仗没办法打了！曹国人将战死的我军士兵挂到城墙上，在城上欢呼。我们的士兵都在放声大哭！"

帐中的颠颉说：

"他们做得的事情，我们如何就做不得？你敬我一尺，我敬你一丈。城中的人，其祖坟都在城外。他们不是以尸身示威吗？我们也可以示威。我们去挖他们的祖坟，看他们还敢不敢这么牛！"

晋文公听了这建议，停下了脚步。他说：

"谁没有父母啊！这样做，是不是过分了？"

颠颉说：

"打仗只管输赢，哪能顾忌那么多！申生一心服从父母，还不是落得那样的下场！"

这话让晋文公心中一凛！转念一想，晋文公说：

"既是如此，你去做吧！"

颠颉找了个晴朗的天气，带一队士兵，扛着锹、铲到曹国城外的坟场。他们站到坟头又唱又跳。更有甚者，竟然解开裤带，对着坟头撒尿。之后，士兵发掘坟地，准备让曹国人的祖宗曝尸于阳光之下，顺便挖点坟中陪葬的财物。城上的曹国人吓呆了，跪于城头，请求颠颉住手。为讨好晋军，曹国人将战死的晋军士兵的尸身装殓入棺，送至城外。晋军趁此时机，发起猛攻，拿下曹国都城。说起来，这其实是在对方表达善意的时候施以毒手，很有点不讲究。然而，已经是打仗，讲什么道德呢？

晋文公进入曹国都城，那种胜利者的情绪，当然是意满跶踌！坐于曹国宗庙，看下面跪着的曹国贵族，晋文公拿腔作势，大声说道：

"把你们的东西给我献上来！"

摆出一大堆曹国珍宝之后，晋文公又做出一篇道德文章，历数曹共公的罪恶：

一则是为君不仁，虐待百姓，横征暴敛。小国寡民，竟至于乘鱼轩者三百人。如此奢靡，都是鱼肉庶民的作为。

二则是刚愎自用。国有贤人僖负羁。乃是深明大义、慷慨仁厚之士。弃而不用。是为众叛亲离之举，亡国绝祀之兆。《诗》不云乎：人之云亡，邦国殄瘁？

……

说到僖负羁，晋文公想起这人在危难时刻给自己送吃的。那大恩大德，非报答不可。于是，晋文公赶紧下令：

军队在曹国城中，可以烧杀抢劫、奸淫妇女。然而，僖负羁一家例外。任何人不得动其一砖一草！

晋军将士进入曹国之后，为了给战死的晋国将士报仇，为了发泄久攻不下的郁闷，都需要拿城中的曹国人撒气。强壮的男人，当然是立即杀死。俊俏的女人，当街也可以强奸。想吃哩，任何人家中的禽畜都可以抢劫。爱钱哩，谁第一眼看到就归谁所有。总之，拼了性命来打仗。要是没有这种回报，谁愿意呢？

晋文公的车右魏犨，以及晋文公的亲信颠颉，正抢劫至僖负羁家门前。听到晋文公禁止抢劫僖负羁的号令，二人心想：

主公也就是假装善心，哪有打赢了不抢的道理？

二人止不住兽性，欺辱了僖负羁家里几个妇女，抢了些钱财。为掩盖这事情，又于临走时候一把火烧了房屋。魏犨强奸僖负羁的女人的时候，被对方用玉簪猛扎胸口，胸部受伤。此人体力极其强健，流着血，仍然完成了奸杀。晋文公得知此事，下令杀死这二人。转而一想：

魏犨追随我多年，为人忠勇，所以用作车右。他是保护我的安全的最后一道屏障。杀死了他，哪里去找这样的贴身卫士？听说他胸部受了伤。不知这伤势如何？要是伤重，那就杀死算了。要是身体还行，这么个勇士，还是留下来。那个颠颉，胆敢指责我的父亲，正好借此机会杀死！

于是，晋文公派出使者，传话于魏犨：

"主公说：魏犨违背军令，当斩！然而，念其素有勋绩，可酌情免于死刑。"

使者传完话，走近魏犨，附耳低声说：

"主公说：你的武力冠于三军，杀了可惜。你需要有所表现，才好堵住别人的闲话……"

魏犨说：

"那你就看吧！"

使者看这人，身高只有大约一米六五，却有大约九十公斤重。这是因为他横向的宽度却比普通人宽得多。因为肩宽臂长，其臂展有大约两米。他的腿比普通人短，却极其粗壮。小腿肚鼓起，差不多要用双手才能捧住。耳前的胡须，不像普通人那样下垂，而是根根横长。颔下的胡须下垂，垂到腹脐一带，浓密得如同一把扫帚。他的左肩锁骨以下位置，插着一根玉簪。露在外面的部分约有十厘米，看不出插进去的部分有多长。伤口浸出的血，染红了半件衣服，并且还在往外浸血。

魏犨故意于此时拔出玉簪。原来刺入有十来厘米深。因为他的胸很厚，所以才没有刺穿。他用一张布将伤口层层包裹。然后，双手背于身后，绕着军帐做蛙跳。使者在一旁计数。跳到第三百个时，魏犨停了下来。伤口流出的血更多了，但是他还面带笑容。站到使者面前，魏犨又做了三百次立定纵跳。这一轮下来，使者面前的沙土，已经被血染红一片。因为这超人的表现，晋文公只免去魏犨车右的职位，保留其性命；另将颠颉处死抵罪。

读者注意：魏犨乃是晋文公的车右，是其最贴身的卫士。此人的武力如何，晋文公远比别人清楚。晋文公一心要保全魏犨，所以才出这个题目。到得后来，魏犨之孙魏绛尽忠于晋悼公，那其实是因为晋国君主系与魏氏两家的长远恩情。儒教思想下，君主世袭，权臣也世袭；故而君臣之间的政治感情代代相传。

晋军正在曹国休整，有鲁国使者前来拜访。使者献上一个木匣，其中装着颗人头。使者说：

"我国有个乱臣贼子，勾结卫国，妄图对抗大国，现已处理。"

这是怎么回事呢？且看下回。

递增第二十七回

取商密坎血加书　刺大夫卫溃鲁叛

上回说到，鲁国使者送给身在曹国的晋文公一颗人头。此事牵涉鲁国政治立场的转变。而鲁国的转变，又是此番南北争霸最重大的转折点。为理清头绪，笔者按下此事不表，先补叙大战之前的其他支线。

前面说到，晋文公请秦穆公出兵南方，牵制楚国。当时，楚国在西部的势力延汉水、丹水溯流而上，到达当今陕西南部的安康、商洛，与秦国已经只隔一座秦岭。而楚国的中路，已经完全征服郑国。周朝在军事上是没用的窝囊废，不可能指望它为秦国抵挡楚军。而且，周朝刻意将当今的焦作、新乡一带弄成四战之地，谁都可以去占领。这就让楚国可以于东、南两面夹击秦国。此时的秦穆公，正致力于做西方盟主。他不希望自己的背后出现一个强大的楚国。秦、晋之间又刚刚结成了秦晋之好。综合考虑，秦穆公同意晋文公的请求。

此时的楚国，正计划另一个钳形攻势：一路从东方绕到太行山下，另一路出中路的郑、许，形成对洛阳钳子一般的夹击态势。为此，成得臣将军事基地建于陈国附近的顿国，南方策应祖国，北方策应郑、许。楚国与秦国，自来没有多少交往，楚国没有想到秦国会在此时发起进攻。驻守于汉水流域的楚军，不是楚军的主力，由鬬克、屈御寇统领。他们驻守于析，又命申国、息国的军队，驻扎于都国的商密。秦穆公经商洛谷地南下偷袭，目标定为将楚军势力赶出汉水上游。

春秋88年秋，秦军经析进取商密。秦军潜行经过析，于黄昏时候到达商密城下。驻守商密城的人看城下秦军到达，正准备放箭射住阵脚，却发现前排是一群被捆绑的人。黄昏时候天色不明，看不清是些什么人。商密人心中疑虑，不敢放箭。到得夜里，又看到秦军营中在举行盟誓：

火把的光线下，有几个人，仿佛是秦军将领，正与楚国贵族鬬克、屈御寇在一起赌咒发誓。之后，于地上开挖出一个坑。将牛杀死，洒牛血于坑中，然后于这血上放置刚刚书写的简书。

看这情形，分明是析已经沦陷，楚军将领正与秦国媾和。商密守军原本是申国、息国的人，是受楚国命令，才来驻守商密。现在楚军已经与秦军讲和，商密守军就丧失斗志。于是，秦军顺利拿下商密，又回身进攻析，俘虏了鬬克、屈御寇。

其实，秦军的做法，用的是事先设计的计谋：

故意在黄昏时候到达，是为了让敌军看不清。前排的俘虏，是由秦军中的奴隶假扮而成。鬬克、屈御寇模样的人，也是假扮而成。

楚军将领被俘的消息传到楚国，楚国令尹成得臣大怒，带领大军追击秦军。然而，秦军已经远去。秦军此战，是由晋文公支使。战役之中，晋国派出军事专家随秦军参战，指导了这一战役。此举冷不防在楚国腰上捅一拳，让楚成王第一次见识了晋文公的厉害。楚成王不敢大意，命成得臣包围陈国，又于顿扶植傀儡政权，算是加强中路的防守。后来，成得臣于城濮请战，楚成王故意少派兵。那一则暗含陷害成得臣的密谋；二则也是担心西面出现变故，抱持重的态度。

楚国的绕出东方之计，溯淮河、泗水之后，首先接触到的中原国家是宋国、鲁国，而宋国离楚国更近。春秋85年，宋、楚之间曾经发生泓之战。宋襄公因为此战而死。由此，宋、楚结下不共戴天之仇。为了调和这种矛盾，春秋87年，楚国以朝贺宋成公即位为由头，主动向宋国送礼。当年，宋成公回礼于楚。经此来往，宋、楚之间表面上算是友好。至春秋88年，风闻晋文公成立，宋成公想到宋国于晋文公有恩，转而结交晋国。楚成王得知此事，心想：

"重耳得我救济，才有今天！我以庭实旅百招待他，他倒支使起人来夺我汉水，诱我友邦。看来，泓之战还没有把宋国打痛，须得再伐宋国。"

楚成王正准备讨伐宋国，却接到谍报：

夔国自命为王，强令三峡一带的小国向其上贡。

夔国是什么来头呢？夔国，与当今鄂、渝交界的夔门，有一定的渊源关系。夔国的祖宗，其实源出楚国。楚国祖宗自熊绎至熊勇，加头加尾，历10世11传。熊勇的祖父名为熊渠。熊渠生熊挚、熊延。其中熊延生熊勇。熊挚本是嫡长子，然而他先天生就一种残疾。他的双手打自出生就一直握成拳，不能张开。按儒教规矩，身有残疾的人不能进入宗庙。熊渠死后，熊挚为王。熊挚因身体缺陷不能进宗庙，就向神灵祷告，祈求身体能够正常。楚国的神灵，乃是火神祝融。熊挚向祝融祷告，又向祖宗鬻熊祷告。然而，手并没有因此就能够张开。一气之下，熊挚离开楚国，往西到达夔，自建一国。熊挚走后，国内立熊延为王。熊挚向开国的祖宗祷告不成功，心中恼怒，故而明令夔国不得祭祀祝融，也不得祭祀楚国祖宗。楚国君主系考虑到夔国祖宗身世可怜，且有让国的贤举，所以不予计较。至春秋八十年代，夔国壮大起来，于大巴山、三峡一带算是第一大国。夔国君主因此夜郎自大，竟然自命为王。对此，成得臣进言：

"王，按先王的大计，我国务必先臣服南方、西方，才能北上争中原。背靠三峡，是我国地理上的优势。如今三峡不稳，不得不先定后方，再出中原！"

楚成王道：

"要是随便哪个山头的山贼，都敢称王；我这个王还有什么权威？"

盛怒之下，楚成王也不管彼此的同宗之谊，派了支部队国灭夔国。就在楚国平定后方的时候，有鲁国使者臧文仲来访：

"天命无常，盟主轮换。当今天下盟主，非楚国莫属。寡君仰慕楚王，然而未得机缘、悭吝一面！些许薄物，聊表思忱！望大国无忘小国的一点穷心！"

楚成王想：

齐桓公在时，你一心做齐国的盟弟。如今齐桓公死了，你想起我来了？平白地，表什么"思忱"？定是有求于我。

命使者再问，臧文仲说：

"齐国君主无视历代的友谊，频繁进攻我国。请贵国出兵讨伐齐国，敝人愿做贵国北伐的向导！"

原来齐孝公即位后，想要继承齐桓公的霸权。齐桓公晚年时候，仿佛三国时候的关羽，变得骄傲自大。他以盟主的身份，用周王的名义要求中原诸侯向其上贡。西周开创封建诸侯的时候，所收取的上贡，主要是一些用于祭祀的地方上的土特产。特别是，周朝以农耕的鼻祖自傲，从不收取诸侯的粮食。非但不收取，还用"无亩籴"的誓言，号召天下的粮食为天下人公有，要求天下诸侯赈济任何出现饥荒的国家。齐桓公背弃这种大义，渐渐开始向诸侯征收粮食。此事已经引起诸侯不满。齐孝公以为自己继承了齐国，自然就继任为盟主。他的德行比齐桓公还要差。于横征暴敛之外，还加上恩将仇报。春秋85年，宋襄公于泓之战战败受伤。齐孝公原本欠着宋襄公人情，本应当报答，却反过来趁机讨伐宋国。正因为此，宋国才不顾杀父之仇，求和于楚国。卫国遭受狄的进攻，齐孝公不但不帮助，反倒站到狄的立场，进攻卫国。春秋88年，卫文公去世，其子继位，是为卫成公。卫成公即位后，想要报复齐国。卫国想要联络起齐国南面的鲁国、莒国，形成对齐国的包围态势。然而，鲁、莒之间有矛盾。鲁国季友请莒国遣返庆父的时候，客套话中说"另有厚报"。莒国信以为真，一再向鲁国索要报酬。季友说：

"场面上的话，莒国君主竟然当真！好吧，我给你报酬！"

春秋64年，季友率军进攻莒国，以此来兑现承诺。鲁军侵入莒国，烧杀抢劫，将当初给莒国的钱财连本带利收回，又活捉了莒国君主的弟弟莒挐，扣押为人质。为此，莒、鲁结仇。春秋88年冬，卫成公以调解莒、鲁矛盾为由头，与鲁、莒盟于洮。春秋89年春，卫、鲁、莒再次盟誓于向。两番调解，鲁、莒表面和好，三国结成共抗齐国的联盟。

当初齐桓公按管仲的霸业路线图，将威服鲁、卫、燕作为霸业的第一步。至此，鲁、卫反过来联合对抗齐国。齐孝公恼羞成怒，于春秋89春、春秋89年夏两次进攻鲁国。鲁国打不过齐国。卫国的援军在远方，齐国军队则就在城下。鲁僖公请国内贵族商量对策。鲁国权臣臧文仲派人求教于著名贤人柳下惠。柳下惠说：

"邻近大国，应当以尊敬的态度与之相处。你们跑去与远方不搭界的国家结盟，对付身边的大国。这策略先就有问题！"

臧文仲说：

"你说得对！但现在事情已经这样了，还是要想法应付才对。"

于是，柳下惠派自己的儿子展喜做使者，带着些礼物到齐军中去见齐孝公。先把礼数做够，然后说：

"我国君主听说君主你亲自到来，命我来送礼。"

齐孝公把头一扬，说：

"鲁国怕了吗？"

展喜说：

"现在的情势，鲁国确实怕了。但是，害怕的只是无知的庶民。鲁国贵族并不怕！"

齐孝公说：

"房顶的草都抽完了。地里又还没有长出草。你们凭什么不怕？"

读者或许要问，不是正当夏季吗，怎么会野外不长草？那是因为周朝历法以夏历十一月为岁首。当时是周历四月，正当夏历二月。正是所谓青黄不接的时候。民间没有足够的食物，就连用作屋顶的茅草，也抽作牲畜草料。房子只剩个空架子，看起来就像是挂编钟用的架子。这就叫作"室如悬磬"。鲁国国力较弱，当此青黄不接的时候，尤其无力组织军队对抗。展喜说：

"我国贵族并不害怕，是因为成王发布的命。当初，我国祖宗周公与贵国祖宗姜太公同为周朝重臣。成王命周公、姜太公进行盟誓。誓言说'世世子孙。无相害也'。记载誓言的载书，现在还收藏在齐、鲁两国的石室金匮。因为这个誓言，贵国桓公团结天下诸侯，讨伐不团结的行为，缝补中原国家间的嫌隙，拯救诸侯的灾难。你即位以来，我国贵族想：他肯定会继承桓公的遗志。因为这种想法，对于你的到来，我们并不作防备。我们想：他哪能继位才九年就忘却先君，就改变先父的做法？那样做，把父亲放在怎样的位置？"

这话绕来绕去，将齐孝公进攻鲁国，说成是不孝的行为。齐孝公想：

这事情的起因，主要是卫国。与鲁国关系不大。鲁国毕竟是邻国。做外交，睦邻关系是第一重要的。现在人家也服软了，不如得饶人处且饶人。

齐孝公与鲁国讲和之后退去。展喜的外交，只能保得一时的安全。鲁僖公看齐孝公的做法迥异于齐桓公，不得不另做打算。他将女儿伯姬嫁与宋成公，结鲁、宋姻好；又命臧文仲为使者，不远千里求助于楚国。

楚成王原本就计划进军宋、鲁，得鲁国的邀请，正中下怀。楚国方面会议此事。令尹成得臣对楚成王说：

"按王的妙计，与郑、卫结亲，如今见成效了！现在郑国一心追随我国，卫国替我国削弱齐国力量。就连这以礼仪之邦自居的鲁国，早先一提起我国，一说是蛮荆，再说是无礼。王用了两次九献之礼。这要搁以前，鲁国肯定说是僭制。这臧文仲来见我，你猜他怎么说？"

楚成王说：

"他怎么说？"

成得臣说：

"他说：周王的九献，只是个喝酒的仪式，哪有贵国的这般丰富。贵国的九献，才是真正的九献！"

楚成王哈哈大笑。笑过之后，说：

"而今世界，谁还认什么《周约》？不过是武力说话罢了。他要求我帮他对付齐国。为达目的，什么话说不出口？对齐国，我们也要用分化政策。桓公的几个儿子不是都想做君主吗？你此去正好利用这一点。"

春秋89年冬，成得臣率军北伐。楚军至宋国后，分作两路：一路留守宋国，目标是包围宋都商丘；另一路北上齐国，目标是讨伐齐孝公。楚军先是包围了宋国的缗，然后打败了齐国，攻取了毂（此地与《水浒》中的阳谷县有些渊源。）。之后，楚国采取一种分裂政策：

将攻取的毂封给齐桓公之子公子雍，让易牙（这个太监经历无亏之难而不死，足见其心术过人。可惜先事无亏，后事子雍，均是不成器的主。）做其监护人，又命公子雍为楚国监察齐、鲁。为确保这一点，楚国派楚国将领申公叔侯驻兵于毂。

前面提到，齐桓公的六个儿子，因为都是庶出，所以个个都想做君主。公子雍正巴不得有外国支持。现在近有鲁国，远有楚国，都来做自己的外援。何乐而不为？齐国内部的这种矛盾，促成了楚国以齐制齐的策略。

楚成王的势力北进至齐国，往西沿济水上溯，就逼近太行山下。楚国的钳形攻势，就要形成。春秋90年，楚成王检料国中士兵，为即将到来的大战做准备。鬭縠於菟阅兵于楚邑睽，成得臣阅兵于楚邑蒍。鬭縠於菟用一上午完成军队的召集工作，没有因违背军令的处罚。成得臣用一天完成军队的召集，其间有七人受鞭刑，三人受贯耳之刑。蒍地大夫蒍贾，由此看出成得臣的性格，进言于鬭縠於菟：

"你不该将令尹的位子让给得臣。他这人性格过于刚强且无礼。这种人做将领冲锋陷阵还可以，掌国家军政大权就不合适。"

此时，鬭縠於菟已经年迈，成得臣正当壮年。鬭縠於菟一心要壮大若敖家族的势力，哪听得进这种闲话？

春秋90年冬，楚成王亲临商丘城下的楚军之中，与成得臣商议军事外交。成得臣说：

"臣以为，当前的急所，不是宋国，而是卫国。我们应进军卫国。一则断重耳出太行山南下之路。再则拿下卫国后，可以从宋国背后的卫、鲁、齐三处，对宋国形成夹击的态势。"

楚成王道：

"我与鲁国、卫国的接触并不多，搞不清他们的立场。照你所说，那是孤军深入。在我进攻卫国的时候，如果齐、鲁反水，宋国再断我归路，将会全军覆没。不如拉拢曹、卫，使其为我抵挡晋国。"

成得臣反复劝说，楚成王终究不听。最后，成得臣说：

"此乃是千载难逢的时机！此时不冒险一搏，君王必将后悔！"

此时的情况，有点像后世的诸葛亮面对魏延的建议。楚成王忌惮成得臣，同样，诸葛亮忌惮魏延。楚成王按自己的主张，召集卫国、鲁国会议于宋。楚成王不愿将主力拉到卫国，于会上要求鲁军配合驻于穀国的楚军，戍兵于卫，与卫国军队联合抵抗可能出动的晋军。至此，楚国势力就要到达太行山下，逼近晋国。

此会之后，楚军主力包围宋国。宋国求救于晋国，引得晋文公出太行山、灭曹国。就在晋军行动的同时，驻于穀的楚军开拔，逼迫卫国。晋文公闻讯，用了个先兵后礼。先派兵将这小股楚军赶走，然后派使者通告于楚成王，外交上做得很谦逊：

"宋国前任君主于我有恩。卫国又是我的姬姓同胞。重耳受人恩惠，不能不报！敢恳请大国放过宋、卫！"

鲁僖公作为楚国的友军，比穀的楚军后一步开拔。鲁国派去声援楚国的将领叫公子买。公子买受命赶往卫国。鲁僖公听说楚军前锋被晋军赶走，做出了一个决定。这个决定一举改变中原战局：

他派人召回正率军赶往卫国的公子买，将其杀死，然后函其人头，送至晋文公军中，以表明鲁国背弃楚国、拥护晋国的立场。

鲁国转向晋国，仿佛推倒了第一张多米诺骨牌，引发连锁反应。看到鲁国退兵，卫国内部出现争议。卫成公刚刚娶了楚成王的女儿，不愿意背叛楚国。但是多数卫国贵族都认为：

楚国远在南方，晋国则是卫国的紧邻。远水解不了近渴。现在晋军已经灭了曹国，鲁国又转变立场。局势倒向晋国一边。继续与晋国作对，于卫国不利。

两种意见争执不下。结果卫成公离开卫国，卫国贵族派出使者至晋军之中表示友好。鲁、卫之外，又有齐国使者造访于晋军，送来齐国密信：

敝国先君去世，小子在谅闇之中，不能前来拜见贵国君主。小子愿继承与贵国君主的世代友好。楚国扶植公子雍，并且驻兵于穀。如果晋军愿意出兵于穀，齐国愿意从背面夹击楚军。

　　原来，齐国君主齐孝公于头一年，也就是春秋 90 年去世。继任的是齐桓公之子、齐孝公之弟齐昭公。齐昭公刚刚即位，亟须国际上的承认和支持。将晋、楚两国作比较，齐国前面两任君主都对晋文公有恩。为此，齐国站到晋国一边。齐国使者一走，又有宋国使者造访：

　　成得臣包围商丘，日夜不停地攻打。晋军再不救助，宋国就要灭亡！

　　面对新的形势，晋军召开军事会议。晋文公说：

　　"我已派人请楚王放过宋国。他不答应。现在宋国又来求救。我不能不管。我想，晋、楚之间，可能不得不战。然而，若不得齐国、秦国支持，就没有胜算。各位有什么好的建议？"

　　中军主帅郤縠，于此行进攻卫国五鹿时去世。晋文公临时提拔先轸为中军主帅，由胥臣接替先轸的下军副手之职。先轸得到这连升五级的破格提拔，一心报效，就建议说：

　　"主公为了信守退避三舍的承诺，不好率先进攻楚国。但是，我们可以让楚国主动向我们宣战。至于齐国、秦国，原本是观望态度，可以用计拉拢：

　　"我们建议于宋国，让宋国搜集国中全部钱财，将其送给齐国、秦国，以此为条件，宋国请求齐、秦出面，劝楚国撤兵。宋国被楚军包围，眼看要灭亡。宋国应当会同意这种建议。

　　"为了让楚国主动宣战，又需要让楚国拒绝齐、秦的调解。这又需要激怒楚国。为激怒楚国，我们公开抓捕曹国君主，将新得到曹、卫的土地送给宋国。曹、卫原本是楚国此番北伐的目标。曹、卫落到宋国手里，楚国肯定不答应。

　　"楚国围攻宋国，图的就是宋国的钱财。这钱财被送给了齐、秦，楚国会迁怒于齐、秦。如此一来，楚国不但会拒绝齐、秦的调解，还会向齐、秦宣战。我国将楚国准备夺取的曹、卫土地送给宋国，也惹得楚国发怒。楚军主帅成得臣，是个刚愎自用的人物。他看钱财落空，土地也落空，势必大怒。盛怒之下，楚军就会率先向我国宣战。

"齐、秦与楚为敌，自然就进入我国的阵营。晋、齐、秦三个大国打楚国，不愁不胜。而此战由我国主导。我国打楚国、成霸业的计划，因此实现。"

晋文公听了这种绕来绕去的计谋，觉得大有道理，他想：

天下不愁没有人才，就看你是否愿意去用他！我将他连升五级，众人都有意见。他要是不拿出点本事来，不消我出面，众人的唾沫星子就要淹死他！

楚国方面，楚成王眼看大战在即，再度北上，到达申国。经一番考虑，楚成王决定南撤。楚成王命令申公叔侯从齐、鲁一带南撤，成得臣从宋国南撤。他认为晋文公的崛起是天意，没有人能够改变。楚成王说：

"重耳这人曾经流亡外国十九年，备尝险阻艰难，悉知民间情伪。此人做上君主，实乃我生平第一大敌。兵书上讲：允当则归、知难而退、有德不可敌。我不必去做别人成功道路上的牺牲品。"

然而，成得臣是个好勇斗狠的角色。他中了先轸的激将法，拒绝服从王命，以"将在外，君命有所不受"为由，派人向楚成王请战。他说：

"我不敢保证胜利，但是我要证明有的人的话是错的！"

他这话的意思，是说芳贾小看了他、错看了他。成得臣按君命撤走了包围宋国的楚军，却并不南撤，而是留在北方伺机进取。至此，春秋史上第一重大的战争，不得不爆发了。相关情况，且待下回再叙。

即将发生的城濮之战，为晋文公成为霸主的标志。孔子对此事的记载相当著名。就连《史记》，也引述了这其中的"天王狩于河阳"。笔者以孔子《春秋》的原文来结束这一回：

二十有八年春。晋侯侵曹。晋侯伐卫。公子买戍卫。不卒戍。刺之。楚人救卫。三月丙午。晋侯入曹。执曹伯畀宋人。夏四月己巳。晋侯齐师宋师秦师及楚人战于城濮。楚师败绩。楚杀其大夫得臣。卫侯出奔楚。五月癸丑。公会晋侯齐侯宋公蔡侯郑伯卫子莒子盟于践土。陈侯如会。公朝于王所。六月。卫侯郑自楚复归于卫。卫元咺出奔晋。陈侯欵卒。秋。杞伯姬来。公子遂如齐。冬。公会晋侯齐侯宋公蔡侯郑伯陈子莒子邾子秦人于温。天王狩于河阳。壬申。公朝于王所。晋人执卫侯。归之于京师。卫元咺自晋复归于卫。诸侯遂围许。曹伯襄复归于曹。遂会诸侯围许。

译文：二十有八年（春秋91年。鲁僖公28年。公元前632年。）春，晋侯侵曹，晋侯伐卫。公子买去卫国执行边防工作。工作没有完成。处理他。楚国贵族救卫国。三月丙午，晋侯入曹国。抓捕曹国伯爵，交给宋国贵族。夏四月己巳，晋国侯爵、齐国军队、宋国军队、秦国军队及楚国贵族战于城濮。楚军大败。楚国杀死了自己的大夫得臣。卫国侯爵出奔去楚国。五月癸丑，主公会晋国侯爵、齐国侯爵、宋国公爵、蔡国侯爵、郑国伯爵、卫国的儿子、莒国子爵盟于践土。陈国侯爵来参加这次会盟。主公到王那里朝拜王。六月，卫国侯爵郑从楚国重新回到卫国。卫国元咺逃奔晋国。陈国君主欵去世。秋，嫁到杞国的大姑娘回来了。公子遂去到齐国。主公会晋国侯爵、齐国侯爵、宋国公爵、蔡国侯爵、郑国伯爵、陈国的儿子、莒国子爵、邾国子爵、秦国贵族于温。天王狩于河阳。壬申，主公到王那里朝拜王。晋国贵族抓住卫国侯爵。送到京师。卫国的元咺从晋国重新回到卫国。诸侯包围许国。曹国伯爵襄重新回到曹国。公子遂会同诸侯包围许国。

（齐桓、晋文几乎可以算是春秋霸道的代表。本书所选这两年所发生的事情，分别是齐桓、晋文最重要的事情。这种重要性，让这不同的两年之间有相同之处。这种相同之处，孔子用相同的文法来表达。什么文法呢？就是齐桓"盟于师。盟于召陵"重复记载"盟"，晋文"晋侯侵曹。晋侯伐卫"重复记载"晋侯"。从语法上讲，赘述一物乃是病句。孔子故意创造"病句"，意在启发读者去思考他所想表达的"大义"。另外，重复即是强调。孔子意在强调相关事情特别重大。再另外，重复是为了造势。读者若有兴趣，可反复阅读这两年的经文。反复阅读之后会发现这样的文学渲染：齐桓公南下势如摧枯拉朽。晋文公的出征则势如天启霸主。两个"病句"表达出如此多的意思，孔子驾御语言的水平，确实已达化境！)

并列第二十八回

战城濮背山驻阵　狩河阳天子野次

上回说到，成得臣中了先轸激将法，决心一战。他派出使者宛春赴晋军之中提要求：

晋军放过卫国，让曹国重新复国。作为交换，楚军撤除对宋国的包围。

这话的意思，是让卫、曹、宋三国自主，既不归属于晋、也不归属于楚。这相当于让这三个国家所处地方成为晋、楚势力范围之间的缓冲地带。这个建议，相当于让此前的势力划分保持不变。读者看图得知：这三个国家离楚国很远，离晋国很近。照此划分，楚国的势力不受损，晋国则要放弃侵曹伐卫所得的战果。成得臣这个建议对晋国而言几乎是无法接受的。晋军会议讨论此事。赵衰说：

"子玉（成得臣）无礼！他是个臣，你是个君。他放弃一国，却要你放弃两国。"

先轸说：

"子玉算计得真不错！他的一句话，讨好了宋、卫、曹三国。我们拒绝他，倒显得我们不义了。好名声都让他占了，让我们得个恶名。"

晋文公道：

"那我们怎么办呢？"

先轸道：

"对宋、卫、曹，我们也要做出友善的样子。但是，我们对宋、卫、曹的友善不能是在子玉的要求下来做。我们要激怒子玉。"

晋文公道：

"是不是杀了宛春？"

先轸道：

"两国交兵，不杀来使。杀使者不是霸主所为。我们只将他扣押，也不回复子玉。子玉久等不见回音，势必躁怒。"

晋军囚禁宛春，暗中则向曹国、卫国说些好听的话，说什么晋文公此行，为的是中原诸侯的福祉，不是与你们作对。

成得臣等不到宛春的回复，却得到曹、卫使者的口信：

"小国迫于晋国压力，无所求生，请告绝于楚。"

此时的成得臣已成骑虎难下之势。他想：

齐国、秦国收了宋国的钱，要我放过宋国。现在曹国、卫国又投靠晋国。我坚持要北伐，结果连丧盟友。如此回国，我还做什么令尹！

成得臣率军进逼晋军。晋文公出于对楚成王的约定，往后退避三舍。晋国方面由君主亲自带兵，楚国方面则不是楚王带兵。晋文公向成得臣示弱，让晋军将士感到窝囊。为此，狐偃去安抚军心，说：

"军队以理和礼站得住脚，方才气势壮；理亏、无礼，才会没有锐气。如果没有楚国当初的帮助，我们的君主就没有今天。我们要退三舍。这是报答！如果违背诺言、忘却恩惠，那是我们不占理、楚国占理，那会激起楚军的愤怒，增加楚军的士气。如果我们后退之后，他们也离去，那我们还想什么呢？如果我们后退之后他们不离去，那显得君主都在退避，为臣者却胆敢追杀。那样，就是他不占理了。"

这个话，完全秉承了当初晋文公在楚国时候的说法。齐、秦两国，收了宋国钱财之后，站到宋国立场，也跑来帮助宋

国。宋国原本就视晋国为救星，如今又得了曹国土地，当然是
站到晋国一边。晋、宋、齐、秦，已成联盟。春秋 91 年夏四
月戊辰，晋文公、宋成公、齐国贵族国归父、崔夭、秦穆公之
子小子憖，统率四国联军，驻扎于城濮。成得臣逼近城濮，按
兵法背山驻阵。

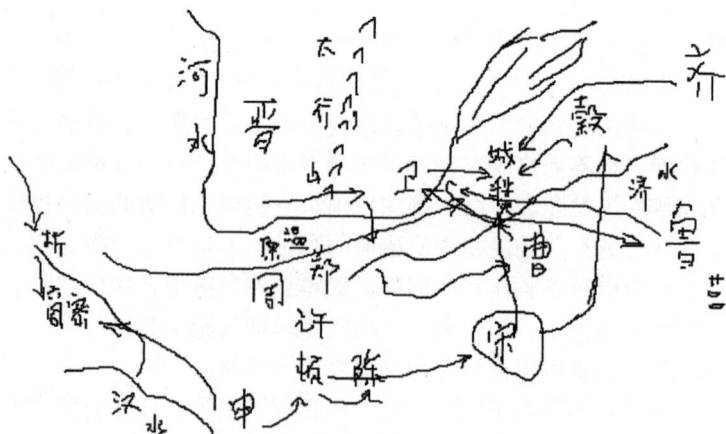

　　什么叫背山驻阵呢？兵书的说法叫作"右背山陵，前左水
泽"。那意思是说军营的背后靠右的位置，是一座山。军营的
前面靠左的位置，有一条与军营正面成斜角的河，由军营左后
方流向右前方。选取这种位置安营，就能守能攻。
　　如果对方进攻，自己打不过，可以后撤至山上。前面靠左
位置的河，阻敌军于河对岸。如果敌军渡河成功，我军只需列
阵于山的前面，即自然形成由河、我军军营、山、我军阵地四
部分组成的包围圈。我军居于山前，随时可以退守于背后的
山。敌军要进攻的话，先是渡河，然后登山。那样累下来之
后，面对以逸待劳的我军，是相当吃亏的。如果敌军踏破我军
阵营，我军转向撤退，敌军也不敢追击。因为敌军追上来，马
上就面临左边的一座山。我军由山上埋伏军队俯冲，可以反败
为胜。另外，军营背靠山水，于河中得军队所需饮用水，于山

上得军需的木材、禽兽之类。由于河与我军之间有一个角度，敌军渡河之后，两军之间即成"∠"形的对峙形状。这个形状出现于太极拳的核心理论之中。根据太极拳的理论，两种力以这种形状相遇，力量的一部分都会消失。消失的那部分力量转化成方向的变化。在太极拳的理论之中，拳手相当于此阵中的敌军。拳手以此角度让对手的力消失并转向，让对手在自己的力量的引领下冲过去，露出背后的空当。在此阵之中，效果截然相反：两军以此角度交接后，接下来会成"／"形对峙。此时的"／"形对峙，让敌军背靠河。敌军后退即可能淹死，我军则后退恰好是易守难攻的山。因为我军军营位于河的上游，我军的水军可以顺流而下拦截敌军，又可以堰塞上游，蓄水做成水攻。就算是投毒于河，也可以顺流毒死敌军。

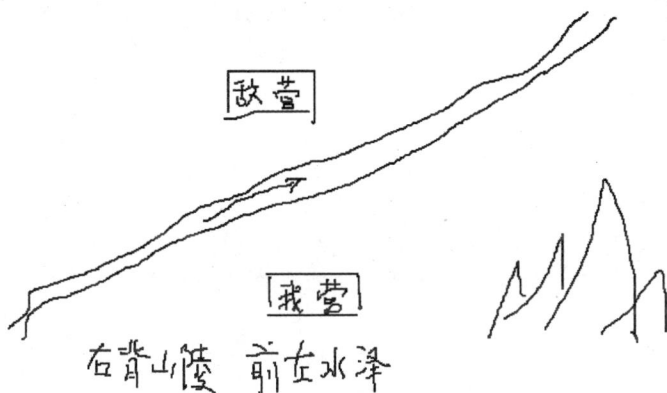

晋文公看成得臣深通兵法，正觉得不好应付。偏偏晋军内部，又出现厌战情绪。一天，晋文公于黄昏时候出军营散心。夕阳之下，许多鸟都朝楚军背后的山上飞去。又有成群的野生动物，在楚军军营外的原野上奔驰。士气高昂的楚军战士，正在从山上往下驱赶、猎杀禽兽，用作军资。晋文公正在气闷，却听见一种歌声。歌词唱道：

原田每每。舍其旧而新是谋。

晋文公寻找这歌声的源头，却不是来自对面的楚军，而是来自晋军军营。晋文公心想：

照这歌词的意思，是说我用人不当。我如此唯才是举，还是要得罪人？

想到这里，他越发气闷。回到帐中，他对狐偃说：

"军中尽是厌战情绪。士兵的歌声，都在反对我！"

狐偃说：

"这有什么奇怪？行军打仗是吃苦、亡命的事情，没有人乐意。这些士兵，与你流亡时的想法一样。主公应该记得流亡的那些岁月？当你吃苦受累的时候，不也是这样，怀念之前的安逸日子，畏惧眼前的痛苦？怎样才得到今天？不过是拼了性命去奋斗！士兵想退缩，就如同你当初贪恋齐国的好日子，不愿离去。然而，那种好日子不能持久。是苦难换来了如今的有国有家！"

晋文公眺望帐外即将黑尽的天色。那最后一抹晚霞，已经被浓黑的夜色包围。一如自己坎坷的人生，正挣扎着绽放最后的辉煌！仿佛识透天意，晋文公缓缓说道：

"是啊！生命就是苦难，苦难就是生命！其中有快乐，也注定有苦难！进一步，可以是天下盟主！退一步，我左有太行，右有黄河，那是上天给我的城壕。有这天然屏障，纵然此战战败，也不至于就灭亡于楚国！"

几天后，成得臣的使者来见晋文公，带来决战的口信：

"请与君之士戏！君凭轼而观之，得臣与寓目焉！"
译文：我请求与你的手下玩一玩。你到现场观看，我也到现场观看。

战前，晋文公收编了太行山以南的土地，又进行了扎实的军事整编。此时的晋国，已是与楚国大致实力相当的大国。成得臣只是个臣，晋文公则是晋国国君。成得臣这话的口气，是与晋文公平起平坐。这算是很无礼的语气。晋文公遭此戏侮，并不生气。他抱定个师直为壮曲为老的宗旨，反过来用谦逊激励斗志。晋文公的传话人于晋国三军面前回复楚国使者：

"我的君主听从你的命令。楚国君主的恩惠，我们没有忘记。因此，才在这里为一个大夫退兵。我们哪里敢与楚国君主为敌？然而，我们的好心被拒绝，那就请大夫你回去向那两三个人说：整顿好你们的战车，忠诚于你们的君主，我国君主将在明天早上与你们相见！"

别有用心的楚成王，将若敖家族的旧部和陈国、蔡国的军队分派给成得臣。楚军的精锐部队，只给出一小半。楚军阵营分为三军，总共的战斗编制有两万多人。成得臣率领中军，由楚军精锐组成。鬬宜申率领左军，由若敖家族的亲兵组成。鬬勃率领右军，由陈国、蔡国军队组成。右军由外来的陈、蔡军队组成，算是楚军之中的薄弱环节。晋军方面，总计有车兵七百乘，另有齐、宋、秦的军队。从兵员上讲，晋军方面仅本国的车兵就达两千人。加上步兵和外国友军，人数上稍占优势。由于郤縠去世，魏犫犯罪，将领职务发生变化。此时晋军的将领任职分别为：

先轸为中军主帅。郤溱为中军副手。

狐毛为上军主帅。狐偃为上军副手。

栾枝为下军主帅。胥臣为下军副手。

荀林父为御戎。舟之侨为车右。

当时的战争，在一定程度上遵守古礼，战争双方讲究级别对等。具体来讲，当时的对阵是先轸、郤溱居中对成得臣，狐毛、狐偃居左对鬬宜申，栾枝、胥臣居右对鬬勃率领的陈、蔡军队。晋文公是君主，级别上高于对手，所以依礼凭轼而观之，并不亲自出阵。

由于楚军背山驻阵，晋军直接进攻的难度较大。为此，晋军必须想法诱敌至远离山的旷野。晋军人数多于对方，适宜包围作战。晋军采用如下作战计划：

第一步，由胥臣率下军进攻对方较薄弱的陈、蔡军队，冲散其阵形。

第二步，上军、下军同时佯退。后退时故意打出中军旗号，做成晋三军败退的假象，诱敌追击。

第三步，事先埋伏的中军突然冲出，横截楚军。与此同时，上军、下军转向反攻，与中军合围形成包围圈。

胥臣将所率战车的战马披上虎皮，率先冲入陈、蔡军队。楚下军战马以为老虎来了，四散逃跑。楚军的右军被冲散。

成得臣大怒，命左军鬭宜申发起冲锋。晋军实施第二步。郤溱打中军旗号、狐毛打上军旗号，迎战楚左军。战斗稍稍僵持之后，郤溱假装败逃。此时，正在追击陈、蔡军队的栾枝，假装出大势已去的样子，也转身撤退。栾枝的战车上预先备有树枝。此时将树枝拖于地上。树枝在沙土地上扬起尘土，形成晋军大败的假象。

成得臣一眼看去，看到晋军中军、上军的大旗后撤，败退的晋军战车扬起数米高的尘土。鬭宜申所部是若敖族的亲兵。成得臣对自己的亲兵很有信心。如果是若敖族亲兵打败了晋军主力，最能让成得臣感到得意。因此，成得臣双手各执左军、右军令旗，同时向晋军方向急速挥动。与此同时，他背后的鼓手擂鼓的节奏加到最快。这是命左军、右军拼死冲锋的号令。鬭宜申发起冲锋。鬭勃也由逃跑转为进攻。败退的晋军按计划呈"儿"形逃跑，逃在前面的部队反绕回来，形成后半个包围圈。此时，事先埋伏的先轸的中军主力突然从左、右两边包抄过来，拦在楚军面前，形成前半个包围圈。晋军两部合围，将追击的楚军团团围住……

战场局势演变成这样，成得臣面临艰难抉择：

前面的部队被晋军包围。然而，秦、齐、宋三国军队蓄势待发、虎视眈眈。如果成得臣若率中军去救援，保不齐再遭包围。中军是楚成王的血本。若再失中军，简直要危及楚国的立国之本。只要中军还在，终究可以全身而退……

成得臣心下犹豫，眼巴巴地看前部遭晋军聚歼。他心里期望若敖族的将士能够突围，却不敢率中军前去救援。他于营后的山脚下设置伏兵，等待晋军的乘胜追击。然而，晋国将领早已将"背山驻阵"的战法吃透，一心只打楚军前部，并不上钩。此战的结果，楚军的左军大部被歼。右军则全军覆没。就连陈国的君主，也战死于包围圈中。成得臣不敢再战，率军连夜撤退。

成得臣战败的消息传到楚国，楚成王派使者带话给成得臣：

"你要是回来，怎么面见申国、息国的贵族？"

这话的意思是：成得臣虽没有丢掉楚军主力，却让陈、蔡军队损失惨重。同为楚国附庸的其他国家，今后就不愿意为楚国而战。当时，君主依礼一般不直接指责臣下。这样的话，意思是让成得臣自行了断，以免回去接受那一套司法程序。

成得臣在生与死的考虑之中犹豫，最终在回国途中自杀。

仿佛现代预制庆功酒，晋文公于城濮之战之前于郑国的践土预先建设王宫，以便胜利之后请周王到来，为自己封赏。晋军战胜楚军之后，于城濮当地犒赏将士。用楚军遗弃的军粮，摆了足足三天的宴席。之后，晋文公到达践土，邀请周王及天下诸侯参加他的称霸典礼。周襄王内心不愿意见到霸主的产生。慑于晋国的军威，又不得不参加。周王被迫参加晋文公的称霸仪式，被孔子记载为"天王狩于河阳"。河阳并不是一个具体的地名，而是泛指"黄河北面"。其实，河阳就是践土。故意说成河阳，是将周襄王被迫参会的历史模糊化。分明是被迫参加，却说成是天子巡守天下的周礼。这是为周朝留面子。春秋91年夏五月，周襄王之下，晋、鲁、齐、宋、蔡、郑、卫、莒盟誓于践土，见证晋文公的称霸。这称霸的格式，用的是周王于野外会见天下诸侯的礼仪。这礼仪是什么样子呢？

场地正中是预先筑起的一个大约一百平米的正方形土台。从台上经三级阶梯，可以下到路面。土台的四边，正对东南西北四个方向。台上正中央，插一面旗帜，那是王旗。台上靠北方，单独一个面南背北的席位，那是周王的席位。台上靠南边，由西向东一排面北背南的席位，按西尊东卑的顺序，排列公爵的席位。每席位之前，插一面绘有单独徽章的旗，用来代表国家。那相当于当今的国旗。

离台大约一百米的地方，于东南西北四个方向各建有一道门。为了让特别高的旗能够通过，四道门的门楣中间部位空缺。后世的京城用阙来做地标，就源出这个设计。东门与台之间，由南至北一列席位，面西背东，按南尊北卑的顺序，排列侯爵的席位。西门与台之间，由南至北一列席位，面东背西，按南尊北卑的顺序，排列伯爵的席位。各个席位之前，也分别插各国国旗。

离台大约120米的西南方向，西北、东南走向排列一列席位，面向东北、背向西南，按西北尊、东南卑的顺序，排列子爵的席位。离台大约120米的东南方向，西南、东北走向排列一列席位，面向西北、背向东南，按西南尊、东北卑的顺序，排列男爵席位。各国的位子之前，也分别插国旗。

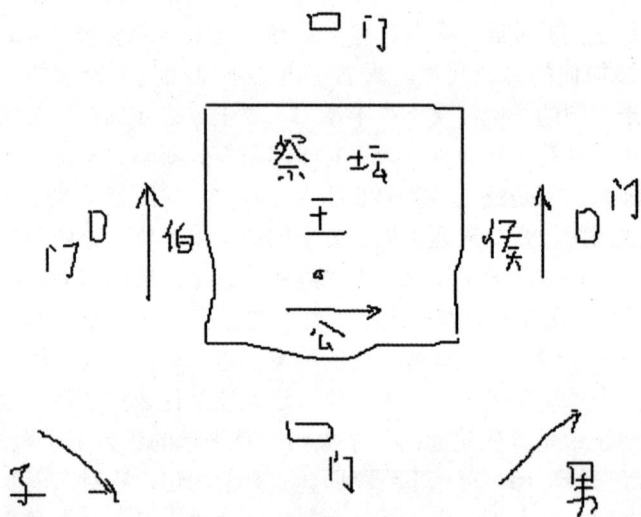

离台大约 200 米，按一定的礼仪规则，分别排列各国的贵族、士兵，将台包围起来。这些人没有席位，全部五体投地跪于地面；若无号令，不准起身。

周襄王经北门进入场地，入座于王位。公爵经南门进入场地，入座于公爵席位。侯爵经东门进入场地，入座于侯爵席位。伯爵经西门进入场地，入座于伯爵席位。子爵、男爵不通过门，处于外围。

一百乘战车，在一千步兵的夹护下，羁押着楚军俘虏，扛抬着缴获的战利品，由南门进入，绕沿土台以顺时针方向绕行一圈，最后重回南门。队伍中间最高大的礼仪用车之上，居中坐着晋文公，旁边由郑国君主郑文公充当车右。这车停下时，由郑文公充当传话人，向周襄王报告儒教的胜利、周朝的胜利。与齐桓公的称霸不同，还要报告姬姓的胜利。周襄王开言：

"赐伯父礼酒，命为侯伯。"

此言一出，在场除周襄王之外的所有人都跪拜于地，行稽首礼：将头置于平放于地的手背之上，一动不动。晋文公行再拜礼，然后低头、弯腰，迈起"继武"步伐，上到台上，接受周襄王亲自酌的酒。晋文公跪着接酒的时候，因为紧张，背上衣服被汗水湿透。台下四面的人黑压压一片，都伏于地上，一直延伸到地平线。天地仿佛静止，听不到任何声音。眼前只能看到王的红色的裙摆，那上面绣着独一无二的图案。他想：

怪不得当初齐桓公不敢不跪，这场景实吓人！

什么叫"侯伯"呢？这其中的"伯"字，不是伯爵的意思，而是"伯仲叔季"之"伯"，意为"老大"。合起来，意为"侯爵之中的老大"。当时的诸侯，往往于自己国内自称公爵。实际上，当时的周王往往封自己的至亲兄弟或者周朝内部的心腹为公爵，从未将诸侯国君晋级为公爵。这个做法，是为了让周朝派公爵出使外国的时候，能够在级别上高于任何诸侯。所谓"天子之宰，通于四海"，就是指的这个讲究。笔者采用后世常用的说法，称什么"鲁僖公""晋文公"。实际上，当时的诸侯列国于国内常用这种称号，却不为周朝承认；进而，也就不为国际上所承认。按周朝礼制，公爵与王同处于台上，隐约有不臣之意。王所臣服者，最大的就是侯爵。为侯爵的老大，即是祭坛之下所有人之中的老大。为表达这种意义，周王另赐晋文公名为"九锡"的特别勋赏。

九锡这个名目，被后世视为为臣的最高赏赐。它究竟是些什么呢？晋文公当时所得，实际是以下东西：

大辂之服，戎辂之服，彤弓一，彤矢百，玈弓，矢千，秬鬯一卣，虎贲三百人。

"大辂"，是一种高大宽敞的礼仪用车。"戎辂"则是战车。因周朝于服色上尚赤，所以红色在当时是周王独有的颜色。依西周时候的规矩，全天下除周王外，任何人不得使用红色的东西。彤弓、彤矢，代表着王权。周襄王将这东西送给晋文公，那是让晋文公代行王权。"秬鬯一卣"实际是三种东西：黑黍酿制的酒、为让酒有香气而用作香料的郁金香和一种酒器。这套东西，是天子郊天所用的祭器、祭品。将其赐予晋文公，意思是批准晋文公与上帝进行交流。虎贲，是指高大强健而勇武的武士。它相当于后世的警卫队和仪仗队。

后世的人认为：古往今来，天子之下最荣耀的人物，莫过于齐桓、晋文。史书没有记载下齐桓公称霸的细节，却将晋文公称霸细节保留了下来。后世的权臣特别仰慕晋文公，就将晋文公得到的这几样东西，做了些增减改动，号之为"九锡"。但凡是得到"九锡"，就意味着拥有晋文公那样的实权。且说当时，在这些东西之外，周襄王派传话人代传王命予晋文公：

王命叔父：敬服王命，以绥四国，纠逖王慝。

所谓四国，并非四个国家，而是东、南、西、北四个方向的所有国家。这话算是公开承认晋文公的霸主地位。晋文公于春秋 88 年请隧不得，至此，天遂人愿。晋文公欢喜得屁滚尿流，假意推辞三次之后，回复说：

重耳敢再拜、稽首，奉扬天子之丕显休命。

这件事情，晋国欢喜，周朝却有点悻悻然。周襄王出席了不得不出席的典礼，赶紧就回周朝。留下其子王子虎参加接下来的诸侯盟誓。这就是比同于葵丘之盟的践土之盟。简书上的誓言是：

皆奖王室。无相害也。有渝此盟。明神殛之。俾队其师。无克祚国。及而玄孙。无有老幼。

读者注意，这誓言之中已经没有《周约》原文。为什么呢？因为霸道正式取代了王道。

且说卫国君主卫成公，因为与国内贵族政见分歧，先是逃到卫国境内的襄牛。闻知城濮之战的结果，又出逃至陈国。陈国与卫国早在春秋之初就建立起友谊。早先卫国的州吁篡夺君主位，陈国帮助石碏灭了州吁。此时，陈国君主陈穆公因率军参加城濮之战，在鬭勃的率领下冲进晋军包围圈，战死于军中。陈国国内，立陈穆公之子陈共公。卫成公与陈共公叙起国际形势。卫成公说：

"天降灾祸于陈、卫，寡人失守宗祧，贵国君主逝世。寡人吊焉。重耳侵曹伐卫，大败楚军。寡人欲往楚国存身。行经贵国。不腆先君之敝器，以为觋赆。"

陈共公说：

"小子丧服在身，本不当接待宾客。陈、卫友好渊源，彼此不必多礼。只是，楚国地方，我替你作想，还是不要去为好。"

卫成公说：

"我与楚国有婚姻，为什么去不得？"

陈共公说：

"其他的，我是不知道。要说楚王其人，我算是认识了。他让我国参战。胜败姑且不论。只是，战死的人，是我陈、蔡的人。他楚国军队，非但不出力，并且见死不救。这分明是借刀杀人，是通过战争来削弱我国力量。并且，就是对他楚国的自己人，也是一种借刀杀人的心。那成得臣一家，为楚国做出何等功绩！如今遭到处理。听说，就连鬭宜申，公开说是不处理，其实也受到牵连。如此寡恩的人，你去投靠他，会有好结果？"

卫成公听了这些话，觉得有些道理。他想：

素闻重耳是个重信义的人。然而，我的先君与他结仇。我又得罪了他。我且寄居于陈国，等待时机。

卫成公离开卫国的时候，将国家托付给权臣元咺，吩咐道：

"不知道我还能不能回国。国家政局不稳，我的儿子又还小。国不可一日无主。值此国家危亡之际，宜立长君。要是我不能回来，你就拥立武叔。"

武叔何许人呢？是卫成公之弟。元咺得到这个任务，为表忠心，命自己的儿子元角作为人质随行于卫成公。晋文公举行践土之盟，通知卫国参会。出于国家体面，元咺推奉武叔为摄政君主，参加践土之盟。之后，迫于国际、国内的压力，卫国又割让土地与晋国。消息传到陈国，卫成公大怒：

"我说国家不稳，应当立年长的君主。那不过是我的谦逊。他倒好，真的就立了武叔！这将我置于何种地位？"

卫成公以为元咺一心拥护武叔，就杀死了身边的元角。晋文公打败楚军之后，眼看天下大势已定，假意放过卫成公，派使者通知卫成公回国。得了盟主的首肯，卫成公准备回国。然而，国内反对他的人占了上风，怎样才能重新坐稳位子呢？且看卫成公以下计谋：

为安抚人心，卫成公回国之前先命甯俞与国内贵族盟誓。这一番誓言很有政治演技，笔者不忍放过，全录如下：

天祸卫国，君臣不协，以及此忧也。今天诱其衷，使皆降心以相从也。不有居者，谁守社稷？不有行者，谁扞牧圉？不协之故，用昭乞盟于尔大神，以诱天衷：自今日以往，既盟之后，行者无保其力，居者无惧其罪。有渝此盟，以相及也，先君是纠、是殛！

译文： 上天降灾祸给卫国，造成卫国君、臣之间不和谐，所以有今天。现在，天可怜见，卫国君、臣都降伏下了心中的错误念头。没有人在国内，让谁来保守宗庙社稷？没有人出行于国外，让谁来抵御外敌？只因我们不团结，所以国家出事情。为了保证卫国君、臣间的团结，现在公开向神灵发誓，用以彰显我们内心的天良：从今天以后，从这一誓言发过之后，出行于外国的人，不能用武力来对付别人；居于国内的人，不必担心曾经的罪过。如果违背此誓言，彼此间算计，那就让先君的神灵来惩罚他！

读者注意：这所谓居者，是指武叔及其党羽；所谓行者，则是指卫成公及其党羽。政坛上的话，用隐忌显，故而不能明说。照这话的意思，是说卫成公不在乎国内的人曾经拥立武叔，愿与大家尽释前嫌，共建卫国的美好明天。卫成公命使者与国内的人约定了回国时间，自己却赶在这时间之前回到卫国。为了迅速、稳妥地夺回政权，卫成公煞费苦心，又于自己本人回国之前，预先派出三拨人：

第一拨是长牂。他得到的命令是去夺占卫国都城的城门。

第二拨是甯俞。他得到的命令是急行军，赶在长牂之前到达卫国都城城门并且夺占城门。之后，在城门等待长牂，与长牂一起向城里人宣告卫成公已经回国。

第三拨是公子歂、犬华仲。此二人得到的命令是在前两拨人拿下城门后进入卫国都城，迅速刺杀武叔。

武叔没料到哥哥提前回国。他正在洗头。他心里还在替哥哥高兴，手里拎着湿淋淋的头发，就跑出来看。迎面遇上公子歂、犬华仲。二人弯弓搭箭，射死武叔。武叔被刺之后，卫成公赶到。猫哭耗子，他哭起亲兄弟来。之后，卫成公杀死公子歂、犬华仲，说是自己管教不严，致使手下误杀了武叔。事情成了这样子，元咺感到凶多吉少，赶紧偷逃到晋国。

卫成公这一番安排，乃是一种环环相扣的计谋。长牂不知道在自己之前，就有抢占城门的安排；长牂和甯俞都不知道在抢占城门后，会有谋杀的计划。当时，卫成公担心手下心存二想，所以将一件事情的不同步骤分给不同的人去做。并且，为求稳妥，重复派出人去抢占城门。这种计谋，让这三拨人彼此互不知情，从而不敢有非分的想法。第三拨人的安排，需要前两拨人为条件；前两拨人由于不知道接下来的安排，会在事后感到君主的厉害。而知道谋杀计划的第三拨人，则又不知道自己最终被杀的命运。实际上，还有由卫成公本人带领的第四拨人。前三步计划的实施如果出现问题，就由第四拨人来处理。

武叔被杀，元咺带着钱财逃奔晋国，向晋国诉苦，请求晋国主持公道。晋文公与卫成公原本有仇，正寻思怎样报复。他转而想到自己刚刚做了盟主，凡事都需要高举周王的名义。就派人抓捕卫成公，将卫成公、元咺一并送到周朝，请周朝用王庭来裁决。这王的法庭是什么样子呢？且看下回。

笔者总结成得臣的性格如下：

有欲则败，无欲则刚。

逞强必折，好名者亡。

利用第二十九回

讼王庭下臣代坐　取济西齐鲁结怨

晋文公做上盟主之后，有了替天行道的权力，仿佛全天下都需要他来拯救。于是乎，但凡是违背他的意志，就是违背周王的意志，进而，就是违背上帝的意志。那都应当予以惩罚。为立盟主之威，晋文公处理违法乱纪的人。

在城濮之战中，晋军中军的战马忽然间发情，追逐异性，不服从御戎的指令。这造成中军阵营出现混乱，让晋军大旗丧失。为此，晋军处理了掌旗官祁瞒，将其杀死，并通告于诸侯军中，以为玩忽职守者戒。

在晋军渡黄河北上回国的时候，晋文公车右舟之侨，先于晋文公渡过黄河。当时，士会也跟随舟之侨渡河先走。晋文公回到晋国后，以整肃军纪之名，处理舟之侨，说他无礼，将其处死。同样渡河的士会，却又免于处理。舟之侨一死，魏犨官复原位，重新成为晋文公的车右。

这两件事情，再加上对于魏犨的处理，竟然成了晋文公的美名。史称晋文公对魏犨、祁瞒、舟之侨的处理，乃是刑赏功罪之至论，刑三罪而天下服其公允！由当今的法理看来，魏犨有杀人、强奸、抢劫、放火多种罪状。只因为有一身武力，竟然免于处死。甚至，到得后来，又予以重用，官居高位，才有后来的魏氏开国，为战国七雄之一。祁瞒因牲口的兽性受到处罚，也就罢了。还要通告于诸侯，仿佛十恶不赦，不杀不足以平民愤的样子。舟之侨过个河，未必也要请示君主？那么，晋国军民，每当渡过黄河，也必须请求君主？与舟之侨同样渡河的士会，何以不闻不问？与魏犨同样犯罪的颠颉，为什么受到处理？这些裁判，完全是君主专制，那里有什么法治精神！

霸主另有一个特点，那就是喜欢高举一种说起来很崇高的东西。晋文公所高举的，乃是周王的旨意，即所谓王法。"王法"这个词，是中国人心目中的"天理""正义"和"公道"。"王法"究竟是什么样子呢？此时对卫国君主卫成公，执行的就是"王法"。晋文公为了借用周王的名义，假装将卫成公交给周朝处理。这个做法，是因为周朝的一种法理：

作为一个勋爵，晋文公只拥有晋国国内的司法权。要对一个中原君主提起诉讼，只能上交到王的法庭。

关于春秋时候的刑法，前面不曾提及，笔者于此概述其渊源。中国有记载的刑法，最早是《洪范》的"威用六极"。它大致反映的是商朝的刑罚思想。根据这种思想，王有权处以人民刑罚，这刑罚包括六个方面：

其一，它造成被罚者短命。

其二，它造成被罚者得病。

其三，它造成被罚者忧虑。

其四，它造成被罚者贫穷。

其五，它造成被罚者中邪。

其六，它造成被罚者身体孱弱、思想愚钝。

当时究竟怎样让人变成这六种状态，不得而知。就这六条内容来看，王者俨然以上帝自居，仿佛具有神的力量。《商颂》说"受小共大共。为下国骏厖。何天之龙。"（接受了上天的各种旨谕，这些旨谕通行于天下万国，犹如骏马、猛犬。商多么伟大！它是翔腾于天空的龙！）可以想见，当时的刑罚，装神弄鬼的成分占多数，主要是服务于宗教统治。至周朝，渐渐形成最初的刑罚，总计五种：

墨（又名黥，指脸上刺字）。

劓（割鼻）。

刖（又名刵，指斩去脚掌）。

宫（割去男性阴茎、睾丸或缝合女性小阴唇）。

大辟（死刑）。

最初的定罪，名义上是针对违背五常（父义、母慈、兄友、弟恭、子孝）的惩罚，实际完全由周王和贵族主观定罪。到周穆王时候，命吕侯创制《吕刑》。《吕刑》大致继承周朝最初的刑罚思想。有所改变者，一则是草创了诉讼程序，开创王的法庭，大致有了现代意义上的法庭、原告、被告、证人、诉讼代理人、陪审团、答辩、宣判之类的东西。二则是罪犯可以用钱财赎买自己的罪行，以免于处罚。它规定：墨刑价值一百锾，劓刑价值两百锾，刖刑价值五百锾，宫刑价值六百锾，大辟价值一千锾。这样锾来锾去，周王的腰包倒是鼓了起来，只是失了公允。另外，周朝贵族内部形成了多层君臣制度。周王为君，诸侯为臣。诸侯为君，大夫为臣。大夫为君，士为臣。这个制度影响到司法，所以晋文公无权处理卫成公。

这个时候，晋文公的威名如日中天。周襄王刚刚才受到胁迫，给出了霸主的名分，哪敢违背晋文公的意志？对卫成公的审判，只是由周朝出面；怎么判，完全得依照晋国的意思。不过，名目上，需要演示成周王号令的样子。于是，周朝演练起很久以来不曾演练的周礼，召开王的法庭，找几个周朝贵族来做法官。原告为元咺，被告为卫成公。周朝是最讲礼仪的朝代，对"名分"二字，看得极重。卫成公是元咺的君。按礼仪，元咺与卫成公相会时候，应当是卫成公坐着，元咺跪于地下。而按周朝王庭的规则，诉讼双方应当面对面地坐着。于是，按级别对等的原则，被告的卫成公一方，就由卫成公的手下甯俞、鍼庄子、士榮代为出庭。鍼庄子相当于当今的代理人，士榮相当于当今的代理律师，甯俞则具有当今的陪审团的意味。这三个人的职责，有个名目，叫作"代坐"。原告元咺一方，则只有元咺一人。依照晋文公的意思，卫成公曾经与晋文公作对，投靠楚国，自然就败诉。然而，晋文公又做出一种宽宏大量，派人通知周朝，又说要放过卫成公。周朝贵族得到这种指令，会议半天，方才揣测出盟主的心思：

盟主大约是持一种猫戏老鼠的心理。不是不杀，而是想要慢慢折磨对方。

于是，法庭将代理人士荣处以大辟之刑，鍼庄子处以刖刑。另外，将卫成公囚于深室，随时听候盟主的处理意见。王庭原要处理甯俞。经由卫成公本人求情，说这人是个忠臣，才免于刑罚。读者试想，这相当于两方争讼，却将做代理人的第三方定罪。这种判决，有什么道理可言？总之是级别低的人晦气！按周礼的理解：士荣、鍼庄子是卫成公的臣奴，应当绝对服从卫成公。君臣关系犹如头与四肢的关系，士荣、鍼庄子就仿佛是卫成公身体的一部分。处理这两个人，犹如断卫成公的四肢，可以理解成对卫成公的处理。后世的君主、王子之类的人物犯罪，往往将其监护人、手下处死，就是源出这种法理。

周朝的法庭讲究诉讼双方对坐。然而，裁判的结果，却是现代看来无罪的人无辜受刑。这种习俗，让后世创出一个只有中国才有的词：连坐。那意思是：

谁让你贪恋富贵、跑去坐那个位子？坐上那个位子，当然就要牵连进去，受到处理。

甯俞于当初卫成公四重计谋杀武叔的时候得以不死；如今摊上这种代君主出庭的事情，原想是黄泥巴钻裤裆，不是屎也是屎（死）。结果竟然又一次免于刑罚！他感激君主对自己的特别的爱，天天到监狱里探视卫成公，嘘寒问暖，送吃送喝。就是到很多年以后，孙林父赶走卫国君主，甯氏都还在感激这种恩德，帮助卫国的君主系。要说卫成公这样阴狠的人物，如果对待臣下一味用心计，一味地兔死狗烹，谁还愿意为他卖命？只因他对自己的心腹，总还是真心地予以保全。这个做法，与晋文公对待魏犨，是相同的道理。

却说卫成公坐牢期间，胜诉的元咺又回到卫国，另立公子瑕为君主。这一次，倒不是他故意与卫成公作对，而是晋文公的授意：晋文公要制造出卫国的内部矛盾，让卫国内斗。所以，故意让卫国更换君主。晋文公对卫成公，时而说要报复，时而又要释放。这是什么讲究呢？笔者通观前后的历史，反复对照，方才略知一二：

晋国自晋文公以后，长期做中原盟主。春秋时候的盟主，实有号令中原之权。然而，盟主称号亦非侥来之物，实有一些独到的计谋。卫国是晋国紧邻。晋国本土在太行山以西。晋国要争霸于中原，势必从当今山西省所处的黄土高原东出太行。这条路线首先接触的国家，就是卫国。晋国东向争霸于天下，尤其忌惮卫国截其归路。为防背后掣肘，晋国必须让身边的卫国服服帖帖。晋、卫都是源出于周朝王族的姬姓国家。晋国号令天下，用的是勤王的名义、维护姬姓的名义、保护农耕民族的名义。因为这些"大义"，晋国不可能灭卫国。在不灭卫国的情况下，怎样让卫国服服帖帖呢？那就需要将对方的思想打造成奴隶的思想。只要能够让卫国不假思索地臣服于晋国，纵然不灭卫国，也能达到灭卫国的效果；甚而至于，比直接灭了卫国的效果还要好。为达此目的，后来的晋国采用了创建"第二卫国"的手段；而在这晋文公年代，采取的则是震慑的手段。意在让卫国慑服于晋国，不敢事奉晋国之外的其他国家。主要的目的在此，是否杀死卫成公，反倒次要。这个政策，还与此时的国际政治局势有关：

前面提到，春秋的第一霸主齐桓公继承家学渊源，用齐国女儿控制挟持外国。这一策略于卫国运用得最为深入。春秋23年，齐襄公送卫惠公回国为君。这卫惠公，是齐国女儿宣姜的儿子。后来，卫国人反抗齐国的压迫，自立黔娄为君。春秋63年，齐桓公借用讨伐狄的时机，又立卫戴公为君。卫戴公即位当年就去世，位子传给卫文公。卫戴公、卫文公也都是齐国女儿宣姜的儿子；当然，也就是齐国的外甥。此时的卫成公，是卫文公之子，算起来是齐襄公的外孙，齐桓公的外甥，齐孝公、齐昭公的中表兄弟。晋国要在中原散布晋国的势力，必须要清除前任霸主齐国的势力。晋文公故意让元咺立新君，同时又释放卫成公。这就让卫国出现两个君主，势必忙于内斗。内斗的结果，让卫国不仅无力抗拒晋国，还因与晋国是近邻，随时会求助于晋国。如此一来，卫国就会渐渐地由亲齐转变为亲晋。这个政策在后来的晋国的国际政策之中逐渐明朗；在这晋文公年代却还不太清晰。就在扶植公子瑕之后的一天，晋文公偶然又想到卫文公与齐国的亲戚关系。他想卫成公终究会向着齐国，所以又派人用毒药暗害卫成公。负责干这事的是晋国医生，名叫医衍。医衍来到周朝，公开的说法是：

盟主听说卫国君主在监狱期间愁出了病，所以派我来看视把脉。

卫成公是个聪明人，知道这意味着什么。他赶紧命甯俞向医衍行贿，希望买回性命。医衍身负使命，也不好拿了钱就走人。双方讲成了个折衷方案：

用水掺兑毒酒，让毒酒毒性变小。

卫成公按预定计划中毒，又按预定计划而不死。正当此时，鲁国君主鲁僖公，分别向晋文公和周襄王送礼，请求他们放过卫成公。

读者要问：鲁国为何要来管这闲事？这，其实是一种同病相怜的心理。

打自齐桓公将燕、卫、鲁定成战略目标，鲁国与卫国就已经同病相怜。齐桓公于召陵之盟后做上盟主，渐渐变得骄横，对鲁、卫横征暴敛。鲁、卫敢怒而不敢言。齐孝公即位后，楚国与齐国争夺对鲁、卫的宗主权。齐、楚国都没有成功，倒是晋国突然间就崛起。鲁、卫两国，早先共同臣服于齐桓公，又共同结交楚国。后来看楚国不行了，又共同巴结晋国。现在卫国有难，鲁僖公由彼及此，扪心自问，发现卫国身上的罪名，自己全都具有。要是晋国将处理亲楚国家的工作扩大化，下一个，恐怕就会轮到鲁国。鲁僖公救助卫成公，就仿佛救助自己一般。

周、晋、卫、鲁都姓姬。周、晋收了钱之后，想想大家原本是一家，没有必要弄到你死我活的地步。经由周襄王出面调停，晋文公收了些钱财，答应释放卫成公，让卫成公回国继续做君主。

卫成公前番从陈国回国，已经拿出一种连环计谋。第二次回国，他所使用的招式不同于头一次。他派人向卫国贵族周歂、冶廑带话：

"如果你们让我回国，我让你们做卿。"

元咺之所以立公子瑕，名义上，不过是说卫成公被囚于周朝，而国不可一日无君，所以另立君主，暂行君权。现在卫成公被释放，公开的道义，正应当是卫成公回国反正。一则是因为这种道义，再则也是愚昧地忠君，误信了卫成公的话，周歂、冶廑二人刺杀了元咺和公子瑕。

卫成公回国后，在宗庙祭祀先君。他命周歂、冶廑二人穿好礼服，在宗庙外候命。这个命令，在当时来讲，意思是要当着祖宗神灵的面，命二人为卿。周歂先被召进。进入二门的时候，周歂暴病发作，突然死亡。尸身被抬出大门。门外的冶廑目睹这场景，一下子明白了情况。在进去拜见君主的时候，冶廑坚决推辞君主的任命，并且说了一大堆"我有罪""我悔过"的话。

这是什么情况呢？卫成公心计极其险恶。头一次回国，为求稳妥，先后派出三拨人，刺杀了武叔。然而，刺杀武叔的人却落得了兔死狗烹的下场。君主的为人，可谓心狠手辣。周歂的突然死亡，若不是毒酒，那也是暗器。哪是什么暴病发作？冶廑明白了兔死狗烹的道理，拼命辞官，总算保住了小命。

卫成公回国之后，并没有像晋国期望的那样服服帖帖。因为晋文公用猫戏老鼠的态度对待他，他对晋国暗怀仇恨。晋文公在位的最后两年，卫成公就开始不再朝拜晋国。春秋97年，是晋文公去世的第二年。出于报复，卫成公命孔达入侵郑国。晋文公于践土之盟要求诸侯"皆奖王室，无相害也"。卫成公此举是对践土之盟的藐视，晋文公的继任者晋襄公当即就要讨伐卫国。权臣先且居说：

"我们以它不勤王为借口，才能号召天下诸侯讨伐它。为了讨伐它，就算是装，也要装出勤王的样子。请君主去朝拜周王，打仗这种力气活，就由我等来做！"

于是乎，这一边，晋襄公请周襄王至温，与之围猎饮酒；那一边，先且居、胥臣率军进攻卫国，攻占了卫国最大的城市戚。卫成公联络友邦陈国，请陈共公帮忙。陈共公说：

"要是我现在就出面去为你求情，显得你接受了城下之盟。不如你再假装进攻晋国，我于晋国遭到进攻时去求情；那样一来，面子上好看一些。"

孔达受命讨伐晋国。之后，卫成公向晋国求和。在陈国的斡旋之下，卫国发布公告：

孔达违背卫国君主睦邻友好的意愿，无端挑拨晋卫关系，擅自发动战争。

由此，将孔达谳成战争罪，押赴晋国，是杀是剐，一任盟主处理。同时，卫国又向晋国送出许多钱财。晋国方面，得了这个台阶，也就暂且放过卫国。为表达友好，还释放了孔达。孔达捡了条命，心下以为是君主拯救了自己，激流勇进，决心以死报效君主。他于20年后最终因为晋、卫的这种"睦邻友好"而自杀。为人臣者落得这种下场，不要说当今的人，就是古人，也觉得忠君不是件好事。因为有这种历史，后来卫国出了个孙林父，不再相信君主的"天覆地载"之恩，背叛祖国。

晋国虽释放了孔达，却得到了原属卫国的戚。就是这个城市，后来时而属卫、时而属晋。晋国利用它来建立"第二卫国"，扶植孙林父为戚的领主、晋的外臣，以达到分裂卫国目的。晋国方面经常将盟主大会的地址选定为戚。这样做暗含深意：

天下之于晋国，就好比是戚。它是卫国的土地，却在晋国的威慑之下，听从晋国的号令。霸道的意义，不在于彻底占有，而在于一呼百应！

……

践土之盟，算是诸侯参拜周王的会议。晋文公做了盟主，还要做一个由盟主召集的会议。春秋91年秋，晋文公于晋国本土的温再次召会诸侯。践土的会议，又是"天王狩于河阳"，又是"九锡"，高举的是王道。这后一个会，最高级别的人物是霸主晋文公，讲究的就是"霸道"。王道的思想，笔者申述了多次。其核心就是《周约》。霸道的思想，只要稍懂汉语都知道，那就是"横行霸道"，为所欲为，顺我者昌，逆我者亡。总之，霸主想怎样就怎样。春秋91年夏的践土之会，与会国家是晋、鲁、齐、宋、蔡、郑、卫、莒。春秋91年秋的温之会，与会国家变成了晋、鲁、齐、宋、蔡、郑、陈、莒、邾、秦。这其中的邾国、秦国，就是由晋文公推荐，始列于中原诸侯。

秦穆公在后世被视作春秋霸主。然而在当时，因西戎入侵，周平王从关中流亡至河南。关中一带，从此被视为游牧民族聚居的蛮荒之地。秦在关中，一向不得中原诸侯的尊重。只因晋文公回国得了秦穆公的帮助，秦国得以列席于中原诸侯，登上大雅之堂。

邾国，一向被视为东夷。在春秋元年，邾国君主访问鲁国，孔子的经文直呼其名，称为"邾仪父"。那种说法，在中原贵族看来，是夷狄视之。至此，因巴结晋文公，也列为中原诸侯。

秦、邾列于中原大会，是为了显示霸主的恩。有恩必有威。为了造就盟主的威严，晋文公寻思讨伐一些不听话的国家。曹国君主曹共公，曾经偷窥盟主的骈胁，那是非报复不可。偏偏这曹共公是个聪明人，想了个主意，逃脱了报复。晋文公于温之会后，害起了病。曹共公向晋文公身边的奴仆送钱，由这人转托卜筮人。当时的人，很迷信。稍稍有点事情，都要问卜。晋文公得了病，问卜于卜筮人。这卜筮人得了钱财，就向晋文公说：

"你这病，是因曹国的事情而起。早先的盟主齐桓公，召集诸侯来保护异姓的国家。而今你召集诸侯，却要讨伐同姓的国家。曹国与晋国，同为姬姓。他对你不仁。你是霸主，不应当与他一般见识，你不能不义。因你讨伐同姓，曹国祖宗振铎，作祟于你，让你得病。

"而且，曹国与卫国的情况大致相同。你已经放过了卫国，如果不放过曹国，显得同罪异罚了。"

晋文公倒不在乎同罪异罚。他对魏犫、颠颉的处理就是同罪异罚。他最仰慕的人物，是齐桓公；一生最爱惜的，就是一个"信"字。盟主的仁义道德，那是他立身处事的标准。想想自己要做盟主，就需要大海一般广纳百川的容量。些许耻辱，若总是挂念，倒显得量小非君子了。于是乎，晋文公放过曹共公。放虽则是放了；按中国人的习惯，死罪可免，活罪难逃。晋文公让曹共公居于曹国都城，保有对先祖振铎的祭祀；却将曹国的大部分国土，瓜分给亲晋的诸侯。读者注意：曹叔振铎，原也是周文王的亲儿子、周武王的亲弟弟。周武王开创周朝的时候，出于亲情，分给曹国的土地原是不少。只因偷窥了盟主的身体，曹国的国土大部分沦丧。曹国由此一蹶不振，几乎不再出现于中原的政治舞台。至春秋后期，曹国为宋国所吞并。于曹国身上，可以看到春秋时候大鱼吃小鱼的过程。西周万国演变成战国七雄，就是无数曹国一样的国家消失的过程。

春秋 94 年春，晋文公以盟主的名义，请曹国周边的国家参加会议，瓜分曹国土地。鲁僖公派出臧文仲参会。臧文仲途经宾馆，听到风声：

晋国刚刚做上盟主，势必会施恩于诸侯。如果鲁国第一个到会，显得特别尊重晋国，会得到特别的好处。

臧文仲听了这话，把吃饭、睡觉的时间都省下，拼命赶路，第一个赶到会场。鲁国因此分到了最大的一块土地。位置在济水以西，齐、鲁交界的地方。这件事情，一则是因为鲁僖公于城濮之战之前，率先表明了亲晋的立场。另一方面，还因为时机。晋国做这件事，目的在于立威。然而，为求公心，晋文公故意做出姿态：晋国不参与此次瓜分。反正自己不能得到，所以也就分得随意。最先来的，是最尊敬盟主的人。为予表彰，多分一点。然而，此次分赃，却造成了齐、鲁之间的矛盾。齐国认为齐桓公曾经收留晋文公数年，又给予了晋文公流亡期间最舒适的生活。如今，最大的一片土地却让鲁国分走。为此，齐国始终认为这一片土地应当是齐国的。在后来的历史中，齐国多次侵略鲁国，就是为了这片土地。事情绵延至整个春秋史。就是后来的郤克俘虏齐顷公、孔子却莱，都与此事有关。

晋文公做上盟主后，进一步扩充军队。当时，北方游牧民族狄，势力比较盛。晋文公说自己要抵抗狄，所以于三军之外，又建三行。以荀林父为中行主帅，屠击为右行主帅，先蔑为左行主帅。

为什么要叫作三行呢？从编制上讲，"行"是当时的军队内部的一个称号，仿佛今天集团军内部的旅、团。第九回提到，春秋早期的郑国，一行是指 25 人。当时的诸侯列国各行其是，甚至连货币都不统一。晋国的"行"远比郑国的"行"要大。晋军建"三行"其实是一种掩耳盗铃的做法。按当时的礼仪，唯有天子可以建六军。晋国虽是盟主，却不能建六军。然而，晋文公就是要建六军。于是，就将新建的三军改个名字。不叫三军，叫三行。到得后来，一则是国力承受不起如此多的军队，再则也是这名义终究说不过去，所以晋国又取消了三行。因有人曾经担任中行、右行、左行的官职，其后人以官职为氏，中国就有了这三个姓氏。这三个姓氏之中，因荀林父的后人最为昌盛，故而中行氏最为著名。汉朝时候有个著名的汉奸，名叫中行说。追溯起来，乃是荀林父的后人。春秋 94 年秋，晋文公觉得三军三行合为六军，毕竟是僭用天子的规格，就又以防御狄为名，蒐于清原，改组军队为五军。赵衰在这一次任命之中成为卿。至此，晋国总计五军十卿，分别是：

先轸为中军主帅，郤溱为中军副手。

先且居（先轸之子）为上军主帅，狐偃为上军副手。

栾枝为下军主帅，胥臣为下军副手。

赵衰为新上军主帅，箕郑为新上军副手。

胥婴（胥臣族人）为新下军主帅，先都为新下军副手。

荀林父为御戎，魏犨为车右。

这种任命，用的"外儒内法"。读者若有兴趣，可以去探究哪些是儒，哪些是法。以上人物，很多都演变成晋国的豪族。晋国世族的延革，是本书的重要课题，读者可以参看《春秋主要世族》。

晋文公声称要讨伐狄，实际却从未对狄用兵。这与他的身世有关。笔者于前面提到：戎先一步到中原，狄则在齐桓公年代到达中原。戎与狄在体貌特征、生活习性方面，都大致相同。他们迁徙的习惯，又造成居无定所。所以，戎与狄出现交往，渐渐融为一体。晋文公是大戎的女儿所生，自己身上带有狄的血统。被骊姬赶走之后，又投靠狄长达18年。没有狄的收留，就没有后来的晋文公。晋文公又重用来自于戎狄的狐氏。这些背景，造成晋、狄之间非同一般的关系。因为这层关系，狄一再组织对于中原国家的侵略。春秋93年，晋文公伙同秦穆公讨伐郑国的时候，狄趁机侵略齐国。春秋94年，狄又包围卫国，致使卫国迁至帝丘。对这事情，晋国坐视不理。卫成公看霸主不闻不问，在春秋95年狄再次入侵时，只好委曲求全，送出钱财和女人，与狄讲和。至春秋96年夏，趁殽之战的时机，狄又入侵齐国。直到春秋96年秋，晋国君主换了晋襄公，晋国才讨伐狄。这其中的殽之战，乃是春秋时期很著名的一次战争。究竟是怎么回事呢？且看下回。

正闰第三十回

烛之武只身退敌　秦穆公有容乃大

郑国君主郑文公，于齐桓公去世之后，第一个投靠楚国。晋文公流亡期间，郑文公又曾经对其无礼。践土之盟的时候，晋文公不但不处理郑文公，还让其做自己的车右。做上霸主后，主要出于威服郑国的目的，需要讨伐郑国。春秋93年秋，晋文公伙同秦穆公讨伐郑国。当时，郑国有个贤人，名叫烛之武。其人年高德劭、深通韬略。郑文公派人去请烛之武，求一个退敌的良策。不想，烛之武回答说：

"在我年轻的时候，尚且不如别人。现在年纪大了，更加是老迈无能、废物点心。请君主另寻高明吧！"

郑文公听这口气，分明是埋怨自己当初没有重用他。只好下个矮桩，用出承认错误的口气：

"我早先没有重用你。现在遇上棘手的事，才想到你。这确实是我的罪过。然而，郑国要是亡了，对你也没有好处。"

烛之武请求只身到秦军中做说客，要只身退敌。他于夜里缒出城外，到秦军中对秦穆公说了一番话。听完这些话，秦国不但不打郑国，还提出要保护郑国。这一番说辞，如此厉害，笔者当全录如下：

　　秦、晋围郑，郑既知亡矣！若亡郑而有益于君，敢以烦执事。越国以鄙远，君知其难也，焉用亡郑以倍邻？邻之厚，君之薄也。若舍郑以为东道主，行李之往来，共其乏困，君亦无所害。

　　且君尝为晋君赐矣。许君焦、瑕，朝济，而夕设版焉。君之所知也。夫晋何厌之有？既东封郑，又欲肆其西封。若不阙秦，将焉取之？阙秦以利晋，唯君图之！

译文：秦国、晋国包围了郑国。郑国知道自己难逃于灭亡。如果说灭郑国对你有好处，那就请你继续。问题是：灭了郑国之后，你能得到郑国吗？郑、秦之间间隔着晋国。这其中的问题，你是知道的。秦国与郑国天各一方，倒是与晋国为邻。灭郑国，只会让晋国用就近的地理条件独占郑国。你的邻国得利而强大，相对而言，就是让你失利而变弱。如果你放弃对郑国的进攻，让郑国做你东方道路上的朋友，让郑、秦两国通过使者、官吏互通有无，对你有什么害处呢？

况且，你与晋国是打过交道的。晋惠公答应给你焦、瑕的土地，上午才渡过黄河，下午就在这两个城市进行防卫。这事，你难道忘了？晋国贪得无厌，在东方占领了郑国之后，肯定又会进攻西方。在西方，如果不蚕食秦国，它又从何得地？进攻郑国最终是让秦国的土地减少、让晋国得利的结果。请你想想清楚。

其实，站到秦穆公的立场，这话有些道理。秦国以东是晋国。晋国以东才是郑国。兵法讲究远交近攻，忌讳劳师袭远。那是说攻取了远方的国家之后，因为新征服地方与本土相隔得远，所以很难执行攻取之后的肃反、整编。秦攻取郑，因为当地人都是郑国人，信仰的是郑国君主，甚至对秦国夷狄视之，确实不好实现彻底的占有。春秋时候有一种天下公义，叫作"存亡续绝"。这个词的意思是：上天有好生之德。为人须多栽花，少栽刺。看一国灭亡，看一国人民丧失祖宗宗庙，那都应当抱点同情心，不为已甚。即使与它有再大的怨仇，总还不至于消灭别人的宗庙。其实，大义是表，现实好处才是里。前面提到，当时的中国，有很多没有国家权属的公共土地。一国要扩充国土，完全可以通过开荒来完成，不必冒战争的危险。战争之中得到土地，那好处不过是因这土地是熟田，耕种起来可以免去最初的基础设施建设。因此，进攻别的国家，最大的好处在于得到钱财和人口。平白地烧毁别国的宗庙，不但没有现实好处，反倒会因为消灭了别人的信仰，造成拼死的反抗。因为这一点，人们时常高举"存亡续绝"的大义。在很多时候，看到对方国家小、人口少，不太担心这种拼死反抗，所以就转而取用"兼弱攻昧"的大义，说成是天意有杀，灭无道之国乃是替天行道。究竟用何种大义，那得依实际情况来定。且说当时，秦穆公听说烛之武愿意做秦国的东道主，于斟酌形势之后，转而与郑国协议成一种交易：

秦军护卫郑国，郑国给秦国钱财。

秦国不但不进攻郑国，还派出大夫杞子率军驻扎于郑国，要保卫郑国。秦穆公转变了立场，晋军方面就有人建议进攻秦穆公。晋文公其人，最喜欢的是讲信用、记恩情。他的话，讲的是盟主的大义。他说：

"我请他来帮助我。靠了他的帮助我才到这里。现在他改变主意。我只是痛惜自己丧失了一个朋友，哪至于去讨伐曾经帮助我的人？"

为了显示自己的快意恩仇，晋文公要郑国交出叔詹，用作晋国退后的条件。郑文公找到叔詹，说：

"你不用去，我们多送他点钱就是了。秦军已经与我们讲和，晋军反正是要走的。"

叔詹想：

君主说"不用去"，乃是让我去的意思。

想到反正是死，叔詹也卖弄"大义"。他回复说：

"我一个人的命，可以换取郑国许多百姓的性命，可以换取国家社稷的安全。我这条命算什么呢？"

郑文公又假意再三劝阻。最终拗不过叔詹的"大义"，将其羁押至晋国。晋文公特意为叔詹准备了一口直径两米的军用锅，准备按当时的惯例，将叔詹烹饪成肉羹。站在锅前，叔詹说：

"我国君主对你无礼的时候，我曾经进谏说：晋公子贤明。其左右皆贤才。若其复国，必得志于诸侯，你此举乃是埋下祸根。他不听我的忠言。在已经不能帮助你的情况下，我出于郑国利益，建议杀死你。"

说完之后，叔詹开始脱衣服，准备跳进已经烧开的锅中。就义之前，叔詹又高呼：

"从今以后，忠君爱国的人，都将是我这种下场！"

最后这句话，实有要挟晋文公的意味。晋文公正在用人之际，不能杀忠君的人，就赦免了叔詹，将其遣返郑国。叔詹回国后，郑文公秉承盟主的心意，将其升官。这算是晋文公惩恶扬善的又一事迹。

因为二十年的流亡生活，晋文公比当时的其他君主更了解基层，更体谅臣下。当时的君主系，世世代代高人一等，其傲气少成即天性，习惯成自然。君主能够体谅臣下，实属难得。

能够体谅臣下，当然就更加能够体谅别国君主。他对曹共公、秦穆公的态度，大体都显示出了盟主应有的胸襟。正是这种胸襟，造成了晋国的霸权。然而，天妒英才，晋文公在位仅八年即去世。晋文公虽然去世，其八年间开创出的国家体制却留给了晋国。其中影响最深远者，莫过于被庐之蒐。此后的晋国继承被庐之蒐中不拘一格起用人才的思想，涌现出一代又一代的贤才。晋国的霸主地位，因之而长达百年。

春秋 95 年冬，晋文公去世。其子继位，是为晋襄公。在晋文公停丧期间，秦穆公派兵远袭郑国。这是怎么回事呢？原来，秦穆公于会晤烛之武的时候，就抱如下心思：

驻兵于郑，待时机成熟时独吞郑国。

就在晋文公去世之际，秦穆公收到杞子的信：

"我已取得郑国方面的信任。现在郑国让我掌管北门的钥匙。如果君主带兵前来，里应外合，就可以拿下郑国。"

秦穆公当初听信烛之武的话，是因为有晋国夹在中间。当时发起战争的是晋国，自己是作为帮手前去。取胜后瓜分胜利果实，因是由晋国承头，须由晋国分占多数。现在能单独攻取郑国，就不用理会晋国。特别是，当初怕的是灭了郑国后，让晋国得到郑国。现在晋文公刚刚去世，其国内处于丧期。晋国自己国内的事情能否摆平，都还是问题；哪有工夫来与自己争郑国？为了这种考虑，秦穆公决定长途奔袭郑国。秦穆公派出三名将领担当此次任务。这三人分别是：

百里孟明视、西乞术、白乙丙。

这其中的百里孟明视，乃是秦国著名贤臣百里奚之子。当时，百里奚和蹇叔反对秦穆公偷袭郑国。蹇叔说：

"这么多的人走这么远的路去偷袭，动静势必很大，别人不可能不察觉。别人察觉后会有防备。大量军队远行，后勤补给很难，战斗力难以保证。到时候，如果发生战斗，我军就回不来了。此行要经过殽山，那地方最容易遭受伏击。你一定要出兵，军队会葬送在那里。"

秦穆公的回答是：

"尔何知？中寿，尔墓之木拱矣！"

这话的意思，非但不听劝，还说蹇叔早就该死了。

春秋 96 年春，秦军途经晋国疆域、周朝疆域到达滑国，邻近了郑国。此时，一个名叫弦高的郑国商人，正准备经由滑国到周朝去做生意。弦高发现大量秦军集结于滑，就假装为郑国使者，送十二头牛给秦军，作为犒劳。这种犒劳，是故意表现的一种姿态。意思是，我郑国早就得知你们的行动，所以才派我来迎接和慰问。这做法，是一种外交上的暗示：

我郑国已经有防备。你们的偷袭不会成功。

与此同时，弦高派人赶紧回郑国，通知国内进行国防。一个商人，何以放着生意不做，去管起国家大事来？商人出此举，与郑国国内的农、商关系有关。前面提到，郑国开国君主郑桓公，原本是周朝的司徒。他到东方创建郑国的时候，有周地的商人看到商机，随行到东方淘金。商人游走四方，买贱卖贵，原本并不定居于一地。因郑国地处中原正中，地理上四通八达，特别适宜商业；故而这些商人到郑国后，渐渐在郑国建立起集市，形成商人聚居地。商人视郑国为重要的集市，大多安家于郑国。为了各自利益，商人、郑国贵族进行盟誓，达成不同职业的人群之间的契约：

农耕的郑国贵族，用军队保护商人的生命及财产的安全。商人，向郑国贵族纳税，认郑国为祖国。

正是因为这种契约，弦高不采用商人的唯利是图的标准，愿意维护郑国的利益。郑国国内，郑文公于春秋 95 年去世，其子继位，是为郑穆公。郑穆公早先作为人质居于晋国。春秋93 年，烛之武退秦师之际，郑穆公随行于晋文公。因为是讨伐自己的祖国，所以郑穆公请求回避，不参加战斗。晋文公同意了这请求。郑穆公趁机联系郑国贵族，逃回了郑国。郑穆公的身世牵涉一个离奇的故事，这里且按下不表。

接到弦高的通告，郑穆公一方面赶紧组织军备，另一方面又做外交的文章。他先是派人为秦军三个将领修建起邸舍，然后派使者到秦军中，拿话来威慑秦军：

"你们到我国时间长了。为款待你们，我国的粮食、肉食都快没有了。我想，你们该准备要走了？我国的猎场原圃，相当于你国的猎场悬囿。请你们自己动手，去猎取原圃的麋鹿，以便让我国摆脱这种无休止的款待、供应。你们以为如何呢？"

这话拐弯抹角，意思是要秦军滚蛋。秦军三个将领，看郑国方面又是送吃的，又是修邸舍，显然是不把外敌放在眼里。派人联络秦军内应杞子，回报说杞子已经暴露，现正逃往齐国。三人商议一番，觉得郑国一副有恃无恐的样子，显然已经做了很好的防备。如果围攻郑国都城，至少短时间不能成功。如果僵持下去，自己方面客军作战，后勤补给难以为继。要是弄到师老军乏的时候，想回，恐怕也回不去了。郑国使者提到的原圃，就在秦军驻地不远的滑国旁边。对方说原圃可以进行补给。然而，原圃在晋国赵氏的封地之内。若取原圃，乃是直接与晋国为敌。滑国不是晋国领地。所以秦军灭了滑国，取滑国财物为军需，然后回国。

读者注意：郑国使者说原圃是郑国的猎场，实际不是那样。前文提到，春秋88年，周襄王给了晋文公阳、樊、温、原、攒茅。晋文公重视这几个邑，将原封给手下重臣赵衰。原邻近于滑国，晋国因此紧邻于滑国。历史以来，滑国的宗主关系比较混乱。滑国位于黄河以北，北邻卫国，西邻晋国，南邻周朝。公开外交，郑、晋、周、卫均宣称对滑拥有主权。早先，滑国主动北投卫国，导致郑、卫纷争。郑国讨伐滑、卫，却遭遇周朝的阻碍。后来，卫国被狄追杀，从朝歌迁到楚丘，所以放弃了滑国。晋文公成为霸主之后，晋国填补郑、卫离去之后的真空，视滑国为晋国理所当然的附庸。郑国方面想要挑拨秦、晋关系，故意将晋国的原圃说成是郑国的猎场，支使秦军去灭原圃。秦军有所顾忌，转而灭了滑国。秦国与东方国家交流不畅，对滑国附近的地缘政治关系不太熟悉，以为灭滑国不至于得罪晋国。殊不知晋国将此事看成秦军在晋国的家门口实施抢劫，属于"打狗不看主人"的非礼行为。后来晋国使者数秦国之罪，说秦国"奸绝我好，伐我保城。殄灭我费、滑，散离我兄弟，扰乱我同盟，倾覆我国家。"就是指的此时的秦军灭滑。

秦军去郑国的路上，经过晋国疆域的时候，就已经为晋国发现。晋国国内，针对此事进行会议。晋襄公说：

"早先，先君约秦国君主讨伐郑国。他半路变卦，戍兵于郑国，与我国作对。现在，看我国有大丧，他想要独吞郑国。其情着实可恶！然而，我有孝在身，究竟怎样应对，要听诸位意见。"

下军主帅栾枝说：

"国内新遭国丧，不宜用兵。而且，先君与秦穆公之间有友好传统。现在先君刚去世，马上就违背这传统，显得不合适。"

中军主帅先轸说：

"他所灭的滑国，是我姬姓盟国。早先，惠公为图霸业，南向安插陆浑之戎，以牵制周朝。又东向结交滑国，以策对郑、卫。滑国在我国的策控下从郑国叛变到卫国，造成郑、卫战争。它是我国手中的一枚棋子。现在，秦灭了滑国。这是破坏我国霸业大计，暗中有与我国争霸的意图。

"此次秦军出动的是秦国的精锐。经长途行军，将士疲惫。若出其不意，选点伏击；歼灭它，可以弱化秦国实力，从而保证晋国西部的长久安全。我们要打败秦军，用战俘献祭于先君神灵！"

晋襄公远没有晋文公那样仁义，他采纳先轸的建议，知会熊耳山的陆浑戎。由陆浑戎出殽山之南，晋军出殽山之北，从两边伏击秦军。究竟这殽山在什么地方呢？

从地理上讲，中国的东部与西部自北而南以大兴安岭、燕山、太行山、秦岭、大巴山、巫山、云贵高原为界。西部大多是山地、高原，东部大多是平原。长江、黄河自西向东、从高处往低处流，就在这条界线上分别形成两个重要关口。南方是长江的关隘三峡，北方即是黄河的关隘殽、函。古代一说起关中的咽喉，总是说殽、函。这函，是指函谷关。地点在当今河南省灵宝市以北。函谷关北临黄河，南靠殽山。

关中的秦国要到东方去偷袭郑国，来回都要经过殽、函。殽函地方，经蹇叔分析，有一个地势险要的山谷，道路经山壁的凹陷部分而过。这条路头顶是山，可以用来躲雨。如果在这地方的山上埋伏，甚至都不用放箭，只需将山上的石头推下去，就可以砸死路过的秦军。

春秋 96 年夏，归国的秦军途经殽山，遭到晋军和陆浑戎的伏击，弄得全军覆没。晋军将秦军全部杀死，只留下百里孟明视、西乞、白乙三人，做了晋军俘虏。

此役正值晋国国丧，晋国全国都为晋文公披麻戴孝。当时的丧服，名叫衰绖。衰，是一块长六寸、宽四寸的布，用来佩戴于胸前。绖是一种长的布带，既用来佩戴于头上，又用来系于腰间。衰、绖都是用麻布制成。为了表达生者的悲哀感情，就要显得无心于服饰。所以，这麻布既不染色，也不进行加工，呈现麻布天然的白色。同样为了显示无心于服饰，用刀将粗制的麻布直接斩成六寸长、四寸宽。布的边缘不予锁边，这就叫作"斩衰"。斩衰，后世辗转演变成了袖套。至于这袖套在今天变成了黑色，接下来会谈到。

晋军要伏击秦军，如果全军穿戴麻布，那就形成一片浅色。这种服色，如果是在大雪满山的冬季，那正好隐形。当时正值夏季，山上满是绿色植被。山色较深，服色较浅，那就很容易暴露。作为权宜之计，出征将士将所穿戴的衰绖染成黑色，以便隐于山色。

从晋国方面来讲，伏击秦军，是报复秦穆公的背信弃义，具有实现先君遗愿的意义。为此，全歼秦军之后，出征归国的晋军将士直接来到晋文公的殡前，以战利品为祭物，光荣地出殡下葬。其间，没有更换丧服，出殡的队伍一片黑色。此役全歼了秦国精锐，乃是值得纪念的事情。为了纪念殽之战，晋国开始了穿黑色丧服的习俗。这习俗世代流传，所以当今的丧服呈现黑、白二色。

前面提到，秦穆公将怀嬴送给晋文公侍寝。怀嬴在晋怀公做人质的时候，曾经是晋怀公的女人。怀嬴与晋文公闹了点纠纷，所以秦穆转而将文嬴正式嫁予晋文公。文嬴是秦穆公之女，又是明媒正娶。晋文公回国后，文嬴就成了第一夫人。晋襄公是偪姞所生。然而，文嬴为第一夫人，即为晋襄公的嫡母。晋军俘虏秦军三帅之后，文嬴效仿当初的秦穆夫人，向晋襄公求情，请求放了来自祖国的三个将领。刚刚即位的晋襄公，哪里拗得过第一夫人？于是，晋襄公释放了百里孟明视、西乞术、白乙丙。

中军主帅先轸，在朝会的时候问起秦国囚犯。晋襄公说：

"夫人来求情，我已经把他们放了！"

先轸发怒说：

"武士们拼了命在战场上抓住他们，为女人一句话就放了。这是自己抛弃来之不易的战利品，同时又帮助了敌人。这样下去，国家要亡！呸！"

先轸气得当面吐口水，头也不回地走了。晋襄公也觉此事处理得欠考虑，赶紧派阳处父去追杀已经离去的秦军三帅。阳处父追到黄河边，秦军三帅已经在渡船上了。阳处父用了个急智，想要诳回三人。他将驾马车的一匹马解下来，牵过去，说：

"三位走得急。我国君主送孟明视一匹马，命我赶紧送来！"

孟明视看穿其中的名堂，于船上回答说：

君之惠。不以累臣衅鼓。使归就戮于秦。寡君之以为戮。死且不朽。若从君惠而免之。三年。将拜君赐。

译文：不拿我们的血来衅鼓，而让我们回国去受死刑，那是你国君主的恩惠。回去后，如果我们的君主杀死我们，那是君主正确的刑罚。我们得以为国家而死，那是再好不过的归宿。如果我国君主尊重你国君主的意见，不杀死我们，那我们一定要在三年内报答你们的恩惠！

这话，算是发誓要报复。

百里孟明视三人回到秦国。秦穆公没有处罚他们，而是进行自我批评，于国中公开宣告自己的错误。这承认错误的文章，就是《尚书》的最后一篇，号为《秦誓》。《秦誓》是《尚书》之中难得的上古真作，展现出了春秋时候的原貌。此文最核心的思想如下：

……

昧昧我思之。如有一介臣。断断猗无他技。其心休休焉。其如有容。人之有技。若己有之。人之彦圣。其心好之。不啻若自其口出。是能容之。以保我子孙黎民。亦职有利哉。……

译文：我仔细想来，有这样的直臣：他自身虽然没有特别的长处，却天生好心，能够接受别人的意见和观点。他接受别人的优点，没有嫉妒，就像那是他自己的优点一样。对于别人的善言善行，他心生仰慕。于是乎，他的所为，自臻于善，自臻于贤。这种人，称得上有容乃大。这种人，对于我的人民、我的子孙，都有好处。

这话的意思，就是当今所谓"有容乃大"。就当时来讲，这话是对于蹇叔、百里奚的赞扬，同时就是对于自己的错误的反省。秦穆公学习蹇叔的有容乃大，继续重用百里孟明视，并且励精图治，成就了霸业。

孔子做的《春秋》，抱一种内华外夷的思想，歧视秦国为化外戎狄。后世史学，则有人视秦穆公为霸主。只不过，秦国于东方先是经殽之战遭到重创，继而又被晋国施以隔离政策，不能与东方诸侯正常交流。为此，秦国转而向西，称霸于西戎。前面提到，秦仲为戎王杀死，秦与戎结成世仇。至春秋

100 年，秦穆公最终灭了西戎，称霸于西方。

晋文公虽死，晋国的盟主地位却一直保持。而南方的楚国，早已经成为当时疆域最大的大国。晋、楚之间的争霸，从此成为天下的主题。直到春秋 177 年的宋之盟，这种争夺才大致结束。笔者以晋文公之死结束第一部，又以宋之盟结束第二部。下一回，转入第二部：争霸中原。

从弦高的身上，可以看出春秋时候的商人参政。笔者感于中国歧视商人的习俗，做成几句：

古有弦高，爱国舍利。自命为使，往来救国。
近代列强，商人参政。以战求利，殖民富国。
国人贬商，定性为"奸"。士农工商，叨陪末座。
商业交流，可通有无。商人营利，可以富国。
身被辱名，迹近匪类。商之不尊，国之贫弱！

春秋枯华

中册

争霸中原

王洪 著

团结出版社

图书在版编目（CIP）数据

春秋枯华：全3册 / 王洪著. -- 北京：团结出版社，2017.8

ISBN 978-7-5126-5346-7

Ⅰ．①春… Ⅱ．①王… Ⅲ．①中国历史－古代史－通俗读物 Ⅳ．①K220.9

中国版本图书馆CIP数据核字(2017)第171632号

出　　　版	团结出版社
	（北京市东城区东皇城根南街84号　邮编：100006）
电　　　话	（010）65228880　65244790
网　　　址	http://www.tjpress.com
E－mail	65244790@163.com
经　　　销	全国新华书店
印　　　刷	成都新千年印制有限公司
装帧设计	成都天恒仁文化传播有限责任公司

开　　　本	145mm×210mm　　1/32
印　　　张	41
字　　　数	1078千字
版　　　次	2017年8月第1版
印　　　次	2017年8月第1次印刷

书　　　号	ISBN 978-7-5126-5346-7
定　　　价	128.00元（全三册）

目 录
CONTENTS

争霸中原

并列第三十一回

饵女乐遂霸西戎　求熊蹯楚成不终

　　头一回说到秦穆公称霸于西戎。秦穆公的称霸，与一个叫由余的人有关。

　　由余是晋国人，流亡入戎，为戎王之臣。由余的母语为华夏雅言。为方便交流，戎王命其为使者，出使秦国，以侦察秦国的状况。游牧民族的使者到来，秦穆公于外交中故意搬出农耕文明。他把编钟、舞女，以及一大堆的酒器摆出来，炫耀自己的文化品位。不料，由余看了这些东西，却嗤之以鼻，不以为然，说：

　　"确实是了不起！就算是让鬼神来制作这些东西，也难免劳神。让人来制作这些东西，当然是劳民伤财！"

　　秦穆公一向仰慕东方的文明，听了这说法，诧异起来：

　　"先生这话，可有所指？"

　　由余说：

　　"且不说我们迁徙的生活，用不着这些东西。就算是用得着，那也看不上眼！部落生存，靠的是武力和计谋。成天在这酒色、音乐之中陶性，把人的精神消减了，把人的斗志磨灭了，还拿什么来打天下？"

　　秦穆公反驳：

　　"周礼，乃是天下至高的规范，乃是贵族的准则。蛮族生活，怎能比拟？"

　　由余说：

　　"你说周礼高尚。在我看来，其实是落后。天生人类，都是平等的。比如说，我由余与君主你相比，身体素质差不多，学识才华差不多，天生就是平等。凭什么你就是大人？凭什么我就是小人？周朝的等级划分，既背天性，又悖人性，制定之初就是错。偏偏你们这些东方人，还要奉若圭臬。

"早先我在晋国，也还算是个贵族。然而，级别的划分，让很多人比我高贵，让我见了他们就跪拜。现在到了西戎。戎王与我一起饮酒，与我兄弟相称。我们共同战斗，公平地分割战利品。因为这种平等，我们彼此间有协作精神，生出符合天性的友谊，所以才战必胜，攻必取。

"而你们东方人，偏偏强征别人做你的奴隶。那做奴隶的人，当然要反抗！你们东方部落，都不消我们来进攻，自己就会因这种反抗而内乱。"

秦穆公听了这番议论，觉得很有些道理，又觉得不尽然。思来想去，渐渐坠入迷团，思想变成混乱状态。百思不得其解，却又不愿放弃思索。到得后来，竟产生世界观崩溃的感觉，几乎是六神无主。因为涉及世界观，他去请教秦国贤人内史廖，诉说自己的疑惑。内史廖听完秦穆公的倾诉，哈哈大笑起来，说：

"研究这些东西，是我等史官的事情。主公乃是一国之君，不想国家大事，去研究这些做什么？据史书记载，早先我们中原，正与当今的西戎一样，彼此都称兄道弟。尧舜时候，就有四岳。那时候都是部落公推选举，是协商制度。那种制度，确实更加公平。然而，议员彼此间钩心斗角，并不像他说得那么团结。打自周部落开始，我们用家族观念，以血亲关系团结起来。周礼让人们以礼让和名分化解纠纷。人们之间的纷争减少了，方才有时间来饮酒作乐。我们原比西方野人高明。这一点，有什么值得疑惑？不过，由余说的内斗，倒确实是我们的弊病。"

内史廖的笑声，让秦穆走出了迷局，他才又回想起秦、戎世仇，就又跑去请教于百里奚。百里奚进献一计：

"由余这人，学贯中西，是难得的人才。切不可放他回去！我看这人有点自诩高明。这种人，总觉得自己怀才不遇。稍稍引诱，他就会急切地表白胸中学识。我们将他扣留下来，慢慢从他身上套出西戎的情况。

"由余不是说周礼有问题吗？我们就顺着他的思路，将没问题的由余扣留于秦，将有问题的乐器、舞女送给戎王。戎王从来不曾接触中原文化，会迷恋其中。待戎王嗜好渐深之后，再将由余释放回去。到那时候，由余被扣留的时间长了，会让戎王生出疑心。加之戎王又迷上了酒色音乐，再也不会听由余的奉劝。到那时候来讨伐西戎，何愁不胜？"

秦穆公依照此计，扣留下由余，送一整套乐器与戎王，另送舞女二人。身穿皮草、喝奶吃肉的戎王见了姿色迥异的中原美女，欢喜异常，成日价赋吟《诗经》的歌词，思想上渐渐仰慕中原。隔一段时间之后，秦国将由余送回西戎。由余看戎王的状态，正好坐了当初自己指责秦国的弊病。由余几番劝谏戎王，戎王不听。他原本就是个好动的人物。想想西方不亮东方亮，干脆又背叛西戎，投奔秦国，反将戎的底细，和盘托出，向秦穆公进献灭戎之计。

戎王沾染上中原文化，性格上渐渐类似于夏桀、商纣和周幽。西戎原本没有恒产，生计都是靠每日的放牧、狩猎来维持。戎王放弃了早先的劳动和战斗，却把音乐和舞蹈，当成了每日必修的功课；又把早先并肩战斗的兄弟，当作奴仆来使唤。戎王不狩不猎，而据有猎物。他的族人，心中已是不满。戎人如同早先的周人，兴起《伐檀》之怨。内怨已是如此，秦穆公却于此时发起进攻。戎王心态已经染病，再也没有斗志。秦国就此灭了西戎。秦国灭了西戎之后，向西拓地至当今新疆一带。这是继周穆王之后，中原军队又一次逼近西方。西方的古代史，在提及中国的时候，称中国为秦。这只因秦位于中原与西方中间，隔离了两方。也正是这原因，秦国得以兼采游牧、农耕之长，造就出一种既不同于西方，又不同于中原的社会制度，从而最终统一中国。

　　时常与西方民族打交道，让秦国带有较多的原始习俗，所以秦穆公下葬的时候，遗命三个秦国贵族殉葬，开创贵族殉葬的先例。这三个人是子车氏的三弟兄，生前是秦国著名的武士。他们作为秦穆公的贴身侍卫，受了秦穆公不少的恩惠。秦穆公要他们陪葬，是要他们在自己死后继续做自己的保镖。据说，秦穆公生前在一次宴会上对这三人说：

　　"今天我有酒，与你们共享。这叫同乐。既能同乐，当能同苦。我死的那一天，请你们陪我。"

　　当时，三人同意了这要求。在秦穆公的葬礼上，三人兑现承诺。因为此事，秦人为之赋《黄鸟》。

　　殽之战终结了秦、晋之好，开启了秦、晋之间不解的冤仇。两国之间你打过来，我打过去，怨恨一直延续至战国。晋国不等秦国动手，自己先就灭亡。秦国将仇恨转嫁至晋的继承者赵、魏、韩。战国历史上，秦对楚、齐都还多少带点人性，对赵、魏、韩则完全实施族灭政策，虽不至于说杀光杀尽，却也是十有八九。这造成秦灭亡之前，天下对抗秦的力量，第一是楚的遗民，第二是齐的田氏。赵、魏、韩三国，虽也出了张良、陈馀、张耳之类的豪杰，比起齐、楚的遗民，势力要小很多。如此深的仇恨，是因为晋惠公对秦的欺诈，是因为晋襄公组织的殽之战，还因为后来的晋国对秦实施隔离政策。

　　春秋96年的殽之战，百里孟明视说要在三年之内报复晋国。为实践这一承诺，春秋98年，孟明视率秦军讨伐晋国。晋襄公率军迎战，秦、晋战于彭衙。秦军再次战败。战斗之中，晋军涌现了一名英雄人物，他叫狼瞫。

　　在殽之战中，晋襄公的御戎是梁弘，车右是莱驹。做君主的车右，应当是一国之中短兵器的高手，还应当最强健、最勇敢。在殽之战结束时，晋军处决秦军俘虏。晋襄公命莱驹用戈来杀死被捆绑好的囚犯。莱驹正要动手，囚犯临死挣扎，对他大声怒吼。身为车右的莱驹一时间慌了神，竟然吓得戈掉到地上。旁边的狼瞫捡起戈，杀死了囚犯，并将莱驹押到晋襄公面前。晋襄公看狼瞫勇武，当即让狼瞫替换莱驹做车右。狼瞫是个低级贵族，由此进入晋国政权的核心层。

殽之战的当年，晋国组织了对狄的箕之战。战前的官员任命中，中军主帅先轸想要报答君主的特别提拔，推荐晋文公的亲信狐鞫居做车右。要抬举狐鞫居，当然就要罢免狼瞫。狼瞫做高官仅几个月即遭罢免，犹如刘姥姥进大观园，回家后该干什么还干什么。

狼瞫以为自己是凭本事由下层的"士"进入到上流社会，偏偏同样出身低级贵族的先轸要压制他。这种情况，直到当今仍然司空见惯。国人见得多了，习惯了，称之为"人情世故"，或者称为"关系网"，再好听一点，称之为"人脉"。这种于西方人看来极不公平的做法，为什么会贯穿古今呢？因为古人启蒙必学《春秋》，而《春秋》大义之中有这样一条：

大人不亲小事，小人不尸大功。

这话的意思是：

权贵天生就是做大事的人，不必亲自去做小事；平民先天就只能做小事，即使做成大事，也不能得到相应的奖赏。

且说当时，狼瞫凭本事做上高级职务，却遭此处理，所以心里很痛苦。在与朋友一起聊天的时候，他的朋友说：

"你当时为什么不据理力争？"

狼瞫说：

"争，就是个死！这样死，太不值得！"

他的朋友又说：

"彼此都是个人，凭什么要怕他。我们一起动手，杀了先轸！"

狼瞫心里怀念做君主车右的荣耀，满心希望自己重新得到君主的赏识。他说：

"谋杀上级，算什么勇敢？刺杀了他，倒显得我因愤懑而生歹心，别人会说我遭免职是活该。身为武士，我追求的是勇。为君主而战，才能称作勇敢。我会做给大家看，等着瞧吧！"

在彭衙之战中，狼瞫带领自己的手下拼死冲入敌阵中，战死于敌阵之中。正是靠了这一股冲击力量，晋军形成胜势，打败秦军。

狼瞫没有得到应得的嘉奖；先轸却早在狼瞫战死之前，就得到了特别嘉奖。就在罢免狼瞫的箕之战中，先轸与后来的狼瞫一样，也是不顾一切地冲入敌军阵营，战死于敌阵之中。先轸曾经在晋襄公释放秦军将领时，当面向晋襄公吐口水。为此，他箕之战前公开宣言：

"我对君主不敬，君主没有处罚我。我要自己处罚自己！"

箕之战中，用来彰显晋文公任人唯贤的郤缺俘虏了白狄的首领，也建立了军功。在战后的表彰中，晋襄公让先轸之子先且居晋级为三命大夫，继承其父的职位，为中军统帅。之后的彭衙之战，即是由先且居做统领。对俘虏了敌军首领的郤缺，封以采邑，赐命为卿，却不给予兵权。对曾经举荐了郤缺的胥臣，又赐予封地。狼瞫的死，是为了证明自己的勇敢，带有武士的粗莽；先轸的死，则是为了证明自己的忠诚，带有贵族的心计。狼瞫没有得到特别的嘉奖。他只是一个从基层选拔出的勇士。如果对每个这样的勇士都给予特别的嘉奖，国家将提供不出嘉奖所需的待遇。他的命运反映出一个令人沮丧的现实：

在儒教社会，如果你只是个普通人，不要指望靠特别的才华一举成功。如果你得到特别的赏识，那多半是有人用你来标榜"唯才是举"的大义。赏识你不是目的，只是手段。哪怕你拼尽自己的一切，最终你还是当初的身份。

……

彭衙之战，秦军没有能够报仇。因为百里孟明视曾经说"三年将拜君赐"，先且居于秦军败退之际命晋军士兵向逃跑的秦军大喊：

"这就是你们的拜赐之师？"

百里孟明视将这样的话带回秦国，秦穆公重温《秦誓》，用"有容乃大"鞭挞自己，再次赦免百里孟明视战败之罪。次年，即春秋99年，秦穆公再次讨伐晋国。秦军于渡过黄河之后，烧毁了渡船，发誓不胜不归。晋国方面，听说秦军有此决心，不敢应战。秦军攻取了晋国两个邑：王官、郊。秦军屠杀这两个邑的人，将割下的人头带到殽山，用来祭奠殽之战的亡灵。春秋100年，晋襄公报复秦国，包围秦国的两个邑：邧、新城。自此以后，秦、晋之间冤冤相报，战争不已。晋文公、秦穆公共同打造的"秦晋之好"一去不返。晋国为了付秦国，于西部关防设立军事基地和检查站，禁断秦国与东方的联系；秦国则转而联络楚国，绕出东南。

北方盟主晋文公去世，南方楚国随之势涨。说到楚国，先续接先前历史。春秋91年城濮之战后，楚成王逼死成得臣。继成得臣之后为令尹的，是城濮之战的另一将领、若敖家族的鬬勃。春秋94年，郑国的公子瑕因不睦于君主，逃奔楚国。至春秋96年，趁晋文公去世之机，楚成王想要送公子瑕回国为君，以便让郑国重新成为楚国附庸。为逼迫郑国，楚成王命鬬勃侵略陈国、蔡国，以造成包围郑国之势。晋国派阳处父进军蔡国。晋、楚两军遭遇，夹泜水而阵。晋国将领阳处父派人向鬬勃请战，说：

"什么时候开战，随便你。如果你想要开战，我就往后退一点，让你过河来排列阵势。如果你不愿意开战，那就早点撤兵。老这样耗下去，白白浪费军费也没意思。"

这种情形，与宋襄公的泓之战类似。不过，阳处父不是宋襄公。他是否会在楚军渡过一半的时候发起进攻呢？成得臣之子成大心进谏于鬬勃：

"晋军不会讲信用。我们不能渡河。"

鬬勃接受了成大心的意见，往后撤退。见这情形，阳处父正好宣扬盟主声威，就命军队大声呼喊来欢送楚军：

楚军被吓跑了！楚军被吓跑了！

这欢呼声传到楚国，造成了鬬勃之死。

楚成王的嫡长子，是后来的楚穆王。早先，楚成王就立楚穆王为太子一事征求鬬勃的意见。鬬勃是若敖家族的人，希望立年幼的君王，好让若敖族人把持政权。他说：

"君王你并不老。现在立他，保不齐将来有了其他儿子之后又想废他。与其那样，不如暂不决定。从我国历史来看，我国总是立最小的那个儿子。况且，他这人蜂目豺声，是个残忍的人，不能立他。"

楚成王本人是父亲最小的儿子。然而，他仍然立楚穆王为太子。楚穆王听说了鬬勃的话，对鬬勃心生仇恨。鬬勃自泜水撤退之后，楚穆王对楚成王说：

"鬬勃收了阳处父的钱财，所以才撤退。晋、楚争锋，楚军先退，这让国威受损。"

楚成王想鬬勃也是若敖氏一族，就以此为罪名，杀了鬬勃。此事之后，楚成王觉得太子开言即是陷害，确实是个残忍的人，所以想要废除楚穆王的太子位，另立公子职为太子。楚穆王听到些风声，感到性命有忧。他与自己的监护人潘崇商量，说：

"君王是不是要杀我？"

潘崇说：

"现在江芈很得君王宠幸，她应当知道君王的想法。你去请江芈吃饭，席间故意侮辱她，让她发怒。人发怒了，说话就没有遮拦。那样就可以知道情况。"

江芈何许人呢？她是楚成王的姐姐，曾经嫁到江国，而此时则守寡于楚国。楚穆王依照潘崇所说，宴请江芈。算起来，江芈是楚穆王的姑姑。侄儿请吃，似乎无伤大雅。不想，喝上几杯之后，楚穆王下席至江芈案前，饧眼直视，已是视所非礼。然后又仗着酒胆，对江芈说：

"姑姑寡居家中，夜间是否寂寞？"

嘴里是这么说，同时就将一只手，搭到江芈肩上，调戏江芈，江芈感到羞耻。她的脸涨得通红，起身挣脱之后，破口骂道：

"你这个无耻的禽兽！难怪君主要杀你！你确实该死！"

经此测试，坐实了君主废楚穆王太子位的意图。楚穆王对潘崇说：

"看来，传言是真的。"

潘崇说：

"你愿意认公子职为君吗？"

楚穆王说：

"不愿意。"

潘崇又问：

"你愿意出逃吗？"

楚穆王说：

"不愿意。"

潘崇说：

"那就只剩最后一条路了！你敢做大事吗？"

楚穆王说：

"我敢！"

春秋 97 年冬，楚穆王带兵包围楚成王。他扔给楚成王一根绳子，要其自行了断。楚成王说：

"我不怕死。不过，临死前，请让我再吃一顿熊掌！"

楚成王何以在此时想到吃熊掌呢？炖熊掌很费时间。他想拖延时间，让救自己的人赶来。然而，楚穆王不答应。楚成王吊死。之后，楚穆王成立。楚穆王记恩，将自己做太子时候的男女奴隶悉数赏赐给潘崇。

楚成王于春秋 52 年正式即位，至此春秋 97 年，加头加尾，在位 46 年。他即位的时候还是个小孩，所以政权落入若敖家族。春秋 57 年，子元讨伐郑国，完成了对于中原大国的测试。春秋 67 年，齐桓公南下，逼楚国结下城下之盟。齐桓公离去后，楚国北进，于两年后的春秋 69 年臣服了蔡国。此时，南北争霸成拉锯战形势。齐桓公去世后，中原大乱。楚成王趁机北进，于春秋 85 年泓之战打败宋襄公。此时的楚国，势力到达齐、鲁、卫，差不多占据了大半个中原。正当楚国就要一统天下的时候，晋文公崛起。春秋91年城濮之战，楚国势力再度被打压回南方。楚成王一生，对外遭遇齐桓、晋文两大霸主，对内受若敖家族挟持。在这种情况下，他既处理了成得臣，又继承发展了楚国势力。在楚国的君主系中，他是与楚庄王齐名的明君。

晋文公虽死，晋国依然强大。新即位的楚穆王总结其父的教训，改变策略。他暂时放弃中路，又一次转而出兵东方，对中原进行侧翼的包抄。春秋99年，晋国组织中原诸侯讨伐楚国的附庸沈国。同年，楚国实施报复，讨伐晋国的附庸江国。江国，位于今天的河南省南部，于春秋之初臣服楚国。齐桓公的城濮之战前夕，江国归入中原阵营。晋襄公派出阳处父去救江国。阳处父到达方城，遭遇楚军。晋军兵力不足，退回晋国。至春秋100年，楚国最终灭了江国。按楚国的惯例，将其设立为楚国的一个县。春秋101年，楚国灭了东方的六国和蓼国。这两个国家，在今天的安徽省内。六国，与今天的六安，有一定的渊源关系。至此，楚国势力重新发展到东南方向。

楚国的北进何以如此顺利呢？一则因为在此期间晋襄公刚刚即位，晋国的注意力在国内，再则是因为晋文公年代的将领大量去世，晋国几乎无人领军。两度领军与楚军交战的阳处父，虽然官居太傅，地位尊贵，却不是晋国军队中的将领，而是以文职领军。

春秋94年的清原之蒐，五军十卿从第一大夫至第十大夫分别是：先轸、郤溱、先且居、狐偃、栾枝、胥臣、赵衰、箕郑、胥婴、先都。其中先轸死于箕之战。之后，赵衰、栾枝、先且居、胥臣、郤溱、狐偃、胥婴相继去世。如此多的高级将领去世，严重影响到晋军的战斗力。为此，晋国不得不重新选拔将领。

春秋102年春，晋襄公蒐于夷，想要选拔出新的将领。空置的位子太多。一时间找不出那么多合适的人选，所以废弃先前的新上军、新下军，只保留中军、上军、下军，共计三军。

晋襄公原想继承被庐之蒐的做法，大胆起用一些人才。他计划让士芮之子士縠做中军主帅，低层贵族梁益耳做中军副手。另外，准备将十卿中仅存的箕郑、先都升职。先都是先且居的嫡子。先且居另有一庶出子，名为先克。先克平常间得赵氏的恩惠，在赵氏的授意下秘密进见晋襄公。晋襄公问先克：

"马上就要有大的人员调动，外面的人怎么看呢？"

先克说：

"先祖父蒙君主过度地重用，我先氏族人其实惶恐。我父亲官居第一大夫，也是才不符地。"

晋襄公看这人不为自己家族争利，心中欣赏起来，就又问：

"那么，依你看，怎样的人才算才符于地呢？"

先克说：

"我位卑言轻，哪敢对这种大事抱有意见！只是听到传言说：狐氏、赵氏有大功于晋国，必得君主重用。"

晋文公年代，狐偃、赵衰虽不是第一大夫、第二大夫，却是晋文公最信任的人。此二人在晋文公未成年时就追随于晋文公，被晋文公视为师父、长辈。狐偃是晋文公的亲舅舅。赵衰则被晋文公两次赐予女人，与之结下复杂的亲戚关系。这两个人在晋国，是君主之下最有权势的人。晋襄公原想破格起用人才，现在听说大众都是这种思想，就有点担心激起狐氏、赵氏的强烈反对，弄成内乱。他想：

先君是天赐的霸主，故而有起用低层贵族的魄力。狐偃、赵衰是一代贤臣，故而不计较官位。我自己由世袭而居君主位，怎能禁止臣下世袭？天下国家都是由世袭的大夫拥戴世袭的君主。先君的用人规则，不过是在国家长久动乱之后的权宜之举。

出于这种考虑，三军六卿人选如下：

狐偃之子狐射姑为中军主帅，赵衰之子赵盾为中军副手。

箕郑为上军主帅，荀林父为上军副手。

先蔑为下军主帅，先都为下军副手。

这一次任命，完全以背景和资历为依据，没有丝毫任人唯贤的意思。这样做的结果如何呢？历史的结果是，赵氏独揽大权，甚至谋杀君主。晋国的世族相互斗争，直到晋悼公，才终止了这种局面。

六卿才刚刚任命，动乱就已经萌芽。赵盾支使自己的党羽阳处父替自己说话。阳处父何许人呢？他是晋国的太傅，晋襄公的监护人。太傅这个名目，源出周朝的"三公"。晋文公年代，赵衰、狐偃是君主的心腹，却没有担任军中的最高职务。晋襄公模仿这个做法，也建立起自己的心腹，也不给予兵权。他想让这种心腹有一个专门的职位，就依照周朝的"三公"，命阳处父为太傅，号之为"孤卿"。晋国的太傅之职，有点类似于南朝的国子祭酒，品级上特别高贵，却没有实际的职责和职务，也没有实权。孤卿虽没有兵权，在级别上却高于六卿，且是君主的心腹。阳处父之于晋襄公，如同赵衰、狐偃之于晋文公。然而，此人同时又是赵盾的党羽。他对晋襄公说：

"以才能而论，赵盾胜于狐射姑。按能力选用人才，是自献公以来的传统。正是因为采用这个规则，我国才蒸蒸日上，成为霸主。

"带兵打仗，主要在于打得赢。所以，应当让有才的人领导有德的人。狐射姑虽然三代为卿，于国内很有影响。但是军中崇尚的是战斗力，战场上面对的是敌人。军中用人的标准只有一个：是否打得赢。家族的威望，不能用作统军的标准。所以，不能让狐射姑来领导赵盾，而应让赵盾来领导射姑。"

相关论述，且看下回。

尊卑第三十二回

赵盾专权夏之日　士会遗种汉之祖

上回说到，阳处父认为军队最重要的是能否能够打得赢，所以应当用有才的人来领导有德的人。这个问题，发展到今天，有了最终的定论。有个人说，军队必须要"打得赢，不变色"。那是因为之前有一个人，提出了在连一级建立政委；并且，军队的各级编制之中，实行军事上军事首长说了算、政治上政委说了算。这个在今天习以为常的规定，却曾经让古代的皇帝绞尽脑汁，百思不得其解，并且导致了很多朝代的灭亡。春秋时候的情况，接下来就会说到。且说春秋以后的战国时期，正是军事力量最强大的秦国最终打败了列国。秦末豪杰四起，让刘邦顾不上享受，直到生命的最后一刻，都致力于消灭敢于反对朝廷的力量。所有的豪杰都被消灭，国家倒是安全了，却又没有了能够战斗的人。因此，汉朝竟然打不过北方匈奴。为了打败匈奴，文帝、景帝、武帝三代，开始创立孝治天下的思想，希望由伦理的孝道，来打造臣民的忠君；由忠君的思想，打造军队的战斗力。这三个皇帝为了报复匈奴对吕后的侮辱，表现出难得的谦逊，起用民间高人贾谊、董仲舒、晁错，塑造出一种思想统治术。那就是流传千古的忠孝。靠了忠孝思想，汉朝成了当时世界上军事最强大的国家，并且延续了很久。六朝时候，忠孝思想遭到质疑。缺乏了精神的力量，体质原本弱于少数民族的汉族人，再次被打败。矫枉过正，后继的隋、唐放弃精神的力量，特别地尚武。中唐以后的朝廷发现，武官不服朝廷的管理，成了地方上的土皇帝。朝廷新任命武官来对付地方上的土皇帝，结果往往演变成新的土皇帝。用太监来监视武官，又导致军事反应迟缓，号令不一，军队战斗力不能整合。唐朝由此而亡。由唐朝开始的尚武思想，延续至五代的牙兵政治。终结五代的赵匡胤，想出了个尊文卑武的办法，鄙视武将，让文官带兵打仗。这些文官作诗倒很来得起，只是打仗不行。很快，宋朝又被北方民族打败，流亡东海，险些灭亡。康王东渡之后，虽任用了几个得力的武将，终究是用文官来领导和钳制武将。这种体制，压制了军队的战斗力。南宋于经济上富裕，政治上却称儿称臣，军事上更是不堪一击。宋朝最终因此为外族的元朝取代。继后的明、清两朝，深刻认识历朝历代军政管理的弊端，做了两方面改进：一则建立内阁、军机处，统一管理军、国大事；二则文武并重。为了彰显朝廷重视武人，假装建立起武状元的考试科目。结果，明朝亡于军费不足，清朝同样亡于军费不足。

……

晋襄公背弃了先君任人唯贤的规则，正觉得不孝，听了阳处父的建议，觉得有些道理，就将中军主帅与副手互换，让赵盾为中军主帅，狐射姑为中军副手。为此，赵氏与狐氏结仇。更加能干的赵盾做了主帅，结果如何呢？且看接下来的历史。

就在夷之蒐这一年的秋天，晋襄公去世。此事激化了狐、赵矛盾。对于自己的儿子，晋文公借鉴了其父晋献公的一种政策：

将太子之外的其他儿子送外国去做外国的官员。

应当说，这样做很能够磨炼人。然而，晋国的历史已经证明，这样做要导致内乱。晋文公为什么仍然要这样做呢？这其实出自与当初的晋献公一样的心理：

晋国的君主系，必须要有本事；哪怕由此导致内乱，也在所不惜。任凭国家怎样乱，乱来乱去，也无非是由我的后人做晋国君主。

这个做法，在思想上与"无易树子"完全对立。然而，它确实如献公、文公所预计：晋国总是动乱，但又总是强大。君主系先有这种思想，晋国的权臣才敢废立君主。

且说当时，晋襄公的儿子晋灵公还小，国家大事只好是由权臣来商量。打自成师以来，曲沃一房的君主系历代都是年富力强，从来没有年少无知的婴儿做君主。在晋国人的观念中，年少无知的婴儿做君主，那就是仇的后人的那种下场。为此，晋国贵族都提出要立更加年长的新君。晋国权臣中数一数二的人物是中军主帅赵盾、中军副手狐射姑。然而，赵氏与狐氏因职务互换造成了矛盾。所以，他们拥立不同的人。

赵盾拥立公子雍。公子雍何许人呢？他是晋文公与杜祁共同的儿子。杜祁，是晋文公的第四夫人。晋襄公年代，根据母以子贵的规则，晋文公的第一夫人已由文嬴换成晋襄公的生母偪姞。偪姞后面，还有晋文公流亡在狄时候的女人季隗，又还有早先的第一夫人文嬴。所以杜祁班级在四。

狐射姑拥立公子乐。公子乐，是晋文公与怀嬴共同的儿子。怀嬴，就是那个曾经侍奉晋怀公的女人。此女在晋文公居于秦国期间曾经侍奉晋文公，故而于晋文公做上盟主之后来到晋国。怀嬴的出身本不卑微。然而她曾经是晋怀公的女人，遭到歧视，所以级别较低。她是晋文公的第九夫人。

晋文公将自己的儿子送到外国做官，既有磨炼人才的意思，同时也是一种外交。外交讲究级别对应。公子雍更尊贵，所以送到大国秦国。公子乐相对卑贱，故而送到较小的陈国。

晋国权臣会议，赵盾提出立公子雍。狐射姑说：

"不如立公子乐。他的母亲曾经侍奉两个君主，两个君主的手下都会支持他。"

赵盾说：

"辰嬴（怀嬴）乃第九夫人，能有多大影响力？曾经侍奉两个君主，那只说明她淫荡，只会教坏国人！公子乐在陈国为官，陈国又是个小国。怎能服众？"

赵盾派先蔑、士会到秦国去接公子雍。狐射姑则派人到陈国去接公子乐。狐射姑的动作更快，公子乐眼看就要到晋国。然而，路途之中，他被人刺死。刺杀他的人，不消说，当然是赵盾指使。此事让狐氏与赵氏的矛盾公开化。出于报复，狐射姑派续鞠居刺杀了赵氏党羽阳处父。赵盾又实施报复，杀死了续鞠居。狐射姑感到这样斗下去不是了局，竟然想出了个下策：

他要离开晋国，回到祖先所在的游牧部落。

听到这种说法，赵盾心花怒放。他想：

无论他是否出于真心，只要他走，就是好事！

对方的此举带着谦让，赵盾也就不得不虚与委蛇。他命自己的心腹臾骈带着狐射姑的家人和财产去追狐射姑。夷之蒐之中，赵盾想要提拔臾骈，狐射姑干涉阻挠，让臾骈落选。臾骈的手下说：

"他曾经压制你，现在他落难了。你何不趁机杀了他？"

臾骈说：

"古话说：敌惠敌怨，不在后嗣。主公与他的关系，关系到国家命运。我是个小人。我的私人恩怨不应当影响国家大事。就是主公与他的恩怨，也只是小事，也不应当影响国家大事。"

臾骈追上狐射姑，带去赵盾的话：

"你走得急，我来不及相送，现在将你的家人和财产送来。你、我间有些矛盾，那是私人恩怨。望你记念国家对你的恩情。"

白色人种的狐氏，自狐突开始就到晋国为官。至此，他们重新回到自己的部落，重新过游牧的生活，不再出现于晋国。春秋103年，狐射姑所在的部落入侵鲁国。鲁国考虑到狐氏与晋国关系微妙，不敢擅自报复，征询于晋国。赵盾知会狐射姑，请他斡旋狄、鲁讲和。此时狄的首领名叫酆舒。酆舒的部落曾经收留晋文公、赵衰12年之久。酆舒对赵衰是很了解的。赵盾回国后的情况，酆舒并不了解。狐射姑回去后，酆舒出于好奇，问狐射姑：

"赵盾与其父赵衰相比，哪一个厉害些？"

狐射姑打了个比方：

"赵衰犹如冬天的太阳，赵盾犹如夏天的太阳。要说厉害，那是一般厉害。只是，一个让人觉得温暖，一个让人觉得炎热难受！"

赵盾有什么厉害呢？读者后续可见。且说当时，狐射姑出走，赵盾安心迎接公子雍。正在此时，一个妇女打断了他的计划。她叫穆嬴，是秦穆公之女、晋襄公嫡妻、晋灵公生母。晋襄公在晋文公去世之前就已经立为太子。当时，秦、晋关系很好，所以秦穆公将自己的女儿嫁给晋国太子，以继续秦晋之好。这个嫁给晋襄公的秦国女儿，就是穆嬴。晋襄公在位时间不长，而且穆嬴所生的晋灵公还是个婴儿，所以直到晋襄公去世，都没有立晋灵公为太子。穆嬴得知公子雍即将回国的消息，每天抱着晋灵公到朝廷大哭大闹：

"先君造了什么孽啊！他的儿子有什么罪啊！放着嫡子不立，到外国去寻找新君！你们这是干的什么事啊！"

执政的是赵盾。所以她又专门到赵盾家哭诉：

"当初，先君将这孩子托付给你，说：如果这孩子最终成材，那是你对我的恩赐；如果这孩子不成器，那随你怎样教训他都可以！现在先君的话还在耳边，你怎么就抛弃这孩子了？"

赵盾与晋襄公之间的话，就是所谓"托孤"。赵盾原以为穆嬴不知道这事。如今她将话嚷出来，赵盾就成了违背先君遗愿的逆臣贼子。赵盾赶紧安抚：

"我向夫人谢罪！我答应你就是！"

然而，迎接公子雍的先蔑、士会已经去了秦国，公子雍在秦军的护送下就要到来。这该怎么办呢？秦国方面，秦穆公正好于这一年去世。当初跟着秦穆夫人站于门台自焚的小孩，成为了秦康公。新即位的秦康公想要效仿当初的秦穆公，送公子雍回国为君。他说：

"先君送晋文公回晋国，没有留兵护卫，所以有吕甥、郤芮造反。这一次，要多派兵！"

秦军已经向晋国进发。晋国使者士会、先蔑先一步回国。

赵盾迫于托孤的压力，立了晋灵公；然后组织军队对抗秦军。赵盾召开军事会议，说：

"是我们主动请求秦国送回公子雍，现在又反悔。要是公开对阵。与秦国见面，不好说话。不如趁他们不知道情况，先声夺人，偷袭秦军。"

春秋103年夏，晋军夜袭秦军军营。领军人物之中，第一大夫是赵盾。第二大夫，是由赵盾新提拔的先克。先克凭借在晋襄公面前的一番话，一下子成为晋国权臣中的二号人物。权力真的如此唾手可得吗？这里且按下不表。且说当时，秦军防备不及，一路败退。晋军自令狐一直追杀至刳首。至此，晋国又一次欺骗了秦国。

先蔑、士会，因为曾经到秦国迎接公子雍，在政治立场上已经站到了公子雍一方，不可能再做晋灵公之臣。二人回国后得知新君成立，秦、晋交战，赶紧就逃奔秦国。

赵盾曾经拥护公子雍，最终又立晋灵公，这造成他与晋灵公之间无法缝合的矛盾。晋灵公年幼，赵盾以第一大夫实际执掌晋国政权。赵盾想：

要是君主长大后追查起我拥护公子雍的事情，赵氏在劫难逃。趁现在君主年幼，我又是第一大夫，先抢占晋国实权。只有让赵氏在晋国成牢不可拔之势，才能避免将来族灭的命运。

春秋103年，赵盾即以新君即位为名，号召中原诸侯集会于扈。齐昭公、宋成公、卫成公、陈共公、曹共公与会。因晋国君主年幼，盟主大会之上由赵盾领衔天下诸侯，正式地开创了以臣会君的先例。从此以后，大国之卿等同于小国君主，就成了外交惯例。晋国做中原盟主的依据乃是匡扶儒教。赵盾以臣替君，乃是违背儒教之举。一个违背儒教的人来做匡扶儒教的领袖，这是自相矛盾的事情。然而，这事情偏偏发生。

⋯⋯

赵盾得以掌握晋国政权，一则是因为阳处父替他说话，再则是因为先且居之子先克。先克曾经秘访晋襄公，主动请求君主压制先氏。先克的话造成了狐氏、赵氏当权，又让士穀、梁益耳、箕郑父、先都丧失了晋升的机会。他本人因此得到特别提拔，成为第二大夫。其他的人，心下怀恨。这几个人不得志的人团结起来，派人暗杀了先克。赵盾将错就错，说此事因先氏内部纷争而起，趁机处理了先都。随后，又将此案扩大化，追查先氏党羽，处理了梁益耳、箕郑父、士縠、蒯得。这些事情，涉及的家族乱七八糟，对赵盾而言，却思路较为简洁：

压制赵氏之外的所有的政治势力，让赵氏的势力牢不可拔！

令狐之战，晋国再次欺骗了秦国。秦国与晋国，原本实力相差不大。殽之战晋军灭了秦国精锐，秦军元气大伤。而晋国方面，自晋文公做了中原霸主，继位的晋襄公继承了这霸主地位。晋国一旦用兵，总是做出个"尊王攘夷"的号令，联合中原诸侯多路军队。此消彼长，秦国已不敌晋国。秦国的疆域与东方国家之间，被晋国疆域隔断。缺乏与东方国家的结盟，让秦国以一国抗拒晋国组织的多国联军。在这种情况下，秦康公迫切想要结交东方诸侯，采用远交近攻的策略。

晋国西面的疆域，南至华山，北至黄河大拐弯，将秦国隔离于西方。秦国要联络东方，只好绕道华山以南。秦岭以南有两条河往东流。一是汉水，经汉水可以到湖北襄樊。一是丹水，经丹水可以到河南南阳。经丹水这条路，途经鄀国。鄀国所在位置，就是当今陕南的商洛地区。春秋88年，在晋文公的支使下，秦穆公夺取原本臣服于楚国的鄀国。之后，鄀国造反。秦穆公于春秋101年再度讨伐鄀国。此战之后，秦穆公主动与楚国讲和，并且送还商密之战中俘获的楚军将领鬬克，请求与楚国讲和，共抗晋国。早先，楚国遭到晋、秦两面夹攻；现在秦国主动变敌为友，楚国当然应允。从此以后，出于共同对抗晋国的目的，秦、楚之间的友好关系一直贯穿整个春秋史。由此，秦国得以绕出丹水，联络东方。

春秋105年，秦国使者从楚国绕道到鲁国，为鲁僖公和成风的去世送礼。鲁僖公去世于春秋96年。成风是鲁僖公生母，算起来是鲁文公的亲祖母。鲁僖公即位之后，成风母以子贵，成为鲁国第一夫人。成风比自己的儿子命长，去世于春秋100年。这两个人，一个已经去世了九年；另一个也已经去世了五年。人已死了多年，此时才来送礼。这就是因为秦国遭到晋国的隔离，消息不灵。这种送礼完全是外交，在礼仪上做得牵强。然而，别人向自己的祖宗表达善意，无论如何不好拒绝。如果拒绝，岂不是不孝？鲁文公既不敢得罪晋国，又不愿推却好意，就将送秦国的回礼，做得特别丰厚，大致相当于秦国礼物的价值。至春秋108年，秦国又派出殽之战中的领军人物西乞到鲁国，再次送礼。外交辞令中，隐隐提到秦国即将对晋国用兵。鲁国贵族看出秦国的意图，考虑到晋国是同姓，晋国比秦国强大，晋国离鲁国更近，无论如何不肯收受礼物。西乞说：

寡君愿徼福于周公、鲁公以事君。不腆先君之敝器，使下臣致诸执事，以为瑞节。要结好命。所以籍寡君之命，结二国之好。是以敢致之！

译文：我国君主愿意借周公、鲁公的洪福结交鲁国君主。这是我国先君的器物。我带它来，作为我国先君的信物。它寄托着我国君主的好意。让我来与贵国建立友好关系。所以，请收下。

对方总说是尊敬鲁国的祖宗。这种善意，鲁国推却不过，只好收下。然而，鲁国又确实不敢开罪于晋国，所以又将回赠的礼物备得特别丰厚，差不多可以等价于对方的礼物。事情虽然就此了结，鲁国却不过秦国的情，终究没有加入这一年的河曲之战。

春秋108年，秦军讨伐晋国，攻取了彭衙。晋国报复秦国，秦、晋战于河曲。按惯例，于战前重新任命三军将领。这一次任命，因晋灵公年幼，反映的就是赵盾的意见：

赵盾为中军主帅，荀林父为中军副手。

郤缺为上军主帅，臾骈为上军副手。

栾盾为下军主帅，胥甲为下军副手。

范无恤为御戎。

以上人物，排除了早先的狐氏和先氏，全部都已经是赵盾提拔的人。赵盾虽然是靠身世掌权，却很大程度上采用了晋国的新规则。赵盾之下的第二、第三大夫，是荀林父、郤缺。这两个人，一个早先是君主的车夫，另一个早先受到压制，都是根据才华任命。臾骈虽是赵盾的心腹，却也是因为才华得到特别的提拔，一下子由普通大夫晋升为晋国第四大夫。为此，臾骈一心报效，向赵盾建议：

"秦军客军作战，后勤补给比不过我们。而且，兵力方面也不如我们。我们用不着冒险与之战斗，只需要深挖战壕，加强防守，秦军自己就会败走。"

秦军方面，也召开军事会议。春秋103年的令狐之战后，晋国贵族先蔑、士会逃奔秦国。至此，士会也参与此次军事会议。士会说：

"晋军的这个应对办法，肯定是臾骈的主意。此人新近升职，想要报效朝廷。然而，晋军中有另有一个人，名叫赵穿，是赵盾隔房的侄儿，又是晋襄公的女婿。这人没什么本事，却特别狂妄。而且，他觉得赵盾没有提拔他，心里看不惯臾骈的升职，一心想要捣乱。我们可以向晋军挑战。其他人不应战，赵穿是会应战的。以赵穿为突破口，会有胜算。"

秦康公得了这个诀窍，就派军队做出个包抄晋军的架势。赵穿果然带兵迎战。秦军依计退走。赵穿正想追击，却收到主帅命令，要他撤回。回到军中，赵穿发气说：

"穿盔甲吃军粮，就是为了杀敌！现在敌人就在眼前，却不准进攻，不知要等什么！"

旁边的传令兵说：

"这是主帅的命令，主帅说这是等待战机。"

赵穿说：

"我不懂你们那些计谋！"

赵穿不顾军令，独自带兵进攻秦军。赵盾得知后，想到这人是自己侄儿，就说：

"他此去若被秦军俘虏，就是我们败了。况且，要是他被俘，回去怎么向先君的女儿交代？"

于是，赵盾放弃守的策略，率领三军跟上赵穿。晋、秦两军相互看到对方，都停了下来。对峙一时之后，双方同时后撤。

当天夜里，秦军派出使者，请求次日决战。使者走后，臾骈对赵盾说：

"他们主动请战，其实是心虚。我猜想，他们已经决定回国。我们已经放弃守的战术，现在只好一战。我们兵力占上风，一鼓作气，逼秦军至黄河边，尽歼秦军，在此一举！我建议于今夜立即组织偷袭！"

赵盾正在下令预备战斗，赵穿又出来唱反调。这时候，他又不想战斗了。他约同胥甲，跑到军营大门，高声说：

"死者还没有收敛，伤者还没有抚恤，就赶着进军，这是不惠！不与别人约定战期就进攻，而且还将别人往险境逼，这是无勇！"

这话不光动摇了晋军军心，还让消息走漏出去，使得秦军有了防备。最终，秦军全身而退，并于事后再度侵占了晋国疆土。这件事情中，赵穿犯下了蛊惑军心的罪。然而，赵盾丝毫没有处理他，倒是于春秋115年，将跟随他一起闹事的胥甲流放于外国。胥甲是胥臣之子。胥臣乃是追随于晋文公流亡外国的五大贤臣之一。胥甲流亡国外，家业由其子胥克继承。至春秋122年，晋国的第一大夫换了郤缺。郤缺以胥克患病为由，废除其下军副手之职。胥氏由此沦落为低级贵族。至春秋149年，胥克之子胥童参与晋厉公对付三郤的政变，最终流亡国外。赵盾的做法为自己带来另外的好处：

后来，赵盾想要对付晋灵公，赵穿为他做杀手，又为他承担下弑君的罪名。

……

河曲之战前，赵盾任命韩厥为中军司马，执掌三军的军纪。河曲之战中，赵盾故意支使自己的战车违背军纪，以测试韩厥。韩厥不假思索，处死了赵盾的御戎和车右。对此，众人都说：

"韩厥死定了！主帅刚刚才举荐了他，他就杀死了主帅的卫士。"

不想，赵盾却找来韩厥，说：

"我有心栽培你，故意以此来检验你的胆识！你临事能够如此决断，我没有看错人！"

韩厥何许人呢？他的后人，开创了战国七雄之中的韩国；而他的祖先，则只是韩的领主。按晋文公外儒内法的规则，地方上的领主很难进入中央。赵盾不但任命韩厥为中央官，并且不惜牺牲自己的贴身卫士来测试其才华。这种气魄，固然是因为晋国的习俗，也反映赵盾的厉害之处。韩厥对赵盾的感激，犹如诸葛亮之于刘备。正是因为这种感激，后来韩厥拼命保护"赵氏孤儿"赵武，保得赵氏不亡。

河曲之战失利，当然是因为赵穿，然而，这也因为原属晋国的士会让对方知己知彼。为此，赵盾思索自己在用人上的问题：

当初为了掌权，杀害异己。晋国贵族看到自己的这种手段，纷纷逃离。士会、先蔑在秦国，狐射姑在狄。这些人原本是晋国贵族，很了解晋国的情况。他们逃奔外国，为外国做事，对抗自己的祖国。这样对晋国不利。

赵盾想要召回流亡在外的晋国贵族，重新予以重用。晋国贵族会议此事。第二大夫荀林父说：

"我建议召回狐射姑。有他在，有助于狄、晋关系。况且，狐氏为先君做出过很大的贡献！"

后面会提到，荀林父与先蔑有同僚之谊。何以于此关键时候却不帮助先蔑？这就是此人的聪明之处：

此前，赵盾处理了很多人，就是因为那些人在政治上抱团，威胁到赵氏。如果提议召回先蔑，会让赵盾察觉他与先蔑之间的私交，进而会导致赵盾对他的猜忌。

第三大夫郤缺没有如此深的城府，而且其本人又是因为才华而升职，很认同任人唯贤的规则。他对赵盾说：

"狐射姑与你有不能解的矛盾纠葛，怎能召回？倒是士会这个人，原本很有本事，却极谦逊；身受不幸，却内求诸己！"

士会怎样"内求诸己"，先按下不表。且说赵盾听了这些意见，心想：

狐射姑是狐偃之子，于国内很有些党羽。如果召回狐射姑，恐怕会造成狐氏再度当权。而且，早先我对付狐氏，如今又接回狐氏，显得前后矛盾。先蔑乃是先轸一族。他的情况，与狐射姑类似。比较而言，士会一族早在献公年代就已经离开权力核心，其势力不那么强。

春秋 103 年，赵盾命士会、先蔑去接在秦国为官的公子雍。当时，荀林父对先蔑说：

"国中有夫人、有太子，却拥护居于外国的公子。这事情有点蹊跷。我建议你推病不去。不知你是否注意：按国家惯例，这种事情应当由低级贵族出面。他让你去，暗含歹意。你我同僚为官，我尊敬你的才华，才跟你说这些。"

士会到秦国后，与秦国交涉好之后，先于秦军回到晋国。先蔑随行于士会，也随之回国。就在赵盾率军追杀秦军的时候，士会想到赵盾将会对付自己，趁机出逃至秦国。先蔑是个跟屁虫，也跟着逃到秦国。荀林父为先蔑送行，送了很多钱财，并且帮助先蔑的家人外逃。到秦国之后，士会从不与先蔑见面。士会的手下发问：

"你们当初一起来接公子雍，如今又一起逃到这里。你为何不见他？"

士会说：

"我与他共事的事情，都是叛国之举。与他交往，显得我对叛国没有悔过之心。与他交往，不能带来特别的好处；反倒会让祖国的人更加恨我！我的先祖，是何等小心的人！结果还是弄丢了官职。我要加倍小心才行！"

这种话传到赵盾耳中，赵盾很是受用：

"想不到这人一点也不记仇！这人颇不讨厌！"

士会有这些表演，故而于晋国贵族之中得到"内求诸己"的评价。为了召回士会，晋国导演了一出类似于黄盖降曹的计谋：

派晋国贵族魏寿馀，去投降秦国。将魏氏的封地魏作为礼物，进献于秦。晋国方面，假装逮捕魏寿馀的家人。魏寿馀到秦国后，于朝会时候，故意用脚踩士会的衣服。两人私下交流。听说祖国愿意赦免自己，士会同意回国。

魏寿馀何许人呢？他是毕万的后人，魏犨的族人。前面提到，毕万是晋献公的车右，战国七雄中的魏国的祖宗。春秋62年，晋国灭了古魏国之后，即将魏封建给毕万。这封地传至魏寿馀。古魏国，就是当今山西省的芮城县，在黄河北岸。在当时，它是一个较大的城市。有人要向秦国进献魏，对秦国是一件大大的好事。受降如受敌。秦康公亲自率军前去接收魏。到达黄河边，秦军与魏的贵族隔河相望。这时，魏寿馀对秦康公说：

"魏的官员不习周礼，不懂雅言。请你派个会说晋国话的人前去交涉！"

这是怎么回事呢？在西周时候，周朝经营天下，将周部落的语言流传天下，渐渐形成一种中原地方的通行语言。这传播的过程，是由受封的周人逐渐将语言流传给当地土著。这些周人都成了地方上的贵族。他们平常间创作的歌曲，流传成后来的《诗经》的《大雅》和《小雅》。土著最初就是从这些歌曲之中学习周部落语言。故而后世称之为雅言。前面提到，周武王讨伐商纣的时候，召集起的盟友主要是当今四川、甘肃的部落。这些地方，就是最初的西周所处的位置。周穆王以后，周、戎和平条约失效，周朝于北面、西面受到戎的侵扰，故而其族人主要居于当今的陕西南部、河南西南、湖北西部。这些地方在春秋时候为秦、楚交界地带，在西周时候却是周朝的人口重心。周成王年代，周公、召公为"三公"，分别统管周朝的东部和西部。相对于周公、召公所管辖的地方，受侵扰后迁徙到的地方分别属于周公、召公辖地的南方。为此，《诗经》国风名之为《周南》《召南》。有人以此为据，认为汉中地方的方言即古雅言。笔者认为，任何一种语言在传播过程中都会出现变异，而历史的演变则会改变某一地方的方言。因此，不能说汉中方言即是古雅言。《诗经》的大多数韵脚用当今的普通话读仍然存在。似乎可以这样说：古雅言与当今的北方方言之间有极大的关联性。

中原各地，散居各种人种、各种部落，彼此间语言不通。周朝不断将子弟、功臣分封到各地，且代代世袭，各地的上层贵族普遍同时掌握当地土著语言和雅言。到得后来，雅言就成了国际通用语。秦国僻处西方，长期与西方游牧民族交流。关中地方，早先曾经是西周的地界。平王东迁之后，当地的华人迁至东方，当地渐渐变成各种人种杂居的情况。历无数次的游牧与农耕的交融，秦国当地的语言，介于雅言与西方语言之间。就是《秦誓》之中的"昧昧""断断猗"，不能够用象形文字的训诂法来理解，其实正是源出西方表音文字。秦国的高级贵族，因为学习了儒教经典，会说雅言。至于魏，乃是晋献公灭游牧民族而取得。魏地的土著，能听懂部分雅言，却听不懂夹杂西方语言的秦的语言。这就犹如都能听懂普通话的广东人与青海人，如果不是双方都有较好的普通话水平，就不能交流。魏寿馀作为魏的领主，熟悉魏的语言。然而魏寿馀是此次交易的当事人，不能充当翻译。

秦康公身边正好有从晋国投靠过来的士会。士会曾经为秦国出力，值得信任。士会作为晋国人，也懂得魏地的语言。于是，秦康公派自己的心腹与士会、寿馀共同过河，让士会充当翻译。士会假意推辞，说：

"君主你不应当派我去！我是晋国的罪人，过去之后死多活少。要是我站秦国的立场，晋国人要杀我；要是我站晋国的立场，你又要杀我留在秦国的家人。两个结果，都是我不愿意的！"

秦康公说：

"你对我的忠心，我是知道的。我与你立誓：无论情况如何，我决不动你的家人！"

两人立誓之后，士会一行渡过黄河。过河之后，晋国人将士会一行扣押带走。河边涌来无数战车，车上士兵弯弓搭箭、举盾相向。秦康公知道中计，却也无可奈何。至此，晋国又一次玩弄了秦国的感情。

士会已经回晋国。士会的家人对秦国而言，意义不大。秦康公索性践约，将士会的家人送还晋国。据说士会的家人之中有一部分留在了秦国。这留于秦国的部分，后来辗转形成了刘氏。刘氏一族，后来又辗转流落至东方的徐州沛县。大汉朝开国天子刘邦，就源出这一族。又有人说是汉朝人为了给小吏出身的刘邦杜撰出贵族的血统，故意篡改《左传》。情况如何，不得而知。士会源出晋国贵族士芳。士芳，就是那个帮助晋献公完成政治清洗的人物。士会回晋国之后，得到赵盾重用。后来，士会的后人成为晋国望族范氏。

召回士会之后，赵盾继续其争取政权的事业。他代行盟主权威，一再干涉别国内政，捞取了许多钱财。相关事情，下回再叙。

赵盾早先命士会去秦国，心下有陷害之意。那他为什么又要召回士会呢？这正是此人的过人之处。同朝为官，他深知士会的本事。能干的人总是喜欢与同样能干的人共事。如此大费周折召回士会，不过是想要重用士会的本事。后来，赵氏、范氏都成为晋国豪强，而晋国最终因这些人才的内斗而灭亡。

欲知后事如何，且看下回。

重复第三十三回

盗弟媳浪子去国　逐贰臣二十之一

上回说到，赵盾干出废立君主的事情，已经成为名教罪人。他只能将错就错，一条路走到黑。为了自保，赵盾竭力扩张手中的权力。晋国的这种政治形势，影响到中原的国际事务。

春秋 110 年，邾国君主邾文公去世。邾文公的太子继位，是为邾定公。邾文公的第二夫人，是晋国女儿晋姬。晋姬生下捷菑。凭借娘家的这层关系，捷菑逃奔晋国，请求晋国为自己作主。此时的赵盾，于国内已经树立起权威，正需要到国际上树立个人权势。就组织起晋、宋、陈、卫、鲁、郑、许、曹，八国兵车之会，会于新城。赵盾以盟主国家的正卿会晤宋昭公、鲁文公、陈灵公、卫成公、郑穆公、曹文公、许国君主。盟誓的简书上，抬头第一个人物，乃是"盾"。会议宣告原本臣服于楚国的郑国、宋国、陈国归顺于中原盟主晋国。会后，八国联军讨伐邾国，送捷菑回邾国为君。邾国方面用外交应对：

我国的新君，是先君的嫡出长子，理应为君。盟主以维护《周约》为名，何以讨伐我国的正常继位？

与此同时，邾国送出大量钱财，私下对赵盾说：

盟主来一趟不容易，就算晋国的花费不计，其他国家的军费，总不至于让盟主来承担。

赵盾将这些钱独吞，然后放过了邾国。次年，即春秋 111 年，鲁国第一大夫季孙行父造访晋国，说：

"齐国废嫡立庶，胆敢逮捕天使，拘留姬姓女儿，又一再侵略敝国，请盟主代行天意，出面讨伐。"

鲁国历史，久不曾叙述，于此补叙。三桓之一的季友，拥立了鲁僖公，成为鲁国第一大夫。季友死后，其家业再传至其孙，是为季孙行父。春秋96年，鲁僖公去世，其子继位，是为鲁文公。春秋103年，赵盾即以新君即位为名，号召中原诸侯集会于扈。齐昭公、宋成公、卫成公、陈共公、曹共公与会。当时，鲁国已经开始与楚国、秦国勾勾搭搭，所以鲁文公迟到，不列于简书。这个行为，被视为藐视盟主。晋国军队讨伐鲁国。鲁国承认错误，于春秋104年派公子遂会晤赵盾，献上礼物。就在这一年，周襄王去世。其子继位，是为周顷王。鲁国派公孙敖为使者，赴洛阳参加王的葬礼。不想，公孙敖带着预备送给周朝的礼物，直奔莒国，并且一去不返了。这是怎么回事呢？

公孙敖，是庆父之子，仲孙氏的当家人。庆父，是鲁桓公之子，"三桓"之一。算起来，公孙敖是鲁庄公的侄儿，与鲁闵公、鲁僖公同辈，是现任的鲁文公的叔辈。

公孙敖早先娶于莒国。莒国嫁给他的女儿名叫戴己。随戴己嫁过来的媵女之中有戴己的妹妹声己。戴己生下了穀，声己生下了难。穀，是仲孙蔑的父亲。春秋97年，周朝派叔服到鲁国参加鲁僖公的葬礼。公孙敖素闻叔服擅长相面，就请其为自己的两个儿子看相。叔服看了之后说：

"穀会祭祀你的神灵，难会为你收尸。穀的脸的下半部分很丰满。他的后人将发达长久。"

戴己生下穀之后，不久就去世了。春秋103年，徐国讨伐莒国。为争取大国支持，莒国请求与鲁国进行盟誓。鲁国派公孙敖参加盟誓。趁这机会，公孙敖要求莒国再嫁个女儿给他。理由哩，就说自己家中的主妇去世，请莒国再嫁一女来做仲孙氏的主妇。莒国方面，早就知道公孙敖是个著名的色鬼，不愿再将女儿嫁给这种人。莒国回复说：

"不是还有声己吗？她也生有儿子，她的儿子也可以做你的继承人。你改立她为主妇，不就行了？为什么再娶？"

为自己说媒不成功，公孙敖转而为公子遂说媒，要莒国嫁女与公子遂。公子遂又是何许人呢？他是鲁庄公之子，东门氏的当家人，算起来与公孙敖同辈，是公孙敖的堂弟。为了外交关系，莒国无法再推，只好答应嫁女。就在这一年，公孙敖到莒国，为堂弟公子遂迎娶莒国女儿莒赢。

按当时的礼仪，周王天下至尊，所以娶妻时候派人代为迎亲。代周王迎亲的人，必须是"三公"的级别。由"三公"主持王的婚礼，这名目就叫做"公主"。"公主"二字，原本是指王的未婚妻、未来的王后。后世的朝代改革礼仪，由"三公"来主持皇帝的女儿的婚礼。"公主"二字，就成了皇帝的女儿的称号。就礼仪而言，除周王之外的春秋贵族，均应当亲自迎娶自己的妻子。这是《周约》中敬重嫡妻的考虑。然而，礼仪犹如法律。它的存在，正是因为有人违背它。很多诸侯仰慕周王派人迎娶老婆的派头，都派手下替自己迎娶。前面提到，息国君主娶息妫，就没有亲自迎娶。公子遂此时是季孙行父之下的第二大夫。公孙敖假装殷勤，主动提出由自己充当手下，为第二大夫迎娶老婆。公子遂不知是计，欣然应允。就在迎娶的路上，公孙敖用了蔡哀侯的故伎，奸污了公子遂的未婚妻。

事情传到鲁国。有人提出应当处理公孙敖。又有人说，女人如衣服、兄弟如手足，手足重于衣服。最终，鲁国没有因此事处理公孙敖。然而，这个半路途中遭污辱的莒赢，导致了鲁国兄弟失和，因此被视为祸水，不准进入鲁国，被遣返回莒国。

为了此事，鲁国人说公孙敖不该抢占兄弟的老婆，时常予以指责。这就让他越发想要离开祖国，追寻真爱。得了向周朝送礼的差事，他就有了弃国出奔之举。那原计划送给周王葬礼的钱财，顺便就做了讨好心上人的礼物。

公孙敖在鲁国，乃是仲孙氏的当家人。为了个女人，竟然可以不要宗庙和信仰。鲁国人为之不解。然而，公孙氏毕竟是公族，不能没了当家人。鲁国贵族计议一番，就让公孙敖之子穀当家。公孙敖到莒国后，与那个让他刻骨铭心的莒嬴生下两个儿子。莒嬴生了孩子之后，华色渐衰，如同嚼过的甘蔗，样子越来越像早先的老婆。老婆在哪里呢？老婆在祖国鲁国。于是，公孙敖于激情渐淡之后，开始怀念祖国。他向鲁国提出申请，说是想要回国。他的儿子穀出于孝道向当权的季孙行父转达父亲的意愿。季孙行父同意公孙敖回国，但是禁止其参与国政。公孙敖回鲁国住了两年，觉得这种生活没意思，而且又害起相思病，再次想念起莒嬴，又再度逃奔莒国。他这样两头跑，成了后世的一个俗语：两头大。什么叫两头大呢？有的人迷恋嫡妻之外的其他女人，愿意给予她嫡妻一样的待遇。

公孙敖两番出国，引起鲁国公愤。公孙敖怕遭处理，看莒国太小，不够安全，就又转而投奔敌国齐国。鲁国方面，穀不久去世。因仲孙蔑还小，家业传给难。

春秋110年，公孙敖再次申请回国，难又为其四处奔走。鲁国贵族已经同意公孙敖回国。然而，临行之前，公孙敖去世于齐国。公孙敖的死讯传到鲁国。作为最起码的孝道，难向鲁国贵族请求移枢归国，让父亲落叶归根。鲁国贵族早就看不惯公孙敖的重色轻国。其中的公子遂，更与其有夺妻之恨。鲁国贵族会议此事。难说：

"父死不奔丧，何以生而为人？我宁愿放弃一切，只求诸位同意我去齐国扶枢回国。"

季孙行父说：

"子叔姬弄出的事情，还没有解决。为了她，君主已经焦头烂额。现在又赶上这事。我国素来是礼仪之邦。现在外人说我国男为浪子，女为荡妇，真把周公的脸，给丢尽了！"

子叔姬是谁呢？她是鲁文公之女，嫁与齐昭公，为齐国第一夫人。她与齐昭公一起生下一子，名为舍。前面讲到，齐桓公的几个儿子争权夺势。先是宋襄公拥立了齐孝公。春秋90年，齐孝公去世。因为早先的纷争，齐孝公之子未能继位，继位者为齐桓公之子，是为齐昭公。就在公孙敖去世这一年，齐昭公去世。此时，齐桓公的另一个儿子齐懿公刺死了舍，自立为君。

按规矩，女人夫在从夫，夫死从子。夫、子皆死，子叔姬在齐国就待不下去，她向祖国申请回国。然而，她的丈夫、儿子都已经死于齐昭公之手。她想走，不那么容易。鲁文公担心女儿的安危，却又不敢直接向齐国索要子叔姬，故而转请周朝出面斡旋。周朝派出单伯到齐国。偏偏单伯到齐国后，竟然与子叔姬私通，弄成奸情。为此，新即位的齐懿公派使者到鲁国，申斥此事。使者之后，齐军到来，接连侵略鲁国领土。季孙行父正为此事弄得焦头烂额，又赶上与齐国有关的公孙敖的事情。难在朝廷上以死自誓，说的乃是儒教第一大义"孝道"。场面之上，季孙行父不得不管。季孙行父说：

"你的孝心，诚为可怜！也罢，我们再联络盟主，请盟主帮忙。商人（齐懿公）有弑君之罪。他自己身上都还没有干净，不会扣押你父的灵柩。"

这话是推脱话。最终的结果，接公孙敖灵柩的事情暂且搁置。

公孙敖逃奔齐国的时候，带去了莒嬴母子。公孙敖一死，寡妇孤儿没有了主心骨，成天以泪洗面。有一个齐国人，心生恻隐，为她们出主意：

"你们到齐、鲁交界地一带找个行人必经的热闹地方来摆设他的灵堂，一家人到那里去哭丧。你做出要将他抛尸于荒野的架势，让过往的人都知道鲁国贵族公孙敖死后没人料理后事。对鲁国来讲，这是丢脸臊皮的事情。他们就不会不管。"

莒嬴依计办理，于齐、鲁交界的堂阜摆设灵堂，带着儿子在那里边哭边骂。起初骂公子遂心存私心，于已经公断了的婚姻之后，还想要占有她。继而骂鲁国贵族得了公子遂好处，不愿主持公道，眼睁睁看我们在这里抛头露面，丢尽了周公的脸，丧尽了鲁公的德！最后，渐渐骂到季孙行父，说什么季孙行父与公孙敖在鲁国的老婆声己有一腿，所以才一再将公孙敖赶走。这些话传到鲁国，季孙行父大光其火：

你家与公子遂的事情，如何将我牵连其中！？甚至毁我清誉？

季孙行父将公子遂找来，厉声申斥。气发过之后，再次商讨此事，觉得还是将灵柩接回鲁国为妙。莒嬴母子，得以随同灵柩回到鲁国。在公孙敖的葬礼中，公子遂不愿意参加。有人对他说：

"你不去参加，倒显得她骂你那些，都是真的了。况且，终究是一家兄弟，为了个女人坏了兄弟情谊，那样不划算。现在这女人也老了，她的孩子也都那么大了，你还计较那些陈芝麻烂谷子？"

公孙敖为了莒嬴，一再抛弃声己。这让声己视莒嬴为情敌。声巳想起丈夫的花心，视莒嬴为狐狸精，也不愿意到葬礼中去见莒嬴。又有人对她说：

"女人以丈夫为天。丈夫的葬礼都不参加，你怎好在世上立身？那样做，连带让你的儿子，都不好做人。况且，她与你，都是源出莒国，算起来也是同胞姐妹。事情已经这样了，女人何苦为难女人？"

唯有难，自始至终坚守孝道。后来，难去世，由其侄仲孙蔑继承家业。莒嬴的两个儿子，在鲁国渐渐长大。仲孙氏的家业，由原配老婆一房继承。这就让莒嬴母子处于被歧视的地位。仲孙蔑想到这两个叔叔的身世，担心他们会找自己寻仇。偏偏又有人传出风言风语，说这两兄弟计划暗杀仲孙蔑。仲孙蔑以嫡孙的身份做家长，对付两个庶出的小叔叔，权势上占尽上风。他找季孙行父商量此事。季孙行父对莒嬴一房也是心存芥蒂。二人达成共识。读者试想，莒嬴的儿子在两大权臣的压制之下，还能有什么生存空间？两弟兄计划逃奔莒国，然而，他们担心走上父亲的老路，死后也遭人耻笑？为表明心迹，二人主动请求参军进入敢死队，在战斗中战死。按理说，孽缘孽子，就此已经终结。偏偏公子遂觉得本该自己的老婆被人抢走，朝廷却总是祖护干坏事的公孙敖。由此激成愤慨，又演变出新的事情。后续可见。

　　子叔姬偷人，导致鲁国贵族脸上无光。前面为一气叙完公孙敖，只叙梗概。于此补叙细节。齐桓公去世后，其六个庶出子争夺君主位。由于宋襄公的帮助，最先做上君主位的是齐孝公。春秋 90 年，齐孝公去世，继位的是其兄弟齐昭公。就在这个时候，鲁国的臧文仲主动充当楚国的向导，引楚军北伐。楚成王扶植公子雍于穀，让公子雍做楚国的外臣。城濮之战楚军大败，公子雍流亡天涯，不知所终。在这样的背景下，齐昭公反过来修复齐、鲁关系，所以娶鲁国女儿子叔姬为第一夫人。子叔姬生下公子舍。春秋 110 年，齐昭公去世，其子公子舍即位。

　　齐桓公的六个庶出子之中，公子无亏于春秋 80 年被易牙杀害。至此，齐孝公、齐昭公去世，公子雍浪死他乡，还剩下齐懿公、齐惠公。在齐昭公年代，齐懿公就开始经营其势力。为取得国中支持，齐懿公倾尽其家财结交齐国豪杰。他自己的家产耗尽之后，又四处借贷，用于建立自己的政治势力。春秋 110 年秋，齐懿公杀害刚刚即位的公子舍。事后，齐懿公找到齐惠公，假意请齐惠公做君主。齐惠公看这架势，知道自己一坐上去，马上就是与公子舍一样的下场，赶紧就向齐懿公表达忠心：

　　"你追求这个位子那么久！不能让你心有遗憾。我保证忠心于你。你该能够放过我吧？"

　　齐懿公看这老弟还算知趣，也就当仁不让，自立为君。齐惠公表面谦让，内心并不承认齐懿公。在自己家中，他称齐懿公为"那个人"。前面几位兄弟做出了榜样，所以他也在谋求君主位。这里且按下不表。

　　子叔姬先是死了男人，然后又死了儿子。丧亲之痛都还是小事，还要担心自己性命难保。为此，她请人送信至鲁国，想要回祖国。鲁国方面，转央周朝，由周朝派出单伯，前往齐国磋商此事。齐懿公已经答应送子叔姬回鲁国，偏偏事情出现波折。

　　周朝的单伯到齐国斡旋，帮助子叔姬求得人身安全。为表感激，子叔姬设宴款待单伯。席间说起身世，女人哽咽而抽泣。单伯看子叔姬，年纪大约不足三十，正是熟女境界。全身穿白色孝服，差不多如同翩翩仙女。一种丧亲的悲哀，清减了身姿，平添出憔悴。然而正是这愁容，惹得人怜爱。更兼有垂头抽泣的时候，白色领口下的胸部一起一伏，让人注意到玉色的乳沟。

　　单伯将一双色眼，死盯住对方起伏的胸部，完全没听进去对方的诉说。子叔姬抬头看到对方痴迷的神情，不禁莞尔一笑。四目相对，彼此赧然。单伯对子叔姬说：

　　"你的事，就是我的事！不过，我帮了你，你如何报答我呢？"

　　子叔姬是过来人，知道这是要什么。她经单伯的斡旋，渐感安全。心神定下来之后，寡妇的苦处，也难免就是情色二字。感单伯的救助，她心下也有以身相许的首肯。于是，两人让酒来做媒人，在齐国宫国，结了个露水情缘。

　　此事传到齐懿公耳中。齐懿公将奸夫淫妇一并抓捕，并且派人通知鲁国，斥责这种禽兽行为。鲁国方面，完全没想到事情弄成这种状态。鲁国一再向齐国送礼，齐国不予收受。春秋 111 年，季孙行父朝拜晋国之际，带上大礼，恳求晋国，请晋国用盟主之力来摆平此事。晋国的赵盾，正寻思怎样树立威信，保赵氏长久平安。赶上这种到国际上长脸的事情，当即就同意。

　　春秋 111 年秋，齐国因为子叔姬、单伯的事情，侵略鲁国。晋国召集诸侯，会于扈，商议要讨伐齐国。在这次会议上，赵盾又一次以正卿代行君权，与列国君主盟誓。赵盾要立赵氏之威，先要立晋国的盟主之威。他讨伐齐国，用的是霸道，所以会议不提子叔姬、单伯的事情，而是直指齐懿公弑君的罪名。会议之前，为示军威，晋国的郤缺先进攻蔡国，逼蔡国结城下之盟。在这样的形势下，齐懿公不得不服软，先是送单伯、子叔姬回国，然后向诸侯联军送出大量钱财。赵盾得了好处卖乖，不再追究齐国弑君之罪。

公子遂误信了公孙敖，结果被公孙敖霸占了未婚妻。公子遂控诉于鲁国朝廷。季孙行父以一种和稀泥的态度，说兄弟如手足，不能为了女人兄弟失和。公子遂为此怀恨，于朝廷上扬言：

"你们说他是对的。那我也照他那样做！"

人们都以为他说的是气话。不想，公子遂言为心声，一心要勾搭别人老婆。他勾搭谁呢？却是鲁文公的女人敬嬴。公子遂是鲁庄公之子，与鲁文公的父亲鲁僖公是兄弟。算起来，这是叔叔与侄儿媳妇通奸。敬嬴是秦国女儿。为对付晋国，秦康公用远交近攻的策略，结交鲁国，一再向鲁国送礼。当时的礼物，最常见的是两种。一种叫"玉帛"，另一叫"子女"。玉帛即是玉器和丝绸，是春秋时候的通用货币。而"子女"，则是男、女奴隶。秦嬴是秦康公的女儿，但其母是女奴，所以地位卑贱。她作为秦康公送予鲁文公的礼物，到了鲁国。这种专为满足性欲而挑选的女人，其长相当然美丽。秦嬴来自西方，带着些白种人的血统，肤色白皙而体态丰满，其姿色算是鲁国后宫的佼佼者，所以深得鲁文公宠爱。她为鲁文公生下一子，即是后来的鲁宣公。公子遂立志偷人，以姿色为标准，所以选中秦嬴。他找到一个突破口：从秦嬴的身世着手。公子遂向秦嬴保证：

我发誓，只要你从了我，我定然让你做上鲁国第一夫人。

秦嬴虽得君主宠爱，那宠爱却只与姿色有关。鲁文公有嫡妻嫡子。按《周约》的规定，那都是不可更换的。第一夫人与性奴之间，一个天上，一个地下。女人的美貌随年龄而衰减。现有的宠爱，基础于当前的美貌，那不过是昙花一现。按现有的状况，自己和自己的儿子，最终只是奴隶身份。为了自己的前途，秦嬴从了公子遂。两人以政治契约结成下地下情人关系。秦嬴请求于鲁文公，让公子遂做鲁宣公的监护人。公子遂得以出入宫闱，与秦嬴幽会。公子遂品尝到公孙敖所得的情趣，沉迷其中，不能自拔。偏偏秦嬴看重的是地位，而不是偷情，每每于交欢时候敦促公子遂实践诺言。到得后来，甚至故意冷淡情夫，拿话来激将：

"你说过的话，不要忘记了！你说你有本事让我做夫人。我信了你，才与你交往。我爱的是顶天立地的男人，似这般偷偷摸摸的行径，今后少来！"

鲁文公的第一夫人，是齐国女儿出姜。出姜与鲁文公生下两个儿子：恶、视。春秋114年春，鲁文公去世。公子遂想要谋杀恶、视，拥立鲁宣公。然而，恶和视是齐国的外甥。他怕因此招罪于齐国。于是，春秋114年秋，公子遂与叔孙得臣带上重礼拜访齐国，希望得到立鲁宣公的首肯。这个时候，齐懿公刚刚被人刺死，新君齐惠公刚刚成立。齐惠公暗道：

"我国的君主杀死了鲁国外甥。如今鲁国要杀齐国外甥。这真是报应！

"昭公死的时候，晋国就以弑君为罪名讨伐我国。现在懿公死了，晋国肯定又要来多管闲事。盟主是不讲道理的，我只有靠自己。鲁国来求我国，我正好拉拢鲁国，好让鲁国在晋国那里为我说话。"

由这种思想，齐惠公同意了公子遂的请求。作为交换，他要鲁国割让济西土地。早先，晋文公请诸侯瓜分曹国土地，将济西分给了最先到达的鲁国，播下了齐、鲁争端的种子。这一块土地早先是曹国的，位置在鲁国以北，齐国以西。晋文公以盟主的名义，将其分给了鲁国。然而，齐国认为，在晋文公流亡外国期间，齐国对他最好。晋文公应当报答齐国。这块土地应当归属于齐国。

此时的公子遂，满脑子想的是秦嬴的肉体，哪里管什么国家主权？而且，因子叔姬与单伯私通，齐国一再讨伐鲁国。鲁国打不过齐国。虽有晋国为鲁国撑腰。晋国的支持离得远，齐国的威胁靠得近。如今土地换和平，也未尝不可。公子遂割让土地之后，刺杀了恶和视，立秦嬴之子鲁宣公。鲁宣公成立后，按母以子贵的规则，秦嬴做上鲁国第一夫人。至此，女奴出身的秦嬴改头换面：儿子为君主，情夫为权臣，好算是鲁国的"邦之媛也"。后来，为了拉拢鲁国，齐惠公又拿出齐国特产，将自己的女儿嫁与鲁宣公。于是，著名的齐国姜氏，又成了秦嬴的媳妇。秦嬴母子彻底告别了卑贱的身份。而齐、鲁关系，也因此友好。秦嬴母子知恩图报，以三命赐命公子遂为第一大夫，实掌正卿之权。公子遂的家住在曲阜东门，以居住地建氏，是为东门氏。整个鲁宣公一代，鲁国政权都由东门氏掌握。为人干点偷情的事情，说起来是不足为外人道的事情。由此竟然得到政权，这真是奇遇！

打自季友拥立鲁僖公，季氏就长期为鲁国第一大夫。僖公、文公两代，时间上自春秋 64 年直到春秋 114 年。这期间季氏都是鲁国第一家族。季友死后，其孙季孙行父继任为第一大夫。东门氏的崛起，让季孙行父看了眼红。春秋 114 年，鲁宣公还没有正式即位的时候，莒国的太子仆杀死了君主，带着许多钱财逃奔鲁国。还处于谅闇期的鲁宣公命季孙行父封太子仆以土地。季孙行父不但不封赏太子仆，还将其驱逐出境。鲁宣公派人询问缘由，季孙行父本人不出面，却派手下回复一大篇道德文章：

"太子仆是个弑君的人，又盗窃了国家财产，又背叛了祖国。这种人物，怎能收留？

"早先，高阳氏有八个贤才：苍舒、隤敳、梼戭、大临、龙降、庭坚、仲容、叔达。这八人的品德齐圣广渊、明允笃诚，天下人号之为八恺。高辛氏有八个贤才：伯奋、仲堪、叔献、季仲、伯虎、仲熊、叔豹、季狸。这八人的品德忠肃恭懿、宣慈惠和，天下人号之为八元。这十六族人做了许多善事，其美德世代流传，闻名遐迩。到尧一代，尧没有重用。到舜一代，舜起用八恺、八元。命八恺主管后土，以致地平天成；命八元掌管五教，天下的家庭因此变得父义、母慈、兄友、弟恭、子孝。

"早先，帝鸿氏出了个坏人。其人掩义隐贼、好行凶德、丑类恶物、顽嚚不友、以是比周。天下人给他取了个恶名：浑敦。太皞氏出了个坏人。其人毁信废忠、崇饰恶言、靖谮庸回、服谗蒐慝、以诬盛德。天下人给他取了个恶名：穷奇。颛顼生了个不肖子，其人不可教训、不知话言、告之则顽、舍之则嚚、傲狠明德、以乱天常。天下人给予了个恶名：梼杌。缙云氏出一个坏人。其人贪于饮食、冒于货贿、侵欲崇侈、不可盈厌、聚敛积实、不知纪极、不分孤寡、不恤穷匮。天下人给他取了个恶名：饕餮。这四族人，号为四凶。他们的凶恶世代相传。直到尧，尧没有处理他们。舜臣于尧，宾于四门，流放四凶。投诸四裔，以御魑魅。

"舜是因为有这些事情，才得以继承尧，成为天子。伟大的舜通过处理这二十个人而成名。今天，我未能找到一个贤人，却能够去除一个坏人。与舜相比较，我做到了他的二十分之一。"

鲁宣公听了这一篇奇文，知道这是拐着弯骂自己和公子遂。然而，季氏盘踞鲁国第一大夫之职已达半个世纪。季氏党羽众多，已成气候。鲁宣公、公子遂要号令于鲁国，许多地方还得仰仗季孙行父。为此，只好是装聋作哑，听任对方揶揄、调侃。鲁宣公在位十八年。这十八年间，鲁国政权由东门氏掌握。鲁宣公去世时，季孙行父发动政变，驱逐了东门氏，重掌鲁国政治。历史的演变，很多时候受不为人察觉的原因影响。季氏之所以能够重新掌权，很重要的原因在于季孙行父寿命较长。他于鲁文公年代就已经是第一大夫，在整个鲁宣公年代屈居东门氏之下，后又于鲁成公年代重新成为第一大夫。如果他寿命不那么长，早一点去世；以他的后人的威望，就不能够夺回政权。

公子遂拥立鲁宣公之后，又担当婚使，为鲁宣公迎娶齐国女儿。齐、鲁关系进入蜜月期。这期间，赵盾在做了什么呢？他仍然在做讨伐诸侯，然后收钱走人的大生意。只不过，这一次的对象换成了宋国。相关事情，且看下回。

笔者感于公孙敖的重色轻国，吟成四句：

只因一度情，遂成永生恋。

爱至望苦深，舍家弃国行。

尊卑第三十四回

君祖母为情立辟　讯朝仪铤而走险

　　齐桓公采用管仲只打胜仗的思想，稳中求进，故而整个齐桓公年代齐国的势力呈现逐渐上升的总体趋势，从未出现过大的挫折。齐桓公在位长达 43 年，齐国的霸业可谓根基深厚。与之相反，晋文公接手一个长期动乱的国家，根基可谓不良。晋文公即位仅五年即称霸，霸权来得太快。晋文公在位时间仅八年，威望并没有深入人心。然而，齐国自齐桓公以后永久地丧失霸权，晋国自晋文公以后做了上百年的霸主。这两个春秋霸主之间的反差，被历代经师视为春秋霸道的重大课题，做出了很多分析答辩。就是近代世界的大国崛起，也有与之类似的地方：

　　英国用很长的时间经营其海上霸权，殖民地遍及全球。然而，霸权被美国取代之后，英国一蹶不振，不再有振作的迹象。美国于二战时候突发横财，乱中取胜，其霸主地位却延续至今，经久不衰。

　　这种课题的原因，涉及方方面面，不能只用某一方面、某一因素来解释。就齐桓、晋文的反差而言，笔者于此介绍当时的国际关系：

　　继承齐桓公的齐国君主齐孝公自春秋 81 年即位，在位至春秋 90 年。这十年间，宋襄公想要做霸主，楚成王又进取中原。十年争霸的结果是，宋国争霸不成功，楚势力膨胀到极致。十年间，齐国基本毫无作为。继承齐孝公的是齐昭公。齐昭公自春秋 91 年即位，在位至春秋 110 年。齐昭公在位这二十年，是齐国丧权、晋国确立霸主地位的关键时期。这期间，晋国的决策者相继是晋惠公、晋文公、晋襄公、赵盾。这四个人，无一不是厉害角色！城濮之战后，楚国西面联合秦国，东面联合齐国，想要以楚、秦、齐三个大国的联合力量打压晋国。晋国以殽之战大败秦军，之后用隔离策略，基本上将秦国赶出了中原。在东面，则是用卫、鲁来牵制齐国。

春秋 94 年，在瓜分曹国土地的时候，晋国将济西田分给鲁国，构造出齐、鲁争端。次年，晋文公去世。春秋 97 年，鲁文公继鲁僖公之后即位。齐昭公赶紧将齐国女儿说嫁与新上任的鲁文公。次年，鲁文公朝拜于晋襄公。晋襄公即位于春秋 96 年，鲁文公在两年之后才来朝拜。这就是因为当时晋国的威望并不怎么样。当时，卫国与鲁国一样，也是于晋文公去世之后就不再服从于晋国。齐国方面，重启早先的霸业路线图，想要威服鲁、卫。然而，在狄、邢、卫、齐的多边关系中，齐、卫关系恶化。鲁、卫结成联盟，共抗齐国。齐国趁鲁国新君即位，再次用女人来修复齐、鲁关系。晋国方面，则于春秋 98 年鲁文公第一次朝拜晋襄公的时候，故意命阳处父与鲁文公进行盟誓，侮辱鲁国。鲁文公不可能娶同为姬姓的晋国女儿，所以于春秋 100 年娶了齐国的哀姜。就是这个哀姜，后来生下了恶和视。考虑到晋、鲁关系，鲁文公将这一次婚礼做得低调，只派了一个低级贵族前去迎亲。此后，鲁国采用依违两可的外交战略，周旋于晋、楚、齐、秦四个大国之间。春秋 102 年，晋襄公去世，赵盾执政。此前，鲁国年年朝拜于晋国，钱虽送得不多，礼数还算周全。晋襄公死的这一年，鲁国的季孙行父照例前往晋国送礼。季孙行父未雨绸缪，提前预备下晋襄公的葬礼。当时，有人问他：

"虽说晋国君主身体不好，但是人还没有死，你就准备为他送葬。是不是有点过了？"

季孙行父说：

"此去晋国，路上要一个多月。谁知道这期间会有什么变故？我多预备下一份礼，如果用不上，带回来就是了；如果恰好赶上他去世，别人会说我国毕竟是礼仪之邦，会特别感激。"

事情赶巧，晋襄公果然在季孙行父赶赴晋国期间去世。由于季孙行父考虑周全，鲁国于列国诸侯中第一个为晋襄公送葬，博得了晋国好感。

......

上文提到，春秋97年，晋军攻取了卫国的最大城市戚。至春秋104年，郤缺对赵盾说：

"对诸侯，要恩威并用。现在鲁国、卫国对我国都有二心。我们将戚归还卫国，可以将卫国争取过来。"

于是，晋国将戚归还予卫国。不但归还，还将邻近于戚的晋国土地，割让出部分予卫国；就仿佛借了钱之还钱，还钱的时候加付利息一般。对此，卫国当然感动。春秋108年，鲁文公携季孙行父照例朝拜于晋国。鲁文公去晋国，途经卫国、郑国。卫成公、郑穆公都趁机央及鲁文公，请鲁文公斡旋于晋国，请求与晋国结盟。鲁文公当即拍胸脯，说：

"我此去，正是去与晋国结盟。贵国有与我一致的愿望，我当极力玉成！"

鲁文公到晋国后，转达郑、卫的意思，其中不免添加许多，说是亏得自己极力劝说，才将郑、卫拉拢到盟主旗下。在回国的途中，鲁文公行经郑、卫，就受到热情接待。为了表功，鲁国的季孙行父唱诗云：

......

四月维夏，六月徂暑。先祖匪人，胡宁忍予？
秋日凄凄，百卉俱腓。乱离瘼矣，爰其适归？
冬日烈烈，飘风發發。民莫不穀，我独何害？

......

译文：四月是初夏，六月有酷暑。谁不想守在家里，为什么我要出门去吃苦？秋风萧瑟，万物凋零，兵荒马乱的世界，哪里找得到安全的住所？冬天的太阳冷冰冰，寒风呼呼吹。别人都有好日子，我为什么要遭罪？）

这诗的意思，是鲁国为了郑国而奔波吃苦。郑穆公命子家答以《载驰》，将鲁文公比作急公好义的许穆夫人：

……

我行其野，芃芃其麦。控于大邦，谁因谁极！
大夫君子，无我有尤。百尔所思，不如我所之！
译文：我行走于原野，原野上是无边无际的麦田。我要到大国去寻求帮助，请求大国为我做主！你们这些贵族，不要来阻拦我。你们想出一百个主意，也赶不上我此行的功绩！

鲁国得了这种表扬，再次表达急公好义的态度，又由季孙行父唱道：

……

彼尔维何？维常之华。彼路斯何？君子之车。
戎车既驾，四牡业业。岂敢定居？一月三捷！
译文：树上开的什么花？那是棠树的花。路上行的什么车？那是君子的战车。四匹战马雄赳赳，战车奔驰于战场。为了王道哪敢歇息？一月之中三次大捷！

郑、卫、鲁、晋都是姬姓国家，其祖宗都是周王的兄弟。它们在寻求盟友的时候，都想到借用这层血亲关系。一方愿买，一方愿卖，生意容易做成。就在此行之后的次年，晋国的赵盾组织起晋、鲁、宋、陈、卫、郑、许、曹。八国会盟于新城，公推晋国为老大。此时的齐国，再想要做点什么，又怎么抗得过这八国联军？其实，晋国争霸于天下的思路与当初管仲的思想是一致的，都是由近及远：

第一重视身边的秦、狄，第二重视远一点的卫、鲁，第三重视再远一点的郑、宋，最后才考虑南方的楚国。

每当楚国势力膨胀之时，晋国总是专注于离自己最近的秦国和狄。这个策略让晋国不至于后院起火，先立于不败之地。相关的史实，后续可见。且说此时，晋国于搞定鲁、卫、郑之后，势力再往外延伸，就到了宋国。

宋国自宋襄公去世，继位的是其子宋成公。宋成公自春秋87年即位，至春秋103年去世，做了17年君主。春秋104年，宋成公之子宋昭公即位。

宋襄公晚年时候，娶了周襄王的妹妹宋襄夫人。王的妹妹，地位尊贵，所以她成了宋国第一夫人。她嫁到宋国的时候，是十四五岁。到孙辈的宋昭公即位的时候，也不过三十多岁。她远比宋襄公年轻，且比宋成公要小，倒比宋成公的儿子大不了多少。宋成公敬她是嫡母，倒还没有多余的想法。宋成公的一帮儿子，正是情窦初开的年龄。于参拜嫡祖母的时候，就有点色心高于伦理，天性压倒孝道。

在宋成公年代，宋文公就在谋求君主位。他本不喜欢老了自己两辈的宋襄夫人，但是宋襄夫人可以在政治上和经济上帮助他。他本是宋国最大的城市萧的领主，还算有钱。无奈争夺君主位乃是大生意，所需款项太大。宋襄夫人乘虚而入，为他张罗钱财。在宋襄夫人的帮助下，他到处周济穷人，收买人心。赶上宋国出现饥荒，他将自己家中积存的粮食全部用于帮助别人。他结交武力过人的武士，结交宋国世族，还有一个特别的善举，专门赡济老年人。凡是七十岁以上的宋国人，他都时常前去拜访。拜访的时候，总是带上钱财礼物。甚至将稀奇难得的食物和玉器，送给这些老人。读者或许会问：这是什么目的呢？春秋时候的人，寿命远比现代要短。很多现代常见的疾病，在当时都是不治之症。再加上时常有战争，所以人们的平均寿命只有三十多岁。整个宋国之中，七十岁以上的人并不多。这种高寿的人，经历、见识了更多的历史。在平均寿命短、知识又不开化的当时，年龄就成了一种额外的才华。再加上当时社会特别敬老，老人往往仅凭年龄就有威望。结交这种老人，对宋文公大有裨益。

借用了宋襄夫人的钱财，宋文公不得不有所表示。自己身无长物，只有身体的某个地方相对其他男人算是长物；所以，就用身体来报效，与宋襄夫人结成情侣关系。宋襄夫人得到了美男，也一心报效，立志要搞死曾经调戏自己的宋昭公，让宋文公坐上君主位。宋襄夫人与宋文公，一个是女人，一个是庶子，都不是掌权的人物。要做成大事，需要取得宋国权臣的支持。此时，宋国的权臣分别是：

公子成，官职为右师。为庄公族人。

公孙友，官职为左师。为桓公族人。

乐豫，官职为司马。为戴公族人。

鳞矔，官职为司徒。为桓公族人。

荡意诸，官职为司城。为桓公族人。

华御父，官职为司寇。为戴公族人。

上述的这样族人、那样族人，是怎么回事呢？

宋戴公的儿子之中，宋武公进入君主系，其他儿子分别建立起华氏、皇氏、乐氏。这三个氏，同出于宋戴公，统称戴公族人。前面提到，春秋 13 年，华父督杀死孔父，拥立宋庄公。华父督早先就是权臣，再有这拥立之功，权力就特别大。出于族人抱团的思想，华氏扶植起戴公族人。这种抱团思想代代相传，至此时，虽远隔近百年，戴公族人仍然有两个位列六卿。

到宋襄公年代，宋襄公特别感激子鱼的让位，立下一个规矩：

宋国的左师一职，永远由子鱼的后人担任。

这个规矩严重影响了宋国历史。子鱼与华父督一样，与自己所属的桓公族人抱团。宋桓公的儿子之中，宋襄公进入君主系，其余的人分家出去，另建氏：

子鱼的后人建鱼氏。

公子鳞的后人建鳞氏。

公子荡的后人建荡氏。

向父肹的后人建向氏。

鱼、鳞、荡、向分别是宋桓公的这四个儿子的字，分别成为了这四家人的氏。这是由于中国姓氏产生的一种习俗：

从君主系之中析出的庶出子，为了体面好听，对外宣称"公子"，意为"公爵之子"。传至其子，则对外宣称"公孙"，意为"公爵之孙"。传至其孙，不好称"公曾孙"，就以公子的字建氏。史书称这个规则为"公孙之子以王父字为氏"。

周朝是当时世界上最有文化的国家，其习俗为后世所仰慕，甚至为游牧部落所仰慕。传说源出大兴安岭的鲜卑贵族也曾借用这一习俗。鲜卑君主系之中析出一人。此人不睦于兄弟，故而流亡于青藏高原的马兰山。此人的后裔用他的名字为号，开创出"吐谷浑"部。至东晋时候，因游牧部落重发音而不重字的写法，故讹传为"秃发"部。后来辗转流传，又讹传为"吐蕃"……

左师一职永远由子鱼后人担任，让鱼氏在官员的延革之中处于特别的优势。永居左师的鱼氏，出于抱团思想，推荐自己的族人为官。长久以往，宋国权臣之中，越来越多地出现鱼氏、鳞氏、荡氏、向氏。这四家人都是宋桓公的后人，统称桓公族人。宋襄公即位于春秋73年。至此宋昭公年代，三十多年的时间内，左师一职先是子鱼，然后是子鱼之子公孙友。子鱼和公孙友凭借权势推荐桓公族人，故而此时宋国的六卿之中，桓公族人已经占到六分之三。

在即将发生的变故之中，还涉及其他族人。笔者于此点清宋国君主系，方便读者理清关系。宋国自宋戴公以后，八世十一传至此时的宋昭公。那分别是：

戴、武、宣（穆）、殇（庄）、后闵（桓）、襄、成、昭。

总之，在宋国贵族中，但凡氏为华、皇、乐，那都是戴公族人，他们合为一个独立的政治团体。但凡氏为鱼、向、鳞、荡，那都是桓公族人，也合为一个独立的政治团体。

此时的六卿之中，桓公族人占到一半。这其中的荡意诸，是公子荡之孙，公孙寿之子。公子荡死后，本应当由其子公孙寿继承家业。公孙寿预感到即将发生动乱，担心家族灭亡，就命其子荡意诸继承家业，自己本人辞职以逃避政治，保存家族血脉。公孙寿说：

"君主无道，国家将乱。我为高官，势必受牵连。如果继续为官，可能导致族灭的命运；如果放弃这位子，我这一房又没有了靠山。不如分成两部分：儿子是我的替身，就让他去做官；我本人离开官场，保存家族。这样，就算他在政变中死了，我这一房还有人在。"

他对荡意诸说：

"你来为官尽忠，我来保存家族尽孝。"

为了得到情夫，宋襄夫人决定杀死宋昭公。她于权臣之中寻找盟友。经斟酌，她与戴公族人结盟。她的考虑，一则是因为钱财和精力有限，不可能面面俱到。再则桓公族人势大根深，不是钱财所能收买。而且桓公族人自有野心，不愿与她结盟。

春秋 103 年，宋成公去世。按规矩，要到春秋 104 年正月初一，举行了即位典礼之后，宋昭公才算正式成立。这两个时间之间，正好适宜于进行政治清洗，建立新君的权臣班子。六卿之中，桓公族人占到一半。它首当其冲，成为清洗的对象。宋昭公找到桓公族人之外的乐豫，说：

"我要重新安排六卿。我想，事情不必弄成你死我活。我请你传话给桓公族人：他们若能自己主动退位，那是最好不过。"

乐豫乃是戴公族人。此时还受到宋襄夫人的拉拢。他担心乐氏于接下来的变故之中变成挡箭牌、替罪羊之类的东西，故而抬出一种大义：

"公族与君主系之间，就像是枝叶与树干的关系。如果砍掉树的枝叶，就没有东西来遮蔽树干。比如藤蔓，你一眼看上去，总是先看到它的叶子，拨开叶子，才看到茎。沿着茎找下去，最终才能看到根。你就是根，他们是你的枝叶。如果你把这些枝叶都砍了，你这根也就要死了。你应当亲之信之，如何反想去除它？"

乐豫这种态度，看来是不愿为宋昭公卖命。宋昭公只好找别人。由于荡氏做的是两手准备，荡意诸同意效忠君主宋昭公。与此同时，宋襄夫人也在寻找自己的执行者。宋襄夫人争取到华御父。

桓公族人早就预测到君主的想法，结伙商议对策。为稳妥起见，他们商议出一个测试对手的计划：支使不当权的宋穆公、宋襄公的族人，于宋成公去世之际进攻宋昭公。刺客杀死了宋昭公的两个儿子。事情发生之后，桓公族人又出面组织六卿大会，会议表面上的议题，是说调解穆公族人、襄公族人与君主之间的矛盾。实质性的议题，乃是最重要的六卿的人选。会议的结果：由不愿参与政治斗争的乐豫，将司马之职让给宋昭公之弟公子卬。

翻年之后，宋昭公成为正式君主。这一年，别有怀抱的宋襄夫人又支使华氏进攻宋昭公，又杀死了宋昭公的一些亲信。新上任的司马公子卬，死于这次政变。荡意诸本是桓公族人，却背弃家族，拥护宋昭公。他夹在君主与桓公族人中间，担心受到处理，故而逃奔鲁国。六卿重组，第一大夫右师，原本由势单力薄的庄公族人担任，至此换成了华氏的华元。华氏的华耦，接替死去的公子卬的司马之职。因华御父去世，司寇换成了公子朝。公子朝何许人呢？他是宋昭公的另一弟弟，名义上臣属于宋昭公。然而，公子卬的遭遇，让公子朝心惊。公子朝游移于宋昭公、宋襄夫人、桓公族人之间，几面讨好，只想保住小命。华元、华耦，都是华父督的后人、隶属戴公族人。这两个人进入六卿之中，是宋襄夫人的意思。至此，六卿之中六分之二是宋襄夫人的势力，六分之二是桓公族人。两股势力都想对付宋昭公，宋昭公在劫难逃。

却说荡意诸亡命于鲁国，直到三年之后的春秋 107 年，经鲁国贵族公子遂求情，回到宋国。荡意诸谨遵父命，一心效忠于君主。他看国内大势已去，建议宋昭公逃亡外国。宋昭公说：

"我不能得到大夫、君祖母、国人的支持，就算逃到外国，又有哪一个国家愿意接收我呢？我是一个君主，跑到外国去做臣奴，那还不如死！"

一语成谶。春秋 112 年冬，宋襄夫人支使华氏杀死宋昭公，立宋文公。荡意诸于此次内乱之中死去。但是荡氏由公孙寿保存下来。

宋国发生这种事情，让晋国的赵盾看到发财的机会。春秋 113 年，赵盾组织晋、卫、陈、郑四国联军，讨伐宋文公的弑君之罪。公开的说法哩，就说是宋国违背"无易树子"的大义，现以周王之命，予以讨伐。宋文公手中的政权，基本上是靠宋襄夫人的钱财买来的。他深知钱财的力量。而且，他对晋国权臣赵盾，也看得很准：

春秋 110 年，赵盾送邾国的接菑回国，结果收了钱就走人。春秋 111 年，赵盾讨伐齐懿公，又是收了钱就走人。这些事情，让宋国看到先例：只要能够讨好赵盾，天大的事情，也能够一笔勾销。为此，眼看中原联军大张旗鼓，来势汹汹，宋国方面却完全不做军事准备。只用一介使者，几车金帛，就将数万联军抵挡回去。

宋文公即位后，桓公族人故伎重演，又拿出测试君主的法门：

故意推荐宋文公之弟须为司城，接替刚死的荡意诸。之后，支使不当权的宋武公族人、须、宋昭公之子三方联合造反，准备立须为君主。

然而，这一次，他们面对的不再是懦弱的宋昭公，而是毅然追求爱情的宋襄夫人。宋襄夫人命华氏杀死造反三方之中较弱的宋武公族人，以示惩戒，然后派人暗示六卿：

只要大家过得去，权力可以与你们共享。其他的人，我是无所谓。现任的君主，是我的情人，不可再换！若有人对付他，即是与我为敌。我将拼尽一切，与之周旋。

桓公族人遇上这女中豪杰，惊得一愣一愣。他们秘密会议，商议的结果以为：

国是他的家，我等不可能有那福分。只要自己过得去，又何苦逼迫别人？

经几番询盘议盘，桓公族人与宋襄夫人达成彼此的谅解备忘：

宋襄夫人同意杀死须来抵罪，以示赦免桓公族人的诚意。六卿同意杀死宋昭公的儿子，以示不再更换君主的诚意。

荡意诸虽死，荡氏仍然存在。桓公族人与宋襄夫人都希望息事宁人，不再斗争。为表达休战的诚意，双方同意让荡意诸之弟荡虺接替去世的华耦做司马。荡意诸的死，让荡氏发誓报复。后来，终极凶手宋襄夫人去世，荡氏只好迁怒于华氏。而华氏方面，被荡氏夺去了司马之职，也是怀恨于心，也想对付荡氏。此事导致后来的华元下野，楚国北伐。那是后话。

桓公族人试图拥立的须，乃是宋文公的同母弟。因为这一层关系，宋襄夫人、宋文公一方被麻痹，险些栽跟斗。为此，在宋襄夫人的安排下，宋文公继杀死宋昭公的所有儿子之后，又杀死了自己所有的弟弟。至此，宋文公的位子倒是坐稳了，但是宋国君主系的亲人因此死亡殆尽。桓公族人因此继续坐大。宋襄夫人是个女人，更关心爱情而不是政治。宋国的第一大夫华元，在宋襄夫人首重情人的思想下，渐渐掌握了宋国政权。华氏的权势，一直延续至春秋后期。想来，遭到华氏迫害的孔氏后人孔丘，对此应当是咬牙切齿！

赵盾讨伐宋国之后，回到晋国，却不直接回绛都，而是于晋国的黄父组织大型围猎，邀请列国君主参加。郑国君主郑穆公赴会，却于中途收到赵盾的口信：

"凭了祖宗神灵保佑，我国君主召集天下诸侯，议的是匡扶王室。贵国所推奉的王，好像是长江边的一个南方人，与我们不搭界。我国君主说：他虽是姬姓，侍奉的却是外姓的人。为此，君主命我知会贵国君主：会议与贵国无关，贵国可以回去了。"

这是从何说起呢？原来，春秋 105 年，楚穆王看晋襄公去世，新任君主是个婴儿，就重启北伐的程序，讨伐郑国。楚军一北上，郑穆公当即呈现胁肩媚笑的状态。在晋文公年代，郑国看晋国于城濮之战获胜，对晋国采取应酬的态度。晋襄公年代，晋国致力于鲁、卫、秦、狄，不太注意郑国。到晋灵公年代，赵盾致力个人的权势，也不太注意郑国。郑穆公继承了郑文公与楚国的友好，同时也尽量不得罪北方盟主晋国。春秋110 年，赵盾于新城之会召集天下诸侯，郑穆公虚与委蛇，也还是参加。算起来，郑国并没有特别得罪晋国的地方。然而，赵盾已经搞定了鲁、卫、齐、宋，一时找不到其他人来发威，故而平白地找碴。这看起来有点不讲道理。然而，霸主讲究的就是霸道，哪有道理可言呢？

郑穆公吃了这个闭门羹，心中惶恐。与身边臣下商量之后，只好将原本计划送给赵盾的钱财增加数倍。另派出郑国贵族子家，申辩于晋国，并且将这申辩的说辞书录下来，由使者转送赵盾。这一篇说辞，洋洋洒洒，说得淋漓透彻，为春秋外交史上的名篇。笔者不忍割爱，全篇录译：

寡君即位三年。召蔡而与之事君。

九月。蔡侯入于敝邑以行。敝邑以侯宣多之难。寡君是以不得与蔡侯偕。

十一月。克灭侯宣多。而随蔡侯以朝于执事。

十二年六月。归生佐寡君之嫡夷。以请陈侯于楚而朝诸君。

十四年七月。寡君又朝以蒇陈事。

十五年五月。陈侯自敝邑往朝于君。

往年正月。烛之武往朝夷也。

八月。寡君又往朝。

以陈蔡之密迩于楚。而不敢贰焉。则敝邑之故也。虽敝邑之事君。何以不免。在位之中。一朝于襄。而再见于君。夷与孤之二三臣。相及于绛。虽我小国。则蔑以过之矣。今大国曰。尔未逞吾志。敝邑有亡。无以加焉。古人有言曰。畏首畏尾。身其馀几。又曰。鹿死不择音。小国之事大国也。德。则其人也。不德。则其鹿也。铤而走险。急何能择。命之罔极。亦知亡矣。将悉敝赋。以待于鯈。唯执事命之。

文公二年六月壬申。朝于齐。

四年二月壬戌。为齐侵蔡。亦获成于楚。

居大国之间。而从于彊令。岂其罪也。大国若弗图。无所逃命。

译文：我国君主于即位后的第三年（即春秋98年）召集蔡国，要与蔡国君主一起来事奉晋君。

当年九月，蔡国君主到达我国，从我国出发来朝拜晋国。（按：当时，朝拜必须送礼。春秋时候的送礼，实际相当于上贡，是将国家财富无偿地支付于大国。）因为我国国内有侯宣多造反，所以我国君主没有与蔡国君主一起来。

当年十一月，处理好了侯宣多造反的事情，我国君主就赶紧跟着蔡国君主前来朝拜晋国。

我国君主的十二年（春秋107年）六月，归生（即子家，古人自称往往称名以示自谦。）辅佐我国君主的嫡子夷（郑穆公之子，即将即位的郑灵公。），从楚国那里索要回陈国，让陈国也来朝拜晋国。

十四年（春秋109年）七月，我国君主又为招来陈国的事情专程朝拜贵国。

十五年（春秋110年）五月，陈国侯爵从我国朝拜贵国。

去年（春秋113年）正月，烛之武与夷一起来朝拜。

去年八月，我国君主又来朝拜。

陈国、蔡国那么靠近楚国，之所以没有背叛贵国而服从楚国，那是因为我国于其中斡旋。我国如此事奉贵国，还是不免于有罪吗？我国的君主即位以来，一次朝拜晋襄公，两次朝拜于贵国当今君主。夷和我国的臣接连来到绛（晋国都城）。我郑国虽然是小国，这样做也算可以了。现在贵国说：你让我不满意！那我国就干脆亡国算了！

古话说：又怕头受伤，又怕尾受伤，那就全身没有一处不害怕受伤。又说：鹿子面临危难，只顾逃命，不会在乎死在什么地方。小国事奉大国，要是大国以德相待，那就以文明社会的规则办；要是大国不以德相待，那就像鹿子一样，采用禽兽的规则。鹿子逃命的时候不小心走上了险路，那也是情势所迫，管不了那么多！反正都是死，又管那么多做什么！？我这就带上郑国所有的财产在儵等待，看你们说怎么办！

我国的文公二年（春秋 52 年）六月壬申，我国君主朝拜齐国。

我国的文公四年（春秋 54 年）二月壬戌，我国为齐国而入侵蔡国。然而，当时我国也与楚国友好。

我国处于大国之间，不得不服从大国的命令，无论这大国来自哪一方面。这是地缘政治使然，而不是我国的罪过。如果贵国不考虑我国的这种情势，那我国也没有办法。

……

子家这一番话，可谓能言善辩。硬生生将蔡国、陈国的朝拜晋国，说成是郑国功劳。件件事都把个时间说得很确切，显得煞有其事。而且，说什么"铤而走险"。那是反过来威胁晋国。意思是，你把我逼急了，我就干脆铁了心投靠楚国，与你作对！话说到最后，却又回旋过来，扯到郑国事奉外国的历史。那意思是：我郑国从来都是时而投靠这个，时而投靠那个。事奉外姓人的事情，我又不是没有干过！你要是真不愿意收礼，我的钱财不愁没有人收！

赵盾看了这一篇陈年往事，觉得对方确乎有点诚意。钱财已经达到了自己理想中的数目，怎好不收？于是乎，接受了郑国。然而，为显示大国霸主的威仪，故意派了个级别较低的晋国贵族来接待子家。郑国方面，又将此时的太子郑灵公，作为人质，送往晋国。至此，郑国表面上算是臣服于晋国。

赵盾组织起多国联军，浩浩荡荡地讨伐宋国。结果，收了宋文公的钱财之后就离去。宋国方面，看了齐懿公、邾定公的例子，甚至都没有做防御的准备。赵盾故意找郑国的碴，无非就是为了讹诈更多的钱。晋国的霸主行径让郑穆公愤慨：

"搬出周朝的名义来压我，说是要维护《周约》。那谋杀亲兄弟的事情，算不算违背《周约》？什么盟主，做出的事情，无非是鸡公厕屎——头截硬！"

因为赵盾的贪得无厌，郑穆公于此公开信之后转而投靠楚国。赵盾本人，并不是晋国君主。比较于晋国的盟主身份，他更关心的是自己的权势。他执政以来，南方的楚国势力逐渐壮大。赵盾不愿意与楚国较劲，而是将《周约》当成一种交易的商品；又将列国诸侯，视为生意上的客户。弑君的人，因此得到合法的地位；赵盾本人，则从外国得到许多钱财，用来收买国内的人心。生意做得多了，他也从客户那里学到些东西。至春秋116年，赵盾模仿客户的做法，杀死晋灵公，进一步扩张手中的政权。相关事情，下回再叙。

阶级第三十五回

模棱可谨严忠恕　晋君少北方可图

晋国君主晋灵公，于春秋103年即位的时候，还是个一、两岁的婴儿。至春秋116年，却也成了十四五岁的半大孩子。晋灵公还没有懂事的时候就做上一国之君，在晋国有至高的权力。他的父亲已经去世，没有人管教他。在这种环境下长大，他的性格难免自大。小孩子难免贪玩。成年人的贪玩，能够理智地看到事情的后果。小孩子家往往缺乏这一点。

有一天朝会的时候，官员陆续到达。晋灵公站在高台上，用弹弓弹射上朝的官员。官员纷纷起跳躲避。晋灵公却觉得很好玩，在台上拍手大笑。赵盾到来的时候，晋灵公却又已经到后宫去了。赵盾赶往后宫，还没有进门，就看到有个女奴背着背篓从门里出来。背篓里伸出一只人的手来。赵盾问：

"背的是什么？"

那人并不回答，继续往外走。赵盾大声呵斥：

"好大胆的奴隶，你敢不给我停下！"

那人停了下来，说：

"你是晋国第一大夫。你要看，自己来看吧！"

赵盾赶上前去查看。里面装的是一个已经被肢解的尸体，鲜血还没有凝固，面目也还鲜活，显然是刚刚被杀。赵盾说：

"这是怎么回事？"

女奴只好交代：

晋灵公在台上弹射弹子，有点累了。回到后宫，感到饥饿，就命厨师为他做熊掌。熊掌这种食物，需要炖煮很久才能熟。晋灵公左等不来，右等不来，人饿得厉害了，心中越发烦躁。一时怒气发作，竟冲进厨房，举起一个装酒用的青铜斗，将厨师打倒在地。之后，三拳两脚，将其打死。打死之后，还不解气，又抓起刀来，将其碎尸。行凶之后，怕被别人知道，所以派个人赶紧将其运出。赵盾得知这种行径，倒不是同情那个厨师，只是觉得：

君主性格如此暴戾。稍不顺心，就做出如此残暴事情。这种人怎能君临晋国？况且，要是哪一天他看我不顺眼，是否也要如此对待？

为此，赵盾进入宫中，将那晋文侯、晋文公的美德，向晋灵公讲了又讲，希望晋灵公能够弃恶从善。晋灵公正处于青春的逆反期，凡事总以标新立异、逆向思维为准则。赵盾越是这样说，他越是这样想：

"你要我不杀人！我偏不听你的！我偏要杀人！你做了我的太傅，就成天在我耳朵边絮絮叨叨，好不令人厌恨！我就是要杀人，我还要杀你！"

心下虽是这般赌咒发誓，循于日常所学的礼仪，他还是假装尊重监护人，口头上唯唯诺诺。晋灵公一念间想到谋杀赵盾。这念头一产生，就再也不能放下。赵盾有一身好武艺，而且手下众多。想到杀赵盾，晋灵公心里又是兴奋，又是害怕。然而，正是这种刺激感，诱惑年轻人做傻事。他召集起自己身边的武士，命其展示武艺。然后于其中选出一名，命其刺杀赵盾。这个武士名叫鉏麑。

鉏麑得到这个命令，于夜里穿上一身黑衣，带上兵器，潜至赵盾家中。明明是夜里，赵盾家的大门却完全敞开。鉏麑小心走进去，发现四下并没有人。继续往前走，发现所有的门全都敞开，仿佛在迎接他一般。鉏麑一路观察着摸至赵盾的寝室，沿途没有发现哪怕是一个人。而寝室里面，却有他要刺杀的赵盾。

房中有数盏灯。青铜制的烛台，其中点着鱼油制的蜡烛。一张案桌前，赵盾正在吃东西。那是一盆煮熟了的鱼，大约有十来斤。读者注意：春秋贵族以吃牛、羊、猪的肉而自诩高贵，号为"肉食者"。又以饮酒自诩礼仪风雅。吃饭时又以乐队伴奏、歌舞表演来显示身家富贵。鱼肉这种食物，在当时来讲，江河湖海到处都是，最为滥贱。如果不是饥荒年成，总不至于以鱼为主食。

鉏麑心想：

赵盾在国中乃是一人之下，万人之上。生活却如此清贫！

想到这里，鉏麑心中已经有些不想下手。再看赵盾，只用差不多十分钟时间，竟然稀稀糊糊将一大盆十多斤鱼吃完。这时，鉏麑才留意到，赵盾大约有四十岁，长得差不多有两米高，两百斤开外。因是黄、白混血，一部胡须灰中带黄，浓密而修长，就是长跪于案前时，也快要拖到地上。一双眼睛蓝中带灰，顾盼之间，目光如炬。因为常年围猎、征战，一张脸晒得黑里透红，满是横肉，凶气逼人。鉏麑想起自己的使命，才发现赵盾身上佩有长、短两柄剑。长剑为重剑，剑身约有一掌宽，总长达一米五。看那沉甸甸的样子，重量超过二十斤。短剑的剑身靠柄部位最宽，宽约两厘米，越靠近剑尖越窄，至剑尖时呈针形，连柄总长不足五十厘米。此乃是出自南方的贴身利器，号为"铍"。其身后的墙上，又挂有一张足有一米五长的强弓。房屋大约有五十平米，墙角处，长长短短，堆放着各种兵器。此时，鉏麑才恍然大悟：

赵盾早就预料到君主会安排人来行刺。他自恃一身武功，决定只身面对刺客。

鉏麑又想：

他布下这空城计，四周不知道该有多少人的埋伏！我闯进去与他厮杀，必死无疑！纵然杀死赵盾，只会让国家动乱。更何况，我哪里杀得了他！然而，不执行君主的命令，我怎能生于天地之间？也罢，只是我等小人命苦！

鉏麑左右寻思，不得解脱，最终决定表现一番勇士的精神。他以头猛撞庭院中的槐树，头破而亡。

此事传开之后，按说晋灵公应当顾忌收敛。然而，晋灵公却以为是人手少了的缘故，导致鉏麑不成功，就又生一计。他派人请赵盾吃饭，说是要改过自新，所以要亲自向赵盾承认错误。赵盾已经得知鉏麑刺杀自己的事情，有了防备。然而，他仍然以自己的武功自傲，并且相信自己更得人心。赵盾让自己的车右祁弥明做随从，一主一仆前去赴宴。晋灵公于宴席背后安排下甲士，请赵盾入席饮酒。酒过三巡，晋灵公说：

"听说你的剑是晋国第一利剑，可否呈上来让我看看？"

赵盾与晋灵公有个君、臣名分。君主说想看，其实是想要。所以，他下席往前，刃向自己，柄向晋灵公，将剑递过去。这种情形，可以招至两种危险：

第一，臣下向君主献剑，出于礼仪，必须剑尖向着自己，剑柄向着君主。晋灵公接剑的一瞬间，可以顺势握剑前推，刺杀赵盾。

第二，赵盾于宫中靠近君主拔剑。君主可以诬其有行刺君主的企图，下令格杀赵盾。

此时，祁弥明提醒赵盾：

"盾！食饱则出，何故拔剑于君所？"

赵盾这才意识到：已经是千钧一发之际！他转身向外跑。

晋灵公为刺杀赵盾，培训了一支獒。什么是獒呢？按古代标准，站立高度超过四尺的狗，就叫做獒。古代四尺，大约是当今的一米左右。这其实是一种相当高大的狗。据说，獒的凶猛，胜过狮。此时，晋灵公嗾其獒，獒扑向赵盾。与此同时，埋伏下的甲士蜂拥而至。祁弥明挺身上前，赤手空拳拦下獒。赵盾则仗剑与甲士缠斗。

读者要问：祁弥明身为车右，乃是戈、剑方面的行家，何以空手面对獒呢？按当时的礼仪，觐见君主，于进大门之时，即要解除兵器；于进房间之时，又要脱去鞋、袜。赵盾为晋国正卿，名义上有拥立君主的巨大功勋，所以剑履上殿。祁弥明只是个武士，当然要遵守这些礼仪。非但是空手，而且是光脚。然而，就是这样空手赤脚，祁弥明甩拳过去，硬生生将猛扑过来的獒打倒在地。之后，踏上两脚，将獒踩死。

赵盾躲过一劫，缓了口气。他一边战斗，一边往大门口撤。回头看到祁弥明踏死了獒，他对晋灵公说出一句名言：

"君之獒，不若臣之獒也！"

赵盾此行，只有他本人和祁弥明。这一则是凭借自己多年的权势，藐视晋灵公，觉得无所畏惧；再则也觉得有祁弥明在，晋灵公身边那点人，可以应付。然而，此时埋伏下的数十个甲士突然发难，赵盾也有点狼狈。春秋贵族不同于后世那些只知道享乐的贵族。驾车、射箭是春秋贵族必修的功课。当时，就算是君主，也时常操练武艺，也参加战争中的战斗。赵盾的武力，类似于清朝的多尔衮亲王。面对普通甲士，很能够应付。而且，他得到了对方甲士中一个人的帮助，这人名叫灵辄。赵盾撤至大门口时，灵辄假装扑向赵盾，却用背和兵器挡住后面的甲士。他双手抱住赵盾的腰，顺势举起赵盾，将其抛进赵盾的马车。灵辄是什么人呢？

早先，赵盾在一次围猎中，看到一条大汉坐靠在一棵桑树边，奄奄一息，就要死去的样子。赵盾走过去询问。这人说：

"我已经三天没有吃东西了！"

赵盾给他吃的。他吃了一半，将另一半留下来。赵盾问这是为什么。他说：

"出来三年了，也不知我的母亲现在还在不在。现在离家很近了，我想把这点吃的带给我母亲。"

赵盾让他尽管吃。然后专门装了一大包吃的，让灵辄带给母亲。赵盾将此事看作小事，事后就忘却。后来，这人做了晋灵公的甲士。他就是灵辄。

赵盾飞进马车的时候，大声发问：

"壮士出手相救，此恩不忘。请问壮士姓名！"

然而，灵辄并不回答，而是得空逃离现场，从此消失。

以赵盾的权势，完全可以组织军队进攻晋灵公。但是，他没有那样做，而是跑到晋国边境，停留下来。那意思，是观望形势。如果形势不对，就逃往外国；如果形势于己有利，就仍然回去。此时，赵穿杀死了晋灵公。前面提到，赵穿是赵盾隔房的侄儿，曾经严重违反军纪，却没有受到赵盾的处理。当然，他也因此成了赵盾的心腹。赵盾并没有支使赵穿干这事。是赵穿体察赵盾的心思，替赵盾杀死了晋灵公。当时，晋国史官将此事记载成赵盾杀死君主。赵盾争辩说：

"我没有杀君主！这不是事实！"

史官回答说：

"你是国家的正卿。事发时，你逃亡于边境，却又不出国。这是观望的态度。回来后，你又不处理弑君的贼人。这是放纵罪犯的态度。对君主安危持观望、纵容态度，与弑君同罪！"

作为儒教第一护法的孔子，于《春秋》中对此事的记载是：

晋赵盾弑其君夷皋。

读者注意：这其中的"其君"二字，正是强调赵盾与晋灵公之间的君臣关系。在孔子看来，既然是君臣关系，赵盾就应当绝对地服从晋灵公。哪怕是晋灵公要杀赵盾，赵盾也应当引颈就戮，决不能持观望、纵容的态度。孔子的这个立场，与晋国史官一致，强调的是君臣大义。这个态度，就是所谓"谨严春秋"。孔子乃是世间第一圣人，他的思想差不多就是上帝的思想。如果只有谨严春秋，怎能称得上孔圣人？故而，孔子又站到士大夫的立场，当然，也就是孔子本人的立场，说：

赵宣子（赵盾），古之良大夫也！为法受恶！惜也，越竟乃免！

晋灵公去世，赵盾立晋成公。晋成公是晋文公的儿子，算起来是晋灵公的叔父。趁这国君初立之际，赵盾进一步加强自己的权力。他的做法，是将晋国设立公族的惯例，套用到卿一级。

什么叫公族呢？君主在传代的时候，前任君主的太子即位为君主，前任君主的太子之外的儿子，称公子。公子的儿子，称公孙，又称公族、公姓。由于这些人都带有君主的血统，所以给予他们一定的封地和官职。于是，就有了公族大夫这一种官职。儒教认为，公子、公姓、公族会出于血统的原因，拥护在任的君主。而公姓、公族的繁荣，也代表着君主子嗣繁多，千秋万代。《诗经》的《麟之趾》，描述了儒教的这种思想：

麟之趾。振振公子。于嗟麟兮。麟之定。振振公姓。于嗟麟兮。麟之角。振振公族。于嗟麟兮。

晋国源出周朝。周朝的官制中有公族这一官职。晋国也就有这一官职。然而，在晋献公年代，骊姬为了翦灭可能对自己的儿子不利的人，怂恿晋献公做出这样的规定：
驱逐奚齐、卓子之外的所有的公子、公姓、公族。
当时，就连太子申生都在驱逐之列，其他的公子、公孙自然也不得幸免。晋献公做这事的时候，进行了盟誓，发下毒誓和诅咒，将此举作为晋国的一种规矩章程。继任的晋国君主遵守这个规定。正是因为这个规定，才有秦穆夫人请求晋惠公召回兄弟；也是因为这个规定，才有公子乐、公子雍居于外国。这个规定让晋国的公族大夫名存实亡。

晋成公即位后，赵盾提出恢复早先的公族大夫。由于君主系的公子、公姓、公族都不在国内，赵盾就让卿的亲族套用这制度：

卿的继承人，做名为"公族"的官职，得到国家的封地。卿的继承人的同一母亲的兄弟，做名为"馀子"的官职，也得到国家的封地。卿的庶出子，做名为"公行"的官职，也得到国家的封地。

早先，卿的继承人有权继承家业。继承人之外的其他儿子要得到封地，只能是从这一家的家业之划分。赵盾此举，是用国家的财富来扩张权臣的势力。按这个规定，卿只要有足够的生殖能力，生的儿子越多，其家业就越是膨胀。反过来讲，君主能够掌握的财富因此减少，君主的实权随之下降。

赵盾，乃是狄的女儿叔隗所生。赵盾是因赵姬出让第一内子给叔隗才得到继承人地位。赵姬生有三个儿子：

赵同、赵括、赵婴

至此，赵盾感念赵姬的礼让，让赵括做赵氏的公族，号为公族大夫。后来，赵姬的三个儿子都得到了封地：

赵同一房，封地为原，号为原同。赵括一房，封地为屏，号为屏括。赵婴一房，封地为楼，号为楼婴。

另外，赵氏的公行，号为旄车之族，执掌君主的马车。此举是在国君的身边安插下了卿族的人。

晋国在晋灵公之前，历任君主都称得上明君。晋灵公在襁褓中即位，掌权的赵盾又不那么忠君。这让楚国得到壮大的机会。还在春秋103年，也就是晋灵公即位的第一年，楚穆王就召集贵族，商讨国际形势。会议得出结论：

晋君少，北方可图！

楚穆王采用绕出东方的大计，于春秋99年包围江国。晋国派阳处父率军救助，却只是做一种姿态，很快就离去。于是，春秋100年，楚灭江。以此为始，春秋101年秋，楚灭六。同年冬，楚灭蓼。江国在淮河上游。六国、蓼国，则在淮河下游的北部。至此，形成了对郑国、宋国的侧面包围。春秋105年春，楚国进攻郑国，抓走了三个郑国贵族。郑国被迫与楚国议和。中原国家晋、鲁、宋、卫、许联军救助郑国。春秋105年夏，楚军入侵陈国。春秋105年冬，楚国使者到达鲁国，声索盟主之名。正当楚国势力蓬勃发展之际，其国内也发生动乱。

春秋91年城濮之战时候，楚军的领军主帅是成得臣。其左军主帅，则是若敖家族的另一人物鬬宜申。楚军战败之后，成得臣随即自杀。鬬宜申知道回去之后没有好结果，就找了棵歪脖子树，准备上吊自杀。仿佛是天意。大约也是人太重、绳子太细。总之，鬬宜申上吊时绳子断了，没死成。正在此时，楚成王的使者赶到，向鬬宜申宣告赦免的命令。楚成王一心对付若敖家族，何以要赦免鬬宜申呢？这与一个预言有关。

早先，楚国巫师矞似预言：楚成王、成得臣、鬬宜申都将不得好死。当时社会巫风极盛。人们相信巫师的预言。楚成王派人逼死成得臣之后，忽然间想到这个预言。要是预言之中的两个人都已经不得好死，下一个就将是楚成王。楚成王想要阻止这个预言，所以派使者到军中赦免鬬宜申。鬬宜申回国后，楚成王又封其为商地公爵。商在什么地方呢？就是当今陕西东南部的商洛地区。此地在战国时候隶属秦国，此时则隶属楚国。楚成王于春秋97年被亲生儿子杀死，比鬬宜申还要先走一步。后来，鬬宜申调动到郢都做工尹。春秋106年，鬬宜申谋杀楚穆王。事情败露，被楚穆王杀死。此事耽误了楚穆王的北伐大计。

处理完国内的事情后，楚穆王进军于厥貉，进逼宋国。此时的宋昭公，被宋襄夫人和桓公族人弄得焦头烂额，那还有力量应对南方霸主？宋国贵族会议此事。华氏的华御事开言：

"楚国无非就是想要我国变弱。我国主动示弱，他就该满意了！不必在乎什么国家主权，直接向楚国称臣，一了百了！"

这个思路，虽说丢脸，倒是不失为下策！只不过，宋国主动投降，让别人更加看不起宋国。为显示自己的国威到达中原，楚穆王于宋、郑之间的孟诸组织大型围猎。楚穆王命宋国君主宋昭公做围猎部队的右盂，郑国君主郑穆公做围猎部队的左盂，自领中军，统率左右。中原两个大国的君主做随从，让楚穆王意气风发。楚穆王下令：

凤驾载燧！

这话的意思是：套起马车，举起火把！这是夜间狩猎时候的口令。宋昭公做惯了君主，一时间对于接受别人的号令不适应，反应稍稍迟缓。楚穆王身边左司马文之无畏，正充当楚穆王的马夫。他冲入右盂，责问道：

"君王命令，你们如何不听？"

当着宋昭公的面，文之无畏将宋昭公的车夫拖出来暴打一顿，然后将其捆绑起来，羁押着游行示众于三军。有人对文之无畏说：

"他到底是个国君。你这样做，是不是过分了？"

文之无畏说：

"身为王的司马，此乃我职责所在！诗云：柔亦不茹，刚亦不吐！我是那怕事的人吗？"

有道是打狗看主人。这件事让宋昭公脸上无光；整个宋国，都视之为奇耻大辱。因为这事，后来宋国第一大夫华元坚持要杀文之无畏。这里且按下不表。

楚穆王驻军于孟诸，派使者到鲁国，再次向鲁国提出其霸权要求。面对楚军的北进，鲁国与晋国会议，讨论当前形势，考虑应对。然而，此时的晋国于正在与秦国不断战争，分不出身来应对楚国。鲁国自身又遭受来自北方的异族入侵，军事上也脱不开身。鲁国遭遇什么北方异族呢？

春秋时候的北方游牧民族，主要是白种人。中原国家笼统称他们为狄。其实，狄的内部，又有很多不同的类别。这其中有一个鄋瞒国，大约起源于欧洲的尼安德特人，身材特别高大。中原国家称鄋瞒国为长狄。

春秋 103 年，长狄乔如入侵鲁国。春秋 105 年，长狄乔如入侵齐国。春秋 106 年，长狄乔如入侵宋国。春秋 107 年，长狄乔如入侵齐国，并且逼近鲁国。

长狄的战士身高在两米至两米五之间，而且长期生活在北方苦寒地方，身体强健而耐寒。如果赤手空拳，中原人肯定打不过。然而，中原的军队有其他优势：一则是经常操练战阵，协同作战能力强于长狄；再则是人多势众，人数上占绝对优势。虽有这两种优势，毕竟对方是巨人，稍稍靠近，即有性命之虞。为此，鲁国专门对领军将领进行卜，挑选出擅长射箭的叔孙得臣率军迎战长狄。叔孙得臣是什么人呢？他是三桓之一的叔牙的孙子。

因为对手特别强健，叔孙得臣的战车扩大规模，由普通时候的三人，扩充为四人。分别是：叔孙得臣为主帅，吉侯叔夏为御戎，缑房甥为车右，富父终甥为驷乘。

按古代战争兵对兵、将对将的规则，鲁国这四个贵族迎战长狄的首领侨如。乔如身高约为二米五，体重则超过这四人的总和。他全身只穿一条虎皮战裙，左手执一把近两米长的战斧。战斧的锋刃，差不多就有五十厘米宽。叔孙得臣接连射中乔如的肩部、腿部。然而乔如皮糙肉厚，受伤之后仍然冲了过来。乔如的身高，比叔孙得臣的战马要高出许多。他跑步过来，先就惊吓了叔孙得臣的战马。战马不听使唤，四人赶紧跳下车。乔如挥斧砍向战车，战车破裂。来不及跳下战车的吉侯叔夏，被乔如的右手抓住其左腿，提了起来。叔孙得臣回身放箭，虽处慌乱之中，这一箭还算侥幸，射中了乔如的眼睛。乔如嗷嗷狂叫，甩手将吉侯夏叔扔出十多米远。趁着乔如的视线被血模糊，富父终甥绕到侨如身后，起跳抱住乔如的脖子，然后双腿上缩，用脚蹬住乔如的肩，双手尽力扳其下巴。四肢的力量总算大于巨人的颈部力量，乔如的头被扳得稍稍扬起。緜房甥得了这个空隙，用戈割断了乔如的咽喉……

在此战之前，长狄乔如入侵鲁、齐、宋三国，一路烧杀抢劫，造成了巨大危害。鲁国杀死乔如，算是了不起的军功。为此，鲁国将乔如的头埋于鲁国的外城城门。坟头专门做了个标志说明，以防后世发掘出头颅时，看到头太大，吓出个好歹。叔孙得臣得胜回家的时候，家中老婆正好产下一子。为鸣得意，就依照信、义、象、假、类之中的假的规则，将此子起名为乔如。那就是鲁国之中与公孙敖齐名的浪子：叔孙乔如。

特别高大的鄋瞒国，在春秋时候出现过五个著名的首领，分别是：缘斯、榮如、简如、乔如、焚如。

大约春秋前30年，长狄缘斯入侵宋国。宋国司徒皇父率军迎战，也是用了四人组的豪华阵容，杀死了缘斯。然而，皇父的两个儿子战死。当时，耏班做皇父的御戎。因耏班作战勇敢，宋国将其一道城门的关税赏与耏班，而且将此城门命名为耏门。春秋27年，长狄榮如、长狄简如入侵齐国、卫国。齐国杀死了榮如，卫国杀死了简如。齐国将榮如的头埋于城门，以旌军功。春秋129年，晋军讨伐太行山的赤狄，遭遇长狄焚如。晋军杀死了焚如，最终灭了鄋瞒部落。这个身材特别高大的部落，从此消失于中原。

鲁军虽能战胜长狄，却无力与楚军抗衡，只好签订不平等条约。好在鲁、楚相隔甚远，对方不曾提出割让领土，就将礼仪之邦的玉帛子女献上。晦气了一些地位卑微的人，买得国家平安。楚穆王不动一兵一卒，只用一介使者就换来钱财和女人，心下大悦。打天下好处多多，所以，次年又讨伐麇国，再次年包围巢国。经这一番打拼，楚国势力虽不及楚成王的巅峰时期，却也已经漫延至整个淮河流域。至春秋109年，楚穆王去世，其子继位，是为大名鼎鼎的楚庄王。相关事情，下回再叙。

包含第三十六回

宋文公四阿翰桧　楚庄王问鼎中原

　　春秋 110 年，楚穆王去世。其子继位，即是赫赫有名的楚庄王。楚庄王后来成了春秋霸主，其即位之初，却面临着内忧外患。所谓多难兴邦。楚庄王是在艰难的国势下成长起来的。

　　前面提到，春秋 88 年的商密之战，秦军俘虏了楚国贵族鬭克。至春秋 96 年殽之战，秦、晋关系破裂。秦国想要联络东方国家共抗晋国，但是地理上先天被晋国隔离于东方。为此，秦国遣返鬭克，结交楚国。

　　秦国的疆域，在当今的关中。晋国的疆域，则南至当今的华山，北至黄河大拐弯。地理上，秦国完全被晋国隔离于西方。好在南方一线，秦国以南是秦岭、大巴山，邻于楚国的势力范围。经这一面绕出东方，路途又远又难行。然而，东方被晋国隔断，秦国只好绕出南方。这一面有两条通道，相对算是捷径。一条是从汉中经安康沿汉水河谷出武当山至襄樊；另一条是由蓝田经商洛谷地沿丹水出河南南阳。这后一条路，就是当初商密之战所争夺的地方。当年秦国打败了楚国，得到了商洛谷地。为了联络东方，秦国向楚国做出巨大让步：

　　其一，释放商密之战中被俘的鬭克、屈瑕。

　　其二，将商洛谷地归还予楚国。

　　楚国方面由城濮之战败于晋国，也想联秦抗晋。两国一拍即合，从此达成友好关系。秦、楚友好关系从此贯穿整个春秋史。然而，政治上的友谊，从来就没有真诚。秦康公的这些付出，暗含着阴谋。释放鬭克之前，秦穆公与鬭克达成秘密的协议：秦国做鬬克的外援，鬬克做秦国的外臣。因为这个协议，秦康公向楚国提出：商洛回归楚国之后，成为鬬克的领地。这个协议让秦康公、鬬克互得好处，却不利楚国。此时，楚国令尹是成嘉。此人是成得臣的堂弟。鬬克居于秦国二十年之后回国，成嘉对他怎能没有戒心？

就在楚穆王去世的春秋 110 年，楚国属下的舒、蓼叛变谋反，成嘉率军讨伐舒国、蓼国。国君新立，权臣外出，让鬬克看到机会。鬬克趁机联络秦国，发动政变，挟持楚庄王至商密，意欲与秦军会师。与此同时，鬬克派人刺杀成嘉。因成嘉早有防备，刺杀失败，成嘉的党羽庐戢黎用计诱杀鬬克。此时的楚庄王，只有十多岁。别的王坐上王位，那是选立手下，修建宫殿，巡视国家，垂幸女人。他一上台就被挟持到边疆，靠别人的帮助才回到国都。这其间的经历，不是王的一呼百应，而是囚犯的仰人鼻息。

楚庄王新立，且年龄又小。偏偏内乱之后，又是饥荒。春秋 112 年，楚国出现大饥荒。饥荒导致国内政局不稳，引得周边游牧部落纷纷进攻楚国。《谷梁传》认为：

仅有够三年食用的粮食储备，是国家灭亡的临界点。如果少于这个储备，国家随时都会灭亡。

这个结论，一则是将战争之类的意外粮食消耗计算在内，再则就是考虑到交通运输的能力。为了应对交通运输落后造成的区域性相对饥荒，古中国于国土上大致均匀地建立分散的粮库，号为“义仓”。这个方法至今都还在用。而全国性的绝对饥荒，例如二十世纪六十年代，那导致的后果，就如同此时的楚国。且说当时，楚国因饥荒而军事力量骤降。中原国家隔楚国较远，所以邻近于楚国的游牧部落率先进攻楚国。围攻楚国的部落共有三路：

一路是戎，从当今的贵州、湖南，自西南、东南两面进攻楚国。

一路是庸国，它伙同南方部落，从当今的武当山以南，自西北向东南进攻楚国。

一路是麇国，它伙同南方部落百濮，从当今的武当山以北，自北向南进攻楚国。

当时，楚国的势力已经发展至当今湖北全省、湖南北部、江西北部、河南南部、安徽大部、江苏大部。然而，对楚国的军事威胁，最重大的是北方的中原国家。三路来敌，又正好有两路由北方南下。为此，楚国唯恐中原诸侯趁机南下，首先于当今河南南部加强防守。另一方面，有人提出向东迁都，暂避锋芒。对此，楚国贵族芳贾说：

"我们能够迁走，别人也能追来。迁都不是解决问题的办法。敌人以为我国遭遇饥荒，不能组织军队，所以才进攻我们。越是这样，越是需要组织反击。唯有全力一战，将敌人的气焰打下去，方才能够死里求生。百濮是一个并不团结的部落团体，先打百濮，定能取胜。待稳住军心、民心，再组织反击！"

在这种建议下，楚军先进攻百濮。春秋时候的百濮，与当今东南亚的原住民同种，其人种介于黑色人种与褐色人种之间。比较于楚国人，他们身材更加矮小而灵活。由于楚国信仰儒教，军队里的将士彼此间是父子、兄弟、堂兄弟、叔侄、甥舅之类的关系。在日常生活中，由婚嫁、葬礼、祭祀等等活动，人们融合成友爱互助的整体。战斗之中，楚军的一个士兵被围攻或者杀死，会有数个甚至数十个亲人、亲戚拼了性命去施救和报复。而且，由于经常与中原国家交战，吸收了中原国家的军事思想，楚军进行了部队的建制、分工和阵形演练。而百濮则是众多部落的集合。这些部落大大小小，参差不一。大的可以达到上千人；小的哩，甚至少到数十人。名为百濮，其实远不止一百个部落。特别是，在信仰上各部落信仰互不相同的图腾。各部落间各自为政，没有相互的救助和支持。在这种情况下，纵然百濮的单兵作战能力强于楚军，也容易被楚军各个击破。

历时十五天，百濮被楚军驱散。没有了百濮的帮助，麇国军队也就退去。楚军抢回了被敌人抢占的庐。庐屯集了很多粮食和物资。在庐进行休整之后，楚军派庐的领主庐戢黎反击庸国。庐戢黎开拔至方城时，遭到庸国军队伏击，手下将领子扬窗被俘虏。三天后，子扬窗得机会逃脱回楚营，向楚军说起庸国的情形：

"庸国的兵很多，而且有群蛮聚集，我们应当召集主力部队，再加上王的部队，然后再进兵。"

庐戢黎召集军事会议。会上，楚国贵族潘尪说：

"眼下我们缺的不是士兵，而是粮食。待主力部队到来，人多了，粮食就不够了。以少对多，我们可以用计。我们兵少，正好可以故意示弱。待敌人骄傲、懈怠之时，我军主力差不多也到了。那时候一举反攻，打败他们。这样来打，就不需要太多粮食。"

庐戢黎依计组织与庸国军队的遭遇战。起初，庸国看楚军刚打败了百濮，组织主力全力应战。不想，楚军一上战场就撤退，简直是不堪一击。战败之后，却又来挑战。如此重复，一共进行了六次遭遇战，楚军都败走。到楚军第七次挑战的时候，庸国已经习惯了胜利，只派了三个邑的人进行追击。这一次，楚庄王率领的主力到来，另外联合了巴国军队和秦国军队，庸国军队遭到楚军包围、全歼。楚军乘胜反攻，一举灭了庸国。

楚庄王摆脱了周边异族的围攻，重新施展北代的大计。说到楚国北伐，须先厘清此时中原的形势。

此时，北方盟主晋国由权臣赵盾控制。春秋103年的扈之会，与会国家包括晋、齐、宋、卫、陈、曹。会盟之中，赵盾以盟主之卿抗礼于诸侯，得到国际上的承认。城濮之战后，楚成王被迫采用绕出东南方向的侧翼包围，势力已经到达鲁国。鲁国于城濮之战前夕突然转变态度，投靠于晋国。晋国看到楚国的战略意图，特别重视晋、鲁关系，将济西田分给鲁国，又一再支持鲁国。齐国与晋国关系不好。然而，鲁国在齐国南方。齐、楚之间隔着亲晋的鲁国，齐楚关系发育不良。楚穆王年代，已经将包抄东方的策略，丰富为东、西、中三路全面开花。西路与秦康公发展友好关系，中路则进取郑、宋。郑国在国际上用的是两面讨好的国策。宋国在宋昭公年代于孟诸之会中臣服于楚国，在宋文公即位之初遭到赵盾的讨伐，转投入晋国阵营。以上，就是楚穆王留给楚庄王的国际背景。

郑穆公于春秋114年吃了闭门羹，干脆转而投靠楚国，与楚庄王结成联盟。晋国方面，用隔山打牛的招式，也不讨伐郑国，而是讨伐郑国背后的陈国。陈国是个小国，早在楚文王年代就臣服于楚国。陈国遭到晋国进攻，被迫结城下之盟，表示效忠于晋国。依赵盾的意思，威服陈国，是切断郑国与楚国之间的联系。陈国之于楚国，犹如卫国之于晋国。要是连陈国都被晋国收服，就相当于楚国的北伐刚出门就摔跟头。楚庄王于春秋115年秋侵略陈国，顺便侵略宋国。赵盾伐郑以救陈、宋，驻军于棐林。楚庄王命芳贾救郑国。芳贾与晋军遭遇于北林。两军交战，楚军获胜，俘虏了晋国将领解扬。之后，楚庄王命令郑国讨伐宋国。晋、楚争霸演变于附属国家的代理战争。郑、宋命将出征。郑国领军人物为子家，宋国领军人物为华元。宋军大败，华元被俘虏。此战中，郑军缴获甲车400乘，俘虏宋国将士250人，献首100人。

什么叫甲车呢？当时中原地方的铠甲，主要是犀牛、兕、牛的皮制成，尤以犀牛甲为贵。军队中有穿甲战士和不穿甲战士。穿甲战士，叫做甲士。战车上的三个人，是正式的战斗编制，都身穿犀甲。那就是甲士。在战斗中，战败的一方逃跑，为减轻重量，加快速度，会脱掉犀甲。另外，因战车不灵活，战败后，车兵会跳下战车，寻找战车追不上的狭隘、崎岖地方逃跑。一辆战车三个车兵。甲车400乘，是指战车400辆、犀甲1200副。

什么叫献首呢？当时的战争，于胜利后有一种炫耀的仪式：

　　将杀死的敌人的头颅割下带回，堆在一起，形成一个骷髅堆。这种仪式，在后世叫做"京观"。郑军缴获的战车就达到400乘，其杀死的宋国将士，远不止100人。这只是象征性地将部分战死的宋军的头颅割下带回。

　　华元战败被俘，与其御戎有关。华元的御戎名叫羊斟。在战斗之前，华元请将士吃羊肉。羊斟没有接到通知，没有吃到羊肉。到战斗的时候，羊斟说：

　　"那天吃羊，你说了算。今天的事情，我说了算！"

　　他驾车冲入郑军阵营，造成华元被俘。主帅被俘，宋军军心动摇，所以战败。华元，是华父督的曾孙，出身宋国望族。并且，他支持宋襄夫人。在宋襄夫人立宋文公的事件之中，华元立下汗马功劳。宋文公即位后，华元做上了右师，成宋国第一大夫。为此，宋国方面准备送礼来赎回华元。宋国准备的礼物，是战车100乘，文马400匹。

　　什么是文马呢？其实就是战马。一乘车配四匹马。100乘车，就配400匹战马。所谓文马，是说马身上绘制了图案。有时候，将战马的尾巴染成红色；有时候，又为马戴上某种漂亮的冠；有时候，甚至在马身上加披虎、豹之类的猛兽的皮。这些装饰，一则是周朝的人讲究文化，图的是个威仪；再则也是为了让对方的人和马感到恐惧，于气势上压倒敌人。

　　宋军于此战丧失大量军备，却故意送出战车、战马。意在显示这样一点：

　　那点损失不算什么！我们有的是战车、战马。

　　正是因为想要显示这一点，所以故意送做了装饰的文马。这礼物正在交割的时候，华元得时机脱逃，自己回到了宋国。因为有宋襄夫人撑腰，华元回国后没有受到处理，继续担任高官。对此，国中有人看不惯。有一天，华元巡城的时候，听到守城的人唱歌，歌词是：

　　睅其目，皤其腹，弃甲而复。于思于思，弃甲复来。

　　译文：暴眼睛，大肚皮，丢盔弃甲又回国。唉呀呀，丢盔

弃甲却复官。

华元的长相，就是暴眼睛、大肚皮。华元派人去问那人：

"只要有牛，就有用作盔甲的牛皮。我国用作盔甲的牛、犀、兕多的是。没有了盔甲有什么呢？"

那人说：

"就算是有皮革，用作染料、涂料的丹和漆总该不多吧！为了赎回你，朝廷高价收购丹、漆来装饰文马。你丧失那么多装备，又岂止是盔甲？"

华元对手下说：

"走了，不要与他们理论。他们那么多张嘴，我是说不过他们。"

国人虽如此反对，事情就是这样处理。在古代中国，类似于此的事情司空见惯。后来，晋国对于荀林父的处理，也是如此。有一个说法，叫做"王子犯法与庶民同罪"。那个说法只是庶民的梦想，哪里当得真？反过来讲，古代臣子常说君主有比天还高、比海还深的君恩。这种言论，也不是凭空产生。华元打了败仗后不但不受处理，还让国家花费巨大财富来赎买。买回国之后，又继续担任第一大夫。对华元而言，怎能不感叹君恩浩荡？因为君主有如此天覆地载之恩，华元也寻思报答。到后来的春秋134年，宋国君主宋文公去世。华元为报答君恩，厚葬宋文公：

其一，用活人殉葬。让这些鲜活的灵魂，男的做护卫、女的做三陪，君主的灵魂才好平安而幸福。

其二，将蜃（贝壳）的壳烧成灰，放置在棺椁的下面，用来防止棺椁进水，保持棺内干燥。这个名目，叫做"蜃炭"。

其三，棺分两层。内棺，即椁里面，设置两横三纵的六根梁，使椁形如华盖。这个名目叫做"四阿"。外棺的顶部和四边的外壁雕刻花纹。这个名目叫做"翰桧"。

其四，增加墓室之中的器皿。增加墓室之中用茅制成的人和陶制的车马。

　　人们常说，红颜命薄，佳人短寿。宋文公的一生，算是特例。只因他长得美貌，受到嫡祖母的垂青。偏偏这女人，竟然由爱情生发出政治理想，为他争取了君主位。自春秋113年至春秋134年，他做了22年君主，享尽了人间的荣华富贵。在这期间，上有君祖母撑腰，下有华氏尽忠。那日子真是无忧无虑！直到去世入土，又破格享受王的礼制。比较起同是美人的郑昭公，就难怪世人迷信天意。

　　代理战争算是楚国方面得胜。楚庄王的势力到达郑、宋，靠近了周朝。春秋112年的时候，戎入侵了楚国。当年楚国无力报复。进攻楚国的戎逐猎物而游走，此时游走至洛阳南面的熊耳山，与陆浑戎合在一起。春秋117年，楚庄王报复当年的被侵略，讨伐陆浑之戎，到达洛河边，逼近王城、成周。周定王派出王孙满犒劳楚军。楚庄王派使者问王孙满：

　　"素闻成周存有九鼎，我国君主好奇，请问这鼎的大小轻重？"

　　读者注意：外交上的话，往往需要联想。怎样才能知道鼎的大小轻重呢？把它取走，就什么都知道了。楚国于正式的外交之中提出这个问题，那意思是要周朝交出九鼎。王孙满回答说：

　　"周朝的天下主要是因为德，而不是鼎。在夏朝的德兴盛的时候，远方的人向其进献画有其地方特产的图画，九州向其进贡金属、金钱。夏朝用所得贡金铸造了九个鼎。鼎上有天下各地的地形图和特产，还有各地不同的鬼神。由于这九个鼎有鬼神，天下庶民在山林中行走的时候才不至于遇上魑魅魍魉之类的鬼怪。所以说，这九个鼎是与鬼神通灵的东西，足以与上帝相通。夏桀有昏德，这九鼎迁到商朝。商朝的天命维持了六百年。商纣暴虐，这九鼎又迁到周朝。如果有好的德，这鼎哪怕是很小，那也是很重的东西。如果没有好的德，这鼎哪怕是很大，那也是很轻的东西。上天降明德予一朝，有一个定数。当初周成王在郏鄏安置九鼎的时候，对于周朝的命数进行了卜。得到的结果是周朝要传三十个王，要持续七百年。按这个天意，现在周德虽衰，却仍处于天命的存续期。所以，鼎的轻重，你不能问。"

这一番话，只是外交辞令。其实，九鼎乃是周朝制作的东西。夏朝时候的后，只是个部落首领，哪里有财力制作九鼎？不过，这鼎上确实有重要的东西，所以楚庄王想要看九鼎。什么重要东西呢？周武王封建诸侯，让周朝的子弟、功臣带着农耕文明到各地去建国。这些人到了各地，熟悉了当地的风土人情。在三年一届朝拜周朝的时候，他们将各地的物产和风情带到周朝。在朝拜大会中，周王用九个巨大的鼎烹饪食物，以宴请天下诸侯。宋国款待楚成王的"庭实旅百"，就是由这种礼仪演变而来。楚成王于郑国见识过那场面，总觉得周朝九鼎，应当比郑国的大出很多，也要重出很多。故老将这故事流传至楚庄王。这楚庄王还不到二十岁。小孩子家，对九鼎究竟是多大、多重，心下确实存在好奇。有这一种好奇，顺便发问而为外交辞令。

当初，为了彰显周朝的农耕文明远播四方，鼎上铸出了各地的物产、风情，并且有对于这朝拜大会的文字记载。这鼎上的文字，就是《尚书》的《禹贡》。这鼎上的图画，则演变成了后世的《山海经图》。到今天，《禹贡》和《山海经》都羼入了后世的伪作，其原貌不得而知了。就当时而言，楚庄王以为九鼎之上有某种高度文明的东西，有类似于八卦图、《夏历》《洪范》之类关乎天命的东西。得到了这些东西，可以强国。并且，九鼎上有天下九州的地理图。对于正在进取中原的楚国而言，这些图相当重要。

古代中国地理知识匮乏。到本国之外去打仗，往往不得不寻找当地人来做向导。如果没有向导，就完全不能行军。而如实反映实际情况的地图，向来被视为与宗庙木主一样重要的东西。当国家灭亡，向外国称臣投降的时候，才会将自己国内的地图献出。投降仪式上献出地图，具有献出国土的意义。这个意义并不仅是象征意义，因为有了地图，别人随时可以迅速攻占图上的地方。就是到了三国时候，张松手里的西川图，也是刘备、曹操争夺的重要战略文件。周朝虽然衰落，怎能将地图的机密交给楚国？为此，王孙满用一番鬼话来答复。答复的意思，那是不想让楚庄王看到九鼎，更不要说交出九鼎。

王孙满敢于前来犒师，说明周朝已经做好了军事预备。楚庄王问鼎，只是一种外交上的威胁，军事上并未做好吞并周朝的准备。

就在楚庄王问鼎于周朝这一年，郑国君主郑穆公去世。太子即位，是为郑灵公。考虑到郑、楚友谊，楚庄王将一种南方特产送给郑灵公，祝贺其即位。结果这东西竟然导致郑灵公被杀。相关事情，下回再叙。

阶级第三十七回

干天祸无良边陲　内不和行人失辞

楚庄王即位以来，晋、楚争霸的焦点变成了中路的郑、陈。因赵盾一味爱钱，肆意出卖《周约》，郑国于春秋113年由子家书告晋国，生发出铤而走险的想法。至春秋115年，郑穆公正式与楚庄王结盟。晋国方面，则拉拢郑国以南的陈国，于同年与陈国结盟。晋、楚都钻进对方势力范围，于对方的后方策反。两军遭遇于北林，结果晋军战败。次年，即春秋116年，郑国在楚庄王的支使下进攻宋国。郑国得胜。赵盾组织报复，率晋、宋、卫、陈四国联军讨伐郑国。楚国令尹鬬椒进次于郑，赵盾闻风而遁。春秋117年，赵盾再度伐郑。郑穆公被迫与晋国结盟。楚庄王问鼎于成周之后，即讨伐郑国的背叛。

同年冬，郑穆公去世，传位郑灵公。春秋118年，出于吊死庆生的礼仪，楚庄公送郑灵公鼋。处理完鬪椒的反叛，楚庄王于冬季又一次伐郑。春秋119年冬，楚军又伐郑。晋国派荀林父讨伐陈国来救郑国。春秋120年，晋、卫又讨伐陈国。楚庄王回应，讨伐郑国，逼郑襄公结盟。春秋121年，晋、鲁、宋、卫、郑、曹会于黑壤，共商抗楚大计。春秋122年，在中原诸侯的逼近之下，陈灵公与晋国结盟。楚庄王当即伐陈。陈灵公又转而与楚国结盟。春秋123年，晋成公先是组织晋、宋、卫、郑、曹会于扈，然后命荀林父率五国联军讨伐陈国。联军还在途中的时候，晋成公病死于扈。讨伐计划只好终止。同年冬，楚庄王又讨伐郑国，晋国的郤缺率军救援。在晋军的支援下，郑襄公打败了楚军。春秋124年，就在陈灵公被刺之后，楚庄王又讨伐郑国。晋国的士会率军救郑，于颍北打败了楚军。

这一番争夺的焦点，是陈国和郑国。陈国离楚国较近，不得不附属于楚国。郑国夹在两大霸主中间，投晋则遭楚讨伐，投楚则遭晋讨伐，处于两难的境地。特殊的地缘环境，逼迫郑国进化出独有的生存之道。

春秋125年，刚开年，楚庄王的军队就到达郑国的栎。郑国第一大夫子良说：

"晋国与楚国争霸，将我国夹在当中，让我国年年受到讨伐。如果应战，只会招致更加严厉的报复。为我国计，只能是哪方军队到来，就向哪方称臣。"

在这计议下，郑国干脆不作防备，而是派出穿礼服的使者到栎，带上金帛，主动请求与楚庄王结盟。陈国新君陈成公，是在夏徵舒的拥护下成立。他生怕孔宁、仪行父劝动楚军伐陈，也主动求和于楚庄王。于是乎，楚、郑、陈盟于辰陵。这一年夏季，楚庄王命子重讨伐宋国，同时命孙叔敖于沂建设军事基地。于陈国的北面、西面形成据点，阻断中原诸侯救助陈国的道路。同年冬，楚庄王率军自南面进攻陈国。在这形势之下，陈国稍作抵抗之后就沦陷。楚庄王车裂了夏徵舒。之后，火烧陈国宗庙，将陈国降格为楚国的一个县。对此，楚国大夫申叔时进谏，阻止楚庄王：

"当今社会，讲究的是封建诸侯。人们视自己的祖宗为信仰。你将陈国的宗庙烧了，这些陈国人会恨你，一有机会就要造反。而且，中原的其他国家看你这种做法，会拼命反抗你，会联合起来对付你。这对你称霸中原的计划不利。"

楚庄王说：

"夏徵舒有弑君之罪。惩罚弑君行为，不正是维护《周约》吗？"

申叔时说：

"你这好有一比：一人牵着牛经过别人的耕地，牛糟蹋了别人的庄稼。作为报复，耕地的主人抢走这牛。牵着牛经过别人耕地的人，确实有罪；但是为这点罪就抢走别人的牛，这报复就太重了。诸侯之所以追随你，是因为你讨伐弑君的罪恶。现在你将陈国吞并，那反倒显得当初的讨伐，带有吞并陈国的私心。这样做是不对的。"

听了这《诗经》六义之"比"，楚庄王醒悟。然而，他并不完全赞同申叔时的意见。他以自己的"王"的名义，重新封陈国为诸侯，让陈国重建宗庙。他要让新建的陈国，成为楚王封建的国家，以区别于周朝所封建的国家。他又于陈国的每一个乡之中选取一个最重要的人物，让其集中居住于郢都附近新建的一个城。为纪念自己惩罚了弑君的夏徵舒，将这新城命名为"夏州"。

这前一个做法，好理解；这后一个做法，是什么讲究呢？这是一种预防造反的措施。让在地方上最有威望的人离开他的故土，以免他号召起人们造反。另一方面，将这些土豪迁到郢都旁边，具有挟持人质的意义。后世的秦、汉，将天下豪强集中到关中，与楚庄王的这做法类似。所谓"强本弱末"的统治术，源本于此。由于这两个政策，陈国自此以后彻底沦为楚国附庸。陈国沦亡，那个导致灭亡的夏姬，成为楚国的战利品。她的故事还远没有结束，留待后面再叙。

收服陈国之后，楚军包围郑国。郑国是南北争霸的重心。北方盟主晋国不能不管。说到晋国，补叙其历史。

晋成公于春秋 123 年去世。其子于次年即位，是为晋景公。第一大夫赵盾于此前去世，新任中军主帅是荀林父。荀林父刚刚担当大任，远没有赵盾那样的威信。君主新立，正卿也新立，都需要解决国内的威望问题。所以，晋国没有精力来救助郑国。而且，在进攻郑国之前，楚庄王派申叔时出访东方大国齐国，与齐国达成一种谅解备忘的契约，齐国也不救助郑国。

包围到第十七天的时候，郑国国内已经被恐惧所笼罩，出现种种厌战的苗头。有人想要与楚国结城下之盟，有人想要带着宗庙的木主出逃，另迁地方重新建国。最后，新郑城中想出了个奇怪的招式：

郑襄公率领全国贵族到宗庙去哭。同时，下令全国人民，包括守卫于城墙的将士，一起放声痛哭。

这招式，其实是一种类似于誓军的做法。那意思是：

我们的国家就要亡了，我们无比悲痛！

城下的楚庄王看到这架势，有一点点怜悯，同时感到震惊：

这举国的哭声，说明他们团结一心，势必会拼死战斗！其情可悯，其志可畏！如果在此时继续攻城，会遭到郑国的拼死抵抗，会让楚军死很多人。

于是，楚庄王下令后退，暂不攻城。郑国得了这个机会，加紧进行城防，修筑工整，备齐兵器，整顿军纪。然而，楚军并没有离去，而是于离城稍远一点的地方继续包围，并且于不久后继续攻城。三个月后，新郑沦陷。依照古礼，郑襄公做出以下情态：

脱去帽子，解散头发，赤裸上身，左手握一束茅，右手握一把带铃铛的弯刀。身后跟随郑国贵族，前去迎接楚庄王。

这是什么讲究呢？前面提到，楚成王接受许僖公的投降，有类似的礼仪。此番郑襄公的礼仪，意思是：

脱去帽子，解散头发，赤裸上身。这是奴隶的装束。这意思是他郑襄公愿意做楚庄王的奴隶。左手握一把茅。这茅，是祭祀之中用来缩酒的。这意思是：请你杀死我，用我的血来祭祀。右手一把刀，则是：请你用这把刀来割我的脖子，放血来祭祀。

总体来讲，这种礼仪相当于郑襄公本人还没有死，就自己为自己举行出殡的葬礼。这葬礼意在以自己的鲜血和生命为祭物，祈求神灵出面来感化征服者，以保存郑国的宗庙传承。

以上都还不是全部，另有一种凄凉哀婉的礼仪说辞，由郑襄公本人哀告于楚庄王：

寡人。无良边陲之臣。以干天祸。是以使君王沛焉。辱到敝邑。君如矜此丧人。锡之不毛之地。使帅一二耋老而绥焉。请唯君王之命。

译文：我这个边荒地方的人，是你的奴隶！我自己闯下大祸，所以才麻烦你，让你吃辛受苦来到我这里。如果你同情我这个丧失了一切的人，愿意赏赐给我哪怕是什么都不能生长的一片土地，让我带着这些老不死去那里苟活，那也全看君王你是否愿意！

一国之君，说出这种话来，让同为君主的楚庄王感到同情。然而，旁边有楚国人附耳小声说：

"杀死他！越是做出这种丑态，他心里对你的仇恨越是深！你不能做妇人之仁！"

楚庄王有更加远大的目标，他想要臣服天下所有的国家。如果不接受郑国的投降、杀死郑襄公，今后进攻别的国家时，就会遭到拼死抵抗。于是，楚庄王也拿出一种文雅的说辞：

君之不令臣。交易为言。是以使寡人得见君之玉面。而微至乎此。

译文：大约是你手下有几个坏人，到我这里说你的坏话。这才让我来此，让我得以见到你美好的容颜！你哪至于就这样呢？

楚庄王上前，接过茅和刀，将其扔掉。那意思是接受投降，不杀郑襄公。然后，他左手向后一摆，右手向后一摆，左、右两边楚军后退七里。

这时，楚庄王的同母弟子重又上前进谏：

"我们从郢都一路辗转至此，走了差不多有几千里。一路来死了好几个大夫，数百个奴隶。现在你放过郑国，我们的军费从何花销呢？"

楚庄王闻言，又发一通高论：

古者杅不穿。皮不蠹。则不出于四方。是以君子笃于礼而薄于利。要其人而不要其土。告从。不赦不祥。吾以不祥道民。灾及吾身。何日之有。

译文：古人慎战。除非是备军、备战时间足够长，时光的流逝将行军木勺风化得穿了，犀甲皮衣都被虫蛀烂了，方才敢说出征！君子应当讲礼，而不是争利。我们要的是天下归心，而不是土地。他已经服从我。如果我不赦免他，就不祥。如果我用不祥的做法来统治人民，说不定哪天就要出事！

读者注意：这种冠冕文章，是做给别人看；是已经决定不杀郑襄公的前提下，顺便做点政治宣传。楚国为什么不像灭陈国一样收编郑国呢？读者于前面得知，郑国的位置极其重要。如果楚国吞并郑国，势必遭到晋国的拼命进攻。在没有绝对把握的情况下，晋、楚双方都宁愿保留郑国来作为缓冲。虽说楚庄王放过了郑国，但郑襄公公开投降于楚国；显得楚国占了上风。对此，晋国必须采取行动。这仿佛围棋上的术语：

对方的急所，就是自己的急所。

春秋126年夏，晋国忙完国内的事情，组织军队救助郑国。这时，晋国大臣的权力分配如下：

荀林父为中军主帅，先縠为中军副手。

荀林父于春秋 90 年即担任君主的御戎。后来做上了中行的主帅。至此做上第一大夫。他的后人兴旺发达，形成了晋国望族中行氏。先縠是先轸的后人。先轸，于春秋 96 年殽之战时是中军主帅。赵盾掌权的时代，就已经设计对付先氏。然而，重视人才是晋国的传统。至此，先氏又崛起为第二大夫。好景不长，先氏不久后遭到族灭。

士会为上军主帅，郤克为上军副手。

士会是士蒍之孙。士蒍，就是那个献策于晋献公进行政治清洗的人物。士会于春秋 109 年被赵盾用计召回。士会的后人建范氏、隰氏，笔者将其统称为范氏。郤克，是郤芮之孙，郤缺之子。郤芮，是晋惠公的心腹，曾经试图谋杀晋文公。郤缺，则因为其妻子对他相敬如宾得到任用。郤氏的后人也成望族。郤锜、郤犨、郤至号为"三郤"。至后来的春秋 149 年，"三郤"被杀，郤氏衰落。

赵朔为下军主帅，栾书为下军副手。

赵朔，是赵盾之子，赵武之父。后来，赵氏的赵婴、赵同、赵括被杀害，导致赵武成为赵氏孤儿。栾书是栾宾的后人，是栾枝之孙、栾盾之子。

赵括、赵婴为中军大夫。赵括、赵婴、赵同，都是赵姬的儿子、赵盾同父异母的弟弟。

巩朔、韩穿为上军大夫。韩穿，是韩万的后人，韩厥的族人。

荀首、赵同为下军大夫。荀首，是荀林父同父异母的弟弟。荀林父算是正宗，荀首算是偏房。荀林父的后人为中行氏。荀首的后人，以荀首的封地为氏，自建一族，是为知氏。知氏，直到战国初期，仍然兴盛。为了区别这两房，笔者于荀林父的后人，一律冠以中行为氏；于荀首的后人，一律冠以知为氏。

韩厥为司马。韩厥也是韩万的后人，且是战国七雄之韩国的祖宗。前面提到，赵盾当权的年代，韩厥被破格提拔为中军司马，进入政权的核心层。至此，官职不变。按晋国一级领导一级的军制，中军司马是上军司马、下军司马的上级，故而将中军司马简称为司马。

三军的主帅、副手，号为卿。此时的六卿，分别有荀氏、先氏、士氏、郤氏、赵氏、栾氏。赵盾开创了卿的族人为官的制度。这造成晋国的六卿为了家族利益而相互争斗。此时的中军主帅荀林父，是一个极其稳重的人，善于处于这种关系。然而，这是以牺牲国家利益为代价的。关于这一点，后面就会说到。

晋军到达黄河边的时候，谍报传来：郑襄公肉袒出降，郑国已经被楚庄王拿下。于是，荀林父组织军中大夫召开军事会议。荀林父说：

"郑国已经投降，再去就没有意义。不如驻军于此，等楚军离去，再作下一步打算。"

这种观点，其实是做主帅的人常见的稳重。士会支持这种观点，并且介绍了楚军的一些情况：

"楚国君主此行，在道义上占了上风。灭陈国，说的是讨伐夏徵舒的弑君之罪。灭郑国，又做得很大方，什么钱财物资都不要。

"打自孙叔敖做上令尹，楚军的管理已经达到极高的水平。据我所知，楚国新近升级了荆尸阵法，很是了得！

"他们的战车行进于马路的时候，左右都由步兵夹卫。这层步兵之外，又有行走于马路两旁的步兵，负责防卫和后勤。在正式的战斗编制前面，又有专门的前哨，手执白茅和红旗。发现敌军步兵，就举起白茅；发现敌军车兵，就举起红旗。他们的夜间值勤由王的贴身侍卫负责。这种侍卫都是由贵族担任，分作两班，于半夜子时交接班。在行军途中，其警备极其森严。在战壕之前五十步，设有栏栅。栏栅背后，有专门的弓箭手埋伏。战壕之前三百步，又有巡夜兵。巡夜兵牵着军犬，绕营巡逻。又有二十人的小分队，缀于巡夜兵之后。一旦军犬发现情况，小分队立即应变，或攻或守。小分队有专职情报兵，当即向军中发布传呼信号。楚国君主居于部队的最后面，用精兵护卫。并且又随时于左广、右广之间交换，让人搞不清他的位置，极难擒获。

"古话说兼弱攻昧，取乱侮亡。又说於铄王师，遵养时晦。那意思是要选弱小的、打得过的国家来打。要是打不过，就应当等待时机，不能贸然行动。所以，我同意你的观点。"

然而，上军副手先縠不同意这种观点。他说：

"晋国之所以成为盟主，靠的正是武力。现在中原正中的郑国都已经丧失，我们还畏缩，今后还拿什么号令天下诸侯？"

不光这样说，先縠撂下话后，即带领自己辖下的部队渡过黄河，进逼楚军。韩厥对荀林父说：

"要是他的军队被歼，作为主帅，你脱不了干系！他不听你的号令，最多不过是回国后再处理他。他已经去了，你只能是赶上去援助。"

虽不情愿，荀林父也只好率其他部队跟随过河。

当时，楚庄王及其军队正驻扎于郑国以北、黄河以南的一个名叫邲的地方。接下来的大战就发生于邲，故史称此战为邲之战。楚庄王原想到黄河边饮马，然后就南撤。得知晋军渡河南下，他且不饮马，先召开军事会议。孙叔敖的意见是撤退。他说：

"我们先后攻下陈国、郑国，部队很需要休整和补给。此时不适宜与晋军交战。"

楚庄王身边的一个宠臣有不同意见。此人名叫伍参。伍参何许人呢？伍参是伍奢的祖父。伍奢是伍子胥的父亲。伍子胥，是春秋后期的著名人物。伍参说：

"你是王。他不过是个卿。他一过河，你就回避。这有失我楚国的威严。而且，晋国内部六卿不和，荀林父的命令不会得到严格执行。因此，我们可以一战！"

楚庄王同时接受两人的意见，一方面命令孙叔敖向北进军，准备应战。一方面自己留守于郔，进行休整和补给，相机行事。

晋军过河之后，驻于郔的北面。晋军扎营于敖山、鄗山之间。这个地方左右两面是山，背后是黄河。按兵法，此地背靠死地，不宜驻军。按说，晋军应当另选地方驻扎。然而，军情的发展太快，荀林父手下将领意见不一。晋军的重大决策犹豫不决，拖延于此，最终遭到包围。晋军刚刚过河，就有郑国方面派出使者到晋军之中，说：

"我国国力弱小，然而仍然拼死抵抗楚军。被包围三个多月，力竭之后，不得已，才投降。我国乃是中原姬姓，与晋国同根，我们肯定是向着晋国方面。据我国观察，楚军接连胜利，已经是骄兵必败！请你们放手一搏，我郑国做你们的后援！"

晋军方面，对于郑国心存疑惑，内部又一次进行商议。栾书说：

"郑国的骑墙态度，是其一惯伎俩！这个时候跑来效忠，是试探虚实。可以想象，我们有胜势，他当然会照说的做；一旦我们落败，肯定是转而效忠楚国，进攻我军。我看，就连这次来访，多半也是楚国支使的。"

荀首、赵朔，也都是这种观点。然而，赵同、赵括，却支持先縠的意见，一心想要开战。他们说：

"带兵出来，是为了与敌人交战。打败楚军，赢得郑国的拥护，还想什么其他呢？"

其实，先縠、赵同、赵括，都是一种想要升官的心理：

先縠是第二大夫。他不服从领导，率先出兵，无非是想建立军功，以争取第一大夫的位子。赵同、赵括，则更兼有嫉妒心理。早先，赵盾故意卖乖，说是要让赵括做赵氏家长。后来，却还是将位子传给了自己的亲生儿子赵朔。赵朔由此登于六卿。赵姬所出的赵括、赵婴、赵同，却被排除于六卿之外。心中怀有不满的人，往往巴不得打仗。

应对郑国使者，还没有个确切答复，又有楚国使者少牢造访晋军。楚、晋为相互争锋的南、北大国，彼此间在言语上往往要一争高下。少牢的说法是：

寡君少遭闵凶。不能文。闻二先君之出入此行也。将郑是训定。岂敢求罪于晋。二三子无淹久。

译文： 我国君主不敢做什么。只是因为成王、穆王这两位先君有降服郑国的遗愿，所以才来到这里。我们不敢得罪晋国。请你们还是赶紧回去吧！

这里的少遭闵凶，不能文，是谦辞，但反过来又有这样的意思：楚国方面是君主亲自带兵，你晋军是否能够对抗？说楚国君主的遗愿，则是不把周朝放在眼里。直接要对方离开，这态度很强硬。

晋军方面，由士会答复说：

昔平王命我先君文侯曰。与郑夹辅周室。毋废王命。今郑不率。寡君使群臣问诸郑。岂敢辱候人。敢拜君命之辱。

译文： 早先，周平王命令我国的先君晋文侯，说：你与郑国一起辅佐王室。不要废弃了你们的职责。现在郑国不执行这种职责。我们的君主让我们到郑国来问个究竟。我们不敢劳驾贵国君主过问，不敢招惹贵军。

候人是当时从事边防和侦察工作的人。这里的"岂敢辱候人"五字，口气稍嫌软弱。上军副手先縠，听说了这种答复，觉得这话是示弱，是向楚王献媚，就派中军大夫赵括修改说辞，重新向楚国使者少牢说：

行人失辞。寡君使群臣迁大国之迹于郑。曰。无辟敌。群臣无所逃命。

译文： 我们的使者说错了。我们的君主让我们到郑国宣扬

我晋国的大国之威。他对我们说：不要因为有敌人阻挠就退缩。我们不敢违背君主的这个命令。

这说法显得很强硬，然而显得没有回旋余地。

通过少牢的出使，印证了伍参的说法：晋军之中，果然是将帅不和。就连外交说辞，都弄得前后不一。于是，楚庄王决定开战。一方面在军事上积极备战，另一方面，他仍然寻求外交的可能：

继续派使者赴晋军之中，讨论晋、楚盟誓的事情。两个大国之间的盟誓，需要对各自的势力范围一一讨论，在地界上差不多涉及整个中国。所以，它比较耗时。外交方面，双方使者已经议定了进行盟誓的日期。军事方面，楚庄王故意派出一乘战车，向晋军挑战。

仅以一乘战车来挑战，这习惯流传演变成了后世战争之中的双方各派一人单枪匹马相斗。两个最大的大国对峙。派出来挑战的武士，可以算是当时中国的顶尖高手。楚军这乘战车的三个人分别是：

乐伯为主帅。许伯为御戎。御叔为车右。

"伯"字，乃是"伯爵"之意。楚国自命为王，自己封建勋爵。乐伯，乃是楚国封建的乐国的伯爵。许伯，则是当初郑庄公所吞并的许国的伯爵。由此看来，这三人不光勇武，而且高贵。

三人是楚军壮士的代表。楚庄王亲自为他们壮行，说：

"请说出你们的战术计划！"

三人得君王亲自送行，当然要说一番豪言壮语。他们说些什么呢？且看下回。

正闰第三十八回

箭麗龟一乘致师　王巡士三军挟纩

上回说到，楚军的挑战战车得楚庄王亲自送行。车上三人到阵前，都有一种豪情。许伯说：

"我听说，挑战战车的御戎需要急速地摇动旗，驾车一直冲到对方的战壕面前才回去。"

乐伯说：

"我听说，挑战战车的主帅要不慌不忙地选一支好箭来射，然后去代替御戎驾马车，让御戎下车去整理战马身上的配饰，调整车辕，然后离去。"

御叔说：

"我听说，挑战战车的车右要在战车冲近对方的战壕时，跳下战车，斩敌军之首，并抓回俘虏。"

这乘战车冲入晋军阵中，迅速完成了各自所说的职责，然后掉头回撤。晋军的车队和步兵，一左一右向乐伯的战车包抄过来。乐伯拿出出个左右开弓的本事：先是左手握弓右手搭箭。箭射出之后，迅速换成右手握弓左手搭箭。在不到一秒的时间内，左右两支箭先后射出。左边射战马，右边射步兵。左边的战马传来中箭后的哀鸣；差不多同时，右边又传来步兵死前的惨叫声。两种声音此起彼伏，而乐伯不但不紧张，还一副游刃有余的样子。当时的箭术高手大都掌握一次性射出多支箭的技艺。乐伯却故意弦上只搭一支箭。那架势，如果一次同时射出几支箭，担心对方人马很快被射死完，就没得玩了。晋国贵族鲍癸，是包抄军队的指挥官。乐伯故意射杀从战场经过的一只麋鹿，派车右御叔将这麋鹿给鲍癸送过去。御叔左手提戈，右手提鹿，快步跑到鲍癸的战车前。将麋鹿放于身前，先行一个肃礼，然后大大方方地卖弄起外交辞令：

以岁之非时。献禽之未至。敢膳诸从者。

译文：因为节气上不是围猎的时候，所以没有专门预备吃的。随便射杀个鹿子，献给你，请你用它来赏给下人！

放下麋鹿，御叔飞奔离去。战场之上，为什么要搞送礼呢？送礼当然是显示贵族风范，但也是一种战术上的暗示：

当时的武艺，首推箭术。各国武士以箭术论高下，于射箭学科，都程度不同地学习和掌握。武士们平时在围猎之中学习射箭，也在围猎之中较量箭术。围猎之中的较量，是通过观察所射的猎物受箭之后的情况来打分，来比较箭术高低。这种习俗流传到战场，战斗双方也不消较量，看一看对方射杀的猎物，就能够预知战斗的结果。鲍癸仔细看这只麋鹿。它全身已经瘫软，鲜血正从口中汨汨外流。箭正好射入麋鹿的脊梁的隆起部位。这个部位有两节颈椎之间存在一个相对较大的缝隙。箭镞从这个部位进去，正好可以击中鹿的心脏，一箭致命。然而，若稍有偏差，箭就会射到坚硬的颈椎之上，就算力道够大，也不能让麋鹿当即死去。乐伯的箭，就插在这缝隙之中。一米长的箭，光杆部分占三分之二，饰有羽毛的部分占三分之一。这支箭刚好将光杆部分全部没入麋鹿体内，又正好将羽毛全部露在外面。显然，这是乐伯故意显示其箭术：不光射得准，射得狠，而且力道掌握得不差分毫。鲍癸揣测自己的那点箭术，感到自己绝无战胜此人的可能，下令停止追击。

晋军主帅荀林父，一开始就不愿意交战。他想与楚庄王议和，却没有像楚庄王那样同时作战与和两手打算。晋军之中好战的人物比比皆是。除了先縠、赵同、赵括，另有两个贵族，好乱乐祸，一心只想打，不管是否打得赢。这两个人，一个叫魏錡，另一个叫赵旃。

魏錡，是毕万的后人，魏犫之子。魏氏，乃是战国七雄之魏国的祖宗。赵旃，是赵穿之子。赵穿，就是帮助赵盾杀死晋灵公的人物。春秋108年，赵穿扰乱军心，造成晋军于河曲之战失利。赵旃的性格，类似其父。

这两个人，在晋成公、晋景公的交替之中，没有得到想要的官职。因此对朝廷心生怨恨，巴不得出点什么事，巴不得晋军打败仗。那意思是：

你不让我做官。结果你们这些官只会打败仗！

魏錡请求由自己去挑战，遭到荀林父拒绝。他转而请求充当使者，到楚军之中去议和，荀林父批准了。魏錡刚刚走，赵旃又请求向楚军挑战，也遭拒绝。赵旃也请求到楚军中去议和，也得到批准。

读者可以想象，这种人物到了楚军营中，哪里能够议和？魏錡先到一步。其外交言辞，态度极其强硬，故意激怒楚国贵族，然后议下决战日期。楚国贵族表面上做出"两国交兵，不斩来使"的礼仪，暗中却在魏錡离去的路上，派楚国贵族潘党埋伏追杀。

前面提到，魏犫的体力极其强健。在胸部受伤的情况下，还能连续上跳三百下，前跳三百下。魏錡乃是魏犫之子，因遗传因素，也生得一身武力。魏錡发现潘党等人尾随于后，丝毫不惧。行经一个湖边时，路旁惊起几只麋鹿。魏錡射杀其中一只，派车右送给潘党看。

魏錡所展示的，是箭术的另一方面：力量。这只麋鹿被魏錡的箭自口而入，自尾而出，贯穿了身体。箭已经不知去向，只看到麋鹿前后两处伤口不断冒血。

潘党等人看了之后，不由得面面相觑：

彼此相隔得远。他的力道远强于我们。我们的箭射过去，力量用尽，掉落地上，也还够不上他。他的箭却能够有足够的力量够上我们。看来，追杀是自取灭亡！

晋国的第二个使者赵旃，比魏錡还要狂妄。他于黄昏时候到达楚军阵前，根本就不进去，而是派了个手下的奴隶进去讲话。自己本人哩，于楚军营门外找了个最显眼的宽敞地方，铺一张席子在地下，坐在对方营门前。笔者猜想，当时要是有烟，赵旃会燃起一支烟，赏玩夕阳和晚霞，以示闲暇和傲慢！

却说晋军方面，六卿各自心怀鬼胎。上军副手郤克说：

"这是去了两个灾星。这两个人跑去，肯定要激怒楚军。如果不作战备，我们一定会吃败仗。"

中军副手先縠说：

"郑国贵族劝我们出战，我们不听从。楚国贵族与我们讲和。我们又不同意。没有个确定的意见，还说什么战备！"

上军主帅士会说：

"还是做点准备好！如果楚军没有打坏主意，我们解除防备与它盟誓，并不影响彼此的友好。如果它想要偷袭我们，就正好有备无患。况且，按照惯例，诸侯之间相见，并不撤除警备。"

士会是上军主帅。他派上军大夫鞏朔、韩穿于阵前设下七层埋伏。因为这一预备，在后来的战斗之中，晋军的上军没有败。

中军大夫赵婴，却派他的军中工人在黄河边预备下船，提前做好逃跑准备。也多亏这预备，后来晋军败了之后，赵婴率先渡过黄河逃脱。

楚庄王一开始就是做的战、和两手准备。他在议和的同时，派人集结兵力，以组建"荆尸阵"。楚武王年代，楚国就有了荆尸阵。历经数十年的改进，此时阵法更加严整。它大致呈倒置的"父"字形。阵的前面部分，成一个倒置的"八"字，名为"左拒"、"右拒"。阵的后面部分，也成一个倒置的"八"字，名为"左广"、"右广"。最精锐的兵安置于左广、右广。主帅或在左广，或在右广。故意不确定位置。后面两翼兵力重于前面两翼。并且，楚王作为最高统帅，不定时地于左广、右广间更换位置，以迷惑敌人，让对方找不准楚军的主力所在。

此阵左右对称，且重心靠后，是一种稳重的阵形，号为

"中权后劲"。这其中的"后劲"，是指主力靠后。这其中的
"中权"，则是学习了管仲"一生二为三"的权衡思想。当
时，楚军的左广、右广都于主帅之上，另设王的战车。车上都
设置御戎、车右，居中的位子都留给楚王。楚王随时交换居于
左广、右广，甚至有时既不在左广，也不在右广。这不光能够
迷惑敌军，也让军队中的将领想到王随时可能出现，不敢有二
心。楚王平时并不直接领导左广、右广，但只要他出现于其
中，马上就掌握其绝对统帅权。实际只有两支部队，却有驾
陵于两支部队之上第三方的王。这就是管仲说的"一生二为
三"，也就是"中权"。

　　后世的军队，深受此阵影响，于战争之中首先注重保护中
军主帅。就是宋朝时候出现的中国象棋，也延用荆尸阵的这种
思想，不但讲求左右对称，且将最强的车安置于最后面、最边
缘的隐秘位置。而代表胜负的"将"、"帅"，则规定不准走
出九格中军大帐。春秋时候离中国象棋产生有一千好几百年，
当时并没有这种限制。在这邲之战中，楚军的胜利，正是由主
帅统率最强的左广做先锋开战。春秋阵法的演变，是一个由简
单到复杂的演变过程。鱼丽阵首重包围，与当时的围棋的思想
一致。楚国借鉴、改良鱼丽阵，将其做成两层，是为荆尸阵。
小说之中提到的什么"一字长蛇阵"、"八卦阵"，是说书人
为了说起来热闹、好听，实际战争之中基本不存在。排兵布
阵，是军队不老的课题。战争的双方总是尽力侦察对方所用阵
法，那只是第一步。对阵法的灵活运用，才是胜负的关键。此
战之中，楚庄王就没有拘泥于平日操练的阵法。

　　从阵形特点讲，荆尸阵让敌军很难"擒贼先擒王"，先立
于不败之地。此阵的进攻性，则偏重于包围。倒置"八"字
形，正是为了实施左右包抄。而且，包抄可以进行两次，造成
一种层层包围的效果。世间万物都有其缺陷。这阵的缺点是需
要更多的兵力。因为它将军队分成四部分，每部分的兵力就相
对较少。而且，它的精兵在左广、右广，其前锋战斗力不强。
在休整期间，楚庄王唯恐兵力不足，征兵于唐国。楚庄王的使

者对唐国君主说：

> 不毅不德而贪，以遇大敌。不毅之罪也。然楚不克，君之羞也！敢籍君灵以济楚师！

这话说得文绉绉，其实是威胁唐国。唐国君主率军参战，编入潘党统率的左拒。

晋军方面，是传统的左中右一字排开。晋军车兵较多，演练出一种连环车阵。什么是连环车阵呢？为了加强战车的冲击能力，将两乘、甚至多乘战车用横木连接起来，同进同退。在战斗之中，连环车阵能够形成一种排山倒海的冲击力。而且，连接起来的战车让射向同一目标的箭数量翻倍，杀伤力也就翻倍。每乘战车之上，都在乘马中间的辕上插一杆大旗。车阵行进之中，两面大旗迎风招展，很有气势。知道曹操的连环战船的人都知道，这种连环阵，最大的缺点就是不灵活。一旦落败，被俘虏的战车也翻倍。而且，战旗好看倒是好看，却增加了行进之中的战车的阻力。就是在这次邲之战战败之后，晋国吃一堑长一智，永远地放弃了连环车阵。

赵旃的使者求见于楚庄王。楚庄王王者之尊，哪愿意与奴隶讨论战争与和平？遥望军营外面，赵旃此时竟然穿一身白色礼服，于席上安起一张琴，弹奏起一首具有挑衅性的曲目！此情此景，让后世的将领仰慕不已。《三国演义》中的"空城计"，有类似的场景。那是因为此书的作者打小学了《春秋》，仰慕春秋贵族的风采。于是乎，移花接木，也于道具之中添加上琴。琴声传入楚军军营，楚国将士议论纷纷。都说：

晋国不愧是大国，其使者勇敢是不用说了，更兼之以风度凝远、气质高华！

晋国贵族如此藐视楚军，楚庄王当然愤怒。然而，他突然间冷静下来，灵感突现：

此时发起总攻，定会让晋军措手不及！

他登上左广战车，亲率左广之中最精锐的三十乘，冲向营门外。赵旃来不及上车，赶紧往身后的树林里逃跑。

……

　　荀林父知道自己派出的两个使者要闯祸，所以也事先预备。他派出一队车兵去接应赵旃。这一队车兵迎头遇上楚庄王。双方都从远处看到对方车阵扬起的尘土。此时，受命追杀魏錡的潘党正往回赶。潘党看到两军遭遇，回营后立即组织楚军将领商议。他说：

　　"王率左广遇上晋军了！晋军车阵扬起的尘土，远隔着树林都能看见！不知道来了多少人马！"

　　楚庄王不在，决策权在令尹孙叔敖手中。孙叔敖说：

　　"《军志》云：先人有夺人之心。王已经投入战斗，我等臣子，岂能坐视？众将听令：右广立即出动，接应王的左广。左拒、右拒按阵法左、右包抄，包围晋军大营！"

　　楚军突然全军出动，这在晋军的意料之外。晋军熟知荆尸阵的战法，以为按荆尸阵"中权后劲"的思想，最先遭遇的将是左拒、右拒。殊不知楚庄王正是看准了晋军的这种大意，亲率左广精兵冲在最前面，号召起最强大的战斗力。楚军的左拒，遭遇晋军的上军。由于士会事先设防，也由于楚军左拒用的是外国友军，故而士会所率上军得以保全。然而，晋军的其他部分，还都以为楚庄王真的要议和，毫无防备，溃不成军。中军主帅荀林父，于情势混乱之中，一时间枪法大乱。他站在战车上，手执鼓桴，准备擂鼓督战。这时，传令兵来请求军令，荀林父脑子里想的是：

　　这下子完了！败了！还是赶紧渡河回去要紧！

　　他原预备说"前进杀敌有赏"，却说成了：

　　"渡过黄河……有赏！"

　　读者试想，主帅的军令都是要大家转身逃跑，将士哪里还有心思应战？赵旃到达楚军军营的时候，天色已经黄昏。天还没有黑尽，楚军的全部战斗编制都到达敖山、鄗山。左广、右广临时改变阵法，从敖山、鄗山中间逼近。左拒、右拒则延两山外侧绕过，到达山后的黄河边。晋军正面遭遇强大的左广、右广，背后左右两边的出路又被截断，唯有面对滔滔黄河水，哭爹喊娘。倒是赵婴颇有先见之明，第一个渡过黄河。其他的将士，为了争夺船只，竟然在黄河边上，内部相互残杀。上不了船的人，要么泅水，要么淹死。因为想要靠近船，又被船上的人用箭射死，用戈戮死。

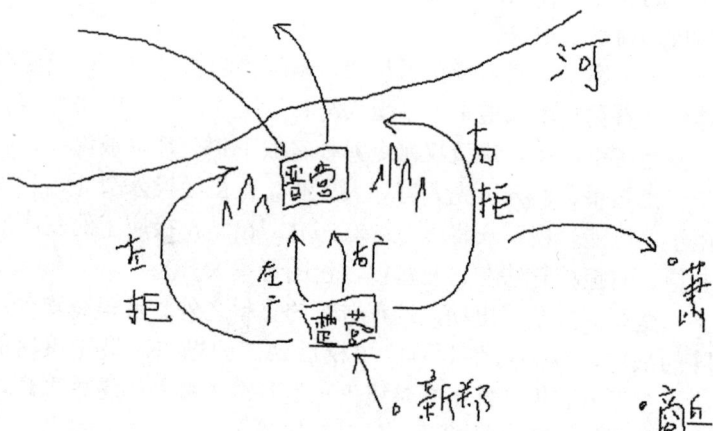

战斗从头一天深夜，进行到第二天黄昏。除少部分抵抗之外，整个战场就是楚军的追杀和晋军的逃亡。晋军下军大夫荀首的儿子知罃被楚军俘虏。荀首想要夺回儿子，回身冲入楚军阵中。此时，魏錡已经回到晋军之中。他跳上荀首的战车，做荀首的车右。荀首每次射箭的时候，先于箭篓之中挑选。每当抽到一支更好的箭，就单独放在旁边，舍不得用。魏錡说：

"都什么时候了，你还舍不得箭？"

荀首说：

"如果不能擒获对方的贵族，就不能换回我的儿子。我要把更好的箭存下来射楚国贵族。"

这是什么讲究呢？古人认为，箭杆直，才射得准。为此，重视箭杆的纹理。以通体笔直的纹理，为最好。另外，要求箭既轻又硬，且有韧性。竹子恰好具有这些特点。然而，众所周知，用竹子的主干做箭，那明显太粗了。如果用竹子的枝条，则又嫌它的长势和纹理不正。因此，辽东地方出产的一种较细的楛竹，被视为最佳的箭材。楛竹出自远方，极其难得。平常制箭，大多是以木材做箭杆。同为木材制成的箭，也因这些要求而存在优劣之分。其实，射箭过程之中最重要的是人。但箭手以为射的是好箭，就会更加自信。自信对于射箭尤其重要。荀首留下两支宝贵的竹箭，射死了楚军著名武士连尹襄老，射伤楚庄王之子公子榖臣。魏錡跳下车，将公子榖臣捆绑丢入战车，又将连尹襄老的尸身丢入战车。后来，晋、楚交换知罃和连尹襄老，又演变出新的故事。这里且按下不表。

晋军残余渡过黄河，楚军清理战场。楚庄王到达黄河边。潘党建议用晋军尸体做成"京观"，以宣扬武功。楚庄王说："你知道什么！什么是武？止戈即是武。武德有七种：禁暴、戢兵、保大、定功、安民、和众、丰财，就是没有炫耀！我即位以来，年年征战，无数战士为之付出生命！我发起战争，造成将士死亡。我应当为自己的罪过忏悔，有什么值得炫耀的？"

楚庄王于黄河边祭祀河神，请河神保佑战死的楚军战士魂兮归来。然后又在黄河边修建一个祭坛神社，告祭楚国祖宗。楚庄王这人心术过人，却又很能够做些道德文章。于进攻之时，他都能够想到战争之外的事情；于和平之中，又随时做战争的准备。兵书说"行如战，战如守，成功如幸"，兵法崇尚"战如不战"，楚庄王与之神似。

自从楚国进取中原以来，打小国虽然胜多败少，与中原盟主交锋，却从来没有胜绩。春秋67年，齐桓公南下，军事上势如破竹。当时，齐、楚之间并没有交战。楚国口头上说"拼个鱼死网破，齐国也捞不到便宜"；然而，楚国自己也清楚，自己打不过对方。春秋85年，楚军倒是打败了宋襄公。然而，就是楚国自己也清楚：宋国的盟主称号，不过是宋襄公的一厢情愿，并不为中原诸侯公认。而且，那一次胜利，宋襄公有个守古礼的美名，楚军倒成了欺诈的不义之师。说起来，没什么值得夸耀之处。春秋91年，晋文公南下，楚军一败涂地。因此，春秋126年邲之战的胜利，让楚国第一次扬眉吐气。儒教史书出于维护姬姓的立场，视楚国为蛮夷，不承认其春秋霸主的地位。后世却有一种观点，认为楚庄王是春秋霸主。这种认定很公平：既然北方诸侯视打败楚国为盟主的标志，那也就应当将打败了北方盟主的楚国君主视为盟主。这就犹如拳击的规则：于拳王卫冕战打败了拳王，自己就成为拳王。正是采用这种规则，曾经灭了楚国的吴王阖闾，被视为霸主。曾经灭了吴国的越王勾践，也被视为霸主。

楚庄王打败晋军之后，让楚国的声威达到前所未有的程度。楚庄王继承先王的基业，有如下的北伐大计：

第一阶段，用远交近攻的策略，先稳住东方的齐国、鲁国，同时拿下中原正中位置的郑国、宋国。第二阶段，用政治上的声威臣服东方。那样一来，中原三分之二的土地，都在楚国势力范围之内。第三阶段，用一段时间的休整、改编，以大打小，灭了西北方向的晋国、秦国。到那时候，周王想要不让位，那也不行。

根据这一战略计划，春秋126年冬，楚军进攻宋国。对于打宋国，采取的是侵消的战略：

先不进攻宋国都城，而是进攻宋国最大的附庸萧国。

楚军的先锋战败，楚国贵族熊相、宜僚、公子丙被俘虏。楚庄王派使者通知萧国：

"请你们放了这三个人，我们撤军就是。"

萧国看穿这话没有诚意，杀死了熊相、宜僚、公子丙。楚庄王正需要一个借口，闻讯立即组织起军队，又要出兵征讨。这时，有人来进谏于楚庄王：

"我军连年征战，很需要休整。我国将士都有厌战情绪。不消说别的，现在正值冬季，将士穿的还是夏季的葛衣。就是在我们南方，这都难以过冬，现在又行军赶往寒冷的北方，不知要冻死多少人！"

行军打仗的事情，对一线士兵来讲，确实是苦差。败了，不消说，那是死亡和伤病，是逃亡途中的饿死、累死、渴死、冻死、病死。好不容易回到祖国，那也不过是个败军之将的名声。就算是胜了，那也不过是"玩了一些格，丧了一些德"。为什么这么说呢？胜利狂欢的时候，可以抢劫，可以强奸，可以大鱼大肉。那些事情，确实是平常和平生活之中得不到的享受。然而，更多的时候，是拼了性命地急行军，拼了性命地战斗，是饥饿、劳累、伤病、恶劣天气和性的压抑。一年一、两次的大鱼大肉，哪里比得上家里每顿都有的饱饭？对于陌生的异族妇女施暴，又哪里有家中妻子夜夜相伴的温馨？

楚军自春秋 115 年开始，每年都在打仗。最近的一次，从春秋 125 年开始，先是打陈国，然后包围郑国，然后又与晋军交战，一直都没有回家。将士们连年在外，不得休息。加以战斗减员和伤病，厌战情绪已经很浓厚。

楚庄王是个意志坚强的人，他信仰的是：在战斗中生存！楚庄王亲自巡视于三军，来到条件最差的士兵的军营，与士兵交谈，与士兵共同进餐，然后站于一辆高大的战车之上，大声演讲：

"我楚国先祖若敖、冒蚡流亡南方的时候，身上的衣服还不如你们。他们的衣服被路途上的荆棘挂烂，成为布条。他们没有马，用肩、背拖着车，车上装着嗷嗷待哺的妻儿。自那以来，凭着吃苦耐劳的精神，我楚国越来越强大。西周分封出上万个诸侯国，现今还剩下多少？亡了的，正是那些不愿吃苦、不敢战斗的人。

"北方国家，总是以灭我楚国为理想。我们不主动出击，就只能坐等灭亡。你们勇敢作战，等待你们的是官位和女人。你们畏敌逃亡，等待你们的是种种刑罚。到时候，不是寒冷问题，而是丧失你们现有的一切！努力杀敌吧！萧国的羔皮大衣，多的是！宋国的美女，正张开怀抱等待你！"

人都有个比较。要是看到别人吃香喝辣，自己吃得不如别人；那就要产生抱怨。这抱怨严重了，就会忍不住犯罪。这些普通士兵得到君王亲自的慰问，看君王来吃自己常吃的东西。心中自然感激：

因为自己的命不好，只能替别人卖命。那是天意。贵族不体恤我们，我们也还是得要出征。现在贵族宁愿吃我们吃的东西，还有什么好说呢？贵族都能够吃苦，命中卑贱的我们，还有什么不能舍弃？舍我一条贱命去拼，还有成为贵族的机会！

听了楚庄王的一席话，士兵们群情激奋，振臂高呼。又吼又闹又宣誓之后，竟然不再觉得寒冷。成语中的"士如挟纩"，就是指楚庄王的这一番勉励。纩是什么呢？就是现代说的丝绵。当时中国没有棉花。御寒所用的衣服，贵族往往用动物皮毛制大衣，普通士兵则用旧的或者劣质的丝绸、麻线做填充物，纴制成更厚的冬衣。这前一种，叫做裘；这后一种，就是纩。按古书记载：周朝时候军、国一体。官员、士兵都得到国家专门为其制作的制服。这种制服分两季。一种于周历四月颁发，较薄。周历四月当夏历二月，时为春季；故名为春服。另一种于周历十一月即夏历九月颁发，那就是冬衣。春服大抵是用较细的藤布、麻布制成，当时叫做葛衣。冬服就是纩。由于国家财政的原因，经常不能按时颁发制服，造成夏天穿纩、冬天穿葛。此时的楚军，就是这种情况。按时颁发制服被视为朝廷恩德的标志。故而古书中"春服既成"一词，代表着皇恩浩荡，王道遍及天下。且说楚军听了君王一番话，心里暖洋洋，仿佛冬服既成。在这种士气之下，春秋126年冬，楚军灭了萧国。

此战之中，出现了一个与谜语有关的故事。萧国贵族还无社与楚国贵族申叔展有私交。还无社希望朋友能够救自己的命。两军对垒的时候，申叔展与还无社相互喊话。申叔展说：

"有麦麹没有？"

还无社说：

"没有"。

申叔展说：

"有山鞠穷没有？"

还无社说：

"没有。"

申叔展说：

"既然没有这两样东西，要是河里的鱼得了胀病，那该怎么办呢？"

还无社说：

"看到窨井，救它起来！"

申叔展说：

"好吧，让鱼在井上放上白茅，鱼在里面哭，就有人救它起来。"

因为是公开喊话，所以双方说的是隐语。麦麹、山鞠穷相当于现代的麦麸、锯末之类的东西，用来铺在泥水地上，防止走路打滑。申叔展问这东西的意思，暗示还无社藏到水中去。还无社没有听懂。申叔展提到鱼的时候，还无社明白申叔展是要自己找个地方藏起来。所以，他提到窨井。第二天，萧国溃散。申叔展去找井，果然看到有口井上面放有茅。申叔展对着井哭号，还无社以哭声回应。申叔展救出了还无社。

中国的文化一脉相承。这种使用谜语的习惯，流传久远。东晋时候，卢循与刘裕互赠"益智粽"、"续命汤"；就是源出这个历史。

灭萧国，犹如断了宋国的右臂。战后，楚军回国做短暂地休整，次年夏季，楚军包围宋国。相关情况，下回再叙。

史称楚国巫风极盛。大抵是从屈原、宋玉的作品中得出的结论。笔者选译宋玉著《招魂》来结束本回，让读者想见楚庄王招魂于黄河的场景：

　　……

魂兮归来。去君之恒幹。何为兮四方些。舍君之乐处。而离彼不祥些。魂兮归来。东方不可以托些。长人千仞。唯魂是索些。十日代出。流金铄石些。彼皆习之。魂往必释些。魂兮归来。不可以讬些。

……

魂兮归来。入脩门些。工祝招君。背行先些。郑绵络些。招具该备。永啸呼些。魂兮归来。反故居些。天地四方。多贼奸些。像设君室。静闲安些。高堂邃宇。槛层轩些。层台累榭。临高山些。网户朱缀。刻方连些。冬有突夏。夏室寒些。

……

皋兰被径兮。斯路渐。湛湛江水兮。上有枫。目极千里兮。伤春心。魂兮归来。哀江南。

译文：魂啊你回来吧！不要再是这样，不要再游散于四方！你为什么离开乐土，去那些不祥的地方？魂啊你回来吧，东方并不是存身之地！那里有一千仞高的巨人，正寻找你，要吃你！那里有十个太阳同时出现，要将你烤焦！那里总是那样险恶，你去了只有死路一条！

……

魂啊你回来吧，回到楚国的修门！技巧通神的工匠，掌管命运的巫师，都在这里等你！招魂所用的祭具已经齐备，正在长声呼喊你！魂啊你回来吧，回到你的故居！东、南、西、北、上、下，都只会害你，都不可停居！这里为你建起了高大、深邃的寝宫，清静而舒适！层层的高台高楼，高过山。种种雕饰图案，连缀于墙上门上。冬天房里犹如夏，夏天房里犹如冬。

……

在铺满兰草的原野上，一条路延伸至天边。湛碧的江水，岸边是连绵的枫树林。目极千里，春色美得令人伤心！魂啊你回来吧！有什么能让你刻骨铭心？是你的故乡江南！

对等第三十九回

荀林父好整以暇　楚庄王投袂而起

春秋 126 年秋，晋军回到晋国。主帅荀林父主动请罪。晋景公原想趁此机会灭了中行氏。士会之子范渥浊，起了个惺惺相惜的念头，进谏于晋景公：

"城濮之战胜利的时候，我军得楚军抛弃的粮食，大宴三日。人们都在高兴的时候，文公却面有忧色。人们问他为什么。他说：得臣犹在。忧未歇也。困兽犹斗。况国相乎。后来，楚国杀死了成得臣，文公才高兴起来，说：从此没有人能害我了！

"从那以来，我国两次打败楚国，导致楚国历成王、穆王二代，都不能振作。可见，楚国杀贤臣，是晋国之庆。现在，楚国于邲之战打败晋国。这是天道循环！目下的林父，正如同当初的得臣。如果杀死林父，会加重楚国的胜利，且加重我国的失败。会让我国像之前的楚国一样，久久不能振作！林父其人，进思尽忠，退思补过。乃社稷之卫也！若之何杀之？"

晋景公命使者对荀林父说：

"晋军将士的灵魂飘荡于邲的上空，不能回家。君主为之痛心！大夫亲历其间，想必感同身受！君主说：你的命原本已经不在！然而，君主命你继续你的生命来弥补过错！"

就在这一年冬季，晋国组织晋、宋、卫、曹，同盟于晋国境内的清丘。与会代表的级别，晋国是第二大夫先縠，宋国是第二大夫华椒，卫国是第二大夫孔达。盟誓的简书刻下四个字：

恤病讨贰（相互救助，讨伐有二心的人。）

自晋文公成为盟主以来，中原诸侯的会盟，从来没有如此小的规模。此时的陈国、郑国，已经被楚庄王打得口服心服。此时齐国、鲁国，正寻思与楚国结盟。在此背景下，晋国的势力被压制至极小范围。晋国衰败到此地步，一则因为楚国强势，再则与狄的侵扰有关。

春秋 120 年，赤狄进攻晋国，包围晋国属下的怀、邢。当时，晋成公想要组织讨伐。荀林父建议利用狄人内部的矛盾，让其不攻自破。为此，晋国结交狄人的另一部落白狄，寻求与白狄结盟。春秋 121 年，赤狄又入侵晋国，抢走向阴的粮食。春秋 122 年，白狄与晋结盟，并且作为盟军参加晋、秦之间的战争，分得许多战利品。此事让其他狄人看到好处，纷纷请求与晋国和好。至春秋 127 年，先縠因为于邲之战中违背主帅意志，擅自出兵，担心遭到处理，于是密谋造反，引导赤狄进攻晋国。赤狄进攻正在开会的清丘，抢占了清原。事后，晋景公追查缘由，得知先縠与狄人勾结的原委，趁机清算邲之战的罪责，两罪并罚，杀了先縠。自晋文公年代崛起的先氏，从此退出历史舞台。

楚国灭了宋国的附庸萧国，宋国想要报复，所以就遵守清原之盟，于春秋 126 年冬讨伐楚国的附庸陈国。刚刚与宋国进行了盟誓的卫国，却背叛盟誓，出兵讨伐盟友宋国。宋国的内政，前面提到，是由宋襄夫人的情人宋文公为君。陈、卫二国，久不曾说到，须补叙其历史。

春秋 63 年，卫国亡国，卫国君主卫懿公死于战乱。当年，立了卫戴公。卫戴公即位当年即去世。又立了卫文公。卫文公曾经侮辱流亡的晋文公。卫文公于春秋 88 年去世。其子继位，是为卫成公。晋文公做上盟主后，一再报复卫国，几番谋杀卫成公。春秋 123 年，卫成公去世。其子继位，是为卫穆公。晋襄公年代，晋国攻取了卫国的戚。后来，为拉拢卫国，赵盾归还戚与卫国。

春秋 75 年，陈宣公去世。其子继位，是为陈穆公。春秋

91 年，陈穆公去世。其子继位，是为陈共公。春秋 109 年，陈共公去世。其子继位，是为陈灵公。春秋 124 年，夏徵舒杀死陈灵公。当时，陈灵公之子陈成公逃奔晋国。在申叔时的劝说下，楚庄王于掳走陈国精英之后，同意陈国复国。陈成公潜回陈国，被国内拥立为君。国内人物都被挟持、隔离于夏州，陈国只能臣服于楚。

陈国与卫国之间的友谊历史悠久。早在春秋初期，卫国的石碏就借用陈、卫友谊灭了州吁。卫成公年代，正当陈共公年代。卫成公命元咺主持国内，自己逃奔楚国。在出逃的路上，由一种观望情绪，停留于陈国。当时，晋文公的部队一路凯歌，晋国的霸主地位正在成形。晋文公要报复卫国给他的侮辱，卫成公为父亲卫文公担当罪过，感觉回国无望。陈共公于此时接收了卫成公，让卫成公特别地感动。卫、陈之间，叙起一种共同的遭遇，发下相互救助的誓言。什么共同的遭遇呢？陈国邻近南方大国楚国，还在楚文王年代，就遭到楚国的欺负。卫国邻近北方大国晋国，在晋文公流亡期间与晋国结仇。北方恶霸晋国欺压卫国，就仿佛南方恶霸楚国欺侮陈国。陈、卫两国，面临的是不同的恶霸，却有着相同的命运。它们受到大国的欺压最多，希望有一种不由盟主控制的政治体制。这就仿佛冷战之中的朝鲜或者是越南。最想要的，并不是某个大国的支持，而是国际形势不由大国控制。陈、卫两国，没有郑国那样重要的地理位置，足以与盟主讨价还价，就只好寻找身世相同的盟友。好在陈、卫之间相去并不太远，彼此间由共同的政治诉求结成盟誓。

因为陈、卫间的盟誓，在宋国讨伐陈国之际，卫穆公派卫国贵族孔达救助陈国。正是这个孔达，参加了清原之会。北方霸主的盟友去帮助南方霸主的盟友，这就得罪北方霸主晋国。晋景公派出使者到卫国，要卫国给出个说法。卫国拿些外交上的话来搪塞，然而，晋国使者说：

"我的君主说，值此楚国猖獗之际，中原诸侯正当团结一心，共御南方部落。孔达刚刚于清原立下誓言，马上就转而帮助楚国。这令人不解！如果贵国不给出个说法，我无法交差，不能回去。而且，君主与我约定，一定时间之内我不回去，就会有晋国军队到来！"

当时，晋、楚为第一流国家，齐、秦为第二流国家，郑、宋为第三流国家，鲁、卫要算成第四流国家了。卫国与晋国，国力上相差太远，地理上相隔又太近。卫国受到晋国使者的这种威胁，不敢搪塞了事，当即杀死孔达，函其人头予晋国使臣，并且遵照晋国使臣的要求向中原诸侯发布公告：

寡君有不令之臣达。构我敝邑于大国。既伏其罪矣。敢告。

译文：我国有一个不好的臣，名叫达。他离间我国与大国之间的关系。现在他已经受到处理。特此通告。

孔达于二十年前受卫成公之命进攻郑国。当时，卫成公巴结晋国，将孔达谳成战争罪，交给晋国处理。晋国为了晋、卫友好，释放了孔达。所以孔达没有死成。二十年后，又受君命讨伐宋国，终究为国献身。按儒教的规则，孔达乃是为国家献身，应当受到嘉奖。其人已死，只好报答于其后人。孔达之子受到封赏，继承其父的官职。

晋国对此事之所以如此强硬，也与地缘政治有关。卫国，是晋国的紧邻。晋国刚刚打了败仗，要是再连身旁的卫国都管不住，在国际上就更加没有威信。邲之战的阴影，乃是压在晋国贵族心头的巨石。晋国第一大夫荀林父，于免于罪责之后，一心报效朝廷，洗雪邲之战的耻辱。他建议：

"我们要对外显示我们没有出问题，让郑国在经过考虑之后主动投靠我们。"

春秋127年夏，晋军讨伐楚国的属国郑国。这叫"示之以整"，意思是：晋军虽败，其军队仍然有战斗力。之后，晋景公照会于诸侯，请中原诸侯参加晋国在郑国地界组织的围猎。这又是一个名目，叫做"示之以暇"，意思是：我们的军事、政治都没有问题，所以才有闲暇来打猎。两件事合起来，就是成语的"好整以暇"。好整以暇被视为政治、军事、外交的最高境界。江表伟人谢安，于前秦八十万大军逼近之时，却挟妓游园、围棋赌博，那就是仰慕春秋贵族的好整以暇。

郑国受到讨伐，趁机向楚国讨回子良。子良，就是那个将位子让与郑襄公的人物。此人乃是桓公族人之中的老大，在郑国国内有很大影响力。春秋126年，郑襄公投降楚庄王的时候，送子良到楚国做人质。晋军逼近，郑襄公派人到楚国商量对策，顺便用其他人换回子良。郑国的理由是：

子良有出将入相之才；又是君主的兄弟之中最大的一个，能够领衔穆公族人。现在晋军逼近，需要他回国主持军国大事。

楚国方面，按前面提到的计划，正准备威服齐国。楚国需要郑国为楚国暂时抵挡晋国的威胁，就同意了郑国的要求。

郑国使者离去后，楚庄王安排下两路使团：

一路由文之无畏领队，前往齐国，使命是：齐、楚结盟，共同对付晋国。楚国人去齐国，路途上要经过宋国。楚国最近灭了宋国的萧，与宋国处于敌对状态。楚庄王却命令文之无畏于途经宋国时，公开过去，但不得向宋国朝廷通关。那意思是：

量你宋国不敢动我的使者！

另一路由公子冯领队，前往晋国，表面的使命是：寻求楚、晋和解，请晋国不要对郑国用兵。实际的目的则是：假装做出与晋国和解的样子，麻痹晋国。楚国人去晋国，路途上要经过郑国。楚庄王向郑国承诺要出兵应对晋军以保护郑国。此番使命乃是楚、晋媾和的意向，不能让郑国得知。所以，楚庄王命令公子冯途经郑国时，也不向郑国通关，但是要悄悄过去。

一国使者途经另一国前往第三国，历来都要递交一种通关文牒。一则寻求对方的保护，再则也以此表示自己是使者而不是军队，此行是外交而不是军事。这种与第三方的外交，在春秋时候是以礼的方式完成。一般来讲，使团派出一个人拜访地主，送去一定的礼物。对方则由少量军人在其路途上的某个位置设置简单筵席，进行回礼。这种交往，其实相当于用钱购买旅途的食宿。有时候，使者的使命不利于所途经的国家，地主国就有可能在筵席上绑架使者。楚国此时是郑国的宗主国，纵然不通关，郑国也不敢对楚国使者做什么。然而，楚国与宋国是敌对状态，就算是使团悄悄过去，都还不敢保证安全。故意大张旗鼓，却又不按礼仪向地主送礼，那岂不是肉包子打狗？然而，楚庄王就是要藐视宋国，以显示盟主之威。正是为了藐视宋国，楚庄王才派文之无畏充当使者。

前面提到，文之无畏曾经当着宋昭公的面，暴打宋昭公的车夫。虽然说现任的宋文公谋杀了宋昭公，似乎不必为前任报仇。然而，兄弟阋于墙，外御其侮。宋文公与宋昭公的关系只是家事。就国而言，当初凤驾载燧之事，乃是宋的国耻。为此，文之无畏说：

"我为了国家与宋国下结下这个仇，理应担当此事。我此行必将死于宋国！我死后，请君主照料我的儿子。"

他将儿子申犀托付给楚庄王。楚庄王说：

"你放心去吧！宋国要是胆敢动你，我一定为你报仇！"

文之无畏一行没有向宋国通关。宋国的谍将情况报告朝廷。宋国贵族对此事进行商议。华元说：

"楚国与齐国结盟，摆明是远交近攻的策略，目的是对付我国。齐、楚结盟，一南一北夹击我国。那样我国还有什么生存的机会？这种事情，怎能坐视不管？反正都已经与楚国为敌，就不怕加深矛盾。文之无畏一介车夫，胆敢侮辱我国君主，宋国列祖列宗的灵魂，也为之受辱！要用文之无畏的血，来清洗这一耻辱！"

于是，宋国杀死了文之无畏一行。

楚庄王以为凭借自己最近几年打下的声威，可以啸傲群雄。原想将声威波及渤海的齐国，现在这声威跨出家门不远，就被扼杀于黄、淮之间。楚庄王这一怒，非同小可！听到使者被杀的报告时，楚庄王正坐于正殿的王位。谍的话刚说完，他双手猛甩长袖，腾身而起；之后快步走至殿后，穿上鞋子；之后快步走至过厅，抓起挂于壁间的剑；之后快步走到院子里，上了马车。马车行进，立即赶到讲武场。于讲武场召集军队，包围宋国。《左传》于此处的描写，乃是古文描写中的上乘。文字虽少，却远超笔者的描述：

楚子闻之，投袂而起，屦及于窒皇，剑及于寝门之外，车及于蒲胥之市……

宋国被楚国包围。宋国派出使者向晋国告急。晋国开会商议此事，太傅伯宗说：

"我们去救宋国，中间隔着郑国。现在郑国投靠于楚国。虽鞭之长，不及马腹！谚语说：高下在心，川泽纳污，山薮藏疾，瑾瑜匿瑕，国君含垢。忍受耻辱是天意的一种。请君主等待时机。"

荀林父道：

"眼下楚国势力很盛，正应当避其锋芒。伯宗的话有道理。伯宗为国尽忠，犹如早先的阳处父。只不过，宋国遵守了清原之会的约定。我国身为盟主，纵然不出兵，表面上不得不做出姿态。"

会议最终议定：晋军故意绕道去救宋国，故意拖延时间，以避免与楚军正面交锋。另一方面，命解扬为使者，潜行通过郑国，向宋国通报：

晋军正在赶来，请宋军坚持不降。

读者注意：晋国的基本政策已经定成不与楚国争锋。派出的军队和使者，对晋国而言，都只是为保盟主声威而虚张声势。其实，无论宋国是否坚持，晋军都不会冒险与楚军交战。

此会之中，伯宗的建议得到采纳，心下很得意。回家的时候，伯宗面带喜色。他的妻子说：

"夫君为何高兴？"

伯宗说：

"别人说我为国尽忠，聪明犹如阳处父！"

其妻说：

"阳处父在狐氏与赵氏的斗争之中成了牺牲品。这是别人想要让你也做牺牲品。这有什么值得高兴？"

伯宗诧异起来：

"是吗？我倒还没有想到这一层！那我该怎么办呢？"

其妻说：

"好办！你去请国中贵族到我们家来吃饭，我在屏风后面观察：看看他们的情况。"

伯宗依计请荀林父、赵氏、郤氏等贵族到其家中赴宴。宴会后，其妻说：

"据我看来，这些人都各自为自己的家族打算，彼此钩心斗角。他们确实不像你……"

说到这里，女人怪嗔地看了伯宗一眼：

"一心只知道忠君爱国。他们比你有权势。他们之间斗起来，要找替罪羊的时候，就会让你做牺牲品。你要早做打算。"

伯宗说：

"我得君主的恩典，此身已非己有。如果命中注定要死，我也不能回避。好在，我还有儿子！我死了，你可以靠儿子！"

伯宗有个儿子，名叫伯州犁。在女人的影响下，伯宗为伯州犁精心挑选几个手下，又向晋景公请求封地。晋景公将毕阳封给伯宗。伯宗让伯州犁带着家人居于毕阳，对他说：

"我受君主厚恩，不能逃避。如果我发生意外，你赶紧逃奔外国，留我一线血脉。"

二十年后的春秋147年，"三郤"谋杀伯宗，伯州犁不在晋都，所以得机会逃奔楚国。伯州犁与晋国结下杀父之仇，故而一心效忠楚国，对付晋国。伯州犁之子，是为伯嚭。伯氏于楚国又遭迫害。效仿其父，伯嚭又逃奔吴国，又帮助阖闾灭了楚国。按伯宗本人的思想，原本只想尽忠于晋国；伯宗的后人辗转三国，起因于伯宗妻的进谏。女性能够有此见识，就是在当今，也属难得。

……

且说当时，解扬受命去宋国报信。解扬是个低级贵族，无权得知权力核心层的会议精神。他有立功上进的一腔热血，也有一点小聪明。只是这聪明程度还不至于猜测出会议的内容。途经郑国时候，解扬被郑国抓住。郑国为讨好楚国，将解扬交到楚庄王那里。楚庄王给解扬很多钱财，要解扬仍然向宋军报信，但是要将口信改为：

晋国不会出兵救助宋国。

解扬假装答应，被送上楼车。

什么是楼车呢？这是古代战争常用的一种可移动的了望车。为了看得远，将普通战车加固，于车上搭建很高的了望塔。楼车高过敌方的城墙，能够看到城里的活动。战争之中的君主或者主帅，登上楼车，观察战场形势以决策军事。

解扬登上楼车，对城里喊话。他没有照楚庄王的话说，而是喊：

我是晋国使者！我国君主让我带口信给你们：晋军正在路上，请你们坚守，不要放弃！

这话让楚庄王发怒，他问解扬：

"你答应了我，为何不守信！"

解扬说：

"君王不要怪我。一件事只有一种信。为人只能守一种信。我已经答应我国君主。要守信，我只能守前一种信。"

楚庄王很气愤，但是解扬的话已经说出。想到此人只是个低级贵族，杀之不足以侮辱晋国，反倒有杀使者的恶名。王者之怒，岂能为这种人而发？于是，楚庄王释放了解扬。解扬回国后，依例得到嘉奖升迁。这其实是侥幸：幸好他遇上了大度的楚庄王。

解扬的话虽然鼓舞了宋国，却并没有带来援军。楚军近年来接连胜利，在军事上压倒了晋军。晋国经历了邲之战，决不能接受再次败于楚军的结果。为了避免战败，晋军故意绕道以耽误行程。晋军行近宋国后，又驻扎于楚军的包围圈之外，不敢上前挑战。

自春秋 128 年冬，至春秋 129 年夏，足足半年时间，宋国都城被楚军围困。因为得知有援军，宋国人宁死不降。楚庄王感到气馁，想要撤围。文之无畏的儿子申犀对楚庄王说：

"我的父亲明知是死，仍然去执行你的命令。现在，你想违背自己的诺言？"

楚庄王无言以对。申叔时建议说：

"他们希望的，正是你的撤围。我们就是要表现出决不离去的样子，好让他们死心！时值农忙时候，国中不能没有劳动力。我们包围这里，用不着这么多人。让一半的人回去劳动，剩下的一半，在这里建下住房，做长期包围的打算！"

读者注意，申叔时的这个建议，号为"筑室反耕"，为后世军队效仿。在后世的战争中，当军队包围敌军城市的时候，往往用"筑室反耕"来表示长期包围的决心。楚庄王依计办理，铁了心要拿下宋国。城墙上的宋军看这架势，心下难免恐慌。当时，宋国贵族华元与楚国贵族子反有点私交。凭了这点交情，华元于夜里缒城至楚军营中，到子反的营房，私晤于子反。子反问：

"城中现在是什么情况？"

华元说：

"已经到了易子而食、析骸以爨的地步。然而，我们决不会接受城下之盟！"

第二天，子反找到楚庄王，说：

"城中已经断粮很久了。现在宋国人相互交换自己的儿子来吃，用骨骸来搭建柴灶。他们到这个地步都不投降，看来是决不会降的。姑且不说同情他们。宋国现在这个样子，就算攻下来，对我们也没有好处。他们会在城市沦陷之前焚烧所有财产，并且集体自杀。攻下这种空城，得个残暴黩武的名声，对我们没有好处！城里析骸以爨，城外何尝不是暴骨如莽？彼此死拼，对双方都不是好事！"

楚庄王想想也是这个道理，只好作罢，与宋国讲和。宋国方面提出：

城下之盟，国之大耻。请楚军后撤三十里，我国即派人前来议和。

为表达诚意，楚军后撤三十里。宋国使者至楚军营中进行盟誓，誓言为流传至今的名言：

尔无我虞，我无尔诈。

这一次议和，实质是宋国无条件投降。然而，宋都被围达半年之久，这半年间只有军事消耗，没有经济生产，已经拿不出像样的贡品。楚军将士只想回家，也无心去强奸那瘦弱的宋国女人。楚庄王体恤宋国的困境，于战胜之后又一次分毫不取。为此，楚庄王之弟子重建议：

将士们拼了性命出征，不能没有奖赏。请用申国、吕国的土地封赏和抚恤将士。

申国、吕国是什么地方呢？这是两个楚国的属国。楚国自命为王，效仿周朝封建诸侯的礼仪，封建楚国属下的国家。在楚国扩张的历程中，经常灭别的国家。楚国每灭一国，即将该国的土地封赏给楚国贵族，命其建国。申国、吕国，在当今河南南部，早先是周朝封建的国家。创作于春秋初期的《扬之水》中，即有"彼其之子，不与我戍申"。楚国灭申国、吕国，不是让这两个国家从此消失，而是使其成为楚国属下的国家。此时的申国的领主，是楚国贵族申公巫臣。此人隶属楚国望族屈氏，与战国时候的屈原同宗。此人并且与夏姬合演出了一个爱情故事，后面会提到。

子重是楚军中左广的主帅。左广于邲之战中战功最著。如果封赏将士，当然由子重开始，子重可以得到最大的一块。申公巫臣是申国公爵，当然不愿意将自己的土地封赏给别人。所以，他对楚庄王说：

"不可！封赏出去的土地，将成为私邑。这将会减少国家的收入！没有了收入，靠什么来与北方对抗？"

楚庄王对于楚国的权臣，有着其他任何人所没有的认识：

若敖家族强大起来之后，敢于挑战君王。鬪椒以臣攻君，射向他的那两箭，让他心有余悸！

楚庄王不希望权臣的势力扩张，故而接受申公巫臣的建议，没有进行封赏。因为此事，子重与申公巫臣暗中结怨。

……

宋国脱围后，慢慢回过味来，发现了晋国的见死不救。将晋国的态度作进一步思考，又推算出晋国的借刀杀人之心。为此，宋国真心投靠楚国。

这一次战役，虽以议和为最终结果。楚军包围宋国半年，晋军不敢救助。这种局面，显然是楚国强于晋国。此战之后，晋国认识到不能与楚国正面对抗，转而致力于巩固和发展自己的后方。相关事情，下回再叙。

放散第四十回

擒杜回丈人结草　论名器曲悬繁缨

晋国经历邲之战后，不愿也不敢与楚国正面为敌，转而巩固后方。就在楚军包围宋国这一年，赤狄之中的潞国发生叛乱，晋国出兵讨伐。

早先，狄人操游牧生活，游走于中原。于平原地方，他们要与农耕的儒教国家发生冲突，所以就游走于太行山脉。太行山乃是中原第一绵长的大山，北至北京西部，南至河南西北。它为时常逃避中原国家追杀的狄人提供了足够的战略纵深。狄人于此山生活得久了，也生发出一些眷恋。他们渐渐于山谷地方开辟耕地，让俘虏来的华人为他们种庄稼。时间长了，也形成一些相对固定的村落。其中更有完全转变生活方式的狄人，开国于当今河北西部，国运延续至战国。那就是春秋时候的鲜虞，战国时候的中山国。在秦国一统天下的历程中，中山国消失，然而狄人并没有消亡。他们采用其祖先的办法，退入太行山中，重新做游牧、狩猎的老本行。于某些时候，他们靠山吃山，在黄土高原与华北平原之间的关隘口干起剪径的买卖，所以被人称为"山贼"。直到晋朝时候，鲜虞的遗种都还活跃于太行山，参加了五胡乱华。鲜虞人的生活方式没有改变，其人种却越来越被华人同化。历朝历代的朝廷视之为牛虻，采取将其赶入大山的方式，不能也不愿将其"根除"。中原的罪犯和无家可归者视之为最后归宿，于无所投身的时候，往往加入到山贼中去。这些新加入的人犹如某些初到美洲的白人：

既然为文明社会所抛弃，所以干脆反对文明社会；既然已经犯罪，所以就不在乎继续犯罪。

于是乎，山贼追述春秋时候的戎王、蛮王，占山为王，以犯罪为职业，成为中国土匪的鼻祖。就是《水浒传》《西游记》之中，都还遗留着这种"山大王"的痕迹。

此时的潞国，界于游牧与农耕之间，其居住地相对固定，就在太行山南部的浊漳河一带。中原诸侯根据潞人聚集起的规模，视之为子爵。晋景公的姐姐，嫁与潞国子爵为妻。晋国的初衷，当然是以婚姻来维系晋、狄关系。不料潞国内部出了个豪强，名叫酆舒。此人手下有三个勇士，源出于巨人部落鄋瞒，号为焚如。酆舒不接受晋国女儿做压寨夫人，竟然将晋景公的姐姐杀死。战斗之中，潞国子爵眼睛受伤。消息传到晋国绛都，晋国贵族开会商议。有人说：

听说焚如特别厉害。上下山冈，行走如飞。而且力逾千斤，射术过人。他们并没有打到我们地盘上来，何苦伤亡将士的性命，去抢夺那不产粮食的荒山？

特别喜欢出风头的伯宗，又出来建议：

"晋国女儿被杀，我们不能不管。如果不管，今后越发连夷狄都要轻视晋国。打潞国虽不能得到粮食，却可以得到男女奴隶。狄人体格健壮，稍加训练，即可成为优秀的士兵。"

于是乎，春秋129年夏，荀林父率军与赤狄潞人战于曲梁，杀死焚如，灭了潞国。酆舒不择径而逃，到了卫国。卫国乃是晋国最忠诚的盟友，当然将其解递至晋国。战后，仅赏与荀林父的奴隶，就达到一千户。男性奴隶，训练成士兵做炮灰；女的哩，就赏给有功的将士，实践民族的大融合。

这一年秋季，狄人联合秦国进攻晋国。晋景公大阅于稷，侵略狄人，封建黎国。然后，命魏颗领军，进讨秦军。魏颗在辅氏打败了秦军，擒获了秦国第一武士杜回。魏颗何许人呢？他是魏犫之子。魏颗擒获杜回，与一个女人有关。

早先，魏犫得到一个美女，很喜欢她。然而，此女没有生育。魏犫得了病，提前安排自己的后事。因为这个女人没有为魏家生下儿子，所以决定让她在自己死后改嫁。后来，魏犫病危，头脑神志已经不清楚了。大约是一时间感到阴间太孤独，他又要求这女人殉葬。魏犫死后，魏颗做继承人。在料理后事的时候，魏颗对这女人说：

"父亲清醒的时候说让你改嫁；后来神志不清，才说让你殉葬。我采用他清醒时候的决定。"

于是，此女得以保住性命。

在魏颗与杜回交战的时候，杜回的战马忽然跌倒。魏颗趁机放箭，才得以擒获杜回。事后才知道，那个得了性命的美女，重新改嫁，生活得很不错。她和她的家人，感激魏颗。她的父亲得知魏颗与杜回交战，提前用一种草编织成草绳，埋伏在路边，然后用草绳绊倒了杜回的战马。

此事是一种传说，宣扬的是感恩。后世的文人，常说"生当殒首，死当结草"，就是典故于此。

春秋130年春，晋国又由士会率军讨伐赤狄，灭了赤狄的甲氏、留吁、铎辰。胜利之后，士会将这些红头发的俘虏羁押至王城，献俘于周定王。周朝已经很久不曾经历这种体面的事情，所以周定王特别高兴。他卖弄起王的权威，赏赐士会一套礼服，命士会为士，又命士会以周王的士的特殊身份担任晋国太傅，兼掌晋国中军主帅的实权。

读者注意：士芳、士会的称呼，并不是前氏后名，乃是一种尊称。按级别，士是最低级的贵族，本不值得称道。然而，周王所命的士不同于普通的士。按礼，周王赐命某个诸侯，是命之为侯爵、伯爵、男爵、子爵。其中的命为侯伯，即是承认其为霸主。比诸侯国君主低一级的大夫，若由周王亲自赐命，只有一种赐命。那就是命之为士。为什么呢？因为周王级别上远高于诸侯。周王亲自赐命的侯伯，乃是天下霸主。与之对应，周王亲自赐命的士，即是天下所有大夫之中最高贵的人。早先，周王命郑庄公为士，并且让郑庄公以王的士的身份出任周朝的卿。是为卿士。郑庄公凭借这个身份，名义上可以调动全天下的军队。足见周王的士何等高贵。晋献公年代，士芳创立新规则，为晋国做出不可磨灭的贡献，官居晋国大司空之职。当时，周王赏识士芳，命之为士。此乃士芳一生之中最荣耀的事情。因王亲自赐命一个大夫的情况极少，人们出于尊敬，就称之为士芳。此时的士会，也得到王的赐命，故而人们尊称他为士会。士会之父不能称士，士会之子也不能称士。遍观春秋，称士者仅士芳、士会两人。

一般情况下，晋国的官员由晋国君主任命。由周王专门任命晋国官员，算是特别荣耀的事情。"太傅"的称号，乃是"三公"之一，意为"君主的助手"。由于权臣的崛起，有的诸侯国效仿周朝官制之中的"卿士"，称大夫之中最有权势的某几人为"卿"。卿其实仍然是大夫，只不过更有权势而已。这种思想进一步发展，就又有人于"卿"之上，再设立比卿还要高贵的名目。这种名目，有的国家用的是"三公"（太师、太傅、太保）的称号，另外有的国家则用的是《尚书·周官》之中的六卿（冢宰、司徒、宗伯、司马、司冠、司空）的称号。得到这些称号的人，虽不是君主，却比卿要高贵，号为"孤卿"。有时候，孤卿只是一种称号，没有实权。（如春秋后期的孔子。）有时候，孤卿掌有很大的实权。（如此时的士会。）在后世，有人效仿春秋时候的这种习俗，也创建出特别清贵的称号，以区别于普通官员。六朝时候的"国子祭酒"，就类似于此。

且说当时，士会得天子特批，成为晋国最清贵的官；又以中军主帅之职，成为晋国最有实权的官。这两样都占全了，让士会感到树大招风。士会乃是晋国新规则的创立者士蒍的嫡孙，很有点家学渊源。升官之后，他以任人唯贤的规则管理晋国，做出些了政绩。在他的管理之下，晋国的盗贼无法立足，纷纷逃奔秦国。人们传说他达到了大禹的境界：

禹称善人，不善人远！

任人唯贤的政策，尤其得罪豪族世家。士会秉承士蒍的做法，为官仅一年，即向朝廷提请告老。依晋国惯例，其子范燮继承家业，但是作降职任命。士会的辞职，有性格方面的原因，但也是因为郤氏的郤克受辱于齐国。

牵涉到齐国，补叙齐国历史。齐桓公去世后，其几个儿子争夺政权，相继为君。春秋114年，齐懿公被刺死，其弟即位，是为齐惠公。春秋120年，周定王迎娶齐国女儿。周、齐之间结婚，周定王趁机向齐惠公宣讲勤王的大义：

伯舅的祖先姜太公，乃是王的肱股，所以受封于东海。伯舅的父亲桓公，一心匡扶王室，赢得天下赞誉，做成了第一个盟主。请伯舅无忘祖先的勋绩，以王室为念！

周定王的想法，是希望天下势力均衡，希望用齐国来抗衡晋、楚。此时，齐桓公的儿子已经只剩下齐惠公。五子乱齐已经结束，齐惠公也想于国际上有所作为。有了周王的这个话，齐国就师出有名。齐惠公重启齐国的霸业路线图，首先需要威服鲁国。

鲁国的君主鲁宣公，是公子遂与齐惠公共同拥立的。公子遂杀嫡立庶，主动寻求齐国的支持，所以将济西田割让予齐国。齐国方面，又将女儿嫁与鲁宣公，用婚姻来巩固齐、鲁关系。齐、鲁之间人情往来不断，就连齐国权臣高固，都娶了鲁国女儿。鲁宣公甘心做齐国的小弟，甚至放弃了对晋国的朝拜，转而年年朝拜于齐国。春秋124年，感于鲁国的恭顺，齐惠公将济西田归还与鲁国。就在这一年，齐惠公去世，其子继位，是为齐顷公。齐顷公即位后，选用自己的一帮人，赶走了齐惠公年代的权臣崔杼，起用传统世族高氏、国氏。春秋126年，晋、楚爆发邲之战。战后的清丘之会，齐、鲁都没有参加。为什么不参加呢？齐国是想独霸于东方。鲁国则想要巴结楚国。春秋128年，楚庄王包围宋国，仲孙蔑对鲁宣公说：

"早先的泓之战，先君僖公亲赴楚军军营，拜见楚成王。如今楚国又强大起来，我们应当有所表示。我们预先把礼数做足了，免得强国找借口讨伐。要是等他讨伐的时候再去送礼，就不是这点钱能够打发的了。到时候弄成城下之盟，说起来也不好听。"

于是，春秋129年春，鲁国第一大夫公子遂到宋国的楚军军营朝拜楚庄王，献上礼物，请求楚国保护鲁国。至春秋131年，晋国已经巩固了后方，重出东方，召集中原诸侯，同盟于断道。鲁宣公哪一个也不敢得罪，只好又带着礼物去参加。鲁国这样几处逢迎，并且哪一处的花销都不在少数，其国内的经济就有点吃不消。在这种背景下，鲁国进行改革，先后创制税亩和丘甲。

关于税亩和丘甲，先重述井田制度。每九户人家为一井，耕种一片形似于"井"字、"田"字的土地。这片土地被分大致均等的十部分。其中正中间的一部分名为"王田"。于列国诸侯之中，这种田则叫做"公田"。九户人家分别耕种另外的九部分，以其产出为自己的私产。九户人家共同耕种公田，以其收入进献于诸侯。诸侯以公田的收入来维持公共开销。这收入，其实就是最初的赋税。公田的正中间，是这九户人家的住宅。于这住宅之中，开挖水井，供九户人家共同使用。于住宅的周边，莳以蔬菜、果树之类的东西，也是公共所有。住宅的正中，是九户人家的公共墓地兼宗教场所。他们在那里集会、祭祀、载歌载舞。活着的时候，在那里拜祭祖宗。死去之后，就埋葬于这祖宗的大家庭之中。后世诗中的"桑柘影斜村社散，家家扶得醉人归"，描述的就是这种农耕生活。笔者小时候居于农村，家中曾经分到村里公共鱼塘中的鱼和公用耕牛的肉。那种习俗，仍然沿袭上古井田的传统。儒教学者以为，这样的生活，就是世上最标准、最美好的大同世界。当今中国尝试城乡一体化，也打造出农村居民聚集的社区。然而，比较于古代的村落，当今的社区缺乏灵魂。什么灵魂呢？古代村落有信仰和祭祀，足以凝聚全村的力量。当今的社区经济上纵然是富裕了，精神领域却没有了古代的执着。古代学者以为：要形成真正意义上的礼乐，至少需要数百年的文化积淀。国人刚刚才迈过温饱，离这种境界还很远……

且说春秋时候，为了应付越来越大的国家的花销，也为了统治者的奢欲，加于农民身上的赋税不断增加。井田上的普通农民的生活，在西周后期就已经"民亦劳止，讫可小康"；至此春秋时候，渐渐呈民不聊生的状态。

春秋 129 年冬，鲁国开始实行税亩制度。什么是税亩呢？就是根据农民的耕地面积来征税。按早先的井田制度，农民同时耕种公田、私田，公田的产出成为税收。对征税者而言，这有几种缺点：

其一，粮食产量与气候、雨水、灌溉、耕作的精细程度等诸多因素有关。以公田产出为税收，造成税收的量不稳定。

其二，人心越来越浇薄，越来越自私。农民会认真耕种自己的私田，对公田采取敷衍、怠工的态度。由此造成税收减少。

其三，农民私下开荒，新开垦的土地规避于税收之外，没有成为计税的基数。

其四，国家开支越来越大，先前的税收不能满足国家的正常运转。

由于这些原因，鲁国开始以农民实际耕种的土地面积来征税，税率比照于井田制，亦为十税一。与此同时，早先的公田收入仍然归国家。这个做法，大致是将税负提高了一倍。

　　至春秋133年，鲁国又实行丘甲制度。什么叫"丘甲"呢？它并不是新鲜玩意。齐桓公、管仲推行的内政改革，就有类似的制度。鲁国的丘甲，大致是学习、延用齐国的内政。所谓"丘甲"，是以丘为单位，进行甲的征集。按早先的井田制度，每九户为一井。每四井为一邑。每四邑为一丘。每四丘为一甸。早先，以甸为单位，向农民征集军事所需的甲，号为甸甲。名为甲，实际不止于盔甲。甸甲包括：

　　战车一辆。马四匹。牛十二头。甲士三人。步兵七十二人。

　　这实际是当时的一个战斗单元。所谓丘甲，是以丘为单位征集这个战斗单元。早先是576户出一甲，如今变成144户出一甲。这个做法，让鲁国军队的规模一下子翻了四倍。与此同时，庶民的税负也翻了四倍。每两户人之中就有一人应征入伍，随时准备去死。每36户供养一马，每12户供养一牛。黩武的程度虽不及当今的台湾省，却也不是什么幸福生活。

　　春秋前期，中国社会都处于一种相对安稳的状态，人民的生活，也比较舒适。列国军队之中，战斗编制均由贵族担任，故而战争中的伤亡并不惨重。那种战争就像是贵族与贵族比武，与社会底层的农民无关。早先的春秋列国，虽有大小的不同，国力方面却没有特别巨大的差异。霸道兴起，霸主不断吞并小国，其国力如同滚雪球，越来越强盛。列国为求自保，不得不加重税收，增加兵员。早先的国与国的战争，战斗的规模很少超过一万人。而且，在这些兵之中，很多都是非战斗编制的奴隶。由于战争的需要越来越大，普通农民不再脱身于战争之外，渐渐兼职成为战争之中的步兵。大量征集甲，正是步兵成形的标志，也是战争波及社会底层的标志。

　　……

　　晋国召集断道之会前，考虑到齐国身份特殊，专门派郤克前去通知。郤克何许人呢？他是郤缺之子，郤氏的当家人，此时的晋国第二大夫。郤克天生跛脚，走路的姿势不正常。当他登台阶的时候，跛脚的残疾就尤其显现：

人在上台阶的时候，不同于平地走路。平地走路是脚后跟先着地。而上台阶时，则是用脚掌的前半部分接触台阶。郤克两腿长短不一，平常走平地，踮起脚走，较短的一只脚就是用脚掌前半部分着地。上台阶的时候，较长的一只脚也用前掌着地。两腿长短不一，都用前掌着地，看起来就是左右摇摆。

郤克上齐国朝廷，需要上台阶。他一摇一摆地走上去。这种情形，由懂得外交礼仪的人面对，应当将目光转向其他地方，以免表现出歧视。然而，齐顷公的母亲萧同姪子（来自萧国，谥号为同，本是主嫁女的媵女、侄女，姓子。），听说西方第一大国晋国来了使者，也跑来看热闹。她看到郤克的样子，觉得滑稽好笑，就放声大笑，说：

"我以为是什么翩翩君子，原来是个鸭子，一摇一摆！"

这笑声和评论，让郤克听到。郤克有公务在身，不好马上发作。并且，那是齐国君主的母亲。自己身在齐国，就算是发作，也不能做什么。郤克向齐顷公说起晋国主持的诸侯大会，齐顷公拿一套外交上的话来应酬，也不说不参加，也不说就参加。

郤克公事没有办成，于个人脸面，又遭到公开耻笑，他在心中暗暗发誓：

若不能报复齐国，今生不再渡过黄河！

他先一步回国，命令手下：

"如果不能让齐国君主参会，你就不要回来见我！"

郤克回到断道后，说了齐顷公一大堆的坏话，请求讨伐齐国。晋景公正想与齐国结盟，怎么可能同意他的建议？郤克又请求用郤氏私属的部队来讨伐齐国，也遭到拒绝。

郤克离去后，齐顷公也感到了潜在的危机。他不敢亲自去参会，又不敢得罪晋国，就派出四个大夫的豪华阵容参会。这四个大夫是：高固、晏弱、蔡朝、南郭偃。这其中的晏弱，就是著名春秋贤臣晏婴之父。这四个大夫赶往断道的路上，高固与齐顷公抱同样的心思，中途逃回祖国。其余三个人，为了使命，继续赶往断道。晋国方面，故意制造恐怖气氛：

　　齐国使团行至野王时，晏弱遭晋军抓捕；行至原，蔡朝遭晋军抓捕；行至温，南郭偃又被晋军抓捕。三个使者都到了断道，然而是被羁押到会场。晋景公要在诸侯大会之际处死他们，以立盟主之威。晋国贵族苗贲皇，本是楚国若敖家族的鬭椒的儿子，因楚庄王处理若敖家族，投奔于晋国。晋国封他到苗，故而名为苗贲皇。晏弱私下联络苗贲皇，由苗贲皇进谏于晋景公：

　　"齐国使者有什么罪？要公开处死？早先，诸侯争先恐后朝拜我国先君。只因我国言而无信，所以诸侯有了二心。齐国君主担心受到处理，自己不敢来。又担心我国说他缺了礼数，所以派了四个大使。齐国人都说：此会君主不去，晋国会发怒，要逮捕我国的使者。因为有这种想法，高固赶在我军的接应之前就逃走。剩下这三人，明知前途凶多吉少；逮捕一人，剩下两人继续前来；逮捕第二个，仅剩下一人，仍然继续前来。这种人物，乃是忠君爱国的典范。你处理这种人，已是不义。更何况，是你请他来。他依照你的命令赶来，你却处死他。今后谁还听你号令？"

　　晋景公想：只抓捕齐国大夫，也没有实际意义。就故意放松警戒，让齐国使者逃脱回国。

　　这些事让士会看在眼里，士会主动请求辞去第一大夫的职务，以便让郤克做第一大夫。士会教导自己的儿子范燮：

　　"你看到郤克发怒的样子了吗？为人的喜怒，往往造成祸事。诗云：君子如怒。乱庶遄沮。君子如祉。乱庶遄已。那是说君子的发怒，应当基于维护正义，制止动乱。郤克的心已经乱了，会做出不理智的事情来。我此时让出位子来，让他去发泄他的怒气。如果我不让位，这怒气会平白地转嫁到我的身上。你要继承我家谦逊的品德，遇事多做退一步思考。"

　　其实，士会将位子让与郤克，是想让郤克自作自受。这种心思，说起来稍稍有点歹毒。后来，郤氏之中三郤被杀，郤氏因之族灭。而士会一族，则繁荣昌盛了很久。这里且按下不表。

萧同姪子耻笑郤克，是郤克个人的私仇。郤克代表的是晋国，所以这耻笑也是对晋国的侮辱。中原同盟的会议，齐顷公本人又不来参加。齐、晋关系恶化。春秋132年春，晋、卫讨伐齐国。双方讲和，齐国送出人质。就在这一年，楚庄王去世。

此时的天下大势，晋国因邲之战大失威望。楚国因楚庄王去世又暂且没有发力。这让齐国君主齐顷公看到机会。齐顷公以子继父，结束了齐国自桓公死后的连续内乱。他想要恢复齐国的盟主身份。齐国重新捡起当年齐桓公的称霸计划，由近至远，先进攻鲁、卫。春秋134年，齐国开始进攻鲁国。按照当初管仲的规划，齐国的霸业路线图之中还有卫国。齐顷公还没有动手，卫国却率先进攻齐国。

卫国因孔达救助陈国的事情，被晋国使者逼迫，杀死了孔达，投靠晋国。投靠晋国，就要与齐国为敌。春秋134年夏，在晋国的支使之下，卫国首先发难，率军进攻齐国。齐、卫战于新筑。卫国的领军人物是孙良夫，另有石稷、甯相、向禽。卫军大败，眼看主帅就要被擒。新筑贵族仲叔于奚救助卫军，让卫国主帅得以全身而退。事后，卫穆公照例用封地来封赏仲叔于奚，仲叔于奚却不要封地，只请求于封赏的时候，让他的马车使用繁缨，让他享受曲悬乐队的伴奏。

缨是马脖子上的缀饰。为图好看，于马脖子上套一个皮带，皮带上缀以绒球。那就是缨。按人的爵位、级别的不同，绒球的数目、颜色有不同。最高的级别，为王的级别。是十二个绒球，染成五种颜色。普通贵族，只准用一种颜色。用两种以上的颜色，就叫繁缨。

春秋时候的正规乐队首推编钟。王的乐队用四列编钟，排列成"口"字形，形似四合院，故号为"宫悬"。诸侯的乐队用三列编钟，排列成"凵"字形，形似敞轩，故号为"轩悬"。因其形曲折，又号为"曲悬"。大夫的乐队用两列编钟，两列相对，号为"判悬"。士的乐队只用一列编钟，号为"特悬"。

孙良夫战败之后，没有回国，直接到晋国请求援助。鲁国遭到齐国侵略，也派臧孙许到晋国求助。齐国打败鲁、卫，是对晋国的盟主地位的挑战。这一次，晋国要出兵了。此战究竟如何，且看下回。

正闰第四十一回

水换酒冒主替身　女选男天妒佳偶

上回说到，齐国接连打败鲁、卫，威胁到晋国。鲁、卫同时到晋国搬救兵。此时的晋国，因士会主动请求辞职，第二大夫郤克升为第一大夫，做上了中军主帅。晋景公预备派出七百乘战车，郤克说：

"七百乘是城濮之战的军容。以文公的圣明，当时将领人才济济，用七百乘才取得胜利。而今君、臣均不如当时，应扩大规模。请用八百乘。"

这个兵力，仅车兵就达到2400人，在当时来讲，是极豪华的阵容。晋军的领军人物共四人：

郤克为中军主帅。范燮为上军副手。范燮，是士会之子。栾书为下军主帅。韩厥为司马。韩厥是战国七雄之中的韩国的祖宗。

战前，郤克的一个亲信违反军纪。韩厥以中军司马的职权，下令处死此人。郤克听说此事，赶紧派人去营救。郤克的使者赶到时，此人已经被处死。郤克接使者回报，亲自赶到韩厥那里，下令将斩下的人头盛于托盘，巡游于全军，公告其罪状。事后，郤克对自己的御戎说：

"大战在即，不能让韩厥心生芥蒂。如果将帅不和，要影响我报仇的大计！"

春秋 134 年夏六月，晋、鲁、卫、曹四国联军驻扎于靡笄山下。齐军驻扎于鞌。因接下来的战斗主要发生于鞌，史称此战为鞌之战。齐军接连胜利，已经有骄傲情绪。齐顷公派使者向晋军请战，用的是齐顷公向郤克说话的口气：

子以君师辱于敝邑。不腆敝赋。诘朝请见。

译文：你带领着你的君主的军队来到我国。我国有点礼信，准备明天早晨交给你。

这所谓礼信，并不是玉帛，而射过来的箭、刺过来的戈。晋国方面回答说：

晋与鲁卫。兄弟也。来告曰。大国朝夕释憾於敝邑之地。寡君不忍。使群臣请於大国。无令舆师淹於君地。能进不能退。君无所辱命。

译文：晋国与鲁国、卫国是兄弟国家。现在鲁国、卫国来告诉晋国说：齐国天天来我们的地界滋事。我们的君主实在忍不住了，派我们来请求你这个大国，请你放过他们。我国君主说：军队不要进入齐国地盘。然而，军队一旦行动，就只能前进，不能后退。与你们相见的事情，不须你提起，我们也正想哩！

这话中的"无令舆师淹于君地"，故意为晋国君主留出回旋余地，是高超的外交辞令。第二轮外交，齐顷公说：

大夫之许。寡人之愿也。若其不许。亦将见也。

译文：你同意开战，那正好。就算你不同意，我也要来见你。

话说到这地步，不打是不行了。齐顷公亲征，以郉夏为御戎，以逢丑父为车右。晋军方面，郤克以解张为御戎，以郑丘缓为车右。齐国贵族高固，前番做使者贪生怕死，回国后为国人耻笑。于此，高固请求做先锋，率车队先进攻晋军。为显示勇武，他故意不用弓箭，而用更加原始的石块做兵器。他用背篓背了一背篓的石块，驾车冲进晋军阵营，投石打人。他擒获了一个俘虏，然后出阵。在八百乘晋军阵前，高固单车逡巡，耀武扬威。他故意插一棵桑树树干于车上做标志，让自己的战车显得特别，显得突出。那意思是：

我就在这里，你们来射我啊！

高固的战车在晋军阵前来回游走，高固大声说出一句名言：

欲勇者。贾余馀勇。
译文：谁想要勇敢，可以来买我用剩下的勇敢！

前锋如此嚣张，其君主则更加嚣张。齐顷公故意不给战马穿甲，以示藐视对方。他四顾踌躇，说出另一句名言：

余姑翦灭此而后朝食！
译文：我要先灭了他们，然后再吃早饭。

此战十分激烈。晋军主帅郤克，身负多处箭伤，血从甲里面往下渗流，一直流到脚下，染红了战靴。然而，他还在拼命擂鼓。到得后来，渐感体力不支，他说：

"我撑不住了！"

御戎解张说：

"才刚开始交战的时候，我就挨了一箭。箭从我的左手手掌进去，从肘后穿出。我折断箭杆，继续驾车。你看这车的左轮，已经被我的血染红！我都还没有说撑不住！

"我们这辆车的旗和鼓，是全军的耳目。全军的进退都是根据这旗鼓的号令。只要此车还在，就还可以组织攻防。说什么撑不住！？穿着盔甲、拿着兵器出来打仗，本身就是奔生奔死的事情。只要还没有死，就请你振作、努力！"

然而，郤克已经倒下去。解张用受了重伤的左手来控制缰绳，右手拿着鼓槌来击鼓。那掌中插着一支箭的左手，根本握不住四根缰绳。他们的战马失去控制，疯狂地冲向敌军，再也拉不住。按军规：主帅的战车的动向，是全军行动的指南。主帅战车上只消将旗帜指向敌军方向，全军就应当按旗帜的指向前进。如今这辆战车不顾危险，飞奔向敌军，那相当于最严厉的冲锋号令。晋军的其他战车看主帅如此不怕死，全部发出"冲啊"、"杀啊"的怒吼，跟随主帅战车往前冲。解张至此，干脆将生死置之度外，索性放了缰绳，双手齐擂战鼓。晋军人数本来就多于齐军。如此大规模的冲锋之下，齐军败退，后撤至华不注山。晋军追击，将华不注山包围三层。晋军司马韩厥，在战前杀了主帅的亲信。他原以为主帅郤克要处理他，结果郤克却为死者编造出罪名，公示于军中。韩厥感激郤克，暗中立志生擒齐国君主。他在战前梦见祖宗韩万。韩万对他说：

"明天打仗，你不要居车左，也不要居车右。"

韩厥迷信神灵，故意担当御戎，居于战车中间。前面介绍过，战车的编制是御戎居中驾车，主帅居前左位置以弓箭做主攻手，车右居右以戈、剑做防守。另外，凡是需要下车的事情，都由车右负责。从级别上讲，主帅贵于御戎，御戎贵于车右。

齐顷公的战车在前面跑，韩厥的战车从后面追。齐顷公回身射敌。邴夏说：

"看得出，驾的车的那个人是个贵人，主公快射杀他！"

齐顷公却说：

"既然是贵人，那就不射他！"

齐顷公为什么这样说呢？这是春秋时候才有的礼仪。当时的贵族特别高傲，相当爱惜自己的贵族身份，宁愿死也不肯玷污贵族的名声。为了让贵人显得高贵，故意尊重别的贵人——

哪怕这贵人是自己刀兵相见的敌人。因为尊重贵人，齐顷公弦搭双箭，一射之下，韩厥左、右两边的人都倒下。由于主帅的位子靠前，车右的位子与御戎平行；故而主帅位置的人直接掉下战车，车右位置的人则倒到了韩厥身上。正在此时，晋军另一武士綦毋张因为战车被毁，跳上韩厥的战车。他说：

"让我来驾车！"

韩厥也卖弄起贵族的勇敢，说：

"你没看到吗？左、右两边必死！站到我身后去！"

韩厥用肘将綦毋张撇于身后，熟练地放平右边的死尸，专心驾车。齐顷公正要再度放箭，其战车的骖马挂上路边的树枝，战车停了下来。齐顷公的车右逢丑父，于战前休息的时候被一条蛇咬伤了胳膊，故而此时无力推车。韩厥这一乘战车的步兵飞奔上前，一圈戈的丛林指向齐顷公的战车。就在晋国人包围齐顷公之际，逢丑父急中生智，与齐顷公交换位置，冒充齐顷公。

韩厥战车赶到，他先大喝一声：

"不得对君主无礼！"

甩手将适才杀敌用的戟扔到地面。一跃跳下战车。装假没看到齐顷公，环绕齐顷公的战车蹀步一圈。然后走到树前，解下被树枝挂住的骖马，将其牵到齐顷公面前，做出一种礼仪：

先是向齐顷公行再拜稽首之礼，然后亲自向齐顷公进献一个托盘：盘上下承黄灿灿的锦，锦上放置一面乳白色的玉璧，玉璧上放置一枚青色的爵，爵中满盛着酒。韩厥说：

寡君使群臣为鲁卫请曰。无令舆师陷入君地。下臣不幸。属当戎行。无所逃隐。且惧奔辟。而忝两君。臣辱戎士。敢告不敏。摄官承乏。

译文： 我国君主让我们来为鲁国、卫国求情。我受命为军人，不能逃避自己的职责。这马不听使唤，我唯恐君主您受到惊吓。您受到惊吓，乃是我对您不敬，进而就是对我的君主不敬。依礼应当由介来献礼。值此军旅之中，缺少做介的官员，

只好由我这个不成器的人来献礼。

读者注意：当时的君臣之分，极为严格。面对齐国这样大国的君主，作为臣的韩厥虽是胜利者，礼仪上却必须尊重君主。当然，韩厥在这样的情景下献酒，是对齐顷公的揶揄，也是极力卖弄心中的得意。然而，正是这种得意的情绪让错过了擒获大国君主的大功。

此时的齐顷公，已经与逢丑父调换位置，充当主帅的车右。按韩厥的说法，齐顷公下车去接这爵酒。齐顷公接过托盘，递给冒充他的逢丑父。逢丑父说：

"我渴得要命，我要喝水，不要酒。快给我拿水来！"

充当车右的齐顷公，闻言递上装水的皮袋。逢丑父喝了一口，啐到地上：

"呸！什么脏水，去取干净水来！"

不远处正好有一眼山泉。齐顷公接过皮袋，假装去取水，趁机逃亡而去。齐顷公逃走之际，韩厥卖弄礼仪，面对假的齐顷公，把《礼经》上的酸文说了又说，直到主帅郤克赶到。郤克曾经出访齐国，认识齐顷公。晋军这才发现真的齐顷公已经逃脱……

齐顷公逃回齐军之中，又是悔恨，又是惭愧：

我卖弄贵族礼仪，故意不射韩厥，反为韩厥所擒。若不是逢丑父，此刻我已是阶下囚！

想到这里，齐顷公拼了性命要去救逢丑父。他只身跑步冲进晋军阵营，遭遇狄人士兵。狄人步兵收起戈，用木盾将齐顷公推向卫国士兵。卫国军队面对齐顷公的拼命进攻只防守、不反击，甚至故意让出道路。一边让，还一边喝彩。齐顷公三进三出，救不出逢丑父，只好退回。狄、卫国军队何以如此呢？这是春秋时候的一种礼仪和习俗：

当时的中原，周王至尊至贵。周王以下，就是列国君主。普通士兵内心里面敬畏齐顷公，不敢加以刀兵。另外，齐顷公只身攻阵，乃是春秋武士最崇尚的行为，引得狄、卫军人的敬重。春秋时候的战争，带有原始社会的痕迹。人们以为战争是狩猎、比武的延伸，让战争带上浓厚的游戏和竞技体育的意味。此时的齐顷公，就仿佛幼崽已经被捕的老虎，拼死冲进猎人的包围圈。狩猎中的军队遇上困兽犹斗的猛兽时，往往不是直接予以搏杀，而是用游戏的心态，将猛兽逼到围栏的死角。此战的起因之一，是郤克遭妇人耻笑。故而，在战争性质上，此战是为了维护晋国贵族的尊严。战争的胜败，涉及的是晋国的脸面。作为友军参战的狄人、卫人，带有一定的旁观者的心态。这种心态就仿佛是竞技场上的观众的心态，带有娱乐和游戏的性质。竞技场上的观众不愿意落败的一方立刻就死。为什么呢？因为战败者一死，游戏就结束了。出于助兴的心态，狄人、卫人有此举。

诸侯联军乘胜追击，包围齐国国都。至此，齐国不得不接受城下之盟。齐顷公派国佐为使者，向郤克献出国宝纪甗玉磬，请求诸侯联军退去。

什么是纪甗玉磬呢？这东西原是纪国国宝。春秋 32 年，齐襄公复九世之仇，灭了纪国，它就转而成为齐国国宝。甗，其实就是后世的甑。甑，即是南方农村常见的甑子，是用来蒸沥米饭的圆木桶。甑有盖有底，但是它的盖和底都可以取下来，以便清洗。玉器的甗，则有盖无底，并且其盖与桶身相连，不可拆卸。其形状，大致类似于骰子游戏之中用来摇骰子的那个筒。从制作功用上讲，甗是用来盖住某种东西。后世的甑，是由甗演变而来。磬，是一种石制乐器。这种乐器对石材有特殊的要求。用玉制成磬，其功用就不再是演奏，而是赏玩。周朝是一个特别崇尚文化艺术的朝代，特别珍视文物。就是到了战国时候，和氏璧的价值，都可以换取几座城。

晋军主帅郤克，于笑纳纪甗玉磬之后，提出更加苛刻的要求：

其一，将齐顷公之母萧同姪子作人质，送至晋军中。

其二，齐国将汶水以北的土地割让与鲁国，并且归还其曾经侵占的鲁、卫的土地。

其三，齐国的耕地的垅，一律由南北朝向改为东西朝向。

这第一条要求，是因萧同姪子耻笑郤克而起。当时的人质，一般都沦为奴隶。纵然是男人为人质，也经常沦为娈童。女人充当人质，那不消说，肯定是成为性奴。萧同姪子耻笑郤克一事，在国际上传得沸沸扬扬。郤克于此特别提出这个要求，当然是想发泄遭耻笑之恨。怎样发泄呢？稍稍想象，那可能是先奸后杀。也可能是剜出其心肝，蘸点四川产的杞酱和醋，趁热吃掉。

这第二条要求，齐国愿意答应，实际于春秋134年秋将汶阳田交割与鲁国。这前两条好懂。最后一条，是个什么讲究呢？

耕作耕地，为了培育庄稼的根系，都要耕成一列列的土台，形成垅。这垅之间，形成沟，以便灌溉。垅间的沟，是一个灌溉的水系，有大有小。引水灌溉庄稼，需要由较大的沟渠象树干分出树枝一样，分流入较小的沟渠。最小的沟渠，就流经垅间。较大的沟渠，也是延专门培筑的土台灌流。越大的沟渠，沿途的土台就越大。这种土台，有以下功用：

一是用来划分不同人家的土地的权属；

二是用来确认土地的面积；

三是用作人们进入耕地时的道路，避免人、畜、车踩踏、压碾庄稼。

这最后一种功用，是中国专门的道路的起源。所谓"阡陌"，就是指的这种培筑过的土台。较大的土台，就是中国最早的道路。在这种道路之后，才有为了方便诸侯朝拜周王而专门铺筑的"周道"。周道是专门为通行马车而制成。然而，周道的里程很小。列国诸侯于自己国内，也建设道路。即便如此，在实际的交通中，马车并不总是经由专门的道路而行。而以军事为目的的战车，为达到奇袭的效果，经常不走寻常路。当时的战车，没有当今的橡胶制的轮胎，其车轮由竹、木鞣制而成。这种车轮面对道路上的障碍，没有现代的坦克那样的跨越能力，其减震的效果也远不如后世车辆。正是因为战车的行进能力不行，所以专门设置车右一职。车右负责随时下车清理道路上的障碍，并且在战车搁浅时候推车。面对耕地上一行行排列的垄，战车如果顺垄延伸的方向前进，行进速度虽不如道路，却大致可以正常通行；战车如果翻越一道道的垄前进，不但速度慢，而且有持续的颠簸，无法通行。耕地的垄，因此就具有了战壕、拒马一样的军事意义。齐国东临大海，西临中原诸侯。为防备西方国家的战车进入，大的垄都做成南北走向。如果将垄改为东西朝向，西方国家的战车就不仅能够经道路，而且能够经耕地进入齐国。那样一来，齐国的都城随时都会遭遇兵临城下，就没有国防可言。

这第三条要求，相当于取消国防。国无军不立。齐国不愿意答应。国佐回复晋国：

"萧同姪子是我国君主的母亲。对你们晋国而言，相当于晋国君主的母亲。辱及亲生母亲，何以生而为人？至于说耕地改朝向，那我们宁肯战死！我齐国宁肯战斗至最后一人，也不接受这两条。我们愿意割让土地，愿意用钱财赎买国母，愿意用更多的其他女人替换萧同姪子。"

国佐回去后，齐国加强城防，做出战斗至最后一人的样子。这时候，鲁成公担心过度侮辱齐国会导致齐顷公迁怒于鲁国，让齐国于晋军离去之后不惜一切地报复到鲁国身上，就去对郤克说：

"他连国宝都已经献出来了，还有什么不能给你？我国也得到了土地，也觉得可以了。请你答应他！"

此时，又有风声传到：楚军已经出兵。郤克经过考虑，想想老女何如少女？也就答应齐国的条件，收了许多钱财，玩了几天什么"孟姜"、"季姜"，然后到鲁国。鲁国方面，经此役后获得了土地的实惠，不得不感激郤克。鲁宣公设宴款待晋军将领，也送出不少礼物。晋军的三个卿，按鲁国赏赐正卿的规格送礼，另送礼仪用的马车。晋军之中所有的司马、司空、舆师、候正、亚旅，均按鲁国赏赐一命大夫的规格送礼。总之，鲁国虽争回了土地，这土地简直是用钱买回来的。

且说晋军将领郤克、栾书、韩厥于离开鲁国之后，又造访卫国。恰逢卫国君主卫穆公去世。同为姬姓国家，三人依礼前往吊唁。郤克等人，带领着晋国八百乘将士，身着戎装。他们所到之处，往往抢劫财物、强奸妇女。甚而至于，公开向途经的国家索要钱财和女人。然而，对方国家遭遇国丧，不得不稍稍收敛。卫国方面，知道丘八行径大抵如此，也存了戒心，只派男人前往迎接，让女人都待在屋中。大约是先前女人也玩腻了，三人假意推辞，说：

"戎装在身，若进入宫中，恐有所惊扰。我们就在此处行礼。行完礼就离去！"

于是，晋军都在房屋之外，卫国也将宴席摆在屋外。都是男人相陪，也就没有奸淫事情。这个做法，以尊重死者为出发点，很为人们所赞许。所以，后来的人们，于戎装出行遭遇丧事，都不进别国城中或屋中。

古人往往将周礼说成是周公一人创制。说它一经创立，就成为万世楷模。后世的礼仪，都是师法周公，并且一再败坏，不能再达到当初的水平。其实，西周时候，确实有一些礼仪。而且，由于岁月的侵蚀、风化，后世的礼仪，也确有不如当初的地方。然而，后世也对当初的礼仪进行了补充和创新。殷之战开创了黑色丧服，这里又开创出男女有别的丧礼。这都不是源出周公的周礼。

……

鞌之战，是因齐国侵略鲁国，鲁国求助于晋国。此战发生在山东半岛，影响却波及远在长江中游的楚国。楚庄王北伐中原的时候，鲁国的公子遂曾经到楚军军营朝拜楚庄王。当时，鲁宣公就准备借楚国力量来对付身边的齐国。春秋132年，同一年之内，鲁宣公、楚庄王都去世。鲁、楚之间的这种意向因此中断。楚国新君楚共王还是个孩子。鲁国怀疑楚国无力出征，所以才转而求助于晋国。晋军打败齐军的消息传到楚国，楚国令尹子重说：

"晋国趁我国国丧之机，藐视我国君主年幼，侵略我国盟友。君主年幼，我们就不能北上？我们不但要北上，还要做出比晋国更强的阵容！"

子重命申公巫臣出使齐国，协议齐、楚攻守同盟，约定出兵的日期。想不到，申公巫臣竟然效仿鲁国的公孙敖，中途叛国而去。这是为什么呢？这要从夏姬说起。

春秋125年，因夏徵舒刺死陈灵公，楚庄王出兵灭了陈国。楚庄王素闻夏姬的艳名。得到陈国之后，自然要收用夏姬。楚国贵族申公巫臣，也看上了夏姬。一般来讲，夏姬那样的美女，是个男人都难免喜欢。然而，喜欢归喜欢；高贵的楚庄王已经看上他，为臣的申公巫臣就应当放弃。偏偏这申公巫臣是个情种。为了女色，他发大宏愿，挖空心思，历时近十年，最终将夏姬搞到手。申公巫臣因色欲而立志，其出发点原不值一提。但是他的恒心和决心，却严重影响了春秋时期的地缘政治。就在楚庄王准备收用夏姬的时候，申公巫臣向楚庄王进谏，把红颜祸水的道理，说了又说，例子举到妲己、褒姒。他说：

"这个女人，其实是个灾星。就现今而言，已经克死几个男人。她是郑穆公的女儿，郑灵公的妹妹。因她，郑灵公殷年早逝。这是第一个被克的男人。她嫁与陈国大夫御叔。结果御叔也殷年早逝。这是第二个被克死的男人。她与陈灵公通奸。结果陈灵公被弑。这是第三个被克死的男人。她的儿子夏徵舒，因他而死。这是第四个被克死的男人。就算是与她私交的孔宁、仪行父，也因她而弄得有家不能归。这些，是已经摆在面前的事实。天下美女多的是，何苦为她舍弃性命？"

楚国原本巫风极盛，有迷信天意的习俗。楚庄王又是个英明豁达的人物，拿得起，放得下。想想自己不必因这女人得个好色的名声，所以就放弃。楚国贵族子反，当时贵为令尹。楚庄王不要夏姬，自然就轮到子反。申公巫臣又去向子反进谏。子反想：

君王不要她，这其中必有蹊跷。我也不必蹚这浑水。

于是，子反也不敢要。君王、权臣都不要，楚国的其他贵族就更加不敢要。一个天下第一的美女，弄得来无人敢娶。这事情，主要是因申公巫臣于其中捣鬼，却让楚庄王觉得好笑：

未必我楚国之中，就没有个男人配得上这婆娘？

楚庄王觉得好东西不能这样白白浪费了，就效仿早先的齐襄公，命夏姬于楚国贵族之中，自选一人为丈夫。夏姬选了连尹襄老（此人名为襄老，是楚王所封建的连国的执政令尹。中国的姓氏大多产生于春秋时期，按以官职建氏的规则，"连尹"也可看作氏。）。夏姬此选，如同当初宣姜选择昭伯。凭借多年阅人的经验，夏姬于众多楚国贵族之中选择男人。这连尹襄老的相貌、性欲，都算是最班配于夏姬。夏姬与连尹襄老，差不多算是金童玉女，彼此鱼水和谐，生发出爱情。然而，灾星之说，竟然一语成谶。美女健夫，相处仅一年。在次年的邲之战中，得胜的楚军仅有两个贵族被晋军擒获。其中之一，就有连尹襄老。连尹襄老被杀死于战场，尸身被荀首掳去。夏姬再度成为未亡人。这女人天生奇淫，哪里耐得住寂寞？就在连尹襄老家中，她与连尹襄老的儿子黑要（即是现代汉语的"黑腰"，应当是指腰部天生有大块黑色胎记。）勾搭成奸。

看上了夏姬的申公巫臣，论相貌和性功能，不如连尹襄老；论权势，又不如楚庄王、子反；论关系，又没有黑要就近的便利。怎样才能得到女人的心呢？读者注意：世间的女人看男人，第一看重的是相貌，第二看重的是有钱，第三看重的是性功能，第四看重的是痴情，第五看重的是执着地追求。申公巫臣于前三项不如人，只好在后两项上下苦功。第一步，他向夏姬求爱。夏姬守寡于楚国，如同当初守寡于陈国。连丈夫的儿子都敢勾搭，还有何人不敢相奸？她的淫妇之名，早就路人皆知。名声既已如此，贞洁牌坊不可能轮到她的身上。夏姬索性大做，让那垂涎已久的申公巫臣，加入到她庞大的情夫队伍之中。这个申公巫臣，好算是有情有义。就在夏姬床头，他立下个娶嫁的誓言：

"我知道你爱的是连尹襄老。我要帮你实现愿望，料理他的后事。要办成此事，你须照我说的做：你回你的祖国郑国，在那里等我。我对天发誓，要为你料理他的后事，然后到你的祖国来正式娶你！"

儒教认宗庙为终极归宿。人死之后，要埋到家族的坟场，灵魂才能得到安息。像连尹襄老那样战死于荒野，尸身留在外国，被视为不得好死。夏姬爱连尹襄老，所以希望连尹襄老的灵柩能够回到楚国，埋葬于家族之中，以免成为孤魂野鬼。要得到一个丧偶的女人的真情，那须得将其前任的男人安排妥当。申公巫臣入手的这第一步，已是深谙女人的心思。

博取女人的芳心，被很多人，特别是年轻人，看成是特别了不起的事情。其实，男、女虽有性别差异，感情的主要方面却是一样的。只不过，由于女人先天弱于男人，所以她们对男人有一种依靠的心理。古话说的"嫁汉嫁汉，穿衣吃饭"，现代说的什么"安全感"，其实就是这种依靠的心理。得一个男人真心地对自己好，女人就觉得自己此生有靠。这是世间任何女人都看重的东西。反之，若能让女人对你产生出这种依靠心理，从此她就视你为主心骨，死心塌地跟着你，一塌糊涂地爱上你。夏姬虽则是春秋第一艳妇，毕竟这女人的本性还是一样的。申公巫臣虽说地位不是太高，长得不是很帅，却能有此真心。这让夏姬感慨万千：

半生来阅得许多男人，无一不是贪恋我这点美色。有哪一个真正愿意为我计议长远，与我相伴终生？芸芸众生之中，天幸得此真心人，直可托付终身！得到他，即是得到生命的一切；跟随他，就是我的命中注定！

从此以后，夏姬虽说不至于为了申公巫臣守身如玉，却在感情上认定申公巫臣是自己的男人。她拿出自己的天赋美色，真诚地将身子献给申公巫臣。这一夜的风流，因双方都有真诚的爱情，所以做得特别地圆满。

怒以止乱祉养生，流血及屦不绝鼓。
莫笑他人有血性，所不报此无涉河！

尊卑第四十二回

灭族分室招国祸　竭力致死报孤老

　　上回说到，申公巫臣深深地迷恋上夏姬。为报答女人，他想到了郑国权臣皇戌。皇戌是个执着的同性恋者。他平常间与晋国贵族荀首交往，看上了荀首之子知罃，想要将知罃搞到手，做个同性的风流。邲之战中，知罃被楚军俘虏。楚国君主楚共王遗传了先王楚文王的性倾向，也是水陆并行，喜好男风。楚共王于在战俘之中见到知罃。这一见之下，如同蚊子见血、苍蝇逐臭。楚共王收用了知罃。此事让郑国的皇戌，平添出许多惆怅。申公巫臣得知皇戌想得到知罃，就去对皇戌说：

　　"你想要知罃，我想要夏姬。现在，只要你照我说的做，你、我都能实现愿望。

　　"我国的公子榖臣，乃是王的亲子。我国的连尹襄老，是夏姬的丈夫。这两个人在去年的邲之战中，一个被俘，一个战死，都在晋国。现在，由你郑国出面，向我国君王说你们郑国愿意做中间人，让晋、楚交换战俘：用晋国的知罃来换取楚国的公子榖臣和连尹襄老的尸身。这事办成后，知罃感激你，你不就可以得到他了吗？

　　"你先出面向我国君王索要夏姬，让夏姬回郑国，让我到郑国来娶夏姬。夏姬原本是你郑国的女儿。由郑国出面办这事，恰好合适。"

　　皇戌听说这种好事，简直是天上掉馅饼！欢喜得没入脚处。巫臣、皇戌密谋分工，协议巫臣、皇戌、夏姬、知罃几方分别于各处出力，促成这连环的"桑中之庆"。按协议，皇戌主动请缨，出使楚国，声称要去结郑、楚友好。当时，郑国在政治上游移于晋、楚之间，晋、楚都希望威服郑国。在此形势之下，郑国贵族无论出使晋国、还是楚国，都是可能丢小命的事情。皇戌为了点不堪闻的嗜好，也就顾不得这许多。郑国贵族还以为他有报国之心，所以当即赞成。皇戌到楚国后，对楚庄王说：

"早先，夏姬守寡于陈国，弄得陈国没个好结果。现在，夏姬又守寡于贵国。恐怕会对贵国不利。为贵国着想，我们想将她接回祖国。另外，晋国人找到我，让我做中间人，要用公子穀臣和连尹襄老的尸身，来换知罃。两方交割的地点，就选在我郑国。"

楚庄王听说是换回自己儿子，当然答应。他想：

夏姬这婆娘，我早先就已经决定不要，其去留原是无关痛痒。这灾星果真是灾星！结婚才一年，就又克死了男人。这种灾星，留下来恐怕还要克死我楚国的人。想来，大约是郑国的某个男人想要她，所以有这请求。我做个顺水人情，将其送回祖国。大家各得其所。

由这种考虑，楚庄王同意了皇戌的要求。邲之战后，国际局势风云变化，晋、郑、楚三国的关系微妙而多变。楚、郑关系较好，因此楚庄王先送夏姬回郑国。那交换尸身与人质的事情，涉及南北两大盟主的关系，不是想做就能做成，所以拖延下去。

春秋132年，楚庄王去世，楚共王成立。因楚共王年幼，惩于若敖家族专权的历史，楚庄王遗命其弟子重、子反执掌政权。他将早先的令尹分成两个，分别号为：左尹、右尹。子重为左尹，子反为右尹。从此以后，楚国形成一个惯例，令尹总是由君主的亲叔叔或者亲弟弟担任，以此压制楚王亲族之外的其他贵族。此举造成了一个对楚国历史影响深远的问题：

楚国贵族感到自己在楚国永无出头之日，并且随时可能遭到迫害，就纷纷逃离楚国。

……

春秋134年，晋军于鞌之战大败齐顷公。敌人的敌人即是盟友。晋国打压齐国，楚国就考虑联合齐国。在此背景下，子重命申公巫臣出使齐国。申公巫臣一直在与皇成、夏姬联系，商量到郑国娶夏姬的事情。经几年的磋商，三方于此时已经计划好一切。得此机会，申公巫臣正好实现计划。出使齐国的路上，要经过郑国。到郑国后，申公巫臣将国家送给齐国的礼物用作娶夏姬的聘礼，正式娶了夏姬。婚礼之中，皇成为了约定的好处，出面主媒证婚，代办婚馆洞房和婚礼的一切。申公巫臣与夏姬，一个是客馆入赘，没有先人宗庙的见证；一个是嫠妇再醮，没有之子于归的迎送过程。男方将同行的叔伯，权当作先人宗庙；女方则坐上婚车从宫中到宾馆，中途巡行于新郑城中，算成是送亲、迎亲。亏得皇成极力帮衬，婚礼居然也弄得煞有其事。此番明媒正娶，不同于当初私通时候的苟且和仓促。到洞房里面，一对新人拿出两样旧东西，盟证旧约。曾经沧海，彼此少了些新人的客套和礼仪；重申婚誓，寻盟之死矢靡他的爱情……

两口子虽是鱼水欢谐，然而申公巫臣将国家财产挪作私人的嫖资，背弃使命，沉湎情色，此举已是叛国行为。燕尔新婚之后，一对"新人"不得不考虑落脚之地：

此时楚国的势力已经膨胀到郑国旁边，郑国随时都可能臣服于楚国。所以，郑国不是久留之地。齐、楚关系最近也比较好。并且，申公巫臣挪用了原本送给齐国的钱财。所以不能去齐国。由此之外的其他小国，大多不敢得罪楚国。唯有晋国，国力够强，并且长期与楚国争霸，与楚国是死对头。作为楚国的叛臣，逃到晋国最为安全。

出于这种考虑，申公巫臣逃奔晋国，依托于郤氏。郤氏为其求得早先的邢国为封地。从此，申公巫臣成了晋国属下的邢国的领主。

申公巫臣的中途变卦，改变不了楚国北伐的计划。春秋134年冬，楚国集国中精锐，北伐中原。楚共王孝服在身，又年幼，又贵为君王，所以不能亲征。为此，子重为他挑选特别的替身：

领军主帅的战车上空出居中的楚共王的位子，由蔡国君主蔡景公为车左，许国君主许灵公为车右，楚国武士彭名为御戎。名义上，这个战车作为楚共王的臣，率军出征。实际上哩，当然是由子重掌权。故意以两个国君来率军，那是制造一种君临天下的声势。蔡景公、许灵公，同样年幼。然而，赶上这种事情，他们没有那么好的命，被强迫穿上笨重的犀甲，远赴战场。

楚军先入侵卫国，然后打到鲁国。鲁国刚刚才送走晋军，又赶上楚军的到来。简直是兵去则匪至，匪去则兵来。鲁国不敢怠慢，派出臧孙许造访楚军，一则是犒劳，再则是试探口气。另外，还想要与楚国结盟。结盟是假，请求楚军放过鲁国是真。不想，天下乌鸦一般黑。楚国方面回复臧孙许：

"听到你们遭到晋国欺负，我军专程赶来救助。征途遥远，花费巨大，我楚国其实也吃受不起。你想要与我楚国结盟，那是好事。我军近年来年年征讨，国力差不多都要耗尽。我军将士都是南方人。眼下就要到冬天，我们南方人冬天都穿得少，禁不起你们这里的寒冷。另外，打仗的兵器，也很缺乏。不知贵国是否愿意帮助？"

这是什么意图呢？楚国虽长期与北方交往，其科技水平却还是不如中原。子重想要趁此机会，掳掠一些北方工匠回楚国。楚军倾国而出，军队已经到鲁国境内。这时候说这种话，表面是商量口气，实际已经没有商量的余地。于是，鲁国向楚军送出工匠、女工、织工各百人。子重这才同意结盟。

大国到来，今天要这样，明天要那样。要什么，就得给什么。在这种大国纷纷以武力相胁的情况下，不发展国防，何以自立？正是因为这种背景，鲁国不得不加强国防，又是税亩，又是丘甲。

郤克于鞌之战的战后条款中既要奸污齐国国母，又要取消齐国国防；这让中原国家将心比心，生出义愤。为此，此番楚军所到之处，中原各国纷纷巴结。春秋134年十一月，楚国大会诸侯于蜀。与会国家有楚、鲁、秦、宋、陈、卫、郑、齐、曹、邾、薛、鄫。这一大会，有资格予以记载的参会国家，就达到十二个。比起晋国组织的四国联军，多出很多。可见当时楚国的实力远超晋国。晋国方面，听说这次大会，就连象征性的出兵示警都没有，那也是自认不如对方。

……

晋军回到祖国。已经退休的士会担心其子于此战之中违背家教、表现出狂妄。士会问范燮：

"你没有违背我的期望吧？"

此战的军情，士会已经得知。范燮知道自己于其中没有什么"不肖"之处，就说接下来的面见君主：

"我军取得了战功。国人都带着喜悦的情绪来迎接我们。走在军队前面的，将是最为人瞩目的人，将是代表整个军队得到名声的人。我不敢走在前面。"

士会看儿子深得家传的谦逊，甚感满意：

"如此看来，我死之前不会为你受到牵连。"

晋景公接见凯旋将士的时候，对范燮说起客气话：

"此战是你的功劳啊！"

范燮回答说：

"我是上军副手，在上军主帅的领导下工作。此次出征，按君命受命于中军主帅。主帅怎么说，我就怎么做。我有什么功劳？"

这个话，将所有的功劳推给了君主和上级。反过来讲，如果有什么过错，那也都不在他范燮身上。这种带着谦逊的圆滑，正是范氏的家学真传！

晋国此次讨伐齐国，逼齐顷公结下城下之盟，算是取得了巨大战功。这一年冬天，晋景公命巩朔羁押着齐国战俘到洛阳，献俘于周朝。此时的周朝，已经完全无力参与国际竞争，唯有把名分当作其核心竞争力。周定王故意不接见巩朔，而是派"三公"之一的单襄公去见巩朔。单襄公传周定王的话，用的是周王与晋国君主说话的口吻：

"如果是异族不服从王命，王下令讨伐它。战胜之后，就有献俘。王将亲自接受献俘，慰劳诸侯。如果是兄弟国家，甥、舅国家不服从王命，王下令讨伐它。战胜之后，只消通告一声就行了，就不必献俘。这是王亲近自己人的意思。

"现在叔父战胜了齐国。齐国乃是武王封的第一功臣姜太公的后人，乃是自己人。纵然他有得罪于叔父的地方，难道就不能劝谏他？难道就非得要刀兵相见？哪能献俘？这是第一个非礼的地方。另外，叔父派来的使者，不是受命上卿。王并不想贬低鞏朔。然而，先王定下的规矩不能破。这是第二个非礼的地方。"

以上是公开的话。私底下，周定王深恐得罪鞏朔，比照于接待诸侯的规格来接待鞏朔。又私下宴请鞏朔，送给鞏朔私人很多钱财，说：

"王出于体面，不得不做出对不住你的样子。这点小意思，请务必收下！还有个不情之请：今天请你赴私宴，请你当成没有发生，千万不要记录在案！"

鞏朔走了这一遭才知道：

所谓周王，原来是又当婊子，又立贞洁牌坊。名分这个东西，看来气数也是有限！

周王宁愿花钱，也不肯放下架子。周朝珍视名分，名分因此显得值钱。随行的人将周定王公开的回复报告于晋景公，晋景公这才想起自己犯了错：

向周王献俘，还是应当派个级别高一些的人去。

晋国向来看重真本事，不把名分当回事。因此，晋景公转而一想：

他嫌我派去的人级别低，我就多造出些高贵的人出来！

次年，未经请示周朝，晋景公沿袭晋文公的做法，重建六军。于中军、上军、下军之外，新创制出新中军、新上军、新下军。任命：

韩厥为新中军主帅，赵括为新中军副手；

鞏朔为新上军主帅，韩穿为新上军副手；

荀骓为新下军主帅，赵旃为新下军副手。

经此举，晋国一下子增加了六个卿，达到十二卿之众。周定王听说此事，明知道这是与周朝作对，却只好苦笑而已！这其中的韩厥，于晋襄公年代就做中军司马，在这个位子上坐了将近40年。如今终于成为第七大夫，统率新建的三军，算是媳妇熬成婆，修成正果。他感念赵盾当初的举荐，于接下来赵氏的灾祸之中保护赵氏孤儿，这里且接下不表。

鞌之战战胜了齐国，让晋国的声威有了点起色。晋景公乘胜追击，于次年的春秋135年讨伐郑国，结果被郑军打败。郑国巴结楚国，效仿晋国的做法，将战争中得到的战利品献俘于楚王。看到郑国投入楚国怀抱，晋国又开展晋、郑外交。就是这一次外交，办成了晋、楚之间的人质交换：

按与皇戌的约定，也为了实践自己对夏姬的承诺，申公巫臣向晋国提出晋、楚交换战俘。晋国原本就有召回贤臣的先例，兼之荀罃之父荀首已经做到第二大夫。在申公巫臣、荀首的共同争取下，晋国使者至郑，请郑国承办晋、楚之间的人质交换：

用楚庄王之子公子毂臣、连尹襄老的灵柩来交换荀罃。

皇戌再次充当使者，到楚国提起此事。皇戌说：

"此事是贵国先王答应了的。"

楚国的子重、子反，都痛恨申公巫臣。子重是因为楚庄王包围宋国之后申公巫臣阻止了对将士的封赏，子反则另有一番怀抱。当初，子反同申公巫臣一样，迷恋夏姬。在子反准备娶夏姬的时候，申公巫臣对他说：

"陈国君主为了她，连命都可以不要！君王却不要她，你想过这其中的缘故吗？"

子反说：

"能有什么缘故？君王身边有的是美女，何在乎她！"

申公巫臣说：

"恐怕不是这样。自鬬椒造反以来，君王对臣下已经生出猜忌。人心隔肚皮，怎样才能知道臣下之中谁生有反心呢？他故意不要这天下第一美女，就是以此来观察谁敢娶她……"

话说到这里，申公巫臣却故意不再继续。子反听了这话，心里就有些影影绰绰。他原本是个胆小的人，色胆不如申公巫臣那样包天，所以就放弃。放弃归放弃，不能得到夏姬，心里总还是有些难受。后来，在楚庄王的主持下，夏姬被遣返至郑国。眼不见，心不烦，他的这个心思也就淡了。申公巫臣在郑国娶了夏姬，子反才回过味来：

用君王来吓我，原本是为了这一天！好一个巫臣，骗得我好苦也！我身为楚国令尹，被这样一个小人算计！若不能报复，今后所有的楚国贵族都要指着我的脊梁骨耻笑于我！

子反向朝廷申请讨伐郑国。然而，申公巫臣谋划在先，不等楚国发兵，就已逃奔晋国。风闻申公巫臣逃奔晋国，子反在朝廷上建议送钱财与晋国，让晋国解递申公巫臣。读者试想：晋、楚乃是敌国。送钱与晋国，岂不是肉包子打狗？楚国朝廷认为子反的这种建议不可理喻，不予采纳。有人说：

"如果他对晋国有用，就算我们送钱，晋国也不会交出他。如果他对晋国没有用，晋国不会重用他，他在晋国也待不下去。不管是哪种情况，都用不着花这冤枉钱！"

楚国没有禁锢申公巫臣，子反对申公巫臣的怨恨不能释怀。如今郑国的皇戍提出交易人质。这交易之中有夏姬的前夫的尸身，唤醒了子反对夏姬的迷恋，又勾起了子反惨痛的记忆。子反与子重计议：

外国提出换回我国的王子。为了先王，不得不答应。然而，必须处理巫臣。不处理他，今后我两兄弟怎样做人！？

子重道：

"人都跑到太行山去了，你能怎样处理？"

子反道：

"人跑得再远，根总还在楚国。不能处理他本人，可以处理他的亲信！"

于是，楚国同意交换人质，却又同时处理了申公巫臣的族人。申公巫臣出使齐国的时候，带走了自己的家人，其同族的人却还在楚国。子重、子反移恨于申公巫臣的族人，杀死了与申公巫臣同族的子阎、子荡、清尹弗忌，又杀死了连尹襄老全家。男人便是杀死。女人，则需要用来报复申公巫臣的夺妻之恨。子重霸占了子阎家的女人。沈尹、王子罢二人瓜分子荡家的女人。子反哩，心里终究念着那个天下第一的美女夏姬。夏姬已经去了晋国。好在夏姬与连尹襄老一起生下了女儿。此女年龄虽小，却是源出于金童玉女，遗传基因相当不错。只需假以岁月，必将出落为夏姬第二。此人就在连尹襄老的家中。子重等人，体谅子反的这种情愫，特特为为，将黑要、清尹弗忌家的女人，悉数分予了子反。

申公巫臣得到了一个女人，却让很多个家庭的女人都沦为性奴。这其中，有他的姑姑、婶婶，侄女、侄孙女。又牵连到连尹襄老的家族，就连夏姬的女儿，也不能幸免。他在晋国得知家族被灭，当然愤恨。那个对连尹襄老情有独钟的夏姬，听说连尹襄老一家也遭到族灭，自己的女儿还是儿童就沦为性奴，当然也异常愤恨。两口子同仇敌忾，送信给子重、子反：

"我离开楚国，不过是为了个女人。我的心并没有背叛楚国。你们以私心来报复，灭我的家族都还罢了，还牵连上其他人。我一定要让你们疲于奔命，让楚国不得安宁！"

照这话的口气，他的族人被灭尚是小事，夏姬的夫家被灭才是大事。足见此人对夏姬迷恋得太深！

……

却说楚共王，此时虽已是即位的第三年，年龄却只有十三岁。贵为君王，他平常间吃的是牛肉、熊掌、团鱼，喝的是鹿血、人初乳。赶上节日，更是整只的牛、羊、猪为他一人准备。其他山珍海味，不在话下。如此丰富的饮食，搭配以每日必修的射箭、驾车之类的体育锻炼，让他发育得超乎常人。他身高已有一米七五，体重也达到一百五十斤左右。就连颌下的胡须，都已经有一厘米长，呈现出一片青色。他平常间与知罃玩"翻面饼"的游戏，翻来翻去，竟然也翻出些感情。眼看情人就要离去，楚共王依依惜别。他问知罃：

"你恨我吗？"

情人话中的"恨"，其实是爱与恨的混合物。知罃知道这指的是什么，回答说：

"邲之战，我技不如人，被别人俘虏。君王不杀我，与我相处……"

话到这里，知罃不觉低下头，羞得一脸通红：

"君王让我回国，这是好事。有什么怀恨之处？"

楚共王色迷迷地看着知罃，又问：

"那你是感激我啰？"

知罃在楚国，身份是囚犯、奴隶外加娈童。这三种身份，无一不是男人的奇耻大辱。此时，知罃的父亲是晋国第二大夫。按当初召回士会的惯例，他回国后将成为晋国的高级贵族。此番离去，乃是跳出十八层地狱，登上九重天！他哪能记恋这种屁股上产生出的感情？他说：

"两国交兵，各为其主。两国互换人质，彼此各得其所。双方都不亏欠对方，又何谈感激？"

楚共王说：

"你我相交一场，我待你不薄。你用什么来报答我呢？"

知罃说：

"缘至而合，缘尽而离。既说不上怨恨，又何谈感激？没有感激，何来报答？"

楚共王还不死心，又问：

"话虽是如此。毕竟相交一场。请说出你对我的感情。"

知罃回想起自己这几年所遭受的屈辱，一时间激愤起来，顾不得许多：

以君之灵，累臣得归骨于晋；寡君之以为戮，死且不朽。若从君之惠而免之，以赐君之外臣首，首其请于寡君，而以戮于宗，亦死且不朽。若不获命，次及于事，而帅偏师以修封疆；虽遇执事，其弗敢违，其竭力致死，无有二心，以尽臣礼。所以报也！

译文：实在要说我对你的报答，假设有一天，我能够带领晋国军队与你相遇，为了我的国家，我将拼死战斗。那就算是我的报答！

读者注意：知罃这话，分明是仇恨楚共王，完全没有同性恋之间的感情。楚共王相处了个娈童，既不能留，又舍不得放弃。王者之尊，如此藕断丝连，甚无谓也！到得后来，荀罃象士会一样，得到晋国的重用，做上第一大夫，以晋军中军主帅之职，拼死对抗楚国。这其中的感情，犹如十六国时候的慕容冲之于苻坚。

做孤老的人，总希望美貌的娈童能够记念自己为他所做的付出。殊不知感情世界里没有尊卑和阶级。有真情的付出，长得不帅的申公巫臣可以得到天下第一的美女。没有真情的付出，纵然贵为君王，也会有周幽王得不到真爱的那种苦闷。楚共王把知罃当作玩物。知罃只会因此怨恨他。哪怕是他在知罃身上花了再多的钱，知罃终究认为自己遭到了侮辱，不会心存感激。所谓"婊子无情，戏子无义"，并非婊子、戏子天生就没有人性；而是起因于有人不拿她们当人。

知罃被送到郑国，进行人质交换。郑国贵族皇戌一见之下，简直觉得是天上掉下的宝贝：

知罃被俘的时候还不到十岁。在楚国生活这几年，被当作女人来装束和调教。此时虽换了男装，一时间也改不掉"女人"的神情举止。他的身高约是一米六。体型匀称而稍稍偏瘦，只有大约一百斤重。一般来讲，瘦的人容易有一种瘦骨嶙峋的弊病。偏偏这小伙子生成一种偏小的骨骼，略瘦的身体看起来竟然很有肉。这种肉既不同于健壮的男人的肌肉，也不同于肥胖的人的脂肪，而是介于这两者之间，既不是赘肉，也不像肌腱；且富于弹性，看起来有一种柔美。因为没有到"结发"的年纪，还没有正式戴冠，所以他的头发如同女人一般，只用一根丝绳，不松不紧地系住，散披于身后。白里透红的肤色，映衬着油光水滑的头发。举手投足之际，由一种先天的柔弱，显出自然的妩媚。偏偏他又是男性，所以又兼有女人所没有的爽朗和潇洒。年龄正处于生长期，周身散发出生命的活力。犹如青涩的苹果，甜中带酸；犹如半开的花，让人期待它的盛放；犹如未圆的秋月，不满即是风姿；犹如煎到六成熟的牛排，要的就是生鲜的口味。

这种小伙子，不要说女人，就是男人见了，也心生艳羡。皇戍向知䓨百般表功，又极力献殷勤。知䓨曾经侍奉楚共王，男色方面已是驾轻就熟。他知道皇戍想要什么。为了回国，少不了逢场作戏，酬谢恩公。此事对知䓨而言，是孽缘之中的一个小插曲；对皇戍而言，简直是"金风玉露一相逢，便胜却人间无数"，以为是生平第一奇遇……

知䓨回国后，改头换面，成为晋国知氏的继承人。他希望自己能够忘掉少年时候的坎坷经历，并且希望别人也忘掉这些事情。然而，知䓨不能忘记自己的这段经历，视楚共王、乃至楚国为仇人。巫臣、夏姬则孽缘不断，为了曾经的桑中之庆继续因果报应。此时正是晋国势力极弱，楚国势力极强的时候。接下来的历史演变中，晋国越来越强。表面臣服于楚国的鲁、郑、宋相继背叛楚国。为什么呢？种种缘由之中，正夹杂有夏姬、知䓨这两个尤物的影响。

究竟鲁、郑、宋如何背叛楚国？且看下回。

笔者揣测楚共王与知䓨离别时的心理，吟成几句：

体态天仙，气质冰雪。
面如朝霞，神如朗月。
三年相交，同寝同乐。
一嗔一笑，历历在目。
为问佳人，舍得我不？

并列第四十三回

孙氏二主两面乖　楚军一岁七奔命

郑庄公年代，郑国用祊交换鲁国的许田。许田原本是许国的土地，只是因周王的命令，成了鲁国的朝宿之邑。郑国得到许田之后，即与许国结壤。许国，在郑国之南，在楚国北伐中原的进程中，很早就沦为楚国附庸。

春秋 135 年，因楚国势力远盛于晋国，许国凭借楚国的支持，入侵郑国。那意思，想要抢回郑国从鲁国那里换来的许田。郑国实施报复，入侵许国。这时候，晋军因郑国投靠楚国，进攻郑国。楚国的子反率军救助郑国。趁这机会，郑悼公找到子反，请求子反裁决郑、许两国的疆界纠纷。楚国此番北伐，争的是国威。楚国想要让天下承认楚王是与周王一样的真命天子。子反想：

当初晋文公做了霸主，将卫成公交给王的法庭。我楚国也应当有王的法庭。

于是，子反不作裁判，说：

"如果你们愿意，就到王那里去请求仲裁，达成和解。不然，我是不好做这种评判的。"

春秋 137 年夏，郑悼公、许灵公到楚国，对坐于楚国的王庭。笔者于前面曾经介绍当时的王的法庭。按当时的规矩，君主因地位高贵，并不出庭，而是由其臣下"代坐"。当时，郑国的皇成、子国为郑悼公"代坐"，出席楚王的法庭。皇成与申公巫臣同谋的事情，已经渐渐暴露。子重、子反痛恨叛国的申公巫臣，连带仇视皇成。于是，法庭判定郑国有罪，将皇成、子国囚禁起来。并且要郑国将许田归还与许国。

郑国自开国以来，其疆土全部都是从别人手里抢来的土地。如果曾经抢占的土地都要退还，那郑国自身将无立足之地。而且，许田隶属于许国，是差不多五百年前的事情。郑悼公想：

我国的许田得之于鲁，而不是得之于许。许国凭了楚国撑腰，竟然把如此远古的历史，用作主权的佐证！楚国不灭我国，不过是希望在晋军南下的时候，让我国将士充当炮灰，用来缓解晋国对他的压力。他哪里有什么盟主的恩德？我偏不遂他的意。我要尽力保持晋、楚之间的大致均衡。晋、楚之间势均力敌，才会跑来寻求郑国的支持。郑国为晋、楚所重视，在国际上才有话语权，也才能保证国家的主权。

楚国王庭的处理意见，没有考虑郑国的这种身世。为此，郑悼公主动寻盟于晋国。八月，晋、郑进行大夫级别的外交。晋国的赵同与郑悼公于晋国境内秘密会晤。此时的晋国，势力被楚国压制到极小的范围。中原正中的郑国有臣服于晋国的心，晋国方面特别重视，决定以此为契机，重振晋国盟主之威。春秋137年冬，晋国组织中原诸侯大会于蟲牢。与会国家有鲁、晋、齐、宋、卫、郑、曹、邾、杞。经此会，郑国回到中原的怀抱。读者注意：春秋126年的邲之战，楚国压倒了晋国。晋国于战后组织清原之盟，与会国家只有晋、宋、卫、曹四国，级别仅为卿的级别。就连仅有的四个国家，其中的卫国都还违背“恤病讨贰”的盟誓，出兵进攻盟友。此时，晋国的势力可谓弱到极点。春秋134年，晋国于鞌之战大败齐国。楚国出兵争锋，组织起起蜀之盟，与会国家有鲁、楚、秦、宋、陈、卫、郑、齐、曹、薛、鄫，达到十一国之众。除了晋国，中原诸侯差不多全部聚集于楚国旗下。仅仅三年之后的蟲牢之会，晋国势力就恢复到与楚国大致相当的规模。这其中的演变是怎样的呢？下面分别介绍鲁、宋、卫的转变：

鞌之战，晋国为鲁国争回了汶阳之田。虽则说当时鲁国已经送了晋军将领极重的礼，出于礼仪，还是应当登门致谢才对。春秋 135 年夏，鲁成公亲赴晋国，就汶阳之田致谢。有来就有往。同年冬，晋国命中行庚回礼于鲁国。当时，卫国的孙良夫也送礼于鲁国。孙良夫是卫国第一大夫。中行庚则是晋国的上军主帅，是第三大夫。鲁国方面，出于对晋国的尊重，先与中行庚盟誓，后与孙良夫盟誓；算是对盟主特别地尊重。次年，即春秋 136 年，鲁成公再次朝拜于晋国。在接待鲁成公的时候，晋景公以恩主自居，态度傲慢，言语狂妄。鲁成公在别人的地面上，不得不忍气吞声。回国后，他对季孙行父说：

"按先君的意思，原是投靠于楚国。只因楚庄王去世，楚国新君年幼，我才找到晋国。其实，就实力而言，眼下晋国哪里比得上楚国？靠了我们的支持，晋国打败了齐国。晋国君主因此自以为是，藐视于我。我想，我们还是重新联络楚国吧！"

季孙行父说：

"国际外交，最忌朝三暮四。如果不是有切实的好处，最好不要轻易变更外交策略。随意地变更策略，会让外国觉得我们不可信。这是其一。为了得晋国帮助，我国花费了许多钱财。一旦变更策略，先前花的钱就打水漂了！转而结交楚国，需要送楚国同样多的钱财。如果送少了，楚国就会说我们重晋轻楚，就不愿真心帮我们。转投楚国，在经济上不划算。这是其二。

"周文王的史官史佚曾经说过：非我族类，其心必异。纵然晋国君主态度可恨，毕竟彼此同属姬姓，血缘同根，是一家人。当初，先君僖公就是想到晋、鲁的血亲，于城濮之战前夕投靠于晋国。当时，晋国的势力同样不如楚国。后来，晋国不是越来越强了吗？长远来看，主公应当更多地亲近晋国。"

季孙行父在鲁文公年代就做上第一大夫。公子遂扶植情妇之子，立鲁宣公。鲁宣公在位的 18 年期间，东门氏压倒季氏，为鲁国第一豪族。鲁宣公一死，季孙行父就驱逐了东门氏，重新执掌鲁国政权。鲁成公是由季孙行父所立，怎能不听季孙行父的话？而且，此人乃是三朝元老，于鲁国有举足轻重的地位。他说的话，又句句在理。在这种情势下，鲁、晋结成战略合作伙伴的关系。

……

春秋 128 年，在华元的建议下，宋国杀死楚国使者文之无畏，楚庄王包围宋国。华元用自己与子反的私交，说得楚军撤围。当时，楚、宋结城下之盟，宋国被迫臣服于楚国。虽是臣服，楚军围得宋国城中的人析骸而爨、易子而食，宋国贵族对楚国极度仇恨。

楚庄王是因华元的话而决定撤围，所以指名要求华元到楚国做人质。当时，申犀为了不共戴天之仇，一心要杀华元。偏偏华元是宋国第一大夫，在宋国极有权势。宋国人一再向楚庄王送礼说情，请求遣返华元，另委人质。楚庄王既已与宋讲和，也就尊重宋国意见，同意换人。派去顶替华元做人质的人，是宋文公之子，名叫子灵。子灵到楚国后，代替华元遭受囚禁和侮辱。因此，子灵仇恨华元。

春秋 134 年，宋文公去世，其子继位，是为宋共公。同年冬，楚国大会诸侯于蜀。这次会议中，宋国方面的代表是华元。在会议上，经华元请求，楚国同意释放子灵。春秋 137 年，正当晋国组织蟲牢之会的时候，楚国方面出于拉拢宋国，搞衰晋国会议的心思，释放了宋国人质子灵。

子灵在楚国做了 6 年人质。其间，楚国的申犀不能报复华元，只能移恨于子灵，对子灵极尽侮辱。子灵觉得自己原本是个公子，落得此等下场，都是拜华元所赐，故而对华元生出以死相拼的怨恨。子灵回国时，华元专门为他接风。子灵表面上应承，心里寻思报复。他不知道国内的人是否支持他，决定进行测试：

他带领自己手下的人，战车夹带步兵，一路大声呼喊口号，冲进城门。于城里巡游之后，又冲出城门。如此重复，一日数次。宋共公问他：

"你这是做什么？"

他说：

"我在为进攻华氏做准备。"

读者注意：子灵此举，是想要知道宋共公的立场。宋共公是宋文公之子。宋文公年代，华元即成为君主专门挑选出来的心腹。华氏在宋国已经树大根深。就算宋共公暗中有翦灭华氏的心思，那也绝不敢轻易施行。更不至于为了一个曾经流亡的公子来做这种尝试。宋共公联络华元，与之合谋杀死了子灵。

楚国释放子灵，目的是阻止晋国组织的诸侯大会。此举虽没有阻止宋国参会，却带来了另外的变化。宋国方面，宋共公、华元都参加了蠱牢之会。会议的尾声，议案是：

于次年恰当的时候，与会国家再次会议。

此时，宋共公、华元接到了子灵回国的消息，一则要赶回国去安定人心，再则也担心子灵挟有某种政治目的，就提前离开蠱牢。走之前，宋国知会盟主晋国：

"敝国突然出现个不足为外人道的家事，需要赶紧回去处理。也不知多久能处理好这事情。故而明年的会议，就不敢保证参加。"

晋景公接到这消息，场面上只好装假大度，一笑置之；心下却是咬牙切齿，暗思报复。次年，即春秋138年，晋国由伯宗、夏阳说领军，携卫国、郑国、伊雒戎、陆浑蛮，五方面联军，入侵宋国。宋共公和华元高估了子灵的本事，他们没想到子灵会自现气门，主动往枪口上撞。很快处理了子灵之后，也为当初会议上的话后悔。为此，宋国方面早作准备：一方面准备钱财，做外交的预备；一方面加强军备，做军事的准备。五国联军出门，计划的是抢点粮食、钱财，俘虏点男女战俘，并不愿意为了两句场面上的话去拼命。宋国的准备，犹如殽之战前的郑国。晋军短暂驻军之后，即预备回国。回国途中经过卫国。夏阳说对主帅伯宗说：

"我们受命讨伐宋国，如今空浪费许多军费，无功而返。回去后，怕不会遭到处理？卫国视我们为盟友，没有军事警戒。不如偷袭卫国，俘虏些人回去，也好交差！"

伯宗说：

"卫国是晋国最忠实的盟友。就是最艰难的时期，卫国也都忠心于晋国。它视我们为靠山，所以不做防备。譬如飞鸟入怀，人自怜之！哪至于掐死这入怀的飞鸟？"

五国联军之中，原本有卫国的军队。带领卫军的人物，是卫国第一大夫孙良夫。孙良夫并不曾得悉晋国将领的这番对话，却有其他人将联军意欲入侵卫国的消息送到了卫国。卫国赶紧戒严，城门楼子上隐现许多弓身、盔缨。晋军发现卫国已有防备，只好离去。

此事虽最终作罢，却造成了卫国国内的矛盾。卫国派孙良夫参加对宋国的讨伐。讨伐的途中，联军却有进攻卫国的举动。这让卫国君主卫定公怀疑孙良夫与晋国勾结，背叛卫国。孙良夫回国后不久即去世。其子孙林父禁不起这种怀疑，担心遭到处理，于春秋139年冬携自己的封地戚，投靠于晋国。戚是卫国第一大城市。戚之于晋国，犹如许田之于郑国。早在晋文公代年，晋国就攻取了戚。后来，为了睦邻友好，晋国又将戚归还卫国。孙林父到了晋国，一番哭诉，请求盟主为自己主持公道。晋国方面，因此事起因于晋国将领的阴谋，就知会于卫国，假装说晋国于此事之中有责任，说要调解孙氏与卫定公的矛盾。卫定公方面，当然否认自己有对付孙氏的意思，说是要请孙林父回去。

孙林父居于晋国，受到晋景公的特别厚待。赏以官位，赏以土地，赏以美女。更有一种特别的厚待：

时常派些晋国贵族来与他谈心。彼此间先是叙起两国不同的风俗人情，渐渐说到卫国的局势，进而展开一种政治上的洗脑。其用意，是要孙林父效忠晋国。

一边是丧命的危险，另一边是美女和荣耀。两相比较，孙林父哪里还愿意回去？面对卫国要孙林父回国的要求，晋国想了个折中的办法：

收下孙林父这个人，将早先属于卫国的戚，归还卫国。

这个做法，意思是迁就卫定公，维持晋、卫友好。

至春秋146年春，卫定公朝拜晋国。晋国方面，强迫卫定公与孙林父相见。之后，晋国提出让孙林父回国并担任重要职务。同年夏，晋国权臣郤犫陪同孙林父回国。郤犫在卫国拿班作势，态度傲慢，为孙林父撑腰。他要卫国答应两个条件：

其一，让孙林父做卫国第一大夫，执掌卫国政权。

其二，要卫国同意孙林父继续做戚的领主。

卫国方面，强不过大国使者，只好答应接受孙林父，将收回的戚重新封给孙林父。这一年冬，卫定公去世。卫定公的嫡妻定姜没有产子。卫定公之妾敬姒产有两子，长者即卫献公，幼者名鱄。因为二子均为庶出，所以都早先都没有立为太子。至卫定公病危时候，方才立卫献公为太子。在卫国之中，鱄比卫献公更得人心。而且，早先久久不立太子，让国中贵族产生猜测。卫国贵族分成支持卫献公和支持鱄的两派。卫献公虽然成立，支持鱄的一派仍然蠢蠢欲动。孙林父在晋国居住长达七年，回国后当然被视为叛徒。靠了晋国的支持，他成为卫国第一大夫。然而，国中的贵族，无论哪一派，对他都是不冷不热。特别是，两派相争，让他面临选边站队的问题。他早先就是因为怕死，才逃到晋国。现在国内又起风波。这让他想起在晋国的美好生活，想起晋国对自己的承诺。孙林父向晋国提出申请：

我愿意效忠于晋国。请晋国帮助我独立出去。让我在戚另建一国，协助晋国来制衡卫国。

晋厉公听说这种要求，仿佛罗斯福遭遇蒋介石，真有点怒其不争。就这样回复孙林父：

晋国为天下诸侯做了那么多的事情，差不多算是全天下的家长。然而，晋国也还不敢想望王的名分。你与卫国君主之间，有个君臣的名分。你公开独立出去，那是以臣抗礼于君。这样做，让我拿什么话向周王交代？又拿什么话向天下诸侯交代？并且，让你回国，是要你与国内搞好关系。你做了正卿，却不理政事。我帮助你还有什么意义？

孙林父与晋厉公之间，多次讨价还价，讲成了交换条件：

晋国以大国声威，维持孙氏在卫国的高官地位，强迫卫国容忍孙氏实际独立于戚的地位。孙氏积极参与卫国的政治，尽量把持卫国政权；并且实际效忠于晋国。

之后，孙林父将自己的家产、家人，悉数搬迁至戚，主动地与晋国官员交往，寻求晋国的支持。晋国与孙氏，彼此间相得甚欢。自此以后，凡是由卫国出席的国际会议，都是由孙林父做卫国的国家代表。而晋国组织的很多次国际会议，都选址于戚。名义上，孙林父是卫国权臣，做会场的东道主。实际上，孙氏成为晋国的外臣，替晋国掌控卫国局势。这个孙林父，在戚做成了个土皇帝，在卫国朝廷呼风唤雨，在晋国面前又耍泼卖乖，混出狡兔三窟，场面上八面玲珑，那都是时势造就。说起世间的卖国者，人们往往指斥其大逆不道，认为这种人是猪八戒照镜子，里外不是人。其实，卖国者也有这种两面风光的情形。不然，谁愿意去做那人人唾弃的"汉奸"？在这番演变之后，孙氏及其封地戚，俨然成了"第二卫国"；而晋国对于腋肘间的卫国，从此没有了顾忌和担忧。这个故事引发后来者的遐想：后来，晋国、楚国都想用相同的方法建立"第二宋国"来效忠于自己。那是后话。

……

卫、鲁、宋在传统上属于北方国家。这三国臣服于晋国，并不能伤到楚国的根本。当时，晋国于中国的东南方扶植起一个国家，从楚国背后夹击楚国。这一招犹如釜底抽薪，从根本上打击了楚国势力。并且，这个国家越来越强大，最终竟然争霸于中原。这是什么国家呢？那就是太湖边的吴国。吴国的崛起，并非自强自立，而是起因于夏姬和申公巫臣。

申公巫臣的身世，出自于楚国王族。其族系隶属屈氏，与战国时候的屈原同宗。申公巫臣深爱夏姬，为她舍弃了祖国。在儒教的规则里面，国与家相连。他的父兄，他的列祖列宗，都埋葬在楚国。子重、子反将他的家人，杀死和奸淫；将他的家族宗庙的木主，付之一炬。这将会让他的灵魂永远成为孤魂野鬼。既往不可追，当今才是现实。他只有报效于晋国，重新立身于晋国，才能有家族的永远。为此，他将自己追求夏姬的那点心智运用到政治上，挖空心思，又想出了一个灭楚国的计谋。楚庄王年代，楚国讨伐东夷的时候，到达吴国边疆，曾经与吴国进行盟誓。当时，申公巫臣随行于楚庄王，结识了吴国贵族。到晋国后，申公巫臣对晋景公说：

"楚国地处南方，总是团结起南方的部落共同对抗晋国。然而，这南方的联盟，也可以瓦解。我在南方多年，熟知南方的情况。要对付楚国，须从吴国入手。吴国虽是东方蛮夷，其祖宗却是源出古公亶父。太伯、虞仲远迁至太湖，成为了东吴地方的国王。他们的后人，受土著浸染，远远落后于中原。然而，吴国毕竟是周朝的故人，他们姓姬，也知道自己的出身。请主公命我出使东吴，扶持这东方的同姓，共抗异姓的楚国。

"要让吴国有足够的力量来对抗楚国，就必须教给他们军事。吴国人生长于江湖，不懂战车的战术，甚至连射箭都不会。我此行的使团，要带上相关的装备和人员。我去吴国后，要教吴国打仗！"

晋景公知道巫臣一族的遭遇，很理解申公巫臣的想法。再听说这种历史渊源，当然应允。于是，申公巫臣带 125 名战士，9 乘战车，来到吴国。

说到吴国，补叙其身世。太伯、仲雍到了东吴之后，因为身挟更加高明的文化，成为了当地的祭司，渐渐在当地自号为王。到周武王建立周朝的时候，东吴地方，已经由仲雍的后人称王。周武王感念伯、仲的让国之情，不光封建吴国，并且封建吴王周章之弟虞仲，始建虞国。春秋 68 年，晋献公灭了虞国。太伯、仲雍一族，就只剩下僻处东吴的吴国。至春秋 138 年，仲雍的后人寿梦即位于东吴。寿梦有四个儿子，从大到小分别是：

诸樊、馀祭、夷昧、季札。

阖闾，是诸樊之子。夫差，是阖闾之子。

中原地方于社会发展的方方面面都遥遥领先于吴国。南方的楚国，之所以能够统率南方部落，也就是因为楚国率先与北方交流，于科技上领先于南方的其他部落。申公巫臣为了个女人，敢于舍弃祖国。为了报复楚国，又毅然开发南方。他的目的，是让吴国去进攻他的祖国楚国，所以专门带了吴国所没有的战车，来到吴国。到吴国后，申公巫臣教会了吴国战车战术，又教给寿梦平原作战的阵法，即由鱼丽阵演变而成的"荆尸阵"。申公巫臣向寿梦宣扬姬姓的血亲关系，建议吴国联晋抗楚。吴国方面，忽得大国无私帮助，心下自然感激。就是联晋抗楚的建议，于吴国也是有利无害。当然就极力支持。临走时，申公巫臣将全部战车和 125 名战士终身留于吴国。并且，又将自己的儿子留在吴国，让他督促吴国。吴国由此掌握了中原地方的冶炼技术、兵器制造技术、战车战阵的战术。在晋国的鼓动和帮助之下，吴国强大起来，一再入侵楚国，先后攻取了原本附庸于楚国的巢国、徐国、郯国。吴军于科技上落后于中原，却有一种中原所没有的强项。他们生长于江湖，擅长水战。吴、楚均在南方，地理原因造成双方的战争多为水战。吴军利用水军的优势，打得楚军节节败退。早先，申公巫臣致信于子重、子反。信中说：

尔以谗慝贪惏事君，而多杀不辜。余必使尔疲于奔命以死！

译文：你用贪婪、谗慝的心来侍奉君主，杀死许多无辜的人。我必将让你疲于奔命，直到死亡！

春秋 139 年一年之中，子重、子反所率楚军七次败于吴军。坐实了申公巫臣"疲于奔命"的誓言。而申公巫臣所播下的战争种子，最终实现了他立下的誓言：

后来，吴国灭了楚国。

就在这春秋 139 年，吴军攻入中原地带的州来。郯国在当今山东东南。徐国在当今江苏徐州。巢国在当今安徽巢湖。州来则在当今安徽淮南一带。吴国抢占了早先的楚国地盘，并且打通了与中原国家之间的通道，从此成为中原诸侯的一员。

晋文公开创出晋国的霸权，一举取代齐国成为北方霸主。晋文公在位时间不长，晋国的霸权起初并不稳固。之后，因晋灵公年幼，赵盾心存私心，南方的楚国势力抬头。楚庄王将楚国的势力发展到楚成王时候的规模。楚庄王乃一代雄主，完全压倒了北方的晋国。从事后诸葛亮的角度看，此时乃是楚国实现其政治理想的最好时机。然而，楚庄王死后，楚、晋之间的势力于不知不觉之间此消彼长。总体的趋势是：楚国势力渐渐变弱，晋国势力渐渐变强。这种趋势一直延续至晋悼公年代。晋悼公以"三驾"压倒楚国。自"三驾"以后，晋国于中原居于主导地位，总体强于楚国。南北争霸的这个结果，其原因当然是春秋的一大课题。笔者寻找这其中的原因。最初看到的，是种种偶然事件。偶然性之中存在必然性。这必然性是什么呢？笔者去繁就简，认定其中第一大的原因在于用人：

晋国方面，于人质交换之后重用知罃。知罃，只是一个中等偏上的人才，并且曾经身为楚共王的娈童，带有"污点"。在晋国不拘一格起用人才的习俗下，知罃得到重用，最终做到晋国第一大夫，尽忠于晋国。楚国则相反，对流亡外国的申公巫臣进行报复。申公巫臣，同样是个中等偏上的人才。为了爱情，他不能效忠于祖国。他在晋国本是客人的身份，不可能进入晋国的权力核心。身在以本事选人的晋国，申公巫臣必须要有特别的表现，才能够受到重视。在此情形下，偏偏楚国族灭了他的家人，激起他极大的怨恨。两重因素催生出上等人才也做不出的事业：

申公巫臣向晋国建议联吴抗楚，于楚国的背后建立起一支力量，从此奠定了春秋后期的政治格局。

晋、楚在用人方面的差异，又是因为什么呢？晋国方面，是因为成师偏房夺嫡，不得不开创出用人唯贤的"新规则"。至此春秋中期，晋国的"新规则"已经历时上百年，已经深入人心。楚国方面，则是因为若敖家族专权达半个世纪，处理了若敖家族的楚庄王惩于历史，重用亲人。

因为用人上的兼容并包，晋国得以强大。然而，世间的万物都同时存在利、弊两个方面。重用能人，势必让能人专权。而各种能人同处一国，彼此间以才智、家声竞高低，又造成内斗。晋国总是很有活力，然而晋国的内斗因此永无了局。晋国的赵氏、郤氏、栾氏、中行氏在这种内斗中遭到族灭的命运。一如动物界的弱肉强食，只剩下生存能力最强大的家族。相关事情，下回再叙。

　　按周文王"刑于寡妻，友于兄弟，以至于邦家"的历史，中国先有家，后有国。中国人对国家的感情，起源于臣对君的感情。至于当今国家概念中的地理属性，在当时表现为对宗庙和社稷的热爱。在现代看来，孙林父是卖国的汉奸。其实，春秋时候的华夏族各方面都更加文明和进步。华人自诩高贵。不会有人背叛华夏族，转而迷恋岛夷、山戎。故而孙林父只能算"贰臣"。汉奸二字，意为背叛汉族的奸人。对华夏族的背叛，起因于华夏族的衰落，那是春秋之后的事情。笔者做成几句，纵论民族的衰落，汉奸的产生：

> 原始部落出能人，尊之为祖号五帝。
> 地号区夏文章华，业操农耕崇忠孝。
> 西戎遗种灭六国，史论嬴秦正夹闰。
> 五胡乱华晋偏安，南朝华人有自尊。
> 宁愿烧尽古今书，不使礼乐播四夷。
> 庾信一篇江南赋，始有华人臣外人。
> 鞑靼臣宋蒙臣汉，孙文重申逐鞑虏。
> 洋人诸般都先进，心底何人非汉奸？

顺反第四十四回

操南音钟仪君子　梦厉鬼二竖为灾

随着国力逐渐变强，晋国都城的人口大量增加。特别是春秋135年，晋景公重建六军，让国内的卿达到12人之众。这些人争相购、建房产，添置奴仆。这就让原本不大的绛都显得拥挤。为此，晋国进行春秋史上最重大的一次迁都，从绛迁至新绛。

儒教国家一般不采取迁都或选址另建都城的方式，而是在城市原有的规模之上进行扩建。这是因为儒教第一重视的是对于祖宗的祭祀，而祖宗的坟墓又不允许惊扰。迁都会让君主每次拜祭宗庙都必须回到早先的故都。

古代的城市，出于安全的考虑，在建设之初用围墙包围起来。然而，围墙限制了城市的规模。同样出于安全考虑，人们于扩建城市的时候不撤除旧的城墙，而是于旧城之外重新修建一圈更大的城墙。在城市争夺战中，守城一方往往于外城墙失守之后，于城内临时建设新一的圈城墙。由于这些习俗，古代的城市往往有多层城墙，呈现出洋葱一般层层包裹的样子。这个习俗影响到城市规划的风格，使得很多城市于建设之初即拥有多层城墙。古成都于外城之内有内城。外城名为少城，内城名为皇城。古北京则共有三层城墙，最外一层为京城，第二层为皇城，最核心的一层为宫城。

绛都的地理条件，使得扩建并不可行。晋国所在的位置，主要在当今的山西省。这个地方隶属黄土高原，其西面、南面有黄河为天然的屏障，东面则有太行山为天然的屏障。在高原之上，又大致分为三个地理区域：西面靠近黄河，为南北走向的吕梁山。此山纵贯整个山西省。中部，同样是南北走向，是黄河的一大支流：汾河。汾河流经区域，形成冲积而成的河谷平地。汾河又有许多支流。东部，同样是南北走向的一座大山，即太行山。从农业上讲，高原地区缺乏河流，其农业所需的灌溉完全是靠天吃饭。因此，比较而言，晋国之内，汾河河谷是最宜居的地方。

前面提到，晋国曾经多次迁都。特别是成师一房追杀仇的后人的时候，仇的后人惶惶不可终日，一再迁都。晋武公偏房夺嫡之后，晋国的都城固定下来，位置在当今的绛县。这个地方在太行山脉支系的中条山西麓，城里没有河流经过。离它最近的河流是汾河的支流浍河，远在城市的一百公里之外。儒教国家特别地依靠水。不光需要城市用水，还需要农业用水。绛都不符合这两条要求，所以晋国只有考虑迁都。

当时，晋国贵族对迁都选址分作两派。一派倾向于郇瑕。郇瑕在什么地方呢？它在当今的山西运城附近的解州一带。它的旁边有一个大湖，名叫解池。当时，解池产湖盐。解池背后，是一座大山，那就是中条山。倾向于郇瑕的理由是：

通过开发解池的湖盐，可以富国。背靠中条山，又可以就近获取山上的木材、禽兽之类的物资。

另一派倾向于新田。新田又在什么地方呢？就是当今的新绛。这个地方在汾河干流与浍河的交汇处，且位于汾河谷地中最宽广的一片平地的正中。这一派的理由，主要是出于农业生产的考虑。

晋景公请教于老成，向韩厥咨询意见。韩厥的意见是：

郇瑕虽产湖盐，但是不适宜农业生产。迁都于郇瑕，煮湖盐，贩卖湖盐，打猎、伐木，致力于工商，就势必造成以工商立国。以工商立国，国人就容易外出务工和经商。这种人民，不便于进行整编、不便于建设民兵。特别是，它与儒教宗旨相悖，不利于用儒教思想来予以统治。郇瑕地方，没有大河。虽邻近于大湖，湖水为死水。用为都城，那里会居住很多人。没有大河来冲走大城市的生活垃圾，会造成流行性疾病。反之，新田属于冲积平原，其土壤很厚，旁边的河水够深，适宜农业生产。浍河、汾河两条大河，便于就近获取干净的水，便于行舟至黄河，甚至东出中原。当然，也便于冲走生活垃圾。

读者注意：晋国这两派的争持，即是现代经济学中重农主义与重商主义的争执。现代经济学认为：重商主义更容易造就工业文明，而重农主义则阻碍科技的革新。中国为什么产生不出工业文明呢？仅以当时晋国的选择而言，晋国地处中原的内陆，其周边没有足够的商机，当时的交通运输又极其不便，故而不可能以商业立国。春秋138年，晋国迁都于新田。

......

晋国的权臣发展，才有迁都的创议。晋国权臣的发展，又造成彼此倾轧，造成内斗。还在迁都之前的春秋137年，赵氏的赵婴，就已经出事。

赵衰与叔隗，生下了赵盾。赵盾生赵朔。赵衰与晋文公之女赵姬生下赵同、赵括、赵婴。赵朔之妻赵庄姬，是晋成公之女，算起来是现任的晋景公的妹妹，是赵同、赵括、赵婴的侄儿媳妇。赵盾去世后，将家业传给赵朔。赵朔殷年早逝，赵庄姬守寡。寡妇门前是非多，赵婴勾搭上赵庄姬，做成叔叔与侄儿媳妇的奸情。为这事，赵氏家族内部处理赵婴：通过朝廷将赵婴流放齐国。赵婴这人，于男女关系上虽则是乱来，却算是赵氏之中的能干角色。临行前，他对家族中人说：

"有我在，栾氏不敢做什么。我离去，我的两个兄弟斗不过栾氏。"

赵婴遭流放，赵婴的情妇赵庄姬心怀怨恨。她想要报复赵同、赵括。赵庄姬是现任的晋景公的姐妹。她对晋景公有些影响力。她对晋景公说：

"赵同、赵括要造反！这事，栾氏、郤氏可以作证。"

栾氏，就是指的栾书。郤氏，则是指郤克家族。赵盾把持晋国朝政多年，让这两家人不能出头。听说是处理赵氏，栾氏、郤氏当然出面质证。

从晋国君主系来讲，晋灵公、晋成公，都是赵盾所立，遭到赵氏挟持。直到赵盾去世，政权才重新归于君主。赵氏在晋国，犹如汉朝的霍氏，功高盖主。所以，晋景公也有意处理赵氏。春秋140年夏，晋景公组织栾氏、郤氏，将赵同、赵括谳成谋反之罪，族灭赵氏。

赵庄姬原本只是想报复赵氏家族对于赵婴的处理。女人家心里只有情人，考虑不到那么深远。她想不到事态扩大化，牵连到了自身。怎么回事呢？赵庄姬原本是赵朔之妻。她与赵朔生下了赵武。按族灭赵氏的决定，她的亲生儿子赵武也在被处理之列。她自己提出的处理赵氏，如今不好反过来救赵氏。所以，她找到韩厥，请求韩厥代为说话。前面提到，韩厥原本是地方上的官员，是赵盾将其提拔为中军司马。他与赵氏之间有深厚的政治感情。而且，推测到君主的心机，也让他心惊：

君主报复赵氏的专权，族灭赵氏。而我则是在赵氏的帮助下发迹。此事扩大下去，会不会处理朝中其他权臣？会不会将我牵连其中？

因为这种疑惑，韩厥愿意保护赵武。保护赵武，并不仅是为了保护赵氏，也是保护晋国权臣。要让权臣世袭继续下去，那样韩氏的后人才不会重蹈覆辙。于是，韩厥向晋景公进言：

赵氏一门，自赵衰开始，赵衰、赵盾，曾经为晋国做出过不可磨灭的贡献。要是没有赵衰，可以说连文公都不能回国，哪里还有君主你的今天？对于曾经的功臣过于地残忍，会让其他人寒心。到时候，就没有人愿意为公室做事了。贵族世袭的习俗，乃是自古以来的规矩。要说有罪，夏、商、周三朝的君主都传了很多代，其君主系中难道没有罪人？周幽王导致西周灭亡，难道因此处理周平王？罪人一个人不对，并不是这个家族不对。并且，看一个人，不能仅看他本人，还要看他所在的家族。人们正是看到周文王、周武王的功绩，所以并不追查周幽王的过错。现在为你做事的忠臣，无不希望自己的后代能够长久。就算他们的后人之中出现坏人，他们也希望这坏人能够把家族延续下去。你把赵氏完全地消灭了，会伤其他人的心，甚至可能激起造反。

晋景公想想也是这道理，就让赵武做赵氏的继承人，将其世袭的封地返还给他。以上就是赵氏孤儿的故事。后世的戏曲，于此事之中添加出很多情节，大抵只图热闹、好看，不考史实。赵武继承赵氏家业，后来成为晋国正卿，光大门楣，演变出战国七雄的赵国。

赵庄姬与赵婴的私情，并不是赵氏灭亡的根本原因。赵氏自赵衰开始进入晋国政权的核心。赵盾继承家业以后，因为曾经拥立公子雍，与晋灵公结仇，故而极力扩大赵氏的势力。自晋文公开始，文、襄、灵、成四代，三十多年的时间内，晋国政权很大程度是由赵氏掌控。晋国的君主系对此暗中怀恨；就连晋国的其他权臣，也心生嫉妒。赵盾死后，晋国的第一大夫换成了中行氏的荀林父。荀林父并非没有本事。只因豪族子弟不服从领导，所以败于邲。这豪族子弟之中，第一个就是赵氏的赵旃。荀林父之后，第一大夫换成了范氏的士会。范氏以圆滑处事为家学渊源，主动将位子让与了郤氏的郤克。郤克率军于鞌之战打败了齐国。郤氏以军功自傲，渐渐变得有点像赵氏。郤克做第一大夫不久就去世，第一大夫换成了栾氏的栾书。赵婴出事的时候，正是栾氏执政之时。以上这些人物，荀林父、士会曾经在赵衰、赵盾的领导之下，与赵氏有同僚之谊。故而他们对赵氏子弟的猖狂，犹如当今的员工看老板的儿子，虽是不喜欢，却还是时常做出巴结的样子。表面上的巴结做多了，反过来影响内心，所以还不至于产生仇恨。后继的郤氏、栾氏，则看不惯这种靠祖宗功业过日子的人。其实，晋国自晋文公以来，形成了一种惯例：

第一大夫去世以后，其子继承君主封予的封地；其职务则作降职处理，一般至少降两级。有的时候，甚至直接将其排斥于卿之外。

此时的赵氏，赵括为第八大夫，赵旃为第十二大夫。仅以官职而言，已经远没有早先的荣耀。然而，在晋国贵族的观念里，就连君主的位子，都是谁有本事谁来做。高官的位子，就更是以本事说话。赵朔殷年早逝，其子赵武在襁褓之中。赵氏之中有点本事的赵婴，又弄出欺辱女人的案件。这让晋国的其他家族看在眼里，喜在心中：

你父冬之日，你兄夏之日。我道你是日头常当阳，原来你也有今天！

这种嫉妒升华成报复，甚至影响到晋军的行军打仗：

因为争夺许田，郑国投靠晋国。郑国投靠晋国，势必遭到楚国的讨伐。春秋138年，楚国令尹子重率军讨伐郑国。晋国正卿栾书率军救助郑国。两军遭遇于绕角。楚军撤退驻扎。晋军追击，进入楚国势力范围，讨伐楚国的附庸蔡国。楚军又组织救助。此时，赵氏的赵同、赵括，请求与楚军交战。韩厥、范燮、知首，则暗中体察主帅的意思，反对交战。他们说：

"我们出兵是为了救郑国。楚军离去，我们又追到这里。追到这里，已经超出了救助郑国的范围，变成了激怒楚国的挑衅。平白地挑衅楚国，就算胜利，也是胜之不武。我们已经打败了楚军，取得了荣耀。再打下去，胜负难卜。不如保住这难得的荣耀。"

这种观点，有一定的道理。大国与大国之间的战争，总是受到全天下的关注。其军事上的胜败影响到政治，胜负的结果在政治上会放大许多。为此，大国反倒不敢轻易挑战其他大国。举例说明：

秦国原本是个大国。春秋96年的殽之战，晋军灭了秦国的精锐。此战造成秦国于整个春秋时期不能东向争霸，只能到西方发展势力。春秋126年的邲之战，晋军受到相当程度的打击。战后，晋国几乎丧失了全部的附庸国，只能以黄河、太行山为屏障，自保于黄土高原。后来，晋军发动对秦、狄的战争，从游牧民族俘虏来健壮的白人充当战士，才渐渐恢复元气。

战争之前，必须要有这种顾虑，必须考虑战争之外的东西。这叫做"战如不战"。实战的时候，又必须抛开这种顾虑，放手一搏。这叫做"两军相遇勇者胜"。绕角之战所争夺的东西并不重大，战或不战其实都不影响大局。然而，栾书等人之所以建议不战，也并非完全出于公心——他们是想以此打压赵氏的势力。如果采纳赵氏的建议之后取得胜利，追赏起来，会让赵氏重新得势。为此，栾书故意不采纳赵氏的建议，而是按兵不动，等待楚军离去之后，才出兵灭了楚国的附庸沈国。赵同、赵括二人，经此事后气得眼睛出血，却也无可奈何。合理建议不受采纳，都还是小事。回国后不出两年，二人就丢了性命。这两个人对付自己兄弟倒是能干，与别家人斗，却不堪一击。人们常说富不过三代，在赵氏身上是准确体现。

……

绕角之战，楚军被晋军逼退。楚国讨伐郑国的背叛，于次年即春秋 139 年讨伐郑国。晋国组织起鲁、晋、齐、宋、卫、曹、莒、邾、杞九国联军救助郑国。在如此盛大的支持下，郑军打败楚军，俘虏了楚军将领钟仪。郑国为了向晋国示好，将钟仪献俘于晋国。

春秋 141 年的某一天，晋景公于军府之中看到被囚禁的钟仪，就问身边的人：

南冠而絷者。谁也。
译文：那个戴南方样式帽子、戴手铐的旅客，是谁呢？

身边的人说：
"这是郑国人进献的楚国俘虏。"
晋景公下令为钟仪松绑，然后上前慰问。钟仪向晋景公行再拜稽首礼。晋景公问他：
"你是什么族的人？"
钟仪回答说：
"我是泠人。"
什么是泠人呢？相传上古时候的一个部落叫泠。这个部落世代以音乐相传。泠部落以擅长音乐闻名于中原。至春秋时候，各国称从事音乐的官员为泠。钟仪是泠部落的后人，音乐是其家学。这个泠字，后世辗转成为"伶"。后世的伶官，与春秋时候的泠不一样。春秋时候的社会，虽开始了士、农、工、商的分工，却没有由职业来定尊卑的观念，人们并不歧视工人、商人。郑国的商人弦高，可以充当国家的使者。而晋国的音乐人师旷，可以参与政治。这种习俗，源出上古。笔者于第一回曾经介绍：最早的部落首领，都是由一些精通某一方面技艺的人而产生。这些人，并非依据什么高贵的血统而成为首领，而是靠各自的手艺和知识而受人尊敬。到周朝初期，各种各样的工人都有权参与政治。就是儒教的史书，经后世一再地篡改，也还是没有删去"工执艺事以谏"。钟仪是一个音乐人，在当时却做上了楚王封建的郧国的公爵，比起王族算是卑贱；比起普通士人，却已经算是官居极品；比起贾宝玉所玩弄的伶官，更是不可同日而语。

晋景公说：

"既然是泠人，那你应当懂音乐？"

钟仪说：

"音乐，是我世袭的职业。"

于是，晋景公命人给钟仪一张琴，要钟仪弹琴。钟仪边弹边唱。弹的是楚国琴曲，唱的是楚国口音。演奏结束后，晋景公又问：

"你国君主是个什么样的人呢？"

钟仪回答说：

"我这等卑贱的人物，哪能知道这些！"

晋景公坚持要钟仪回答。钟仪说：

"当他做太子的时候，他的师和保事奉着他早晨去见婴齐（即子重），晚上去见侧（即子反）。其他的，我就不知道了。"

离开军府后，范燮对晋景公说：

"我国与楚国斗了几十年了。早先，先君文公占上风。后来，楚庄王又占上风。历史证明：晋、楚争霸只能争出上风、下风，并不能彻底灭掉对方。南北争霸短时间内不会有结果。

晋国身为盟主，战则服其劳，败则受其祸。这让其他的国家置身于南北争霸之外，事前预卜胜负，事后趁火打劫，反倒越来越强了。郑国朝晋暮楚；齐国挟持两端，且有独霸之心；秦国置身局外、伺机而动；吴国野心勃勃、志不可测。就连鲁国、卫国，暗中未尝不是视晋、楚争霸为棋局，哪里是真正念及姬姓同谊？"

晋景公说：

"这个情况，想来楚国也有同感。只是，我国与楚国是仇敌，自来没有交流，无法就此达成共识。"

范燮道：

"眼前这个钟仪，正可以做南北交流的使者。此人一心思念故土、故主，不可能做我晋国的忠臣。不如放他回去，请他转达我国的这种苦衷。晋国与楚国不可能真正达成和解。然而，对那种利用晋、楚矛盾趁火打劫的国家，晋、楚都很痛恨。只要能够就这一点达成共识，就可以形成这点共识之上的协议。"

于是，晋景公释放钟仪，并且让钟仪带上晋国送给楚国的礼物回国，转达晋国不愿让第三方坐大的意愿。当年十二月，楚国方面命公子辰回访晋国。次年春，晋国又命籴茷为使者，出访楚国。读者注意：晋、楚之间并不是真正和好，而是以共同反对第三方坐大而达成共识。在冷战期间，美国与苏联这一对冤家也有外交，并且也有同仇敌忾的时候。那与此时的晋、楚外交是相同的道理。

晋国遣返楚国囚犯，传达出晋国希望与楚国休战的信号。宋国第一大夫华元，于国际上摸爬滚打数十年，政治嗅觉极其灵敏。他嗅出了其中的意味，以为宋国应当为南北盟主的和好做点什么。

近年来，宋国与晋、楚两个大国关系都不好。先是因杀死文之无畏，与楚国为敌。后又因子灵之祸，没有参加晋国组织的大会，又与晋国为敌。宋国同时与南、北盟主为敌，而其之中任何一个都有灭宋国的实力。这两个国家原本水火不容，宋国还可以利用这种矛盾，于夹缝中求生存。而今这两个国家出现和解迹象。要是它们和解之后对付共同的敌人。第一个共同的敌人，将是宋国。宋国于晋、楚休战之中做点贡献，可以同时缓解晋、楚、宋三边历史矛盾。

春秋 140 年，华元为新即位的宋共公迎娶鲁国女儿共姬。当时，晋国方面陪嫁媵女到宋国。此举抛出了晋、宋双边友好的意向。华元与楚国权臣子重、晋国第一大夫栾书，都有私交。为了宋国的国家利益，华元决定充当中间人，为晋、楚和解出力。

春秋 143 年，华元分别造访晋国的栾书、楚国的子重，达成三方共识：

晋、楚于宋国进行盟誓。

春秋 144 年夏，晋国的士燮、楚国的公子罢、许偃在宋国西门之外进行盟誓。誓言如下：

凡晋、楚无相加戎，好恶同之。同恤菑危、备救凶患。若有害楚，则晋伐之。在晋，楚亦如之。交贽往来，道路无壅。谋其不协而讨不庭。有渝此盟，明神殛之，俾队其师，无克胙国。

译文：晋国与楚国相互不以军事加于对方，彼此认同对方的敌、友，共同应对两国共有的灾害，相互救助。如果有伤害楚国的行为，晋国要讨伐它。如果有伤害晋国的行为，楚国也要讨伐它。晋、楚之间相互外交，共同讨伐不服从盟主的行为。晋国、楚国之中如果有谁违背这一誓言，就让神明来杀死它，让它全军覆没，让它亡国。

这个文件最重要的意思在于：两个霸主国家排斥第三方成为霸主。笔者既录下了原文，又做了翻译，又做出了个人理解。相关的隐语，读者可以从原文中自行揣摩。会议中，晋、楚都对郑国的阳奉阴违、朝三暮四、两面三刀感受深刻，不约而同地要求郑国列席旁听。郑国君主郑成公亲自参会。参会归参会，郑国岂会因此改变其外交政策？南、北盟主的这种共同烦恼，在后来的第二次宋之盟中形成了解决方案。这里且按下不表。

　　……

　　政治上有阳谋有阴谋。很多时候，阳谋与阴谋彼此矛盾。怎样矛盾呢？一面想要和解，一面又由惯性止不住地进攻对方。晋、楚在外交上讲和，同时却在军事上针锋相对：

　　春秋134年的鞌之战，议定战败的齐国将汶阳之田割让给鲁国。至春秋140年，晋国却又派出使者到鲁国，要求鲁国将汶阳之田归还给齐国。这是怎么回事呢？

　　这事与刚刚崛起的吴国有关。申公巫臣出使吴国，让吴国于数年间掌握了中原先进的军事技术，开始进取中原。至春秋138年，吴国讨伐郯国，到达当今的山东南部，逼近齐、鲁。郯国是个小国，大兵一至，当然就臣服于吴国。继续北上，吴国进取鲁国。鲁国向吴国叙起同为姬姓的亲情，打成一片，渐渐生出投靠吴国的想法。

　　晋景公当初支持吴国，目的是于楚国的背后安插一股牵制力量。晋国并不希望吴国发展成为一个大国，更不希望吴国到中原来与晋国争夺霸权。然而，借助吴国牵制楚国又是晋国的长远国策，晋国又不愿意直接与吴国为敌。于是，晋国想到另外一个办法：

　　扶植齐国，又让齐国来牵制吴国。

　　为什么想到齐国而不是同姓的鲁国呢？齐国，历来是东方大国。早先的齐桓公，威名赫赫。此时，齐、吴的力量大致相当。力量对等，就会相互为敌，而不会发生一方臣服另一方的情况。鲁国在国力上明显级别不够，与吴国一经接触，立即就呈现出胁肩媚笑、摇尾乞怜的情态。要是让鲁国去对抗吴国，岂不成了肉包子打狗？这个国际力量平衡的思想，与当今美国总统奥巴马的亚洲再平衡战略，有点类似。要扶植齐国，就需要拿出诚意。于是，晋国让鲁国归还齐国土地。晋国为了霸权而行此事，在鲁国看来，则视之为出尔反尔的做法。鲁国人心下当然不高兴。交接土地的时候，鲁国第一大夫季孙行父对晋国使者韩穿说：

"大国因为道义而做上盟主。汶阳之田，早先就是我国的土地。贵国早先从齐国手里为我国夺回这土地。现在，又传来新的命令，要我归还给齐国。《诗》云：女也不爽，士贰其行。士也罔极，二三其德。七年之间，一与一夺。这就是连女人都不如的二三其德！"

因郯国臣服于吴国，晋国看不惯郯国。春秋 140 年冬，晋国于一年之中第二次派出使者到鲁国，要求鲁国参加共同讨伐郯国的战争。强势之下，鲁国没有选择余地。于是，鲁、晋、齐、邾四国联军共同讨伐郯国。

晋国方面这一连串举动，楚国焉能坐视？楚国反其道而用之，采用近交远攻的策略，与郑国议和，然后出兵东北，讨伐齐国。

兵法一般都讲远交近攻，何以会有近交远攻之说呢？近攻，是因为进攻更近的地方便于攻取之后的统治。远交，则便于孤立近处的对手。此时，楚国面临的国际形势不适用这策略：

齐国因晋、吴的暗中较量得到汶阳之田，捞取了实际的好处。齐国正巴不得楚国作为第三个求爱者，前来示爱，好让齐国继续坐大。齐桓公年代的召陵之盟，是齐国逼迫楚国接受城下之盟。那是楚国的奇耻大辱。如果楚国于此时用"远交"的策略，主动向齐国示好，那齐国人多半会在外交中拿出召陵之盟的事情来议论。齐国人为了本国声威，会暗示这样的观点：

早先，我齐国威服了楚国。而今，楚国不但不敢复仇，反倒前来巴结。我齐国桓公的声威，差不多算是百年不衰！

外交上的言辞，虽不是真金白银，却能够形成一时的气场。楚国要是主动去结交曾经欺负自己的齐国，会让自己的国际威望回复到齐桓公年代的状态。早先军事上有一跌，而今于外交上再来一跌，那会将楚国面对齐国的战败国地位坐实。另一方面，晋、齐鞌之战，齐国战败。齐国于战败之后臣服于晋国，大长晋国声威。晋国的盟友即是楚国的敌人，楚国必须打压齐国。纵然不能像晋国组织的鞌之战那样打得齐国投降，也必须向齐国、向天下展示楚国的强大。

读者注意：楚国进攻齐国，会让晋国于一旁坐观成败，以逸待劳。楚国国内人才济济，不至于没有人看到这一点。然而，历史的发展，有时候犹如快速奔到悬崖边上的车，即使踩了刹车，也止不住车的惯性。

楚国出兵于东方的齐国，路上正要经过郑国。首先决定了不能远交，为防止出兵之后回国的路上遭到攻击，就需要结交近处的郑国。为此，春秋 141 年春，楚国不惜重金，主动向郑国送重礼，寻求楚、郑友好。以上，就是楚国的近交远攻。

且说郑国，历来就是两面卖乖、见缝插针、趁火打劫的外交思想。因处于中原正中，它经常遭到攻击。然而，它也经常因这特殊的位置而得到别人不能得到的好处。栾书于绕角之战压制赵氏，故意不战。回国后，他也觉得对不起国家。绕角之战的次年，即春秋 140 年，栾书又率军讨伐蔡国，入侵楚国。此时，郑国主动向晋国表忠心，率军声援。名义上是声援晋国，实际上却大举进攻许国，捞取了许多好处。事隔一年，楚国又送来重礼。郑国的外交思想看重的是实利，从不在乎贞操。看到好处主动送上门，正好背叛晋国，笑纳楚国的钱财。郑襄公去世后，其子继位，是为郑悼公。至春秋 138 年，郑悼公去世，其子继位，是为郑成公。楚国实施近交远攻的时候，郑成公心里盘算着趁机捞些好处。他还是怕结交楚国的事情让晋国知道，所以将与楚国的约会地点选在了郑国之外，表面上还是做出忠于晋国的样子。晋国为北方第一大国，其间谍遍布于天下。哪能不知道此事？郑、楚结盟，让晋国大光其火。所以，春秋 141 年秋，郑成公朝拜晋国的时候，就遭到晋国囚禁。之后，晋国第一大夫栾书率军征讨郑国。郑国派出使者到晋国，又拿出摇尾乞怜的伎俩。晋国实在看不惯郑国的骑墙态度，竟然违背外交准则，将郑国使者杀死。国君被囚禁于外国，使者又遭杀害，郑国贵族会议此事。公孙申建议：

"晋国挟持我国君主，无非是认定我国在没有君主的情况下会乱起来。我们做两步打算，即可要回君主：其一，我们组织军队讨伐许国，借以显示我国在没有君主的情况下一切正常——不但正常，而且还有能力出兵打仗！其二，我们通告晋国使者，就说：国不可一日无君，贵国不放回我国君主，我国只好另立新君！"

读者注意：公孙申此计，单单就解救郑成公而言，确是好计。然而，在那视君主为信仰的年代，任何事情都大不过废除君主、拥立新君。后世的曹操曾经说过：

"废立二字，是天下至不祥的名目！"

公孙申此计，间接造成了郑国长达百年的权臣政治。相关的演变，后续可见。且说当时，郑国内部立了公子繻。公子繻被郑成公的党羽杀死，又立了郑成公之子郑僖公。郑国方面故意向晋国使者放出硬话：

你囚禁我国君主，你想怎样便怎样，反正我国已经另立新君。

同时，郑国故意于此时出兵侵略许国，以展示一种姿态：

我国君主不在，我国却一切都安好，并且还有能力出兵征讨。

……

晋、楚有和解意向，处于中原正中的郑国，对晋国而言就不再像早先那样非拿下不可。而且，晋国也感到囚禁郑成公、杀死郑国使者的做法并不光彩。为此，晋国决定释放郑成公。放，虽则是要放，却不能轻易就放。郑国扬言不在乎郑成公的死活，甚至讨伐许国以示威武。这种态度，着实可恨！晋国决定先教训郑国，然后才归还郑成公。

春秋142年春，晋国先命卫国入侵郑国。同年夏，晋、鲁、齐、宋、卫、曹六国联军讨伐郑国。打得郑国服软了，方才将郑成公送还郑国继续为君。

一般来讲，外交上讲究先礼后兵。为什么会有这种先兵后礼的情况呢？其实，战与和，是统一的整体。战争的时候，需要预先考虑到之后的和解；和解的时候，则需要预先考虑到可能出现的战争。外交的努力，可以用做战争的润滑剂；而战争的示威，则可以用作外交中最有力的筹码。事先决定要战争，就用先礼后兵；事先决定要和解，则可以用先兵后礼。这都是凡事预谋则立，不预则废的道理。

晋国已经决定释放郑成公，却还是讨伐郑国。这仿佛先掴人一个耳光，然后给出一块糖。其寓意摆明了就是欺负人，就是霸道。郑国感受到晋国的霸道，当然心怀怨毒。然而，这恰好是楚国想要的结果。春秋141年，楚国出兵陈国，声援郑国。打着这旗号，趁机进军东北，沿着陈国方向，进讨当今山东南部的莒国。莒国崩溃。楚军入侵至鲁国的郓。郓，大致就是当今山东郓城。这地方已经是中原腹地。楚军进军至此，兵临齐国边疆，大致实现了预定的战略目标。就在这个时候，钟仪回到楚国，向楚国传达出南、北和好的意向。

就在晋、楚之间即将达成和解之时，晋国君主去世。

春秋142年五月，晋景公感到自己已经身体不行。此时楚国出钱收买郑国，让郑国归顺于楚国。另一方面，晋、楚国讲和的事情，正在洽谈之中。国家有很多事情需要君主亲自参加。为此，病中的晋景公想出一个此前从来没有的办法：在自己还没有去世之前，就让自己的太子即位为君，以便太子以君主的身份主持国家事务。此举引来后世的效仿。战国时候的赵武灵王，身体并没有问题，却将君主位让予吴娃之子，自称"主父"。传到后世，就有了"太上皇"的称呼。就是今天的领导干部不再采用终身制，也渊源于这个传统。

晋景公的病，与他谋杀赵氏有关。

得病之前，晋景公梦见一个厉鬼，头发很长，直拖到地上。这厉鬼揪住晋景公的上衣，将他凭空抓起，扔到地上，说：

"你杀死了我的孙儿！我已经控诉于上帝，要让你死！"
晋景公从地上爬起，逃进房中，赶紧关门。厉鬼打烂大门。晋景公又逃进房中，关闭寝门。厉鬼又打烂了寝门。晋景公又逃入寝室，关闭寝室门。厉鬼又打烂了寝室门。眼看就要抓住他。此时吓醒了。这个梦，其实是因为晋景公处理了赵氏，心中有鬼。梦醒后，他找来巫师，卜问自己的寿命。巫师说：

"你吃不上今年新产的麦子。"

晋景公向秦国征求名医。秦国方面，与晋国是世仇，正巴不得晋景公早死。所以，秦国表面同意，却故意拖延医生的行程。秦国医生还没有到，晋景公又做了一个怪梦：

他梦见自己的病化作两个奴隶。这两个奴隶相互商议。一个说：

"秦国派来了名医，我们大限到了。可有什么地方可以躲藏？"

另一个说：

"我们躲到心脏背后，连接肺叶的地方。怎么样？"

这个梦让晋景公更加忧虑。秦国医生到晋都，他看了晋景公的病之后说：

"患处在肓之下，膏之上。这地方太深，药力到不了，针灸也到不了。又不可能割开心、肺来开刀。我是无能为力了！"

晋景公想要改变自己的运程，于春秋142年麦子成熟之际，赶紧准备吃新麦。同时，他派人带着新出的麦子去质证、责问并杀死那个为他算命的巫师。他正准备吃新麦，忽然觉得肚子疼。他赶紧上厕所，结果跌入茅坑，一命呜呼。读者注意：中国成语之中的"二竖为灾"、"病入膏肓"，就是源出以上故事。

晋景公一生，也算是有所成就。晋国自晋文公之后，历襄、灵、成三代，政权基本都由赵盾掌握。至晋景公，处理了赵氏，重掌政权。在国际上，晋景公前期遭遇著名春秋霸主楚庄王，不能争锋。楚庄王去世之后，晋景公大致夺回了霸主地位。特别是临死之前，他探视钟仪，想到与楚国和解。这个念头，首开南北和好的先河，其实是造福于天下。后来，晋、楚之间于争霸的同时，也时常提及和解，那正是因为晋景公的这个先例。晋景公并没有得见晋、楚结盟。然而晋、楚结盟因他而起。晋景公去世，晋国太子在晋景公去世前就已经即位。此时正式成立，是为晋厉公。晋厉公延续晋、楚的和解，继续与楚国外交，于春秋 144 年与楚国达成盟誓。相关情况，下回再叙。

晋国的新都城选择新绛而不选择郇瑕，是因为儒教的传统。儒教以农耕立国，就连皇帝，也要亲耕以率天下。皇帝所耕种的农田，仿照西周时候的王制，面积为一千亩，号为"籍田"。曾经作为皇帝都城的成都，其郊区至今仍然有"籍田"的地名。笔者选译潘岳所著《耕籍田赋》如下，让读者想见古代对农耕的重视：

......

思乐甸畿，薄采其茅。大君戾止，言藉其农。其农三推，万方以祗。耕我公田，实及我私。我簠斯盛，我簋斯齐。我仓如陵，我庾如坻。念兹在兹，永言孝思。人力普存，祝史正辞。神祇攸歆，逸豫无期。一人有庆，兆民赖之。

译文：郊外的田野有喜事，准备好祭祀用的白茅。皇帝要来这里，视察农业生产。他亲自掌着犁头，推了三下；全天下的农民毕恭毕敬地瞻仰。我们先耕种皇帝的王田，然后再耕种自己的私田。箩筐里装满了粮食，仓库里粮食堆得如山、如岛。农耕是我们根本的产业，孝道是我们永世的信仰。巫师在祭祀之中祝愿，祝愿农业生产获得丰收。神灵保佑我皇，保佑他永远安康和闲暇。他一人得到了祝福，是全天下人的指望。

正闰第四十五回

夸辞令大造于西　论守节子臧让位

上回说到，晋厉公继承晋景公与楚国的和解。宋之盟只是大夫级别的会议。为提高外交级别，双方议定：

互派大夫到对方，与对方的君主进行盟誓。

春秋 145 年秋，晋国派郤至为代表，赴楚国与楚共王盟誓。楚国方面，出于敌意，故意排设下恶作剧，想要让郤至出丑。楚共王宴请郤至。有人在宴会地方的大门的地下，挖出个隐藏的地下室。在地下室里面，安排下编钟乐队。在郤至进门的时候，忽然间音乐大起。郤至看四周并无乐队，却有音乐响起，吓了一大跳，不敢进门，回身就跑。陪同郤至的楚国贵族子反，拉住郤至，故意奚落道：

"天已经晚了。我国的君主正等着你。你赶紧进去吧！"

郤至已经回过神来，知道这地方的地下有蹊跷。地下可以安排乐队，当然也就可以安排武士。郤至害怕遭到暗算，又怕这地下再弄出什么名堂，让自己在宴会上失仪出丑。那将损及晋国的体面。为此，他以推辞高级别的乐队为由，不愿进门赴宴。他说：

先君之好。施及下臣。贶之以大礼。重之以备乐。如天之福。两君相见。何以代此。下臣不敢。

译文：因为先君的神灵的保佑，让我得以受到款待。你们给这样的大礼，采用最高规格的音乐。这种级别的音乐仿佛是源自上天的福赐。如果我接受了这种礼仪，那么，在我们两国的君主相见的时候，又采用什么礼仪呢？我不敢接受这迎宾音乐。

楚国方面是主人，具有主场的优势，因此，子反说出狠话：

如天之福。两君相见亦唯是一矢相加遗。焉用乐。寡君须矣。吾子其入也。

译文：说什么如天之福？！要说我们两国的君主相见的礼仪，那只能是用箭来做礼物。我国的君主正等着你。你还是赶紧进去吧！

用箭来做礼物，相当于当今的用子弹来做礼物。那是表示敌意的做法。正是因为这种敌意，楚国君主与晋国君主不可能相见，只能派手下代替自己与对方盟誓。同年冬，楚国派出公子罢赴晋国，与晋厉公进行盟誓。

晋、楚之间的和解，彼此都透着虚伪。然而，它为晋国争取到了时间。晋国利用这短时间的和解，致力于后方。春秋141年，正当晋国与楚国争夺郑国的时候，秦国伙同狄进攻晋国。春秋144年，晋国与楚国进行宋之盟的时候，秦国又支使狄进攻晋国。处理好了与楚国的关系后，晋国回身对付秦国。说到秦国，于此重温秦、晋关系。

晋献公年代，晋献公将女儿嫁与秦穆公，开始秦、晋之好。晋献公去世时，秦国帮助晋惠公回国为君。晋惠公忘恩负义，秦、晋战于韩。秦穆公于韩之战俘虏晋惠公，亏得秦穆夫人出面解救，晋惠公才得以回国。晋惠公死后，秦穆公又送晋文公回国为君。整个晋文公年代，秦、晋关系很好。晋文公去世前，秦、晋共同进攻郑国。当时，秦穆公受烛之武的劝说，不但不打郑国，反过来保卫郑国。晋文公刚刚去世，秦穆公又长途奔袭郑国。于回国的路上遭晋军伏击，是为殽之战。此后，秦、晋关系破裂，秦国转而与楚国结交。春秋103年，赵盾请求秦国送晋国的公子雍回国为君。赵盾中途变卦，偷袭秦军于令狐。秦康公组织报复，于春秋108与晋军战于河曲。春秋129年，正当楚庄王强盛之时，秦桓公趁机进攻晋国。秦、晋战于辅氏，秦军战败，魏颗俘虏杜回。至春秋143年，晋景公担心自己忙于东方事务的时候，遭到秦国背后的攻击，所以派人向秦桓公提出结盟和好。秦桓公知道晋景公的想法，由将计就计的思想，同意和好。双方讲好，在黄河边的城市令狐进行盟誓。双方带兵到达黄河边，隔河相望。秦、晋两国，仇敌关系已近半个世纪，彼此间没有信任。双方都不愿意过河，怕过河即遭攻击。为此，双方互派大夫到对方军营涖盟并且交换简书。

前面提到，晋、楚之间，也是互派大夫到对方国家进行盟誓。这是怎样一种盟誓呢？春秋时候，君主是一国信仰的化身。君主作为国家代表的意义，远比当今要大。君主出现意外，国中势必大乱。为此，列国于参加国际会议的时候，都担心君主遭到威逼、挟持、杀害。因此，平常的外交一般都是由使者完成使命。若由君主亲自参加，那就意味着危险，因此也就代表着彼此间最高的信任。彼此间结怨很深的国家要开展外交，只能由低级别的使者间的交往开始。然而，春秋时候的盟誓要书写誓词于简书。简书之上，要记载参加盟誓的人的名。如果简书上记载的人级别很低，在外交上就没有意义。为此，互不信任的国家之间进行盟誓的时候，双方都害怕君主遭遇危险，就互派使者到对方，让使者与对方的君主进行盟誓。之后，双方交换简书，相互都持有记载对方君主的名的文件。然而，以这种方式完成的盟誓，具有互不信任的性质。秦桓公与晋景公没有见面。比较于晋文公、秦穆公的互唱《诗经》，友好的意义相去甚远。

春秋145年，晋国召集中原诸侯朝拜周王。在朝拜的时候，晋国以尊王攘夷为名，提议讨伐秦国。此时的周朝，早已经无心于国际局势，晋国说什么就是什么。周朝派出"三公"之中的两个：刘康公、成肃公代表周朝，领衔鲁、晋、齐、宋、卫、郑、曹、邾、滕，做成王者之师，讨伐秦国。晋国以中原正统自居，记起夏朝讨伐胤、商汤讨伐桀、周武讨伐纣的典故，觉得王者之师务必先声明敌人的罪恶，于名义和气势上压倒敌人，所以派出魏相为使者，带去一篇《绝秦书》。这一篇文章，对晋国极力粉饰、夸耀，对秦国极力抹黑、嘲讽和挖苦。后世的国与国之间的战争檄文，尊奉此文为檄文的鼻祖，经常直接引用此文的原文。如此影响深远的文章，笔者当然要详细阐述：

昔逮我献公及穆公相好。戮力同心。申之以盟誓。重之以婚姻。天祸晋国。文公如齐。惠公如秦。无禄。献公即世。穆公不忘旧德。俾我惠公。用能奉祀于晋。又不能成大勋。而为韩之师。亦悔于厥心。用集我文公。是穆公之成也。

译文：早先，我国的献公与你的穆公关系很好，彼此进行盟誓，又有婚姻关系。我晋国出了祸难，晋文公流亡到齐国，晋惠公流亡到秦国。对于我国的这件祸难，你国没有予以帮助。我晋献公去世之后，你国的秦穆公考虑到两国间的友好关系，曾经帮助了我国的晋惠公，让我国有君主来延续国家的祭祀。然而，秦穆公的这种好心没有能够保持，他以韩之师对我国用兵。这事之后，秦穆公又觉得过意不去，所以又帮助我晋文公回国做君主。这是秦穆公对我国的友好行为。

这里提到的韩之师，其实是因为晋惠公承诺给予秦穆公土地，后来反悔不给。秦穆公讨伐这种不讲信用的行为，所以才有韩之师。

文公躬擐甲胄。跋履山川。踰越险阻。征东之诸侯。虞。夏。商。周之胤。而朝诸秦。则亦既报旧德矣。郑人怒君之疆场。我文公帅诸侯及秦围郑。秦大夫不询于我寡君。擅及郑盟。诸侯疾之。将致命于秦。文公恐惧。绥静诸侯。秦师克还无害。则是我有大造于西也。无禄。

译文：我晋文公历尽艰难、吃辛受苦，召集东方的所有诸侯来朝拜秦国。这也好算是报答了秦国的恩情。郑国贵族与你秦国因边界问题有纠纷，所以我晋文公带领诸侯跟着你秦国来包围郑国。你秦国的大夫不与我国君主通气，就私下与郑国结盟。为了你国的这种背信弃义的做法，天下诸侯都想要打你秦国。是我晋文公好意抚慰、尽力劝阻，才没有发生天下诸侯群起而进攻你秦国的事情，才让你秦国军队得以安全地回去。这是我国对你国的莫大的恩惠。对于这件事，你国方面没有报答。

因为秦穆公曾经帮助晋文公回国，晋文公于做上盟主之后请秦穆公出席中原诸侯大会。这件事情，被说成是晋文公带领天下诸侯朝拜秦国。这是夸大。后世的诸葛亮，将刘备被曹操赶出荆州的事情，说成是"英雄无用武之地"。那种说法，比较于这里，有点神似，却也还不如这里。

之所以打郑国，主要是因为晋文公流亡期间，郑国对其无礼。还因为晋文公想做霸主，想要立威于中原诸侯。晋文公有这种想法，请求秦穆公出兵帮忙。此事，说成是晋国帮了秦国。这是反说。

烛之武退秦师之时，确实有晋国贵族建议进攻秦军。然而，从情理上讲，别人来帮助你，后来中途撤走，也不算什么大不了。晋国没有因此报复秦穆公，就说成是"大有造于西"。这是放大和夸张。

文公即世。穆为不吊。蔑死我君。寡我襄公。迭我殽地。奸绝我好。伐我保城。珍灭我费。滑。散离我兄弟。挠乱我同盟。倾覆我国家。我襄公未忘君之旧勋。而惧社稷之陨。是以有殽之师。犹愿赦罪于穆公。穆公弗听。而即楚谋我。天诱其衷。成王陨命。穆公是以不克逞志于我。

译文：我晋文公去世，你秦穆公不但不来吊唁，反倒趁我国忙于丧事的时机对我国发起进攻。背弃双边友好关系，进军

CHUNQIUKUHUA

毅地，讨伐我国的城池，灭了我国属下的滑国。让我国君主与兄弟国家不和。破坏我国与盟友的关系。试图颠覆我国政权。我晋襄公不忘你秦穆公曾经的恩惠，但是又不能不为国家社稷而战。所以，才有毅之战。虽然我国被迫应战，但心里觉得很过意不去。你秦穆公不理解我国君主的心情，竟然与楚国勾结，试图联合楚国来对付我国。上天怎么可能支持这种不道的行为呢？所以，楚成王遭天谴，被弑。于是，你秦穆公才没有做成谋害我国的坏事。

晋国之所以组织毅之战，主要是想出其不意，灭秦国的精锐，削弱秦国的国力，以保证晋国西部的长久安全。事实上，晋国也达到了这个目的。从中国人的情理上讲，秦穆公帮了晋文公的大忙，晋国应当感恩。就算是有点小矛盾，考虑到对方的情谊，也应当忍让才对。然而，晋国方面从政治、军事的角度考虑问题，做出出人意料的事情。这件事情，完全应当是秦国指责晋国才对。晋国竟然以此指责秦国。想来，秦桓公听到这一段，大约会像曹操听到陈琳的檄文，气得头痛病一时变好。

因为毅之战，秦国对晋国的恨，那真是比海还深！秦国因此结交楚国，共同对付晋国，那其实也在情理之中。此文于此嘲笑秦国不得逞，是添油加醋。

穆。襄即世。康。灵即位。康公。我之自出。又欲阙剪我公室。倾覆我社稷。帅我蝥贼以来荡摇我边疆。我是以有令狐之役。康犹不悛。入我河曲。伐我涑川。俘我王官。翦我羁马。我是以有河曲之战。东道之不通。则是康公绝我好也。

译文： 你秦穆公、我晋襄公去世之后，接下来是你秦康公、我晋灵公。你秦康公是我国的外甥，却想要谋害我国。接纳我国的罪人，入侵我国边疆。因此，就有令狐之役。之后，你秦康公不思改悔，又入侵我国的河曲之地，讨伐我国的涑川，俘虏我国的王官，攻取了我国的羁马。所以，我国才有河曲之役。你秦国不能与东方国家联系，那是你秦康公自找的。

殽之战之后，晋国采取了一种影响深远的政策：

将秦国隔离于中原之外。

这个政策延续了数百年。直到战国时候的秦孝公年代，秦国方才能够与中原联系。整个春秋时期，秦国不能通过捷径的正东方与中原联系，只能越过秦岭、大巴山，从楚国绕道联络中原。然而，南向秦岭、大巴山的路，交通很不方便。因此，秦国基本绝迹于中原的会盟。齐、鲁、宋、郑之类的东方国家，对晋国以西的秦国，联络很少。

晋国的这一招，特别厉害。然而，压抑得越厉害，爆发得也就越厉害。到战国时候，因为缺乏联络，秦国仍然被中原国家夷狄视之。战国时候，晋国演变成了赵、魏、韩。秦国报复曾经的耻辱，坚持出兵东方，不懈地进攻赵、魏、韩。那正是因为东道之不通，被阻隔得太久！另一方面，吃一堑，长一智。晋国于本文中的外交辞令，让秦国又是气，又是恨，又是无可奈何。这种伎俩，给秦国君主的印象太深！到得战国时候，秦国学习这一招，用来对付楚国。张仪欺骗楚王的招式，虽则是属于纵横学说；其中却可以看到与本文类似的欺诈。这对于秦国而言，不过是曾经的教训演变成经验。

及君之嗣也。我君引领西望。曰。庶抚我乎。君亦不惠称盟。利吾有狄难。入我河县。焚我箕郜。芟夷我农功。虔刘我边陲。我是以有辅氏之聚。君亦悔祸之延。而欲徼福于先君献。穆。使伯车来。命我景公曰。吾与女同好弃恶。复修旧德。以追念前勋。言誓未就。景公即世。我寡君是以有令狐之会。君又不祥。背弃盟誓。白狄及君同州。君之仇雠而我之昏姻也。君来赐命曰。吾与女伐狄。寡君不敢顾昏姻。畏君之威而受命于吏。君有二心于狄。曰。晋将伐女。狄应且憎。是用告我。楚人恶君之二三其德也。亦来告我曰。秦背令狐之盟。而来求盟于我。昭告昊天上帝。秦三公。楚三王。曰。余虽与晋出入。余唯利是视。不穀恶其无成德。是用宣之。以惩不壹。诸侯备闻此言。斯是用痛心疾首。暱就寡人。寡人帅以听命。唯好是求。君若惠顾诸侯。矜哀寡人。而赐之盟。则寡人之愿也。其承宁诸侯以退。岂敢徼乱。君若不施大惠。寡人不佞。其不能以诸侯退矣。敢尽布之执事。俾执事实图利之。

译文：到你们的现任君主即位，我国君主天天伸着脖子向西方眺望，说：这一回，该对我好一点了吧！结果你秦国君主不参加与我国的盟誓，反倒趁我国遭到狄的进攻的时机，入侵我国的黄河边上的县，放火烧我国的箕、郜，抢劫了我国的庄稼收成，侵略了我国的边疆。于是，我国才有辅氏之聚。你国君主也还是怕双边关系继续恶化，想要修复秦、晋之间历史上的友好，派伯车来对我晋景公说：我们抛弃前嫌，重新搞好关系，以继续双方先君的友好。这誓言还没有说完，我国的晋景公去世。于是，我现任的君主组织了令狐之会。然而，你国君主又不善，又背弃盟誓。白狄与你秦国同处雍州，是你国的仇敌，是我国的婚姻国家。你国君主来对我国说：我与你一起讨伐狄。为了搞好与你国的关系，我国不顾与狄之间的婚姻关系，听从于你国。结果，你国君主又有二心，又私下对狄说：晋国想要讨伐你。狄虽然当面应酬，心里其实也很反感你国的背信弃义，所以来通告我国。楚国贵族也很反感你国君主的不讲信用，也来对我国说：秦国背弃令狐之盟，请求与我国结盟。盟誓之中告祭了昊天上帝，又告祭了秦国的三个公爵、楚国的三个王。楚国对我国说：我国虽然与晋国有来往，其实这种来往是建立在利益之上。我楚国很看不惯秦国的这种丧德的说法，所以故意来对外公布秦国的不义之举，以惩戒那些不专一的人。结果，诸侯于听说秦国的这种做法之后，都对秦国痛心疾首，纷纷来亲近我晋国。现在，我统领着天下诸侯来与你秦国商量：要是你愿意与我国结盟哩，那是再好不过。要是你看清形势，服输，那我国也不愿意主动制造矛盾。要是你确实不愿意与我国和好，那我就管不住手下这些人，就只好让他们来解决。这个情况，请你考虑考虑。

　　正是因为秦国被晋国隔离于中原以西，不了解东方的情况，所以晋国说到东方的事情可以随意编造。晋国虽则是中原盟主，其实经常召唤不动中原的那些盟弟。然而，面对不太了解情况的秦国，晋国总是一开口就说自己带领了中原的全部国家，以此威胁秦国。晋、楚最近有宋之盟，所以晋国通过楚国了解了一些秦国的情况。晋国将自己掌握的情况说出来，那意思是：

　　你的情况，我完全掌握。我的情况，你一无所知。

　　晋国于政治上、外交上藐视和玩弄秦国，于军事上却特别地重视和谨慎。递交了绝交书之后，晋国组织起晋、鲁、齐、宋、卫、郑、曹、邾、滕九国联军，大举进攻秦国，战于麻隧。如此浩大的阵容，当然是打得秦军大败。此战之前，晋国权臣重组如下：

　　栾书为中军主帅，中行庚为中军副手。中行庚是荀林父之子。

　　范燮为上军主帅，郤锜为下军副手。范燮是士会之子。郤锜是跛子郤克之子。

　　韩厥为下军主帅，知罃为下军副手。韩厥是韩万的后人，战国七雄之中的韩国的祖宗。知罃是荀首之子，曾经做楚共王、皇戍的娈童。

　　赵旃为新军主帅，郤至为新军副手。赵旃是赵穿之子，在邲之战中曾经担任使者。赵穿则是赵盾隔房的侄子。算起来，赵旃与赵武同辈。此时赵武年幼，没有出任官职。郤至是郤克隔房的侄儿。

　　郤毅为御戎，栾鍼为车右。郤毅是郤至之弟。栾鍼是栾书之子。

　　前面提到，晋景公重建六军。分别是：中军、上军、下军、新中军、新上军、新下军。于此，新中军、新上军、新下军合并为新军，共计四军。权臣之中，郤氏占了三个，其权势膨胀到极致。就在这麻燧之战中，参战的曹国君主曹宣公死于联军之中。由此造成曹国内乱。

曹宣公出征前，因太子年幼，命庶出的两个儿子监国。这两个庶子分别是曹成公、子臧。听说君主死于麻燧，曹国贵族召开会议。会议决定：

由曹成公监国，由子臧赴晋国扶枢回国。

在子臧赶往晋国期间，曹成公杀死年幼的太子，自立为君。正在晋国的子臧听说此事，自己不敢公然表态，就支使手下求助于晋国：

"我国君主听从盟主号令，率军出征。不幸死于国外，以致贼子生心，成曹国之祸。请盟主主持公道！"

晋厉公说：

"我倒是没有什么。只是，刚刚才征讨了秦国，诸侯的将士都很辛苦。我记下这事情，他年合适的时候再出兵吧！"

子臧得到这种答复，知道再争也是无益，只好扶枢回国。举行完曹宣公的葬礼后，子臧担心受到处理，准备流亡外国。曹成公事先没有跟兄弟打招呼，就即位称君，心下也觉得过意不去。他担心子臧到国外去组建流亡政府，借兵于外国，与自己作对，就找到子臧，说：

"你走之前，我们说好待先君灵枢回国之后共同拥立太子。然而，天降不幸于曹国，太子被贼人所杀。我本想等你回国之后，与你一起讨伐贼人。然而，讨伐弑君之贼，乃臣子刻不容缓的急义，怎能拖延？要讨伐贼人，就得有个出面领头的名号。名不正则言不顺，没有个名分，就号令不了群臣，就办不成处理贼人的大事。为此，百官苦苦相逼，强迫我即位。我只答应暂时摄政，且明言：摄政只是为了讨伐贼人。现在贼人已经处理，先君也得以安息。我正准备与你商议新君的人选，你何故出此下策？"

子臧听完这一通编造的故事，越发觉得曹成公虚伪而可怕。逃是逃不脱了，只好想法先保性命：

"群臣拥立你为君，那说明你是众望所归。我只是个罪人，哪敢来商议君主人选？而且，此事又何必再议？我性质愚钝，不堪国事，我愿将国家封给我的土地归还国家，做个清闲的农夫！"

子臧上交出封地，以示自己无力与曹成公竞争。一年之后的146年，晋厉公实践承诺，大会诸侯于戚，商议讨伐曹成公一事。曹国是个不堪一击的小国，盟主一声令下，即将曹成公逮捕归案。晋厉公效仿先君文公的做法，将曹成公羁押到洛阳，请王庭来裁决。子臧被认定为原告，也到洛阳。晋国方面，很想用对付卫国的故伎，拥立子臧做成"第二曹国"。于是王庭判子臧做曹国君主。子臧其人，生性胆怯，且又不喜欢俗务。他早先就没有做君主的心，只是出于习俗，出于自保，才请求晋国主持公道。如今晋国已经出面，想来曹成公不会再对自己下手。他觉得自己做了君主，保不齐哪天混成前任太子的下场。还不如做个知名的贵族，能够清闲而且长寿。为此，他说出一番冠冕堂皇的名言：

前志有之，曰：圣达节，次守节，下失节。为君，非吾节也。虽不能圣，敢失守乎？

这一番话，不过反映出子臧其人的人生追求与普通人稍异。说得难听点，其实是因为子臧生性懦弱。然而，这一番话却被儒教推崇得上了天，以至于深远影响了中国人的性格。为什么呢？从统治阶级来讲，最担心别人来抢他的统治权，所以特别希望天下人都像子臧这样：

明明看到统治者的地位来得并不光彩，却不去反对，不去争取。

为此，历朝历代的统治者都要推崇子臧。另一方面，又有一些失意的政客，于现实利益方面已经背时倒运；却希望得到别人的尊重，甚至希望名垂千古。于是乎，失意政客也推崇子臧，希望人们由尊重子臧、进而尊重自己。在子臧之前，有让位与弟弟的太伯、仲雍。这两个人的事迹纯属传说，完全不可信。之后，又有孔子的祖宗弗父何，据说有让国的义举。子臧之后，出了个季札，也是被推崇得了不得。这些思想影响到后世，造成了中国人的性格之中有所谓"出世"之说。汉朝时候的黄宪，晋朝时候的陶渊明，都是这种人之中的名角。晋朝之后，道教、佛教思想渐盛。儒教之中的人将源自于春秋时候的"守节"思想，与追求自性圆满的道、佛思想结合，渐渐形成"达则兼济天下，穷则独善其身"的思想。文人之中的李白，说要"明朝散发弄扁舟"；就连帝王之中的李煜，也仰慕"一壶酒，一杆身，世上如侬有几人"的民间浪人……

为了不做君主，子臧逃奔到宋国。晋国方面，一心想培植"第二曹国"，所以并不释放曹成公。曹国国内，因此开始了古代难得一见的没有君主的时期。曹国贵族无数次地哀告于晋，请求晋国要么拥立子臧，要么释放曹成公。晋厉公回答说：

"贵国官员说子臧是贤人，要我出面拥立子臧。我按你们的意思办了，结果子臧又不愿做君主。我也不想管你们的这些闲事。这样吧，你们让子臧回国，我也释放你们的君主。我好歹管了此事，最好做得皆大欢喜，免得将来诸侯说我收了某某人的钱，褊袒了某一方。"

与此同时，晋厉公又派人通知子臧：

"你的君主抢了位子，我原想是帮你。我让你做君主，你不做。我让你做第二个孙林父，你也不做。你好名的心思比谁都重，竟然想追踪于太伯、仲雍！我告诉你：不愿做君主，就只能做顺民！老跑到外国去，让你的君主疑心你。到时候我也帮不了你！"

盟主好比是家长，曹成公、子臧在这安排下分别回国。子臧已经立起贞洁牌坊，只好坚持到底。既不要封地，也不要官位，成天不出门，以琴、书自娱，不问国事，终老于曹国。

笔者感于子臧，联想到著名的《北山移文》，诌成几句：

世间哪有节士？无非权衡名利。
朝廷为名招隐，寒士为利卖名。

这边吹嘘圣德，那边终南捷径。

以假应假都假，君愚臣愚国愚！

放散第四十六回

灭桓族华元下野　齐战刑惠怨忍过

晋国与楚国假意讲和，中原的战事相对减少。国际上的和平，往往诱发国内的矛盾。晋国、郑国、宋国，国内都出现权力的重组。笔者以放散之式，先从宋国说起。

特别好名的宋襄公去世后，君主位传其子宋成公，宋成公又传其子宋昭公。宋昭公年代，宋襄夫人与桓公族人共同对付宋昭公，让宋襄夫人的情人即位，是为宋文公。宋文公在君主位子上从春秋113年坐到春秋134年。之后，是其子宋共公。因宋襄夫人扶持戴公族人，自宋文公年代开始，戴公族人坐大，压倒了桓公族人的势力。戴公族人之中的华元，长期做第一大夫。桓公族人则凭借宋襄公的约定，长期把持第二大夫的位子。

春秋147年夏，宋共公去世。其子继位，是为宋平公。在这君主更替之际，宋国司马荡泽，杀死了宋文公之子公子肥。荡泽何许人呢？他隶属于桓公族人之中的荡氏，是公孙寿之孙、荡虺之子、荡意诸之侄。早先，荡意诸尽忠于宋昭公，死于动乱。当时，华氏充当宋文公的走狗，杀死了荡意诸。为此，荡氏仇恨华氏。宋文公即位后，荡虺接替了华耦的司马之职，又让华氏仇恨荡氏。荡泽世袭其父的官职，为宋国第三大夫。他杀死公子肥，是报复宋文公的杀死荡意诸。荡意诸之死，宋襄夫人、宋文公是幕后主谋。其直接的凶手则是华氏。

对华氏而言，荡泽此举释放出一个信号：

荡氏要报复华氏！

此事不是一起简单的人命案，牵涉到宋国君主系、戴公族人、桓公族人三方的关系。桓公族人盘踞了宋国多个重要职务。牵一发动全身，华元如果贸然处理荡泽，可能会给自己带来危险。提到宋桓公族人，重新将宋国世族传代捋清。

自微子至宋戴公，加头加尾，历 9 世 11 传。之后，历戴、武、宣、穆、殇、庄、后闵、桓、襄、成、昭、文、共至宋平公，合计 11 世 14 传。此时宋国的主要官员为：

右师华元，是华父督的后人，为宋戴公族人。

左师鱼石，是子鱼之孙，公孙友之子，为宋桓公族人。

司马荡泽，是荡意诸之侄，为宋桓公族人。

司徒华喜，与华元同一个曾祖父，为华元的血亲，为宋戴公族人。

司城公孙师，为宋庄公族人。

大司寇向为人，为宋桓公族人。

少司寇鳞朱，为宋桓公族人。

大宰向带，为宋桓公族人。

少宰鱼府，为宋桓公族人。

宋桓公族人，占了权臣的九分之六。这是为什么呢？前面提到，宋襄公的庶兄子鱼，让国于宋襄公，被封为左师。当时，宋襄公感子鱼的情，定下个规矩：

宋国的第二大夫之职，即左师，永远由子鱼的后人担任。

子鱼有三个弟弟，一个是公子鳞，一个是公子荡，一个是向父盻。公孙之子以公子的字建氏，于是子鱼的后人建鱼氏，公子鳞的后人建鳞氏，公子荡的后人建荡氏，向父盻的后人建向氏。左师一职永远由子鱼后人担任，让鱼氏在官员的变动之中处于特别的优势。官居左师的鱼氏，出于帮亲，更加愿意推荐自己的族人为官。长久以往，宋国官职就主要由鱼氏、鳞氏、荡氏、向氏担任。这四家人都源出宋桓公，所以号为桓公族人。

　　右师华元，自春秋 104 年政变之时，就已经登上政治舞台。后来更被宋襄夫人视为心腹，长期官居第一大夫的右师。他在战争之中被郑国俘虏，宋国以车百乘将他换回。宋文公去世之际，他破例为君主举办厚葬。他与宋国的君主系之间有着深厚的政治感情。四十多年的权臣生涯，华元差不多已经历练成人精。他利用个人的私交，将宋国从楚庄王的包围之中解救出来，简直成了宋国的救世主。他说动晋、楚和好，让晋、楚于宋国境内进行盟誓，于国际上更被视为大佬。桓公族人的势力，影响到君主的政权，也影响华元的地位。华元想以处理荡泽为契机，清理桓公族人。他故意说：

　　"我作为第一大夫。有人犯罪，我不能处理。这是我无能。我还待在宋国做什么！"

　　于是，华元逃奔晋国。出逃虽是出逃，却在到达黄河的时候，停留于河边，观望国内动态。华元的想法，是想以此测试、评估桓公族人的团结程度与真实想法。华元出逃的消息，让桓公族人搞不懂华元的真实想法。他们之中有人认为华元是想处理他们，又有人认为华元历来处事公道，应当遵守宋襄公立下的规矩，不至于处理桓公族人。左师鱼石，算是桓公族的之中的老大。他认为：

　　"右师是因为畏惧我们这一族人，所以才出逃。如果他回来，就算让他处理我们，他也不敢！因为先君定下的规矩，让我们这一族永远传下去。量他不敢动我们！就算他真要对付我们，我们族人那么多，他灭得了吗？"

　　于是，鱼石充当桓公族人的代表，到黄河边拦下逃奔晋国的华元，主动请求华元回国来处理荡泽。读者注意：鱼石此举，也是假装的惺惺作态。然而，华元的测试，是实际的行动，故而得出实际的答案。鱼石的测试，虽与华元的测试内容相同，却因为没有实际的行动，只是一种猜测，故而没有确切的应对办法。对华元而言，测试已经得出利好的消息：

　　桓公族人自己说应当处理荡氏。他们自家人都同意处理，那还有什么好说的？

测试既然已经成功，那就只需按确认键。华元回到宋国，派九卿之中桓公族人之外的华喜、公孙师进攻荡氏，刺杀了荡泽。九卿之中的桓公族人，死了一个，还剩下鱼石、向为人、鳞朱、向带、鱼府五个。五人假装出一种悔罪的态度，做出自己流放自己的样子，全部离开朝廷和自己的官职，跑到国都城外的睢水边去。这个做法，是要挟华元：

现在九卿少了六个，看你怎样收场？

然而，主动离开国都是赌气的态度，反倒让他们无法与城中的亲信、党羽联络。至此，华元已经居于主动。华元做出一种热情：

派人到睢水边去，请桓公族人回国继续为官。

一则害怕回去遭到处理，再则也是一种要挟，桓公族人继续说自己有罪，不能继续为官，拒绝回都城。春秋 147 年冬，华元亲自到睢水边劝说。桓公族人仍然拒绝回朝廷。华元离开睢水的时候，鱼府说：

"右师说话的音调比往常要高，其眼神又闪烁不定。恐怕已经定下了什么计划。我们要有所防备。最好是赶紧逃跑！"

他们登上山丘观望，看到华元的马车飞奔向都城。华元刚刚进城，睢水决堤，洪水向他们袭来。幸亏早一步登上山，五人没有被洪水卷走。再看都城之中，华元已经登上城墙，对着他们指指点点。显然，这洪水是华元派人制造的。五人感到无法容身于宋国，逃奔楚国。

九卿死了一个，走了五个。宋国朝廷为之一空。华元趁机大量安插戴公族人，任命老佐为司马，乐裔为司寇。考虑到桓公族人在宋国树大根深，华元也假装遵守宋襄公的约定，立向氏的向戌为左师。向戌成为桓公族人中硕果仅存的一个。后来，向戌又对戴公族人实施报复，这里且按下不表。华元赶走桓公族人的计谋，与民国时期的蒋总裁的下野，是相同的道理：

手握重权的高官，可以通过下野，来测试下面的人的想法。

......

逃到楚国的这五个人，乃是宋国九卿之中的五个。这五个人同属一族，有共同的政治诉求。这五人所属的桓公族人，在宋国树大根深。这几个因素叠加起来，让楚国相当重视。楚国重视，势必就让晋国也重视。说到晋、楚，补叙此前南北争霸的历史。晋、楚争霸，又要从郑国说起。

春秋141年，晋国逮捕郑成公。当时，公孙申献计于贵族会议，提出另立君主。公孙申的想法，是为了以此要挟晋国，图的是让晋国释放郑成公回国。实际上，郑国贵族只是向晋国使者宣言此事，并不想真正另立君主。郑国贵族中另一人听说此计，生发出政治野心。此人是郑成公的庶子，名叫公子班。春秋142年三月，公子班发动政变，立公子繻为君。公子繻又是谁呢？是公子班之弟。四月，郑国贵族处理此事，公子繻被杀，公子班逃脱，投奔于郑国的仇敌许国。郑国贵族再次会议，有人说：

"我们已经对外宣称另立君主。如果不立新君，说不定还会有公子班之类的人，又生出觊觎之心。君主原有太子，我们立太子为君，以绝侥幸！"

于是，会议形成决议：暂立郑成公的太子郑僖公为君；待郑成公回国后，僖公让位，成公反正。

正是因为郑国正式立了僖公，晋国方面以"先兵后礼"的方式，归还了郑成公。郑国方面，将郑襄公宗庙里的编钟作为礼物，送予晋国。命子然为使者，与晋国进行盟誓。又将子驷作为人质送到晋国。郑成公回国后，按计划归位反正，僖公退位。郑成公对僖公，倒还没有特别的意见；却将公孙申谳成谋反之罪，处以族灭之刑。此举让流亡于许国的公子班感到无地自容：

"公孙申为了救他回国，不过是提建向晋国使者宣言另立新君。思想上想到另立君主，就要处以族灭。我直接在行动上另立新君，岂不是罪加一等！他统治下的郑国容不下我……我要生存，除非是另建一个容得下我的郑国！"

　　春秋 145 年 6 月的一个夜晚，公子班率许国军队来到新郑城外。他派人对城里的人说：

　　"我犯下弥天之罪，唯有一死以谢天下！我的生命无足轻重，我只请求让我死后能够葬入家族坟场，让我的灵魂回到祖国宗庙！请让我进城，我要忏悔于宗庙，然后自杀。"

　　城里的人于夜色之中，看不清公子随行有多少人，对于公子班的话当然不予采信！城上城下正在对峙之际，公子班的另一路人已经进入城中，逢人就杀。郑国世族穆公族人之中的子印、子羽死于混战之中。混战持续至第二天早晨，从晋国归来的子驷主动充当统领，率国人宣誓于宗庙，与子班的人大战于城中的菜市场，围歼了子班及其党羽。

　　处理了子班之后，需要报复子班的支持者许国。春秋 135 年，许国倚仗楚国的支持，曾经入侵郑国。当时，郑国臣服于楚国，故而请求子反裁决郑、许边界纠纷。楚国组织起楚国的王庭，裁定郑国败诉。郑、许按楚国王庭的裁决书重划边界，让郑国大大地吃亏。因此，才有郑国背叛楚国。春秋 141 年，为了向晋国表示郑国的好整以暇，郑军入侵许国。春秋 142 年，许国收留了公子班。至此春秋 145 年，公子班率军进入新郑城中兵变，其手下甲士，都是由许国提供。新仇旧恨，让郑国报复许国。春秋 146 年八月，郑国由子罕领军，入侵许国。同月，又由郑成公亲自领军，再度入侵许国。郑、许结城下之盟，重划边界，郑国不但要回了曾经的土地，并且吞并大片许国领土。

　　许国是郑国南方的紧邻，打自郑庄公年代就开始受到郑国的威胁。郑庄公先是从鲁国手里购买了许田，然后经由许田吞并许国。郑庄公死后，齐国为许国出头，许国声索回部分疆土。晋、楚争霸以来，每当郑国遭到晋、楚的进攻，总是转而进攻许国，将战争的损失转嫁于许国身上。许国君主许灵公，感到许国长期生活于郑国的阴影之下，还不如直接投奔大国，图个长久的安宁。春秋 147 年冬，许灵公主动向楚国提出：

　　许国携祖宗木主，举国迁至楚国境内，寻求楚国的长期保护。

于是，许国从当今的河南许昌迁至当今河南的叶县。这个地方，属于楚国的势力范围，然而仍是南北争霸的缓冲区，并不能够逃避战争的阴影。春秋 190 年，许国又迁至当今安徽的亳州。至春秋 192 年，许国又迁至当今河南的邓州。至春秋 217 年，许国又迁至当今湖北的监利。为什么会有这几番迁国呢？须知，逃避战争，只是许国单方面的愿望。作为宗主国的楚国，并不支持这个意愿。楚国就是要让许国于南北争霸的缓冲区来为楚国抵挡外国的入侵。乱世之中小国的命运，摇尾乞怜，又岂能得到怜悯？至战国初期，许国终究为其保护者楚国所灭。

且说当时，楚共王接收了许国的人口，于其中选出些男女性奴，很快活了几天。尝到了这个甜头，楚共王想重启霸主的事业。对此，楚国贵族子囊说：

"我们好不容易与晋国达成和解，现在背弃誓言，显得我们不守信用。"

楚共王说：

"盟誓是为了什么？不过是为了国家利益。于国有利，即可进行盟誓；如果于国无利，誓言还有什么意义？"

以为许国报仇为名，楚共王驻军于武城，派人到郑国，指责郑国侵略许国的行为。郑成公向楚国使者道出自己的苦衷：

"我国身处天下正中，时常受到大国威胁。你们打来打去，总是在我国的疆土上进行战争。纵然我国不参战，战争之中损毁的庄稼，沿途供给的军粮，都是我国的损失。我国长期遭受这些损失，不取自小国，拿什么来填补？贵国疆域广达数千里，纵然缺失数百里的国土，也伤不到根本。我国疆域狭窄，经受不起这种折腾。大国哪里知道我等小国的苦衷？！"

楚共王回复说：

"不就是想要土地吗？只要你不与晋国继续来往，我给你土地就是！"

郑成公听到这种说法，心中暗道：

亏得我这张老脸，看来又有一桩进项！

春秋 148 年春，郑成公命子驷到武城与楚共王进行盟誓，宣誓效忠于楚王。之后，楚共王送给郑成公汝水以北的土地。刚刚才说了要效忠楚国，郑成公不得不有所表示。春秋 148 年夏，郑国子罕讨伐晋国的盟国宋国。郑国军队先是佯败于汋陂，后又伏兵于汋陵，全歼宋军。

在许国南迁之前，郑国还没有臣服于楚国。当时，楚军先入侵郑国，然后经郑国打到卫国。晋国方面遵守与楚国和好的约定，没有出兵示警。至此春秋 148 年，郑国媚楚伐宋，全歼宋师，以至宋国告急于晋。晋国为了信守宋之盟的誓言，自己不出兵，只是派卫国讨伐郑国来作为回应。与此同时，晋国内部展开对于战争与和平的讨论。第一大夫栾书主战：

"我身为晋国正卿，不能眼看晋国丧失盟主地位。如果晋国在我执政期间丧失盟主地位，追溯罪责，我难辞其咎！"

第二大夫范燮主和，他提出一种军与政辩证统一的理论：

"军事，不过是政治的延伸。政治分内政、外政。内政之中处理不服从君主的人，是对内的战争；外政之中处理不服从君主的人，是对外的战争。对外的战争，要以对内的战争为基础。如果国内都还没有搞好，就发动对外战争。败了，倒还是好事。如果胜利，胜利带来的骄傲情绪，会加重国内的矛盾。

"我曾经查看国家司法部门：用来处罚普通庶民的刀、锯，每天都因使用过度而不得不更换新的。用来处罚贵族的斧、钺，放置到生锈也未曾使用。这是对庶民用严刑，对贵族过度放纵。这是一个严重的问题：庶民地位卑贱。他们能够造成的问题，最多不过是心中生出怨恨，唱点《伐檀》之类的怨歌。贵族手中掌握土地和人口，一旦出问题，就会造成谋反之类的大事。

"按《洪范》九筹之建用皇极，治国者对贵族、庶民要分别对待：对庶民，主要需要施以表面的恩惠。用信仰和祭祀，可以调动无知的愚民为君主做事。纵然君主做出了对他们不利的事情，因为他们不了解内情，故而可以隐瞒。对贵族，则主要需要用公正的刑法来管理。只有公正的规则，能够让手握政权的贵族彼此间平息纷争，和衷共济。

"现在国家对庶民用刑，对贵族用德，这是用反了。我国内政之中，已经潜伏下动乱的种子。这个危机，远比楚国一时的上风重大。

"世间忧患，此起则彼伏。若无外患，必有内忧；若有外患，则可压制内忧。外患逼迫，让国内贵族为了生存而战，彼此间不得不团结，故而可以让原本存在的内忧不至爆发。当下而言，如果是诸侯对晋国群起而攻之，国际形势影响到国内，内忧就会被外患消弭。郑国背叛晋国，并不危及晋国生存。我们现在出兵，势必能够打败楚军，消除晋国外患。外患既除，内忧必起。我建议君主不要出兵，让楚国造成的威胁压于晋国贵族心头，好让国内贵族放下彼此的私怨，共商国是。如此，庶几可以消弭内忧。"

范燮的这番议论，叫做"齐战刑"，乃是政治学之中的高级理论。晋国的一个贵族，何以能够讲出如此高深的理论？这有两个原因。其一，晋国自献公以来，开始了任人唯贤的"新规则"。新规则用才华选人，讲究的就是公平、公正。晋献公用此规则选继承人。晋惠公用此规则选官员。到晋文公年代，晋国将新规则与讲究家族传承和血缘关系的儒教思想结合，草创出"外儒内法"。当时，不过是"外儒内法"的萌芽，还不够完善。至此范燮的一番理论，"外儒内法"才形成了清晰的脉络。范燮乃是晋国世族，其曾祖父士艻，正好是"新规则"的开创者。范燮继承、发扬家学，故而有此一番高论。读者若有兴趣，可将范燮这一番话，与前文的晋文公外儒内法对照和比较。

其二，范燮所在的范氏家族，家教极严。而范燮又得了家学的真传。前面提到，春秋 134 年，郤克率晋国军队于靡笄之役打败了齐国。回国的时候，士会专门考问范燮如何应对君主的表彰。传说有一天，范燮回家比较晚。士会问他：

"为什么这么晚才回来？"

范燮回答说：

"今天朝廷接见秦国使者。秦国使者于外交之中用隐语宣扬秦国之德，诋毁晋国。众大夫无一能对。我出面应答，说得秦国哑口无言。"

这事情，换了普通的父亲，多半会表示赞许和鼓励。不想士会听说此事，竟勃然大怒，说：

"你年纪轻轻，能够知道什么？别人不应对，那是别人谦让！你如此年轻，竟敢在朝廷上公开取胜。我总有一天要被你害死！"

说完，竟然举起手中竹杖，杖责儿子。杖及范燮头部，打得头破血流，连关头发的玉簪，也被打断。按士会的意思，是希望儿子不要锋芒毕露。俗话说"黄荆棍下出好人"，范燮在这种教育下苦学成材。后来的历史证明了范燮的齐战刑之论，而范氏的家学也被视为经典的世族生存之道，在晋国贵族之中广为流传，甚至于春秋后期最终打破新规则。这里且按下不表。

且说当时，晋厉公抱与栾书相同的思想：在我在位的时候丧失盟主地位，后世将不承认我是春秋霸主。于是乎，晋国出兵。此时的晋国职权分配比三年前对秦国的麻燧之战有所变动：

栾书为中军主帅，范燮为中军副手。

郤锜为上军主帅，中行偃为上军副手。

韩厥为下军主帅，知罃为下军副手。

郤犨为新军主帅，郤至为新军副手。

比较于三年前，郤氏虽仍然是三人，其职务却又有上升。范燮说的晋国贵族彼此间潜伏有矛盾，就是指的郤氏权势过大。

自从楚庄王崛起，晋国的势力被压制至极小范围。郤氏的郤克于鞌笄之役打败齐国，重振了晋国声威，算是极大的功绩。郤克的功绩影响到官员的职位变动，故而郤氏兴盛至此。晋国有任人唯贤的传统。然而，这种传统与讲究世袭的儒教思想矛盾而纠葛。按有功必赏的规则，会让有功的人成为权臣。在此之后，因为世袭的习俗，这个权臣会极力扩张家族的政治势力。由此又反过来与任人唯贤发生冲突。这种冲突的结果，往往是某个家族的衰落。早先的赵氏，就是在极度兴盛之后走向族灭。郤氏步其覆辙，也遭到族灭。郤氏靠先人功绩做上高官，难免有骄傲、狂妄的弊病。笔者且举两例：

前面提到，晋国归还郑成公，但是于归还之前先讨伐郑国。晋国要强调自己的盟主地位，所以于处理完郑国之后，又处理鲁国。为什么要处理鲁国呢？鲁国因汶阳之田的事情，对晋国心生怨恨。鲁国与吴国之间勾勾搭搭。鲁国还时常联络楚国，其心态渐渐类似郑国。凡此种种，不处理，不足以立盟主之威。

春秋142年秋七月，鲁成公朝拜晋国，遭晋国逮捕囚禁。直到春秋143年春三月，方才将其释放。鲁成公归国不久，晋国派郤犨为使者，到鲁国进行鲁、晋结盟。这整个演变，完全是依照对付郑国的手法，即：先兵后礼。

郤犨是何许人呢？他是郤缺的后人，算起来是郤克的堂兄弟。郤犨作为盟主的使者，到小国访问，表现出强横的态度。政治上强横，也就罢了；他还说自己没有老婆，强迫鲁国贵族声伯嫁女人给他。声伯是何许人呢？他是叔肸之子。叔肸，是鲁文公之子。

早先，叔肸因偶然的艳遇，与出身卑贱的声伯之母邂逅相遇，做成私情。声伯之母未婚先孕。怀下的孩子，就是声伯。声伯之母向叔肸要名分，叔肸抱着个始乱终弃的念头，一再推延。到声伯出生之后，叔肸看女人生了儿子，方才将母子二人接到家中。地位上，声伯之母仍然是无名无分。

这种事情，在当时来讲，很常见。一般来说，往往是看这孩子的造化。要是孩子能够有出息，其母亲依照母以子贵的规则，也可以升级成为贵族妇女。

声伯之母以女色而不是身世进入鲁国公族，这让鲁国第一夫人穆姜看不惯。穆姜是鲁文公之媳、鲁宣公嫡妻、鲁成公之母、齐国嫡女、鲁国第一夫人。算起来，她与声伯之母是妯娌关系。穆姜自己是因身世成为第一夫人，所以要打压出身不好的声伯之母。并且，她本人虽是国母，却没有了丈夫，少了男女间的床第之欢。自己没有快乐，就看不惯别人的快乐。她说：

"孩子哩，是我鲁国贵族的骨血，当然是要留下来。至于这个女人，她家也不知是杀猪的，还是卖菜的，怎能进鲁国宗庙？"

春秋时候的第一夫人，虽没有什么政权，却有管理国中妇女的权力。于是，由穆姜作主，将声伯之母逐出公室，转嫁予齐国贵族管于奚，用来换取些彩礼钱。管于奚是个老头，花钱买女色，倒也不在乎女人的出身。然而，老夫艳妻的生活，虽则是欢乐，虽则是宜于子嗣，却不宜于健康。声伯之母与管于奚生下两儿一女。之后，管于奚淘碌了身子，一命呜呼。声伯之母因管于奚的宠爱，方才落脚于齐国。如今死了男人，齐国之中就又有类似于穆姜的人物，对其说三道四、指手画脚。她在齐国待不下去，又回到鲁国，投奔自己的儿子声伯。这算是夫在随夫，夫死随子。

此时的声伯，已经是鲁国大夫。自己的母亲出身卑贱，但她毕竟是自己的母亲。他接收了母亲和母亲与管于奚所生的儿女；并且在鲁国打通关节，让自己同母异父的两个弟弟也做上鲁国大夫，又将同母异父的妹妹说嫁与鲁国贵族施孝叔。到郤犨访鲁之时，声伯之妹的婚约已经定下，只是还没有过门。

声伯同母异父的这个妹妹，得了其母的遗传，长得异常美貌。此时的郤犨，正是闻其艳名而来。郤犨向声伯求娶声伯之妹。声伯说：

"她已经许了人家。"

郤犨说：

"是吗？我不管这些。我就是要她。"

此时的郤氏，乃是晋国第一望族，在晋国很说得上话。为了国际关系，声伯只能答应他的要求。声伯向妹妹说起郤犨的要求。声伯之妹指着湖中的鸳鸯，说：

"就算是禽兽，也是不事二夫。你这是做什么？"

声伯说：

"你失节、失身，是小事。鲁国、晋国和好，是大事。"

于是，声伯之妹被郤犨带到晋国，成了郤犨的女人。这事只苦了鲁国贵族施孝叔，好端端的一个漂亮老婆，被人强夺。

至春秋 149 年，声伯之妹与郤犨已经生下两个儿子。此时，郤氏在晋国遭到族灭。声伯之妹如同她的母亲，又被晋国贵族赶出晋国。此时的鲁国贵族施孝叔，旧情不死，赶赴晋国去接声伯之妹。施孝叔在黄河边接到女人。施孝叔不愿意要别人的儿子。在渡过黄河的时候，他将声伯之妹与郤犨一起生的两个儿子抛入黄河。声伯之妹痛失儿子，发誓不让施孝叔沾身。她说：

"你保不住自己的老婆，让自己的老婆被人抢走；又不能抚育别人的孤儿，杀死别人的后人。你不得好死！我决不做你的女人！"

施氏的这种遭遇，都是郤氏所赐。

……

郤犨借出访之机求娶女人，已属假公济私。他强娶别人已经定亲的女人，更属强盗行径。郤氏是何等根基，猖狂至此？

郤氏的起源，是郤芮。郤芮，是晋惠公的监护人。在晋惠公年代，也就是春秋六七十年代，郤芮已经是晋国权臣。晋文公回国后，郤芮谋杀晋文公，被晋文公杀死。郤芮之子，是为郤缺。因郤缺有让老婆为自己举案齐眉的本事，被重视人才的晋文公重新起用。郤缺夹紧尾巴做人，将郤氏保存并且光大。其子，是为郤克。郤克生郤錡、郤至。郤犨，是郤克隔房的侄儿。郤克世袭家业，已经呈现出骄横的性格。因女人的耻笑，他甚至想要奸污齐国国母。这种强横，感染其族人，所以有郤犨的上述行径。当时，郤氏的另一人物，甚至与周王争夺土地。这个人，是出访了楚国的郤至。

当今黄河与沁河的夹角地带，有一个县叫做温县。这是一个历史久远的城市。周武王灭商朝之后，分封诸侯。周朝司寇苏忿生，被封于温。当时，温以北即邻近北方游牧民族狄。苏忿生时常遭到狄的攻击。在一次狄的进攻之后，苏忿生逃亡到卫国，让温成为无人居住的荒邑。春秋 11 年，周桓王抢占郑庄公的土地，用十二个邑来弥补。温，是其中第一个。此事导致苏忿生的后人怨恨周王。所以，春秋 48 年，苏氏加入反对周庄王的动乱。因温靠近狄，郑国也不敢派人居住，所以苏氏的后人又重新回到温。至春秋 73 年，狄又一次进攻温。苏氏再度流亡卫国，温再度成为荒邑。春秋 88 年，晋文公讨伐王子带，包围温。事后，晋文公向周襄王请隧，周襄王拒绝之后，用土地作补偿，将温送给晋国。这让晋国土地发展至太行山以南。为了巩固新占领地方，晋文公让狐毛之子狐溱做温大夫。在这之后，温曾经成为晋国大夫阳处父的封地。至春秋143 年，温成为郤至的封地。周王在将温送给晋文公之前，曾经将温属下的一部分土地，即郤田，赏给周朝内部的官员。

春秋 143 年，郤至以郤田曾经隶属于温为理由，强占郤田。此时王道已经被霸道替代，周王室只有名分，没有实力。周简王土地被强占，只好派出使者到晋国，请求晋国君主晋厉公裁判。晋国成为盟主国家，名义上是维护周王室。欺负周王室，其实也有悖于霸道。为此，晋厉公转央郤至，要求郤至将郤田归还周王。早先的晋文公想要处理郑国君主，将其交付给周朝。历经几十年的演变，天下的权重颠倒，周王竟然反过来请求盟主的仲裁。冰冻三尺非一日之寒。周王室的衰落，就是这般。

郤氏凭借晋国的盟主声威，到国际上招摇撞骗、横行霸道，这让晋厉公和晋国其他权臣很看不惯。满，则招损。至春秋 149 年，郤氏遭到族灭。即将到来的鄢陵之战中，栾书已经开始设计陷害郤氏。相关情况，下回再叙。

正副第四十七回

战鄢陵甚嚣尘上　烝国母女爱乔如

　　上回说到，晋国君主和第一大夫都决定战争，范燮的建议得不到采纳。晋厉公亲自领军，倾巢而出。众卿中只留级别较低的知罃留守，其余全部扈从。且命郤犨出使卫、齐，邀卫、齐参战；栾书之子栾黡出使鲁国，邀鲁国参战。命知罃留守，有一个苦衷：

　　知罃曾经是楚共王的"女人"。如果让知罃参战，与早先的孤老相见，将大失晋国的体面。

　　命郤犨充当使者，则是因为栾书的一点小心思：

　　他担心郤氏的势力太大，影响到自己的决策，所以设计支开郤犨，分散郤氏的力量。卫国东面是鲁国，鲁国东面才是齐国。栾书命郤犨出使两个相隔较远的国家，却让自己的儿子只出使一个国家，暗中存这样的私心：让栾黡得以尽快完成任务，好得到封赏；让郤犨两头跑，晚于栾黡搬来盟军。如果此战之中因此出了问题，需要替罪羊，就可以将郤犨谳以"因循观望""贻误战机"之类的罪名。这个心思，与汉武帝对待李广的心术类似。

　　春秋148年夏戊寅，晋军从新绛开拔。刚刚投靠楚国的郑国，赶紧通告楚共王。楚国方面也是楚共王亲征，倾巢而出。司马子反，为中军统帅。令尹子重，为左军统帅。右尹子辛，为右军统帅。另有郑成公统率的郑国军队、南方蛮族参加楚军阵营。楚军路过申的时候，子反专程拜访告老于申的申叔时，求教于老成。读者于前面得知：申叔时乃是楚庄王年代的著名人物。成语之中的牵牛蹊田、筑室反耕，都是由他而发。申叔时告老于家中，专门做理论研究。楚国的申叔时，正犹如晋国的范燮。面对来访的子反，申叔时阐述一种上古的军事理论：

"德、刑、祥、义、礼、信，这六样东西是战争的利器。德是说要施惠于民。刑是说要处理坏人。祥是说要敬事神灵。义是说要让自己得利。礼是用来顺时而动。信是用来保住自己的财物。

"庶民能够得以快乐地生活，才可能由他们的劳动而得到财富。有了这些财富做后盾，才可能宣扬君主的恩德。这就是民生致利用，利用致正德的道理。现在正当农忙时候，正应当进行农业生产。此时出征，时间上首先就不对。晋、楚之间达成了彼此不直接战争的协议。率先违背这个协议，于信义上也讲不通。你去吧，我估计再见不到你了！"

子反原想听点用兵作战的计谋，反受到这一番抢白。心想：

这老头有了尸气，开口闭口总把个死字挂在嘴里！

考虑到此人是楚国著名贤达，他也不作计较。他哪里知道，这预言后来成了事实。楚军自四月接到郑国求救，五月就集结起大军赶到黄河边，行军太快，军容不整。春秋148年五月，晋军渡过黄河。此时，晋国第二大夫范燮建议：

"据斥候报：楚军行军太快，军容已经不整。我们不能让他们得到休整，要让他们继续行军，拖散阵形。为此，请让前锋佯败，退回河北，然后以重兵设下埋伏。我军伏兵乍起，势必追杀楚军于黄河北岸。就让黄河来为楚军进行水葬！"

栾书其人，之所以混到第一大夫的地步，靠的是老成和深谋远虑。他深知范燮所宣讲的内忧外患的道理，所以不光想打胜仗，还提前考虑到胜利之后的功劳的分配。他算定此战能够胜利，却不愿让范燮的参谋抢了自己的头功。于是，按晋国一级统管一级的制度，他一票否决了范燮的提议。至六月，楚军到达鄢陵，与晋军对峙。接下来的战争就发生在鄢陵，号为鄢陵之战。此时，范燮又建议：

"早先有极佳的战机，我们已经错过。此时若组织战斗，将会是苦战，此时应当以守为主，等待战机。"

第八大夫郤至说：

"韩之战，惠公被俘。箕之战，先轸丧命。邲之战，荀林父败退。这些都是我国军事史上的耻辱。你不愿出战，是想让我国增加新的耻辱？"

范燮毕竟是郤至的长官，他重申自己的观点，直斥郤至：

"先君对外征战是有缘故的。早先，秦国、齐国、楚国、狄人都强盛。如果我国不征战，会被这四股力量围攻而亡。现在，秦、齐、狄都已经弱下去了，只剩下楚国还强盛。只有圣人能够做到内外都没有患难。如果不是圣人，外宁必有内忧。放过楚国，让楚国来做外患，可以保持国内的畏惧，从而保证国内的团结。"

读者注意：这个观点比较含混，然而确有道理。一个人，一个国家，都有一个工作的重点。国家的工作重心在国防，全国的权臣就会都关心国防。那样确实可以减少内部的斗争。范燮这话提前预见到了此战之后的情况：晋国打败了楚国，举国的权臣不再致力于军事，就都致力于各自在晋国的权势。各大家族争夺权势，先后造成了郤氏、栾氏的灭亡，又最终造成了赵、魏、韩的坐大。

六月甲午晦日的早晨，楚军逼近晋军，排列阵形。什么叫晦日呢？夏历的每月最后一日即是晦日。夏历以月亮的圆缺计月。月亮每一圆一缺，即为夏历的一个月。十五的时候，月极满，名为望。月末的时候，月极晦，名为晦。初一的时候，也是月极晦，名为朔。

月圆之夜，月光可以照明，宜于夜间行动，有利于夜间偷袭。于月黑之夜行动，则须持火把，那极易暴露。反过来讲，月圆之夜，便于借助月光追杀。月黑之夜，没有月光，不易被发现，便于逃亡。总体而言，是月黑利于败后的逃亡，而月圆则利于胜后的追杀。

楚军逼近，晋军召集紧急会议。范燮之子范匄，年少气盛，进言道：

"填塞水井，夷平军灶，排列阵形，让出中路来准备冲锋！狭路相逢勇者胜，有什么好怕的！"

其父范燮听到这话，举戈戮向范匄。范匄躲避开。范燮一路追打，骂道：

"军国大事，关乎天意，你小孩子家知道什么！"

在此战结束之后，范燮悄悄对范匄说：

"栾氏与君主之间心下彼此猜忌。所以栾氏不想进攻，主公就偏要进攻。这其中还牵涉到郤氏。战还是不战，是他们之间的斗争。公开的场合，你站出来表态，那会将我们也牵连进去！有楚国作为外患，大家还能彼此一心，共同抗敌。战胜了楚国之后，外患没有了，就必有内忧。国内就要出大事了，你等着瞧吧！"

鄢陵之战后，范燮感到国内就要发生动乱。身为第二大夫，他不可能置身事外。为此，他特别烦恼。他对自己家中的巫师说：

"你为我祈祷，祈祷我早点死！早点死，可以得到正常的葬礼。要是活着卷入动乱之中，我将举族灭亡！"

这种小心谨慎，完全继承于士蒍、士会。春秋149年夏，因为这种杞人忧天般的忧患，范燮病死。同年冬，郤氏遭到族灭。

且说当时，栾书看到这父子的表演，微微一笑，说：

"使者去联络齐国、鲁国的军队，还没有回来。等齐、鲁军队到达后再发起总攻，那样胜算大些。楚国人性情剽悍，然而忍耐力和持久力不如北方人。我们也不必大胜，只需要顶住他们的进攻。只要双方僵持不下，不出三天，他们自己就会撤退。到时候组织追击，必然是破竹之势。"

郤至说：

"楚军有六种败相：子重与子反相互猜忌，这是第一种败相。楚王的亲兵，还是庄王时代的旧兵，已经老而不可用。这是第二种败相。楚国的盟军郑军阵形不整，这是第三种败相。楚国的盟军南方部落没有组织阵形，这是第四种败相。进攻不应当选晦日，楚军逆天而行。这是第五种败相。楚军阵营一片喧哗，那说明楚军各部有观望之心，无必死之志。这是第六种败相。有这六种败相存在，我军何愁不胜？请主帅下令出战！"

此时，晋厉公发话：

"他逼到这里了，一味防守，恐怕未必守得住。不战是不行的了！"

君主发了话，栾书只好下令组织战斗。楚军方面，楚共王登上辇车，观望晋军。

什么是辇车呢？这是当时专门用于远望的一种车，相当于一个可以移动的了望塔。它将普通的车加固，上面搭建高台。军队统帅站到这高台之上，一则便于观察敌情，二则便于以旗、鼓之类的信号向全军发布军令。

春秋 147 年，晋国贵族郤錡、郤犨、郤至谋害伯宗。伯宗之子伯州犁，逃奔至楚国。因伯州犁来自晋国，知道晋国的情况，楚共王命伯州犁也登上辇车，向自己介绍晋军情况。

辇车之上的楚共王问伯州犁：

"他们往左右两边跑，是做什么呢？"

伯州犁说：

"是在召集军吏，让军吏都到中军去集合。"

之后，伯州犁对看到的情形一一解释：

"他们在进行会议，商量对策，张起了开会用的帐篷。"

"他们在向先君的神灵问卜。撤去了帐篷。"

"他们就要发布军令。有很大的喧哗声。尘土扬起。"

"他们正准备填塞军中的水井，夷平军灶。正准备进行列队。"

"他们都登上了战车。"

"御戎、车右都拿着兵器下车；这是在听誓辞。"

这时，楚共王问：

"他们就要开战了吗？"

伯州犁说：

"不知道。只是御戎和车右都下车了。

"看来是在进行战前的祈祷。"

楚庄王灭若敖氏的时候，鬬椒之子苗贲皇逃奔到了晋国。至此，苗贲皇随行于晋厉公。晋厉公也请苗贲皇介绍楚军的情况。苗贲皇向晋厉公指示出楚军的王卒，然后说：

"王卒是楚军的精锐，护卫于楚王周围。如果能够打败王卒，楚军必败。我建议分出少部分兵力佯攻楚军的左、右两军，集中我三军主力，主攻王卒。"

前面提到，楚庄王演练的荆尸阵，精兵在后置的左广、右广，其前锋的战斗力不强，主要侧重于两翼包抄。此时的楚共王的阵形，大致延用了荆尸阵的思想，以王卒护卫楚王，首先求自保。

战前头一天，楚共王的车右潘党，与楚国贵族养由基，自诩武艺高强，于军中比赛箭术。他们将犀甲一层层地叠起，做成箭靶，比赛谁射穿的犀甲的层数多。养由基射穿了七层犀甲，为三军第一。他将射穿了的甲拿给楚共王看。楚共王说：

"武艺确实不错。然而，更重要的是勇敢！"

楚军正在列队。南方部落编排入荆尸阵中。南方部落不熟悉楚军的车阵，所以楚军方面出现混乱。晋军按计划集中三军主力进攻楚共王所在的王卒。激战之中，魏犨之子魏錡射中了楚共王的左眼。楚共王感到左眼一片黑暗，痛得钻心；右眼也因沾上了血成呈一片红雾。他擦拭仅剩的右眼，看到晋军的一辆战车冲破了楚军防线，靠近过来。车上的主帅穿着条朱红色的皮裤，跳下车来，向自己行礼。仔细辨认，那人正是曾经到郢都拜访的郤至。一时间，楚共王回想起晋、楚誓词的"无相加戎"，又回想起子反说的"一矢相加遗"，心中大愤：

"说什么无相加戎，何以箭到眼中？这些誓词，都是屁话！子反故意激怒晋国使者，他的话报应到了我的身上！"

他忍住疼痛，做出两个决定：

摘下腰间的弓，命车右潘党将其作为礼物，送给冲过来的郤至，传达楚共王的话：

> 方事之殷也，有韎韦之跗注，君子也。识见不榖，而趋。无乃伤乎？

译文：在战斗激烈的时候，有一个身穿红色皮裤的人，是个贵族。他认识我，所以跳下车来向我行礼。他该没有受伤吧？

潘党跳下车，跑到郤至那里带话。郤至于此前作为使者到楚国，曾经见到楚共王。当初的相见，是在朝堂之上，彼此间是饮酒、听音乐之类温文尔雅的事情。如今楚共王于战场上送来礼物，郤至一时间没有反应过来。出于礼仪，郤至回答说：

> 君之外臣至从寡君之戎事，以事君之灵。间蒙甲胄，不敢拜命。敢告不宁。君命之辱。为事之故，敢肃使者。

译文：你的外臣至跟随自己的君主出征作战。身为战士，身负军令，所以不能够接受你的馈赠。然而，君王向我行礼，我不能无礼。军中例行肃礼，我向使者行肃礼。

郤至摘下头盔，面向楚共王行三次肃礼，然后跳上车离去。

什么叫肃礼呢？这是春秋时候的军礼。贵族如果戎装在身，可以不按一般礼仪行礼，而是行这样的军礼：

面对对方。双腿直立。俯身弯腰，让双手着地。

这种军礼，并不是因为犀甲包裹身体，不能下跪；而是因为正常的顿首、稽首、拜手之类的礼仪，很花费时间。例如稽首，它要求双膝跪地，双掌按地，然后头置于手背，并且保持这姿势很长时间。在行这些礼之前，为示尊重，还要求衣服的光鲜整洁，态度的恭敬和严肃。这些要求，在戎马倥偬的军旅之中做不到。简单地说，肃礼是一种简化了的礼仪。

读者注意：楚共王此举，是一个离间计。郤至曾经作为使者出使楚国。现在楚共王送他礼物，是想让晋国内部由此怀疑郤至里通外国，借此造成晋国内部不和。

送出弓之后，楚共王又从箭篓里拿出自己的两支箭，交给养由基，说：

"受一则还二！你为我还他们两箭！"

君王中箭，乃是国家的耻辱。养由基异常激愤：

"不须两箭，一箭即可！"

养由基一箭命中魏錡。因带着激愤，箭的力道很大。箭从魏錡的脖子穿进去，在脖子上穿出一个洞，又从后颈飞出。血溅洒一地。魏錡被箭的冲力带动，当即后仰倒于战车之上。之后，养由基接连放箭，每箭必杀一人。

楚国贵族叔山冉，担任楚共王的车右。眼看君王中箭，叔山冉发疯一般冲进晋军阵营。遭遇到晋国士兵，即赤手空拳将其举过头顶，扔向对方战车。被他扔出的人，撞坏了战车的护栏，一命呜呼。

栾书、范燮的战车护卫于晋厉公。晋厉公的战车陷入泥沼。栾书想要下车去帮忙。栾书之子栾鍼担任晋厉公的车右，他说：

"你车上的旗鼓，是三军的指令。护卫君主是我的事，你不要来管！"

栾鍼跳入泥水之中，用肩将战车从泥坑中扛出。韩厥追郑成公的战车。他的御戎说：

"赶紧放箭！他的御戎老是回头看，分了神。"

韩厥说：

"我曾经俘虏了齐国君主，不能再俘虏郑国君主。"

郤至也在追郑成公的战车。他的车右建议说：

"我去假装成他的步兵，接近他的战车，趁机跳上车，就可以俘虏他。"

郤至却说：

"伤害国君，只会受刑！"

两军战斗之中，何以出现这种贻误战机的事呢？晋厉公之父晋景公，处理了赵氏。这让晋国世族生出兔死狐悲的心理。韩厥担心功劳大了，反遭君主忌恨，所以出工不出力。郤至则是因为自己一再遭到长官的申斥，心中怀恨，故意败坏军事。

栾鍼看到了子重的旗帜，向晋厉公说：

"当初我朝拜楚国的时候，曾经与子重交谈。子重问我晋军有什么厉害之处。我说，我军好以众整。他又问，其他呢？我说，好以暇。两国交兵，如果没有使者交往，就算不上好整以暇。现在，正好向他们展示这一点，展示我们有更强的耐力和持久力。"

晋厉公接受栾鍼的建议，于双方战斗的间歇，派使者带着酒食，去送给楚国的子重。使者作为栾鍼的传话人，对子重说：

寡君乏使。使鍼御持矛。是以不得犒从者。使某摄饮。
译文：我们的君主身边缺乏人使唤，栾鍼手执矛担任君主的防卫工作，所以栾鍼不能亲自来犒劳你，只好让我来请你喝酒。

双方的战斗从早晨开始，断断续续，持续到天空出现星星。前面提到，这一天是晦日，夜里没有月光。为此，双方只能收兵。

夜里，双方都进行休整。苗贲皇发布晋厉公的军令：

蒐乘补卒。秣马利兵。修阵固列。蓐食申祷。明日复战。
译文：修整战车序列。补足战车序列中的步兵。为马喂食。磨砺兵器。修整阵地。加固防御力量。在草席上铺设食物，进行祈祷。明天再进行战斗。

为了表达好整以暇的姿态，晋军还释放了当天俘虏的楚军战俘。楚军方面，子反接连视察军中，组织休整。子反于视察之后回到自己的营中。他感到太累，命身边的奴隶进献酒食。

正如栾书所说，南方人耐力不行。子反已经战斗了一天，夜里又忙里忙外，此时为了解乏，多喝了点酒，就再也撑不住，昏然睡去。楚共王带伤连夜组织军事会议。会上不见重臣子反。一问，却说是酒醉睡着了，无论如何也喊不醒。楚共王大怒：

"我目中中箭，尚且坚持至此。他倒好，还有心思喝酒！晋军一再炫耀其军力，摆明要与我们持久作战。仅一日，就累成这样，我们拿什么来跟人家打？"

楚共王感到楚军不能取胜。而这一夜正好没有月光，是个撤退的好日子。于是，楚共王下令连夜撤退。撤退的队伍，讲究轻装以便快逃，所以楚军营中，还留下很多装备和物资。第二天一早，晋军进入楚军营地，将楚军遗留下的食物，用来庆功，大酒大肉，足足吃了三天。此战于战场上虽没有分出胜负，但是楚共王受伤、楚军离去。这象征着楚军战败。

楚军抛弃大量军资，离开鄢陵，退守于瑕。楚共王派人对子反说：

先大夫之覆师徒者。君不在。子无以为过。不穀之罪也。
译文： 早先的大夫战败，因君主没有参加，所以不是君主的罪过。这一次，我参加了，责任在我。请你也不要觉得这是你的过错。

这早先的大夫，是指成得臣。读者注意：春秋时候的人喜欢卖弄礼仪；君主说"不是错"，意思是"就是错"。子反向楚共王的使者行再拜稽首礼，说：

君赐臣死，死且不朽。臣之卒实奔。臣之罪也。
译文： 君主让我死，我死得其所。是我率领的部队最先逃跑，是我的罪。

读者注意：当时是楚共王下令逃跑。子反故意说是自己先逃跑，那意思是说：是你率先逃跑，现在却来治我的罪！

不想，此时又来了子重的使者。传达子重的话：

"早先打了败仗的人，你是知道的。你考虑吧！"

这话的意思是说：早先的成得臣自杀谢罪，你子反也应当自杀谢罪。在君主和权臣的两重逼迫下，子反感到自己不得不死。他回复子重的使者：

"就算没有早先的例子，只需你一句话，我也应当去就义！"

硬话说完之后，子反拔剑自刎。

······

晋、楚战斗这一天，齐军在国佐、高无咎的率领下抵达鄢陵。卫国军队由卫献公领军，刚刚出国都。鲁国军队由鲁成公领军，到达鲁国境内的坏隤。栾黡只出使一个国家，何以反倒比郤犫动作慢呢？这是因为鲁国内部，出现了纠纷。

叔孙得臣之子叔孙乔如，生于春秋 107 年，至此 41 岁。乔字，是高大之意。现代汉语的"乔木"一词，就是取用乔字的高大之意。叔孙乔如的得名，是因为长狄乔如。叔孙得臣能够打败长狄乔如，其体质当然不错。叔孙乔如得其父遗传，长得极其英武，很对得起"乔如"之名。

鲁国第一夫人穆姜，是鲁宣公嫡妻，鲁成公亲生嫡母。鲁宣公去世于春秋 132 年，至此，穆姜守寡已达 16 年。16 年的寡妇生活，如何煎熬得过？她处理声伯之母，其实就是因为怨妇心态。对同性进行处理，终究只是变态的性虐待，不能解决实际的问题。穆姜忍耐不住，于鲁国贵族之中寻找情夫。叔孙乔如与她年龄相当，从外表看来，似乎也还不错。于是乎，找了个请吃饭的时机，第一夫人又是赐酒，又是赐肉，最后将自己的身体，作为禁脔，赐予叔孙乔如。叔孙得臣是叔牙之孙。叔牙是鲁桓公之子。桓公之后，是庄、（闵）僖、文、宣，历四代。叔孙氏一房，与鲁宣公同一代的正是叔孙侨如。算起来，这大致是同一辈的叔嫂相通。

贵族妇女偷人，从古至今都是正常事情。我们不能用穷人的礼仪来要求贵族。因为贵族之所以为贵族，正在于他们有更多的权利。穆姜贵为鲁国第一夫人，有那么几个情夫，实属正常，且情有可原。然而，因叔孙乔如太有魅力，穆姜爱上了他。情夫情妇，谋划到将来，巴不得长相厮守，并且千秋万代。为此，二人谋划灭掉"三桓"之中的另外两房，让叔孙氏独揽大权。那样以来，对穆姜来讲，就成了儿子为君主，情夫为权臣。那是贵族妇女的最高梦想。

鲁成公接到栾黡的申请，准备动身赶往鄢陵。出行之前，穆姜向他提出驱逐季氏、仲孙氏。鲁成公说：

"现有盟主召唤的大事。国内的事情，等我回来后再说！"

穆姜先前就曾经多次向儿子提出此事，鲁成公都是推脱。至此，穆姜忍不住了，他指着鲁宣公的另外两个儿子，说：

"你要不答应，这两人都可以做鲁国的君主！"

这口气，是要废了鲁成公。这个话，让鲁成公生出恐慌。鲁成公行军至坏隤时，因担忧穆姜作乱，停留下来，派人回国通知季氏、仲孙氏，防备叔孙氏作乱。为此耽误了时间，所以没有赶上鄢陵之战。

鄢陵之战这一年的秋天，晋国组织中原诸侯，大会于沙随，商量继续讨伐郑国的事情。在这个会议中，叔孙乔如的使者向晋国贵族郤犨行贿，并且说：

"鲁国侯爵在坏隤停留，那是观望的态度，是坐山观虎斗。"

盟主国家最讨厌的就是诸侯生出二心。因此，晋厉公在此会中拒绝会见鲁成公。

同年秋七月，鲁成公参加晋国组织的对于郑国的讨伐。鲁国贵族季孙行父、声伯、叔孙豹随行。这其中的叔孙豹，是叔孙乔如之弟。

鲁成公带领鲁国军队到达郑国国都的东面。晋国率领的诸侯联军在郑国国都的西面。鲁军怕遭到郑国军队的拦截，不敢贸然过去。声伯命叔孙豹率小分队潜行至诸侯联军，让诸侯联军接鲁军到西面会师。声伯在军前摆设下食篚，对出行的叔孙豹一行说：

"此行的危险，我与你们分担！这些吃的，我要等你回来之后与你一起吃。你们不回来，我誓不进食！"

声伯等待了足足四天，叔孙豹的使者才回来。声伯已经饿得头昏眼花。然而，他让这使者先吃东西。使者吃过之后，声伯才吃四天来的第一顿饭。

声伯、叔孙豹的努力，让晋国看到了鲁国的诚意。然而，叔孙豹的哥哥叔孙乔如，已经色令智昏。他又派出使者送钱给晋国的郤犨，说：

"鲁国的季氏、孟氏，就像是晋国的栾氏、范氏。国家的政令，都是他们说了算。现在他们商量说：晋国政出多门，不能追随晋国。我国宁肯事奉齐国、楚国。最多不过就是死！我们决不追随晋国。

"如果晋国想要得到鲁国，请你们扣留离并杀死季孙行父，我于国中杀死仲孙蔑。那样一来，鲁国就会一心一意事奉晋国。鲁国没有二心，其他小国也就拥护晋国了。如果不这样，等季孙行父回国，鲁国就会背叛晋国。"

这种话，翻来覆去，意思是叔孙氏愿意效仿于卫国的孙林父，效忠于晋国。晋国方面焉能不允？春秋148年九月，晋国于苕丘逮捕了季孙行父。鲁成公仓皇出逃。之后，鲁成公派声伯为使者，到晋军之中请求释放季孙行父。声伯向晋国说：

"我国的叔孙乔如与穆姜之间，有点不足为外人道的事情。这说起来是我国的耻辱！这事情想必贵国也有所耳闻。国家以君主为根，以公室为枝干。若去公室，君主何以独安？鲁国若亡公室，是亡国也！鲁国之亡，非晋国之幸！"

前面提到，声伯与郤犨之间，有个妹夫、郎舅之谊。郤犨首先要帮亲。而且，晋国贵族经一番商议，渐渐知道了郤犨受贿的事情。会议上虽不便明说，终究认定鲁国的"三桓"的斗争，乃是鲁国的家事。晋国平白的加入其中，选边站队，倒显得成了小人做派，不是盟主风范。因此，晋国释放了季孙行父。鲁成公回国后，从根本上着手，先杀死了自己的两个弟弟，以防止叔孙氏拥立他们。叔孙乔如知道自己斗不过君主和第一大夫季孙行父，赶紧出逃至齐国。

……

叔孙乔如在鲁国的那点风流韵事，国际上早已传开。

穆姜为了叔孙乔如，甚至说想废了自己的亲生儿子。叔孙乔如到齐国之后，甚至不用自己去找，贵族妇女已经主动找上他。齐国第一夫人声孟子，凭了国母的权势，要了叔孙乔如。声孟子原想是独占花魁，殊不知弄巧成拙：

叔孙乔如与声孟子之间，很快搞得如胶似漆。声孟子如同穆姜一般，恨不得将国家江山，都舍予情夫。于是，经她多次关说，叔孙乔如在齐国官居高位，爵至于高氏、国氏一级。偏偏声孟子另养有一个情夫，名为庆克。庆克乃是崔杼的党羽。叔孙乔如与庆克共事一妇，渐渐推论起"同靴之谊"，难免就进入崔氏阵营。此时的齐国，崔氏与高氏、国氏争夺政权。高氏、国氏不愿公开对付崔氏，就拿来自外国的叔孙乔如开刀。公开的说法，说是：

占我们的国母，那都还算是宫闱情事，不足详论。占我齐国爵位，却不可等闲视之。长此以往，怕不要弄成鸠占鹊巢，变易我齐国江山的姓氏？

于是，叔孙乔如在齐国，也待不下去。他又辗转流亡到卫国。至于卫国的贵族妇女，又与他翻演出怎样的勾当，那就不得而知了。这齐国的内斗，又是怎么回事呢？且看下回。

对等第四十八回

刑国高埋城傅堞　置军尉桡弱权臣

上回说到，叔孙乔如卷入齐国的纷争，不得不离开齐国。叔孙乔如的真本事，打开了声孟子的心扉，让声孟子再也不能没有男人。

声孟子究竟何许人呢？还是先从齐国传代说起。自齐桓公去世后，六子乱齐。齐桓公之子相继为君，一直传到齐惠公。齐惠公于春秋 124 年去世，传其子齐顷公。齐惠公之妻、齐顷公之母，即是那个耻笑了郤克的萧同姪子。声孟子，则是齐顷公嫡妻、宋国女儿。齐顷公自春秋 125 年至春秋 141 年在位。其子齐灵公自春秋 142 年即位至此春秋 149 年。算起来，声孟子守寡已达七年。

与叔孙乔如偷情造成齐国贵族的反感。因此，声孟子不再那么张扬，每次与庆克幽会，都让庆克用衣服将头罩住，乘坐贵族妇女专用的辇进宫。然而，此事仍然让国氏、高氏得知。

齐桓公年代，用管仲的三分起案之法，高氏、国氏分别统管齐国军政的三分之一。之后的孝公、昭公、懿公三代，因循守旧，高氏、国氏继续掌权。自春秋 80 年至春秋 110 年，三十年间，齐国君主换来换去，高氏、国氏则是"我自岿然不动"。按照"三分起案"的思想，齐国君主能够压制住高氏、国氏。但是，高氏、国氏长期执掌大权，渐渐成树大根深之势。至齐惠公即位后，命自己的党羽崔杼执掌三分起案之一，让国氏、高氏轮换执掌另外三分之一。齐惠公在位的十年，高氏、国氏不敢发作。春秋 124 年，齐惠公去世。高氏、国氏组织起党羽，驱逐崔杼，拥立齐惠公的庶子，是为齐顷公。崔杼逃奔卫国。之后，齐国向诸侯发出禁锢崔氏的外交照会：

> **姜氏之守臣杼，失守宗庙，敢告。**
> **译文：**我齐国的姜姓的某个臣，名叫杼。他已经不再是齐国宗庙的人。特此通知。

按当时的观念，人生以宗庙为信仰和归宿。崔杼本来以齐国宗庙为信仰。而今宣称他不再是齐国宗庙的人。那不仅意味着他丧失国家、丧失家庭，还意味着他的灵魂将成为孤魂野鬼，永远找不到归宿。

齐顷公乃是滕女所生，原本不可能做上君主。得成君主，当然感激国氏、高氏。整个齐顷公年代，高氏、国氏的权势变本加厉，比早先最强盛的时候还要强盛。断道之会，齐顷公命高固率四人组豪华使团参会。其余三人即使被逮捕，也不敢违背君命；只有高固，赶在进入晋国疆域之前逃回祖国。回去之后，却不受任何处理。这是君主特别的眷爱。这种眷爱，正是因为他的家族有特别的功勋。

春秋 141 年，齐顷公去世。新的君主齐灵公是按正常程序即位。齐灵公犹如早先的齐惠公，也看不惯高氏、国氏的强盛，也想树立起自己的党羽。赶着这个时机，崔杼回到祖国。崔杼其人，早在齐昭公、齐懿公年代，就做了齐惠公的死党。后又流亡外国十七年，忍辱负重，已经打造出类似于晋公子重耳的性格。此时的国氏、高氏如日中天，崔杼不能硬碰。他剑走偏锋，命手下党羽庆克私通于第一夫人声孟子，由声孟子牵线搭桥，联络齐灵公，宣誓效忠于君主。

"余勇可贾"的高固生有三个儿子：高无咎、高止、高厚。此时，高固已经去世，由高无咎当家。高无咎生高弱。国氏此时的当家人名叫国佐。国佐生国胜、国弱。高氏、国氏当初驱逐并禁锢崔氏，对崔氏当然存有戒心。他们担心声孟子与情夫私通的时候，于席上枕间设计出谋害高氏、国氏的阴谋。

春秋148年，高氏、国氏驱逐叔孙乔如，开始了与崔氏的明争暗斗。春秋149年夏，齐灵公携国佐参加晋国组织的对于郑国的讨伐，命高无咎、鲍牵留守临淄。齐灵公参加会战期间，忽接声孟子密报：

"高、鲍想要将君主拒之门外，立公子角（齐顷公之子）为君。"

原来，高无咎、鲍牵趁齐灵公不在国中，关闭临淄城门，搜捕庆克。庆克逃到声孟子宫中。高、鲍的党羽包围声孟子的住处，一时却也还不敢进攻第一夫人。双方僵持、对峙之际，声孟子得个机会，派人秘密送信于齐灵公。齐灵公命国佐率齐国军队继续追随盟主的征战，自己轻装赶回祖国。齐灵公回国后，对鲍牵施以刖刑，驱逐高无咎。高无咎之子高弱，以高氏的封地卢，叛出齐国。因鲍氏的祖宗鲍叔牙有大功于齐国，故而另立鲍牵之弟鲍国为鲍氏继承人。

春秋149年冬，齐灵公命崔杼、庆克讨伐高弱，进攻卢。此时，国佐正代表齐国，率齐军讨伐郑国。国佐向盟军请假，说国中有大事发生，需要赶紧回去。国佐率军至卢，救助高弱，混战之中杀死了声孟子的情夫庆克。

庆克，算起来是齐灵公的假父。按当时的习俗，贵族妇女因丈夫而拥有地位，于丈夫死后，不可能改嫁。因此，贵族寡妇的情夫，被其子视之为假父，相当于当今的继父。国佐杀死庆克，与声孟子成不可调和的矛盾，带携与齐灵公也成不可调和的矛盾。至春秋150年，齐灵公设计杀死国佐。因国氏在齐国势大，最终立国佐之子国弱为国氏继承人。另一方面，因庆克被杀，抚恤庆氏，立庆克之子庆封为大夫、庆佐为司寇。国佐的党羽王湫逃奔莱国。春秋152年春，齐国讨伐莱国。莱国贵族向齐灵公身边的太监夙沙卫行贿，送了马、牛各一百匹。夙沙卫关说齐灵公。齐灵公暂时放过莱国。春秋152年秋，齐灵公派姜姓宗妇参加鲁国齐姜的葬礼。此行，齐灵公要求莱国子爵同去。莱国子爵怕遭到处理，不敢去。齐灵公命晏弱于靠近莱国的东阳建设军事基地，准备进攻莱国。春秋155年夏，晏弱出于东阳，包围莱国。他用土山战术，攻陷莱国。

什么是土山战术呢？这是一种很笨、很费时，但是很实用的战术。因仰攻城池会遭到守城者的俯攻，于是于箭程之外，用土堆建大致与城墙高度一样的土山。在土山的背后，不断将后面的土从山顶往城的方向倒。由此，土山慢慢靠近城墙。待土山与城墙相连之时，攻方跳进城中，攻陷城池。这个战术，号为堙城傅堞。

莱国贵族、王湫与齐军巷战，最终不敌。王湫逃奔莒国。莒国不敢得罪齐国，将其杀死，人头献于齐灵公。莱国子爵逃奔棠国。晏弱又包围棠国。春秋156年冬，齐军灭棠国，将莱国遗民迁到小邾国。

经此一番动乱，齐国的高氏、国氏被压制下去。齐灵公惩于高氏、国氏的动乱，放弃了管仲的三分起案体制，重用崔杼，让崔杼全权管理国家。按早先的管仲的思想，三分起案犹如三角形，先天具有稳定性。齐国君主领导国氏、高氏两个家族，可以利用两家的矛盾，维持自己的君权。如今废除了三分起案，只领导一个权臣，让齐国从此进入权臣掌权的年代，最终导致田氏篡国。相关的演变，后续可见。

差不多在齐国内乱的同时，晋国亦发生重大变故，弄成晋国君主被杀，权臣重新洗牌。

晋国自晋文公以后，用新规则赋予大夫更多的权力。春秋124年，晋景公即位。至春秋142年，晋景公不食新麦去世。次年，晋厉公即位。晋景公年代，因赵氏权力过大，处理了赵氏。晋景公处理赵氏，借助的是栾氏、郤氏的力量。晋厉公继承其父限制世族的思想，想要彻底改变自晋文公以来世族专权的状况，独揽大权。他以为：

照先君那样以世族对付世族，结果是旧的世族衰落，新的世族涌现。那样做，权力终究还是在世族手里。

为此，他寻求名门望族之外的力量。这个决策最终害了他自己。晋厉公找到的人，一个叫胥童，一个叫夷阳五，一个叫长鱼矫。胥童的祖宗胥臣，乃是追随晋文公流亡的几大贤臣之一。胥臣生胥甲，胥甲生胥克，胥克生胥童。这一族人不曾做到特别大的官。春秋 123 年，刚刚成为第一大夫的郤缺以胥克身患蛊疾为由，废除其下军副手之职。从此以后，胥氏落选于六卿之外。为此，胥氏怨恨郤氏。夷阳五的封地遭郤锜强行霸占，与郤氏结仇。长鱼矫的封地遭郤犨强行霸占，并且曾经全家被郤犨囚禁。这三个人，都与郤氏有仇。然而，他们在晋国属于低级贵族，没有权势。晋厉公问胥童：

"先君惠公用新规则选人，为的是激励众卿为国家出力。现在这些人气焰越来越嚣张，简直不把我放在眼里。为子孙计，不得不处理他们。郤、中行、栾、范，该从哪一家着手呢？"

胥童说：

"早先的士芿曾经说过：打蛇打七寸，处理了强的，弱的就好办了。几大家族中，郤氏势力最强，其党羽遍及内都至外邑，其财富与公室相当。并且，郤氏与其他家族有积怨。这种矛盾可以加以利用。"

晋国第一大夫栾书，也担心郤氏的势力威胁到自己，想要对付郤氏。鄢陵之战中，晋军俘虏了楚国的公子茷。为了试探晋厉公，栾书收买公子茷：

"你去对我国君主说：郤至在鄢陵之战前私通楚王，劝楚王在齐、鲁的军队到达前发起进攻。并且，战场上，郤至已经接近了楚王，本可以俘虏楚王，却反过来发誓效忠楚国，与楚王互赠礼物为信。你是楚国人。这些话由你来说，我国君主定会相信。事成之后，我保证送你回国。"

公子茷如约告密于晋厉公。晋厉公也想测试栾氏的想法，就假装不了解情况，将公子茷的话转告栾书，又问：

"据你了解，是什么情况？"

栾书回答说：

"楚国公子的这些话，我也听说过。我本想通知你，只是怕别人说我容不得人，反担个挟私诋毁的嫌疑。我命郤犨去搬友军的时候，郤至支使郤犨，要郤犨故意拖延时间，让齐、鲁的军队晚点到来。楚军逼近的时候，郤至又坚持要出战。主公试想：楚军远来，乃是客军作战。我军在自己的地盘作战，我国的友军正源源不断地赶来。正应当以逸待劳，先立于不败之地，然后再侍其懈怠，攻其必败之处。郤至坚持出战，是想于我们的友军赶来之前开战。这其中的心术，可想而知。

"我听说，他计划于此战之中杀死或者是俘虏你，然后去接孙周来做君主。楚军战败的结果出乎于他的意料之外，他转而效忠楚国，于战斗之中故意放脱楚王，还接受了楚王的礼物。

"他与楚王之间的交易，我不太清楚。他联络孙周的事情，我倒有个建议：你让他出使周朝，就可以看出他与孙周的关系。"

栾书于鄢陵之战前搬友军的时候，原想是陷害郤犨。结果是：自己的儿子栾黡负责联络鲁国，偏偏鲁国出现变故，鲁军迟迟不到。栾书作为中军主帅，于此事之中负有领导责任。趁此时机，他将责任和过错，一股脑儿推到郤氏身上。

孙周是何许人呢？他就是即将继位的晋悼公，此时在周朝为人质。此人是晋襄公的曾孙。晋襄公生桓叔捷，捷生惠伯谈，谈生周。晋国君主系自文公之后，历襄、灵、成、景、厉。成公是文公之子，与襄公同辈。算起来，桓叔捷与景公同辈，惠伯谈与厉公同辈，孙周比厉公小一辈。

鄢陵之战中，楚共王左眼中箭，痛恨晋国违背盟约，所以故意派人向郤至送礼。那是一种反间计：是想要让晋国君、臣之间内斗。其实，这个计谋有其漏洞：

如果真有什么秘密的事情，应当暗中交往才对。然而，楚共王向郤至送礼是公开进行。

稍稍寻思，就会发现这个疑点。适遇晋厉公心下本有处理权臣的心思，对这种事情就宁可信其有，不可信其无。第一大夫栾书又极力佐证其事，晋厉公当然接受这建议。

栾书暗中派人到周朝，故意安排郤至与孙周见面。这情况反馈到晋厉公那里，坐实了郤至想要立孙周的罪名。

春秋149年的某一天，晋厉公带着一帮子贵族男女围猎于后宫。尽兴之后，他命晋国贵族继续围猎，自己回房中饮酒作乐。郤至射杀了一只猪，准备将其进献给君主，以夸耀自己的箭术。这时，晋厉公身边的宦官寺人孟张，前来抢夺这只猪。郤至弯弓搭箭，射死了寺人孟张。事情传到晋厉公耳中，晋厉公说：

"欺负到我身边来了，此人欺人太甚！"

晋厉公处理郤氏的想法渐渐明朗。春秋149年冬的一天，三郤已经在讲武台商量应对的措施，胥童、夷阳五、长鱼矫率八百甲士赶赴讲武台。晋厉公唯恐出差错，又派清沸魋作为君主的使者另率一帮人赶去。清沸魋的任务，表面上是假装去过问情况，调解两方纠纷；实际上则是支援胥童、夷阳五、长鱼矫。郤锜、郤犨、郤至被杀死于讲武台，尸身被停放于朝廷示众。栾书、中行偃在上朝的路上被胥童囚禁。长鱼矫向晋厉公说：

"不杀这两个人，最终会危及君主！"

胥童在未经批准的情况下逮捕栾氏、中行氏，这让晋厉公认识到情况并非自己预计的那样：

胥童与栾氏、中行氏并无过节，却做出此举。这已经不再是报复私仇，而是想建立起由他掌控的政权。他今天敢于擅权，今后势必敢于谋害我。若再灭栾氏、中行氏，晋国朝廷将无世族，权力将由这帮来自下级的贵族掌握。还不如保留栾氏、中行氏，让栾氏、中行氏来抵挡他。

晋厉公的这种思路本没有什么不对，最大的问题在于：他能否控制住局势？晋厉公对长鱼矫说：

"一天之内已经杀死了三个卿，我不忍心再杀人了！"

晋厉公拒绝再兴杀伐。然而，长鱼矫等人，已经与晋国望族结下仇恨。长鱼矫知机，逃奔狄。胥童，被任命为卿。晋厉公释放栾书、中行偃，并且向其道歉。栾书、中行偃表面应承，内心里面，知道了君主早就想要对自己下手。栾书、中行偃趁晋厉公出游的时机，刺杀晋厉公。在谋杀晋厉公之前，栾氏、中行氏请范匄参加。范氏从士蒍开始，就以"老滑头"著名，哪愿意蹚这种浑水？找了个借口，范匄拒绝同谋。栾氏、中行氏又请韩厥参加。韩厥却是个硬头子，不但不参加，还反唇相讥：

"早先处理赵氏的时候，何等地凶险！然而，我力排众议，保全了赵氏！二位想一想：我是那怕事的人吗？你们有君主，却不能事奉君主，还要我做什么！"

中行偃想要杀死韩厥。栾书说：

"我们要对付的不是此人！并且，此人也不是想杀就杀得了的。杀他，只会分散我们的力量，只会成就他的美名！"

栾书、中行偃杀死了胥童，派知罃、范鲂到洛阳去接孙周回国为君。

春秋 150 年春，晋国大夫倾国而出，至于清原，于此迎接从周朝回国的孙周。此后，孙周成为晋国君主晋悼公。晋悼公是晋襄公的后人，与前任君主隔房达四世之远。晋悼公的继承晋国，与早先的晋武公偏房夺嫡类似。只不过，事隔近两百年，晋国人的观念已经接受、认可了偏房夺嫡，已经接受了以本事选人的新规则。这一年，晋悼公年仅十四岁。按晋国贵族的观念，从偏房之中选出他来，那他就必须有本事。如果没有本事，纵然是嫡出，也可以像仇的后人那样灭绝。一个十四岁的半大孩子，是否能够压制住晋国的权臣？是否能够坐得稳位子？是否能够止住晋国的动乱？就在清原的欢迎会上，晋悼公的一番演讲，打消了人们的顾虑：

孤始愿不及此。孤之及此，天也！抑人之有元君，将禀命焉。若禀而弃之，是焚毂也；其禀而不材，是毂不成也。毂之不成，孤之咎也；成而焚之，二三子之虐也。孤欲长处其愿：出令将不敢不成。二三子为令之不从，故求元君而访焉。孤之不元，废也，其谁怨？元而以虐奉之，二三子之制也。若欲奉元以济大义，将在今日；若欲暴虐以离百姓，反易民常，亦在今日。图之进退，愿由今日！

译文： 我早先想不到自己有做君主的机会。到现在这一步，完全是天意！人们拥立君主，是为了从君主那里接受命令。如果接受了君主，后来又抛弃他，那就像是辛辛苦苦种出粮食来，却将粮食烧毁。如果这君主自己不成材，那就像是这庄稼自己结不出粮食来，怨不得种地的农夫。如果我这株庄稼结不出粮食来，那是我的过错。如果我结出粮食来，你们却烧毁它，那就是你们太残忍！我将永远铭记这样一个愿望：我的施政必须结出胜利的果实。你们因为之前的君主发布的命令不能贯彻，所以找到我。我如果做不好君主，也被废除，那怨谁呢？然而，我能够做好君主，你们却残忍地对待我，那也是你们的权力，你们有能力做到那一点！如果想要找一个君主来共匡正义，那就在今天；如果想做残忍的事情，背离百姓，背叛人类社会的正常伦理，那也在今天。你们究竟想怎样做，请于此时此地抉择！

真所谓自古英雄出少年！晋悼公这一番话，犹如一面镜子，照穿了晋国贵族的心肠肺腑。他的立愿，充满了少年壮志的朝气。他的谦让，透露出真情。他的果毅决断，表现出视死如归的情怀。很久很久以后，汉朝发生类似的动乱，远比晋悼公年长的汉文帝，差不多不作改动地抄袭了这一篇言辞，并从此坐稳了江山，终结了汉初的动乱。自那以后，但凡是藩王入宫称帝，无不效仿抄袭这一番话。且说当时，晋国贵族听完这一席话，又是羞愧，又是感动，又是震惊：

早就听说此子风度凝远、气质高华，想不到又是如此老谋深算、聪明绝伦！得此君主，谁还敢作二想？

场面之上，晋国贵族纷纷赌咒发誓效忠君主：

君镇抚群臣而大庇廕之，无乃不堪君训而陷于大戮，以烦刑、史，辱君之允令。敢不承业！

译文：君主含耻忍垢、曲法申恩、吞舟是漏，谁还敢不听君主的教训去找死？去让司法部门处理自己，让史官记下自己永世的罪愆？君主发布的是最公允、最美丽、最善良的钧谕，我们只好是尽力做自己本分的事情！

晋悼公当前最重要的事情，乃是对前任被弑的态度。长鱼矫等低级贵族，已经被这些人收拾掉。现在的权力，已经掌握在这些世族手里。若不推奖世族，自己也坐不稳这位子。于是，晋悼公即位之后的第一件事情，乃是任命官员。重新任命的这一批官员，是他与各方面详尽商虑的结果，弄得来皆大欢喜。情况如下：

其一，栾书、中行偃的职务不变。且继续处理曾经跟随晋厉公对付世族的人，将其放逐国外。

其二，任命魏相为下军主帅、范鲂为新军主帅、魏颉为新军副手。在任命的时候，晋悼公说：

"邲之战，吕锜（魏相之父魏锜。魏锜开创吕氏。）抓获了连尹襄老。后来，用连尹襄老换回了子羽（知䓨）。鄢之战，吕锜射中楚王的眼睛，然后为国捐躯。吕锜的子孙不可不用！

"鲂是武子（士会）的小儿子，文子（范燮）的同一个母亲的弟弟。武子创制了晋国法制，文子平定了诸侯。此二人的功德不可忘！

"克潞之役，魏颗（魏颉之父）擒获杜回，打败秦军。其功德被铭刻于晋国之钟。魏颗的后人，至今不见于朝廷。朝廷怎能忘却功臣！"

这一番任命，正是延用晋国有功必赏的新规则。新规则是晋国治国思想的灵魂，晋悼公推奖功臣，让众人不得不服。读者注意：一个十四岁的小孩，纵有天纵的聪明，纵然能够知道这些历史，哪能够知道这些历史背后的政治关系？特别是，于此刚刚即位的时候，小孩子家贪玩的心思，怎能抑制住刚刚得到幸福的狂喜，去体恤下臣内心深处的心思？未必然晋悼公就不是少年，就没有少年的心态？只因晋悼公本人，确实吃过一些苦，知道幸福来得不容易，故而请教了贤人。这些话，小孩子家哪能知道，不过是照师父的说法宣读罢了。晋悼公的话，出自于其手下的智囊团。这智囊团中有个人物名叫阳毕。晋悼公曾经问阳毕：

"我在周朝时，听人说：晋国自穆侯以来，一直动乱不已。当时，另一个人说：晋国采用与中原诸侯不同的用人办法，用本事来选人，势必造成世族驾陵君主。我当时就在旁边。有人开玩笑说：要说凭本事，周这么聪明伶俐，那就应当回晋国做君主。我当时还小，不知道这些话的意思。今天，果真有世族胆敢谋杀君主。请问你，怎样才能清除世族，保证君主的权威？"

阳毕说：

"你听说的话，是实情。晋国确实是用本事选人。至于说恢复君主的权威，那不能通过清除世族来完成。天下的世族，不过是效仿周王和诸侯的世袭。如果一味用本事选人，只好是君主也不用世袭，也按本事来选举。如果用那种方法，晋国有的是能人，哪轮得到你？君主要想掌握权威，可以用折衷的办法：

"你提拔早先曾经辉煌、后来又没落的世族，让他们代替你来与现任的世族斗争。你本人就可以不用直接出面。"

这个阳毕，看穿了世间政治的根源，知道人类之中必然有阶级存在。他知道与众多当权的贵族为敌势必失败，故而想出这个用贵族对抗贵族的方法。他为什么不想到用庶民来对抗贵族呢？笔者以史实说话：

晋厉公正是想到了这一点，所以被杀。长鱼矫等人，是低级贵族，还不是庶民。借助低级贵族已经失败，当然不敢再找更卑贱的人。

阳毕这个思路，与早先的士芳的建议类似。只不过，稍有变通。读者若有兴趣，可以参看前文。关于这个阳毕，笔者于后面还会提到。且说当时，晋悼公正是在这番教导之下，说出小孩子说不出的话来。后来，魏相去世，官员逐级升职补缺。空出新军副手的位子，补入赵武。后来，魏颉又去世，又补入魏绛。在权臣之中加入魏氏、范氏、赵氏，目的是为了侵消栾氏、中行氏的权力。

其三，立荀家、荀会、栾黡、韩无忌为公族大夫。荀家、荀会，分属中行氏、知氏。栾黡，是栾书之子。韩无忌，是韩厥之子。前面提到，赵盾创立制度，让卿的庶出子为公行。这个制度的出发点，就是要扩大世族的权力。至此，晋悼公扩大了这个制度，让卿的儿子为公族大夫。这个制度，是推奖世族。在当时来讲，它的意味是：晋国君主系对谋杀晋厉公一事既往不咎。不但既往不咎，而且推奖世族。

其四，任命范渥浊为太傅，右行辛为司空，栾纠为御戎，荀宾为车右，祁奚为中军尉，羊舌职为中军尉副手，魏绛为中军司马，张老为中军候奄，铎遏侯为上军军尉，籍偃为上军司马，程郑为乘马御。规定卿不再有专门的御戎，由军尉任其御戎。范渥浊、右行辛是士会族人。羊舌职是羊舌大夫之子，伯华、叔向、叔鱼、叔虎之父。羊舌大夫是太子申生的军尉。叔向，后来成为晋国名臣。魏绛，是魏犫之子。

这一条，看起来不显眼，却是晋悼公最厉害的一著。晋悼公内心深处，何尝没有处理权臣的想法？然而，前任的晋厉公正是死于处理权臣的动乱之中。晋国权臣对于这方面的风吹草动，防范意识极强。前面提到，晋国效仿周朝的"三公"制度，创建出晋国的"三公"。晋国的三公于爵位上极其尊贵，但是没有实权。于此，晋悼公以三公为基础，创建出自己个人的心腹党羽。太傅、司空，就是晋国三公的名目。御戎、车右，则是君主的贴身侍卫。军尉、司马从名目上讲，是各军之中的军官，职责乃是为各军主帅驾车，归属各军主帅统领。实际上，则兼任君主的传令兵，向各军传达君主的命令。这传令兵的名目，暗中乃是于各军之中安插下君主的心腹，以监视各军将领。卿的御戎由公家公派，已经带有中央集权的性质，是晋悼公于暗中回收政权的一种手段。再看这些官员的人选，加入了许多之前并不发达的普通贵族。对于世族，晋悼公暗中扶植赵氏、魏氏、韩氏，以对抗此时的望族栾氏、中行氏、范氏。后来，栾书去世，晋悼公让韩厥做第一大夫。从此以后，韩氏、赵氏、魏氏相继执掌晋国政权，一直延续至战国初期。战国时候的"三晋"由赵、魏、韩组成，其渊源和初衷，就是起源于晋悼公。

一个十多岁的孩子，无论如何地聪明，不可能考虑得如此地周全。晋悼公的成就，其实也因为儒教君主的一种做法：

重于选人，轻于亲政。

在许多聪明能干的人教育、帮助之下，才有著名的"三驾"压倒楚国。相关情况，下回再叙。

笔者感于晋悼公的少年施政，吟成几句：

老人尸气妇人仁，襁褓天子危国基。
弱冠常被女色误，壮年又害好斗心。
少年如璞堪琢磨，只争近朱与近墨。
近墨子业与高纬，近朱晋悼与康熙。

递减第四十九回

城虎牢势劫齐郑　丧楚师组甲被练

鄢陵之战，从政治上讲是楚国战败；然而军事上并未伤到楚军元气。此战起因于郑国投靠楚国。为此，北方联军于六月取得胜利，七月即进讨郑国。之后，联军驻扎于制田，分拨宋、齐、卫三国军队侵陈、蔡，至于颍上。郑国贵族子罕夜袭联军，取得胜利。次年，即春秋149年，刚开年，郑国贵族子驷竟然反攻晋国。随后，郑、楚互换人质，加强彼此间战略同盟。郑国方面的人质，是太子郑僖公。是年夏，晋国组织北方联军反击郑国。楚军在子重的率领下进至首止。北方联军退去。是年冬，北方联军再伐郑国。楚军又进驻于汝上，联军又退去。至春秋150年，趁晋悼公刚刚即位，忙于内政的时机，楚军命郑军围攻宋都商丘，随后郑、楚会师，侵城鄾，取幽丘，伐彭城。攻取彭城之后，楚共王命流亡至楚的鱼石、向为人、鳞朱、向带、鱼府居于彭城，组建称臣于楚国的"第二宋国"。留战车三百乘于彭城，监护"第二宋国"。前面提到，这五个人乃是宋国的五个卿，在宋国很有威望。彭城就是当今的江苏徐州，在当时就已经是较大的城市。这个城市直到今天仍然是交通要道和战略重地。对此，商丘城中生出恐慌。有一个宋国贵族说：

"怕什么呢？假如楚国仇恨我们所仇恨的人，施我以德，我们当然应当事奉它，不敢有二心。如果楚国仗恃自己是大国，贪得无厌，视我国为其低级的附庸，然后收留我国的坏人，让这坏人来我国执政，来造成我国内部斗争和动乱，以便伺机进攻我国，那倒也令人担忧。现在楚国让天下诸侯所痛恨的叛国者重新回国为官，让这坏人占据吴国、晋国之间的交通要道。这样会让天下诸侯在道义上离它而去，又会让吴国、晋国害怕它、防备它。这种情况下，我国就成了重要的急所，必将为大国所争取。用不着事奉晋国，晋国自己会找上门来帮助我国。因此，我们不用担忧。"

照这种思想，宋国开始了早先郑国的国际政策，左右逢迎，于夹缝中求生存。是年七月，宋国贵族华喜、老佐率军讨伐彭城，结果老佐战死。此战又激起楚军北伐。是年11月，楚国子重讨伐宋国。读者注意：当时的楚国，势力波及当今的河南大部、安徽北部。商丘在河南东部；彭城又在商丘的正东方。楚国于彭城建立起第二宋国，相当于形成了对宋国南方的半个包围圈。宋国的情势，岌岌可危。事已至此，宋国大佬华元，不得不亲自出山，带上重礼，朝拜于晋国。此时，栾书已经去世，依照晋悼公的意思，韩氏的韩厥升任第一大夫，执掌国政。韩厥其人，在中军司马的位子上坐了几十年。至晋景公重建六军，方才做上新中军主帅，级别为第七大夫。鄢陵之战中，为下军主帅，也不过是第五大夫。因晋悼公暗藏压制栾氏、中行氏的思想，他得到破格提拔。他当然要鞠躬尽瘁、死而后已，以报君主天覆地载之恩。韩厥说出一句名言：

欲求得人，必先勤之。成霸安强，自宋始矣！

译文：要想得到别人的拥护，自己先要为别人付出。成就霸业，打败强楚，就从宋国开始！

春秋 151 年，晋、鲁、宋、卫、曹、莒、邾、滕、薛九国联军讨伐彭城。宋国的华元，作为晋国盟军中的宋国代表，参加对于彭城的讨伐。中原诸侯联军很快攻下彭城。晋国将鱼石等五人迁置至晋国境内的瓠瓜。楚国扶植的彭城政权，就此消失。这个过程，相当于楚国于中原安插下一颗钉子，晋国又拔去了这颗钉子。楚军赶到的时候，彭城政权已经消失。楚国实施报复，与郑国一起入侵宋国。

晋悼公组织九国联军包围彭城之前，给齐国传去照会，请齐国参战。齐国与晋国之间，有春秋 134 年的鞌之战。那一战，是齐国的奇耻大辱。现在，晋、楚争衡，齐国心怀怨恨，所以不愿站到晋国的阵营。齐国没有参加晋国组织的会议。为此，晋国讨伐齐国。遭到讨伐之后，齐国派崔杼参加之后的中原会议，算是承认错误。中原两个重要国家齐国、郑国不听晋国号令，所以晋国组织中原诸侯会议于戚，商讨讨伐郑国的事情。会议上，鲁国的仲孙蔑向晋国的知罃建议：

"我们建设虎牢城，以逼迫郑国。"

虎牢在什么地方呢？它在当今河南的荥阳西北的黄河边，北界黄河，南带嵩山。是个狭窄地带。经这个地方往西，即进入洛阳所在的洛河平原。反之，从西边的洛河平原经此往东，即进入四面平旷的地带，不远处就是郑国。晋国的疆土，早先是在太行山以西。晋文公年代，发展至太行山以东。经数十年经营，此时的晋国国土与卫国犬牙交互，已界至虎牢以北的黄河对面。可以说，从晋国出兵，往南、往东，都以经过虎牢最为捷径。在此建设军事基地，一则可以阻止楚、郑北上，再则随时可以进攻郑国，三则可以就近切断齐国与楚国的联系。虎牢向来是郑国的城市。前面提到，齐桓公曾经要求郑文公将虎牢封给申侯。

知罃回答说：

"你这建议太好了！在我看来，逼迫郑国，都还是小事。要是由此能够威服齐国，那才真是一著打劫的奇招！去年的鄢之会，齐国不参加，带携连东方的滕国、薛国、小邾国，都生出二心。威服齐国，是我们的当务之急。"

于是，晋国放出风声，要建设虎牢关，驻重兵把守。此举确实利害！近年来死心塌地追随楚国的郑国，因此提出与晋国讲和。齐国方面，先是派出些宗族妇女，到鲁国参加齐姜的葬礼，趁机打探晋国方面的意图。齐、鲁之间，先达成友好意向。齐国转央鲁国，转达出回归中原联盟的想法。

春秋152年冬，晋、鲁、齐、宋、卫、曹、邾、滕、薛、小邾，共计十国，会盟于戚。郑国方面，派出使者，说是一则国君去世，国内忙乱；再则楚共王为了郑国，眼睛都被射瞎了一只，若背叛楚国，显得不义。因此，加入中原会盟的事情暂缓。这是怎么回事呢？

前面提到，郑成公于春秋141年被晋国逮捕，造成公子班发动政变。春秋145年，与公子班的战斗之中，郑国贵族子驷成为领军人物。子驷有此戡定动乱之功，从此执掌政权。郑成公朝拜一番晋国，弄得险些失去国家。他对晋国的仇恨，转化为誓不事晋的誓言。春秋152年秋七月，郑成公病危。子驷进言：

"主公患病不起，若有个山高水低，怕晋国趁机侵略我国。出于权宜之计，不如暂且与晋国讲和。"

郑成公不好列举自己做囚徒的伤心事，只说：

"楚国君主因为郑国的事情，眼睛之中栽上一支箭。他是为了什么？不过是为我报仇！我要是背叛他，乃是不义，必为天下人所耻笑！请诸位考虑我死后的名声！"

几天后，郑成公去世。郑国贵族从楚国接回郑僖公。郑僖公于春秋142年就曾经摄政为君。当时，正是子驷等一帮人为君主系而战，拥立他以反对公子繻、公子班。郑僖公即位之后，当然要推奖、重用子驷。子驷何许人呢？前面提到，兰花命的郑穆公子嗣众多，形成穆公族人。子驷正是郑穆公之子。子驷当权，举荐穆公族人。穆公族人之中，此时有三人官居要职，分别是：子驷、子罕、子国。此时的郑僖公，年龄不足二十岁。而子驷等人，与郑僖公的祖父同辈，经历了灵、襄、悼、成四传，政治上已经修炼成精。郑僖公这样年龄的年轻人，性格上往往锋芒毕露，说话不留退路。他以为自己是君主，理当"惟辟作威"。偏偏在他决策政事的时候，总是有人提醒他：

要先征求穆公族人的意见。

总是受到这种提醒，让他心里烦躁，渐渐形成与穆公族人的隔阂。国内是如此，国际上，也是如此。郑国身处南北两大盟主之间，同时受到晋、楚两大霸主的欺侮。郑僖公若是能够在外交上将话说得好听点，可以像郑成公得到汝北土地那样，见缝插针地捞取点好处；话说得不好听，不但危及自身，甚至要危及国家。偏偏郑僖公没有晋悼公那样的谦逊，于性格上比较直，喜欢表达自己的真情。春秋148年，他作为郑国太子，携子罕朝拜晋国。朝会之上，郑僖公指斥晋国侵略郑国的历史，得罪晋国。同年，他又携子丰朝拜楚国，又由于同样的原因得罪楚国。春秋153年，作为新君朝拜盟主的惯例，郑僖公携子罕、子丰朝拜晋国。朝会之上，子丰秘访晋国权臣，提出要废除郑僖公。晋国方面不置可否。子罕知机，当场厉声斥责子丰。至春秋157年，晋国组织鄬之会，郑僖公携子驷参会。郑僖公于赶往鄬的途中又发出不恰当的言论。他身边的人进谏说：

"此行是参加盟主组织的大会，你对盟主不敬，恐怕会对你不利！"

到达鄬之后，子驷派人刺杀郑僖公，公开说是痁疾发作而亡。晋国方面，原本就讨厌此人，因此也就不闻不问。子驷回国后，拥立郑僖公之子，是为郑简公。郑简公此时年仅五岁。他与穆公族人有杀父之仇，彼此间的关系不可能和谐。子驷干下了弑君的事情，也不得不效仿晋国的赵盾，拼命扩张穆公族人的权势。从此以后，郑国君主形同傀儡，郑国政权完全由穆公族人掌握。

戚之会后，晋悼公采纳仲孙蔑、知䓨的意见，于会盟之后以诸侯联军的人力建设虎牢基地。这个基地的建设，与围棋之中的"打劫"类似。围棋的"打劫"，是在甲处争夺不下之时，转而向乙处著棋。因乙处是急所，对方必须回应。趁对方回应之机，于甲处得利。成功的"打劫"，能够利用对方两头兼顾的想法，于甲、乙两均获利。晋国威服齐国，算是于开劫之处得利；又威服郑国，则算是于劫材地方得利。一举而两利，玄妙在什么地方呢？就在于选准了虎牢这个重要的劫材，让对方不得不应招。

戚之会的次年，即春秋153年，晋国又召集鸡泽之会。晋悼公命士匄出使齐国，传话说：

寡君使匄以岁之不易，不虞之不戒，寡君与一、二兄弟相见，以谋不协。请君临之。使匄乞盟。

译文： 敝国君主命使臣匄知会：因为时局惟艰，许多事不得不预先防备，故而敝国君主要与一些兄弟相见，谋划应对。请贵国君主参加会议。使臣匄于此向贵国君主乞请盟誓。

齐灵公此前得知晋军已于虎牢建起军事基地，只好答应晋国的要求。中原如棋局，齐国如劫场，虎牢如劫材。楚国于这一番争夺两头失利。而东南一带，原本是楚国的势力。晋国派申公巫臣结交吴国，为吴国组建陆军，联吴抗楚。这又仿佛围棋之中成功打入一子，做成一片活棋。这种结果，却不单单因围棋的道理，还因为楚国内部的原因。

晋国、楚国都有内斗。晋国的君主虽也想限制权臣的权力，其用人的主要方面始终没有背离晋献公以来的奖励人才的指导思想。自赵盾独揽大权以来，这种思想已经成了气候，以至于晋厉公对付世族的念头刚刚产生，就遭到扼杀。晋国是君主与权臣共治的局面。楚国方面，大致与晋国相反。楚庄王打压若敖氏，完成了君权的回归。对君主来讲，这似乎是好事。然而，这事让楚国君主生出戒心，又让楚国贵族寒了心。君臣之间相互戒备，国力消耗于内斗。自楚庄王去世，楚国政权由权臣掌握。子重、子反、子辛，这三人是楚庄王的弟弟，楚共王的叔叔。楚共王惩于若敖氏的历史，不敢重用能人，所以将国家大政托付至亲的人。然而，这三个人并非社稷之才。申公巫臣叛国，是因为夏姬的缘故。然而，从另一角度看，此人有如此缜密的心计，在楚国得不到重用，那不过是因为楚国的用人体制没有像晋国那样唯才是举。楚国君王对于权臣的猜忌，一直延续到战国时候。后来的楚怀王，明知张仪的奸、屈原的忠，却抱这样的看法：

与秦争天下，是小事；打压国内权臣，才是大事。因为前者只伤及四肢，后者却要伤及心腹。

自楚庄王以后的历代楚国君王都抱这种想法。这是大背景。张仪的连衡，屈原的《离骚》，西楚的东迁，都不过是这种指导思想下的夸张的结果。

晋、楚鄢陵之战后，子反自杀。然而，楚国政权转而落入子重之手。晋、楚争霸，楚国失利。楚国分析失败原因，决定先出兵东南，肃清后院。于是，子重进攻吴国。春秋153年，子重命邓廖率组甲三百人，被练三千人，经当今安徽省的芜湖、马鞍山一带，入侵吴国。

纵观中国历史，但凡是进取东吴，往往都是选点芜湖、马鞍山一带。朱元璋打天下时候最重大的战役，也就是发生在这里。为什么是这样呢？这与江东地方的地理形势有关。长江流至当今江西的湖口地方，转而变为西南、东北流向，至南京，大致成西、东流向入海。湖口至南京一线以东，就叫做江东。南京至海一线的江北，江湖纵横，不利于陆军的行军。特别是，这里是长江临近于东海的最末一段，江面很宽。如果从北面进攻南京，到达长江边时将面临这样的形势：

守军于南京上游的板桥一带设有水寨，水军随时顺流而下，阻击渡江的北方军队。如果考虑顺流而下，从南京的下游抢滩登陆，偏偏南京下游的南岸天然生成一座与长江平行的山，名为幕府山。谁也不愿意登陆之后接着又登山。更何况，南京的守军早已将此山建设成堡垒。登山的同时，还要遭受从山上倾泻而下的进攻。在历史上，南京守卫者于幕府山上遍插旗帜，形成极盛的军容。北岸的北方军队看到这些旗帜，还没有开战，心下就已经胆怯……

相传刘备入赘江东的时候，看到幕府山，就奉劝孙权于此山的上游建设城市。孙权觉得有理，第一个在南京的位置建设城市。此城成为后来的吴国的都城，号为"建业"。晋朝灭了吴国，一统天下。晋朝大一统的时间很短暂。很快就开始了五胡乱华。晋朝贵族逃避北方的动乱，来到江南，于建业重建晋朝，是为东晋。自东晋至南朝，多数时候都以建业为都城。吴、东晋、宋、齐、梁五朝都于建业的时间，合计大约三百年。这就著名的三百年江表王气。隋灭陈之后，担心江表王气复活，夷平建业城，黜之为蒋州。这个"蒋"字，原是指今天南京城中的钟山。钟山当时名为蒋山。山上有一个庙。庙中供奉一个神，名为蒋神。仿佛谶言，后来蒋介石又都于此……

南京的"形胜"在于长江天险。它的致命之处，亦在长江。湖口至南京一线，渡江之后，大多是山。皖南的九华山、黄山，阻隔了道路。唯有芜湖、马鞍山一带，渡江之后是平旷的地形。从这个地方渡江，可以绕到南京的背后，包围南京，攻取长江三角洲。军事要的是速度。无论来自北方，还是来自西方，都要数通过这一带进军江东，最为快捷。

　　组甲，是用丝线、皮筋连缀起来的犀甲。组甲，是甲士的代称，由贵族担任。练，是未作染色处理的丝绸，是普通庶民的装束。被练，即是不穿甲的战士，是兼有农耕职业的民兵。楚国进取中原，用的是战车。而楚军的编制，也是以战车为编制。组甲、被练的组合，是一百乘战车。车兵与步兵的比例，是一比十。

　　由于东吴地方江湖纵横，不便于战车开进，故而楚军此战没有战车装备。楚军虽是南方人，其军事习惯却是战车作战。现在放弃战车，乘舟而战，那是以己之短，攻彼之长。楚军遭到吴军的聚歼，主将邓廖战死，组甲剩下八十人，被练剩下三百人。而且，吴军组织反击，攻取了楚国的城市驾。此战之后，子重惭愤而死。子辛继任令尹，执掌政权。当时，天下诸侯大都投靠晋国。就连楚国传统的附庸国，也渐渐生出观望的态度。因附庸国减少，楚国的向附庸国征收的赋税也就减少。为维持早先的楚国的开销，子辛向现有的附庸国征收更多的赋税和劳动力。这些国家原本就已经生出二心，再遭受更加严重的经济掠夺和政治压迫，就更加想要投靠晋国。

　　春秋153年，晋国组织中原诸侯同盟于鸡泽。楚国的传统的附庸国陈国，派出使者袁侨如参加鸡泽之会，请求与中原诸侯建交。陈国之于楚国，犹如卫国之于晋国。如果连身边的陈国都背叛，楚国怎能号令诸侯？为此，楚军讨伐陈国。至春秋154年，陈国君主陈成公去世，其子陈哀公继位。按不伐丧的礼仪，楚国暂时收兵。然而，楚国命顿国监察陈国。春秋154年冬，陈国包围顿国。春秋155年，晋国组织中原诸侯大会于戚，陈国君主陈哀公参会，陈国进入晋国为盟主的中原诸侯阵营。楚国丧失了传统附庸国陈国，让楚国势力进一步削弱。楚共王追查此事的起因，归罪于子辛，处死了子辛。子囊继任令尹。子囊，是楚庄王之子，算起来是楚共王的兄弟。听说楚国换了执政令尹，晋国贵族范匄说：

　　"看来，我国终将失去陈国。新执政的子囊惩于子辛的下场，一定会拼命争夺陈国。陈国离我国远，离楚国近。两相比较，终将投靠于楚国。"

范匄何许人呢？他是士会之孙，范燮之子。范氏专长于预测未来。不出范匄所料，陈国内部，在南北争霸之中演变出亲楚的政治势力。春秋 157 年，陈国君主参加晋国组织的鄢之会。陈国内部，亲楚的代表人物庆虎、庆寅趁机联络楚国：

"我们故意让我国的公子黄出使贵国，贵国将其逮捕，我们就好以此为借口，敦促我国君主回国，破坏晋、陈关系。"

这种建议，楚国方面自然是欣然采纳。待公子黄被捕之后，庆虎、庆寅派人向陈国君主送急信：

"我国使者出使楚国遭逮捕，事发忽然，请主公回国主持大局。"

因为此事，造成庆虎、庆寅与公子黄之间的矛盾，后续可见。

前面提到，晋国的晋悼公，即位时候只有十四岁。史书说起一个朝代的成就，总是将其归功于在位的君主。其实，这么小的孩子，怎么可能做出那么大的功绩？这不过是古代的史官将晋国所有能人的成就，都算到了晋悼公头上。中国的君主，什么事情都命臣下去做，自己只需表个态，批示同意或是不同意。遇到事情，总有很多人替他出主意。就算是公开场合的讲话，也有人预告为他做好讲稿，只是由他宣读罢了。只不过，晋悼公经历过一些苦难，其人又确实聪明过人，所以比起只知道玩女人、娈童的楚共王要好许多。笔者且举例说明这种情况：

前面提到，晋悼公规定六卿不得自行配备御戎，而是由君主任命各军的军尉，由军尉担任其御戎。战车之上，按级别划分，主帅第一，御戎第二，车右第三。各军的主帅，由六卿担任。而就在这六卿的身边，掌管战车的御戎，却是由晋悼公任命的军尉来担任。这些军尉不光成为各军之中仅次于主帅的人，而且驾驶着主帅的战车，相当于现代的领导的司机，在行车时候掌握着车上人的生命。这些御戎是晋悼公安插于三军之中的心腹，其人选最为晋悼公重视。当时的兵权体制，不是三军平等，而是中军统领中、上、下三军，上军亦统领上、下两军。为此，中军军尉的安插，最为重要。最初的安排是：

祁奚为中军尉，羊舌职为中军尉副手，魏绛为中军司马，张老为中军候奄。

面对这种安插，六卿表面不说，内心当然是不满。祁奚作为被安插于其中的最高官职，处于风口浪尖。为此，他不敢贪恋富贵，一再请求辞职。晋悼公让祁奚本人推荐后任。祁奚推荐解狐。解狐是何许人呢？他曾经是祁奚的仇敌。祁奚的这一推荐，带着些个人的小心思。然而，解狐还没有上任，就自然死亡。晋悼公又命祁奚荐人自代。祁奚说：

"我举荐我的儿子午。俗话说：择臣莫若君，择子莫若父。他是我的儿子，我很了解他。在我所认识的人之中，他最能够胜任这个工作。"

读者注意：祁奚的这一举荐，暗含着深意。中军尉之职，是用来监察中军主帅的人。处于这个位子，最担心的是遭到一人之下、万人之上的中军主帅的报复。而晋国的中军主帅，向来由豪门世族担任。祁奚推荐自己的儿子，采用的是世袭的规则。这个规则，是豪门世族的立身之本。祁奚此举，是让自家也向豪门世族的方向发展，有讨好六卿的倾向，暗带现代所谓"双面间谍"的意味。晋悼公小小年纪，哪里看得穿这里面的玄妙？他不假思索，同意了祁奚的举荐。祁奚虽带着私心，却也感激君主让自己"老婆儿子也享福"。他的工作职责是监察六卿，政治上与六卿为敌，其双面间谍的权重之中，更多的是站到君主的立场，替君主出谋划策。晋悼公之能够成就一番事业，主要就是靠了许多祁奚这样的人。古时候有很多"君昏于上，政清于下"的例子，也就是这个缘故。

因为祁奚开了这个先例，中军尉副手羊舌职，也请求辞职，并举荐其子伯华为后任。祁氏与羊舌氏，因为工作原因，犹如一根绳上的俩蚂蚱，结成政治同盟。到后来，羊舌氏出事，别人都不愿帮忙，祁奚却真心地救助。这里且按下不表。

魏氏的魏绛，被晋悼公任命为中军司马。早先的中军司马韩厥，因为执法严明，受到赵盾表彰。魏绛慕贤希古，也想做一篇类似的文章，干时求进，沽名钓誉。晋悼公之弟扬干，在军队操演的时候不守纪律，魏绛下令从其车上拖下其御戎，当场处以斩刑；然后以竹竿挑起人头，徇于三军。扬干受了欺侮，哭诉于亲哥哥。晋悼公年少气盛，当即下令逮捕魏绛。此时，他身边的羊舌赤说：

"听说魏绛早就知道君主要处理他，已经写好了遗书，要主动来投案自首。"

羊舌赤话音刚落，魏绛进入庭院之中，手里拿着一册竹简。魏绛行过肃礼，将手中竹简交给晋悼公手下，然后跪于一张案前，将头颈置于案上，准备挨剑。晋悼公说：

"且读书！"

羊舌赤念竹简上的文字：

臣诛于扬干，不忘其死。日君乏使，使臣狙中军之司马。臣闻师众以顺为武，军事有死无犯为敬。君合诸侯，臣敢不敬？君不说，请死之！

译文：我杀死了扬干的人，我知道自己难逃于死！君主命我做中军司马。这个职务的职责，是要保证军队严格执行军令，让战士宁死也要执行军令。为了君主要能号令天下诸侯，我必须恪守职责！然而，君主为此事不高兴，那就请杀死我！

念完之后，羊舌赤附耳低声对晋悼公说：

"这种宁死也不畏权贵的人，正好可以用来震慑六卿！"

晋悼公是聪明人，不但不处理魏绛，还将其升职为新军副手。魏绛做上卿之后，当然感激君主。他做上了晋悼公的教师，效忠于君主，后来得君主亲赐女乐。相关情况，下回再叙。

笔者感于魏氏的兴起，吟成几句：

血洒黄沙血换命，箭中楚王建奇勋。
惠及妇人结草报，敦谏虞箴君主师。

循环第五十回

学虞箴芒芒禹迹　拜燕乐皇皇者华

　　春秋贵族写字，要么是拿把尖刀，在木板上进行雕刻；要么是握支毛笔，在竹条上书写。字体哩，又是一种古篆。弯弯曲曲，笔画甚多。如果说要写出一篇几千字的文章，那工作量差不多相当于画出一幅工笔画。因为这个原因，当时的学习，主要是口头语言的交流。用交谈来完成学习。老师说出来的话都随风而去，学生哪能一一记下？为此，人们往往用讲故事的方式，尽量将道理融入到生动的故事之中。另外，又将道理的核心部分，做成简短的箴言。将箴言书写下来，传播知识。

　　十多岁的晋悼公，年少贪玩，喜欢围猎。新得重用的魏绛，找机会进谏。前面说过，臣是君的师、傅、保。魏绛的进谏，其实就是一种教学。

　　晋国疆域之内，禽兽最多的地方就是太行山。晋悼公频繁地围猎于太行山。当时，太行山一带居住着非农耕的部落，名为山戎。山戎与晋国之间，经常战争。从事农耕的晋国，在各方面都远强于山戎。只不过，晋军进讨山戎，山戎就躲藏于大山，或者逃跑。晋军占领太行山，又没有实用。晋军离去之后，山戎又重新回到太行山。山戎虽有这躲与逃的两招，终究还是害怕晋军的征讨。晋悼公捕杀禽兽之余，又将山戎当作禽兽，剿杀来取乐。围捕山戎，似乎比围捕禽兽还要有趣。因为山戎的男人，大多高大健壮，可用做角斗士。山戎的女人，金发碧眼，皮肤白皙，又有异族的情趣。此事晋悼公倒是快活了，只苦了山戎，被赶得四处逃窜，无所求生。为此，山戎的一个名叫无终的部落，充当山戎的代表，转央新得势的魏绛，向晋悼公进献虎皮、豹皮，寻求和好。当然，要请魏绛劝说晋悼公，势必另备一份重礼，送予魏绛。

打山戎与围猎，是大致相同的事情。晋悼公喜欢打猎，魏绛就用打猎的故事来演说与山戎和好的政治。魏绛说与山戎和好有五大好处：

其一，戎狄游牧为生。他们看重货物，不看重土地。与他们讲和，我们就可以用他们喜欢的钱财、货物来换取我们喜欢的土地。

其二，与他们讲和，我们与他们的疆界上没有了军事警戒，附近的老百姓就可以进入到他们的土地上从事农耕，这可以让我们得到更多的农业收入。

其三，戎狄与我们和好了，可以让四周的国家感受到我国的影响，可以提高我国的国际威望。

其四，通过讲和，可以免去军事上的行动，让军队得到休息，让军队腾出手来做其他。

其五，与他们讲和，显得我们不是羿那样的人，而是用德怀人，那就可以让远方的国家来朝拜我国，让近处的国家安定团结。

这几条，翻来覆去，是说农耕优于游猎。然而，晋悼公更喜欢的是听故事，他听到最后一条，忍不住发问：

"羿是怎样的人呢？你讲来听听！"

魏绛慢慢讲出了羿的故事。这个故事笔者于第二回已经记载，于此就不再重复。讲完故事，魏绛又说：

"动物于原野上寻找食物，随便找个洞穴，就当作家。人与动物不同。人年复一年地耕种同一片土地，所以在这土地上修建起固定的宫室。人世世代代埋葬于同一地方，才让后人得以祭祀历代祖宗，进而产生出宗庙和礼仪。人要是放弃农耕的土著生活，就会像羿一样，让别人夺去自己的国家。为此，周朝的虞人司原创制了《虞箴》。"

晋悼公说：

"《虞箴》又是什么东西呢？"

魏绛说：

"是一段箴言。内容是：

"芒芒禹迹。画为九州。经启九道。民有寝庙。兽有茂草。各有攸处。德用不扰。在帝夷羿。冒于原兽。忘其国恤而思其麀牡。用不恢于夏家。兽臣司原。敢告仆夫。"

译文：伟大的禹的行程、身迹，创制出了九州。他开辟出了天下的大的道路，让人民有了休息的房屋，让野兽有了丰美的草。让人与野兽，有了不同的居处。他之后的后品德不好。羿就是这种人。他一心只想要打猎，只想要猎杀野兽，忘却了国家和人民。于是，他让夏朝不能昌盛。我是掌管野兽和草原的官员，就以这话来进谏。

晋悼公说：

"羿是一个外族人，竟然得到夏人的拥戴。比照于当今，正相当于我姬姓的国家，拥戴外姓的楚国为王。但是，羿能够成功，楚国称王快要两百年了，却还是争不过周王。这其中有什么差别？"

魏绛感到君主确实聪明，竟然能够联系到时局，就说：

"夏朝的后与当今的王不同。后只是天下诸侯中公认的最强大部落的首领，没有王的威望。"

晋悼公问：

"从什么时候开始有王呢？"

魏绛继续介绍上古历史：

经历了羿的事情之后，夏朝担心外族抢占自己的位子，就规定后必须由禹的后人担任。但是这个规定并不能保证夏朝不亡。传到桀的时候，汤灭了夏朝。汤有一个好朋友，名叫仲虺，此人是个巫师。汤对仲虺说：

"我灭了夏，成了天下最大的后。但是，我担心将来别人像照我今天这样，灭我的子孙。这可如何是好？"

仲虺说：

"天下的部落都信神。既然有最大的部落，就应当有最大的神。我们宣称你是这最大的神的儿子，就可以让别人把你和你的后代当成神。那样一来，就没有人敢杀你的子孙。"

汤说：

"可是，大家都知道我是我的父母的儿子，怎样才能变成神的儿子呢？"

仲虺说：

"对，凡是人，都是父母的儿子。但是，就是要让你既是父母的儿子，又是神的儿子。而且，要说世间只有你一个人是父、母、神三方共同的儿子。这相关的祭祀，我来安排。"

在这种计议之下，父、母、神三方面共同生出的人产生了。三横一竖形象地表现了这个特殊的人。那就是"王"。至于那个最大的神，想来想去，世间只有天空最大，故而叫天。

王是天的儿子，简称天子。论证天子的祭祀，场面当然很大。城里地方狭小，建不起太大的祭坛。就在城的正南方的郊外举行。这个祭坛大得就像是一座山。在这座山上，上帝降临，指认其儿子。这个天人感应的过程，叫做"交于阜"。交、阜相合，就成一个"郊"字。从此以后，但凡是自称天子，都要举行这个祭祀，号为"郊天"。而一个城市的旁边不远处，从此就有了一个名字，叫做"郊"。

听到这里，晋悼公忍不住问：

"汤做了天子，结果商朝还是亡了。这又是为什么呢？"

魏绛说：

"商朝到处去宣传天是最大的神，要人们供奉天的儿子商王。商王代代相传，以为自己的王位永世不会变。商王想怎样就怎样，欲望越来越膨胀，到最后以酒为池，以肉为林。全天下的供奉，都不能满足他。人们活不下去了，宁愿去死，也不要这个王。所以他要亡。

"周武王灭了商朝之后，虽然仍旧称王，却看到了天子不能独享天下一切，所以才颁布了天下为公的《周约》。武王将新攻占的地方分封出去。得到封地的人，又都是他的亲人和手下。封出的国家多数是周朝的血亲，又都感激周朝，所以愿意保卫周王。当今的楚国虽强，但是所有的姬姓国家团结起来，就能打败楚国。"

晋悼公心中一动，又问：

"这些保卫周王的国家自己为什么不称王呢？"

魏绛说：

"谁不想？他们都想！只是，要称王，必然先灭别的王。灭别的王，当然要先灭外姓的楚王。这就好比一个人，在家里面与家人有矛盾，遇到外人的欺负，总还是先要一家人团结起来才行。"

晋悼公说：

"我晋国也是内、外都有矛盾，怎样才能团结起来呢？"

魏绛说：

"周朝用封建诸侯的方法，让诸侯保卫周王。但是，平王东迁以来，周朝越来越弱，我国却能够越来越强。这是因为我国重视人才的缘故。就是君主你，受到大家拥戴，也是因为你比其他公子更能干。只要能够任人唯贤，无论世族还是庶民，看到有功必赏，自然会效忠于国家。"

晋悼公一生最大的成就是以"三驾"压倒楚国。笔者将从国际地缘政治、相关国家权臣的斗争，甚至是人的性格等多个方面说明"三驾"成功的原因。然而，在晋悼公看来，做成"三驾"的原因就是魏绛为他朗诵了《虞箴》。因此，"三驾"之后，晋悼公将最大的封赏给予了魏绛。晋悼公以为，如果不是魏绛的这一番教育，他照早先那样游走于山林，整月不归家，就不可能花费那么多时间来管理国家，也就不可能威服郑国。站在他的位置，觉得只要少花点时间玩耍，治理天下乃是小菜一碟。在他看来，那无数战死于疆场的战士，犹如围猎之中的禽兽，其生命不值一提；倒是这个劝自己少贪玩的师父，功不可没。

因为晋悼公玩乐的时间比其他君主少，所以晋国呈现出蒸蒸日上的形势。晋国代行王权，收取北方诸侯的赋税。诸侯比照西周时候的礼仪，年年到晋国去"听政"。什么叫"听政"呢？"正"训为"天意"；"政"训为"与天意有关的文化"；"听政"则意为：到王那里听取王所传达的上天的旨意。实际上，则是要求诸侯听取王的旨意。此时，则是听取晋国君主的旨意。晋国君主有什么旨意呢？就是让诸侯将自己国家生产的粮食，送给晋国；作为交换，晋国保证不打它，同时保护它，让其他国家也不打它。

春秋时候的听政，已经有当今的层层行政管理：当时的诸侯列国，大的大到相当于现代的几个省。小的则小到不及现代的一个县。如果让每个诸侯都到盟主那里去听政，一则国家太多，讨论起来很费时；再则国家间国力差异太大，讨论的口径不好统一。为此，盟主让较大的国家做其周边小国的代表，将其周围小国的赋税连同其本国的赋税一并上交。代表小国参会的较大国家，再比照盟主的方式，向小国收取赋税。这就产生出一种商机：

盟主摊派予小国的赋税，是一个相对固定的数目。如果较大国家能够从小国那里收取多于这一数目的赋税，那就相当做生意赚了钱。

为了这个商机，鲁国想要争取对于鄫国的宗主权，代鄫国上贡。为了得到这个宗主权，春秋153年，鲁襄公朝拜晋国。鲁襄公与晋悼公盟誓的时候，鲁襄公行稽首礼。晋国贵族知罃说：

"上有天子，君主你行此礼，我国君主禁受不起。"

鲁国贵族子服椒回答说：

"我国在东方，靠近仇敌国家。我国君主全指望贵国，怎敢不稽首？"

春秋154年，鲁襄公命叔孙豹为使者，朝拜于晋国。名义上，说是对春秋151年、鲁襄公即位时候，晋国贵族知罃前往祝贺的回礼。

鲁国使者到来，晋悼公命韩厥出面接待。晋国方面，编钟乐队奏《九夏》之中的三个篇章。这三首歌的歌词，后来编入了《诗经》的《颂》。分别是《时迈》《执竞》《思文》。其中第一首描写的场景是望祭。第二首、第三首也是祭祀的场面。当时，叔孙豹听了之后，置若罔闻。乐工又唱《文王》以下的三个篇章。这三首歌的歌词，后来编入了《诗经》的《大雅》。分别是《文王》《大明》《緜》。这三首诗的内容，实际就是西周的史诗。听了这唱辞，叔孙豹仍然置若罔闻。乐工又唱《鹿鸣》以下的三个篇章：

鹿鸣

呦呦鹿鸣，食野之苹。我有嘉宾，鼓瑟吹笙。吹笙鼓簧，承筐是将。人之好我，示我周行。

呦呦鹿鸣，食野之蒿。我有嘉宾，德音孔昭。视民不恌，君子是则是傚。我有旨酒，嘉宾式燕以敖。

呦呦鹿鸣，食野之芩。我有嘉宾，鼓瑟鼓琴。鼓瑟鼓琴，和乐且湛。我有旨酒，以燕乐嘉宾之心。

四牡

四牡騑騑，周道倭迟。岂不怀归？王事靡盬，我心伤悲！

四牡騑騑，嘽嘽骆马。岂不怀归？王事靡盬，不遑启处！

翩翩者鵻，载飞载下，集于苞栩。王事靡盬，不遑将父！

翩翩者鵻，载飞载止，集于苞杞。王事靡盬，不遑将母！

驾彼四骆，载骤载骎。岂不怀归？是用作歌，将母来谂！

皇皇者华

皇皇者华，于彼原隰。駪駪征夫，每怀靡及。

我马维驹，六辔如濡。载驰载驱，周爰咨诹。

我马维骐，六辔如丝。载驰载驱，周爰咨谋。

　　我马维骆，六辔如沃。载驰载驱，周爰咨度。
　　我马维骃，六辔既均。载驰载驱，周爰咨询。

　　这三首歌的歌词，后来编入了《诗经》的《小雅》。其中的《皇皇者华》，写的就是西周使者所肩负的间谍任务。听这三首歌的时候，叔孙豹每听完一首，即起身面向韩厥行拜手之礼。三首唱完，共行了三次拜手礼。韩厥心道：

　　鲁国毕竟是礼仪之邦，其使者很懂礼仪。我且问他一问。

　　韩厥是盟主国家的正卿。自赵盾开始，晋国的正卿级别上已经等同于诸侯的君主。因此，韩厥并不还礼，而是派手下人子员问叔孙豹：

　　"你作为鲁国君主的使者访问我国，我国用音乐来接待你。听了更加高雅的音乐你不答谢，却在听了更加低级的音乐时答谢。请问这是什么礼仪？"

　　叔孙豹得此一问，正好卖弄、巴结：

　　"《三夏》乃是天子望祭、郊天、禘祭时候的音乐，就连充当助祭角色的人，也必须是诸侯之中的老大。我等卑贱人物，哪有权享受？

　　"《文王》乃是周朝的史诗。诸侯的君主相见的时候，彼此叙起源出周朝的同根之谊，故而演奏《文王》以下三篇。我等卑贱人物，同样不配享受。

　　"《鹿鸣》乃是君主宴请宾客时候的音乐。我以为：这是贵国欣赏我国君主，视我国君主为贵客，故奏《鹿鸣》以示燕好之意。我是我国君主的使者，当然要代替我国君主表示答谢！

　　"《四牡》乃是君主犒劳使臣的歌。诗中唱出了使臣路途中的辛苦。我以为：这是贵国特别体恤我此行的辛苦，故奏此乐以示犒劳。面对贵国对我本人的厚意，我怎能不答谢？

　　"贵国又奏《皇皇者华》，教我以使臣的职责，要我于行万里路之际实践论证真理和天意。求教真、善、美就是咨；求教于亲戚就是询，求教礼仪就是度，求教政治就是诹，求教祸难就是谋。贵国对我谆谆教诲，训诫我以这五种大道理。这是不拿我当外人，与我亲厚无间！我怎能不答谢？”

韩厥听得心头大乐：

我不过是陪客人听点音乐，竟然有如此大的功绩？

听了这些谀辞，韩厥难免就有点飘飘然。趁这时机，叔孙豹慢慢提起自己的使命，提出让鄫国做鲁国的附庸，以便鲁国能够完成上贡。

鲁国要鄫国做自己的附属国家，就是要取消鄫国单独向晋国上贡的权利，让鄫国只能通过鲁国来上贡。而且，得到作为霸主的晋国同意之后，鲁国即成为鄫国的宗主国，有权要求鄫国到鲁国听政。韩厥本人，已经倾向于同意鲁国的要求，就转告晋悼公。晋悼公说：

“宗主国不是那么好当的。收了别人的钱，就要管别人的事。鄫国旁边还有齐国。鲁国的那点本事，管得下鄫国？”

晋悼公拒绝鲁国的要求。为此，同年冬，鲁襄公听政于晋国的时候，再次提出要代鄫国上贡。鲁国贵族仲孙蔑说：

以寡君之密迩於仇雠。而固愿事君。无失官命。鄫无赋於司马。为执事朝夕之命。敝邑褊小。阙而为罪。寡君是以愿借助焉。

译文： 我国靠近仇敌国家，却坚决侍奉你国，又上交赋税。鄫国并没有向你国上交赋税的任务。我国国家小，不能够承担这赋税。如果不将鄫国归到我国，我担忧我国的赋税交不齐。请同意我们的请求。

照这话的意思，是说鲁国并不是只有晋国可以投靠。逼急了，鲁国就要事奉其他国家。晋悼公同意了仲孙蔑的要求，鄫国成为鲁国附庸。

春秋154年的冬季，鄫国遭到邾国、莒国的侵略。鄫国向宗主国鲁国求救。鲁国贵族臧纥率军前往，结果兵败人亡。鲁国好不容易争取到鄫国，自己却保护不了。这是极其丢脸的事情。为此，鲁国人编了一首儿歌，讽刺战死的臧纥：

臧之狐裘。败我於狐骀。我君小子。朱儒是使。朱儒朱儒。使我败於邾。

译文：臧氏穿着狐裘，让我军败于狐骀。我国君主年幼，所以才让他这个侏儒带兵。侏儒啊侏儒，你让我国败于邾国。

春秋 155 年夏，鲁国权臣叔孙豹携鄫国太子朝拜晋国，以确认鲁国与鄫国的宗主、附庸关系。按当时的礼仪，太子贵为储君，其地位例在人臣之上。经文将其记载"叔孙豹鄫世子巫如晋"，让鄫国太子居于鲁国人臣之后。叔孙豹在前，鄫国太子在后，那意思正是为了强调鲁国的宗主国地位。至春秋 156 年秋，莒国再次进攻鄫国，灭了鄫国。为此，晋悼公大光其火，派出使者到鲁国，申斥鲁襄公：

"当初你好说歹说，将鄫国争去。我还以为你真有本事保护它！如今鄫国被灭，你拿何话来说！"

鲁国方面，当然是唯唯诺诺。因季孙行父于春秋 155 年去世，其子季孙宿世袭为鲁国第一大夫。鲁襄公年幼，不敢亲自到晋国认罪，就指派季孙宿到晋国认错。

鲁国受晋国欺压，那是无可奈何的事情。当时，就连晋国的一个外臣，也不尊重鲁国。此人是谁呢？就是卫国第一大夫孙林父。前面提到，晋国将孙林父安插于戚，作为晋国外臣。鲁国与卫国，国力相当，又都遭受周边大国的欺压。因此，鲁、卫之间原本是惺惺相惜的友好关系。孙林父的父亲孙良夫在世时候，曾经于春秋 121 年、春秋 135 年两度拜访鲁国。春秋 157 年，鲁国第一大夫季孙宿拜访卫国。为了延续父亲与鲁国的友好，也为了对季孙宿的访问进行回访，孙林父回访鲁国。鲁、卫两国国力相当。孙林父作为人臣，应当尊重鲁国君主鲁襄公。然而，孙林父作为戚的主人，曾经多次接待诸侯大会。仗了晋国的势力，孙林父以第二卫国的君主自居。当鲁襄公登上台阶的时候，孙林父马上随之登上台阶。按当时的礼仪，人臣之于君主，应当于君主登上台阶的第三级时，开始迈步登第一级阶梯。面对孙林父的无礼，鲁国贵族叔孙豹上前说：

"在国际会议中，我国君主的位子并不比卫国君主靠后。现在你不愿意靠后于我国君主，这说不过去。请你稍安毋躁。"

孙林父既不道歉，也没有不好意思。晋国的一个外臣，都能够嚣张到这种地步，可见国力即是一切，弱国无外交。

自楚庄王以邲之战压倒晋国，南北争霸呈明显的楚强晋弱态势。楚庄王死后，这态势悄悄转变。鄢陵之战中楚共王中箭，楚军败退，已是南北相当的局面。至晋悼公即位后，晋国威服了东方的齐、鲁，甚至让楚国的铁杆盟友陈国臣服，渐渐反过来压倒楚国。然而，与楚国的争锋，有一块最难啃的硬骨头。那就是郑国。晋国是否能拿下郑国呢？且看下回。

鲁国的国力，在春秋时候算是第三流的国家。只因孔子出自鲁国，《春秋》对鲁国著墨甚多。就连《诗经》，也专门做出《鲁颂》。甚至有史学家根据《春秋》第一个字用的是鲁国君主纪元，说鲁国是正统。鲁国的情况，是一个国家因一个人而闻名。正是：

绍自周公用王礼，泥于礼仪变革迟。
若非圣人抑三桓，祸起萧墙早于齐。

包含第五十一回

卜强者玉帛待境　灭偪阳有力如虎

春秋 157 年，郑国子驷于鄢之会中刺杀了郑僖公，立年仅五岁的郑简公。子驷于政治上属于穆公族人。郑国自穆公以后，历穆、灵、襄、悼、成、僖、简，合计五世七传。其中灵传襄、悼传成是传弟。自穆公族人之后，灵、襄、悼、成、僖五代，君主都有各自的至亲心腹。这些人不愿眼睁睁看穆公族人控制郑国。子驷熟知列国历史，见识了晋国的赵盾专权，宋国的戴族、桓族之争，深知弑君一事必成骑虎难下、逆水行舟之势。经与族人密谋，子驷定下个先下手为强的计议。春秋 158 年夏四月，子驷对穆公族人以外的公子、公孙进行政治清洗，杀死了一些人，驱逐了一些人。郑简公还是个几岁的小孩，不可能于此中参与意见。然而，五个君主的后人不是少数，穆公族人的专权后来又出现反复。

郑成公年代，因为晋国逮捕郑成公，郑国一心投靠楚国，背弃了郑国一贯奉行的实用主义。郑成公死后，掌权的子驷渐渐恢复了早先的两面卖乖、见缝插针政策。就在子驷进行政治清洗的时候，子国、子良之子子耳入侵蔡国，取得胜利，俘虏了蔡国司马公子燮。是年五月，晋国组织邢丘之会，郑国于会上将俘虏的公子燮及战利品献俘于盟主。国中贵族都为之高兴，子国之子子产说：

"我国是小国。平白地取得这种胜利，乃是祸事，有什么值得高兴？蔡国是楚国附庸。要是楚国为蔡国复仇，我们只能向楚称臣。向楚称臣，晋国势必要来讨伐。为了这点胜利，让晋、楚轮换着讨伐我国，我国将不得安宁！"

子国听了这话，厉声斥责：

"你知道什么？国家的命运，有正卿操心。用得着你这小孩子来管？你不想活了？"

不出子产所料，是年冬，楚国子囊问罪于郑国。郑国贵族会议此事。此时的郑国朝廷，已经全是穆公族人。穆公族人内部，就是否向楚国称臣出现分歧。子驷、子国、子耳想要向楚称臣。子孔、子游之子子蟜、子罕之子子展则想进行防守，等待晋国的救助。亲楚派和亲晋派相持不下，会议久拖不决。最后，子驷说：

"俗话说：俟河之清，人寿几何！早先，晋国派解扬带信说要救助宋国，结果晋军故意拖延，弄得商丘城中易子而食。坐等晋国的救助，要是这救助不来怎么办？商量的人多了，意见就多。久拖不决，要误事！我们先服从楚国，暂救燃眉之急。要是晋国军队果真到来，再服从晋国就是！我建议：于国南境备下钱财，预备送给楚国；同时于国北境备下钱财，预备送给晋国。哪个先来，就先送哪个！"

子展说：

"楚军已经出动，肯定是楚军先至，先送楚国。服从楚国，会破坏刚刚建立的晋、郑友好。楚国都城离我国更远，晋国都城离我国更近。晋、楚争锋，楚军的后勤补给跟不上。而且，晋国君主即位以来，其国内大治。据我看：楚不如晋，亲楚不如亲晋！"

子驷说：

"筑室于道，谋夫孔多！你说得倒是轻巧，到时候出了问题，责任还不是在我？就按我所说，先服从楚国，出了问题我负责！"

子驷的这种态度，很有点独裁的味道。他的性格如此强横，所以后来要出事。他有拥立新君的大功，此时又是第一大夫，亲晋派拗不过。郑国向楚国送出钱财，称臣于楚。同时，为了尽量不得罪晋国，又命使者带着钱财向晋国说：

君命敝邑：修而车赋，儆而师徒，以讨乱略。蔡人不从。敝邑之人不敢宁处，悉索敝赋，以讨于蔡，获司马燮，献于邢丘。今楚来讨，曰：女何故称兵于蔡？焚我郊保，冯陵我城郭。敝邑之众夫妇男女不遑启处以相救也。翦焉倾覆，无所控告。民死亡者，非其父兄即其子弟，夫人愁痛，不知所庇。民知穷困而受盟于楚。孤也与其二三臣不能禁止，不敢不告！

译文：早先，君主你命令我国：做好军备，讨伐那些不听话的乱人。蔡国贵族不服从你。我国贵族岂敢坐视？我们举国之全力，以讨伐蔡国，俘获了蔡国司马，献俘于邢丘。现在楚国来讨伐我国，说：你为什么进攻蔡国？楚军放火烧了我国的城郊的民居，侵略至新郑的外城。我国的无数夫妇男女逃避不及，遭受灭顶之灾，找不到地方诉苦！有的家庭死了父兄，有的家庭死了子弟。人民极其痛苦，不知道谁能够解救自己。在这极端无助的情况下，庶民之中有人与楚国进行了盟誓，我和我手下这些人，想拦也拦不住。特此通告。

仅以外交照会而言，这一番辞令相当优秀。然而，外交辞令从来只能锦上添花，并不是局势的决定性因素。晋国方面，韩厥退休，第一大夫换成曾经做楚共王娈童的知罃。因为有一段不堪闻的往事，知罃对楚国的仇恨尤其深重。郑国投靠楚国，知罃恼怒，外交上采用强硬的口气。外交官子员回复：

君有楚命，亦不使一介行李告于寡君，而即安于楚。君之所欲也，谁敢违君？寡君将帅诸侯以见于城下，唯君图之！

译文：君主你遭到楚国侵略，也不派个使者来通告我国君主，先就与楚国讲和。你想要这样做，谁敢违背你？我国君主准备率领天下诸侯到你的都城之下来见你，你自己打主意吧！

所谓"见于城下"，是说要进攻郑国都城。晋国以强硬的话答复，预备讨伐郑国。正在此时，晋国出现饥荒。晋国的世仇秦国，趁机联络楚国，共伐晋国。楚共王同意了秦国使者的请求，子囊进谏：

"自鄢陵之战以来，晋国越来越强，我们其实斗不过晋国。晋国现任君主是偏房入主，曾经立誓：出令不敢不成。韩厥告老，现任正卿是知罃……"

说到这里，子囊停顿片刻。他原想继续说知罃仇恨君王。担心楚共王不高兴，咽了口口水，转而说：

"范匄本应当做中军副手，却说自己太年轻，主动将位子让给中行偃，自己做上军主帅。韩起原本资历浅，但是老资格的栾黡、知鲂主动推举他做上军副手，自己甘愿做手下。魏绛本是君主的亲信，却主动将新军主帅之位让予更加能干的赵武。这说明晋国君主很会处理与国内权贵的关系。现在晋国贵族已经不再内斗，而是团结对外。决定成败的因素在于人，偶然的饥荒，不应成为出兵的理由。"

楚共王说：

"我已经答应了秦国人。纵然是不如晋国，我也要出兵！"

秦、楚联军入侵晋国。晋国方面因饥荒而国内空虚，不敢直接对抗，而是先讨伐郑国。春秋159年冬，晋国组织起鲁、晋、宋、卫、曹、莒、邾、滕、薛、杞、小邾、齐十一国联军讨伐郑国。晋国发布盟主之令：

修整军备，预备军粮，送太老、太小的战士回国，送伤病员于虎牢养病，释放军中囚犯，包围郑国！

这架势，有点像楚庄王的"筑室反耕"。郑国人听说这种号令，赶紧派出使者议和。晋国贵族召开前敌军事会议。中行偃说：

"直接包围新郑，等待楚军到来，与楚决战！郑国从来趋炎附势，只有一场漂亮的大胜仗，能够让郑国真正臣服！"

知罃说：

"君子劳心，小人劳力。拼命的事情，是无知庶民该干的事。如果只讲拼命，那还要我等贵族做什么？现在国内吃不饱，再让无数战士战死，只会拖垮国家。我们假装同意与郑国结盟，然后慢慢撤退。在撤退的路上，将我国四军分成三部分，杂以诸侯之中的精锐部队，做成三个战斗单元。待楚军到来，三个单元轮番接替出战。这样安排，可以打败楚军，却不至于让我国受较大损失。"

在知罃的计划下，晋、郑结盟。郑国方面，知道自己无论怎样表达出诚意，对方也不会相信，所以就在场面上表达诚意：

年幼的郑简公，子驷、子国、子孔、子耳、子蟜、子展六卿，郑国各大家族当家人、包括其嫡子，悉数出场，以示对晋国的尊重。

盟誓的时候，晋国的范弱拿出预先写好的载书来宣读：

> 自今日之后，郑国而不唯晋命是听，而或有异志者，有如此盟。

郑国正卿子驷，向来是个强硬人物。听完这誓词，子驷竟然也拿出一册私下预备的竹简，照着念道：

> 天祸郑国，使介居二大国之间。大国不加德音而乱以要之，使其鬼神不获歆其禋祀，其民人不获享其土利，夫妇辛苦，垫隘无所底告。自今日既盟之后，郑国而不唯有礼与强、可以庇民者是从，而敢有异志者，亦如之！

这个话，说的是郑国人的心声。纵然子驷不这样说，晋国人也知道郑国是这样想。然而，公开场合说这话，很伤晋国面子。晋国的中行偃大声呵斥：

"改掉你们的誓词！"

原本与子驷有分歧的子展，这时挺身而出：

"面对神灵而起誓，岂能更改？要是这誓言可以更改，那我们也就可以背叛！"

双方气氛紧张起来。作为晋国的正卿，知罃出面说话。他对中行偃说：

"是我们强迫别人进行盟誓。要是在这里无礼，怎能号令诸侯？我们回去做好我们的事情，将来必定能够得到郑国真心归顺。何必一定要在今天争个输赢？"

场面弄成这样，双方关系虽是没有破裂，彼此间哪还有信任可言？盟誓之后，晋军看楚军并没有到来，就包围郑国都城，四下掠夺城郊的粮食和人口。新郑城中，子孔建议：

"晋军气急败坏，虐待我国百姓。晋国士兵正在抢劫钱财、强奸妇女，其军纪已经乱了。我们于此时发起进攻，定能获胜！"

子展说：

"算了！盟誓的时候没有让他们争赢，就让他们以此来发泄吧！一时间打个胜仗，就能让郑国强于晋国？"

子驷图一时的嘴巴痛快，祸害了许多郑国庶民的性命，让许多家庭破产，许多妇女遭强奸。这些事情，反正没有发生在贵族身上，所以子展谈论起来很轻松。

晋国经历了饥荒，又遭遇郑国的强硬态度。晋悼公回国后，问计于魏绛。魏绛说：

"只要主公愿意做出点牺牲，这些都是小事情。

"请主公将自己的私产拿出少许，用来借给因饥荒而无法度日的穷人；然后号召国中贵族都借钱予穷人。穷人有了这笔救命钱，很快就能恢复生产、生活。农业生产恢复了，才有粮食；吃饱了饭，才有力气去打郑国。"

于是，晋悼公带头出钱，义贷予饥民。晋国豪族看君主都愿意割肉出血，不得不有所表示。晋悼公又公布几种灾年的应对措施：

其一，取消祭祀之中请神灵享用的酒食，换成玉帛。

其二，国中宴席最高标准不得超过一席一羊。

其三，禁止制作器具，让工人参加农业劳动。

其四，贵族用于享乐的车马、衣服，一律降低标准。

儒教的祭祀，好比当今的春节之类的节日，其实是进行享乐的名义。人们陈列出大量的酒食，名义上说是请神灵来享用。其实哪有什么神灵下凡到人间来吃这些东西？最终还不是都由活着的人大吃大喝消费掉。将献祭的东西换成不能毁灭性消费的丝绸玉器，神灵只是在天上看几眼，玉器拿回去还可以继续用，丝绸拿回去还可以继续裁衣裳。这样做，很可以节省一些粮食。

世界上的贫穷，绝大多数时候都是相对贫穷。如果富人愿意将自己的财富与穷人分享，多数贫穷都可以消灭。春秋时候的人，还带着些淳朴，还愿意做这种善事。后世的明朝时候，皇亲国戚宁愿亡国，也不肯放弃手中的财富。穷人穷到无所求生，政权最终不得不亡。且说当时，晋国在这些临时救急措施之下，很快就恢复了生产，于一年之后就实现了臣服郑国的政治理想。

......

春秋 153 年春，楚国子重命组甲、被练讨伐吴国，结果几乎全军覆没。楚国的组甲、被练，乃是其军中精英。故而此战大长了吴国声威。西北的晋国，当初采纳申公巫臣的建议，就是为了对付楚国。看到吴国成长起来，晋国主动联络吴国，以求互通声气，夹击楚国。晋国与吴国，一个在西北，一个在东南，相隔遥远。两国间最近的路线，要经过楚国和臣服于楚国的郑国。为此，晋国绕出当今的山东半岛，经济水、泗水、淮河联络吴国。要经过山东半岛，须取得齐、鲁的支持。晋国对齐国，用的是恐吓手段：头一年冬天，晋国组织诸侯建设起虎牢基地，切断了南北通路的节点。相关战略，前面已用围棋的"打劫"手法进行说明。至此，派出范匄为使者，威逼齐国。对鲁，则用的是收买手段：鲁国想要做鄫国的宗主国。为这事一再到新绛来送礼。晋悼公先是拿腔做势，故意不同意。后来又同意了鲁国的请求，以买取鲁国欢心。相关的情况，前面也有介绍。对于同在山东半岛的两个国家，为什么要采取不同的态度呢？前面提到，晋国经营其盟主地位，已经达数十年之久。很多霸主特有的策略，都已经运用谙熟。这不同的态度，是为了表达晋国的外交立场：

晋国与鲁国很亲近，与齐国则相对疏远。

此举好比一个父亲，总是袒护较为弱的小儿子，势必让更大的儿子不满。这种不满会导致什么呢？儿子不至于公开对抗父亲，只好移恨于弱小的弟弟。于是乎，齐国对于鲁国的侵略，贯穿了整个春秋史。这个格局，是由晋国制造的，也是晋国希望看到的。晋国正是要用鲁国来抵消齐国对晋国的对抗。有的时候，卫国也被牵连其中，成为晋国对付齐国的棋子。

且说春秋 153 年夏，晋国打通了山东半岛之后，于鸡泽大会诸侯，征会于吴国。命荀会渡过淮河，会晤吴王寿梦。因路上遭遇楚国的阻挠，吴国贵族没能到达会晤地点，此会没有成功。春秋 155 年，寿梦命寿越出访晋国，解释前年没有参会的原因。晋悼公说：

"彼此相隔得太远，直接见面，途中确实容易出意外。鲁国、卫国，都是我的兄弟，就让他们代替我去见这个远房亲戚。"

照这意思，他是盟主，万万出不得意外；鲁国、卫国是小国，出点意外就无所谓。并且，吴国近来虽然有点国威，毕竟还是小国，不至于让他本人去亲自接见。鲁襄公、卫献公同样怕死。于是，鲁国的仲孙蔑、卫国的孙林父于淮河之上与寿梦约会。

……

遭到秦、楚联军的进攻之后，晋悼公不惜借钱给穷人，立志要收复郑国。以晋国打郑国，本是容易。困难在于站在郑国背后的楚国。晋国此时迫切需要吴国牵制住楚军的部分兵力，以便晋军全力对付郑国。春秋 160 年春，为表达诚意，晋悼公本人率鲁襄公、宋平公、卫献公及曹、莒、邾、滕、薛、杞、小邾的君主会见吴王寿梦于柤。齐国方面，关系比较微妙，采用折衷方案，命其世子光参会。会议以《周颂》为主题歌，以雅言为官方语言，以姬姓同盟为核心，以匡扶周室为名义，以对抗楚、郑为具体内容，议定：

吴国出兵东南，折向楚都郢，造成威逼楚国之势。作为回报，吴国所夺取的楚国疆土，包括楚国附庸国的疆土，中原诸侯概不过问。

中原联军则拟定以下战略：

第一步，以宋国贵族向戌为主人，创建臣服于晋国的"第二宋国"，以第二宋国断楚国绕出山东半岛的遐想。

第二步，以虎牢为基地，屯集中原列国的兵马粮草，作讨伐郑国的长久打算。

春秋中期影响最大的"三驾"，就此出炉！主要议题之后，晋悼公将具体工作交给手下。此时，晋国正卿已经换成知罃。知罃召集晋军将领开会。中行偃、范匄建议"第二宋国"选址于偪阳。知罃说：

"偪阳国虽小，其城池却很坚固。打下来固然是好。要是打不下来，当着这么多国家的面，太丢脸！"

二人说：

"以天下兵马的大半，压此小国，势如摧枯拉朽。如不能拿下偪阳，我二人愿受军法处置！"

知罃说：

"希望是那样。你们去办吧！记住你们的这个承诺！"

越是高贵的人，越是怕死。晋悼公支使知罃，知罃支使中行偃和范匄。中行偃和范匄效仿这种方法，命列国贵族率兵去打偪阳。诸侯联军怎么样呢？无非是学习上级，做一做攻城的样子。

四月九日，诸侯联军包围偪阳。鲁国贵族仲孙蔑率鲁国甲士前来列队。鲁军以一乘战车为一个战斗单元。战车一乘接一乘，都驾三匹马，在众多巡逻兵、勤务兵、步兵的簇拥之下进入队列。其中一乘战车却没有马。一个强壮的大汉右手提戈，左手握六根缰绳，拖拉战车进入队列。这个大汉，名叫秦堇父。又有一个战斗单元，既没有战马，也没有战车，连护卫的步兵都没有，只有一个人。此人右肩扛一杆三米长的戟，左手挽一个直径达一米五的巨大车轮。车轮上蒙以犀甲，充当特制的盾牌。他本人身不著甲，赤裸上身。仲孙蔑说：

"百人一队，须车、马、铠甲、步兵齐备。你不成个样子，还是回去吧！"

此人将车轮用力一顿，车轮即插入土中。又将长戟用力一拄，长戟插入土达十厘米。腾出双手，他向仲孙蔑行肃礼。然后大声应答，声如洪钟：

"小人职位卑贱，不得统领一队。然而，以此楯此戟，足挡敌军一队！"

此人名叫狄虒（念着慈）弥。仲孙蔑看自己的手下如此豪迈，觉得很长脸，就故意问：

"你不用弓、箭？"

此人用手掌拍打自己的满是黑毛的胸脯，轻轻拔起长戟，举过头顶。身高本有近两米，再加上手臂和戟的长度，竟可以高到与偪阳城平齐。他说：

"小人本是步兵，不曾学射。量些许竹箭，射不穿我的胸膛。而且，竹箭哪有这长戟的力量！"

仲孙蔑这才扭头低声向中行偃说：

"诗所谓有力如虎，此之谓也！"

偪阳城墙高达五米有余，差不多有两层楼高。自恃墙高城厚，偪阳人不把联军放在眼里，故意戏弄攻城的人。他们故意将城门打开，对诸侯联军喊话：

"你们不是想进来吗？城门已经打开，你们进来啊！"

明知对方有埋伏，仲孙蔑却命鲁军一队冲进城门。这队人马进入大半的时候，宽四米、高五米、厚五十厘米的城门从城上忽然压下。城门虽是木质构造，如此巨大，重逾千斤。一个高大的甲士正冲到门前，门已经落下。此人不是反身逃跑，而是从地面上抠起城门，将其举起。然后对已经冲进去的人大声呼喊：

"快撤！"

已经冲到前面的战车、战马无法回身。车上的甲士跳下战车，连同随行的步兵，都从这人的腋下退回。此人是谁呢？就是千古圣人孔丘的父亲：郰人纥。

　　偪阳人一计不成，又生一计。他们从城墙上悬下一根长长的麻布，大声呼喊：

　　"诸军勇士，有本事顺着这麻布爬上来！"

　　秦堇父扔下手中的缰绳和戈，冲到墙脚，握住麻布往上爬。快到城堞的时候，城上的人割断麻布。秦堇父重重摔于城下。秦堇父还没有爬起来，城上又伸下一匹麻布。秦堇父又握住麻布往上爬。又是快到城堞时，麻布被割断，再次摔下。如此重复了三次。秦堇父第三次起身的时候，不再有麻布垂下。城上的人说：

　　"壮士！你的本事我们见识了！我们不忍心戏弄勇士，请回吧！"

　　秦堇父拾起地上被割断的三截麻布，将其套于脖子上，一步一蹒跚地走回队列。出于对勇士的尊敬，面对他的背影，偪阳人没有放箭。回去后，秦堇父天天戴着那三截麻布，四处去宣讲自己的英勇事迹。仲孙蔑表彰秦堇父，命其做自己的车右。后来，秦堇父之子秦丕兹师事孔子，为七十二贤人之一。

　　攻守双方的战士惺惺相惜，战斗弄得像武术竞技，甚至像杂技表演，攻城的目标就变得遥遥无期。战斗的第25天，中行偃、范匄求见主帅知罃，说：

　　"战斗久拖不决。很快就要到梅雨季节了。我军不习惯这里的梅雨，不如趁早班师。如果等到梅雨到来，恐怕想回也回不去了！"

　　知罃本来跪坐于案前。听了这话，他等不及起身，跪着举起面前的案桌，扔向二人。好在这两个人都练过，一左一右闪避开，让出中路。案桌被直接扔到了庭院中。知罃大步走到二人面前，怒声申斥：

　　"你们想害死老夫？

　　"早先我说偪阳不好打，你们偏要打！我怕人家说我军将、帅分歧，勉强同意你们。尔等名义上为君主做事，结果与诸侯的军队一道来戏耍老夫！自己没本事，还要把罪名嫁祸到我身上？等回国后，你们又好去对君主说：他是主帅，他下令

班师。要不是他班师，我们已经把偪阳拿下······

"限你们七天！七天之后，我先杀死你们两个，用你们的血来落祭战鼓，我自己来执桴督战！"

中行偃与范匄面面相觑：

看来，战场上的那些把戏，主帅心知肚明！

下去之后，二人计议：

与其受迁延玩寇的罪名，不如战死于城下！

第二天，中行偃、范匄亲自到达城下，立于砲石、箭雨之中，督军血战。战争持续了五天，联军战死很多人，终究将偪阳攻陷。

早先，晋文公为报复私仇，将卫成公由给周朝处理。虽然王庭对卫成公的处理是照晋文公的意愿，毕竟晋文公还要考虑名义，公开做出王庭的名目。时代在变迁，盟主的权威越来越大，周朝的影响力越来越小。晋悼公攻下偪阳之后，既不请求周朝的裁判，也不向周朝献俘；而是直接将偪阳人迁到晋国境内，做晋国贵族的奴隶。为掩人耳目，于迁徙之前，秉承"存亡续绝"的大义，请来个知道掌故的周朝官员，考查偪阳遗民的起源和种姓：

确乎源出贵族，有名有姓者，就予以保留，移民至晋国；出身不详者，则予以就地处死，免得于迁徙途中浪费粮食。

在实际的辨姓过程中，周朝的史官纵然博学，哪能悉知一国全部国民的身世？不过是将老弱病残处死，做成京观；只选年轻力壮的男人做劳动力，年轻美貌的女人做性奴。偪阳国本姓"妘"。这些迁到晋国的偪阳人，无论是否属实，从此都自称姓妘。从字面来讲，女生为姓，同一个姓的人拥有共同的血源。在实际的历史演变之中，有很多类似于妘姓的情况；同姓的人，并不一定有共同的祖先。

人类社会之初，为了区别自我与他人，单个的人的称号，最初先有名。某人因其特别的本事，受到别人的拥戴，让很多人追随于他，就渐渐形成部落。这种以某种特征闻名于世的群体，就叫做"氏"。农耕部落讲究土著，渐渐形成儒教。儒教以血缘关系为社会关系的第一纽带，形成彼此有血缘关系的人类群体。有共同血缘关系的群体，就叫做"姓"。周朝时候，不断有君主赐姓予臣下，形成新的姓；又不断有大的姓分家，形成新的氏。与此同时，不断有曾经的姓、氏消亡。当今中国的姓氏，是政治法则大浪淘沙般选择的结果。就在晋悼公保留偪阳妘姓的这一年，另一件事情说明了曾经的大姓的衰落：

周朝的两个卿士为争夺政权发生争执。这两人一个叫王叔陈生，另一个叫伯舆。王叔陈生是新兴贵族，伯舆是没落贵族。周灵王想要排挤手握重权的王叔陈生，所以向着伯舆。王叔陈生出走于黄河边。周灵王请他回来，他不听。周朝内部，因此闹得不可开交，主动请求晋国来裁决。早先，周朝裁判诸侯的诉讼；至此，反过来由诸侯来裁决周朝的诉讼。晋悼公派范匄去调停周朝的纠纷。于是，王叔陈生与伯舆进行正式的诉讼，由士匄做仲裁。王的卿士，在级别上等同于诸侯。士匄作为诸侯的人臣，无权裁判卿士。为此，如同春秋91年的元咺诉讼案，诉讼双方分别派出下臣代坐。

法庭上，王叔陈生的宰说出一句名言：

筚门闺窦之人，而皆陵其上。其难为上矣！
译文：进出于柴门、狗洞的人，都要驾陵于贵族之上。而今，这贵族也不好做了！

伯舆的大夫瑕禽说：

"在平王东迁的时候，有七个姓的人追随。我的祖先是其中之一，为王的祭祀备齐相关的牲和器具。王信赖我的祖先，所以用骍旄与之盟誓，誓词说：你世世代代做这官，不要失职。如果说我家是柴门、狗洞，那怎能是东迁七姓之一，怎能让王信赖？自从王叔做了相，政策完全以贿赂为标准，刑罚完全交给他的亲近。他的党羽富得流油，我的家族当然就变成柴门、狗洞。请大国考虑：要看清他的错误。"

范氏是出了名的滑头，当然不会平白地支持某一方。范匄说：

天子所右。寡君亦右之。所左。寡君亦左之。

这个话，说得四平八稳，是肯定不会出错的！表面上这样说。下来后，范匄要双方提供答辩状和证据、证人证言。按照国人的习俗，这其实是索贿。王叔陈生远比伯舆有钱。在行贿的时候，他向范匄说起周朝的权力之争，寻求晋国的保护。范匄想：

周王一心要赶走他。我照顾周朝面子，让他败诉；又看在这钱的分上，让他到晋国来。如此就面面俱到。

于是，范匄承诺晋国愿意接收王叔陈生，王叔陈生出奔晋国。周灵王趁机安插自己的人，让单靖公做卿士。至春秋后期，单氏又参与王室的动乱。这里且按下不表。

……

且说晋国迁走了偪阳国民，只剩一个空城，单等向戍入住。

向戍何许人呢？前面提到，向戍隶属宋国的桓公族人，其同族的人与戴公族人斗争失败，逃到楚国。楚国利用这些人建立起第二宋国。楚国的第二宋国仅存在一年，即被晋国拔掉，城里的人被迁到晋国境内，接受晋国的种族同化。当时，为遵守宋襄公立下的规矩，华元让向戍担任左师。向戍的族人大部分沦落为晋国的农奴，虽为左师，在政治上却是形单影只。因此，向戍与华氏、宋国君主系都有仇。晋国希望利用这种仇恨来牵制宋国，故而找向戍来做偪阳城主。

宋国本是诸侯联军中的一分子，听说盟主要向戍到偪阳去做城主，表面上不敢不从，内心却不愿意。宋平公对知罃说：

"盟主有令，小国怎敢不从？你们直接去找向戍就是！"

使者对向戍传达盟主的要求。想不到，向戍很爱惜羽毛，不愿担当叛国的千古骂名，毅然回复说：

"盟主不惜血本，打下偪阳来送给宋国，这是盟主莫大的恩惠！然而，我是宋国的臣，我不接受君主的封赐，却与外国一道谋求封地，这是藐视君主的逆臣。盟主号令天下，不用忠臣，反用逆臣？"

卫国的孙林父，愿意做晋国的外臣；宋国的向戌，何以不愿呢？这其中既有个人性格的原因，也与宋国国内局势有关。相关情况，下回再叙。

正副第五十二回

享桑林晋悼贵恙　焚载书子孔当国

上回说到，向戌不愿做偪阳城主。这与宋国贵族的演变有关。春秋 147 年，华元下野，测试桓公族人的反应。当时，桓公族人中有人识破了华元的阴谋，建议趁机打压戴公族人。第二大夫大夫鱼石说：

"我们这一族树大根深，就凭他，动得了我们？退一万步讲，纵然我们在位的五个败给了他，不还有向戌吗？他要是胆敢对付我们，向戌必将为我们报仇！"

这种话传到华元耳中，华元对向戌怎能不提防？宋国五卿流亡之后，华元遵守宋襄公的约定，立向戌为左师，同时将五卿遗留下的其他空缺，全部安插为戴公族人。向戌虽是第二大夫，其实遭到边缘化。向戌在宋国，没有足够的威望，所以不敢出任偪阳城主。华元已经年迈。他看自己的儿子普遍不成器，临死将家事托付给戴公族人之中的乐举。托付虽是托付，内心里面，谁不向着自己的儿子？他死后，第一大夫的位子仍然由其子华阅世袭；乐举官居司城，在右师、左师、司马、司徒之下，为第五大夫。

华氏在华元半个世纪的经营下，在宋国的声威简直比君主还要高。如此长久地熏染，华氏子弟带上深厚的纨绔气质。华氏的华弱与乐氏的乐辔年龄相仿，打小时候在一起，干过些同性恋的勾当。华弱偏好"南风"，乐辔则水陆并行。到年龄渐长，有个十五六岁的时候，乐辔喜欢上女人，不像以前那样应酬华弱。华弱心生嫉妒，二人间生出嫌隙。春秋157年的一天，华弱又去找乐辔，乐辔正与美女调情，不搭理华弱。华弱一再纠缠，激得乐辔火起。此时正当上朝之时，乐辔想要与华弱绝交，故意羞辱对方：用弓弦穿过华弱颈下的锁骨，再拴于弓上，然后握着弓身，牵着华弱去上朝。朝廷之上，宋平公实在看不过去，就说：

"弱，你官居司马，有统率全国武士的职权。你被人这样牵着游行，怎能号令宋国勇士？你有辱官箴！"

古时候的人，讲究个廉耻。在朝廷上公开受到君主的申斥，华弱无法存身于宋国，就逃奔鲁国。这时候，乐罕想起华元的托付，公诉于朝廷：

"乐辔与华弱，同有玷污朝纲之罪。同罪当有同罚。现在华弱离职出奔，乐辔不可再居于朝廷！我身为乐氏的家长，尤其必须站于公道的立场！"

宋平公想：

这是你戴族人内部的家事，我何苦去蹚浑水？

宋平公不置可否。下朝之后，乐辔提戈追杀乐罕，直到其家门口。乐罕回身关门。乐辔箭射大门，说：

"你得了华氏什么好处？一心要赶走我？你胳膊肘往外拐，总有一天，也要让华氏给赶走！"

乐辔与乐罕，彼此是兄弟。乐罕向兄弟讲解周文王的"刑于寡妻，友于兄弟，以至于邦家"，宣扬同为戴公族人的大义。此事之后，乐罕渐渐名声在外。因他顾全大局，戴公族人视其为主心骨，遇事都与其商量。

春秋159年，宋都商丘发生大火灾。古时候的房屋都是草木构造，赶上大风大火，城里没有消防栓，就面临灭顶之灾。

而都城发生火灾，则兼有亡国的危险：

要是外国趁机进攻，正在逃避火灾的国人于忙乱之中无力防御，国家就要灭亡。

戴公族人慌乱起来，六神无主。乐罕于此时站出来，指挥救灾：

分派人沿风向所指，将小的房屋撤除，将大的房屋涂上湿泥。组织奴隶用各种盛器舀水救火。命华臣负责召集人手，命华阅负责检查官员是否在职，命向戍检查军队和监狱，命皇郧检查武库、厩马，命西鉏吾守城，命司宫守护宋平公，命四卿预备祭祀，命下级官员分赴城外郊区，预防有人趁机作乱。

晋国边疆的边防兵向朝廷通告宋国的灾害情况，晋悼公说：

"向戍不愿做城主；乐罕官居第五，却能号令六卿。不要以为宋国没有人啊！"

华元虽死，乐罕犹在。向戍的族人尽皆遭到处理，在国内没有势力，只能夹紧尾巴做人。向戍与孙林父虽同为世族，然而孙林父的家族世代享有戚为封地，有自己的政治基础；向戍名义上是第二大夫，在众卿中却是形只影单。如果他去做偪阳城主，势必在诸侯联军离去之后遭到戴公族人的吞并。在这种情况下，向戍拒绝了晋国的好意。晋国花费大力气拿下偪阳，不能建成"第二宋国"，只好送给宋平公。宋平公得此好处，当然要表示感激。他宴请晋悼公，于会务准备的时候主动提出请晋国君主享受歌舞剧《韶濩》。外交的时候，晋国正卿表示推辞。中行偃、范匄说：

"鲁国、宋国均有天子之乐。鲁国在禘祭时用天子之乐，前去参加祭祀的贵宾就享受了天子之乐。现在宋国用《韶濩》款待我国君主，有何不可？"

《韶濩》究竟是什么东西呢？相传汤夺取天下之后，天下接连七年出现旱灾。汤问卜于祭司。祭司说：

"要用天子本人的身体献祭于神灵，才能求来雨。"

考虑到自己一身系天下苍生，汤不敢自弃于天下，只剪下

自己的头发和指甲来代表自己的身体，将其献祭于神灵。结果
感动上苍，时雨沛至。因为此事拯天下于既溺，差不多类似
于大禹治水，故而此音乐剧又号为《大濩》，又号为《韶濩》
（濩训为"护"）。当时，人们久旱逢甘霖，感念上天的恩
典，献祭于上帝。故而此剧的内容，是用人类所得到的快乐
来证明上帝的伟大。什么快乐呢？一则是饮食，二则是男女。
人们借上帝之名，以音乐、舞蹈和男女性事渲淫。季札评此剧
"圣人之弘""犹有惭德""圣人之难"。作为圣人的汤，能
有什么"惭"和"难"呢？大约是武的方面，表现了一些残忍
的暴力和血腥；文的方面，又表现了一些不把人当人的变态的
性心理。后来，此剧成为了商朝最高规格的乐剧，也成了商朝
的代表性音乐剧。商朝虽然灭亡，周朝存亡续绝，封商朝遗民
于宋。宋国保留下这个剧目，并视之为国家的最高文化。此剧
只为周天子演奏过，其余时候轻易不敢演出，以示郑重。

　　晋国的晋文公曾经向周天子请隧，结果遭拒绝。几十年
后，晋国君主又有机会享受天子的礼遇，晋悼公怎肯放过？只
不过，作为表面的谦逊，故意让知罃去推辞。宋国贵族知道：
所谓不要，其实是想要。于是乎，宋国选了个宽敞的地方，建
起观赏台，请晋悼公赴宴。这个用于演出的地方，乃是宋邑桑
林。这一次文艺汇演，乃是春秋史上屈指可数的盛宴。为纪念
此事，人们称《韶濩》为《桑林》。演出开始的场面，就与普
通歌舞剧不同：

　　八个壮汉以肩舆扛抬出一面旗。这旗的旗杆约有人的腰那
么粗，总高度达到五十米以上。黑色的旗面在天空中招展开
来，犹如一片云。此乃天子之旗，号为"旌夏"。

　　晋悼公面南背北正坐于观台中央。这一天原本是晴天。旌
夏的阴影突然间遮蔽了晋悼公的视野，让他眼前一黑。晋悼公
从未见过这样的大旗，他大吃一惊，心里咚咚乱跳，险些昏厥
过去。他感到一种不祥，起身退入后台的休息室。宋国贵族当
然上前问安，请求盟主的示下。确认了盟主的状态之后，将此
旗搬走，赶紧上演舞剧的内容。上古的舞剧，大抵以身体展示

和体能表演为主，不像后世那样一味在服饰上下功夫。男优讲究武力强健，于舞台上展示其武艺；女优也要求矫健、灵动，并要求性感和妩媚。秉承原始的习俗，展示武艺时模仿真实的战争场面，于舞台上杀死囚犯。

商朝末年，纣将《韶濩》发扬光大，创制出酒池肉林。此时演出的《桑林》，带有商纣宫廷的风气，又沾染周朝的文化，其思想性讲究"乐而不厌"，艺术性讲究精彩绝伦，礼仪上俯仰揖让，感情上销魂蚀骨，服饰上锦绣繁缛，感官上刺激、释放到极致。情分六种，种种毕现；色贯六根，根根尽染。

晋悼公看到旌夏吃了一惊，看到杀人的场面又吓出一身虚汗。一场《桑林》享完，回国的途中，他就害起了病。找来个祭司，用龟背问卜，结果龟壳裂纹竟然呈现出"桑林"二字。晋国众臣感到惶恐，建议奔走于宋国名山大川，向众神祈祷君主平安。晋悼公觉得这是自己僭用天子之乐，招致上天降罪。他原想将偪阳人全部处死。此时，为了积阴德来赎罪愆，就命人去周朝请来史官，保留下部分偪阳人。好在他正当壮年，稍稍休养，病也就好了。

宋国用《桑林》来款待晋悼公，让郢都中的楚共王尤其愤懑：

我自命为王，却不曾享受此等音乐；倒让晋国抢了风头。这事，天下诸侯会怎么看！楚国国民会怎么看！

晋国人刚走，楚共王的部队就攻到商丘城下。晋国方面，军队正派往关中讨伐秦国，只好命手下的卫国进驻襄牛，声援宋国。邻近于襄牛的郑国，对此召开会议。子展说：

"作为楚国的盟国，我们必须讨伐卫国以声援楚军。我国已经得罪了晋国，若再得罪楚国，就弄得里外不是人了！"

子驷说：

"我国近年来年年征战，已经无力出征了！"

子展说：

"同时得罪南、北霸主，国必亡！眼看就要亡国，即便是无力，也只有出征！"

郑军进攻襄牛，果然败于卫军。之后，楚、郑联军顺势北上，入侵鲁国西境，又回身包围宋国第一大城市萧。春秋160年秋八月，萧沦陷于楚。九月，郑军入侵至宋国北境。此时，晋国忙完了西方的事情，重新准备就绪，集结起晋、鲁、宋、卫、曹、莒、邾、齐、滕、薛、杞、小邾十二国联军讨伐郑国。同样是这十二国联军，于此次征伐之外，又于次年夏季、秋季接连两次讨伐郑国，三次都迫使郑国求和。至最后一次，郑国彻底与楚国决裂，投入晋国阵营。因这三次战役时间上前后相连，战果则导致了南北争霸晋国占上风的结果，故而史称"三驾"。

第一驾逼近郑国的时候，郑国正好发生内乱。前面提到，郑国的子驷谋杀了前任君主郑僖公，立了年幼的郑简公，从此当权。人当权之后，做事就不可能低调。凭借手中的职权，子驷扶植穆公族人。与此同时，不免要得罪其他人。在这一次抵御中原联军的时候，子驷减损郑国贵族尉止的战车。尉止俘获的战俘，又被子驷抢占。为此，尉止怀恨在心。早先，子驷抢占了司氏、堵氏、侯氏、子师氏的土地。这四家人，也对子驷怀恨在心。春秋160年冬，尉止、司臣、侯晋、堵女父、子师仆伙同其他对子驷不满的人，攻入宫中。暴乱者在西宫之朝进攻执政大臣，杀死了子驷、子国、子耳，劫走了郑简公。面对这突发事情，穆公族人各家反应不一：

子孔事先知道了这事，所以没有被杀。

子驷之子子西听说这事，并没有畏惧而逃走，而是先去看被杀的大臣的尸身，然后去追作乱的人。作乱的人逃到北宫后，子西才回到家中，准备向自己的臣下颁发兵器。结果家中的家奴大都逃走了，家里的东西也被偷走了许多。

子国之子子产听说这事，先把门关起来，然后召集手下，派人守卫家中的财物和兵器，组建起十七乘车兵，然后去看被杀的大臣的尸身，然后进攻北宫的贼人。

子游之子子蟜带领国中的贵族支援子产，杀死了尉止、子师仆。之后，暴乱者或死或逃。

侯晋逃奔晋国。堵女父、司臣、尉翩（尉止之子）、司齐（司臣之子）逃奔宋国。

前面提到，郑穆公有十一个儿子较为著名：子良、子罕、子驷、子丰、子国、子孔、子游、子印、士子孔、子然、子羽。子良一房是老大。子良已死，其子就是子耳。子耳又死于此次动乱，家业传至子耳之子良霄。子罕早于此前去世，其子就是子展。子然于春秋156年去世，家业传予其子然丹。士子孔于春秋158年去世，家业传予其子子良（此人与穆公庶长子同名）。子驷、子国、子耳死于暴乱，故而穆公之子还剩下子丰、子孔、子游、子印、子羽。在这些人当中，数子孔最有威望。当时的人，尊重长辈，所以子孔当国执政。

读者注意：子孔于此次政变之前知道情况，却故意不通知执政的三个。为什么呢？就是为了此时的当权。尉止、司臣、侯晋、堵女父、子师仆等人于发动政变前拉拢子孔。子孔虚与委蛇，暗地里抱因循观望、黄雀在后的思想。

因为早先就有预谋，执政之后，子孔拿出预备好的简书，抄誊多份，送达所有的宋国贵族，说是计划于某日进行盟誓，誓言的内容就是这些。简书的内容，不消说，是要众人效忠于子孔。一般情况下，贵族进行盟誓的简书，如同当今的会议中的决议，是在会议时候经与会众人认可，方才临时制作。子孔此举，意在测试郑国贵族的反应。

测试的结果出来：多数人并不愿意效忠于子孔。

按照自己的计划，子孔准备将凡是不愿效忠于自己的人杀死。此时，同为穆公族人的子产劝阻子孔，请子孔毁掉这不合众意的简书。子孔说：

"我是为了我们这一族人！你倒好，反倒向着外人！你不杀他们，他们却杀了你父亲！"

子产心想：

你恐怕不是为了族人，而是为了自己。

　　然而，公开说话，怎能说这种心声？子产讲了一种道理，说出一段名言：

　　"众怒难犯，专欲难成。合二难以安国，危之道也！不如焚书以安众。子得所欲，众亦得安，不亦可乎？专欲无成，犯众兴祸。子必从之！"

　　译文：众人的愤怒，是不可冒犯的；只考虑自己一己之私，是难以成事的。治理国家违背了这两条，必然危险！你把这书烧了，让众人心安，你也就得以坐稳自己的位子，有什么不好呢？只管自己的私利，做不成事情；违背众人的意愿，必将惹来祸事。请你一定听我的！

　　此时正当晋、楚争夺郑国的紧张时刻，身为郑国正卿，国内的事情处理不慎，内部不团结，可能导致国家灭亡。为此，子孔听从子产的进言，召集国中贵族，公开焚毁简书。郑国的政局，暂时平稳下来。

　　晋悼公结束对秦国的战争之后，立即回身争夺郑国。他命诸侯联军驻于虎牢，又以晋国精锐部队驻于梧、制。梧在虎牢的北面，制在虎牢的南面。此举意在挟持诸侯与晋国行动一致。大兵压境，郑国不得不送出礼物议和。

　　同为霸主，晋国采取行动，楚国不得不有所反应。楚令尹子囊出兵救助郑国。晋国率诸侯联军沿郑都新郑左右两面包抄，攻取四周小邑，做成对新郑的大包围圈。楚军不退。晋军召开军事会议。中军主帅知䓨说：

　　"我们兵力强于楚军，不怕他来战，就怕他不战。我建议佯退，以坚楚军出战之志！"

　　栾书之子栾黡，此时官居下军主帅，为第五大夫。他说：

　　"率军出征，遇敌即退，此乃晋国之耻。当着天下诸侯的面受此耻辱，还不如去死！

　　"有的人忘不了旧情，心中有顾虑。我管不了别人，纵然只有我一人，我也要前进！"

读者注意：知罃在楚国做俘虏期间曾经是楚共王的娈童。此乃知罃一生最大的耻辱。栾黡于公开的会议如此指桑骂槐，知罃怎能不挟恨！

晋悼公即位后，为了稳定，让栾书、中行偃的位子不变，继续担任第一大夫、第二大夫。栾书死后，久经考验的韩厥凭资历做上第一大夫。韩厥其人，于晋襄公年代就做上中军司马，在官场上足足熬了半个世纪。在栾书、中行偃谋杀晋厉公的时候，韩厥大事不糊涂，说出一番大义凛然的话，成了忠君的楷模。他做第一大夫，谁能有异议？春秋157年，韩厥因年龄太大，提请退休。众议以为他是六朝元老，特别地尊重，故而提议由其子继任第一大夫。偏偏韩厥的嫡子韩无忌身患残疾，不宜主持国政。韩厥去世时，韩氏家族内部公议继承人的人选。结果是：

让韩厥的庶出子韩起主祭于宗庙、摄政当家，同时保留韩无忌家长的一切待遇；待韩无忌去世后，即由韩起当家，以便让没有病的韩起来继承韩氏家业。

朝廷请韩厥的后人来做正卿，作为家长的韩无忌说：

"薄命尫羸之人，不堪主持家业，何谈主持国政？让我这样的人与诸侯盟誓，大失晋国体面，万请收回成命！"

在这种情况下，晋悼公退而求其次，选知氏的知罃为第一大夫。选择第二大夫的时候，按资历本应轮到范匄。偏偏范氏家族以谦逊为家学渊源，主动让位与早先的第二大夫中行偃。于是，第二大夫仍由中行偃担任，范匄为第三大夫。范匄此举，得到晋悼公大大的赞赏，说他有古太伯之风。下面的人体察君主的意思，效仿范匄，推举韩氏的韩起为第四大夫。于是乎，直到第五大夫的位子，方才轮到栾黡。其实，晋悼公刚刚即位的时候，出于国家稳定，才保留栾书的位子。栾书谋杀了晋厉公。姑且不说晋悼公与晋厉公之间的血亲；仅从政治上讲，臣下胆敢弑君，若最终不予处理，会让臣下的胆子越来越大，威胁到君主的权威。为此，晋悼公暗中压制栾氏。栾黡身处这样的政治环境，不敢反对君主，只好将怨恨转移到主帅知罃身上。栾氏早在两百年前的曲沃桓叔的年代，就已经发迹，差不多算是晋国第一古老的望族。两百年的恩德，该养下多少党羽和死士？知罃虽是第一大夫，却不敢直撄其锋。栾黡自恃家大业大，于会议上揭开知罃的伤疤，又于会后率下军逼近楚军。知罃不得已，只好率军跟上。晋、楚两军夹颍水而列阵。

新郑城中，刚刚结束内乱的郑国贵族召开会议。子蟜建议：

"听说晋军主帅的意思，是准备撤退；只是栾黡不从军令，才与楚军对峙。晋军已经拿定撤退的主意。我们服从晋军，它是个退；我们不服从晋军，它仍然是个退。晋军撤退之后，楚军必然包围我国，到时候又不得不服从楚军。反正最终都要服从楚军，干脆现在就服从楚军，还可以省下送给晋军的那一份钱！"

有人问：

"据间谍报：知罃是想以佯退激楚军一战。何以见得晋军必退？"

子蟜说：

"你只知其一，不知其二。知罃与楚王之间的那点事，天下尽知！他本人究竟是何感受，无法得知。但是有一点可以肯定：他最不愿意别人提起此事！栾黡公开羞辱了他，与他结仇。纵然早先真的是想打，为了这仇恨，栾黡越是要战，他就越是不同意！"

子蟜于夜里渡过颍水，与楚军秘密结盟。晋军侦察兵报告情况，栾黡又提出讨伐郑国。不出子蟜所料，知罃坚决不同意。晋军北撤。楚军也退去。

南、北大国交相进攻郑国，郑国内部感受到生存的危机，不得不同仇敌忾。郑国贵族会议当前事宜，子孔提出议案：

"南北争锋，都将我国作为目标。楚去则晋来，晋去则楚至。无论是哪个，口口声声，都说是讨伐我国的背叛。他们每到来一次，我国就要送一次礼。这样下去，不用军队的进攻，光是送的礼，就会将我们弄到山穷水尽！晋、楚双方谁取得上风，对我国而言并不重要。最重要的是让这种争夺尽快结束！

"比较而言，当前晋国强于楚国。要是晋国能够果断一战，让楚国发现自己打不过，不再纠缠我国，我国就可以摆脱眼下这种两面受敌的现状。然而，知罃的那种态度，并不急于与楚军交战。怎样才能让晋国下决心？请诸位畅言！"

子展建议：

"欲取，则故予。反之，欲予，则可以故取。我们想投靠于晋国，需要先激怒晋国，点燃战火，让战争尽快到来。战争尽快到来，才会尽快结束。

"我建议：我国故意讨伐宋国，引晋国来讨伐我国。待晋军到来，我们与之结盟。之后，楚军又会到来。我们又与楚国结盟。我们对晋国的背叛，势必引得晋国大怒，晋国就会坚定威服郑国的决心。让晋、楚的军队频繁地出兵至新郑。晋军有虎牢做基地，能够在楚军到达新郑时很快赶到。楚军基地与新郑相隔遥远，所以不能随时赶到。我们向楚军求救，楚军不能到来，我们就有了与楚国绝交的借口。绝交于楚，投靠于晋，可以结束眼下这种两面受敌。然而，此事须以晋国压倒楚国为前提。"

读者注意：后来的历史演变，与子展的这个计划大致相同。历史结果看起来仿佛是晋、楚两个大国被郑国牵着鼻子走。中国古话说"天时不如地利，地利不如人和"。这其中的天时，其实是天下大局的走势。人们觉得成功者遭遇了别人所没有的机遇，得了天时。其实是因为成功者准确分析出了天下大局的走势。郑国不过是将历史潮流的方向定为自己的国策，故而掌握了主动。晋悼公压倒楚共王的"三驾"，其设计方案既不出自晋国，也不出自楚国，而是出自郑国。这结果好像是晋悼公稀里糊涂地成功，楚共王稀里糊涂地失败。这其中的原因，不是某一个人的聪明才智，而是整个中原的地缘政治局势。

且说当时，郑国贵族命与宋国交界地方的郑国人故意制造边境纠纷，然后出兵侵略宋国。宋国向戌率军反攻，大败郑军。郑国一面向楚国求救，一面再次侵略宋国。春秋 161 年夏，在晋国的组织之下，北方诸侯到达郑国。四月己亥，齐国太子光、宋国向戌率军抵达新郑东门。当天夜里，晋国知罃率军抵达新郑西郊，随即讨伐旧许。卫国孙林父入侵郑国北郊。六月，北方诸侯大会于向，兵分两路，分别沿南北两面包围新郑。联军的一部渡过济隧，驻兵于济隧南岸，预备阻击楚军。在此期间，吴国军队按与晋国的约定出兵于东南，一路逼近楚都郢。楚军分不出身来进攻新郑。郑国派出使者，向联军送出玉帛议和。如子展所料，晋国痛下决心，举行誓师大会。秋七月，晋、鲁、宋、卫、曹、莒、邾、齐、滕、薛、杞、小邾十二国盟誓于亳城北。盟誓的载书出自晋国贵族范匄的手笔，原文如下：

凡我同盟，毋蕴年，毋壅利，毋保奸，毋留慝。救灾患，恤祸乱，同好恶，奖王室。或间兹命，司慎司盟、名山名川、群神群祀、七姓十二国之祖，明神殛之。俾失其民，队命亡氏，踣其国家。

译文：凡是参加盟誓的国家，不准囤积年终收成，不准阻止财物的流通，不准窝藏坏人，要相互救助大家的灾祸，要同进同退，效忠王室。如果违背以上誓言，司慎、司盟的神灵，名山名川的神灵，众神的神灵，先王先公的神灵，与会的七种姓的十二个国家的祖宗的神灵，都降给他致死的惩罚，让他丧失自己的人民，丧失自己的性命，家族灭亡，丧失国家社稷。

读者注意：这其中的"毋蕴年。毋壅利。"就是源出《周约》的旨意，强调的是天下为公。有天下为公的旗号，晋国才有主持公道的权力，也才能做霸主。其实，与会的这些贵族，都是有钱人。有钱人巴不得执行私有财产神圣不可侵犯的规则，有哪一个愿意将自己的财产拿出来充公？然而，真要宣告"私有财产神圣不可侵犯"，则有钱人的财产反倒不能得到保护。为什么呢？如果穷人知道了天底下的好处已经归于有钱人，并且这一点已经不可改变，那他们就会沮丧，就会灰心，就会觉得"生又何欢、死又何苦"，就会想到拼死反抗，就再也不愿意为有钱人做任何事情。凡此种种，都会让有钱人袋子里的钱财变得不稳当。倒是天下为公的旗号，可以博得穷人的欢心，可以让穷人觉得自己虽穷，却是"主人翁"，于是乎不知不觉间，忘却活生生的、现实的苦难，迷醉于意淫之中，老实巴交地接受富人的统治。为此，掌握着政权的有钱人，都要用晋悼公的这两手：表面上天下为公，暗地里天下为私。

至此，"三驾"之中的第二驾完成，第三驾出炉。郑国于表面上服软，实际却在等候楚国的音信。郑国需要确认楚国无力出兵，才会正式投靠于晋国。亳北之盟后，与会十二国再伐郑国，做成第三驾。相关情况，下回再叙。

顺反第五十三回

平分女乐庆三驾　假谋于鬼舍中军

楚共王国接到郑国求救的消息，却分不出身来救助，转命令尹子囊赴秦国搬救兵。秦国与晋国是世仇，当然表示支持。秦军自西方出兵，进军郑国。郑国君主郑简公亲自前去迎接。楚、秦、郑三国会师，共伐宋国。秦国与东方隔离太久，不熟悉道路，不敢贸然东进。实际只有郑、楚两军讨伐宋国；秦军驻于郑国西部，表示声援。春秋 161 年 9 月，北方十二国联军再度讨伐郑国。秦军已经回去，楚军无力北上。经过与晋国的协商，郑国命良霄、石㚟为使者，赴楚国转告郑国将服从于晋国：

孤以社稷之故，不能怀君。君若能以玉帛绥晋？不然，则武震以摄威之？孤之愿也！

译文： 为了祖宗的基业，我不能继续服从你！如果你能用钱收买晋国，或者用武力威服晋国，我就不会走到这一步！

与此同时，晋国率诸侯联军兵临新郑东门城下。郑国派人到城下军营之中与晋悼公进行盟誓；晋国派赵武进城与郑简公进行盟誓。这一次盟誓，做成城下之盟的样子，是郑国主动提出的。郑国要向楚国表明：郑国的背叛，是城下之盟的结果，是不得已而为之。

春秋161年12月，北方十二国，加上新加入的郑国，大会于萧鱼，庆祝北方盟主的胜利。会后，晋国命北方列国释放在历次战争之中俘虏的郑国人，下令与郑国接壤的北方国家撤离边境上的驻兵。至此，两年之内，晋国以"三驾"收服了郑国，驾陵于楚国之上。

楚国在楚成王年代就已经是南方的霸主。楚令尹鬬榖於菟，忠君体国、毁家纾难，辅佐楚成王北伐中原，险些统一了中国。齐桓、晋文相继崛起，将楚国势力打压回南方。至楚成王之孙楚庄王，将楚国势力发展到更大。当时，晋国的清原之盟，只能号召起四个国家。而这四个国家之中，也有人不服从晋国的号令。可以说，当时基本上是楚国的天下。楚庄王死后，楚国渐衰，晋国渐强。晋国的强盛，很大程度上归功于晋献公与士苀共同开创的"新规则"。有用人唯贤的"新规则"，才有偏房出身的晋悼公即位。当时，天下国家都采用君主世袭；而其中最强大的国家，恰好是于君主系之中注入了新鲜血液的晋国。这一点，直到今天，仍然发人深思。一个曾经作为人质寄居于外国的人，在人生的取舍方面不同于一般的世袭贵族：

当初寄居外国，除了个身子，我什么也没有。我有什么东西不能放弃和割舍？又有什么东西不可以去争取？

几千年后，有人总结人性的这个特点，提出"我们失去的只有锁链，得到的将是整个世界"。

······

为了表达臣服于晋国的诚意，郑国向晋国送出大礼。礼单主要内容如下：

其一，郑国君主的女儿、郑国美女、工匠，合计三十人。

其二，女性歌舞乐队一支，计十六人。歌舞剧所需乐器一套，其中最主要的是编钟八列，另带镈、磬等附属乐器。

其三，专职音乐家三名。

其四，各种礼仪用车、战车（包括车上驾驶员、护卫甲士）一百多乘。

第一条的第一款是郑国君主的女儿。这在当今社会看来有点奇怪。那是因为古代的君主体制下，国家被视为君主的私产。郑国臣服于晋国，乃是郑国君主臣服于晋国君主。将自己的亲生女儿送给对方，乃是渊源于原始部落的投降的标志。此前，郑国为了自保，曾经向晋、楚送过很多次礼。而这一次于城下之盟中送出女儿，算是真诚地、彻底地背楚从晋。郑国送出的工匠，代表着郑国最高的科技水平。这实际相当于当今的国家将国中最有成就的科学家送给外国。

华夏中原以礼乐自傲，故而视音乐、文物为极珍贵的东西。故而第二、三、四条都是这些东西。玉器、丝绸都不列入，粮食就更加不具备列入其中的资格。

晋悼公将以上第二项进行平分，分出的二分之一，转赠予魏绛。他说：

"当初你对我说：中原乃是文明之邦，进取中原能够得到山戎那里得不到的好东西。从那以来，我于八年之中九次集结中原诸侯，一番辛苦，方才得到这些东西。好比围猎，得到猎物，怎能不分给与自己一起战斗的伙伴？音乐带来和谐，我愿与你共享天下的和谐！"

《诗经》的《关雎》之中有"钟鼓乐之"，有人以此认定此诗出自周王。可见编钟是一国的重器，在当时极其珍贵。晋悼公一时高兴，就将国之重器转赠手下。这是晋国重视人才的风俗，也因为晋悼公曾经经历苦难，勇于进取的同时，没有普通贵族的守财奴思想。

北方盟主庆祝胜利的时候，秦国偷袭晋国本部，取得胜利。然而，此时的郑国已经公开臣服于晋国，此战改变不了大局。楚国于次年冬讨伐宋国，以报复北方盟主，同样也改变不了大局。经"三驾"之后，楚国发现中原国家不可信任，倒是源出夷狄的秦国，能够在关键时候帮忙。春秋162年，楚国求婚于秦国，娶秦国女儿为后，结秦、楚之好。婚后仅一年，楚共王病危。到这个时候，赫赫威灵的楚王，竟然也感到人生不如意事十居八九，病危时候的遗言，带着酸楚：

不毅不德，少主社稷。生十年而丧先君，未及习师保之教训，而庆受多福。是以不德而亡师于鄢，以辱社稷，为大夫忧，其弘多矣！若以大夫之灵获保首领以殁于地，唯是春秋窀穸之事，所以从先君于祢庙者。请为"灵"若"厉"，大夫择焉！

译文：我很小就做上君王。先君去世的时候，我才十岁。我还没有学会做君王所需的知识，就过早地享福。为此，老天惩罚我，让我的军队败于鄢陵。我让社稷蒙受耻辱，我让诸位受累！我就要死了，就要到坟墓之中去面对永久的静止、永久的黑暗！我的灵魂将追随于列祖列宗，进入祢庙。请将我的谥号定成"灵"字或者"厉"字，算是对我一生的公正定论！

按照古代的谥法，"乱而不损曰灵"，"戮杀不辜曰厉"。周朝的周厉王，乃是出了名的昏君。汉朝的汉灵帝，同样是出了名的昏君。可见这"灵"、"厉"二字，不是什么好的谥号。楚共王临死感叹自己无能，故有此请。楚共王死后，令尹子囊说：

"君王临死主动提请恶谥，这是恭顺的态度，应当谥为恭。"

于是，定谥为"共"。楚共王去世，其子继位，是为楚康王。楚王去世，晋国按不伐丧的古礼，没有进攻楚国。倒是东方的吴国，趁机入侵。吴王寿梦于春秋162年去世，此时的君主是寿梦的长子诸樊。寿梦一生四子，由大到小分别是：诸樊、馀祭、夷昧、季札。幼子季札，敏而好学，素有贤名。吴国地方并不是完全的儒教社会，有立贤的传统。为此，诸樊即位之前，根据群情所望，请季札即位。季札说：

"曹宣公死的时候，天下诸侯和曹国贵族都认为曹成公不义，愿立子臧。子臧离开朝廷，让曹成公做君主。子臧从此成为能守节的名人。你是君主的长子，理应继位，谁敢抢你的位子？君王的位子，不是我的节，札虽不才，愿附于子臧以无失节！"

读者注意：季札其人，并不是那种读死书的书呆子。此人的让国，并非完全出自性情。寿梦的几个儿子，都是些好勇斗狠的角色。吴国君王之位，实为险途。后来的历史证明：季札一再地让国，不光得到了让国的贤名，还保全了自己的身家性命，使他成为吴国王族之中最长寿的一个。后世的帝王兄弟争位的斗争之中，有不少的人误解《春秋》，盲目地学习季札，结果遭到谋杀，落得个悲惨的下场。其实，《春秋三传》之中，大抵《公羊》《谷梁》讲的是正经，《左传》则于史实的记载中暗中显示出"权术"。按儒教学者的公论：经与权，不可或废。以季札为例：让国是经，保命是权。经义说起来往往大义凛然，但是带着虚伪；权术说起来令人信服，然而总嫌心术不正。同时做到经和权，方才是儒教达人！

且说当时，诸樊没有季札那么深远的心计。他还以为这是季札性格懦弱的缘故。诸樊不是这种性格。即位之后，听说楚共王去世，诸樊即趁机入侵楚国。楚国令尹子囊，忙于料理楚共王的后事，只派子庚、养由基率军抵抗。养由基对子庚说：

"吴军乘我国国丧而来，那是以为我国忙于丧事，组织不起有效的抵抗。我们要巩固吴军的这种念头，以便吴军疏于防备。他们疏于防备，我们就能胜利。我率偏师前去诱敌。你以主力设三层埋伏，等待我引吴军到来。"

吴、楚战于庸浦，吴军被子庚的伏军包围，全军覆没。吴军自得申公巫臣帮助以来，出战楚军从未失利。此番战败，才知道楚国的南方霸主的名号，并非浪得虚名。吴国战败之后，寻求晋国的帮助。晋悼公于次年组织北方诸侯，专门会见吴国。因为此前晋国以三驾驾陵楚国，其声威如日中天；故而此番大会，已不同于春秋 160 年的柤之会。晋国的范匄于大会上谴责吴国使者，说吴国不懂礼仪，竟然于别人国丧期间发起进攻，实是咎由自取。又于会上公开逮捕莒国代表，理由是莒国心存两端，私下与楚国交往。又于会上指责戎的代表驹支：

"姜戎氏，你过来！早先，秦国人将你的祖宗吾离追杀至瓜州（甘肃敦煌）。吾离穿一件烂毡衣，从荆棘之中走来，求我先君惠公收留。惠公将我晋国良田分予吾离，让吾离得到食物和安身之处，才有你们部落的今天！现在，我国君主经营天下，处处受梗，就是因你姜戎泄露我国的机密！明天的会议，你不用参加了！"

由于当时天下同时存在晋、楚两个霸主，天下国家普遍同时与晋、楚外交。公开地讲，莒、戎都臣服于晋国。然而，这种臣服好比女人与丈夫的关系：

口头虽然不说，心中其实也想着其他的男人。不光是想，并且或多或少都有出轨的行为。

只不过，这种出轨有时做得张扬，有时则秘密进行；有时外交规格较高，有时则只有低级贵族间的交往，甚至采取中转第三国的方式进行交往。这种情况，晋、楚双方都心知肚明。晋国刚刚以三驾压倒楚国，范匄于此时追查莒、戎的二心，实际是杀鸡儆猴，做一做样子。用现代的话讲，叫做"摆谱"。

戎游牧于中原，与晋、楚都有接触。因为在中原混得久了，红头发的驹支竟然说得一口流利的雅言，并且做出一篇著名的外交辞令：

昔秦人负恃其众，贪于土地，逐我诸戎。惠公蠲其大德，谓我诸戎是四岳之裔胄也，毋是翦弃。赐我南鄙之田，狐狸所居，豺狼所嗥。我诸戎除翦其荆棘，驱其狐狸豺狼，以为先君不侵不叛之臣。至于今不贰。昔文公与秦伐郑，秦人窃与郑盟而舍戍焉，于是乎有殽之师。晋禦其上，戎亢其下。秦师不复，我诸戎实然。譬如捕鹿，晋人角之，诸戎掎之，与晋踣之。戎何以不免？自是以来，晋之百役，与我诸戎相继于时，以从执政，犹殽志也。岂敢离逷？今官之师旅无乃实有所阙，以携诸侯。而罪我诸戎。我诸戎饮食衣服不与华同，贽币不通，语言不达，何恶之能为？不与于会，亦无瞢焉！

译文：早先，秦国人仗着人多，抢夺我诸戎的土地，将我们赶走。是惠公的大德，以为我诸戎是四岳的后裔，不能抛弃不管，所以赐给我们南方荒凉之地。那是狐狸、豺狼成群的荒野，哪里是什么良田？我们赶走了狐狸豺狼、砍伐荆棘，然后才入住。从此，我们记念惠公的恩德，一心做晋国的忠臣。直到今天，我们从未背叛晋国。文公与秦国一起讨伐郑国，秦国人私下与郑国结盟，驻兵守卫郑国，引发了殽之战。在此战中，我们诸戎与晋国并肩作战。秦军全军覆没，有我诸戎的功劳！好比捕鹿，晋国人扳住鹿的角，诸戎捉住鹿的蹄；双方合力，才将鹿放倒。我们有什么罪？从那以来，晋国组织的战事，我诸戎无不参加，始终信守殽之战同仇敌忾的宗旨。我们怎敢背叛？现在晋国的军队泄密，就怪到我诸戎身上。我诸戎饮食习惯、穿着习惯与华人不同，没有你们相互送礼的习俗，且又语言不通，怎么可能背着晋国做出点什么！你不让我参加明天的会议，我不参加就是！

这一番话说完，驹支竟然又唱出一首《诗经》来：

营营青蝇，止于樊。恺弟君子，无信谗言。
营营青蝇，止于棘。谗人罔极，交乱四国。
营营青蝇，止于榛。谗人罔极，构我二人。

晋国召集诸侯，目的是团结而不是分裂。摆完谱之后，范匄又拿出另外一手：温言抚慰，宣扬盟主的仁义道德，请与会诸侯参加对秦国的讨伐。春秋 164 年夏，列国诸侯的大夫跟随晋军讨伐秦国，以报复秦国于三驾期间对晋国的侵略。诸侯联军到达泾河的时候，军中出现严重疫情，大量将士病死。经查，是秦军于泾水上游投毒所致。战斗还没有开始，就先遭遇这种事情，晋军主帅中行偃怕军心动摇，命叔向去诸侯军中激励斗志。因鲁国向来是晋国的铁杆盟友，叔向找到鲁国的领军人物叔孙豹，请鲁国做诸侯的榜样，率先渡过泾河。叔孙豹以《诗经》来应答：

瓠有苦叶，济有深涉。深则厉，浅则揭。
……
招招舟子，人涉卬否。人涉卬否，卬须我友。
译文：葫芦叶子苦，过河不怕深。深就纵身游，浅就褰裳过……招呼驾船人，人渡我不渡。为何我不渡？我等我朋友。

叔孙豹备好船，率先渡过泾河。列国军人看鲁国都已经过河，就都放下顾虑，具舟渡河。好不容易整肃起军队，中行偃召集起联军，誓师伐秦。他说出一句名言：

鸡鸣而驾，塞井夷灶，唯余马首是瞻！
译文：鸡叫的时候开始整顿战车，堵塞行军水井，夷平行军灶，看我的战马的行止，跟随我前进！

正在这意气风发的时候，旁边冒出一句话来：
"晋国从来没有这样的军令！我的战马想向东行！"
这话是谁说的呢？是晋国第五大夫栾黡。前面提到，栾黡受到晋悼公的压制，转而与主帅知罃斗气。至春秋163年，知罃去世，晋悼公蒐于緜上，重新任命官员。按资历，范匄为第一。然而，范匄又卖弄起其家传的谦逊，说：
"韩厥告老的时候，我说我不如伯游（中行偃）。要是我今天做伯游的上司，倒显得我当初的谦让是虚伪和做作。我心始终如一，我愿做伯游的手下！"

这种态度，类似于晋文公年代被庐之蒐时候的赵衰和狐偃。晋悼公当然要大加赞赏。老资格的前辈都做出这种风范，而且君主又表扬这种风范，下面的人不得不效仿。早先的第四大夫韩起，暗中体察晋悼公的心思，推举赵武为第三大夫。赵武何许人呢？就是著名的赵氏孤儿。赵武在韩厥的保护下得以生存，心中感激韩氏，视韩氏为恩主。而韩氏的韩起则视赵氏为自己最信得过的盟友。此时的晋悼公，惩于栾书、中行偃的谋杀君主，希望从没落贵族之中起用人才，用来抵制豪族的势力。韩起假装学习范氏的谦逊，不失时机地推荐赵武。晋悼公却没有马上同意，而是又请栾黡做第三大夫。栾黡明知君主不愿重用自己，哪敢答应？他回复说：

"我不如韩起。既然韩起推荐赵武，就请君主任命赵武！"

早先是四军八卿，至此取消新军，六卿人选依次为：中行偃、范匄、赵武、韩起、栾黡、魏绛。赵武早先是新军主帅，为第七大夫，至此连升四级，为第三大夫。有人说晋悼公此举有被庐之蒐的风范，秉承了晋国任人唯贤的新风尚。实际上，得到破格提拔的韩起、赵武其祖上曾经相当显赫，不同于晋文公的起用低级贵族。而且，韩起、赵武也没有晋文公年代的郤縠、先轸那样的本事。栾黡在两次官员变动之中都遭到压制，心中特别气愤，尤其让他愤慨的是：

栾书、中行偃共同谋杀了晋厉公。如今中行偃成为正卿，他却屈居第五大夫，与中行氏相隔四个级别。

栾黡总觉得中行偃背着自己说了自己的坏话，又觉得中行偃是通过陷害栾氏才得以坐上第一大夫。于是，他于公开场合违背主帅的命令，挑战中行偃的权威。说完话之后，栾黡率领下军往东撤退。中行偃遭到手下的抢白，自嘲说：

"这不怪他，只怪我自己出言太过狂妄。我不该说唯余马首是瞻。"

下军已经在往东撤，中行偃只好下令联军撤退。秦军趁机组织追击，与联军发生战斗。栾黡之弟栾鍼说：

"为报复秦国，兴师动众至此。现在灰头土脸地回撤，实乃晋国之耻！"

栾鍼决定给秦军一点教训，组织敢死队向秦军阵营发起冲锋。他邀请范匄之子范鞅与他同去。敢死队死多活少，结果栾鍼战死，范鞅全身而回。栾黡对范匄说：

"我的弟弟并不想去，是你的儿子强邀他去。现在我的弟弟死了，你的儿子却安然无恙。是你的儿子害死了我的弟弟。你要是不处理你的儿子，我要代你清理门户！"

范氏历来讲究"留得青山在，不怕没柴烧"。看栾黡这架势，范匄赶紧让儿子逃亡秦国，免得惹祸。栾黡先是得罪了知罃，现在又得罪了中行偃、范匄。虽然他的家族树大根深，终究是树敌太多。到得后来，其子栾盈造反不成功，正是因为他的这些过激行为。

韩氏、赵氏于这一次崛起之后，得到晋悼公、晋平公两代的重用，从此越来越强盛，最终成为了"三晋"之一。整个春秋历史，有如下逐渐演变的过程：周王的权力，渐渐落入诸侯手中；诸侯君主的权力，又渐渐落入权臣手中。这就是古文所说的"下陵上替"。东方的鲁国，也是这样的例子。

春秋 161 年，鲁国的季孙宿建议创建三军，由季氏、仲孙氏、叔孙氏分别率领一军。

前面提到，鲁桓公与文姜一起育下四子：长子名为同，即是鲁庄公。另外三子分家出去，形成鲁国的桓公族人，号为"三桓"。次子庆父的后人，开创仲孙氏。三子叔牙的后人，开创叔孙氏。幼子季友的后人，开创季氏。鲁庄公去世时，叔牙、庆父谋杀君主，最终由季友拥立鲁僖公。从此，季友当权。在政治上，季友属于桓公族人，所以他让叔牙、庆父的后人继承家业，并视之为政治上的盟友。鲁僖公、鲁文公两代，鲁国都是"三桓"的天下。至鲁文公去世时，鲁庄公之子公子遂发动政变，拥立鲁宣公。公子遂一房，分家为东门氏。鲁宣公一代，鲁国是东门氏的天下。鲁宣公去世时，季氏的季孙行父发动政变，拥立鲁成公，鲁国又重新变成"三桓"的天下。

至此春秋 161 年，鲁国君主已是鲁成公之子鲁襄公，而"三桓"也已经传了几代：

庆父之子公孙敖，本是仲孙氏的当家人。然而，此人生性浪漫，为了个齐国女人，两度抛弃家业。其子穀、难相继继承家业，后又传至穀之子仲孙蔑。仲孙蔑传其子仲孙速。此时，是仲孙速当家。

叔牙死后，季友立叔牙之子公孙兹。至公孙兹之子，是为叔孙得臣。叔孙得臣武力强健，率豪华战车杀死了长狄部落的乔如、豹。为表彰自己的功绩，他将自己的儿子起名为乔如、豹。叔孙乔如类似于公孙敖，先后与鲁国国母、齐国国母通奸，弄出事情来。于是乎，家业传至叔孙乔如之弟叔孙豹。至此时，是叔孙豹当家。

季友长寿。季友老死时，其子也已经快要死了，故而家业传其孙季孙行父。季孙行父死于春秋 155 年，家业传至其子季孙宿。此时，是季孙宿当家。

早先，鲁国的军制是两军，都是由君主统领。所谓创建三军，按季孙宿的意思，是通过将军队扩为三军，将政权转入桓公族人的手中。季孙宿对叔孙豹说：

"我们另建一军，合成三军，仲、叔、季各掌一军！"

叔孙豹想：

季氏素得人心，掌握军权没有人敢反对。我叔孙氏没有那么高的威望，跟着季氏去抢君主的兵权，恐怕会有危险。

季氏是"三桓"的领袖，叔孙豹不敢正面反驳，就说：

"鲁国是小国，所以是两军。建成三军，就会被当成大国，盟主会增加我们的赋税。"

季孙宿坚持要建三军，叔孙豹被逼无奈，只得说出自己的担忧：

"你季氏自僖公以来就官居正卿。你要带兵，君主和鲁国人民都没有话说。我叔孙氏没有那么大的功绩，如果也掌一军，恐起物议！"

季孙宿说：

"同为桓公的后人，仲、叔、季是一家。谁敢妄议？我为你承担就是！"

叔孙豹说：

"我与速说过此事，我们都不愿领军。实在要让我们领军，我们也不敢全领！你实在要逼我们做此事，必须发下毒誓：让仲、叔、季三家亲如一家，彼此同生共死！"

季孙宿说：

"我亦有此意，我何尝不想三家同生共死。"

春秋 161 年正月，季孙宿、叔孙豹、仲孙速三人于鲁僖公的庙门进行盟誓，又出三牲之血诅咒敢于违背誓言的人。这就是代表着鲁国"三桓"专权的僖闳之盟。后来，季氏赶走鲁昭公，叔孙氏、季氏果然支持季氏。那倒不是为了遵守僖闳之盟，只因政治形势逼迫"三桓"结成同盟。

春秋时候的国家，大都效仿管仲的改革，实行军、政一条线。从行政的税收上讲，赋税之中包含兵役；从军队的民兵制度讲，对兵的管理同时又是对农民的行政管理。因此，"三桓"领军的同时，就掌握了财权和人员的调动权。叔孙氏、仲孙氏终究不敢完全抢占政权。叔孙氏下令于所辖的一军：

若一家之中有父有子，则父臣于君主，子臣于叔孙氏；若一家之中有兄有弟，则兄臣于君主，弟臣于叔孙氏。

仲孙氏下令于所辖的一军：

用叔孙氏之制，取各家子弟为仲孙氏之臣。于所取子弟之中，再取二分之一臣于君主，仲孙氏只臣子弟的另外二分之一。

季氏自恃势大，下令于季氏所辖一军：

如果有人敢臣于君主，那就加倍征税。

经这一番瓜分，鲁国的政权分配如下：

君主占有十二分之五，季氏占有十二分之四，叔孙氏占有十二分之二，仲孙氏占有十二分之一。

鲁襄公虽拥有最多的一份，其实权却已经不如"三桓"的总和。特别是，"三桓"的权势呈上升趋势，鲁国君主的权势呈下降趋势。春秋179年，是鲁襄公在位的第29年。这一年，晋国使者范鞅拜访鲁国。出于对盟主的尊重，鲁国以饮射之礼款待范鞅：

于国中选出六个优秀的射手，分成两组，每组三人。主人与贵宾进行卜，分别成为一个组的主人。然后，两组每次各派一人出赛，比赛箭术。主人与贵宾一边饮酒，一边观赏比赛，时不时将席上的酒食、甚至玉帛赏赐予射手，或者惩罚比赛之中的失败者，以此助兴。射手则竭尽所能，表演出各种高超的射术，以博彩头。

盟主的使者是见过世面的，如果出赛的射手箭术不济，会损及国家体面。然而，"三桓"通过领军，已将鲁国勇士搜罗殆尽，鲁襄公门下找不出六个优秀的射手。为了体面，鲁襄公向国中贵族借人。"三桓"不愿将自己的武士借给君主，结果从展氏借到两人，又从鲁国的附属国鄅国借到一人。

春秋186年，是鲁襄公之子鲁昭公即位的第五年。头一年季氏帮助了叔孙氏的竖牛。为此，季氏向叔孙氏提出重建军制：

废除中军，只设左军、右军。由季氏统领左军，由仲孙氏、叔孙氏各统领右军的一半。

竖牛谋杀了自己的父亲叔孙豹。季氏包庇、支持竖牛。为此，竖牛表示感激。他说：

"废除中军？对啊！先父在的时候，就说要废除中军。"

季氏不愿承担抢夺君主政权的恶名。竖牛主动承头，出面主持盟誓，瓜分鲁国政权。这一次瓜分，让三桓完全掌握鲁国实权。盟誓的时候，季氏故意不参加，竖牛派人一请再请，季氏方才登场。事后，为掩人耳目，竖牛到叔孙豹的坟头哭祭：

你临死留下遗愿，说要废除中军。如今孩儿为你办成了此事，你在九泉之下也该安心了！

旁边一个人名叫杜洩的人，是叔孙豹的心腹党羽。他实在忍不下去了，说：

"早先，主人就是担心中军建了之后又毁，所以才盟于僖闳，诅于五父之衢。"

竖牛说：

"你是一个下贱的奴隶，哪能知道我家的家事？僖闳之盟，求的是三家同生共死，诅咒的是背离三家同盟的人。你就是被诅咒的人！"

究竟叔孙豹是否有此遗愿，笔者且留待后面再叙。从春秋179年至春秋186年；仅七年时间，鲁国的君主系的政权由十二分之五变成了一无所有。从此以后，不要说射手，就连祭祀乐队都全部搬到季氏家中。在宗庙进行祭祀的时候，不得不由君主出面，但是乐队都是由季氏提供。平常吃饭的时候，鲁国君主席下有两三个舞女起舞助兴，季氏家中则用"六佾"的规格。而且，就连君主的饮食，也是靠季氏的施舍。

正是因为长期遭受这种屈辱，后来的鲁昭公宁愿客死他乡，也不与季氏和好。无独有偶，当时的卫国，也被权臣逼迫得流亡，相关情况。下回再叙。

并列第五十四回

唱巧言职为乱阶　问巫师无敢复济

晋悼公以三驾压倒楚国之后，并没有南下，而是转到东方，想要先威服齐国。按照他的计划，是要在搞定齐国之后，联合东南的吴国，一举臣服楚国。以晋悼公之才，本可以实现这一霸业。然而，历史带有偶然性。像当初的楚庄王一样，霸业中断于寿命。春秋165年冬，晋悼公去世，其子继位，是为晋平公。晋平公生而富则骄、生而贵则傲，盟主的派头做得很足，却没有其父的那种进取心。并且，在不知不觉之中，晋国政权逐渐为权臣掌握。晋国世族忙于内斗，渐渐丧失争霸天下的能力。在晋悼公去世之前，一方面卫国在晋国的策动下君主流亡外国，另一方面齐国生发出争夺霸权的思想。笔者以并列之式，分别介绍。

卫国在晋、齐之间。为了对付齐国，晋悼公敦促孙林父夺权。春秋164年，孙林父赶走了卫国君主卫献公。此事，是多年矛盾的结果。

孙林父居于戚，政治上向着晋国。卫献公视之如芒在背。态度上，卫献公对孙林父就不那么友好。有一次，卫献公请孙林父赴宴。孙林父穿上礼服，赶到宫中，却被告知卫献公打猎去了。一直等到中午，也不见回来。孙林父赶赴猎场。卫献公穿着戎装面见孙林父。见面之时，也没有脱下皮帽。

当时，君臣之间有相互的尊重。请客吃饭，宾主都一定要穿礼服。如果不穿礼服，即是藐视对方。卫献公请别人吃饭，自己却不见人影。别人找上他，他又如此态度简慢。为此，孙林父怀恨在心。

此事之后，孙林父回到戚，不再到卫都。他派自己的儿子孙蒯去见卫献公。卫献公请孙蒯赴宴。宴会上，卫献公命乐师演唱《诗经》的《巧言》的最后一章。结果为了这几句诗，激得孙林父造反。几句诗何以有此功效？且看其原文：

彼何人斯。居河之麋。无拳无勇。职为乱阶。既微且尰。尔勇伊何。为犹将多。尔居徒几何。

译文：你究竟算是什么东西？竟然住在黄河边！既不会武艺，又没有勇气，却是国家祸乱的根源！长得又矮又胖，你能有什么本事？你以为你党羽众多，你那地方有多少人？

戚，就在黄河边。孙林父的长相就是又矮又胖。这种歌让孙林父的儿子听了，肯定要出事。当时，受命唱诗的人知道这诗要得罪孙氏，不敢演唱。偏偏有个乐工名叫师曹，此人主动请求演唱此诗。早先，卫献公命师曹教自己宠爱的一个女人弹琴。师曹得了这美差，就在师生关系之外提出男女关系，想要诱奸此女。这女人怕事情为卫献公知道，不敢应承。师曹一气之下，用鞭子抽这女人。武力之下，强行做成好事。女人挨打之后，原也不敢声张。偏偏在与卫献公同房时候，被问起鞭伤。女人只说自己被打，矢口否认挨打之后的事情。卫献公加倍报复，鞭打师曹三百鞭。师曹挟恨于心，巴不得卫献公被人整死，所以主动唱诗。唱完之后，唯恐孙蒯听不懂，又将此诗朗诵几遍。

孙蒯回去后，将宴席上的情况告诉父亲。孙林父说：

"诗意很清楚：君主忌恨我。如果不先动手，就死定了！"

孙林父寻求盟友，就此事找卫国贤臣蘧伯玉商议。蘧伯玉反对孙林父造反，自己却又无能为力。摊上这种事，只好赶紧出逃避祸。孙林父在戚戒严，准备进攻卫献公。卫献公两次派人至戚与孙氏讲和，派去的人全部被杀。卫献公斗不过孙林父。就算斗得过，也不敢惹站在孙林父背后的晋国。经一番斟酌，卫献公逃奔齐国。孙林父派人追杀卫献公。

派去追杀卫献公的两人名叫尹公佗、庚公差。这两个人与卫献公的御戎公孙丁有师徒关系。春秋时候，已经有私学。挟一技之长的人，教授门徒，形成门派。门派之内，有点类似当今武侠小说的情况，讲究尊师。尹公佗曾经向庚公差学习射箭。而庚公差在教尹公佗之前，曾经学射于公孙丁门下。要杀卫献公，需要先射死其身边的武士公孙丁。庚公差觉得用师父所教的箭术来射师父，乃是不义之举；然而，不射，又是违背主人的命令。庚公差弦搭两箭，射向卫献公的战车。这两支箭射中中间两匹马脖子上的车轭。一左一右，都正好插入轭，又正好不伤及马的脖子。轭之上，就是缰绳。掌握缰绳的人，正是其师父公孙丁。庚公差此举，算是向师父上交考卷。之后，庚公差回身离去。尹公佗说：

"你敬他，是礼。我与他的关系，要远一层。"

尹公佗继续追卫献公。公孙丁将缰绳交予卫献公，回身一箭，射向尹公佗。师祖的技艺，毕竟高于徒孙。这一箭射中尹公佗右手前臂。自掌而入，自肘而出。鲜血喷溅而出。尹公佗右手残废，从此只能苦练单手射箭。显然，师祖也存了些情义，只是想要解除他的战斗力。亏了公孙丁的保护，卫献公逃脱到齐国鄄城。

鲁、卫是近邻。卫国出了大事，鲁襄公派使者去卫国打探情况。这使者名叫瘠。瘠到达卫都，传达外交辞令：

寡君使瘠。闻君不抚社稷。而越在他竟。若之何不吊。以同盟之故。使瘠敢私於执事。曰。有君不吊。有臣不敏。君不赦宥。臣亦不帅。职增淫發泄。其若之何。

译文：我的君主让我来这里，是因为听说贵国君主离开了自己的位子，到其他地方去了。因为我们是同盟国家，出于关心，所以特意来慰问。我的君主命我私下问一下：君主出了事，臣下不管。这臣下是不是有点颟顸？要是君主不宽恕自己的臣下，臣下也不守为臣的气节。都使性子，那不是越搞越糟吗？

这个话，表达的是鲁国对卫国的关注。然而，其中语气损及卫国的国家体面。卫国贵族太叔仪回复说：

群臣不佞。得罪于寡君。寡君不以即刑而悼弃之。以为君忧。君不忘先君之好。辱吊群臣。又重恤之。敢拜君命之辱。重拜大贶。

译文：我们做臣下的犯了错，有了罪。我们的君主不对我们处以刑罚，而是发仁慈之心，不忍处罚我们，宁愿离开国家。这让贵国见笑了。你的君主不忘双边友好关系，专程来慰问，又送重礼。拜谢你们的好意，拜谢你们的厚礼。

卫献公出逃的时候，有其同母弟鱄和子展随行。鱄早先曾经与卫献公争夺君主位。至此大难临头，却也记着兄弟情谊。随行有兄弟支持，国内又有太叔仪这样的忠臣，所以他后来得以重新回国为君。

卫国内部，孙林父、甯殖拥立卫献公的堂弟卫殇公。新朝之中，孙林父、甯殖成为国相。读者注意，这个甯殖，乃是甯俞之子。而甯俞则是四重计归国的卫成公的心腹。至此，卫国政权完全掌握于孙林父手中。

卫国的变故，主谋乃是晋国。事变之后，晋悼公想要就此吞并卫国，又觉得不太好。他心中犹豫，故请教著名的晋国乐师师旷，用的是旁敲侧击的问法：

"卫国的臣下赶走了君主。是不是太过分？"

师旷其人，乃是春秋第一著名的音乐家。他之所以著名，倒不是在于其音乐才华，而是在于其政治才华。春秋时候，虽有周礼造就的等级制度，却还处于等级制度的最初的雏形阶段。前面提到，鲁国农民曹刿，能够进见鲁庄公。师旷是一个乐师。晋悼公吃饭的时候，他经常在旁边演奏，就有机会建议于君主。这都不重要。重要的是，当时的君主愿意请教于这种"卑贱"的人，能够抛开偏见、采纳其意见。因为出身不是世族，师旷的话带着被统治阶级的思想：

"反过来看，是卫国君主太过分了！好的君主，应当奖励好人、惩罚坏人，应当养民如子，让庶民感受到他的天覆地载之恩。那样的君主，庶民自然会像对待父母那样对待他，象仰望日月那样仰望他，像尊敬神明那样尊敬他，像畏惧雷霆那样畏惧他。那样的君主，怎么可能被赶走？上天安排君主来管理庶民，就要求君主必须要守住君主的本性。君主有师、保的教育。师、保的职责，就是教育君主做称职的君主。无论是王，还是诸侯，都有很多手下来辅导他，让他做好本职工作。在这些手下之外，史官可以通过对历史的记载来劝谏君主；盲人可以通过唱诗来劝谏君主；乐工可以通过朗诵箴言来劝谏君主；就是最基层的庶民，也可以于公开场合指责政治的错误之处；就是商人，也可以在市场上谈论政治；就是工人，也可以凭借其技艺来参政。《夏书》说：工执艺事以谏，就是说工人有权参政。上天爱的是广大的庶民，不会让某一个人为了其私欲虐待庶民。如果君主不服从这种天意，那是他自找的！"

听了这一大篇民主言论，晋悼公心想：

此人怀才不遇的观念太重，不会真心为我建言献策。按他的说法，就连统治别人的想法都是错的，那还谈什么威服卫国？

晋悼公转而请教世族出身的第一大夫中行偃。中行偃本人就是个谋杀君主的人，与孙林父行迹类似。如果孙林父做得对，那意味着他当初谋杀晋厉公也没有什么不对；如果孙林父得到好下场，那意味着他中行偃也应当安享富贵。因此，中行偃支持孙林父。他说：

"听说孙林父已经拥了新君。这新任君主与孙林父之间没有矛盾。所以，现在的卫国内部是团结一致的。此时进攻卫国，肯定很费力。商朝贤人仲虺说过：兼弱攻昧，取乱侮亡，推亡固存，邦乃其昌。卫国现在算是固。遇固者，即当存之。孙林父是我们的人，他掌握之下的卫国当然会听从于你。吞并卫国的事，我以为还是等以后有更好的时机再议。"

晋悼公知道中行偃的那点私心，然而，他觉得中行偃的话还是有几分道理。于是，春秋 164 年冬，晋国组织诸侯大会于孙林父的老巢戚。会议的议题，乃是论证卫国的新君合法性。

早先，孙林父只是在戚做土皇帝，至此，直接成了整个卫国的实际统治者。这一边，孙林父对晋悼公、中行偃胁肩媚笑，谢了又谢；那一边，却在卫国国内颐指气使、唯我独尊，甚至到国际上狐假虎威、招摇撞骗。

孙林父的父亲孙良夫在世时候，曾经于春秋 121 年、春秋 135 年两度拜访鲁国。春秋 157 年，鲁国第一大夫季孙宿拜访卫国。为了延续父亲与鲁国的友好，也为了对季孙宿的访问进行回访，孙林父回访鲁国。鲁、卫两国国力相当。孙林父作为人臣，应当尊重鲁国君主鲁襄公。然而，孙林父作为戚的主人，曾经多次接待诸侯大会。仗了晋国的势力，孙林父以第二卫国的君主自居。当鲁襄公登上台阶的时候，孙林父马上随之登上台阶。按当时的礼仪，人臣之于君主，应当于君主登上台阶的第三级时，开始迈步登第一级阶梯。面对孙林父的无礼，鲁国贵族叔孙豹上前说：

诸侯之会。寡君未尝后卫君。今吾子不后寡君。寡君未知所过。吾子其少安。

译文：在国际会议中，我国君主的位子并不比卫国君主靠后。现在你不愿意靠后于我国君主，这说不过去。请你少安毋躁。

孙林父干笑两声，既不道歉，也不觉什么不好意思。为什么呢？因为他早就不是遵守规则的人。

春秋167年的一天，孙林父之子孙蒯围猎至曹国地界的隧。他在河边饮马。饮马之后，顺手将饮马用的水瓶扔到地上摔毁。

什么是饮马用的水瓶呢？春秋时候，社会习俗带有原始公社的痕迹。人们在河边的合适地方放下供马饮水所用的敞口瓶，供任何过往的人马取用。这种东西，既不属于某人私有，也不属于某个组织私有，是由某些有公心的人发起，提供出一种公共服务。

孙蒯是卫国人，糟蹋曹国的东西，不觉得可惜。然而，此举犹如当今的践踏公共草坪，属不文明之举。孙蒯围猎到曹国地界，已属不义。又干出这种事情，当然让曹国人愤怒。看到此事的曹国人说：

"你的父亲亲自赶走了君主。他必将变成厉鬼！你不担忧这个，还有心思出来打猎！"

孙蒯遭到这种咒骂，心生戾气，组织起军队讨伐曹国，到曹国烧杀抢劫，强奸妇女。那意思是：

摔碎个瓶子就说我不讲文明？那我就干点不文明的事给你看！

曹国遭到侵略后，向盟主晋国提请诉讼。此时，晋悼公已经去世。新任的晋平公于春秋168年逮捕了朝拜晋国的卫国使者石买。然后组织一个小分队，秘密抓捕了孙蒯。为什么要秘密抓捕呢？因为孙林父是晋国的外臣。此事天下尽知。如果公开处理孙蒯，害怕孙林父要寒心，更怕今后所有的外臣都寒心。叛国者混到这种地步，好算是游刃有余了。

……

卫献公为什么想到逃奔齐国呢？因为此时的齐国重新萌发出做霸主的思想，隐隐之中已是晋国的敌国。

春秋152年，晋国建设虎牢军事基地，让齐国承认了晋国的霸主地位。迫于形势，齐国承认晋国的霸主地位。而内心里面，齐国极不情愿；私下里，一直在与晋国作对。为什么呢？因为，春秋134年的鞌之战，晋国郤克俘虏齐顷公，侮辱齐国国母萧同姪子。那是齐国的奇耻大辱。齐国现任君主齐灵公，正是齐顷公之子。因此，齐国之于晋国，几乎是不共戴天之仇。另一方面，楚庄王、晋悼公相继去世，又让齐灵公生出独霸东方的念头。

正当齐国想要做点什么的时候，春秋162年，周朝的周灵王向齐国求婚。前面提到，因天下诸侯超过一半都是姬姓，按不娶同姓的古礼，姜姓的齐国女儿是抢手货。齐灵公得此时机，正好寻求周朝在政治上的支持。他深恐礼仪上做得不够周全，坏了自己的好事，就请教于齐国贤达晏婴：

"天王向我求婚。我们怎样应对天使呢？"

晏婴说：

"我国时常嫁女与大国，有应对求婚的惯例。如果要表示对求婚者的特别尊重，就不能由我国来推荐，而应当召集起所有够资格的处女，逐一介绍给使者。只需说：

"这些是我国君主的嫡妻所生的女儿。

"这些是我国君主的妾所生的女儿。

"这些是我国君主的兄弟的女儿。

"至于哪个为预选的后，哪些做媵女，完全由求婚者决定。这样，就是对待求婚者的最高礼仪。"

齐灵公得了这个要领，就将嫁女的礼仪做足做全。周朝方面，也好趁此机会显摆天王的排场。自纳币之后，足足做了三年的预备，方才于春秋 165 年行正式的迎亲之礼。在这三年之间，周、齐之间以结婚为名，过从甚密。齐灵公想要借用周朝的名义谋求霸权，周朝也希望用齐国来压制晋国的势力。双方询盘议盘，议成于迎亲之前的春秋 164 年，由周朝"三公"刘定公赴齐国赐命予齐灵公，传达天王的赐命：

昔伯舅太公，右我先王，股肱周室，师保万民，世胙大师，以表东海。王室之不坏，繄伯舅是赖。今余命女环：兹率舅氏之典，纂乃祖考，无忝乃旧。敬之哉！无废朕命！

译文：早先，伯舅姜太公辅佐先王，匡扶周室，为天下万民的师、保，得到"太师"的永世称号，其后裔被封到东海边。周室能有今天，靠的是齐国。今天，我命你环（齐灵公之名）：继承你的家业，继承齐国勤王的传统，不要对不起你的祖宗。努力去做，不要废弃我的赐命！

在当时，周王的赐命相当于上帝的旨意。齐灵公得到这些话，差不多自以为是"天之历数在尔躬"。他希望齐国国民听到这一番话，希望天下诸侯听到这番话。争霸中原的理想之中注入了宗教迷信的力量，齐国又一次开始了威服鲁国的计划。

春秋 156 年，莒国灭了鲁国的附庸鄫国，与鲁国结仇。齐灵公暗中与莒国、邾国结成同盟，共同对付鲁国。表面上，三国分开动手，没有形成联军。然而，三国共同的约定，正是进攻鲁国，侵消晋国的势力。春秋 162 年，莒侵鲁。春秋 164年，莒侵鲁。春秋 165 年夏，齐伐鲁。春秋 165 年秋，邾侵鲁。

鲁国方面，在春秋 154 年救助鄫国的时候，被邾国、莒国打得大败而归。如今再加上齐国，就更加不能应付。鲁国求助于晋国。晋悼公已经答应为鲁国出兵。然而，晋悼公于春秋

165 年冬去世。

春秋 166 年，晋悼公之子晋平公正式即位。三月，晋平公组织起晋、鲁、宋、卫、郑、曹、莒、邾、薛、杞、小邾，大会于溴梁。会议第一议题，是要求各国返还所侵占的外国土地。莒国、邾国于此前侵略鲁国，抢占了鲁国土地。为此，晋平公下令逮捕莒国、邾国的君主。这个会议，齐灵公不敢不参加，也不敢就参加。想来想去，取折衷的办法，派高厚为使者，代替齐灵公参会。高厚的级别不够，晋平公不屑于逮捕他。会议之后，晋平公于温设宴，款待列国诸侯。席间，故意命列国大夫跳舞，唱诗。晋平公下令：

歌诗必类。

什么叫歌诗必类呢？这是一种外交礼仪。于外交宴席之中唱歌，是春秋习俗。这种唱歌有特别的讲究：一则要符合自己的身份，再则要表达外交的意图。这就叫歌诗必类。晋平公的这个命令，是要列国对返还所侵占土地一事表态。莒、邾的君主已经遭逮捕，此令显然是针对高厚而发。高厚摊上这事情，觉得左右为难：

要是于唱诗的时候献媚于晋国，乃是失国格，回去不好交差；要是于唱诗的时候过于狂妄，则害怕受到晋国的处理，回不了家。

想来想去，高厚特别找了些不痛不痒的诗篇，把态度做得不明朗，敷衍了事。并且，宴席之后，赶紧秘密逃回齐国。回去之后，高厚将自己遭受的凶险，添油加醋地倾诉于齐灵公，怂恿齐灵公报复。

春秋 166 年春、秋两季，齐国两次讨伐鲁国。齐灵公抢占了齐、鲁之间的军事要塞海陉，鲁国岌岌可危。春秋 166 年冬，鲁国贵族叔孙豹，带着礼物向晋国求救。晋国拿场面上的话应付：

以寡君之未禘祀。与民之未息。不然。不敢忘。

译文：我的君主三年丧期还没有满。我国的人民还没有得到休息。不然，不敢忘却救助同姓的大义。

叔孙豹说：

以齐之朝夕释憾於敝邑之地。是以大请敝邑之急。朝不及夕。引领西望。曰。庶幾乎。比执事之间。恐无及也。

译文：齐国时时刻刻想着进攻我国，所以我才特意来告诉我国的紧急情况。我国人民时刻盼望贵国的援助，伸着脖子望着西边，说：快要来了吧！等你们把这些事情忙完，恐怕来不及了！

公开的外交之外，叔孙豹带上重礼，分别求见晋国第一大夫中行偃、第二大夫范匄。为了求得支持，叔孙豹在求见晋国权臣时唱诗表达鲁国的感情。面对中行偃，他唱：

祈父！予王之爪牙。胡转予于恤，靡所定居？
祈父！予王之爪士。胡转予于恤，靡可厎止？
祈父！亶不聪！胡转予于恤，有母，之尸饔！

译文：祈父，你是我王的爪牙。为什么眼看我战死，眼看我无家可归？

祈父，你是我王的爪士。为什么眼看我战死，眼看我不得休息？

祈父，你不了解情况。为什么眼看我战死？我来时还有母亲，回去时就只能参加她的葬礼。

唱歌的时候，叔孙豹眼中噙满泪花。中行偃想：
看来，这些东西不是轻易送的。
中行偃说：
"我知罪了！鲁国到这地步，我怎能不管？只要君主一声令下，我必与你同担鲁国社稷之忧！"

春秋 167 年秋，齐军侵略鲁国，包围鲁国北部城市桃。春秋 167 年冬，邾国从南面讨伐鲁国。春秋 168 年秋，齐军再次讨伐鲁国。

春秋 168 年冬，晋平公大会诸侯于鲁济，重申溴梁之会的盟约。与会国家有晋、鲁、宋、卫、郑、曹、莒、邾、滕、薛、杞、小邾。之后，中行偃率十二国联军进讨齐国。

鲁国于两年前就告急，晋国何以此时才出兵呢？因为晋国新君晋平公致力于巩固政权，不愿轻出。前面提到，晋悼公通过任命晋国"三公"和三军军尉、司马来安插自己的心腹。晋国"三公"是闲职，军尉、司马则是普通军官。因此，在晋悼公即位之初，这个做法不显眼。到后来，祁奚辞职，推荐自己的儿子祁午。羊舌职效仿祁奚，也推荐自己的儿子伯华。祁氏、羊舌氏开始世袭。至晋平公即位的时候，于即位的当天宣布官员任命：

任命叔向为太傅。任命张君臣为中军司马。任命祁奚、韩襄、栾盈、范鞅为公族大夫。

叔向何许人呢？他是羊舌职之子、伯华之弟。而羊舌职正是当初晋悼公初立时所安插的心腹。伯华世袭羊舌职的中军尉副手之职，已经带有培植新的世族的意思。至此，羊舌氏的世袭已经相当显眼。太傅虽是闲职，却号为孤卿，是晋国官员之中的最高级别。羊舌氏由中军尉副手转升太傅，反过来说明晋悼公当初任命中军尉的时候，就对中军尉寄予重望。再进一步思考，渐渐显现出这样的预谋：

君主系的人，想通过逐步提拔职务较低的人，达到侵消权臣的目的。

张君臣何许人呢？他是早先的中军奄候张老的儿子。张老，同样是早先晋悼公安插的心腹。而张氏由候奄变成中军司马，也是升职。

祁奚于晋悼公年代主动请求辞去中军尉之职。当时，显得很低调。然而，他辞职之后并没有回家务农，而是立即转任公族大夫。祁奚到这公族大夫的位子上之后，一直没有变动，直坐到今天。这也有点发人深思。

韩襄，乃是韩无忌之子。韩氏的韩厥、韩起，得晋悼公重用，乃是晋悼公用来压制早先的世族的新生力量。韩襄得此官的同时，其叔叔韩起已是第四大夫。

栾盈，是栾黡之子。范鞅，是范匄之子。这两个人，总算是照顾世族的面子。

与当今的新领导上任一样，古代的新君任命的第一批官员显示的是新君新政的倾向。晋平公的这一番任命，继承了晋悼公的集权思想。特别是，这其中没有中行氏的人。身为第一大夫的中行偃，看到这一番任命，回想起自己曾经谋杀晋厉公，越发觉得新君要对付自己。心里怀着这个鬼胎，白天不敢向别人倾诉，到夜里就做出怪梦：

他梦见自己与晋厉公对讼于上帝。晋厉公于法庭上控诉之后，举戈砍向他，将他的头砍下。他跪下身去，将自己的头戴起就跑，跑到晋国的梗阳，遇到一个巫师……

梦醒后，中行偃秘密来到梗阳，求教于当地巫师。巫师知道些他的事情，也了解此时的国际局势，就这样对他说：

"这是死征！你离死不远了！不过，如果你到东方去办事，事情会成功！"

这葫芦里卖的什么药呢？且看接下来的历史：

中行偃率联军讨伐齐国，正是到东方办事。在渡过黄河的时候，他想起巫师的话，就以两对玉璧献祭于河，口中念念有词，祷告如下：

齐环怗恃其险，负其众庶，弃好背盟，陵虐神主。曾臣彪将率诸侯以讨焉，其官臣偃实先后之。苟捷有功，无作神羞，官臣偃无敢复济，唯尔有裁之！

译文：齐国的环（齐灵公）仗恃其山河险远，仗恃其人多势众，背弃友好国家，背弃盟誓，欺凌神灵和主宰。你的继承人彪（晋平公）将要率诸侯讨伐他，命其手下偃（中行偃）执行此事。请你保佑此战取得成功。偃将战死于沙场，不再渡过此河，听候你在天上的裁决！

读者注意：中行偃公开的说法，说是祭祀黄河之神，请河神保佑战争胜利。然而，这一席话透露了他的心声：

这话的口气分明是向被他杀死的晋厉公祷告，请求晋厉公由他此战的功绩而原谅他的谋杀！他希望死于此战之中，以避免晋平公追查他的弑君之罪；他希望由此战的功绩，涤瀹早先的罪恶。到后来，他果真取得胜利，果真渡过黄河就死。这真的是巫师算得准吗？其实正是因为巫师对中行偃说了那些话，中行偃才立志战死。巫师将自己的预测的影响，预先计算入预测结果之中。后世的很多高明的算命先生，往往都有这种本事：

通过自己对问卜的人所讲的话来影响后来的结果，形成一种预测本身影响实际结果的反馈链条。

齐军于齐国西北的城市平阴组织防御。因为当地地势平旷，开挖的战壕宽达一里。齐国以一国之力，对抗十二国联军，兵力远远跟不上。这种正面对抗的方式，相当于比拼兵力，对齐国相当不利。因此，夙沙卫对齐灵公说：

"既然我们无力与之对抗，那就不如于险要位置进行防守。"

起初，齐灵公固执己见，依据防御工事和平阴的外城来防守。双方一攻一守下来，齐军伤亡惨重。得了教训之后，齐灵公想到观察周边地形，登上高处视察。然而，此时战机已经由晋军抢先。晋军的侦察兵于平阴周边进行侦察。每看到位置重要的地方，若没有联军士兵，就插上联军旗帜，以造成一种漫山遍野的包围态势。行进的战车之上，于左边安置车兵，于右边用一假人冒充车兵。车上都插上联军方面的旗帜。战车之后，又派奴隶拖曳树枝，以扬起尘土，显得后续的军队如海如潮，气势逼人。齐灵公以一国应战十二国，完全处于下风。再看了这虚演出的阵仗，吓得魂飞魄散，战略思想由战、守转变为了撤、逃。

这时，晋国方面又想出一种疑兵之计。晋军将领范匄，与齐国贵族子家有些私交。范匄假意向子家透露军情：

"我与你相知，不好向你隐瞒：鲁国贵族、莒国贵族都请求用一千乘车兵通过它们的国境。已经得到许可。现在你国主防正面。如果联军通过鲁、莒进攻齐国，齐军猝不及防，你就将失去自己的祖国。请你早做打算！"

联军在齐国西北方向。而齐国以南，才是鲁国、莒国。当时，齐军于正面开挖战壕防守。按范匄这话的意思，联军的正面进攻，乃是佯攻。其主力准备从背后偷袭齐军。范匄的话，是想要让齐军减少正面防守，分散兵力来防守南线。这个计划传到齐灵公那里，齐灵公搞不清该防哪一面，干脆决定撤退。

春秋 168 年 10 月丙寅日，恰好是晦日。没有月光，适宜于逃亡。齐军于这一天夜里撤出平阴。第二天清晨，师旷对晋国侯爵说：

"鸟雀的声音欢乐，齐国军队逃走了。"

这意思是：有军队驻扎，鸟雀就被惊走。军队离去，鸟雀就在军营中欢乐地觅食。师旷是乐师，据说学成了上古的夔的技艺，能够听懂鸟语，听出鸟的感情。

邢国伯爵对中行偃说：

"有马呼唤同伴的声音，齐国军队逃走了。"

这意思是：他能听懂马的叫声。他从马的叫声中听出这是掉队的战马在呼唤已经离去的大队战马。

叔向对晋平公说：

"城上有鸟，齐国军队逃走了。"

这意思是：因为周围没有人，所以城墙上站立鸟雀。

史书记载有原始部落嗅地而战的习俗。直到当今，非洲的某些原住民仍然保持着类似的习俗。怎样看待这种特异功能呢？笔者以为：

史书从来就不能完整反映真实的历史。它对政治事件的记载，会带上政治倾向。它对自然科学的记载，则带有以传奇博

取关注的目的。因此，史书不可全信。然而，史书的记载必有
所因。夔击石拊石、百兽率舞的记载，应当是神话。对夔的记
载说明原始社会当中有人世代钻研鸟语、兽语，形成了专业知
识。当今社会的人，容易错误地认为自己于所有方面都领先于
古人。实际上，由于丧失实用性，古代的某些学术渐渐失传。
失传之后，又因为某种需要重新复活。复活的时候，其学术水
平就不如早先。现代也有人研究动物的叫声。这方面的知识，
现代人就不如古人……

平阴已经撤成空城。晋军进入平阴，然后乘势追击，取城
略地。齐军方面，因有夙沙卫的防备，部分将领组织阻击。他
们用战车和杀死的战马来堵塞道路，延缓联军的追击。

齐国贵族殖绰、郭最率军殿后。晋国武士州绰追上了他
们。州绰弦搭双箭，一射之下，双箭穿过殖绰颈胸之间左右两
边的锁骨。州绰说：

"停止抵抗，我为你们争取免于惩罚；不停止，我就射中
间！"

中间即是咽喉。那意思，他是故意留有余地，不取殖绰的
性命。殖绰看着他，说：

"请你为此发誓！"

州绰说：

"我以太阳起誓！"

殖绰放下弓，命手下将自己反绑起来。殖绰的车右将郭最
绑起来。

春秋 168 年 12 月，联军到达齐国都城临淄城下。联军继
续采用震慑造势的手段。什么震慑手段呢？在战争之中，如果
己方的优势比较明显，就适宜采用这种方法。春秋时候的震慑
战术受《周礼》影响，带有文化意味。其表达方式，乃是"好
整以暇"。何为"好整以暇"？春秋时候的将领，喜欢在战斗
之中故意做与战斗无关的事情，以显示自己胜券在握，对胜利
充满信心。那就叫做"好整以暇"。春秋时候的武士，则有炫

耀武功和勇气的习俗。他们故意于生死决于瞬间的战场上做出悠闲的样子，以显示自己的武力和勇气远超过对方，应付战斗游刃有余。具体做法如下：

到了临淄城下后，晋国的赵武、鲁国的秦周一起砍伐雍门外的蒿。那意思，是要取这蒿来做军需品，准备长久包围齐都。

范匄之子范鞅进攻临淄的雍门。攻城门的时候，他的御戎追喜做出无心于战斗的样子，在城门下执戈追杀狗。

州绰进攻东门。州绰的左骖迫在东门外游走，用马鞭来数门扇的木板数。

鲁国的仲孙蔑之子仲孙速砍伐雍门外的楢，用来给鲁襄公做琴。那意思简直是把齐国都城当作了鲁国地界，完全不把敌人放在眼里。

之后，联军于临淄城的几道城门外组织火攻，放火烧城门。又放火烧城外的山林。火光、烟雾，迷漫至临淄城中。

震慑之下，城中的齐灵公情绪恼惧，急如热锅上的蚂蚁，想要驾车往东流亡大海。齐灵公之子齐后庄公，此时正是太子。他拉住马，进谏说：

"他们故意做出闲暇的样子，做出作长久包围的样子。其实这是假象。开战以来，他们的军队行动快而且急。这说明他们想要赶紧捞取好处之后离去。他们就要退去了。君主何必害怕呢？况且，社稷的主人应当稳重。不稳重就会失去民众。请君主等一等。这场战争就要过去了。"

齐后庄公抽剑斩断马车的车鞅，齐灵公只好留下来。

果不其然，联军并没有长久包围，而是绕过临淄，一直往东，侵略到当今沂山以北的潍水和沂山以南的沂水，到达黄海边上。至此，晋军已经到达临淄以东，从背后包围了齐国。然而，晋平公下令撤军。这是为什么呢？且看下回。

笔者感于中行氏的历史，写成几句：

林父克勤三十载，䜣成正卿惠及弟。

无端卷入君臣斗，形势逼迫弑君身。

君臣有憾夜有梦，无敢复济无敢言。

孝子肖父其奈何？容车载甲绝族祀！

叠加第五十五回

买人心人有其宝　醢保保尸母于朝

上回说到，晋国军队已经到达当今的山东东南。由此往南，即可进入淮河流域，到达吴、楚的势力范围。早先，晋悼公正是想要经此路线联络吴国，合晋、吴之力，要么灭楚国，要么逼楚国臣服。对晋国而言，这是一统天下的绝佳时机。然而，晋平公命中行偃撤退。这是为什么呢？

比较后世的历史，有与之相似的时候。蜀国的诸葛亮，曾经有夺取关中的绝佳时机；南宋的岳飞，曾经有恢复中原的绝佳时机。然而，刘禅让诸葛亮撤退，赵构让岳飞撤退。那都是担心武将取得巨大的军功之后回身夺取政权。这种担心是有道理的：

李渊若能于关键时候压制李世民，就不会有后来的兄弟相残。后周皇帝若能于关键时候召回赵匡胤，后周至少不会那么快灭亡。东晋的刘裕，甚至等不及统一北方，就赶紧回南京去进行革命。

因为这些道理，晋平公不能让中行偃继续进军。中行偃曾经对天发誓，要建立巨大功勋。他于内心深处坚信梗阳巫师的话，以为自己必能取得巨大成功。一统天下的大功绩就在眼前，却收到班师之诏。晋平公这个命令，让中行偃更加清醒地认识到：

君主容不下他。

如果他依照巫师的预言不渡黄河回国，倒还可以得个死于战场的名声。如果他回国，势必会在国内的政治斗争败给晋平公，甚至落得族灭的下场。为此，中行偃萌生死志。人一旦生出死的念头，想得最多的往往是自己的后人。中行偃担心自己的儿子过于软弱，不能为自己报仇；又担心自己的儿子过于刚强、过于性急，弄成报仇不成功，反遭族灭之祸。他希望儿子能够韬光养晦，暂且保存家族，等待时机，报复晋国君主。中行偃心中有这许多纠结，却既不能对手下讲，也不能对儿子讲。转而想到巫师的话，就成天默默算计自己还剩下多少日子。思绪乱了，渐渐夜里睡不着，白天神思恍惚。一个人的精神要是垮了，各种潜伏于体内的病就会发作。中行偃在战斗中面部靠近眼睛的地方受了伤。他无心医治，结果眼珠渐渐突出。眼看行程一天天临近黄河，他越来越相信不能渡过黄河的宿命。偏偏到了黄河边的时候，他并没有死。渡过黄河之后，他的眼珠已经大部分露于眼眶之外。不需要其他病症，仅此眼伤的感染和并发症，就可以很快送他到鬼门关。赶路已经赶到前面的范匄、栾盈听说主帅病危，都折了回来。看了中行偃的样子，二人请教遗言。中行偃心中有许多话，早先是不能说，此时却已经说不出来。范匄揣测临死的人的心理，问道：

"你是在想立谁做你的继承人？立郑国外甥（中行吴），如何？"

中行偃紧闭双唇，瞪起那只吓人的大眼珠，一动不动。看来，这不是他的遗言。栾盈说：

"你不得要领！让我来问他！"

栾盈对中行偃说：

"你放心，我会实现你的遗愿，为你办好齐国的事情！"

听了这话，中行偃合上眼睑，松开双唇，就此咽气。这是怎么回事呢？因为自己是被晋平公逼死，中行偃胸中最大的愿望，乃是报复晋平公。这个愿望，怎能对人诉说？范匄按一般人的思想，以为他放心不下儿子。偏偏中行偃希望的是儿子不要再担任高官，以免遭到族灭。因此，范匄提到立继承人，中行偃死不下去。栾盈恰好是当初与他一起谋杀晋厉公的栾书的后人。栾氏与中行氏，都遭晋国君主系的忌恨。故而栾盈知道中行偃心中的秘密。栾盈同样不敢说出报复君主的话，故而说成是办好齐国的事。中行偃意会之后，最终咽气。后来，栾盈果真逃奔齐国，请来齐国军队进攻晋国。那是后话。

晋平公要求中行偃撤退，暗中是为了处理弑君的权臣；公开的原因，却说是郑国子孔勾结楚国，楚军又在讨伐郑国。笔者为一气叙完齐国的事情，已经将楚国、郑国的历史拉下许多。于此，补叙此前的楚、郑历史。

楚共王去世的时候，吴国趁机讨伐楚国，结果被养由基的埋伏弄得全军覆没。春秋163年，楚军实施报复，令尹子囊进军于棠，逼近吴国。当地水路纵横，适宜水战。吴国以水军自守。楚军的水军不如吴军，不敢贸然进攻，只好班师。在回去的路上，楚军被吴军的船队于一处狭窄的水面拦腰截断，首尾不相顾，大败而归。楚康王之子公子党被吴军俘虏。子囊回国后，想起自己一生来于战场上败多胜少，带携楚国输于晋国。如今又将君主的儿子葬送，更是罪无可逭。伴随这种惭愧的心理，子囊病死。临死时候，他将国事托付给子庚：

"吴国虽只是个江湖小国，却是楚国的心腹之患。我死之后，你要加固郢都城防。要不了多久，吴军就会攻到郢都城下。"

子庚何许人呢？他是楚共王的弟弟，现任的楚康王的叔叔。子囊死后，楚国重新任命官员：

子庚为令尹。公子罢戎为右尹。蒍子冯为大司马。公子橐师为右司马。公子成为左司马。屈到为莫敖。公子追舒为箴尹。屈荡为连尹。养由基为宫厩尹。

这些官员中，子庚、公子罢、公子橐师、公子成、公子追舒都是楚康王的亲叔叔或者亲弟弟。这是楚庄王惩于若敖家族的专权，立下的重用亲人的规矩。蒍子冯是蒍贾之孙，孙叔敖之侄。芮贾在楚庄王年代被若敖家族的鬬椒害死，其子孙叔敖得到楚庄王的重用。至此，芮子冯算是第三代世袭高官。因为楚庄王立下的规矩，芮子冯后来也险些遭到处理。这里且按下不表。

......

春秋160年，郑国发生动乱。子驷、子国、子耳在动乱之中被杀。穆公族人赶走了叛党。叛党之中，侯晋逃奔晋国。堵女父、司臣、尉翩、司齐逃奔宋国。事后，子驷之子子西、子国之子子产、子耳之子良霄请求朝廷讨伐叛党，为自己报杀父之仇。郑国惹不起晋国，只好找到宋国，要宋国交出堵女父、司臣、尉翩、司齐。宋、郑之间关系并不好，宋国趁机敲竹杠。双方谈判下来，达成如下协议：

宋国同意解递堵女父、司齐、尉翩。至于司臣，宋国也不知他的动向。郑国送给宋国马四十乘，另送音乐家两名。

这其中的司臣，其实是被宋国藏了起来。干这事的人，乃是戴公族人乐罕。早先，宋国的华元被郑国俘虏，宋国送出文马百乘才换回华元。宋国怀恨于心，故意保存郑国的叛党。

乐罕其人，官居第五大夫，却能够掌握宋国实权；好比《水浒传》之中的宋江，官居押司，却能够在县城里面呼风唤雨。这种人靠的是什么呢？就是收买人心，培植党羽。宋江时常慷慨解囊以救助他人。其实，这种救助有一定的规则。什么规则呢？它要求被救的人有本事，并且知恩图报。这两条规则之中，是否知恩图报，因人心隔肚皮，无法预知。于是乎，是否有本事就成了最大的标准。宋江爱才，乐罕也是爱才。为了人才，乐罕愿意冒险做投资。郑国的这几个人到宋国后，乐罕特别留意，于其中选取最能干的司臣，不惜得罪郑国，也要予以保护。郑、宋协议之后，乐罕将司臣秘密转移至鲁国，送上重礼，请鲁国权臣季孙宿予以收留。季孙宿在鲁国的地位，也正与乐罕一样，他同样致力于招揽贤才，组建党羽。他将司臣安置于自己的私邑下，视之为心腹。司臣只是郑国的一个下层贵族，且遭到国家的追杀。眼看同党大都家破人亡，自己却能够得此际遇，怎能不感激恩主？要说世间的豪杰，何以能够做成大事，无非就是用这种方法收买人心。后世的黑社会头目，最常用的手段，也就是乐罕这种收买人心。

收买个把死士，对乐罕来讲只是件小事。他的另外两件事迹，可以说明其政客手段：

宋国有个人得到一块还没有锯开的璞玉，主动进献给乐罕。乐罕不收。这人说：

"我请玉石专家看过，专家断定此石内含价值连城的美玉。"

乐罕说出一段名言：

"我以不贪为宝，尔以玉为宝。若以与我，皆丧宝也。不若人有其宝。"

这人看乐罕不收，跪下行稽首之礼，说：

"我这样卑贱的人，身上揣着这件宝物，出门走不多远，就要被强盗杀害。就是此番向你献宝，我也是冒了极大风险！请你务必收下，就如同救我性命一般！"

乐罕想：

此人无非是想巴结我。若一味拒绝，恐将来别人有重要东西时，都不肯再献给我。不如我将好人做到底。

乐罕说：

也罢，我且收下，好让你放心回家。

待此人回去后，乐罕专门给手下打招呼，帮助此人，让此人富裕起来。另一方面，又命专人解开璞玉，制成玉器。然后将玉器返还此人。读者试想：这人得了如此关照，怎能不感激？《水浒传》中的宋江号为"呼保义"，又号为"及时雨"，凭借的就是这种伎俩。

春秋167年，戴公族人之中的皇国父被任命为太宰，为宋平公修建观台。正当农忙时节，乐罕于朝廷公开进谏：

"现在正是庄稼收成的时节，错过此时，会影响粮食收成。请君主等农忙之后再建此台！"

这事情传到民间，集市上开始流传一首歌：

泽门之皙，实兴我役；邑中之黔，实慰我心！

译文：住在泽门的那个小白脸（皇国父），平白地增加我们的劳役；住在集市上的黑三郎（乐罕），才真正知道我们的心！

乐罕听到这首歌，觉得自己必须表态。他手提一根刑杖，来到观台的施工现场，看到哪个工人不出力，就上前杖责：

"我们这些贱人，都有房屋来躲避风雨寒暑。君主建个把观台，怎么就不行！？"

挨打的人不但不记恨，反以为：

这是因为乐罕职权太低，遭到朝中权贵的压制，不得不出来表态。若得乐罕掌握职权，定会关心我等小人！

第五大夫何以能够掌握实权？就是因为这些手段。

……

春秋166年，是晋平公即位后的第一年。晋平公组织溴梁之会，与会国家有晋、鲁、宋、卫、郑、曹、莒、邾、薛、杞、小邾，达到十一个国家。会议逮捕了邾国、莒国的君主，又逼得齐国的高厚逃走。南方的许国看晋国势大，主动向会议提出归顺于晋国，并请举国迁到晋国境内。此前的春秋147年，许国为了逃避战争，举国迁至楚国境内的叶县。许国向来是楚国的附庸。如果许国臣服于晋国，对晋、楚双方都具有重大的政治意义。晋平公组织军队前去护卫许国国民迁徙，结果许国国内贵族并不愿意迁徙。这是为什么呢？许国迁到楚国境内之后，楚国于许国贵族之中扶植、安插亲楚的势力。许国的政事，完全由这些人控制。迁到晋国境内，是许国君主的愿望，却不是这些人愿望。看到北方联军到来，亲楚势力一方面通知楚国，另一方面组织城防。联军将情况报告晋平公。

晋平公从懂事那天开始，就已经是盟主接班人，早就已经涵养出盟主的风范。他召集起与会列国诸侯，先命晋军将领介绍许国的情况，然后向诸侯微微弯腰，拱一拱手，说：

"你们看着办吧！"

说完这话，即拂袖离会，到后花园玩女人去了。

诸侯联军揣测盟主的心思，出兵征讨许国。联军一路南下，进入楚国境内，遭遇前来救援的楚军。晋、楚战于湛坂，楚军大败。晋军南侵至楚国要塞方城。

此战之后，楚军夺气，楚国不敢与晋国争锋。就是到中行偃率军讨伐齐国的时候，眼看齐国险些灭亡，楚国都不敢出动。中行偃进攻齐国的时候，楚国的令尹子庚驻兵于边境，加强防守。忽接密报：

郑国正卿子孔，愿做内应，请求楚军讨伐郑国。

身为郑国第一大夫，子孔何以出此叛国之举呢？前面提到，子驷、子国、子耳的遭到杀害，子孔于事先就已经知情。在赶走叛党之后，子孔又想要处理所有敢于反对自己的贵族。当时，郑国正夹在晋、楚两大霸主之间，国家有生存的危机。为此，子孔听从子产的建议，烧了载书，与国中贵族共赴国难。"三驾"之后，郑国正式归顺晋国，不再有生存的危机。子孔却担心政敌的清算，想要借楚国的力量，帮助自己肃清政敌。现在晋军远在黄海之滨，正好请楚军帮助自己清理门户。读者会问：

郑国当初在晋、楚的夹缝之中，险些亡国。经"三驾"，好不容易才摆脱两面受攻的局面。子孔结交楚国，岂不是让郑国重回到两面受敌的状态？子孔为什么不寻求晋国的帮助呢？

前面提到，子孔要应付的，是郑国贵族之中的多数。以少数对抗多数，会有"众怒难犯"的阻碍。此时，郑国的多数人都是亲晋派。要与多数人作对，就需要反对多数人所拥护的晋国。于是，就要拥护多数人所反对的楚国。通过将郑国的外交思想由亲晋转变为亲楚，就可以以处理叛党为名义，排斥异己，树立新的、效忠于自己的一帮人。

　　子孔秘密联络楚国令尹子庚，提出：郑国愿意做楚国的附庸，子孔愿意做郑国的"孙林父"。子庚其人，乃是楚庄王之子，算起来是现任的楚康王的叔叔。他比君王年龄大很多，遇事也更加老成。经过对国际形势的分析，子庚拒绝了子孔的好意。事情传到楚康王那里，楚康王命使者赴军中谴责子庚：

　　"国人谓不穀主社稷而不出师，死不从礼。不穀即位，于今五年。师徒不出。人其以不穀为自逸而忘先君之业矣！"
　　译文：国中贵族说我身为君主却不敢北伐，死了也得不到好的葬礼。我即位已经五年了。五年来，楚军从未出动。别人会说我只知贪图安逸，忘却了先君的霸业！

　　看来，楚共王临死时候对于谥号的自谦，对楚康王造成了震撼。子庚听了这话，长叹一声：
　　"君王以为我贪生怕死！他哪里知道：我正是为了国家社稷，才如此忍辱负重。"
　　身为人臣，不可能拒绝君王的旨意。经考虑，子庚回复楚康王：
　　"现在，天下诸侯大多亲晋。北伐谈何容易！既然君主有此意，就由我试着去做来看。如果北伐可行，君王再亲自前来；如果不可行，败的是我，不至于损及君王的脸面。"
　　子庚率军逼近郑国，观衅于北方。郑国内部，郑简公、子蟜、良霄、子张率郑军追随中行偃讨伐齐国，子孔、子展、子西留守国都。子西是子驷之子。在子驷遭杀害的时候，子孔假装不知。为此，子西与子产一样，怀疑子孔与叛党有瓜葛。他对子孔怀有戒备，暗中安排人侦察子孔的行动，听到了一些子孔的卖国计划。子西联络子展。子展当然也不愿意政权完全落入子孔一人之手。二人下令关闭新郑城门，全国戒严。子孔的使者出不去，楚国的使者进不来。双方缺乏联络，楚军不敢贸然进攻。楚军在新郑城外烧杀抢劫，宣扬一番武功，然后灭了郑国的两个附庸小国，回身离去。回去的路上，遭遇连绵的秋雨，楚军所带的衣服单薄，将士在寒冷之中行走于泥泞的道路，特别艰苦。遇到水淼、泥坑时，战车无法通过。战车上的甲士用长戈逼迫步兵和奴隶跳进去泥水之中做"混凝土"铺路。最后，贵族出身的车兵倒没有太大损失，步兵和充当劳役的奴隶几乎全部死完。

晋平公听说楚军出动，趁机命中行偃班师。他也担心郑国臣服于楚国，随时关注郑国的战事。晋国群臣谈到郑国战事。师旷说：

"不害！吾骤歌北风，又歌南风。南风不竞，多死声。楚必无功！"

译文：没关系！我已用音乐卜过：我接连奏过几次北风，北风强劲。我又奏南风，南风微弱，呈现为死声，几乎不能演奏。因此，南方的楚国不会成功。

这是什么讲究呢？古代中国的经典，号为六经。在当今流传的五经之外，另有一经。那就是《乐经》。师旷所说，就是失传了的《乐经》的内容。师旷有极深的音乐造诣，但他的学术不得不巴结政治。因为这种背景，古代音乐家假说通过音乐可以看出天意。适应于王道之中居中原以御四夷的思想，音乐之中有"八方来风"之说：

西北风，号为不周风；北风，号为广莫风；东北风，号为条风；东风，号为明庶风；东南风，号为清明风；南风，号为景风；西南风，号为凉风；西风，号为阊阖风。

现代中国流行的麻将，汲引了这八风的思想。周朝曾经命使者到各地采集民歌，号为"采风"。这个行为实际收集了各地不同的音乐形式，汇集天下众多的音乐流派和风格。居于洛阳的周朝贵族能够了解各地的音乐，故而有"歌北风""歌南风"之说。至于说什么"南风不竞"，笔者已经言明，乃是学者巴结政治的结果，乃是迷信。

师旷卖弄了音乐之后，晋国史官董叔又来卖弄天文：

"天道多在西北，南师不时，必无功。"

译文：从天道来看，岁在豕韦，月在建亥，那都在西方、北方。南方的军队此时出动，不得时，肯定不会成功。

晋平公的太傅叔向看这两个艺人的表演，俨然呈现上古的"工执艺事以谏"，自己身为君主的监护人，反倒没有说法，那怎么说得过去？叔向说：

"楚军损失大半，是因为君主的圣德的力量！"

这个话，才是正统儒教！何以见得呢？前面两个，虽然带些迷信，终究还不那么容易迷惑人。所以，到今天已经没有人相信。叔向的说法，千古而下，仍然流传，演变出种种拍马屁的招式，让某些人相信世间存在某种"圣德"，足以感化生灵，足以影响历史的进程。

……

联军于春秋 168 年冬围攻齐国，一路打到黄海边上。齐国都城虽没有沦陷，却已经吓得只求自保。次年春，晋平公大会诸侯于祝柯。会议逮捕邾国君主，强令邾国割让土地与鲁国。此番讨伐齐国，起因于鲁国的求助。晋国此举，算是给鲁国一个交代。春秋 166 年的溴梁之会，晋国就已经逮捕了邾国君主邾宣公。邾宣公被晋国人带到洛阳去接受王庭的审判，一时间回不了祖国，而且还可能永远不再回国。为此，邾国立了新君邾悼公。祝柯之会，是邾悼公参会。至此，邾悼公也被押赴洛阳，与其父邾宣公共同受审。邾国胆敢追随齐国，所以落得如此下场。天下诸侯由此畏服于晋国。祝柯之会结束后，晋平公觉得重要的事情都已经办妥，先一步回国，留下中行偃来接受鲁国的感谢。晋国为鲁国打败了侵略者，又分给鲁国土地，鲁国怎能不竭力报效？需要犒劳的晋国贵族太多，鲁都曲阜城容不下。鲁襄公专门找了个地势开阔的地方，搭建起台榭，举办酬谢晋国将领的宴席。晋国的三军六卿（中行偃、范匄、赵武、韩起、魏绛、栾盈），全部按鲁国任命正卿的规格赏赐财物；晋军之中的所有军尉、司马、司空、舆尉、候奄，全部按鲁国任命一命大夫的规格赏赐财物。究竟是些什么东西呢？笔者于前面介绍过"九献"和"庭实旅百"。大致是在"庭实旅百"的标准下，逐级减少。另送中行偃个人特别的重礼。正礼是吴、鲁外交的时候，吴王寿梦送给鲁国的一个大鼎；先礼是一乘漂亮的马车，马车正中一个大木匣，匣内以两匹锦做垫子，上面放的是一块碗口大小的玉璧。礼物之外，歌舞侑酒，宗女侍寝，那更是不在话下。鲁国虽然得到巨大的帮助，这些花销也差不多将国库耗尽。中行偃算过命，知道自己在世的时间已经不多。已经到了生命的最后一段时间，当然要赶紧享受尘世的快乐。在鲁国享尽了酒色欢娱，回国的路上就眼珠突出，渐成死相。

听说中行偃已经死于回国的途中，晋平公这才重新想到压制齐国。春秋 169 年夏，晋平公命孙林父讨伐齐国。同年秋，又命范匄率晋国大军讨伐齐国。晋军到达鲁国的穀的时候，忽接齐国使者通报：

"先君开罪于大国，烦劳大军一再问罪。然先君已于近日去世。新君乃是多次参加诸侯盟誓的公子光（齐后庄公。齐国君主系中有两个庄公，齐僖公之父为前庄公，此人为后庄公。），并不愿与大国为敌。望大国体谅下国丧君之痛，放过下国。"

这是怎么回事呢？原来齐灵公经此战之后，霸主的美梦成了泡影，还险些丢掉身家性命和祖宗的江山，心里既惭且愤，积成重病。

前面提到，齐国权臣崔杼早在齐惠公年代就是齐惠公的心腹，并且于齐国掌握大权。齐顷公即位时，高氏、国氏驱逐崔杼。齐顷公去世，齐灵公即位，崔杼趁机回到祖国。通过春秋 148 年、春秋 149 年的政变，崔杼处理了国氏、高氏，独掌齐国政权。齐灵公之所以支持崔杼，是想要压制高氏、国氏。高氏、国氏败下去，崔氏又强盛起来。这是齐灵公不愿意看到的。到齐灵公晚年，渐渐生出对付崔氏的打算。这件事，恰好与齐灵公的继承人有关。

齐灵公的嫡妻是鲁国女儿，名叫颜懿姬。颜懿姬没有产子。颜懿姬的媵女鬷声姬生下公子光。齐灵公很早就已经立公子光为太子，并且命自己的心腹崔杼做其监护人。后来，齐灵公又娶了宋国女儿仲子、戎子。仲子生下公子牙。戎子则得齐灵公宠爱。同为宋国女儿，仲子就将公子牙托付给得宠的戎子。戎子为身后计，向齐灵公请求改立公子牙为太子。齐灵公表示同意。对于此事，仲子进谏于齐灵公：

"身为母亲，谁不愿自己的儿子富贵？然而，光已为太子多年，已经多次代表齐国参加国际会议，又有崔杼那样的贤人辅佐，已成不可拔之势。你立我的儿子，不是为我好，反倒是害了我。"

齐灵公说：

"崔杼？我倒要看看他能做什么？我能够兴崔氏，自然能灭崔氏！你放心，我为你儿子另选贤人来监护。"

在春秋148年、149年的政变之中，高氏、国氏的人物凋零殆尽。考虑到这两族人树大根深，当时分别保留高氏、国氏的继承人。高氏的继承人，是为高厚。齐灵公要立不得势的公子牙，贬黜公子光；对于权臣，又要贬黜崔杼。所以就让崔杼的死对头高厚做公子牙的监护人。为求稳妥，又命自己身边的太监夙沙卫也做公子牙的监护人。之后，齐灵公将公子光封到齐国东部的大海边去，远离政权的中心。

早在齐桓公年代，齐国就有重用太监的传统。夙沙卫是齐灵公的家奴总管，执掌齐灵公的后宫，贴身服侍齐灵公。就连齐灵公与女人同房的时候，他都不用回避。公子光、公子牙都是他从小抱大的，打小就称他为"保保"。什么叫"保保"呢？这个称呼之中带有儿时的感情。当今四川的民间，仍然有这个称呼。这个称呼源出于周朝的"三公"。前面提到，"三公"之中有"太保"。"太保"的意思，大致接近当今的"保姆"。古代的君主让太监代自己保育孩子，让孩子与太监很亲。齐灵公特别信任夙沙卫，教自己儿子称夙沙卫为"太保"。小孩子家刚刚学习说话，不会说"太保"，就称"太保"为"保保"。这个称呼，就仿佛刚学说话的婴儿称"米饭"为"饭饭"，称"茶"为"茶茶"。儿时的记忆，最为刻骨铭心。公子光、公子牙都是在夙沙卫的哺育下长大，都对这个"保保"有着人性天然的眷恋。

齐灵公以为：高厚与夙沙卫，一个是九代世族，一个是后宫总管。有这样两个人辅佐，公子牙应当不会出事。特别是，公子光也是夙沙卫一手带大。纵然公子光想要做点什么，他怎能对从小喂养自己的人下手？如果不出意外，事情应当是朝他设计的这个方向发展。然而，意外发生了。什么意外呢？就是他过早地患上重病，死亡来得比预料要早。

崔杼其人，早在五十年前就进入了齐国政权的核心，历经了懿、惠、顷、灵、后庄五代君主，乃是久经考验的政治家。齐灵公命公子光离开临淄的时候，崔杼已经预测出全盘后果。齐灵公患病，犹如当初的齐顷公去世。崔杼再次抓住时机，秘密前往东方，接回公子光。齐灵公得知这个消息，心中一激，加重了病情。齐灵公病重了，发布不了命令，崔杼就假传君命，立公子光为太子。公子光到东方走了一遭，认识到了政坛的险恶。回来后，再经崔杼的一番开导，就变得成熟起来。他最恨的人是戎子。为了报复戎子，他特地挑选了个凶残的杀手，将戎子先奸后杀，然后按照中国古代餐饮文化之中的"折俎"和"体解"，将尸体的衣服扒光，大卸八块。什么叫折俎、体解呢？笔者前面曾介绍庭实旅百，于此补充介绍中国古代餐饮文化的渊源：

中国古代的餐饮文化起源于祭祀。祭祀之中用牛、猪、羊三牲。怎样用呢？就是将牲放血，请神灵享用牲血。神灵只喝血，不吃肉。牲肉供参加祭祀的人享用。参加祭祀的人享用牲肉的过程，就产生出中国最早的大菜。最盛大的一道菜，乃是比照祭祀之中的落祭，将已经放血的牲剥去皮，整个放入鼎中蒸熟之后，装入特别巨大的餐盘之中。这道菜号为"全烝"。以这道菜款待客人即是最高规格。根据这道菜的工艺，可以想见周王的九鼎的大小。周礼讲究逐渐降低规格。全烝以下，即是体解。何谓体解呢？就是将整只的牛、猪、羊对剖开，取其一半，也是装入特别巨大的餐盘之中。说白了，是半份全烝。周朝贵族钟鸣鼎食，其餐具都是大手笔。当时制作有特别大的餐盘，用来盛装食物。这种巨大的餐盘当时称为俎。又称最大号的餐盘为房。全烝是王制，只有王才能享用。传说晋国士会朝拜周王的时候，曾经要求周王于宴席上用全烝，结果遭到拒绝。周王宁愿命士会为晋国孤卿，也不愿用全烝来款待士会。为什么呢？周王要保住自己王者独有的名分。装盘的体解有专门称号，叫做房烝，又叫大房。体解以下，叫做节折。什么又叫节折呢？就是将牲分解为较小的部分。因为分割点往往正好是牲的关节部位，故而叫节。为图整体好看，虽然已经分解为小块，摆放入俎中的时候仍然尽量保持牲的原貌。将较为窄长的半只牲摆放入圆形的俎之中，需要牲体弯曲才能呈现原貌。为此，叫做折。所谓折俎，意为其中曲折摆放体解或节折的俎。就仿佛当今的席桌中的樟茶鸭，虽已斩成小块，为图好看，仍然是全鸭的原貌。《鸿门宴》之中，项羽让樊哙吃生的猪肘。那就是节折。可以想见，当时正是从整只或半只猪制成的折俎之中取出猪肘给樊哙。而且，当时的折俎主要是用来看，故而没有蒸熟。

且说齐后庄公为了泄恨，将戎子先蒸熟，然后像樟茶鸭那样斩成小块、摆盘成折俎。以此为大菜，宴请国中贵族。尤其特别的是，故意借用折俎的工艺，将摆盘的戎子的情态，做成下流和淫贱的样子。公开展览这样的作品，含有这样的意思：

让一个人糟蹋她还不够，还要让众多的眼睛继续污辱她。

齐国百官看了这一作品，有同情心理，其中难免也有人看不起公子光的为人。齐灵公最喜爱的肉体，不但是全裸地公诸于众，并且这裸体还被分成了几部分。病床上的齐灵公被活活气死。齐灵公一死，公子光即位，是为齐后庄公。笔者从此称其为齐后庄公，不再称公子光。春秋169年夏五月，齐后庄公逮捕公子牙。夙沙卫拒守于高唐，高厚拒守于灅蓝。八月，崔杼率军进攻灑蓝，杀死了高厚。崔杼效仿齐后庄公，残忍地对待高厚。崔杼年龄虽大，却是个好色之徒。久闻高氏乃是齐国望族，正好将高家的妇女全部收为性奴。

崔杼的党羽庆封，负责进攻高唐的夙沙卫。庆封的军队遭到顽强抵抗，只好回去。齐后庄公亲征，至高唐城下。他对城上大喊：

"保保！保保！请一晤言！"

夙沙卫听到这亲切的称呼，以为君主念及儿时情谊，就命人用竹篮将自己缒至城墙脚下。齐后庄公说：

"有人误会你我之情，竟然率军攻城。我担心保保安危，欲一亲见。今见保保安好，总算放心！"

说完这话，齐后庄公一揖至地，长久不起身。然而，齐后庄公身后的人，却纷纷拾戈抚韬，一步步逼近城墙。夙沙卫看这情况，赶紧晃动系在篮子上的绳索，重新升上城墙。齐后庄公一计不成，又生一计：

命箭手射信入城，重金悬赏刺杀夙沙卫的人。

高唐城中有齐国著名武士殖绰。他经不住诱惑，趁城上卫兵吃晚饭的空当，缒下竹篮，接引城外的军队进城。齐后庄公进城之后，对城里的人进行一番血洗。他对自己的父亲和兄弟，都下得了手。哪里还念什么"保保"的情分？活捉夙沙卫之后，直接将其剥洗干净，投入鼎中炖成肉羹，以飨三军将士。至春秋171年，齐后庄公继续清理公子牙的党羽。公子买被捕，公子鉏逃奔鲁国，叔孙还逃奔燕国。这些人都是齐庄公兄弟、亲戚。这些人遭处理，齐国的政权就难免落入外姓手中。

齐后庄公正在做这些事情的过程中，范匄率晋军逼近鲁国境内。好在齐后庄公做太子的时候曾经多次参加晋国组织的会盟，在公开的场合，与晋国有些交情。他派使者带着重礼前去犒劳晋军，使者公开的话，前面已记，且不重述。使者在送礼的时候，又传达齐后庄公私下的话：

"寡君向来仰慕大国，向来看不惯先君的做法。正唯其如此，用了些手段，为大国除去祸害。今后，齐国将追随于大国，决无二心。"

范匄也风闻了些齐后庄公的手段。其忠心倒不敢确信。要说此人谋杀其父齐灵公，据传言好像确有其事。为此，晋军撤退。春秋169年冬季，齐、晋讲和，盟誓于大隧。齐后庄公真的就此臣服于晋国吗？四年之后，齐后庄公像其父一样，悍然起兵讨伐晋国。这个演变，要从晋国世族栾盈说起。相关事情，下回再叙。

正闰第五十六回

阳毕献计惩权臣　祁奚救友循公义

中行偃死于伐齐归国的路上，一向以谦逊著称的范匄总算做上第一大夫。春秋171年，范匄与晋平公合谋，驱逐了栾氏。此事的起因，又是女人。

早先，栾黡娶范匄的女儿栾祁，与之生下栾盈。栾黡成为范匄的女婿，栾盈则是范匄的外孙。栾、范两家算是亲戚。至春秋164年，晋军讨伐秦国。因栾鍼战死，栾黡威胁说要处理范鞅，范鞅吓得逃到秦国。事后，范匄一再向栾黡赔礼道歉，栾黡答应不再计较，范鞅回到祖国。范氏、栾氏之间的这种复杂关系，被晋平公加以利用，做成"以臣制臣"之计……

春秋166年，晋平公即位。晋悼公年代，用阳毕的建议，用没落贵族对抗豪强世族。晋平公更进一步，用豪强世族对抗豪强世族。他故意将栾盈、范鞅同时任命为公族大夫。栾盈认为范鞅害死了他的叔叔栾鍼。范鞅则曾经被栾盈之父栾黡逼得流亡外国。这样两个人同僚为官，彼此间当然没有什么好的声气。春秋 167 年，栾黡去世。按晋国惯例，其子栾盈降级继承家业。栾黡为第五大夫，栾盈降级为第六大夫。从栾氏家族来讲，这是降级；对栾盈个人来讲，由公族大夫转下军副手，是升职。对晋国君主系而言，栾氏的职位变动乃是权衡经、权的结果。晋平公曾专门请教于心腹智囊阳毕：

"栾氏、中行氏当初共同谋杀了厉公。厉公在天之灵降罚于中行偃，故而中行偃暴死于军中。栾书早就死了，如今栾黡也死了。我想，毕竟我父是因此二人而成立；有厉公之死，才有先君的即位。若将此案查得深了，恐怕也有碍于先君的名分。厉公之案，是否就到此为止呢？"

阳毕说：

"政令无非两种：政令坦然行之，公诸于众者，那是经术；政令挟私苟且，密谋暗示者，那是权术。为人君者，当以经术治天下。纵然用到权术，那也只能暗示，不能亲自出面。

"厉公一案，论到正经，栾氏、中行氏有弑厉公之罪。至于说他们迎立悼公，从大义上讲，是以本事选人；若论其私心，则是欺悼公年幼、意欲替主自重。此乃视君主为弈棋、为筮爻，预算自卜，图的是他们自己的命运。纵然不定成将君之罪，却也说不上拥立之功。此事栾氏、中行氏不当居功，先君和你也不必报德。这就是经术。

"论到私情。先君即位后，栾氏、中行氏原职不动，并且马上追查厉公党羽。那已经是报德。你的位子得自于先君，并非得自于栾氏、中行偃。更有何德可报？你想就此结案，就怕别人不作此想！你怎能不作防备？暗中防备他，就是权术。

"我为你设计：欲结此案，当以经术为主。公开地做，你按国家惯例，让他升职为卿。然而，你不能不做防备。你可以找一个稳妥、靠得住，又有足够力量的人来应对他。你不能亲自出面。

"今后，如果栾氏没有什么举动，你就逐渐削减他的权势，让栾氏淡出政坛。对他那种自身都不干净的人，如此已算报答得够了。如果他胆敢造反；天下人人得而诛之，那又怨得了谁？"

阳毕这一番话，真是事理透析、人情练达，浑身上下没有一处破绽！此人究竟是什么人物呢？前面提到，伯宗为了保护自己的儿子，为其挑选了个能干的人物。那就是阳毕。此人尽忠于伯宗，将伯州犁送到了楚国。晋平公听说此人的本事，将其招揽为心腹。晋平公听了阳毕的话，简直如同拨云见日，醍醐灌顶，就此走出了迷局。他一面照例提拔栾盈，一面寻找对付栾盈的执行人。阳毕提到又稳妥，又靠得住，又有足够力量的人。这样的人选，晋国之中当数范氏。按阳毕的教导，晋平公秘密召见范匄，采用暗示的语言：

"你的先祖士芳，身负不世学说，且又具谦逊退让的美德。书云：唯其不争，故天下莫之与争。国家的事情，都要仰仗老成。当今国中老成，舍你其谁！士芳与先君献公，开创出用人唯贤的规则，为一代美谈。先父以新规则入主，你是士芳之后；你、我当追踪先人，做一番事业！……

"厉公一案，我父、我，都视之为往事，不想再提。听说现在朝中有不少的人议论此事。你为国之柱石，今后要多费心啦！"

范匄头一天晚上才会见了自己的女儿。女儿所说的话，恰好与此事有关：

范匄之女栾祁，嫁予栾黡为妻，与之生出栾盈。栾祁出身贵族，带有贵族妇女的特点。什么特点呢？就是喜欢偷人。栾氏的管家州宾，长得其貌清杨，身姿雄壮。平常家因为家务事，州宾与栾祁时常来往，颇有瓜葛。栾祁十五岁嫁到栾家，十七岁生栾盈。至栾盈十七岁，她三十四岁的时候，栾黡去世。早先，因顾忌栾黡，她与州宾只是做些偷偷摸摸的勾当，虽有奇趣，总觉得不尽兴。现在栾盈已死，她索性命州宾侍命于其寝宫，时常单独赏赐些东西予州宾。每次赏赐，总是费时很久。州宾进门后，门一关，至少是三五个小时。到得后来，常常是头一天黄昏进门，第二天上午才出来。想来，这赏赐的东西之中，少不了的，就有她本人那半老不老的身体。这种事情，是贵族妇女之中的常事。本没有什么大不了。当家人栾盈本应当体谅母亲的苦处，睁只眼、闭只眼了事。然而，栾盈与栾祁亲为母子，母子间叙亲情的时候，栾盈曾经泄露出想要报复晋国君主的风声。栾盈担心母亲于酒醉之后、高潮之前向情夫说出不该说的话来，所以他不得不关注母亲的私生活。栾盈时常奉劝母亲：玩一玩，差不多就行了，不要太投入。栾祁不听。为此，栾盈寻思要找个时机把州宾给办了。州宾听到些风声，哭诉于栾祁。栾祁左右为难，她想：

夹在儿子和情夫之间，不好处理。不如回娘家去想办法。

栾祁回到范家，向父亲范匄求助。情急之中，不免添油加醋。栾氏与范氏有矛盾，她就说成栾盈见不得范氏做第一大夫，宁愿拼命，也要报复范氏。栾氏对君主有怨恨，她就说成是已经招兵买马，家中就备有几仓库的兵器。

⋯⋯

范匄头一晚上听了女儿的这些话，第二天又得到君主的暗示，回去后就命儿子范鞅调查此事。范鞅曾遭栾氏迫害，听说要查栾盈，哪有不尽心的道理？一段时间过后，他向范匄交出一份栾氏党羽名单：

核心层：栾盈亲兄弟、栾氏叔伯兄弟。这些人凭借栾氏两百年声威，到处横行霸道。

死党第一层十人：

箕遗、黄渊、嘉父、司空靖、邴豫、董叔、邴师、申书、羊舌虎。这十人全天候跟随栾盈。吃饭、睡觉、喝酒、玩女人，都在一起。

死党第二层四人：知起、中行喜、州绰、邢蒯。这四人乃是天下著名的勇士，负责统领效忠于栾氏的敢死队。

过从甚密的望族：魏氏、羊舌氏、胥氏。

范匄看了这份名单，心中暗暗吃惊：

我以为他小孩子家，成不了什么气候，原来已经做到这种规模。若再不处理，终将危及到我身上！

考虑到栾氏势力太大，范匄想出个釜底抽薪之计：

　　将栾盈本人与其党羽分开，分别处理。

　　他向晋平公汇报自己的计划草案。晋平公终究有点感激栾氏、中行氏让自己的父亲从偏房之中进入君主系，所以不愿意杀栾盈。最后议成这样的处理办法：

　　将栾盈驱逐出国都，以观后效；将其死党一网打尽；对于涉及的世族，则根据情况处理。

　　范匄向栾盈宣布君主的紧急命令，要求栾盈只身进宫。栾盈进去后，范匄对他说：

　　君主命你去建设著邑，以防备西戎。军情紧急，你马上就动身。

　　传完君命之后，几十个全副武装的甲士涌进屋中，名义上说是做栾盈的卫兵，跟随栾盈到西方去充军；实际的场面上，则虎视眈眈地将栾盈包围。栾盈回想起母亲的离家出走，恍然醒悟。然而，事情已经无可挽回。毕竟是血气方刚的小伙子，毕竟是世代贵族。栾盈也有些血性：

　　"君命要我死，我死就是！不必做出这些排场！"

　　回身看了看背后的甲士，他又说：

　　"后悔没带他们来。如果带了他们，你这几号人，不值一扫！"

　　年近七十的范匄听了这话，不禁莞尔。心说：

　　你以为有那十个人就可以横行天下？我预备下了更多的人，只是没有出来罢了！

　　范匄保持住自己不愠不火的微笑，说：

　　"君命只是让你到著去，没有其他命令。君主让我转告你，请你好自为之！你放心去吧！"

　　栾盈确认了君主的想法，也不往西，径直往南逃奔楚国去了。他的家人作鸟兽散，纷纷逃奔外国。十人党悉数被捕，处以死刑。在处理第二层死党时，晋平公的宠臣乐王鲋对范匄说：

　　"州绰等人，只是武夫。谁收买他们，他们就为谁所用。何不以免罪为交换，让他们为国家效忠？他们是晋国的顶尖武士。如果不能为我所用，最好是全部处死！"

范匄说：

"武艺高强并不是真正的勇士。真正的勇士是敢于面对死亡的人。然而，这种人恰好是不能收买的。至于州绰等人，杀或者是不杀，都影响不了什么。主公想让此事留有余地，让他们去吧！"

州绰、知起、中行喜、刑蒯四人逃奔齐国。齐后庄公是个热爱武术的人。得此四人，下功夫加以收买。他故意命四人与齐国武士比武。殖绰、郭最是齐国数一数二的武士，代表齐国武士参赛。州绰说：

"如果还有其他人，可以比试一下。至于这两个人，小人已经与他们比过。他们曾经是我的猎物。（春秋168年中行偃伐齐之战，州绰俘获殖绰、郭最。）我答应不杀他们，他们才有今天。"

齐后庄公说：

"是啊，你曾经战胜齐国最优秀的武士。然而，那时你是为晋国君主而战。我不要你们比赛武艺，要你们比赛谁更忠心！"

州绰说：

"那更不用比了。他跟随你多年，我们却刚到齐国。无论我们怎么做，哪有他为你做的事情多？"

齐后庄公说：

"为我召来你们的旧主，让我联合晋国内部的力量，共同灭了晋国，那就能够证明你们的忠心，也能够让你们做出更大的功绩！"

……

怎样才算最好的忠心呢？对于忠，运用得最好的是汉朝。汉朝的强大，与其选拔官员的一种规则有关。汉朝选士，首重信仰。其官员入选的条件，是明经的45岁以上的学者。这个规则，号为"强仕"。用这个规则的理由如下：

45岁已经完全进入中年，其信仰、信念已经确定并且成熟。考其前半生的行迹，已知其性格的主要方面。明经是指至少熟练掌握《五经》之一，能够于经义之上建立起自己的独立的观点。这种人，其他的不敢说，有一点可以保证：遇事的时候，他会有自己的主见。

汉朝在用人上的这种规则，与后世的很多朝廷不一样：不是强调对于君主意志的盲从；而是鼓励主见，鼓励不同的政见。偏偏正好是这种规则实现了汉朝的强大和大一统。所谓忠治天下，只有汉朝做得最好。后世的朝廷，往往用些愚忠的人物。这种人物口口声声愿意为皇帝去死。然而，皇帝要的并不是你为他去死，而是要你把他交代的事情做成功。班超并没有死于使命，却实现了断匈奴右臂的政治意图。文天祥说起来是碧血千秋，却不能挽回政权的灭亡。这其中的差异，根子在于用人的思想。汉朝的皇帝重视《五经》，用经术治天下。《五经》的内容，概括地讲，是关于政治理想的学术。汉朝以明经取士，是让天下士人都怀抱政治理想。与此同时，汉朝汲取王道、霸道的思想，在政治上进行集权。人们有政治理想，又不得不屈从于刘家天下的统治。这两者的辩证统一，打造出了汉朝的强大。本书的内容，正好是《五经》的一部分。汉朝的皇帝，汉朝的官员，都熟知州绰、殖绰这些历史。他们对于"忠"，有着深刻的领悟：以王道、霸道迫使士人只能选择忠于朝廷。以此为先决条件，就可以大胆地让士人拥有政治理想。士人在学习神学、政治、历史之后树立起的忠心，既有宗教热忱，又有丰富的历史谋略。这样的忠心，最能解决问题。

州绰等人，早先效忠于晋国君主。在栾盈的收买之下，他们转而效忠于栾盈。好比女人，已经为了钱卖过一次身，又何必在乎第二次？从此，他们追随于齐庄公，不再跟随栾盈。作为投身于齐后庄公的投名状，他们联络栾盈，邀栾盈从楚国转到齐国。后来，州绰在崔杼谋杀齐后庄公被的时候战死，殖绰却在齐庄公出事之后逃奔卫国。若论其行迹，则州绰忠于后主、殖绰变节；若论其心志，则州绰、殖绰均为见利忘义之徒，只是迫于形势不得不忠于主人。这种武士的忠心，犹如女人的爱情，其中没有一定的规则。

武士能打，是一眼就能看出的端倪；武士头脑简单，也是可恕之情；武士缺乏专一的信仰而变节，乃是不可宽恕的缺点，是政治上的大忌。正是看到了这一点，汉朝要用《五经》来打造人的信仰……

且说当时，栾盈在州绰的召唤下由楚至齐，与齐后庄公一起进攻晋国，又演变出许多故事。这里且按下不表。

羊舌氏的羊舌虎，是羊舌职之子，伯华、叔向之弟。处理栾氏的十人党，让羊舌虎遭到死刑。叔向受到牵连，遭到囚禁，等候发落。叔向乃是晋平公的太傅，以聪明著名于晋国。监狱之中，狱友揶揄说：

"先生向来聪明，如何也落到这个地步？"

叔向说：

"说到聪明；牢狱之中的人，怎样才算聪明？有的人要死，有的人能够保命。我也没有什么聪明。只是，我肯定能够活着出去。诸位是否有此聪明？"

这个话，问到了囚犯最大的心病。在场的人听了这话，对叔向肃然起敬。

太傅之职，从名义上讲是君主的师父。师父被捕，晋平公不得不有所表示。他想知道叔向是否真的参与了栾盈的叛党，就命自己的心腹乐王鲋去探监。乐王鲋见到叔向，说：

"你有什么话要转告君主？需不需要我为你求情？"

叔向对乐王鲋不理不睬。乐王鲋临走时，他也不行礼。狱友中有人问：

"此人乃是君主身边的红人。他主动说要搭救你，你如何不说话？你对他如此无礼，不怕他说你的坏话？"

叔向说：

"你以为，我向他献殷勤，他就能够帮我？此人是个佞臣。只知道揣摸君主的心思，从来没有自己的主见。他混到今天，就是因为有遇事无主见的优点。要是他有了主见，君主就不会继续喜欢他。这种人物，我得罪了他，他又能怎样？只要君主说：叔向是个好人。他马上就会说：君主圣明，叔向果真是个好人……

"搭救我的人，我早已经联系。很快我就会出去，不用在乐王鲋身上费神。"

乐王鲋见晋平公。晋平公问：

"叔向如何？"

乐王鲋是晋平公身边的人，在君主面前说得上话。平常家别人主动巴结，他都还不理不睬。如今他屈尊示好于叔向，却遭到冷遇。乐王鲋心中有气。按他的习惯，并不直接表达观点。他说：

"叛党的事，他什么也不愿说。不过，小臣于侧面了解到，叔向于兄弟之间，感情一直很好。"

这个话，暗中已是陷害叔向。好在晋平公多少遗传了一些其父的聪明，并没有完全听信于乐王鲋。究竟是什么人愿意搭救叔向，让他如此自信呢？是已经辞职的祁奚。

晋悼公年代，惩于晋厉公败于权臣，大量起用低级贵族，安插于三军之中。这些人成为晋国君主系的心腹。这其中第一号人物，就是官居中军尉的祁奚。当时，晋悼公刚刚由偏房入居正统，栾氏、中行氏又刚刚才谋杀了晋厉公。祁奚被君主安插到中军，得到监察第一大夫的使命，当然处于风口浪尖。因此，他主动请求辞职。他推荐自己的仇敌接任自己，继而又推荐自己的儿子祁午。晋悼公好不容易建立起自己的心腹，很是珍惜，不愿让祁奚就此离开官场。于是，祁奚转任公族大夫。公族大夫这个名目，乃是由赵盾开创的。早先，赵盾为了专权，让卿的儿子担任公族大夫，造成政权下移至权臣。晋悼公不愿动作过大，所以于即位之初仍循旧例，任命荀家、荀会、栾黡、韩无忌为公族大夫。这四人之中，荀家、荀会都出自中行氏。栾黡乃栾书的嫡子。韩无忌的故事，前面已经叙到，是因身体原因，做不了家长。祁奚提出辞职，晋悼公趁机将其安插到公族大夫之中。晋悼公去世时，将自己的心腹班子移交给儿子。于是乎，晋平公即位后，任命祁奚为公族大夫中的第一号人物。在叔向出事的时候，因为年龄原因，祁奚已经辞职，居于自己的封地祁。

羊舌氏是晋悼公起用的另一低级贵族。叔向之父羊舌职，在祁奚做中军尉的时候，做的是中军尉副手。祁奚辞去中军尉的时候，羊舌职效仿上司，也请求辞职。其继任的人物，也效仿祁奚，乃是羊舌职的长子伯华。同样的道理，君主系也视羊舌氏为心腹。叔向之所以做上太傅，主要地是因为这种身世。当然，他本人聪明，也是重要原因。没有身世，他进入不了权力的核心层。没有个人的才华，不会恰好选中他。这个规则，先身世，后本事，正是流传至今的"外儒内法"。羊舌氏与祁氏之间，共同发迹，同为中军尉，又共同辞职，又共同将位子传给儿子。有这几种共同之处，两家想要不交往，那也不可能。叔向之所以有那种底气，就是因为祁氏会帮他。两朝元老祁奚还没有死。他怎能坐视自己的同僚陷于冤狱？特别是，祁氏与羊舌氏有那么多的相同之处，处理了羊舌氏，会不会牵连到祁氏？为了这个缘故，得知叔向被囚时，祁奚放下手中一切重要的事情，甚至来不及召集自己的马车，马上从其封地祁乘坐公家驿车赶赴新绛。君主那里，有两代的君臣恩情，不用特别地用心。需要说服的人物是范匄。所以，祁奚直接到范匄家中，对范匄说出一番忠君为国的话来：

"诗曰：惠我无疆，子孙保之。书曰：圣有谟勋，明征定保。叔向为国家出谋划策，很少有出错；进谏于君主，不知疲倦。他是社稷之才。对这种人，就算是他的第十代的后人犯罪，也应当赦免，才好用来鼓励为国尽忠的人。现在你为了女儿的几句不辨真假的话，就放弃社稷之才？鲧有大罪于天下，然而，鲧的儿子禹成就了治水的大业。叔虎（羊舌虎）犯了罪，怎能就此处理叔向？如果你做好事，他必定记你的恩。已经杀了那么多人，再多杀一个，能有多大好处？"

对范匄来讲，处理栾氏一则是出自君命，再则是女儿的请求，三则是担忧栾氏威胁到范氏。范氏从来都不愿意沾染是非，不愿意得罪人。听了祁奚这一番话，范匄想：

连我女儿的隐私事情，这人也知道？看来，祁奚退休之后也没闲着。他是君主的心腹。他的这些话，保不齐正是君主的意思。君主说对世族要根据情况来处理。叔向又是君主的太傅。对叔向的处理，我断不可自作主张。

范匄就此事请命于晋平公，也不说自己向着哪方，只将祁奚的话原话转告。晋平公看心腹、重臣都有挽救羊舌氏的意向，就同意赦免叔向。

祁奚替叔向说情之后，并没有通知叔向。叔向恢复官职之后，也没有向祁奚表示感谢。后世有人认为：祁奚与叔向之间也是同党。只不过，那是君子之党。君子之党，只讲公义，不讲私情，与小人之党有本质的区别。祁奚、叔向担心别人说他们结党营私，故意做出"君子之交淡如水"的情态。然而，他们彼此内心深处，真的就只知道忠君体国、真的就不营私？

羊舌虎（叔虎）是叔向的异母弟。伯华、叔向之母是嫡妻；叔虎之母，则是因美色而被羊舌职收用。叔虎之母进门的时候，叔向之母不予接待，又命自己的儿子不要去接触。叔向说：

"父亲看上了她。你不理她，让父亲的脸上也不好看。"

叔向之母说：

"只要是男人，没有不好色的。这无可厚非。然而，我不见她，并非出自嫉妒，是为了你们两兄弟。越是人迹罕至的深山、大湖，越是生出凶猛的龙、蛇。越是美丽的花，越是含有剧毒。她有旷世难见的美貌，我担心他生出如龙、如蛇的害人精，祸害我羊舌氏。你们不要去接近她，不然终究为龙、蛇所害。"

叔向心想：

女人为了嫉妒，可以想出一万种理由来。她是父亲的宠妾。她的儿子将是我的弟弟。人生在世，不亲近自己的父亲和弟弟，还能亲近什么人？

羊舌虎于深夜时候出世。他的哭声特别洪亮。长大之后，他长得身材健美而容貌英俊，凡事都很要强。栾盈与羊舌虎年龄相当，仅从相貌上就喜欢上羊舌虎。羊舌氏在晋悼公年代才开始发迹。结交上有着上百年根基的栾氏，羊舌虎视之为奇遇。在栾盈的收买下，羊舌虎成为栾氏死党。叔向抱定自己的观点，很喜爱这个漂亮的弟弟，结果被牵连入狱。经栾氏之乱后，叔向对于美色的观点并没有改变。后来，叔向娶了美貌的夏姬之女，与之生下杨食我。羊舌氏最终亡于杨食我。这里且按下不表。

……

却说栾盈被驱逐之后，首先想到逃奔晋国的死敌楚国。在去往楚国的路上，经过周朝西部边疆，遭遇盗贼的抢劫。当时的民间，没有成组织的武装力量。就是孔子于《春秋》经文中所称的"盗"，其实是指不够高贵的贵族。按孔子的意思：

足够高贵的人，有其自身的名号。他们做什么事情，就称其名号。不够高贵的人，如果做了较为重大的事，那最多称其为"人"，用不着标明其姓名以示尊重。这就是后世所谓"名不见经传"。

栾盈遭到的强盗，并不是现代意义上的盗贼，实际是周王默许的不打旗号的偷袭。栾盈差不多算是晋国第一豪族，随身的财物不在少数。栾盈要用这些钱来做大事情。此时的栾盈已经落难。对落难的人而言，钱财更加重要。仗着栾氏的豪门声威，栾盈派人求见周王，说：

天子陪臣盈，得罪于王之守臣，将逃罪。罪重于郊甸，无所伏窜，敢布其死：昔陪臣书能输力于王室。其子黡不能保任其父之劳。大君若不弃书之力，亡臣犹有所逃。若弃书之力而思黡之罪，臣戮余也，将归死于尉氏，不敢还也。敢布四体，唯大君命焉。

译文：你的陪臣盈，得罪于你的守臣，出逃至此。现在于你的郊外又得罪。盈没有地方可逃，只好向你铺陈死情：早先，你的陪臣书为王室出力。书的儿子黡没有继续为王室效力。如果你记念书的功，盈还有地方可逃。如果你放弃书的功，想着黡的罪，那盈死有余辜，只好回到晋国去接受处理，不敢再来麻烦你。于此，盈的身体全部俯倒于地，跪求你的旨意。

栾书于鄢陵之战打败了楚国，保卫了周朝。栾盈提示这件事，周王不得不给面子。他命手下归还栾盈的财物，将栾盈护送出轘辕关。栾氏已经被赶出祖国，却能以一介之使改变天王的意志。这晋国世族的豪门声威，超越了真金白银！面对如此厉害的角色，晋平公不能大意。这一年的冬天，晋平公大会诸侯于商任，会议的主要议题是：

禁止中原诸侯接收栾盈。凡接收栾盈者，即是与晋国作对。

读者或许会感到奇怪：与其现在大费周折来禁锢栾盈，何不当初直接处死栾盈？这牵涉政治上的一种规则：政治人物之所以手中有权，是因为有人拥戴，有人承认他的权力。为了让人们拥戴自己，政治人物必须像演员一样演出。是栾氏、中行氏将晋平公的父亲晋悼公由一个流亡公子推举为天下盟主。如果晋平公在当初直接处死栾盈，会让人觉得他寡恩。如果那样做，会让人们觉得为君主做事没有好下场。那会影响到晋平公的威信。另一方面，身为晋国君主，不能不处理谋杀晋国君主的人。若不追究厉公之案，会让其他晋国贵族萌生出弑君的念头。正是这个两难的境地，让晋平公问计于阳毕，得出同时考虑经术、权术的方案。这个方案的实施，犹如演出。这个剧本的编剧，是阳毕。这个剧的演员，则是晋平公。很多时候，历史是按照某些人预先写好的剧本来演出……

晋平公即位以来，对外打齐国，对内处理栾氏。现在这两件事都已经做完，总算可以松口气。春秋172年春，郑国照例朝拜晋国。晋平公想起先君的桑林之享，欣羡盟主的排场。此时的晋平公是年轻小伙子，离不得的是女人。他以盟主的名义，向郑国征求上贡。外交辞令之中，隐隐提出让郑国贡献女人。想不到，郑国出了个强硬的人物，回复出一篇著名的外交文章：

在晋先君悼公九年。我寡君於是即位。即位八月。而我先大夫子驷从寡君以朝于执事。执事不礼於寡君。寡君惧。因是行也。我二年六月。朝于楚。晋是以有戏之役。

译文： 在晋国前任君主晋悼公九年，我国君主即位。即位当年的八月，我国已故的大夫子驷跟随我国君主朝拜晋国。晋国对我国不礼貌。我国君主为之畏惧。为这种遗憾，于二年六月朝拜楚国。于是，晋国以戏之役对付我国。

大国对于小国，总是难免有欺凌弱小的行为。以此为借口背叛盟主，是于无借口之中寻找借口。晋悼公九年，是春秋158年。春秋158年，子驷于弑僖公之后立郑简公，创立六卿议会。之后，郑国对大国采取玉帛待境的态度。由于楚军先到郑国，所以郑国投靠楚国。

楚人犹竞。而申礼於敝邑。敝邑欲从执事而惧为大尤。曰。晋其谓我不共有礼。是以不敢携贰於楚。

译文： 楚国想要争胜，所以向我国讲礼，一心拉拢我国。我国想顺从楚国的意愿，却又害怕酿成大错。我们说：那样做，晋国会说我们对于晋国的礼数不恭。于是，我们一心追随晋国，不敢与楚国交往。

郑国的玉帛待境的态度，让晋国很不满意。晋国放出狠话，要收拾郑国。郑国方面在这个时候一心追随楚国。春秋160年，郑国替楚国进攻卫国，又追随楚国讨伐宋国、鲁国。对这些事情，郑国避而不谈。

我四年三月。先大夫子蟜又从寡君以观衅於楚。晋於是乎有萧鱼之役。谓我敝邑迩在晋国。譬诸草木。我臭味也。而何敢差池。楚亦不竞。

译文： 我国的四年三月，已故的大夫子蟜又跟随我国君主到楚国，去看楚国是否有隙可乘。为此，晋国以萧鱼之役对付我国，说我国离晋国更近，说郑、晋同姓。犹如嗅植物的气味以辨别植物的种类，我国能够分辨好与歹。所以，我们小心翼翼，不敢错走一步。楚国也不来争胜了。

郑简公的四年，是春秋 161 年。春秋 160 年秋，晋伐郑，城虎牢，做成三驾的第一驾。此时，郑国内乱。六卿之中有三个被杀死。之后，子孔执政。晋国的第一驾，从气势上压倒南方。而郑国在这个时候还在追随楚国，由子蟜伴随郑简公朝拜楚国。此事，说成是"观衅於楚"，算是极高明的外交辞令。春秋 161 年夏、秋两季，晋悼公组织了两次对郑国的讨伐。那就是"三驾"的第二驾和第三驾。萧鱼之役，是指第三驾。三驾彻底压倒了楚国。在三驾发生的过程之中，郑国方面有自己的算盘：

让晋、楚相斗，让楚国败下去，然后投靠晋国。

从这个角度讲，也确实可以说是"观衅於楚"。可见，这高明的说法，也不是凭空产生。"譬诸草木。我臭味也。"这说法隐隐之中是说：

我郑国能够看清形势，看出当时晋国的势力更强。

这话的意思是强调小国之于大国，只能是服从强者。这意思暗中又为自己开脱：

我国先前的骑墙态度，正是因为这种不得已的形势。

寡君尽其土实。重之以宗器。以受齐盟。遂帅群臣随于执事。以会岁终。贰於楚者子侯。石盂。归而讨之。

译文：我国君主量郑国之国力，贡献出宗庙的彝器，以与晋国结盟。又带领群臣追随晋国，参加晋国的岁末朝正的典礼。对于叛国而事楚的子侯、石盂，我们于回国之后立即就进行了处理。

三驾之后，郑国向晋国赠送大量礼物，正式回归晋国阵营。

溴梁之明年。子蟜老矣。公孙夏从寡君以朝于君。见於尝
酌。与执燔焉。间二年。闻君将靖东夏。四月。又朝。以听事
期。不朝之间。无岁不聘。无役不从。

译文：溴梁之会的第二年，子蟜告老离任，公孙夏又跟随
我国君主朝拜晋国君主。我国君主参与了晋国的祭祀用酒的品
尝仪式，又于柴的祭祀之中担当助祭角色。隔了两年之后，听
说晋国君主想要平定东方，就专程于四月朝拜晋国，请问出师
的日期。在那没有朝拜的时候，没有哪一年不向晋国送礼，也
没有哪一次兵役不参加。

溴梁之会发生于春秋 166 年。之后的一年，即是春秋 167
年。春秋 168 年，晋国组织诸侯讨伐齐国，当时郑国参加了诸
侯联军。这些事情，说成是"无岁不聘。无役不从。"是在尽
量表忠心。

以大国政令之无常。国家罢病。不虞荐至。无日不惕。岂
敢忘职。大国若安定之。其朝夕在庭。何辱命焉。若不恤其患
而以为口实。其无乃不堪任命而翦为仇雠。敝邑是惧。其敢忘
君命。委诸执事。执事实重图之。

译文：晋国摊派的赋税、兵役多得超过了常规，让我国不
堪重负，造成我国方方面面接连出问题。我国每天谨慎、敬
畏，从来不敢忘却附属于晋国的本分和职守。晋国若是为我国
好，我国的态度是随叫随到，根本就用不着派人来催。晋国若
是不体恤我国的苦衷，反倒以我国不朝拜晋国为口实，那么我
国就受不起这太大的罪名，就难免被逼成为晋国的仇人。我国
的态度是敬畏晋国，是唯命是从。请使者体谅，请使者多担
待！

盟主国家向小国摊派赋税和任务，是盟主的职权。郑国借
此机会叫穷，甚至以背叛盟主相威胁。说成是"无乃不堪任命
而翦为仇雠。"这种说法，几乎有点耍赖的态度。然而，其分

寸掌握得也很好。他的意思是：

我是决不想背叛你。然而，要是你苦苦相逼，我就有可能被逼迫而背叛你。

晋平公受到这一番抢白，想要反驳，却又找不出什么反驳的话。考虑到郑国于历史上曾经多次背叛，晋国方面对这种威胁也不得不重视。这个既强硬，又让人无话可说的人物，究竟是谁呢？且看下回。

笔者感于叔虎的性格，诌成四句：

天赐美貌性勇武，无奈妍皮裹痴骨。
深山大泽生叔虎，项羽吕布遭天妒。

放散第五十七回

辞令尹阙地下冰　媵异姓容车载甲

上回说到的郑国强硬人物，乃是穆公族人之中的子产。子产新近才发迹，由普通大夫晋级为卿。他回复晋国的这一番话，只是最初的崭露头角。由此以后，数十年时间内，子产都是郑国政坛的第一号人物。子产的发迹，与子孔的倒台有关。

前面提到，子孔乃是郑穆公的儿子之中仅剩的一个当权人物。春秋160年，子驷、子国、子耳被杀。当时，子孔知道预谋，假装不知。事后，因子孔在穆公族人之中辈分较高，穆公族人公推他执政。春秋161年，郑国于归顺晋国之前，派良霄、石㚟为使者，通告于楚国。良霄去楚国之后，郑国正式归顺晋国。楚共王移恨于使者，将良霄、石㚟囚禁于楚国。至春秋163年，楚共王刚去世，楚康王尚处于谅闇期。此时，郑国副使石㚟对楚国令尹子囊说：

"贵国新君居于谅闇，尤其应当搞好睦邻友好关系。郑国背叛楚国，不过是根据晋、楚力量对比而做的选择。楚国斗不过晋国，与郑国使者何干？你们囚禁良霄，只会逼得穆公族人以此为借口，团结一致地仇恨楚国、亲近晋国。

"穆公传下十多房人，表面上是一家人，骨子里彼此猜忌，相互倾轧，争权夺势。子孔不就是那样的人物？良霄乃子良之后，是良氏的当家人。而良氏则是穆公族人的尊长。穆公族人内部，正巴不得楚国永远囚禁良霄，好让他们少去一个最强劲的竞争对手。如果你放良霄回国，良霄对国内当初派他来楚国一事怀恨在心，势必报复于当权的子孔。如此一来，不消楚国出兵，郑国内部就会动乱。郑国动乱，楚国之利也！你们于此时遣返良霄，正是时机所在！"

读者注意：石㚟是楚国所囚禁的郑国使者。他的这一番话，简直是放弃了宗庙和信仰，处处为楚国设想。他真的是一心替楚国考虑吗？战国时候出现了一种著名的纵横学说。这门学术的本质，乃是说客利用列强之间的矛盾，将国际形势的演变，引向有利于说客的方面。石㚟的这一番话，不过是纵横学的伎俩。纵横学的形成，先决条件是：传统的忠君思想衰落、民间个人意识崛起。此时的石㚟，何以有此思想呢？只因郑国政权早已经落入穆公族人手中。郑简公的君命是由执政的权臣代为发布；石㚟想要忠君爱国，势必就成了忠于权臣。而他又不愿忠于权臣。于是乎，渐渐想到忠于自己本人。他想要摆脱被囚禁的境遇，想要追随良霄回郑国干一番事业，所以与良霄合计出这一说法。

楚国的子囊，是靠身世做上令尹，本事原本不怎么样。他哪里搞得懂这其中的玄妙？听了石㚟的建议，子囊关说于楚康王，遣返了良霄、石㚟。良霄之父子耳，死于春秋160年的动乱。身为门子，不能不报家门之仇。良霄回国后，渐渐与子驷之子子西、子国之子子产走到一起，共谋报复杀父之仇。报复的对象，指向执政正卿子孔。

春秋 168 年，趁郑简公、子蟜、良霄、子张跟随盟主讨伐齐国的时机，子孔引楚军进攻郑国。由于子西、子展有防备，子孔没有成功。子孔此番引狼入室，虽没有确切的明证，于穆公族人之中已是尽人皆知。子孔与良氏、驷氏、国氏终究要做了断。而今又有了叛国之罪。若先发制人，还有得一拼；若就此延宕下去，只会酿成公愤，让自己死得很惨。

为方便读者理解穆公族人的内部矛盾，笔者于此重述其渊源。郑穆公有十一个儿子较为著名：子良、子罕、子驷、子丰、子国、子孔、子游、子印、士子孔、子然、子羽。此时，除子羽一房外，其余十房均活跃于政坛。十房之中，子罕、子驷、子丰三人为同一母亲所生，故而罕、驷、丰结成同盟。为报杀父之仇，良、驷、国又结成同盟。子孔、子然同为宋国女儿所生。士子孔之母圭妫，于班级上紧挨子孔之母，与子孔之母关系很好。春秋 156 年，子然去世。春秋 158 年，士子孔去世。子然、士子孔去世之时，因儿子还小，都请求子孔代为照顾孤儿遗孀、以家业相托。子孔当仁不让，关照这两家人。三家如同一家。故而子孔、子然、士子孔三家为另一同盟。子然一房，家业传至子然之子然丹。士子孔一房，家业传至士子孔之子子良（此人与穆公之子、子耳之父、良霄之祖同名）。

春秋 169 年，子孔不等政敌动手，纠结起然丹、子良率先发难。子孔于当初子驷、子国、子耳被杀之际，有胳膊肘往外拐的嫌疑；于楚军入侵之际，更有引狼入室的嫌疑。此外，三驾之后，郑国公议定下亲晋以求和平的国策。子孔一则有首祸以致内乱之罪，二则有叛国之罪。为此种种，让子孔树敌太多。对手人多势众，且早有防备。两方斗下来，子孔、子良战死，然丹逃脱至楚国。按当时的惯例，这三家人的家人，男的悉数杀死，女的沦为性奴，其家产被胜利者瓜分。至此，穆公族人中活跃于政坛的，还剩下七房：

良、罕、驷、丰、国、游、印。

七房人开会商议，讨论出新的政权班子。子罕之子子展代表国家，相当于当今的总统。子驷之子子西执政，相当于当今的总理。子国之子子产，晋级为卿，相当于进入军机处。后来，由于子产才华出众，国家大事往往多出于子产的决策。子产的情况有点类似于宋国的乐罕，又有不同之处。

穆公族人最初当权，是因子驷谋杀郑僖公，立年幼的郑简公。之后，执政的子驷、子孔相继被杀，各房的势力此起彼伏。从资历上讲，良氏的子良乃是七房之中最年长者，且有让国的贤举。然而，频繁出现的政变，让郑国不再看重资历，实际形成谁有本事谁来管事的局面。后来，子产根据人的特长，对穆公族人的掌权进行分工，形成了一种类似于民主政治的国家体制。郑国处于南北争霸的焦点位置，却能够生存很久，与这种较为民主的政体有关。这种体制是在穆公族人内部选人。用人的前提是：被选者必须是穆公族人。在这种体制之下，七房人各自的家风，就影响到各自的地位。笔者按《左传》所叙，以两个事例来说明：

春秋 172 年九月，印氏当家人子张病危。子张将国家封给自己的邑退还，告老回家。临死前，他召集家人，立儿子印段为继承人，并立下家训：

七房当权，各房之间将会有多个联盟、多条战线。我印氏势力原不如别家，于选边站队的时候稍稍不留神，就可能陷入斗争的漩涡，凶险可导致族灭。生于这样的乱世，眼前的富贵一不小心就会消失。我听说"民无求焉，可以后亡。"我死之后，我家的人务必低调处事。假如说别人推举做你第三大夫，你就只答应做第四大夫。别人用太牢来祭祀，你就用少牢；别人用少牢，你就用特羊。总之，不要讲排场，能够保住对家族的祭祀就行了。除了居家的这个城，其余的，都要退还国家。如此谦逊退让，可保我家运长久。

因为有这种家训，印氏一直传到春秋晚期。虽没有大红大紫，却也没有大灾大难。

春秋 172 年十二月，游氏的当家人游贩奉命出使晋国。在出行的路上，游贩遇到一个娶亲的队伍。大约是仰慕早先的蔡哀侯，游贩将新娘子拦下，就近找了个旅馆，也不等天黑，就先代替别人做了新郎。完事之后，以为靠了穆公族人的权势，这点事没有什么大不了，就带着这抢来的新娘子继续赶路。照他的意思，是将前往晋国的使命，当成抢婚的蜜月旅游。想不到这蜜月之欢只睡成了一次，就提前结束。当天晚上，新娘的未婚夫率领一帮人偷袭游贩，将其杀死，夺回了自己的未婚妻。

游氏的当家人被杀，当然想要报复。游贩之子游良率领家人正要去报仇的时候，接到子展的通知，请他去参加会议，讨论游氏继承人的问题。会议上，子展出头，说：

"游贩身为郑国的卿，乃是君主的帮手、庶民的主人。他做出这样的事情，让下面的人都来效仿，这国家岂不乱套？为惩戒此等恶行，废游贩之子游良，立游贩之弟子太叔为游氏家长。今后，游氏不得寻仇于这家平民，让人家过安生日子。庶几可以清正朝廷的风气、教化民间的伦常！"

这种裁判，并不是同情那个未婚妻遭玷污的平民，而是看游氏太猖狂，趁机打压其势力。一个家庭的风气，并不轻易能够改变。后来，游氏的公孙楚又与别人争女人，让游氏再次受到处理。穆公族人内部虽有矛盾，终究自成一个整体。子产用团结、批评、团结的方法，于处理公孙楚的同时，重用子太叔。子太叔本是偏房，经此变故成了游氏当家人。他投靠国氏的子产，后来继任于子产，为郑国第一大夫。

低调做人的法则，通行于古今政坛，差不多成了政界的真理。郑国的游贩高调了一点，就丢了性命。当时，楚国也出现类似的情况。楚国的子南、芳子冯，相继为令尹。一个因高调而亡，另一外因低调而生。楚国令尹子囊于春秋164年去世。继任者为楚康王的叔叔子庚。至春秋171年，子庚又去世。楚康王即位以来，楚军两次与晋国战争。一次是春秋165年，晋军迁许国，楚国命公子格率军救助。结果公子格遭遇栾黡，大败而归。另一次是春秋168年，郑国子孔愿做内应，请楚军进攻郑国。楚康王惩于上次的失败，命芳子冯为主帅、公子格为副手。此战之中，楚军侵入郑邑费、滑、胥靡、献于、雍梁，沿顺时针方向绕新郑包围至蛊牢。后来，因遭遇霖雨，步兵全部死于回国的路上。经此两战，楚康王认识到君主系的亲人都是些笨伯，所以于子庚去世之后命芳子冯做令尹。芳子冯何许人呢？他是孙叔敖的侄儿。楚庄王年代，鬬椒先是与芳贾合谋对付鬬般，继而又谋杀了芳贾。楚庄王处理了鬬椒之后，起用芳贾之子孙叔敖。叔孙敖做令尹的时候，与楚庄王的另一谋臣申叔时建立起友谊。芳氏与申叔氏两家世代友好。此时，申叔氏的当家人是申叔时之孙，名叫申叔豫。君王请芳子冯做令尹，芳子冯征询申叔豫的意见。申叔豫想了半天，说：

"楚国最大的问题，是权臣当道，君权势弱。这个时候去执政，事情不好办！"

比较于鲁、宋、郑之类的国家，此时的楚王算是很有权威的了。申叔豫说权臣当道，乃是正话反说。为什么要反说呢？因为：处理权臣是楚庄王临死留下的遗训。权臣当道虽不是此时的国情，却是楚康王心中最大的担忧。芳子冯听懂了这个道理，装病推脱。时值夏季。他命人于床下挖一个大坑，坑中放一块巨大的冰。然后故意吃许多生冷食物，让自己拉肚子，拉到虚脱之后，穿上皮衣，卧于冰床之上，再盖上几层厚的被子。

读者会问：既然是夏季，哪里来的冰呢？这与儒教的一个习俗有关。儒教学者认为：深山里面的寒冰是阴气极盛的表现。如果放任其自然地堆积，将造成阴盛阳衰。于冬季极阴时候将其从深山之中取走，又于夏季极阳之时用去；就具有了调和阴阳的作用，甚至能够保证风调雨顺。这个说法既带有迷信，又具有朴素的唯物主义思想。当时中原的人们于夏历十一月的时候到深山之中拖取寒冰，储于冰窖之中。等夏季到来的时候，用冰来保持祭祀所用的食物的新鲜。如果有重要人物于夏季去世，就用这冰来装敛尸体，防止尸体腐败变臭。按当时的规矩，天子去世需要停丧七个月，诸侯去世需要停丧五个月，大夫去世需要停丧三个月，就是普通的士去世，也需要停丧一个月。为什么要停放这么久呢？是因为儒教重视葬礼，需要让死者生前故人都赶来吊唁。当时交通不方便。像周王那样富有四海的人物，如果去世，就是远在天边的部落，也应当前来送礼。故而停丧期达七个月。如此长的停丧期，全靠冰来包裹尸身，才不至于让死者的样子过度变形、发臭，才好让吊唁的人见最后一面。有了藏冰的习俗，实际改善了人们的伙食。贵族于夏季的时候，能够吃上冰镇的食物。最初，藏冰是君主的特权。贵族去世的时候由君主下令赐冰，也是君主的专门恩典。到此春秋时候，此习俗早已下传至世家。芳子冯乃是贵族世家，故而其家中有藏冰。

且说当时，楚康王听说芳子冯患病，就命自己身边的医生前去查看。医生看了之后回复说：

"他脸色苍白，四肢无力，然而并不是真病。"

楚康王明白了其中的道理，也就循故例，让楚庄王之子，也就是自己的叔叔子南做令尹。子南于子庚受命之时官居箴尹，是楚王之下的第七号人物。忽得此奇遇，就有些把持不住，渐渐呈现出"藐视上帝"的骄态。他手下有个宠臣，名叫观起。观起在子南的纵容和支持下生活奢侈、欺压百姓、横行霸道。观起的霸道与楚康王相比，完全是小巫见大巫，不足以引起楚康王的注意。楚康王注意的是：自己并没有给予观起官职，观起家中竟然有战马数十乘。楚康王想要知道：

是什么人纵容观起拥有武装？观起的武力准备用来做什么？

当时，楚国有个惯例：

令尹之子，到楚王身边做贴身侍卫。

此举乃是挟持人质之意。如果令尹有谋反之心，他的儿子就如同人质一般，首先遭到杀害。子南之子弃疾，循例为楚康王侍卫。楚康土已经决定处理子南，担心事情被弃疾泄露，故意表演出一种仁慈：

每当见到弃疾，他就哭泣。

到第三次的时候，弃疾终于忍不住问：

"君王你三次面对我哭泣，必有可悲之事。请问是谁犯了罪？"

楚康王说：

"令尹不堪国家大事。国家要处理他。此事想必你已经知道。你是我的贴身侍卫，应当参加行动。然而，你是他的儿子。你愿意参加此次行动吗？"

弃疾说：

"为父遭谋杀，为子参与到谋杀之中。这样不孝的人，你拿来有什么用？我知道泄露机密是重罪，我可以保证不泄露此事。"

春秋172年冬，子南做令尹仅一年，就被楚康王处以枭首之刑。其尸身被陈列于朝堂。观起则被处以车裂之刑，用四乘马车将其分尸。之后，四乘马车载着已经肢解的观起的尸身分赴楚国的东、南、西、北四方边境，分别悬挂于四方的国门之上。

子南的党羽建议弃疾收敛父亲的尸身。子南的尸身悬挂了三天之后，弃疾向楚康王请求收尸并举行葬礼，以尽人子之义。楚康王同意。葬礼结束后，有人问弃疾：

"你是否准备流亡外国？"

弃疾说：

"我明知父亲要被杀，却假装不知。这相当于犯下了谋杀父亲的罪。普天下都是讲孝道的国家，我能往哪里逃？"

别人又问：

"那你是准备尽忠于君王？"

弃疾说：

"我不可能斗得过他，所以不敢报复。我活到今天，只是为了主持父亲的葬礼。哪至于去侍奉杀父仇人？"

弃疾上吊自杀。此事之中，另有一个人物，对孝道作出了另一种理解。什么人物呢？就是观起之子观从。观起的尸身悬挂于国门，时刻提示于观从，让观从感到生不如死。观从忍辱负重，潜伏多年，最终报复了杀父之仇。此人对于君王的报复，直把楚国弄得天翻地覆、血流成河。那是很久之后的事情，这里且按下不表。

处理了子南之后，楚康王重新任命官员：

芳子冯为令尹。公子齮为司马。屈建为莫敖。

富贵的诱惑是难以抗拒的，特别是在自己身临其境的时候。这一次，芳子冯不再推辞，并且很快就走上了子南的覆辙。变其本而加其厉，他身边的宠臣达到八人之多。楚康王又注意到：

这八个人没有从我这里得到职权，家中也养有很多战马。

有一天，芳子冯于朝廷上遇到申叔豫，就像平常一样上前攀谈。不料无论自己说什么，申叔豫都一字不答，并且转向离去。芳子冯觉得奇怪，就追上去。申叔豫又钻入人群之中。芳子冯继续追，一直追到申叔豫家中。他问申叔豫：

"我贵为令尹，于朝堂上主动找你说话，你如何不理我？你我原本是好朋友。你为何像躲瘟神一样躲着我？"

申叔豫说：

"我成天担心自己小命不保，哪里还敢招惹你的事情！"

芳子冯最近油大吃得多了，又在女人身上消磨了精神，所以脑子不那么灵光，反应不过来，就又问：

"你出了什么事？并且，我谈的是国家大事，又有什么沾惹不得？"

申叔豫说：

"我倒没出什么事情。要说出事情，正是因为你的国家大事！你是令尹，当初子南也是令尹。你我是好朋友，当初子南与观起也是好朋友。观起被车裂分尸，尸体现在都还悬挂在四方的国门之上。想起这事，我怎能不担心自己的小命？"

仿佛电光一闪，芳子冯一瞬间明白了当前的形势。他来不及向申叔豫致谢，甚至来不及招呼自己的车夫，自己驾着马车飞奔回家。一路上，思绪如同火山爆发，简直连路都看不清。到家之后，芳子冯立即召集手下八个宠臣，对他们说出自己今天的经历，然后说：

"好比我已经死了，申叔豫让我重生；好比我已经变成一副枯骨，申叔豫让这枯骨之上重新长出肉来。做朋友，必须是申叔豫这样。如果不是申叔豫这样的人，我请于此绝交！"

主人的这个话，说得重了。八人各自敞开自家的心扉，仔细察看，发现自己不是申叔豫那样的人，就都主动离去。

因为芳子冯自戕羽翼，楚康王总算不再追究。芳子冯经此事之后，整个人的心态都变了。遇事小心翼翼，每日必三省其身。虽为令尹，却不得权臣的乐趣。因为心绪不宁、惴惴不安，故而不得永年。他于春秋172年冬做上令尹，不足三年，就于春秋175年去世。楚康王看权臣被自己吓怕了，也就敢于起用外人，故而起用屈建为令尹，屈荡为莫敖。

屈氏于春秋早期曾经风光一时，至此春秋后期，又重新崛起。楚国君主系打压权臣的习惯，一直延续至战国时候。后来，屈建的后人屈原也遭到流放。民间的人仰慕屈原，为屈原创制出端午节，把楚王恨得咬牙切齿。同样的道理，南宋时候，朝廷宁愿放弃重振河山的机会，也要处理岳飞。普罗大众仰慕岳飞，甚至做出什么"说岳"的话本，把赵家皇帝恨得咬牙切齿。从统治阶级看来，处理屈原、岳飞其实是保证君权的必要手段。那些政权被权臣篡夺的君主，反倒佩服楚怀王处理屈原、赵构处理岳飞的手段。人站的立场不同，政治感情就有不同。世间的君王只是极少数人，故而君王的观点、君王的政治感情往往不能流传，也不为普通民众所接受。《左传》记载的对象是贵族，故而得见春秋贵族的政治感情。而后世的统治者的为人，只有极少数编辑《起居注》的人能够得知。其余的人想知道君主的为人，总是从《离骚》、"说岳"之中，得到相反的结论。

……

楚国忙于内斗，让晋国坐大。晋国的晋平公继承发扬晋悼公的家业，对外打败齐国，对内处理栾氏。北方已定，南北争霸的主战场转至南方。许国在晋国的威慑之下转投北方，楚国无可奈何。晋国势力继续南压，与楚国侵夺陈、蔡。于此，笔者先补叙陈、蔡此前的历史：

春秋153年的时候，因吴国从背后牵制楚国，楚国子重命组甲、被练大举讨伐吴国，结果惨败而归。此事让子重惭愤而死，也让楚国传统的附庸陈国生出二心，想要投靠晋国。子辛继子重之后为令尹，采用强硬政策，向陈国摊派更多的赋役。陈成公一气之下联络晋国，投入中原的怀抱。楚国讨伐陈国，偏遇陈成公于春秋154年春去世。按不伐丧的古礼，楚军撤退，同时命顿国监察陈国。此后，春秋154年冬，陈国包围顿国。春秋155年，因陈国正式加入晋国阵营，北方联军戍兵于陈。楚国令尹子囊再伐陈国。几年的变化，让原本一心依附于楚国的陈国分成两派：

一派以君主系为主，主张亲晋。另一派以庆虎、庆寅为主，主张亲楚。

春秋157年，陈国君主陈哀公亲自参加晋国主持的会议。庆虎、庆寅想要阻止君主，故意让陈哀公之弟公子黄出使楚国，又暗中请楚国逮捕公子黄，然后通知陈哀公，说国中出了大事，以此逼迫君主退出会议。因为是故意导演的计策，所以事后公子黄回国。经此事之后，公子黄与庆虎、庆寅结仇。

蔡国自调戏息妫的蔡哀侯开始，传位至其子蔡穆侯。蔡穆侯传其子蔡庄侯。蔡庄侯年代，晋文公崛起。蔡庄侯参加了晋文公组织的践土之盟。至春秋131年，在位君主是蔡庄侯之子蔡文侯。蔡文侯年代，陈灵公因夏姬的事情被杀，陈国被楚国吞并。这让蔡国生出兔出狐悲的感情，蔡文侯想到了"不改乃父之行"的孝道。他说：

"先君参加了践土之盟，我怎能违背先君的意愿、放弃晋国？况且，我国与晋国同出于周朝，乃是兄弟国家。怎能抛弃自己的兄弟、事奉外人？"

话虽是这般说，楚国就在身边，蔡国也不得不巴结楚国。

……

楚国与晋国同为霸主，在政治、地理上却有较大的不同。晋国在政治上尊奉周朝，虽拥有王的实权，于名号上终究是个诸侯。晋国从太行山东下，不断侵吞东方的土地。这些新得的土地，都是耕种了无数年代的熟田。晋国内部的经济政策，用的是重农主义。就是迁都于新绛，都是出于粮食出产的选址。因此，晋国打天下很大程度上可以靠晋国自己的经济来支撑。

楚国在政治上采用王制，套用封建诸侯的形式，总是将新攻占的土地封给楚国属下的诸侯。对陈、蔡之类的较大国家，又用"存亡续绝"的思想，任命其原先的君主为领主。楚国位于长江中游的平原，其疆域虽不小于晋国，因南方平原的耕地狭窄而破碎，其自身的农业出产并不丰富，其经济不足以支撑其军事行动。每当楚军出动，总是要用楚国的附庸国来补充兵员，更要附庸国提供大量的军费开支。甚而至于，楚国内部较大的工程，其劳动力的征集，也要靠附庸国提供。在这种情况下，陈国、蔡国都要承受楚国所摊派的兵役和劳役。君主系的人，更多地考虑国家社稷的千秋万代，目光比较长远，所以陈、蔡君主都担心极重的兵役、劳役残害国力，让国家越来越弱，影响到自己的家业传承。而君主系之外的贵族，则更关心自家的安危，以为纵然是国家灭亡，自己还可以转事楚王，做楚国贵族。陈、蔡离楚国较近，陈、蔡的贵族之中就有人担心与楚军交战让自己战死，所以形成亲楚派。

春秋 170 年，蔡国君主已换成蔡文侯之子蔡景侯。蔡景侯的心腹公子燮暗中联络晋国，想要与晋国建交。蔡国内部亲楚的势力杀死了公子燮。公子燮之弟逃奔楚国。蔡国发生这种事情，让陈国生出联想。陈国的庆虎、庆寅，一直担心公子黄报复，趁此时机告密于楚：

"公子黄与公子燮是同谋。"

公子黄遇上这些事情，就算自己想要脱身于事外，却已经是人在江湖、身不由己。他本不在乎亲楚还是亲晋。谋害他的庆虎、庆寅亲楚，他只好亲晋。庆虎、庆寅是君主的外甥，算起来与公子黄之间是中表兄弟。公子黄被逼出国。临走的时候，于大街上高呼：

"庆氏无道，求专陈国，暴蔑其君。庆氏终将不得好死！"

公子黄逃奔楚国，想要请楚王来主持公道。

楚康王最近因打不过晋平公，心中不得志。接连接收陈、蔡的公子，让他甚感得意。接收公子黄之后，楚康王命陈国君主到楚国说明情况。陈国君主在政治上与庆虎、庆寅对立，当然站在公子黄一边，替公子黄说话，反说是庆虎、庆寅亲晋。楚康王搞不清陈国国内的关系，又命庆虎、庆寅到郢都出席楚王的法庭，与公子黄对坐。庆虎、庆寅二人，本是心向楚国，如今却受到楚国的责难。如果前往楚国，楚国已经先入为主地接受了陈哀公的说法，对坐的结果死多活少。庆氏向来亲楚，又不可能寻求晋国的支持。想来想去，干脆铤而走险，趁君主不在国中，拥兵自重，强令国人效忠于庆氏。春秋173年夏，楚国新任令尹屈建率兵包围陈国。庆虎、庆寅组织城防。当时的人们，视君主为信仰。纵然是鲁国那样政权完全由季氏掌握，逢着大事，也必须有君主出面，才能号令国人。庆虎、庆寅一时间起意叛乱，又没有拥立新君，完全不能服众。就在二人监督士兵修建城墙的时候，士兵哗变，二人被杀。原本亲楚的庆氏，反被楚国逼死。同为卖国，卫国的孙林父混得八面玲珑；陈国的庆氏却弄巧成拙。这好比做生意，别人做起来赚大钱，自己亲自去做，才知道其中的艰难！

事情出现这种戏剧性的变化，陈国君主陈哀公不得不转变态度，臣服于楚国。春秋174年，陈国追随于楚国讨伐郑国，因此得罪了郑国，弄得险些亡国。此战又与齐国和栾盈有关。笔者且按下陈国不表，先叙栾盈、齐国的演变。

上回说到，春秋171年，晋平公处理栾盈的时候，栾盈逃奔楚国，州绰等人逃奔齐国。齐后庄公要州绰请栾盈到齐国，共谋对抗晋国的大事。州绰为了向齐后庄公表忠心，就派人到楚国，向栾盈转告齐国的意思。齐国与楚国，早先就有交往。现在齐国要对抗晋国，楚国当然支持。于是乎，栾氏、齐国、楚国协议成共同对抗晋国的联盟。栾盈愿充当中间人，由楚至齐，协助齐、楚结盟。因由楚至齐的路途要经过晋国的势力范围，楚康王派出军队专程护送栾盈。春秋172年秋，栾盈到达齐都临淄。齐国贵族晏婴，进谏于齐后庄公：

"栾盈被晋国视为心腹大患。为了禁锢栾盈，晋国君主专门召集商任之会。你接收栾盈，是在政治上与晋国为敌。且不说我国国力不如晋国，就是从名分上讲，我们也不应当与盟主作对。"

齐后庄公以为：

齐、楚合力，已经可以对抗晋国。再加上栾盈从晋国内部起义，完全可以战胜晋国。

他说：

"什么盟主？我国先君桓公才是盟主。晋国能做盟主，我怎么就做不得？"

听说栾盈从南方回到中原，晋平公再次召集诸侯，大会于沙随，重申禁锢栾氏的命令。齐后庄公虽然参会，于会议上唯唯诺诺，回国后却特设秘密住所安置栾盈，时常与栾盈商议大事。

"三驾"的时候，晋国与吴国取得联系。为了要借重吴国的力量，晋国不顾同姓不通婚的习俗，主动提出要嫁晋国女儿与吴王诸樊。诸樊长期生活于少数民族聚居地，儒教的信仰更加淡薄，更加不在乎这个禁忌。晋、吴之间说婚论嫁，议成春秋173年成婚。齐后庄公听说此事，发现一个天大的时机：

如果我齐国送女儿到晋国做媵女，就可以借用女人用的有车壁的容车将栾盈偷渡回国。

对此，晏婴进谏说：

"晋、吴之间同姓结婚，已属非礼。晋、齐为异姓，更不应当送媵女。这是于非礼之上，再加一种非礼。"

齐后庄公说：

"你知道什么？晋、吴结婚，乃是当今天下最大的大事。我岂能置身外外？我送媵女到晋国，乃是出于对盟主的尊重。什么是礼？履以致福就是礼！只要能够带来好处，什么样的礼不可以创作出来？"

表面上这么行礼，暗地里齐后庄公与栾盈忙得不可开交。一个要联络晋国的旧部，伺机起事；一个要集结齐国的军队，伺机伐晋。并且还要联络南方的楚国，约定三方共同发难，一举消灭晋国。

这一次齐国送媵女往晋国，是一支数十辆马车的车队。名目上车上坐的是女眷，所以马车都用贵族妇女专用的马车。接下来的栾盈回国，正是乘坐贵族妇女专用的容车。趁此机会，笔者简述春秋时候的几种马车：

当时的马车最常见的是用于战斗的戎车。为了方便四顾放箭，戎车上只设较低矮的围栏，不建车壁，也没有顶棚。车上的围栏号为轩。轩只有左、右、后三面。其前面方向站人，没有围栏。按史书记载，当时的战车上的人时常从车上跳上跳下。这说明戎车的栏杆只是用来关住车上的兵器、物品，设置得并不高。栏杆不高，而车又颠簸，这就让人很容易从车上甩出去。为此，在车靠前位置建一个专门的扶手。这扶手号为轼。由于军队的特殊性，人们发明了贵族于战车之上行礼的方式：直立，手扶车轼，低头。并保持这一姿势。这就是所谓式礼。由于车身较高，主帅上车的时候由车右俯身做人梯，踏着车右的背上车。而主帅之外的人上车，则依靠一根系于车上的绳子，拉着绳子上车。武士为了显示勇武，直接从地面跳上车，或从车内跳下地面，那叫做"超乘"。超乘是春秋武士的武学科目之一，但同时被视为无礼的行为。

主帅的或者特别高贵的人乘坐的战车建有顶棚。那一则为了悬挂发布军令的战鼓，二则是为了突出尊贵。这种顶棚，叫做车盖。后世的礼仪之中，皇家专用马车的车盖做成龙爪形或瓜形，以黄金为饰。而用来撑车盖的立柱制成弯曲形状，并且用金、玉为饰，号为金根车、玉根车。金顶玉根为皇家尊贵的标志。

贵族妇女所用的马车，按儒教妇女不能抛头露面的礼仪，既有顶棚，又有车壁，将车内情况完全遮蔽。这种完全遮蔽的马车，叫做容车。按史书记载，春秋时候的容车的车壁用海狗皮为饰，故而容车又号为鱼轩。中国古代对动物的称呼有很多不同于现代。所谓海狗，大约是当今的海豹。自春秋以后，史书之中不再有对于犀甲、鱼轩的记载。这不是社会习俗变得不那么在乎装饰，也反映出古中国的动物的变迁。正是因为春秋贵族大量杀死犀牛、海豹，以取用其皮，才让这两种动物越来越少，甚至绝迹。后世的人纵然是仰慕周朝的文化，想要重新制作犀甲、鱼轩，却已经找不到原材料。

周朝贵族的社交之中经常都要行礼。这些礼大抵都是伏于地面、五体投地。为了行礼方便，当时的坐姿不同于当今。当时的坐姿是跪于席面上，臀部坐于脚踝之上。为了坐于脚踝，当时的人赴宴，还在进大门的时候就要脱却鞋袜。如果臀部直接坐于席上，将双脚自然伸于向前，那叫做踞。踞坐被视为对人无礼。在这种坐姿之下，产生不出现代的凳、椅、沙发。中国最早坐具的叫做床。这个字繁体写作"牀"，更早则写作"爿"。爿是人靠于墙的象形。它说明最早的时候，人们的"坐"无非就是坐于地面、倚靠于墙。由爿至牀的变化，就是源出最早的马车。人们比照马车车体的样子，制作出休息用具，那就是当今的床。直到今天，中式的床都还是春秋时候的马车的样子，床四周有较为低矮的栏杆，床顶有盖。只是为方便床上活动，将支撑车盖的立柱建到四角。此外，后世将床的体积缩小，制作出单人用的较为窄的床，那就是所谓榻。

中国的房屋也与马车有关。人们依照马车的样子建起只有柱子和屋顶，没有墙壁的房屋，用作练习射箭的场所，号之为榭。人们又仿照马车的围栏，建起三面有围栏，南面为进出口，却又没有墙壁的房屋，号之为轩。有时候，用帘子将轩遮蔽起来。有时候，帘子较为透明，甚至没有帘子，能够看到里面的情况，那就叫做敞轩。最具中国特色的亭子，正是较小的敞轩。而亭子的装饰，大抵是上述第二种主帅专用战车的格式，甚至有模仿金顶玉根的地方。

正是因为床源出马车，所以人们用床来指代马车样式的建筑。李白诗"床前明月光"，实指敞轩之外的地面被月光照明的样子，不是指的睡觉用的床。

赴晋国的容车之内，有的坐的是齐后庄公的女儿，更多的则是坐是栾盈及其死党。晋国的国都虽然是新绛，其祖宗宗庙则在曲沃。按儒教的婚礼，女儿出嫁的时候必须到宗庙去向祖宗辞行。随同出嫁的媵女，也就都送往曲沃。曲沃恰好是栾氏的封地，栾氏在曲沃做领主长达数十年之久。仿佛是上天的安排，容车载着栾盈直奔曲沃。究竟栾盈能够成功呢？且看下回。

并列第五十八回

杀督戎武无第一　论立言孔子第二

春秋173年，栾盈乘坐女人专用的容车，掩人耳目，秘密到达曲沃。他在曲沃城中找到自己的党羽胥午，请胥午召集所有党羽、亲信，图谋起事。胥午说：

"不是我不愿意为你去死，实在是你的力量太弱，不可能对抗整个国家。是上天将你抛弃，谁能够让你复兴？注定要失败，为什么还要去做？"

栾盈说：

"我知道不可能成功。然而，偃（中行偃）去世的时候，我在心里立下了誓言：拼到死，也要报复！我就是那与上帝作对的人！就让我去死吧！你去做，死了我不后悔！如果上帝降罪，就让它惩罚我一人，与你无关！"

胥午的祖宗胥臣，乃是追随晋文公流亡外国的几个贤臣之一。晋文公蒐于被庐的时候，为了笼络国内的人心，就连最信任的狐偃、赵衰都不能得到理想的官职，胥臣就更加不得志。

从那以来，胥氏一直被排挤于权力核心之外。这个情况，与栾书发迹之前的栾氏有些类似。胥、栾两家惺惺相惜，很有共同语言，故而结成世交。经历近百年的交往，栾、胥之间的信任已经成了默契，毋庸置疑。胥午将栾盈藏于屏风背后，召集起曲沃城中栾氏党羽的首领，置酒行觞，奏乐飨客。到酒酣耳热之际，胥午开言：

"我们靠了栾氏的恩典，才有今天的快活。假设此时此地栾孺子（栾盈）在场，又当何如？"

人于喝酒之后，情绪都比较激动。众人说：

"要是能得主人，为主人而死。死，犹不死也！"

想起栾氏，有的人叹息，有的人甚至抽泣起来。胥午下令停止奏乐，表情严肃起来。他亲自起身，为席上每一个人酌酒，再问：

"我再问一次，各位务必袒露心声：

"如果主人在此，你当如何？"

众人说：

"而今我等俱是丧家之犬。此身虽在，此心已死，直如禽兽一般。若得主人，乃是重新成为人类！何来二心？"

话说到这种程度，栾盈感到可以出场了。他从屏风后面走出来，向席上众人一一行拜手之礼。

由于赵盾以来的体制改革，晋国的世族拥有大量的土地和人口。以晋国的名义出兵打仗，兵员的大部分都是来自世族的封地。虽是如此；仅凭栾氏一家的党羽，不可能对抗晋平公。栾盈需要借助其他世族的力量。此时的晋国，排得上号的世族有范氏、赵氏、韩氏、中行氏、魏氏、知氏。对栾氏而言，范氏直接执行了对于栾盈的处理，不可能拉拢。赵氏的当家人赵武，是赵婴、赵同、赵括被处理之后的"赵氏孤儿"。栾书参与了对赵同、赵括的处理。为此，赵武仇恨栾氏。韩氏的韩厥在赵婴、赵同、赵括被处理的时候帮助赵氏，与栾氏为敌。在栾氏谋杀晋厉公的时候，韩厥又拒绝参加。因此，韩氏与栾氏也是仇敌。中行氏此时的当家人是中行偃之子中行吴。中行偃本是与栾书一起谋杀晋厉公的同谋，然而，在春秋164年晋军讨伐秦国的时候，中行偃说"唯余马首是瞻"，栾黡公开唱反调。为此，中行氏与栾氏的关系也不太好。在最近几次职务调动中，范氏、中行氏都卖弄谦逊，相互推奖，彼此吹嘘，共为第一大夫和第二大夫，共掌中军，故而结成友谊。在范氏的拉拢下，中行氏更加不愿帮栾氏。知氏此时的当家人是知罃之子知盈。知盈年仅十七且涉世不深，对国家大事还不熟悉。知盈的爷爷荀首，乃是中行吴的爷爷荀林父的弟弟。为此，知盈遇事总是听命于中行吴。魏氏此时的当家人是魏绛之子魏舒。早先，魏绛与栾盈共掌下军，彼此间有同僚之谊。另外，栾书做第一大夫的时候，结交七舆大夫。七舆大夫乃是君主身边的人，能够于此时起到关键作用。栾氏早先仗势欺人，树敌太多。到这关键的时候才发现：

举国之中，只有魏氏和七舆大夫，有可能站到自己一边。

春秋173年四月的一个夜里，栾盈通过魏舒的帮助进入新绛城。范匄正与乐王鲋一起喝酒，忽接密报：

"栾氏已经进城！魏氏、七舆大夫叛变，正在赶去与栾盈会合的路上！"

此时是晚上，不可能调集军队，而君主的侍卫七舆大夫又叛变。事发仓促，从来都老谋深算的范匄大吃一惊，心中道：

糟糕！当初君主要处理他，让我出面。如今他杀回来，第一个要报复的就是我！

范匄吓得发呆，身体为之瘫软，坐在地上几乎不能移动。倒是乐王鲋有些急智，说：

"先护卫君主到一处墙壁坚固的房子。

"栾氏树敌太多，而你位为正卿，有指挥六卿的权力。他从外面来，是客；你坐镇城中，是主。你怕什么？"

听了这几句，范匄回过神来，才觉得手脚有些力气，从地上爬起来召集会议，商量应对办法。毕竟是久经考验的老政客，此时立即想到两点：

其一，晋平公之母刚刚去世。正好以哭祭国母为名，让范匄穿上丧服，由两个女人用辇抬着进宫，组织起人保护晋平公。

其二，命范鞅带着军符立即去追魏舒。追上之后，随机应变。务必阻止魏氏的叛变。即使不能让魏氏为君主而战，只要能让魏氏保持中立，就是大功！

这一边，因为乔装打扮，范匄顺利进入宫中。进门之后，立即关门上锁。找到晋平公后，范匄、晋平公移至宫中最坚固的房屋中，组织起甲士备战。

那一边，范鞅到魏舒家门口时，魏氏的军队已经排列整齐，魏舒已经站到战车之上。范鞅手执军符大呼：

"所有人原地不动，且听主帅密令！"

他走到魏舒的战车前，对魏舒说：

"栾氏率领贼人进城。此事早在君主预料和掌握之中。现在我的父亲和所有的官员都到了君主宫中，特命我来接你到宫中议事。请让我来做你的车右，护卫你进宫。"

不等魏舒同意，范鞅双脚轻轻一垫，已经跳上战车，右手按剑，左手扶握车带。上车后，扭头对御戎说：

"走！到宫中去！"

御戎请示于魏舒：

"往哪里走？"

事发突然，魏舒如同范匄，也没有回过神来。范鞅又不等魏舒开口，代其传令：

"国家危亡之际，为臣者当然是护卫君主！当然是往宫中！赶紧走！"

魏舒此时有些清醒过来。他想：

"栾氏纵然一时间能够取胜，终究是以臣攻君，最终要败！我与君主之间并无嫌隙，此时转变态度，事后不会受处理。我不能为了点私交，断送我的家族！"

他没有开口说话，也没有表明态度。御戎看魏舒没有反对范鞅，就驾车前往宫中。魏氏的军队跟随在后，都来到宫前。范匄在楼上远远看到魏氏的旗徽，亲迎至阶梯前，握住魏舒的手，说：

"君主有令：凡于此时尽忠于国家者，赏以大邑。栾盈胆敢造反，必将受族灭之祸，其封地曲沃当赏予功臣。你于此时深明大义，当受重赏。君主命我于此将栾氏的封地曲沃赏赐予你。你去打败栾盈，取下曲沃之后，城中的一切即为你所有！"

读者注意：曲沃城乃是晋国第一大城市，又是成师一房的历代君主宗庙所在，在晋国具有非凡的意义。魏舒不过是在关键时候发了一阵子呆，没有反应，没有表态，就得到如此好处！真是难得的奇遇！

魏氏虽然转变，毕竟栾盈早有预谋，且其手下都是些誓死效忠于栾氏的勇武之士。其中有一个武士名叫督戎，其人身高超过两米，武力号为晋国第一。此人为栾盈的先锋，挡之者披靡。在楼上观战的范匄看到这情形，就问自己的儿子：

"督戎真的是天下第一？真没有人能够打败他？不于阵前杀了督戎，我方的士气就振作不起来！"

范鞅说：

"人都有长处有短处，谁敢说真的就是天下第一？此人的力气确是很大。不过，个子太大，身形不够灵活。我曾经听有个人说：

"国家选武士只看外表，不验实才！我若与督戎交手，定能轻取其性命！"

范匄说：

"有这种人？何不命其来取督戎？"

范鞅说：

"此人名叫斐豹，因为武力太强，稍稍一点纠纷，就把人打死了。当时，官人怕他于社会上惹出更多的事端，立下丹书，禁锢其永生不得出狱。"

范匄说：

"有这等人物？赶紧提来我看！"

斐豹来到范匄面前。其人身高只有不到一米七五，体形瘦削而矫健。范匄说：

"就是你，能取督戎性命？"

斐豹说：

"小人打小性子太急，一不小心就要弄死人。因此被禁锢于死囚之中，永不得出狱。若能解小人的禁锢，小人当尽死力报答！"

范匄说：

"你果真能胜督戎？"

斐豹说：

"小人的本事，并不在力气和技艺，只是为了杀人有些小的计谋。"

范匄说：

"你果真能杀死督戎，我就还你自由之身。"

斐豹来到督戎面前。督戎俯视斐豹，完全没有把对方放在眼里。然而，斐豹身形灵活，戈刺不中，剑砍不着，弯弓搭箭时，总拿捏不稳准头。仗着身高腿长，督戎追赶斐豹，想要抓住斐豹，空手将其撕成两半。斐豹逃到一段矮墙背后。时值夜晚，虽然战斗双方都握有火把，但是在没有人的矮墙背后，却是一片黑暗。督戎追到矮墙背后，眼前一黑，不见了对手。正在疑惑的时候，斐豹从矮墙上跳下，从背后扑向督戎。不等督戎反应过来，一柄仅五十厘米长的铍已经从督戎的后颈透穿至前胸。

……

督戎虽然被杀，但是栾盈的手下兵锋很盛，一直攻到晋平公所在的房屋。范匄对范鞅说：

"箭已经射到君主所在的屋顶，你的敢死队可以出去了！"

范鞅所带的敢死队全部只用剑做兵器。每人四柄剑。左手、右手各执一柄，左腰、右腰又各悬一柄。这个装备，是专门为肉搏而准备。双方激战下来，互有胜负。然而，栾氏的兵越战越少，晋平公方面不断有援军到达。栾盈看不能取胜，撤退至曲沃。范匄反过来追杀栾盈，包围了曲沃。栾盈困守于曲沃，眼看城外的晋兵越聚越多。守了几个月之后，最终被攻陷。晋国人族灭栾氏及其党羽。从此，栾氏消失于春秋史。

楚国方面，原计划与栾氏、齐国同时进攻晋国。在栾盈起事的时候，有吴军逼近楚国边境。楚康王不好失信，命陈国讨伐郑国，作为对栾盈的声援。

按照约定，栾盈在新绛起事的时候，齐后庄公率军征讨晋国。出兵的时候，晏婴进谏：

"以齐国之力讨伐盟主，如果战败还好一点，如果取胜，齐国社稷堪忧！"

齐国贵族田须无问崔杼：

"君主的此举，你怎么看？"

崔杼说：

"我也劝了他，他不听，我能有什么办法？他推奉晋国为盟主，却趁晋国的危难发起进攻。照这个规则，我们推奉他为君主，也就可以趁他的危难发起进攻！"

田须无听了这话，不敢接口。事后，田须无说：

"崔子（崔杼）老得发昏了，竟然说出这种话来！说君主过分，自己却更过分。为臣若是做了忠君的义举，也还至于到处宣扬；他竟然敢公开说进攻君主！此人必将不得好死！"

春秋 173 年秋，齐军进攻晋国，于进攻晋国之前，先进攻卫国。齐后庄公以为三方联手必将胜利，采用了以进攻为宗旨的"侧脸阵"：

阵形的前面部分，是由王孙挥、莒桓各领一百乘的先锋，号为"前驱"。阵形的中间部分，采用"鱼丽阵"、"荆尸阵"的左广、右广，设两广；然而，有所变化。左广，由邢国公爵领军，卢蒲癸为车右，领军一百乘。右广则双倍于左广，分别由襄罢、侯朝领军，各领一百乘。后面部分，号为"大殿"，也是一百乘。此阵集中兵力于右边，宗旨是从右面发起总攻，一举全歼敌军。就是后面的大殿，也是设计为打扫战场，其任务是清扫经前面的主攻之后，剩余的敌军残余。此阵的形状如果再加一个外框，就犹如人脸稍稍偏转的侧面，故而笔者名之为"侧脸阵"。齐后庄公是个武学爱好者，故而此战的领军人物全用武术高手，不依据资历。莒恒的车右，用的是申鲜虞之子，是个十多岁的小伙子，除了一身武力，无任何政治进身。大殿的主帅，用的是名为夏的奴隶。此人更加卑贱，甚至连姓都没有，也是凭一身武艺入选。如此重大的战役，选用没有资历的人。这些人虽然很能打，却并不能左右政局。武士不是谋士，不能够于重大事情上起决定性作用。后来，齐后庄公被害死，其手下武士，死了一些，散了一些。且说此时，晋国国中正在组织军队围攻曲沃的栾氏，没有多余的兵力抵抗齐国的进攻。齐军一路凯歌，攻取了晋国的朝歌，沿孟门翻过太行山，到达黄土高原，戍兵于郫、邵，封骷髅台于少水。晋国贵族赵胜率军迎战。鲁国、卫国都出兵支援晋国。齐后庄公担心腹背受敌，又听说曲沃已经被攻陷，只好撤兵。快要回到临淄的时候，齐后庄公想军队难得出来一次，不如多攻取些战利品，就绕道偷袭莒国。在进攻莒国城门的时候，齐后庄公大腿受伤。第二天，齐后庄公约战于莒国，齐、莒议定三天后战于寿舒。齐后庄公命杞殖、华还在约战时间的头一天的夜里埋伏于莒国郊外，准备等莒军出城之时发起突袭。莒国方面也想到此计，想要埋伏于齐军行军的路边。莒国君主亲自领军，于约战时间的头一天的早晨秘密出城。城外的齐军发现情况，提前布围，包抄莒军。双方发生遭遇战。齐军是客军作战，莒军却是君主亲自领军。这一仗打下来，杞殖被俘。莒国远弱于齐国，虽然胜利，却不敢得罪齐国，就用杞殖为筹码，另添礼物，请求讲和。齐后庄公没有捞到好处，只好回国。回国后，接到报告：鲁国贵族臧纥前来投奔。这是怎么回事呢？须接上鲁国历史：

鲁国的季氏，于鲁僖公年代崛起，成为鲁国第一权臣。之后，君主系经历了僖、文、宣、成、襄五代君主，季氏则由季友传至其孙季孙行父。鲁襄公五年，也就是春秋155年，季孙行父去世，家业传至其子季孙宿。在君主系的五代之中，唯有鲁宣公年代政权为东门氏掌握，其余四代都是季氏执政。那是因公子遂与敬嬴勾搭成奸，废除嫡子，立敬嬴之子鲁宣公。鲁宣公去世时，季氏处理了东门氏，重掌政权。在季氏崛起的同时，出于共同的利益，帮助仲孙氏、叔孙氏。三家结成政治同盟，号为"三桓"。三桓之中，仲孙氏出了个公孙敖，叔孙氏出了个叔孙乔如，都是爱美人不爱江山的浪子。季氏的人，也不是不好色，只不过家学渊源，爱权力胜过爱女人。季友是文姜最小的儿子，季氏却成了桓公族人之中的老大。季氏团结仲孙氏、叔孙氏，打压鲁国的世族。这个臧纥，就是在三桓的打压下逃奔齐国。

早先，鲁孝公生子公子彄，字子臧。公子彄于春秋五年去世，其子以父字建臧氏，是为臧孙达。臧孙达传其子臧文仲，乃是鲁国于孔子出世之前的第一号贤人。儒教之中有一个说法：世间有三种人可以号为"不朽"。首先一种，是立德的人，譬如黄帝、尧、舜、汤。第二种，是立功的人，譬如大禹、后稷。第三种，是立言的人，其代表人物就是臧文仲和孔丘。孔子的话，流传至今，号为《论语》。在孔子还没有创作出《论语》的时候，也有如同《论语》一般的东西，那就是臧文仲曾经说过的话。就是孔子本人，对臧文仲也是崇拜得五体投地。其实，在孔子成名之前，臧文仲的名气高于孔子。臧文仲去世，家业传至其子臧孙许。臧孙许去世，家业传其子，就是臧纥。史书对臧文仲的话传得不多。此人是否足以与孔子等量齐观？那是死无对证。笔者慕贤，只好将其孙臧纥的事迹详细记载。

春秋154年，臧纥率军讨伐邾国，结果大败而归。鲁国国人以麻辫发，去迎接臧纥带回的鲁国将士的尸柩。又流传出一首儿歌来讽刺臧纥：

臧之狐裘。败我于狐骀。我君小子。朱儒是使。朱儒朱儒。使我败于邾。

臧纥武功不行，只好继承家学，致力于立言。春秋163年，因受到齐国的军事威胁，鲁国决定于靠近齐国的边城建设军事基地。臧纥建言，请求延时至当年的冬季，以免影响农业生产。春秋164年，臧纥代表鲁国到齐国慰问失国的卫献公。与卫献公交谈之后，臧纥发表言论：

"卫国君主回不去了！他的话就像是垃圾。已经失国，自己还不作改变，靠什么来复国？"

臧纥乃是贤人臧文仲的孙子。别人对他的话都比较重视。卫献公之弟鱄、卫国贵族子展赶紧去见臧纥。为了问道于贤达，所以特地送臧纥很多礼物。臧纥收了这些好处，说：

"卫国君主肯定能够回国。手下有这样两个人，一个推，一个拉，就算他不愿回去，可能吗？"

文人出了名，往往就有这种好处。春秋167年，齐灵公生发出霸于东方的志向，命高厚进攻鲁国。高厚包围了鲁国城市防。防是臧纥的封地。臧纥平常家于口头上论道经邦，很能说出些名堂。提着脑袋去打仗的事情，就是弱项。他赶紧派人送信至曲阜，请求支援。孔子之父耶人纥、臧纥的弟弟臧畴、臧贾、臧坚帅敢死队三百人于夜里冲破高厚的包围圈，又带着臧纥再度冲出包围圈，回到曲阜。战斗中臧坚被俘，三百敢死队伤亡殆尽。为了这一个贤达，鲁国算是很舍得付出。

春秋168年伐齐之战，晋国在鲁国的苦苦哀求下组织诸侯联军讨伐齐国，齐灵公吓得几乎要流亡大海。战后，季孙宿将战利品之中的兵器镕化，铸成编钟。编钟之上，铭刻伐齐之战的战功。对此，臧纥进谏于季孙宿：

"铭这个名目，是有讲究的。天子用它来记载自己的美德；诸侯用它来记载某时某事之中自己的功绩；大夫用它来记载自己杀敌立功的事迹。你的此举，如果说是记载杀敌立功，那是大夫级别的事情，怎能由国家出面来做？如果说是记载诸侯的立功，此战的功绩是借别人的力量来完成，有什么好记？而且，参战影响了农民的生产生活，战后的送礼损耗了国家财富。有什么值得夸耀？如果是大国讨伐小国，用胜利之后的战利品做成礼器，铭记功绩以传子孙，那是大国昭示圣德，惩罚无礼的行为。现今的事情，是鲁国打不过齐国，借助晋国的力量救助鲁国于危亡。鲁国与齐国比较，是小国。你这样炫耀你得到的战利品，只会激怒大国。此乃亡国之道！"

这一番话，大约是得自家学的真传，说得振振有辞。季孙宿听了后，心想：

我已经都做了，你才跑来进谏。这哪里是进谏？不过是卖弄贤才，收买名声罢了！

伐齐之战后，因早先邾国跟随齐国侵略了鲁国，晋国强令邾国割让土地予鲁国。邾国内部，因此而分裂。贵族邾庶其带着自己的封地投奔鲁国。接连得到邾国土地，让季孙宿分外高兴。他将鲁襄公的姑姑说嫁与庶其，又赏赐不少东西与其随从。当时，鲁国境内有很多百姓不堪重负而造反。臧纥官居司寇，却故意不理不问。季孙宿问他：

"你为什么放任盗贼猖狂？"

臧纥说：

"盗贼不可查。而且，我也没那本事去查。"

季孙宿说：

"你是国家司寇，抓贼是你的职责。你有整个鲁国做你的后盾，有什么人你不能查？"

臧纥说：

"你召来外国的大盗，对其恩礼有加，又来管我抓不抓贼？！你是国家的正卿，召来外盗，却让我这小小的司寇去抓贼，我怎么做得到？庶其盗窃邾国的土地，逃亡到我国，你把姬姓的女儿嫁给他，封给他土地，连其随从都有赏赐。这样的大盗，你将君主的姑姑嫁给他，送给他大城市。随从之中，大的赏以奴隶和车马，小的赏以衣服、剑、带。这是对强盗的赏赐。你又要赏赐强盗，又要逮捕强盗。这就不好办了！我听说：做上级的人，必须诚实对待下面的人。政令必须前后一致。自己做了，下面的人跟着做，那就有赏。自己做了，下面的人唱反调，背道而驰，那就予以处罚。这样，才是做领导的样子。夏朝史书记载：念兹在兹，释兹在兹，名言兹在兹，允出兹在兹……"

这些话，翻来覆去地指责季孙宿，听得季孙宿心中大怒：

前番铸铭钟，你站出来买名，我已经忍了你了。如今我为了国家社稷，赏赐来者，你又变着方法来挖苦！我出面担责的时候，你不说话。专等我把事情做出之后，你来指责。长此以往，坏人都由我来做，好名声全部归你。得了机会，我倒要让你好看！

季孙宿的嫡妻没有产子。庶子众多，年龄最大的两个是：长者公弥，少者季孙纥。按规矩，应当立庶出的长子。然而，季孙宿很喜爱季孙纥。他征求管家申丰的意见：

"弥和纥，我都爱。我想于二人选更能干的一个做世子。你怎么看？"

申丰不作答复，回家后就召集起家人，准备逃奔外国。季孙宿听说后，召来申丰，问：

"听说你召集家人准备出门？"

申丰说：

"是！大乱将至，我恐不能幸免。"

立嫡立长的规矩，源出于《周约》的"无易树子"，乃是儒教的根本大法。在继承人问题要是态度犹豫，往往造成动乱。申丰虽不明说，却是以行动来进谏。季孙宿终究想要立季孙纥，又去征求臧纥的意见。臧纥本是鲁国世族，看不惯三桓掌权，正巴不得季氏出点事，好让臧氏因此发迹。他爽快回答季孙宿：

"你来做东，请我喝酒，我帮你立爱子！"

做东这个说法，到今天都还在用。它其实源出于儒教礼仪之中的乡饮。乡饮是中国人请客吃饭的礼仪渊源。到今天，虽经历了两千多年，其中的基本思想并没有大的改变。笔者于此介绍正版的乡饮，也就是"做东"：

主人请客吃饭所用的房屋，是当今四合院的母本。房屋面南背北，大门前有阶梯。进门之后，经过厅至一个屏风、影壁之类的地方，那就是后世所谓二门。进二门之后，即面对"天井"。天井的四面合成一个"口"字。中空地方是天井，四边都是房屋。从天井到房屋的屋檐之下，都有阶梯。自檐雷至房屋的墙壁之间，有相当的空间，又形成一个四面回环的过厅。经过厅再通过墙壁上的门，方才进入房屋。这些房屋中靠西的叫西厢房，靠东的叫东厢房。靠北的一面，也是房屋；只不过，正中间一道门打开后，又是一个过厅。由此过厅进去，进入又一个天井。每进一个天井，叫一进。宋、明时候稍稍有钱的人家，往往有三进、四进、五进。更加富裕的人家，于最后一进开拓出一个私家园林，那就是所谓"后花园"。乡饮的席桌，就设在第一进的过厅之上。第一进的过厅有个讲究，北面过厅高出于其余三面，是为正厅。东、西两面的过厅高于天井，却要再经几级台阶才能到达北面正厅。因此，由天井至北面正厅的台阶就要多于其余三面，是为主台阶，号为"阼"。因为是主台阶，台阶较多，就于台阶的中间位置又建一个平台。那叫"阼阶"。阼阶不同于其他席位，其他席位在过厅内，阼阶则在天井之中，处于最显眼的位置。因主台阶特别显眼，后世用"践阼"来指代南面称孤。

以上介绍完上做东的地点，以下再说人物。依照儒教的尊卑顺序。主人之外，第一重要的是主客。臧纥要季孙宿做东，请他喝酒，就是要季氏以他为主客。主客只有一人。主客之外，还有其他作陪的客人，是为众客。一个人请客吃饭，往往要请一些了不起的名人来做陪。然而，名人与主人之间，并不能保证有亲密关系。为了撑场面，又需要请名人。于是乎，就诞生出另一个人物，那就是"介"。主人于社会上寻找到一个八面玲珑的人，请他做介绍人，帮忙请名人到场。宴会的人物，有主人、主客、介、众客。这些都是在宴席上有席位的人物。除此之外，还有许多其他人。那分别是：

负责宴席之中表演娱乐节目的音乐人。负责管理宴席的组织管理者。众多的传菜、递酒的男女奴隶。

叙到这里，可以说到做东的精髓。那就是座次：

主人的席位，在阼阶的靠东位置，面西背东。主客的席位，在北面正厅靠近门（即通往第二进的门）的位置，面向西南背向东北。众客的位置，在主客的席位以西，面南背北。介的席位，在西面过厅，面东背西。歌舞表演者在天井之中表演。乐器演奏者则在南面过厅演奏。

为什么是这样的座次安排呢？主人与主客位置靠近，是为了彼此就近交流。主客、众客都居于北面，那是主人尊重客人的意思。主人与介正面相对，是因为主人需要介来代替自己向众客敬酒。每当主人想到要向众客敬酒的时候，都不是直接敬酒，而是向介敬酒，再由介向众客敬酒，转达主人的好意。介的方位，面向主人和所有的其他客人，具有中间人的意思。介的身份，在后世演变出所谓"西宾"。明、清的师爷、私家教师，就号为"西宾"。

读者注意：这就是中国人请客吃饭的最标准的座次。后世的席位座次，无论怎么演变，大抵以此为母本。就是普通老百姓最常用的八仙桌，也是以北面座位为客，东面座位为主人，西面、南面相对卑贱。按这个母本，并没有南面的席位。八仙桌为凑合成一桌，称南面席位为"关席"，那是一桌之中最卑贱者。

说完席位，再来说宴席的进程。客人到达时，主人出迎至大门外。主人面西背东，客人面东背西。这时候，往往行礼。留传至今的宋、元画册里面，时常能够见到这种相互行礼的样子。画中行的礼，仍然不改于春秋时候，行的是拜手礼或者稽首礼。礼毕，主人请众宾进门。进门的顺序，若非特殊情况，当是主人第一，主客第二，介第三，众客第四。这是国人客不压主之意。

进门之后，众宾立于西面过厅。主人于行揖礼之后，登上阼阶。阼阶上有预备好的大酒器。主人接下来要酌酒。关于酌酒，需要介绍。古代的酒，大多是米酒，即现代的醪糟酒。这种酒里面含有米粒，在饮用前需要用沥的工序过滤渣滓。主人将这原酒用勺从原生的酒坛之类的容器里舀出，并且再过滤，这就叫做酢。用来过滤酒的工具，周天子于祭天的时候用的是白茅。在今天看来，舀酒、过滤酒乃是宴席之中的杂务，似乎应由奴仆来做。然而，古代的宴席却视此为最尊贵者。为什么呢？这与祭祀有关。中国的餐饮文化源出祭祀。在祭祀之中，向神灵进献的最重要的贡品就是酒。在郊天这样最盛大的祭祀之中，天子为了以虔诚的态度来换取上帝的保佑，甚至连酿酒用的粮食都必须出自天子本人亲自耕种的籍田。因为同样的虔诚，天子作为祭祀之中最重要的人物，必须亲手酢酒。周天子酢酒祭天的时候，有乐队歌唱颂歌，其辞曰：

於铄王师。遵养时晦。时纯熙矣。是用大介。我龙受之。蹻蹻王之造。载用有嗣。实维尔公允师。

译文：辉煌的军队，遵从你的旨意，将某些生灵养成晦败之态。这是最美好的酒，由最纯洁的白茅充当媒介，送至你那里。我受宠于你，所以有这勇武的军队。我受宠于你，所以子孙繁息。你的旨意公正、合适、正确。世间的一切，无不在你的旨意之中。

按儒教的理解，上述歌词是上帝的儿子对上帝说的话。至高的神权衍生出最尊贵的身份。怎样衍生的呢？就是通过酢酒。于是，人们将酢酒视为神圣的事情，又将酢酒的人视为祭祀的主持者，即"祭酒"。这个礼仪流传至饮食文化之中，酢酒成为宴席之中最重要的礼仪。

阼阶之上，预设有装原酒的酒器，主人于此将原酒酢入较小的酒器，命人将其送到主客身边。之后，主人向主客行礼。主客在西面过厅上还礼之后，一饮而尽。西面过厅上也预设有酒器。主客按主人的方式酢酒劝主人。之后，主人又酢酒至众客。主人面向众客，行礼，然后自己先干一杯。这是众客太多，主人一并奉劝之意。众客却不喝酒，而是将酒洒于席前靠东位置。这是为什么呢？儒教讲究的是关系，众客是陪客身份，往往与主人的关系并不十分亲密，不能够别人一劝马上就喝。之后，主人又以同样的方式劝酒于介。介只有一人，所以干杯。同样，介也回敬主人。之后。介下到天井之中。此时，主人再次酌酒劝众客，众客一饮而尽。先前不喝，此时何以要喝呢？就是因为介绍他们前来的人已经喝了酒，彼此算是间接建立关系。众客喝了这杯酒，也下到天井中。至此，主人对外的任务算是完成，又开始对内的工作：

负责进行宴席之中歌舞表演的乐师、歌者、舞者于此时进入，一切乐器，搬抬至南过厅。主人对这些人却不是敬酒，而是——赏赐财物。

之后，有席位的人都入席。由主人的一个子弟手握装大容量酒的酒器，奉劝于众客。众客起身行礼。至此，宴席的前奏完成。歌舞表演开始，所有人都可以随意喝酒、吃菜、相互交流。

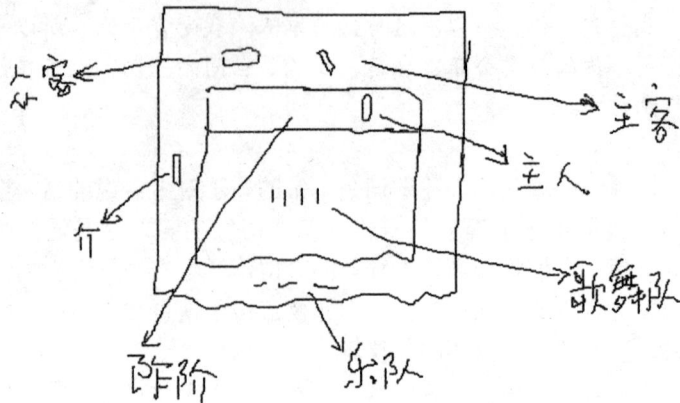

究竟臧纥如何立季孙纥，且看下回。

并列第五十九回

主社稷晏婴论道　遵父志甯氏灭族

上回说到，臧纥提出在宴席上立季孙纥为季氏继承人。季氏做东，以臧纥为主客，请鲁国大夫到其家中赴宴。宴席上，臧纥命于北面正厅新设一席位。派人于这个席位铺下两层席子。取新制的酒器，亲自上前用水洗过。之然，召来季孙纥。臧纥从主客位子上走下天井，亲自迎接季孙纥，让季孙纥以此为席位。众客见主客起身，都纷纷起身跟随。之后，按上回所叙的礼仪，一直等到音乐奏起，方才召来公弥，让公弥坐于季孙纥的后面。季孙宿以臧纥为主客，臧纥又做出此举。这算是正式明确季孙纥尊于公弥，应为继承人。季孙宿看臧纥如此大胆，也担心公弥心中不平，闹出事情来。就于宴席上封公弥为季氏的马正，主管季氏的兵马。

此事之后，公弥不去赴任，杜门不出，在家里生闷气。他的心腹闵子马对他说：

"你不要这样。俗话说：祸福无门，唯人所召。你这样子，只会带来灾祸。为人子，最重要的是孝道。事情已经这样了，你于政治上不可能争得过他，眼下只能想法得些钱财上的好处。且等待时机，再做打算。"

公弥听了这话，主动上任，恪尽职守，做出心甘情愿的样子。季孙宿看事情如此顺利，心中高兴，让公弥请自己喝酒。赴宴的时候，季孙宿带去全套酒器。宴席结束时，将酒器全部赏赐给公弥。他在心里对公弥有歉意，所以于钱财的分配上就尽量多分给公弥。鲁襄公听说此事，让公弥做左宰。这个官职虽没有实权，却相当清贵。经历了此事，臧纥讨好了季孙宿，却得罪了公弥。公弥对臧纥恨得咬牙切齿，心下发誓报复。

季氏废长立幼，让仲孙氏的人也产生想法。当时，仲孙氏的当家人是仲孙速。仲孙速有两子，长子是仲孙秩，次子是仲孙羯。仲孙羯阴有夺嫡之心。为了知己知彼，仲孙羯收买仲孙速的御戎骊丰點。骊丰點对仲孙羯说：

"纥继承了季氏家业，公弥怀恨在心。公弥不敢报复自己的父亲，定会报复于臧氏。利用这一层矛盾，我可以让你得到仲孙氏的家业。"

春秋173年，仲孙速病危。骊丰點对公弥说：

"请你帮忙立羯，事成之后，仲孙氏帮助你对付臧氏。"

公弥报仇的时机到来，就对其父季孙宿说：

"臧氏惯常于收买名声。他为我家立继承人，显得季氏的家事是由臧氏来决定。现在仲孙氏快要死了。仲孙氏的继承人选，如果你不出面，臧氏又会出面。国家大事都是由臧氏说了算，你还算什么正卿？我建议你抢先拥立羯，免得又让臧氏抢了风头。"

季孙宿想：

你让我抢臧氏的风头，恐怕不是为了季氏，而是为了报复臧氏。不过，臧氏喜欢出风头，那倒是事实。而且，搞乱仲孙氏，对季氏而言何尝不是好事？

对公弥的建议，季孙宿不置可否。季孙宿不置可否，公弥就视为默许。八月己卯，仲孙速去世。公弥效仿当初臧纥的方式，到仲孙氏家中立仲孙羯为继承人。仪式都已经结束，季孙宿才赶到吊唁。面对大众，季孙宿不得不做一做样子。他说：

"秩呢？秩在哪里？"

公弥接口说：

"只有羯在这里！"

季孙宿说：

"秩年长于羯！何以是羯在这里？"

公弥说：

　　"说什么年长！不过是谁有本事谁就做继承人！并且，这是遵从死者的遗嘱。"

　　季孙宿又一次不再说话。仲孙羯就此成立。仲孙秩斗不过季氏，只好逃奔外国。臧纥在仲孙速的追悼会上放声大哭，苦痛悲哀。有人问他：

　　"仲孙氏平常价对你并不友好，你却伤心成这样！要是季氏死了，又该如何？"

　　臧纥说：

　　"你哪里知道！季氏对我的爱，犹如长年在身的老毛病；虽然亲密，其实对我有害。仲孙氏对我的恨，犹如长年服用的药；虽然苦口，却可以救我的命！"

　　这种话，模棱两可，却又显得慷慨大义，最显现文人的狡猾。仲孙羯成立之后，兑现承诺，陷害臧纥。他对季孙宿说：

　　"臧氏想要作乱。他不让我父出殡。"

　　季孙宿听了，又不置可否。臧纥打听到这个消息，为求自保，开始预备武装。冬十月，仲孙羯预备下葬仲孙速。当时的人特别重视葬礼，在下葬的时候，要对出殡的方位进行卜。如果卜得出的方位原本没有道路，就需要修建出殡专用的道路。这个名目，叫做"籍除"。仲孙羯勾结卜人，故意让出殡的道路经过臧纥的房产，要求臧纥拆除房屋，让出道路。臧纥知道这是有预谋的安排，不敢硬扛；一面派工人帮助拆房筑路，一面却率领甲士监视工程。仲孙羯此前通知季氏说臧氏要做乱。现在得到臧氏武装的实据，当然赶紧通告于季氏。季孙宿派人查看现场，看到了监视工程的臧氏甲士。季孙宿觉得可以动手了，组军包围臧氏。臧氏至此，寻出三十六计之中的最后一计，逃奔邾国。出逃的时候，遭遇关防阻止。臧氏临机应变，杀死关防人员，然后出逃到邾国。

　　早先，臧孙许首娶于铸国。铸国女儿生下二子：长为臧贾、幼为臧为。之后，铸国女儿去世。继室夫人是穆姜的姨侄女。穆姜何许人呢？就是鲁宣公嫡妻，鲁成公亲生嫡母，叔孙乔如的情妇，现任的鲁襄公的祖母。臧孙许的继室夫人生下臧纥。因为有穆姜做靠山，穆姜的姨侄女成为嫡妻。子以母贵，臧纥作为嫡子成为臧氏继承人。臧纥成为继承人的时候，臧贾、臧为担心遭遇不测，投奔至母亲的祖国铸国。臧纥逃到邾国之后，命人带着一面号为"大蔡"的龟壳，送信与臧贾，说：

"我被赶出鲁国。然而，我的罪还没有到灭族的地步。你们用大蔡进行卜，让鲁国接你们中的一个回去继承家业。"

为什么提到卜呢？这是要于臧贾、臧为两人之中卜出一个来做家长。与此同时，臧纥又致信与季孙宿：

"你应当知道：我对你并不构成威胁。事情弄到今天这个地步，只怪我人太笨。请你记念臧氏早先的功劳，保留臧氏的祭祀。我愿上交出我的封地。"

臧纥将防城退还国家，转投齐国。臧贾得到臧纥的信和大蔡，当然将卜的结果弄成臧贾应为继承人。然而，此时臧氏与鲁国国内的关系较紧张。臧贾担心回国会有危险。就命臧为作为使者，回鲁国去请求回国。臧为到鲁国后，隐瞒下卜选家长一节，对鲁国人说是臧纥让他本人继承家业。鲁国贵族并不知道臧纥给臧贾的私信，就议定由臧为继承臧氏家业，同时禁锢臧纥。臧纥到齐国后，有人问他：

"鲁国会不会禁锢你呢？"

臧纥说：

"我并没有罪。他们要禁锢我，总要有个名义。"

鲁国国内，季孙宿召集贵族进行盟誓，誓言禁锢臧纥。他问掌管立誓的官员：

"我们以什么罪名禁锢他？"

官员说：

"早先，国家禁锢东门遂，誓言说：毋或如东门遂，不听公命，杀嫡立庶。禁锢叔孙乔如，誓言说：毋或如叔孙乔如，欲废国常，荡覆公室。"

季孙宿说：

"这些罪名，他都挨不上边。"

这时，子服椒建议说：

"要禁锢他，还怕找不出罪名？他出逃的时候杀死了关防人员。我们就说：无或如臧孙纥，干国之纪，犯门斩关。"

在春秋时候，贵族杀死普通庶民根本就不算个事，不构成犯罪。季氏认为臧纥对自己的势力构成了威胁，故意寻找出这条罪名，这叫做吹毛索瘢。

因为过于高调，臧纥被赶出鲁国。吃一堑长一智。反思自己的遭遇，他变得明智起来。此时，齐后庄公想要进攻晋国。臧纥预感后庄公必将灭亡，不愿接受其封赏的土地。齐后庄公向臧纥说起自己讨伐晋国的功绩，言下有自得之意。臧纥回复说：

"你确实了不起。不过，你专等晋国出现内乱的进攻晋国，行迹类似于老鼠。老鼠白天不敢活动，要等夜深人静的时候，才敢出来盗窃人们的粮食。"

因为这个话，齐后庄公讨厌臧纥，而臧纥也因此没有成为齐后庄公的心腹，幸免于难。齐后庄公遇到什么祸难呢？那要从崔杼说起。

早先，齐国贵族棠公娶了东郭偃的姐姐，是为棠姜。东郭偃是崔杼手下党羽。棠公去世，崔杼、东郭偃都前往吊唁。棠姜作为未亡人，出来谢客：只好二十来岁，一身丧服衬托得楚楚动人。低头谢客之际，眼带泪光，仿佛是梨花带雨。已经六、七十岁的崔杼，仍然好色不倦。他对东郭偃说：

"你去对她讲，我要娶她。"

东郭偃说：

"男女婚配，需要辨别姓氏。你是丁公族人，我是桓公族人，你、我都姓姜。你娶我姐姐，是娶同姓。那样不吉利。"

崔杼哪管这些，下令对娶棠姜一事进行筮。得到的是《困》的第三爻，其繇曰：

困于石。据于蒺藜。入于其宫。不见其妻。凶。

得到这结果，崔杼的脸色忽阴忽阳，立马就要发作。筮者大惧，赶紧说：

"《易》者，变也。初卜为混沌之相，不能得确切结果。须加变易……"

也不知用什么算法，筮者将此爻应当转入《大过》。其繇曰：

枯杨生稊。老夫得其女妻。无不利。

读者注意：《周易》之中，总体而言好的卦相多于坏的卦相，很少有"凶"字。就是这后一个繇辞，也只是说无不利，比"无咎"还要差一级。筮者却说繇辞应了崔杼老牛吃嫩草，将是无往而不利。而前一卦的凶则应当理解为棠姜克死了棠公。

崔杼出生于春秋100年前后，至娶棠姜之时，已经年近七十。凭了长年习武，还算是矍铄老翁。齐后庄公到崔杼家中谈公事。齐后庄公是二十出头的小伙子，好色之心比崔杼有过之而无不及。几番进出于崔氏，就与棠姜勾搭上手。齐后庄公故意将崔杼的帽子带走。拿回宫中，用这帽子赏人。旁边的人对他说：

"要是下人戴着崔杼的帽子到外面去招摇，乃是崔氏的奇耻大辱。"

齐后庄公当初杀害戎子，故意将其裸体展示于朝廷。这种人，心理已经扭曲。越是污辱别人的人格，他越觉得有趣。

崔杼看到自己的帽子被一个下贱的人戴到头上，也感到丢脸。他原本是个阴狠的人物，而且早就有暗害君主的念头。遇上这事情，他暗中定计，以棠姜为香饵，诱杀齐后庄公。

齐后庄公身边有个太监名叫贾举。贾举曾得罪齐后庄公，遭到鞭打。崔杼收买贾举，让贾举随时向他报告齐后庄的动向。春秋173年，莒国战胜了齐后庄公。莒国君主担心遭到报复，于 175 年夏五月赴齐国送礼。五月甲戌，齐后庄公于临淄北面外城宴请莒国君主。崔杼称疾不至。齐后庄公听说崔杼得了病，以为自己正好趁机与棠姜幽会。第二天夜里，齐后庄公酒后至崔杼家中。殊不知贾举早在头一天就通知了崔杼，崔杼已经预备下杀手。

齐后庄公身后跟着一大群武士。来自晋国的勇士州绰就在其中。州绰等人跟到棠姜的寝室门口时，被崔杼的家人拦下，说：

"君主接下来要做的事情，不宜参观。诸位最好到此为止。"

齐后庄公无数次到过崔家，早就是轻车熟路。进院子的时候，连狗都不叫。此时带了酒，急切地期待着好事，就命州绰等人于门外侍候。齐后庄公进门之后，看见姜氏正坐于床边，就大步赶过去。不料棠姜却起身走到了屏风背后，三转两转，没了人影。齐后庄公蒙眬中看见一个男人牵着棠姜从侧门出去了。那男人好像是崔杼。他此时还不醒悟，竟然手扶窗棂，唱起情歌。情歌没有召来情妇，却招来一大群甲士，将他包围于房中。齐后庄公请求与崔氏进行盟誓，遭到拒绝；又请求到祖宗宗庙去自杀，也遭拒绝。甲士之中有个人喜欢开玩笑，他说：

"君主之臣杼得了病，不能来这里。这里靠近君主的后宫。我等负责巡夜。在此黑夜之中，怕有淫贼由此进入君主的后宫，干出坏事来。所以，不敢放你！"

仗着年轻有力气，后庄公拔剑砍开一条路，纵身跳上院墙。正要翻出院墙时，大腿中箭，使不上力，跌下地来。齐后庄公被杀死于棠姜的寝室之中。候于门外的州绰等人也被一网打尽，无一逃脱。事发之后，齐后庄公的心腹纷纷外逃。其中卢蒲癸逃奔晋国，王何逃奔莒国。这两个人后来又回到齐国，参与另一政变。这里且按下不表。

崔杼此计，灵感来自《困》卦的"入于其宫，不见其妻"。他以为自己照着繇辞设下这个局，就算是应了卦相，从此可以平安无事。殊不知这个"妻"字，乃是"家"的意思。后来，崔杼来到这个房间，真的见不到棠姜。

晏婴听说君主被杀，赶到崔氏大门口，踌躇不进。下人问他：

"你准备为君主报仇吗？"

晏婴说：

"又不是我一个人的君主。别人都不管，我凭什么要去送命？"

下人又问：

"那么，你准备逃奔外国？"

晏婴说：

"我有罪吗？为什么要逃？"

下人说：

"那你来这里做什么？回家吧！"

晏婴说：

"君主是国人的信仰。君主都死了，我能回去？

"做君，不是欺侮人，而是要主持国家社稷。做臣，不是讨一口饭吃，而是要保护国家社稷。因此，君主为社稷而死，我们就应当为他报仇；要是为了其个人的私事而死，那除非是得了他特别好处的亲信，其他人凭什么为他去死？

"如今的人，已经敢于弑君。我虽不到那种地步，也不必做那愚忠的忠臣。来这里，略微尽一点君臣的名分罢了！"

他来到齐后庄公的尸身面前，行"擗踊"之礼，然后离去。什么是"擗踊"呢？这是儒教最大的敬礼，只用于君主和父亲去世的时候。"擗"是手捂胸口。"踊"是凭空起跳，让身体跌到地上，故意不用手脚来支撑。简单地说，是自己摔自己。儒教创制这个礼仪的初衷是：手捂心口，代表着内心极度痛苦。自己摔自己，则意为：

我的信仰死去，活着还有什么意思？就让我摔死吧！

有人建议崔杼杀死晏婴。崔杼说：

"杀之，适足以成竖子之名，且反衬出我的罪恶。"

　　前面说崔杼早有暗害君主的心。这一点牵涉久远。上文提到，齐惠公年代，崔杼已是三分起案之一。齐顷公年代，崔杼被驱逐出国。齐灵公年代，崔杼回国。在处理国氏、高氏的同时，崔氏成为齐国君主之下的唯一权臣。前文提到，齐灵公担心崔氏坐大，有打压崔氏的想法。偏偏打压没有成功，反倒被自己的儿子活活气死。齐后庄公虽是靠了崔杼的帮助得以成立，成立之后，为了自尊自立，形势逼近其走上顷、灵两代处理权臣的老路。崔杼在政治上是老江湖，更加清楚这一点。君臣之间原本有这种猜嫌，遇上棠姜这一导火索，即爆发成政变。因此，谋杀后庄公之后，崔杼一心要扶植一个"听话"的君主。

　　早先，叔孙乔如逃奔到齐国的时候，带来了自己的家眷。齐灵公收用了叔孙乔如的一个女儿，与之生下齐景公。春秋175年五月丁丑，也就是齐后庄公被杀的第三天，崔杼拥立齐景公，自封为国相，命庆封为左相。何以选到齐景公呢？因为叔孙乔如在齐国的时候，正是崔杼的党羽。叔孙乔如离开齐国后，是崔氏收养了齐景公母子。庆封又是何许人呢？就是那个私通于声孟子的庆克的儿子。崔杼、庆封召集起齐国贵族，要求国人发誓效忠于崔、庆。预先制定的誓言是：

所不与崔、庆者，有如上帝！

轮到晏婴歃血立誓时，晏婴说：

婴所不唯忠于君、利社稷者是与，有如上帝！

　　这个话，其实是耍滑头。晏婴不敢公开反对崔杼，所以抬出君主、社稷。

　　崔杼弑君一事，齐国太史笔秉笔直书，记为：崔杼弑其君。崔杼杀死太史，毁去简书。太史的弟弟继承家业，又如实记载。崔杼又将其杀死。太史的另一个弟弟继承家业，又如实记载，又被杀死。到太史的第三个弟弟继承家业时，又如实记载。崔杼看这种人杀不尽，只好不管了。太史的第三个弟弟做记载时，还有另一史官带着刀、笔、简书赶去。那意思是等太史一家死完，就由他来向后人昭示真实的历史。古代的史官如此敬业，是因为忠于君主、忠于儒教的信仰。再寻求其本质上的原因，是因为儒教的政治体制为他们提供了世袭的贵族生活。然而，这种敬业精神为我们留下了真实可信的春秋史！到孔子担任史官的时候，不学齐国史官，而是延着晏婴的思路走下去，创制出一种既能够大致真实地反映史实，又不至于得罪当世权贵、丢掉小命的记载方法，号为"春秋笔法"。春秋笔法究竟是些什么东西呢？笔者于前面有些介绍，于此介绍其中的"讳"。按经典的说法，孔子开创了三种讳：

为尊者讳，为亲者讳，为贤者讳。

了不起的人物，虽然了不起，其实也是人，也难免干出一些不足为外人道的丑事。孔子对这种事情进行模糊化处理，将事实记得模棱两可、似是而非。那就叫为尊者讳。

自己的至亲，由至亲而近亲，比较于其他人都应当有不同。他们如果做出坏事，也要进行上述的模糊化处理。这就叫为亲者讳。

世间的贤达能人，为世人所称道。孔子仰慕他们的生平伟业，希望他们的生平白璧无瑕。在记载他们的丑事时，也进行模糊化处理。那就叫做为贤者讳。

这三种春秋大义，直到今天仍然通行于中国。尤其通行于政界。因为创制出春秋笔法，孔丘生前、身后均履险如夷，一生混得福寿双全。然而，这种掩盖真相的文风，很不适用于科学技术的昌明。要是一加一等于二也可，等于三也可，怎能进行运算？我们最终落后于外国，与孔子开创的这个文风有关。笔者做出这个书来，是想说明这样一点：

我们的民族性格，并非一开始就是这样。早先的一个齐国太史，死也不愿意掩盖真相，不愿对事实进行任何理由的歪曲。民族性格何以演变成今天这样？那就是孔子的《春秋》教坏了国人。

……

后庄公奸耍了崔杼的老婆，死后也遭到报复。崔杼贬损他的葬礼：

其一，五月丁亥，也就是后庄公死后第 13 天，提前下葬。依礼，停丧的期间，天子为七个月，诸侯为五个月，大夫为三个月，士为一个月。后庄公本应当于死后五个月再下葬。13 天即下葬，是连最普通的贵族都不如。

其二，将后庄公葬于士的专用墓地。

其三，出殡时候用四翣，不用辁，用最下等的马车，没有甲士护送。

什么是翣呢？其实就是扇子。普通人用的扇子叫扇子，君主用的扇子就叫翣。不光名字奇怪，样子也大不相同。翣的扇面长三尺，宽二尺四寸，柄长达五尺。比较忠实于历史的小人书里面，画中龙椅上的皇帝，身后总是有两个宫女一左一右站着，手里各执一柄大扇子。扇子从两边合拢倾斜于中间，重合于皇帝身后。那扇子就是翣。辁这个名目，至今都还在用。特别伟大的人物出门的时候，命人将路上的行人全部赶走，留出空荡荡的街道供其一人通过，那叫做"肃街"。专门的人员，扛抬着许多显示威严的器仗，前呼后拥，一路上大声驱赶行人，那叫做"唱道"。这些讲究据说源出于周王，叫做：

曰予有先后，曰予有疏附，曰予有御侮，曰予有奔奏。

儒教以为，葬礼是人生最后的、终极的旅程，务必将一生中最荣耀的东西陈列出来。按周礼，天子用八翣，诸侯用六翣，大夫用四翣。为了贬损后庄公，崔杼让其出殡用四翣，是让后庄公不成为君主。不用辁，则是故意让孤魂野鬼前来侵扰。这些报复，是出于臆想。臆想之中，让死者的灵魂受侮辱。

就在齐后庄公出事的时候，晋国组织对齐国的报复。晋平公从泮渡过黄河，大会诸侯于卫国境内的夷仪，准备讨伐齐国，报复春秋 173 年齐国的侵略。

崔杼早就预料会有这一天，做了充分的准备。他命隰鉏为初使，请求议和：

"先君开罪于盟主，就是齐国内部，也都大不以为然。因为他对盟主大不敬，齐国不敢有劳盟主，自己动了众怒，将他处死。齐国量国之所有，犒劳盟主大军。"

之后，庆封为正使，率领犒军团队赴晋国军营。庆封跪伏于晋平公案前，犒劳的礼物鱼贯而入。正中间，扛抬进来齐国宗庙的文物、彝器。左右两边依等级顺次走进来两列人。左边全是男人，右边全是女人。都穿麻布本色衣服，男不戴冠，女不服饰。这是送给盟主的性奴和昆仑奴。自晋平公以下，晋军所有军官，下至百夫长，都有馈赠。就连留守于晋国国都，没有前来讨伐的晋国贵族，也都有礼物。崔杼如此大方，是怕晋国讨伐其弑君之罪。晋平公受此大礼，盛情难却，颇感过意不去。早先，齐、鲁之间有仇，为了请晋军打齐国，鲁国送了不少礼物给晋国。晋平公对庆封温慰诫勉之后，担心鲁国埋怨，于礼物之中选出一部分送到鲁国，算是彼此遮掩。晋军就在旁边，鲁国哪敢发杂音？鲁国贵族子服回回谢说：

君舍有罪以靖小国，君之惠也。寡君闻命矣！

趁此时机，晋平公要齐国交出流亡于齐国的卫国君主卫献公。关于此事，需要重述卫国历史。

春秋 164 年，孙林父赶走卫献公，立卫殇公。卫献公逃奔齐国。卫国内部，孙林父为相，甯殖为左相。此事的起因，是孙氏与卫国君主系之间的矛盾，却将甯氏牵连进去。甯氏的祖先，源出卫武公。自卫武公之后，君主系传了 13 传，甯氏则传了九世。传至甯俞的时候，卫成公视甯俞为心腹，予以重用，并且在甯俞受到连坐的时候特意予以保全。甯殖是甯俞之子，与卫国君主系不但没有矛盾，而且还算是忠臣之后。他出任左相，是为了个人的富贵而背叛君主。春秋 170 年，甯殖去世，家业传至其子甯喜。甯殖在世的富贵已经享受够了，临死想到自己身后的名声，遗嘱其子：

"我得罪了君主，后悔不及。我做的事情，被记载于诸侯的史书：孙林父、甯殖赶走了自己的君主。你要设法接君主回国。能够做此事，你就是我的儿子。如果做不到，我的灵魂宁愿饿死，也不来吃你供奉的祭品！"

流亡于齐国的卫献公分析甯氏的身世，觉得甯氏可以争取。他派人联络甯喜。甯喜遵从父亲的遗言，答应让卫献公回国。对此，卫国贤达太叔仪议论说：

"政治上的选择，如同围棋。考虑好一子落下之后的后果，然后果断落子，决不后悔。如果举棋不定，就不能赢棋。甯氏对君主的选择举棋不定，必然要出事。眼看这九世之卿族，一举而灭之，可哀也哉！"

甯喜向盟主提出接卫献公回国。此事符合晋平公分裂卫国的战略思想，所以晋国于夷仪照会齐国，要齐国送卫献公至夷仪。此时正当庆封进献礼物之时。崔杼为了摆脱弑君之罪，什么都愿意答应；所以卫献公得以回国。晋平公照顾孙林父的想法，只是做主将夷仪送予卫献公做存身之地，余下的事情就交给外臣孙林父，自己不再插手。临行时候，崔杼扣押卫献公的家人，逼迫卫献公答应割让土地与齐国。卫献公流亡外国达11年之久，如今终于回到祖国的地面。他命鱄回卫国都城联络甯喜，接自己回国。鱄不愿出面。卫献公请求于母亲敬姒。敬姒问鱄：

"他是你的亲哥哥。他能够回国，是我们一家人的好事情。你为何推三阻四？"

鱄说：

"母亲有所不知：君主向来不讲信用。今天答应下的事情，明天就反悔。我为他做此大事，必将为他担当不守信用之名！"

敬姒说：

"我不管这些。我问你：你想让我终老于此地，让我死后不入先君的宗庙？"

话说到这份上，鱄考虑到孝道是人间第一真理，只好同意。卫献公何以执着地要让鱄做使者呢？前文提到，卫献公之父卫定公没有嫡子。卫定公之妾敬姒生下两子：卫献公、鱄。在卫献公即位之前，卫国存在拥护卫献公和拥护鱄的两派。甯氏当时拥护的是鱄。正是因为这个立场，甯殖才参与了赶走卫献公的事情。鱄算是甯氏的旧主。对卫献公回国一事，甯喜向卫献公提出：

必须由鱄做使者，他才答应与卫献公合作。

这个要求，是希望鱄念及早先的情谊，能够为甯氏做主，防止君主于事成之后反过来处理甯氏。鱄到卫国都城之后，向甯喜传达卫献公的旨意：

苟反，政由甯氏，祭则寡人。

译文：如果我能够回到卫国，政事全由甯氏说了算，我只出面主持祭祀。

遇上这样的大事，甯喜担心自己那点小身子骨承担不起，想要多拉几个人垫背，就找到卫国贤人蘧伯玉。蘧伯玉不是傻瓜，哪愿意蹚这浑水？他说：

"早先，他出去的时候，我没有参与。如今他回来，我也不好参与。"

甯喜找不到伙伴，只好自己独自去做。他命自己的心腹右宰穀去见卫献公。右宰穀从夷仪回来后说：

"君主在外国待了12年，那表情既看不出忧虑，也看不出欢喜，还是早先那样子。照我看：你要是继续此事，就死定了！"

甯喜说：

"有子鲜（鱄）在，怕什么！"

右宰穀说：

"子鲜要是真有本事，当初就不跟着他了！"

甯喜一心完成父亲的遗愿，不管这些。春秋176年二月庚寅，孙林父居于戚，其世子孙嘉又出使于齐国，只有其次子孙襄留守于卫国都城。甯喜、右宰穀趁机讨伐孙氏。战斗中孙襄负伤。甯喜也不能取胜，逃到城外。当天夜里，孙襄伤重而亡，孙氏家里一片哭声。有人通知甯喜。甯喜返攻入城，杀死了卫殇公。孙林父闻讯，直接叛变到晋国，将戚献予晋国，请求正式做晋国之臣。甲午日，也就是事发第四天，卫献公回国。有人远到国境上迎接，卫献公高兴地与之一一握手，与之亲切交谈。有人于路上迎接，卫献公于车中行式礼。有人于都城的城门口迎接，卫献公就只是点头示意。在这政治表态的关键时刻，卫国贵族太叔仪，反其道而行之，就连城门口的迎接仪式，都没有参加。卫献公派人责让太叔仪，说：

寡人淹在外。二三子皆使寡人朝夕闻卫国之言。吾子独不在寡人。古人有言。非所怨勿怨。寡人怨矣。

译文：我在外国的时候，国内的大夫每天都向我通告卫国的情况，只有你不理我。古人说：不该怨恨的人，不要去怨恨他。然而，我现在有怨恨啊！

太叔仪对答说：

臣知罪矣。臣不佞。不能负羁绁以从扞牧圉。臣之罪一也。有出者有居者。臣不能贰通外内之言以事君。臣之罪二也。有二罪。敢忘其死。

译文：我有罪。我没有追随你，在你身边服侍你，这是第一个罪状。国内一个君主，国外一个君主。我没有能够同时侍奉两个君主，向你通风报信，这是我的第二个罪状。有这两个罪状，我该死！

照这话的意思，他这人并没有什么政治立场，只有一颗忠臣不事二主的心！表忠之后，太叔仪并没有傻等君主的处理意见，而是出逃外国避风头。卫献公手头事情很多，来不及计较到这人身上。他组织军队讨伐孙林父，进攻戚。孙林父求救于晋国。晋国召集宋、郑、曹，讨伐卫国。攻取了卫国西部土地，交予孙林父。晋国的特工于卫国都城之中抓捕了甯喜。

在盟主的压力下，卫献公无力抗争，只好派人向晋国求和。之后，卫献公亲自到晋国服罪。晋国囚禁了卫献公。这时，齐景公、郑简公亲自朝拜晋国，为卫献公求情。

齐、郑何以对卫国如此上心，一心救助卫献公呢？齐、郑、卫同为晋国的霸权影响之下的国家。齐国、郑国都不希望出现这种霸主支持权臣以对付君主的事情。今天晋国为了个孙林父囚禁卫献公，明天晋国就有可能扶植齐、郑的贵族，对付齐、郑的君主。另外，齐国和郑国最近虽然臣服于晋国，其实与晋国之间存在旧怨。齐国两次遭到晋国的大举进攻，齐后庄公又报复了晋国。郑国则历史以来总是时而亲晋、时而亲楚，有背叛的传统。晋国如果要对诸侯下手，首选就会是齐、郑。

在晋平公宴请齐、郑国君主的时候，郑国贵族子展唱了两首诗，委婉表达了小国的立场，以至于让晋国最终释放了卫献公。孔子说，不学《诗》，无以言。外交之中，《诗经》充当了重要角色：

子展双手捧起进献给晋平公的礼物，一拜至地。这礼物是一套黑色礼服。子展唱道：

缁衣之宜兮。敝。予又改为兮。适子之馆兮。还。予授子之粲兮。

译文：黑色礼服多好啊！穿旧了，我为你做新的。你去朝廷工作。回来时，我给你新衣服。

这是妻子为丈夫制作衣服的诗。照这诗意，郑国愿意做晋国的臣妾，一心服侍晋国。

晋平公听了这歌，已是微微点头。然而，口头上，他还是做出霸主的霸道：

"贵国时常联络楚国。这些话，恐怕是言不由衷吧！"

面对盟主的责问，子展需要就郑、楚关系做出答复。他选了一首诗来唱。就是这首诗，打动了盟主：

　　将仲子兮。无踰我里。无折我树杞。岂敢爱之。畏我父母。仲可怀也。父母之言。亦可畏也。

　　译文：将仲子啊，不要到我的院子里来，不要来折我院子中的树。我不敢与你相爱，我怕父母知道。我想与你好。但是，父母的责骂，让我害怕。

　　这是一个男人找一个姑娘偷情，姑娘予以答复。这诗的意思是：

　　我确实很喜欢你，但是我怕父母的责备。因此，不敢与你偷情。

　　国际会议之上，争的是国家利益。这种场合，诗意已经不是风月，而是郑国政治立场的可晋可楚：

　　楚国不断地向郑国施加压力，寻求楚、郑同盟。这就犹如诗中的将仲子寻求与姑娘偷情。郑国迫于更加强大的晋国的压力，不敢与楚国交往。这就犹如姑娘迫于父母的压力，不敢与将仲子偷情。

　　子展将郑、楚结交比喻为苟且偷情，将晋国比喻为强势的父母。那意思是说郑国会像子女服从父母一样服从晋国。其言外之意，又说晋国是正统，楚国犹如流氓。这种马屁，犹如羚羊挂角，不露痕迹。另外，还有一层意思：

　　以此来比喻：郑国自知结交楚国是罪恶，然而，郑国确有这种罪恶的念头。

　　晋平公于洋洋得意之外，深感自己应当像父母爱护女儿一样，爱护郑国。若不爱护她，怕她说不定哪一天就会止不住邪恶的欲望，做出苟且的事情，结交那万恶的楚国。

　　早先，晋平公曾经向郑国征求美女，结果反遭子产一大篇的抢白。此时，卫国方面体谅盟主的这点嗜好，于卫国国内选出一批美女，送与晋平公，以此请求释放卫献公。晋平公心下已经同意。乐得顺水推舟，欣然笑纳美女之后，遣返了卫献公。

　　卫献公回国后，按照约定，将国内政权交由接他回国的甯喜掌握。卫献公的手下公孙免馀请卫献公杀死甯喜。卫献公说：

"要不是他，我也不能有今天。我与他讲好了，政治上他说了算。杀死他，只会让我背上恶名。算了吧！"

公孙免馀说：

"我来做。你不参与就是了。"

公孙免馀与公孙无地、公孙臣谋划，让这两个人进攻甯氏。事情没有成功。两人都死了。春秋177年夏，免馀又进攻甯氏，杀死了甯喜和右宰穀。当初为卫献公回国而奔走的鱄，感到自己失信于人，无法面对卫国贵族，就出逃到晋国。有人劝他回卫国继续为官，他说：

"我为他做事。结果事情弄砸。这是我有罪。我要是按他的意思回去继续做官，那就更加彰显出我的罪和他的不对。我的难处，向谁诉说？我不能再为他做事了。"

自此以后，他寄居于晋国，终身不再为卫献公工作。就连平常的起坐，都不面向卫国方向。鱄的这个做法，让后世好名的人仰慕得五体投地，效仿者比比皆是。其实，这种冠冕堂皇的美德背后隐藏着政治利益关系：

甯氏曾经是鱄的党羽。鱄曾经与卫献公争夺君主位。现在卫献公已经处理了甯氏，鱄在卫国已经待不下去。

很多美德都是这样产生的：既然不得不放弃富贵，不如顺便将放弃富贵说成是谦让的美德。很多英雄的产生也与此类似：既然已经没有丝毫活下去的可能，不如顺便将自己的死做得英勇一些，成就英雄的美名。

公孙免馀，乃是所谓功狗，事后升官为少师。此时，太叔仪看国内大局已定，又回到卫国。卫献公想到此人有一颗忠贞不二的心，现在局势已定，他也不可能再忠于别人。于是就将太叔仪升官为卿。比较起来，此人比蘧伯玉还要狡猾！

笔者为了情节的连贯，将卫国的历史直叙至此。就在晋国召集夷仪之会时，郑国趁机灭了陈国。相关事情，下回再叙。

尊卑第六十回

子产治国刚而塞　向戌谋权扰而毅

上回说到，郑国灭了陈国。此事要从春秋174年楚军伐郑说起。

陈国的庆虎、庆寅出事之后，迫于形势臣服于楚国。楚康王命陈国为楚国讨伐郑国。郑国作为晋国的附庸国，但凡有大的军事行动，应当预先通告于盟主。郑国想要报复陈国，须争取晋国的同意。春秋174年春，郑简公、子西赴晋国送礼。名义上，这是附庸国每年例行的上贡。因此行要争取讨伐陈国的许可，故而在这一次外交中，郑简公向晋国正卿范匄行稽首之礼。范匄假意推辞：

"君行此礼，臣何以克当！"

子西回复说：

"以陈国之介恃大国而陵虐于敝邑，寡君是以请罪。敢不稽首！"

在礼仪之外，送给出的例行贡物，分外地重。此行中，郑国的子产托子西转交自己的私信与范匄。信上这样说：

"自从你执政晋国以来，向诸侯征收的上贡分外地重。我不知道你这是为了晋国，还是为了你自己？不管是为了哪个，都不是好事！如果说是为了晋国，过多地征收赋税，将激起诸侯的反感，让诸侯想到转投楚国。如果说收了之进入你的腰包，那只会让晋国的其他家族忌恨你，设计灭了你的家族，然后好分你的家产。早先的郤氏，家产达到晋国国库的一半。结果导致族灭。钱财如水，生性流动，不可能长久待在哪一家。倒是施予人的恩惠，能够让人世代铭记。趁着你现在手中有权，何不多多施恩惠于天下？这样子，纵然是将来你范氏出事，四海之内，何处不可为家？"

子产的动机，当然是为了郑国利益，希望上贡于盟主的贡赋少一点。然而，这些话也说到了晋国权臣的通病。早先，赵盾专权的时候，以国家的名义到外国去收取好处，用于在国内扩充赵氏的势力。自那以来，赵氏、郤氏、栾氏都延这条路走下去，结果相继遭到处理。栾氏遭到处理的事情，近在去年。他逃奔外国，却又只有重新回到晋国，才能召集起亲信和人马。子产的这个建议，让晋国权臣看到一条新的出路：

到国外去建立自己的势力。要是将来自己的家族遭到君主系的处理，被驱逐出国，也还有地方避难。

怎样到国外建立自己的势力呢？外国的情况，与晋国类似。外国的权臣，同样想到以晋国为避难所。在这种情况下，春秋列国的世族开始跨国交往，彼此间结成蒙眬、暧昧的交情。这种交情不是以各国的国家利益为基础，而是以各国世族的私利为基础；有的时候，甚至是与国家利益背道而驰。权臣为了家族的利益，宁愿出卖国家利益。

子产的话打动了晋国权臣。至春秋175年，晋国正卿换成了赵武。赵武执政之后，故意降低诸侯的赋税，以收买个人的名声。对晋平公那里，赵武说是自己正在计划与楚国讲和。如果与楚国和议成功，将收取楚国附庸的赋税，可以让晋国的收入大幅度增加。赵武通过宋国贵族向戌，结交楚国令尹屈建，最终于春秋177年的宋之盟达成了天下共和。晋国确实因此增加了收入，但是宋之盟开启了晋国权臣结交外国官员、甚至敌国官员的先例。后来，屈建去世，赵武公开为屈建服丧，以纪念彼此的友谊。而晋国方面，因为赵武、屈建达成的宋之盟增加了收入，也就不好谴责赵武。因为这种例子，晋国贵族在政治上渐渐不再以国家利益为出发点，而是以自己的家族利益为出发点。晋国处理赵氏、郤氏、栾氏的时候，都费时不久。到后来处理范氏、中行氏的时候，这两家人已经在外国建立起势力，让晋国耗费了大量的兵力、财力，以至于再也不能维持盟主的地位。霸主图谋霸业的时候，受到这种私交的掣肘，不能顺利进行。渐渐地，霸道先是转变为类似现代的"冷战"的局面；继而霸主的威望变弱，历史缓慢地过渡到各自为政的战国时期。

……

春秋 176 年，秦国君主命自己的同母弟鍼出访晋国，说是要与晋国议和。秦国为西方第一大国，来者又是秦国君主之下最尊贵的人物，所以晋国特别重视，专门开会讨论由谁来接待鍼。会议的主持者是叔向。叔向想让自己的亲信子员担当使者。子朱说：

"按顺序，应当由我担当使者。"

叔向不予理会。子朱接连三次提出，叔向都不予理会。子朱发怒：

"我与子员级别相同，并且，按轮班的顺序，应当由我出任！"

说话间，子朱拔出了自己的剑。叔向说：

"秦、晋不和已经很多年了。现在好不容易出现和平的可能。与鍼的和谈，说好了，是国家的大利；说不好，不知会有多少晋国将士为之战死！子员办理秦、晋外交多年，已经办熟了。值此重大外交，岂能依照轮班的顺序？"

说完，叔向也撩起衣摆，准备拔剑相斗。朝廷上的其他人极力相劝，总算没有打起来。晋平公听说此事，以为：

"下面的人争着为国家出力，我可以无忧了！"

旁边为他奏乐的师旷说：

"君主只见其表，未见其里。秦国主动求和，此事容易谈成。谈成了，就是大功。他们是在争功劳，哪里是一心为国家出力？"

……

春秋 173 年，预约共同发难的栾盈、齐国、楚国三方之中，楚国因遭到吴国入侵而爽约。栾盈发难之后，遭到族灭。齐国发难之后，则遭到报复。同为三方之一的楚康王，觉得自己对不起盟友。春秋 174 年，楚康王命苪启疆为使者，赴齐国送礼，重申齐、楚同盟。这一年秋，晋国大会于夷仪，召集起晋、鲁、宋、卫、郑、曹、莒、邾、滕、薛、杞、小邾，十二国联军，准备报复齐国。同年冬，楚军主动出兵于郑国，以救助齐国。楚国用兵，其附庸国都要追随。刚刚效忠于楚国的陈国，也在其中。陈国军队进入郑国境内之后，采取一种类似于"三光政策"的扫荡，对郑国进行毁灭性打击。不光杀死逮捕郑国人，还烧毁沿途的房屋，砍光沿途的树木，堵塞沿途的水井。在当时来讲，这种做法也常见，但是仅见于大国灭小国的时候。陈国在国力上不如郑国，采取这种不留后路的做法，就造成了后来的灭亡。

在夷仪的晋平公听说楚军出动，年少气盛，豪气干云，说：

"先君三驾，驾陵天下。量他楚国还能有几丝阳气，敢与我作对？若是整军前往，倒高看他了。你们听我号令：我晋国只派一乘战车，迎战楚军！"

晋军众将听了这号令，不敢违背，只好于军中选出武艺最强的两个，名叫：张骼、辅跞，驾一乘战车赶赴郑国，向前来的楚军挑战。一乘战车的正式编制是三人，何以只派两人呢？只因众将商议之后，认为战略上藐视楚军，战术上却必须重视。君主说用一乘战车拒敌，那只能用作政治上的示威和宣传。然而，君主的命令不能违背。为此，晋军事先带信给郑国，要郑国为这乘战车配备向导来做御戎。说是配备向导，实际上是晋国知道一乘战车不可能抵抗楚军，要让郑国派兵，以郑军对抗楚军。

晋国只派出一乘战车，但这乘战车代表着晋国军队。郑国方面对向导的人选相当重视，专门进行卜。卜的结果，宛射犬入选。宛射犬受命时，子太叔专门嘱咐：

"晋军虽然只有一乘战车，但是这乘战车代表着晋国军队。你要以尊重晋国军队的态度来尊重对方，不要以为参战的全是郑国军队，就轻视对方。对方来自大国，带有大国的傲慢。该忍的地方，你要忍。"

宛射犬说：

"军中自有军制。听说来的人与我级别相当。我按同级别的战友对待，不会出错。"

子太叔说：

"专门提醒你，就是担心你这样子！他们来自大国。大国之卿，等同于小国的君主。你岂能与人家平起平坐？我国有的是比你级别高的人。专门派你去，就是要你尊重同级别的晋国贵族！"

宛射犬听了这话，觉得子太叔这种态度大失国格，心下不以为然。因为是行军，郑军于野外为张骼、辅跞搭建起军帐。宛射犬赶到的时候，张、辅二人正在军帐之中吃饭。宛射犬虽不服子太叔的说法，却也还是尊重对方。他站于军帐之外向张、辅行肃礼，然后于军帐外与二人交谈。这个态度，是视对方为长官。张、辅二人毫不在意，虽然没有穿军装，却还是于帐内起身还礼。说话倒是很随和，只是不请宛射犬进帐，也不请宛射犬共同进餐。二人吃过之后，才命奴隶搬来食盒，请宛射犬进餐。宛射犬心中火起，却还是按子太叔所说，暂且忍耐。

出发的时候，二人命宛射犬乘坐战车前面带路，又命郑军为他们准备礼仪用的安车。宛射犬驾战车在前，张、辅穿着礼服坐于安车，跟随于后。按说宛射犬是向导，应当由他为张、辅二人驾车。张、辅不与宛射犬同乘一车，另乘礼仪用车，那摆明了不是将宛射犬视为同级的战友，而是将其视为手下。军队一直行到楚军阵前，二人才跳上宛射犬的战车。此时，宛射犬胸中的愤怒已经有点压不住。二人毫不在意，竟然雅兴大发，从衣箱出拿出两张琴来，对弹琴曲，唱和诗歌。宛射犬实在无法忍耐对方的傲慢，想要与张、辅同归于尽。眼看已经离楚军很近，他用马鞭猛抽战马，让战车飞快冲向楚军。这时候，张、辅再也不敢悠闲，赶紧从衣箱中取出盔甲穿上。仓促之中，没有来得及拿兵器。战车进入楚军壁垒后，张、辅跳下战车。毕竟是晋军之中经过挑选的武士，二人竟然不用武器，空手抓起楚军士兵，以人体为肉弹，投掷敌人。然后，按挑战的规矩，二人于腋下各挟一名俘虏，回身准备重上战车。宛射犬深恨张、辅的傲慢，不等二人回来就调转车身往回走。此时，楚军的战车已经包抄过来。二人飞奔赶上战车，跳入车中。扔下俘虏之后，赶紧取弓箭射敌。亏得箭术高超，射退了楚军。回到郑军阵内后，二人竟然又拿起琴来弹奏。一边弹，一边还是忍不住问宛射犬：

"公孙，我们是同一乘战车的兄弟，你为何前进、后退都不先说一声？"

宛射犬怎好说自己想谋害别人？就回答说：

"冲过去的时候，只想着前进，一心驾马，所以来不及通知你们。后来，看你们打得凶险，心里害怕了，所以赶紧逃回来。也没来得及通知你们。"

张骼、辅跞何尝看不出宛射犬的心思。然而，为了做出大国的风范，二人只是笑了笑，说：

"公孙，你的性子太急了！"

……

郑、楚交战的时候，东南的吴国趁机出动，策动楚国附庸舒鸠叛变楚国。楚国对郑国的讨伐只好半途而废。楚国老是受到吴国的牵制，特别希望齐国也像吴国一样，从晋国背后牵制晋国。然而，齐、楚一个在山东，一个在湖北。双方的联络很不容易。楚国芍启疆赴齐国之后，齐国陈无宇赴楚国回访。然而，陈无宇完成使命之后，晋国组织的12国联军出动，挡在了陈无宇回国的路上。为送陈无宇回国复命，楚康王特命芍启疆用军队护送。

……

郑简公、子西从晋国回国之后，听说郑国遭到陈国的毁灭性打击。郑国以为已经向晋国提出了申请，可以出兵了。春秋175年夏六月，郑国子展、子产倾郑国之力，率军七百乘于夜里向陈国发起闪电战。陈国君主陈哀公不择径而逃，竟然逃到坟墓之中。

前面曾经提到，春秋时候的人重视葬礼，所建的坟墓相当于重建一个人生。坟墓里按照现世的房屋的格式修建，虽在地面以下，却相当宽敞，类似于当今的防空洞。

陈哀公在坟墓里躲到第二天早晨。一打听，才知道国家已经完全沦陷。他本人好面子，不愿意出去接受亡国君主那一套礼仪，就命手下权臣司马桓子：

"你去问他们，究竟想要怎样。如果可以不亡国，他要什么都可以。"

另外，又分派使者分别到晋国、楚国告急。司马桓子接了这差事，只好以自己为首，做男性奴隶队列之中的排头第一号。身后按级别依次跟着陈国所有贵族。陈国的贵族妇女，另排一列。男、女两列奴隶夹道鱼贯而入，拜见子展、子产。道路中间，则是进献于战胜国的以宗庙彝器为首的国家财富。总之，倾尽国家所有的一切，请求郑国恕罪。郑国贵族将所有财物收下之后，开始做"存亡续绝"的礼仪：

领军的子展，亲自带着礼物去拜见陈哀公。礼物是什么呢？一张托盘，上面第一层铺设贵重丝绸，第二层为一面玉璧。玉璧之上，则是一爵酒。子展向陈哀公献酒，行再拜稽首之礼。

子产接见自降为奴的陈国贵族。他用手中马鞭清点人数。清点完之后，什么也不说，就转身离去。另有郑国官员，将到手的地契、地图、户口簿之类的东西，一一返还于陈国官员。

郑国早已经不是郑庄公年代的郑国。南有楚国，北有晋国。郑国哪敢随便吞并陈国？就连收这些财物，都还担心受到晋国怪罪。郑国得到这些财物之后，立即就向晋国献俘。由子产身穿军装，押送战利品至绛都。晋国方面派范弱质问：

"陈国乃是三恪之一，连王都不敢视之为臣，贵国何以灭之！"

　　子产乃是春秋后期著名贤才，能言善辩，那是不消说。他于此说出一篇外交文章。笔者正好以此介绍陈国的渊源：

　　"昔虞阏父为周陶正以服事我先王，我先王赖其利器用也，与其神明之后也，庸以元女太姬配胡公而封诸陈，以备三恪。则我周之自出。至于今是赖。桓公之乱，蔡人欲立其出，我先君庄公奉五父而立之。蔡人杀之，我又与蔡人奉戴厉公。至于庄、宣，皆我之自立。夏氏之乱，成公播荡，又我之自入。君所知也。今陈忘周之大德，蔑我大惠，弃我姻亲，介恃楚众，以凭陵我敝邑，不可亿逞。我是以有往年之告。未获成命。则有我东门之役。当陈隧者，井堙木刊。敝邑大惧不竞而耻太姬，天诱其衷，启敝邑心。陈知其罪，授手于我，用敢献功。"

　　译文：早先，虞阏父负责周朝的陶器制作。先王考虑到他是神圣的舜的后人，又为周朝制作了陶器，就将自己的大女儿嫁给他的儿子胡公，封之于陈，为三恪之一。算起来，他陈国是由我周朝封建而成立的。陈国有今天，是因为这个渊源。陈国桓公之乱，蔡国想要拥立蔡国的外甥为陈国君主。我国先君庄公推奉五父，立之为陈国君主。蔡国贵族又杀死了五父。庄公又与蔡国贵族一起拥立厉公。后来的陈庄公、陈宣公，都是我郑国所立。夏氏之乱，陈成公逃亡于外国，也是靠我国才重新回国。这些历史，贵国是知道的。现在陈国忘却周朝的大德，无视我国的恩惠，抛弃陈、郑历代婚姻关系，仗恃大国楚国的支持，侵略我国，为所欲为。为此，我国于去年专程请示于贵国。贵国没有答复。随后，我国遭到楚、陈联合进攻。在陈军的行军道路上，所有水井都被堵塞，所有树木都被砍伐。这让我国万分惶恐：这是陈国对太姬的神灵的污辱！上天能够纵容这种行为吗？是上天、是太姬的神灵指引我国惩罚陈国。陈国知道了自己的罪恶，向我国投降，所以我来献俘于盟主。

范弱又问：

"你凭什么以大欺小？"

子产说：

"先王有命：唯罪所在，各致其辟。早先，天子的疆域方圆一千里。列国的疆域方圆一百里。后来，这个制度渐渐变了。现今的大国，方圆达数千里。要是不侵略小国，何以至此？"

这个话，就是反过来说到晋国身上。范弱遭此反问，不敢再谈政治，转而问到外交礼仪：

"外交以礼服致敬。你为何穿着军装来见盟主？"

子产说：

"我国先君武公、庄公都是桓王的卿士，率领王师，以戎服征伐四方。就是到了城濮之战。贵国文公颁布命令说：各复旧职。当时，贵国命我国文公以戎服辅佐于王，以检阅勤王的军队，接受献俘之礼。我之所以戎服，是因为此来是献俘于盟主，遵循故例：一则以尊王命，再则也是服从于贵国先君的命令。"

子产这三次答复，成为古代外交史上的典范。当时，晋国君主晋平公听说这些话，称子产为人杰，欣羡其博学和机智。后来，孔子学习这一篇辞令，评价说：

《志》有之：言以足志，文以足言。不言，谁知其志？言之无文，行而不远！晋为伯，郑入陈。非文辞不为功。慎辞哉！

子产的性格给人的感觉是强硬而刚直，却又能于特别强硬之中回圜至圆滑，隐隐追踪于皋陶九德之中的"强而义""刚而塞"。子产对政治的理解是：

行政犹如种植庄稼，每天都想着庄稼的长势。预算着怎样来开始播种，一直预算到最后怎样来收获。有了这个构思，然后每天都去做。每做一件事，都于事先考虑好。就仿佛播种、育苗、耨草、浇水、溉粪、培土，一步一步做来，除非天公不作美，总不至于没有收获。

很多人仰慕别人聪明能干，总以为聪明人有什么省心省力的巧方法。照子产的话看，倒是一种极费时费力、极笨拙的方法。这就是所谓大巧若拙，大智若愚。子产的事例，笔者后面还会提及。

楚康王即位之初，有感于其父楚共王的失败，很想要振作一番，与晋国争雄于中原。晋国为鲁国讨伐齐国的时候，楚康王执意要趁机北伐。楚军于战事上原无不利。仿佛是上天不佑，回国的途中遭遇恶劣天气，兵员损失太半。栾盈奔楚，楚康王又趁机联合齐国，约定三方共同发难。在栾盈、齐国按约定起兵之时，又仿佛是天意，吴军入侵楚国，结果错失良机。经此两跌，楚康王对于北伐中原渐渐灰心。晋国方面恰恰相反，晋平公即位以来，事事顺风顺水。然而，晋平公是另外一种情况。晋平公的父亲晋悼公以偏房居正，为了不贻人口实，很做出了一番作为。晋悼公不到三十岁就去世，让年幼的晋平公坐上盟主之位。晋平公继承了其父的一些才华，但是打小的高贵地位让他沾染上贵族恶习。晋悼公去世前不久享受了桑林之飨。晋悼公的死，正是为这"酒色"二字。晋平公不改乃父之行，也迷恋女色，渐渐荒于政治。在这种背景下，有人建议晋、楚讲和，让南北霸主达成共治天下的协议。这个协议的达成，有君主系的上述原因，还因为列国世族的努力。

春秋列国之中的世族，比君主更希望和平。为什么呢？因为战争之中冲锋陷阵的是世族而不是君主，战败之后受到处理的也是世族而不是君主。在这些原因之外，还有一个新的原因。历史演变到这个时候，列国世族渐渐形成家族势力，渐渐以家族为中心，遇事首先考虑家族利益而不是代表国家的君主的利益。家族利益的对立面，主要是国内的其他家族而不是外国。世族将主要心思放在国内，与国内的其他贵族争夺权势。而且，为了家族或者个人的利益，他们纷纷结交外国的世族，希望由外国的支持为自己争取到国内的好处。

在这些大的背景之下，宋国的向戍凭借自己与晋国正卿赵武、楚国令尹屈建的私交，斡旋于天下诸侯，促成了晋、楚共治天下的宋之盟。向戍本是桓公族人，早先被戴公族人打压下去。赵武本是赵氏孤儿，在晋悼公、晋平公扶植古老贵族的政策下崛起。屈建则是在楚国王族接连处理权臣的背景之下崛起。这三人的身世、历史，以及与之相关的宋、楚、晋三国的背景都需要说明。笔者用放散之式，一一介绍。

宋襄公立下规矩，让子鱼的后人永远担任宋国左师。从那以后，桓公族人渐渐成长为宋国第一大家族，盘踞宋国政坛。传至襄公之孙昭公，宋襄夫人爱上宋文公，一心扶植宋文公为君。宋襄夫人依托于戴公族人，华元因此成为第一大夫。至春秋147年，华元用计赶走了桓公族人，只留下向戍继续担任左师，算是遵守宋襄公立下的规矩。华元死后，其子华阅继承家业。华阅没有华元那种本事，然而，戴公族人之中出了个人物乐罕。乐罕其人极善于收买人心，实际掌握了宋国政权。桓公族人先是逃奔楚国，在楚国的帮助下一度重回宋国。后来最终被晋国迁到西北，永远消失政坛。仅存的向戍忍辱负重，决心重振桓公族人的家声。华阅去世时，华氏内部出现斗争。隐忍了二十年的向戍趁机发力，打压华氏。

按正常程序，华阅去世后，应当由其子华皋比继承家业。华阅之弟华臣阴存夺嫡之心。族人华吴，长期担任华氏的管家，忠心保护少主，成为华臣的眼中钉。春秋167年，趁华阅刚刚去世，华臣派刺客六人于华氏家大门口刺杀了华吴。向戍与华阅是邻居，事发时向戍正在现场。向戍做出害怕的样子，对刺客说：

"老夫无罪！"

刺客回答说：

"此乃皋比清理华氏门户，与先生无关。"

事后，刺客囚禁华吴之妻，得到了华氏的重要文件，让华臣成了华氏的实际掌权者。华皋比处于谅闇期间，且已经没有实权。第一大夫家里出事，宋国君主宋平公问计于第二大夫向戌：

"臣（华臣）欺凌少主，败乱伦常，是不是该驱逐出境？"

向戌何尝不希望如此？然而，戴公族人之中还有乐罕那样的大腕，向戌不敢公开对付戴公族人。他回答说：

"华氏乃宋国第一大的世族。其先人华元有大功于国家。华氏子孙做了些见不得人的事，岂止是华氏的耻辱？更加是国家的耻辱！国家有耻，应该掩盖才是！"

宋共公本是个不理政事的糊涂虫，就依向戌的说法放任不管。君主与向戌的这番对答，隐约传到华臣那里。华臣听说君主想要驱逐自己，心下当然恐慌，很想找向戌问个究竟。向戌却故作深沉，躲避华臣。他与华氏本是邻居，每当出门都要经过华氏的大门。为了避免与华臣见面，他自制一根短鞭，在马车经过华氏大门时，于车夫前面紧抽马臀，好让马车赶快离开，避免与华臣相见。向戌的这个表现，让华臣越发害怕。向戌越是躲避，华臣越是觉得宋共公暗中要处理自己。向戌于此时又生一计：

他与宋共公一起围猎的时候，安排一只疯狗闯入华氏家中，然后支使宋共公的侍卫到华氏家中去寻找这只疯狗。疯狗闯入华氏家中逢人就咬，制造出恐慌。之后，全副武装的甲士又冲了进来。正担心遭到处理的华臣以为君主派来逮捕自己的人到了，赶紧收拾起早就预备下的行装，飞奔出门，远逃到陈国。

华臣出逃，华氏的权势随之消退。向戌略施小计，就搞垮了华氏。然而，这种伎俩只能用到没有政治素养的华臣身上。要与乐罕那样的人物对抗，还需要靠山和时机。九年之后的春秋176年，时机终于到来。

早先，宋国贵族芮司徒家生了一个女儿，长相奇特：浑身肤色通红，且长满浓密的浅黄色体毛。这其实是因为宋国出自商部落，其祖宗原本就是白色人种。虽经无数代与黄色人种婚配，其基因之中毕竟残存有白色人种的因素。这种长相，在白人之中相当常见。然而，她的父母都是典型的黄种人，她自然被视为怪胎。当时原本就重男轻女，所以其父母效仿稷的父母，将其抛弃于河堤。

此前，鲁国女儿伯姬嫁与宋共公，与之生下现任君主宋平公。伯姬在河边游玩的时候，看到了这个女婴。出于好奇的心理，伯姬将此女带回宫中收养。伯姬此举，仿佛当今的人收养流浪的野猫、野狗一般，就是个养着玩的心理。小时候当宠物养着玩，长大了就用作替手的女奴。因为是弃婴，伯姬根据伟人稷的典故，为此女起名为"弃"。弃渐渐长大之后，出落成一个金发碧眼的大美女。身高超过一米八，体态丰满而性感。一双蓝眼睛，清亮深邃，如同潭水；一头金灿灿的卷发，络绎缀散，态如垂柳、吊兰！肤白如冰川白雪，照人形秽；体健如惊鸿游龙，望之怅然！身为女奴，气质高华似昆仑王母；种绍异域，体态奇丽如西天菩萨。她成为伯姬的侍女，在侍女之中显得很特别。有一天，宋平公朝拜于母亲伯姬，见到了弃。这一见，犹如华父督见到孔父妻：

目逆而送之，心下暗道：美而艳！

伯姬看到儿子这副色相，微微一笑，说：

"喜欢她？那就赏给你吧！"

当时，宋平公虽还是太子，却已经有了嫡妻，产下嫡子。嫡子名为痤。收用弃之后，与弃一起生下一子，那就是后来的宋元公。

当时有一种惯例：君主为太子设立师、傅、保，即监护人。监护人负责教育培养太子。又在太子的后宫设立内师，由太监担任。

宋平公由太子升级为君主之后，为痤安排了一个太监做内师。此人名叫惠墙伊戾。惠墙伊戾肩负着这样的重任，就时常在痤办房事的时候走近帷帐，低声说：

"请太子爱惜玉体。"

痤在野外玩耍的时候，看到个性感的村姑，一时间性欲勃起，命奴仆于野外围起围屏，说要就地休息——当然，围屏之内只留下性感村姑一人侍寝。此时，惠墙伊戾又来进谏：

"此等贱婢，不可用来污浊太子的身体！"

几番如此，激得痤心生厌恨。

痤与惠墙伊戾，主仆之间生出龃龉。痤想方设法躲开惠墙伊戾，寻求风流快活。惠墙伊戾则想到了长远：

无论怎么劝，他就是不听。看来，一味地教育不是办法。今天有君主罩着我，我不会出事。将来他做上君主，追寻旧恨，我难逃厄运！

惠墙伊戾的这点想法，被长期寻找时机的向戌发现。向戌找到惠墙伊戾，也不说自己的立场，而是替别人愤怒。他说：

"他的这些恶行，你看不惯，全宋国的人，哪一个又看得惯？众人都讨厌的人，怎么可能长久？君主的儿子，又不是只有他一个！如今乱世，在位的君主尚且经常被废，何况太子！"

一语提醒梦中人。惠墙伊戾渐渐生出谋杀太子之心。春秋176年，楚国与晋国为了即将到来的宋之盟，预先进行低级别的外交。楚国使者到晋国送礼，途经宋国。按当时的礼仪，宋国方面应当派人于野外宴请楚国使者。痤担当宋国的迎宾使。作为内师，惠墙伊戾的职责是男女之事，与外交无关。然而，惠墙伊戾请求宋平公让自己随行于太子。宋平公说：

"听说你与他之间闹得不愉快。你为何还要追随他？"

惠墙伊戾深恐别人知道自己心里的小秘密，就用大义来遮掩：

"我们做下人的，认定了一个主子，就跟定一生！他喜欢我，我也不会过分地靠近；他讨厌我，我也不会过分地拉开距离。我总是离他不太远，也不太近，以便随时听从他的命令，不敢有二心。此行虽是在宫外，其中难免有宫内之事。职责所在，岂能擅离？"

照他的意思，他又要在痤"打野战"的时候恪守本职，进谏于主人。惠墙伊戾提前于选定的宴席地方开挖一个坑，于其中洒上牛血，牛血之上放置一册简书。简书记载痤与楚国一起盟誓的誓辞。誓辞说痤愿意割让土地与楚国，请楚国做自己的外援，帮助自己早日做上君主。痤宴请楚国使者之后，惠墙伊戾告密于宋平公：

太子阴谋造反！已经与楚国使者进行了盟誓。

宋平公不信：

"我的一切，将来都是他的，他何至于造反？"

惠墙伊戾说：

"虽然都是他的。但是他想要早点得到。"

宋平公派人于野外宴席的地方检查，挖出了惠墙伊戾预先埋下的简书。毕竟是自己的儿子，宋平公不愿意就此处理痤。他回到后宫，到了自己最喜欢的女人弃的房中。房事之后，宋平公说起痤。弃正巴不得废了痤，好让自己的儿子做君主，当然极力佐证。甚至罗织深文，杜撰说太子对她本人，也有非分之想。宋平公都还是没有下决心，又征求老臣向戌的意见。此时的向戌，嘴里哪还有什么好话？他一改平时的低调，高调指责太子的好色淫乱，极力发挥：

"太子是否谋反，老臣不得实证。只是于平常了解到，太子于女色之上，颇不检点！公然于大街上白昼渲淫，并且不择良贱，随性而乱。老臣听说，万恶淫为首。像他这样，欲望一旦勃起，就非得到不可；对女色是如此，对权力当然也是如此！"

众口铄金，宋平公将痤囚禁起来。痤的废与不废，有一个最大的关联人。那就是宋元公。痤于狱中派人送信与宋元公，信上说：

"要是中午还不见你来搭救，那我就已经死了！"

送出信之后，痤自言自语说：

"佐（宋元公）生性谦卑。他一定会记念手足之情，搭救于我！"

向戌好不容易找到一个发迹的时机，对此事相当上心。他打听到痤送信与佐，赶紧驾车赶去，于路上截下正赶往狱中的宋元公。向戌在肚子里准备下一箩筐的废话，于拦下宋元公之后，絮絮叨叨，拉着宋元公的手闲聊。宋元公不敢明言自己有急事，几番甩手要走，又被向戌拉住手继续闲聊。痤在狱中左等不见人，右等不见人，急得了不得，心里思绪乱七八糟。看看到了中午，他认定宋元公铁了心不救哥哥、甚至巴不得哥哥死了好做太子，就按自己的诺言解下裤腰带，上吊自杀。

其实，宋平公并没有决定杀痤。宋元公收到信之后，向宋平公求情，宋平公已经答应释放痤。得到痤的死讯，宋平公生出舐犊之情，想起事情的缘由，寻仇于惠墙伊戾，将其烹成肉羹。大儿子已死，只好立小儿子宋元公。母以子贵，女奴出身的弃随之成为第一夫人。

事情的结局，让惠墙伊戾亏得血本无归；让弃和宋元公得到最大的利润；向戌不好不坏，不赚不赔。向戌于春秋147年就做上左师。30年的苦候时机，只等出这样一个结局。向戌很不甘心！他与弃不谋而合，实际是共同陷害痤的盟友。然而，双方事前并没有进行联络，也没有同盟的约定；弃得到了好处，却并不知道旁边还有个向戌，为她的成功出了大力！向戌想要提醒弃：

你的第一夫人之位，多亏了我的帮助！你要不给我点好处，小心我将你的事情抖出来！

有一天，弃的马夫在河边遛马。向戌看到后，走过去明知故问：

"这是谁的马啊？"

马夫回答说：

"这是君夫人氏的马。"

读者注意：君夫人这个称呼，意为君主的夫人。在当时，君主的嫡妻就叫"夫人"。这"君夫人"之说，往往用于有夫人的待遇、却又不是夫人的情况。"君夫人"类似于"如夫人"，但要高于如夫人。此时的弃，已经是正式的夫人，她的手下做此称呼，是因为她早先是女奴，在面对朝中大臣的时候，故意自谦。

向戍听了这答复，故作高傲：

"什么君夫人？没听说过！"

朝中权臣如此评价第一夫人，马夫岂敢轻视。回去后，就禀报于弃。弃想：

是不是他知道些我的秘密？不然，怎敢如此无礼？

弃不敢怠慢，派人送正式的礼物与向戍：正礼是锦和马，先礼是玉璧。弃特别交代使者这样说：

"君之妾弃使某献左师！"（君主的女奴弃命我将此礼物献于左师大人！）

这个话中称"妾"，已是极度自谦；又称了自己的名，那是更加自谦。向戍看对方果然有反应，暗称得计！向戍一改之前的傲慢，笑容满面地迎上去，假装生气，说：

"使者你说错了，应当称君夫人！你把称呼改过来！不然，我不收礼！"

收礼之时，向戍拜了又拜，再行稽首之礼。

经此事之后，向戍与弃互诉衷肠，彼此往来，结交成盟友。当初共同打江山，如今共同坐江山。向戍得了第一夫人和储君做靠山，从此不再孤单，不再孤军奋战。向氏的权势渐渐膨胀，所以向戍才代表国家斡旋于天下，做成了晋、楚共治天下大事。向戍的性格，与子产形成鲜明对比：于柔媚之中透着厉害。乃是皋陶九德之中的"扰而毅"。

以上叙完宋国历史，楚国、晋国历史，且待下回再叙。

笔者感于晋国世族的以权谋私，吟成几句：

新规则，用能臣。封爰田，奖州兵。蒐被庐，不拘格。罪必刑，功必赏。灵成景，赵氏雄。赵郤栾，相继承。豪族兴，君权衰。起偏房，君孙周。设军尉，挠臣权。起旧族，压新贵。前车覆，后车鉴。循故事，新贵惧。君家国，臣家家。舍大家，为小家。结外援，抗君主。君渐弱，臣渐强。下陵驾，上替废。赵魏韩，号三晋。臣代君，晋国亡。

利用第六十一回

国多淫刑人云亡　晋楚之从交相见

　　春秋 173 年，楚国与栾盈、齐国约定共伐晋国，结果在约定的时间遭到吴国的侵略，不得不爽约。吴、楚交战，吴军总是利用南方水路纵横的地貌，以水军的优势压制楚国。楚康王痛下决心，于次年组建起楚国水军，连樯而下，报复吴国。哪知道，水军不是一时起意就能造成。吴国东濒大海。吴国的商船能够出长江、钱塘江，在整个亚洲的东海岸跑船经商，其船只能够禁受大海的风暴，其航行技艺能够开创海上丝绸之路。楚军水军的船只远不如吴国船只的高大坚固，就连船上的行军号令，都还在用陆地战车作战的口令，根本不适应水上作战。这一次报复，楚军无功而返。吴国根本不把楚国水军放在眼里，倒是对于陆地作战，心存谨慎。春秋 174 年冬，吴国收买楚国附庸舒鸠，舒鸠叛变楚国。舒鸠即是当今安徽舒城。此城地处长江下游平原。其北面，长江下游平原与华北平原连成一体。其西面，邻近大别山。其东面，有河连通巢湖。而巢湖则有水路通长江，自来是吴国的水军基地。此城对吴国的意义，类似于方城之于楚国。吴国准备在舒鸠建陆军基地，用来补齐陆军的短板，磨合水、陆协同作战，提升统筹战斗力。春秋 175 年秋，芳子冯去世，屈建继任为楚国令尹。新官上任，总要做出些业绩。屈建考虑舒鸠位于平原，应当可以拿下，所以上任之后立即率军讨伐舒鸠。

　　楚军到达舒鸠境内的离城时，吴国的陆军赶来。吴军初到时候军锋很盛，一举将楚军冲散、分隔成两部分：屈建率右军在前，子彊、息桓、子捷、子骈、子孟五将率左军在后。当时没有现代通讯工具，被隔断后楚军两部分之间不能联络。特别是，主帅与众将分离，让后面的楚左军无人执掌号令。人性于险境之中最能激发优秀品格。眼看大功不成，主帅被困，守、战有全军覆灭之虞，撤、逃回国则有族灭的军法等候。在此情景下，五人放下平日的争功、争官的矛盾，商量脱险办法。商量的结果以为：

吴国人截断我军已经有七天，眼看秋霖将至，继续僵持下去，会弄成前番芳子冯伐郑的结果。无论胜败，必须一战！眼下与主帅隔离，我们只有通过战斗，牵动吴军运动，才能将信息传到主帅那里。

五人向吴军发起冲锋。吴军按兵法退守于离城外的小山之上。按说，吴军居高临下，合乎兵法，应操胜算。然而，偏偏是退守于山上，造成了吴军的溃败。

被截断于前方的屈建如同后方一样，苦于不知道后方的消息。看到吴军运动于后方，屈建感到脱险的希望，赶紧做好战斗的准备。吴军于山上，看到前、后两面的楚军整装待发，纷纷向山上逼近，不免惶惧。吴军有畏战的情绪，楚军则看到了摆脱困境的希望。军队最重要的是人心。双方的人心对比让战局突发巨变。吴国向前方运动，后方楚军以为前方发起了进攻，加力攻山；吴军向后方运动，前方的楚军又以为后方发起了进攻，也拼死攻山。楚军每前进一步，就更加感到会师的可能，就更加拼命战斗。两面夹攻之中，消息不通的楚军竟然越战越勇。由此人心，楚军夺取山头，趁势包围舒鸠，灭了舒鸠。经此役，楚国势力到达巢湖。同年12月，吴王诸樊报复楚国，进攻巢湖。结果诸樊被巢地大夫牛臣用暗箭射死。

屈建新官上任，就取得如此功绩，楚康王就说要赏赐于屈建。屈建赶紧推辞说：

"我有什么功劳？早先，舒鸠背叛于君王，我国予以讨伐，舒鸠又送礼求和。当时，先大夫芳子（芳子冯）建议与舒鸠讲和，等舒鸠再次背叛再予讨伐。因为芳子的建议，才有我今天的成功。要说功绩，此乃芴子的功绩。"

读者注意：这个话自相矛盾！芴子冯建议不打舒鸠。依芴子冯的建议，就不应当有讨伐，又何谈灭舒鸠的功绩？其实，在此事之中，芴子冯、楚康王、屈建三人在乎的都不是对外的征伐是否成功，而是在意其中透露的另一信息。什么信息呢？楚王担心权臣功绩过高，影响到君主的政权，所以想要压制权臣；权臣则担心遭到这种猜忌。当初，芴子冯担心自己由讨伐舒鸠取得战功，由战功而受到更大的猜忌。为此，哪怕对国家有好处，哪怕是能够打赢的战争，却故意建议不打。到这后任的屈建，已经被好几个前任令尹遭到猜忌、进而受到处理的历史吓怕了，稍稍做出点成绩，就赶紧推脱功绩。屈建这话是提醒楚王：

要说灭舒鸠，原本早就可以完成。前任不是不能完成，是怕你的猜忌！我现在有这个功绩。但是，这功绩原本应当是前任的功绩。

自若敖家族遭到处理，历任令尹都没有拿得出手的政绩。有的是自身本事有限，更多的则是担心功劳越大、自身的下场越惨！楚国的君王与权臣之间，如此勾心斗角，其结果，是牺牲国家利益。

楚国对外的战事稍有起色，乘胜追击，于春秋176年联合秦国再伐吴国。楚、秦军队攻到长江下游，看长江浩渺、鄱阳如海，吴军战船林林总总，隐现于晨雾、朝霞之间。来自西北高原的秦军从未见过长江的凶险，看到远至天际的水，视为畏途，不敢涉江。楚军鉴于水军以前的败绩，也不敢继续向前。两方商议下来，觉得水路不是强项，还是从陆路进攻郑国，少担许多风险，却可以赚到同样多的钱！

楚、秦联军进攻郑邑城麇。郑国贵族皇颉驻守城麇，战败被擒。擒获皇颉的楚国将领名叫穿封戌，乃是楚国属下的一个县尹。

当时中国没有当今的省、市、地区之类的政区编制。省源出"三省六部"，于元朝开始用作政区。就是当今日本，

"省"字都专指中央机构，不是地方上的行政区划。市本意是商业交易点，近代才用作行政区划。地区一说，则是党国独创，仅见于当今天朝，古中国没有，外国也没有。于古代、于外国，常见的政区都是郡、县。它的产生如下：

春秋时候最常见的政区是邑。所谓邑，是由原始的部落演变而成。早先的部落多数都是游走于四方。周朝将农耕文明传达天下，许多部落转为农耕，开始定居生活。那就形成了最初的邑。部落一词，由部、落二字组成。这两个字，部大落小。一个强壮能干的男人，带领他的女人、儿女，俘虏的战俘、奴隶，长期生活在一起。他们在野外游走，夜里睡觉时担心受到野兽的攻击，就用木篱将休息地围起来。这木篱，就是"落"字的本意。这个强壮的男人往往隶属于另一首领，经常带领家中能够参战的人追随于首领参战。许多这样的男人落追随于首领的时候，就形成以首领为名的部。部落改成为农耕生活的基本单位，形成村落。一个村落里的人，彼此熟识，渐渐演变成笔者于前面曾经介绍的井田。村落，就是邑的前身，也是古中国所称的"国"的基础。邑有大有小，大的形成国，小的仍然称为邑。到春秋时候，频繁的战争造成某些国家属下的邑太多，于是新产生出一种政区，那就是县。大国将许多邑归属于其中的最大的一个邑，称之为县。县大于邑，小于国。当时的中国，只有三个政区概念：于"天下"这个概念之下，第一级为国，第二级为县，第三级为邑。楚国用王制，属下有国、有县。国的领主，效仿周朝的封建诸侯制度，成为效忠于楚王的诸侯。例如此时的许国、陈国。县的领主，却不是隶属于国，而直接隶属于楚王。楚王命一官员管理一县，是为县尹。例如此时的穿封戍。秦一统天下，消灭了所有的国。秦朝比照于早先的国的规模，合多县为一郡，以史刺郡。秦朝郡、县的长官都由中央直接委任。所谓郡县制，郡是由秦开创，县则是渊源于春秋时候的县尹、县大夫。

穿封戍擒获郑军主帅，正准备送到楚康王那里去邀功，却被另一楚国贵族将俘虏抢去。此人是谁呢，就是楚康王之弟、后来的楚灵王。穿封戌不服，上前争夺。两方争夺不下，请另外一个贵族前来评理。这又是何人呢？此人名叫伯州犁，乃是晋国贵族伯宗之子。伯宗遭三郤陷害而死。死前将儿子伯州犁托付阳毕。阳毕将伯州犁护送至楚国。伯州犁在楚国，乃是寄人篱下。他不愿意沾惹是非。然而，楚灵王强迫他必须做出裁判。伯州犁说：

"二位都是贵族，穿着不同于普通士兵。是谁抓住的俘虏，问俘虏本人不就清楚了？"

伯州犁抬起左手，往上指着战车之上的楚灵王，对皇颉说：

"这是王子围，是我国君主的亲弟弟之中最年长的一个！"

之后，又将左手往下，指着站于地面的穿封戌，又说：

"这是穿封戌，是方城之外的一个县尹。我问你：是哪一个擒获的你？"

皇颉看这手势、听这口气，分明是暗示自己：王子高贵而有权势，穿封戌争不过王子。趁此机会巴结王子，对自己有好处！

皇颉回答说：

"颉在战斗时遇上了王子，战败被擒！"

这个评判，相当于法官迫于权势，故作有针对性的诱导；证人又迫于权势，故作伪证。穿封戌受到不公正的评判，气得忘记了尊卑和纲常，提起戈追杀楚灵王。

……

自楚庄王以后，楚国的君主系猜忌权臣，令尹多用自己的亲叔叔或者亲弟弟。在这种惯例之下，楚王的弟弟权势显赫，远非普通贵族所能比拟。这个惯例又造成另一个极端：楚康王的弟弟凭借手中的权势接连篡夺君权，造成四弟兄相继为王的乱局。重用血亲，势必压制其他人。就在这春秋 176 年，楚国内部不起眼的一起政治清洗，深远影响到国家的存亡。尤其发人深思的是：处理此事的时候，已经有人指出了楚国政策的这种错误。然而，历史犹如中了魔法，仍然朝一个既定的方向发展。

楚庄王年代，起用伍参。伍参生伍举。伍举生伍奢。伍奢生伍尚、伍子胥。伍举娶了申公子牟的女儿。申公子牟是申国公爵。他离任之际推荐申公巫臣做申国公爵，算是申公巫臣的党羽。申公巫臣为了夏姬，叛国出奔至晋国。申公子牟深知国家的政策，乃是斩草除根，乃是除恶务尽。所以赶在朝廷动手之前就逃奔外国。伍举是申公子牟的女婿，听说老丈人成了叛党的党羽，吓得不敢与之来往。伍氏以为：

自己与申公巫臣之间，并没有直接关系；就连申公子牟，也断绝了来往。想必国家不会追查到自己身上。

楚康王即位以后，几乎每一次大的行动，都受到吴国的牵制。追查起吴国牵制楚国的原因，发现完全是由申公巫臣造成。想到这一点，楚康王对申公巫臣恨之入骨。然而，他恨他的；申公巫臣抛却了南方故土，于北方另创家业。靠了联吴抗楚的大功，巫臣被晋国封建为邢国公爵，与天下第一美女夏姬一起生儿育女，世居于邢，俨然有千秋万代的模样。楚康王奈何不了申公巫臣，只好拿申公巫臣在楚国的故交来撒气。赶上别有用心的人对他说：

"申公子牟出逃的时候，伍举作为女婿，曾经去送行。"

楚康王听了这话，就生出处理伍氏的心思。此时，伍参已经去世，伍氏当家人是伍举。伍举也深知国家的政策，乃是斩草除根，乃是除恶务尽，所以于春秋176年举家出逃至郑国。准备看一看风声如何。如果风声紧，就干脆逃到晋国。

早先，伍参在国际交往中与蔡国太师子朝结成异国友谊。两家世交，故而伍举与子朝之子声子也结成友谊。此时，晋、楚讲和，南北盟主共治天下的议题已经传遍天下。天下的总体局势，乃是"和平"。因此，蔡国主动外交，命声子出访晋国。声子北上到达郑国郊外时，遭遇故交伍举。二人效仿诸侯的"遇"礼，于野外宴席叙旧。伍举说起自己的处境，声子说：

"逃奔晋国，终究是不得已的下策。当初巫臣逃到晋国，结果自己的亲人、故人无一幸免。你何故效仿于他？"

伍举说：

"我何尝不作此想？然而，继续待在楚国，就能够幸免吗？"

声子说：

"眼下，宋国的向戌出头，要讲天下共和。趁着这时机，我想法子帮你。如果我帮不上，你再去晋国不迟。"

声子故意让行程经过宋国，见到宋国向戌。此时的向戌，正在联络天下所有的诸侯，忙得不可开交。蔡国是楚国附庸，蔡、楚关系好于宋、楚关系。向戌就托声子代自己斡旋于楚国。声子得了这个使命，于访问晋国之后，转访楚国，见到令尹屈建。外交场合，屈建代表着楚国王制，摆起谱来：

"你此去晋国，代表君主与晋国君主称兄道弟；然而，于我王看来，蔡国是楚国的外甥。两边你都了解。据你看来，晋国情况怎么样？你遇到的晋国的大夫是不是比楚国的强？"

屈建这意思是：晋国君主与楚国君主的外甥称兄道弟，在辈分上就低一级！声子看此人喜欢听恭维的话，心想：遇上这种人，事情好办了！他回答说：

"据微臣观察比较，晋国的执政正卿远远比不上楚国；但是，普通的大夫，却是晋国大夫比楚国大夫强！就好比梓材、皮革，原产于楚国，却于晋国大量运用！那本是楚国的东西，楚国自己不用，流落到了晋国。"

屈建听说自己要比赵盾强，心中特别高兴。听说自己的手下不如晋国，虽不那么在意，却也顺便一问：

"听说晋国赵盾开创出公族大夫，那是晋国的预备人才。何以放作本国的人才不用，要用外国的人？"

终于说到声子期望的正题。声子说：

"微臣也不知这是为何。只是晋国人说：楚国的人才，都跑到晋国去了。

"早先，公子元调戏国母（息妫），亏得若敖家族毁家纾难。事后，有人陷害子元之子王孙启，成王不加细辨。王孙启逃奔晋国。至城濮之战，晋军已经要撤退，王孙启对先轸说：此战是子玉（成得臣）想要打，楚王并不想打。因此，楚王故意只派少数王的亲兵，其余全派若敖氏的家兵。而且，楚王故意安排那些有心背叛楚国的附庸国参战。若敖氏不得王的支持，必败！因为王孙启的怂恿，我军败于城濮。

　　"早先，庄王年幼，申公子仪（鬭克）为太师。子仪趁子孔（成嘉）讨伐舒国的空当发动政变，刺杀了子孔。亏得庐戢犁平定了叛乱。（事在春秋110年）事后，有人陷害析公，说析公参与了叛乱。析公逃奔晋国。至绕角之战（事在春秋138年），晋军原本计划撤退，析公建议说：楚军轻佻，禁不起恐吓。我们多准备一些鼓，于夜里同时击鼓，趁着这鼓声发起突然的偷袭，楚军必败！晋国人采用他的建议，导致楚军溃败。晋军趁势侵蔡袭沈，败申、息之师。为此一役，郑国不再事奉楚国。这就是处理析公的结果。

　　"早先，雍子的父兄陷害雍子，雍子逃奔晋国。彭城之役（事在春秋151年），晋、楚军遭遇于靡角之谷，晋军原本就要败退。雍子发命于军中：太老、太小的将士回国；身为孤儿、有病的将士回国；家中同时有二人参战，一人回国；检查兵器和阵形；喂好马；连夜加餐；烧毁宿营地，明日决战。因为他的鼓励，楚军战败，造成第二宋国破产，子辛惭愤而死，东方诸侯背叛楚国。这，就是驱逐雍子的结果。

　　"早先，申公巫臣一心想要得到夏姬，携夏姬逃奔晋国。因此与子反、子重结怨。申公巫臣的亲旧遭到处理，因此怀恨、报复，出使于吴国，教给吴国战车、战阵，让吴国从背后牵制楚国。由此造成的祸害，至今为梗！相关的情况，不说你也知道。

　　"早先，若敖之乱（楚庄王处理鬭椒，事在春秋118年），伯贲之子贲皇受到牵连，逃奔晋国。晋国封之于苗。至鄢陵之战（事在春秋148年），苗贲皇建议：楚军的精锐就只有王卒，我们让栾书、范燮的中军故意示弱，引楚军王卒进攻。王卒以为胜利在望，一心进攻我们的中军，就照顾不到子重、子辛的部队。这样，郤锜、郤至、中行偃就能够在与子重、子辛交战的时候取得胜势，将其赶走。之后，我们全军四面包围王卒，就能大胜。因为这个建议，楚师大败。我王目中中箭，子反伏罪而死。郑国背叛，吴国兴起，楚国丧失诸侯。那都是苗贲皇所致。

"诗云：人之云亡，邦国殄瘁！楚国不是没有人才，只是不能重用人才！"

声子这些话，一些挨得上事实，另一些则是添油加醋。屈建本人，也受到楚康王的猜忌，于此深有同感。因此，他也不辨细节，就说：

"是啊！你说这些，都是事实。"

声子赶紧补上关键的话：

"现在，又有相同的事情发生：伍氏与巫臣，是八竿子打不着的两类人。就是他与子牟结亲，也于巫臣出逃之后就赶紧撇清，断绝了与子牟来往。现在，有人陷害说：子牟出逃时候，伍举亲自相送。伍举担心受到处理，已经出逃到晋国。听说，晋国要比照于叔向的级别对他予以重用。此事，必将为楚国带来新的祸害！"

对于君主的猜忌，不要说下面的人看不惯，屈建同样看不惯。遇上这样的事情，屈建就做出一副为国家社稷保护人才的样子，求情于楚康王。楚康王看群臣如此畏惧，心中偷偷得意。表面上，做出宽宏大量的样子，出公文召回伍氏；暗地里，却深恨伍氏挟技将君，存下了处理伍氏的心。到后来，楚国君主系最终处理了伍氏，也最终导致了楚国灭亡。在外人看来，楚国君主系的这种做法，犹如饮鸩止渴，明知不对，自己却偏偏要那样做。其实，君王无非也是人，也同一般人一样的思考问题。他只想保住自己和自己子孙的君主地位。比较自己的利益，臣下的遭遇如何，相对次要。笔者于暗中猜测：

纵然到了楚国灭亡、伍子胥鞭尸的时候，楚国君主系也不会为自己的诬陷好人而自责，他们只会这样想：怪只怪当初没有下狠心将伍氏斩草除根，所以弄成今天样子！

　　为什么楚王总是这样想呢？因为道心惟微、人心惟危。人性都有私欲，先天就不会站于公正的立场。为了私欲，人性宁愿处于危险的境遇而且决不悔改！

　　自三驾以后，晋国的势力压倒楚国。晋平公没有先君的进取心，常常沉湎于酒色；楚康王趁机进取，却也感到天意难违。晋、楚都有休战的意向，南北共和即将达成。笔者学习演义体小说的叙法，故意延宕，且先说两件其他事情。其一，叙许国请楚国伐郑；其二，叙齐国贵族乌馀自立门户。

　　春秋166年，正当晋平公即位之初。当时，许国看晋国势大，向晋国提出迁到晋国势力范围之内。许国内部有人反对迁到晋国。晋平公在谅闇之中，不便过多过问政事，吩咐属下诸侯看着办。郑国刚刚经过三驾投奔于晋国，一心效忠，所以由郑简公在子蟜的辅佐下亲征。晋、楚战于湛阪，楚师败绩。因许国反复，晋国讨伐许国，在许国很干了些伤天害理的事情。许国寻思报复，却又哪敢报复于北方盟主晋国？许国受了些委屈，不敢报复晋国，就转而移恨于郑国。春秋176年，许国君主许灵公带上重礼朝拜楚国，请求楚军讨伐郑国，为自己复仇。楚康王原已不想管这种闲账，就以好话来推诿。想不到，许灵公性子太轴，宣言说：

　　"楚师不出，我就不回去了。就算是死在这里，也不回去了！"

　　这个话，说得重了。偏偏言出成谶，许灵公竟然于这一年八月死于楚国。事已至此，楚师不出已经不是小事；而是关系到楚国的威望。楚康王于这年八月讨伐郑国。郑国的政权，掌握丁穆公族人手中。穆公族人将国事当家事，召开家族会议——当然，也就是朝廷的会议。有人说：三驾以来，我国一心依附于晋国。现在有楚军前来，正当拼死战斗，以表现于盟主。子产说：

　　"有这样一种小人：他们喜欢显摆自己那点经不起推敲的

勇敢，巴不得出点祸事。世间出了祸事，他们当成天大的喜事。为什么呢？他们以为自己终于有了成名的机会！国中生出这种人，岂是国家之福？

"眼下，晋、楚议和在即。楚王想要于议和之前准备点议和时候谈判的本钱，所以发起这场战争。他的战略目标，不是战争，而是和平。大势乃是和平，谈什么战争？如果不让楚国取得点战功，就不能得天下和平！"

这一席话，说别人是小人，太过刻薄！子产不加回旋地指责别人，让持反对意见者很难堪。然而，子产站得高、看得远，话说得在理。遭到指责的人纵然有埋怨，那也只是一时的情绪上的埋怨，道理上终究信服于子产。这就是经典的"强而义"，也就是史书评论人格的"狷介"。子展按子产所说，故意放松防御，让楚军得胜。晦气一些无知的愚民和士兵，保得国家的平安。

齐国自齐惠公结束了五子乱齐，之后的齐顷公、齐灵公、齐后庄公三代，致力于恢复桓公的霸业。然而，每当国势有所抬头，就被晋国打压下去。齐顷公险些被韩厥俘虏。齐灵公、齐后庄公，都是用自己的死亡来换取晋国的原谅。齐国内部，渐渐有人看到：齐国斗不过晋国。春秋 174 年，齐国贵族乌馀带着自己的封地廪丘投奔于晋国。晋国方面，用以齐制齐的思想，就重新将廪丘封给乌馀，让乌馀像孙林父一样，做晋国的外臣。让晋国想不到的是：

如今的外臣变奸了，已经有自己的独立思想了。

乌馀熟知孙林父的伎俩，蹈其实而增其华，变其本而加其厉。他不甘心做贰臣，想要自立门户。廪丘在齐、鲁、卫、晋四国交界地带，离这四个国家的都城都较远，属于"三不管"地带。乌馀得到晋国的承认之后，攻取卫国的羊角、鲁国的高鱼，扩张自己个人的地盘。之后，见可而进，知难而退，随时偷袭鲁国、卫国，就仿佛山贼一般。对晋国，用虚伪的外臣的态度；对齐国，诉苦说自己受到晋国的胁迫，不得已走到今天这一步；对鲁、卫，则狐假虎威，说自己的所为，都是晋国暗中指使。乌馀抢占地盘之后，将所得收益，除去成本之后，只取其中小半部分，上贡于晋国；其余部分就收入个人囊中。到得后来，欺晋国不知情，就连上贡部分，也都独吞。起初，鲁、卫不明就里，忍气吞声。到后来，发现此人借用晋国外臣的名号，求的是个人私利，就上诉于晋国，详细说明乌馀的所为。此时，晋国的正卿，已经换成了"赵氏孤儿"赵武。赵武打小经历家族灭亡之祸，含辛茹苦，好不容易才熬到第一大夫，很想重振赵衰、赵盾的家声。赵武听到鲁、卫使者的上诉，就对晋平公说：

"我们用外臣，图的是他一心忠于晋国，为晋国牵制周边小国；而不是为了他所上贡的那点财物。要说上贡，他的上贡，如何比得上鲁国、卫国的上贡？乌馀打着你的旗号，四处招摇撞骗。现在，鲁、卫都请求处理此人。"

之后，赵武再上自己的考语：

"乌馀比孙林父还要奸猾！直截就是个无赖！他已经不信仰任何君主，不能用人类社会的道义来理喻。我国做盟主，统领的是天下诸侯，不是这等无赖！"

晋平公忙于玩女人，不想管这等小事，就说：

"既是如此，你看怎样合适，派个人去把他办了就是！"

赵武命胥梁带处理此事，同时致信于鲁、卫：

"寡君不知乌馀如此劣迹斑斑，至兄弟国家遭打劫！现命胥梁带全权处理此事，请贵国配合。"

胥梁带通知乌馀，说是要调解乌馀与鲁、卫之间的矛盾，正式将羊角、高鱼封与乌馀。为了避免以后再生纠纷，由晋国出面，邀鲁、卫参加封赏乌馀的典礼。另一方面，知会鲁、卫：请鲁、卫使者暗中带上甲士，赴封赏乌馀的会场，听从晋国号令。会场上以胥梁带捧杯为号，拿下乌馀。乌馀不知是计，欣然规往，中计被擒。

早先，晋国用孙林父创建第二宋国，处处护着孙林父。为何到乌馀身上，政策就变了呢？这是因为国际局势发生了重大变化，晋、楚之间正在谋划共治天下的大计。自春秋91年的城濮之战开始，晋、楚之间斗了近百年。这个时间，远远长于现代的美、苏争霸。近百年的斗争让两国的君主系认识到：自己不可能轻易灭掉对方。其他的小国、晋楚的大夫、列国的贵族，还有广大的士兵、庶民百姓，则越来越不愿意为了君主的一点虚荣去拼命战争、费糜金钱。国际局势如此，晋国就不再愿意为了个外臣去得罪鲁、卫。

......

宋国的向戌，早在春秋147年就成为宋国第二大夫。三十年的国际交往，为他打下了人脉基础。他与赵武、屈建都有私交。而宋国的外交史，也要求宋国寻求和平：

自楚庄王年代开始，晋、楚之间的争夺，在早先的争夺郑国之外，又开始争夺宋国。华元杀死文之无畏，造成楚庄王包围宋国。宋国内部，因华元处理桓公族人，造成内乱。桓公族人逃奔楚国，造成楚国于彭城组建第二宋国。从那以来，宋国卷入南北争霸的漩涡，一再遭到晋、楚两面的讨伐，不能摆脱。

宋国想要改变宋国被人争夺的状况，求取和平。为求宋国和平，想到了斡旋于晋、楚，寻求南北讲和。向戌赶走华臣，与弃、宋元公结成政治同盟，权势直追华元。有了这样的权势，正好凭借个人的人脉，充当调解人，促成晋、楚讲和。此事牵涉中原全部国家，非同小可。向戌向各国逐一派出使者。

向戌首访晋国。晋国方面计议此事，韩起说：

"战争劳民伤财，对于国力不足的小国来讲，是一种难以承受的负担。现在有人来说取消战争。这话虽然说起来容易做起来难，但是也只能同意。如果我们不同意，楚国会同意。楚国以取消战争为口号，号召起不想要战争的天下诸侯，那我们就做不成盟主了。"

第二步，访问楚国。楚国方面近年来与晋国争锋处于劣势，所以也同意讲和。

第三步，访问齐国。齐国方面，希望由晋、楚争霸，加重齐国的权重。所以想要反对这建议。田无须说：

"晋国、楚国都已经同意。我国怎能不答应？况且，别人来说不再打仗的事情，我们不答应，那会让我国百姓背叛我们。那样一来，怎能役用百姓？"

第四步，访问秦国。秦国也同意宋国建议。

之后，宋国又造访其他小国。其他小国听说四个大国都已经同意，也就不敢有异议。天下诸侯在宋国的斡旋下，议定于春秋177年夏会议于宋国，以成天下共和。

这一次会议，各国君主大都不参加，主要由权臣组团参加。此时，列国的政权已经相当程度地由权臣掌握。故而，与会人物大致代表了各国的政权。按时间顺序，依次到达的是：

晋国赵武、叔向。郑国良霄。鲁国叔孙豹。齐国庆封、田无须。卫国石恶。晋国知盈。邾悼公。楚国子皙。滕成公。楚国屈建。陈国孔奂。蔡国公孙归生。曹国大夫。许国大夫。另外，还有众多小国参会，且忽略不计。

当时，因晋国势力强于楚国，且晋、宋关系好于楚、宋关系，所以楚国屈建事先不敢到宋国的会议现场。屈建进到陈国，随时跟进会议进程。屈建首先提出和谈的意见：

请晋楚之从交相见也。

这话的意思是：

请求晋国答应，让晋国的附庸国朝拜楚国；与此同时，楚国的附庸国也朝拜晋国。

当时的朝拜，其实就是上贡。早先，晋国的附庸向晋国上贡，楚国的附庸向楚国上贡。用"交相见"的规则，晋国的附庸国上贡于晋国的钱财不能少，却新增加上贡于楚国的钱财；同时，楚国的附庸上贡于楚国的钱财不能少，却新增加上贡于晋国的钱财。这相当于让天下诸侯所交的赋税翻了一倍。对小国而言，两个霸主共同承头，保证天下不再有战争。没有战争，就不用派兵参战，不再死伤军民。这相当于用翻倍的赋税来购买和平。此会之前，晋、楚已经进行多次低级别的外交，已经达成这一意向。屈建的这个话传到会场，赵武本着务实的态度，提出具体的问题：

晋楚。齐秦。匹也。晋之不能于齐。犹楚之不能于秦也。楚君若能使秦君辱於敝邑。寡君敢不固请於齐。

译文：晋与楚相当，齐与秦相当，晋、齐关系与楚、秦关也相当。如果说我晋国不能号令齐国，那相当于楚国不能号令秦国。如果楚国君主能够让秦国君主来朝拜我国，那我国君主就能够让齐国君主朝拜楚国。

两国毕竟多年的对手，虽然意在和平，于外交口气上，仍然要争高下。这话的口气稍稍有点强硬。那意思是：你能办到，我就没有办不到的。当时晋国的势力强于楚国。这种说法和口气比较适中。赵武隐隐感到楚国方面看到齐、晋关系不太好，故意出题目。但是，他又要保持一种愿意和好的诚意。这其中的分寸，由这种话说出来，刚好合适。当时，屈建没有到会议地点，而赵武早早就到达。这已经是一种表态。这种表态，再加上这种言辞，有逼迫楚国答应和好的态势。楚国只提出让附属国交相见，而晋国直接提到与自己关系不太好的齐国，又提到与楚国关系较好的秦国，那是一种示威。

事关重大，屈建也不敢做主。屈建派人请示于楚康王。楚康王乃是王者风范，举重若轻，临机而断。当即就回复说：
"排除开齐国、秦国，其他附属国去朝拜！"
这话，很务实，也显示着诚意。因为，秦、晋是世仇，让秦国朝拜晋国，是不现实的。齐国妄自尊大，也不会屈尊去朝拜楚国。排除开这两个第二重量级的大国，这一次共和就很实际，具可操作性。

口头上达成协议之后，按当时的规矩，需要用盟誓来正式确定此事。晋国方面有第一大夫赵武参加，按对等的规则，楚国屈建必须参加盟誓。然而，楚国势力不如晋国，屈建害怕自己的人身安全出问题。屈建去宋国的时候，要求全体于礼服之内穿上犀甲，随时准备战斗。

春秋时候的诸侯相会分两种情况：一种是兵车之会、一种是衣裳之会。以军事行动为议题的会议，用兵车之会；没有军事行动的会议，则用衣裳之会。前面提到的谋杀乌馀，就是衣裳之会。因为是衣裳之会，鲁、卫使者于礼服之内暗藏甲兵。因为是衣裳之会，乌馀才没有防备。宋之盟是求和平的会议，也是衣裳之会。与会国家都到达宋国郊外时，都只以竹篱为藩，没有组织防御工事。当时，列国到达之后，都各自驻扎于自己来自的方向。子皙所率楚国使团，在屈建到达之前，于宋国南面大肆摇旗呐喊，以壮国威。叔向对赵武说：

"楚国这样子，怕是来者不善。我们是不是该做些防备？"

赵武说：

"这是他们心虚、胆怯，怕他作甚？我们这里左边就是宋国城门，真要有什么事，首先抢进宋国都城，可保万无一失。"

因为这种心态，赵武得知屈建裹甲参会，也不予理会。因这种大度，在盟誓之中，赵武将首先歃血的资格，也让予了屈建。这又是什么讲究呢？

前面曾经提到，春秋时候的盟誓，是将牲血洒入预先开挖的坑中，于这血之上放置写有誓言的简书。这样做的意思是：誓言之中提到的神灵来此享用牲血之前，必须先揭开血之上的简书。于是，神灵就能看到简书上所写的内容，就好在吃了这牲血之后，按简书所说，保佑誓言得到执行。在神灵的保证之外，还需要与会者的保证。于是，就将牲的耳朵割下，将这耳朵的血，抹于与会者的嘴唇。这意思是：与会者与神灵享用了同一头牛的血，将与神灵一道，保证誓言得到执行。这就产生出两个问题：

其一，由谁来负责割牛耳。

其二，谁第一个将牛血抹于嘴唇。

早先周王至尊，诸侯座次既定，歃血的顺序按部就班，都是由周王指定一个不参与歃血的低级贵族来割牛耳，然后以周王为始，顺次将血抹于嘴唇。但凡是与会者座次既定，都是如此。自春秋争霸以来，诸侯为了争夺国际地位，争着派本国的人来负责割牛耳，以便于割下牛耳之后，将牛耳第一个递给本国的代表。到得后来，干脆直接由本国的君主或是代表来割牛耳，以便割下牛耳之后第一个歃血。第一个歃血，即是神灵见证之下的最尊贵者。

南北争霸以来，晋、楚并未进行过真正意义上的盟誓。早先的华元调解晋、楚讲和，那是低级别的外交，两国共同盟誓的人物，是低级别贵族，意义不大。之后，双方互派代表到对方国都，与对方的君主进行盟誓。那不是同级别的盟誓，并且主客异势；不消说，都是主人先歃。至向戌组织的这一次宋之盟，歃血的意义变得重大：

其一，会议地点在晋、楚之外，双方都没有主场的优势。

其二，歃血的代表晋国为赵武，楚国为屈建，二人级别对等。

当时的周王已经没有实权。晋平公、楚康王都自视为天下第一的人物，决不愿意考虑屈居第二的可能。如果委曲做第二，几乎事关信仰，将导致手下诸侯背叛。晋、楚君主之间不可能面对面地进行盟誓。因此，两国的第二号人物所进行的盟誓，就有着天下谁是第一的重大意义。

其三，此时的赵武、屈建都刚刚坐上第一大夫的位子，都想在国际上有所作为。

晋国、楚国参与同一盟誓，谁先歃的问题，至少在表面上代表了谁强于对方。为此，双方的手下发生争执。晋国贵族说：

"晋国强于楚国，这是当前不争的事实，当然应由晋国先歃。"

楚国贵族说：

"你国自己说的：晋楚、齐秦，匹也。那是你国承认了晋国与楚国对等。从历史来看，晋国、楚国都做过盟主。早先，晋文公为盟主，后来我楚庄王为盟主。再后来，你晋国又做了盟主。这是一个交替的过程。按这顺序，现在应当轮到我楚国做盟主了。”

赵武想不到自己诚心达成和解的一句话，竟然落了对方的把柄。双方争执不下。最后，叔向对赵武说：

“诸侯是归顺于晋国的德，而不是归顺于晋国对于盟誓的主持。请你看重德，不要与楚国争。况且，按照惯例，割牛耳乃是杂役的事。就让楚国来做晋国的做杂事的人，那不好吗？”

这实际是叔向怕事情闹僵，无法收拾，最后打起来，所以才这样劝。叔向敢于这样建议，也是分析的结果：

晋国用任人唯贤的规则，反而造成晋国世族世代豪强。晋国贵族在国际上丢份，对其本人在国内的权势影响不大。楚国自楚庄王以来致力于君王独裁，打压权臣，对臣下吹毛求疵。如果屈建屈居第二，对屈建的政治前途影响巨大。

赵武此时，一心只想把事情做成，就同意了叔向的建议，让屈建上前割下牛耳，第一个将血抹于嘴唇。这一次宋之盟，乃是春秋史上南北霸主的第一重大会议。在这一次盟誓中，执牛耳的屈建成为简书上书写的第一个人，隐隐之中乃是天下第一人物。从此以后，人们将执牛耳者看作盟主。其实，以国力而言，当时晋国略强于楚国。楚国争得第一，只是在个人的性格方面，屈建强于赵武。当时，东道主宋平公体谅赵武的心情，于宴请诸侯的时候，特意以赵武做主客。宴席之上，晋、楚继续打口水战，于外交辞令上争上风。赵武虽然做了主客，却说不过屈建。晋国贵族叔向看屈建咄咄逼人，愤懑不过，代主舌战于楚，几番问话，逼得屈建哑口无言。屈建这才回忆起蔡国贵族声子说过的话：

晋国的正卿不如楚国，其普通大夫却比楚国要强！声子说这话，是为伍举求情。想不到还真是那么回事！

因会议决议晋、楚的附庸相互朝拜对方阵营的盟主，所以会议又讨论了朝拜的礼仪。这礼仪，实际是指上贡的数目，相当于现代的赋税。相关的情况，下回再叙。

自城濮之战开始，晋、楚争霸是国际局势的主题。至宋之盟，晋、楚之间的争霸以共治天下的方式暂告段落。此后，晋楚之间仍然有斗争，但不再是天下政治的主流。特别是，以勤王为名义的霸道，已经渐渐衰落；而天下政治的局势，渐渐演变成列国的世族当权。为此，笔者于此回结束第二部。下一回将进入第三部。第三部的主题，乃是诸侯的政权下降至世族一级，号为：下陵上替。

笔者感于赵武的软弱，吟成几句：

睢水如带，埠壇如冢。彼其之子，奈何不勇？
凯风蔼如，埠壇有蠹。彼其之子，奈何不武？
睢水浏兮，凯风薰兮。弯刀刲血，是何人兮？

春秋枯华

下册

下陵上替

王洪　著

团结出版社

图书在版编目（CIP）数据

春秋枯华：全3册／王洪著. -- 北京：团结出版社，2017.8

ISBN 978-7-5126-5346-7

Ⅰ．①春… Ⅱ．①王… Ⅲ．①中国历史－古代史－通俗读物 Ⅳ．①K220.9

中国版本图书馆CIP数据核字(2017)第171632号

出　　版	团结出版社	
	（北京市东城区东皇城根南街84号　邮编：100006）	
电　　话	（010）65228880　65244790	
网　　址	http://www.tjpress.com	
E-mail	65244790@163.com	
经　　销	全国新华书店	
印　　刷	成都新千年印制有限公司	
装帧设计	成都天恒仁文化传播有限责任公司	
开　　本	145mm×210mm　　1/32	
印　　张	41	
字　　数	1078千字	
版　　次	2017年8月第1版	
印　　次	2017年8月第1次印刷	
书　　号	ISBN 978-7-5126-5346-7	
定　　价	128.00元（全三册）	

目　录

CONTENTS

下陵上替

正副第六十二回

金从革天道有杀　入其宫不见其妻

上回说到，宋之盟晋、楚共和，议定小国同时上贡于晋、楚。主要议题定下之后，会议开始讨论实质性的问题：

列国所上交的保护费，究竟定成怎样的数目。

参会前，鲁国正卿季孙宿要求叔孙豹为鲁国争取小国滕国、邾国一样的朝贡标准，以减少鲁国的负担。然而，在这次会议中，宋国提出做滕国的宗主国，齐国提出做邾国的宗主国，让鲁国找不到对照的标准。这是怎么回事呢？

春秋时候的国与国之间，采用宗主、附庸关系。以齐、邾为例：

邾国做齐国的附庸国，向齐国朝贡。与此同时，邾国被视为齐国的属下，就不再单独向晋国、楚国朝贡，而是由齐国统一向晋、楚进贡。齐国以邾国为附庸，会被视为较大的国家。因此它向晋、楚的朝贡会更多。然而，齐国因此获得了向邾国征税的权力。齐国向邾国征收多少赋税，被视为齐国势力范围之内的事情，级别高于齐国的晋、楚不得过问。对齐国来讲，它之所以提出这一要求，主要是为了在国际上争取相对的大国的地位。另外，它因此多交的赋税，也可望从邾国那里得到补偿。总之，如果提出做小国的宗主国，会增加自己的负担，而这负担有可能得到补偿。与此同时，做宗主国会增加自己在国际上的威望。

鲁国方面，先前曾经提出做鄫国的宗主国。然而，因旁边有大国齐国，鲁国无力保护鄫国。因为这种情况，所以鲁国不再寻求政治上的大国地位，转而追求经济上的税负减轻。邾国、滕国成为了别国的附庸，不能单独向盟主朝贡，所以，鲁国比照邾、滕朝贡，就失去了参照。为此，叔孙豹请求按与卫国、宋国大致相当的标准朝贡。其目的，是追求与卫、宋相当的国际地位。

早先，北方小国为了自保，于朝拜晋国之外，暗中也向楚国送钱。虽是暗中做，也时常被晋国察觉，惹出许多事端。同理，南方小国也暗中向晋国送钱。经宋之盟，早先暗中做的事情得以合法化、就连规格和数目都于会议之中议定。从此以后，天下少了纠纷，和平的气氛笼罩天下。值此永庆升平之际，赵武居功自傲，且不回国，而是来到郑国，意思是：

我有周武王一戎衣之功，焉能不得四海歌颂？

郑国方面，穆公族人会议此事：

此番接待赵武，不能辱没周家风度。当由熟知周礼、熟背《诗》的贵族，献媚于盟主。一则求郑国安宁，再则显郑国文化。

商议来、商议去，谁肯放弃这出风头的时机？最后议定穆公七族全部出场，按级别高低顺次是：

罕氏以子展为代表，良氏以良霄为代表，驷氏以子西为代表，国氏以子产为代表，游氏以子太叔为代表，印氏以印段为代表，丰氏以丰段为代表。如此悉数登场，也好显得郑国尊重盟主，也好显得郑国人才济济。

宴席之上，赵武看对方知趣，以为是四美俱、二难并，当然也附庸于风雅，学习周武王的偃武修文。就说：

"七子从君，以宠武（指赵武）也！请皆赋，以卒君贶，亦以观七子之志！"

子展第一个唱诗：

喓喓草虫。趯趯阜螽。未见君子。忧心忡忡。亦既见止。

亦既觏止。我心则降。陟彼南山。言采其蕨。未见君子。忧心惙惙。亦既见止。亦既觏止。我心则说。陟彼南山。言采其薇。未见君子。我心伤悲。亦既见止。亦既觏止。我心则夷。

　　这是《诗经》的《草虫》，是女子对于得到情人的歌唱。其中的情好之意，用来比喻郑国对于赵武的盛情。对此，赵武说：
　　"好啊！这才真是贵族。不过，我担当不起！"
　　良霄唱道：

　　鹑之奔奔。鹊之彊彊。人之无良。我以为兄。鹊之彊彊。鹑之奔奔。人之无良。我以为君。

　　这是《诗经》的《鹑之奔奔》，意思是鹌鹑、喜鹊都有固定的配偶，君主却乱搞男女关系。这其中的"人之无良，我以为君"，含有诋毁君主的意思。在这种场合诋毁自己的君主，很不合适。赵武不想管郑国的闲事，不好直接谴责，只说：
　　"床闱之事，不应当拿到大门之外去说。更何况，这是在野外。这不是我作为使者所应当听到的。"
　　子西唱道：

　　肃肃谢功。召伯营之。烈烈征师。召伯成之。

　　这是《黍苗》的第四章，诗意歌颂西周权臣召伯。在这种场合，是将赵武比做召伯。对此，赵武说：
　　"有我国的君主在，我能做什么！"
　　子产唱道：

　　隰桑有阿。其叶有难。既见君子。其乐如何。隰桑有阿。其叶有沃。既见君子。云何不乐。隰桑有阿。其叶有幽。既见君子。德音孔胶。心乎爱矣。遐不谓矣。中心藏之。何日忘之。

这是《隰桑》，诗意主要是讲友好感情。赵武说：

"我接受最后四句歌词。"

赵武的意思，是不忘晋、郑两国间的友好。子太叔唱道：

野有蔓草。零露溥兮。有美一人。清扬婉兮。邂逅相遇。适我愿兮。野有蔓草。零露瀼瀼。有美一人。婉如清扬。邂逅相遇。与子偕臧。

这是《野有蔓草》，说的是男女野合的事情。在这场合，暗含子太叔想要与赵武建立私人感情的意思。对此，赵武说：

"感谢你的好意！"

印段唱道：

蟋蟀在堂。岁聿其莫。今我不乐。日月其除。无已大康。职思其居。好乐无荒。良士瞿瞿。

这是《蟋蟀》，诗意是勤劳工作、关心国家的态度。赵武说：

"好啊！这真是保家之主。我应当向你学习！"

公孙段唱道：

交交桑扈。有莺其羽。君子乐胥。受天之祜。交交桑扈。有莺其领。君子乐胥。万邦之屏。之屏之翰。百辟为宪。不戢不难。受福不那。兕觥其觩。旨酒思柔。彼交匪敖。万福来求。

这是《桑扈》，诗意是对赵武的祝福。对此，赵武解说此诗最后两句：

"能够做到不骄傲，就能得到福。如果能够照这意思去做，福禄富贵，想不要也不行！"

宴会结束后，赵武对叔向说：

"良霄大概要死！诗是用来传达心声的。他在诗里污蔑君主，并且于公开场所表达这种想法，向来宾显摆。这种人，怎能长久？如果能够晚一点灭亡，就算是他的幸运。"

赵武又说：

"其他的几个人都是可以维持几代的家族。子展大概是其中最长久的。他处于最高级别，却知道降低身份。印氏要算第二，快乐但是不荒。快乐，可以让庶民安定。不荒，可以完成工作。所以他要算第二。"

宋国的向戌促成了南北共和，声望盖过早先的华元。他想将国际上的声望，兑换成现实的东西，就对宋国君主宋平公说：

"经办了这一次会议，我才知道自己老了，已经办不动事情了。请君主赐给我养老的邑，老臣好退休，好颐养天年。"

政客的话，一般应当用逆向思维来做相反的理解。向戌说要退休，其实是要进取。他说自己办不动事情，其实是提醒宋平公：

如此艰巨的工作，我都把它做成了！

为臣有功，为君如果不赏的话，会让其他臣下寒心。宋平公被逼无奈，只好封赏。宋之盟的功绩太大，封赏少了说不过去。宋平公预备封向氏六十个邑，却故意将封赏的文件拿给乐罕看。乐罕接过竹简，看后大吃一惊：

如此规模，简直要把我都压下去！当初为了践守襄公的承诺，让桓公族人保留下向戌一人！斩草不除根，春风吹又生！华臣已经被他赶走，如今又做成这等规模。这势头继续下去，我的命运堪忧！

乐罕不能反对君主对功臣的封赏，只好针对宋之盟的性质进行发挥：

"小国在晋国、楚国的兵威之下，才有所畏惧。由这种畏惧，才努力搞好自己国内的事情来事奉大国。大国的兵威，是小国生存的条件之一。如果没有这种兵威，小国就会变得骄傲。由这种骄傲，就会生出乱子。出了乱子，就要灭亡。"

为了个人的私利，乐罕又讲出他对于战争的理解。这个理解，在当时来讲，是为了压制向氏，其中所论战争与和平的关系，却堪称确论：

"《洪范》云：金从革。天生五行，包括金、木、水、火、土。这其中的金，属性是变革，代表的就是天意之中的杀！五行缺一不可，故而战争不可消除。战争可以威慑不轨行为，昭明文德。圣人靠战争而兴起。乱人因战争而灭亡。政治上的废、兴、存、亡、昏、明，都与战争有关。向戌想要消除战争，那不是做空事吗？做一种不可能的事情，蒙蔽天下诸侯，那是一种大罪。不给予严厉地处罚，已经不错了。反倒进行赏赐，那岂不是太过分了！"

宋平公完全没想到：向戌组织的宋之盟，竟然可以做出这样的定性！宋平公心里说不尽的佩服！乐罕却又在说话之后，用刀将竹简上的字削去，然后将竹简扔入垃圾桶中。

事情传到向戌家中，向氏举家大愤，攘袂拔腕，立即就要找乐罕寻仇。唯有向戌，不愠不火，用舒缓的语调说：

"《诗》云：彼其之子，邦之司直。乐喜（乐罕）之谓也！出言以国家社稷为重，说理深入常人所不及；真乃我之师表！我本有罪，却妄求多福。若非乐喜，我险些堕落入罪恶之中。《诗》云：何以恤我？我其收之！乐喜，我之诤友也！"

这种话，让向氏家人听得大惑不解。向戌发完这通言论，又向宋共公请求取消封赏。究竟这是什么讲究呢？儒教九德之中有"扰而毅"。其中的"扰"字，训为"顺"。向戌这番表演，就是故意做出柔顺的样子。此人所在的家族悉数流亡，只剩自己一人孤立于宋国朝廷。如果不是长期苦修"柔顺"的性格，如何能够熬到今天？此事之后，向戌继续隐忍下去。熬到乐罕去世，戴公族人之中再也没有能人出现；熬到宋共公去世，向氏的靠山宋元公即位；向氏最终成为宋国第一大望族。

因宋之盟议定楚国的附庸朝拜晋国、晋国的附庸朝拜楚国，春秋 178 年夏，齐、陈、蔡、北燕、杞、胡、沈、白狄朝拜晋国。这其中的齐国，原本既不附庸于晋，也不附庸于楚。权臣庆封说：

"我国并没有参加宋之盟，凑什么热闹？凭什么要去朝拜晋国？"

田须无说：

"我国没有参加宋之盟，然而天下多数国家参加了宋之盟。如果对国际大事不闻不理，我国将被国际社会边缘化。眼下我国与外国没有纠纷。但是不能等纠纷到来的时候才去进行外交。宋之盟的决议，原本与我国无关。然而，我国可借用这决议来搞好与晋国的关系。"

以上算是楚国的附庸朝拜晋国。之后，鲁、宋、陈、郑、许朝拜楚国，算是晋国的附庸朝拜楚国。郑国方面，派出子太叔为代表，去朝拜楚国。郑国使者遭到楚国指责：

"宋之盟，贵国君主亲自参加。现在贵国派你来。我国君主以为：你还是回去吧，等我派人去与晋国商量之后，再通知贵国。"

子太叔其人，本不是游氏的当家人。之所以继承家业，靠的是个人的本事。此番使命对子太叔的个人声誉尤其重要。吃了这个闭门羹，子太叔拿出一篇外交辞令来辩解：

宋之盟，君命将利小国，而亦使安定其社稷，镇抚其民人，以礼承天之休。此君之宪令而小国之望也！寡君是故使吉奉其皮币，以岁之不易，聘于下执事。今执事有命曰：女何与政令之有？必使而君弃而封守，跋涉山川，蒙犯霜露，以逞君心。小国将君是望，敢不唯命是听！无乃非盟载之言，以阙君德而执事有不利焉。小国是惧。不然，其何劳之敢惮？

译文：宋之盟是你造福于小国的会议。会上你说：要让我们小国的社稷得到安定，人民得到休息，以周礼接受上天的祥福。这是你的号令，也是我等小国所期望的事情。因为这个命令，我国君主命我带着礼物，按规矩上贡于你的手下。现在你的手下说：你有什么职权？必须让你国君主放弃对社稷的守护，跋涉山川，冒着霜露，亲自前来！你是我们小国的希望，我们怎敢不听号令？然而，这个说法不是盟誓之中的载书所记载的那样。小国担心这样做将损及你的盛德，对你的手下也不利！不然，我国君主何惧于旅途之中的这点辛劳？

留下这番话，只是外交上的自强。迫于楚国的权势，子太叔只好回国。回国后，子太叔诅咒楚康王：

"楚国君主要死了！他以非礼强加于人，对自己做出的承诺翻悔。心中迷惑而反复无常，必应于《复》卦之上六：

"迷复，凶！有灾眚。用行师终有大败。以其国君凶。至于十年不克征。

"照这卦相，他将不得好死，楚国十年之内不得诸侯的拥护。我国正好利用这十年时间来休养生息。"

话虽是这般说，郑国毕竟又改为由子产为相，跟随郑简公朝拜楚国。郑简公一行刚出门，同样是前往楚国朝拜的鲁襄公到达郑国。鲁襄公原想趁机拜访郑简公，别人家主人不在，就只好继续赶路。鲁国使团到达汉水的时候，大约是子太叔的诅咒见效，楚康王突然去世。有人提出返身回国。叔仲带说：

"我们是为了楚国这个国家而来，不是为了楚王这个人。"

于是，鲁国继续往楚。当时，宋国使团在向戍的带领下也赶赴楚国。风闻楚王去世，向戍说：

"我们是为了楚王这个人，不是为了楚国。自己的饥寒都管不过来，管什么楚国。还是先回去，让我国百姓得到休息。等他们立了新君主，再做打算。"

因这种态度，鲁、陈、许、郑到了楚国，宋国则没有去。按道理讲，宋国违背了自己组织的宋之盟的誓言。然而，鲁襄公到楚国后，楚国强迫其为楚康王穿寿衣。为死者穿寿衣的做法，即使在当今，也属于孝子的职责。楚国此举，意在强调鲁国是楚国的臣奴。为了鲁国的体面，叔孙豹想出个办法：

派巫师先用桃棒、粟穗袚除不祥。

这是什么讲究呢？袚祭是因为某人沾染了某种不祥、不吉、邪恶的东西，所以洒扫秽物，棒喝恶鬼，以求圣洁。更加高贵的人参加卑贱的人的葬礼，因为害怕沾染下等人的卑贱、污秽、邪恶，要先以袚祭驱鬼，然后才莅临。前面说到，曾经做囚犯的管仲，在做齐国国相之前，就有一个三衅三浴的名目，以袚除不祥。在鲁国国内，君主参加臣下的葬礼，就有袚祭的名目。然而，鲁国君主参加臣下的葬礼，是不会亲自为臣下穿寿衣的。叔孙豹此举，其实是外交上的做作，也是无聊的自强。何况，在出殡的时候，鲁、陈、许、郑也都被迫参加送葬队伍，大失国格。鲁襄公在楚国受辱，有失国格。在他回国的路上，国内又发生事情，弄得君权式微。

鲁国权臣季孙宿，趁鲁襄公不在国内，将鲁国城市卞占为私有。鲁襄公回国行经楚国的方城时候，季孙宿的使者公冶赶来，送来季孙宿的密信。信上说：

"听说守卞的人准备叛国，我带人讨伐它，现已经得到它。特意来通告。"

对这先斩后奏的做法，鲁襄公无如之何，只好同意。鲁襄公说：

"自己想要卞，却说是卞叛变。可见，对我不真诚，有疏远我的意思。我还能回国吗？"

鲁襄公正在犹豫，随行的鲁国贵族荣驾鹅唱起《式微》：

式微。式微。胡不归。微君之故。胡为乎中路。
式微。式微。胡不归。微君之躬。胡为乎泥中。

荣驾鹅希望鲁襄公赶紧回国主持祭祀，执掌国家灵魂。然而，此情此景，即使回国，这政权也已经衰微。

鲁襄公在楚国期间，喜欢上楚国的房屋样式。回国后，在曲阜建起楚国样式的房屋，号为楚宫。楚宫建成之后，鲁襄公就一直住在那里面。至春秋181年夏，鲁襄公死于楚宫之中。

鲁国先立了子野。子野于春秋181年秋季去世。之后，立子野之弟鲁昭公。鲁昭公生性贪玩，时年19岁而犹有童心。先后死了父亲和哥哥，他都没有悲伤之情。他后来死于国外，就与这种习性有关。

南北共和，让天下没有了战争。对一国而言，国际上没有了战争，国内的矛盾就凸现出来。为什么这么说呢？对有野心的权臣来讲，如果有国际战争，可以通过国际战争来建立功名，建立威望，从而谋求政权。没有了国际战争，总是平静无事，政权何从得来？那就只好人为地制造出国内矛盾，才好乱中取利。子产所说的某些人成天希望出现祸乱，就是这个道理。另一方面，没有国际战争，会让某些人以为天下太平，因此放松警戒，渐渐沉湎于享乐，从而给政敌以可乘之机。乐罕所说的战争必不可少，就是这个道理。当时的齐国，正好满足以上条件，所以出现动乱。

前文提到，春秋175年，崔杼娶棠姜的时候，算命算到《周易》的"入其宫，不见其妻"。这个卦辞，透着不祥。崔杼此时已是年近七十的老翁。老年人，最忌的就是一个"死"字。好在他为人聪明，又经历过许多政治考验，所以就想出了个化解的办法。他将"入其宫，不见其妻"设计成一个局，用棠姜来诱杀齐后庄公。他以为，经过此事，卦相就算已经应过了，就不会再应到自己身上。其实，棠姜是他的妻、而不是齐后庄公的妻。他的这个解法，并不贴切。他隐约中觉得有点不对，想要深入的想一想；又觉得想起来复杂，就又不再细想。齐后庄公在世地时候，崔杼就已经是齐国第一权臣。他搞死了后庄公，立齐景公，权势如日中天。为人臣，做到这地步，已经是人生的极致。此时国内一呼百应，国际上太平无事。自己年事已高，就不想再管政治上的琐事；只想于安静的后宫养养神，精神好点的时候与棠姜做点半荤不素的勾当。崔杼的儿子都是些酒色之徒，成天只知道喝酒、打猎、玩女人。所以，崔杼将政事托付给庆封。

　　庆封何许人呢？春秋 141 年，齐顷公去世，崔杼回到齐国。为了谋求政权，崔杼命自己的心腹庆克私通于齐灵公之母声孟子。在春秋 149 年与国氏、高氏的斗争之中，庆克被杀。庆封正是庆克之子。庆克为了崔杼的事业献出了生命。崔杼心中感激，视庆氏为手下最值得信任的人，所以将政事托付给庆克之子庆封。此事造成了后来崔氏的灭亡。任命庆封时，崔杼以为：

　　庆氏为了我，连生命都可以付出，世间还有什么人，能够比他更值得信任！

　　是否如此呢？以笔者所学历史来看：历史上有很多类似的事情，其结果大都不得善终。为什么呢？笔者于前文介绍了阳毕的政论。阳毕对于经术、权术的议论，是此类问题的正解，可以分析得透彻：

　　政治上的盟友关系，是因利益关系而结成，就应当用利益关系来维持。如果于其中产生出了政治感情，则不能用政治感情来取代利益关系。利益关系是经，政治感情则是权。政治上应当以经术为主，以权术为辅。如果经术与权术出现矛盾，应当是权术从属于经术、让位于经术，而不是反过来。崔氏对庆氏的感情，属于权术。崔氏、庆氏相互利用，才是经术。崔杼可以将政事托付给庆卦，但不能从此就不管，不能完全放弃对庆氏的防备。

　　崔杼娶棠姜之前，有个前妻。前妻为他生下崔成、崔强之后去世。棠姜嫁给崔杼时，拖油瓶带来了早先与棠公一起生下的棠无咎。棠姜再醮之后，因崔杼宝刀不老，二人一起又生下了崔明。按规矩，崔成为长子，应当成为继承人。然而，崔成先天残疾，不能做继承人。崔杼爱棠姜，所以立其子崔明为继承人，又重用其弟东郭偃、其子棠无咎。作为补偿，崔杼将崔氏世袭的封地崔封给崔成。崔杼迷恋艳妻，让崔氏分裂成两党：

　　崔成、崔强为前妻所生，为一党。崔明、东郭偃、棠无咎均因棠姜而得权，另成一党。

　　崔明还是个几岁的小孩子，不懂事。棠无咎是崔明的同母异父的兄弟，当然拥护崔明。他与东郭偃商量：

"崔是崔氏宗庙所在的邑。必须给予宗主（指崔明）。"

因为有棠姜在床上为崔明说话，崔成没有得到这个封地。为这种争执，崔成、崔强想要杀死东郭偃和棠无咎。二人寻求庆封的支持，对庆封说：

"夫子（指崔杼）这个人，你是知道的。他信任偃和无咎，自己的亲生儿子却不信任。我生怕这会危害到他。所以特意来告诉你。"

庆封与自己的亲信卢蒲嫳商议，卢蒲嫳说：

"他（指崔杼）是弑君的人，迟早要出事！他家里出事，对你来讲是好事。崔氏弱下去，庆氏正好强起来！"

庆封得了这个教导，假意与崔成、崔强结成同党。春秋177年秋9月，崔成、崔强杀死了东郭偃、棠无咎。混乱之中，已经老不禁事的崔杼仓皇外逃。崔杼请庆封帮自己对付崔成、崔强。庆封正巴不得有这号令，他说：

"崔氏、庆氏是一家。谁敢做出这种犯上的事情？我来为你讨伐他！"

庆封让卢蒲嫳带领甲士灭了崔氏全家。前面提到，齐庄公虐待戎子，崔杼虐待高厚的妻室。庆封继承这种传统，将崔家庭院做成人间炼狱，不光有杀戮、强奸，并且践踏人性，做出许多不把人当人的事来。就连崔杼嫡妻棠姜，也不能幸免：比照于当初后庄公对待戎子的手法，庆封将棠姜赐予手下之中最残忍的杀手，虐待棠姜至死。崔杼回到家中的时候，发现家园依旧，只是，家中男人已经死绝；家中女人，就算有没死的，也已经被糟蹋得不成人样。是他自己命庆封来做此事。是他自己做出了灭绝人性的榜样。为了女人，他干出弑君的事。而今全家死绝，心爱的女人也遭凌辱至死。尘世的乐趣，如风吹云流，倏突不见；如雨点着地，随之散灭。此时，他才认识到《困》卦的正解：

这才是真正的"入其宫，不见其妻"！

崔杼深感天道循环，报应不爽。长叹之后即上吊自杀。

　　崔杼一死，庆封执掌齐国政权。很快，庆氏就走上了崔氏的覆辙。庆封比崔杼年轻一些，玩的名目更加奔放。他喜欢打猎、喝酒，并且有一个特别的爱好：喜欢搞别人的老婆。庆封将政事交给儿子庆舍，成天与卢蒲嫳一起淫乐。卢蒲嫳也想要夺取政权，就投其所好：

　　庆封与卢蒲嫳交换着做东，请对方为主客，陪客却不用贤达名人，全用对方的美貌妻妾。宴席之上，一边在奏编钟、吹笙敲磬，唱《诗经》的《郑风》《卫风》；另一边则类似于欢喜禅的四部无遮大会。

　　庆封只是想着好玩，卢蒲嫳则另有心计。在卢蒲嫳的建议下，庆封召回当初崔杼弑齐后庄公时候所驱逐的齐后庄公党羽。这些人当中，有卢蒲嫳的族人卢蒲癸，卢蒲癸的党羽王何。卢蒲嫳密令卢蒲癸结交庆舍。庆舍将女儿卢蒲姜嫁与卢蒲癸。卢蒲癸、王何受到重用，掌握兵权，准备政变。

　　却说齐国君主齐景公，早先受崔杼挟持；崔杼死后，又为庆封所挟持；其待遇与汉献帝类似。庆封其人，就连性交的规则都可以打破，世间还有什么规则不可以打破？按礼：君主于节日的伙食是一牛一羊一猪，于平日的伙食则是一羊一猪。庆封将这套讲究用到自己身上。他经常在无遮大会之中想出些新鲜的花样，颇有巧思；所以别出心裁，规定齐景公的伙食比照士的标准，为一天两只鸡。到后来，偶然间兴起巧思，又下令将齐景公的伙食换成一天两只鸭。再到后来，再出巧思，又将鸭肉也取消，只提供鸭汤。鸭不如鸡，汤不如鸭。齐景公作为一国之君，弄得来饭都吃不饱。儒教规定，君主是一国的国人的信仰。当时虽有晏婴那样的激进主义者，能够想到以社稷为信仰。大多数人毕竟还是以君主为信仰。就是晏婴，也都还没有完全放弃对君主的信仰。庆氏虐待齐景公，激起齐国贵族的公愤。这些动了公愤的贵族，包括几种政治势力。笔者以递增之式，一一叙来：

　　其一是齐后庄公党羽，包括卢蒲癸、王何。此二人于春秋175年崔杼谋杀后庄公的时候逃奔外国，是崔氏理所当然的仇敌。除卢、王之外，另外还有闾丘婴、申鲜虞，也是于春秋175年出逃的后庄公党羽。另外，还包括后庄公的儿子、孙子，也是相同的情况。卢蒲癸正好是卢蒲嫳的族人。卢蒲嫳想要谋求政权，寻求族人的帮助，所以帮助卢蒲癸回国。卢蒲癸引荐王何。此二人的政治理想是灭庆氏、为后庄公报仇。卢蒲嫳倒无所谓为谁报仇，只想着个人发迹。后来，田氏又召回了齐后庄公党羽的其他人。

其二是晏婴之类的贵族。晏婴的父亲晏弱是齐灵公的心腹，于后庄公年代就已经失势。这一类人自身没有实权，也不愿意支持某一家族。然而，这一类人也希望出现政变，好让自己于新政权之中分享到权力。齐桓公年代的权臣鲍叔牙的后人属于这一类人，北郭佐也是这一类人。

其三是惠公族人子雅、子尾。子雅、子尾何许人呢？齐桓公之子齐惠公传位与齐顷公。之后君主系是惠、顷、灵、后庄、景。这五代之中，后庄传景是兄传弟，其余都是父传子。齐惠公有两个庶子：一为公子栾，一为公子高。公子栾生子雅，子雅生栾施。公子高生子尾，子尾生高彊。算起来，子雅、子尾是齐灵公的堂兄弟，是后庄公、景公的叔父辈。子雅、子尾血缘上离君主系比较近，站于拥护君主系的立场。此二人的政治理想是专权。

其四是田氏。这一家人源远流长，且于后来取代了齐国君主系。田氏的身世说来话长，且待下回再叙。

笔者感于崔杼的下场，吟成几句：

　　画栋残存灰烬中，血腥掩尽粉脂浓。
　　人生欢娱何所似？风流云散万念空！

对等第六十三回

绍田氏妫育于姜　美中华季札评乐

　　上回说到的田氏，是汉初的田横的祖宗，是春秋贵族之中流传最久远的一族。它的渊源，出自陈国君主系，算起来是传说中的舜的后人。

　　第八回提到，春秋16年，陈桓公去世时，其弟陈佗杀死太子免，自立为君。陈佗参加周桓王的联军，共伐郑国，结果联军败于郑庄公。天下大半是姬姓国家，而陈国为妫姓。按不娶同姓的规则，陈国女儿犹如齐国女儿，成为俏货。再加上其地理位置靠近周、楚、蔡、郑。陈国女儿就成了各方争取的对象。蔡国最靠近陈国，很早以来就与陈国做成长期的婚姻关系。陈、蔡之间相互嫁女与对方。周王被郑庄公的鱼丽阵打败，肩部中箭，归罪于陈国，要求处理陈佗。蔡国趁机拥立蔡国女儿与陈桓公所生的儿子，是为陈厉公。陈厉公最小的儿子名为敬仲。这个敬仲，就是田氏的祖宗。

　　在敬仲还是小孩子的时候，周朝史官拜访陈国。陈厉公知道周朝史官精于《周易》，就请其为自己的儿子进行筮。算到敬仲的时候，遇到《观》卦的六四，其繇曰：

　　观国之光，利用宾于王。

　　这个话，与敬仲原本没有什么关系。后世的人，看到田氏后来发迹，牵强附会，说这个"光"字，意为自远处照到近处，暗指敬仲的后人要发迹。

敬仲成年，娶于陈国懿氏。在行纳徵礼时，依例进行卜。卜不同于筮。筮的基本算路，传说是由周文王于坐牢的时候夜观天象，演天心而悟大道；其繇辞则源出西周，流传至今，形成今天的《易经》的正文。无论是算路还是繇辞，早在春秋之前就已经是成文，人们不好窜改。卜相由龟壳受炙成相，卜的繇辞由巫师临时做成口占，仿佛即兴诗一般，不是成文，便于窜改。于是，后世的人说当时的口占为：

凤凰于飞，和鸣锵锵。有妫之后，将育于姜。五世其昌，并于正卿。八世之后，莫之与京。

其实，算命也算是一门学问。其中对于可能性的分析，属于高等数学的知识；其中对于时间推移、事态演变的分析，更达到了哲学的高度。然而，必须指出一点：史书往往记载算对了的命运，而将大量的错误预测忽略不计。这就仿佛炒股，人们总是传说某某成功者，对之欣羡不已。对于更多的亏本者，没有人愿意宣传。春秋时候巫、史不分。巫师即是史官，史官即是巫师。左丘明瞎了眼，本是个瞎眼算命先生。所谓"卖什么吆喝什么"。出于敬业，左丘明大量记载谶言，并且只记载算对了的命运。对于巫师没算对的地方，有时候就效仿他的师父孔子，用春秋笔法来记载。虽不至于面目全非，总还是带有一定的倾向性。这八句话，是懿氏家中巫师所说，左丘明从何得知？纵然是得知，焉知其中没有窜改？我们追溯上古历史，只能找到这些巫师的记载。如果完全不信，则当时的历史随之不可信，笔者的这本书也随之不可信。为此，笔者以存疑的态度，记载这些预言。不敢说它完全出自杜撰，但并不承认它就是史实。

陈厉公传其子陈庄公，陈庄公传其子陈宣公。春秋51年，已是陈宣公年代。陈国发生内乱。太子御寇被杀，御寇的党羽纷纷流亡外国。敬仲正好是御寇的党羽，在这次变故之中逃奔齐国。当时，齐国的君主正是春秋第一霸主齐桓公，其人慕贤好名。齐桓公素闻敬仲贤德，不但收留敬仲，还封敬仲为卿，赐之以封地。敬仲推辞说：

"我是一个流亡公子，仿佛丧家之犬。得你收留，已是大幸，怎能再望非分？"

齐桓公不管这些，又命敬仲做齐国工正，总管齐国刚刚进行划分的四民之中的工人。齐桓公经常请敬仲喝酒，从早上一直喝到晚上。天已经黑了，敬仲请求告辞。齐桓公豪爽，下令说：

"点上火把，继续喝！"

敬仲说：

"臣卜其昼，未卜其夜。不敢！"

敬仲本是妫姓。到了齐国后，且把他乡当故乡，改头换面，请求齐国君主赐姓为田氏。史书因其出自陈国，常常称其为陈氏。笔者为了连贯于汉朝的田横，对敬仲的后人一律称为田氏。敬仲生稚孟夷。稚孟夷生湣孟庄，湣孟庄生田须无，田须无生田无宇。田无宇生田启、田乞。田乞生田常。田常又名田恒。田常生田磐。田磐生田白。田白生田和，是为齐太公。田和之孙，是为齐威王。齐威王之后传四传，最终为秦始皇所灭。按巫师的口占，自敬仲至田无宇，加头加尾共计五传。田无宇成为了齐国正卿。自敬仲至齐太公，加头加尾共计八传。齐太公时候，田氏将齐国君主系迁于黄海海岛，自立为齐国君主。他没有改国号，仍然用齐为国号。然而，自此以后，齐国虽还是齐国，其主人却由姓姜变成了姓田。春秋的历史，大致截止于田常。田常在世时候，已经进入战国时期。秦灭齐的时候，田氏的遗族已经遍布齐国，所以田横才有能力组织起对抗刘邦的力量。刘邦定都长安之后，迁天下豪族于五陵。当时，太行山以东的第一豪族仍然是田氏。春秋贵族那么多，何以单单是田氏"莫之与京"，成为汉初第一大姓？这与田氏采用的一种计划生育策略有关。相关情况，后面会提到。

在这庆封当权的春秋 178 年，田氏的当家人是田须无。其子田无宇已经成年并进入政坛。此时，庆氏虐待齐景公，激起齐国公愤。对于群情，庆氏不可能一点不察觉。庆封将自己的担忧告诉卢蒲嫳。卢蒲嫳正巴不得庆氏出事，就说：

"怕什么！此等箐小，犹如猎场的禽兽，我当食其肉而寝其皮！"

庆氏又命析归父寻求晏婴的支持，晏婴说：

"蒙你看得起我！我怎能不支持你？然而，我算什么？我手下这点人，做不成什么事。我这点智商，也谋不成事情！我发誓效忠于你，请就地进行盟誓！"

析归父说：

"有你这个话就行了，做什么盟誓！"

庆氏又寻求北郭佐的支持。北郭佐说：

"我的职务既不在于军事，也不在于刑罚。这事情不是我不支持你，实在是力所不及！"

实际上，晏婴、北郭佐通过对形势的分析，已经暗中加入到反对庆氏的联盟。这联盟之中，也有田氏。面临即将到来的动乱，田须无考问田无宇的政治素质：

"国势如山雨欲来风满楼，眼下就要动乱。我且问你：我家能够在接下来的动乱之中得到点什么呢？"

田无宇说：

"眼下豪族林立，我家应当舍其名而求其实。听说庆氏储备有上百车的建材，就在国中六车道的大路上。我们不要其他，就要这点东西。用它来装备我家的军队、壮大我家的财富。"

田须无含笑点头：

"说得对！注意不要把这想法透露给外人！"

对抗庆氏的贵族分作几方，其中子雅、子尾为领头人物，卢蒲癸、王何为先锋军，其余的各方，暗中抱"黄雀在后"的思想，虽是加盟，实有观望之心。何以让卢蒲癸、王何做先锋呢？前面提到，卢蒲癸为了巴结权势，娶了庆舍之女卢蒲姜。

当时的人婚配时间远早于现代。大约十五岁左右，即结婚生子。庆封十多岁的时候生下庆舍。庆舍十多岁的时候生下卢蒲姜。至此卢蒲姜结婚之时，庆封也不足五十岁。卢蒲癸与卢蒲姜结婚的时候，有人对他说：

"卢氏与庆氏，氏虽不同，却都是姜姓。男女辨姓，你结婚为何不避宗？"

卢蒲癸说：

"什么是宗？眼下姜姓之中，庆氏就是正宗！宗不避我，我避什么宗？赋诗为什么要讲究断章取义？不过是取其中适用于自己的那部分。我只管现实好处，管什么宗不宗！"

因为这桩婚姻，卢蒲癸被视为女婿，得到信任，被庆舍任命为贴身侍卫。王何是卢蒲癸的死党，随之成为贴身侍卫。这两个人就在庆氏身边，既便于随时掌握庆氏的动向，又便于在发难的时候第一个充当杀手；所以就被各方公推为先锋。

卢蒲癸、王何就在庆舍身边，深知庆舍武力高强且心狠手辣。二人对于谋杀庆氏心存畏惧，想出个"将子之矛攻子之盾"的方法：他们对谋杀庆氏进行卜，然后将卜相拿给庆舍看，说：

"有人想要进攻仇家，卜出这个相。请夫子鉴别，此相吉凶如何？"

庆舍看了半天，卖弄高明，说：

"必将成功，事至见血！"

这个话，增加了卢、王二人的信心。春秋178年冬十月，庆封游猎于莱，陈无宇随从于庆封。丙辰，陈须无送密信与陈无宇：政变在即，要陈无宇赶紧想法脱身回临淄。陈无宇跑到庆封面前，放声大哭：

"刚得家信，家母病危！请主人容我即刻回家。不知能够见到最后一面！"

庆封闻言，却也同情，宽慰陈无宇：

"孝子之心可悯！且容我为你一卜休咎！"

庆封拿出张龟壳来，炙出裂纹，看了半天，也卖弄高明：

"依龟背之相，兆示你母必死！"

陈无宇听后心中好笑，却假装号啕大哭至昏厥，之后请假回家。回家的路上经过渡桥。陈无宇将河上的浮桥毁去，以免庆封随后赶上。庆封身边有人察觉情况不对，劝庆封赶紧回国都。庆封不以为然。

临淄城中，反对庆氏的各方合议于尝祭的时候举事。事前，卢蒲姜察觉出一些动向，对卢蒲癸说：

"你我是夫妻，当同富贵共患难。我知道你有事情瞒着我。你要不说出实情，我就回家去告诉父亲！"

卢蒲癸只好将密谋告诉妻子。卢蒲姜虽然只有十多岁，却出自贵族世家，颇具政客遇事决断的基因。听说这谋杀父亲的谋划，卢蒲姜说：

"我了解父亲的为人。他遇事专断，听不进去劝告。别人越是劝他，他越是不听劝告。然而，如果没有人劝阻，他本人倒是很精明的。我去进谏于他，也算是尽我为女的一点心！如果他听我的劝，于尝祭之中杀死你，让我为了父亲而丧失丈夫，那是我的命。如果他不听我的劝，于尝祭之中被杀；我为丈夫而失去父亲，那也是我的命！总之，听凭天意！"

卢蒲癸对于谋杀庆氏也存疑虑，如今密谋已经泄漏，也就干脆听凭天意！冬十一月乙亥，齐国照例进行尝祭。什么是尝祭呢？这是儒教于秋季之中最大的祭祀。它的本意是将新收获的粮食献祭于祖宗，故而于秋季收获季节举行。周历冬十一月，当夏历九月，实际的季节是秋季。按礼，但凡是献祭于宗庙，必须由君主本人主祭。庆氏当权，庆封游猎在外，就由庆舍陪同齐景公主祭。事前，卢蒲姜进谏于庆舍，说有人密谋于尝祭之时起事。庆舍其人，正当三十出头的盛年，血气方刚，且练就一身武艺。他倒也不是完全不听，只是觉得自己无所畏惧。因有女儿这一劝，庆舍于祭祀之中加派卫士，加强戒备。

祭祀的大典，在姜太公的庙里举行，整个过程并没有出现任何意外。按习俗，祭祀之后要进行大型的歌舞表演，并且举国同庆。庆舍挟持齐景公，在齐景公的宫中欣赏歌舞。宫外的墙，用甲士环绕护卫。时值节日，这些甲士担心战马的嘶鸣影响到自己听音乐，就将马从战车上解下，又用衔口勒住马口，系于树干。为了轻松，又渐渐脱去身上的战甲，放下手中的兵器。

惠公族人、陈氏、鲍氏组建起一支游行乐队，表演杂耍节目，于城中巡游演出。齐景公宫外的甲士看到街上人潮涌动，都奔向游行乐队，他们却被隔离于宫墙之外，欣赏不到表演。就渐渐跟随人流，追逐于游行乐队。早已计划好的人趁机穿上甲士的甲，拾起甲士的兵器。看庆氏的甲士渐渐远去，子尾来到门前。他临时抽取一根房椽，按约定猛敲宫门三声。宫内听到巨大的敲门声，一时慌乱。庆舍呵斥道：

"何人敢扰君主雅兴！"

却听得背后有人答道：

"就是我！"

庆舍的头还没有转过去，忽觉左肩剧痛，左臂已被人用戈割断。回头看时，却见卢蒲癸、王何执戈向自猛扑过来。庆舍惨叫一声，一跃而起，右手竟然抓住了房梁。左肩鲜血直喷，痛得他口中哇哇乱叫，浑身剧烈抖动。整个房屋被他抖得吱嘎作响。松手落地之后，庆舍抓起案桌上的酒壶，用酒壶投掷杀人。然而，此时大门早已被撞开，数不清的武士冲进来，戈如丛林，压于庆舍之身……

齐景公吓得抖作一团，却见一个戎装的贵族上前安慰说：

"君主莫怕，我们正是来解救君主！"

这是何人呢？乃是著名的鲍叔牙的后人，名叫鲍国。鲍国将齐景公转移至早就预备好的安全去处。临淄城中的庆氏党羽被一网打尽。

身在外地的庆封接到通知、赶回临淄的时候，城中已经做好防御工事。庆封先攻西门，不成功。再攻北门，得以破门而入，一直打到内宫。城中的贵族同仇敌忾，又将庆封赶出城外。庆封的人马原本多于守城的人。但是城中的贵族坚守不出战，双方僵持。城里的人挟持了齐景公，让庆封处于以臣攻君的地位，道义上站不住脚。庆封手下将士越来越无心于战斗，并且渐渐投诚于城中。双方力量此消彼长。几天之后，庆封逃奔鲁国。

到鲁国后，庆封仍以大国正卿自居，态度傲慢。叔孙豹请他吃饭，于饭前先祭鲁国先祖。别人都低头跪拜，庆封以为自己是齐国人，昂首直身。叔孙豹看了心下讨厌，命乐工于唱歌的时候暗喻提醒，庆封又假装不知。宾主关系弄成这样，鲁国就待不下去。庆封又转投吴国。此时的吴国，已经换了几任君主。

吴王寿梦去世后，传其长子诸樊。春秋175年，诸樊进攻巢湖，被人用暗箭射死。吴国的习俗是立弟，故而寿梦的次子即位，是为吴王馀祭。庆封逃奔吴国的时候，馀祭也已经去世，又立寿梦的第三子，是为吴王夷昧。夷昧得上国望族投奔，倒也热情接待，封庆封于朱方。庆封到朱方之后，弃政从商，网罗起族人、部曲，生意越做越大，竟然富不亚于当初。对此，鲁国贵族子服回对叔孙豹说：

"上天竟然帮助坏人？现在庆封又富起来了！"

叔孙豹说：

"他本是贵族，曾经跻身政坛。贵族身份哪能说换就换？他围攻自己的君主，天下尽知。这不是不报，只是时候未到而已！"

……

崔杼、庆封都已经不在，齐景公得以执掌政权。他对齐后庄公进行改葬。葬礼上，用高价买来崔杼的尸身，将其斩成肉酱，只剩下头。将肉酱装入一竹篓，将崔杼的人头置于肉酱之上。以此竹篓为盆景，装饰于齐庄公的棺材旁。那个想要作庆封第二、崔杼第三的卢蒲嫳，遭到流放。齐国的臣下篡权，暂告一段落。齐景公封赏功臣。因晏婴于此次政变之中暗中出力，封给他六十个邑。晏婴不接受。子尾说：

"富裕是人人想要的。你为什么不要呢？"

晏婴对答说：

"庆氏的封地多到足以满足其欲望，所以就灭亡。我的封地还不能满足我的欲望。现在，用足够的封地来满足我的欲望。欲望满足了，死亡也就要到了。在我现有的邑之外，一个邑也不要给我！我不要封地，不是讨厌富裕，而是怕失去富裕。富裕就像是布。制作布，总是根据规格有一定的边幅。这边幅，是为了让布有固定的形状，不发生变化，不变得过于地大。人性的生命力越是旺盛，就越具备改造外界的能力。然而，要用天意的德来限制它，那才能让这生命力不至于过多或者过少。这是对于人的能力的限制。如果人的能力过多，就一定会失败。我不想要过多的邑，就是因为这种限制人的能力的天意。"

这话是知足常乐的意思，说得多少有些道理。不过，后世的儒生将这观点视为经天纬地的学说，仿佛没有它，人就不能称作是人，国家就不能成其为国家。并且，为这观点起了个名字，那就是所谓"名分"。其实，那些高调的大义只是儒术的表。不做超过"名分"的事，可以免于祸害。那才是儒术的里。

齐国自五子乱齐之后，君主系惩于兄弟之间的争夺，不信任自己的亲兄弟而重用外人。由此导致高氏、崔氏、庆氏相继执掌政权，而最终造成齐景公丧失政权。处理庆氏之后，齐景公矫枉反正，重用近亲的惠公族人子雅、子尾，又将早先的公子牙的党羽公子鉏、叔孙还等人召回祖国。齐景公将这些人召集起来，与之叙起血亲关系，与之共抗齐国望族。子雅、子尾根据齐景公的意思，处理高氏。齐桓公年代，国氏、高氏分别是三分起案的三分之一。春秋152年，晏婴之父晏弱堙城傅墋，灭了国氏党羽王湫，从此国氏的势力不再强大。齐顷公年代，高厚权倾一时。齐灵公去世时，崔氏崛起，高厚被杀死。因高氏势大，立高厚之子高止为高氏继承人。春秋179年，子雅、子尾流放高止至北燕国。高止之子高竖以封地卢叛出齐国。齐军进讨时，高竖传信说：

"我家屹立齐国两百年，族人部曲甚众。必欲灭我高氏，势必将齐国弄得天翻地覆。我亦不敢与君主对抗，但凡保存高氏一脉，即是维持齐国和平。已经牺牲了无数男儿的生命，我也无颜继承高氏家业，请君主另立高氏继承人。"

如果继续打下去，死去的都是齐国子民，于国家有害无利。高竖的话，说的都是实情。齐景公这时才知道，名门望族，不是说灭就能够灭。齐景公接受高竖的建议，另立高氏族人高偃为高氏家长。

……

在天下共和的大环境下，东南的吴国趁机进行文化上的外交，用文化上的影响力，向天下宣示吴国的存在。

吴王诸樊被射死后，王位传予其弟馀祭。早先，吴国与越国战争，将俘获的越军将领斩去双脚，用作看门人。春秋179年，馀祭巡视战船时，看门的越国战俘刺死了馀祭。王位传至其弟夷昧。夷昧即位后，命季札为使者，出访鲁、齐、郑、卫、晋。这一轮外交，公开的说法，是吴国旧君去世，新君即位，需要寻盟于早先的盟友，重温吴国与北方的多边友好关系。实际上，季札另有两项使命：一则是宣告吴国与楚国为敌的态度，希望得到北方国家的暗中支持；再则是向中原国家宣示吴国的存在，扬吴国国威。这前一条，是秘议讲成。这后一条，则是一种外交的功夫，需要使臣展示出个人魅力。

季札让国于诸樊，讲的是"兄友弟恭"的儒教教义。那已经让他贤名播于中原。此番出访上国，季札所展示的学识和政治见解，倾倒了中原贵族，差不多有礼乐沦丧于华夏，却重现于夷狄的感叹。

季札的第一站，是鲁国。季札对鲁国方面说：

"素闻鲁国先祖周公得周王特批，建天子礼乐。不佞东夷下国，慕此中原繁华，愿一观之。"

这种话，是恭维鲁国。鲁国方面怎能不应承？鲁襄公自身，连个饮射之礼都凑不齐。此番涉及鲁国声誉，只好申命于三桓，遍搜国中乐工，做出个全套的儒教歌舞，足足排演了好几天。

读者得知，中国的另一个名称，叫做"中华"。这个

"华"字，意思是"有文化"，它最早是因儒教的音乐而得名。历代学者认为：

手中掌握这一套音乐，意味着继承了儒教正统。

北朝的南燕国，为了得到这些音乐，不惜侵略东晋，以至于因此亡国。所以说，南北朝时候，这一套音乐都还存在。隋朝之初，南朝遗民宁死不愿接受北方人的统治。北方朝廷不得不将南方贵族全部杀死或是卖作奴隶。很多历代相传的文化艺术随之灭亡。唐朝初期的《秦王破阵乐》，据说场面做得很宏大，然而已经不是历代相传的万舞的原貌。当时流传的《玉树后庭花》，还有一些宫廷音乐的影子。却被冠以亡国之音的罪名，不得传世。自北魏至宋朝，北风南渐，君主系大多出自北方武士，习为《敕勒川》那样的草原牧歌，以豪迈来概括天意。朝廷不再"采风"，歌曲风行于民间，辗转而为宋词，却无人能做雅、颂。宋词只是些未经整理的歌词，其作者多是旅客，大抵随性而作，述一时之情。其内容混淆梦乱，无以考其地缘。所以不再有《国风》的土著醇厚。元朝杂剧、清朝戏剧，都秉承上述历史，旨趣在于娱乐普罗大众，又时常被希圣、钦若的文人羼杂入愚民的目的。愈行愈偏，愈行愈远，让人再也无法得见儒教中华的华美之处。历史只留下以下的季札的评论，让人怅然想见上古音乐的原貌。《左传》被公认为信史。以下的评论，是《乐经》失传之后，我们能够得到的关于上古音乐的珍贵的间接资料。古话常说"礼崩乐坏"，笔者虽然痛斥儒教文化的虚伪，却也以为当今中国的落后，一则是由于南朝灭亡时烧了历代图书、文物，再则就是因为上古音乐的失传。为什么这么说呢？因为当今国人最大的问题，正在于不知道什么是人性的快乐，不知道应当追求怎样的快乐。笔者痛惜民族音乐的沦丧，对季札的话虽有个人理解的译，也必录其原文。虽不能再现天意的真谛，庶几可以想见，以兹悼念：

按照规则，先歌后舞。歌的顺序，又是先《风》继《雅》后《颂》，与孔子编辑的《诗经》一致。所谓《风》，实际是不同地方的民歌。要唱出不同地方的民歌，首先一条，至少需要掌握不同地方的方言。

乐工唱完《周南》《召南》，季札评论说：

美哉！始基之矣！犹未也。然勤而不怨矣。

译文：这是周朝创业的开始。还没有达到完美境界，但是，有一种虽然辛勤却没有怨恨的感情。

（一般认为，所谓《周南》《召南》，分指周公、召公管辖的地界。这地方在当今关中，而不是他们的封地鲁、燕。有人依据诗的内容，说它的地界在当今秦岭以南的汉中，包括汉水流域和四川北部。）

乐工唱完《邶》《鄘》《卫》，季札评论说：

美哉渊乎！忧而不困者也！吾闻卫康叔、武公之德如是。是其《卫风》乎？

译文：真美啊！德泽深。虽有忧虑，不至于困。我听说卫康叔、卫武公的德就是这样。这大概就是《卫风》。

（这三个地方，传说就是当初商的故地。这三种《风》，后世统称为《卫风》。）

乐工唱完《王》，季札评论说：

美哉！思而不惧！其周之东乎？

译文：真美啊！有思想，没有畏惧！这大概是周朝的东面部分。

（按季札所说，这不是指镐，而是指成周，即当今洛阳一带。）

乐工唱完《郑》，季札评论说：

美哉！其细已甚。民弗堪也。是其先亡乎？

译文：真美啊！就是显得太细。这让它的庶民不能忍受。它大概要先一步灭亡。

（郑，即是当今河南郑州一带。从这里开始，有对于诸侯的国运的预测。这种预测，介于可信、不可信之间。）

乐工唱完《齐》，季札评论说：

美哉！泱泱乎大风也哉！表东海者，其大公乎？国未可量也！

译文：真美啊！这是泱泱大国之风。这大概是东海边上的姜太公。这个国家前途不可限量。

乐工唱完《豳》，季札评论说：

美哉荡乎。乐而不淫。其周公之东乎？

译文：真美啊！有荡荡之意。乐而不淫。这大概是周公东征的时候的作品。

（豳即当今陕西彬县，是周部落始发源地。）

乐工唱完《秦》，季札评论说：

此之谓夏声。夫能夏，则大之至也。周之旧乎？

译文：这是华夏正声。夏，训为大。这是大的极致。这大概是周的旧地。

（主要指当今甘肃东部。"华夏"之"夏"，意本于此。）

乐工唱完《魏》，季札评论说：

美哉！沨沨乎！大而婉，险而易行，以德辅此，则明主也。

译文：真美啊！大，但是能够有内容；俭，但是够用。用德来辅佐他，他就可以成为明主。

（这魏，是当今山西南部的芮城。）

乐工唱完《唐》，季札评论说：

思深哉！其有陶唐氏之遗民乎？不然，何忧之远也！非令
德之后，谁能若是？

译文：思想深远，有尧的遗民在吗？不然的话，怎能如此
悠远？如果不是令德的后人，怎能是这样？

（唐指当今陕北、晋北一带。）

乐工唱完《陈》，季札评论说：

国无主，其能久乎？

译文：国家没有君主，怎能长久？

（当时的陈国，在当今河南周口市。）

自《郐》以下的篇目，季札没有作评论。之后，是
《雅》。所谓雅，现代的意思，就是普通话。周朝官员行走天
下，操一种通行的国际语言，即雅言。用这种语言唱出的歌，
就是雅。

乐工唱完《小雅》，季札评论说：

美哉！思而不贰！怨而不言。其周德之衰乎？犹有先王之
遗民焉！

译文：真美啊！思想之中没有二心。心中有怨却不说出
来。这反映的是周朝衰落的过程。周朝虽衰落，却还有先王的
遗民存在。

（从现存的《诗经》看，《小雅》确实是哀怨的情调居
多。）

乐工唱完《大雅》，季札评论说：

广哉熙熙乎！曲而有直体。其文王之德乎？
译文：广而熙，曲而有直体。这大概是周文王的德。
（《诗经》自《大雅》以后，渐渐转入政教合一的思想。它相当于当今基督教的圣歌，被儒教徒视为世间至美。）

乐工唱完《颂》，季札评论说：

至矣哉！直而不倨，曲而不屈，迩而不偪，远而不攜，迁而不淫，复而不厌，哀而不愁，乐而不荒，用而不匮，广而不宣，施而不费，取而不贪，处而不底，行而不流。五声和，八风平，节有度，守有序。盛德之所同也。

译文：这是最高境界！直，但是不倨傲。曲，但是不屈从。近，但是不觉得有逼迫感。远，但是没有分离感。有变化，但是这变化不是过度变化。重复而不让人厌倦。悲哀，但是没有愁。快乐，但是不沉迷其中而废事。用起来永远也用不完。特别地广大，但是不彰显和夸耀这种广大。用来施舍，不觉得费。进行索取，不显贪婪。停下来，不会滞。动起来，不会耗散。它的音调和谐。它对时间、方位的掌控平稳。它的节奏有相应的度。它的规则有一定的秩序。这就是盛德。

（《诗经》的《颂》，现代虽不知其曲调，也能从其诗意之中感到一种宏大的思想。从体制上讲，《颂》乃是献祭于上帝的圣歌，是音乐的最高境界，它对乐器、歌手、布景布局的要求都很高。特别是，整个演唱的过程必须合乎礼仪和规格，强调虔诚、肃穆的态度。可以说，它是儒教的灵魂。从这里的评论，可以认识儒教的最高理想，也反映出古中国的美学思想。）

歌之后是舞。以下的舞，其实是舞剧。它基本上全部失传。据说，日本的能剧之中，有一些它的痕迹。想来，就算是有些痕迹，也已经演变得面目全非。

乐工舞完《象箾》《南籥》，季札评论说：

美哉！犹有憾。
译文：真美啊！但是，仍有令人遗憾之处。
（这两个篇目，传说是表现周文王的舞剧。）

乐工舞完《大武》，季札评论说：

美哉！周之盛也，其若此乎？
译文：真美啊！周朝的强盛，竟然达到这样境界？
（《大武》是表现周武王的舞剧。）

乐工舞完《韶濩》，季札评论说：

圣人之弘也！而犹有惭德。圣人之难也。
译文：这是圣人的宏大。然而，圣人仍然自己感到惭。圣人，也有为难的地方。

（这个篇目是表现汤的舞剧。这个剧目与前文提到的晋悼公所享受的《桑林》有一定的渊源关系。）

乐工舞完《大夏》，季札评论说：

美哉！勤而不德。非禹，其谁能修之？
译文：真美啊！自己付出了辛勤，却不自居为德。如果不是禹，谁能做到？
（传说《大夏》是表现禹的舞剧。）

乐工舞完《韶箾》，季札评论说：

德至矣哉！？大矣如天之无不帱也，如地之无不载也。虽甚盛德，其蔑以加于此矣！观止矣。若有他乐，不敢请已。

译文：这是德的至高境界！真是伟大！它就像是天，覆盖一切；它就像是地，承载一切。最高程度的德，也不过就是这样。我的观看结束了。如果说还有其他乐，我也不看了。

（传说《韶箾》是表现尧的舞剧。）

这些舞剧表演的同时，有交响乐伴奏。传说孔子仅仅是听了《韶箾》的伴奏，就三月不知肉味。音乐是否真能达到如此魅力？想来，是迷恋一物，执着于其中的结果。不过，古代朝廷迷信地以为音乐关乎国运，特别地重视。一种东西被特别地重视，自然就会达到相当的水平。

季札由鲁至齐。在齐国，他欣赏晏婴。他对晏婴说：

"你赶紧退出你的邑和权力。退出了邑和权力，你才能幸免于难。齐国的政权将归属到某人手里。在没有归属到这人手里之前，祸难不会结束。"

晏婴听从这建议，通过田须无交出了自己的权力和邑，后来免遭栾、高之难。

季札到郑国后，与子产一见如故。他送给子产缟带。子产送给他紵衣。他对子产说：

"郑国就要发生祸难。政权将落到你手里。你执掌政权，要慎重地用礼来做事。如若不然，郑国就要败。"

季札到了卫国，见到蘧伯玉、卫文子、史鱼、公子荆、公叔文子、公子朝等人。他说：

"卫国有很多君子，不会有问题。"

季札从卫国到晋国，原计划在戚住宿。他听到城里有钟声，说：

"奇怪了。我听说，自己没有德却一味去争，必将被杀死。孙文子得罪了君主，住到这里。恐惧都还来不及，又高兴什么呢？他在这里，如同燕巢于帷。何况，他的君主还没有下葬。可以奏乐吗？"

季札离开戚，不在这里住宿。这孙文子，就是指的叛国的鼻祖孙林父。季札的名气太大。季札的评论让人重视。孙林父听说这话，终身不再听音乐。

季札到晋国，喜欢赵武、韩起、魏舒。他说：

"晋国的政权将集中到这三家。"

他喜欢叔向。临走时对叔向说：

"你要注意。君主奢侈自大。国中贵族又多。大夫都富强。政权下移到豪族手里。你为人又直，一定要注意，怎样才能不陷入祸难。"

远在东南的吴国，对华夏文明如数家珍，足见其进步。特别是，他对中原列国的政局也是如数家珍。这说明吴国的间谍早已深入中原。由此，中原国家怎敢轻视吴国？季札此番出访，达到了预计的效果。季札此行，还取得了中原国家的默许，共同对抗楚国。相关情况，下回再叙。

正闰第六十四回

从天所与就直强　人心不同如其面

晋、楚达成共和，让晋国不用花销出兵打仗的军费，就可以得到小国的供奉。根据晋楚之从交相见的协约，早先并不向晋国上贡的南方国家从此年年向晋国上交保护费。此事既开了源，又节了流，让晋国财富大增。按理说，晋国应当由此变得更加强盛。然而历史的结果却是晋国从此渐渐丧失霸主地位。为什么是这样呢？原因诸多，其中最本质的原因在于人性：人性生于忧患，死于安乐。人越是平安、富足、无忧无虑，就越是容易变得懒惰、迟钝、耽于享乐、不思进取。个人是这样，国家也是这样。清朝末年，中国的经济规模达到全世界的一半。然而，统治层的人性已经被平安和富贵陶冶得麻木。哪能斗得过那拼死寻找基督教乐土的日耳曼人？哪能斗得过那死中求生的日本人？结果是，积下许多财富，不过是替他人存钱；涵养出许多人口，终为他人臣妾。这种结果，从根子上讲，只怪国人认定天下可以大同，世间可以永久太平。思想上是如此，就致力于创建出自以为的永久太平的社会体制——以为体制已经至善，从此就高枕无忧。结果是体制越完善，人性越懒惰，导致的危害越大。

且说当时，晋平公承接其父晋悼公的家业，事事顺风顺水，纵然是天纵聪明，在顺境之中也陶冶得麻木！晋国本是周朝封建的诸侯，做上霸主之后，也总是高举勤王的旗帜，以同出于周朝、同为姬姓号召天下诸侯。到晋平公时候，晋国已经做了近百年的盟主；周朝则越来越弱，几乎淡出国际舞台。长时间的尊贵，让晋国的正卿，可以与诸侯国的君主平起平坐；晋国的君主，则渐渐以为"我生不有命在天"，以天下第一的人物自居。晋平公以盟主的身份啸傲自尊，藐视周王，做出了榜样；让晋国手下的诸侯、晋国国内的豪族效仿，结果周朝还没有灭亡，晋国君主系却被自己手下的赵、魏、韩取代。大势是如此；具体的历史，则往往起因于女色二字。

晋悼公施展"三驾"的时候，有一次鲁、杞外交，鲁国人对杞国人说：

"晋国新君少历磨难，必能振兴晋国。他还只有十多岁，未曾婚配。要是贵国嫁女予晋国，将来的晋国君主，为贵国的外孙。外孙怎能不帮外公？贵国是外姓，正好做这好事。"

为这建议，杞国女儿嫁到晋国，是为晋悼夫人。晋悼夫人生下晋平公。晋悼夫人出嫁时就身负帮助杞国的重任；此念不忘，就将杞国的家事当成盟主的天下事。春秋179年，晋国第一夫人晋悼夫人下令天下诸侯为杞国修建都城，由晋国贵族知盈全权负责。知盈是谁呢？就是那个曾经做了楚共王娈童的知罃的儿子。知盈一声令下，晋、鲁、齐、宋、卫、郑、曹、莒、滕、薛、小邾都参加建设。工程之中，郑国的子太叔与卫国的太叔仪交谈。子太叔说：

"盟主的摊派越来越多，我们小国真有点吃受不起！宋之盟，让我们的上贡凭空翻了一倍。原指望花点钱，从此可以休息。如今仗倒是不打了，又想出这修城的名目。杞国是夏朝的后人，乃是千年以前的民族。这种国家的事情，也让我们来出力，有什么道理？"

太叔仪说：

"是啊！说起来，天下是姬姓的天下，其实已经变成晋国的天下。年代隔得久了，哪里还有亲情？我等的血缘，要往古代追溯几十代，才能寻找到与他的联系，哪有他的外公来得亲？"

杞国都城修完之后，晋国再发号令，命鲁国归还其侵略的杞国土地。此事又由晋国贵族女叔侯负责。女叔侯到鲁国之后，吃拿卡要，很收了些鲁国贿赂，结果鲁国只是象征性归还了小部分土地。晋悼夫人闻讯大怒，派人传自己的钧语至鲁国：

"齐（女叔齐）身为国使，外交中收受贿赂；先君神灵有知，必有不允！"

政治上的话，需要联想。先君神灵不允，则必不允女叔齐觐见于宗庙；女叔齐不见于宗庙，则其灵魂必不入于宗庙，必为永世的孤魂野鬼。照这话的意思，是要取消女叔齐的信仰。使者将这话通告于女叔齐。女叔齐收了鲁国人的钱，站于鲁国立场，说：

"虞、虢、滑、霍、扬、韩、魏，都是姬姓国家。晋国灭了这些国家，所以才有今天的强大。晋国可以灭同姓国家，鲁国却不可从异姓国家夺取土地？杞国之于姬姓，类同于东夷；鲁国之于姬姓，实乃周公之后。鲁国申礼于晋国。晋国国库，无月不收鲁国之财！我为先君所不允！损兄弟以肥外人，反倒是先君所允？"

话虽是这般说，慑于盟主的母亲的淫威，鲁国不得不将侵占的杞国土地悉数归还。经此事，天下诸侯都认识到：盟主的道义不可深考。晋国并不是以信仰号召大家，不过是因国力最强，以武力挟持天下。观念上经此改变，后来的吴国、越国崛起，中原诸侯就不再夷狄视之；而春秋霸道的意义，也就随之改变：

渐渐不再以维护姬姓同根为宗旨，而是以国力、甚至只是军事力量来推奉霸主。春秋演变至战国，是逐渐的过程。战国时候天下完全以兵力比拼，就是因为这些渊源。

这一年的五月，宋国发生火灾，大火将整个宋都烧毁。身为盟主的晋国，大会诸侯于澶渊，要求列国都出点钱，赈济宋国。会议上，诸侯于口头上答应帮忙。事后，竟无一国真正出钱出力。晋国的号令，渐渐为诸侯所不遵。

春秋史上的著名国家，第一个灭亡的是晋国，第二个灭亡的是郑国。季札出访北方国家的时候，说郑国必将先亡。他看到了晋国要先于郑国而亡，然而当时的晋国如日中天，他不能说这话。郑国如何先亡呢？此时的郑国，君主是穆公族人所扶植的郑简公。至春秋193年，郑简公去世，传其子郑定公。至春秋209年，郑定公去世，传其子郑献公。至春秋222年，郑献公去世，传其子郑声公。至春秋259年，郑声公去世，传其子郑哀公。至春秋267年，郑哀公被弑，传其弟郑共公。至春秋298年，郑共公去世，传其子郑幽公。至春秋299年，幽公被弑，传其弟郑繻公。至春秋326年，繻公被弑，传其弟郑君。至春秋347年，郑国为韩国所灭。郑国的灭亡，是一个渐进的过程。这其中最根本的原因，是穆公族人的专权。郑穆公在位的时间，是春秋96年至春秋117年。穆公族人专权，则自春秋157年子驷谋杀郑僖公开始。穆公族人专权近两百年之后，才有郑国的灭亡。为什么需要这么久呢？那就是因为本书开头所提到的《周约》。《周约》对中国人的观念影响至深。其中的"无易树子"，让穆公族人始终不敢废除君主系。

郑国的政治，在此春秋后期已经完全由穆公族人掌握。此时涌现一个人物，算是春秋后期最著名的贤达。何人呢？就是穆公七族之中国氏的子产。宋国的向戌，论本事不弱于子产，然而其家族凋零殆尽。向戌性格柔顺，隐忍一生，也只能做到普通名人的境界。子产为人秉性强硬，简直是"柔亦不茹，刚亦不吐"，很容易得罪人；却被史书大书特书，被孔子仰慕得五体投地。为什么呢？一则是机遇，再则是身世，三则是命数！

春秋179年，郑国第一大夫子展去世，其子子皮继承家业。此前，子西也去世，其子子驷带继承家业。早先，罕氏的子展当国，驷氏的子西执政。至此，变成子皮当国，良霄执政。罕氏、驷氏在穆公族人中只能算是第二流的家族。第一家族是哪一个呢？乃是良氏。郑穆公的儿子之中，郑灵公为嫡子，进入君主系。郑灵公死后，国人公推子良为君。子良让位与郑襄公。当时，穆公族人在郑国政坛还算不了什么。子良此举，乃是儒教所推崇的"悌"的教义。为此，国人敬重子良。良氏、进而整个穆公族人随之崛起。子良传家业至其子子耳。在春秋160年的动乱之中，子耳被杀，良氏家业传至子耳之子良霄。三驾之时，郑国决定投靠晋国，却又害怕得罪楚国，所以让国中最尊贵的贵族出使楚国。那最尊贵的人，就是良霄。良霄于国之危难担当重任，回国后就更加受人敬重，故而良氏在郑国，为当仁不让的第一家族。论威望，良氏为郑国第一。然而，发动政变的是子驷，故而驷氏当权。之后，子驷、子孔、子展相继当权执政，其间良霄曾经居于楚国，也不熟悉国内情况；故而名望良氏第一，职权良氏却不是第一。前面提到，罕氏、驷氏、丰氏源出同一个母亲，团结为同盟。良氏要想夺取职权，势必与这三家为敌。春秋179年，良霄讽喻朝廷公派驷氏的子晳出使楚国。子晳何许人呢？就是执政大夫子西之弟。子晳于朝堂上接到通知，说：

"我国自三驾以后亲近于晋国，同时就得罪了楚国。让我出使楚国，岂不是杀我？"

良霄说：

"照此说来，三驾时候公派我到楚国，何尝又不是杀我？

当初，我身当外交的职责，冒死使楚。如今你身当此职，何以就去不得？"

子皙说：

"你当初去，能够回得来。我如今此去，谁保我的人身安全？如果去得，自然要去；明知是死，凭什么要去？"

坐于位子上的郑简公，听到这人说话，觑至这人；听到那人说话，又觑至那人；犹如法庭的观摩团，只是一味观摩，哪有自己说话的份？二人于朝堂上争执不下，渐渐嚷成纠纷，朝会无果而终。散朝之后，驷氏纠结人马，要与良氏干仗。穆公七族的其他人出面调解，总算暂时平息。

良霄其人，有个喝酒的爱好。他喜欢"座上客恒满，樽中酒不空"，喜欢让别人陪着他喝酒，一直喝到尽兴为止。然而，客人往往以天色已晚为由，告辞离去，让他不能尽兴。他很讨厌这一点，就想出个办法：

于山崖上开挖出一个窑洞，于窑洞深处举办宴席。

山西地方，地处黄土高原，其土质适宜于开挖窑洞。然而，一般的窑洞都是选取几米高的平顶土坡，于立面打洞进去。图的是洞顶好开天窗，门口好打场圃。良霄反其道而行：于山壁打洞进去，图的是头上没有天窗，不知道天色晦明；门前又不予平整，任凭道路崎岖，图的是客人回家不方便。如此一来，洞内总是以火把照明，不知天色早晚。当时的人没有手表，又不可能将计时的沙漏搬入洞中，所以洞内的人就都不知道时间，只好是陪着良霄，醉了之后就地倒于席上入睡，睡醒后又接着喝。旁边的乐队做成三班倒，轮番不间断地奏乐、歌舞。

良霄是郑国最有名望的贵族，朝廷有事都要与之商量。他在洞中不分日夜地喝酒，朝廷遇到大事就不断地派人到窑洞征求意见。良霄酒喝够了，回到朝廷，什么也不说，只是又提出让子皙出使楚国。说完之后，即重新回到窑洞，继续喝酒。子皙被逼无奈，又打听到良霄喝酒的窑洞易攻难守，就率领家兵，包围窑洞。窑洞只有一个出口，而且门口的路很不好走。

子晳也不用战士去死拼，只将火把不断地往洞里扔，洞里的人就被烧死、熏死。良霄在一帮死士的保卫下冲出窖洞，逃奔许国。

穆公七族之中，除去良氏与罕、驷、丰三房斗争，另外还有国、游、印三房。这另外三房的立场，关系到双方的胜负。这三房之中，又以国氏为最强，另外两房大致以国氏的立场为参照。故而国氏的子产的立场，变得相当重要。人们普遍认为：

罕、驷、丰三房的合力，大于良氏。并且，眼下斗争的结果，良氏已经落了下风。子产出自身的利益，会帮助强者。

对此，子产说：

"早先，子孔就是强者。要是只看势力强弱，那我当时就该帮子孔才是。世事有个公理，岂能一味趋炎附势？良氏并无大过。他已经落了难，我怎能为了个人的好处乘人之危？"

这个话，听起来很识大体，也很得人心。然而，子产当初反对子孔，暗含有报复杀父之仇的因素。罕、驷、丰三家是联盟。如果子产帮罕、驷、丰，成功之后，只会加重这三家的权势，让这三家得到更多的实权。与之相对应，就会削弱国、游、印三家的权势。子产于此时如此表态，很能代表游氏、印氏的利益。到后来，子产保护、栽培游氏、印氏，甚至于去世时将政权托付给游氏的子太叔。这个历史，就是因为穆公七族内部的这种微妙关系。

且说当时，子产于窖洞收敛良氏的死者，为之举行葬礼。子西、子皮请子产参加朝廷的会议。子产明知朝廷的会议即是罕、驷、丰的会议，就拒绝参加。当时，游氏的子太叔奉命出使于晋国，于赶回祖国的途中听说国内动乱。子太叔担心受到牵连，转身回到晋国。印氏的家长印段追随于子产，也不参加朝廷会议。在这形势下，子皮专程去请子产。有人对子皮说：

"你是上级，他是手下。他不跟你，你不处理他也就是了，干嘛去求着他？"

子皮说：

"此人的心思，说白了，就是收买名声。为了收买名声，他必须保持公道的立场。他能够对良氏公道，必然也能对我们公道。结交他，不会有特别的好处，然而也不至于有特别的坏处。"

子皮请子产参会，并且说要将国事托付给子产。此时，子产却又不再固执，答应参加会议。印氏随之加入。这边搞定了国氏、印氏，那一边，子皮命驷带去晋国召回子太叔。子太叔听说子产、印段都加入，也就同意回国。

却说良霄忽然遭到火攻，酒醉之中还以为是走水。逃出窑洞之后，酒意消退，慢慢打听情况，才知道是政敌所为，所以赶紧逃奔许国。他是郑国第一家族的当家人，资历远高于子皙。打听到进攻自己的只是驷氏，他说：

"子皮并没有参加，子皙能做什么！"

良霄率自己的部曲围攻新郑。城里由驷带领头，罕、驷、丰三家联军共抗良氏。战斗的时候，双方都请子产参战。子产说：

"兄弟之间闹成刀兵相见，乃是不幸！无论参加哪一方，都是加重这一不幸。我两方都不帮，听凭天意的安排！"

印氏、游氏是跟屁虫。子产怎么做，他们也怎么做。良霄攻入城中，最终于巷战之中战死。看到了天意的结果，子产又站出来，哭丧于良霄，为之举行葬礼。子皙看国氏向着对手，就要杀子产。子皮大怒，喝斥子皙：

"他事事高举兄弟情义，于道义上站得正！没有兄弟情义，何来我们穆公族的今天？就是我们罕、驷、丰三家，也要讲兄弟情义。今天你杀了他，明天我就处理你！"

子皮不但不处理子产，还请子产接替良霄执政。子产面有难色：

"从国际形势讲，我国介于晋、楚的夹缝之中，谁也不敢得罪。从国内来讲，我介于几大家族之间，也是谁也不敢得罪。国际上，我国的意见算不了数；国内，我的意见也算不了数。这种工作，如同傀儡一般，我不想做。"

子皮说：

"国际关系，我相信你能处理。至于国内，我为你做主，我看他们敢说什么！"

别人将话说到这地步，子产只好勉为其难。如子产所料，在工作中，罕、驷、丰三家不服从子产的领导。良霄死之前，穆公七族按势力排列，顺序为：良、罕、驷、国、游、印、丰。丰氏是其中最弱的一房。良氏灭亡后，子产考虑到罕、驷、丰为同盟，故意推举丰氏的当家人丰段为第三大夫。朝廷之上，丰段坚决推辞。散朝之后，丰段却又派人向子产送礼，意思要做第三大夫。第二天的朝会，子产就再度提议丰段为第三大夫，丰段却再次坚决推辞。推辞之后，却又向子产送礼。至第三次朝会，丰段才同意做第三大夫。子产觉得此人的性格太假，是个笑里藏刀的人物。遇到公事的时候，每当有求于丰段，子产总是额外封给丰氏土地。照子产的意思，是担心此人想起当初送的钱感到肉痛，变着法子偿还于他。子太叔看不过去，说：

"大家都在为国家做事。凭什么单单他可以得额外的好处？"

子产说：

"你懂什么？我这是为了你！《郑书》有箴言：安定国家，必大焉先。罕、驷、丰为同盟，三家为郑国第一势力集团。遇事不照顾强势，难道照顾弱势？我倒想照顾你。只是，今天照顾了你，明天就跟着你一起倒霉！此人性格贪婪。贪婪的性格，正好可以用好处来收买。给了他好处，至少可以让他不与我做对，可以让我与他彼此过得去。不给好处，他会生出害人之心！凭我这点家业，怎能应付他的谋害？我单单给他一人好处，是故意惯着他。他一人得了好处，罕氏、驷氏也会看不惯。不消我出面，别人就会对付他！"

丰段于得到额外的好处之后，又假意推辞。子产办理这层关系已经熟悉，知道所谓"不要"意思是"要"，坚持将土地给予丰段。

丰氏在子产的惯养之下变得渐渐骄横之后，子产的态度开始转变。丰氏家中有祭祀，向子产申请：于国有猎场进行围猎，打点新鲜猎物补充家中的肉食。子产拒绝：

"猎场的禽兽有限，如果经常围猎，犹如竭泽而渔。为此，朝廷有章程：只有君主的祭祀用鲜肉，其余贵族的家事，只用腊肉。定这章程的时候，大家都在场。现在我为你一家破例，恐遭物议。"

丰卷大怒：

我吃公家的肉，又不是吃你家的肉。你分明是刁难于我！

丰卷组织家兵，围攻国氏。子产逃奔晋国。丰氏的骄横，已经让第一大夫子皮感到不满。子皮于路上召回子产，然后驱逐丰卷，没收其家产。丰卷逃奔晋国。此时，子产又站出来，举起兄弟大义。他向子皮提出：保留丰卷的土地，等将来丰卷回国时交还予丰卷。三年之后，丰卷回国。子产将其原先的土地、连带三年来的收益还给他。为这事，子皮对自己的心腹说：

"当初，我说他对良氏公道，必能对我们也公道。怎么样？我没看错人吧！"

第一大夫都是这样的评价；下面的说法，简直就成了歌颂。子产执政的第一年，国中流传这样的歌词：

取我衣冠而褚之，取我田畴而伍之。孰杀子产，吾其从之！

译文：他让我们不敢穿过于招摇的衣服，他让我们老实巴交地干活。有谁能够杀了子产？我要参加一个！

到其执政的第三年，国中又流传这样的歌词：

我有子弟，子产诲之！我有田畴，子产殖之！子产而死，谁其嗣之？

译文：他教育了我的子弟，他让我的土地增产。要是有一天子产不在了，哪一个继任者能够赶得上他？

这个情况，就是政治上所谓"民可与乐成，不可与虑始"。

良氏灭亡，让穆公族人剩下罕、国、驷、丰、游、印六族。由于子产高举兄弟大义，六族之间总算和睦。当时，郑国君主郑简公完全被穆公族人架空，而穆公族人内部又已经经历了几次内斗。穆公族人发现，继续内斗，结果只会是伤及穆公族人整体的利益，不如采用子产所高举的兄弟大义，大家均分权力。子产根据这个国情，设计出一种相对而言较为民主的政体：

子皮及其统领下的穆公族人犹如罗马的元老院和英国的上院。子皮代表整个穆公族人的利益，具有一票否决权。子产相当于当今的政府总理，组建内阁。内阁成员不以家族势力来分配权力，而是按人的特长安排职位。并且不局限于穆公族人，而是于国内普通贵族之中选取有特长者。内阁成员之间不是上下级关系，而是工作分工关系。内阁成员如下：

冯简子。其人能断大事。

子太叔。其人相貌秀美而言辞华丽。

公孙挥。其人熟悉列国的历史、掌故、世族关系和政体，且擅长外交文辞。

裨谌。其人深通韬略。然而，此人不是穆公族人，因身世卑微，故而性格怯懦。让他谋划大事时，他害怕得罪人，顾忌太多，所以不得要领。后来，子产想出个办法：于新郑城外的一个安全地方为裨谌专门安排工作室，就仿佛当今的安全屋一般。每当有事请裨谌做计划，就将其迁至安全屋。有了这个安全保障，裨谌就能够做出完善的计划。

内阁工作程序如下：

遇到一件事情，第一步先交由公孙挥，由公孙挥罗列出相关的历史、掌故、人物关系，做出外交辞令的第一草案。第二步，公孙挥与裨谌同至安全屋，做出经过反复、周密考虑的处理方案，是为第二草案。第三步，将这处理办法交给冯简子，由冯简子判断是否可行。第四步，将已经定案的东西交给子太叔执行。子太叔根据第二草案便宜行事，实际的执行过程中藻饰文辞，根据情况随机应变地进行夸大、删减和修改。故而最终执行的是第三案。

读者注意：子产所进行的这种分工，影响深远。后世的三省六部制之中的三省，就是源出于此。尚书省相当于第一步。中书省相当于第二、第三步。门下省相当于第四步。就是政府的议事规则，也很大程度上延袭了子产的这个制度。

西方国家的议事制度，大抵是于议会之中通过投票来决断事情。比照于西方的议会，中国的政体往往能够做出更加长远的计划。那是因为西方的议会相对于中国的做法实际存在弊病：

其一，议员彼此公开相见，议员会因为担心公开得罪某人而不敢提出反驳意见。因此会埋没更好的提议。

其二，议会的决议由集体投票而出结果。投票是一个相对较慢的过程，投票期间会出现很多变故，影响到投票的结果。而中国政府评判一事是否可行，向来都是采用子产所创的这种方式，由冯简子、杜如晦之类的某一人个人决断。这省去了投票的过程，遇事反应更快。

春秋时候的诸侯，秉承于周朝的政体，都讲究上下级关系。郑国内阁采用分工关系，其中没有上下级关系，这在春秋时候是独家。因为有这种较为完善的分工，郑国的使者于国际上侃侃而谈，其辞令旁征博引、机锋逼人而无懈可击。那其实并非某一个人的才华，而是团队合作的成果。笔者且举一例：

春秋 181 年，晋国照例朝拜晋国，去的是郑简公和子产。晋平公忙于享受，而且卖弄盟主的威风，借口说鲁国君主鲁襄公刚刚去世，要为鲁襄公服丧，不能接待外宾，就将郑简公、子产安排到宾馆，很久都不搭理。实际上，晋平公只是在接见鲁国报丧使者时，出于礼仪穿了一回丧服，哪至于真心为鲁国服丧？宾馆地方狭窄，住不下郑国使团。大门又不能驶进马车。子产手下的人于宾馆之外搭起帐篷居住，所带的钱财礼物则只能放于车上，派人昼夜监守。按周礼，诸侯自去世至出殡应当停丧五个月。在这五个月之内，为其服丧者都应当穿丧服。而按外交礼仪：不能穿丧服接待外宾。晋平公寻出这个理由，意思要让郑简公于宾馆住上五个月。这已经不只是冷遇，而是带有侮辱的性质。子产派人将情况驿传至郑国内阁。这件事情，对专门研究国策的郑国内阁而言，简直是小菜一碟。不到一天，内阁就设计出如下言行：

子产命手下拆毁宾馆围墙，将礼物搬进宾馆。赵武派人过问此事：

"我国的宾馆，不是为你郑国一家而建。你将宾馆拆毁，让盟主怎样接待天下诸侯？"

子产回复说：

以敝邑褊小，介于大国。诛求无时。是以不敢宁居，悉索敝赋以来会时事。逢执事之不间，而未得见。又不获命，未知见时。不敢输币，亦不敢暴露。其输之，则君之府实也；非荐陈之，不敢输也。其暴露之，则恐燥湿之不时，而朽蠹以重敝邑之罪。侨闻文公之为盟主也，宫室卑庳，无观、台、榭，以崇大诸侯之馆。馆如公寝。库厩缮修。司空以时平易道路；圬人以时塓馆宫室。诸侯宾至，甸设庭燎，仆人巡宫，车马有所，巾车脂辖，隶人、牧圉各瞻其事，百官之属各展其物。公不留宾，而亦无废事。乐忧同之，事则巡之，教其不知而恤其不足。宾至如归，无宁菑患。不畏盗寇而亦不患燥湿。今铜鞮之宫数里。而诸侯舍于隶人。门不容车而不可踰越。盗贼公行而天疠不戒。宾见无时。命不可知。若又勿坏，是无所藏币，以重罪也。敢请执事，将何所命之？虽君之有鲁丧，亦敝邑之忧也。若获荐币，修垣而行，君之惠也。敢惮勤劳？

译文：我郑国是小国，又处于大国之间，随时遭到大国的讨伐和索求。为此，我国不得不将全国的税收全部收集起来，用来应酬贵国。赶上你的手下不得空闲，所以我们不能得到接见。又没有得到通知，不知道何时才能相见。既不能交卸礼物，也不敢让这礼物暴露在露天空地。想要就这样送出礼物，这礼物是给你的，不经过当面交卸，就不行。想要就这样敞放着，又怕日晒雨淋，造成礼物遭到破坏。那又要加重我们的罪过。我听说在晋文公做盟主的时候，公家的宫室倒还矮小，也没有高大的台、榭之类。倒是对诸侯的宾馆，修得很高大，就像他自己的寝宫一样。当宾客来临时，专门修缮库房、马厩。让司空用专门的时间筑平道路，让泥水匠用专门的时间对宾馆的墙进行涂墙和粉刷。诸侯的宾客到来，在郊外设置庭燎，让专门的人对宾馆进行护卫和巡夜。宾客的车马有专门的地方安置。宾客的随从的服务性工作由专门的人代做。由专门的马车维护人员对宾客的马车的辖上油。让服务人员、喂马的人员各司其职。让晋国的百官分别献出各自的东西来款待宾客。晋文公并不刻意挽留宾客，而宾客的公务也迅速、流畅地进行。与宾客同忧同乐。宾客有什么事，要一一过问。教给宾客所不知道的事情，体恤宾客的不足之处。宾客到了晋国，就像到了家中一样，还有什么可担忧的！既不担心有盗贼，也不担心礼物遭受日晒雨淋。而今，你的离宫铜鞮宫有数里宽，诸侯则住宿到奴隶的住所。宾馆的门驶不进马车。宾馆的墙又翻不过去。宾馆地方，盗贼公开地偷、抢，流行性疾病四处都是。宾客不知何时能够受到接见，也不知道你究竟如何安排。如果不把这墙拆了，就没有地方放礼物。那又要加重我的罪过。斗胆请问你的手下，我该怎么办？虽则说你遭遇鲁国的丧事。彼此同出于周朝姬姓，这丧事其实也是我国的丧事。如果我能够顺利进献、交卸了这礼物，那是你的恩惠；我将赶紧修好这墙离去，不会嫌修墙麻烦！

　　赵武听了这番辩解，赶紧派人向郑国谢罪：

　　"我实在是不知道下面的情况，以至于让诸侯住入奴隶的住所。这是我的罪过！"

　　之后，赵武进见于晋平公，说：

"郑国的子产在宾馆外面等得不耐烦，把宾馆的墙给拆了。我派人过问，反遭他抢白一大堆，嚷出许多指责我们的话来。此人口舌如簧，狡辩出许多歪理。这些话传到国际上，会让人误会你。依为臣看，还是早点把他打发走，免得他再说出些不好听的话来，成为君主你的圣德之累！"

晋平公看了赵武递上的子产的发言稿，心下暗暗称奇：

如此久远的事情，亏他能够记得起。此人何来如此广博的见识？其应变又是何其迅速！

晋平公依礼打发走郑国人。此事流传到社会上，晋国著名贤达叔向评论说：

"因为子产这番话，郑国争回了面子。因为子产这番话，其他诸侯朝拜晋国时，晋国再也不敢无礼。一席话，堪为国之功，堪为诸侯之功。《诗》云：辞之辑矣，民之协矣。辞之绎矣，民之莫矣。子产之谓也！"

这些美谈，将子产打造成了春秋后期的第一贤相。笔者已经说明：事情并非子产一人之功，而是因为一种先进、科学的议事制度。一个人的本事总是有限。子产的成名，是因为于机遇到来的时候，不拘一格地重用别人的才能。后世的贤相，譬如晋朝的王导、唐朝的姚崇、宋朝的欧阳修，也都是勤于进贤、善于团结手下。为人要做到这一点，其胸怀必须宽广。俗语所谓"宰相肚里能撑船"，就是这个道理。子产怎样地胸怀宽广呢？笔者再举一例。

当时，郑国有一种乡校，类同于后世的茶馆。人们在乡校里交流学术，谈论时局。乡校里产生出不同的政见。甚至有人指责穆公族人把持郑国政权。这种事情，相当于当今的人诋毁党国的领导。为此，有人建议子产撤销乡校。子产说：

"乡校不可撤！撤乡校有害无益。士人于工作之余到乡校里面闲聊，就如同休息、散心一般，可以让人发散郁结的心境，从而更好地工作。他们不谈点政治，就找不到话题。其实，这种地方藏龙卧虎，其言论可以为我们做补充。说得对，我当他是我的老师；说得不对，我当他是反面教材，以为警诚。古人说：防民之口，犹如防川。鲧以息壤防川不成功，禹以疏导治理洪水。我当以鲧为戒，以禹为师！"

……

子产是因子皮的支持，才成就名声。算起来，子皮是子产的恩主。然而，子皮有求于子产，子产也并不迁就。子皮想要为自己的心腹尹何安排个职位。子产说：

"他还小，不知道他是否能够胜任。"

子皮说：

"我喜欢他，你就给我个面子吧！让他边学边干，慢慢就能胜任了。"

子产说：

"不可！爱一个人，是要让他好。现在你爱一个人，就将权力交给他。这就像让没有拿过刀的人去割东西，那只会伤到他。你这样来爱人，其实是在伤害人。这样子，谁还敢要你的爱？你是郑国的栋梁。栋梁垮塌了，我要被压到下面。所以，我才敢向你说这心里话。你想要用美锦做衣服，却让没有学过制衣的人来为你制作。官职、封邑，是你在政治上的衣服。你让人边学边为你制作这衣服。造成的问题，又岂是一件衣服？我听说学成之后再参与政治，没有听说过拿政权来练手，拿政权来学本事。如果这样做，一定会造成祸害。就像是打猎。平时将箭术练成，才能射到猎物。要是平时根本就未曾乘坐马车，也从未射箭，那肯定是失败。光是站在马车上，都还担心翻车，哪能猎获猎物？"

子皮听了这话，发自内心地敬佩子产：

"你的出发点，是整个国家；我的出发点，是我的家庭。没有郑国，哪有我的家庭？你站得比我高，看得比我远。今后，就算是我的家事，也要征求你的意见。"

此时，子产说出一句名言：

"人心之不同如其面！

"我怎能指望你的脸长得与我相同？不过，只要是我心中想到的，纵然是错的，也会直言相告！"

读者注意：子产于与人相处的学问，达到了极高的境界。一般人很难找出他性格上的缺陷。其实，子产暗中在压制罕、驷、丰三族，只是做得特别地隐蔽。这件事情，他能够向子皮直言相告吗？此人心思极其缜密，提前预防可能出现的纰漏。他说人心不同如其面，意思是：我一心为你考虑，然而我也可能提出错误的建议。这个话，就是为了防止子皮知道了他压制罕、驷、丰的事迹后，会处理他。如果子皮察觉他打压罕、驷、丰三族，抬举国、游、印三族，他就会拿出"人心不同如其面"来应酬。只不过，子皮没有他聪明，至死也没有察觉他的城府。

……

子产之所以能够成名，是因为他是穆公族人，在政治上站于穆公族人的立场。而穆公族人把持郑国政权已达二十年之久。穆公族人的家事，就是郑国的国事。就是在国际上，诸侯也只知穆公六族，视郑简公为傀儡。因丰氏崛起，楚国令尹公子围求娶丰氏女儿。此事又是一篇外交文章，且待下回再叙。

笔者感于良氏的灭亡，吟成几句：

祖号恺悌父殉难，身为栋梁当国任。
一朝迷恋杯中物，墙倒何怨众人推？

尊卑第六十五回

肘加璧设服离卫　唱瓠叶朝不及夕

宋之盟以后，晋国单方面组织了两次会盟，一次是为杞国建设都城，另一次是帮助宋国的灾后重建。两次会盟，组织的诸侯都是北方国家、早先的晋国附庸。宋之盟约定晋、楚共治天下。晋国单方面组织会盟，而且是办晋国的私事。这让楚国很没有面子。

楚国君主楚康王、亲身参与宋之盟的屈建，都于宋之盟的次年去世。继任君主是楚康王之子，是为郏敖；继任令尹则是楚康王之弟公子围。后来，公子围欺郏敖年幼，篡夺了君主位。再后来，公子围的君主位又被夺去。关于此事，流传了一个迷信故事：

早先，楚共王为了秦楚友好，娶秦国女儿为嫡妻。大约是与知罃的同性恋戕伐了楚共王的本原，所以秦国女儿没有生下儿子。楚共王最宠爱的是巴国女儿，是为巴姬。巴姬也没有生下儿子。君王身边女人众多。平常观舞听歌，听到柔婉娇羞之音，看到性感流露之态，偶然兴起，青目于某个卑贱的女人，往往命其侍寝。这种由一时的激情导致的性事，倒是他山之石可以攻玉。由这些卑贱的女人，庶出的儿子有五个之多。按年龄大小依次是：

楚康王、楚灵王（公子围）、子干、子皙、楚平王。

到楚共王晚年，与巴姬商议后，决定听凭天意来选立太子。他效仿周朝的四望，望祭于楚国辖下的大山大河。哪些大山大河呢？河流，选取的是长江、汉水、睢水（当今沮漳河上游的沮水）、漳水（当今沮漳河上游的漳水）。大山，选取的是荆山、衡山、桐柏山、大别山。望祭于这些地方的时候，呈出一面玉璧，对山河神灵说：

"我为楚国之主，而嫡出无子。庶出有五子，不知选立何人。请神灵做主，为楚国选立嗣君：当此璧而拜者，即是神灵所选之人！"

祭完地神，又祭人神。楚共王命五个儿子斋戒沐浴、依次晋见于宗庙。事前，于庙中埋下那块见过地神的玉璧。依长幼顺序，楚康王第一个进去，他从埋有玉璧的地方跨了过去。楚灵王第二个进去，他行跪拜礼的时候，肘部恰好压住埋有玉璧的地方。子干、子皙行礼之时，都没有靠近玉璧。当时，楚平王还不会走路，由保姆抱着进去行礼。保姆将他扶着向祖宗行再拜之礼，两次叩头，头着地的地方，都恰好是玉璧正中的纽的位置。

楚康王本是长子，又跨过了玉璧，为神灵所认同，故而立为太子。楚康王去世，其子郏敖继位。按楚庄王定下的规矩，由郏敖之叔公子围为令尹，执掌国政。公子围曾经肘压玉璧，心下以王者自居。他想要篡夺侄儿的王位。为此，需要先做出功绩，建立威望。看晋国两次召集诸侯，公子围想：

晋国召集其附庸，不过是申明宋之盟之前的霸权；我要召集南北两路诸侯，于声威上压倒晋国。

然而，南方盟主召集北方诸侯，须征得北方盟主的同意。如果没有晋国的首肯，北方国家不敢参加楚国组织的会盟。想来想去，公子围想出"重温宋之盟"的借口，通告于晋国。晋国方面会议此事。祁午说：

"宋之盟，屈建裹甲参会，强执牛耳，诈取盟主之名。如今这个公子围，听说是个比屈建还要奸诈的人物，势必于会上再施权诈，压我晋国声威。"

赵武说：

"施政如同务农：只要不失农时，勤于耕作，纵有天灾导致一时的饥荒，最终总有丰收的时候。以日计之，常有不足；以岁计之，则必有余。这就需要春耕之时必耕，夏耨之时必耨，秋收之时必收，冬藏之时必藏。其中有一缺失，则丰收无望。农夫于上天指定的时间步步不漏，取信于天，故天必佑之，以丰收报之。

"宋之盟，楚国以诈，晋国以信。结果楚国争得盟主之名。那就犹如农夫按时耕作，而偶遭饥荒。如今重温宋之盟，楚国再以诈，我当再以信。晋国必将得天之佑，长计之有余！"

这种话，旨高而义正，其实是用来感动晋国贵族，也是用来感动天下诸侯。赵武对于晋国的国家利益，并不是那么上心。他只想趁这会议的时机，显摆自己个人的名望——哪管你晋国盟主不盟主！这里且按下不表。

公子围取得晋国的同意之后，筹备天下诸侯大会。为了造势，他决定于会前威服郑国。前面提到，郑国的丰段崛起为第三大夫，丰氏随之成为楚国望族。公子围命伍举为婚使，为自己说娶丰段之女。楚国强于郑国，令尹贵于第三大夫。这一桩婚事，乃是公子围屈尊。外交上说来，郑国不得不允。伍举前番经屈建召回，倒也忠心报国。他按照公子围的指示，带领一大帮子军队，准备到新郑城里去宣扬楚国的威风。想不到郑国有个贤人子产，一眼看穿楚国的计划，先命公孙挥于城外迎接，然后请婚使于城外旅馆居住。伍举倒也不在意，只是请示婚期，到时候要进城亲迎。子产看对方带领大量军队，口口声声要进城，其居心难以预测，只好召集内阁会议，议定由公孙挥以外交手段解决此事。公孙挥到城外拜见伍举，拐弯抹角，想要楚国方面少派点人进城。说是：我国是个小国，地方狭小，城里容不下大国这许多人。如果全部进城，深恐接待不周，为天下诸侯所耻笑。我国的意思，是在城外专门建设婚馆，所有仪式，就在城外举行。伍举命婚礼副使伯州犁回复说：

"蒙贵国看得起，答应让丰氏女儿来执掌我国令尹的家业。小人来此之前，令尹祭于庄王、共王之庙，敬告先王：围托先王之福庇，喜得内主。令尹的婚事已经告知于先王神灵，如果在野外举行，岂不是让我楚国先王的神灵堕落于草莽之中？那样的话，令尹还有什么脸面来做楚国正卿？而且，令尹将犯下欺骗先王之罪。哪怕是引咎辞职，也掩盖不了他的罪过。贵国忍心陷令尹于不孝？"

这个话，以假对假，几乎将郑国逼到死角。且看这公孙挥如何应答：

小国无罪，恃实其罪！将恃大国之安靖。已而无乃包藏祸心以图之，小国失恃而惩诸侯，使莫不憾者，距违君命而有所壅塞，不行是惧！不然，敝邑，馆人之属也，其敢爱丰氏之祧？
译文：我们小国本没有罪。要说有罪，这罪只是我们过于仰仗于大国，满心以为大国会保我们的平安。结果，我们遭到暗藏祸害之心的图谋。这让我们再也不敢仰仗于大国。这让天下诸侯引以为戒，为之感到遗憾，为之不再听命于贵国，让贵国的号令不再通行于天下。为此，我们替大国感到恐惧。若不是因为这种恐惧，我国如同为贵国看管房屋的管家，哪至于不让你们进丰氏之庙？

这个回复，说了许多，其实重点只是"包藏祸心"四个字。公孙挥的应答告诉我们：在外交中以假对假，走入死胡同的时候，掩盖已经不是办法，只能直接说出事情的本质，向对方摊牌，逼对方立即做出选择。

楚国的意图只是示威。接下来要重温天下共和的宋之盟。如果公开进攻郑国，即是违背自己组织的会盟的主题。伍举再派间谍打听，得知新郑城连日戒严，致力于城防。真打起来，楚军未必有胜算。那样一来，就成了"损了夫人又折兵"。预算到这一步，伍举口头上还是不示弱，仍然要求全军进城。只不过，自己主动提出：

"婚礼乃是燕好之意，不宜以刀兵相见。请贵国于婚礼之中率以礼服相见，我等婚使亦垂橐而入。"

所谓橐，即是装弓的皮匣。伍举为强调楚国的强势，仍然以军装进城。只不过，进城的人都将弓匣颠倒过来，向郑国显示其中没有兵器。

春秋 182 年春，在公子围的要求之下，天下诸侯会于郑国的东虢。与会的贵族来自晋、鲁、楚、齐、宋、卫、陈、蔡、郑、许、曹，同时包含了南、北两方的诸侯。晋国以赵武为代表，另有乐王鲋、祁午。鲁国以叔孙豹为代表。楚国以公子围为代表，另有伯州犁。齐国以国弱为代表。宋国以向戌为代表。卫国以石恶为代表。陈国以公子招为代表。蔡国以公孙归生为代表。郑国以子皮为代表，另有公孙挥。鲁国有一个惯例：季氏负责坐镇国都，极少出国。所以由第二大夫叔孙豹参加。齐国则看重世族，认为国氏、高氏乃是二百年的贵族，于国际上颇有名望，故而命国弱参会。其余的国家，参会代表都是第一大夫。会议进行盟誓的时候，公子围体谅晋国的苦衷，采用早先的齐桓公的"读书加牲"：

将春秋177年宋之盟的誓词简书放置于牲之上，重新宣读一遍。

这个做法，避免了歃血过程之中争执牛耳。然而，宋之盟的誓词之中，楚国排在晋国前面。这个做法，实际是继承宋之盟的排序，仍然以楚国为盟主。公子围于郑国没有显示出威风，于此时加倍显摆。为了显示威仪，他让两个身高两米的武士，穿全副的军装，各执一杆三米多长的戈，一左一右，在前面为自己开道。这个排场，源出于周文王，乃是王者才拥有的礼仪。《诗经》的《緜》对此有明确记载：

虞芮质厥成，文王蹶厥生。予曰有疏附，予曰有先后，予曰有奔奏，予曰有御侮。

译文：化解了虞国、芮国之间的争执，文王的德压制了他们错误的人性。文王自称"予"。他有很多人依附于他。他有很多人在他身前、身后护卫。他有很多人奔跑前来请示于他。他有很多人簇拥着他，防止任何胆敢侮辱他的行为。

这种境界，就是所谓王者之尊。后世的王莽，特别仰慕这个境界，以至于将自己手下的最高官员分别命名为：疏附、先后、奔奏、御侮。清朝的时候，一个县令的女儿早晨起床时，鸦片烟瘾发作，大呼"来、来"。那是什么意思呢？那是她连吃烟都需要丫头服侍。这种思想的根源，就是周文王的排场。直到今天，很多中国人的内心深处，仍然以这样的排场为人生理想。这种排场需要用很多的人来为一个人服务，在经济学上势必压低服务业的平均工资，进而要求社会的平均工资必须处于较低的水平，故而阻碍社会经济的发展。相关的论述，是西方经典《国富论》的重要观点。按"予曰有先后"的排场，王出行的时候，身前身后都应当有人护卫。公子围此时毕竟还没有篡位，所以取用一半，只有前卫，没有后卫。然而，与会的都不是君主。与会的其他贵族对公子围的排场欣羡不已，啧啧称奇，议论纷纷。鲁国的叔孙豹说：

"楚国公子仪态甚美，有君王之美！"

郑国的子皮说：

"嘻！有两个执戈的人开路！"

蔡国的公孙归生说：

"这是你寡闻了！他为了显威风，建了离宫。那离宫的门口，就有这样的卫士！"

旁边正好楚国的伯州犁在场。他解释说：

"这些，都是令尹于此行之前、请示于我国君王，得到特批的。"

郑国的公孙挥说：

"我看，批准之后，就会永远如此！"

伯州犁反唇相讥：

"我看，你还是操心你国的子哲的事情，少来管国际上的闲事！"

驷氏的子哲早先拒绝出使楚国，结果郑国另派人到楚国。为此事，罕、驷、丰三家联合灭了良氏。伯州犁提到此事，意思是"你自己的屁股都还在流血，却想给我医痔疮？"公孙挥脸红，争辩说：

"贵国令尹有肘压玉璧之谶。要是他真的永远如此，你楚国少得了乱事？"

齐国的国弱说：

"这两个人在这里争执，不知要闹出什么事情来！真让人担心！"

陈国的公子招说：

"你真是替古人担忧！他们闹出事情来，我们正好看笑话！"

卫国的石恶说：

"你们已经说出这些话，他们已经听到了。还能出什么事？"

宋国的向戍说：

"盟主发布命令，我们只管遵从。其他的，管它做什么？"

晋国的乐王鲋说：

"《小旻》最后一章：不敢暴虎，不敢冯河。人知其一，莫知其他。战战兢兢，如临深渊，如履薄冰。我意如之！"

散会之后，公孙挥与子皮议论列国贵族的言论。公孙挥说：

"言为心声。从白天会上的谈论，可以看出人的性格，也可以推断人的命运。鲁国的叔孙氏，可谓绞而婉。宋国的左师向氏，可谓简而礼。晋国的乐王鲋，可谓字而敬。你和蔡国的归生，也都还算稳得起。以上人物，都是保世之主，不会有事。齐、卫、陈三国的大夫，恐怕难免要出事！齐国的国氏，替别人担忧。陈国的公子招，心态幸灾乐祸。卫国的石氏，更是唯恐天下不乱。《泰誓》云：民之所欲，天必从之。这三个人心里总想着出点什么事，他们自己就要出事！"

读者注意：古代的中国人，开口闭口，总是讲究一个"德"字。这个字用今天的语言翻译，最准确的解释，应当译为"性格"。古人总是致力于对性格的修炼，故而渐渐形成了一种类似于当今的心理学的性格分析法。这种方法，有点类似中医：它不能用现代科学来做准确地解释，有时候却也实用，很能够解决问题。在《三国演义》之中，诸葛亮简直像是司马懿肚子里的蛔虫，能够准确地计算出司马懿的思路。那反映的正是源出上古的性格分析法。公孙挥在这里所作的预言，后来都成了事实。这并不是为了刻画人物性格而故意夸张，而是当时的人确实有性格分析的本事。只不过，到了今天，这门学问的命运与中医一样，一则失传了许多，再则不为人们所重视。

诸侯于东虢会议期间，鲁国的季氏入侵莒国。宋之盟议定天下休战，鲁国何出此举呢？晋国为杞国撑腰，强夺鲁国的土地。杞国是晋国的外公，后台太硬，鲁国敢怒不敢言。然而，土地乃是国家的根本。要是任凭国土这样随意缩小，国将不国。鲁国以为：杞国惹不起，其他的小国，总不至于有这样的后台。于是，入侵莒国，抢占郓城，以此找回杞国的损失。莒国受到侵略，直奔东虢会场，控诉于楚国。北方国家相互侵略，与楚国利益没有关系。然而，毕竟会议上高举的是和平的口号。不管此事，说不过去。并且，鲁国是晋国的铁杆粉丝，楚国也想趁机打压鲁国。当初讲好的共治天下，所以公子围知会于赵武：

"我们在这里讲和平，鲁国却于此时发起战争。鲁国违背了我们共同的誓言。如果不处理，显得我们共治天下的决议形同虚设。鲁国的叔孙豹在此开会，我建议杀死叔孙豹，以示惩戒。"

赵武且不答复，而是命乐王鲋知会于叔孙豹。乐王鲋得了这个美差，屁颠屁颠地跑去找叔孙豹，想要趁机起发一大块。将情况通报之后，乐王鲋主动示好：

"虽说是晋、楚共治天下，毕竟南、北不是一家。我晋国岂会处理自家兄弟？兄弟不才，愿为贵国斡旋！"

叔孙豹并不接口，脸色、神情纹丝不动。乐王鲋看对方装萌，不得不进一步暗示：

"兄弟出门的时候走得急，穿戴的衣物没有带够。眼下正缺一根腰带。"

这个话，已经将索贿的意思表明。偏偏叔孙豹萌态如初。乐王鲋走后，叔孙豹身边的人说：

"别人已经准备要你的命，你居然还舍不得一根腰带？"

叔孙豹说：

"当初公孙敖重色轻国，乔如又上烝国母。为此，季氏于朝廷上说：只有季氏品行端正，可以当国，理当坐镇国都。害得我四处奔走，经营于四方。我在这里小心应酬，操心操得晚上睡不着。他倒好，夺了郓城，又得许多新鲜的女人侍寝！

"然而，此行代表的是鲁国，岂能失格！要是以贿赂买命，倒显得我鲁国贵族下作了！要死便死！我鲁国男儿，岂是那贪生怕死之辈？"

乐王鲋遇上这个硬头子，深感财运不济。好不容易到手的生意，他不肯放过。回去之后，他又派使者夜访叔孙豹，再次索贿。叔孙豹听得火起，当面撕下自己的裙幅，说：

"我也没有多的腰带。实在想要腰带，就将这块布拿去做一条！"

事情传到赵武那里，赵武也不由得敬佩：

死在眼前，此人还如此刚直！真乃我平生所仅见！

赵武找到公子围，说出叔孙豹拒绝行贿的事情，又说：

"鲁国入侵莒国，确实有罪，应当处理。然而，鲁国的这个使臣，实在是个可敬的人物！你我出门做事，都是借的国家的名义。他为了国家的体面，可以不要命。我们将这种人处死，怎能劝勉手下的忠诚？要是忠臣得到处死的下场，岂不让天下志士寒心？

"并且，鲁、莒都是北方国家。他们的纠纷，对我国倒有些影响，与贵国似乎关系不大。要说管，主要应当由我国来管。比如说：南方的吴国与濮人出现纠纷，你肯定是不得不管，我却完全不必参与其中。"

鲁、莒都在楚国的势力范围之外，楚国就算想管，其实也管不过来。赵武如此挑明，公子围只好作罢。叔孙豹回鲁国之后，季孙宿本人亲自到叔孙氏大门口，去请叔孙豹赴宴。他要为叔孙豹接风洗尘。叔孙豹下令：不准开门。季孙宿在大门口，从早晨一直候到中午。有人对叔孙豹说：

"我知道你恨他。然而，他入侵莒国，也是为了国家。他已经等了你整整一上午，你还想怎样？鲁国能有今天，靠是三桓之间彼此容忍。你在外面连命都可以舍弃，何以就不能将就一下他？"

叔孙豹拂衣而起，手指门楣，厉声说道：

"他就像这门楣。我恨这门楣！然而，房屋由它支撑，不能不要这门楣！"

叔孙豹开门去见季孙宿。季孙宿卑躬屈膝，赔尽了小心。

经此事，叔孙豹于国际上得了爱国英雄之名；于国内，又成就了宽厚恕人之德。数百年之后，中国出了个蔺相如，国际上立完璧归赵之名，国内又成就负荆请罪的典故。那并不是蔺相如的首创，其实是师法于春秋的叔孙豹。又过了几百年，中国又出了个司马相如，仰慕蔺相如之极，把自己的名字都改成"相如"。偏偏到了今天，司马相如的名气大于蔺相如，蔺相如的名气又大于叔孙豹。其实，就性格的坚忍而言，因为春秋贵族在信仰上更加执着，远比后世的人物厉害。后世的人，喜欢虚的东西，往往是叶公好龙，好其名而畏其实。今天的人们仍然于婚礼之中"再拜高堂"，却已经没有古人那种发自内心的孝道；仍然于战争之中宣扬勇气，却已经不那么勇敢！有人说，这是因为人类越是进步，自我保护的意识就越强。然而，无论做任何事业，没有不怕死的勇气，都不能做到最好。有什么能够锻造人的勇气呢？唯有信仰的力量。不要说《周约》，就连《五经》，如今也被视为散发着霉臭的故纸堆。国人如此作践自己的信仰，拿什么来与别人斗？

叔孙豹回国之前，接到赵武的通知，要他作陪，共访郑国。早先的宋之盟后，赵武到郑国，得到七子从君的高规格接待。宴席之上，赵武评点《诗经》、品鉴人物，出尽了风头。他记着这个好处，早就计划好故地重游。宋之盟之前，许灵公以死求得楚军进攻郑国。当时，子产看到和谈在即，故意败给楚军。赵武、屈建达成的协议，可以算是为郑国解围，也可以算是救援郑国。因此，郑国出于感激，请赵武赴宴，以示答谢。如今这个东虢之盟，纯属公子围、赵武二人爱慕虚荣，并非有功于郑国。会议的地点在郑国境内。郑国出于东道主的礼貌，邀请赵武。赵武心里想要去，却又有点不好意思，所以找叔孙豹作陪，希望由叔孙豹来做宴席之中的"介"。赵武刚刚才救了叔孙豹的命。这点小事，叔孙豹怎能不遵？郑国方面，假装懂不起，只是按礼仪由郑简公出面接待，不再有七子从君的豪华阵容。赵武看郑国的态度，不好明说自己的想法，就于宴席上唱起《瓠叶》：

> 幡幡瓠叶，采之亨之。君子有酒，酌言尝之。
> 有兔斯首，炮之燔之。君子有酒，酌言献之。
> 有兔斯首，燔之炙之。君子有酒，酌言酢之。
> 有兔斯首，燔之炮之。君子有酒，酌言酬之。

瓠其实就是当今的葫芦瓜。用葫芦瓜的叶子做菜，用兔头做肴，那是极其俭省、寒酸的宴席。诗的本意是说：宴席重的是礼仪，只要礼仪做到，菜品差一些也没什么。只要有酒，即可行礼；至于菜肴，就是瓠叶、兔头，也未尝不可。郑国君主请晋国第一大夫赴宴，用的是整支的牛、羊、猪。赵武却唱起这样的歌，其中暗藏深意。郑国方面何尝不知道赵武的想法？然而，自己并非有求于对方，平白地花钱送礼，谁愿意呢？此宴之夜，赵武支使叔孙豹造访于郑国当国大夫子皮。二人谈起白天的宴席，提到赵武唱诗。子皮看躲不过去了，只好问：

"赵武乃盟主正卿，何以唱出《瓠叶》那样寒酸的调门？"

叔孙豹说：

"实不相瞒：我黉夜造访，正为此事而来。赵武的意思是：贵国的馈赠，不要搞得过于铺张，做成一献就可以了。"

子皮想：

我几时说了要馈赠于他？这分明是白手要钱！

然而，场面之上，子皮不得不虚与委蛇：

"那如何说得过去？款待盟主国家的正卿，至少也得用五献！不然，传到国际上，诸侯说我国如此寒酸，岂不是让我郑国丢脸？"

叔孙豹微微一笑，说道：

"如果不是夜里，我都有点不好开口。按诗意：只要心意到了，吃什么并不重要。他的意思是：只要东西分量够，何必分成五次？搞成五献，平白地让人觉得铺张；只要东西是那么多，场面可以低调一点！贵国也可以省下些排场方面的费用。"

子皮心中有气:

又想要钱,又怕别人说他要钱;还要我为他遮掩,装出清廉、节俭的样子。居然还说是为我省钱!这个赵老头如此算计,怪不得人说:人越老,性越贪!

子皮被逼无奈,只好搭建起宴席,专请赵武为主客,行表面一献、实则五献的礼仪。宴席之上,赵武再赋《采蘩》:

于以采蘩?于沼于沚。于以用之?公侯之事。
于以采蘩?于涧之中。于以用之?公侯之宫。
被之僮僮,夙夜在公。被之祁祁,薄言还归。

赵武的意思是:

并非我想要这点钱财,实在出于国家体面,不得不有此举!

子皮赋《野有死麕》的最后一章:

舒而脱脱兮!无感我帨,无使尨也吠!

此诗讲的是一个男人于野外诱奸迷途少女。这三句是女方顺从之时的场景:

慢点来,不要心急!不要扯坏了我的裙子,不要惹得狗叫起来,让人发现!

国宴之中,何以唱出如此俚俗的诗来?只因子皮心中有气:

你就像那诱奸少女的色狼。虽然你骗色成功,我还是要告诉你:你干的事情,别人不知道,我这个受害者却知道。好生藏好你的秘密,最好不要让外人得知!

赵武得了实惠,场面上板起老脸,假装听不懂。到了郑国之后,赵武感叹盛筵不再,又拜访儒教教主周王。行程的内容,也无非是接待方陪酒、陪旅游、陪小心。其中的详情,不必多记。只是,赵武走后,有人评价说:

"此人加紧享受,处处历览,大约将不久于人世!"

赵武回国后，又赶上一大盛事。事情须从秦国说起：

秦国穆公于春秋102年去世，其子出自秦穆夫人，是为康公。康公于春秋114年去世，其子共公继位。共公于春秋118年去世，其子桓公继位。桓公于春秋146年去世，其子景公即位。春秋145年，晋国魏相递交《绝秦书》，秦、晋战于麻燧。当时的秦国君主正是秦桓公。此事之后，秦国被晋国隔离于西方，致力于发展秦、楚关系。秦景公将女儿嫁与楚共王，秦、楚结成亲家。秦景公有一个同父同母的弟弟，名叫鍼。鍼在小时候得其父秦桓公的宠爱，以至于秦景公即位之后，鍼的一切待遇都等同于秦景公。这当然引起秦景公的忌恨。春秋182年夏，鍼的母亲对他说：

"你再不设法，恐怕你哥哥要处理你了！"

为此，鍼投奔晋国。秦、晋是世仇，鍼又是秦国第一贵族。为此，鍼必须献出重礼，以示诚意。当时，秦国是西方第一大国，国力雄厚。鍼倾其所有，进献于晋国。这一次送礼，是旷古的重礼，采用九献的最高规格。在当时来讲，列国诸侯经常僭用王制，以九献送礼的情况也常见。只是，秦国公子这九献，于地理跨度上特别宏大：

鍼先到达晋国，然后从自己的封地雍陆续运送礼物至晋国都城新绛。预先，还在黄河之上用船搭建浮桥。每一献，是一百乘车的礼物。总共九献，共计九百乘车的礼物。为了让这九献的排场显得壮观，鍼的马车以八乘为一组，自雍至新绛之间，每隔十里，行进一组。九百乘共计达一百一十多组。每到达十三组之后，组合出一百乘礼物，排列成十纵十横的方阵，形成黑压压的一片。此时，晋平公与鍼对饮一杯酒，收下这一百车礼物。雍与新绛相去约千里。第一献完成之时，最后一组车队方才起程。在那黄土高原之上，宴席安排在高敞的塬上。由这台上远望，一条送礼的队伍绵延不绝，远达黄河以西，地平线的尽头。由此形成一个旷古未闻的盛礼。

这一次九献之礼，足足搞了好几天。礼送完之后，晋国贵族司马侯问鍼：

"你是不是把自己家当全部带来了？"

缄说：

"如果没有这许多财产，也不至于遭人忌恨，我也不至于来到这里。"

赵武到东方骗吃喝、骗钱财。然而，他毕竟不是君主，就连五献，都不敢做足排场。看晋平公得到这九献，赵武深感生死有命，富贵在天。他陪着缄闲聊：

"公子什么时候回祖国？"

缄说：

"缄恐不逊于寡君，故投奔于此。要说回去，这一任君主容不下我，且待下一任！"

赵武说：

"秦国君主是个什么样的人？"

缄说：

"无道之君！"

赵武说：

"那秦国岂不是要亡？"

缄说：

"何至于此！一国立于天地之间，自有其根基。没有数代君主的持续荒淫，哪至于就灭亡？"

赵武问：

"那么，你看他还能坐多久？"

缄说：

"五年左右。"

此时的赵武，已经年老体衰，有临终的预感。他凝视花园中的树荫，在阳光下缓慢移动。光阴的流逝，让他感到生命的可贵。五年对别人而言，是可以期待的时间；对自己而言，可想而不可及！眼看自己的一生就要走到终点，赵武长叹一声：

"朝不及夕，谁能待五年？"

就在这一年的冬天，赵武去世。论资排辈，韩氏的韩起接替为晋国正卿。在赵武去世之前，曾经问诊于秦国医生医和。

相关事情，后续可见。至春秋186年，秦景公去世，其子继位，是为秦哀公。这时候，鍼又回到秦国。以九百车的财产换取四年的平安，这实在是贵族行径！

赵武的一生，也算是位极人臣。偏偏至死迷恋富贵。后世的曹操，也是位极人臣。他说"老骥伏枥，壮心不已"，结果临死时也呈现出许多儿女情态。人活一辈子，仿佛必须要做到君主，才算满意。其实，君主享受了过多的富贵，难免患上富贵病。当时最富贵的晋平公，享受太多，不得不遵医嘱，减损自己的享受。相关情况，下回再叙。

笔者揣测赵武的心思，吟成几句：

七子之诗虚荣，五年之期不待。
厚颜讽唱瓠叶，窀穸光阴怎捱？

尊卑第六十六回

诊色瘝上医医国　爱戎装夫夫妇妇

晋国的君主传代，自晋文公传至晋平公，代系已经是第八任，时间已经上百年。这八任君主，都是北方盟主。此时的周王有名无实，晋平公的尊贵实为天下第一。晋平公屈尊敬人一杯酒，别人就要献出一百车的礼物，试问天底下还有谁，有此赫赫威灵？居移气，养移体，晋国君主八代为盟主，已经习惯了富贵。古话说生而富谓之骄，生而贵谓之傲。人骄傲起来，会将普通人拼尽一生无法得到的东西视为理所当然，难免就变成荒淫之徒，难免就耽于酒色。晋平公平常在国内，已是多方简择，网罗美女。春秋176年，卫国因卫献公遭到晋国逮捕，送给晋平公一批美女。这些女人之中，有四个是卫国君主的女儿。根据儒教的尊卑规则，这四个女人身份尊贵，特供于盟主晋平公。其实，卫国为了换回国君，专门挑选美貌、性感的女人。这四个女人是按美貌、性感的规则挑选出的上乘，未必都是卫献公的女儿。

晋平公得了这些女人，遂坠入温柔乡中。朝朝寒食，夜夜元宵，欢场没有止境，元神越耗越虚。<u>旦旦伐性</u>，渐渐积成色痨的症候。

盟主得了病，当然要找医生。当时，医生、巫师、史官是一家。为什么是一家呢？这是市场规律形成的一条龙服务。三种职业联合，可以统筹各方面才能，发挥综合效益：

贵族得了病，先是找医生治病。医生治不好，就要问卜于巫师。巫师祷告于神灵，仍然无效，人就死了。死了之后，就又需要史官来记载其一生的功过。这三种职业犹如当今经济社会的产业链，彼此关联。偏偏这三个职业又有一个共通之处：没有生意的时候，希望生意上门；生意上门之后，又巴不得早点将客户打发走，免得担责任。于是，产业链的上游很愿意为下游推荐客户，生意上的伙伴成为社会上的朋友。医生治不好病人的时候，说是：药医不死之病，为人命数上的事情，不在我职责之内。患者不妨去找巫师。而巫师召不回命星，致人死亡的时候，则说：此人的命运就是如此，我已经尽职。若要追求人死之后的美名，可以找史官用春秋笔法来为死者增添光辉。

晋平公按这一行的规则，先是用中医治病。治了一段时间，毫无疗效；进入产业链的第二链，找到巫师。巫师说：

"君主这个病，是两个神灵作祟的结果。这两个神灵名叫：实沈、台骀。我也只能卜出它们的称号，也不知它们是何方神圣。君主可以请教于史官。"

于是，人虽没死，却提前进入产业链的第三链。第三链是最后一链，已经找不到下家。结果是，晋国之大，竟然无人知道实沈、台骀是何方神圣。这就让晋平公拜神找不到庙门。

恰逢郑国照例向晋国上贡，派出的使者是子产。晋平公早就见识了子产的博学。就命人前去请教，问自己的病是什么神灵作祟？子产虽然聪明、博学，却没听说过这两位神灵。按他的工作程序，将此事做成加急文书，驿传至郑国内阁。两天后，收到内阁回复的密信。子产看了之后，恍然大悟。信上说些什么呢？原来是：

"内阁众议以为：晋国君主的病可以治好，只是需要一个理由让他少近女色。至于实沈、台骀，应当是晋国的巫师为推卸责任而杜撰出的称号。不然，不至于遍晋国的史官都不知道。我们以假乱假，杜撰出两个神灵。相关故事情节和应对办法如下……

"建议你以此方案应对。就算是把神灵说错了；到时候盟主的病因你而好转，谁还敢说你说得不对？"

子产照内阁编造的蓝本编神话：

"上古的黄帝的曾孙，是为高辛氏。（注：传说高辛之子，就是著名的尧。）高辛氏有两子：长曰阏伯，季曰实沈。两兄弟居于邓林，彼此间经常闹纠纷。这让当家的尧很恼火。于是，尧将阏伯迁到商丘，主管火星，为商丘一带的神灵。流传到后世，商朝就以火星为自己的命星，崇拜火，并以阏伯为保护神。又将实沈迁到当今的晋阳，主管参星。流传到后世，这地方的唐国就以参星为命星，以实沈为保护神。唐国事奉夏朝、商朝，为天下诸侯之一。唐国的末期，其君主号为唐叔虞。此时，正当周武王年代。武王嫡妻邑姜临盆之前的夜里，梦见上帝对她说：我给你的儿子起名为虞，我将会将唐给予他，让他隶属于参星。由这个历史来看，贵国卜出的实沈，乃参星之神，晋地之神。

"上古东方有个君主名叫少皞。少皞的偏房立氏为金天氏。金天氏有个嫡出的儿子名叫昧，此人官居玄冥，统管天下的水。昧生二子，长曰允格，次曰台骀。台骀虽是次子，却得其父真传。他疏浚了汾河、洮河，建起大坝塞水成大湖，打造出整个黄土高原。当时，是黄帝之孙颛顼在位。颛顼嘉奖台

驷，将汾河封给台骀。后世的沈国、姒国、蓐国、黄国，都是
台骀的后代。后来，晋国灭了这四个国家，又占领了汾河。从
这个历史看，台骀乃是汾河之神。

"晋国灭了唐国，让实沈没有了供奉；又灭了沈、姒、
蓐、黄，让台骀没有了供奉。或许这两个神灵对晋国心怀不
满，作祟于盟主？如果不是如此伟大的神灵，普通的小神怎敢
危及盟主之尊？"

读者注意：编造神话故事虽则说是天马行空，其实暗含很
多讲究。郑国内阁的高人编造出的这两则故事，处处为晋国脸
上贴金，为的是讨好晋平公，先让他心情好起来，后面的话才
好讲。这故事结合了晋国的历史，做得很详细，又夹杂有一些
众所周知的史实，为的是让人相信。

这个故事让晋平公听得有了兴致。子产随即提到治疗手段：

"一般来讲，山川之神发怒，只能造成水灾、旱灾、流行
性疾病。日月星辰之神发怒，也只能造成雨水和风的失调。如
果遇上那样的情况，当以禜祭禳之。君主贵为天下盟主，百神
不侵。纵然是实沈、台骀，岂敢谋害天启霸主？没有任何神灵
敢让你患病。如果你患病，那多半是你自己的原因。君主饮食
是否合理？情绪是否稳定？生活习惯是否卫生？以侨（子产之
名）所闻，君子一天四时均有固定的作息：早晨的时候，上朝
听政；白天的时候，走访基层；晚上的时候，制定政策法令；
夜里则安身休息。夜里休息的时候，需要用女人来宣泄人的血
气。这四种状态，日日循环，不得停滞，不得打乱顺序。如果
一整天只做其中某一件，荒废其余三件，就会造成疾病，让人
心里觉得不舒服，神志也变得昏乱。

"侨又听说：内官女臣，不能用同姓。由同姓女人所生
的孩子，往往养不大。为什么呢？因为同姓的人先天就彼此
亲热。上天已经给出亲情，就不会再给予性爱。为此，《志》
云：买妾不知姓，则卜之。那就是要通过上天来鉴定其是否合
适。如果既用同姓女，又不进行卜，那就要出问题。男女关系
必须辨别姓氏，周礼对此进行了严格规定。听说君主你的身边

有四个姬姓的女人，大约是因她们导致了你的疾病。也不知具体是否进行了卜？如果这些女人既是姬姓，又没有进行卜，那事情就严重了。舍弃这四个女人，病可以好；如果不舍弃，病就不可能好转。"

早在子产之前，不光是医生，就是晋国群臣，也都多次建议晋平公少近女色。然而，听了子产的话之后，晋平公才减少房事。为什么呢？一则是这些话并没有要求他不近女色，这符合了他的愿望。子产的"女以宣气"之说，尤其让生性好色的晋平公感到满意。再则是晋平公向来仰慕子产的才华，由仰慕而尊敬，由尊敬而信服，故而愿意相信子产的话。三则是郑国内阁编造的这个应答案处处为晋国贴金，处处尊奉盟主，让晋平公觉得中听。还有第四个原因，那就是秦国医生的意见：

秦、晋为世仇。然而，秦、晋相隔很近。俗话说，远亲不如近邻。遇到紧急情况，晋国想要求医，最先想到的是秦国。为政治人物治病，本身就是政治。早先，秦国医生为晋景公治病。晋国的巫师算出不食新麦，史官记成二竖为灾。而来自秦国的医生，则诊断为病入膏肓。那真的是科学不分国界吗？那其实是秦国医生出于职业上的习惯，与晋国产业链的上、下游达成默契。然而，当时秦国医生故意拖延行程，目的就是要送晋景公早点上路。产业链条间的默契正好也是秦国医生的使命。这一次，与当初的形势又有不同。此时的晋平公，已经是毋庸置疑的天下第一的人物。秦国就算是与楚国联盟，也奈何不了晋国。秦国最富有的缄，也投奔于晋国。秦景公不敢趁会诊之机谋害晋平公，只是吩咐医生：

"郑国的子产，胡编些神话，得天下传颂。你此去，我也不安排你特别的任务。只是按你的本职，显示你的学识。不要让东方国家以为我国是西方戎狄，文化上落后于东方！"

秦国派出的医生名叫和，史称医和。医和用中医的手段检查之后，说：

"绝症！无药可医！行话的说法是：近女室，疾如蛊。非鬼非食，惑以丧志。良臣将死，天命不佑。"

俗话说"外来的和尚会念经"。晋平公于晋国的名医，都已经试遍，才想到找仇敌国家的医生。这种冒着政治危险求来的医嘱，怎能不重视？

医和说：

"先王发明音乐艺术，并不是用来纵欲，而是用来节制人的欲望。因为这个初衷，才有音节。通过对声音的迟、速、本、末的不同阶段进行划分，得出适宜于人类聆听的正声。由这正声循音节逐渐下降，降至第五个阶段，就无论如何也不能演奏。人类的手的灵巧程度有一定的限制。到了第五阶段，人类的手就不能演奏。人的手无法演奏，就叫烦手。而第五阶段以下的声音，就是所谓淫声。淫声背离了中正平和的宗旨，对人的精神有伤害。故而君子不听淫声。

"音乐艺术是这样，世间万物莫不如此。只要到了类似于烦手的阶段，就不能再继续。再继续下去，就会导致疾病。概括而言，世间万物无不出自五行。五行最初演变出六气，分别是：阴、阳、风、雨、晦、明。进而造就五味，分别是：金，其味辛辣；木，其味酸；水，其味咸；火，其味苦；土，其味甘甜。进而造就五色。分别是：辛辣，呈现白色；酸，呈现青色；咸，呈现黑色；苦，呈现红色；甘甜，呈现黄色。进而造就五声。分别是：白色，其声为商；青色，其声为角；黑色，其声为羽；红色，其声为徵；黄色，其声为宫。以上事物，只要出现过度，就会造成疾病。由阴的过度，导致寒疾；由阳的过度，导致热疾；由风的过度，导致末疾；由雨的过度，导致腹疾；由晦的过度，导致惑疾；由明的过度，导致心疾。"

读者注意：以上的理论，主要出自《洪范》的"初一曰五行"，又羼杂了"念用庶征"。《洪范》一书，从商朝开始，就受到无比的重视。历朝历代的学者，对之进行深入地研究。它成了整个中国文化的理论基础。而中国人的性格，也是由《洪范》铸成。中国人称《洪范》为天书，认为它是上帝给予人类的唯一真言。此书原文的 65 个字，只说了物质的基本要素和人类社会的基本框架，原本没有迷信思想。各种各样的人，出于各种各样的目的，对之进行了各种各样的解释。众多的解释都秉承一个基本的理论。什么理论呢？就是医和对于"节制""正声""烦手"的论述。要说中国人的性格本原，正本于此。而整个东方文化的理论基础，其实也就是这一理论。去繁就简，这个理论的核心在于：人类应当追求可持续的适度的快乐，而不是追求极致。因为一旦到达极致，就不能继续。正是由于这个理论，中国人的性格具有内敛的特点。

医和的言论，已经不只是医学，而是涉及世间所有学问。这就是流传至今的一个说法，叫做：上医医国。怎样医国呢？就在于诊断之中提到"良臣将死，天命不佑。"。晋国的大臣，第一个就是赵武。此时的赵武恰好也是身体不佳，有灯尽油枯的感觉。赵武听了这个诊断，心中大惊，赶紧求教于医和：

"先生所说良臣，是指谁呢？"

医和说：

"按我国君主的要求，我本不应当谈政治。然而，医术的至境，不是医人，乃是医国。既然你问到，我索性相告：

"良臣，就是指的你！自从你执政以来，已经八年。你执政之后，与楚国讲成天下共和，所以最近几年天下无战事。这就好比一个长期工作、劳动的人，忽然间停顿下来休息。不是不能休息，而是不能长期休息。长期休息，势必积成病。现在，国家的病已经呈现于贵国君主身上。从医学上讲，贵国君主是纵欲过度。从政治环境上讲，正是因为你搞的天下共和，造成了过于安逸的政治环境，贵国君主饱食终日，无所用心，不耽于女色，还能做什么？医学上，女人是病因；政治上，你才是病因！你为了晋国贵族生活的安逸，强征天下双倍的赋税，已经犯了天忌。上天示警于晋国，让晋国君主得病。至于对你的惩罚——死在眼前！"

换了当今的医生，哪一个敢直接指出病人的死期？然而，春秋时候的人，勇气远胜于当今。医生是这么说，病人却没有丝毫埋怨医生的意思，而是感激医生的诊断。赵武平常总觉得自己身上带着某种不祥。他的潜意识告诉他：死亡已经就在眼前。然而，他始终不知道自己的死因。听了医和的话，他才明白：

自己的死因与晋平公的病因一样：是在这几年的享乐之中一点一滴积累而成。

所谓"朝闻道，夕死可也"。此时的赵武，放下了思想包袱，顿觉轻松。生命已经无法挽回。临死之前，他想再知道点天意，就问：

"你说的蛊惑之疾，是个什么病？"

医和说：

"就是沉湎于淫欲的病。从训诂学上讲，皿、蟲合成蠱字。现实世界中，长久堆放的谷物里面生出一种飞虫，也叫做蠱。"

医和上医医国的诊断，宣判了赵武的死，也让晋平公不得不生出敬畏。就在这年冬天，赵武果真去世。

在晋平公患病期间，晋国按例巩固后方。春秋182年，晋国中行吴讨伐太行山的无终和狄。一则因为对方全部是步兵，再则因为是山地作战，副帅魏舒将晋军全部改编为步兵。

当今国人，对于古代战争的认识，因受众多话本小说的影响，总以为都是骑兵交战。其实，直到六朝时候，战车都还流行。而步兵作战，则贯穿于整个中国古代史。春秋时候，由于还没有发明马镫，人骑于马上必须花大部分精力于骑马，无法腾出手脚来射箭和使用兵器。所以，当时即使出现骑兵，这骑兵也不具备战斗力。因此，行动迅速而且战斗力强大的战车是当时最先进的战斗单元。车兵有不灵活的弊病。如果遇上狭窄或者陡峭的路面，车兵就只能改成步兵。从汉朝李陵与匈奴的战斗看，步兵的战斗力并不弱于骑兵。后汉的赵充国全部以步兵作战。他制造了一种类似于坦克的扁箱车，提升了步兵的防护水平，以至于入于敌方势力而无所惧。这都说明步兵可以有强大的战斗力。与骑兵比较，步兵唯一的弱点在于行动迟缓。自赵武灵王采用胡服骑射以后，中国才开始出现骑兵。而骑兵的居于主要地位，是三国以后的事情。这反映出马镫、马鞍从开始使用到最终完善，中间有一个过程。

晋军为适应山地作战，改车兵为步兵。装备虽然改变，却仍然采用车兵的编制和车战的阵法。魏绛摆出一阵，此阵情况如下：

25乘为前拒。29乘为左角，81乘为右角，50乘居于前，120乘居于后。此阵大致可以用"荃"字来解释。草头部分为25乘的前拒。人字左边一撇为29乘的左角，右边一捺为81乘的右角。王字上面一横为50乘，王字下面一横为120乘。

总体看，这是一个故意让左边空虚的阵形。之所以让左边空虚，是围其三面，空其一面的兵法。目的是让敌方感到有生路，才会下决心逃跑。敌方若越过草头和人字，先面对五十乘的兵力，再往前，就是不可冲破的一百二十乘重兵。此时，右边和前面的兵回身包围，若不能抵挡，就成往左逃跑的局势。这是依照兵法"围必阙"而生的战阵。

此阵与前文提到的齐后庄公的侧脸阵比较，都以左面为空当，而荃字阵兼有诱敌深入的成分。狄一般的策略是打得赢就一哄而上，形成铺天盖地的胜势。打不赢则如同鸟兽，四处逃窜，让对方无法擒获。晋军不愁打不赢，所以担忧的是对方四处逃窜，让自己不能抓住俘虏、扩大战果。从前到后前，兵力一层强于一层。这是为了让前面部队示弱，引对方进入包围圈。

狄人看到晋军前面部分的前拒人数很少，一哄而上，进入晋军阵中。前拒全部沦为狄人的俘虏。狄人乘势前进，又遭遇左角、右角的抵挡。这一轮抵挡比较强烈，消耗了狄人部分体力。之后，左角、右角往两边撤。之后，狄人遭遇人数不算太多的前军。前军也故意战败，将路让开。此时，晋军的后军120乘大举冲锋，前军、左角、右角三面包围。已经很疲倦的狄人想到逃跑，却只能从左边狭窄路径逃。一路上相互争夺道路，自己踏死自己的伤亡，超过了被杀死的人数。

……

东虢之会，楚国的伯州犁说郑国应当操心子皙，少管国际上的闲事。那是指子皙引发的对于良氏的处理。子皙灭了良氏后，渐渐变得骄横。因与别人争夺女人，最终丢了性命。

郑国贵族徐吾犯的妹妹长得很漂亮。游氏的游楚与她定下了婚事。子皙也看上徐吾犯的妹妹，继游楚之后，也向徐吾犯家下聘礼。郑国是穆公族人的天下。穆公族人争夺徐吾犯之妹，徐吾犯谁也不敢得罪，左右为难，就去请教子产。子产说：

"这是国家没有了规矩，不关你的事。随便他们想要怎样！"

徐吾犯得了这个旨意，回家后想出个办法：

他让自己的妹妹在这两人之中选择。

游楚所在的游氏、子皙所在的驷氏都同意了这建议，让这两个求婚者分别去见徐吾犯的妹妹。子皙算是郑国著名美男子，想以美色取胜。上门的这一天，他穿上华丽的服饰，做出个翩翩公孙的派头，进门后放下礼物，然后离去。游楚是郑国著名武士。他穿上军装，驾战车前往。进门后，他取出弓箭，用一个左右开弓的招式，嗖嗖射出两箭。箭深深插入徐吾犯家正厅的门柱。这两箭所在的位置，大约齐普通人的胸部，为的是便于观众前来观察。箭入木柱，正好将箭杆全部没入，又正好将箭羽全部外露。后世的李广，曾经演示过这种箭术。只不过，李广的箭靶是石头，尤其需要力量。游楚的箭术虽不如李广那样传颂千古，用来打动闺闱中的处女，却绰绰有余。徐吾犯的妹妹上前看了游楚的作品，欣羡不已：

这得要多大的力气？这才是真正的男子汉！

两个求婚者离去后，徐吾犯问妹妹的意见。这姑娘说：

"子皙确实长得很美。但是，公孙楚（游楚）才是真正的男人。男人像男人，女人像女人，那才合乎道理。"

这话的意思，分明是说子皙的穿着犹如女人，没有男人气概。子皙听说这说法，迁怒于游楚，穿上铠甲去找游楚拼命。他想要趁游楚不防备，将其杀死，并奸污其家中的女人。他要向徐吾犯的妹妹证明，自己既有美色，又有武力。

　　然而，游楚的武艺远超过他。听说子皙来寻仇，游楚对自己的手下说：

　　"你们都走！无论他带来多少人，我就用这匣箭来应付！"

　　游楚独自于路口等着情敌。子皙带着十多个人挟长短兵器而至。子皙冲到游楚面前的时候，手下的人已经全部被射倒。他本人没有中箭，不过是因为对方并不想要他的命。两人对面，以短兵器相搏，结果子皙被游楚用戈割伤。子皙回家后，又哭又闹，申诉于子皮，想要找回公道。事情闹大，轰动了朝廷。子皮将事情交由子产裁决。子产说：

　　"从道理上讲，公孙楚（游楚）先聘，是子皙无理。公孙楚击伤子皙，又是公孙楚无理。两者抵消。然而，子皙年长，公孙楚应当让着长者。所以公孙楚有罪。"

　　这是什么讲究呢？子皙，是子驷之子，郑穆公之孙。此时的驷氏是郑国第二大家族。游楚是子太叔之弟，子游之子，也是郑穆公之孙。此时的游氏排在罕、驷、丰、国之后，是第四大家族。子皙、游楚是同辈的堂兄弟。然而，年龄上，子皙年长；地位上，子皙更高贵。而且，罕、驷、丰是一家，没有人惹得起。游氏与子产所属的国氏是同类。子产内心想要保护游氏。为了保护游氏，子产反倒将游楚逮捕，数落其罪过：

　　"国家的五种大节，你都违背了。这五种大节是：服从君主的威；听从君主的政令；尊敬国中的贵族；事奉更加年长的人。爱自己的亲人。现在，有君主在国中，你却胆敢使用兵器伤人，这是藐视君主的威。你擅自伤人，是违背了政令。子皙是上大夫，你是嬖大夫，却不让着他。这是不尊敬更加尊贵的人。你年龄更小，却不让年长者，这是不事长。你攻击自己的堂兄，这是不爱自己的亲人。现在，君主下令说：我不忍心杀死你，我原谅你，让你到远方去。赶紧走吧，不要再加重自己的罪过。"

　　强势逼迫之下，游楚逃奔吴国。婚事的选择，说好了是由女方来选择。是女方选择游氏，游氏并无过错。为此，子产担心游氏的家长子太叔想不通，专门找子太叔做思想工作。此时的子太叔，已经成熟。他说：

"眼下我担心的是自己个人的生命，哪还顾得及家族？事情的重点是国家政治，不是个人恩怨。你按你想的来做，何必问我！古代的周公处理管叔、蔡叔。当时，周公岂能照顾到所有人的感受？"

子产看对方客气，也就说：

"你放心，我这是为他好。要是让他继续待在国中，怕子晳哪天就要杀了他。对于子晳，我自有处理办法。"

游氏与驷氏已经结仇。为此，春秋182年六月，子产组织国中六卿盟誓于薰隧，要求两家冰释前嫌。与会的人物包括：郑简公、子皮、子产、丰段、印段、子太叔、驷带。按规矩，驷氏的代表人物是驷氏当家人驷带，子晳没有资格参加。然而，子晳强行要求参加。会上，穆公六族发誓要团结，要求驷氏、游氏不得记仇。然而，仇恨并没有因盟誓而消除。子晳想要灭了游氏；因为身上有伤，一时间没有动手。另一方面，子产暗中策动郑国贵族对付子晳。春秋183年秋，子晳伤好之后，准备动手。子产当时正在边境上，赶紧回到新郑。子晳违背了穆公族人共同的誓言，子皮已经无法保他。子产对子晳说：

"良霄的事情，因为外国有事，来不及治你的罪。你作乱的心没有个厌足，国家吃受不起。你擅自讨伐良霄，这是第一条罪状。你与自己的堂兄弟争女人，这是第二条罪状。薰隧之盟中，你假称君命。这是第三条罪状。这三条死罪，你担得起吗？还不赶快去死！再不去死，大刑就要加到你身上！"

子晳这才知道：与游楚争女人时，子产对他的袒护，其实是"惯"，是遵养时晦。他向子产行再拜稽首之礼，说：

"死在朝夕，无助天为虐！"
译文：眼看我就要死了，你还要趁机欺负我？

子产说：

"你少拿死来要挟！只要是人，哪个免得了死？只不过，你这样的凶手不得好死！你做的是凶事，为的是凶人，我不助天，难道助凶人？"

子晳眷恋尘世，又请求立自己的儿子驷印为褚师之职。想不到，子产连临死之人的最后请求也不答应，说：

"要是印有本事，君主自己会重用他；要是他不才，很快就会追随你于黄泉路！你不思想自家的罪过，还提什么要求？再不去死，司寇（法官）就要到来！"

遇上这态度强硬的子产，子晳只好带着遗憾自杀。他死后，其尸身被示众，旁边放有一块木牌，上面记载着他的罪过。

在子产的这种打压之下，郑国贵族内部总算还讲些公道，所以穆公族人得以长久地把持郑国政权。

就在晋国讨伐无终、郑国薰隧之盟的春秋182年，楚国的公子围篡夺了君主位。此人即位之后，打破了天下共和的局面，让天下重新进入战乱。相关事情，下回再叙。

对等第六十七回

家贷公收公室卑　遵养时晦遵三殆

春秋184年春，郑国派子太叔参加少姜的葬礼。晋国方面，命梁丙、张趯接待。驷氏的子晳受处理后，游氏随之强盛。此时的子太叔，已是子皮、子产之下的第三大夫。穆公族人执掌郑国政权，所以有人想要与子太叔套近乎。公事谈完之后，子太叔与晋国贵族闲聊。梁丙说：

"我国君主死个小老婆，让你亲自前来，真是难为贵国！"

子太叔说：

"这也是不得已的事情！早先文公、襄公做霸主的年代，没有这么多麻烦事情。诸侯每三年才送一次礼，每五年才有一次正式的上贡。必须是有关勤王的事情，才有国际会议；必须是有违背团结的事情，才进行盟誓。盟主去世，由普通大夫吊唁，由卿送葬。盟主的嫡夫人去世，只需派士吊唁，普通大夫送葬即可。如今盟主宠爱的一个贱人去世，我却不敢不来！听说齐国已经在为盟主准备继室，那又应当祝贺。不要说此行，不久盟主娶新人，又不得不来！"

张趯说：

"这种麻烦你的事情，今后应当不多了。晋国的强盛，犹如火星过黄道，寒时而至，暑时而退。眼下乃是极盛之时。盛极必衰。晋国就要丧失诸侯的拥护。到时候，就算你想来，也没有那机会了！……"

会后，子太叔说：

"如今的贵族是怎么回事？竟然祈祷自己的祖国衰落？"

就在这一年，齐国命晏婴作为婚使，赴晋国送齐国女儿的花名册。晏婴到晋国，于保媒帮嫖的公务之后，拜访晋国著名贤人叔向。二人聊起各自的国家。叔向问：

"齐国现在的情况怎么样？"

晏婴介绍齐国的情况：

齐国已经进入衰落期。国姓为姜。然而，人们只知道有田氏。按徭役制度：人们为公家劳动，其劳动力所创造的财富之中，三分之二归公家，三分之一归劳动者。由此聚敛的起来的产品，多得腐朽败坏。而普通庶民无力赎买，饥寒交迫，不得不铤而走险，以至于盗、抢公行。为此，国家严刑峻法，多用刖刑，以至于市场上踊贵屦贱。

按齐国原有的计量制度，每四升为一豆，每四豆为一区，每四區为一釜，每十釜为一钟。田氏自创一种计量制度：每五升为一豆，每五豆为一區，每五區为一釜，每十釜为一钟。所以，田氏的一钟，要多得多。田氏用其自创的计量来贷粮食出去，又用公家的计量来回收本息。这种亏本生意，引得经济上困难的人都到田氏借钱。以此手段，田氏控制了齐国金融业。

田氏从山上伐取木材，运到临淄市场上出售。其售价定成与山上的木材一样。田氏从海上打捞鱼、盐、贝壳，运到临淄市场出售。其售价又与海边一样。以此手段，田氏又控制了齐国物流业。

叔向说：

"我国又何尝不是如此！我国的公室而今也衰落了。公家的战马无人照管，被人用来拉货。卿一心经营其家族的生意，难得到公家的军队之中。军队基层的组织，早先按时练兵。如今没有了领导，基本都涣散了。有点本事的士人，纷纷投身于豪强世族。庶民累得要死，贵族的生活则特别奢侈。人们一闻君命，避之如仇。君主好色不倦，乐以忘忧。舍不得花钱养士，唯独于女人身上，肯下大本钱！道殣相望，受宠的女人则富得流油。《谗鼎》上的铭文说：昧旦丕显。后世犹怠。更何况现在的君主根本就是有错不改！这样子，能长久吗？"

晏婴说：

"那么，你本人情况如何呢？"

叔向说：

"不要说我，如今多少贵族都不知所终！栾氏、郤氏、胥氏、原氏、狐氏、续氏、庆氏、伯氏，这些早先显赫一时的贵族，而今败落成为奴隶。政权掌握于赵、魏、韩、知、范几家。《诗》云：本支百世。君主系的千秋万代，要以公族的繁荣为基础。别家且不论，就以我而言。我的祖先，出自君主系。从我祖父传下十一房，现在只剩下我这羊舌氏一房了。现在，我又没有儿子。公家的事情如此糟糕，我能够善终就算走运，不敢指望死后得到祭祀。"

晏婴提到的踊贵屦贱，是这样一个典故：

齐景公反正之后，大施酷刑。为此，晏婴寻找机会进谏。因晏婴护主有功，齐景公想要奖赏晏婴，他让晏婴换新的住所，说：

子之宅湫、隘、嚣、尘，不可以居。请更诸爽塏。

译文：你的住宅位置矮，潮湿，狭窄，喧闹，灰尘多。不好住的。请你迁到更加高敞、明亮的地方。

晏婴推辞说：

"我的先人就住在这里，我有幸继承先人，住在这里。这里对我而言，已经算是奢侈的了。况且，我这种下贱的人，邻近这下贱的市场居住，早晚买、卖点什么，也方便。所以，就不麻烦君主了！"

就是到了今天，有钱人选择住所，也讲究要远离市场的喧嚣，图个清静。齐景公看这人生就一副贱骨头，心头好笑，就笑着说：

"你挨着市场住，大概知道现在什么贵、什么便宜吧！？"

当时，齐景公常用刖刑。人的脚被斩之后，不能穿正常人穿的鞋，而是穿一种名叫"踊"的东西。有受刖刑的人，市场上就有卖踊的人。所以，晏婴对答说：

"踊贵。鞋子便宜。"

因为曾经这样对答于君主，所以在与叔向谈话的时候提到"屦贱踊贵"。齐景公也因为这个对答而减少用刑。刑罚虽是减少，田氏已经窃取了齐国的经济基础，齐国从根子上变成下陵上替。

……

这一年秋，郑国第一大夫子皮亲赴晋国，恭贺晋平公再娶齐国女儿。趁此时机，子皮向盟主通告郑、楚关系，用的是子皮对晋平公说话的称呼：

楚人日徵敝邑以不朝，立王之故。敝邑之往，则畏执事。其谓寡君而固有外心。其不往，则宋之盟云。进退罪也。寡君使虎布之！

译文：楚国人天天来我国，要求我国朝拜。说是他们新的王即位，应当拜见。我国派人去，只怕你误解，以为我国君主从来就有二心。如果不派人去，又违背了宋之盟的约定。怎么做都要得罪人。所以，我君主命我来说明情况。

原来，此前的春秋182年，楚国令尹公子围谋杀了郏敖，自立为君。公子围胸怀大志，重启一统天下的大计，向郑国提出政治要求。自三驾以来，郑国放弃了早先两面逢迎的国策，专心事奉晋国，成为北方诸侯的正式成员。子皮的这番话，大致算是郑国贵族的心里话。然而，其中的"进退罪也"，难免让人想起郑国在三驾之前耍赖一般的要挟。对晋国而言，这些话是对晋国威望的挑战，口气上尤其不能示弱。韩起命叔向回复，用的是韩起对郑简公说话的称呼：

君若辱有寡君，在楚何害？修宋盟也！君苟思盟，寡君乃知免于戾矣。君若不有寡君，虽朝夕辱于敝邑，寡君猜焉！君实有心，何辱命焉？君其往也。苟有寡君，在楚犹在晋也！

译文：如果你想着我国君主，纵然是朝拜于楚国，又有什么？那不过是按宋之盟的约定正常上贡。你遵守宋之盟的约定，乃是尊重我国君主。如果你心中没有我国君主，纵然是每天候于我国，我国君主也有猜忌。你心中自有你的立场，不必来通告！你去吧！只要你心中想着我国君主，在楚国也相当于在晋国。

这话之中的"君实有心，何辱命焉"，直指郑国的犹豫心态。至于"君其往也"的表态，根据政治上"不要就是要"的原则，实际是盟主明确指令郑国不得朝拜楚国。只因此时晋、郑关系还算好，晋国不好撕破脸皮，故而没有随带说出威胁的话。作为外交上的话，"君其往也"四字暗含有"你去我就要处理你"的潜台词。这些机锋，并不是像演戏那么轻松。因为，当时盟主处理小国，最常见的做法就是将其君主或者使者逮捕，甚至处死以用于祭祀。子皮听了这些话，不能不畏惧！

国家大事，对于坐在位子上的人而言，处于风口浪尖，那是不得已的事情。对于其臣下而言，反正话中没有提到自己，反正有上面的人顶着，所以就要轻松一些。年初的时候，子太叔出访晋国。当时，张趯负责接待。按国人的习惯，送礼既要送正主，还要送中间的介绍人。如果不送，就要弄成"阎王好见，小鬼难缠"。因此，子太叔当时也送了张趯一些"小意思"。因为这点小意思，张趯竟然献媚于子太叔，说了些本不该说的心里话。作为私人关系，他还了子太叔一顿饭局。子太叔哩，不免再送赴宴之中的贽贶。张趯记着这个好处，原计划做成个长久生意，能够再接待子太叔，再得些进项。想不到来的是第一大夫子皮。按级别对等的规则，小国的正卿等同于大国的卿。张趯只是晋国的普通大夫，级别上不够。于是，接待子皮的差事给了叔向，轮不到张趯。张趯心中感到可惜，却想维持与子太叔的私交，就托郑国使团中的人带信给郑国的子太叔：

自子之归也，小人粪除先人之敝庐，曰：子其将来。今子皮实来。小人失望。

译文：自从你回去之后，我打扫干净家中的客厅，说：你要来我家。现在贵国派子皮前来，让我见不到你。我感到失望。

子太叔遇上这种贪鄙小人，心中好笑，回信就带上揶揄的口气：

"我太卑贱，没资格来。派更高贵的人来，是我国畏惧大国、尊敬贵国夫人的意思。何况，你曾经对我说过：就算你想来，也没有机会了！"

......

　　齐、晋两国，权臣正在夺取政权。当时的鲁国，却已经完全由三桓掌权。鲁国历史，已经主要是三桓的历史。

　　春秋185年，鲁国贵族叔孙豹去世。叔孙氏的继承，出现很多波折。

　　早先，叔孙乔如与穆姜私通，图谋篡位。因晋国释放了季孙行父，叔孙乔如在鲁国待不下去，逃奔齐国。事情牵连叔孙乔如的弟弟叔孙豹。叔孙豹也逃奔齐国。

　　在叔孙豹出逃的路上，途经一个名叫庚宗的地方。他又饥又渴又累，就在野地里休息。这时，一个年轻女人路过。叔孙豹向她请求帮助。这女人将叔孙豹带到自己家中，给他吃喝。叔孙豹吃饱喝足之后，饱暖转思淫欲。一双色眼，直盯这救他的恩人：

　　这女人虽是乡野女子，却也生得清秀，犹如清水芙蓉，天然去雕饰。因没有学习贵族礼仪，带着野人的粗野。健壮的腰腿，于健壮之外显出诱人的肥腻。粗而黑的头发，绽放着青春的活力。穿一件麻布衣服，这衣服很多地方都已经破烂。腰间的破洞，让叔孙豹看到系裙的丝带。微微敞开的领口，露出那虽嫌黝黑却健康性感的肌肤。她微低着头看叔孙豹吃东西，说话的时候，那胸部的起伏让叔孙豹再也控制不住。看这房屋之中没有其他人，叔孙豹就扑上前去拉女人的腰带。叔孙豹乃是著名武士叔孙得臣的儿子。吃饱之后，其体力犹如一头牛。这女人虽是挣扎，却哪是对手？并且，村姑邂逅贵族，主动提供帮助，其中也有自荐之意。出于礼仪，象征性地挣扎几下。名目上是拒绝，何尝又不是鼓励？

　　经此事之后，叔孙豹告别女人，到了齐国。齐国看他是鲁国著名贵族，将齐国望族国氏的女儿国姜嫁给他。由此，叔孙豹在齐国有了两个儿子：大的叫孟丙、小的叫仲壬。

　　后来，叔孙豹回到鲁国，做叔孙氏的继承人。他曾经做了一个梦：梦见天压着自己，自己正承担不起。回头看时，看见一个人。此人皮肤黑，上身驼背，体形仿佛一条牛。他就呼喊此人：

"牛！来帮我！"

牛帮他顶起天，他才承受住重压……

天亮后，叔孙豹召集手下的臣奴，想要于其中找到梦中模样的人。阅尽无数的人，却没有找到。就说：

"先记下这个梦！"

后来，那个庚宗的女人找到叔孙豹家门前，求见叔孙豹。叔孙豹问她：

"经过那天之后，你是否有身孕？"

女人说：

"我们的儿子已经长大了，已经能够抱着雉，跟着我走了。"

女人叫进来一个男孩。这孩子怀抱着一只雉。

这是什么讲究呢？在商朝的部落联盟大会上，各地部落朝拜商朝天子，就已经有带上礼物助祭于上帝的习俗。当时的部落之中，很多都还处于原始的游牧状态。至西周，天下部落大会号为"万国"。那万国之中，很多都是规模很小的游牧部落。有的部落少至几百人；更小的，甚至只有几十人。这些很小的部落朝见周王的礼物，有的只是自家放牧的羊群之中的一只羊，有的只是一只鸡或雁。为什么只送这点东西呢？因为《周约》中的无巫籴，要求天下粮食公有。食物在任何时候都是人类的命脉。粮食公有，几乎意味着天下财产的公有。为什么搞成这样呢？参看前文，可以知道：正是靠了天下为公的《周约》，周部落首领才做上天子。天下部落对周王的朝拜，实际是对"天下为公"的信条的朝拜。大的国家会送更值钱的东西来向周王讨个爵位。小的部落也因为这种朝拜可以只送一只羊，费用不高，所以愿意参加。虽说《周约》只是一种政治口号，于公开的诸侯大会，却必须遵守这一口号。只不过，进见天子，最大的礼仪是助祭于上帝。献给上帝的礼物，讲究精洁、健美。所以，礼物往往取全身纯白而没有杂毛的羔羊，以及全身纯白的大雁。因此，周王收受的礼物之中，实际有很多贵重的东西，却因为名目上要求粮食公有，故而每个部落的礼物都以羊、雁打头。部落首领晋见周王的时候，或者是怀抱一只雁，或者是手牵一只羊。部落首领身后的人，才携带更值钱的东西。由此，周礼视"羔雁"为礼物的名词。就是流传至今的《步辇图》，其中周边国家的使臣觐见唐天子李世民的样子，仍然是怀抱一只雁，并且没有下跪。这，就是因为唐朝对那些地方没有行政上的管辖权，不能用对属国的礼仪，只能参照上古天子接受助祭礼物的礼仪。

春秋时候，社会发展变化，送礼变得越来越重。国家赋税，也由这种礼物演变而成。然而，送礼的习俗却没有变，并且进化成周礼。周礼波及民间，所以这乡村女人带着只山鸡，作为贽见一夜情的情夫的礼物。

叔孙豹看这孩子：由如牛的体力制造出的儿子，长得就像牛。其长相竟然与自己梦中见到的那个人一样：也是长得黑，也是驼背。叔孙豹留下了母子二人。梦境即是天意，故而叔孙豹为这孩子起名为"牛"。因是乡野女子所生，所以这孩子在叔孙豹家中充当奴仆。奴仆在当时叫做竖。所以这孩子名为竖牛。叔孙豹怀念当初的浪漫邂逅，又迷信牛能够帮自己撑起天，所以特别地喜欢竖牛，让竖牛做自己的管家。

……

叔孙豹从齐国回鲁国的时候，走得匆忙，将国姜母子托付给朋友公孙明。公孙明经常去看望、慰问国姜。国姜乃是贵族妇女，有着齐国女儿淫荡的本色。公孙明哩，也是性情中人。二人一来二去，勾搭成奸。到得后来，公孙明看叔孙豹长久不至，干脆明媒正娶，将国姜娶为妻室。重婚罪，是为普通庶民设立的，当时的贵族不受其限制。然而，鲁国的叔孙豹得知后，恨得咬牙切齿，发誓不要国姜母子。后来，经旁人力劝，方才接回孟丙、仲壬。至于国姜，已是覆水难收，索性就送给了公孙明。

孟丙、仲壬是贵族女儿所生。而且，叔孙豹与国姜曾经是正式夫妻，不同于竖牛之母的野合。因此，孟丙、仲壬算是嫡出。然而，一个是浪漫爱情，一个是覆水难收；两相比较，叔孙豹更爱竖牛。在当时，废嫡立庶是了不得的大事。叔孙豹虽爱竖牛，却不敢立之为继承人。只是，因为这种爱，迟迟不立继承人。

春秋185年，叔孙豹病危。出于无易树子的大义，他决定在临死之前立孟丙为继承人。叔孙豹命人制作一口钟，钟上镌刻铭文，铭文上写下孟丙为嗣的字样。之后，准备进行落钟仪式，以此仪式立孟丙为嗣。

所谓"落"，是一种专门的祭祀。古人为了强调某种誓言，专门制作出一种器物，于器物之上镌刻相关誓言。为了要让神灵见证并保证这铭文内容的践行，就请神灵来喝牲血。于是，在器物制成之际，于房屋的正中吊起一只羊，于羊的下方放置新制的器物。将羊放血，让血洒到器物之上。这个过程，就叫做"落"。战争之前的所谓衅鼓，是由落祭演变而来。现代的"落成"一词，也是源出于落祭。

当时，叔孙豹已经病危，所以落钟的仪式，由管家竖牛操办。竖牛召集起叔孙氏的家人。大家到齐之后，竖牛说：

"孟丙在齐国有一个假父公孙明。他的母亲与公孙明很早就有奸情。他的血统，说不清是公孙氏，还是叔孙氏。大家来评理：我们能让一个齐国人的后裔做主人吗？"

竖牛年龄大于孟丙、仲壬，又先于二人到达家里，又做管家多年，所以早就得家人支持。于此，众人都说：

"齐国是我们的敌国。这人还可能是齐国间谍。我们要杀死他！"

竖牛假意劝阻众人。待众人离去之后，嘱买刺客杀死了孟丙。之后，竖牛向叔孙豹报告：

"也不知家中哪一个人，说孟丙是间谍，已经把他杀死。"

叔孙豹于重病之中，已经搞不清家里的情况。虽不愿意看到儿子相残，却只能听之任之。

鲁昭公生性贪玩，经常召仲壬到宫中一起玩耍，与之结下些友谊。有一天，鲁昭公赐给仲壬一支玉环，于朝廷上命竖牛带回去给仲壬。竖牛回家后，命令仲壬戴上玉环，并且说这是父亲的命令。之后，竖牛去问叔孙豹：

"你让仲壬去见主公，有什么事吗？"

叔孙豹说：

"没有啊！哪有这事？"

竖牛说：

"他去见了主公，主公给了他一枚玉环做信物，已经戴到了手上。他与主公之间一定约定了什么。我想，是不是主公密令他谋害我家？"

叔孙豹此时已经头脑不清，哪里知道这是竖牛的密计，就下令驱逐仲壬。仲壬逃奔齐国。

叔孙豹就要死了。临终前想见自己的儿子，就派人去召回仲壬。竖牛口头答应，却不去召仲壬。叔孙豹知道了竖牛的想法，派杜洩去杀竖牛。然而，杜洩早已经是竖牛的手下。他反过来通告竖牛：

"你父亲要杀你！"

竖牛说：

"他老人家需要静养！"

竖牛后将叔孙豹移到一个秘密的地方，断绝其饮食。叔孙豹被活活饿死。之后，竖牛立叔孙豹的另一儿子为继承人。此人名为叔孙婼。竖牛做叔孙婼的相，掌握叔孙氏的实权。掌权之后，竖牛与季孙氏商量"舍中军"的大事：

此前的春秋161年，鲁国"三桓"通过作三军，瓜分君权，形成如下权力分配：

君主占有 5/12，季氏占有 4/12，仲孙氏占有 1/12，叔孙氏占有 2/12。

至春秋186年，叔孙氏的竖牛与季氏的管家南遗商量，废除中军，瓜分鲁昭公的权力。春秋161年之前，鲁国的军制是上军、下军，都由鲁国君掌管。至春秋161年，作三军，为中军、上军、下军。经这一次军制改革，夺取了鲁国君主十二分之七的权力。在竖牛参与的这次改革中，又废除中军，只设上军、下军。将上军、下军又分别分成两部分，共计四份。季氏独占两份，叔孙氏、仲孙氏各占一份。在春秋161年的时候，只有季氏完全独占一军的赋税，仲孙氏、叔孙氏都将自己的军税的一部分分给君主，所以才有君主的十二分之五。至此春秋186年，仲孙氏、叔孙氏也像季氏一样独占赋税，君主完全丧失军权和征税权。比较于以前的情况，"三桓"的权力都得到增加。因此，三家都欣然同意。这件事情，是对鲁国君主的权力的霸占，需要找出个理由。竖牛公开说这是刚刚去世的叔孙豹的意见。为掩人耳目，他命杜洩到叔孙豹的棺柩前说：

"你想要毁掉中军。现在中军已经毁了。特意来通告你。"

叔孙豹的棺柩出殡后，仲壬从齐国回来。季孙宿想要立仲壬。南遗说：

"叔孙氏强大了，季氏就弱了。这是他叔孙氏的家事，你不必管。"

南遗让国人帮助竖牛在大库之庭进攻仲壬。司宫射仲壬，射中其眼睛。仲壬死去。竖牛取东部边疆的三十个邑给南遗，算是酬谢。

竖牛以为自己一手遮天，殊不知叔孙婼即位后，秘密召见其叔孙氏家臣，说：

"竖牛祸害叔孙氏，造成了叔孙氏的大乱。他杀死了嫡子，又将邑分给外人，以减免自己的罪行。这是莫大的罪。要赶紧杀死他。"

竖牛得知消息，逃奔齐国。孟丙、仲壬在齐国的儿子在塞关之外杀死了竖牛。

春秋时候的军制，最大的是中军。任何国家的中军名义上都是君主的部队。鲁国这一重新洗牌，直接废除中军，让鲁昭公连名义上的军权都不复存在。国人视三桓的继承人为实际的君主，鲁昭公已无任何实权。他最后浪死他乡，鲁国国内漠然视之，就是因为鲁国军队的领军马车之上，已经没有他的位子。

……

鲁国出现这种变革，为什么没有盟主来过问呢？此时的诸侯列国，大致也如同鲁国，渐渐变成权臣掌权。晋平公早就决定将有限的生命，投入到无限的爱情之中，所以没有更多的精力关心外国。而韩起之类的世族，一心经营其家族的势力，不再愿意做《周约》的维护者。并且，鲁国的君主丧失政权；在韩起看来，反倒值得鼓励。为什么呢？因为他希望晋国的君主也丧失政权，自己好于其中分一杯羹。南方的楚国，更没有主持公道的闲心。公子围忙着篡位，篡位之后，又忙于应付吴国。

春秋 182 年，公子围与赵武出于不同的目的，以东虢之盟重温宋之盟。此事，对赵武而言，是人生最后的荣耀；对公子围而言，则是美好生活的开端。在会上，公子围设服离卫，为篡位制造国际气氛。回去之后，即开始实际行动：

为建立起自己的势力，公子围于此前就处理了芳掩。芳掩何许人呢？他是芳子冯之子。芳氏自楚庄王年代崛起。当时，芳氏的孙叔敖官居令尹，为楚国第一权臣。楚共王年代，重用血亲。至楚康王年代，芳子冯成功避开针对权臣的清洗。在公子围做令尹之前，令尹是屈建。屈建重用芳掩。芳掩官居大司马，为楚国第二号权臣。屈建没等到公子围动手，自己就先死了。芳掩随之成为公子围的第一个目标。春秋 180 年，公子围杀死芳掩，按当时的惯例，芳氏的男子，无论长幼，一律处死；芳氏的女人，则沦为性奴；芳氏的财产，由公子围霸占。公子围从东虢之盟回国后，命子晳（此人是楚共王之子，楚康王、楚灵王之弟，郏敖之叔。他与郑国驷氏的子晳同名。）、伯州犁到郑、楚边境去建设军事基地，说是准备进攻郑国。二人率军来到郑国边境，郑国朝野为之恐惧。子产说：

"怕什么？这是楚国由内政生出的动作：公子围要做大事，需要支开这两个人。他的目的不在于进攻我国，我们不必惊慌。"

不出子产所料：郑国使者到楚国讯问楚军意图时，公子围竟然主动向郑国示好，说要亲自到郑国送礼。公子围率送礼使团还没有出楚国国境，就收到国内紧急报告：

楚王郏敖病危！

郏敖为何于此时病危呢？原来，公子围怕担弑君之名，假装出门在外。他离开郢都的时候，已经命人将郏敖软禁。这个通知，是他一手导演。接到通知，公子围赶紧回国。回去之后，他效仿早先的楚穆王，扔给郏敖一根绳子，要郏敖自行了断。双方都熟知楚成王想吃熊掌的家史，所以郏敖不能推三阻四，只好自杀。事后，公子围自立为王，是为楚灵王。笔者也从此改变称呼，称其为楚灵王。楚灵王即位之前，将郏敖的死讯通知右尹子干：

"在我出门的时候，君王忽得急病。病情加重，就此驾崩！请你入宫商议储君的人选！"

子干想：

所谓请我入宫，意思是请我滚蛋！这是他给我一个台阶下。我必须知趣！

子干逃奔晋国。另一兄弟子晳原本就在郑、楚边境。听到风声，子晳想：

事前让我来这里。看来，他早就为我安排下逃难的去处！

子晳顺势逃奔郑国。走之前，他命伯州犁代自己回国复命。伯州犁政治觉悟差一点，遵命回国；半路途中，即遭刺杀。其子伯嚭逃脱，投身于吴国。伯氏原本是晋国贵族。因晋国三郤专权，伯宗被杀，伯州犁逃奔楚国。如今再度平遭无妄之灾，伯州犁又被杀。为此，伯嚭仇恨楚国，立志报复。后来，伍子胥请吴王伐楚，伯嚭在旁边很出了些力。

却说子干逃到晋国之后，因他是共王之子，且官位仅次于公子围，晋国方面比照于秦国公子鍼，封以百人之禄。主管此事的是叔向。有人问叔向：

"秦国公子带来九百乘的礼物。楚国公子来得匆忙，随行只有五乘马车。两方差异如此巨大，怎能一视同仁？"

　　叔向说：

　　"说起来，九百乘的钱财，确实不少。但对晋、楚、秦这样的大国而言，这点钱财算什么？打赢一次战役，就能收获这么多。大国交往，看的是级别。楚、秦大致相当。鍼与子干，地位也相当，理当一视同仁。要是由钱财来看人，岂是盟主风范？"

　　在宴请子干的时候，叔向请鍼与子干并列而坐。鍼反倒客气说：

　　"我先来一步，理应做副东，怎能与客人平起平坐？"

　　后来，鍼回到秦国，仍旧做富翁；子干重回楚国，却做了几天君王。

　　楚共王之子，另外还有一个，那就是后来的楚平王。楚平王比四个哥哥年幼许多，此时还是个十来岁的孩子。楚灵王于兄弟情分上，还算有些人性。既然为年龄更大的子皙、子干留了后路，自然不至于杀死小兄弟。后来，甚至重用楚平王，那是后话。

　　楚灵王的性格，有点类似于后世的项羽：才力过人，气度盖世，只是不太擅长于人际关系。他的才力和气度，让他在国际上建立功业。然而，最终因为待人处事方面的原因，死于国内的矛盾。他即位以后，以目空一切的王者气度，重启北伐的大计。春秋185年，楚灵王率先打破宋之盟的约定，决定撇开晋国，以盟主身份召集天下诸侯。之所以作出这个决定，是因为吴国。

　　为了应付吴国，楚国专门组建水军。然而，楚国的水军打不赢吴国水军。南北和好的局面，给了吴国机会。春秋179年，吴国季札遍访北方诸侯，与北方国家形成同盟关系。越来越强的吴国，再加上原本就强于楚国的晋国，分别从北面、东面两面威胁楚国的生存。而且，这两方面的联系越来越紧密。这种情况下，一旦发生战事，楚国需要两面应战。如果宋之盟之后的和平局面继续下去，晋、楚之间按盟约不开战；而吴国根本没有参加宋之盟，随时都要进攻楚国。晋国不会因战争消耗国力，楚国则因为与吴国战争消耗国力。长此以往，必然是晋越强，楚越弱。并且，吴国与晋国达成了秘密盟誓。吴国进攻楚国，晋国会以直接参战之外的方式予以支持。为此，楚国迫切需要切断吴国与北方的联系。春秋185年，楚灵王以会猎为名，召集诸侯。许国先至。郑国经一番审时度势，由郑简公在子产的辅佐下参加。

楚国召集天下诸侯，是为了用诸侯联军来进攻吴国。楚国怕自己对东方开战的同时，遭到晋国从北方发起进攻，所以派使者到晋国试探口气。楚国使者伍举传话，用的是楚灵王对晋平公的称呼：

寡君使举曰：日，君有惠，赐盟于宋曰：晋、楚之从交相见也。以岁之不易，寡人愿结驩於二、三君。使举请间君：苟无四方之虞，则愿假宠以请於诸侯。

译文：我的君主让我来说：早先，你与我国达成宋之盟。你、我共同承诺让晋、楚的附属国相互朝拜对方的盟主。因为这个约定，我想要召集这几个人。为此，让举来向你请求：要是没有其他特殊原因，我就此召集诸侯大会。

这话将召集诸侯大会与北方国家朝拜南方盟主混为一谈。这是外交上的常用的偷梁换柱的方法。晋平公与心腹会议此事。他说：

"我有三不殆，无敌于天下：与楚国比较，我国山河险固，易守难攻。这是其一。我国北近于草原，战马的数量远多于楚国，我国车兵为天下最强。这是其二。现在秦国自家兄弟闹矛盾，反倒投奔于我；齐国崔氏、庆氏接连动乱。齐、秦自顾不暇。楚国没有这两个大国帮他，而我则有吴国从楚国背后来支持。这是其三。有此三不殆，我倒还将就了，他竟然率先违约！我倒要看看，这个谋杀亲侄儿的蛮子，有多厉害！"

晋国大夫司马侯进谏说：

"所谓三不殆，乃是三殆！四岳、三塗、阳城、太室、荆山、终南，乃是天下至险。然而，自古以来，也没听说哪个国家靠了这些地形的险固而千秋万代！险，不可恃。恃险只会亡国。这是第一殆。冀州的北部，尽是草原，那里出产无数的战马。然而，那个地方偏偏尽是些不入流的小国。保有国家，不是靠战马的多寡。这是第二殆。历观史迹，很多国家多难以兴邦，很多国家无难以丧国。齐国有公孙无知之难，随后兴起齐桓公这样的霸主。我国献公数子接连内斗，其间多少磨难？随后兴起文公，至今赖之！卫国没有内乱，邢国也没有内乱。结果如何？卫国疆土日蹙，苟且偷生。邢国早就改了姓，现在成了齐、晋边界上的争夺对象，时而属晋，为巫臣之邑；时而属齐，为齐国封赏大夫的采地。眼下齐、秦的内乱，适足以激发齐、秦的战斗力，不足以成为我国取胜的理由。这是第三殆。

“战争能够掩盖国内的矛盾，也能激发国内的矛盾。天下共和已近十年。这十年，让晋国、楚国内部都积淀下诸多矛盾。这些矛盾犹如慢性病，平常时候不发作，遇到特殊的刺激，发作出来，甚至可能致命！战争，正是诱发慢性病以致命的特殊刺激。你治理国家，正是要治这种病。现在，楚国愿意为你做实验，让这种病显现出来；你正好于一旁细心观察，由人及己，由楚国表现出的症状来发现晋国的病灶。此乃古人遵养时晦之大计，眼下正好可行。

“晋、楚已经斗了百年，历史已经告诉你不可能一举灭楚。如果你与楚开战，其胜败结果都不消预测，大可以从早先的历史之中得出答案。并且，开战相当于看到别人跳河去试水深，自己跟着跳进去。何必呢？你先看他是否淹死，再做决定，岂不更好？”

读者注意：此时的晋国政权，已经于暗中转入权臣的手里。韩起想要树立自己的权威。怎样才能树立权威呢？一国之中，君主为大。在决策重大事情的时候，要是君主抱左的意见，韩起就故意抱右的意见。如果最后采用了右的意见，就显得韩起比君主还要有权威。为此，韩起想要反对晋平公的意见。

晋平公将国事托付给权臣。权臣管理国家的时间长了，就形成了权威。司马侯本是晋平公身边的人。司马侯都不消韩起打招呼，就主动地揣测韩起的意见，代韩起说出韩起的政见。为什么呢？因为他想要在政治上得到好处时，求晋平公，晋平公已经不知道情况；求韩起，则立即就能够如愿。世事至此，晋平公只好退一步作想：打仗需要花费心思，并且比玩女人还费钱。既然有这许多不打的理由，不如省下钱财来与女人淫乐。听完司马侯这一通似是而非的道理，晋平公命叔向回复如下：

寡君有社稷之事。是以不获春秋时见。诸侯。君实有之。何辱命焉。

译文：我国君主因为国内有事，不能够亲自朝拜你国。至于说诸侯，那原本就是你的，不必专门来请示。

晋平公有什么社稷之事呢？那是扯淡。他的社稷之事，是通过性交为祖宗社稷造人。好像是人造得越多，社稷就越是强大。楚国得了晋国的这种大致的首肯，还怕出意外，又请求与晋国联姻，为楚灵王求娶晋国女儿。晋平公反正都已经决定不打，也就干脆答应。结果楚国得理不饶人，险些将晋使者杀害。情况如何呢？且看下回。

包含第六十八回

苟利社稷生死以　大落章华汰侈甚

春秋 184 年，郑国子皮趁恭贺晋平公结婚的时机，通报了想要朝拜楚国的愿望。晋国方面用外交上的话应酬。回去后，郑国会议此时，决定朝拜楚国。春秋 185 年春，子产与郑简公赴楚国。此时，楚国使者伍举正在晋国，为楚国召集诸侯一事征求晋国意见。楚灵王也听说些子产的博学之名，就请教子产：

"晋国会答应我召集诸侯的请求吗？"

子产说：

"他会答应你的。晋国君主安于现状。晋国众卿只知道利用手里的职权贪污钱财。没有人来反对你。况且，宋之盟中说好晋、楚共治天下。晋国已经两次召集诸侯，他凭什么阻止你？"

楚灵王说：

"那么，诸侯会来吗？"

子产对答说：

"一定会来！在宋之盟中，诸侯靠了你的关爱，不怕晋国。他们为什么不来？不来的大概只有鲁国、卫国、曹国、邾国。曹国是宋国的附庸。如果单独朝拜于楚，怕受到宋国的报复。邾国是鲁国的附庸。如果单独朝拜于楚，怕受到鲁国的报复。鲁国、卫国邻近于齐国，随时受到齐国的威胁。为此它们巴结晋国。他们不敢得罪晋国，所以也不会来。此四国之外的国家，都是你的声威能够达到的，谁敢不来？"

楚灵王说：

"照此说来，我想要做什么，就都可以啰？"

子产不愿意把话说尽，就此打住。其实，子产也知道楚灵王此举，在决定之初，就已经是错误。然而，他哪能说楚国要出乱子。那不是找晦气吗？

春秋 185 年夏，楚国召集起蔡、陈、郑、许、徐、滕、顿、胡、沈、小邾、宋、淮夷，大会于申。如子产所说，鲁、卫、曹、邾没有参加。早先的楚庄王，问鼎于周朝，又灭了陈、郑，声威远达齐、鲁，却没有组织过正式的天下诸侯大会。楚灵王召集的申之会，虽没有会齐天下诸侯，却是楚国开国以来组织的最大规模的集会。为此，伍举献媚于楚灵王：

"早先，夏朝的启，有钧台之享；商朝的汤，有景亳之命；周朝的武王，有孟津之誓；周朝的成王，有岐阳之蒐；周朝的康王，有酆宫之朝；周朝的穆王，有涂山之会；齐桓公，有召陵之盟；晋文公，有践土之盟。那是亘古以来的八大盛事！今天，君王召集了天下全部的诸侯，可以与上述八大盛事并列，流传于千古。宋国乃是商朝之后，熟知商王的威仪。郑国，乃是周厉王的后裔，熟知周王的威仪。正好宋国的向戌、郑国的子产都在会。这两个人乃是天下著名的学者。何不咨询于他们，创制我楚国称霸的威仪？"

楚灵王原本就是个爱慕虚荣的人物，闻言大喜：

"夏、商、西周的典故，恐怕他们也未必知道。况且，此会也达不到古圣王的万国朝宗。就依召陵之盟，议我楚国之盟！"

楚国使者问礼于宋、郑。于是，宋国进献周朝"三公"召集天下诸侯的礼仪，涉及六个方面。郑国进献侯、伯、子、男朝拜"三公"的礼仪，也是六个方面。具体这十二个方面是些什么呢？笔者无从得知。笔者强调一点：本书于践土之盟描写的场景，也不过是根据《五经正义》、依照《仪礼》而揣测。它可能反映了实际情况的某些方面，却绝对不是历史原貌。

且说当时，楚灵王郑重其事，命伍举全程监察整个会盟的礼仪。事后，他问伍举：

"宋、郑所献礼仪，是否有差错？"

伍举说：

"全部都是我未曾见识过的东西。没有一个正确的参照，我怎能看出别人是否出错？"

其实，就是向戌、子产，也并不能够复制齐桓公称霸的全部礼仪。他们所献六事，也带有臆想的成分。不过是为迎合楚灵王妄自尊大的心理，设计出许多妄自尊大的名目。越是上古的君王，越是没有后世的排场。上古的所谓"圣人"，往往是以艰苦卓绝的个人奋斗赢得天下的尊重。后世的君王，多靠祖宗家业，自己并没有出众的才华，又怎能复制先王的圣德？

楚灵王靠了先人的基业，做成申之盟，自为是天下最伟大的霸主，就做出许多威风来：

宋国参会的代表是太子宋元公。宋元公迟到一步，楚灵王拒绝接待。因徐国君主是吴国女儿所生，楚灵王于诸侯大会的时候，下令将正在开会的徐国君主当场逮捕。

大会之后，楚灵王率领参会的全部诸侯讨伐吴国。吴国虽处于东南，却是北方诸侯的盟友。为此，宋国代表宋元公回避，另派宋国司马华费遂参战。郑国君主郑简公也托辞回国，另派低级大夫参战。楚灵王的联军包围了吴国的朱方。朱方正好是齐国贵族庆封得自吴王的封地。前面提到，庆封在齐国几方面的贵族联合攻击之下逃出齐国，先至鲁国，后又辗转至吴国。吴王封之以朱方。庆封于朱方弃政从商，成一方富豪。

楚灵王举天下之兵压此一邑，当然是取得成功。朱方沦陷之后，楚灵王将庆封的亲人党羽全部杀死，只留下庆封一个活口。为什么要留下活口呢？楚灵王仿照晋文公的践土之盟称霸，又想效仿早先的齐桓、晋文，维护《周约》。他下令将庆封反剪捆绑，背上插一柄巨斧，坐于囚车，巡行于诸侯军营。事前，他派人对庆封说：

"盟主要将你徇于诸侯。巡行之时，你照盟主的要求说话，盟主就会饶你一命！"

庆封问：

"说什么话？"

使者说：

"每进一个军营，你说：**无或如齐庆封，弑其君，弱其孤，以盟其大夫！**（不要像齐国的庆封那样：犯上杀死了自己的君主，擅自与大夫一起决定大事！）"

庆封的一切都已经被楚灵王夺取。生命虽然还存在，却已是生不如死。他对楚灵王恨入骨髓，哪愿意听从这种命令？巡行之时，庆封大声呼喊：

"**无或如楚共王之庶子围。弑其君兄之子麇而代之。以盟**

诸侯。"

译文：不要像楚共王庶出的儿子围那样：犯上杀死了自己的君主、自己亲侄儿，篡夺政权，并与天下诸侯盟誓！

围，是楚灵王的名。麇，则是郏敖的名。人们听了这话，有人发笑，有人议论，甚至还有人喝彩起来：

"说得好！是条汉子！"

楚灵王原想演一出盟主主持正义的戏。结果弄巧成拙。听到这话，只好下令立即杀死庆封。早先齐桓、晋文的霸道，在道义上以维护《周约》为宗旨。正是因为这个宗旨，齐桓、晋文得到天下诸侯的拥护。申之会于礼仪上重演齐桓公称霸的场景，甚至做得比齐桓公还要威风。然而，威风是表面现象，他得不到齐桓那样的尊重。为什么会出现这种变化呢？主要是因为盟主国家向诸侯征收的赋税、劳役越来越重，渐渐积成怨恨。

春秋 176 年的宋之盟，开创出天下和平的局面。楚灵王率天下大部分诸侯进攻吴国，公开打破了和平的局面，违背了宋之盟天下共和的宗旨。宋之盟的和平，只维持了十年。天道有杀，历史的潮流是走向更多的战争。早在春秋 182 年的东虢之会，鲁国就入侵莒国。当时，季孙宿攻取了原属于莒国的郓，导致叔孙豹遭到会议的逮捕。此前一年，莒国君主废长立幼，让展舆成为莒国太子。结果展舆弑父自立，其兄公子弃疾逃奔齐国。季叔宿侵占郓之后，展舆又被国人驱逐，公子弃疾由齐回国。趁着莒国这种内乱，鲁国贵族叔弓率兵扩张疆土，以郓为基础，进一步侵占莒国土地。莒国向来认齐国为保护国，向齐国上交保护费。鲁国担心齐国为莒国出头，频繁向晋国送礼，寻求晋国的支持。凭借晋国的支持，春秋 185 年，鲁国又吞并莒国的附庸鄫国。至春秋 186 年，莒国贵族牟夷以莒国土地牟娄、防、兹叛投鲁国。鲁国方面，当然是欣然笑纳。莒国忍无可忍，带着重礼，投诉于晋国。当时，鲁昭公正好在晋国。晋国方面假装出于大义，要逮捕鲁昭公。鲁国行贿于范氏的范鞅。范鞅关说于晋平公，结果不了了之。次年，难得出门的季孙宿亲赴晋国，再献重礼。晋国方面觉得鲁国的礼数实在是周全，不好意思处理鲁国，却又不甘将盟主的职权如此贱卖，于春秋188年提出让鲁国归还其侵占的杞国土地。前文提到，此前的春秋179年，晋国提出要鲁国归还所侵占的杞国土地。当时，鲁国行贿于女叔齐，所以并不曾认真归还。如今，趁晋国于鲁国有恩，晋国旧事重提，鲁国再也无法推脱。此时，已是楚灵王组织申之盟后的第三年，楚灵王的风头很盛。楚灵王为了虚荣，举行章华台的落成大典，逼迫鲁国参加。鲁国看晋国欲壑难填，转而由仲孙貜辅佐鲁昭公去朝拜楚国。仲孙貜跟随鲁昭公朝拜于楚国，不在家中。季孙宿趁机要仲孙氏为国家作出牺牲：

将仲孙氏的封地成，割让予杞国。

仲孙貜出门的时候，将家事托付与管家谢息。谢息对季孙宿说：

"就算是为人看守个水瓶，也不至于看守的时候将这水瓶借给他人。我家主人跟随君主到楚国，那是公务，也是为了国家社稷。你让我此时献出仲孙氏的土地——我且问你，如果你的手下如此替你做事，你能说他是忠臣？"

季孙宿说：

"我国本是北方国家，本不该去巴结南方的盟主。君主去朝拜楚国，已经得罪了晋国。如果再不答应晋国的要求，我国的罪过就大了！到时候，晋国大军到来，拿什么来应付？你且将成割让给杞国。杞国是个不入流的小国，全靠做了晋国的外公，才敢于向我国提要求。我看，晋国君主的日子也不多了。等他死了之后，下任的晋国君主不会再认杞国这门亲。到时候，我保证将成夺回，重新交还给你仲孙氏。我哪至于让你家没地方居住？今天，我划出桃给你；等夺回成之后，桃也不要你归还。这样算下来，相当于让你家凭空多得一片土地。你何乐而不为呢？"

谢息还担心无法向主人交差，又以桃没有山地为由，要求季孙宿再划两座山予仲孙氏。季孙宿也只好答应。

鲁国违背宋之盟侵略莒国，盟主不予处理。齐国看到这动向，也效仿于鲁国，出兵于燕国。春秋184年，燕国君主燕简公被国人赶出，逃奔于齐国。春秋187年冬，齐景公亲赴晋国，带上礼物朝拜于盟主，说是要送燕简公回国。晋平公忙着修房子养女人，没心思管这些闲事。看这些人知趣，收了钱之后也就同意。次年春，齐军开进燕国。燕国接受城下之盟，送出珍贵玉器瑶瓮、玉櫝、斝耳，另送燕国女儿侍寝于齐景公。经这一番演变，天下共和的和平局面不复存在，列国之间重新战争。并且，比较于早先，战争的规模越来越大，需要的军费越来越多。列国于自家的军费花销之外，南、北两方盟主的上贡一分也不能少，并且一年比一年多。为此，各国不得不加重国税。鲁国于此前初税亩、作三军，郑国也开始了丘赋、刑书。

春秋185年，郑国的子产作丘赋，将郑国赋税增加一倍。这当然引起强烈反对。有人将反对意见告诉子产，子产说出一番名言：

何害。苟利社稷。死生以之。且吾闻为善者不改其度。故能有济也。民不可逞。度不可改。诗曰。礼义不愆。何恤於人言。吾不迁矣。

译文：这有什么关系！为了社稷，我愿意献出生命！我听说，做好事不能改变其规则，才能成功庶民的愿望不能予以满足。规则不能改变。《诗》曰：只要礼义不了错，就不必在乎别人的话。我不会改变这政令！

郑国贵族浑罕对此的评论，也是名言：

国氏其先亡乎。君子作法於凉。其敝犹贪。作法於贪。敝将若何。

　　译文：国氏大概要先亡。君子创制法令，如果创制的时候做得轻，实施起来也难免重。要是创制的时候就重，就更加不知怎么办了。

　　其实，子产作丘赋，是知其不可而为之。他这样做，会让他自身遭人怨恨，却可以延缓郑国的灭亡。

　　子产创制丘赋，引起人们的反抗。为了防止反抗，子产加重刑罚，制定出明细的刑法，将新的刑法条文铸于鼎上公开。这就是著名的子产铸刑书。

　　笔者于前面曾经介绍王的法庭，概述中国刑罚的渊源。按《洪范》的"威用六极"、周朝的五种刑罚，都只有处罚名目，却不说明具体何种行为导致犯罪。根据最初的定罪条款，违反五常（父义、母慈、兄友、弟恭、子孝）应叛有罪。然而，五常这十个字说的是人的思想，根本无法确定为某种具体行为。

　　照"惟辟作威"的思想，王法就像天降灾害的地震、风暴一样，相当于现代的不可抗拒力。人们可以抱怨天灾，但是更多的只能是听天由命。被统治者对于王的处罚抱这种态度，王者想怎样便怎样，天下就可以"垂裳而治"。从法理上讲，有定罪的具体条文，才有无罪的可能。没有具体条文，让任何人于任何时候都处于嫌疑犯的境地。子产源出郑穆公族人，而郑国内阁则带有一定的民主思想，所以创制出定罪的具体条文。此举看似加重刑罚，其实是一种进步。然而，它引起国内国外的反对。晋国的叔向写信给子产，劝阻此事，说：

　　"国将亡，必多制。刑罚的严重程度，是社会状况的反映。越是即将灭亡的国家，越是有更加严重的刑罚。正统的政治，应当通过礼的教化、德的传播来实现。刑罚，只会加重社会的动乱的程度。你干出这种以伤害人为目的的事情，会绝后。"

　　子产回信说：

"世间只有旧的死、新的生，哪有完美的礼和德来保证永恒？我要绝后，郑国要亡。这都是天意，都是不可逆转的。为人，只能尽人事。不能眼看灭亡到来，无所作为。我要在天意的范围之内尽人事。就让我的绝后，来换取国家更长的寿命！"

……

春秋 186 年，楚灵王命楚国令尹芆罷为代表，为自己迎娶晋平公的女儿。读者或许会问：他此前不是娶了丰段的女儿吗？何以又娶？政治人物的婚姻，不同于凡人。贵族婚姻概以政治为风向标。晋平公，乃是中国北方的第一人物，比起郑国的丰氏，岂能同日而语？依照《周约》，正式妻子只能有一个。晋国女儿到楚国之后，丰氏的女儿自然让位。

南方盟主求娶晋国女儿，让晋平公做上南方盟主的老丈人。晋平公颇感得意，亲自送亲至晋国边境。依照《周礼》的说法，原是说女儿出嫁，父亲不得送出二门。晋平公将整个晋国视为后花园，所以送至晋国边境。出境之后，由晋国众卿中的第一号人物韩起为主婚使，晋国上大夫之中的第一人物叔向为副婚使，代表国家，送亲至楚。

二人到郑国时，郑国的子大叔对叔向说：

"楚王汰侈已甚，子其戒之！"

送亲队伍到达楚国。楚灵王召集楚国大夫会议，说：

"听说韩起是晋国众卿之首，叔向是晋国上大夫之首。我意以韩起为阍，为我看门护院；再以叔向为司宫，为我提夜壶！诸位以为如何？"

读者得知，阍是看门人，是由受了刖刑的人担任。司宫是内宫的太监，由受了阉割的男人担任。照这意思，是要砍掉韩起的脚，阉割叔向。楚国众大夫都没有对答，只有芆启疆说道：

"可以。只要有准备，有什么不可以！问题是，你做好准备了吗？

"人家是来送亲，我们本应当依照礼仪来接待。按礼，国际交往朝聘以珪，享顈以璋。下国见上国，那叫述职。上国见下国，那叫巡功。宴席设几案，意不在倚靠，意在排场；爵觥注满酒，意不在饮用，意在礼节。宴席以请吃为名，而宴席中的送礼，超出餐饮的范围；陈列有九鼎，而九鼎之外的陪鼎，象征着主人的厚意，增添了场面的庄重和华美。宾至于国境，必至郊外犒劳；客人离去，必有临别的馈赠。这样做，才是礼仪。

　　"城濮之役后，由于晋国对楚国没有防备，所以邲之役中晋国战败。邲之役之后，由于楚国对晋国没有防备，所以鄢陵之役中楚国战败。自鄢陵之役之后，晋国加强防备，注重于礼，加强睦邻友好，所以楚国不能对鄢陵之役进行报复，只好向晋国结亲。结亲的请求得到晋国的允许，却又反过来想要羞辱晋国，召来进攻。这叫以怨易亲。要是做好了准备，那就可以去羞辱他们。要是没有预计到后果，就该仔细考虑！晋国对待你，在我看来，也算是可以的了。你想要召集诸侯，他就让诸侯都来参加。你向他求婚，他就送来女儿。由君主亲自送出，由上卿、上大夫将其送到。你还想要羞辱他？

　　"晋国的卿，以韩起为首，以下分别是赵成、中行吴、魏舒、范鞅、知盈；晋国的上大夫，以羊舌肸（叔向）为首，以下分别是祁午、张趯、籍谈、女齐、梁丙、张骼、辅跞、苗贲皇。这些人物，都算得上列国诸侯之中的名家豪族。韩襄已经做到公族大夫，韩须已经长大成人，可以受命出使。韩氏的封地有七个邑，都是大邑，都达到了县的程度。羊舌氏之下的四个族：铜鞮伯华、叔向、叔鱼、叔虎，那都是强豪的家族。属下亦有两个县的封地。仅此二人家中就有九个县的封地，可组建九百乘的兵力。如果晋国丧失了韩起、叔向，那么晋国国内的五个卿、八个大夫领军出战，以韩须、杨石做辅佐，用其两大家族、九个县的力量，组建起九百乘战车的兵力。让晋国的其他四十个县的力量来做国内的防守。整顿起武装力量，以怒报耻。由伯华谋划，由中行伯、魏舒来做主帅。还有个打不赢的？你硬要将姻亲关系，换成怨仇关系，用无礼行为召来攻击。又没有个防备。这等于是将楚国群臣拱手送给晋国做臣奴。这样，你就舒心了。可以这样干！你就尽管这样干吧！"

这些话，浇了楚灵王一头冷水。因为这个劝谏，韩起、叔向总算有惊无险。

楚灵王即位前后，是整个春秋时期难得的天下共和的和平局面。这个局面，是由晋、楚两个霸主斗了上百年之后，得出的对盟主而言最好的结局。然而，这个局面的最大受益者晋平公、楚灵王都不珍惜——或者说，被这个局面给惯坏了。北方的晋平公，在位时间远比楚灵王要长。他靠了世袭的制度，成为整个北方第一号人物。至高的富贵，并没有经过艰苦的努力，所以他并不知道这种富贵需要付出怎样的努力。晋平公沉湎于女色，误将女人的虚情假意视为天意和真理。为了满足美女于床头上提出的无休止的要求，晋平公立项建设虒祁宫。差不多与此同时，南方的楚灵王出于类似的原因，开建章华之台。当时，周王虽有享受的资格，却没有相应的资金。而晋平公、楚灵王之下的其他人，无论怎样的享受，首先必须考虑一个"本分"的问题：

他们的享受，永远不能够高过晋平公、楚灵王。如果高过，就会受到处理。

在这种情况下，全天下的人之中，只有晋平公、楚灵王能够无限制地进行享受。人的欲望是没有尽头的。特别是，女人于床头上提出的要求，很多时候如同于小孩子家的撒娇，想一出是一出，也不管是否能够办到。偏偏天下又有这样两个男人，具备了满足这种要求的条件。于是，一些匪夷所思的东西就产生出来。晋、楚都花费极大的财力，来建设只是满足虚荣却没有多大实用价值的东西。这个花销，大到足以影响国家气数的地步。晋、楚两个春秋时期最长久的霸主，正是在这两个项目之后，开始走向衰落。笔者也无从得知当时的建筑盛况，只录译后世的张景阳所作的《七命》的一段。文中所述，乃是后世的规模。然而，就建筑的立意而言，同是因为专制，同是因为君主个人的虚荣。读者或许可以于其中想见春秋时候的奢侈：

......

兰宫祕宇。彫堂绮栊。云屏烂汗。瑶壁青葱。应门八袭。琁台九重。表以百常之阙。圃以万雉之墉。尔乃峣榭迎风。秀出中天。翠观岑青。彫阁霞连。长翼临云。飞陛凌山。望玉绳而结极。承倒景而开轩。颓素服炳焕。棼栱嵯峨。阴虹负檐。阳马承阿。错以瑶英。镂以金华。方疏含秀。贺井吐葩。重殿叠起。交绮对幌。幽堂昼密。明室夜朗。焦螟飞而风生。尺蠖动而成响。若乃目厌常玩。体倦帷幄。携公子而雙游。时娱观于林麓。登翠阜。临丹谷。华草锦繁。飞采星烛。阳叶春青。阴条秋绿。华实代新。承意恣欢。仰折神蘨。俯采朝兰。遡蕙风于衡薄。眷椒涂于瑶壇。尔乃浮三翼。戏中沚。潜鳃骇。惊翰起。沈丝结。飞矰理。挂归翮于赤霄之表。出华鳞于紫渊之裏。然后縱棹随风。弭楫乘波。吹孤竹。拊云和。渊客唱淮南之曲。榜人奏采菱之歌。歌曰。乘兔舟兮为水嬉。临芳洲兮拔灵芝。乐以忘戚。游以卒时。穷夜为日。毕岁为期。此蓋宴居之浩丽。子岂能从我而处之乎。

......

译文：散发着香气的宫，隐秘的房间；进行了雕刻的厅堂，色彩奇丽的窗。一道接一道，打开九道门，才进入；一层又一层，上九层楼台，才登上。差不多有一百丈高的阙来做这宫殿的地标。差不多有一万里的墙来做这宫殿的城墙。它的高处的露台，有着地面所没有的风。它的楼高矗，几乎要戳破天。裙楼，傍着青山；回廊，掩映晚霞；飞檐，直穿入云中；阶梯，踏山于脚下。比照星空来装饰宫殿的内顶。打开露台的窗，可以看到四千里的远方。尽世间一切色彩，涂饰成绚丽。尽世间一切图案，装饰出文采。自屋脊至屋檐，雕龙蜿蜒而下。高台的四脚，雕马做成地基。蓝田玉、珠崖金，四处悬挂。方的天井，有无数翠绿植物。圆的水井，里面开放着最珍奇的花。大殿一座挨一座，层层叠叠。帷帐一层又一层，两两相对。因为深邃，暗房在阳光灿烂的时候也漆黑；因为高敞，明室在无星月的夜里，也亮堂堂。鸟鸣虫唱，蟋蟀在堂。要是心中烦闷，转游后花园，登上青山，下临深谷。繁花锦草，春华秋实。采芷采兰，溯洄于江边、水岛。驾船游湖，惊起一片鸥鹭，打起几多巨鱼。箭射晚霞边的大雁。桨打水波，橹摇风声。凭舷吟啸，吹一段采菱的洞箫，唱一曲俚人的渔歌。歌词是：

乘凫舟兮为水嬉。临芳洲兮拔灵芝。

用欢乐来忘却忧愁，以游乐来打发时光。夜以继日。终年如此游玩。这种居家生活，你愿意跟着我去住吗？

至于其中的音乐和女色，则可以参看曹子建的《七启》的一段：

……

情放志荡。滛乐未终。亦将有才人妙技。遗世越俗。扬北里之流声。绍阳阿之妙曲。尔乃御文轩。临洞庭。琴瑟交挥。左篪右笙。钟鼓俱振。箫管齐鸣。然后姣人乃被文縠之熠燿。扬翠羽之双翘。挥流芳。燿飞文。历盘鼓。焕缤纷。长裾随风。悲歌入云。蹻捷若飞。蹈虚远蹠。凌躘超骧。蜿蝉挥霍。翔尔鸿翥。潎然兔没。纵轻体以迅赴。景追形而不逮。飞声激尘。依违厉响。才捷若神。形难为象。于是为欢未渫。白日西颓。散乐变饰。微步中闺。玄眉绝兮铅华落。收乱发兮拂兰泽。形婧服兮扬幽若。红颜宜笑。睇眄流光。时与吾子。携手同行。践飞除。即闲房。动朱唇。发清商。扬罗袂。振华裳。九秋之夕。为欢未央。此声色之妙也。子能从我而游之处。

……

译文：居家生活，还有另外一种好处。那就是美女的音乐歌舞。美貌脱俗的女子，跳起《北里》舞，唱起《阳阿》曲，在那洞庭湖边的高台之上。管弦乐有琴、瑟、箫、篪、笙，打击乐有钟、鼓。舞女，上穿有花纹的上衣，外罩以轻纱，又披着长带。亮光闪闪的金步摇（头饰，为悬挂物。因随步伐而摇动，故而名为步摇。）。头插两枝长长的美丽羽毛。流动的，是她们身上的芳香；闪烁的，是其衣服的花纹。长裙舞出风；悲伤的歌，直入云霄。步伐敏捷，仿佛在飞。脚踏之处，犹如踏上虚空。跳高的形象，如同马跃升空。歌声婉转之处，如同蝉鸣悱恻。快步飞奔，犹如鸿。俯身下蹲，犹如水鸭潜身入水。接连跨步，影子追不上身形。高音阶段，震落梁上的灰尘，回声经久不息。力量、速度和灵巧，神乎其技。其美貌，其形态，画笔难描。不知不觉中，至夕阳西下。收起乐器，进入闺房。汗津了胭脂香，头散乱了发型。近身相处，与她们言笑。其脸色，透出红润。其目光，流动精彩。其体香，犹如幽兰。牵着其手，踏上台阶，点起蜡烛，放下蚊帐。她又为你唱起情歌，为你解开了衣裳。这一整夜的欢娱，足够你享受到尽兴。这是音乐和美色的好处，你愿意跟着我去享受吗？

楚灵王网罗起歌儿舞女、伎人优伶，将其充斥于章华台。既有巧夺天工的建筑，又有千奇百怪的娱乐，仿佛是天上人间。如此，他尚觉不足。有什么不足呢？人性的欲望，没有得到哩，想要得到；得到之后哩，又想要向天下人宣告自己的得到。楚灵王觉得自己的这些享受需要加上天下人羡慕的眼光，方才完美。为此，他想要举行章华宫的落成典礼，邀请诸侯参加，让别人来看自己这些特别的享受。好像别人越是羡慕、嫉妒、恨，自己就越是满足。楚灵王召集诸侯讨伐吴国，已经让晋国很不满意。现在为了个建筑的落成，又召集诸侯，楚灵王很担心诸侯不来参加。好在，当时的晋国君主，为人与楚灵王类似，也是沉湎于声色，不理政事。所以这落成典礼，得以按计划执行。春秋188年，楚国太宰芋启疆，专门去要求鲁国参加章华台的落成典礼。芋启疆用一种威胁、要挟的口气，逼迫鲁国：

昔先君成公命我先大夫婴齐曰。吾不忘先君之好。将使衡父照临楚国。镇抚其社稷。以辑宁尔民。婴齐受命于蜀。奉承

以来。弗敢失陨。而致诸宗祧。曰我先君共王引领北望。日月
以冀。传序相授。於今四王矣。嘉惠未至。唯襄公之辱临我
丧。孤与其二。三臣悼心失图。社稷之不皇。况能怀思君德。
今君若步玉趾。辱见寡君。宠灵楚国。以信蜀之役。致君之嘉
惠。是寡君既受贶矣。何蜀之敢望。其先君鬼神。实嘉赖之。
岂唯寡君。君若不来。使臣请问行期。寡君将承质币而见于蜀。
以请先君之贶。

译文：早先，你国的先君成公对我国的先大夫婴齐（此前
的楚国令尹子重）说：我记念鲁、楚间的历史友好，准备让衡
父到楚国去。婴齐在蜀接受了这个承诺，将这承诺带回到楚
国，明告于宗庙。所以，我国的先君共王天天望着鲁国的到
来。从那以来，我国已经传了四个王（共王、康王、郏敖、灵
王），鲁国人没有来。只有鲁襄公曾经来参加我国的葬礼。我
国君臣为此很痛心。我国甚至不能够保有自己的社稷，哪敢指
望你的光临！现在，如果你国君主愿意到楚国，让楚国荣耀，
同时也实践在蜀所承诺的诺言。那么，我国君主就算是受恩惠
了。那不光是对于蜀之会的承诺的期望，也是践信于我国宗庙
神灵。如果你国君主不来，那我就此请问：我国该在哪一天出
行？出行到蜀去，带着礼物到蜀去见你国君主，请求你国的先
君的恩赐！

这"请问行期"的说法，是说鲁国不来，楚国就要选日子
派军队进攻鲁国。在这种威胁之下，鲁昭公朝拜楚国。随行的
人物，是仲孙氏的仲孙貜。关于仲孙貜，流传着一个艳情故
事。相关事情，下回再叙。

楚灵王与庆封之间的闹剧，正如春秋大义之"求名而亡，
欲盖而章"。《春秋》有此惩恶扬善之义，笔者也吟成几句打
油诗：

曾经叱咤风云，儿孙俱是豪杰。
经商仍旧大腕，富豪堪为名人。

名人之言名言，最宜用作广告。

借君临终遗言，买我盟主之名。

盟主之名得传，弑君之罪可掩。

甫料不听使唤，二贼之名俱传。

放散第六十九回

践盟约有子无弃　惭韩起玉环籍手

上回提到，芇启疆用外交辞令威胁鲁国。鲁昭公只好带上重礼，亲自参加章华宫的落成典礼。随行的相，是仲孙氏的当家人仲孙貜。

鲁国是传统的北方国家。鲁国君主亲赴楚国，让楚灵王感到很有面子。为表重视，楚灵王亲自于章华台宴请鲁昭公。宴会之上，特意于国中选出些胡须浓密的人来做接待人员。

当时，楚国虽自号为王，却不为北方国家承认。孔子的《春秋》，先是称楚国为荆，继而称其为楚。就是到了最后，明明楚国已经拥有半个中国的疆土，却也只称其为"楚子"。这个"子"字，是子爵之意。按公、侯、伯、子、男的级别，楚国的级别等同于小邾那样的国家。国际上老是这样歧视，楚国难免就有些自卑。春秋时候南北方外貌的差异，比当今要明显得多。古人崇尚武力，以高大健壮为美。而武力强健者大多体毛浓密。于是，整个古代中国，都以胡须浓密为美。就是流传至今的武圣关羽，也以五缕长须为独家商标。楚国人大多体形较小，皮肤细腻而体毛稀少。楚灵王故意找出胡须浓密的人接待鲁昭公，是自卑心理作怪。

宴席上，楚灵王一时高兴，又将"大屈"赠予鲁昭公。

"大屈"是什么东西呢？是一张弓。这张弓被楚国视为国宝。鲁昭公根本不懂待人接物。仲孙貜年轻，缺乏阅历，也不会说话。所以，场面之上，鲁国没有推辞，收下了大屈。宴会之后，楚灵王后悔，又命芳启疆设法要回大屈。对楚国而言，此举显得小家子气。然而，楚国方面因此认为仲孙貜不懂礼：

你的君主不懂事，你也不懂事？场面上送东西，从来都有个相赠、推辞、再相赠、再推辞，如此三次，才好收受。何况，大屈乃楚国国宝，你如何闷声不响，一赠便收？

楚国派人向鲁国方面含蓄地表达这种抱怨，仲孙貜知道后，悲恼自责，追悔不已。因为此事，仲孙貜回鲁国后苦修《礼经》，立志学礼。他听说国中有个贤人孔丘，乃是仁义礼法的大师，就命自己的两个儿子仲孙何忌、南宫敬叔带上束修，师从于孔丘。上回提到的香艳故事，就是指仲孙何忌、南宫敬叔的身世。

春秋192年，仲孙貜到褆祥去与邾国君主进行盟誓。回国的路上，途经一个名叫丘泉的地方。丘泉地方有一个农家姑娘，正当十五六岁。花一般的年龄，水一般的情怀，充满少女的梦想。她看到仲孙貜，一时间为情魔所困，想要主动出击，趁仲孙貜借宿于丘泉的时机，私奔于仲孙貜。然而，男女间素昧平生，自己不好唐突，思来想去，她找到平日间与自己要好的一个女友，对女友说：

"我看到了仲孙氏的当家人。想不到他这么年轻！"

女友道：

"啊！他长什么样？快说来听听！"

丘泉女说：

"胡须还不到一掌长，只好二十岁。比我高两个头，不胖不瘦。我看见他双脚一垫，就跳上了马车，连膝盖都不弯一下！那架势，比我们乡里最强壮的男人还要有力！他穿着贵重的礼服，上面画了好多漂亮的花和鸟。他身上的一块玉佩，都值我们几年的工钱！他是我见过的最漂亮的男人！"

女友眼中充斥了嫉妒，说：

"你是不是看上他了？"

丘泉女说：

"看上又能怎样？我们这样的人，怎么能够接近他？"

女友说：

"是啊！这样的男人，谁不想嫁呢？不如我们今夜就嫁了他罢！"

两个姑娘家，做事冲动，竟然定下计划，要在当天夜里私奔于仲孙貜。按当时的习俗，二人于行事之前到丘泉的神社之下义结金兰，立下如下誓言：

如果生下贵族的儿子，彼此绝不抛弃！

是夜黄昏，二人到仲孙貜的旅舍。先由女友怀抱一只羔羊，求见于贵族，说：

"荒野村姑，闻贵族驾临，进献羔羊，与贵族侑觞。"

仲孙貜乃是鲁国权臣、仲孙氏的当家人。这种乡下人送礼的事情见得也多了。也没留意，就命手下收下礼物。不想，这姑娘交付礼物之后，却不离去。仲孙貜这才将她上下端详：

农家女，穿着没有染色的麻布衣裙。上衣袖短，露出手腕，皮肤还算白净。下裙亦短，露出小腿，小腿结实好看。

仲孙貜有了些兴致，渐渐将目光转到姑娘的胸、腹一带。姑娘噗嗤一笑，说：

"大人不用看，外面还有个姑娘。是她让我送的东西。她比我漂亮！"

仲孙貜正好旅途寂寞，所以召进两个姑娘。劳燕双飞，杜鹃啼血，当天夜里就做成一箭双鵰。邂逅相遇的新奇，一边是旅途寡欢，冲撞如牛吼柳影；一边是处女怀春，娇喘如莺啼婉转……

仲孙貜的这一次艳遇，差不多为生平所仅有，视之为内心深处最为宝贵的东西。仲孙貜舍不下二女，将其带回家中。回家之后，由于二女并非明媒正娶，所以就视为女奴，命其服侍家中老婆。因路途上尝到了甜头，仲孙貜经常与二女同房。后来，丘泉女生下了仲孙何忌和南宫敬叔。她的女友却没有儿子。兑现当初的誓言，她将小儿子南宫敬叔过继给自己的女友，使其成母、子关系。后来，女友一房分家出去，始建南宫氏。仲孙何忌与南宫敬叔本是同天同地的亲兄弟。因有这一段故事，二人在仲孙貜家中，算作两房。按当时母以子贵的传统，丘泉女和她的女友都分别由奴而妾。后来，仲孙何忌做了仲孙氏的当家人，丘泉女又由妾而妻。就连其女友，也成了《百家姓》中南宫氏的开创者。

......

鲁昭公、仲孙貜远赴楚国的时候，晋国派使者向鲁国索要杞国的土地。季孙宿趁机将仲孙氏的封地成给杞国，以削弱仲孙氏的势力。就在一年，北方盟主晋平公再度病危。郑国的年度上贡之际，晋平公再度问诊于子产。出面的人物，是晋国第一大夫韩起：

"我国君主重病已经三个月，群臣奔走告祭于四方神灵，均无好转。最近，君主梦见黄熊闯入其寝宫。请问这是何方神灵作祟？"

子产已经有上一次的经验，就不用再请教于内阁，直接由自己临场发挥，编出故事：

"凭盟主的英明，又有你这样的贤才辅佐，什么样的鬼魂敢来作祟？至于说黄熊，早先尧殛鲧（禹之父）于羽山，鲧的神灵化为黄熊，沉入羽山之下的深渊。夏朝郊天的时候，就要祭祀鲧。传至商、周，都保持对鲧的祭祀。现在晋国为天下盟主，与早先的商王、周王是一样的，理应祭祀鲧。是不是贵国没有祭祀鲧？"

得了这个提醒，晋国赶紧组织对鲧的祭祀。早先的《山海经》《尚书》，都只提到尧殛鲧于羽山，并没有什么黄熊之说。鲧化为黄熊，是子产临时编造的神话。然而，子产此前曾经有治愈盟主的大功。子产怎么说，晋平公就怎么做。晋平公都相信的神话，天下谁还不信？于是乎，这个故事就流传至今。也不知是何缘故，晋国祭祀了鲧之后，晋平公的病又有了好转。为表感谢，他将莒国上贡的两尊方鼎赠予子产。

子产此行，另有一件事务：为郑国的丰氏将州归还晋国。州这个地方，渊源久远。第八回提到，春秋11年，周桓王将12个邑送给郑庄公，用来交换郑国的土地。州就是这12个邑之中的一个。晋国称霸之后，扩张疆土，将这12个邑逐步吞并。最初的一次，是春秋88年的晋文公勤王。当时，晋文公向周襄王请求"隧"的礼制。周襄王于拒绝之后，作为补偿，将阳樊、温、原、攒、茅送给晋文公。此乃晋国疆土跨出太行山的第一步，晋文公特别重视，将原封赏给赵衰，将温封赏给狐毛之子狐溱。后来，赵盾与狐射姑争夺政权，狐射姑出走北方，赵氏就兼并了温。原和温有晋国重臣驻守，成为重要的军事基地。到后来，晋国又吞并了这12个邑的其他部分，就将州隶属于温。再后来，又将州单独划出，封赏于郤氏。至栾盈造反之前，州辗转成为栾氏的封地。栾氏灭亡之后，按例将栾氏的土地赏予功臣。范氏、赵氏、韩氏都想得到州。赵武说：

"州早先隶属于温。温是我的领地。按隶属关系，州应当归我。"

范匄、韩起说：

"从郤称开始，州就已经单列出来。郤称之后，州的主人都已经换了三次。如果土地的所有权都依据早先的隶属关系，那晋国的土地大多数都要重新划分。"

这个话说得在理，赵武只好放弃。当时，赵武是第一大夫。赵武不要，范氏、韩氏也不好意思要。于是，将州归属君主晋平公。春秋184年，郑简公在丰段的陪同下朝拜晋平公。朝会之中，丰段表现得很有礼貌。韩起对晋平公说：

"先君三驾之时，多亏子丰在郑国做我国的内应。子丰的功绩不可不赏。丰段是子丰之子，请将州封赏与丰氏。"

这是怎么回事呢？当时，列国的大夫之间都有私交。北方小国的大夫往往于晋国世族之中结交某人为靠山，以便有人在盟主那里替自己说话。那情况，就仿佛清朝的地方官结交京官一般。丰氏的靠山，正是韩起。韩起想要得到州，又不好意公开要，所以请晋平公将其转赠丰氏，想要由丰氏转手，最终让州归属于韩氏。丰氏体谅韩氏的想法，暂且托管州田。丰氏认韩起为宗主，哪敢要韩起想要的土地？就在这一年，丰段去世，家业传至其子丰施。趁子产到晋国的时机，丰氏托子产将州归还晋国。此时，韩起早已经是第一大夫，而晋平公又病中。子产对韩起说：

日，君以夫公孙段为能任其事，而赐之州田。今无禄早世，不获久享君德。其子弗敢有，不敢以闻于君，私致诸子。

译文：早先，盟主欣赏公孙段，赐给他州田。现在他过世了，再也不能享受盟主的恩德。他的儿子不敢占有州田，又不敢通报于盟主，所以托我私下将其交还与你。

场面上，韩起当然推辞。子产又说：

"俗话说：其父析薪，其子弗克负荷。施（丰施）自家的那点家业都照顾不过来，哪里能胜任大国的恩赐？在你执政期间，他可以贪图这点好处。如果你的继任者以州为由头，挑起晋、郑之间的领土争端，反为我郑国之罪。那样的话，丰氏反倒要成为罪人。你接收州田，既是保护我国，也是保护丰氏。所以，请你收回州田。"

韩起本是假装客气。话说到这份上，也就同意收回。他通报于晋平公，说是凭了自己的极力斡旋，得以将晋国的故土收回。晋平公说：既然是你要回来的，就赏给你吧！韩起仍然担心晋国贵族说三道四，又联络宋国的乐大心，用州来换乐大心的封地原。经过十多年的经营，联络了两个外国，韩起总算得到想要的好处。而晋国的政权，也正是在这些小事件之中，日积月累，慢慢浸润，转入到权臣手中。

丰氏退还州田，起因是丰段之死。而丰段之死，传说是鬼魂作祟。前面提到，良霄原本是郑国执政上卿，因与驷氏、罕氏、丰氏不和而灭亡。铸刑书之后，有人想要制造动乱，以反对子产，就寻找出良霄的灵魂为由头。有人在新郑城中奔走、惊呼：

"良霄来了！良霄来了！"

又有人说自己梦见良霄对自己说：

"壬子日，我要杀死带（驷带）。下一年壬寅日，我又要杀死段（丰段）。"

春秋187年的一个壬子日，驷带去世。春秋188年正月壬寅日，丰段又去世。梦境成为现实，让人们更加惊恐。子产本人，就是个编造鬼魂的行家，深知这种伎俩里面的诀窍。子产的应对办法是：

立良霄之子良止为良氏继承人。同时，立子孔之子公孙洩为孔氏继承人。

子太叔乃是子产内定的接班人。他需要学习怎样治国，就问子产：

"难道良霄真能化成鬼魂作祟吗？"

子产说：

"能！人刚出生，就有身体。这身体叫做魄。魄一接触到阳气，就派生出人的神气，这神气叫做魂。如果人生在世所接受到的事物又多又精，就造成这人的魂魄特别强健。这种特别强健的魂魄会形成与天意一样的东西，像神灵一样反作用于现世的人类。普通人，如果在世时候各方面都强，死了后，其魂魄也能影响到活着的人。这种影响，就叫做厉。良霄是我国的先君穆公的后代，是子良的孙子，子耳的儿子，他本人又是我国的卿。郑国虽只是一个小国，谚语说：即使是在小国，要是能够三代都做其执政大臣，那影响就非凡。良霄是大族，影响面广。在这种情况下，良霄的死，就能形成鬼魂。"

其实，这话有一定的道理：

活着的人要受曾经有权势的死者的影响。早先特别有权势的人死后，其在世时候的权势会延续其影响至死后。所谓魂影响人，不过是人们对于死者生前的说话做事的记忆在起作用。这就好比毛泽东虽死，毛泽东思想却继续影响后世。毛泽东思想，就好比是毛泽东的魂。

子太叔又问：

"那你立子孔的后人又是为什么呢？"

子产说：

"梦境成真，让人们迷信起来。我必须顺应大众的迷信思想，所以要立子良之后。然而，我不能让这种迷信思想为所欲为，不能让有的人以为用这种迷信手段可以干涉政治。我要让人们知道：梦境成真只是偶然。为此，我要故意让没有预兆的事情发生。子孔的鬼魂没有做什么，我就故意让子孔也得到祭祀。为什么呢？这是告诉他们：事情的决定权在我，而不在冥冥之中的鬼魂。我以此告诉他们：我知道你们的想法。你们适可而止。借尸还魂的招式，可以有一，可以有再，不可有三！如果再三如此，子晳就是榜样！"

子太叔听后，心下暗称"老辣"。后来，他继承子产的位子，事事师承子产，一如姜维师承诸葛亮，仰之弥高，钻之弥艰！然而，为孔氏立后，终成败笔。事情后续可见。

远至春秋时候的子产，就有无神论的思想。关于子产的无神论思想，再举一例：

春秋199年夏五月（夏历三月）丙子，中原地方出现持续大风。风向为东北风，从丙子日至壬午日，大风持续了七天，并且风势越来越大。当时的人们每日都需要用柴火做饭。持续的大风造成火种吹散。时当晚春时候，中原地方还有不少的枯草、落叶之类的易燃物。由于大风持续不断，被吹散的火种点燃易燃物，引发大面积火灾。当时的建筑，全部都是用木材、竹子、草之类的材料建成，多为易燃物。而人口聚居的城市住房集中，就很容易造成大的灾害。宋国、卫国、陈国、郑国的都城都遭到几近于毁灭的火灾。人们除了转移重要财物之外，只有祭祀和祈祷。郑国巫师裨竈请求子产用国中宝物献祭于神灵，祈求神灵保佑，让火灾赶紧结束。子产一心救火，不予理会。子太叔说：

"整个国家都快要烧光了，你还舍不得这点东西？"

子产说：

"你以为裨竈就能够知道天意？他不过是每次遇到事情，都站出来发表预言。预言发表得多了，难免有那么一、两次碰巧预言正确。求神是天道，救火才是人道。天道远，人道迩。你让我舍近求远？"

……

穆公族人之中的孔氏，在春秋169年的政变之中灭亡。子产立公孙泄为孔氏继承人，出发点是为了对付自己的政敌。然而，此事带有为早先的事情翻案的意味，引起郑国贵族的非议：

春秋197年，郑国君主换成了郑简公之子郑定公。这一年，韩起出访郑国，致贺郑国新君。贵客驾临，郑国举国响应。子产下令：但凡有资格赴宴的人，务必注重礼仪！

笔者于前面介绍了鲁国的季氏做东请臧氏为主客，地点是在季氏的家庙之中。郑国这一次宴会，地点选在郑国宗庙，其礼仪有所不同。

到达庙门之前，郑定公向韩起行揖礼。按公爵对大夫的礼仪，应当是公爵行礼之后，率先进门。之后，大夫随后进入。进门之后，大夫应当行三次揖礼，且弯腰更低，让手揖至地。之后，大夫应当走在公爵后面。每逢登台阶，应当在公爵登上第三级台阶之时，才迈步登第一级台阶。

韩起自春秋182年接替赵武的正卿之职，至此已经有十五年。盟主国家的正卿，名分上虽然还是人臣，实际的级别早就是等同于小国的君主。郑定公行礼的差不多同时，韩起也行揖礼，彼此平拜。郑定公是主人，按礼应当先进门。双方谦让，郑定公抵死不肯先进门，让韩起先进门。到二门，又是这一番客套，仍然是韩起先进门。之后，进入天井。韩起毕竟是客，依礼走到西厢过厅的阶梯之下。郑定公赶紧趋奉上前，将其请至北面正厅的主客位，自己于阼阶相陪。郑定公之下，郑国众卿依次而入。此时子皮已经去世，其子子齹继承罕氏家业，第一个进入。后面依次是国氏的子产、游氏的子太叔、驷氏的驷偃、丰氏的丰施、印氏的印癸、良氏的良止。孔氏的公孙泄已经去世，家业传至其子孔张。按顺序，良止之后就应当是孔张。然而，孔张迟到，此时不在行列之中。众卿算是副东，其席位在东厢过厅，按北尊南卑排列。众卿之后，是普通大夫，居于众卿以南，亦位于西厢过厅，亦按北尊南卑排列。大夫之后，又是士；其席位在南面过厅靠东位置，面北背南，按西尊东卑排列。士虽有席位，其几案之上只有酒器，没有菜肴；只能于贵人敬酒之时举酒相陪，没有下酒菜。晋国方面，韩起一人坐于整个宴席的最高位置，面南背北。其随从按礼仪全部设席于西厢过厅。

宴席设两组乐队，分别在主、客两边。主人一边的乐队，在阼阶以东，从北至南依次排列五组：第一组笙组、第二组磬组，演奏者是既有技艺，又有美色的男女，其朝向面西背东。第三组是笙组。第四组是编钟四列，围成"口"字形。第五组是镈组。三、四、五组的朝向则是面南背北。客人一边的乐队三组：第一组磬组，也选既有技艺、又有美色的男女，其朝向面东背西。特意安置于阼阶以东靠近韩起的位置。第二组编钟，第三组镈组，排列在西厢过厅的韩起的随从身后，朝向面南背北。

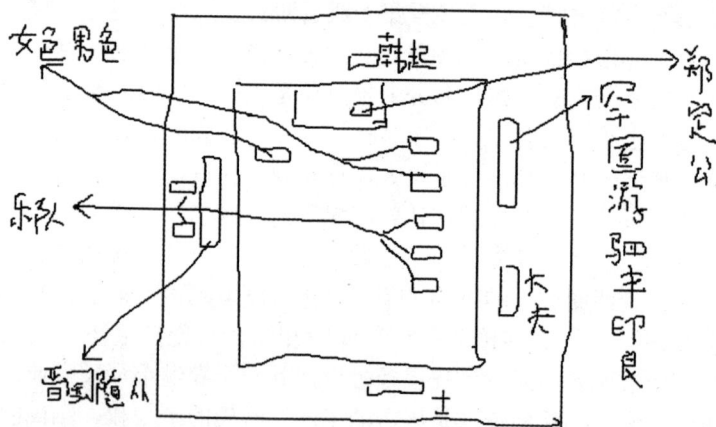

从韩起的位置看下去，左边是美色，右边也是美色，都面向他进行演奏，都是一副具有色诱性质的打扮。这个讲究，秉承的是儒教《乐经》的思想：

"乐"字，既解释为"音乐"，又解释为"快乐"。如果仅有音乐，还不是世间最快乐。世间什么事情最快乐呢？那就是性的诱惑。按国人的传统，席间郑国还要命郑国最尊贵、最漂亮的女人来服侍韩起，喂韩起喝酒。那才显得足够尊重。至于侍寝，则不在话下。宴席中只有韩起、郑定公二人能够看到这些美女、娈童的正面。卑贱的人，只能看到乐工吹吹打打的样子；对于美人，只好是从背影来发挥想象。

宾主正在其乐融融之际，迟到的孔张匆匆赶来。子产于事前专门打了招呼，孔张却偏偏迟到。为此，孔张心中慌张。他本应当进门右拐，到东面去做副东。慌忙之中走错路，左拐至西厢过厅，到了韩起的随从席间。这种场合，专门设有司仪。司仪将孔张赶走。孔张更加慌乱，又继续往西，站到西宾的背后。司仪又将孔张赶走。孔张无处立身，又往西，躲到四列编钟中间去。晋国众宾看到郑国贵族如此出丑，议论纷纷，相视而笑。就是主宾位子上的韩起，也不禁哂然。

事后，有人故意撩拨子产：

"应对大国使者，不可不慎！晋国人在宴席上嘲笑我国贵族，势必小看我国。小国应对大国，处处小心，尚且担心出错。现在子张（孔张）在宴席了给国家丢脸，这是你的耻辱！"

子产上下打量这人，说：

"你是什么意思？孔氏立后，是先君的决定！你说孔张失仪，是想指责先君？我，不过是君主的臣奴。要是我为君主办事出了差错，那当然是我的责任。至于说孔张，乃是早先的执政大夫子孔的后人。他家的地位，为天下诸侯共知。其家业世袭，其官位世袭，于军队之中有职位，于祭祀之中有位子。君主的祭祀，他有受脤；他的祭祀，归脤于君。宗庙之中有他孔氏的位子；朝廷之中，也有他孔氏的位子。孔氏的地位，代代相传。那是国家政权的基石。不要说你无权过问；就是我，也无权定夺！你是什么人？敢问及国家政权？敢诋毁先君？"

这一番抢白，让问者惶惧。位高权重者压制下僚，大抵都是这种口气。权臣就算一时间算计失误，出点差错，总可以用这种话来遮掩。不光是遮掩，并且可以吓得别人不敢声张。其实，子产一直在扶植国、游、印三房，为的是与同母所生的罕、驷、丰抗衡。为孔氏撑腰，不过是这个策略的一种发展。

……

韩起手头有一枚玉环。这玉环原先是一对。韩起手里一枚，另一枚流落到郑国商人手里。韩起趁这出访的时机，请求子产帮他要这另外一枚。子产说：

"这不是官府的东西。我不知道。"

有人问子产：

"他是大国的上卿。向你这点小东西，你都舍不得？你不怕得罪大国？"

子产说：

"我正是想要结交大国，才予以拒绝。他如果向我要更值钱的东西，我倒会认真考虑。至于这种小东西，我应当拒绝。小国事奉大国，要是搞成有求必应，那就不再是不同的两个国家。那就让小国变成大国直属的土地了。我就是要找借口拒绝他，以便让晋国知道：我们并非有求必应。晋国知道了这一点，才会尊重我国。我这是为国家利益考虑。"

韩起私下找到郑国商人，提出用钱来买另一枚玉环。然而，郑国商人说：

"我可以卖给你。但是，按我国商人与政府的约定，你必须先征求我国政府同意。"

韩起无奈，只好又找到子产。子产说：

"我国贵族与这些商人，早先都来自周部落。到了这地方之后，我们与商人达成了一种契约。彼此约定：他们在郑国经商，赚了钱，我们不能强夺。同时，他们保证在政治上忠于郑国。因你是外国使者，所以他们担心涉及政治，违背契约。你要是实在想要，我让他卖给你就是。然而，你须按正常行市来购买，不能强买。按理说，就是由我国出面，将这东西买来送给你，那也不打紧。但是，买这点小东西，拿到外交上来做，传出去了，显得不成体统。尤其有碍于你的名声。要是国际上说你到郑国来，就是为了索要这点东西，一则人家会说你贪财，再则也有伤盟主国家的体面。我不送你玉环，是为了你和贵国的声誉。请你理解！"

早先，韩起为晋平公迎娶齐国女儿，结果收了子尾的钱，用子尾的女儿冒充。他为了得到州田，苦心经营十多年。其人生性极其贪婪，所以为了一对玉环，一再交涉于子产。他是晋国第一大夫，到郑国来，却遭这一番抢白。想要反驳，却又无从说起。子产说要照顾他的"清誉"，这尤其让他感到羞愧。到韩起离开郑国的时候，子产觉得过意不去，又依照当初七子从君以宠赵武的方式，组织起郑国众卿为韩起饯行。席间，子产唱起《羔裘》：

羔裘如濡，洵直且侯。彼其之子，舍命不渝。
羔裘豹饰，孔武有力。彼其之子，邦之司直。
羔裘晏兮，三英粲兮。彼其之子，邦之彦兮！

照这诗意，是极力地夸韩起。韩起连称不敢当，反倒于离去的时候悄悄找到子产，将原计划带来配对的那枚玉环送给子产，说：

"这块玉险些毁了我一世的名声，我还要它作甚！就让它来籍手，让我拜谢你的诤言！"

他将这玉环放到地面，下跪之后，手置于玉上，头叩于手背，向子产行再拜之礼……

就在韩起访问郑国这一年，晋国君主晋昭公去世，其子晋顷公继位。晋昭公在位六年（春秋192年至春秋197年），其父晋平公则在位时间（春秋166年至春秋191年）长达26

年。长达 26 年的时间里，晋平公耽于享受、不思进取。大致来讲，晋国于晋平公之后，渐渐就丧失了霸主的地位。之后的晋国君主，不光在国际上没有盟主的威风，而且国内的政权，也渐渐沦落到权臣手里。与之类似，南方霸主楚国也是在楚灵王（春秋 183 年至春秋 194 年在位）去世之后渐渐丧失霸主地位。晋国丧失霸主地位主要是因为君主怠于政事，权臣谋求家族利益。楚国之所以丧失霸主地位，却主要与对外战争有关。大致可以这样说：晋国因和平而衰落，楚国则因战争而衰落。晋国由和平惯养出不思进取的懒惰情绪；楚国则由野心而发起战争，由战争而伤及自身。相关情况，下回再叙。

笔者揣摸丘泉女的盟誓，描摹其情景：

丘神泉神，实鉴此誓：臂血荐绘，仰承休咎！神怒人怨，偕手赴难；天幸幽草，有子无弃！联袂决行，取义《大车》：岂不尔思？畏子不奔！

对等第七十回

晏平仲端委观战　穿封戍装痴献媚

上回说到，晋国因和平而衰落，楚国因战争而衰落。南北两个盟主的衰落，大致发生于同一时期。笔者以对等之式，交替介绍南北政局的演变。

楚国的战争，主要是应付吴国。此时的吴国军队，陆军已经不弱于中原，而水军则是中原第一。即使是单打独斗，吴军已经不弱于楚军。如果说吴军还有不如楚军的地方，那就是楚军能够以盟主之威，号召起南方盟国参战。吴国与中原国家论起同为姬姓的同根之谊，与北方盟主晋国结成攻守同盟；这已经抵消了楚国的优势。在这样的形势，楚灵王选择了分隔晋吴、争霸中原的基本国策。

春秋185年，楚灵王组织的申之会上，因徐国君主是吴国的外甥，于会议上逮捕了徐国君主。徐国于春秋187年公推仪楚为使者，送礼于楚国，请求楚灵王释放其国君。楚灵王拿腔做势，又逮捕了仪楚。仪楚早就预料有这种情况，设计出逃回国。楚灵王大怒，命令尹芳罷率军伐徐。吴军救助徐国，出兵至当今安徽的豫章，驻扎于乾溪，阻断芳罷的行军线路。吴、楚战于房钟，楚军大败。芳罷是楚灵王最信任的人，不怕追查，所以诿罪于下级，将手下将领杀死抵罪。

同年，楚灵王讨伐吴国，攻取了朱方，逮捕了庆封。之后，许国君主面缚衔璧，降于楚灵王。楚灵王迁赖国国民于鄢，又迁许国国民于赖。同年冬，吴国实施报复，入侵楚国，攻取了棘、栎、麻。吴军进逼，楚国将领沈尹射后撤，沿汉水南下，后撤至当今的武汉。当时，楚国将领箴尹宜咎驻守于当今河南南部；楚国将领芳启疆驻守于当今的安徽巢湖；楚国将领然丹驻守于当今安徽淮南一带的州来。由于冬雨绵绵，迁许国国民于赖的工作只好暂停。

至春秋186年，楚灵王组织起多方力量，报复吴国：

一路由楚国将领芳射领军，集结各方部队，会合于当今的武汉。

一路由越国的常寿过领军，绕出吴军背后，计划与楚灵王会师于琐。

一路由楚国将领芳启疆领军，随时策应战局。

吴军西进迎战，遭遇芳启疆的部队，双方战于当今安徽庐江。这个地方，是后世的三国著名人物、周瑜的故乡。楚军大败。楚灵王不等集结部队，乘驿车赶赴前线，到达罗汭，与沈尹赤会师于莱山。芳射看君主亲至，赶紧表现，率军进逼南怀。楚灵王统帅军队紧随其后，到达汝清。南怀、汝清，乃是吴、楚交界地带，地理上属于长江中下游。水乡泽国，比较于楚国本部，地理上大大不同。吴国水军往往于月夜弥江而至，一阵火箭，烧杀楚军。到白天时候，却又隐于汀曲港沱，无迹可寻。楚军连遭几次劫营后，楚灵王亲登箕山，查看军情。众将以为：

此地水路迥异于我国本部，且周围都是吴军间谍。若长久僵持，恐不利于大王的安全。

楚灵王说：

"东夷地方江湖险恶，我岂不知！就是开拓疆土至此，收获些菱芡虾蟆，于我也无大利。然而，不灭此吴国，它随时都要溯江而上，侵扰我郢都，让我无心北伐。诸位须明了：北伐是我国大计。然而，不灭此吴国，北伐中原就无从说起！"

理想虽是这般高远，眼看打不过，楚灵王也只好变战为守。命沈尹射驻守于巢湖，命芳启疆待命于零娄，自己本人则先回郢都。

楚灵王组织申之会之前，特意知会了晋国。为了巴结晋国，楚灵王主动提出要娶晋平公的女儿，做晋平公的女婿。当时，晋平公洋洋得意，亲自送亲至国境，又命正卿韩起、第一上大夫叔向送亲。送亲至楚国后，楚灵王却想要砍韩起的脚，割叔向的生殖器。后因芳启疆进谏，方才作罢。春秋187年，晋平公的女儿回门，由楚灵王的亲弟弟楚平王为使者。晋国有人提出趁机逮捕楚平王，报复于楚国。叔向进谏：

"他不仁，你不能不义！我国已经定下不与楚国争锋的国策，又何必于这儿女小事上计较？"

此时的晋平公，长久地将政事托付给权臣，积习已深，已经不能无视叔向的意见。叔向一劝，就得过且过。就在这一年冬天，齐景公亲赴晋国送礼，请求主持送燕国君主回国的事情。晋平公又予以批准。次年春，齐军伐燕，拥立燕简公。

燕国是战国七雄之一，却很少出现在春秋史上。笔者于此简介其身世。春秋时候，有两个燕国：南燕国、北燕国。南燕国在当今山东省境内，于春秋初期曾经与郑国交战。这个国家在春秋时期就已经灭亡。北燕国即是战国七雄之中的燕国。正是因为春秋时候就有南燕国，所以十六国时候，慕容超的政权也号为南燕，并且位置也在山东。北燕国传说是周成王时候的"三公"召公的后裔，与周公齐名。召公也属姬姓，但不是周朝君主系的近亲。周成王封召公于当今的北京，始建北燕国。召伯之后，九传至燕惠侯。春秋前106年，燕惠侯去世。次年，其子即位，是为燕僖侯。之后，历僖侯、顷侯、哀侯、郑侯、穆侯、宣侯、桓侯、庄公。燕庄公年代，北燕国受到山戎侵略，求助于盟主齐桓公。当时，齐国的霸业路线图选北燕国为第一步的目标。齐桓公北伐山戎之后，向周王申请，将北燕国由侯爵晋级为公爵，故而桓侯之后的君主号为"公"。燕庄公之后，历庄公、襄公、桓公、宣公、昭公、武公、文公、懿公、惠公、悼公、简公。燕简公之后，历简公、献公、孝公进入战国时期。春秋184年，燕简公被国内贵族赶走，逃奔齐国。按早先的王道，要求"礼乐征伐自天子出"。一国的国君的废立，须由天子来决定。进入春秋之后，霸道兴起。废立诸侯的职权落入盟主手中。按霸道的规则，应当由晋国决定燕国君主的废立。燕国在地理上位于华北平原，但是其国力较弱。很少参与中原的政局。它较多地与齐国发生关系，地理上虽是北方国家，在晋楚之从交相见的规定之中，却与齐国一道，被划入南方同盟。而齐国又是仅次于晋、楚的大国，时常不服从盟主号令。晋国在楚国的强势之下一再示弱，齐国趁机谋求霸权，所以有齐景公送燕简公回国。至春秋197年，齐景公讨伐徐国取得胜利，召集起齐、徐、郯、莒会盟于蒲隧，大致形成齐国小霸于东方的局面。

晋平公年代，晋国的盟主权威达到前所未有的高度。同时，晋国权臣、世族经过长达百年的经营，由制度、积习和君主的懈怠，已呈厚积薄发之势。晋平公处理了栾氏，以为从此万事大吉。然而，历经百年政治变革之后，淘汰赛的胜出者赵氏、韩氏、知氏、范氏、中行氏、魏氏已经具备极强的政治免疫力。他们于国内彼此结成利益同盟，同进同退；又结交外国势力，声威波及天下，其权势盘根错节、牢不可拔、坚不可摧。晋平公内心也想压制权臣的势力。预计到这种处理必将是牵一发而动全身。如果贸然行动，必然落得晋厉公那样的下场。故而将这种想法深埋于心底，至死不敢实施。赵武、韩起，都是由晋平公破格提拔而崛起。然而，赵武以个人在国际上的私交促成宋之盟；韩起执政后，又反对晋平公开战的意见、纵容楚灵王的军事行动。正是因为权臣的掣肘，晋国渐渐丧失霸权。盟主国家是这样；整个北方诸侯，大致与之类似。鲁国已经是三桓的天下；齐国的齐景公，经历了崔氏、庆氏的动乱之后，于国际上渐渐有些起色。然而，齐国走上了与晋国相同的道路，也是霸业稍稍有点成就，政权就暗落他人之手。

齐桓公去世后，五子乱齐。君主系轮番变更，让早先的世族国氏、高氏坐大。五子乱齐结束后，齐国君主系致力于压制国氏、高氏。为了压制国氏、高氏，扶植起崔氏、庆氏。崔氏、庆氏不是长期执掌大权的世族，其德、其行比国氏、高氏还要可怕。于是，齐国君主又反过来处理自己所提拔的崔氏、庆氏。想到外人不可信，所以提拔子雅、子尾。子雅、子尾源出齐惠公，而齐景公则是齐惠公的曾孙。子雅、子尾之所以执掌政权，靠的是血亲关系。二人知道君主重用自己的原因，于政治上确实也是站于君主的立场。然而，此时的齐国，动乱已经常态化。伺机而动的家族，比比皆是。这其中，最厉害的角色，乃是源出陈国的田氏。

春秋 184 年，子雅去世，家业传至其子子旗。春秋 189 年，子尾去世，家业传至其子子良。子旗与子良同辈，同为惠公族人。他比子良年长，又比子良早当家五年，所以深体同根之谊，处处照顾子良，主动担当起子良的家事。他担心子良没有魄力，镇不住手下的家人、党羽，就于子良当家之初，代子良处理了一些人，新建一批党羽。子良的家人之中，因此有这样的议论：

"我们的主人已经将近二十岁，哪里就管不下这个家？子旗杀死我家管家，任命他的心腹来做我家的管家。没安好心！"

此时，田氏的当家人已经由田须无换成田无宇。田无宇看惠公族人内部出现矛盾，主动找到良氏，说要帮助良氏对付子旗。双方计议已定，田无宇已经穿上盔甲，准备进攻子旗，忽接家人急报：

子旗来访！

田无宇大惊，赶紧回房，换上一身出门游玩的便装，然后至大门迎接子旗。子旗看田无宇的行头，说：

"你这架势，是要到哪里去玩？"

田无宇说：

"闲来无事，正准备外出散心。不想贵客来访，来不及更衣，失敬冒犯，万望海涵！……

"听说良氏召集武士，要杀你。有这事么？"

子旗说：

"没听说过。"

田无宇又说：

"如果真有这事，你可要当心！他胆敢如此，我愿意为你效劳！"

子旗正担心田氏怂恿子良对付自己。看对方如此说话，稍稍放心：

"子良？脑子都还没有长齐，能够做什么？我看他还是个孩子，担心他办不了大事，所以事事教诲他。我又申请于君主，赐他美秩。当初，成王教导康叔云：惠不惠，懋不懋。我与他是兄弟，不得不为他操心。手足之情，何至于说到彼此相攻？"

这个话，是提醒田无宇：不要挑拨良、旗之间的兄弟友情！田无宇看对方已有戒心，只好继续潜伏。此事之后，子旗继续用五常之中的"兄友弟恭"来教导子良，兄弟感情很是融洽。二人上朝在一起，下朝喝酒、玩女人，也在一起。子旗察觉田氏暗存杀心，想要处理田氏。因鲍氏是田氏的同党，所以也想处理鲍氏。又想到自己两兄弟大权在握，无惧于田、鲍，所以拖延下去。春秋 191 年夏，田无宇接到密报：子旗、子良正在着手谋杀田氏、鲍氏。田无宇换上军装，驾车赶赴鲍氏家中。路上遇到子良。子良歪倒在马车上，酒醉未醒。到鲍氏家中，鲍氏当家人鲍国也已经接到密报，也换上了军装。二人计议：第一步，先派人再探惠公族人的动向。回报说：

子良与田无宇于路上遭遇之后，到子旗家中继续喝酒，二人此时正在喝酒、听歌、观舞，玩得不亦乐乎！

田无宇、鲍国当机立断，立即率军包围子旗、子良。情急之中，子良建议：

"赶紧入宫，护卫主公至安全处。君主在我们手下，看他们凭什么召集人手！"

田氏、鲍氏与惠公族人战于虎门。国中贵族纷纷选边站队，投入战斗。只有晏婴例外。晏婴穿起上朝时候穿的礼服，站于虎门之外观战。手下问他：

"我们帮田氏、鲍氏？"

晏婴说：

"他们有什么好，凭什么帮他们？"

手下又问：

"那就帮栾氏（子旗）、高氏（子良）？"

晏婴说：

"他们又能好到哪里去？"

手下说：

"两边都不帮，来这里做什么？不如回家吧！"

晏婴说：

"我毕竟是国中大臣。现在君主受到围攻，国中大乱，我怎能安坐于家中？"

·····

战斗持续了十来天。子良率军进攻齐景公的时候，田氏发起心理战，宣言于国中：

"高氏背天反常，胆敢进攻君主！人养一条狗，狗尚且知道亲昵于人。君主对高氏有天覆地载之恩。高氏反倒图谋弑君。此乃猪狗不如之举！此人等，岂可立身于人间？！"

在这种宣传影响下，子旗、子良战败，逃奔鲁国。按照惯例，田氏、鲍氏瓜分惠公族人的家产。此时，晏婴私见于田无宇，进谏说：

"我建议你将这些财产交给君主来发落。礼让，是人类的第一美德！"

田无宇说：

"我不喜欢听那些虚的道理，你且说实际的好处！"

晏婴说：

"但凡是有血、有气的生物，都有争夺之心。你想要这些财产，别人何尝不想要？你现在把它抢到手，别人会照你的方法，又从你手里将它抢走。你想要得到，结果却是失去。你将已经抢到手的东西让给别人，结果就会是别人遭抢。何况，得人心者得天下，你应当看重人心的向背，而不是财产的归属。"

晏婴两边都不帮，却又跑去观战。是个什么心理呢？他不过是想知道哪一个能够取胜，自己好选择巴结哪一个。他这个话，说的是礼让的大义，其实是效忠于田氏。田无宇乃是田氏崛起的第一号人物，其智力非常人可及。听了晏婴的诤言，他举一反三：将惠公族人的财产交公，并且还进一步，向齐景公提出自己要退休，归老于莒国。齐景公哪能同意他退休？——让他退休，岂不让忠臣寒心？齐景公想：

莒国虽是我国附庸，毕竟不是我国疆土。他说要归老于莒国，那简直就是流亡于外国。这是他特别地谦逊，不愿要齐国的土地。这是反讽于我，要我赐给他封地。

于是，齐景公将靠近于莒国的大片土封给田无宇。田无宇却抵死不接受。齐景公感到疑惑。他的母亲对他说：

"他不要，无非是嫌地方小了。另赐个大的城市，不就行了？"

于是，齐景公将齐国东部的高唐赐给田氏。由此，田氏的经济实力更加雄厚。田无宇于表面上礼让，暗中却趁此时机收买惠公族人的政敌。春秋181年，子尾为扩张自己的权势，陷害齐国贵族闾丘婴。闾丘婴何许人呢？他是齐后庄公的党羽。崔杼诱杀齐后庄公的时候，闾丘婴出逃。崔氏、庆氏相继倒台，所以闾丘婴又回到齐国。齐景公视闾丘婴为君主系的忠臣，予以重用。子尾则视闾丘婴为政敌，故意命其讨伐鲁国。当时，齐、鲁友好。鲁国派出使者询问师出何名。子尾说是闾丘婴擅自兴兵，将闾丘婴处死抵罪。闾丘婴的党羽闻风而逃。同年，因为担心齐景公重用君主系的其他亲族，子尾又将惠公族人之外的公子、公孙驱逐出国。至此十年之后的春秋191年，田无宇向这些流亡外国的齐国贵族发出公函：

"惠公族人挟持君主，擅弄主权。诸位乃齐国精英，遭其迫害，远离宗庙长达十年。现经君主倡谋、田氏出力，已将惠公族人驱逐、禁锢。诸位的痛楚，君主言之悯然。无宇亦心有戚戚焉。请诸位回国，官复原职，另赐封地。"

这些人回国后，田无宇为之运动，帮助其索还早先的官位和封地。于是，齐国朝廷多是田氏党羽。

楚军于争夺徐国的房钟之战大败。楚灵王看打不过吴国，只好于软实力上下功夫。他于次年组织诸侯参加章华宫的落成典礼，向诸侯宣示楚国声威。与吴国的战争原本已经将他的斗志浇灭；赶上外国内乱，又激起他的进取心。

春秋189年，陈国发生内乱。事情的起因，是陈哀公的去世。陈国传统上是楚国的附庸。晋悼公施展三驾期间，陈哀公生出亲晋的想法。陈国由此分裂为亲晋、亲楚两派。两派斗争的结果是，陈哀公处理了叛乱的庆虎、庆寅，陈国仍然附庸于楚国。陈哀公嫡妻郑姬生子偃师。偃师已立为太子。第二夫人生公子留。第三夫人生公子胜。陈哀公最宠爱的是第二夫人，所以为公子留物色了两个监护人：

一个是官居司徒的公子招。另一个是公子过。公子招、公子过都是陈哀公的弟弟。

早先，陈哀公的另一个弟弟公子黄受庆虎、庆寅的陷害。事后，陈哀公重用弟弟，所以公子招官居司徒。至春秋189年三月，陈哀公患病。公子招、公子过趁机杀死偃师，立公子留为太子。陈哀公于病床上悔恨不已，上吊自杀。事后，公子留由太子转升君主，政权随之由公子招、公子过执掌。公子招命干徵师将陈国君主更替的情况通告于楚灵王，求盟于楚。然而，公子胜也逃奔至楚，也求盟于楚。就是此事让楚灵王的斗志死灰复燃。

楚灵王处死干徵师，声讨陈国。公子留闻讯，不敢居于祖国，逃奔郑国。陈国国都中的公子招，杀死自己的同党外加亲弟弟公子过，函其首至郢都，说一切谋划均出自公子过，自己一点也不知情；如今处理了公子过，向盟主谢罪。楚灵王正想趁机吞并陈国，哪管这种杜撰的情节？春秋189年冬，楚灵王借口陈国废长立幼，命楚平王率军灭了陈国。去的时候，带了偃师之子陈惠公，说是要拥立陈惠公。攻下陈国之后，却不立陈惠公，而是立楚国贵族穿封戌为楚国属下的陈国公爵。穿封戌何许人呢？前文提到，郑、楚战于城麇，穿封戌擒获郑军主帅皇颉。当时，楚灵王命伯州黎裁判，抢占擒获皇颉之功。穿封戌气愤不过，提戈追杀楚灵王。楚灵王即位之后，以为穿封戌是个勇敢耿直的人，予以重用，故而封以陈国。他以为：自己不计前嫌，应当得个胸怀宽广的美名，就问穿封戌：

"城麇之役的时候，你如果知道有今天，应当会让着我？"

穿封戌揣测楚灵王爱慕虚荣的心理，回答说：

"当时，我只知道效忠于当时的君王，如果能够预知有今天，必然尽忠于先王，拼死也要杀了你！"

楚灵王闻言仰天长笑：

"我肘压玉璧，我生有命在天！有上天佑我，就算是偌大的陈国，无需征伐，即自生乱象，由我俯拾取之！但凡天下想杀我的人，终究会像你一样，反过来为我所用，效忠于我！"

伴随着这种狂妄的心理，楚灵王重启争霸中原的战略。他想要于中国的南、北分界地带，西起楚都郢城，东至大海，建立起一串相互连接的军事基地。以此一线为基础，南征灭吴，北伐灭晋。笔者为方便理解，称这条线为"晋吴分隔线"。这个计划，差不多类似于秦始皇修建万里长城，好算是春秋史以来第一浩大的军事工程。楚国的军民，为之奔走劳役，不得休息。而这条战线附近的人民，就更加悲惨：

当地的原住民，被划分为战斗编制和非战斗编制。战斗编制编入基地。非战争编制的人民，就如同游牧之中的牛羊，被驱赶至战线以南。有的地方兵员不足，需要从外地调兵来补充。有的地方早先人就比较多，新迁入人口之后，城里容不下，又进行二次迁徙。

这个计划自春秋 190 年开始实施，直到春秋 194 年楚灵王去世，都还没有彻底完成。春秋 190 年第一批迁徙的情况如下：

位于当今河南叶县的许国国民，迁至当今安徽亳州以南的城父。叶县为之空虚。于是又将许国以南的方城的人口，迁往叶县。许国人口迁到城父之后，城父又承受不了这许多人口。于是又将当今安徽凤台以北的土地，分割出一部分，归入新建于城父的许国。对城父城中的新老居民进行挑选，选出武力强健者，迁往位于当今柘城的陈国。读者于图上可以看出，陈在许与城父之间。这第二次迁徙，纯粹是平白地绕着圈走冤枉路。陈国人口增多，原有的土地承受不起。又将城父西北的土

地，分割出一部分，归入陈国。这一番迁徙的主旨，是将陈国打造为策应南北的重要军事基地。

读者注意：当今国家建三峡工程，只迁走三峡一带部分居民，已经被看作了不得的大事，引起国家相当的重视。而古人视祖先坟茔为信仰所在，尤其不愿意背井离乡。楚灵王实施如此规模的大迁徙，被迫搬迁的人怎能不怨声载道？后来，有人提出反对楚灵王，各地军民纷纷参加；就是因为此举造成了极大的民愤。

楚灵王大出风头的时候，晋国却在收缩力量。前文提到，卫献公反正之后，经齐、郑求情，送女儿给晋平公做性奴，得以保住位子。至春秋179年，卫献公去世，其子继位，是为卫襄公。春秋188年，卫襄公去世。此时，有人建议于韩起：

"值此楚国猖狂之际，尤其要爱护盟友。卫国是晋国最不能丧失的附庸，趁其君主去世，应当尽力拉拢卫国。"

韩起命范鞅赴卫国吊唁，并趁此时机归还了卫国的戚。戚这个地方，自春秋139年开始，就已经受控于晋国。整整四十年的时间，它要么成为晋国的外臣，要么直接归属于晋国。至此，重回卫国疆土。此事也标志由晋、楚争霸导致的代理战争大致结束，国际局势已经进入"后冷战"时代。

晋平公无心与楚国争锋，而是尽量享受他人生最后的时光。春秋189年，晋国的虒祁宫工程完工。比照于楚国章华台，也是天下诸侯前往祝贺。晚年的晋平公，成天就在虒祁宫中玩乐，撞钟舞女，酒池肉林，不问政事，任凭手下的世族为所欲为。

当时，晋国的疆域已经与周朝交界。春秋190年，周朝属下的甘国，与晋国贵族阎嘉出现领土争端。有了这个由头，晋国的梁内、张趯伙同陆浑戎侵入周朝领地，抢占周邑颍。此时的周朝，哪还有争夺的能力？周景王无力出兵报复，只好致信与盟主，抬出老祖宗来哀告：

我自夏以后稷。魏。骀。芮。岐。毕。吾西土也。及武王克商。蒲。姑。商。奄。吾东土也。巴。濮。楚。邓。吾南土也。肃慎。燕。亳。吾北土也。吾何迩封之有。文。武。成。康之建母弟以蕃屏周。亦其废队是为。岂如弁髦。而因以敝之。先王居檮杌于四裔。以御螭魅。故允姓之姦居于瓜州。伯父惠公归自秦。而诱以来。使偪我诸姬。入我郊甸。则戎焉取之。戎有中国。谁之咎也。后稷封殖天下。今戎制之。不亦难乎。伯父图之。我在伯父。犹衣服之有冠冕。木水之有本原。民人之有谋主也。若裂冠。毁冕。拔本。塞原。专弃谋主。虽戎狄。其何有余一人。

译文：我朝自夏朝的时候，以后稷的名义，拥有魏、骀、芮、岐、毕。这是我朝在西方的土地。到武王的时候，打败商朝。东方，拥有蒲、姑、商、奄的土地。南方，拥有巴、濮、楚、邓的土地。北方，拥有肃慎、燕、亳的土地。我朝的疆域，何等宽广！文王、武王、成王、康王之所以封自己的同母弟为诸侯，不过是怕周朝出问题，怕周朝沦落！怎能像头上的冠，时间长了、旧了，就抛弃、背弃！？我们的先王将那些凶人放逐到边疆，所以姓允的奸人居住在瓜州。我的伯父、你国的惠公从秦国回国后，将这姓允的奸人诱到中原，让他们逼近我姬姓，进入我朝郊外。不然，我这周围哪来的戎！这是谁造成的！？后稷以农耕创建中原文明，而今游牧的戎进入中原，这岂不是灾难！？请伯父你仔细考虑！我与伯父你之间的关系，我如冠冕，你如衣服；我如木之根，你如木之枝干；我如水之源，你如水之流；我如庶民的谋主，你如庶民。如果伯父你坚持要毁坏冠冕，拔出木根，堵塞水源，背弃谋主，那么，你与农耕文明之外的戎、狄有什么两样？我还指望你做什么？

这话中提到的允姓奸人，就是陆浑戎。周景王不敢指明晋国的入侵，用的是旁敲侧击的外交辞令。信送到晋国，并没有到晋平公手里，而是落入韩起手中。韩起看了这一篇"大义"，不禁踌躇起来。叔向对他说：

"周朝虽弱，却有王的派头。按周朝的习惯，这封信要抄报于鲁、卫之类的国家。现今楚国势大，我国的号令越来越不受尊重。如果欺侮周朝，就更加不得人心，更加号令不动诸侯。"

韩起说：

"我也有这一层顾虑。凑巧，听说王后去世。就以吊唁为名，简单道个歉，将此事抹过。"

韩起命赵成做使者，到周朝吊唁，顺便交还所侵占的土地，遣返俘虏的周朝战俘。周景王觉得对方如此给面子，惶恐不已，下令抓捕甘的大夫襄，将其交给晋国，任由盟主发落。韩起善待襄，再送些礼物，请襄转致歉意，就此将事情轻轻抹过，晋平公竟然丝毫不知。

就在这一年，知氏当家人知盈去世。因晋平公没有到场吊唁，知盈的灵柩停丧于家中，不敢下葬。知家觉得这样下去不是办法，殃及晋平公身边的一个屠夫，名叫宰屠蒯，请此人帮忙说话。宰屠蒯每天都有个职责：请问于君主，今天宰杀几只牛羊？我所选用的牛羊是否合乎于君主的心意？因为这个职责，他得以见到晋平公。他朝见的时候，晋平公正搂着女人亲嘴。他也不敢打扰，就对晋平公身边的人发了一通训斥。他先是倒好酒，请乐工喝酒，说：

"师旷！你是君主的耳朵！现在时间在子时、卯时之间。本是君主晨读之时。是你让君主听靡靡之音，不听圣人的诚言。你在君主的身边，不以本职进谏，这是你的罪过！"

然后，倒酒请舞蹈队的主管喝酒，说：

"女乐！你是君主的眼睛！应当让君主看到合乎天意的礼仪，接待国中贵族，完成国家的政事。现在你让君主见这些伤身体的女人肉体，你居心何在？"

更奇的是，他最后倒一杯酒之后端起来自罚干杯，然后说：

"我作为君主的屠夫，主管君主的味道。味以定气，气以实志，志以定言，言以出命。这两个人失职，君主却不知道，我于其中也有罪！"

宰屠蒯这是什么讲究呢？这是从书上学来的。古书上有所谓"工执艺事以谏"。那意思是：哪怕最卑贱的人，也可以凭借自己的手艺进谏于最高贵的人。陪晋平公玩的人都被打断，晋平公只好停下淫乐，参加知氏的葬礼，公开立知盈之子知跞为知氏继承人。

春秋 191 年，晋平公去世。天下诸侯纷纷赴晋国吊唁，差不多有举天下而葬一人的规模。鲁国的叔孙婼参加完葬礼回到鲁国，鲁国贵族都去接见。流亡至鲁国的齐国贵族子良，故意迟到，到了之后，又提前离去。叔孙婼看子良面有悻悻之色，趁机教育自己的子弟：

"为人子，不可不慎！早先，庆封垮台的时候，齐国君主赐给子尾许多土地。子尾想方设法，寻找出理由，将封地退还公家。为此，齐国君主认定他是忠臣。子尾临死，被接入宫中。子尾的葬礼，齐国君主亲推其毂。那是何等地荣耀！？其子不肖，流落至此。诗云：不自我先，不自我后。就是说的子良这种下场！"

楚灵王吞并了陈国，以为自己得到上帝特别的眷顾，开建晋吴分隔线。春秋 190 年，建成陈国军事基地。春秋 192 年，又建成蔡国军事基地。要建蔡国军事基地，需要先吞并蔡国。楚灵王怎样吞并蔡国呢？且看下回。

包含第七十一回

翠被豹舄傲天下　式玉式金谏骄王

　　上回说到，陈国内乱，激起楚灵王吞并天下的野心。陈国在当今河南柘城，距离楚都郢比较远。楚灵王要连接陈国至郢都，形成一条隔断南北的楚军战线，所以计划吞并这条线上的蔡国。春秋192年春，趁北方的晋平公去世、晋昭公处于谅闇期，楚灵王进驻当今河南唐河县的申，派使者召蔡灵公至申相会。蔡国之中有人进谏于蔡灵公：

　　"楚王其人，贪婪而无信。他已经灭了陈国，正准备灭蔡。使者币重而言甘，显然是诱你前去，要加害于你。"

　　蔡国自春秋四十年代就已经臣服于楚国，是楚国最稳固的附庸国。蔡国君主慑服于楚国淫威，年年朝拜于楚王，已经有一百多年的历史。受积习影响，蔡灵公明知形势有点不妙，还是随喊随到。只不过，随行带去了七十名蔡国武士，以防意外。楚灵王宴请蔡灵公，于宴席上做出热情洋溢的样子，却暗中将蔡灵公与其手下分开。楚国贵族频频劝酒，将蔡国人灌醉。席上就将蔡灵公杀死。其手下武士，悉数处以刖刑，然后分派到楚国各地去看门。宴会上刺杀成功后，随即命楚平王率军攻陷蔡国。这一次谋杀，已经不再寻找借口，所以将蔡灵公的太子一并处死，直接任命楚平王为蔡国公爵。蔡灵公的太子名为有。有的儿子于后来复国时做上蔡国君主。有的死，比其父还要惨。楚灵王想要组织大战，召集南方民族部落会盟于冈山。会盟的时候，按例要杀牲祭神。楚灵王将有当作祭祀用的牲，将其反剪倒悬于盟坑之上，然后用钝器猛撞其鼻，让血滴入坑中的简书之上。照楚灵王的意思：用牲的血不如用人的血那么珍贵，用普通人的血，又不如用贵族的血珍贵。献上了珍贵的血，必得神灵大佑。对于封楚平王为蔡国公爵，申无宇进谏：

"弃疾（楚灵王之弟楚平王）有再拜玉璧之谶，不可委以大县！早先，郑庄公封段于京，终成兄弟相残；齐封公子无知于渠丘，导致齐襄公之死；卫封孙氏于戚，造成卫国分裂。俗话说：末大必折，尾大不掉。请你仔细考虑。"

楚灵王以为，自己略施小计，又拿下了蔡国，这再次说明自己是上帝最钟爱的人。所以就不予理会。

楚国接连吞并陈、蔡，北方的晋国不得不警觉。中行吴对韩起说：

"陈国灭亡，我国无动于衷；现在蔡国又亡，我们仍然无动于衷。如此以往，天下诸侯会认为我国无力出兵，我国还算什么盟主？"

韩起只好召集起晋、鲁、齐、宋、卫、郑、曹、杞，会于厥慭，共议救助蔡国。会议的结果，却讲成由晋国使者赴楚国斡旋，请求楚国为蔡国复国。楚灵王正在计划比吞并蔡国更加重大的事，对晋国使者冷笑两声，应酬说"知道了"。

春秋192年冬，楚灵王下令同时开建陈、蔡、不羹三大军事基地，做成晋吴分隔线的西段。这其中的陈国，在当今河南柘县；蔡国，在当今河南上蔡县；不羹，则在当今湖北襄樊。这三个基地，再加上楚都郢，连接成横断南北的战线。按楚灵王的计划，由此往东，再将位于当今江苏北部的徐国拿下，晋吴分隔线就算完工。隔断工程一旦完成，就实现了对南北敌人的分割包围。按照楚国灭陈、蔡那样的轻松程度，楚国吞并天下的前景仿佛就在眼前。是否如此呢？且不说这条战线最终没有建成，就是建成了，也不会是那样的前景。从军事上讲，战线越长，具体位置的防守就越是虚弱。古往今来，有很多建设这种防线的例子，大多数的结果都是耗费了天量的钱财，甚至激成经济崩溃，却不能达到预期的结果。这种防线往往呈现

"千里之堤，毁于蝼蚁"的结果。萧衍用浮山堰来防北魏，结果没有建成。明朝、清朝用圈围的方式对付"流寇"，结果得不偿失。就是法西斯德国的西线防守，也因战线太长，最终被盟军寻找到诺曼底登陆的方案。就当时的楚国而言，根本就不用展望吞并天下的战略前景，因为仅仅是建设陈、蔡、不羹，就已经耗尽了国家的财力和人力，激起了楚国绝大多数人的反对。在人们视君王为信仰的年代，楚灵王最后弄到举国反对，遍观天下，无所寄身。其中的原因，章华宫只是小事，建设陈、蔡、不羹才是致命的错误。值得注意的是，后世有很多君王重复了楚灵王的历史。那是为什么呢？楚国自楚庄王开始，历代楚王致力于君王集权，想方设法压制权臣。楚国君主是春秋诸侯之中最有权力者。权力太大，会让人狂妄到极其愚蠢的地步。后世的君王重蹈覆辙，也无非是因为手中的权力太大。

　　按楚灵王的计划，需要拿下徐国，晋吴分隔线才算完工。为此，春秋 193，楚灵王东狩至当今安徽淮南，驻扎于颍、淮合流之处。楚灵王命楚军北上包围徐国，自己本人也北上至当今安徽亳州附近的乾溪，随时跟进战况。

时值冬季，天降大雪，楚灵王立于一辆车轮直径达两米的长毂，巡行于军营，一身王者气概：

头戴皮冠，内穿号为"秦复陶"的纯白雁绒羽衣，外披翠底赤眼羽翎大氅，足登花豹皮靴，手执一根一米多长的马鞭。

无边无际的白色雪地之上，排列着无边无际的黑压压的人马。楚灵王仰天长啸，意满踌躇，志向膨胀到极致。他问右尹然丹：

"早先，我先王熊绎（楚国的第一任君主）与吕伋（齐国的第一任君主）、王孙牟（卫国的第二任君主。）、燮父（晋国的第二任君主。）、禽父（鲁国的第一任君主）都事奉康王（周成王之子）。另外四个国家都有分，只有我国没分。现在，我派人到周朝，要周朝送九鼎给我做分器。周王会给我吗？"

这话中提到的"分"，成为俗语流传至今。现代中国人说"有我的份，没你的份"，其中的意思，正是渊源于这里的"分"字。"分"是指分器，是分封诸侯的时候赐给诸侯国的一种贵重的礼器，相当于镇国之宝。

当初，周朝灭商之后，因周公功大，封之于上古著名部落少皞的故地。那地方是一个缓坡，号为少皞之墟。那就是当今的曲阜。周武王、周成王深知周公十分了得，故意将其封国设置于远离镐京的地方。并且，不让周公去统治自己的封国，而是命周公之子禽父为鲁国第一任君主。当时，分给鲁国的人口，共计六氏，分别是：

条氏、徐氏、萧氏、索氏、长勺氏、尾勺氏。

这六家人就是与管蔡一起谋反的商朝遗民——商奄。分给鲁国的分器则有：

礼仪用车"大路"、礼仪用旗"大旂"、夏朝国宝"夏后氏之璜"、号为"繁弱"的宝弓。

后来，阳虎出逃的时候，就曾经盗走"繁弱"。

周灭商之后，最初是命纣之子武庚禄父继承商朝的家业，继续居于朝歌。命管叔、蔡叔作为监护人，监护武庚禄父。朝歌是商朝故都，其中的商朝遗民尤其倔强，所以出现叛乱。叛乱平定之后，周朝担心商朝遗民继续造反，采取了两个政策：

其一，将商朝王族徙封于商丘、始建宋国，离开自己的故土。其二，将商朝早先的土地分为三个国家：卫、邶、鄘。

分化后的卫国，封予康叔，地点就在早先的朝歌。卫国得到的人口，虽不是商朝王族，却也是商朝遗民，共计七氏：

陶氏、施氏、繁氏、锜氏、樊氏、饑氏、终葵氏。

卫国得到的分器有：

礼仪用车"大路"、制旗用的丝织物"少帛"、用于生产染料的名叫"綪茷"的草、以丝为主体以羽毛为装饰的旗、号为"大吕"的编钟。

晋国的前身名叫唐国。唐国被封到早先的夏朝的故都。分到的人口是夏朝的遗民共计九家。这九家人都姓怀。分到的分器有：

礼仪用车"大路"、号为"密须之鼓"的战鼓、号为"阙巩"的宝甲、号为"姑洗"的编钟。

鲁、卫、晋都是周王的亲兄弟，所以于开国之时得到分器。齐国虽是外姓，因姜太公功大，也得到分器。楚国于周朝无亲无故，所以被周朝从中原徙封至蛮荒的荆山。此事乃是楚国对周朝的仇恨的渊源，历代楚王的北伐与此事有关。九鼎乃是周朝最重要的文物，几乎代表着整个儒教。周朝怎么可能将九鼎当作分器来送人？早先，楚庄王就想得到九鼎，结果没有成。楚灵王说出这话，足见其狂妄。

听楚灵王提起故事，然丹胁肩媚笑，献谀说：

"周王分封不公，不给我们分器。以王时下的威望，当取周王而代之。我们不是要分器，而是要他的贡献哩！"

楚灵王捋髯狂笑，又说：

"早先我的皇祖伯父昆吾（陆终生六子，为六胞胎。一曰昆吾，二曰参胡，三曰彭祖，四曰会人，五曰曹姓，六曰季连。季连为芈姓，是楚国的祖先。）住在旧许。现在郑国贵族贪占旧许的土地，不给我。如果我向他要旧许，他会给我吗？"

然丹对答说：

"他敢不给你！周朝都不敢不给鼎，郑国怎会不给土地？"

楚灵王说：

"早先，诸侯远离我，畏惧晋国。现在我在陈、蔡、不羹建基地，收取的赋，都达到千乘。诸侯该畏惧我了吧？"

然丹对答说：

"当然畏惧你！陈、蔡、不羹就足以让他们畏惧，再加上楚国本部，他们怎敢不畏惧你！"

然丹何许人呢？他是郑国贵族。早先，郑国子孔叛国，穆公族人内斗。然丹作为然氏当家人，站于子孔一边。子孔战败被杀，然丹逃奔楚国。楚灵王巡完三军回营，然丹侍于楚灵王身后。工尹路看到楚灵王回来，说：

"按王的旨意，仿制周武王所用的黄钺。我毁了一面大圭来做钺的装饰，不知样式是否相符？请王察看！"

这是什么事情呢？原来史书记载：周武王于牧野之战时的行头是：左杖黄钺，右秉白旄，以麾。白旄，是周朝时候的一种旗。周朝崇尚文化，特别喜欢在排场、威仪上下功夫。周武王的战旗是用体形巨大的鸟的大羽制成，且全选纯白色，号为白旄。黄钺，则是青铜战斧。新制的青铜兵器呈现黄色，故而名为黄钺。

现代的斧，在当时叫做钺和镢。按古书《六韬》记载：大柯斧重八斤，一名天钺。中国的度量衡，是在秦朝以后才有统一的标准。而且，秦朝之后，不同的朝代又有不同的度量衡。当时的八斤究竟是多重，不得而知。总之，八斤以上的斧，就叫做钺；八斤以下，则名为镢。战争中用的战斧，不但超过八斤，且握柄较长。最长的可以超过三米。周武王体力过人，单手用黄钺没有问题。楚灵王刚才巡视的时候手里握的是马鞭。他觉得必须要是周武王用的黄钺，才足够威风，所以早就命工匠为其复制周武王的黄钺。此前，工尹为他复制出一把黄钺，让他很不满意。什么不满意呢？楚灵王照书上说的样子"左杖黄钺以麾"。谁知道举起来之后，还没有舞动，自己就险些跌了一跤！为什么呢？对他而言，黄钺太长、太重。这其实只怪楚灵王平常玩女人时候多，习武时候少，所以力气没有周武王大。楚灵王再看黄钺的样子，又觉得太普通，不够华美，显不出王者之斧的特别样子。其实，周武王用的黄钺，就是一把普通的战斧。充其量质地更加坚硬，斧刃更加锋利罢了。楚灵王却说是工尹为自己做事不够忠心，所以将制作黄钺的团队集体赐死，另委路为工尹，重新打造黄钺。工尹路访问了前任的死因，揣测楚灵王的心思，将斧头做成空心，以减轻重量。斧身却比普通战斧巨大，且将锋刃做成夸张的两头翘起的形状。比照楚灵王那一米七左右的身高，连柄总长度仅为一米二：直竖于地面，手可以轻松扶住柄端。斧身之上，柄尖冒出，呈现铋形，且为青铜质地，以便于战斗之中冲刺敌人。斧柄本是木质本色，也用专门的涂料涂饰成黄色。斧柄、斧身均饰以花纹。

春秋时候，中国已经流行九种用于装饰的花纹。分别是：山、龙、华、虫、藻、火、粉米、黼、黻。

山是山的形状。龙是龙的形状。华即是"花"，主要是花瓣的形状。卍这个图案，可能就是由华演变而来。虫字在古代指中等体型的动物。由于当时有远比现代多的大型动物，故而将体型最大的一类，诸如恐龙、飞龙、大象、长颈鹿、鲸之类，统称龙。次一级，如虎、豹、凤凰、大雕，统称为虫。再次一级，诸如兔、鼠、麻雀，统称为蚁。当今所谓"昆虫"，是因蚂蚁、飞蛾之类的动物比蚁还要小，故而现代汉语为区别于以上三种，另建一类。其实当今的昆虫，在古代隶属蚁一类。明朝、清朝，官服之中有用麒麟、豹、仙鹤为主要图案者，那就是源出春秋时候的虫的装饰。藻是指水草。直到今天，我国的很多工艺作品仍然以水草为纹饰。这一图案，最常出现于我国的梳背。〰〰这个图案，可能是由藻演变而来。

火有两说，一指"火"字形状的图案，一指火焰形状的图案。粉米相当于当今的面。当时水稻的种植多于小麦，所以将大米碾成粉末状，形成米粉。所谓粉米，意为粉末状的米。它最初的形状，应当是：☁。经演变，大致如"凸"字，也就是游戏之中俄罗斯方块里面常见的一种图案。黼为斧的形状，大致是这样：◧。这个图案经简化，变成：▢▩。黻的形状则是这样：ƧƧ。后世的窗面，常选用黼的图案。而古代的贵重礼服，其裙摆的最下面部分，大多用刺绣的黻形饰边。后来，有人于这九种花纹图案之外，再添加上日、月、星辰，合计成十二种，号为法服十二章。用日、月、星辰、山、龙、华、虫装饰上衣，用藻、火、粉米、黼、黻装饰下裙，形成最初的皇帝专用礼服，号为"法服"。再到后来，法服变得更加复杂，号为"日月龙凤衣"、"山河地理裙"。然而，究其本源，是源出春秋时候的九种纹饰。

且说当时，工尹路为满足楚灵王的虚荣，于复制的黄钺上装饰出许多花纹。这些花纹，即不是雕刻，也不是镂空，而是将一整面玉质的圭毁去，切割成不同形状的饰件，嵌入斧身、斧柄之上。这让黄钺以黄色为底色、玉色为纹色，相得益彰，越发好看。楚灵王看了之后，满心欢喜。再模仿周武王，左手拾起，舞动几下。呼呼的风声之中，黄钺舞动成花，金光四射，威武狰狞，那斧身上的装饰的猛兽，仿佛要跳下来吃人……

趁楚灵王跟随工尹路进内室的时机，楚国贵族析父小声对然丹说：

"你得王的信任，半个天下的人都指望你！王的狂妄，已经激起无数人的怨恨。然而，你对答于王，犹如回声！"

然丹说：

"你该知道他的性格！顺着他的情绪说话，事情容易说成。稍有不慎，他会比照处死庆封的方法，先割舌封嘴，然后再处死！到时候，任你什么样的话，也说不出来！前不久，成得臣之孙成虎，只因提到若敖二字，犯了他的忌，就被处死。

那你是知道的。你放心，得机会我会进谏。"

　　说话间，楚灵王从内室出来。仿制的黄钺让他很满意，所以满面春风，心情不错。他看到楚国内史倚相从门口走过，就对然丹说：

　　"此人号为良史。他能够背诵《三坟》《五典》《八索》《九丘》。历史方面的知识，你可以向他请教。"

　　然丹发现难得的进谏时机，说：

　　"我已经请教过了，其实他也没什么历史知识。我问他《祈招之诗》，他都不知道；再古一些的历史，那就不用问了。"

　　楚王说：

　　"什么《祈招之诗》？我也没听说过。"

　　然丹说：

　　"我也是听别人传说：早先周穆王得了八匹骏马，制成八骏马车，乃是天下第一迅捷的马车。听到从镐京至西方神山昆仑，可以朝发夕至……"

　　周穆王乃是楚灵王第一仰慕的偶像。听到这个话题，楚灵王很感兴趣，他希望听到点周穆王厮会昆仑山上的西王母的详情，所以认真倾听。然丹接着说：

　　"周穆王驾着八骏马车，巡狩天下，时常不在镐京。当时周朝的卿士做了首诗，劝周穆王减少出游。那就是《祈招之诗》。"

　　楚灵王原想听点艳遇故事，不想却引来自己最讨厌的进谏，心中火起，故意责问：

　　"你说别人不行，那你可知道这诗说些什么？"

　　然丹大声背诵，声响和诗意，都称得上晨钟暮鼓：

　　祈招之愔愔，式昭德音。思我王度，式如玉，式如金。形民之力，而无醉饱之心。

　　译文：祈招一片苦心，宣扬美德的声音。他希望我王的美德如白玉一般纯洁坚贞，如黄金一般华丽辉煌。他祈祷我王：

政令参考于庶民实际的能力，而不是只想满足自己的私心！

楚灵王听了这首诗，头脑里犹如一道闪电划过，陡然间看清了自己近些年的作为。场面之上，他不好意思多说，只是简单向然丹行个揖礼，赶紧进内室去自省其身。

楚灵王已经认识到自己的错误，然而，世事已经无法挽回。各种各样的因，共同促成一个果：

推翻楚灵王，结束楚国人民的痛苦！

反对楚灵王的力量，最基础的乃是那些在迁徙之中流离失所，丧失家产，甚至家破人亡的普通庶民。然而，在当时的政体下，庶民的政治愿望，只能通过贵族内部的斗争来反映。贵族内部，已经形成反对楚灵王的多方政敌：

头号大敌，不是别人，乃是得到楚灵王重用的楚平王。楚平王是楚灵王的弟弟，曾经有再拜叩璧之谶。楚共王为了选立继承人，四方拜神。拜神的结果之中就有楚平王为王的征兆。古人特别迷信；而人们对君主的信仰，正建立于迷信之上。楚平王为王的征兆，虽不存在什么神灵的帮助，却因为迷信的习俗而造成人心的支持。灭陈国之后，楚平王成为陈国公爵。后来，穿封戌去世，楚灵王又让楚平王兼任蔡国公爵。楚国此时正在建设陈、蔡、不羹三大军事基地。这让楚平王手握重兵。

二号大敌，是楚灵王的另外两个兄弟：子干、子皙。楚灵王弑君的时候，根据"缓追逸贼"的亲亲之义，故意放走了子干、子皙。子干逃奔晋国，子皙逃奔郑国。这两个人之所以成为楚灵王的对手，又与另外一个人有关。那就是第三号大敌：观从。观从何许人呢？早先，楚康王为了集权，一再处理权臣。处理子南的时候，对子南的宠臣观起处以车裂之刑。观起之子观从出逃至蔡国，投身于蔡国贵族朝吴。观起与楚国君主系有杀父之仇，暗中发誓报复。

第四号大敌，是蒍氏。蒍氏的祖宗蒍贾，被成得臣害死。蒍贾之子孙叔敖得楚庄王重用，做到令尹。孙叔敖的侄儿蒍子冯，也做到令尹。蒍子冯之子蒍掩，得到屈建的重用。楚灵王继屈建之后为令尹，为了建立权势，他灭了苪掩一家。苪氏四代高官，养下很多子孙党羽，于民间很有威望。苪氏残余的党羽，成为反对楚灵王的重要力量。

第五号大敌，乃是早先的若敖族人。若敖家族于楚庄王年代遭到沉重打击。继任的楚国君主系延续楚庄王的政策，继续打压若敖族人。楚庄王灭若敖族的时候，让鬬穀於菟的孙子箴尹克黄继承家业。至楚灵王年代，鬬氏家业传至箴尹克黄之孙鬬韦龟。鬬韦龟又传其子鬬成然。楚灵王一再褫夺鬬韦龟、鬬成然的封地、官位。鬬成然阴存报复之心。

第六号大敌，乃是遭到迁徙的楚国附庸。楚灵王灭陈国的时候，已经组织了一次大迁徙；灭蔡国之后，他担心附庸国造反，又将许、胡、沈、道、房、申等国的所有重要贵族，一股脑儿迁徙至荆山。这些诸侯国虽是小国，却也是农耕国家，习惯了平原地方的生活。他们不像山戎那样擅长走山路，不适应满是灌莽、禽兽的山林生活。这一路的辛酸，可想而知！照楚灵王的意思：荆山是熊绎开国之处，现在要让这些贵族都来体验一番楚国先祖"筚路褴褛以启山林"的滋味。这些人丧失了家园，并且吃尽了苦头，对楚灵王的仇恨，不亚于观从。

除以上几支力量之外，还有曾经受到楚灵王处罚的越贵族常寿过。此人投奔于楚国，楚灵王将其囚禁起来，后来又让他做官。另有蔡国贵族蔡洧，许国贵族许围，情况与常寿过类似。

分析楚灵王的政敌，可以发现：最大的敌人，乃是自己最信任的人和自己内部的人。还可以发现：政敌的存在，往往是因为自己当初手下留情。中国政治之所以讲究斩草除根，之所以说堡垒最容易从内部攻破，就是因为有楚灵王这样的反面教材。

楚灵王在乾溪组织围攻徐国的战役，楚国都城郢都空虚。反对他的势力趁机发难。春秋194年夏，苪氏、鬬成然于郢都联络起许围、蔡洧、常寿过等反对楚灵王的势力，攻取了当今的河南息县，截断楚灵王的归路。此事引起连锁反应。蔡国的观起闻讯，对朝吴说：

"此乃蔡国复国的大好时机！"

二人密议成如下计划：

假托楚平王的蔡国公爵的名义，从郑、晋召子干、子皙至蔡国。对子干、子皙，说是楚平王计划推翻楚灵王；对蔡国都城中的楚平王，则说是子干、子皙计划推翻楚灵王。将这三人逼上造反之路。他们要造反，势必需要借助反对楚灵王的力量。此时，朝吴、观从又设法让蔡国贵族追随三人造反。作为参加造反的回报，新的楚王答应让蔡国复国。

读者注意：以上计谋，是观从对朝吴所说的计划。就观从本人而言，只是想让楚王兄弟自相残杀，以报杀父之仇。观从其人，聪明固然是聪明，他于接下来的事变之中翻手为云、覆手为雨，靠的是时机，还有就是仇恨。古人视父亲为信仰所在。父亲的惨死，让观从痛入骨髓。他要用楚康王的弟弟的死，来报复楚康王，祭奠父亲的在天之灵。无论因此造成多么严重的后果，他都无所谓。

子干、子皙接到观从伪造的密信。信用的是楚平王对子干、子皙说话的口吻：

先，独夫围（楚灵王）敢背天常。密室弑君，远郊放弟。篡位以来，暴虐滋甚。逞无涯之欲，背共和之盟。陈国求定，而牵牛蹊田；蔡国何罪，忍戕君用子？以一隅之楚，强挑北晋、东吴。东征水战何利？而大丧军民；婚媾假托之辞，妄寺阋上国。羔裘洵直之士，本枝百世之族；或明黜于朝堂，或暗杀于巷阎。道路以目，乡校钳口。圣人大德曰孝，而缢杀兄子；天地大德曰生，而虐民以徒。障谷立禁，巫桑自养。落章华之奢，讽大屈之诮。长筵燕饮，永夜歌舞未央；钟鼎篇万，女乐三班更替。酒池肉林，逋逃渊薮。婉娈季女，比兴靡靡之音；穿凿山河，写放潇水九嶷。黄钺八斤，舭质焉比周武？苍天震怒，爰有浮尸之报？上天之伦曰五，浑敦之悖逾三；楚国之财曰溥，饕餮之意不足。大城陈蔡不羹，百堵俱兴；复迁申许城父，井田生棘。放浪淮海，儿女掺执之祛；怀哉杨水，长宵城堞之霜。大东杼空，葛屦寒露。民亦劳止，生灵竝望小康；天惟无亲，启迪今朕必往！……

　　弟（楚平王）含耻忍垢，苟且偷生，泣血椎心，所望惟兄。谨率陈、蔡、不羹、许、胡、沈、道、房、申之诸侯，长毂八百，甲士三万，仰戴年长，共伐独夫！

　　（以上文字是笔者揣测当时的情景，模仿骈文的写法写成，用典希于春秋，文风近于六朝。需要指出的是：春秋时候的书信，肯定不是这样。）

　　子干、子晳自春秋182年出逃，至此已有十二年。流亡公子的待遇，混得好一点，是寄人篱下；混得惨的时候，甚至沦为别人的马夫。得此信，犹如从万丈深渊之下直升至九重云霄之上。那一种兴奋，不是笔墨所能描绘。二人不约而同，分别从晋、郑赶赴蔡国。楚共王的五个儿子，最长者是楚康王，其次楚灵王、其次子干、其次子晳、其次楚平王。楚平王是最小的一个。照信上的意思：楚平王手握重兵造反，并且说要拥戴年长，那就是推举子干为新的王。然而，其中的"今朕必往"四字，仿佛谶言，隐现出楚平王的王者之气。究竟子干能否坐上王位呢？且看下回。

正闰第七十二回

同恶相求如市贾　有酒如淮诸侯师

　　上回说到，观从假托楚平王，致信予子干，请子干起义称王。子干得信之后从晋国赶赴蔡国。当时，晋国的韩起亲自为子干送行。送走子干后，他问叔向：

"子干会成功吗？"

叔向对答说：

"难！"

韩起险些被楚灵王砍去双脚，对楚灵王没有好声气。他说：

"楚共王这几个儿子，没一个好东西。他们之间的斗争，仿佛商人之间的交道，用的是唯利是图的规则。坏人与坏人斗争，能有什么特别困难之处？"

叔向对答说：

"没有人与他同做好人，哪来人与他同做坏人？他要想得到楚国，有五难：有高贵的地位，身边没有能干的人。这是第一难。就算有能人，国内没有内应。这是第二难。就算是有内应，没有好的谋划。这是第三难。就算是有好的谋划，没有庶民的支持。这是第四难。就算是有庶民的支持，自己没有德。这是第五难。子干在我们晋国待了十三年了。十三年的晋、楚外交，也没见重要的楚国贵族与他交往，这就是身边没有能人。他的一族，已经灭尽了。他的亲人，都叛国在外，这就是没有内应。现在并非好时机，他却采取行动。这就是没有谋划。长期流亡在外，哪能得楚国庶民的支持。流亡在外，不听说楚国有人舍不得他，就是没有德。而且，楚灵王虐待国人，他也不闻不问。子干有这五难，却想造反。这怎么能够成功呢？

"得到楚国的，大概是弃疾（楚平王）。他做附属于楚国的蔡国的君主。在他的治理之下，没有苛政，没有阴谋，没有盗贼。不以私欲违背公义。庶民没有怨恨。国民都相信神灵会保佑他做君主。从历史来看，楚国一旦发生乱事，往往最终是最小的那个兄弟成为君主。这都成了规则了。得到神灵的支持，这是第一有利。得到庶民的支持，这是第二有利。有好的品德，这是第三有利。身份高贵，这是第四有利。身为最小的一个兄弟，这是第五有利。用五利来去除五难，谁能阻挡他？

"子干的官职，是右尹。其高贵程度，则是庶出的儿子。按神灵的意愿，离玉璧又远。他的贵命，已经失去了。他所得到的宠爱，已经不在了。庶民并不怀念他。国家并不支持他。他靠什么来成立？"

韩起说：

"那么，齐桓公、晋文公，不也都是这样吗？"

叔向对答说：

"齐桓公是卫姬的儿子。卫姬有宠于齐僖公。有鲍叔牙、宾须无、隰朋辅佐，有莒国、卫国在外国支持他，有国氏、高氏在国内支持他。其为人从善如流，礼贤下士，不贪财，不纵欲，施舍布德，求善不厌。所以才得到国家。我们的先君文公，是狐季姬的儿子。狐季姬有宠于献公。其为人一心好学。十七岁的时候，就有五个国士追随。其中赵衰、狐偃，原本就是高贵的官员；魏犨、贾佗，都是晋国著名的武士。国际上，有齐国、宋国、秦国、楚国的支持；国内，有栾氏、郤氏、狐氏、先氏做内应。他流亡外国十九年，志向愈加坚定。他体恤庶民，得庶民支持。献公其他儿子都已经不在，国民对君主的人选不作他想。上帝启迪晋国，谁能够取代文公？

"子干的情况，岂能与齐桓、晋文相比？在楚国国内，有比他更加高贵的公子，国民已经有了心目中的主人。子干不曾施惠给庶民，又没有国际上的支持。他离开晋国，没有人相送；他到达楚国，没有人迎接。靠什么来得到国家？"

这一番言论，是对于子干的评论。其中有些迷信思想，却也说出了为人做领袖的许多必要条件。简洁地说，为人要做政治领袖，必须要有人拥戴。

且说子干到达蔡国，并非完全没有人迎接。观从和先一步到达的子皙，都在蔡国郊外等着他。随行于子干的人，并不多。观从对子干、子皙道出实情，然后以兵谏的方式，逼迫子干、子皙造反。两兄弟走到这一步，才发现事情没有想象的那么简单。他们已经骑虎难下，只好沿着观从设计的路走下去。三人于夜里偷偷进城，包围楚平王的住所。楚平王正在吃晚饭，赶紧组织家人戒严，自己趁混乱逃出城外。按密计，观从要求子干打出蔡国公爵的旗号，冒充楚平王，退驻于城外。

读者要问，为什么有此举呢？接下来，观从要宣称子干已经拉走了军队，所以预设这一伏笔。并且，这也是防止意外。如果蔡国众人不愿造反，转而进攻楚平王，就好让假的楚平王子干来顶缸。到时候，观从又好以此为功，投靠于真的蔡国公爵楚平王。子干消息不灵，一时间哪里辨得出这些伎俩。

观从让子干、子皙出城，自己则在楚平王家中伪造出楚平王与子干、子皙进行盟誓的简书。简书上发誓共同完成如下事业：

废楚灵王，立子干为王、子皙为令尹、楚平王为大司马。让蔡国、陈国等国家复国。

观从连夜联络楚国城中的贵族于次日上午议事。因为朝吴帮忙，保密工作、联络工作顺利进行。第二天的会议上，观从拿出伪造的文书，对蔡国城中的贵族说：

"蔡公推奉子干为君，于昨夜达成盟誓。现在，蔡公不知去向；子干、子皙已经拉走了城中的军队。"

大清早就遇上这样的大事，众人很有点回不过神来。想想造反是灭族的大罪，众人赶紧将观从抓起来。这时候，朝吴站出来说：

"诸位都是蔡国遗老，世代受蔡国国君恩典，难道心里就没有故国情怀？造反的主谋不是他，逮捕他也不济事。军队也没有了，拿什么来与他们作对？不如追随楚国新君，选立我蔡国新君，光复蔡国！况且，造反的人是你们的上级，你们能做什么呢？"

其实，调动军队的军符在楚平王那里。只是，楚平王此时躲了起来，无法出来作证。事态按观从的计划继续进展：

与会的蔡国贵族共同发誓造反，从城外找回楚平王。观从也让子干、子皙进城。三兄弟此时才真正聚在一起，却都是身不由己，共同遵循观从的计划，参加革命。楚平王带兵多年，很有些经验。他做出安排：

其一，精选武术高手组建暗杀小组，立即奔赴郢都，刺杀楚灵王的儿子、党羽。

其二，命观从赶赴乾溪，向乾溪的军民宣告：举国反对楚灵王，拥立新君，革命的军队已经攻陷郢都。新君命乾溪军人立即弃军回都。五日之内不至郢都者，处劓刑。拒不归国者，族灭。

其三，分派使者通知所有反对楚灵王的人：反对楚灵王的新君已经成立。新君正率军赶赴郢都，请各路诸侯于蔡国至郢都的途中迎接新君。

那一边，乾溪的军队本身就不愿意离家参军，所以纷纷抛弃阵地和兵器，抓紧时间回郢都。这一边，子干一行在行进的途中不断接收前来投奔新君的人，队伍不断壮大。

前去刺杀楚灵王家人、党羽的暗杀小组并没有彻底成功。楚灵王的儿子被悉数杀死，其党羽则部分逃脱。然而，暗杀小组带来的造反的消息，却引起了郢都的骚动。郢都中的人多数反对楚灵王、拥护新君。

乾溪的楚灵王在然丹那一次进谏之后，已经预感到有今天。手下军队的散去，倒还没有造成特别的震动，忽听得报告：

王子全部遭到暗杀！

楚灵王悲从中来，竟然从两米高的战车上自投于地面。手下的人将他扶起时，他满脸泪水，心志大乱，一边哭一边问扶起自己的人：

"你是不是也像我这样，舍不得自己的儿子？"

侍者说：

"我等小人，更加舍不得儿子！如果没有了儿子，到老了走不动的那一天，被路人挤一下，就要倒于路边、死在阳沟里！"

楚灵王长叹一声：

"不知有多少你这样的人，他们的儿子都因我而死！这是上天报应于我！"

然丹建议：

"请王回都，待于郊外，等候国人的选择！"

楚灵王说：

"已经是众怒不可犯！"

然丹又说：

"那么，到一个大的邑去，向诸侯乞师。"

楚灵王说：

"都已经背叛我了，还有什么大的邑！"

然丹又说：

"逃亡到其他国家去，听从大国的处理。"

楚灵王说：

"我的大福，已经不再！那只是自取其辱！"

然丹其人，若不是见风使舵的人物，当初就不会离开郑国。他进谏于楚灵王，不过是因为楚灵王在位。现在看楚灵王大势已去，他也就背主而逃，到郢都朝拜新君去了。楚灵王顺汉水而下，准备逃往鄢。连他最重用的然丹都已经背叛，其他的人自然效仿然丹。找出个理由公开离去，算是有礼的；很多人就连告辞的礼节都省去，自奔前程。楚灵王成了真正的孤家寡人，独自流亡于山林。山上没有马路，他只好步行。行了三日，遇到早先服侍自己的太监涓人畴。楚灵王对涓人畴说：

"我已经三天没吃东西了！"

涓人畴进献饮食，服侍君王。夜里，楚灵王照早先的习惯，头枕涓人畴的大腿而眠。楚灵王一觉醒来，发现"枕头"不舒适。张眼看时，涓人畴已经不知去向，头下是一块硬土。好不容易走到楚国的一个名叫棘的城邑。楚灵王请求城里人开门。城里人明知城外是他，却故意说：

"哪里来的野人？胆敢冒充我王！我王居于章华台，身边有无数侍从，岂能独自到此边城荒邑？"

楚灵王虽然搞成众叛亲离，却还是有一个忠臣。那就是申亥。申亥何许人呢？他是申无宇之子。早先，楚灵王做令尹的时候，曾经树立起与王旗一样高的旗。申无宇担心他因此出事，上前将旗砍断，说：

"只有王出行，才能建这么高的旗。你打出这样的旗，成了一国两君！"

楚灵王这人虽然残忍，有时候也还大度。他对穿封戌的态度，就表现出大度。眼看申无宇当众砍旗，他并没有处理申无宇。章华宫落成之后，被设为禁地。非经楚灵王本人允许，任何人不得进入。又网罗各种艺人，于其中充当各种各样的演员。申家的看门人，有点杂耍方面的技艺，就偷偷投奔于章华宫，不再回申家。申无宇在章华宫看到自己的家奴，当即将其抓起来，准备带回家中去处理。楚灵王的卫士将申无宇抓起来，交给楚灵王处理。楚灵王正在饮酒作乐，兴致颇高。他问申无宇：

"你为什么违反我的禁令，于我的宫中抓人？"

申无宇说：

"普天之下，莫非王土，率土之滨，莫非王臣。章华宫之外，行的是王法；章华宫之内，行的也是王法。我依王法处理我的奴隶，有什么不对？

"早先，商纣建设宫殿，于其中酒池肉林，肆意淫乐。他不愿意让别人看到他的荒淫，所以禁止别人进入宫中。他网罗天下的艺人，为他一人表演。为此，许多犯罪的人都凭借着下贱的技艺，逃到纣的宫中。武王讨伐纣的时候，数纣之罪：纣为天下逋逃主、萃渊薮。你现在是想学习纣的做法吗？"

当时，楚灵王心情不错。听了这些话，呵呵笑两声，也就作罢。这两件事对楚灵王而言，不算什么大事。对申无宇而言，摊上楚灵王这种视人命如草芥的君王，这两件事都是死里逃生。他教导自己的儿子，要以死报答王的不杀之恩。

楚灵王流亡的时候，申无宇已经去世。申无宇的儿子申亥说：

"我的父亲两次冒犯王命，王没有杀他。这是莫大的恩惠。我不能背弃王。"

申亥将楚灵王接到家中，悉心照料。此时的楚灵王，手下的奴仆全部已经散去，就连陪自己睡觉的女人，也全都不在身边，整日里愁眉苦脸，长吁短叹。正所谓"若忧能伤人，此子不得永年"。申亥体谅他的苦处，命自己的两个女儿为楚灵王侍寝，希望性的快乐可以减轻他的忧愁。然而，这两个女人的服侍，反倒让楚灵王想起章华宫中成百上千的女人供自己一人享受的奢华生活，越发地忧思沉重。春秋194年夏五月癸亥，楚灵王吊死在申亥的家中。申氏让自己的两个女儿陪葬，操办了楚灵王的葬礼。这也算是仁至义尽了！还在楚康王年代，楚灵王就曾经私下对自己是否得天下进行卜。卜的结果不吉。他抓起龟背摔于院中，仰头大骂上天：

是区区而不余畀，余必自取之！
译文：什么老天！这点东西都不给我！我自己去取！

其人性格狂悖如此，故终得此结局。

子干、子皙、楚平王一行邻近郢都的时候，楚平王对子干说：

"现在国中很乱。为你的安全着想，由我先进城。待我将城里安定下来之后，再接你进城。"

子干于郢都之中并没有亲信党羽，只好任楚平王先进城。子干、子皙驻于邻近于郢都的鱼陂。楚平王进城后，迅速处理楚灵王的旧党，建立自己本人的新党。鱼陂城中，观起秘密求见子干，说：

"如果你不杀弃疾（楚平王），坐上王位只会带给你灾祸！"

子干说：

"我得这王位，除了你的计划，其余全靠他的帮助。况且，他是我的亲弟弟，我不忍心那样做。"

观从冷笑两声告辞，临走留下一句话：

"你不忍心，有人忍心！"

观从召集起几个朋友，来到郢都城中，每天夜里到大街上惊呼：

"王回来了！王回来了！"

当时，楚灵王还没有死，子干也还没有正式即位。人们心目中的王，指的是楚灵王。连闹几夜，郢都的人心难免骚动。楚平王派人追查此事时，观从却主动求见，声称对夜里的骚乱负责。观从请求效忠于楚平王，建议楚平王谋杀子干、子晢。楚平王听完观从的密计，不动声色地说：

"我已经见识了你的本事，想必你定能成功。我另派鬭成然帮你，你去做吧！我不会忘记你的功劳！"

观从有什么密计呢？原来是将计就计：他又跑到鱼陂城中，每天晚上大呼小叫：

"王回来了！王回来了！"

子干不像楚平王。楚平王身边有兵，听到点风吹草动，自恃身边有人，虽是害怕，却也按照平日带兵打仗的习惯，考虑兵来将挡、水来土掩。子干身边只有几个随从，而且又弄不清楚灵王此时的动向。听了这呼声，就越来越害怕。连续的几夜，鱼陂城中都出现这种呼喊声。最后一夜的动静特别大，仿佛有千百人都在呼喊。子干、子晢正在紧张的时候，鬭成然急匆匆地闯入，说：

"真的是王回来了！国都中的人已经杀死了大司马，就要杀到这里来了。要是早点想办法，还可以免受侮辱。现在众人的愤怒如同水火，已经无法可想了。"

鬭成然刚走，又有人呼喊着跑到子干、子晢那里，说：

"来了，来了！数不清的军队，打过来了！"

在这恐怖气氛下，子干、子晢不等别人动手，自杀于鱼陂。

观从的这个计划，虽然害死了子干、子晢，却给楚平王带来了不利。国中纷传楚灵王回来的消息，造成人心不稳。为排除众人的疑虑、安定人心，楚平王杀死一个囚犯，然后给这囚犯穿上王的服装，让其尸身从汉水上游漂流下来。然后从汉水中捞取这尸身，将其认作楚灵王，为之举行葬礼。到后来，得知楚灵王自杀于申氏的确信，才又将其真的楚灵王的尸体秘密运回郢都，重新改葬。

为什么要让尸身从汉水漂流而下呢？这起因于楚灵王的一个理想。楚灵王在建章华台的同时，曾经在汉水上预建自己的陵墓。此人做事都是大手笔，其陵墓比照于传说中的舜陵。传说舜去世之后，葬于当今湘、粤交界的九嶷山。陵墓位于九嶷山的脚下，潇水之中。那是一个近似于江心岛的江岸半岛。半岛是一座山。这山四周为潇水所包围，又有极狭窄的一条陆路，将其与江岸相连。潇水在那地方的流向，形如 ∽。这种地形，视野又开阔，环境又优美，所以被视为王者的风水。然而，舜的陵墓是借用当地自然环境；楚灵王开建的陵墓，却是用人工造成。楚灵王很喜欢这种水绕四周的风水，就仿制舜陵，在荆山脚下、汉水之中建设类似模样的陵墓。花费了无数的人力物力，在汉水上建出个人工岛，预备自己去世之后，长眠于山水之间。天下人都知道此事，所以楚平王故意让囚犯的尸体经汉水环绕那个预建的陵墓漂流而下。楚平王倒不是为了实现楚灵王的遗愿，他只是看到观从伪造的文字中有"浮尸之报"，想以此让人们相信囚犯就是楚灵王。

楚平王由观从的密计，赢得偌大江山，不得不向观从表达感激。他对观从说：

"随便你想要什么！"

观从的作为，起因是其父亲的惨死。其父死于楚康王之手，要说报复，其实早已找不到仇家。如果说这种恨是对于楚国的恨；现在楚国经自己这一计，弄得血流成河，已经算是报应，自己也可以告慰父亲的神灵了。自己做下这翻天覆地的大事，手中已经沾满鲜血。要是新君查翻自己的旧账，自己的诸多行径，都可以定成死罪。而且，君主知道自己有这种篡夺国家的大本事，怎能不猜忌？为此种种，他说：

"我的祖先是开卜（一种算命的人）的助手，我愿继承祖业。"

楚平王也知道这人的想法，就令其做卜尹。楚平王早先的党羽鬭成然，成为令尹。楚平王废除灵王早先的那些弊政：停建晋吴分隔线，让遭到迁徙的人根据自己的意愿回到故乡。让早先楚国霸占的国家都复国。陈国，由陈哀公之孙、世子偃师之子即位，是为陈惠公。蔡国，由蔡灵公之孙，世子有之子即位，是为蔡平公。另外，小国如许、胡、沈、道、房、申，都一一复国。此举一则是因为楚平王刚刚成立，为求稳定。再则也是看到霸占别国之后，反倒造成别人的拼死反对，惹来无数麻烦。楚平王的这些新政，很得人心。然而，这是他的权宜之计。后来，在费无极的怂恿之下，楚平王又走上了楚灵王的覆辙。

楚国出现变故，晋国趁机发展势力。春秋194年，晋昭公大会诸侯于平丘。此会用的是兵车之会。晋国以兵威逼迫齐国臣服，又于会议上逮捕了鲁国正卿季孙意如。事情的原因，要从此前的历史说起：

春秋191年，晋平公去世。次年，楚灵王就吞并了蔡国。当时，晋国新君晋昭公处于谅闇之中，不能穿一身黑色丧服接见诸侯，就只是由韩起出面，组织起厥慭之会，商议救助蔡国。会议议成由晋国派使者请求楚灵王放过蔡国。正值楚灵王大展宏图之时，这种决议，相当于当今的外交部发言人发表抗议，只具有象征意义，丝毫不能影响大局。北方诸侯看晋国软弱，心下就少了点尊重。早先，晋平公死了个小老婆，列国都要由君主亲自前去吊唁。晋昭公正式即位的第二年，北方诸侯才陆续前去朝拜。鲁昭公行到黄河边的时候，接到晋国使者的通知，说是请鲁国君主不必前来朝拜，可以回去了。为什么呢？此前，鲁国一再侵占莒国土地。莒国年年投诉于晋国，结果派往鲁国调解此事的晋国贵族都收受鲁国钱财，反过来替鲁国说话。晋平公去世之前，晋国原已议定处理鲁国。赶上晋平公去世，就又拖了两年。莒国看晋国换了新君，希望新即位的晋昭公能够为自己作主，所以此番第一次朝拜，礼送得特别重。晋国方面，也想通过主持国际上的公道，来重申盟主的威望。所以就半路途中拒绝鲁昭公上门。鲁国觉得眼下的大形势是楚国强、齐国崛起、晋国式微，所以最近致力于搞好与楚国、齐国的关系。鲁昭公半路回国，命子仲前去参加晋昭公即位的典礼。晋昭公出了谅闇期，换了身大红的礼服，宴请诸侯。宴席上，官样文章，大家都做出亲如一家的模样。作为主人家的晋昭公起了兴致，下令进行投壶游戏，以助酒兴。

投壶，其实是由饮射演变出的游戏。周朝时候尚武，就是在酒席之上，也是以射箭来助兴。人们一边喝酒，一边射箭，将宴席与竞技比赛结合起来。后来，遇到场地不合适、人员不合适等原因，无法进行饮射，就发明出投壶这一游戏。这一游戏规则如下：

壶总高十二寸，上面部分形如鹤颈，直达壶口，直径两寸半，长度为七寸。下面部分形如坛，高度为五寸。壶内容量为一斗五升。用来投掷的箭分三种规则。如果是在房间内比赛，箭长五扶；如果是厅堂内比赛，箭长七扶；如果是在室外比赛，箭长九扶。何为"扶"？人的手掌除去拇指之外的四指的宽度，就是一扶。按古人的计量，一扶为四寸。投壶所用的箭，不同于射箭所用的箭。射箭用箭，取其轻而射远。投壶距离近，故取其重而投准。为此，投壶所用箭杆，口径接近一寸。以一寸口径的箭投两寸半口径的壶口，难度较大。壶的下半部分装半坛又硬又滑的干豆。假如箭长七扶，计28寸，而壶中干豆以上的高度为9.5寸，投中之后，箭的三分之二都在壶口外面。壶距投手的距离，有远有近。一般常见的是大约三米远。投壶的记分，由专门的记分员用"算"来计算。什么是"算"呢？是指一种一尺二寸长的竹签。选手进行投掷前，记分员手执八支算。每投入一箭，记分员就丢掉一算。最后按记分员手中剩余的算的数量，来计算成绩。汉语词汇之中的"算数""算术""计算"，就是由此而来。假如八算全部丢掉，计分员空出双手，就双手端起预备好的一爵酒，进献给满分的选手。这爵酒，相当于彩头和奖品。这个习俗，当然是由饮射演变而来。春秋时候，总共八支算，选手却只有四次试投的机会。选手自己选择双手同时投箭或者一次投出两支箭。显然，那增加了难度。投壶主要比赛准头而不是力量，所以后来成为女性常进行的游戏。

却说当时，晋昭公是宴席上最尊贵的人，就由他先投。他双手各执一箭，预备试投。中行吴于一旁凑趣说：

有酒如淮，有肉如坻，寡君中此，为诸侯师！

当时的贵族，于饮射时站于奔驰的战车上射游走的禽兽，都能够命中目标。这点小游戏，对春秋贵族而言太简单。晋昭公的双箭几乎同时进入壶中。宴席上的晋国人纷纷喝彩。第二次试投，又是如此。至四次试投结束，记分员献上酒，晋国群臣自然是谀辞潮涌。人们倒不是为投壶的技艺喝彩，更多是为中行吴的口彩而喝彩。

按尊卑顺序，在座第二尊贵的人物，是齐国君主齐景公。齐景公也想要得彩头，单手执双箭，自己开口说：

有酒如渑，有肉如陵，寡人中此，与君代兴！

齐景公单手投去，也是差不多同时，双箭入壶。在坐的齐国人也喝彩起来。也有看不惯晋国的其他人跟着喝彩。晋国贵族士文伯对中行吴说：

"你刚才不该那样说！我国君主原本就是诸侯师，何须用投壶来证明？你这样说，倒让齐国得了机会，显得与我国平起平坐了！"

中行吴说：

"我国兵强马壮，齐国能做什么？游戏而已！"

听到这谈论，齐景公不等四次试投结束，提前离席。然而，他在国际宴会上声称要与盟主"代兴"，那是公开地争霸，扫了晋国的脸面。晋国上下都听到了他的话，都想要压下齐国的嚣张气焰。次年，也就是楚灵王出事的春秋194年，晋昭公先与吴王夷昧约会于苏北下邳，因水路不通作罢。随即治兵于当今山东南部，征会于诸侯，重申霸道。列国都应征参会，只有齐国不参加。晋国命叔向为使者，征会于齐：

诸侯求盟，已在此矣！今君弗利，寡君以为请！
译文： 天下诸侯请求进行盟誓，现大会已经开始。你不来参加，我国君主专门来请你！

齐国如何回答呢？且看下回。
笔者感叹楚灵王的身世，吟成几句：

酒色财气都沾，虚荣诈戾占全。
人叹时日曷丧，变启天禄永终。

尊卑第七十三回

贬意如尊晋罪己　戮叔鱼杀亲益荣

上回说到，东方大国齐国不参加晋国的会议，晋国命叔向到齐国征会。齐国方面对答说：

"如果有人违背早先的盟誓，那才需要重新进行盟誓。现在并没有人违背誓言，平白地搞什么盟誓？要是什么事情都进行盟誓，这盟誓意义就不大了！"

这个话，表面是说齐国并没有违背早先的誓言，愿意臣服于晋国。然而，不参加晋国组织的会议，分明就是藐视晋国。晋国专门派人来请，齐国却用这种话来推脱，让晋昭公很没有面子。晋昭公下令于平丘进行军事演习。八月辛未，各路军队会齐，总兵力合计达四千乘。为不引起齐国注意，晋国要求参加军演的部队在集结的时候一律将战旗收起。次日，军演正式开始。四千乘战车全部摇旗呐喊，驰骋沙场。旗帜的舞动，犹如大海波涛。人声的响动，犹如雷声。齐国间谍将情况报告齐景公，齐国赶紧带上重礼，参加诸侯大会。

会议上，邾国贵族、莒国贵族向晋国控诉，说：

"鲁国天天都在进攻我。我就要亡国了。我之所以没有能上贡，是鲁国的原因。"

因为这个控诉，晋国赶在鲁昭公参会之前，派叔向来到鲁国，传话说：

"天下诸侯将于甲戌日进行盟誓。我国君主知道不能够事奉你，所以就不麻烦你了！"

子服椒回复说：

"你听信蛮夷的控诉，与兄弟国家绝交，背弃周公的后代。你就这么做吧！我国君主知道了。"

这话中的"蛮夷"，是指邾国、莒国。叔向说：

"我国君主有甲车四千乘。就算是无道，这兵力也让人畏惧。更何况我们有道，当然就更加无敌。牛，就算是瘦弱，它压到猪身上，也要把猪压死。南蒯、子仲所造成的内乱，对你国不是没有影响吧！要是凭借晋国和天下诸侯的兵力，借用邾国、莒国、杞国、鄫国对你国的愤怒，趁你国的南蒯、子仲的内乱，讨伐你国。还有个不成功的？"

这话中提到的南蒯、子仲，是怎么回事呢？

南蒯是南遗之子，季氏的管家，主管季氏最大的封地费。鲁国的季氏，自季友以来，长期执掌国家政权，基本上成了世袭的第一大夫。这个习俗往下传，季氏的管家又长期执掌季氏的职权，也开始了世袭。早先，南遗是季氏的管家。南遗去世时，南氏的党羽公推其子南蒯继承父职。春秋188年，季孙宿去世，家业传至其子季孙纥。季孙纥当家没两年就去世，家业又传其子，是为季孙意如。意孙意如当家之后，按"一朝天子一朝臣"的规则，想要建立自己的心腹，就与南蒯发生权势之争。南蒯联络到两个盟友：

一个是子仲，此人出自最近的君主系，与鲁昭公比较接近。另一个是叔仲小，此人出自叔孙氏的偏房，希望能够夺取叔孙氏的家业。

三人定下密谋：共同驱逐季孙意如，重组鲁国政权；将季氏最大的封地费分给南蒯，将季氏的其他职权分给子仲，将叔孙氏的家业分给叔仲小。

季孙纥去世的时候，因季孙意如资历不够，所以将叔孙氏的当家人叔孙婼晋级为卿。春秋191年，季孙意如领军讨伐莒国，抢占了莒国的郠。为此军功，季孙意如晋级为三命大夫。当时，叔孙婼是第一大夫，按中国的惯例，叔孙婼于此战有"领导"之功。所以叔孙婼也晋级为三命大夫。叔仲小想要谋害叔孙婼，就对季孙意如说：

"鲁国从来都是季氏当家，岂能让叔孙氏与你平起平坐？就连他的父亲豹，为国家做了那么多的事，也不过是两命大夫。郠是你打下来的，他有什么功绩？"

因为自己阅历尚浅，季孙意如平常让着叔孙婼。然而，叔仲小这番话，何尝又不是他的心声？有意无意地，季孙意如就指使人向叔孙婼暗示上述的观点。依他的意思，是要叔孙婼自己知趣点，主动请求降级。叔孙婼心下大愤，于朝廷上公开说：

"我家出了家祸（指竖牛之乱），让我这个庶出的人来继承家业。若是指责我庶出，那废了我也是合理；除此以外，凭什么来让我降级？"

他又对朝廷上的书记官说：

"我要与季氏论个曲直。今天会议的话，你一字也不许漏，如实记录下来！"

这个口气，渐渐有与季氏为敌的模样。季孙意如赶紧赔笑说：

"哪里有这个话？这是有人在挑拨你、我两家的关系。"

子仲参加密谋之后，将密谋通告了鲁昭公。当然，通告的时候，难免做一些加减，说成三人忠君为国，都一心要为主公争回政权。春秋193年，子仲跟随鲁昭公参加晋昭公的即位典礼。结果半路上被晋国拦了回来。鲁昭公命子仲代表自己去晋国，自己半路返回。鲁昭公、子仲出门的时候，南蒯担心季氏要趁机对自己下手，以其主管的封地费叛变到齐国。子仲从晋国回国，到达卫国的时候，听说国内出了事，不敢耽搁，抛下使团的其他人，独自兼程回国。到达曲阜郊外时，打听到实信，不敢进城，转向逃奔齐国。事变之后，季孙意如建议叔孙婼清理门户，驱逐叔孙仲小。叔孙婼以为这是季氏趁机翦灭自己的党羽，不予采纳。为此，闯祸的叔仲小反倒无事。

叔向到鲁国的时候，南蒯、子仲都已经叛变到齐国。所以，叔向以此事威胁鲁国。南蒯叛变之前，以武力胁迫费城之中的贵族发誓效忠于自己。司徒老、祁虑癸托病不至，说：

"老臣愿意效忠于你。因旧病发作，不能亲自参加。等我病好后，补上对你的宣誓。"

这两个人是费城之中的元老。他们不参加，南蒯只好宣布散会。至春秋195年，司徒老、祁虑癸主动向南蒯申请，要补上对南蒯的宣誓。会议上，二人逮捕南蒯，说：

"我们是鲁国人，不愿跟着你叛国。你是我们的长官，我们不为难你。限你五天之内离开费、自谋生路！"

南蒯无所求生，逃奔至齐都临淄。当初，齐景公之所以接收南蒯，图的是南蒯所控制的费。现在南蒯被赶走，费重新回到鲁国，齐国对南蒯就不那么尊重。有一天，齐景公于宴席上喝高了，骂南蒯：

"你这个叛徒！"

南蒯分辩说：

"我叛变季氏，不是叛变国君。我是为了让国君重掌政权！"

有个齐国贵族接口道：

"你是一个家臣，就应当守家臣的本分。国君是否掌权，哪轮得着你来管？不该你管的事，你要管；你这是越级、篡权，是莫大的罪过！"

南蒯混到这一步，成了里外不是人。后来，齐景公看南蒯已无价值，一点也不念他当初称臣的情分，将其羁押、解递回鲁国。南蒯回去之后，死得很惨。倒是子仲，命运好一些。齐国方面考虑他是鲁国君主的儿子，所以继续收留。儒教的大环境下，出身决定命运。即使是做了叛徒，出身背景也能带来好处。

叔向到鲁国的时候，齐国已经向晋国称臣。并且，鲁国远没有齐国那样的国力。鲁昭公赶紧向叔向赔罪，答应归还莒国土地，又备下两份礼物。一份大礼，由季孙意如亲自到平丘，送给盟主。另一份少一些，说是送给叔向的小意思。叔向来鲁国前，晋昭公专门训示：

以往到鲁国的使者，全部都因受贿而替鲁国说话。此番不得有此行为！

叔向低眉看了看鲁国的贿赂，傲然而去。

齐、鲁都已经臣服，诸侯大会于平丘。平丘，是卫国的一个城市。早先的周王组织会议，在哪个地方开会，就由哪里提供参会人员的食物。后来霸道取代王道，大致沿用这一规则。晋昭公要威服齐、鲁，组织起的人马达到四千乘之多，所需食物不在少数。晋国主管后勤补的官员乃是叔向之弟叔鱼。叔鱼得了这个肥差，当然要假公济私，虚报粮草预算，大大地发一笔财。叔鱼要得过多了，引起卫国方面的怀疑。卫国方面，明知找叔鱼论理不会有结果，就派人带着礼物去见叔向。礼物不多，乃是一坛羊肉汤加一筐锦。叔向是叔鱼的亲哥哥。卫国联络叔向，而不是联络其他晋国贵族，那是不敢与羊舌氏为敌。然而，见到叔向时，卫国使者又用外交的方式，采用对晋昭公说话的语气：

诸侯事晋，未敢攜贰；况卫在君之宇下，而敢有异志？刍茤者异于他日，敢请之！

译文：天下诸侯事奉晋国，都不敢有二心；更何况我卫国就在晋国旁边。现在你征求的食物供给，与往常有些不同，请问是什么原因？

作为外交上的言辞，这个话没有直接指出叔鱼有什么不对。然而，叔向一听就明白是怎么回事，他收下对方的羊肉汤，却拒绝接受那一筐锦，说：

"晋国有个羊舌鲋（叔鱼），是个贪得无厌的人。他干出这样的事情，想必不久就要受到处理。贵国完全可以用贵国君主的名义，直接向我国反映情况。采用那样的外交方式，他肯定会有所收敛！"

这话的意思，是请卫国不必照顾他的面子，直接控告叔鱼。答复卫国使者之后，叔向召来叔鱼，严厉申斥一番之后，命其不得强征卫国的供奉。

季孙意如到平丘去送礼。晋国方面不但拒绝接见，还将其单独关进一顶不透光的帐篷之内，然后派个强健的白人奴隶守卫于帐篷之外，防止其逃脱。关押了一整天，不给季孙意如提供任何饮食。季孙意如的手下司铎射带着一壶水，一个箭箭盖子，匍匐着爬向帐篷，想给季孙意如送口水喝。白人奴隶发现后，拦下司铎射。司铎射从怀里掏出一方锦，塞给白人，钻进帐篷，才让季孙意如喝到水。

平丘会议结束后，晋国人又将季孙意如囚至晋国。鲁国使团的其他人，奉副使子服椒为首领，跟随至晋国。当时的人看重级别，以为逮捕了季孙意如即是逮捕鲁国使者，不屑于逮捕鲁国使团的其他人。所以子服椒等人能够以自由之身去为季孙意如求情。这就好比秦、晋之间的韩之战，晋惠公沦为战俘之后，其手下将领反首拔舍，跟随于其身后；秦国方面并没有趁机予以逮捕。现代人往往将古人的这种做法视为拘泥于古礼，不知变通。实际上，因为当时有极重的尊卑等级关系，晋国确实用不着逮捕季孙意如的手下。因为，季孙意如乃是鲁国第一大家族的当家人，是鲁国整个上军的统领，是鲁国正卿。鲁国的一切重大的军事、行政事务，都必须由季孙意如来决定。扣留季孙意如，就相当于挟持了鲁国。

季氏被捕，整个鲁国为之瘫痪。鲁国贵族计议的结果，由鲁昭公亲自到晋国，向晋国认罪，乞求晋国释放季孙意如。鲁昭公一行走到半路上，又被晋国人请了回去。自春秋194年八月季孙意如在平丘被捕，直到这一年年底，季孙意如一直被囚禁。跟随到达晋国的子服椒多方寻找门路，偏偏这一次所有的晋国贵族都不愿收礼，回复说：

"钱财哪个不爱？然而，我国君主专门有交代，任何人不得收受鲁国的礼。"

子服椒再三央及，总算有人对他说：

"你来我国也几个月了。我看你一番救主之心，诚为可怜。我是不敢收你的礼，且给你指条明路：眼下，中行氏在君主那里很说得上话，你且去求他试试！"

中行氏何许人呢？就是那个在晋昭公投壶时说口彩的中行吴。早先，中行偃死于从齐国归国的路上，家业传至其子中行吴。因中行偃曾经参与谋杀晋厉公，晋平公压制中行吴。晋昭公即位后，看不惯韩起专权，另寻心腹，所以提拔重用中行吴。子服椒重金贿赂中行吴，并请中行吴转交送予韩起的大礼。中行吴对韩起说：

"楚国灭了陈国、蔡国，我们不能救助。却将亲近我们的人抓起来。此乃亲者所痛、仇者所快！"

韩起本是个贪官，只因不愿触犯新君的号令，所以不敢收鲁国的钱。现在君主宠幸的人都这样说，就下令释放季孙意如。让韩起想不到的是，季孙意如竟然赖着不走，要向盟主讨说法。季孙意如派子服椒对晋国方面说：

"我国君主不知犯了什么罪，要在集合诸侯的时候将其上卿抓起来。如果说有罪，就算是处死使者，也可以。如果说没有罪，要赦免他的罪，那就应当让诸侯知道你赦免了鲁国使者。如果诸侯不知道，就显得是他在逃避你的命令。请你在公开的会议上赦免意如。"

　　照这话的意思，如果让季孙意如就这样回去，显得名不正、言不顺。子服椒要晋国公开赦放季孙意如，以公开的说辞承认当初不应当逮捕季孙意如。这个要求，是为了鲁国的面子。晋国刚刚才重新做回盟主，如果立马就向小国认错，会伤及晋国的体面；如果不放季孙意如，又显得晋国以盟主之尊，竟然出尔反尔。韩起觉得此事棘手，对叔向说：

　　"你去放季孙意如回去？"

　　叔向对答说：

　　"我办不好这事。我弟弟可以。"

　　于是，让叔向之弟叔鱼去办。叔向为什么想到让叔鱼去办此事呢？因为叔鱼早先曾得罪于晋国，出逃至鲁国。当时季孙意如收留了叔鱼，并帮助叔鱼回到晋国。季孙意如对叔鱼有恩。派叔鱼去办此事，容易办成。叔向吩咐了叔鱼几句要紧的话，叔鱼去放季孙意如。

　　叔鱼见到季孙意如，还没有开口说话，就一头跪倒在地，放声大哭。季孙意如诧异起来，说：

　　"你、你这是从何说起？"

　　叔鱼一边抹眼泪，一边说：

　　"早先，我得罪于晋国君主，逃到鲁国。如果不是你的帮助，就没有我的今天。我的骨头得以回到晋国，我身上的肉，却是你给我的。我八方寻找门路，一心送你回国！好不容易才劝说成功。然而，你却不走！我听说他们正准备为你在西河修宾馆，这可该怎么办啊！"

　　汉朝的西河美稷，在今天山西西部的隰县。而春秋时候的西河，则是指黄河以西，在今天的陕西境内。晋国在鲁国以西，西河则在晋国的西部边疆。叔鱼说晋国为季孙意如在西河修宾馆，意思是晋国准备将季孙意如囚禁于西河，让季孙意如离自己的祖国越来越远。这是故意说米吓季孙意如。晋国此举，犹如家长对付孩子，又是哄，又是吓。季孙意如听说要把自己弄到黄河以西，心里害怕，也就顾不了什么国家体面。他独自潜行回去，留子服椒来等待晋国送行的礼仪。

季孙意如被盟主释放，却故意赖着不走，讨要说法。此举为的是鲁国的面子。后世据此认为季孙意如是爱国的典范。南朝文人庾信于《哀江南赋》中说"季孙行人，留守西河之馆"。就是取典于此。季孙意如为了国家去送礼，然后遭到逮捕，然后又被释放。这样的史实，在孔子的《春秋》之中记为"意如至自晋"。按经师的分析，这样记载不是褒，是贬。

叔向安排叔鱼去释放季孙意如，算是别有用心，也显出了识人的才华。当时，孔子已经成年。孔子对叔向仰慕得五体投地，称之为"古之遗直"。连中国第一圣人都仰慕的人物，当然很了不起。孔子不仅仰慕他外交的才华，还仰慕他断案子的"公正"。事情又要从春秋第一艳妇夏姬说起：

楚国的申公巫臣携夏姬逃奔晋国。晋国封之为邢国公爵。巫臣在晋国养下一个儿子。此人继承巫臣的家业，为邢国的领主。故而史称其为"邢侯"。楚国另一贵族也逃奔晋国，是为雍子。春秋195年，邢侯与雍子之间争夺土地，造成一起司法诉讼。晋国第一大夫韩起下令清理没有结案的案件，予以结案。主管司法的官员是叔向之弟叔鱼。这一案件已经定案，谳成罪在雍子。雍子不甘心就此败诉，将自己的女儿送给叔鱼，供其淫乐。叔鱼得了这种好处，却不过老丈人的情，就重新翻案，反将邢侯定罪。邢侯遭到不公正待遇，于朝堂之上杀死了叔鱼和雍子。叔鱼是叔向之弟，韩起碍于同僚之情，不好直接处理，将案件交给叔向。叔向说：

"这三个人都有罪，应当对活着的人治活罪，死了的人治死后的罪。雍子知道自己有罪，却通过行贿来将自己改变为无罪。鲋（叔鱼）贩卖职权。邢侯擅自杀人。三人都有罪。自己有罪恶，却去争取无罪的名声，这叫做昏。贪赃枉法叫做墨。擅自杀人叫做贼。《夏书》说：贪、墨、贼，杀。那是皋陶的刑法。请按这刑法执行。"

于是，法庭判定：对邢侯施以死刑，在市场上公开对雍子、叔鱼施行戮尸的刑罚。"戮尸"，是将已经死了的人的尸体挖出来，对之施以非人性的侮辱。由戮尸演变出了后世所谓"剉骨扬灰"。叔向将自己的亲弟弟的尸身挖出来，对其施以非人性的行为；自己却因此成名。对于此事，孔子发明大义：

> 叔向，古之遗直也。治国制刑，不隐於亲。三数叔鱼之恶，不为末减。曰义也乎？可谓直矣！平丘之会，数其贿也；以宽卫国，晋不为暴。归鲁季孙，称其诈也；以宽鲁国，晋不为虐。邢侯之狱，言其贪也；以正刑书，晋不为颇。三言而除三恶、加三利。杀亲益荣，犹义也夫！

译文：叔向真是古之遗直。他治理国家，制定刑罚，不因为亲人关系而出错。他三次指出叔鱼的错误，正义都不因此受到损伤。这是义，这是直！在平丘之会上，他指出叔鱼的受贿。让卫国得以减负，让晋国不再残暴。为鲁国的季孙意如送行的事情，他知道叔鱼的奸诈，所以让叔鱼去办。宽慰了鲁国，让晋国显得不虐。在邢侯之狱中，他指出了叔鱼的贪，正确执行刑罚，让晋国的执法不偏颇。三次说话，除去了三种恶，建立了三种利。杀死了自己的亲人，自己却愈发光荣。这真是义！

对等第七十四回

征鲜虞滥觞中山　争武军启蒙战国

三驾以后，整个晋平公年代、晋昭公年代，晋国都没有与楚国进行正面的对抗。由此腾出的兵力，得以专心对付北方游牧民族。晋国以北、以西的游牧民族，最初是山戎。后来，换成了白狄、赤狄。再后来，换成了鲜虞。再后来，换成了中山。读者或许会问：早先的部落哪里去了呢？其实，游牧民族犹如中原的国家，翻来覆去就是那些，无论游走到怎样边远的荒原，总出不了地球。某一部落强盛之时，往往奴役其他部落。先前强盛的部落衰落，往往由早先被奴役的部落取代。这种情况，由中原农耕国家看来，仿佛是诞生了新的部落。山戎强盛时，白狄、赤狄是山戎的奴隶。白狄、赤狄强盛时，鲜虞是白狄、赤狄的奴隶。而中山国作为战国时候的诸侯之一，其实就是鲜虞的遗种。这些演变过程中，新的部落的兴起，实际并不是旧的部落的完全灭绝；而是一种民族融合。历史上说的某个民族的灭绝，实际只是早先强盛的游牧部落不再用早先的部落的称号。

春秋 182 年，中行吴、魏舒用"荃字阵"大破白狄。至楚灵王、楚平王的历史演变期间，中国北方新的游牧民族崛起，号为鲜虞。还在春秋以前的郑桓公年代，太行山东麓就有鲜虞部落。此时重新崛起，相当于三国以后的晋朝借用春秋的晋国的名号，完全不是同一家人，而是混血的结果。只不过，鲜虞国主要与其他白人部落混血，没有被同化成黄色人种。鲜虞继承了早先的山戎的地盘，生活于纵贯中国北方的太行山。春秋 193 年，齐景公在朝拜晋国时声称"与君代兴"，引起晋国上下的仇恨。晋国假装做出进攻齐国的样子，趁机讨伐鲜虞。鲜虞，是一大类人群的总体称呼。这个称呼，好比当今称呼"欧洲人"。在鲜虞内部，其实又分很多不同的部落。游牧部落比较落后，寻不出同出于周朝的同根之谊，又想不出"封建诸侯""存亡续绝""王道霸道"之类的名目；虽有共同的称号，却不能拧成一条绳、形成合力。为此，中原国家早就总结出各个击破的有效战略。当时，鲜虞最大的部落在当今河北西南，相当于它的本部；其分支之中有肥国，在当今北京以北的燕山。晋国命中行吴领军，打出讨伐齐国的旗号，借道于河北西南。中行吴向鲜虞的首领进献"买路钱"。鲜虞继承了山戎的"剪径"的行当，习惯于收钱让路；收了买路钱，就放晋军通过。中行吴折道北上，灭了肥国。鲜虞正在懊悔，中行吴却又送上一份更多的钱财，说是：肥国居于太行山北路，为晋国的后患，何尝又不是你的隐患？灭肥国，我国不敢独肥。所得好处，与大王均分。此举让鲜虞放松了警惕，至这一年冬季，晋军讨伐鲜虞，将分给鲜虞的好处，连带利息一并收回。此事之后，鲜虞加强戒备。

至春秋194年，晋国为了威服齐、鲁，将国内军队主力拉到平丘。鲜虞首领以为晋军倾巢而出，无力危及鲜虞，就解散集结起的军队，放各部落四散打猎、放牧。殊不知，中行吴早于晋军出去之前请示于韩起：

"北狄智虑浅短，不识兵机。鲜虞无城防之固。为防我军，他们集结了各部人马。眼下近秋，正当他们打草预备过冬的季节。鲜虞各部都想四散打草，不愿集结防守。我国出兵东方，鲜虞必四散打草。请主帅留下一支精兵，突袭鲜虞，必得大利！此乃虚则实之的兵机。"

韩起说：

"边疆军备，你已经办老了。我是见不到这一点。我将上军分拨给你，就仰仗你为国建功！"

为求必胜，中行吴此战带上了冲车。什么是冲车呢？中原国家于战争之中，为了撞开敌人的城墙、城门，于战车之上安装起支架，支架上吊起极重的撞杆，集数十人之力，晃动撞杆，用来撞开城门、城墙。这种撞车，因城防的人加固城门、城墙，于攻城战之中往往起不到决定性的作用。然而，面对仅以竹篱、木栅为营的游牧军营，却是杀鸡用牛刀，轻而易举。

中行吴通过侦察，发现鲜虞各部的人确实多数已经散开。他担心对于人防不足的情况下加固城防，所以用上冲车。逼近鲜虞后，不出他所料，栏栅都进行了加固。晋军的冲车撞开栏栅之后，双方发生激烈战斗。中行吴有备而来。撞开栏栅之后，预备下的晋军甲士如潮涌入，以兵力优势，迅速扩大缺口。攻营将士的身后，又有晋军战车一字排开，以箭雨射阻营中前来支援的敌军。鲜虞的栏栅没有城墙的高度，这些箭飞过栏栅阻截了支援。此战下来，晋军全歼敌军。鲜虞战败之后，又推举鼓国首领鸢鞮为鲜虞的盟主，另建军事基地。

春秋 196 年，中行吴率军伐鼓。前两次，晋军以诈术取胜，让鲜虞对晋军的欺诈有了免疫力。中行吴该怎么办呢？他又想出了个"仁义之师"的战术。晋军凭借优势兵力包围鼓国。有鼓人向中行吴提出以城叛变于晋。荀吴不接受这种投降，说：

"我来打鼓国，是因我晋国国力强于鲜虞，而不是来鼓励叛变行为。叛变祖国的人，我不要。接受叛变，会教坏我国国民。"

他将这叛变的鼓人交还城中的人杀死，要鼓人做好战备。包围三个月之后，又有鼓人出来，说想要投降。荀吴又予以拒绝。他说：

"看你精神不错，是吃饱了饭的。这说明你们还有吃的，还可以继续战斗。你们的力还没有使尽，我不取。"

于是，晋军继续包围，直到城中粮食耗尽，方才取城。取城之后，中行吴不杀一人，只是将鸢鞮带走。

这一战役，是典型的攻心战。它不是什么仁义之师，而是特定条件下的正确选择。鲜虞盘踞于太行山，为晋国的心腹大患。晋国不是不想灭它，而是灭不了它。它打不过晋国。然而，每当晋国来讨伐，它能战则战，不能战则作鸟兽散。待晋军离去，它又重新盘踞于此。一有时机，它就侵扰晋国，到晋国地界抢劫杀人。晋国以农耕立国，不能在山上居住，所以不能在山上设立军事基地。这种情况，类似于后世的东汉与匈奴的关系。此战的目的是要让鲜虞不再侵扰晋国，而不仅是追求一次战役的胜利。中行吴不过是向鲜虞证明：

晋军远强于鲜虞。

他希望鲜虞明白这一点之后，不再侵扰晋国。至少是，能够较长时间不侵扰晋国。这种战略思想流传至后世，就有诸葛亮的"七擒孟获"。

至春秋 198 年，因鲜虞遗种逃奔河南的伏牛山，与南方的陆浑戎混成一部，晋国决定南征陆浑。领军的将领，不消说，又是中行吴。中行吴确是多谋，于此战又想出了另外的名目。他担心自己的行动引起对方注意，假装说是为晋国祈福，需要告祭洛河的河神和三涂山的山神。九月丁卯，中行吴率晋军渡过黄河。晋国的祭司、史官带着祭祀用的牲，先一步到洛河边祭祀洛神。正规军队随祭祀的人潜行至洛河，偷袭陆浑戎。陆浑戎失于防备，两路逃窜。一路由首领率领，逃奔楚国；另一路逃到周朝的属地甘鹿。中行吴于此行之前知会了周朝，但公开的说法是说要来祭祀山、河。周朝有个贤人名叫苌弘。他说：

"晋国使者一脸凶相，怕不是要有军事行动？鲜虞的遗种逃到了洛河一带。是不是要来剿杀陆浑戎？"

在苌弘的建议下，周朝进行戒备。逃到甘鹿的陆浑戎遇到早有准备的周朝的军队，遭到围歼。战役结束后，中行吴又带着战利品，献俘于周朝。周景王组织起很久不曾演练的献俘仪式，难得地体面光鲜一番。

此时的周朝，已经弱小到丢脸的地步。凭借自身的财力，周朝完全不能维持王的体面；只好凭借王的名义，向诸侯征求钱财。诸侯从周朝那里得不到现实的好处，对周王的要求往往装聋作哑。春秋196年六月，周景王的太子王子寿去世；八月，王后穆后又去世。死人，向来被周朝看成赚钱的大事。周朝以此为名目请诸侯参加葬礼。诸侯出于源出周朝的身世，不得不参加。当然，也就要向周朝送礼。这一次接连死了两人，诸侯就大都参加。十二月，晋国命知跞为正式使者，籍谈为介，参加葬礼。葬礼结束后，解除丧服。周王请知跞参加宴会。席间故意使用鲁国上贡的壶。周景王对知跞说：

"伯氏，诸侯都献有东西，晋国为什么没有呢？"

场面之上，知跞比起周王差着几个级别，只好行揖礼，敬谢不敏。一旁的籍谈说：

诸侯之封也。皆受明器于王室。以镇抚其社稷。故能荐彝器于王。晋居深山。戎狄之与邻。而远于王室。王灵不及。拜戎不暇。其何以献器。

译文：诸侯受封的时候，都于王室得到了明器，用以镇抚其社稷。所以，他们能够向王室进献彝器。晋国处于边远的深山，与戎狄为邻，离王室远。不曾得到分器，所以就没有东西进献。

周景王说：

叔氏而忘诸乎。叔父唐叔。成王之母弟也。其反无分乎。密须之鼓与其大路。文所以大蒐也。阙巩之甲。武所以克商也。唐叔受之。以处参虚。匡有戎狄。其后襄之二路。鏚钺秬鬯。彤弓虎贲。文公受之。以有南阳之田。抚征东夏。非分而何。夫有勋而不废。有绩而载。奉之以土田。抚之以彝器。旌之以车服。明之以文章。子孙不忘。所谓福也。福祚之不登。叔父焉在。且昔而高祖孙伯黡司。晋之典籍以为大政。故日籍氏。及辛有之二子。董之晋。于是乎有董史。女司典之后也。何故忘之。

译文：叔氏你忘了吗？周朝的叔父唐叔，是成王的同母弟。怎会反倒没有分器呢？密须国的鼓和大路，是我文王进行大蒐时使用过的。阙巩国的甲，是我武王打败商朝时使用过的。唐叔被封到参虚、镇抚戎狄的时候，得到了这些东西。后来，襄王的两个路，鏚钺秬鬯，彤弓、虎贲，授给了晋文公。让晋文公得到南阳的土地，命他征抚东方。这些不是分器吗？有功勋就有重赏，就有对功勋的记载。这些土地、彝器、车服、文章，让子孙永远铭记。这些东西都是王赐予晋国的福祚。这些福祚，不在叔父这里，又在哪里？

再说你籍谈：你的高祖孙伯黡与辛有氏的两个儿子一起总管晋国的典籍。由总管这个名目，辛有氏的两个儿子的后代建董氏；由典籍这个名目，你才叫籍氏。你是管理历史典籍的官员的后人，为何反将历史遗忘？

籍谈不能对答。宾客离去后，周景王说：

籍父其无后乎。数典而忘其祖。

译文：籍父是不是要绝后？向他讲起其家史，他居然忘记了自己的祖宗！

这便是成语"数典忘祖"的由来。

知跞、籍谈参加周朝的葬礼之前，中行吴讨伐了鼓国，将鼓国首领鸢鞮俘虏。回去后，先将鸢鞮献俘于晋国宗庙，然后按封建诸侯的习惯，将鸢鞮封建为晋国的附庸，命其缉领北路游牧各部，每年朝拜于晋朝，进献方物。鸢鞮是白人，懂不起儒教的感恩，没有孙林父那样的忠心。回去后，他召集旧部，冬季游牧于太行、阴山，夏季游牧于蒙古高原、甚至远达西伯利亚，喝奶茶、吃羊肉……快活得了不得，哪得空闲来上贡？甚而至于，到没有东西吃的冬季，又来抢劫晋国的粮食，重新做"剪径"的买卖。晋国方面几番申斥，鸢鞮不予理会。至春秋203年，中行吴再伐鲜虞。中行吴用牛车装载兵器，兵器之上覆以粮食。命甲士乔装成赶车的苦力。如此车队，行至太行山下的昔阳城。鲜虞的侦察兵发现这情况，通告于鸢鞮：

"报告大王：山下来了桩大买卖！有数十车粮食，足够我们过冬；就是拉车的牛，也够我们吃好多天！"

鸢鞮几次吃了中行吴的亏，却也谨慎起来：只分出一半的兵力去抢劫粮食，自己于鼓国镇守。是夜，鼓国城中火起，四下大乱，晋军前来斫营。鸢鞮打听前往昔阳的部队，却得知半路上就遭到掩袭，全军覆灭。此乃中行吴将"围点打援"的战术稍稍改变，做成分割包围之计：

昔阳的牛车队换上战马，做成正规战车阵形，设伏等待前来抢粮的鲜虞；中行吴亲率步兵于夜里潜行至鼓国，火箭和投掷火把打头阵，甲士用弓箭守住鼓国城的出口，专等从火海中出逃的人。

鸢鞮再次被擒，晋国也不敢再封他为附庸，于献俘太庙的时候将鸢鵰用为献祭于祖宗的牲，反剪倒悬、叩鼻衅社。中行吴命涉佗戍兵于鼓，将鼓建设成晋国的一个军事基地。

中行吴与鲜虞之间斗了三十年，造成两个后果：

其一，晋国一再用计谋欺诈鲜虞，引起鲜虞对晋国的仇恨。后来范氏、中行氏造反出逃，鲜虞成为支持范氏、中行氏的重要力量，与晋国为敌。

其二，鲜虞在与中行吴的战争之中，发现游牧民族在军事上的弱点，转而进行城市建设，并且开荒务农，开国于太行山东麓，建国号"中山"。中山国延续至战国时候。苏秦合纵东方诸侯共抗秦国的时候，中山国是东方诸侯之一。而中山这个称号，则沿用了很久。十六国中的后燕慕容垂，就是以中山为都。

北方的晋国威服齐、鲁的时候，南方的楚平王吸取楚灵王的教训，收缩力量，休养生息，先求自保。就在楚平王起兵造反的春秋 194 年，吴国趁晋吴分隔线崩溃的时机，出兵吞并州来。州来在当今的安徽淮南。吴国吞并州来，断了楚国绕出东方的战略。对此，楚平王没有反击，说：

"当下第一要务，是安抚动乱之后的人心。国防上面，应当加固防守。此时怎能再劳动民力？如果再次战败，悔之晚矣！"

楚平王坐上王位，是各方面力量共同造反的结果。观从知机，不愿为官，因此保住性命。出于表彰功臣，楚平王任命若敖族人鬬成然为令尹。鬬成然做令尹仅一年，就遭到处理。杀鬬成然的时候，楚平王说：

"若敖族人有大功于国家。鬬成然有罪，不可因一人之罪罪及若敖族。"

于是，又封鬬成然之子鬬辛为郧国公爵，以示国家无忘旧勋。何以有此举呢？这是效仿他的祖父楚庄王的思想：

若敖族人在国内还有残余势力。不能将这些人树立为政敌。

另外，此举暗示其他豪族：国家处理的对象，是企图危机君王权威的官员，而不是针对楚国世族。

斗成然死后，那个背叛于楚灵王的然丹做上了令尹。楚平王真的是不针对楚国世族吗？他只是不愿同时树立过多的敌人。他本人即是从权臣晋升为王，很清楚权臣的思想。他采取的是各个击破、逐一处理的方法。

且说当时，充当楚平王走狗的人物，名叫费无极。费无极体察楚平王的心思，对楚平王说：

"观从、朝吴是一党。观从曾经与子干、子晰密计，要谋杀你。观从的阴谋，朝吴必然知道。

"你回国都的时候，朝吴、观从都说要打蔡国的旗号。他们的心目中，蔡国才是祖国。

"现在观从虽然赋闲，朝吴却还在蔡国。此人不除，恐酿成大患！"

观从谋杀楚平王一事，前面有记载，打蔡国旗号，是怎么回事呢？当初，观从身负不共戴天之仇，却只是蔡国贵族朝吴手下党羽。他想要做大事，第一步只能是依靠朝吴。为此，最初的造反计划之中，首要一条就是让蔡国复国。后来，子干、子晰、楚平王三兄弟会盟造反，其中就提到让诸侯复国。楚平王坐上王位之后，也遵守当初的约定，让诸侯复国。只不过，此事乃是秘密会议议定的条款，费无极不可能知道。然而费无极偏偏就知道。这是为什么呢？这只说明费无极的进谏是由楚平王指使。楚平王在指使费无极做事的时候，亲口向费无极说出了这个秘密。

由于这个秘密协议，在子干、子晰、楚平王进军郢都之时，朝吴、观从就提出军队打诸侯旗号，以武军的形式行军。何谓武军呢？这个名目其实由春秋初期的衣裳之会和兵车之会演变而来。在王道的体制下，但凡是太阳照耀之下的地方，都是王的属地；天下一家，无所谓现代意义上的中国、外国。如果出现不符合天意的丑类，王者号令天下诸侯戎装集会、兴兵讨伐。这就是兵车之会的由来。有的时候，王者召集诸侯，不是为了讨伐不义，而是以讨论上贡、封赏功臣之类的事情为议题，会议上弃武讲文，与会贵族都穿礼服。那就是衣裳之会。王道演变成霸道，大致延用这一规则；只不过，领袖人物由王换成霸主。无论王道、霸道，都以天下一统为前提，集会之中的旗号，都按周礼的规则，第一尊重的是王旗。打出王旗巡行于天下，有至高无上的权威。队伍无论走到哪里，地方上的人们都望旗而拜。王道称此为"天子无外"，霸道则称此为"天子之宰，通于四海"。

早先的衣裳之会，在春秋早期就已经变了味。宋襄公组织衣裳之会，自己不穿军装，而且所有参会的宋国人都跟着他不穿军装。结果是宋襄公因此被楚国就地活捉。宋之盟，乃是早先意义上的衣裳之会。宋之盟中，楚国屈建又命本国贵族于礼服之内暗穿甲衣，结果因此达到了执牛耳的目的。鉴于这些历史，诸侯出行的时候，无论集会是什么议题，都要进行警戒，再也没有人按衣裳之会的传统、不带兵器就出门。衣裳之会虽然消失，它的倡导和平的意义却保留下来。诸侯出行时，如果以和平宗旨，就建藩军；如果是以战争为目的，就建武军。藩军、武军实际相当于现代的警备级别。所谓藩军，是驻营的时候以竹篱绕营，进行简单的、低级别的戒备。所谓武军，则相当于进入战争状态，要于驻地周围开挖战壕，安排巡逻岗哨，派出侦察分队。驻地内部，就算是夜里睡觉，也分作几班，换班休息。

朝吴以秘密协议之中让诸侯复国的条款为由，提出打诸侯旗号，同时采用武军的形式。这个要求意义非凡：

如果此行成功，打诸侯旗号就意味着陈、蔡等国灭了他们早先的主人，自立为主人。比照于历史，那就相当于周武王集结起西方部落灭了商朝。这种事情，就是所谓"革命"。由此而产生的新的政权，将不再保有早先的楚国，而是由新的政权来取代早先的楚国。打旗号的同时再采取武军的形式，则会向沿途的人们昭示：此行乃是正式的国际战争，而不是楚国内部的内战。这实际上是陈、蔡等国产生出谋求独立的国家意识。

楚平王三兄弟乃是现任的楚灵王的亲弟弟。他们之所以能够有政治上的号召力，完全是依据自己的身世。如果进行革命，灭了楚国，他们三兄弟的号召力将随之荡然无存。对于这个建议，楚平王说：

"兵贵神速。眼下我们需要尽快赶到郢都，没有时间每夜都去开挖战壕。将士行军已是辛苦，何必再增加他们的劳役，让他们又是值勤，又是修工事？为藩军，才好轻装速行。

"另外，现在敌情混乱，如果公开旗号，恐遭伏击。"

戎马倥偬之中，这两个反对理由显得很重要，轻轻将陈、蔡等国想要的"革命"变成了楚国君主系内部的新老接替。造反的部队没有打出诸侯的旗号，也没有进入战争状态，就让此事成为楚国内部的纷争，从名分上保存了楚国。正是因为否决了这个建议，后来陈、蔡等国虽然复国，却仍然是以楚国的附庸复国，而不是独立主权的国家。陈、蔡等国谋求主权的想法在此时遭到压制，然而这种独立意识却越压制越旺盛。至战国时候，中国的政治格局正是诸侯各自为政。早先的政治理想，成了现实。然而，各自独立的国家又演变出"合纵"、"连衡"的斗争方式。国力的竞争、武力的比拼，都远比春秋时候更加激烈。由此带来思想、文化、科技等方方面面的巨大进步，也由此带给人们更加苦难、更加惨烈的生活。

费无极于楚平王坐稳王位之后重提此事，楚平王回答说：

"你知道我的想法，就由你去一趟蔡国，办理相关的事宜。"

费无极得了这个口令，到蔡国对朝吴说：

"王命我带他的秘密意见予你：你对国家有大功，应得爵位。只因当初约定了让蔡国复国；不然，当以你为蔡国公爵。

"蔡国君主与楚国之间，有数不清的恩怨纠葛。王并不愿意让他们统领蔡国。王说你对他忠心耿耿，最好是让你来做蔡国公爵。为此，密令我来此帮助你。"

费无极又秘密求见蔡国当权人物，说：

"朝吴发起了对先王的讨伐，所以才有今王即位。据我在郢都了解到的情况：王很想提拔朝吴。诸位功劳不及朝吴，却是他的上级。据兄弟看来，前途很有点不妙！"

朝吴其人，不像观从。观从以复仇为理想，不在乎荣华富贵。当初一起造反的然丹，此时坐上了令尹的位子。朝吴看着别人升官，难免眼馋、眼热。人一旦执着于某一事物，看事情就会失之偏颇。朝吴心里只想着荣华富贵，眼中就只看得到然丹的升官，看不到斗成然的死。蔡国的当权贵族，则与之相反：心中只想保住现有的地位，眼中就只看到斗成然的下场，总觉得自己真的有危险；却又看不到然丹的升官。

费无极的两面怂恿，并非什么了不得的妙计。然而，身处名利场中的人，跳不出局限。在费无极的挑拨之下，朝吴在蔡国渐渐成了众矢之的。春秋 196 年夏，蔡国贵族驱逐朝吴，朝吴逃奔郑国。费无极完成了使命，回郢都向楚平王复命。公开的朝廷之上，楚平王假装发怒：

"我担心蔡国内部不团结，特意命你去调解、斡旋！你干些什么事情？搞得朝吴无家可归？难道你不知道：没有朝吴，就没有我的今天？"

经过这种表演，外界看到的情况就成了：

昏君错用了奸臣，所以忠臣遭到陷害。

正是因为限制权臣的权力，楚国君主系能够大权独揽。然而，实施这种政策带来一个副作用：在政治生活中，限制权力与压制人才是无法彻底分开的。从政治上压制人才，不仅会抑制社会的进步，而且会危及政权本身。楚平王与费无极以演戏的方式，迷惑世人耳目。有人看穿了这个把戏，不顾一切地报复，以孝灭忠，演绎出一个争议了三千年的故事。此人是谁呢？就是伍氏的伍子胥。相关情况，下回再叙。

放散第七十五回

伍子胥挟弓去国　寺人柳炽炭于位

上回说到，楚平王处理鬭成然之后，任命然丹为令尹。然丹坐上这个位子，相当卖力。对内采取宽松的刑罚，以增加人口，恢复经济；对外，又于春秋197年诱杀蛮戎部落首领，建立军功。但是，楚平王总觉得然丹是个见风使舵的人，纵然有才，总不肯大用。至春秋198年，又改任阳匄为令尹。阳匄何许人呢？他是楚穆王的曾孙，算起来是楚平王的侄儿。这一年，吴军入侵楚国。阳匄按惯例进行卜。卜的结果是出战不利。公子子鱼是司马，很想出战，说：

"我国在上游，吴国在下游；凭什么出战不利！？按楚国体制，司马分管军事，应当由我来进行卜。"

他对卜官说：

"我欲与吴一战，纵死不惜！你卜此行动是凶是吉！"

大约是因为得到了这个暗示；卜的结果，得到吉兆。于是，楚军水陆并进，与吴军战于长岸。战斗之中，子鱼照自己的说法死于战场。结果也如卜兆，楚军大败吴军。尤其值得夸耀的是，楚军夺取了吴军最大战船——吴王本人乘坐的号为"馀皇"的战船。这艘船将近有一百米长，建有三层楼，其中各种攻防武器一应俱全。楚国水军与吴国交战，基本没有胜的纪录。此战夺取了"馀皇"，极大地提振楚军士气。楚军将"馀皇"当作宝贝，精心守护起来：

阳匄料想吴军肯定会想方设法夺回此舰；就设下埋伏，准备于对方来抢馀皇的时候给予重创，扩大战果。他们将馀皇拖到岸边沙滩，以防吴军从水上将其夺走。在船的四周开挖出护城河一般的水沟，只留出一条狭窄的陆路通道。在船体下放置木炭。这种安排，是想趁吴军来夺船的时机，沿水沟四周发动伏击，并且点燃木炭，火烧馀皇，让吴军要么死于火，要么死于水。

吴王夷昧已于此前的春秋196年去世。其子即位，是为王僚。吴军此战的领军人物，则是诸樊之子，大名鼎鼎的阖庐。阖庐丢掉了王的战船，不甘心就此回去接受处罚。通过侦察，阖庐大致了解了楚军的伏击计划，决定将计就计。

第一回提到，吴国人的发型，如同当今的男子，没有长发。这种发型，被以衣冠华族自诩的中原人视为蛮夷的不开化的陋习。楚国于春秋早期就与中原打交道，其习俗已经与中原基本一致，蓄有长发。所以，短头发的吴国混进楚军之中，极易被发现。阖庐找来三个有长发的男人组成敢死队，乔装打扮，混入楚军，进入馀皇里面。好在馀皇舱体巨大，里面士兵甚多，混进去倒也不难。夜里，吴军弥江而至。阖庐命众人齐声高呼：

"馀皇！"

潜伏于馀皇里面的三个人，分别从船上不同的方位齐声答应：

"唉！"

吴军三次高呼，船里面三次答应。楚军方面，迷信的人以为馀皇有神灵，所以吴国人一喊，它就用吴国话回应。又有人以为吴军已经夺占了馀皇。为此，楚军乱了阵脚。楚军预先埋伏的人按计划发起进攻，射死了三人敢死队。然而，此时的吴军从外层发起进攻，反包围了楚军。楚军大败。阖庐夺回了馀皇。

早先，楚灵王败于吴国水军，心下不甘，所以强征整个南方的人民，于中国的南北分界线开建晋吴分隔线。因这一工程，楚灵王死得很惨。楚平王即位之初，吸取这种教训，收缩力量，在国际上只防不攻。历经五年的休养，楚国的国力渐渐恢复，楚平王的政权也愈见巩固，就又有人建议重展一统天下的宏图。当时，楚国内部分作两派，一派主张对外扩张，以费无极为代表；另一派主张继续休养生息，以伍奢为代表。伍奢何许人呢？前文提到，楚庄王年代，出现一个人物伍参。伍参生子，是为伍举。前文提到，在楚康王报复申公巫臣的时候，伍举受到牵连，伍氏险些因此族灭。至此时，伍举又已去世，伍氏当家人是伍举之子伍奢。伍奢又有两子，长子伍尚，次子即是著名的伍子胥。

　　在君主体制下，一国的不同政治派别往往反映出君主头脑中同时存在的两个相互对立的观点。不同派别之间的政治斗争，同时又是君主个人的思想斗争。最终由哪一派获胜，是君主、正方、反方三方互动的结果。这个结果又往往受到三方之外的偶然事件影响。历史不可能如实记载人的心理活动，只能记载已经发生的事情。因此，起决定性作用的三方的思想不能重现，只能猜测、想象，倒是次要的偶然性事件能够记载下来。这给人们造成错觉——让人觉得偶然性事件是主要原因。楚国此时的历史，最主要的决定性因素在于楚平王对于扩张还是防守的权衡；但它表现出来就成了以下的偶然事件：

　　春秋189年，楚灵王灭陈之后，先是命穿封戌为陈国公爵，后又命楚平王以蔡国公爵兼任陈国公爵。楚平王做陈国公爵期间，当地郹阳封人的女儿私奔于楚平王，与之生下了太子建。春秋194年，楚平王即位，建随之成为太子。此时，楚共王的儿子已经只剩下楚平王，楚国君主系的传承不可能再用传弟不传子的规则。考虑到此前君主系争夺王位造成了国家的重大动乱，楚平王担心太子建重蹈上一代的覆辙，故而郑重选择重臣出任太子建的监护人。伍奢为师，即第一监护人。费无极为少师，即第二监护人。太子的监护人，将是太子做上君主之后的第一权臣。为此，伍奢与费无极之间，于政治上处于彼此为敌的状态。二人提前进行斗争，相互指责对方的政见，树立自己的政见。恰逢楚平王头脑中战与守的思想在斗争，伍奢和费无极就各站一方，借君主思想中的战与守的斗争，来实现他们二人之间的权势之争。伍奢职权大于费无极。费无极处于不利的地位，必须出奇招，所以想出一些较为阴毒的主意：

春秋 200 年，费无极向楚平王说：

"太子年龄也不小了，可以为他娶亲了。"

其实，太子建不过十来岁的孩童，哪里说得上年龄不小？楚平王看不懂其中奥妙，就让费无极去秦国为太子建迎娶秦国女儿嬴氏。费无极将嬴氏迎到楚国，不送去太子宫中，却悄悄向楚平王报告：

嬴氏长得如此这般漂亮。我为君主作想，不如君主你要了这女人！现在这女人就在外面，要不，你先看一看？

楚平王一时间色心乍起，收用了嬴氏。收用之后，又立嬴氏为王后。按子以母贵的规则，太子建的地位因此变得不妙。

这种事情，但凡是稍稍明智的人，都知道费无极构君主父、子之隙，居心不良。然而，楚平王得了新鲜少女，终究有点感激费无极。而嬴氏由太子妃转升王后，免去了等待前任去世的过程，也感激费无极。主公、主妇都感激费无极，费无极不但不罪，反倒得宠。楚平王霸占了儿子的女人，对太子心怀愧疚。愧疚容易演变成猜忌，而猜忌则足以破坏很多东西。父子之情遭破坏，那是不消说。早先，楚平王鉴于此前的历史，对继承人的人选不作二想。因为猜忌，这个观念也渐渐动摇。

楚灵王一心对外进取，最终葬送性命。借鉴这历史，楚平王原本不想在国际上出风头。伍奢选择了守的政见。太子建受伍奢教导，与之持相同政见。故而太子建向朝廷建议收缩楚国力量，将许迁于析。费无极巴结上嬴氏，与太子建结仇。太子建提议什么，费无极就反对什么。所以，费无极的建议是扩张楚国势力，让太子建驻守州来。

许国最早在当今许昌，后迁至当今叶县。析，在当今河南邓州。楚灵王建晋吴分隔线时，命许迁至夷。夷，在当今安徽亳州。许国还没有完全迁徙，楚灵王就已经出事。所以，此时的太子建的建议，是将许国从当今叶县迁至当今邓州。州来，在当今安徽淮南。当时，州来是吴、楚交界地带的军事重镇。吴国王子季札就曾受封于州来，号为州来季子。春秋194年，吴国从楚国夺回州来。之后，楚国又从吴国夺回州来。州来此时虽在楚国手中，却随时可能遭到吴国的进攻。总之，伍奢的建议，是要楚国收缩防守；而费无极的建议，则是要楚国进行扩张。

朝廷上，费无极说：

"我国之所以斗不过晋国，是因为我们在地理上先天不足。晋国占领了中原，我们僻处南方。我们必须派重兵驻扎于中原。太子是国之柱石，让他去驻守州来，捍御北方，君主你才好腾出手来，专心对付吴国。"

楚平王对儿子怀着歉疚。每当看到太子建，总觉得有点悻悻然，不好意思。听了这建议，他觉得让太子建离去，免得天天见了碍眼。于是，也不作仔细分辨，就采纳了费无极的意见。第一监护人伍奢，随行于太子建。第二监护人费无极，此时正得君主欢心，所以留于郢都。伍奢居于外，费无极居于内。伍奢与费无极的权重关系，颠倒了过来。至春秋201年，费无极捏造出一些证据，对楚平王说：

"太子建和伍奢在州来，俨然第二楚国。君主你命他捍御北方，他却与齐国、晋国结交。他们阴谋叛变，已经准备就绪。君主你再不动手，就来不及了！"

这种话，楚平王原是不信。然而，回到宫中的时候，又受到嬴氏的逼劝。为什么呢？因为太子建非嬴氏所生。嬴氏若不搞死太子建，将来太子建继承王位后，依照母以子贵的规则，王太后将是耶阳封人的女儿，而不是她嬴氏。到时候建会追究嬴氏中途改嫁的事情，嬴氏将有性命之忧。太子建的前程，必将是嬴氏的末路。

外有权臣，内有女主。两方苦苦相逼，拿出越来越多的证据。楚平王不得不就此表态，就决定先召回伍奢：一则是翦太子建的党羽，二则楚平王也想亲自从伍奢口中询问情况。

伍奢觉得：自己与费无极早先并无怨仇。完全是因为费无极方面无端的阴谋，让自己坠入权力争夺的漩涡。为此，伍奢极度愤懑。千不该，万不该，他将愤懑之情，转成对君王的指责。在楚平王找他询问情况的时候，他说：

"君主你早先娶这女人，就是不该！已经错了一步，也就罢了。现在你还要再错下去！费无极是怎样的人，天下尽知。你偏要听信于他。我还有什么好说？"

这话戳到楚平王的痛处。楚平王大怒，当即囚禁伍奢，另派武士奋扬到州来刺杀太子建。奋扬出发不久，楚平王情绪平静下来。想到那毕竟是自己的儿子，又派人去赦免太子建。太子建闻讯，赶在杀手到来之前逃奔宋国。郢都里面，费无极又对楚平王说：

"伍奢这人，倒还没有什么。他的两个儿子，一个叫伍尚，另一个叫伍子胥。此二人的武力智谋，著名于楚国。现在逮捕了伍奢，已经与伍氏结仇。若不及时处理，恐成事变。"

于是，楚平王派人到州来征伍尚、伍子胥回郢都，假意说：

"你们回都城来。你们回来了，我就赦免你父亲。"

州来城中，伍尚、伍子胥面临艰难抉择：

父亲被囚，儿子若不奔赴其身边，即是不孝。然而，如果赶去，必将是全家被杀，那将导致伍氏不祀，更加不孝。

为此，兄长伍尚做如下决定：

哥哥伍尚回郢都，尽第一种孝。弟弟伍子胥出逃，保留伍氏血脉，伺机为父、兄报仇，尽第二种孝。

按计划，伍尚回到郢都，与伍奢一起被杀。此时的伍子胥，背上不共戴天之仇。仇人乃是南方第一大国楚国的君王。伍子胥孤身一人，挟一张弓、数十支箭，逃出州来，南奔吴国。血色黄昏，长江渡头，伍子胥想起自己面对亡兄发下的弥天之誓：

拼尽一生智力，誓灭楚国，以报父兄无枉之冤！

这个任务太过艰巨，几乎相当于让东流的江水返身西流、让已经沉入晚霞中的夕阳反向重升……

伍子胥到吴国后，吴王王僚听说此人是楚国名士，想要予以重用。然而，阖庐却说：

"此人来我国的目的，是为了报私仇。我偌大吴国，岂能为一个外国贵族所驱使？"

伍子胥因此不得重用。

前面提到，吴王寿梦一生四子：诸樊、馀祭、夷昧、季札。因季札礼让，兄死弟及的规矩传到夷昧之后，由夷昧之子继位，是为王僚。这让阖庐暗中不满：

若依传弟的规矩，当立季札。若依传子的规矩，我是长房长孙，当立我。无论如何，也轮不到王僚！

伍子胥慢慢了解这些情况，决定先帮阖庐完成政变，待阖庐成立之后，再慢慢报家仇。他躬耕于农村，以更加高明的农耕技艺教导乡民。他结识著名武士专诸，将其推荐予阖庐。

伍氏或死或逃，让对外扩张的政策在楚平王头脑中占了上风。当初楚灵王想要对外扩张，恰逢陈国内乱，得以趁机灭了陈国。至此，楚平王也想要扩张，又赶上宋国、蔡国、周朝相继出现内乱。于是，楚平王像前任一样，渐渐开始犯迷糊：

连周王都来投靠我了。未必然，上天要让楚国由我而一统天下？

其实，宋、蔡、周三国的内乱，主要是其内部矛盾的结果。这三国的内乱，时间上宋国最早，紧接着是蔡国，隔了几年才是周朝。楚国的参与，则是先参与离自己更近的蔡国，后参与远一些的宋国。为此，笔者以放散之式，先记蔡国，然后宋国，然后周朝。

早先，楚灵王灭蔡国的时候，将蔡灵公的世子有用于冈山的祭祀。楚平王成立后，让蔡国复国，立世子有之子、蔡灵公之孙，是为蔡平公。春秋201年11月，蔡平公去世。蔡国贵族按正常程序立蔡平公之子朱。蔡平公之弟蔡悼公向费无极行贿。费无极率军以军事进攻相威胁，强迫蔡国立蔡悼公。朱逃奔楚国，控诉于楚平王。公开场合，楚平王责问费无极：

"你何故擅自兴兵？"

以楚国君主系对待臣下的残忍，费无极哪敢擅自兴兵？此事的原委，还不都是楚平王指使？然而，君王这样问，臣下只好顺着应答。费无极说：

平侯与楚有盟，故封。其子有二心，故废之。灵王杀隐太子。其子与君同恶，德君必甚。又使立之，不亦可乎？且废置在君，蔡无他矣！

译文：蔡平侯是因为与我国的盟誓才由我们封为君主。他本人倒还没问题，但是他的儿子对楚国有二心，应当废除。

灵王杀死了世子有。世子有的儿子视灵王为仇人；对于你消灭灵王，他们心存感激。因此，你当初立平侯。东国（蔡悼公）与平侯身世相同。现在你立东国，不正好吗？况且，蔡国君主的废、立，应当由你决定。量它偌大蔡国，它敢有什么其他想法？

读者注意：根据《周约》"无易树子"的规定，继承人应当在儿子，而不是弟弟、孙子之中选择。蔡国复国的时候，蔡国的太子有已经去死。按习俗应当立蔡灵公之子、有之弟。正常的习俗反映的是蔡国多数人的意见。楚国故意立有之子蔡平公，正是为了打破蔡国国内政治上的正常程序，树立亲楚的势力，以实现霸道。费无极这话另有一种意思：楚平王以弟代兄，就应当支持以弟代兄的做法，让蔡国也以弟代兄。而且，让蔡国国内按正常程序建立君主，就显不出楚国的霸道。楚国就是要改变这规则，以显示霸主的霸道。所谓"废置在君"，违背了春秋贵族所信仰的《周约》。

费无极的意思，其实就是楚平王的意思。只不过，费无极特别善于揣摸，能够准确地表达君主的心意。楚平王自己以弟继兄，违背《周约》，心里有罪恶感。费无极深体上意，借蔡国的以弟继兄来消减楚平王的负罪感。这是"佞"的功夫。

他的话绕来绕去，却矢口不提以弟继兄。这是"佞"的功夫已达化境！费无极利用君王喜欢马屁的心理，将自己收了钱财之后的决定说成是君王的霸道。另外，威服蔡国的国策，正好与早先伍奢收缩势力的政策相反。这有助于对伍氏的定性，转而就有助于费无极的专权。楚平王被费无极的迷魂汤灌得迷迷糊糊，已经看不清这些门道。并且，纵然他看清了费无极的思想，也觉得这种思想有益无害。

楚国平白地废、立蔡国的君主，已经引起蔡国仇恨。后来，楚国又侮辱蔡昭公。楚国侮辱蔡昭公，正是楚平王此时想法的延续。蔡国对楚国恨入骨髓，以至于蔡昭公发誓拼尽一切报复楚国。后来的楚亡于吴，正是以蔡昭公为导火索。

前文提到，向戌报复华氏，赶走了华臣。华臣被赶走，华氏仍旧由华皋比当家。春秋176年，向戌参与对太子痤的斗争，取得弃和宋元公的信任。次年，向戌组织的宋之盟达成天下共和，向戌扬名于天下。然而，因为戴公族人之中有乐罕在，向戌所属的桓公族还是不如戴公族。之后，乐罕去世，向氏成为宋国第一族望。此时华皋比渐渐长大。华皋比继承家业，职务为右师，名目上是第一大夫。然而，论功绩，论社会关系，华氏都已经不如向氏。华皋比想要恢复华氏的家声，就学习向戌，也去巴结贵人。早先，痤做太子的时候，宋平公命太监惠墙伊戾监察太子痤。太子痤被弃和向戌害死，却让惠墙伊戾背黑锅。宋元公接替痤为太子时，宋平公又另选太监寺人柳来做宋元公的内师。寺人柳其人，并不像惠墙伊戾那么恪尽职守。然而，宋元公是通过谋杀哥哥才做上太子，心中藏有秘密，所以总是防着寺人柳，对寺人柳就没有好感。华皋比打听到这个情况，主动示好于宋元公：

"你身边这个太监，行迹鬼鬼祟祟，暗中像是在与你作对。要是你不好出面，我可以帮你除掉他！"

宋元公说：

"君主将自己最喜爱的身边人赐给我，那是君主的恩典。

为臣子，怎好擅自处理君主所赐的人？然而，我看你对我倒是一片真心。你看怎么办才合适？你看着办吧！你对我的忠心，我是不会忘的。"

这个话，算是暗示华皋比去杀寺人柳。华皋比听到最后一句，感到自己前途光明。哪知道那寺人柳乃是职业间谍，消息极其灵通，竟然打听到二人的会话。为了对付华皋比，寺人柳分别结盟于向戌、华亥。向戌早有灭华氏之心，当然加盟。华亥本是华皋比的弟弟，但他希望赶走华皋比，好让自己做华氏当家人。寺人柳延用惠墙伊戾的伎俩，也去挖个坑，伪造一篇简书，然后报告于宋平公：

"华皋比暗中联络逃犯华臣，准备里应外合造反！听说已经于城北进行盟誓。"

宋平公说：

"当初正是华臣想要抢占他的家业，两个仇人，如何会走到一起？"

寺人柳说：

"小臣也不知道是什么原因，这就去城门现场调查！"

调查的结果，带回伪造的简书。书上的话都是寺人柳编造，能有什么好话？调查扩大，宋平公垂询于权臣向戌、华亥。结果是众口一词。由此，华皋比遭到驱逐，流亡卫国；华亥随之成为右师。华氏、向氏早先是世仇，经此事竟然有了合作。两家由此渐渐来往，竟然一笑泯恩仇。至春秋192年，宋元公即位之时，宋国政权基本由向氏、华氏共同把持。早先曾经被宋元公视为敌人的寺人柳，在此时就有点岌岌可危。好在此人的出身就是太监，所学专业就是侍候人。对于讨好主子，他很有些心得：

宋平公去世的时间，是在周历十二月，夏历十月。此时，天气已经转冷。寺人柳挖空心思讨好主子。其中有一件是：

每天早晨赶在宋元公就座之前将其席位用炭火烘热，让宋元公一坐上位子就感到温暖。

如此体贴入微，让君主转嗔为喜，甚至离不开他。到宋平公下葬的时候，寺人柳又成为宋元公心腹。

春秋 201 年，宋国第一大佬向戌去世，而此时已经是宋元公在位的第十年。宋元公想要趁向戌去世之机处理权臣、建立心腹、重振乾纲。他渐渐建立自己的心腹，疏远华氏、向氏。此时，华氏、向氏的重要人物有：

华亥，官居右师，为第一大夫。

向戌之子向宁，按传统继承家业、担任左师，为第二大夫。

华定，官居司马，为第三大夫。华定何许人呢？华御事生华元、华耦。华耦生华定、华费遂。由于华臣、华皋比相继遭到处理，华元一房已经没有多少声威。早先，华耦曾为第一大夫。华元那一房人物凋零。向氏则因为桓公族人曾经遭到处理而人丁不旺。华耦一房因此崛起。

华费遂，官居司徒，为第四大夫。华费遂有三子：华登、华貙、华多僚。

华氏、向氏占据宋国所有高官位子，这对宋元公是相当不利的。华、向两家发现彼此同时成为君主的政敌，就尽释前嫌，团结一致对付宋元公。四个大夫共商对策。其中，华费遂因职务最低，心有疑虑，派长子华登参与共同对抗宋元公的会议，自己本人置身事外。华氏、向氏商议出的对策，乃是最简单、最有效的对策：先发制人。具体如何呢？且看下回。

正闰第七十六回

逐华向不忍其诟　惮为用自断其尾

　　上回说到，宋国的华、向定计先发制人、共抗宋元公。春秋 201 年夏，华亥装病，诱来宋元公的部分心腹，杀死其中一部分，囚禁另一部分。宋元公到华亥家中，请求释放被囚禁的人，结果反遭挟持。华氏、向氏与宋元公进行盟誓，双方交换人质。宋元公的太子宋景公、宋景公同母弟公子辰、公子地，为宋元公一方的人质，住于华亥家中。华亥之子无慼、向宁之子罗、华定之子启，为华氏、向氏一方的人质，住于宫中。宋元公的心腹闻讯纷纷出逃。出逃的人包括：

　　公子城。此人是宋平公之子、宋元公之弟。

　　公孙忌。此人源出君主系。

　　乐舍。此人是戴公族人乐罕之孙。向氏与华氏结成政治上的同盟，把持宋国政权。早先当权的乐氏随之失势，故而转投宋元公，为宋元公心腹。

　　司马彊。身世不详。

　　向宜、向郑。此二人是向戌之子。二人与向宁争夺向氏家业，故而转投宋元公，成为宋元公心腹。

　　楚太子建。此人是楚平王的太子。因费无极的陷害，投奔至宋国，成为宋元公心腹。

　　郳申。此人是小郳国的公子，身世与楚太子建类似。

　　以上八人结伙出逃，逃奔郑国。途中遭遇华氏伏击，公子城与其余七人走散，转投晋国。

　　宋景公只有四五岁，饮食需要由人来照料。公子辰、公子地则年龄更小，以人乳为食。这三个小孩是宋元夫人仅有的三个儿子。宋元夫人很舍不得。宋元公派人对华亥说：

"栾（宋景公）的饮食向来由夫人亲自照料。辰、地更是由夫人亲乳。夫人舍不得他们，希望到华府来喂奶。我也想来看视其饮食。"

起初第一天，只是宋元公及夫人到华亥家中。到后来，渐渐带上几个女仆。再到后来，随行至华家的人越来越多。这让华氏、向氏警觉起来。华亥、向宁、华定会议此事。华亥说：

"他找出这个理由，天天到我家来。你们二位倒还不觉得。我总担心他哪天突然发难，对我下手！我看，不如双方都退还人质；也好让我们的儿子回家。"

向宁说：

"太子是我们手中的王牌。如果君主出现变故，将由太子继任。让你养着太子，不光是保我们当前的安全，更是为了我们今后的富贵。他有图谋之心，你就不可以有防守之策？你小心防备就是了。"

宋元公的心腹大多已经外逃。要想做事，须另建心腹。他找到第四大夫华费遂，向华费遂宣扬忠君爱国的大义，希望华费遂能够挺身而出、大义灭亲。宋元公给出好处，说是事成之后让华费遂为第一大夫。华费遂装出老泪纵横的样子，慷慨陈词：

"值此乱臣当道之际，得君主如此信任，我纵然是粉身碎骨，也难报君主天覆地载之恩！我愿舍弃举家人口的性命，报答君主厚恩……

"然而，太子在他手中，只怕是投鼠忌器，反害了太子的性命！"

宋元公说：

"儿子的生死自有天命！我已经忍了他们十年，不能再忍下去！"

春秋201年冬十月，宋元公趁探视宋景公的时机发难，事先杀死手中人质，然后进攻华亥。战斗之中，华费遂为宋元公而战，其子华登则为华亥而战。华氏、向氏措手不及，纷纷出逃。临行前，向宁建议华氏杀死人质宋景公、公子辰、公子地。华亥说：

"他是君主。他杀死我们的儿子，只是一种过错。我们是臣下。我们杀死他的儿子，是极大的叛逆，将无法容身于天地之间。"

华亥命其庶兄华㨡留下来，对华㨡说：

"你年纪大了，不好跟着我们四处流浪。你把人质交还给君主，君主不会对你怎么样！"

华亥、向宁、华定逃奔陈国，华费遂之子华登逃奔吴国。华㨡将宋景公、辰、地送回宫中，正准备离去，宋元公走下来拉住他的手，脸上热情洋溢：

"你不要走，我知道你跟他们不一样，快回到你的座位上去。"

宋元公对华㨡委以重任。形势之下，华㨡成为宋元公的心腹。

宋国的三大权臣都已经出逃，按早先的约定，华费遂连升三级，成为第一权臣。华费遂的长子华登出逃在外，宋元公封华费遂的次子华貙为少司马。华费遂则表示忠心，主动让三子华多僚做宋元公的御士，为宋元公驾车。华费遂命华多僚随时刺探宋元公的言行，表面上却说这是让自己的儿子充当人质。按立长的规矩，华登是华费遂的继承人。华登的出逃，让华貙、华多僚都产生出做继承人的想法，两兄弟渐成政敌。华多僚与宋元公朝夕相处。宋元公时常对他晓以大义，又表示要帮助他继承华氏家业。华多僚渐渐感动，觉得君恩大过父恩，反过来为宋元公刺探自家的举动。他向宋元公报告：

"华貙暗中联络叛党，图谋造反！"

宋元公却说：

司马以吾故，亡其良子。死亡有命。吾不可以再亡之。

译文：司马为了我，损失了儿子。生死有命。就算是我去死，也不能让司马再损失儿子！

读者注意：春秋贵族的称呼，称官职乃是最大的尊重。宋元公这个话，是担心别人知道他有暗算华费遂之心。

宋元公觉得应当将自己的这番话通知华费遂，就找来华费遂的仆人宜僚，命他转述自己的话。宜僚回到华家，对华费遂说：

"今天，君主身边的人命我进见君主。君主赐了我一杯酒，命我带话给你。君主的话是：

司马以吾故，亡其良子。死亡有命。吾不可以再亡之。"

华费遂闻言叹息：

必多僚也！吾有谗子而不能杀。吾又不死。抑君有命，可若何？

译文：这肯定是多僚捅出来的事情！我何事得罪于上天，竟然生出这样的儿子？我有这样的逆子，却不能够大义灭亲。我又贪生，不能自杀以谢罪！要是君主追查起来，可该怎么办啊！

读者注意：政敌之间，往往相互安插间谍。政治人物说话，必须预先考虑到自己的话会传出去。华费遂这个话，同时考虑了宋元公、华登、华貙、华多僚会听到自己的话。汉语先天具有模糊性，而这种模糊性恰好切合于政治的灵活性。华费遂所说的"谗子"，既可以指华登，也可以指华多僚，还可以指华貙。

宋元公和华费遂分别说出这样的话，双方的心腹往来询盘、议盘。双方达成共识，认定华貙即是谗子，故而秘密协商成如下的处理：

驱逐华貙，然后君臣之间再次盟誓，互证生死与共之心。

宋元公命华貙到宋国远郊的孟诸去围猎，并亲自为其送行。送行的时候，又是劝酒，又是赏赐东西。宋元公饯行之后，华费遂又来饯行。场面之上，也是劝酒，也赏赐东西。并且，华费遂的眼光、神情之中，隐含依依不舍之情。华貙的心腹张匄将华貙拉到隐秘之处，说：

"代替君主春蒐，乃是乐事；然而席间有悲戚之情。此去围猎，猎获禽兽，还少得了吃的、穿的？哪用得着他们赏你这些东西？据小人看，其中必有隐情！宜僚常侍于司马。从宜僚口中，可以问出个究竟！"

华貙、张匄将宜僚诱到隐秘地方，将剑架到宜僚的脖子上，逼问隐情。宜僚说：

"小人什么都不知道。只是曾经被君主请去。君主赐了我一杯酒，让我传话给司马：

"司马以吾故，亡其良子。死亡有命。吾不可以再亡之。

"我将这话传给司马，司马说：

"必多僚也！吾有谗子而不能杀。吾又不死。抑君有命，可若何？"

听了这话，张匄建议刺杀华多僚。华貙回想起席间父亲的神情，心中惨然：

"父亲舍不得我离去，我岂能再为他添忧？我离去，家中就只剩下多僚。父亲已经老了，身边不能没有儿子。多僚虽然不孝，却可以保护司马，流传我家骨血。"

张匄说：

"你心中不忍，原是人之常情。就怕是别人没有这种兄弟感情！凭什么让他来流传华氏骨血？你比他年长，理当是你来继承家业。"

春秋 202 年五月丙子，当夏历的三月，华貙于出发春蒐之前回家向父亲辞行。还没有到家，路上遇到华费遂乘车上朝。驾车的人，正好是华多僚。华貙的马车上，郑翩为御戎，张匄为车右。张匄拔钺于手，大呼：

"此时不动手，更待何时？"

随即一跃跳入华费遂的马车，钺刺华多僚。华多僚手握着缰绳，措手不及，被铍刺穿胸膛。郑翩、华貙紧随其后，合力杀死了华费遂的车右。

华貙一行杀死了华多僚，挟持华费遂。华费遂的政治立场原本就是忠君与不忠君的辩证统一；遭此变故，只好公开与宋元公为敌。挟持华费遂后，华貙立即派人通告流亡于陈国的华亥、向宁、华定。此时，相关的流亡贵族分成了四路：

宋元公的党羽之中，公子城在晋国，其余在郑国。华氏、向氏党羽之中，华登在吴国，其余在陈国。

六天后，亡于陈国的华亥、向宁、华定率先到达宋国，逼近宋都商丘。宋元公命乐大心（乐罕之孙）、丰愆、华牼进行阻击。此时，华费遂、华貙驻军于南里，公开叛变宋元公。双方战斗的结果，因华氏、向氏内外都有军队，宋元公战败。宋元公于鄎、桑林建设军事据点，向北方诸侯告急。

冬十月，华登率吴国军队到达宋国。齐国出兵帮助宋元公。齐国将领乌枝鸣与宋元公的手下厨人濮会师于宋，阻击华登。首战，乌枝鸣、厨人濮主动出击，败华登于鸿口。华登休整再战，包围商丘。华氏、向氏的军队越来越多，北方诸侯的救助却迟迟不到。而且，商丘城中还有不少华氏、向氏的党羽。为此，宋元公考虑撤离商丘。厨人濮进谏：

"如果你守、战，还可以整肃军人为你而战；如果你出逃，军人恋家，恐怕没有多少人愿意跟随你流亡外国。国中的人心是否可用，且由我先来试一试，你也要出面激励战士！"

厨人濮召集城中军民，动员一番之后，说：

扬徽者。公徒也。
译文：举起徽章的，都是主公的人！

什么是徽呢？它是一种类似于军队番号的东西，是在一块黑色的布上写上自己所属的主人的名号。军人将徽佩戴于身上，以显示自己隶属于某一贵族，在政治上效忠于这个贵族。参加集会的人，多数都举起徽章。徽章之上，黑底白字，是一个"宋"字。此时，宋元公从杨门出来，巡视军民，热情招呼集会上的人，然后大声说：

"贼人杀害忠良，叛变国家，引外国军队包围了商丘。如果商丘沦陷，我被杀死，宋国将随之灭亡，你们将失去祖国。如果商丘沦陷，敌人会杀死你们的父兄、奴役你们的妻儿。徽章上印的，是你们的祖国。你们愿意为国家而战吗？"

台下高呼"为主公而战""为宋国而战"。

华氏、向氏进驻新里。新里城中，也进行类似的誓师。只不过，宣誓的口号换成了"为华氏而战""为向氏而战"。商丘城中的华、向党羽潜逃至新里，新里城中的宋元公党羽则潜逃至商丘。战前，厨人濮组建敢死队：不穿戴盔甲，随身武器只带一把剑。战斗中，厨人濮斩获一个敌军的人头。他扯下自己的裙幅包起人头，举过头顶，巡于战场，高呼：

"得到华登的人头了！"

此战惨烈，然而双方未分出胜负。

因为宋国贵族分别投奔南、北国家，宋国的内战已经演变成大国之间的势力之争。得宋国并不代表得中原。然而，此时天下诸侯都在观望宋国战局。如果吴国军队进驻商丘。对晋国而言，那就是让吴国在中原的重大事情之中成了胜利者。晋国不能接受这一点。公子城投奔晋国后，一再请求晋国出兵。眼看华氏、向氏就要胜利，晋国觉得此时方才能够显出自己的本事。春秋 202 年冬十一月，晋国由中行吴领军，率晋、齐、卫、曹四国联军进军宋国，此行的名义是：帮助宋元公平定乱党。

四国联军包围南里。华亥、向宁、华定、华貙、华登领军出战。城中派出挑战战车，主帅是华氏党羽吕封人。此战乃是宋国内战。城外的联军都是外国军队，不好率先出面；所以由公子城亲自迎接挑战。吕封人的车上，干犨为御戎，华豹、张匄为车右。双方战车相向疾驰。两车相错，华豹认出了公子城，说：

"赶快回车，是城！"

公子城命自己的战车调头迎战。迎面看到华豹已经搭箭瞄准自己。公子城大声祈祷：

"平公（公子城之父）之灵佑我！"

华豹的箭没有射中。公子城赶紧搭箭于弦，然而华豹的第二支箭又已经对准他。公子城说：

"这种箭法，还好意思再射？"

华豹稍稍迟疑，低下弓身。公子城趁机还以一箭，射死华豹。张匄从车上抽出一枝殳，跳下战车，冲向公子城。殳是一种长的木棍，长度超过三米。张匄是华貙手下第一武士，枪棒功夫很了得。殳虽长，却不及箭能及远。张匄离公子城的战车大约五米的时候，公子箭射张匄。挑战战车之间的较量，最看重的是于气势上战胜对方。公子城要压下对方的气焰，打击对方的信心，所以故意不射要害。箭穿透了张匄的右腿。血从右腿前后两面喷射出来。张匄右腿失力，偏倒于地。他右手撑地，用左腿单腿往前冲。殳扫过去，击断了公子城车上的轼。公子城早料到此着，所以弦上还有一箭。这一箭不再留情，射中张匄的咽喉。

眼看公子城连杀两人，吕封人弃车而逃；只剩下干犨在公子城的射程之内。干犨停下战车，请求速死。公子城劝干犨投降。干犨说：

"我是一个武士。武士不能战死于战场，降你又有什么用？"

公子城再放一箭，成全干犨。吕封人的战车用的是四人豪华阵容，是华氏里面最强的一乘。论单打独斗，华氏已经战败。论人多，公子城身后又有四国联军。华氏军中气夺，纷纷转身逃亡。败退之中，华亥扯开铠甲，袒露胸膛，仰天大呼：

"天啊！我成了第二个栾盈！"

华貙说：

"有什么可怕？早死，免得活着受罪！"

华氏、向氏回城计议，商定由华登为使者，乞师于楚国。华貙率战车十五乘、步兵七十人，护送华登冲出包围圈。行至睢水，两兄弟洒泪而别。

此时的楚平王，早已经没有了即位之初的拘谨。宋国内乱，楚国正好可以趁机北伐中原。在华登请求下，楚平王派芬越进军宋国，目标是解南里之围。春秋 203 年春，芬越与北方诸侯对峙，先用外交礼仪，派人传话。用的是芬越对宋元公说话的口吻：

> 寡君闻君有不令之臣为君忧，毋宁以为宗羞。寡君请受而戮之。
>
> **译文**：我国君主听说你国出了坏人，给你添忧，让你的宗庙蒙羞。我国君主请求接收他们，为你处理他们。

这话的意思，是楚国要收留华氏、向氏，要求北方联军撤围。北方联军会议之后回话，用的是宋元公对楚平王说话的口吻：

> 孤不佞，不能媚于父兄，以为君忧。拜命之辱。抑君臣日战，君曰：余必臣是助。亦唯命。人有言曰：唯乱门之无过。君若惠保敝邑，无亢不衷以奖乱人，孤之望也。唯君图之！
>
> **译文**：我是个没用的人，不能得自家父兄的欢心，倒让你见笑，让你费心。我国的内战，是君主与臣下之间的战争。你说你要帮助臣下来对抗君主，那我没办法。俗话说：走路不要经过乱臣贼子的家门。你若是真心为我国好，就不要帮助乱臣贼子。请你考虑清楚。

在当时来讲，这个回话在道义上占了上风。然而，芬越受命北伐，一点好处没到手，岂是几句话就能打发？宋、晋、齐、卫、曹等诸侯将领再议宋国战局。宋元公希望困死南里城中的华氏、向氏，中行吴等外国将领却不愿死战。中行吴说：

"华氏被困，有必死之心。楚国远来，又不肯无功而返。若战，我们必将付出惨重代价；若守，恐楚王增兵亲至。不如网开一面，放城里的人出去。那样一来，贵国也算是驱逐了乱党；楚军得了这几个人，可以回去交差，才好撤兵。"

中行吴派密使通告城中的华氏和外围的苪越，命包围圈让出一个缺口。此时，华费遂已经老死于南里。华亥、向宁、华定、华貙等人从缺口出逃至楚军，随同楚军到楚国。

早先，华元处理桓公族人，宋国朝堂为之一空。这一次内乱，宋国第一大夫至第四大夫全部叛国，宋国朝廷再度为之一空。宋元公得以重新安排自己的心腹，任命官员：

乐大心为右师，即第一大夫。乐大心是戴公族人、乐罕之孙。

仲几为左师，即第二大夫。早先，宋襄公定下规矩，宋国的左师必须由桓公族人担任。正是这个规矩导致了宋国一再大乱。为此，宋元公废除这一规矩，选派自己的心腹仲几为左师。

公孙忌为大司马，即第三大夫。公孙忌源出君主系。

乐祁为司城，即第四大夫。乐祁也是戴公族人、乐罕之孙。

边邛为大司徒，即第五大夫。边邛源出君主系，是宋平公的曾孙。

乐挽为大司寇，即第六大夫。乐挽也是戴公族人、乐罕之孙。

自宋昭公年代开始，桓公族人、戴公族人把持宋国政权。绵延至此时，时间达百年之久。自此以后，宋国君主系惩于先前的动乱，限制六卿的权力。宋国君权由此巩固。此后的宋国，有点类似于楚国，其君主比其他国家更有实权。更加专权的政体是否更好呢？历史的结果是：至战国时候，宋国君主在权力的熏陶之下变成楚灵王那样的人物，狂妄自大，号为"桀宋"。宋君偃自立为王，强挑四邻。齐、魏、楚三国联合攻宋，杀死了君偃，灭了宋国，瓜分了宋国土地。汤的子孙由此沦落民间，不复成国。到今天，已经没有人姓子。就算还有人姓宋，那也是借用刘裕、赵匡胤的国号，而不是追慕春秋的宋国。

就在华亥等人逃奔楚国的这一年，周景王去世，导致周朝大乱。大乱的结果，让周王也逃奔楚国。早先，楚国自命为王，与周朝势不两立。齐桓、晋文，以及后来长期充当盟主的晋国，之所以号令天下诸侯，用的都是保卫周朝、对抗楚国的名义。现在连周王都逃奔到楚国，北方盟主借以号令诸侯的"霸道"就没有了政治基础。

周朝自平王以后，历平、桓、庄、僖、惠、襄、顷、匡、定、简、灵（152—178年）、景（179—203年）12传。春秋203年，景王去世。为了争夺继承权，周王室出现重大变故。景王嫡出三子：长子名为寿，先前立为太子，此时已经去世。次子名为猛。三子即是后来最终取得王位的敬王。景王庶出长子名为朝。朝年长于猛。儒教传代的规矩，号为立嫡立长。这规矩首重嫡出。按这规矩，应当由猛继承王位。然而，景王宠爱王子朝，至死都没有立太子。

当时，周朝的大臣之中，最有权势者是单氏和刘氏。前面曾经提到，春秋161年，王叔陈生与伯舆争夺政权。争夺的结果，让单靖公成了卿士。历数十年演变，单氏成为周朝第一世族。春秋180年，单公子愁帮助景王杀死景王之弟壬夫，权势愈强。至此春秋203年，单氏的当家人名为单旗。与此同时，刘氏崛起为周朝第二世族。早先，刘夏为周朝官师。传至其子刘挚，官居卿士。刘挚的庶子刘盆为谋求刘氏家业结交单旗。在景王不立太子的情况下，单氏、刘氏希望通过拥立王位继承人来维持、壮大自家的权势。刘盆与王子朝的监护人宾孟有仇。王子朝于公开的场合曾经提到自己会继承王位。单旗、刘盆担心王子朝坐上王位后以宾孟为心腹组建党羽，会对单氏、刘氏不利。单氏、刘氏的这种想法，景王、王子朝、宾孟早有耳闻。

春秋203年春，宾孟于朝拜景王的路上看到宫中涤场里的一只鸡自己啄去自己尾部的羽毛。这是怎么回事呢？

按儒教的习俗：用于祭祀的禽兽，因为其血要用来献祭于神灵，故而其本身随之变得圣洁和尊贵。它们有了专门的称呼，叫作"牲"，又叫作"牺"。现代的"牺牲"一词，就是取用的本意，即：

为了神圣的使命去死。

只有身体健康、长相漂亮的禽兽，才有资格成为牲。而成了牲之后，就要对它进行单独喂养。单独喂养牲的地方，打扫得特别干净，号为"涤"。牲身负献祭于神灵的使命，所以被打扮得特别漂亮。为它们戴上冠，佩以绶带，饰以鲜花之类的佩饰。

看到这只鸡啄去自己尾上的羽毛，宾孟感到诧异，就问负责喂养的人：

"这是怎么回事？"

那人回答说：

"我也不知道是怎么回事。大概是它知道了自己要被送去杀死，故意自毁容貌——羽毛不全了，人们就不用它了，它的命就保住了。"

宾孟一直想劝景王处理单氏、刘氏，苦于找不到进谏的由头。见到景王后，他就将此事当作趣闻，讲给景王听。景王听后，顺口说：

"鸡乃是无知的禽兽，竟然能察觉到自己的命运？"

宾孟趁机说：

"是啊！鸡都知道坐那个位子不是好事，偏偏自以为聪明的人，却不知道！"

景王说：

"你这话，是什么意思？"

宾孟说：

"眼下的太子位，就与鸡的那个身份一样。哪个坐上去，哪个就要倒霉！你一心爱朝，想立他做太子。我担心你是害了他！"

听了这话，景王沉吟起来。他由此决断：

处理单氏、刘氏，消灭可能危及王子朝的人！

景王怎样处理单氏、刘氏？且看下回。

对等第七十七回

窜蛮荆周礼渐南　旦立期贵族楷模

上回说到，周景王在宾孟的谏喻下决心处理单氏、刘氏。春秋 203 年夏四月，景王宣称要到北山进行围猎，要求周朝大臣全体扈从。这个安排，是为了让单氏、刘氏与其王城中的党羽分开，好在猎场中将其刺死。然而，事出偶然，就在围猎期间，周景王心脏病发作，突然死亡。原计划让单氏、刘氏死于外地，结果周景王自己死于外地。君王去世，围猎匆匆结束，全体回王城。三天后，刘氏当家人刘挚又病死于家中。刘挚嫡出无子，庶出儿子众多。五月庚辰，单旗带刘蚠参见王子猛，公开立刘蚠为刘氏继承人。刘蚠得到单旗的帮助，感恩图报，顾不及父亲葬礼，立即带人进攻王子朝，杀死了宾孟。之后，单氏、刘氏组织周景王所有的儿子进行盟誓，誓言拥护王子猛。按礼，王的葬礼停丧时间为七个月。前任王不下葬，后任王即不能称王，只能自称"小子"。为此，单氏、刘氏于五月丁巳，也就是刘蚠参见王子猛七天之后，就匆匆举行景王葬礼，让王子猛先确立太子的身份，以王的继承人身份代表周朝。

单旗、刘蚠是周朝豪族的代表。这两家人与王子朝为敌，王子朝已经找不到更有势力的拥护者。王子朝四处笼络，只征得两方面的支持：

　　一方面是周灵王、周景王的其他子孙。这类人源出君主系，出于维护君主系的立场，不愿意权臣当道。另一类人是周朝低级官员。这一类人在单氏、刘氏权势增长的过程中成为牺牲品，遭到排挤，从高官位子降为低级官员，甚至沦落为庶民。在单、刘当权之前，周朝最有权势的家族是原氏、甘氏。春秋 193 年，原氏内乱，单、刘驱逐原氏家长，立原氏继承人。原氏因此衰落。同年，官居卿士的甘氏家长甘简公去世。甘简公没有儿子，甘氏立甘简公之弟甘悼公。为谋求卿士之职，刘氏与甘氏族人共同发动政变，杀甘悼公，立甘氏偏房。事变之后，刘挚成为卿士。事变之中，刘盆出了大力，在刘氏之中树立威望。刘挚默许刘盆为继承人，刘盆驱逐刘氏继承人的党羽。在这些演变之中，原氏、甘氏家道中落，并且与刘氏结仇。王子朝结交原氏、甘氏。原氏、甘氏又分别有各自一帮党羽。

　　读者注意：接下来的事态演变之中，人物、地点、事件均较复杂。为理清脉络，需交代两点：一是人物背景，二是地名。

　　人物方面，接下来的斗争，实质是周朝的高官与低级官员之间的斗争。王子猛、单氏、刘氏一方，地位更加高贵，但人数不多。王子朝一方，集结了众多的低级官员，人数远超对方。历史的结果是更加高贵的人打败了人数更多的人。这个结果，已经明示出一种历史趋势：

　　后世许许多多的下层民众的起义造反，大多以失败告终。

　　为什么是这样呢？一则是因为更加高贵的人拥有钱财，可以用钱收买很多东西。二则是因为更加高贵的人拥有更多的人脉关系，而且这种关系历经千百年的实践而变得牢不可摧。三则是习俗和观念。人们在观念上习惯了富人统治穷人、贵人统治贱人的社会体制。这第三条其实最重要，也最难打破。笔者接下来记载的史实，将或多或少反映出这种历史趋势。

　　地名方面，涉及周朝都城的变迁。西周开国之初，定都于关中的镐；并于东方创建第二都城，号为成周。成周就是当今的洛阳。平王东迁时，最初就落脚于成周。成周是第二都城，许多方面规模达不到王制的规则。于是，平王于成周以东另建一城为都，号为王城。自平王至此时，周朝都以王城为都。后来，因为朝与猛之间持续的战争，王城、成周都破败不堪，所以敬王号召诸侯重建成周，又以成周为都城。总体而言，周朝共计用过三个首都，先后是：镐、王城、成周。而此次战乱之中，首都是王城。成周在此前一直是第二都城。在战后重建之后，才成为第一都城。

眼看王子猛一步步走向王位，王子朝集结起上述两类党羽，誓言驱逐单氏、刘氏，立王子朝为王。王城郊区的郊、要、饯三个邑宣誓效忠于王子朝。景王下葬之后的第五天，王子朝的党羽进攻单氏、刘氏。刘蚠出逃。单旗将王子猛从王宫带到自己家中。当天夜里，王子朝的党羽王子还潜入单氏家中，挟王子猛回宫。次日清晨，单旗发现王子猛不在家中，手中没有了王牌，赶紧出逃。王子还与同伙商议，以为：

“不杀单旗，大事不成！我们假装效忠于猛，与单旗立誓，必能骗得他回来。”

有人说：

“单旗老奸巨猾，且心狠手辣。这样做，只会搭上你的性命！”

王子还一意孤行，带领王子猛去追单旗。王子还的使者兼程追上单旗，传达王子还的话：

“朝身边的奸人擅自兴兵，现已逮捕，听候发落。朝欲明心迹，故而夤夜请回储君（指王子猛）。现朝与储君已经和好。兄弟间名分已定，尽释前嫌。储君向来信任你，所以亲自前来请你回去，请你回去主持国事、家事。”

这种话，单旗并不相信。然而，听说王子猛亲至，单旗决定将计就计，回去相机行事。各方面人物同聚一处，对天发誓。王子朝方面，杀死个无关痛痒的人物来抵罪；单旗也当场派出使者，请出逃的刘蚠回成周。至此，表面上各方面算是和好。刘蚠回成周之后的第三天，转奔其封地刘，组织起武装。

王子朝一方占领成周。单旗估摸着形势险恶，再度出逃。这一次出逃，不同于上次。上次逃得仓皇，身边没有多少兵。这一次，单旗拉走了自己的党羽、军队。王子朝方面，再度派人去追。派去的人共计八人，都是源出君主系的王子、王孙。分别是：王子还、姑、发、弱、鬷、延、定、稠。双方再度进行盟誓，结果单旗于盟誓的时候一声令下，杀死了八个王子、王孙。随后，单旗率军反攻成周。消息传到王城，王子朝大惊，出逃至京。刘蚠早已与单旗约好，整装待发。单旗赶到王城之前，刘蚠就已经攻入王城，挟持王子猛。单氏、刘氏拿下王城之后，转攻京。无奈京是王子朝早先的封地，城中多是王子朝的死党。王子朝进入京之后，立即对城中的人进行了清洗。纵然城中还有些反对势力，此时都已经或死或逃。王子朝盘踞于京，又收服郊、要、饯、前城、鄢等地。其党羽于各地陆续增援至京。王子朝在人数上远多于对方。单氏、刘氏一时打不过王子朝，决定借助外国的力量。单旗建议：

"太子（指猛）乃是嫡出，理当继承王位。可向诸侯发出照会，请诸侯勤王。不过，而今的诸侯，早已经没有早先的忠心。我们要做出些行动，配合外交上的说法。"

发出照会之后，单旗、刘蚠都回到自己的封地，以示王子猛不在他们的挟持之下；同时，约定让王子猛往晋国方面赶，做出要流亡于晋国的样子。表面上做出这个样子，暗中，单旗留下重要心腹，收买、拉拢居于王城的王子朝的党羽。又让王子猛去进攻王子朝，故意战败。又让王子猛命其他大臣率兵讨伐王子朝，也是佯败。如此一再进攻，激得王子朝火起，王子朝反攻单氏的封地。此时，王城的王子朝党羽又于背后起事，进攻单旗。单旗原是计划制造出乱局，引来外国干预。至此，乱局已不在他掌控之中。

周朝内部打来打去，呈现一片混乱的样子。收到照会的晋国为了保住盟主的称号，不得不做做样子。冬十月丁巳，晋国籍谈、知跞率领小规模的军队进入周朝。晋军搞不清周朝的情况，甚至不知道自己应当帮哪一方。王子朝在军事上占着上风，不愿意外国军队掺和进来，所以对晋军表示出敌意。晋军只好联络王子猛。王子猛方面，希望得到晋军的帮助，所以对晋军表示欢迎。此前，单旗为了让晋军出兵，于照会中言辞中故意蒙眬含混，声称“乘舆播越，天子蒙尘”。晋军搞不清哪个是天子的继承人，只是觉得既然是来了，总要做点事情。王子朝对晋军表示敌对，籍谈就护卫王子猛回王城。想不到的是，王子猛几经惊吓，激成怔忡的病症，竟然于回王城之后的十一月乙酉一命呜呼。眼看就要翻年。按儒教惯例，于正月初一举行即位大典，祭天之后，就可以成为正式天子。此事让单旗、刘蚠扼腕叹息。叹息之余，生出急智。单旗说：

“先王的葬礼，已经非礼。事发突然，顾不得那么多，何在乎非礼？如果我们不早立天子，朝必于明年的第一天公开称王。说不定，等不到那一天他就要僭号。趁现在晋国贵族在场，赶紧另立天子，早定名分！今年闰十二月，如果要等，还要等两个多月。眼下的时局瞬息万变，哪敢再等下去？”

仅四天之后，单氏、刘氏就预备齐即位典礼，让周敬王提前即位。时间实在太仓促，以至于忙了这头，丢了那头。王子猛的葬礼，基本上没有人去操办，只是随便找了个坑埋填了事，就连普通贵族的规格，都达不到。单旗、刘蚠请晋国贵族参加即位大典，见证敬王成为正式天子。籍谈早先护送王子猛回王城，就已经在事实上选择了站于单氏、刘氏的立场。至此，仍旧搞不清对错，只好沿已经做出的选择走下去，公开拥护周敬王。拥护周敬王，当然就要反对王子朝。单氏、刘氏随即请求籍谈驻兵于周朝。这次的说法，说出来就要冠冕堂皇许多，说是“夹辅天子”、“匡扶王室”。

籍谈带的兵不多，担心不足以对抗王子朝。晋军与周敬王的军队建起六个军事基地，同时赶紧驿报于晋顷公。春秋 203 年闰十二月，晋国增兵周朝。晋国贵族箕遗、乐徵、右行诡率晋军渡过黄河，先取前城，再伐京。春秋 204 年正月，增援的晋军与在周朝的晋军、周敬王的军队会师，合攻王子朝，拿下郊、鄩。之后，于靠近京的地方再建两个军营，对京形成包围之势。周敬王觉得大局已定，犒劳晋军，请晋国回国。至此，乱局再次告一段落。

晋军离去后，王子朝组织反攻。双方的战争先是呈拉锯战形势，后因王子朝方面人多，周敬王战败，退出王城。自四月开始，双方的战斗持续至七月。王子朝攻入王城，周敬王退守于狄泉。

狄泉是一个普通的邑，在成周以西。王子朝进入王城之后，举行即位大典，公开称王。自此，东边一个王，西边一个王。当时的诸侯都搞不清哪一个王才应当是王，故而分别称之为：东王、西王。

王子朝占据王城，周敬王占据狄泉。成周在两地之间，成为缓冲地带，成为战场，无人敢到那里长期定居。比较双方的阵地，王城显然比狄泉更伟大。于是乎，当时不少的人都认为王子朝最终会取胜。周敬王身边有人悄悄离开狄泉，到王城去朝拜王子朝。就连晋国，都生出二心，专门派人到王城察看局势。

从春秋203年至春秋207年，四年间，周朝对立的双方时而僵持、时而战争。王子朝手下的人多，渐渐占上风。春秋207年四月，单旗亲至晋都新绛告急。此时的晋国，已经号召不起许多国家。此前一年，晋国号召起晋、鲁、宋、卫、郑、曹、邾、滕、薛、小邾，会于黄父。会议上，晋国要求诸侯为王室出兵、出粮。结果宋国使者于会议上公开拒绝，会议不欢而散。盟主的号令，从来没有如此地不济事。为此，晋国不敢再搞盟主大会这个名目，免得越搞越不像盟主。然而，要让晋国单独来管周朝的事，晋国又不心甘。为此，事情就拖下去。

单旗从晋国回去后，觉得求人不如求己，向王城发起决战。凭了起初的鼓舞士气，也因王子朝防备不及，周敬王面取得战役胜利。王子朝看对方铁了心要拼出个死活，也着手筹备决战。筹备了三个月，王子朝发起总攻。这一轮战役，呈周敬王步步败退之势。当时，天下诸侯无心管周朝的闲事，大都抱坐观成败的心理。周敬王想只有晋国当初曾经明确拥护自己，就一路往北败走至晋国。先是由狄泉败退至刘蚠的封地刘，由刘而褚氏，由褚氏而萑谷，由萑谷而胥靡，由胥靡而滑。滑已经是晋国的境内。到了这地方，王子朝的军队仍然乘胜追击。

战火烧到晋国境内，晋国不得不管了。晋国先派重兵进驻成周西南，以抄王子朝的后路；然后派兵护送周敬王回王城。春秋207年冬十月，周敬王从滑起兵，攻取了王子朝的城市郊。十一月，晋知跞、赵鞅攻克巩。疆场的战事传到王城之中，王子朝内部的人叛变，反过来驱逐王子朝。王子朝、召氏、毛氏、尹氏、南宫氏带着周朝的文物典籍出逃。因为北方盟主袒护单氏、刘氏，所以王子朝竟然逃奔周朝的死敌楚国。王子朝所居的王城，乃是首都，收藏着历代流传下来的文物、典籍。王子朝不愿将这些东西留给别人；凡是能够搬走的，一律搬走。之后，周敬王进入成周，晋国留兵戍守。

完全是因为晋国的干预，让王子朝功亏一篑。王子朝对晋国的仇恨，可想而知。这个时候，他才想起借助外国的力量。王子朝向天下诸侯，无论南北，都送出一封亲笔信。这封信历数周朝延革，文笔哀婉悱恻，算是春秋后期难得的好文章，笔者不得不录：

昔武王克殷，成王靖四方，康王息民，并建母弟以蕃屏周，亦曰：吾无专享文武之功，且为后人之迷败倾覆而溺入于难。则振救之。至于夷王，愆于厥身，诸侯莫不并走其望以祈王身。至于厉王，王心戾，虐万民。万民弗忍，居王于彘。诸侯释位以间王政。宣王有志而后效官。至于幽王，天不吊周，王昏不若，用愆厥位。携王奸命，诸侯替之而建王嗣。用迁郏鄏。则是兄弟之能用力于王室也。至于惠王，天不靖周，生頖祸心，施于叔带。惠襄辟难，越去王都。则有晋、郑，咸黜不端以绥定王家。则是兄弟之能率先王之命也。在定王六年，秦人降妖，曰：周其有頯王，亦克能修其职。诸侯服享，二世共职。王室其有间王位，诸侯不图而受其乱灾。至于灵王，生而有頯。王甚神圣，无恶于诸侯。灵王、景王无终其世。今王室乱，单旗、刘狄剥乱天下，壹行不若。谓先王何常之有，唯余心所命，其谁敢讨之。帅群不吊之人，以行乱于王室，侵欲无厌，规求无度，贯渎鬼神，慢弃刑法，倍奸齐盟，傲狠威仪，矫诬先王。晋为不道，是摄是赞，思肆其罔极，兹不榖震盪播越，窜在荆蛮，未有攸底。若我一二兄弟甥舅奖顺天法，无助狡猾，以从先王之命，毋速天罚，赦图不榖，则所愿也。敢尽布其腹心及先王之经，而诸侯实深图之：昔先王之命曰：王后无適，则择立长，年钧以德，德钧以卜。王不立爱，公卿无私。古之制也。穆后及太子寿早夭即世，单、刘赞私，立少以间先王，亦唯伯仲叔季图之。

　　译文：打败商朝的武王、平定四方的成王、安定百姓的康王，都封建自己的同母弟为诸侯，用以保卫周朝。王说：我要继承文王、武王的做法，也要为后人危难时刻考虑。到夷王的时候，夷王犯了错，诸侯都为之奔走，进行望祭，为王祈祷。到厉王的时候，王的心出现罪恶，虐待天下万民。人民不堪忍受，所以让王居住到彘。诸侯都放下手中的事情，参与王的政事。到宣王的时候，宣王有志于政治，所以相将政权归还王。到幽王的时候，王发昏，用错误的做法来坐自己的位子。携王（指郦姬之子伯服）试图占有天命。所以，诸侯废除了他，立幽王的嗣子，迁到郏、鄏。这些，是诸侯为王室效力的历史。到惠王的时候，上天不保佑周朝，降生下頹、叔带。惠王、襄王都为了避难，离开王都。这时，有晋国、郑国站出来，处理了坏人，绥定王室。这是兄弟国家能够遵守先王的命令。在定王六年，秦国贵族流传出一种妖言：

　　周朝将降生一个有胡须的王，他能够做好自己的职务，得到诸侯的拥戴。接连两世都是这样。之后，会有人篡居王位。诸侯将不维护王室，让王室遭灾。

　　到灵王的时候，灵王一生下来就长有胡须。灵王很神圣，与诸侯的关系处得很好。灵王、景王在位期间，王室平安。现在王室动乱，单旗、刘狄（即刘蚠）擅权。他们说：

　　先王无常法，我心里想要怎样，就怎样，谁敢讨伐我？

他们带领坏人，作乱于王室，不敬鬼神，背弃刑法，违背祖宗法制。晋国不讲道义，帮助这两个人，与之一起做坏事。让我流亡到南方荆蛮之地，至今不得安生。如果我的兄弟国家中有人愿意站出来，顺应上天的法令，遵守先王的制度，帮助我。那是我的至愿。我要向他说明我的想法，说明先王的制度。先王曾经制定这样的制度：

王如果没有嫡出的太子，那就立最年长的儿子。如果有多人在年龄上相同，那就立最有德的儿子。如果有多人在德上相同，那就用卜来决定。王不能根据自己的喜爱来立某个儿子。公卿不能由私心来破坏这个制度。

这是自古以来的制度。穆后和太子去世了。单旗、刘狄由私心立更加年少的人。这破坏了先王的制度。请各位伯父、叔父考虑这情况。

这话中提到的灵王、景王，还流传说一个神话故事：灵王的太子，原本是王子乔。道人浮丘公，将王子乔接上嵩山。王子乔得道成仙，驾祥云飞升上天界。太子成了仙，周朝没有继承人，才让景王接替王位。其实，道教形成于战国时候，春秋时候根本就没有道家思想。就连神仙的"仙"字，当时都还没有产生。道士为了提高自己的身份，牵强附会，编造出这样的故事。当时的实际情况，要么是王子乔失踪；要么是王子乔效仿宋国的弗父何、曹国的子臧、吴国的季札，愿意让位。

在王子朝与王子猛斗争的时候，诸侯尚且是观望态度；现在王子朝已经落败，简直是落毛的凤凰不如鸡，还有谁愿意出来主持公道？更何况，相互斗争的这两个人的身份，一个不是长子，一个不是嫡出，原本道不清公道。这一篇照会发出之后，犹如石沉大海，无人接招。至春秋218年，趁吴国灭楚国之际，周朝派出杀手，到楚国刺杀了王子朝。至春秋219年，王子朝的党羽还发动政变，将周敬王赶出成周。次年，单氏、刘氏平定动乱，接回周敬王。王子朝一房，从此消失于政坛。只是，他带往楚国的文物、典籍，恢宏了南方的文化。以至于战国时候的楚国，竟然成了中国文化的中心。后来的汉朝，文化上秉承楚国。宋玉的《招魂》，俨然以天下正中自居。刘邦的歌词"大风起兮云飞扬"，其中的"兮"字，源出《楚辞》。直到汉朝文人张衡，仍然创作出"我所思兮在泰山"，让人觉得汉朝以楚国方言为雅言。其实，楚国的这些文化，追溯起来，有王子朝流亡南方的原因。

周朝是周礼的本原。诸侯漠视周朝的动乱，不愿勤王。以真命天子自居的王子朝竟然投靠于早先极度藐视、决不愿承认的楚王。这让传统的王道彻底死亡，让周朝沦落到普通小国的地位。

且说当时，周王已不是人们的信仰，晋国的盟主身份，也就遭到怀疑。诸侯列国觉得已经没有了精神领袖，只能以国力相争。小国斗争的结果，产生出地区性大国。

春秋199年夏六月，邾国趁郳国忙于收获稻子的时机突然袭击，攻入郳国，抢走了郳国一切可抢的东西。郳国国君从稻田回城，发现家中任何有用的东西都已经不在，简直相当于无家可归。无计可施之余，只好将收获的稻子直接拉去送给邾国，哀求说：

"下国还有点薄礼，悉数相送。不敢望其他，只求赐还些女人。现在，我国只剩下些到地头收获稻子的男人。若没有女人来生儿育女，我国必将灭种！"

邾国方面，天良还没有丧失到丝毫无存，所以同意这请求。郳国第一夫人，年近四十，华色已衰，所以就遣返。郳国君主的几个女儿，从十多岁到二十多岁的都有，也不管是否婚配，悉数扣留。公开说出来，却说她们都是处女，正好嫁给邾国贵族；且将收取的稻子，算作她们出嫁的嫁妆。就连即将遣返的郳国夫人，也逼令她为邾国国君侍寝。几夜下来，糟蹋得不像人样。由此而下的其他郳国女人，每下愈况，遭遇就更加凄惨。

郳国夫人，乃是宋国大佬向戌的女儿。她受到非人的虐待，并且其女陷入火坑。她回郯国后转奔宋国，控诉于祖国。春秋200年，宋国讨伐邾国，取邾国的盅，将邾国对郯国的那些做法，报复回来。邾国打不过宋国，将所掳掠的郯国女人全部返还，另献厚礼与宋国。经此事，宋国发现管理国际上的事务有利可图，组织起宋、邾、小邾、徐同盟于盅。同盟的内容，是宋国充当周边这几个小国的盟主，以老大的身份，保证护周边小国，同时收取保护费。这个做法，其实早先就存在。早先，晋国作为最大的盟主，充当整个北方的老大。然而，晋国也允许北方较大的国家代理较小国家的赋税。鲁国，就曾经代理郯国。只不过，此时晋国的权威下降，这较大的国家的权威随之上升，渐渐有地区霸主的模样。

至春秋206年，晋国组织起晋、鲁、宋、卫、郑、曹、滕、薛、小邾，会于黄父。晋国第一大夫赵鞅要求诸侯出粮出兵，帮助正在动乱之中的周朝。宋国参会的代表是第一大夫乐大心。乐大心说：

"早先，周朝封建宋国的时候，说周朝视宋国为客人。既然是客人，就不是周朝之臣。一家人办自家的事，哪有让客人出钱的道理？宋国无出粮出兵的义务。"

这个话，是挑战晋国的权威。晋国人说：

"周朝尊你国为恪，那是周朝谦逊的美德。想当初，周革商命，商朝遗民无所逃生。贵国祖宗箕子，甚至流亡大海。周朝悲天悯人，封建宋国，对贵国有再造之恩。现在周朝有难，你却将别人的恩当作不做报答的理由？更何况，西周用王道，东周用霸道。从践土之盟（春秋91年）以来，晋国分派的任务，哪一次你国没有参加？"

场面之上，乐大心接受了任务。然而，散会之后，宋国终究没有出粮出兵。公开的盟主大会上，有人站出来拒绝服役，其他的国家就都生出观望的态度，跟风于宋国，都没有服从分派的任务。为此事，晋国仇恨宋国，仇恨乐大心，于春秋219年逮捕了宋国使者乐祁。事情后续可见。

邾国在宋国那里吃了亏，转而致力于国防。春秋203年初夏，邾国决定建设军事基地翼。从邾国都城出发到翼有两条路：

其一经邾、鲁边界附近的离姑，取道鲁国的武城至翼。这一条路更近。

其二沿邾、鲁边界绕至翼。这一条路更远。

邾国贵族公孙鉏说：

"进入鲁国境内，恐遭鲁军伏击。宁肯绕道，何必招惹大国？"

另有人说：

"不走离姑、武城，就一路都是小路。眼看就要到梅雨季节。如果途中遇雨，道路难行。鲁军得知我们的行踪，于大路口拦截，反倒会让我们全军覆没。"

最后，议成经离姑、武城，快速通过。

武城的鲁军侦察得知邾国的行动，于邾军的必经之路上设下埋伏：

将路边的大树锯到将断未断。待邾军来时，前头用重型冲车拦截，路两边的鲁军将大树推倒。大树倒向路中，邾军大乱。同时，两边的树丛里冲出无数持短兵器的鲁军甲士。邾军弯弓搭箭，却被倒下的树挡住视线、射程。举起长戈，三米长的长戈往往被树枝挂住、挡住。正在焦急时，鲁军甲士的剑、铍从树枝缝隙里刺过来，放手去抓时，对方趁势推剑，只好眼看剑入胸中……

此战全歼邾国军队。邾国控诉于晋国。晋国命鲁国派人到晋国说明情况。春秋 204 年春，鲁国贵族叔孙婼（叔孙豹之子）赴晋国，被软禁于宾馆。晋国命叔孙婼与邾国贵族对坐，叔孙婼予以拒绝：

"我是大国之卿，级别上相当于小国的君主。如果要对坐，我应当与邾国君主对坐。何况，邾国类同东夷，焉能辱我华夏衣冠？我手下有我国君主亲自任命的介，且让他出面，以示对周礼的尊重。"

话中说的"介"，是指子服回。子服回何许人呢？鲁国的仲孙氏传到仲孙蔑之后，代系传承都是以子继父，乃是：仲孙蔑、仲孙速、仲孙羯、仲孙貜、仲孙何忌。仲孙蔑之孙子服椒分家出去，另建子服氏。子服椒生子服回。从身世上讲，子服回乃是仲孙氏的偏房。从职务上讲，他于此行中充当叔孙婼的介。什么叫介呢？当时的贵族，为示高贵，在正式的外交场合，都由手下的人充当传话人。自己本人，并不直接与外人答话。这个传话的人，就叫作介。从级别上讲，它类似于当今不同语言的国家领导之间交谈时的翻译官或者助手。

叔孙婼这个话，对邾国既是藐视，又是歧视。邾国方面当然不同意。叔孙婼说的是尊重周礼，晋国方面也不好违背周礼。于是，对坐之事只好延宕下去。邾国使者不得要领，聚众商议。有人说：

"我们的人比鲁国多，明天朝拜韩起之前，我们都准备好兵器。只好韩起不公开反对，我们就包围叔孙婼，将其杀死。杀的不是晋国的人，晋国不会拿我们怎么样。"

当时，叔孙婼与邾国使者都住在宾馆，彼此间相隔很近。只不过，晋国方面担心叔孙婼逃跑，专门派兵监视叔孙婼。叔孙婼手下的人察觉到邾国使者的动向，通告于叔孙婼。叔孙婼对子服回说：

"回，你去传话给韩起。就说明天我也要拜见他。我倒要看看，他们怎样来杀我！"

韩起的介名叫士弥牟，其身世类似于子服回，乃是范氏的偏房。子服回传话给士弥牟的时候，塞给士弥牟许多钱财。士弥牟传话之后，对韩起说：

"依小人看，不能让他们同时来见你。争执双方在你面前相见，大家说话都没有回旋余地。为了我国的面子，你只能将叔孙氏交给邾国使者处理。按说，我国主持鲁、邾两国的争执，乃是盟主的身份。然而，就这样将鲁国人交给邾国，叔孙氏必死无疑。叔孙氏的死讯传到鲁国，鲁国不等我们起兵，就会拼尽国力讨伐邾国，势必灭了邾国。那样一来，事情的结果就成了让邾国灭亡，同时让鲁国仇恨晋国。那对我们有什么好处？"

韩起说：

"按礼，应当将他们交给周朝来处理。然而，眼下王室动乱，举天下都不清楚哪一个是真正的王。只好由我国来处理。叔孙婼妄自尊大，说要让回对坐于邾国。那我也就照他的样子，让你来裁决他们的争端。"

于是，晋国的低级贵族士弥牟充当法官，仲裁邾、鲁纠纷。士弥牟问清楚事情的缘由，认为：

邾国未经照会即进入鲁国国境，属无礼之罪。而鲁国预设埋伏，聚歼邾国军队，相当于防卫过当，其罪大于邾国。

对双方的处理结果为：

将鲁国使者叔孙婼羁押巡游至邾国宾馆门前，以示惩戒。之后，劝邾国使者回国。因韩起提到叔孙婼妄自尊大，所以不敢释放叔孙婼。将其继续扣留于晋国，听候韩起的下一步发落。

送走邾国使者之后，士牟弥通知叔孙婼，要他从宾馆搬至看守所。此举虽是惩罚叔孙婼，公开来讲，却属于外交，所以还是用的外交辞令：

以寡君之难。从者之病。将馆子于都。

译文：因为粮草供应不足，担心你的手下生活上不方便，所以请你搬到更大的住所。

话虽是这样说，晋国士兵将叔孙婼羁押至宾馆大门之外后，然后全部离去。留下这十多个鲁国人，站于宾馆大门之外。子服回问：

"我们怎么办？回国吗？"

叔孙婼说：

"这点伎俩，你还看不穿？他们就是要逼着我逃走，然后以我不听号令为由，于路上再次把我抓起来。"

子服回又问：

"那怎么办？要不，花点钱打通关系，让他们为你提供住所？"

叔孙婼说：

"送钱？那岂不是承认鲁国有罪？裁决之前，事情可以通融，尚可以送钱。现在人家已经认定鲁国有罪，此事关系鲁国的脸面，不可通融，焉能做此等下作行径？"

子服回又问：

"那怎么办？未必然就站在这里？"

叔孙婼说：

"你说对了！就是站在这里。人家说要为我安排更宽敞的住处，我正应当在此等候。你们给我听清楚：

"全部站直了！拉屎撒尿也撒到身上。就算站死在这里，也不许四处走动！"

叔孙婼手下的人，倒还随时活动四肢。叔孙婼本人，背对宾馆大门，手负于身后，头微抬起，目光眺望远方，身体笔直，从上午一直站到天黑。早有人将这情况报告韩起。韩起心中虽恨，却也佩服起来：

"好一个叔孙婼！不愧是礼仪之邦的贵族！才有这等刚强的风骨！传我的令：为他安排住处！

"要是头一天就弄死他，就没得玩了！我要再试他一试，看他性子有多么倔强！"

韩起命晋国第三大夫范鞅去见叔孙婼。使者的级别大大上升，反映出晋国对鲁国的敬重。范鞅对叔孙婼说：

"鲁国有罪，盟主不得不做出处理。上面的意思：你只要服罪，就放你回国！"

叔孙婼不作答复。范鞅又说：

"先生昨天在宾馆外面站了一天，宾馆中列国的使者都赞叹不已。先生的风采，必将传遍天下。听手下的人说：先生的身材，笔直如松柏。就是先生的冠，也特别地巍峨、气派，衬得人越发高大。

"可否将这冠借来一观？"

这个话，是向叔孙婼索贿。前文提到，乐王鲋曾经向叔孙姬之父叔孙豹索要腰带，叔孙豹拒绝行贿，当着使者的面撕下裙幅。此事流传天下，扬鲁国之名，也扬叔孙氏之名。范鞅这个要求，让历史重演：

叔孙婼命手下取来两顶冠，交给范鞅：

"我家祖传有两种样式，都在这里。下人会转告制作的方法。你拿去吧！"

叔孙婼住的地方，地名叫箕，是一个有着七八间茅屋的小小村落。叔孙婼及其手下住于其中最宽敞的一间。周围住的，只是些晋国的农奴。叔孙婼的行踪，都在晋国士兵的监视之中。为此，叔孙婼对手下说：

"我们本是贵族，却被囚于这等腌臜地方。这是他们想让我们出丑。我们不能把自己等同于隔壁那些奴隶，做出龌龊、邋遢的怂样！你们每日的生活垃圾，都要即时处理。这墙，每天都用湿泥涂一遍。屋顶的草，你们只知道抽了来烤火，不知道补充。也要每天到外面拾些草回来补葺完整。总之，来的时候什么样，走的时候还他们一个原样。不能因为条件差，就失了国家体面和贵族尊严。"

来此晋国，叔孙婼带了只警犬。此时被囚禁于箕，随行的马车和马都已经被没收。身边除了几个随从，就只剩下这条狗。出门在外，狗能够为主人提供预警。所以叔孙婼很喜欢这支警犬。负责监视的晋国士兵看这警犬机敏，很是喜爱，经常去喂这警犬，与警犬玩耍。士兵一再要求叔孙婼将警犬送给他。叔孙婼说：

"我会把它给你。不过不是今天。"

到后来，晋国公开释放叔孙婼。临行前，叔孙婼请看守他的晋国士兵吃饭。故意将这心爱的警犬杀死，做成狗肉羹来下酒。士兵跌脚惋惜，说：

"大人要是没有下酒的肴，只需说一声——几种野味，小人还是备办得出。何须杀它？大人你家大业大，不在乎它！宁肯将活的送给我，也不该杀了它！"

叔孙婼微微一笑，说：

"因你喜欢它，故而请你来吃它。算是酬谢你于此间照看我们的美意。此物虽是禽兽，经我调养，也该知道忠心于我，不能随便吃外人的东西。它擅自吃外人的东西，已是不忠。我留它何用？"

士兵听了这话，一边唯唯诺诺，一边脸上发烧，吃着酒、肉，却觉无味。此事流传出去，又成叔孙氏的美谈。

从春秋 204 年春直到春秋 205 年春，叔孙婼被囚于箕整整一年。为了搭救他，鲁襄公亲自赶到晋国求情。鲁襄公以下的鲁国使者，去了七八趟。经过一年，韩起觉得对叔孙氏的玩弄已经够了，决定释放叔孙婼。他对士弥牟说：

"鲁国的使者，来此已经一年，吃的苦头也够了。此人于风尘中不失贵族风范，堪为我等楷模。你去传我的令：

"以友好国家的礼仪，正式送叔孙婼回国！"

此时的叔孙婼，已经快要扛不住了。忽闻使者到来，还以为大限已到，来者是来执行处决。他对贴身卫士说：

"你们躲到门背后。如果我往左回头，同时咳嗽，就冲出来杀死晋国使者，拼个同归于尽。如果我往右回头，同时发出笑声，就不要动手，准备迎接使者。"

士弥牟下马车后，手端一个托盘，盘上装的是玉和帛。递上这东西后，说：

寡君以盟主之故，是以久子。不腆敝邑之礼，将致诸从者。使弥牟逆吾子。

译文：我国君主身为盟主，有所担当，所以让你在此久留。敝国这点礼物，请你用来赏给下人。我本人专门负责送你回国。

......

叔孙婼拼死不愿服从晋国的裁决，已经是拒不承认晋国的盟主身份。面对鲁国，晋国勉强保住了盟主的体面。鲁国旁边的齐国，基本上不理会晋国，另起炉灶，成为东方盟主。相关的事情，且看下回。

正闰第七十八回

辨和同拾遗补阙　讥鹲鸲往歌来哭

春秋 175 年，齐后庄公被崔杼害死。继任君主是齐后庄公之弟齐景公。齐景公在时间很长，从春秋 176 年直到春秋 233 年，共计 58 年。一个君主在位的时间越长，越能保证国家政策的连贯性，越能完成那些需要较长时间才能做好的事业。什么事业是需要较长时间才能做好呢？就是霸业。晋文公、吴王阖庐在位时间不长，却成就了霸业。那是因为有前任为他们做了铺垫。齐桓公、秦穆公所成就的霸业，基本是由一任君主完成，那就是因为他们在位的时间较长。齐桓公在位 43 年，秦穆公在位 37 年。就是后来的越王勾践，为了图霸业，先从计划生育入手，整整培养了一代人，才做成霸业。反过来讲，如果楚庄王再长寿一些，在位时间再长一些，楚国当时就要统一中国。齐景公继承了东方大国，又有很长的在位时间，并且还有晏婴那样的贤人辅佐，却没有做成霸业，反将家业葬送给了田氏。这是什么缘故呢？笔者不下结论，且以史实来说明。

春秋 187 年，齐景公送燕简公回国，已经建立起国际威望。春秋 197 年，齐国伐徐。前面提到，徐国乃是东方最重要的军事要塞。齐桓公晚年的成就，就是在与楚国争夺徐国的斗争之中取得胜利。就是楚灵王所建的晋吴分隔线，也将徐国视为东线第一据点。楚灵王于春秋 194 年自杀，继任的楚平王此时对外采取的是收缩防守的政策，所以齐景公于此时发起进攻。齐军逼近下邳，徐国抵挡不过，将国宝甲父之鼎送给齐景公，主动求和。齐国效仿宋国，组织起周边的徐、莒、郯，会盟于蒲隧，成为地区性的东方霸主。这其中的徐国，既参加了宋国的同盟，又参加了齐国的同盟。

此事之后，齐国继续扩张，讨伐莒国。之所以选择莒国，是因为莒国的郊公此前逃奔到了齐国。早先，莒国君主犁比公有两子：一子是齐国女儿所生，是为著丘公。一子为吴国女儿所生，是为展舆。从年龄上讲，著丘公年长于展舆。从身世上讲，就有点说不清。为什么说不清呢？犁比公先娶齐国女儿，立之为第一夫人，却又没有立其子著丘公为太子。后来，吴国势力越来越强，北上到达莒国。所以，犁比公娶了吴国女儿之后，就废齐国女儿，立吴国女儿，继而立吴国女儿所生的展舆为太子。这样做，引起近邻齐国的不满，于是又废了吴国女儿和展舆。春秋 181 年，展舆发动政变，杀死犁比公，自立为君。著丘公逃奔齐国。次年，著丘公的党羽发动政变，又赶走了展舆，从齐国接回著丘公。展舆又逃奔吴国。靠了近邻齐国的支持，著丘公总算坐稳了位子。春秋 195 年，著丘公去世。按正常的继承关系，应当是著丘公之子郊公继位。展舆的党羽趁机发动政变，又赶走了郊公，从吴国接回展舆为君主。郊公又逃奔齐国。

送郊公回国，既是为了扩张齐国东方霸主的地位，也是齐、吴两个大国之间的斗争。春秋 200 年，齐景公命高发率军讨伐莒国。莒国不是齐国的对手，展舆出逃至纪鄣。

纪是春秋早期的一个国家。齐襄公复九世之仇，灭了纪国。纪从此成为齐国属地。齐国将古纪国建设成军事基地，更名为纪鄣。这个鄣字，在古代是军垒、战壕之意。早先，莒国有个妇女，其丈夫被展舆杀死，成了寡妇。这女人老了，托身于纪。她按纪城的高度织一根麻绳。织好后，将这麻绳藏了起来。齐军到来时，她用这麻绳从纪城里缒出，请齐军延绳索进城。齐军用她织的这根麻绳登城而上。登上了六十人的时候，麻绳断了。

　　齐军在城下高呼。城里的六十名齐国士兵高声回应。纪鄣城中因此大乱。齐军里应外合，攻下了纪鄣。

　　春秋203年，齐国再伐莒国。莒军败齐军于寿馀。齐景公增兵亲征。展舆不敢应战，又送出重礼，与齐国讲和。外国的干涉虽然退却，莒国内部又出变故：

　　展舆这个人，特别喜欢宝剑。每当得到一把好剑，他都要用活人来检验剑是否锋利。怎样检验呢？一剑挥去，若是人头完全被砍下，那就是好剑。有时候，一剑不能断人头，就又用新的剑、新的人试剑。再试仍然不能断，又再换再试。如此检验下来，就有很多人为了展舆的这个爱好送命。莒国贵族都担心自己哪天稍有不慎，得罪于君主，被用来试剑，生出"伴君如伴虎"的感叹。春秋204年，莒国贵族发动政变，驱逐展舆，从齐国接郊公回国。展舆逃奔鲁国。郊公是齐国的盟友。由此，齐国实现了威服莒国的目标。

　　国内实力是国际威望的基础。齐国贤人晏婴，一再寻找时机进谏于齐景公，希望齐景公能够像当初的齐桓公那样，先致力于内政，再致力于扩张。

　　春秋201年，齐景公患上疟疾。病情逐渐加剧。由每两天发作一次加重到一天发作数次。周边小国，都到临淄来问候。齐国国内，则组织起各种各样的祭祀和祈祷。然而，病情不见好转。近臣梁丘据建议：

　　"因为你的病，我国比以往更加敬奉神灵。然而，你的病情越来越重。诸侯不知情，还以为你对神灵不敬。我建议杀死祭司祝固、史官史嚚，好让诸侯知道你对神灵的诚心正意。"

　　齐景公于病中心情烦躁，经常想到死亡，总希望通过别人的死亡，可以替代自己的死亡。所以就准备处理祝固、史嚚。恰逢晏婴前来问疾，齐景公说起梁丘据的建议。晏婴对答说：

　　"说到敬神，国际上最著名的乃是晋国的士会。宋之盟的时候，屈建与赵武谈起士会。赵武说：士会齐家而治国，大公无私，所以范氏的史官记载他的事迹时不必进行粉饰，只是如实记载；而范氏的祭司因为他无欲无求，不需要祈祷，简直无事可做。这个话传到楚康王那里。楚康王嗟叹不已，说：此人与人无怨，于神无求，其性格已达化境，难怪他辅佐了晋国五个君主，维持了晋国的盟主地位。"

齐景公说：

"照此说来，敬神的最高境界，乃是无求于神灵。但是，梁丘据说：求神无灵，应当处理祭司。他是什么意思呢？"

读者注意：梁丘据乃是齐景公的心腹。晏婴不敢直指其罪。只能旁敲侧击，引齐景公彻悟。怎样旁敲侧击呢？晏婴接下来的话颇有文采，笔者录之：

若有德之君，外内不废，上下无怨，动无违事，其祝、史荐信，无愧心矣。是以鬼神用飨，国受其福，祝、史与焉。其所以蕃祉老寿者，为信君使也。其言忠信于鬼神。

其适遇淫君，外内颇邪，上下怨疾，动作辟违，从欲厌私，高台深池，撞钟舞女，斩刈民力，输掠其聚，以成其违。不恤后人，暴虐淫从，肆行非度，无所还忌，不惮鬼神。神怒民痛，无悛于心。其祝、史荐信，是言罪也；其盖失数美，是矫诬也。进退无辞，则虚以求媚，是以鬼神不飨其国，以祸之。祝、史与焉。所以天、昏、孤、疾者，为暴君使也。其言偾慢于鬼神。

译文：如果是有德之君，其对内对外的政策都没有问题，国内贵族、庶民都没有怨言，他做的事都没有差错。祭司于祭祀之中向鬼神提出祈求，可以无愧于心。鬼神愿意吃祭品，愿意保佑，国家因此得福，国民因此长寿。那是因为君主本身对鬼神讲信用，祭司的话才可能取得鬼神的信任。

如果遇上淫君，其对内对外的政策都有问题，其贵族、庶民都有怨言，他做的事总是出错，他只想满足自己的私欲，修建高台、深挖人工湖，成天奏乐观舞，耗尽民力，积聚国内财富来满足一己之私。不管自己的后人会怎样，不在乎鬼神的怪罪，只管眼前随心所欲地享受。由此，神灵会发怒，庶民为之痛心。他却不悔改。这种情况下，祭司要是如实向神灵反映情况，那就是说出君主的罪行；要是掩盖君主的错误、宣扬君主的美德，那又是对神灵撒谎。祭司实说也不对，不实说也不对；最终只好捏造虚假的谎言，用虚情假意来骗取神灵的保佑。鬼神能够看清事实，也能洞穿人类的心思。所以，在这种情况下，它们不愿意吃祭品，降祸予国家。这种情况下，祭司参与了作假。祭祀的结果导致人民出现夭折，思想出现混乱，很多人成为孤儿，又带来各种疾病。这是因为君主本身是暴君，祭司的话亵渎、伤害了神灵。

按说，这个话，已经说得很清楚了。然而，齐景公似懂非懂，又问：

"那么，我究竟该不该杀祭司和史官呢？"

晏婴看齐景公智商偏低，不得不指明：

"不能杀！

"按国家规定：山林出产的木材，由官居衡鹿的人全权管理；湿地上出产的芦苇，由官居舟鲛的人全权管理。草原上的出产，由官居虞候的人全权管理。海上出产的鱼盐，由官居祈望的人全权管理。现在，商人到临淄城来贩卖这些东西，每过一道关口，就要上交一次关税。那是因为某些豪族强行设关征税。这是无视国家的法律、章程。贵族想方设法聚敛财富，用于淫乐。宫中的宠臣于市场上随意抢东西，宫外的宠臣则随意更改法令，于外地掠夺财富。他们的欲望一旦得不到满足，就要报复到老百姓身上。老百姓痛苦万分，纷纷发出诅咒。如果说你的祝官能够为你祈求幸福，那么这些诅咒也能够带给你损伤。齐国自聊城以东、姑尤以西，不知有多少人在诅咒。祝官一个人，再有本事，岂能抵挡得住这么多人的诅咒？你如果要杀祝官，那也该解除那些诅咒之后再杀！"

齐景公听了半天，不甚了然。只听清说不能杀，原因只记得前面部分，说是关税的问题。于是乎，他下令齐国境内不得妄设关税。此事之后，齐景公的病渐渐好转。他以为这是听从了晏婴的结果，对晏婴多了一分好感。这一年冬天，齐景公到徐州沛县围猎，就只带了晏婴随行，没有带梁丘据。晏婴建议齐景公趁围猎的时机招揽民间的人才。围猎后回到临淄，梁丘据赶紧上前侍候。齐景公觉得梁丘据很体贴自己，就说：

唯据与我和！

由此一句话，引发了流传千古的"和"与"同"的讨论。当时，晏婴接口说：

"据只能说是同，哪里算得上和！"

齐景公说：

"和与同有差别吗？"

晏婴说：

"有差别！

"和，犹如制作鱼羹。制作鱼羹需要很多东西：鱼为主料，肉酱为辅料，醋、盐、梅为调料，水为添加物，柴火为动力。厨师必须混合这许多样东西。制作过程中，要去除鱼的腥味，还要添加入作料的香味。这就好比君臣之间的关系。君认为一件事可行，臣就找出其不可行的因素。君认为一件事不可行，臣就找出其可行的因素。这样，综合了事物的两个方面，才能得出符合天意的政令。

"和，又如演奏音乐。清音与浊音、小音与大音、长音与短音、急音与缓音、哀音与乐音、刚音与柔音、迟音与速音、高音与低音、出音与入音、周音与疏音，必须相互搭配。那样，才能形成乐曲。

"据并不是这样。你说对，他说跟着说对；你说不对，他就跟着说不对。这就如同做菜的时候，用鱼肉来做鱼肉的调料，哪里去得了腥，加得了香？又好比弹琴，长期只弹某一根弦，哪成得了曲子？这种做法，只能算是同。《诗》云：亦有和羹，既戒且平。说的是和可以导致国家的和平。据这种情况，哪算得了和？"

读者注意：晏婴的上述思想，贯穿了整个古代中国的治国理论。按说，君主专制的政体，势必出问题。然而，古代中国的很多朝代仍然持续了很长时间。那就是因为中国始终采用这种接受不同意见的政治理论。由这个理论，产生出"拾遗"这一官职。"拾遗"的职责就是对君主的政令提出反对意见，并阐明其反对的理由。这个看似不起眼的官职，实际具有西方多党制的在野党的职能。和而不同的理论认为为臣最重大的职能，乃是对君主的决策提出反对意见。由这个理论，古代官员自比于"盐梅"，认为自己就像是做菜所需要的作料；菜最终成为美味，盐梅作为作料的功劳不可抹杀。这个理论对于中国人的饮食习惯，也有很大影响。只要是中餐，势必讲究对原始食材"泄其过，济其不及"。这与西方饮食讲究食物本味的习惯有着巨大的差异。究竟原始的食材是否存在缺陷，是否必须进行补足？这个问题挖到深处，乃是人性是否先天完善的问题。正是对这个问题的不同回答，导致了东方与西方的一切差异。假设人性先天完善，就可以采用由人所制定的法律，由法律规范一切。这就是西方人的法治观念。假设人性先天并不完善，就只好参照前人的经验、教训，摸索前行。特别是，对前人的做法，也并不一概认同，随时考虑颠覆前人的思想。这就是中国人的实用主义。

这一天的宴席上，齐景公吃喝玩乐，感到很开心。乐极而生悲，他想到自己终有一天会死，就说：

"听说上古的人长生不老，也不知该有多么快乐！"

他看着自己的美仑美奂的寝宫，又说：

"多美啊！不知它最终落到谁的手里！"

晏婴接口说：

"君主这话，可有所指？"

齐景公说：

"世间的好东西，最终将归于有德者。"

晏婴说：

"照你这说法，此寝宫将落入田氏手里。现在你一心敛财，田氏一心施舍。民间的德颂，都在田氏。"

齐景公说：

"你说的，我也知道。但是，我能怎么办呢？"

晏婴说：

"礼，可以经天纬地，可以限制世间人类的行为。以礼为名，就可以压制田氏。"

齐景公问：

"怎样压制？"

晏婴说：

"按礼，大夫的施舍，只能在其管辖的封地之内，不能出其封地之外。按礼，大夫无权收取公家的财政收入。"

齐景公说：

"说得好！但是，我无法施行此礼。"

照这个说法，姜姓的齐国君主系在"生存还是死亡"的选择之中，产生出畏难情绪，自己选择了死亡。齐景公虽笨，身处于那个位子，远比其他人更能看清田氏的野心。然而，他不愿意拼搏，只想安度自己的一生。他的这个思想，也有其道理。因为拼搏势必有风险。拼赢了，固然是长治久安。拼输了，则会加速国家的死亡。特别是，一旦拼输，他本人势必会像先前的灵公、后庄公那样不得好死。当时的鲁国君主鲁昭公，智商约等于齐景公。鲁昭公选择了拼搏，其结果反证了齐景公的畏难思想。

鲁国君主鲁昭公，是一个比较贪玩的君主，其政治上的水平，比齐景公还要差。鲁昭公公开与季氏斗争，战败出逃，最终死于外国。从此以后，鲁国政权完全由季氏掌握，鲁国君主系沦落成为傀儡。这个过程，要从一首儿歌说起。

春秋 206 年夏，有一种名为鹳鹆的鸟，驻巢于鲁国宫中。因为接下来鲁国发生重大变故，后来形成了这样的童谣：

鹳之鹆之。公出辱之。

鹳鹆之羽。公在外野。

往馈之马。鹳鹆跦跦。

公在乾侯。微褰与襦。

鹳鹆之巢。远哉遥遥。

稠父丧劳。宋父以骄。

鹳鹆鹳鹆。往歌来哭。

译文：看到了鹳鹆啊，主公出门受到侮辱。看到鹳鹆的羽毛，主公在野外，去送给主公乘马。看到鹳鹆走跳，主公在乾侯，没有衣服、裤子穿！鹳鹆筑起了巢，前任主公死得惨，后任主公洋洋得意。鹳鹆鹳鹆，唱着歌出去，哭着回来！

　　鲁国政权由季氏把持，鲁国的重大变故与季氏有极大关联。早先，季孙宿生公弥、季孙纥、季公若、季公鸟、小邾夫人。其中季孙纥继承家业，小邾夫人嫁为小邾国第一夫人。季孙纥传家业至季孙意如。小邾夫人生女宋元夫人，嫁为宋元公之妻。前文提到：宋元夫人生有三子：宋景公、公子辰、公子地。儿子之外，宋元夫人生有一女。春秋206年，季孙意如求娶宋元夫人之女。算起来，这是求娶表姐的女儿。当时没有三代血缘不能成亲的讲究，也不管什么辈分，这种婚姻被视为亲上加亲。因为是亲上加亲，季孙意如命自己的叔父季公若做说亲的使者。季孙纥做继承人的时候，让自己的两个弟弟分家出去建"季公氏"。季公若暗中存有争夺季氏家业的想法。他见到自己的外甥女宋元夫人，说：

　　"不要把你的女儿嫁给意如。季氏与君主之间，眼下就要演变成事变。季氏必将被驱逐。你何苦让自己的女儿跟着去流亡？"

　　宋元夫人妇道人家，不懂这些事情，只好通告自己的男人宋元公。宋元公刚处理了华氏、向氏，深知这种事情之中的凶险。所以，也不敢小觑，就召集国中贤臣商量此事。乐祁说：

　　"君主你被误导了！季氏与鲁国君主之间，确有很深的矛盾。然而，成败的结果，却未见得如若所言。季氏自季友至今，中间虽有波折，却是三桓之中最强悍的一个。其势力根深蒂固，哪是轻易能够拔除？为臣看来，鲁国君臣之间，确实如他所说，最近就要出事。然而，结果将是君主被驱逐，季氏得以专权。若对意如，存有以庶夺嫡的心思。他的话，怎能轻信？"

季公鸟娶于齐国鲍氏，生子季公甲。季公鸟早死，季公甲年幼。季公若、季公鸟的管家申夜姑共同管理季公鸟的家业。鲍氏有齐国女儿淫荡的传统，耐不住守寡的寂寞，与厨师饔人檀私通。在春秋时候，贵族寡妇的私通，算不得特别严重的事情。虽不至于提倡，却也不至于定为重罪。然而，饔人檀不是贵族，而是一个没有去势的太监。

在春秋时候，服侍贵族的太监分作两种：一种进行了阉割，另一种没有进行阉割。而且，他们都可以做妇女的奴仆。正是看到春秋时候的贵族妇女经常与太监私通，后世才规定所有太监必须进行阉割。

贵族妇女偷人只是个人小节，但是与下人相通，则有玷污贵族的罪名。鲍氏犯下这罪，怕遭到家中处理，反过来诬陷家长。她命手下女奴用竹板来打自己，然后带着被打的伤痕到处控诉：

"季公若和申夜姑一再强奸我。我不从，他们就将我打成这样！"

这话传到季孙意如那里。家中的丑声，最好是大事化小，小事化了。为此，季孙意如也不认真调查，只想不把事情闹大，所以谳成处死管家申夜姑，放过自己的叔叔季公若。季公若遭到诬陷，找季孙意如理论。季孙意如说：

"叔父，这种事情，无论是真还是假，我都当作是没有发生。不过，女人家成天到处去张扬，说出去也不好听。为此，于她那里，总要做做样子。不然，总这样闹下去，成何体统？"

季公若原本就想要谋求季氏家业。遭遇这个事情，难免就将私生活问题上升到政治的高度。他向季孙意如要求彻底清查此事，还自己清白。季公若一再上门，惹得季孙意如烦躁，干脆通知看门人，不见季公若。另一方面，下令立即处死申夜姑。因为这事情，季公若认为自己蒙受不白之冤。而季孙意如也觉得自己这个叔父，有点面目可憎。季公若想要对付季孙意如，就去寻找季孙意如的仇敌，希望结成同盟，共同对付意如。为此一念，牵出季氏的仇家，引起政变，让鲁襄公落得个无家可归。相关事情，下回再叙。

顺第七十九回

叔孙斋寝以祈死　宋君楄柎不借干

上回说到，季公若想要对付季孙意如，开始寻找盟友。有两家人进入他的视线：

鲁国贵族郈昭伯，曾经因为一点小事与季孙意如结仇。郈昭伯与季孙意如是邻居。因为两家鸡犬相闻，两家的鸡打了起来。当时民间已有斗鸡的游戏。两只鸡未经训练和组织，自行相斗，引来许多闲人围观。围观的人多了，引起两家主人的注意。于是，两只鸡的私斗，带上季、郈两家斗鸡比赛的意味。比赛最初的结果，原本不分胜负，两家的鸡都受了伤。季孙意如好胜，想出个办法：

用一种胶水与沙的混合物来涂抹鸡的全身，防止季氏的鸡在下次相斗时受伤。

这样斗下来，郈氏的鸡当然战败。郈氏更进一步，为自己的鸡戴上金属的护爪。季氏看对方不让自己，好胜心激成愤怒，就于扩建房子的时候，将房屋扩建到郈氏的地界。郈氏抗议，反遭季氏百般詈骂。为此，两家结仇。

鲁国世族臧氏，自臧孙许生下三子：嫡子臧纥，庶子臧贾、臧为。臧贾生臧会。臧为生臧昭伯。臧纥逃奔齐国之后，原是让臧贾当家。当时，臧为假传口令，骗取了臧氏家业。至此时，臧为、臧贾均已去世，臧氏家业由臧昭伯继承。臧会认为臧氏家业原本应当由他继承，一心要抢回家长的位子。趁臧昭伯出访晋国的时机，臧会盗取家中宝物"偻句"，用于卜。什么是"偻句"呢？是用于占卜的一面大龟壳。当时的人，什么事情都要问卜于神灵。小到出门，大到选择继承人，无不占卜。占卜在人们的生活中占据很重要的地位，占卜所必需的龟壳，随之受到重视。人们认为越大的龟壳，龟的寿命就越长，用于占卜就越是灵验。于是，大龟壳就成了宝物。臧会为什么要偷"偻句"呢？此时臧昭伯不在家，臧会想趁机夺取家业。他想知道采取怎样的方式能够成功。如此重大的事情，只有用家中珍藏的"偻句"来占卜，才能得出最灵验的预言。臧会问卜的是细节：

请问神灵，为了得到家业，接下来我该对当家人诚实，还是不诚实？

问卜的结果是：采取不诚实的方式，吉。

问卜坚定了臧会的信心。由于交通不发达，也由于当时的生活节奏很慢，出国访问时常一去就是几个月。臧昭伯去了晋国几个月后，臧氏家中的管家决定派个人去晋国见臧昭伯，一则是向家长报告家中的情况，再则也送去出门在外的用度钱财和换季的衣物。此事原本应当由管家去做。臧会主动争取前去。到了晋国后，臧昭伯问起家中的情况。问到家中的经济情况、日常事务，臧会都如实回答。问到家中亲人是否平安，臧会就支支吾吾，影影绰绰，故意不正面回答。再三问他，却是抵死不说。臧会送了东西之后回鲁国，在晋国的臧昭伯就有点坐立不安。好不容易办完公事，臧昭伯赶紧回国。到达曲阜郊外的时候，臧会又代表家人前来迎接。臧昭伯又问臧为：

"家里究竟出了什么事？"

臧会的回应和先前如出一辙。这个情况，把臧昭伯吓得不敢回家，甚至不敢进曲阜城。他派手下的人先进城打听情况。打听的结果，却是家中并无变故。臧昭伯由疑而惧，又由惧而怨：

好你个臧会，用这种方法来戏耍于我！

他将臧会逮捕起来，准备召开家族大会，然后公开处死臧会。想不到臧会竟然于被囚期间逃脱至郈，联络季氏，向季孙意如提请保护。早先，季孙宿赶走了臧纥，季氏与臧氏之间结下仇恨。季孙意如担心臧氏会报复季氏，所以愿意收留求救于自己的臧会。季孙意如让臧会从郈移至自己家中。臧昭伯得知消息，派了五个武士于路上拦截。臧会在武士的追杀下往季氏家中逃跑。在季氏的大门与二门之间，臧会受伤被抓。臧会被抓回去后，季孙意如派人质问臧昭伯：

"你凭什么到我家中来抓人？"

作为报复，季孙意如逮捕了臧氏的管家。臧氏与季氏生出新的矛盾。臧会被抓回去，原计划是处死。他还没有被杀，臧昭伯已经就出事。这里且按下不表。

春秋 206 年，鲁昭公为鲁襄公举行禘祭。其中的武舞万舞，表演者竟然只有两人。众多演员，都到季氏去为季氏表演歌舞。按鲁昭公的级别，应当是六佾，万舞用六六三十六人。君主混到这般田地，引起很多人的愤慨。借此群情，季公若约会郈氏、臧氏，说：

"鲁国，是季氏的鲁国，还是主公的鲁国？诸位愿意为主公出力吗？"

联络起郈氏、臧氏之后，季公若又联络君主系的人。季公若假装送一张弓给鲁昭公之子公为，约公为出郊外射箭。在郊外，季公若提出了自己的密谋。此事关系重大，公为采取逐步测试的方法：

先派一个名叫僚的奴隶向鲁昭公通告密谋：

"季氏藐视主公，有不臣之心。现有众多忠臣愿意为主公出力，共谋大事！"

鲁昭公听了之后，举起身边的戈向僚打去，大声喊：

"来人，把他抓起来！"

侍卫听到动静赶来。鲁昭公却又说：

"没什么事，你们都下去。"

僚吓得几个月不敢去见鲁昭公。后来，看到没什么动静，公为又支使僚去说此事。僚再次向鲁昭公说：

"季氏藐视主公，有不臣之心。现有众多忠臣愿意为主公出力，共谋大事！"

鲁昭公提起戈，说：

"你不要命了？"

僚又吓得逃走。之后，僚第三次向鲁昭公说起此事，鲁昭公终于回答说：

"此乃国家大事。你一个奴隶，能够做什么？"

得到这个话后，公为派自己的弟弟公果去见鲁昭公，再说共谋季氏之事。公果介绍了共谋季氏的成员名单。于是，鲁昭公分别秘密会见臧昭伯、郈昭伯、子家子。子家子何许人呢？此人是鲁庄公的玄孙。子家子对鲁昭公说：

"这是他们拿你去赌，拿你去碰运气！事情成功，他们得利；事情失败，由你承头。我国君主不得国人拥戴，已经有好几代了。现在政权在季氏手里，你是斗不过的。"

鲁昭公不以为然，继续其搞垮季氏的计划。鲁国三桓同根。鲁昭公要对付季氏，必须考虑另外两家。

于此，需要介绍叔孙氏和仲孙氏的情况。经春秋 161 年、186 年两次改革，鲁国君主完全丧失政权。鲁国政权由三桓掌握。其中，季氏独占二分之一，仲孙氏、叔孙氏各占四分之一。至此春秋 206 年，仲孙氏当家人乃是丘泉女所生的仲孙何忌，叔孙氏当家人则是贵族楷模叔孙婼。比较而言，叔孙婼资历高过仲孙何忌。

共谋季氏的密谋渐渐泄露，季氏已经有所警觉。春秋 206 年九月戊戌，趁叔孙婼不在曲阜，鲁昭公发动兵变，率兵攻入季氏家中。季孙意如退守于家中的高台之上，鲁昭公包围高台。为拖延时间，季孙意如故意与鲁昭公讨价还价。当时，君臣之间的话，要由使者来代传。一问一答，都很费时间。季孙意如说：

"你没有调查我究竟有什么罪，就让人用武力来讨伐我。

我请求先到沂水边上待着，让你弄清我是否有罪。"

鲁昭公不同意。季孙意如又请求将自己流放于自己的封地费。鲁昭公不同意。季孙意如又请求带五乘马车流亡出国。鲁昭公不同意。季孙意如一再拖延时间，让鲁昭公身边的人看出端倪。子家子对鲁昭公说：

"你答应他吧！政令出自他家，已经是很久的事情了。很多人都从他那里得到好处，愿意为他做事的人很多。再拖下去，天就要黑了。他的人就要聚集起来，就要商量出对策。你再不决断，悔之晚矣！"

鲁昭公的口气，是要季孙意如当场宣告交出一切，并且自杀谢罪。为求得这结果，时间一拖再拖。鲁昭公的兵看君主一再延宕，慢慢都脱下铠甲，手拿着箭筒盖子，坐在地下。鲁昭公命郈昭伯去招来仲孙氏的继承人仲孙何忌。

叔孙氏的继承人叔孙婼不在国中。其家臣得知变故，商量对策。有人说：

"君主对付季氏，如果成功，接下来就会对付叔孙氏。我们应当站到季氏一边。"

于是，叔孙氏的管家鬷戾带领兵众赶到季氏家中，突破了鲁昭公包围圈，进入包围圈之内。

仲孙何忌原本没有确定的立场。他派人登高观望，看到高台上已经竖起叔孙氏的旗帜。显然，叔孙氏已经站到季氏一边。仲孙何忌当即决断：

支持季氏！

仲孙何忌率兵赶赴季氏家中。途中遭遇前来拉拢他的郈昭伯。仲孙何忌杀死郈昭伯，进攻鲁昭公。鲁昭公战败，退入墓地墓室之中。然后率领臧昭伯、季公若等少数重要人物出逃。

臧昭伯离开曲阜后，季孙意如出面做主，让臧会做臧氏当家人。臧会实现了自己的愿望，说：

"偻句不余欺也！"

鲁昭公的出逃，是君主的出逃，不同于叛臣出逃。叛臣出逃，往往选择与自己祖国敌对的国家。接收国出于政治立场，愿意接收敌国的叛臣。鲁昭公是鲁国的代表。如果他到鲁国的敌对国，敌对国出于与鲁国的敌对关系，不会善待他。反之，如果他出逃至鲁国的友好国家，这国家往往与在鲁国执政的季氏关系很好，也不会善待他。因为这种左右为难的形势，鲁昭公干脆不往远处，只是停留于与鲁国相邻的齐国地界，驻于齐国的阳州。齐景公听说鲁国君主到了自己的地界，心想：

鲁国长期以来借助晋国威力拿腔做势，与齐国为敌。如今鲁国内乱，鲁国君主走投无路，正好去看看鲁国的笑话！

齐景公命使者通知鲁昭公，将与鲁昭公相会于齐国另一地方：平阴。鲁昭公此时，犹如病急乱投医，赶往平阴。鲁昭公到达途中地方野井时，遭遇齐景公。双方以遇礼相会于野井。这一次会晤的礼仪，很为孔子称道。孔子称道什么呢？称道鲁国君主落难之中不失国格。

当时，鲁昭公出逃得匆忙，身边既没有钱财，也没有吃的。持续跑路之后，又累又饿又渴，形如丧家之犬。齐景公率先开言：

"奈何！？君去鲁国之社稷！"

这话中带有奚落。鲁昭公回答说：

"丧人不佞。失守鲁国之社稷。"

与此同时，鲁昭公向齐景公行再拜礼。什么叫再拜礼呢？简单地说，就是两次叩头于地。齐景公素闻子家子是鲁昭公手下难得的贤臣，就向子家子点点头，假意说：

"是你让君主免于祸难！"

子家子回答说：

臣不佞。陷君于大难。君不忍加之以铁锧。赐之以死。

译文：我没用！是我让君主陷于祸难。只不过，君主不忍心杀死我罢了！

与此同时，子家子行再拜礼。齐国贵族高子、国子二人，一个提装有四腿熟肉的食盒，另一个怀抱一大壶饮用水，走近鲁昭公。二人说：

寡君闻君在外。餕饔未就。敢致糗于从者。

译文：我的君主听说君主你流亡于外，还没有用餐。这点吃的，请你用来赏人！

鲁昭公说：

君不忘吾先君。延及丧人。锡之以大礼。

译文：君主你不忘记我的先君，并由对我先君的尊敬顺便尊敬我，所以送我这大大的礼物！

与此同时，鲁昭公行再拜稽首礼。什么又叫再拜稽首礼呢？就是两次叩头之后，将头停留于放于地上的手背之上，保持这姿势一段时间。这个"稽"字，训为"停留"。之后，鲁昭公由跪从变成长跪，牵起衣服的前摆，准备接受食物。高子、国子是人臣，不敢接受鲁昭公的再拜稽首礼。将食物放到这裙上时，二人说：

有夫不祥。君无所辱大礼。

译文：君主行此大礼，折煞我等。请不要这样！

得到这些吃的，已经饥肠辘辘的鲁昭公并不吃，而是面对鲁国的方向，将肉摆设为祭品，将壶水当作酒，洒于地面，向鲁国祖宗神灵行灌祭之礼。之后，齐景公命人送玉帛予鲁昭公。齐景公说：

> 寡人有不腆先公之服。未之敢服。有不腆先公之器。未之敢用。敢以请。

译文：这是我的先君传给我的衣服，我尊重先君，自己从来不敢穿。这是我先君传给我的器物，我尊重先君，从来不敢用。现在，将它送给你。

鲁昭公回答说：

> 丧人不佞。失守鲁国之社稷。执事以羞。敢辱大礼。敢辞。

译文：我没用，丧失了国家社稷，以至于让你来救助我。我推辞这东西！

齐景又说：

> 寡人有不腆先公之服。未之敢服。有不腆先公之器。未之敢用。敢固以请。

译文：这是我的先君传给我的衣服，我尊重先君，自己从来不敢穿。这是我先君传给我的器物，我尊重先君，从来不敢用。我坚持要送给你！

鲁昭公回答说：

> 以吾宗庙之在鲁也。有先君之服。未之能以服。有先公之器。未之能以出。敢固辞。

译文：我的宗庙在鲁国。我原有先君传给我的衣服，不再能够穿。我原有先君传给我的器物，没能够带出来。我坚持推辞这礼物！

齐景公又说：

寡人有不腆先君之服。未之敢服。有不腆先君之器。未之敢用。请以给乎从者。

译文： 这是我的先君传给我的衣服，我尊重先君，自己从来不敢穿。这是我先君传给我的器物，我尊重先君，从来不敢用。请你用来赏人。

鲁昭公回答说：

丧人其何称！

译文： 丧失了国家的人，怎么配得上这礼物？

齐景公回答说：

执君而无称。

译文： 只要是君主，就配得上这礼物！

于是，鲁昭公放声大哭，其手下群臣，随之大哭。哭过之后，双方用人来充当围屏的栏栅，用车的篷布来做席子，用马车来做席桌，行遇礼。何为遇礼呢？诸侯的君主在野外不期而遇的时候，因没有准备相关礼物，所以采用一种简易的君主相见的礼仪。那就是遇礼。

《春秋》是鲁国国史，而鲁昭公的丧失国家，乃是鲁国历史上极重大的事情。为此，《公羊传》记录下了鲁昭公、齐景公相会的这些细节。鲁昭公是个贪玩且弱智的人，可能说不出上述的话。这些话，多半是旁边的人教他说的。即使如此，上面的对话仍然极其珍贵。因为，即使是孔子，也认为它完整表达了传说中的周礼。读者或许会问，这些文绉绉的东西，有什么意思呢？笔者于前面提到过，礼有一表一里。它表面看起来是空洞的叩头和礼让；实际则是利益的争夺。齐景公先送吃的，并不是体恤鲁昭公饥饿，发自同情而送。按当时的礼仪，君主经常赏赐其臣下食物。齐景公送食物，是趁鲁昭公落难，逼鲁昭公称臣。鲁昭公将其用于对鲁国祖宗的祭祀，则是强调自己是鲁国的主人，不是齐国的臣。接下来，齐景公第一次、第二次送出玉帛时的说法，也暗含类似的意思，也是逼鲁昭公称臣。鲁昭公两次拒绝，并且强调自己是一国之君，不可能向齐国称臣。齐景公第三次送出玉帛时的说法，才是君主间交往的合礼说法。而齐景公最后的一句话，则是承认鲁昭公是君主。这些问答表面上文质彬彬，实际上则是名分之争。

此事之后，齐景公侵略鲁国，攻取了鲁国城市郓，用来安置鲁昭公。齐景公为什么要帮助鲁昭公呢？齐国的想法是：

帮助鲁昭公回国反正，并以此为条件，取得对鲁国的政治上的统治。

为此，齐景公请求鲁昭公不要接收鲁国国内送予的东西，并承诺要送鲁昭公回国。

叔孙婼在发生变故的时候到外地去办事，不在曲阜。回国后，他去见季孙意如。季孙意如向其行稽首礼，说：

"事已至此，你怎么看我呢？"

叔孙婼说：

人谁不死。子以逐君成名。子孙不忘。不亦伤乎。将若子何。

译文：人哪个不死？你现在有了赶走君主的名声。这事流传给后人，说起来伤人！我能怎么看你呢？

季孙意如说：

苟使意如得改事君。所谓生死而肉骨也。

译文：要是能够让我改正，让我重新侍奉君主，那就是让我已经死去的灵魂重生，让我已经腐朽成白骨的尸体重新长上肉。

分明是他赶走了鲁昭公，为什么要说这样的话呢？一则是场面上，任何人都必须表示自己忠君。再则是，季孙意如想要让叔孙婼去接鲁昭公回国。鲁昭公要是回国，季氏倒不一定杀死他，但结果一定是季氏想怎样就怎样。叔孙婼接受季孙意如委托，到郓去劝鲁昭公回国。叔孙婼对鲁昭公说：

"国内的人想让局势安定下来，并接你回去。"

鲁昭公进攻季氏，用的是季氏的仇敌。出逃的时候，身边就主要是臧昭伯、季公若之类的季氏的仇敌。鲁昭公在外面吃了些苦，也想要回国。然而，鲁昭公手下这些人想：

你回去，无非是继续做傀儡。我等与季氏之间，早先就有仇，如今又添加了新仇。如果回去，将死得很惨！

臧昭伯等人认为"三桓"乃是一丘之貉，险些杀死了叔孙婼。叔孙婼得了个空当，逃回鲁国。叔孙婼没有能够接回鲁昭公。回国之后，他觉得自己于不自觉之中做了季氏的帮凶，千载而下，史书将永远记录自己为"贰臣贼子"。为此，他每天晚上于密室里祈祷早死，不久就死去。

宋国君主宋元公，也曾经被华氏挟持。宋元公听说鲁昭公出事，生出惺惺相惜的心态，主动出访晋国，去请求盟主帮助鲁国君主。临行之前，他生出不祥的预感，就赐宴六卿。席上宋元公说自己身体已经不行，预感将不久于人世；然而，为了鲁国君主，不得不远赴晋国。他又说：

寡人不佞，不能事父兄，以为二三子忧。寡人之罪也。若以群子之灵，获保首领以殁，唯是楄柎所以籍干者。请无及先君。

译文：我是个没有出息的人，不能够处理好与亲族的关系，给你们添了不少的麻烦。如果因为你们的帮助，我得以自然死亡，那就是我的最大心愿。死后，我的背脊骨可以安心地贴到棺材底子上。你们办理我的后事，规格上不准达到先君的标准。

政治上的话，说"不要"，一般来讲，意思是"要"。君主说不能达到先君和规格，那是他担心自己死后的葬礼遭到贬低。宋国六卿之中，乐祁最近取得了早先从不外传的左师的职位，于此赶紧表示忠心：

"今天之会，如果只是君主赐宴，那我不好多说。至于说国家的制度章程，那是先君定下来的规矩。就算是死，我也不会违背。如果我或是其他人违背了这规矩，有国家法令的制裁等着我们。君主应当以怎样的规格定论，为臣岂敢有丝毫自作主张的想法？"

这个话，让宋元公得以放心去做事——放心去死！如同预感，宋元公没有抵达新绛。他在到达晋国境内的曲棘时，突然发病去世。他的脊梁，没有能够及时地贴于棺材底子上。

鲁昭公出居外国，鲁国国内没有了君主。儒教讲究国不可一日无君。国家的许多重大事情，必须由君主出面。在鲁昭公不在国内的情况下，季孙意如充当君主、国家的代表。自春秋206年至春秋213年，每天开年第一天的祭天仪式之中，都是季孙意如充当初献。这种情况，就是在后世的历史之中，也很少见。这让鲁国国民，不得不直视季氏的地位。鲁国的宗庙中，没有季氏的牌位。于礼，季氏无权主持鲁国的祭祀。鲁国的国民，对此颇有非议。面对这种情况，季孙意如迫切想要接回鲁昭公，让他继续充当傀儡。季氏想要挟持鲁昭公。然而，齐景公也想要挟持鲁昭公。齐景公与季氏之间，形成政治上的对立。

春秋207年，齐景公以鲁昭公之名，进攻鲁国城市郓。攻下之后，让鲁昭公居于郓，另派军队监护于郓。齐景公计划送鲁昭公回国，以达到挟持鲁国、威服鲁国的目的。他下令于国中：

齐国上下，不得收受来自曲阜的礼物。

季氏家臣女贾、申丰带着币锦二两、縛一如瑱到齐国打点。

　　所谓币锦，是指用作货币的锦。当时，诸侯各自为政，各国所用的货币各不相同。当今的世界货币，在当时由玉、帛充当。玉器极为珍贵，一般用于重大的送礼。平常国际通用货币，就主要是丝绸，即帛、锦。同为丝绸，有成色和等级的不同，造成估价的不同。为此，大宗经济交往需要先提供货币的样品，以鉴定其价值。这就仿佛通用白银的明、清朝代，需要辨银色，看样银。女贾、申丰此行，从经济交易的角度看，就相当于正式付钱之前的提供样银。一两，是指两匹。二两，即是四匹锦。瑱，即是充耳。从约束头发的簪上垂下一根丝线，丝线的末端是一块玉。这块玉，名目上是用来塞耳朵，实际主要是装饰。这块玉有专门的名称，叫作充耳，又叫作瑱。这根丝线，则名为纮。纮、瑱属于冠的一部分。古人极其重视冠，所以特别重视纮、瑱。按当时的礼仪，君主所用的其他丝织品，可以由下人完成。而君主所用的纮，必须是由第一夫人来织成。由此，瑱虽只是一根并不长的绳子，却象征着最高规格。将锦每两匹捆在一起。捆锦的东西用纮，这是尊重对方的态度。

　　色成五彩、至上冠冕的纮，不过是用来捆礼物。这礼物的主体，当然是金光闪闪，绚烂夺目。季氏将这点东西，算成是样品，又算成先礼。女贾找到齐国贵族梁丘据的管家高齮，说：

　　"我的主人为了备办礼物，准备了一百两锦。这二两，只是样品，不足以代表我们的心意。我的主人的意思，是要齐国帮季氏，不要帮这个流亡的君主。要是你能帮助我们达成这事情，我另外再送你粟五千庾。并且，我们会帮助你成为高氏的继承人。"

　　一庾等于十六斗。一斗等于十升。五千庾等于八十万升，折算成今天的计量，超过八十吨。如此利诱之下，高齮还管什么齐景公的禁令，当然要竭力报效。经高齮从中运动，梁丘据对齐景公说：

　　"鲁国君主，是不是得罪了什么神灵？叔孙婼、宋元公为他回国而奔走，结果都死去。据我看来，季氏在鲁国树大根深，君主你帮助鲁国君主，未必会成功。"

齐景公好不容易得了鲁昭公，视之为奇货可居。巴不得用鲁昭公换取整个鲁国。哪里听得进这种意见？齐国贵族开会经商议，决定齐景公本人不参加送鲁昭公回国的军队。由齐国贵族公子鉏领军，送鲁昭公回国。行动做两手准备：由公子鉏相机行事。若能够扶植鲁昭公反正，那是最好。若不能够，也趁机侵占一些鲁国疆土。

齐军进讨鲁国城邑成。成，是仲孙氏的封地，守臣是公孙朝。公孙朝宣誓效忠于三桓，主动请求将家人作为人质，送到季氏家中。同时，公孙朝诈降于齐军，说：

"仲孙氏虐待成的百姓。人民生不如死，宁愿臣于齐国！"

齐军到达成的城外，正在河边饮马，公孙朝却率军偷袭齐军，抢走战马。齐国密使前来责问的时候，他说：

"我偷偷降于齐国，城中的人都不知道。为了骗取他们的信任，不得不假装进攻贵军。请放心，我会设计赚开城门，放你们进城。请再等一等。"

等到鲁军做好战备，公孙朝又对齐军密使说：

"我四处找人跟着我起事。然而，众人都不愿意背叛鲁国。

"现在，季氏要我传话给你们：明天，约战于炊鼻！"

靠了公孙朝的拖延，鲁军做好了战备。战场上，齐国大夫子渊捷追鲁国大夫泄声子。追到两车平行。子渊捷放箭，箭从泄声子战马的辔头穿过，撞到车辕上，稍稍改变线路，却正好冲向泄声子的胸前。泄声子举盾招架。箭从盾正中最厚的部位射入，入盾足有十厘米，镞尖指向泄声子的胸喉之间。这种箭术，犹如台球之中的撞壁反弹，连反弹的角度都已经精确计算。此箭没有伤到泄声子。泄声子的战车冲到子渊捷的车头位置。泄声子还以一箭，射倒了子渊捷的骖马。骖马倒地，拖住战车，眼看就要车毁人亡。子渊捷举一柄足有一米五长、十厘米宽的斩马剑，一剑挥断车辕，战车才没有被拖翻……

鲁军另一乘，颜鸣为主帅，林雍为车右。林雍被齐国大夫苑何忌擒获。苑何忌割下林雍的一支耳朵，然后将其扔下战车。林雍捂着流血的残耳赶紧逃跑。苑何忌车上的人哈哈大笑。其御戎对拼命逃跑的林雍喊道：

"小心你的脚！"

说话间，御戎振缰绳追上。苑何忌将戈抡圆，甩手勾过去。戈刃钩断了林雍的左腿小腿。颜鸣丧失了车右，三次冲入齐军阵中，高呼：

"林雍，上车！"

林雍单腿跳着上了鲁军的另一战车……

季孙意如的家臣冉竖遭遇一个齐国贵贵族。竖射伤了此人的手，战后向季孙意如说：

"小人遇到一个贵族：身高约有一米九五，肤色洁白，须眉浓密，一张大口。不知是什么人？"

季孙意如说：

"你哪能见过他！这就是田氏的田开，当今齐国最显赫的贵族。交手情况如何？"

冉竖说：

"小人射伤了他的手。放箭之后才看清是个大人。他骂：竖子尔敢！我就走开了！"……

齐军方面，因为梁丘据惦记着季氏的好处，很多战士都出工不出力。最终，齐军无功而返。季氏组织报复，于春秋208年进攻郓。鲁昭公组织郓城人迎战，败于且知。鲁昭公于齐国方面，遭到侮辱；于鲁国方面，又遭到进攻。这时候，他才想到求助于晋国。晋国会不会帮他呢？且看下回。

尊卑第八十回

物生妃耦两三五　七国同役不同心

宋元公为了救助鲁昭公，浪死于他乡，不得善终。作为盟主的晋国，何以反倒不出面呢？当时，对晋国而言，有两件事情，比鲁昭公的流亡还要重大：

其一，春秋203年，中行吴活捉鸢鞮，荡平鼓。鲜虞的残余发誓报复，开国中山，俨然成晋国的敌国。中山的威胁，乃是晋国的心腹大患。晋国随时要防备中山的报复。中山就在太行山的东麓。其位置，断了晋国出东方的道路。晋国东出救鲁，恐中山蹑兵缀其后、设伏议其归。

其二，自春秋203年始，晋国先是出兵平定宋国的华、向之乱，继而王子朝、王子猛之间的战争连绵不断，一直延续至春秋207年。周朝的事情，涉及晋国的盟主的名义，远比鲁国的事情重大。

由此而外，还有另一个原因。当时，诸侯已经不那么听从晋国的号令。晋国不能让他国出兵出力。要是仅凭晋国一国之力出面做事，也不是做不到；只是，那就显得不是盟主的作为，而是平白干涉他国内政。况且，晋国一国来负担这种军费，算起经济上的帐来，觉得很吃亏。

春秋208年秋，上述两件事总算告一段落，晋国组织起晋、宋、卫、曹、邾、滕，会于扈。一则商议派兵驻守周朝，防范王子朝引楚军北犯；二则商议鲁国的君臣纠纷。因为鲁国的内部关系有点乱，所以会议没有邀请鲁国参加。季孙意如听说这事，秘密派人向与会的晋国代表范鞅行贿。当时，宋国代表乐祁、卫国代表北宫喜都倾向于支持鲁昭公、处理季氏。范鞅得了钱财，召见乐祁、北宫喜，说：

"季氏不知有什么罪，他的君主要予以讨伐？他请求自囚为罪犯，请求流亡，都遭拒绝。鲁国君主不答应别人，自己又打不过别人；打不过别人，然后自己跑到外国去。季氏遭到其君主的包围，险些丧命。这种情况，怎能说是季氏驱逐了君主？我想，是不是天意向着季氏一边？若不然，他怎能逃脱包围？怎能阻止鲁国君主手下的报复？怎能启发叔孙氏为他去说情？

"听说，在包围季氏的时候，那些士兵都脱了盔甲，手拿着箭筒子，一边喝水，一边散步。季氏大得人心啊！

"鲁国君主到齐国三年了。三年间一事无成。季氏代行国家祭祀，鲁国居然安然无恙！听说鲁国很得淮夷的支持，又有足支十年的粮草。讨伐鲁国一事，我看有点难。二位想要送鲁国君主回国，我怎能不答应？我们这就去包围鲁国，拼了这条命来维护君臣大义！"

这种话，连讽带吓，由代表盟主的范鞅说出来，乐祁、北宫喜听了，哪敢再发杂音？只好是随声附和，少蹚浑水为妙。

就在这一年冬天，鲁昭公照例从郓至临淄，朝拜于齐景公。齐景公拿腔做势，不予接待。不接待也还罢了，还命早先逃到齐国的鲁国贵族子仲来传达他的口谕：

"由齐国夫人出面接见！"

就是到了今天，外国领导来访，也没有让本国领导的老婆出面接待的道理。这种外交，纯粹是侮辱。当时，子家子赶紧扶起鲁昭公，退出会场。第二年一开年，鲁昭公就计划投奔晋国。到达晋国境内后时，鲁昭公按早先的习惯直接奔新绛。子家子说：

"你此行不同于往常，不能用往常的习惯。直接过去，仿佛不敲门就进入别人的家里。这在礼数上显得缺乏尊重。这样做，谁还同情你？我建议你先退到晋国边境，先通告晋国，等待晋国的回应。"

鲁昭公不听，请求晋国于晋国境内迎接。晋国使者传话，直接用晋顷公对鲁昭公说话的口气：

> 天祸鲁国。君淹恤在外。君亦不使一个辱在寡人。而即安
> 於甥舅。其亦使逆君。

译文：鲁国出了灾祸，你流亡于国外。你也不派个人来通知
我，就跑到外姓人家里去。要说迎接，让那外姓人来迎接你吧！

　　原来，鲁昭公离开鲁国之后，一心投靠齐国，一直没有主
动联系晋国。齐国为姜姓，晋、鲁均为姬姓。晋国这个话，在
礼数上说得在理。好在，话中还算是承认晋、鲁的同姓之谊。
鲁昭公吃了这个闭门羹，才又退回晋国边境，重新敲门求进。
晋国收留鲁昭公，鲁昭公落脚于晋国境内的乾侯。晋国对鲁昭
公不冷不热，其中有季氏向晋国行贿的原因。鲁昭公出门走得
急，身上没有太多的钱财，难免遭到冷遇。在乾侯的时候，齐
景公又邀请鲁昭公到齐国。鲁昭公在晋国过得并不开心，所以
又想再赴齐国。春秋 210 年，鲁昭公重新回到郓。回郓之前，
他将自己仅有的一点财物分出一部分，作为礼物，命公衍为使
者，将其送给齐景公。公衍何许人呢？他是鲁昭公的儿子。

　　鲁昭公有两个儿子：公为、公衍。春秋 206 年，季公若起
心对付季氏，最初所联络的人，就是公为。这事导致鲁昭公流
亡国外。为此，鲁昭公总觉得自己的倒霉是因为公为，所以仇
恨公为。

　　公为与公衍同年，是异母兄弟。在两兄弟出世之前，公为
的母亲假意与公衍的母亲叙姐妹之情。她说：

　　"我们的预产期都差不多。到孩子出世的时候，我们同时
将孩子抱出产房，认作同时出生。"

　　公衍的母亲以为这是好意，就同意了。公衍先出世。其母
故意不公开，等待公为的出世。三天后，公为出世。公为的母
亲抢先通告鲁昭公。于是，认公为为兄、公衍为弟。立子以
长。于是，公为成了太子。

　　鲁昭公送给齐景公的礼物名叫"龙辅"，是一个玉质底

座。早先，这个底座之上，放置有一只纯金铸成的龙。鲁昭公逃亡时候，宫中慌乱。金龙已不知去向，只剩下这个底座。送个礼物，东西都不全，这显得有点寒酸。为此，公衍将早先鲁昭公赐给自己的一件羔羊皮大衣加入礼物清单，随同送给齐景公。齐景公倒不是看上这点礼物，只是觉得鲁昭公愿意到齐国，心里很高兴，就赐给公衍一个邑：阳穀。鲁昭公觉得公衍很会办事，又想起当初公为造成了自己的流亡，就说：

"他的太子地位，是用欺骗得来的。"

于是，鲁昭公于流亡中废公为，立公衍为太子。

春秋 212 年春，晋顷公想要用军队送鲁昭公回国。范鞅收了季氏的钱财，替其说话：

"我们召季孙意如。他若不来，那就说明他真的有不臣之心。那时候再讨伐他，如何？"

于是晋国贵族召季孙意如。范鞅派人对季孙意如说：

"你一定要来。你到了晋国，我会设法保全你！"

季孙意如亲赴晋国。晋国方面，命荀跞于適历与季孙意如会面。荀跞拿出盟主的派头，说：

"我的君主命我来对你讲：为什么赶走君主？你要是不侍奉君主，这里有周朝既定的刑罚！你看着办吧！"

季孙意如戴上素色帽子，穿上麻布衣服，赤脚，趴在地下对答说：

"事奉君主，正是我想要、却不能得到的事情！我哪里敢逃避罪责！如果你认为我有罪，我请求自囚于费，等候君主的发落。我唯命是听！要是考虑到我的先人，不愿意灭我季氏一族，只杀死我本人，保存我季氏的祭祀；甚至不杀死我，不让我灭族，那都是你的恩惠，我死了也感激！但是，如果能够让我与我的君主一起回去，那是我长久不曾动摇的至愿。那样，我怎能有二心！？"

夏，四月，季孙意如跟随荀跞到了乾侯。子家子对鲁昭公说：

"你跟着他回去吧！受辱一次，都难以忍受，还想终身受辱吗？"

鲁昭公说：

"是！"

子家子说：

"现在他到了这里。这里有盟主为你主持公道。只消一句话，你就可以流放他。这是你最后的机会！"

荀跞以晋国侯爵的命令慰问鲁昭公，说：

"我的君主命我按你的意思去讨伐季孙意如。现在季孙意如认罪了。他的意思，要接你回国。你回国去吧！"

鲁昭公说：

"你考虑到我国先君与你国的友好，将这种友谊施予到我身上，让我回去，让我打扫干净宗庙来为晋国进行祭祀，以答谢你、侍奉你。然而，我不能见那个人！我以黄河起誓：我宁死不见那个人！"

这个话，从当时的场面上讲，算是有点骨气！然而，这话一出口，就不再有回旋的余地。荀跞掩住自己的耳朵，跑开，边跑边说：

"我的君主有罪，我们不愿看到鲁国出现祸难。我再去请示我的君主。"

退下后，荀跞对季孙说：

"你的君主怒气未消，你还是先回去吧！"

子家子对鲁昭公说：

"我建议你以一乘车进入鲁军之中，对随行于季氏的人晓以大义，并以迅雷不及掩耳之势挟持意如。这些人虽然是季氏的家臣，仓促混乱之中，一时间终究不敢对你动手。然后，请求晋国送你回国。这样，你还有最后一搏！"

千载而下，笔者行文至此，也深感上天并非不给鲁昭公机会！鲁昭公若行此事，晋国方面会视之为鲁国君主清理门户，只会帮助鲁昭公。出于盟主的大义，绝不至于帮助季氏。然而，鲁昭公打小以来就没有真正执政的经历，只会点花架子的祭祀和跪拜揖让，并不擅长政治斗争。他也想照这办法做然而，他的手下，除了这个无权无势的子家子，就只有郈氏、臧氏等人。这些人都是季氏的仇敌。这些人发起了这次动乱，有首祸之罪。他们害怕回国后遭到处理，所以极力阻止了鲁昭公。鲁昭公最终没有能够回国。笔者以为：他连身边的几个人都不能号令。纵然是回去，也难振作。

　　春秋213年，鲁昭公病危。临死前，他将自己的财物分赐给随行于他的人。子家子得到的是双琥、一环、一璧、轻服。之后，鲁昭公病死于乾侯。后来，子家子拒绝到季氏的朝廷做官，成就忠臣之名。而郈昭伯、臧昭伯二人，于鲁国国内，家业被窃取，爵位被褫夺，著定被除名，生生世世予以禁锢；于国际上，又被视为"带坏"了君主的罪人。这个情况，于儒教看来，叫作不守名分的恶报。它教育了后人，让人谨言慎行，再也不敢在竞技比赛中与权贵讲公平。

　　从名分上讲，郈昭伯、臧昭伯不应当对抗自己的上级季氏。从名分上讲，季氏也不应当对抗自己的上级鲁昭公。然而，历史的结果让季氏成功。这就让人有点疑惑。对此，赵鞅问史墨说：

　　"季氏赶走了自己的君主，鲁国庶民却没有意见。诸侯也支持。结果鲁国君主死于国外，竟然没有人追究季氏的罪。这是为什么呢？"

　　史墨说：

　　"世间事物的关系，并非只有君臣尊卑关系。世间本就有平等；有两者之间的平等，有三者之间的平等，有五者之间的平等。人的左手与右手，是两者平等关系。太阳、月亮、星辰，这三者之间也是平等关系。金、木、水、火、土这五行之间，也是平等关系。所以，人类社会也有平等关系。

　　"季氏虽为鲁国之臣。由于鲁国君主自己不自强，而季氏又长时期经营其势力。这就造成了今天的这个结果。《诗》里面说：高岸为谷。深谷为陵。就是说的下级有可能成为上级。"

　　这个话，已经认识到人权平等。

晋国身为盟主，最主要的职责就在于维护《周约》、主持公道。宋国出现动乱，晋国出面处理，结果是撤开包围圈，放走华氏、向氏。周朝出现动乱，晋国出面处理，给人的感觉是不辨是非，且造成王子流亡于楚国。鲁国君主流亡，晋国出面处理，又因范鞅受贿，结果是不了了之。接连的三件事情，让天下诸侯发现晋国已经不像盟主。至春秋 217 年，蔡国君主蔡昭侯因受到楚国的侮辱，寻求晋国的帮助。晋国组织起 19 个国家同盟于召陵，共议讨伐楚国。表面的声势做得特别浩大。实际的会议中，中行寅向蔡昭侯索贿。蔡昭侯予以拒绝。中行寅恼羞成怒，阻碍会议进程。会议的结果光打雷不下雨，什么事也没办成。蔡昭侯不得已，转而求助于吴国。吴国出兵，灭了楚国。经此事之后，诸侯遇到事情再也不找晋国来主持公道。晋国内部又出了乱子，自顾不暇，也不再主动招揽外国的事情。晋国的霸主地位，从此结束。自春秋 91 年晋文公组织城濮之战、于践土之盟确立盟主地位；至春秋 217 年的这个召陵之盟；晋国做了 126 年的盟主。126 年间，晋国的势力时强时弱。然而，总体而言，它是最强大的国家，也是最有权势的国家。召陵之盟，是晋国身为盟主的最后一抹晚霞。在此之后，阖庐、勾践都做上了盟主，继续春秋的霸道。然而，这两个国家的强盛，远没有晋国持久。阖庐、勾践象齐桓、秦穆一样，本人去世，其盟主身份随之丧失。唯有晋国，其盟主身份传了十传，以晋国君系而不是某一个人充当盟主。这其中的主要原因，在于晋国独有的"新规则"。在今天，"新规则"能够带给我们怎样的启示呢？那就是：

要寻求国家的强大，最重要的在于人，在于用有效的体制、机制激发出人的才华。

差不多在晋国丧失盟主身份的同时，南方盟主楚国遭到灭亡。楚国的这一次灭亡，归根结底，在于君主的权力过大。楚灵王年代，陈国的人逃奔楚国，激起楚灵王一统天下的野心。至楚平王年代，宋国的华氏、向氏，周朝的王子朝，又都逃奔楚国。而此时的晋国，越来越不能管理天下。国际形势要求楚国充当老大。有楚灵王的前车之鉴，楚平王于国际上终究没有大的举动。春秋 207 年，楚平王去世。其子继位，是为楚昭王。在国际局势的影响下，楚平王、楚昭王重启争霸于中原的战略。这一次的结果，比楚灵王还要惨。新崛起的吴国，攻入了郢都，奸淫楚国所有的贵族妇女。伍子胥发掘楚平王的陵墓，对其尸身施以鞭刑。整个演变过程，涉及十多年的历史：

楚国逼走伍子胥，已经埋下仇恨的种子。楚平王感受不到这种威胁，仍然重用费无极。春秋 200 年，在费无极的建议下，楚国建设州来（当今安徽淮南）军事基地。在这个地方，东晋谢安大败前秦苻坚。党国三大战役之中的淮海战役，也发生在这个地方。足见此地是中国南北的要冲，兵家必争之地。楚国此举，切断了吴国与北方的联系。春秋 204 年，楚国令尹阳匄去世。新任令尹为囊瓦。囊瓦何许人呢？楚庄王生子囊。囊瓦是子囊之孙。算起米，囊瓦比楚平王矮一辈，与楚昭王同辈。趁楚国执政大夫去世之机，吴军进讨州来，驻军于州来旁边的钟离。

早先，楚平王有收缩力量的想法，其主力军队回防于郢都。因费无极的建议，才建设州来。所以，州来地方的驻兵，主要由楚国的附庸国组成。这些兵来自七个国家：

楚、顿、胡、沈、蔡、陈、许

除楚国之外的六个国家，都曾经在楚灵王建设晋吴分隔线的时候遭到迁徙。此时的楚王，是楚灵王之弟楚平王。楚平王虽没有楚灵王那么残暴，却也好不了太多。这六国的君主，大多来此充当楚国的将领，驻守边关。此前，本是由令尹阳匄统领州来城中的联军。阳匄病危，眼看要死。所以移送回郢都，好得寿终于正寝。阳匄临时任命苟越统领州来的七国联军。吴国的阖庐此时还不是王。他作为将领分析形势，说：

"据我看来，楚军必败！

"跟随楚军的诸侯虽然很多，然而都是小国。他们是因为畏惧楚国，不得已才跟随楚国来这里。这是其一。

"胡国、沈国的君主年幼，做事冲动，不识大体。陈国的大夫齧倒是壮年，却又愚钝。顿国、许国、蔡国，都反感楚国的政策。这是其二。

"早先的子瑕（阳匄），还有点威望。新任统帅苪越不是卿，不能服众。苪越镇不住这七国联军，其军事决策势必聚讼纷纭，呈令出多门之态。这是军事上的大忌。这是其三。

"如果我们先分出一支军队来进攻薄弱的胡国、沈国、陈国的军队，使其败走。这三国一败，六国阵营就会动摇。附庸国的阵营一旦乱起来，楚军势必大败。我建议由一支去除了防备的先遣队去挑战。让后续的部队排列好阵形，积聚力量，蓄势待发。"

这先遣队怎么就一定能打败胡、沈、陈三国联军呢？这是专设的一计：

于国中的罪犯和奴隶中选出三千人做先遣队。这三千人身着便装，不穿甲。而且，有的一脸病容，有的身体虚弱，有的年迈蹒跚，更有衣不蔽体的年轻女子，其肉体隐隐约约，令人遐想。这三千先遣队，用于打乱对方阵脚。另有三军，潜随其后：

吴王王僚率中军，居于正中。阖庐率右军，吴军其余部分形成左军。

吴军专门挑一个晦日，进犯胡、沈、陈三国军营。前面提到，当时的军事思想认为：晦日不利于战，而利于逃亡。因此，一般来讲，进攻方不选晦日作战。吴军正是想到楚军也这么想，会疏于防行，所以反其道而用之。

吴军的先遣队，要么是囚犯，要么是性奴。他们被驱赶到军前，只想趁机逃命，所以未战即溃，根本无战斗力可言。这些人到了胡国、沈国、陈国军队阵前。胡国、沈国的君主，正是十多岁的小伙子，有一种年轻人的冲动。看到对方的队伍如此不济，当即就下令进攻。

三国军队追杀俘虏，抢夺妇女，正在兴高采烈的时候，忽听得前面战鼓急响，三股战车队伍如风驰电掣，包抄而至。潜伏于后面的吴国正规军发起进攻。这一边正在往战车上搬运战利品，那一边射来无数嗖嗖利箭。三国军队还没回过神，吴军战车已至，扬起的戈，由奔驰的战车带动起巨大的动能，挥向没有防备的三国联军……

吴军右军、左军两翼包抄，包围了三国军营。正面的吴军中军，轻松拿下出战的三国士兵。吴军全歼沈、胡、陈三军，俘虏了沈国君主和胡国君主。

之后，吴军当场杀死沈国君主、胡国君主，又故意释放部分战俘，让其逃回许、蔡、陈、楚四国军中。这些被释放的战俘一路惊呼：

"我们的君主死了！"

这种消息扰乱了另外四军的军心。而吴军此时又向剩余四国发起进攻。七国联军大败逃亡。吴军夺占了州来。

考虑到州来的重要性，吴国命国中最有威望的贵族驻守州来。那就是寿梦最小的儿子季札。州来既是大城，又是重镇，说出来响当当，所以季札号为州来季子。

楚军主帅劳越，撤退至郧。楚国的太子建的母亲，是郧封人之女。当初楚平王抢了太子建的未婚妻，并且立之为后。太子建的母亲随之成为弃妇，就回到娘家，居于郧。太子建被逼逃奔宋国后，成为宋元公的党羽。在宋元公与华氏、向氏的斗争之中，太子建战死。弃妇死了儿，就更加没有指望。太子建的母亲因此仇恨楚平王。她主动投靠吴国，做吴军的内应。吴军派人潜入城中，接走了她。劳越带兵去追，没有追上。回来后，劳越觉得自己一败再败，甚至连一个女人都保护不了，索性引咎自杀。

战况传到郢都，新任令尹囊瓦赶紧加强郢都防守，根本无力反攻。春秋205年冬，为报复州来之役，楚平王亲率水军入侵吴国。为了抗衡吴国，楚国联络吴国以南的越国。

楚平王在豫章会见越国贵族。越国贵族送给楚平王一艘大船。吴国方面，为楚军让出道路，但是，全程尾随于楚平王。待楚军离去之后，吴军却又攻占了原本臣服于楚国的巢国。楚军于水路之上，行动不如吴军迅速。所以不能报复。既不能战，只好致力于守。春秋206年冬，楚国于吴、楚交界地带的州屈、巢、卷建设军事基地，驻兵防守。至此，吴、楚之间的战争，吴国占到绝对的优势。

春秋207年九月，楚平王去世。当初原计划嫁给太子建的秦嬴，已经生下一子，是为楚昭王。子以母贵，楚昭王被立为太子。楚昭王此时只有五六岁，所以囊瓦想立楚平王最年长的庶子子西。子西坚决推辞，所以由年幼的楚昭王继位。按礼，先父去世的一年之内，继承人处于谅闇期，其主要工作，是穿一身丧服，成天哭泣，哀号天伦。贵族生活，虽不至于完全按礼，却因此规矩不能够顾及政事。君主服丧，举国随之服丧。一国的政事，很多都因此搁置。这给了敌国发起进攻的机会。春秋208年夏，吴王王僚趁楚国国丧，命将讨伐楚国，双方战于潜。同时，命季札为使者，出访晋国，以求两面夹击楚国。

读者注意：季札其人，寿命相当长，活了将近一百岁。吴王寿梦去世于春秋162年。季札至迟也出生于春秋160年左右。出春秋之后，季札仍然活跃于政坛。当时的人，平均年龄仅三十多岁。那大概是由于战乱、疾病等非自然死亡造成的。季札的情况，让人觉得史书所载尧活118岁、舜活100岁、周穆王活105岁可能真有其事。

吴军由王僚的两个弟弟公子掩馀、公子烛庸领军，包围潜（安徽六安）。楚国先后派出四拨军队前去救援：

莠尹然、工尹麇离潜较近，作为第一拨军队。国中一时组织不起太多人马，由左司马沈尹戌率郢都之中的贵族和近卫军为第二拨，赶紧奔赴潜。之后，令尹囊瓦组织起水军，沿江而下，目标是经当今安庆由水转陆，驰援六安。同时，左尹郤宛、工尹寿组织起陆军，取道江北陆路增援。

楚军出动的时候，吴军按围点打援的计划分出兵力西上迎战。沈尹戌与吴军遭遇于穷。左尹郤宛、工尹寿与吴军对峙于潜。水路方面，囊瓦的水军在沙汭遭遇吴军。囊瓦战败，退回西方。眼看楚军又要战败，吴军却突然撤退。这是什么原因呢？且看下回。

顺第八十一回

刺王僚铍交于胸　报父仇巫肆以罢

上回说到，正当吴国就要取胜的时候，却突然撤退。这是因为吴国内部出现大的变故：

阖庐刺杀了王僚，自立为君。

公子掩馀、公子烛庸都是夷昧的儿子、王僚的弟弟。而阖庐则是诸樊的儿子。掩馀、烛庸是王僚信任的重臣，势必被阖庐视为仇敌。因此，二人无心恋战，抛下军队逃奔外国。

阖庐刺死王僚，又与伍子胥有关。前面提到，伍子胥于民间物色了武士专诸，将其推荐给阖庐。阖庐得到专诸之后，满足专诸的一切要求，只求专诸暗杀王僚。专诸说：

"我可以为你做这事。然而，我的母亲年迈，我的儿子还小。我放不下他们，不能一心去拼命。"

阖庐说：

"事成之后，整个吴国都是我的，这点事算什么？"

手指反向自指心胸，又说：

"事成之后，这个身体，将替代你的身体！代行你为子、为父的职责！"

季札是寿梦仅剩的儿子，也是王僚、阖庐的长辈，差不多算是吴国的栋梁、柱石。若季札在国中，人们都有忌惮。此时，季札受命出访北方，阖庐趁机实施刺杀王僚的计划。阖庐于家中地下室暗藏甲士，然后宴请王僚。王僚对阖庐早有戒备，安保措施极其严密：

从王宫至阖庐家，沿途先进行清道。一路上都有甲士夹道护卫。每隔三、五米就有一个甲士。甲士都是身穿铠甲，腰胯弓箭、剑、铍，跪坐于地，双手扶执长戈。至阖庐家大门后，护卫换成王僚的贴身亲信。都是两两相对，两面的铍交搭重叠，做成仅有一米多宽的锋刃加身的通道。入席的每一个人，包括阖庐，都必须先接受搜身，然后由这个通道进入。

宴席上，阖庐假装身体不舒服，请求暂时告退，退入地下室，待机进退。此时，专诸扮作仆人上菜。他双手举一个大盆。盆中是一条已经烹熟的大鱼，长约有一米。在进入房间之前，卫士要求专诸脱去外衣接受搜身。之后，两个卫士用铍指着专诸，随同专诸上菜。铍尖离专诸的要害始终不超过半米。专诸低着头，将盆举过头顶，膝行到达王僚席前。摆下盆之后，卫士呵斥专诸退下。专诸说：

"且慢！阖庐有一宝物进献于王。宝物就在这鱼腹之中！"

不等人们反应过来，专诸伸手拨开事先剖开的鱼肚，从里面抽出一柄仅四十厘米长的短剑，将其直刺入王僚胸中。差不多同时，四周的卫士将铍刺入专诸身上要害……

专诸刺王僚的故事，闻名于世。这个故事又引发几个后果。其一，后世仿制刺杀王僚的这种短剑，号之为鱼肠剑。其二，它成了刺客在戒备森严的情况下完成刺杀的经典。战国时候的荆轲，将这个方案稍作修改，用来刺杀秦始皇。其三，借鉴于这个故事，后世的护卫往往禁止有刺客嫌疑的人靠近贵人。因此，类似的刺杀，后世不再出现。就连荆轲刺秦王，也以失败告终。

刺死王僚后，阖庐自立为王。按照约定，他封专诸之子为卿。季札出访归来，这样表态：

"只要先君能得到祭祀，人民能够有主宰，社稷能够保持，国家继续存在，那他就是我的君主。我能埋怨谁呢？我只能对死者表示悲哀，然后事奉生者，等待天命。不是我纵容这种乱事——早先的人，在立君主的时候就是这样。"

这个话，是指诸樊去世后，徐祭以弟继兄。再说远点，是说太伯去世后，仲雍以弟继兄。季札这个话，有点类似于早先的晋文公让位于晋惠公。季札并不是什么道德高尚的贤人，而是处事圆滑的政客。不过，国人以为"事理通达即文章"，直接将圆滑视为道德。

公子掩馀、公子烛庸弃军而逃的时候，与之对峙的是左尹郤宛、工尹寿。郤宛依照"不伐丧"的古礼，没有趁机追击。郤宛在楚国很得人心，威胁到费无极的权势。费无极想要以此为罪名，除掉郤宛，就像当初除掉伍奢一样。他觉得此事还不足以扳倒郤宛，需要添加其他罪名。他先对囊瓦说：

"郤宛想要请你喝酒。"

然后，他又找到郤宛，对郤宛说：

"子常（囊瓦）想要到你家喝酒。"

郤宛说：

"我这样的贱人，没有接待过这样高贵的客人。我拿什么来接待他呢？"

费无极说：

"令尹喜欢铠甲和兵器。你把你的铠甲兵器拿出来，我帮你挑几件，到时候送给他。"

费无极挑选了五副铠甲和兵器，说：

"你把这五副兵器放在大门那里。令尹进门时看到了，就一定会停下来细看。你就趁机送给他。"

到郤宛请囊瓦喝酒的那一天，郤宛于大门的左边设置一个帐篷，里面放置费无极挑选的铠甲、兵器。此时，费无极跑去对囊瓦说：

"我差点害了你。郤宛想要不利于你，铠甲兵器都准备在门口了。你千万不要去。"

囊瓦道：

"何至于此？"

费无极趁机添上几句：

"在潜之战中，我国本可以得胜，郤宛收受了对方的贿赂,让军队退师。王僚被刺,是我国进攻吴国的绝佳时机,他却说伐丧不祥。其实,吴国曾经趁我国国丧进攻我国。我国为什么不能趁其内乱进攻吴国呢?此人心术如此,为乱之心久矣!"

囊瓦派人去郤宛家看情况,果然设置有兵甲。于是,囊瓦不去赴宴,而是下令火攻郤宛的家。郤宛自杀于家中。

费无极的这一计策,让中计的人主动配合自己。搞成自己将自己送入圈套。这就是俗话所说"被别人卖了,还帮别人数钱"。然而,郤宛的遭遇激起了楚国内部的公愤。人们担心成为下一个受害者,纷纷要求处理费无极,甚至将矛头指向了囊瓦。春秋208年九月,囊瓦杀死费无极以谢罪。

费无极虽然死了,它埋下的恨,却没有终结。他先后陷害太子建、伍氏、郤宛。太子建的后人,后来再乱楚国。伍氏的遗种伍子胥,此时已经进入吴国的权力核心层,随后设计出灭楚大计。这些后果,被费无极用来换取其个人对楚国政权十年的控制。

潜之役后,公子掩馀逃奔徐国,公子烛庸逃奔钟吾。春秋211年,阖庐向徐国、钟吾发出照会,要求羁押遣返流亡公子。掩馀、烛庸闻讯转逃楚国。囊瓦想要借重二人在吴国的势力,派人专程迎接。囊瓦将掩馀、烛庸安置于当今安徽亳州附近的养城,然后就地建设军事基地,徙民充实军备。之后,将养城、胡国划拨给掩馀、烛庸,命其招徕吴国之士,经略州来。此事激怒阖庐。阖庐先抓捕了钟吾国君主,然后进讨徐国。徐国旁边就是泗水。吴军于泗水流经山谷地方堰塞河水,将水引向徐国。徐国遭水淹之后,请求投降。徐国君主章羽,剪掉自己的头发,著奴仆服装,携其妻进见阖庐,以身为奴、以妻为妾,请求饶命。阖庐于收用章羽之妻后,接受投降。之后,章羽得机会逃奔楚国。

囊瓦一再接收吴国的仇敌,吴、楚之间矛盾升级。为根除政敌,阖庐必须讨伐楚国。为此,他求教于伍子胥:

"早先你请求讨伐楚国。我心下是支持的。只是，我不愿意让王僚来做此事。现在，我决定亲自讨伐楚国。对此，你有什么好的建议？"

伍子胥与阖庐，彼此心照不宣。他若不知阖庐这点想法，也就不至于举荐专诸。伍子胥自春秋201年流亡至吴，至此已经十年。这十年间，他处心积虑，早就酝酿出一套灭楚国的计划，可以说是成算在胸。他终于有机会实现报复楚国的志向。至此，他进献一计。此计流传千古，差不多成了兵家必修的课程。后世西晋灭吴之时，专修《左传》的杜预为晋朝权臣。在杜预的建议下，西晋将此计如样施行，即灭了孙吴。甚至离当今不远的红军反围剿的战略思想，那什么"敌进我退，敌退我扰"，都有师承此计的痕迹。此计究竟是些什么呢？当时，伍子胥的原话是：

楚执政众而乖。莫适任患。若为三师以肆焉。一师至彼。必皆出。彼出。则归。彼归。则出。楚必道敝。亟肆以罢之。多方以误之。既罢。而后以三军继之。必大克之。

译文：楚国政出多门，而且没有人真心为国家考虑和担当。如果我们建立起三支军队，派一支军队进攻楚国，楚军就会全部出动来迎敌。等他们出动，我们就撤回。等他们撤回，我们又派出另一支军队用同样的方式来骚扰他。三支军队轮番上阵。如此一来，楚军就会在行军赶路的过程中疲惫。我们不断地用这种方式来让他疲惫，又采用多种诱敌的方法来误导他们。待他们严重疲惫之后，三支军队同时进攻，就一定能大胜！

比较吴、楚两国，楚国陆军占优，吴国水军占优。伍子胥此计，正是看到每次楚军进攻吴军，吴军总是能够从水路顺流逃跑，引楚军至湾凼曲汀，设伏以待，老其师而击其惫。有水路撤退的优势，方才能够用较少的军队拖垮对方。后世的晋国以此计灭孙吴，是反其意用之：

西晋有陆军的优势，故意用少量兵力引诱孙吴的军队上岸，以此拖垮孙吴。此计中的"亟肄以罢之。多方以误之。"只是总体的说法，具体的运用，要根据实际情况。当时，吴王阖庐用伍子胥的计谋，侵扰楚国。

春秋212年秋，吴军侵略楚国，讨伐夷（安徽亳州），入侵潜、六（均在安徽六安一带）。楚国救兵赶到，吴军就离去。楚军一走，吴军又至。楚国的沈尹戌带领军队救潜。吴国军队又离去。楚军不堪这种侵扰，将潜国迁至南岗。然而，吴军又包围弦国。楚军来救弦，吴军又离去。

以上，算是亟肄以罢之。怎样又是多方以误之呢？那要从舒鸠说起。春秋之初，淮河一带的部落被称为淮夷。至春秋后期，换了个名号，叫作"舒"。舒类似于鲜虞，是一个大的种群的称呼，其中包含很多小的部落。前文提到，春秋174年，楚国新建水军，以水军伐吴。当时，吴王诸樊想：

楚军于水路着想，我的水军优势将变小。我也要从陆路着想，让楚国的陆军优势变小。

为此，吴国开始创建陆军基地。舒里面有一个部落叫舒鸠，位于当今的合肥一带，属于水陆交汇处方，适宜建设基地，衔接吴国的水军、陆军。在吴国的威胁之下，舒鸠臣服于吴国。至春秋175年，楚国令尹率军灭了舒鸠，打掉了吴国的基地。从那以后，吴国越来越强，楚国越来越弱。舒鸠的遗民在吴国的帮助下重新建国，完全成为吴国附庸。按伍子胥"多方以误之"的战略，吴国借助舒鸠实施反间计。春秋215年，桐国被吴国策反，叛变到吴国。楚军进讨。阖庐对舒鸠说：

"你假装降于楚国，然后来进攻我。我又假装战败屈服，为楚国来讨伐桐国。这样，可以让楚军疏于防范。"

在这个计划之下，吴军放弃了舒鸠军事基地，让出许多土地。楚军搞不懂这是为什么，还以为是吴军陆军不行，干脆撤销陆军，退守于江湖。楚军正在收编舒鸠和桐国的时候，吴军沿长江逆流而上，绕到舒鸠和桐的背后，到达大别山以西。囊瓦又从舒鸠回身，与吴军战于大别山。吴军一触即溃，并且抛

下许多战船、军资。与此同时，却又于巢湖集结起陆军。囊瓦
看吴军如此不济，当然要乘胜追击。刚刚翻过大别山，就遭到
吴国陆军的伏击，结果大败而归。战败之后，只好放弃舒鸠和
桐。早先，楚国的势力东北至徐国、鲁国一带。至此，被吴国
压缩到大别山以西。

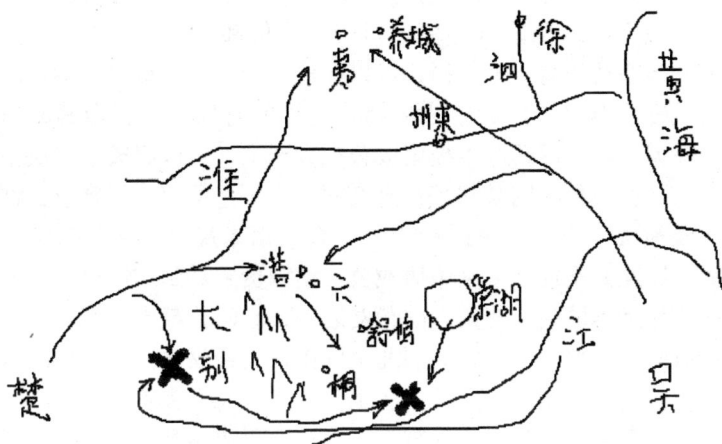

　　经过数年的侵扰，阖庐测算出灭楚军的时期，于春秋117
年年底发起总攻，灭了楚国。此事并不仅是吴、楚两国的战
争，牵涉甚广，又与蔡国有关。

　　春秋193年，楚平王立世子有之子蔡平公。春秋201年，
蔡平公去世。在费无极的建议下，楚平王立蔡平公之弟蔡悼
公。春秋203年，蔡悼公去世于楚。楚国又立蔡悼公之弟，是
为蔡昭公。在楚国的强势之下，蔡国完全背离了立子的传统，
一再立世子有之子。春秋212年，蔡昭公备下两套皮衣和玉
佩，进见楚昭王。他将其中一套送给楚昭王，自己穿戴另一
套。按理说，这是蔡昭侯特别地巴结楚昭王，所以自己有点喜
爱的东西，都均分出一半出来。然而，楚、蔡两国君主穿同样
的衣服，佩同样的玉佩，让囊瓦觉得不合适：

　　"如果不是我国做主，他哪能成君主？他仿佛是我王的奴

仆，怎能与我王穿戴一致？那岂不是与王平起平坐？纵然是东西有两套。王享有一套，另一套哪轮得着他？”

襄瓦派人将这话带给蔡昭公，意思要蔡昭公将另一套佩裘献给襄瓦。此事关系到蔡国的面子，蔡昭公坚持不同意。为此，襄瓦找借口将蔡昭公关押囚禁。这一关，就是三年。当时，唐国君主也遭遇相同的事情。唐成公有两匹名马，号为"肃爽"。这两匹马通体白里带青，仿佛霜、玉。更难得的是，两匹马长得一模一样，可以配成一对，做马车中的辕马。也是在春秋212年，唐成公朝拜楚国的时候，襄瓦命其献出"肃爽"。这两匹马，被唐成公视为至宝，所以唐成公坚决不同意，也被襄瓦囚禁起来。至春秋215年，蔡昭公、唐成公都已经被关了三年。唐国贵族之中有人偷走肃爽，将其献给襄瓦，以此为条件，换回了唐成公。蔡国贵族看到这情况，开导蔡昭侯献出佩裘。在国人的苦劝之下，蔡昭公献出佩裘，也被释放回国。蔡昭公被释放后北上回国，途经汉水。在渡过汉水的时候，他祭祀汉水之神，沉玉于汉水，立下誓言：

请汉水之神见证我的誓言：我决不再事奉楚国。天下诸侯若有讨伐楚国者，我将拼尽全力，做他的先锋！

次年春，蔡昭侯朝拜晋国，请求晋国讨伐楚国。不想，南方权臣爱钱，北方权臣同样爱钱。中行氏的中行寅，向蔡国使者索要钱财。蔡昭侯之所以立誓进攻楚国，起因正在于楚国权臣向其索要财物。蔡昭侯拒绝了中行寅。中行寅恼羞成怒，就对第一大夫范鞅说：

"时值多事之秋，诸侯正准备叛变晋国。这时候去进攻楚国，难！眼下正是雨季，特别容易产生流行性疾病。又有中山国在背后伺机而动。自三驾以来这几十年，与楚国的争锋，每次都是劳民伤财，哪一次争赢过？一定要去帮他，那是瞎耽误功夫！"

读者得知，晋国内部，此时已经是世家掌权。各大家族只顾自己的家族利益，已经不在乎盟主的道义。范鞅听了中行寅这种话，心下暗想：

"你收了季孙意如的钱，就向着季氏。现在要钱不成功，就来阻止我。未必晋国的生意，都让你中行氏一家做完？你要钱不成功，那是你的事情。想来，以我正卿的名义，不怕他不给钱！"

抱着这种思想，国家春秋217年春，晋国正卿范鞅组织起晋、周、鲁、宋、蔡、卫、陈、郑、许、曹、莒、邾、顿、胡、滕、薛、杞、小邾、齐，会议于召陵，谋划为蔡国讨伐楚国的事情。会上，范鞅不光向蔡国索贿，还趁机勒索其他小国。钱财到手之后，却又推三阻四，按兵不动。蔡昭侯深感天下乌鸦一般黑，心中发狠，决定以一国之力，与楚国对抗，死而后已。他于通知晋国之后，吞并楚国附庸沈国。此举招致巨变……

春秋208年，费无极陷害郤宛。当时，郤宛的党羽伯氏逃奔吴。伯氏原是晋国贵族伯宗之后。自伯州犁一代，逃奔楚国。至此时，伯氏继承人为伯州犁之孙伯嚭。此人至吴国后，得到重用，成为吴国太宰。伯嚭与伍子胥，同为流亡叛人，同心对抗楚国。蔡昭侯求助于晋国的同时，也向吴国求助。吴不同于晋。吴王阖庐刚刚篡位，正想通过战争来巩固自己的政权。蔡国的请求，正中阖庐下怀。蔡昭侯灭沈之后，楚国令尹囊瓦率军包围蔡国。在伍子胥、伯嚭的建议下，吴国倾国而出，集吴、唐、蔡三国军队，挺进大别山以西。

吴军自淮河溯流西上，于淮汭弃舟登陆，以陆军进逼汉水。吴、楚夹汉水而峙。楚国左司马沈尹戌向囊瓦建议：

"你在这里沿汉水上下游走，牵制住吴军。我从上游的方城绕过去，于淮汭毁掉他们的船，切断其归路。然后抢占大隧、直辕、冥阨三个要塞。之后，你渡过汉水进攻，我从他们背后进攻。两面夹击，就一定能大败他们。"

沈尹戌何许人呢？此人原本是吴国人，因受到阖庐的侮辱，逃奔至楚国。因为他熟悉吴国水军，所以楚国对他委以重任。囊瓦采用了这建议，沈尹戌分兵北上。沈尹戌走后，囊瓦手下有人建议：

"吴军以硬木为甲，我军以兽皮为甲。吴军的甲坚于我军，然而更重。因此，我军利于速战，吴军利于持重。僵持下去，于我军不利。"

另有一人说：

"楚国人都反感你，喜欢司马戍。如果司马戍于淮河渡口毁了吴军的船之后，占据那三个要塞，回身进攻吴军，那样，会让他那一支军队独占打败吴军的功劳。你一定要速战。不然，你的位子不保。"

这前一条建议，囊瓦倒还不甚在意。这后一条却让囊瓦踌躇起来：

我之前的令尹，几乎没有一个能够善终。说起来，我是一人之下，万人之上。然而，一旦倒台，会死得很惨！左司马若胜，必夺我令尹之位！只要渡过汉水，就是陆地作战。从近年的战况看，吴国的陆军毕竟还不如我国。我何妨一战！

囊瓦渡过汉水，寻求速战。吴军后撤至大隧、直辕、冥阨。楚军的车阵从小别山（今豫、鄂交界处的桐柏山）一直排列到大别山。读者注意：小别山、大别山之间有三个重要的关口。分别是：大隧、直辕、冥阨。按沈尹戍的计划：由沈尹戍从背后突袭，抢占这三个要塞。待沈尹戍得手之后，囊瓦发起总攻，就能形成对吴军的前后夹击的态势。纵然是沈尹戍方面不获全胜，只要能够从背后牵制吴军，终究有利于囊瓦的正面战场。近几年来，吴军用"多方以误之"的战略，故意隐藏其陆军的实力。吴国的陆军每逢遭遇楚军，总是一触即溃。这麻痹了囊瓦。再加上囊瓦争功心切，所以率先发动总攻。吴军后撤之后，以小别、大隧、直辕、冥阨、大别为防线。楚军渡汉水之后，直取大隧、直辕、冥阨。形成楚军攻关，吴军守关的形势。结果三次战役下来，楚军没捞到一点便宜。囊瓦连声叫苦：

此番吴军，何以如此厉害？难道以前都是诈败？

至此，囊瓦渐感不祥。楚军散布于开阔的汉东平原，可以说周身都是破绽。囊瓦又不肯等待司马戍从吴军背后发力，迫

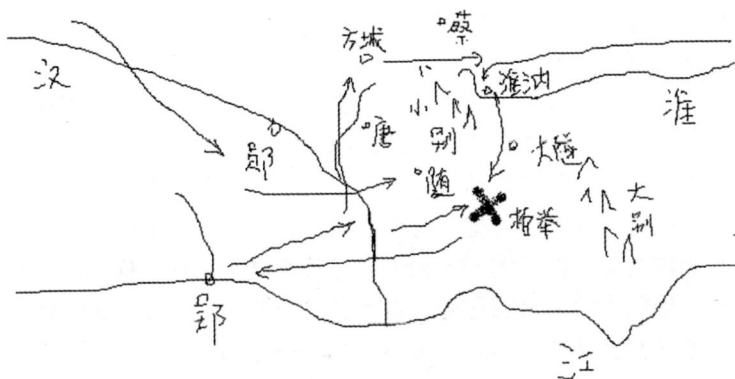

切想要决战。吴军方面，已经得知司马戍的行动，也不愿坐等形成腹背受敌的局面，所以也想决战。春秋217年冬十一月庚午，吴、楚两军列阵于柏举（当今湖北孝感一带）。因为此战关系到整个战略的成败，后世称吴灭楚之战为柏举之战。实际上，当时的战争，绵延至当今的安徽、湖北、湖南。其中有许多次战斗。只因楚军于柏举战败之后即一败涂地，故而号为柏举之战。当天早晨，阖庐的弟弟夫槩王向阖庐建议说：

"楚国的瓦为人不仁。他的手下都没有斗志。如果先进攻他，他的兵就会逃跑。我建议进攻瓦所在的主力。待我胜利之后，大军总攻，就一定会胜利。"

什么叫夫槩王呢？吴国虽出身于姬家嫡系，落脚于太湖之后，难免受当地土风熏染。商朝宣扬"天子"的概念，声称天下只有一个人能够接收天意。周朝继承这个思想，并根据这个思想打造出王道。在春秋时代，王道思想仅存于由周朝封建的国家之中。当时的中国，生存着各种各样的部落。很多部落，特别是由外地迁徙至中国的部落，受这种观念的影响并不深。为此，秦霸于西戎的时候，有所谓戎王。而南方滨海，有许多漂流、迁徙而至的部落；他们并不接受王道思想，或者，受王道思想的影响并不深。从吴国、越国的身上，正可以见到王道思想漫延的情况。这些部落根据自己的信仰或是习俗，形成自己的政治体制。这种体制，大抵依照原始部落强者为王的惯例，推奉能人为王。太伯、仲雍带来了周朝的习俗，然后他们人数太少，不得不接受当时的习俗。于是，吴国就形成了杂合儒教与原始习俗的政体。这个情况，于后来的吴王征求百牢中尤其凸现。在阖庐称王的时候，吴国尊奉阖庐为王，同时又推奉吴国之中最能干的一人为王，号为夫㮣王。这个称号，是吴国当地的土著习俗的称号，得不到中原儒教社会的承认，在吴国本国却有认同。此时的夫㮣王，恰好是阖庐的一个弟弟。

阖庐更看重的是自己在吴国的身份。在他看来，自己的王位比灭楚国还要重大。出于与囊瓦相同的心理，阖庐也不希望夫㮣王建立大功。所以，阖庐拒绝夫㮣王出战。然而，夫㮣王很得人心。阖庐阻止不了夫㮣王的行动。夫㮣王带领五千人率先进攻囊瓦的主力。此人乃是吴国第一勇士。他所率的军队代表着吴国最强的战斗力。在夫㮣王的冲击之下，囊瓦的兵开始逃跑，楚军乱了起来。战乱之中，囊瓦逃奔郑国。

此战之后，大致呈楚军往西逃亡，吴军自东往西追击的态势。夫㮣王担心楚军做困兽之斗，所以用一种缓兵之计，扩大战果：

每当楚军渡河的时候，故意放缓追击，等到楚军渡过一半的时候，歼灭未渡的楚军。每当楚军饥饿的时候，故意放缓追击，留出时间让楚军做饭进食。待其正在吃饭的时候，又发起攻击。

在这种战术下，楚军不得休息和进食，越战越疲，越战越少。吴军一路追杀，追至郢都。楚昭王风闻吴军已至，不择径而逃。先是逃到云梦泽，后又转向西北，至郧国。经郧国，辗转至随国。楚国的女人，除楚昭王之妹而外，都来不及逃亡，全部沦为吴军的战利品。

吴军进入郢都之后，以为得到了旷世奇勋，极尽淫乐之事。各级贵族和军官，分别按在吴国的级别，霸占楚国贵族的妻室。楚昭王之母，是秦国女儿、楚国母后秦嬴。正是她导致了王子建的流亡和伍子胥的丧家。伍子胥怂恿吴国贵族奸淫秦赢。母后都是这种处理，其余的楚国妇女，就可想而知。大抵是吴国的王，入住于王宫；吴国的卿入住于楚国的卿的家中；吴国的大夫入住楚国的大夫家中；吴国的士入住于楚国的士家中。都把自己当成是主人家，享受家一般的温暖。与家稍有不同：这里的老婆，可以强令其做任何事，还可以于享受之后杀死。据说国民党军官从南京败走重庆，后又重新回到南京、上海。回去的时候，对汪精卫的伪政权官僚的家属，就采取了与此类似的方式。号为"接收"，意为接受投降。战胜者之中有别有怀抱的人物，那就是伍子胥。为报父仇，伍子胥将楚平王的尸身从坟墓之中挖出，施以鞭刑。此事流传千古，为快意恩仇的典范……

伍子胥此举，成为儒教千年争议的话题：

有人认为，他的父兄被杀，只身流亡，已是亡家。他本是楚王后裔。然而，为报父仇，他灭了祖国。是为亡国。他既失去了家，又失去了国，其灵魂不再有儒教的归宿。所以，报仇之后，伍子胥泛舟而去，隐居江湖，不再居于人类社会。然而，那是正统御用文人的观点，并不为民间所认为。伍子胥快意恩仇的行为，为民间所称道。就是当代的武侠小说，也深受伍子胥快意恩仇的影响。俗话说"冤冤相报何时了"。快意恩仇必然得到这种失去一切的结局。笔者学的是经术，求的是正义。不能只记快意恩仇，不辨是非。按《公羊传》的评论：

家小于国。若出于大义而报父仇，就可取。若不是出于大义而报父仇，其行为犹如不识礼仪的禽兽，不可取。人与人的相处，应当是彼此团结、协作。作为人，其武力应当用于保护人类，而不是用于屠杀人类。若以冤冤相报，将永无终结。唯有以大义约束，方才是正解。

且说楚昭王至随国之后，吴军进逼随国，向随国索要楚昭王。随国方面，听说吴军军纪不整，入郢之后，一味烧杀掳掠，奸淫妇女，所以感到吴军不能长久，就用一种不愠不火的口气，委婉推脱。与此同时，楚国贵族申包胥出使秦国，向秦国乞师。申包胥对秦国说：

> 吴为封豕长蛇。以荐食上国。虐即于楚。寡君失守社稷。
> 越在草莽。使下臣告急。曰。夷德无厌。若邻于君。疆场之患
> 也。逮吴之未定。君其取分焉。若楚之遂亡君之土也。若以君
> 灵抚之。世以事君。

译文：吴国就像是贪婪的巨猪、蟒蛇，想要吞食所有中原
国家。现在，它的凶残首先到我楚国，让我的君主失守于社
稷，流亡于外。我的君主让我来告急，说：吴国这样的夷狄国
家是不会满足的，它就要灭了我楚国，与你秦国为邻国。请你
趁吴国还没有完全吞并楚国，赶紧来抢占楚国土地。晚了，就
让吴国占完，就没有秦国的分了！这就仿佛是吴国抢占了你秦
国的土地一般！要是你能够对我楚国好，安抚我楚国，那我们
将世世代代侍奉你秦国。

秦国伯爵派人推辞说：
"我知道了。你先到宾馆，我们商量好了给你答复。"
申包胥对答说：
"我的君主还在宗庙之外的草莽之中，我怎敢安心下
榻？"
申包胥站在旅馆院子的墙边哭泣，哭声日夜不绝，不吃也
不喝。七天后，秦哀公感动了，唱起秦风《无衣》，决心出
兵。骈文有"申包胥之顿地，碎之以首"，说的就是此事。
吴国用比中原国家更加野蛮的方式对待楚国，被后世儒生
称为丧德。算起来，吴国的祖宗乃是周部落的嫡出长子，并且
有让国的贤举。吴国做出这样的事情，在当时来讲，似乎是文
明社会都为之齿冷。其实，当时的中原国家，比吴国文明不了
多少。只不过，自己以正统自居，总要寻出点理由。楚国接下
来结果如何呢？且看下回。

正闰第八十二回

三叹喻君子之心　鼎刑反被庐之蔻

　　上回说到，吴军攻入郢都，楚国贵族闻风而逃。当时，楚昭王命鍼尹固阻击吴军。鍼尹固一时召集不起太多的队伍，就将南方部落进贡的二三十只大象组织成象阵，用做先锋。大象平常价不曾参加军训，不愿充当先锋。鍼尹固想出个办法：

　　在大象的尾巴上系上火把。发起冲锋的时候，点燃火把。动物都怕火。在火的威胁之下，大象拼命往前冲。吴军见到如此庞然大物，先就慌了神。大象冲击之下，战车被掀翻，甲士被踏死。就算有长戈，因大象太高，也刺不到要害。就算有硬箭，因大象肉厚，也射不到内脏。纵然是射到眼睛之类的要害，反倒是激起大象的兽性，让它踏死更多的吴军士兵。纵然是将其击毙，倒下之后，也压死很多人……

　　在象阵的阻击下，楚昭王得以顺利渡过沮水。郢都被吴军占领，楚昭王不敢回去，一路北逃。此时，楚昭王身边只剩下数十人。一天夜里，楚昭王一行露宿于野外，受到一帮流寇的偷袭。强盗举戈扎向楚昭王时，王孙由于察觉到情况，俯身到楚昭王身上，替楚昭王挨了一戈。众人从睡梦中惊起逃亡。楚昭王之妹季芈穿着亵衣从地铺上爬起。情急之中，钟建顾不得男女有别，背起她就跑。受此惊吓之后，楚昭王逃到边远的郧国。郧国在什么地方呢？就是当今襄樊西北、汉水之上的郧县。郧县是鬬氏的封地。楚庄王灭若敖族人后，让箴尹克黄延续鬬氏家业。家业传至箴尹克黄之孙鬬韦龟，受封于郧县，号为郧公。鬬韦龟传其子鬬成然。鬬成然传其子鬬辛。楚灵王年代，剥夺鬬氏封地，故而鬬成然参加反对楚灵王的革命。楚平王即位后，恩将仇报，于春秋 195 年处理了鬬氏、养氏。考虑到若敖族人势大，故而又重封鬬成然之子鬬辛为郧公。冤家路窄。至此，楚昭王落难至郧。鬬辛之弟鬬怀说：

"平王杀死了我们的父亲。现在天道循环，平王的儿子落到我们手里。这是上天给我们报仇的机会！"

鬬辛说：

"且不说他是君，我是臣。就是普通人落难，也该存怜悯之心，不好趁机落井下石。弑君乃是族灭之罪，为天下所不容。再提报仇二字，我要杀了你！"

话虽是如此，鬬氏族人大都想要报仇。鬬辛拗不过群情，护送楚昭王东逃至随国。随国又在什么地方呢？就是春秋初期的随国，地方在当今湖北随县。终结六朝的隋朝，就是借用随国的国号。随国在中原南界，不像郧县那样位置偏僻。所以，很快吴军就闻风而至，要求随国君主交出楚昭王。吴国使者说：

"你、我都姓姬，而楚国姓芈。楚国历来与姬姓为敌，以灭姬姓为理想。早先，汉水一带，姬姓国家不计其数。如今都到哪里去了？都是被楚国给灭了。你为什么要向着外人？只要你交出楚国君主，我王说：汉水以北的土地都归随国。"

随国自楚武王年代就臣服于楚国，至此已经两百年。这两百年以来，随国都是楚国附庸。如今突然出了个吴国，一举灭了楚国。这让随国一时间回不过神来。随国内部，对此进行讨论。会议上众说纷纭，首鼠两端。随国的犹豫，让寄身于随国的楚昭王感到自己成了别人争夺的食物，议价的标的。楚昭王组织身边的心腹商议。楚昭王庶兄子期长相与楚昭王很像。子期建议：

由我冒充王留于此；王赶紧离开随，另求善地。

事关重大。楚昭王对此进行卜。卜的结果不吉。再议，定计为：

由子期冒充楚昭王应付吴国。楚昭王本人暂时并不出逃，而是相机行事。

吴国与楚国之间是敌国，所以吴国使者不曾亲见楚昭王。这让子期得以瞒过吴国使者。随国每年都上贡于楚国，于觐见楚昭王的同时，也见过子期，所以能够分辨楚昭王与子期长相上的细微差别。楚国一行请随国拒绝吴国的要求，保护楚昭王。随国方面没见到楚昭王本人，不愿做任何承诺。随国贵族说：

"场面之上，吴国人提出同姓之谊，让我国君主很难堪。我国只认楚王，不认吴王，所以冒着亡国的危险与吴国周旋。然而，见不到楚王，我国君主怎能心安？若要盟誓，我国君主只与楚王本人盟誓。"

当时，吴国已经攻下郢都，所以，随国内部亲吴的势力也很盛。楚昭王不敢公开与随国君主盟誓，说：

"请贵国派大使来此，我当着大使歃血起誓。再将用于神灵的牲送到贵国君主那里。那就与共同起誓是一般。"

随国使者到楚昭王帐中。楚昭王当场解开子期的衣服，于子期的胸上开刀取血，抹血于唇，歃血于简书。之后，命子期再到随国君主那里，由随国君主再划子期一刀，进行相同的盟誓。这个做法，相当于让子期充当祭祀之中的牲。盟誓的时间、地点虽有不同，盟誓中最重要的牲血，却都是出自子期胸口。后世的历史中，出现过相同的情况：危急之中无法进行正式的盟誓，就效仿楚昭王这个做法，以人为牲。

当时，随国看吴国贵族进入郢都之后只知道杀人、强奸，明显成不了气候，所以就接受了这种变通的盟誓，拥护楚昭王，回绝吴国使者。

却说沈尹戌按计划绕出北方，到达淮汭。风闻囊瓦已经败于柏举，沈尹戌只好放弃偷袭吴军水师的计划，南下救助囊瓦。沈尹戌赶到雍澨的时候，夫槩王刚刚在这里打败了囊瓦的部队。沈尹戌偷袭雍澨，取得成功。然而，他遭到士气正旺的吴军包围。沈尹戌身先士卒，几次战斗都受伤。眼看大势已去，他对自己的亲信说：

"我受楚王重恩，立志以死相报。然而，令尹不用我计，致有此败。我不能报复阖庐，虽死犹恨！如果让阖庐得到我的尸身，势必再遭污辱。你割下我的人头去见楚王，一则让我免受阖庐的污辱，再则也向天下人表明我以死报答楚王的心！"

春秋 218 年夏，趁吴军主力不在国中，越国军队攻入吴都苏州。同时，申包胥率领秦军大败夫槩王于沂。此时，楚国大部分地方不知道楚昭王的下落。楚昭王的叔叔子西打出王的旗号，统领残余的楚军与吴军战斗。夫槩王战败之后率军回苏州，赶走越军之后，夫槩王自立为吴王，并且率军重返楚境，进攻阖庐。一则因为楚国的援军到达，再则因为吴国后院起火，吴、楚之间的力量对比出现戏剧性的变化。阖庐与秦、楚联军战斗，互有胜负。楚军于麇发起火攻，取得转折性胜利，之后又接连战胜阖庐。阖庐几头受逼，只好率军回苏州。回国之后，阖庐打败夫槩王。夫槩王逃奔楚国。

楚国方面，楚昭王回到郢都，重建国家。楚昭王曲法申恩，既往不咎，起用贤臣，加强防守。在他逃亡之中、准备渡河的时候，蓝尹亹有船，却用来渡自己的家人，不管楚昭王。反正之后，楚昭王想要杀蓝尹亹。有人说：

"在你逃亡的时候，楚国大多数官员都只顾保自己的命，并没有多少人追随于你。如果处理蓝尹亹，会让许多当时只顾自己的人生出疑惧"。

于是，楚昭王放过蓝尹亹，甚至连曾经称王的子西，也都不予处理。钟建与季芈曾经有肌肤之亲。楚昭王干脆将季芈嫁给他。楚昭王又重赏鬬辛、鬬怀。有人说：

"鬬辛有护驾之功，当然应当赏。鬬怀想要杀你，你为何还要赏他？"

楚昭王说：

"他们两兄弟，哥哥讲的是忠；弟弟讲的是孝。忠和孝都应当赏。"

经此一役，楚国虽然灭而重建，却已经元气大伤。从此以后，楚国再也不敢奢望进取中原的理想，并且永远地丧失南方霸主的地位。直到战国中期，吴、越都已经灭亡，楚国才重新收复失地，恢复到早先的规模。

楚国的霸权，是突然终止；而晋国的霸权，则是缓慢丧失。值得注意的是：晋国的丧失霸权并不是因为国力减弱。直到战国初期，晋国已经分裂为赵、魏、韩。赵、魏、韩仍然是中原最强大的三个国家。实际上，在晋国丧失霸权的过程之中，晋国的国力仍然在进一步加强。只不过，权臣一心培养自家的势力，不愿意为晋国君主系出力。

赵氏，早在赵盾的年代就已经挟持君主，权倾内外。后来虽遭到族灭，却由赵氏孤儿赵武重振家声。赵武的家族曾经遭受族灭，就更加致力于维护赵氏家业。他与屈建达成宋之盟，终结了近百年的晋、楚争霸。对晋国的国家体面而言，赵武于盟誓之中屈居第二，牺牲了晋国的声威；就赵武个人而言，全中原的人都感激他，说他为了达成和解，为了中原人民不再遭受战争之苦，忍辱负重，有谦让的美德。从此以后，赵氏扬名于天下，其势力坚不可摧、牢不可破。

韩氏的韩厥寿命较长。他很早就进入政坛，却直到晋悼公年代，才被用作对抗栾氏、中行氏的棋子，得到重用，崛起为第一大夫。韩厥做上第一大夫时已经老迈，所以在位时间不长。其子韩起论资排辈，于春秋182年接替赵武成为第一大夫。韩起也比较长寿，居于第一大夫之职长达28年，直到春秋209年才去世。韩起执政28年，奠定了韩氏的家业。

接替韩起的，是魏舒。魏氏的祖宗，乃是体力过人的魏犨。晋悼公年代，魏犨之孙魏绛成为晋悼公的教师，进入晋国权力的核心层。魏绛的继承人，就是魏舒。魏氏崛起的同时，其他世族灭亡。什么世族呢？就是祁氏和羊舌氏。这两个家族当初作为晋悼公的心腹，被安排到中军充当军尉，监察第一大夫。这种身份，实际是君主为了限制权臣而安插的类似间谍的忠实走狗，尤其为晋国世族所痛恨。正是因为这种身份，叔向不得不处理自己的亲弟弟。

祁奚传其子祁午。祁午传其子祁盈。所谓富不过三代，到祁盈的时候，祁氏遭到族灭。祁盈之弟祁胜，阴有夺嫡之心。为了建立自己的势力，祁胜结交祁氏的管家邬臧。祁胜与邬臧交好，亲如一家。怎样亲如一家呢？邬臧不在的时候，祁胜到邬臧家中，把自己当成是邬臧，不光代替邬臧祭祀祖宗，代替邬臧决定邬氏的重大事情，还代替邬臧行丈夫的职责，睡邬臧的老婆。祁胜不在家的时候，邬臧到祁胜家，也是一般。二人勾搭到如此地步，让祁盈不得不警觉起来。春秋 209 年夏，祁盈抓捕祁胜、邬臧。

祁胜为了谋求家业，还结交了知氏的知跞。于囚禁之中，祁胜派人带上重礼，求助于知跞。知跞何许人呢？早先，知氏的知䓨曾经被楚国俘虏，成为楚共王的娈童。在申公巫臣追求夏姬的计谋之中，知䓨被用来交换连尹襄老的尸身，得以回国。回国后，知䓨做上了第一大夫。知䓨传其子知盈。知盈传其子知跞。此前的春秋 197 年，晋昭公去世。此时的晋国君主，是晋昭公之子晋顷公。知跞得了祁胜的好处，对晋顷公说：

"自平公以来，我国大夫越来越飞扬跋扈。对外出卖国家利益，对内僭夺君权。家臣在其封地之内，俨然君父。封地之内，只知有家长，不知有国君。若不打压，晋国将呈国中有国之势。

"现在，祁盈与其家人之间出现矛盾。正好由你选立新的家长，重塑权威。"

晋顷公觉得有理，就下令将祁盈逮捕。罪名，就是说没有通知晋国国君，就擅自处理晋国贵族，故而谳成藐视君主之罪。祁氏家中，祁盈的心腹计议对策，以为：

"主人此番凶多吉少。以我等的势力，不可能搭救。如果拖延下去，会让他们包围我家，救出祁胜。祁胜被放出去，势必成为家长。等他做了家长，我们死无葬身之地！不如杀死祁胜、邬臧。那样，纵然主人被杀，也算为主人报了仇。"

祁胜、邬臧被杀死于祁氏家中。

祁氏家中出现变故，让晋国的其他世族看到其中的好处。赵氏、韩氏、魏氏、知氏等撇开晋顷公，私下计议之后，上奏于朝廷：

"祁氏、羊舌氏结党营私，藐视君上。其家中有忠君爱国之士，遭到秘密杀害。我等愿讨伐祁氏，以正朝廷纲维！"

这几家人的势力，占据了晋国的一大半。他们商议的决议，晋顷公不得不允。四家联军进讨，灭了祁氏、羊舌氏。四家派兵占领了祁氏、羊舌氏的封地，却假装将其归还公家，请晋顷公发落。

祁氏家中出事，何以牵连到羊舌氏呢？前面曾经提到，祁氏、羊舌氏于发迹之初就是一个做中军尉、一个做中军尉副手。后来，羊舌虎结党于栾盈，叔向受到牵连，祁奚搭救了叔向。祁氏与羊舌氏，身世相同，利益攸关；处理一家，必然牵连另一家。偏偏羊舌氏家中，又一再出事，弄得人丁稀少。正好趁机一并处理。

早先，羊舌职一生四子：伯华、叔向、叔虎、叔鱼。伯华早逝，叔向继承家业。叔虎因栾盈一案遭到族灭。叔鱼又因邢侯、雍子一案遭到族灭。家中的男人，只剩下叔向一人。叔向命薄，一直都没有儿子。当时，晋平公体谅手下，亲自主婚，为叔向选取美女为妻。所选的女人，乃是夏姬的女儿。不料，叔向的母亲却出面阻止此事。她说：

"你可以娶她家的家臣的女儿，不要娶她的女儿。早先，你的父亲为美色所诱惑，娶艳妻，生下叔虎。叔虎遗传了美色，长得漂亮，所以才与栾氏勾结，给我家弄出祸事来。这个夏姬，天生就是个祸胎。她克死了三个丈夫，克死了自己的亲生儿子，还葬送了陈国。她的女儿，生性、气质与她一样，也是个祸胎。

"诗云：哲妇倾城。你为美色所迷，必有大祸。传说上古有仍氏生女，长得特别美貌。旺盛的生命力，让她的头发油亮得可以照出人影，所以号为玄妻。夔娶了玄妻，与之生下伯封。此子遗传了玄妻的旺盛生命力，却变异成另一种状态：他体形壮大，欲望特别强，性格贪得无厌。人们都不叫他伯封，而称其为封豕。有穷部落的羿到中原后，看不惯伯封，灭了夔的部落。自那以后，夏的妹喜、商的妲己、周的褒姒，哪一个不是旷世美女，哪一个不是祸胎？"

叔向说：

"我知道这些道理。然而，我中年无子，身后无望。家中的女人，都生不出儿子。或许上天正是要让这种美女来为我生子。更何况，君主亲自主婚，我怎好拒绝？"

夏姬的女儿果然为叔向生下儿子。此子出生之时，哭声就特别洪亮。叔向深恐母亲的预言成为现实，为其起名为"食我"。那意思是：

让他来吃掉我羊舌氏的家业。

这是国人起名时常用的反其意而用之。好比有人为儿子起名"狗剩"，字面意思是"连狗都不吃的东西"，实际则寄托了其父希望其长寿、发达的愿望。叔向得子，让晋平公也甚感得意。食我刚出世，晋平公就赐予封地。这封地名叫杨。故而此子号为"杨食我"。杨食我健康成长，长得比普通人更加高大、更加漂亮。只是，夏姬的女儿也只生下他一人，杨食我成了独根苗。叔向去世之后，杨食我继承家业。赶上祁氏出事，其他世族看羊舌氏家中仅有这一个男人，便于处理，就趁机灭了羊舌氏。

就在这一年秋天，第一大夫韩起去世。晋国世族公推魏氏的魏舒出任第一大夫。魏舒上任之后，第一件事情，就是瓜分祁氏、羊舌氏的家业。此前，四家将攻取的祁氏、羊舌氏的封地归还公家。至此时，魏舒提出将这些土地划分为直属于朝廷的十个县，由朝廷直辖。名目上，是土地回归于君主系；实际上，却由魏舒主持，安插十个县大夫主管这些地方。

祁氏土地划分为七个县：

邬、祁、平陵、梗阳、涂水、马首、盂。

羊舌氏土地划分为三个县：

铜鞮、平阳、杨。

　　上述地方，在当今的山西省中部，与当今的太原、吕梁、晋中三市大致重合，地理范围北起阳曲，南至祁县，西至吕梁山，东至左权。祁氏、羊舌氏仅是晋国的二流贵族，就有如此广阔的封地，其他的豪族，其势力就可想而知。安插的县大夫分别是：

　　士弥牟出任邬大夫。此人乃是士蒍之后。早先，士会有个弟弟名叫士渥浊。士会回到晋国得到重用，士渥浊随之发达。士渥浊另建一房。士渥浊传其子士弱。士弱传其子士文伯。士文伯传其子士弥牟。士弥牟官居司马，故而号为司马弥牟。早先，士弥牟结交韩起，其事迹前文有叙。

　　贾辛出任祁大夫。此人出自晋国没落贵族贾氏。其祖宗贾华，是早先的太子申生的党羽，早在晋惠公年代就遭到处理。至此，他的家背时倒运已经长达一百多年。

　　司马乌出任平陵大夫。

　　魏戊出任梗阳大夫。此人是魏舒的庶子。

　　知徐吾出任涂水大夫。此人是知盈之孙。

　　韩固出任马首大夫。此人是韩起之孙。

　　孟丙出任盂大夫。

　　乐霄出任铜鞮大夫。

　　赵朝出任平阳大夫。此人出自赵氏。

　　僚安出任杨大夫。

　　以上任命，继承并发展了赵盾的思想：

　　赵盾为了发展世族的权势，设立公族、馀子、公行。这三个职务，用于在位的卿的儿子。而魏舒的这一番任命，则是于各个卿的家族之中选取代表，晋级为县大夫。战国初期，晋国被赵、魏、韩三国取代，就是因为自赵盾专权以来，晋国的世族不断地发展其势力。不同的世族之间，存在你死我活的斗争。但是，每当面对君主系的时候，不同的世族都团结起来，共同争取世族的利益。对于这一次任命，晋国众卿商议出统一的两条潜规则：

　　其一，各家都不安插自己的子弟，而是从各家的偏房之中选取比较能干的一个。

其二，考虑到晋国任人唯贤的传统，也留出少数位子，选取功臣。

读者注意：中国特色的选人，一般采取内定的方式。所谓内定，也有一定的规则。这个规则，往大里说，号为"外儒内法"。具体究竟如何？这十个县大夫的任命，就是实例。

且说当时，规则虽定成这样，却没有完全照规则选人。魏舒以第一大夫的职权，违背这一规则：

其他家族都按规则推举出偏房的人；只有魏氏，推举出魏舒的亲生儿子魏戊。

自己主持的会议定下的规矩，要求别人遵守，自己却不遵守。这是中国特色的"内定"的特色。且说当时，魏舒也担心别人说闲话，假意于会议上推脱：

"大家说好的，都不安排自己的儿子。戊是我的儿子，怎能出任梗阳大夫？"

然而，有人出于巴结第一大夫的目的，站出来争辩：

"戊的贤德，晋国所共知。魏氏偏房之中，没有出色的人才。就算有，我们也不了解。选人不于熟知的人之中选取，难道去选全不知情的陌生人？武王封建诸侯，其中兄弟十五人，姬姓四十人。但凡是人才，何患亲疏？"

第一条弄成这样；第二条又是如何呢？春秋 203 年，因王子猛与王子朝争夺王位，晋国命籍谈、知跞出兵周朝。当时，贾辛、司马乌随军出战，于战斗之中表现勇敢，建有军功。任命贾辛、司马乌，算是褒奖功臣。读者会问：考评勤王之功，理当奖赏籍谈、知跞。何以不任命籍谈、知跞呢？表面上，这是因为籍谈、知跞分别是籍氏、知氏的继承人，根据第一条规则，应当排除在外；实际上，这是魏舒以此扶植自己的党羽。情况如下：

内定贾辛之前，魏舒召见贾辛，故意开玩笑说：

"你姓贾，且听我讲一个姓贾的大夫的故事。早先，有个姓贾的大夫，相貌长得很丑，却娶了个特别漂亮的老婆。老婆嫁给她三年，从来不给他一个笑脸，从来不与他说一句话。后来，他带着老婆出去打猎。猎场上，他一箭射下天空中的大雁，老婆才开颜一笑。可见，要得别人赏识，总需要拿出点本事给人家看。

"我原本不认识你。你在出兵周朝的时候显示出武艺，才让我知道你这个人。如今我举荐你做祁县大夫，你可不要让别人说我看错了人！"

这种话，摆明了是要贾辛表明政治立场。贾辛虽是以军功得官，却不得不表示感谢：

"小人犹如粪土泥尘，被推举到华茵朝堂。周朝之战，比我勇敢的战士甚多。大人专选小人，实乃天覆地载之恩，敢不舍命以报！"

受到栽培的魏氏党羽又怎样报答呢？情况如下：

且说魏戊到梗阳走马上任，遇到一件民事案件。案中牵涉当地的一个豪族。从名义上讲，晋国的县犹如汉朝的郡，隶属于晋国朝廷。县上发生的案件，理当上报于朝廷。实际上，对十个县的县大夫的任命，是各大家族瓜分晋国土地。新上任的县大夫，将自己主管的地方视为家族内部的福利，遇事只上报于家族的族长。魏戊因特批而成为梗阳大夫，担心别人说闲话，故意将此案件上报于朝廷。朝廷是由魏舒主持政权。此举实际仍然是上报于族长。

案件中牵涉的豪族色贿于魏舒，送给魏舒一对双胞胎歌女。歌女不光长得漂亮、歌喉婉转温润，尤其难得的是二女长得一模一样。魏舒于听歌之余，左拥右抱。左面是一张年轻漂亮的脸，右面竟然是完全相同的另一张漂亮脸蛋。如此奇趣，自然乐此不疲。当然，案件的裁判，因此就不那么公允。魏戊听说此事，深感此事为主人的盛德之累，纠集起魏氏的另外两个心腹，一个叫阎没、一个叫女宽，三人伺机进谏。三人于朝拜魏舒之后，立于天井之中，故意不离去。魏舒以为他们已经离去，下令摆饭。刚想要命那对双胞胎前来唱歌侑觞，猛抬头看见三人还在天井中，就叫三人进来一起用餐。按贵族世家的排场，吃饭的时候必须有歌舞和音乐；所以双胞胎歌女参与侍宴。二女于才艺表演之后，一左一右偎魏舒身边，为魏舒斟酒、布菜。调笑戏谑之中，放浪形迹，就有点不拘小节。魏舒在女人身上乱摸，女人则直接用自己的嘴来喂魏舒酒菜。魏戊、阎没、女宽三人，不敢直接进谏，而是在吃饭的过程中，三次同时叹气。魏舒正在兴头上，觉得败兴，就问：

"俗话说：唯食忘忧。吃饭的时候，有什么好叹气的呢？"

阎没应答说：

"我等小人，平常家哪有机会赴宴？因为今天有机会拜见你，我们昨天就没有吃夜饭！主人你招呼我们进来吃饭时，因为饿得发昏，我们担心上的饭菜不够我们吃，所以就叹气。

"等到菜上齐时，看到如此地丰盛，我们就责怪自己：将军请客，哪有不够吃的道理？于是，我们再次叹气！

"吃完之后，我们的肚子完全填饱。我们想：君子的心，就犹如我们这起小人的肚子。只不过，我们求的是肚子的饱足，主人求的美德的饱足。主人如此善待下人，美德必将流传于天下，岂是那不知饱足的人？为此，原本想要进谏的话，就都不必再说！因此，第三次感叹！"

魏舒原本沉湎于酒色之中。听了这话，一时间有点回不过神：

我请他们吃这顿饭，有什么美德流传呢？有什么进谏，何不直说呢？

转念一想，才想起：

他们请安之后故意不离去，显然是欲言又止。是了。他们的进谏，必是指的这两个女人。他们不敢直说我的荒淫，故意将荒淫反说成"美德"。

以上就是著名的"以小人之腹为君子之心"的故事。三人变着方法进谏，是担心魏舒得个受贿之名。三人为何如此关心魏舒的名声呢？只因他们是魏舒的党羽。魏舒要是出了事，他们也脱不了干系。

　　在手下党羽的匡扶之下，魏舒致力于政治。此时，晋国的一件看起来不起眼的小事，有着深远的政治意义。

　　春秋 210 年，赵鞅、中行寅共议铸刑鼎，此事意义非凡。有什么意义呢？首先，是这鼎的材质。此鼎首次用铁铸成。为我国历史上关于使用铁器的最早记载。其次，铸此鼎的目的，是用鼎上的铭文公示一种法令。这法令，则是由范氏的范匄创立的刑法。因此，这鼎号为刑鼎。刑鼎上的刑法的宗旨，取自于春秋 102 年的夷之蒐。刑鼎所载的法律公开施行，改变了晋国治国思想。关于这种改变，又要从更早的被庐之蒐说起：

　　春秋 90 年，晋文公蒐于被庐，任命晋国权臣、将领。当时，晋文公从流亡之后回国为君，需要笼络人心。晋文公想要在短时间之内称霸，特别需要人才。为此，被庐之蒐故意压制晋文公的亲信，以整个晋国的贵族为海选的基础，于更大的范围内选拔任用官员。在这个指导思想下，第一大夫由晋国公认的人才郤縠出任。晋文公开创了晋国的霸主地位。后世的晋国朝廷遵奉晋文公的做法，于选拔官员的时候，相当程度地考虑人的才华，不像其他国家那样只管出身。正是因为有这个传统，士会虽然曾经叛国，却被召回并予以重用。知罃虽然曾经做别人的娈童，也做到第一大夫。赵武的祖父赵盾有弑君、专权之罪，也能够出任第一大夫。这些选择，其选择范围虽然不如被庐之蒐的广泛，却因遵从被庐之蒐的传统，考虑了才华的因素。也是因为这个传统，只知道贪玩的晋灵公被废，远房的晋悼公得以登上君主位。可以说，晋国的兴盛，晋国之所以长期做中原盟主，很大程度上是因为被庐之蒐立下了任人唯贤的规矩。

　　春秋 102 年的夷之蒐，晋襄公原本要遵从被庐之蒐的传统，大胆起用人才。然而，晋襄公去世，赵盾专权，此事的结果，是由狐氏、赵氏世袭高位。之后，赵盾创立公族大夫，强化世族世袭的规则。可以说，夷之蒐的宗旨，就是世族世袭。范匄其人，是一个孔丘之类的人物，想要留下点东西来影响后世。他预见到晋国的世族必将越来越强，晋国有一天会需要一种强调世族世袭的规则，所以自制了一部书。这部书的内容，是以法律的形式来保证晋国世族的权势。这样的书，当然得到世族的推崇。在世族的推崇下，范匄被视为难得的人才。他的著作在晋国越传越广。至此春秋210年，这本书的内容被铸于刑鼎，以法令的形式公示于天下。铸刑鼎以法律的形式保证晋国世族的权力。由此，权臣的权利有了法律的支持，渐渐深入人心。晋国君主系因此被世族架空，丧失主权。此后的晋国内部的斗争，都发生于世族之间，晋国君主无力参与其中。此乃铸刑鼎的深远意义。就当时而言，铸刑鼎埋下了范氏灭亡的种子。其他世族看到范氏的书成了法律，对范氏更加忌惮，结伙对付范氏。范氏一族，自士匄以来，就以谦让为家训。就是铸刑鼎，也是赵氏、中行氏所为，并非范鞅故意表彰祖宗。范匄因为此书而"立言"，从此可以不朽。但他的后人，却因此而早一步灭亡。

晋国在"新规则"的影响下涌现出各种各样的人才。就是此前对于贾辛的任命，那也是依据"新规则"的传统。刑鼎以法律的形式保障世族的权利，任人唯贤的"新规则"遂成绝唱。从此以后的中国史，往往于一朝即将灭亡，新朝即将诞生的时候，能够采用"新规则"；却再也没有哪个朝代，能够把以才华选人作为国策，运用于权臣、甚至是君主的选拔。纵然是战国时候，各国为了富强，纷纷起用各种民间人才，那也只是视人才为工具——没有哪国君主愿意真正将权力出让给人才。

春秋211年，晋顷公去世。此时，晋国已经不是盟主。国际上只有郑国派出使者赴新绛吊唁。相关情况，下回再叙。

并列第八十三回

师旷止靡靡之音　祝佗诵践土之盟

上回说到，晋顷公去世，郑国派出使者吊唁。去的使者，是郑国正卿子太叔。魏舒派人诘问子太叔：

"早先，我国悼公去世，贵国由正卿子西来吊唁，由六卿之一的子蟜送葬。现在，怎么你一人来呢？"

子太叔明知此时的晋国已经不是盟主，却从盟主说起：

"诸侯认晋国为盟主，依据的，无非是周礼。按周礼，若是诸侯国有丧事，应当由士吊唁，由大夫送葬。只有针对特别友好的国家，或者关系到用兵，才会让卿出面。悼公之丧，我国考虑到晋、郑之间特别友好的关系，另委卿送葬。大国之所以为大国，那就是宽宏大量：对于特别地尊敬，表示赞许：对于小国因国力不及而失礼的地方，也能够原谅。早先，周灵王去世时，我国的君主简公正好在楚国。国中一时筹措不出人手，让印段出面吊唁。印段是我国六卿之中最年轻的一个。此事，周朝并没有指责。那是周朝考虑到我们小国的难处。现在你说一切照旧。旧例有丰有俭，不知该依从哪一种。如果说从丰，那必是我国君主。然而我国君主年幼，连礼服穿起来，都还不那么称身。揖让鞠躬之际，恐失检点。如果说从俭，那我正是从俭而来，更不知大国从何说起！"

这一番话，连挖苦带揶揄，说得魏舒哑口无言。好不容易有一个前来尊敬晋国的诸侯，又怎好过多指责？此时已经不是盟主，哪还能强撑盟主的门面？

这子太叔何时成为郑国正卿呢？笔者以"反"的格式，追溯往事。春秋201年，子产去世。早先，子产作为穆公族人之中比较弱的一房，出来主持郑国国事，不得不团结同样比较弱势的游氏。所以，一直以来，子产一心栽培子太叔，视子太叔为自己的接班人。临死之前，子产将国家托付给子太叔，说：

"我已经疏通好各方面关系，内定你为接替我的正卿。其他方面，我都可以放心，就是还有一点，你要注意：

"治国的大政，最高境界是用宽的政策。然而，那需要施政者已经能够服众，已经得到人民的爱戴。没有这个先决条件，最好用猛的政策。猛政如火。人们望而畏之，避之唯恐不及，所以很少有人被火烧死。宽政如水。水看起来很柔弱，所以人们靠近它，玩耍它。结果很多人溺水而亡。"

子太叔继任后，不忍对庶民太残忍，施政、执法比较宽松。结果郑国因此产生出对抗于朝廷的黑社会，盘踞于山林薮泽，杀人越货，为非作歹。子太叔这才想起子产的遗言，赶紧组织军队剿杀土匪。对于子产这个遗言，孔子发出议论：

善哉！政宽，则民慢。慢，则纠之以猛。猛，则民残。残，则施之以宽。宽以济猛，猛以济宽，政是以和。《诗》曰："民亦劳止，汔可小康。惠此中国，以绥四方。"施之以宽也。"勿纵诡随，以谨无良。式遏寇虐，惨不畏明。"纠之以猛也。"柔远能迩，以定我王。"平之以和也。"不竞不絿，不刚不柔。布政优优，百禄是遒。"和之至也。

孔子的这个说法，被后世的统治者视为金科玉律。这个规则，大抵是先分析社会的民心。如果民心已经因为法律松弛而藐视国家政权，那就用严刑峻法。如果人民已经因严酷的统治而无法更好地生产、生活，那就用宽松的政策。

子产死的时候，孔子已经二十多岁。孔子仰慕子产。子产的死，让孔子为之哭泣，说："古之遗爱也。"孔子所称道的能臣，一个是子产，被他称作"遗爱"；另一个是叔向，被他称作"遗直"。因此，后世有不少的人以"遗爱"、"遗直"为名。唐朝名臣房玄龄的两个儿子，就分别叫：房遗爱、房遗直。

这个连孔子都仰慕的人物，确有许多值得称道的地方。春秋169年，子孔倒台，子产随之进入郑国权力核心。自那以后，子产执掌郑国政权长达三十年。他创建的类似于"内阁"的国家体制，让郑国处于天下争锋的焦点而长久不亡。在此之外，还有一些前面不曾叙及的事迹：

春秋199年，宋、卫、陈、郑四国发生大火灾。子产于组织救火的同时，担心国家因为灾害而崩溃，一方面组织祭祀，收拾人心；一方面派兵防守于边境，既防国人因此而流亡外国，又防外国趁此火灾进攻郑国。当时，郑国已经与晋国接壤。而郑国继承三驾以后的外交策略，与晋国为友好国家。晋国的边防部队看郑军如临大敌，派使者责问：

> 郑国有灾，晋君大夫不敢宁居，卜筮走望，不爱牲玉。郑之有灾，寡君之忧也。今执事然拥授兵登陴，将以谁罪？边人恐惧，不敢不告。

子产回复说：

"诚如你所言：我国的灾害，也让你国君主忧心。我国丧失天意，导致上天降灾。之所以进行防备，是怕有坏人趁机打主意，对我郑国不利。那岂不是又要加重你国君主的忧心？我国不进行防备，不造成我国灭亡，那还好说；要是因为不进行防备造成我国的灭亡，那时候，就算你国君主忧心，也来不及了。郑国事奉晋国，没有二心。"

春秋197年，郑国发生旱灾。按当时的习俗，派屠击、祝款、竖柎到桑山进行望祭。望祭的结果，并没有求来雨水。三人觉得桑山的神灵享用了自己献祭的东西，却不为自己办事，心中火起，就将桑山的大树全部砍伐。照他们的意思，这是对桑山施以髡刑。子产本是个唯物主义者，并不相信神灵。何况，三人砍树，乃是破坏生产的行为。于是，子产免去了这三人的官职。

春秋 194 年，晋昭公治兵于邾南，组织天下诸侯盟誓于平丘。郑国方面，由子产、子太叔辅佐郑定公参会。当时的旅店业远不如现代发达，贵族出国需要在野外地方搭建帐篷。子产及其随从搭建九顶帐篷。子太叔初出茅庐，不知体制，搭建起四十顶帐篷。他看自己的帐篷比上级还多，觉得不合适，就每天减少一些数量。到达平丘的时候，也减少到九顶帐篷。

春秋 191 年，晋悼公去世，诸侯都去参加葬礼。为了表示对盟主的特别尊敬，郑国执政上卿子皮准备起百两送币之礼。子产说：

"依我的意见，最好送玉器、彝器，既值钱，又好运输。如果送币，按礼制，要用一百辆车来装载礼物，一千人来护送。不要说其他，光是这一千人往返所需的费用，就要把车上的这点钱用完。排场倒是好看，这花销未免太大。"

子皮坚持要用古礼，用一百辆车来装丝绸。每辆车用十人护卫。每车之中却只装两匹丝绸。一百辆车形成很长的队伍，显出送礼的豪华阵容。这是什么讲究呢？这是源出周朝的高规格的送礼排场。西周时候，周朝很富强。周王嫁女，就是这个场面。只是，当时周王有钱，每辆车之中都装满了各种东西。《诗经》的《鹊巢》，记载了这场面：

维鹊有巢，维鸠居之。之子于归，百两御之。

子皮为了讨好盟主，用出西周的场面。然而，不出子产所料：一路上用车上的丝绸向沿途的人换取食物，用光了车上的两百匹丝绸。

子产为人性格刚直，于国际上强撑郑国的门面，于国内敢于处理豪强。然而，他之所以能够掌握职权，是因为他的穆公族人的身份。为此，他的政治立场，必须是维护穆公族人的利益。春秋 180 年，郑国内乱，马师羽颉逃奔晋国。子皮趁机让罕氏的公孙鉏担任马师。公孙鉏是子罕之子，算起来是子皮的叔叔。公孙鉏去世后，其子世袭为马师，是为罕朔。子皮执政之后，将政事都交给子产，自己过相尚以奢、相困以酒的生活，成天与族人饮酒作乐。酗酒往往导致斗殴。春秋 188 年，罕朔于酒后杀死了子皮的弟弟罕魋，然后逃奔晋国。当时，晋国的韩起负责任命官员。他不知道该给罕朔怎样的待遇，就知会于子产。子产说：

　　君之羁臣，苟得容以逃死，何位之敢择？卿违，从大夫之位。罪人以其罪降。古之制也。溯于敝邑，亚大夫也。其官，马师也。获戾而逃，唯执政所宾之。得免其死，为惠大矣。又敢求位？

　　译文：这是我国的逃难的人。他只想保命，哪敢对位子挑三拣四？如果一国的卿到另一国，就任命其为普通大夫。如果他本身有罪，就再降一级。这是自古以来任命外国人的规则。朔在我国，级别上是亚大夫，官位是马师。他犯罪而逃奔贵国，随你想怎样处置都行。只要能保他一条命，就是你的莫大恩惠。哪敢求官位？

　　韩起听这口气，子产有维护罕朔的意思。为了晋、郑友好，就只将罕朔降一级，由亚大夫降级为嬖大夫。此事流传到郑国，穆公族人都说子产识大体，没有给穆公族人丢脸。子皮方面，想到此事的起因是自己组织族人喝酒，自己也有责任，所以也不予计较。

　　子太叔继承了子产的位子，也继承了子产的治国思想。至春秋 217 年，一则因为蔡昭公请求晋国讨伐楚国，再则因为吴国阖庐请求晋国出兵声援吴军，晋国组织起周、晋、鲁、宋、蔡、卫、陈、郑、许、曹、莒、邾、顿、胡、滕、薛、杞、小邾、齐，大会于召陵，商议讨伐楚国之事。阵容做得特别浩大，其实会上没有形成什么决议。子太叔在赶往召陵的途中去世。按礼仪，子太叔的灵柩到达会场召陵。此时晋国的正卿，已经换成了赵鞅。赵鞅主持子太叔的葬礼，恸哭致辞：

黄父之会（春秋206年为周朝内乱而组织的会议），夫子语我九言：无始乱、无怙富、无恃宠、无违同、无敖礼、无骄能、无复怒、无谋非德、无犯非义……

照此看来，子太叔在国际上的名声，也相当不错。子太叔之于子产，犹如姜维之于诸葛亮。

召陵之会上，卫国与蔡国争夺座次。笔者先按下此事不表，补叙卫国的历史。

春秋188年，卫襄公去世。晋国趁此机会归还了戚，想以放弃第二卫国为条件，换取卫国对晋国的忠诚。卫国君主系于此时出现特殊情况：

卫襄公嫡夫人宣姜没有生下儿子。按当时的习俗，应当于庶出的儿子之中立最年长的一个。婤姶是卫襄公最宠爱的妾。卫襄公的长子名叫公孟絷。他是婤姶所生，然而先天跛足。儒教对于继承人的要求，与对于牲的要求类似。必须是身体健康，没有传染性疾病，没有先天残疾。在此情况下，就有人生出想法。卫国权臣孔烝鉏说：

"康叔（卫国始祖）托梦与我，说：立元，我让羁的孙子圉和史苟来辅佐他。"

羁何许人呢？就是孔烝鉏的儿子。圉是羁的孙子，算起来是孔烝鉏的曾孙。史苟何许人呢？是卫国另一权臣史朝的儿子。史朝又说：

"我也梦见康叔对我说：我要让你的儿子与孔烝鉏的曾孙圉来辅佐元。"

春秋183年，婤姶再生一子，其名为元。这个名，与上述的两个梦吻合。

　　读者会问：何以会有这么巧的事情？世界上的事情，如果巧合到让人无法理解的地步，那就需要考虑它并不是巧合，而是故意为之。如果它又涉及极大的利益关系，那就尤其是如此。孔氏、史氏于公孟絷出生之时，就生出控制卫国政权的心。孔氏、史氏为了自己的后代能够掌权，密谋编造出这样的梦话。梦话中说卫国先祖神灵要求孔氏、史氏辅佐元，那就是以神灵的名义保证孔氏、史氏做卫国的权臣。杜撰出梦境之后，孔氏、史氏将自己的子孙照这梦的说法起名，又动用自己的社会关系，与婤姶结盟，让婤姶的次子照梦里的说法起名。孔氏、史氏设计出的这种梦境，涉及的人物是儿孙，时间上预算到了春秋末期、战国初期；真可谓深谋远虑！儒教社会讲究千秋万代，所以才有这样的故事。西方人总觉得中国人遇事老谋深算，就是因为中国人考虑的不仅是自己个人的终身，还考虑到自己的后代。

　　要让孔氏、史氏成为权臣，需要先让元做上君主。为此，孔氏、史氏觉得用梦境来诠释天意尚嫌不足，又想到卜筮。之所以想到用"元"字为名，就与卜筮有关。当时的筮，是用周文王创作的《周易》。《周易》这本书里面，对于吉凶的评定，最大的吉，叫作"元亨利贞"，其次，才叫作"吉"。等到元出世，并且起名为元之后，孔烝鉏对元的命运进行筮。算来算去，最初的卦为《屯》。又由《屯》的第一爻转入《比》卦。按《周易》，《屯》总相为：

屯。元亨利贞。勿用有攸往。利建侯。

第一爻为：

初九，磐桓，利居贞，利建侯。

《比》全文为：

比。吉。原筮元永贞无咎。不宁方来，后夫凶。初六，有孚，比之无咎，有孚盈缶，终来有它，吉。六二，比之自内，贞吉。六三，比之匪人。六四，外比之，贞吉。九五，显比，王用三驱，失前禽，邑人不诫，吉。上六，比之无首，凶。

孔烝鉏筮出这个结果，担心骗不了天下人，就去找同谋史朝。史朝的说法倒也豁达、灵醒：

"算出来的第一卦就是《屯》。《屯》说元亨利贞，那意思就是说元这个人无往而不利。又说利建侯，那就是说他应当做诸侯。这还能有第二种解释？"

孔烝鉏说：

"按天意，确乎是这个意思。但是，元不是长子啊！"

史朝说：

"依照梦境，是我国始祖为他起的名。祖宗的旨意，可以违背么？祖宗要让他继承国家，管什么长子不长子！况且，挚是个残疾人，按规定不能进入宗庙。不能进入宗庙的人，是不作数的。早先，周武王起兵讨伐商纣，也都是用的梦境。立元为君，有什么可担心的？"

二人于朝堂上一唱一和，其他的人权势远不如二人，大抵都是唯唯诺诺。于是乎，卫国立元为太子，是为卫灵公。

卫灵公其人，虽然没有先天残疾，却有一种不太常见的嗜好。他喜欢一个名叫弥子瑕的男人，并且重用这个人，以至于后世流传出"断袖分桃"的典故。这些典故，大抵是穿凿附会，不可信。

卫灵公即位后，为答谢晋国归还戚，朝拜于晋平公。行至濮水的时候，卫灵公一行于河岸边歇息。此时，河上飘来一阵琴声，其韵律销魂蚀骨，令人沉醉。年仅六岁的卫灵公听得入迷，问身边的人：

"这是什么音乐？如此好听？"

卫国乐师师涓应答说：

"此地乃殷商故土，居民中有商王遗族。此曲源出酒池肉林，号为靡靡之音。"

卫灵公说：

"既是商王的乐曲，正好进献于盟主。你将它记下来，到晋国后献与盟主。"

师涓说：

"若是过耳即忘，岂能职为乐师？我已将此曲记入胸中，随时可以将它弹奏出来。"

在晋国接待卫灵公的筵席上，师涓琴写靡靡之音，满座的听众听得黯然伤神，不能自已，甚至有人为之抽泣。晋国乐师师旷上前抚住琴弦，制止演奏，说：

"此曲不可听！"

晋平公道：

"此曲只应天上有！如何反倒不可听？"

师旷道：

"但凡乐曲，出自于民风，亦能感化民风。时当治世，人民生活幸福，故而民风平安而快乐；时当乱世，人民流离失所，故而民风怨恨、愤怒；时当亡国、亡族，人民感念故国，故而民风包含悲哀和思念。此曲闻之令人心酸，实乃亡国之音。常听此曲，如饮醇酒，令人沉醉而不思进取，最终可致亡国。"

师旷乃是春秋第一著名的音乐家。他这话是否正确呢？笔者以后世的历史为例证：

隋朝灭陈，得陈叔宝的宫廷乐队。遗传到唐朝，宫中演奏陈朝的《玉树后庭花》。盖世英雄李世民听了此曲，说：

"上古《乐经》传说亡国之音哀以思，听之令人亡国。我听此曲，不过叙宫闱女眷的心思，与司马相如的《凤求凰》类似，哪至于就让人亡国？！陈叔宝为人懦弱，受制于女人，故有此曲流传。大凡音乐，写放人性。心悲者闻之而悲，心喜者闻之而喜。哪至于影响国运？"

皇帝发的评论，下面的人自然是谀辞如潮。都说李世民天赋圣明，更兼简在帝心，有无数神灵辅佐，岂是亡国之音所能左右？在这种情况下，李世民龙颜大悦，下令仿照上古的万舞，创制出大型舞剧《秦王破阵乐》。此剧写放李世民率军打仗的场景，属于乱世之音，很能振奋人心。

中国人信仰实用主义。对于历史文化，一时间看不到现实的用处，就不予重视。所以，靡靡之音、《玉树后庭花》《秦王破阵乐》全部失传。据说日本的能剧之中，还能看到些《秦王破阵乐》的影子。应了孔子的说法：史官失学，礼、乐散在四夷。

究竟音乐是否足以影响国运呢？能够影响。只不过，能够影响国运的音乐已经失传。那就是《诗经》所对应的音乐，它是六经之中的《乐经》的主要内容。按史书记载，《乐经》有以下使命：

采集民间音乐以洞察天下人的欲望和感情；又将采集来的音乐进行修正和完善，形成合乎天意的音乐；再将这经过加工的音乐传播于四方，以达到天下归心的效果。照这一理论，将国风升华成二雅，将二雅升华成三颂。

卫灵公的嫡母宣姜有一个情夫，是卫国公子，名叫公子朝。公子朝上烝国母，对先君大不敬，所以总担心遭到处理。这种被高贵的女人选中的男人，大抵长得高大漂亮，且年龄较小。按"为人后者为人子"的儒教伦理，卫灵公应当敬爱嫡母宣姜。卫灵公听到些宣姜与公子朝之间的事情，觉得那是平白地让一个比自己还年轻的男人做"假父"，让自己在朝廷上、在子民面前抬不起头。宣姜也知道卫灵公与弥子瑕之间的事情。二人之间，由误解致偏见，由偏见致分歧。人与人之间有了分歧，就会总往坏处想，越想越担心，越想越恐慌。卫灵公担心宣姜会废了自己，另立国君。宣姜则想到婳始。觉得此子毕竟不是自己亲生，会不会废了我，改立其亲生母亲？当时，卫灵公占有原本属于公孟絷的位子，心下有些愧疚，所以对自己的这个哥哥就有点放纵。他将国事托付给公孟絷，好让自己有更多的时间与弥子瑕谈情说爱。公孟絷脚虽然不健全，身体的其他部位却都正常，也像常人一样喜欢权势。公孟絷明知自己由于身体原因，与"贵"字已经无缘，就转而在"富"字上下功夫。他抢占别人的封地，收取封地上的物产。待到国家要收取这封地的赋税之时，又将封地退还给别人。由此，公孟挈树敌甚多，其中包括石豹（石碏、石厚的后人）、北宫喜、褚师圃。石豹等人寻求贵人相助，想到宣姜，故而与公子朝结盟。正当宣姜与卫灵公彼此分歧之际，就由公子朝出面代表宣姜，议成废立大计。此计的第一步，乃是谋杀公孟挈，断卫灵公的肱股。

石豹于公孟挈的身边安插间谍，以便随时掌握其动向。此人名叫宗鲁。谋杀行动之前，石豹对宗鲁说：

"我们动手那天，你不要跟着他，免得误伤了你。"

宗鲁说：

"我本是个奴隶。由于你的举荐，我得到这份工作。为报答你的举荐，我为你做了不少事。然而，是挈养活了我。我不能眼看他去死。请你放心，我不会走漏消息。"

石豹觉得这人被《礼经》教坏了脑子，只好听之任之，照计划行事。春秋201年秋丙辰，卫灵公有事不在卫都，公孟挈则计划于这一天于盖获门外进行祭祀。石豹等人事先于盖获门外搭建帐篷，帐篷里隐藏甲士。又安排下一辆装柴的牛车，车中装戈、剑等兵器，上覆以柴。预备于公孟挈的马车到达盖获门的闳的时候，由柴车将其堵于闳中，然后格杀公孟挈于闳中。

什么是闳呢？就是门洞。古代的城墙，于门所在的位置修建得更高、更厚。这就让门形成一个隧道。这个隧道，就叫作闳。马车于隧道之中掉头不便，人于隧道之中则不易逃脱。所以选闳为刺杀地点。公孟挈的车上，华御齐为御戎，宗鲁为车右。柴车堵道之后，石豹举戈砍向公孟挈。此时，宗鲁扑到公孟挈身上。这一瞬间，石豹想到宗鲁可敬，将戈稍稍收起，顺势挖勾。戈的镰刃勾断了宗鲁的上臂。不等宗鲁、公孟挈起身，戈尖又前挺，尖头刺死了公孟挈。

卫灵公闻讯，赶紧回都城。卫灵公从另一道城门进城，一行仅有两辆车。卫灵公所乘车上，庆比为御戎，公南楚为车右。另由华寅主领副车。入宫之后，卫灵公赶紧收集重要文件和国宝，将其搬上车，然后驾车出逃。此时，卫灵公的心腹鸿骊雏跳上车，做卫灵公的骖乘。行到大街上，遭遇褚师圃。褚师圃驾车追击。行至石豹家门口，华寅的副车将卫灵公的马车挡于背对石豹家的方向，自己本人脱下衣服，举起车盖，以自己的身体和车盖做卫灵公的盾牌。卫灵公的车上，公南楚又用自己的背将卫灵公挡于身后。石氏家中放出的箭，犹如雨点，防不胜防。公南楚背上中箭，死于途中。卫灵公经另一道城门出城。至外城时，断后的华寅待卫灵公的车出门之后，自己跳下车，封死门，然后一跃而起，翻墙出去追赶卫灵公。他车上的另外两人没有这样的弹跳力，只好从狗洞里钻出去……

卫灵公逃到一个名叫死鸟的邑，安顿下来。此时，东方的齐国生出做霸主的野心。齐景公看晋国主动归还戚予卫国，所以有心结交卫国。就在卫灵公居于死鸟期间，齐国使者公孙青到卫国送礼。公孙青看卫国出了事，于使团之中分出人回国去请示。齐景公说：

"他还在卫国境内，就是卫国君主。你该怎么做就怎么做！"

得了这个指示，公孙青到死鸟行外交之礼。卫灵公落魄之中觉得尴尬，说：

亡人不佞，失守社稷，越在草莽，吾子无所辱君命。

公孙青派人回复说：

寡君命下臣于朝，曰：阿下执事。臣不敢贰。
译文：我国君主在朝廷上命令我：到卫国后，你要把自己当作卫国君主的臣。我不敢违背我国君主的命令。

公孙青看死鸟地方狭窄，无法行礼。考虑到卫灵公此时需要战马，就先将礼物之中的几匹良马送给卫灵公。死鸟没有专门的城墙，而此时卫灵公又很需要戒备，所以公孙青又请求行撤礼。

什么是撤礼呢？一国拜访另一国，为表友好殷勤之意，派出武士参加到被访国的警卫之中。一般情况下，这武士的任务是巡夜。巡夜在当时叫作撤，故而此礼名为撤礼。此行之中，公孙青为齐景公的使者。按惯例，应当由公孙青手下的武士去行撤礼。然而，公孙青为了搞好齐、卫关系，亲自去巡夜，通宵手执木铃，行走于庭燎之间，以实践自己"阿下执事"的说法。

卫灵公居于死鸟仅两天，不等自己动手，卫都中的权臣自己就乱了起来。石豹的管家名叫渠子。渠子倒想不到要夺取整个卫国的政权。他只想夺取石氏的政权。为此，他寻求北宫喜的帮助。为什么想到北宫喜呢？因为此时的卫都之中，没有了君主，公孟挚又已经死去。宣姜是个女人，不可能列席于朝廷。公子朝几乎还是个孩子，政治上很不成熟。特别是，他是"男妾"身份，在朝廷上不能服众。所以，政事都由石豹、北宫喜、褚师圃三人定夺。北宫喜想杀了石豹，减少一个权力的竞争者。渠子则建议接回卫灵公。

渠子是石豹的管家，却找外人来对付自己的主人。这让北宫喜举一反三，想到自己的处境。他存了一个心眼，将与渠子的密谋隐瞒于自己的管家。北宫喜的管家掌握着北宫氏的实权，很快就打听到消息。他选择了与渠子相反的做法：效忠于自己的主人。卫灵公出走的第二天，渠子与北宫喜秘密相会于北宫喜的家中。北宫喜的管家率兵闯入，当场杀死了渠子，然后跪拜于北宫喜，说：

"主人要做事，何故找别人？主人何嫌何疑，不肯用我？主人要杀豹？我这就为你去做！"

事已至此，北宫喜不得不表态：

"渠子为石氏的乱臣，我不过是暂时利用他！只因事关重大，恐有泄漏，所以暂时没有通知你。驱逐君主一事，都是豹一人所为。我于同僚面上，不得不虚与委蛇。我欲灭石氏，接回君主，尔等可愿随我去做？"

北宫喜偷袭石豹，灭了石氏，当天夜里秘密接卫灵公回都城，宣誓效忠于卫灵公。次日，北宫喜于城中宣告：

君主已经回国，请国人前来朝拜。

卫都城中，政治上分作宣姜、卫灵公两派，混战了一个多月。最终，宣姜被杀、公子朝、褚师圃等人逃奔晋国，卫灵公重掌政权。

齐国的公孙青于卫灵公逃难的时候通宵为卫灵公巡夜，让卫灵公特别感动。晋国接收了卫国的叛党，齐国则有保护卫灵公之功。为此，卫国内乱结束后，卫灵公还礼于齐国，并尊奉齐景公为"大哥"。早先，晋国为了臣服卫国，花费了无数心思。至此，偶然的两件事，就让晋国丧失了卫国。真如俗话所说：成事犹如针挑土，败事犹如水推沙。

春秋217年，晋国组织诸侯大会于召陵，议题是讨伐楚国，为蔡国报仇。此时的诸侯，已经不承认晋国为盟主。晋国找到周朝，请周朝的刘盆出面，才又重启霸道。刘盆何许人呢？前文提到，刘盆以鸡牺讽谏于周景王，造成了王子朝与王子猛的斗争。当时，晋国选择了站在王子猛、刘盆一边。周敬王坐稳位子之后，刘盆成为周朝的第一权臣。如果没有晋国的帮助，周朝很可能变成王子朝的天下。为此，刘盆报答于晋国，以周朝"三公"的身份，出面号召诸侯参加召陵之会。

晋国接收了卫国叛臣，卫国投靠于齐国。晋、卫关系恶化。因此，卫灵公担心在召陵之会上遭到处理，就特意带上卫国巫师祝佗参会。为什么想到巫师呢？前面提到，春秋时候，巫师、史官相互兼职。当时的巫师是最有知识的一类人，往往熟知国家的掌故。会上，晋国支使周朝，故意将卫国的位子往后排，居于蔡国之后。卫灵公命祝佗找周朝评理：

"听说，我国君主的位子排到了蔡国的后面。不知是否有这事？"

刘盆本人不出面，由周朝名臣苌弘出面应答：

"蔡国先祖是兄，贵国先祖是弟。哥哥排在弟弟前面，有什么不对？"

第一回提到，周武王十兄弟，依年龄长幼分别是：

伯邑考、周武王、管叔鲜、周公、蔡叔度、曹叔振铎、成叔武、霍叔处、康叔封、冉季载。

蔡国祖宗蔡叔度排行第五，卫国祖宗康叔封排行第九。对此，祝佗说：

"若依旧例，旧例并不完全按年龄排位。武王同母弟八人，其中周公担任太宰，康叔担任司寇，聃季（即冉季载）担任司空；其余五人没有官位。那就不是按年龄排位。如果以长幼亲疏排位，晋国祖宗乃是武王之子，当尊鲁、蔡、曹、卫为叔父，那是不是该让晋国排在我国之后呢？在晋文公组织践土之盟时，我国先君卫成公不在国内，由其同母弟夷（即武叔）参会。当时，夷也是排列蔡国的前面。正式的文本，就在周朝的档案室，你可以去查看。难道晋国想要改变其祖宗留下来的规矩？"

这最后一句，将晋国逼于不孝的境地，让晋国不得不恢复卫国的地位。春秋时候的盟誓，对多边会议形成的决议，由参会列国的史官记载下来，形成重要的文献档案。祝佗的职业，既是巫师，也是史官，所以知道这些历史。他现场背诵了践土之盟的誓言的开头部分：

王若曰：晋重、鲁申、卫武、蔡甲午、郑捷、宋王臣、莒期……

（以上19字，很可能就是践土之盟中的简书的开头部分，其史料价值极其珍贵。有考据癖的读者可以去考证上述人物。）

祝佗的争辩，只具有外交上的意义，改变不了地缘政治的大局。当时，楚国经历灭亡之后，只求自保，无力到国际上争锋。吴国抢占了早先的楚国的大部分属地，控制了整个中国的东南部分。中原的东北方向，普遍尊齐国为老大。晋国仍然是最强大的国家，然而其君主丧失主权，政权被几大家族瓜分。晋国君主虽没有实权，却如同当今君主立宪制之中的君主，最重大的外交场合必须他出面。做盟主、主持诸侯大会、恰好就是这种场合。赵、魏、韩等家族正想压制君主，所以不希望晋国继续充当盟主。在这种情况下，其他国家与晋国的外交，实际成了与晋国权臣的外交。而晋国权臣内部，又相互斗争。各大家族的势力此起彼伏。齐国利用晋国的这种内部矛盾，趁机发展势力；宋国则因为晋国的这种矛盾，使者遭到囚禁。相关情况，下回再叙。

重复叠加第八十四回

挼及腕五伐犹战　越级盟改步改玉

魏舒于春秋209年接替韩起为第一大夫，执政至春秋214年去世，死于建设成周的公务之中。

春秋207年，在晋国的帮助下，周敬王赶走了王子朝。王子朝的势力原本强于周敬王。是因为晋国的干涉，才让王子朝战败。为此周敬王唯恐王子朝组织反攻，请求晋国留兵驻守。至春秋213年，周敬王渐觉安全，知会于晋国：

天降祸于周。俾我兄弟。竝有乱心。以为伯父忧。我一二亲昵甥舅不遑启处。于今十年。勤戍五年。余一人无日忘之。闵闵焉。如农夫之望岁。惧以待时。伯父若肆大惠。复二文之业。弛周室之忧。徼文武之福。以固盟主。宣昭令名。则余一人有大愿矣。昔成王合诸侯。城成周。以为东都。崇文德焉。今我欲徼福假灵於成王。修成周之城。俾戍人无勤。诸侯用宁。蛮贼远屏。晋之力也。其委之伯父。使伯父实重图之。俾我一人。无徵怨于百姓。而伯父有荣。施先王庸之。

译文：上天降灾祸给周朝，让我的兄弟都有了祸乱的心。给伯父你增添了忧虑。我的这些亲戚们为了我的事情着忙，已经十年了。戍兵于周朝，五年了。对此，我铭记于心。我的感激犹如农夫感激上天的雨水、阳光，眼巴巴地期待，唯恐不能得到。如果伯父你愿意给予恩惠，重现晋文侯、晋文公的盛举，为周室解忧，招来周文王、周武王的祝福，从而稳固盟主的地位，赢得美好名誉。那么，我有这么个愿望：早先周成王集合诸侯建成成周，作为周朝东都，崇明了周文王的德。现在，我想要招来成王的神灵，修建成周城，让这些戍兵不再辛苦戍守，让诸侯不再为我担忧、为我奔走，让那些毛贼远远躲开。这，要靠晋国的力量，靠伯父你。请伯父你认真考虑，帮助我，让我不因劳役百姓而受庶民怨恨。这将是伯父你的大功勋，将让我周朝先王感知你的恩德。

周敬王的意思，是要晋国组织起天下诸侯，加强成周的城防。晋国方面，想到驻兵也是花费，若能做一番工程，就省去驻兵，那也划算。所以，春秋213年冬，晋国正卿魏舒召集起晋、鲁、齐、宋、卫、郑、曹、莒、薛、杞、小邾，会于成周，商量建设成周一事。魏舒将此事交给韩起之子韩不信和周朝的原寿过，自己本人则跑去烧山围猎。会议上，宋国方面不愿意承担这种义务劳动，其代表仲几说：

"滕国、薛国、郳国是我的附庸，应当由薛国代我承担劳役。"

薛国参与了会议，就被摊派了其本身的任务。现在又让它额外承担比本身的任务更多的宋国的任务，当然是不愿意。按规矩，若视薛国为宋国附庸，则薛国不应当列席于会议，就不会有其本身的劳役。若视薛国为独立主权国家，不是宋国附庸，则薛国不应当承担宋国的劳役。薛国曾经做过宋国附庸。然而，它已经列席于会议，就不应当再视为宋国附庸。仲几的说法，是出于宋国国家利益，想要赖掉这义务劳动。这是一种以大欺小的态度。与会的薛国代表说：

"我国与周朝之间，间隔着宋国。为了进贡方便，我才附庸于宋国。早先，晋文公于践土之盟提出：凡是参与了盟誓的国家，都按周朝早先的规矩，为周朝服役。按那个规矩，我国应当单独为周朝服役，不承担额外的劳役。我国是该执行践土之盟，还是该代宋国服役？请大家公议！"

这个话，故意提起晋文公，暗中有巴结晋国的意思。薛国希望晋国为它主持公道。

仲几说：

"你的意思是要按早先的约定？你为宋国服役，正是早先约定的事情！"

薛国代表说：

"薛国的祖宗奚仲居住在薛，做夏朝的车正。奚仲迁到邳。仲虺居住到薛，做汤的左相。如果说要依照早先的职务，那薛国应当只向王服役，不能有额外的劳役！"

仲几说：

"夏朝、商朝与周朝，朝代不同了。薛国哪有什么王的职务！薛国的职务不过是为宋国上交赋役。"

晋国方面，由刚晋升为县大夫的士弥牟出面调停。士弥牟看两方争执不下，出来说话：

"晋国新换了执政大臣，对于早先的惯例不太熟悉。你们暂且先完成这赋役。等我回去，详细查一查早先的惯例。"

晋国如何新换了执政大臣呢？原来，魏舒对于勤王一事，原本没有兴趣。到周朝之后，将正经事都交给手下，自己本人率领亲信到附近去围猎。想不到乐极生悲，于围猎结束后回晋国的路上，魏舒去世。晋国内部，公推范氏的范鞅为正卿。正卿交替之际，士弥牟持谨慎的态度，遇事不站立场。所以，他的表态乃是一种和稀泥的态度。然而，仲几的目的，就是要赖掉这劳役。哪愿意先做了事，再要说法？因此，他对士弥牟说：

"就算是你忘了，见证盟誓的山川鬼神会忘吗？"

这话激怒了士弥牟，他对韩不信说：

"薛国以现实的人和事为佐证，宋国以虚幻的鬼神做佐证。宋国的罪，大了去了！况且，他自己没有话说了，就拿鬼神这样虚无的东西来压我。

"黄父之会，宋国的大心以恪自居，不愿出力。如今建设成周，宋国又来作梗。不杀仲几，晋国脸面无存！"

于是，晋国方面将仲几抓捕，带到晋国囚禁。仲几到晋国后，晋国依照霸道的规则，将其移交周朝处理。此时的周朝，成天担心王子朝反攻，不敢得罪宋国，所以，装一装模样之后，就将仲几释放。诸侯看仲几遭到处理，不敢怠慢。历时三十天，成周顺利建成。按照约定，诸侯撤走了驻守于周朝的军队。自此以后，周朝的成周由第二都城晋升为第一都城，直到春秋467年，秦昭襄王命将军摎攻陷成周，周朝灭亡。成周沦陷后，成为吕不韦的封地。当时的周朝，已经不称王，而是称君。当时的周朝君主，被后世称作赧王，在当时却被称为"周成君"。司马光在《资治通鉴》中以次年、即春秋468年开始，用秦纪年。至春秋502年，秦统一天下。

王子朝逃到楚国后，向天下诸侯发出照会，寻求支持，结果无人反应。他在楚国一住十年。直到春秋217年，赶上阖庐灭楚，王子朝只好再度出逃。此时，周敬王派出杀手，刺死了流亡中的王子朝。王子朝残余的党羽逃奔郑国。

楚国的灭亡，极大地改变了地缘政治。早先，郑国因为处于晋、楚两大霸主之间，采取两面逢迎的国策。三驾以后，郑国改变国策，一心归顺于晋国。晋国因内部原因，不再主持中原大势。楚国又突然灭亡。这让郑国再次改变，采取对外扩张的国策。春秋219年春，是楚昭王回郢都的第二年。楚国既要防备吴国，又要重建国家。趁此时机，郑国派子太叔之子游速率军灭了许国。此时，王子朝的党羽由儋翩领头，逃奔到郑国。儋翩自告奋勇，愿做郑国的向导，引郑国进攻周朝。郑军入侵周朝，攻取了胥靡等六个邑。周景王告急于晋国。此前的春秋216年，中山国挑战晋国，大败晋军于平中，俘获晋国大夫观虎。春秋218年冬，晋国第一大夫范鞅率军包围中山，报两年前的平中之败。晋军还在中山国，抽不出兵力救助周朝，就向鲁国发出照会，请求鲁国讨伐郑国。鲁国方面，虽然投靠于齐国，却也不敢得罪晋国。鲁军在晋国的命令下攻取郑邑匡，却不愿深入。至春秋219年夏六月，范鞅分拨晋国大夫阎没出兵周朝。阎没夺回胥靡，却无力反攻。冬十二月，郑军攻陷成周。周敬王出居于姑莸。春秋220年春，儋翩攻取仪栗，建立政权，周朝再次陷入混战。冬十一月，晋国再命籍秦支援周朝。籍秦护送周敬王回到王城。至春秋221年二月，单氏、刘蚠最终赶走了儋翩。

郑国国策的改变，引起齐国的反应。齐景公想要霸于东方，却担心遭到晋国的进攻。看郑国采取类似于齐国的国策，齐景公视郑国为伙伴。鲁昭公流亡的时候，齐景公攻取了鲁国的郓和阳关。此时，为了拉拢鲁国，齐景公将此二邑归还鲁国。鲁国得了这好处，就更加不听晋国的召唤。另一方面，齐景公约会郑、卫，寻求更多的同盟。郑国方面，正与阎没对峙于胥靡，当然同意结盟。齐景公、郑献公盟于鹹。卫国方面，卫灵公感激公孙青的巡夜之功，也想加入齐国之下的联盟。卫灵公派北宫喜之子北宫结造访齐国。北宫结对齐景公说：

"卫国愿事奉齐国。然而，卫国紧邻于晋国。晋军随时可以灭了卫国。为此，不得不做些表面文章。请你将我逮捕，然后进攻我国。然后再与我国君主盟誓。那样一来，对晋国方面，我们可以说是迫于压力，不得不与你结盟。"

齐景公依计办理，与卫灵公盟于琐……

国际局势的变化，让晋国无法维持盟主身份。春秋221年，赵鞅在晋国朝会上说：

"眼下，诸侯纷纷对抗于我国。宋国的乐祁被囚于我国，已经是第三个年头。如果不放了他，恐宋国也与我国为敌。"

这是怎么回事呢？此前的春秋219年，宋国大夫乐祁对宋景公说：

"大心拒赋于黄父，仲几拒赋于召陵。我国已两番开罪于晋国。若不求好于晋国，恐遭讨伐。"

宋景公说：

"我也早有此念。既然你提起，就由你为使者，送礼于晋国。"

早先，华亥等人出逃，宋昭公命乐大心为第一大夫，仲几为第二大夫，乐祁为第四大夫。乐祁的话，原是想说乐大心、仲几不会办事，应当重用他乐祁。一时口快，说出话来，却摊上这个使命。乐祁后悔已经来不及，回家与管家陈寅商议。陈寅说：

"事已至此，能有什么办法？此去凶多吉少，我建议你早立继承人。立了继承人，也好显示你有以死报国之心！"

于是，乐祁请示于宋景公，立其子乐溷为继承人，然后带着礼物去晋国。礼物清单之中有一项，是六十面由坚硬的杨木制成的盾牌。乐祁刚到晋国境内，就有晋国贵族前来迎接。来者是赵鞅。赵鞅于晋国边境设宴款待乐祁，态度很热情。乐祁一时间高兴，在宴席上将六十面杨盾送予赵鞅。

此时，晋国的第一大夫是范鞅。范氏与赵氏表面上虽没有矛盾，暗中彼此相忌。乐祁送礼与赵鞅，让范鞅很不高兴。乐祁到晋都之后，因礼物有限，虽然也送礼予范鞅，却不如六十面杨盾那么丰厚。于是，在晋国朝廷之上，范鞅说：

"祁以君主之命出访我国。使命未达于我国君主，就先私会于下臣。假君主之命私交于他国之臣，此乃对晋、卫两国君主的不敬！"

以此罪名，将乐祁收监于晋国。这一关，就是两年多。赵鞅得了乐祁的好处，也寻思报答，所以建议释放乐祁。范鞅听到这建议，说：

"我们逮捕他，已经快三年了。要说得罪宋国，早就得罪了。现在平白地释放他，就能拉拢宋国？"

范鞅是第一大夫。赵鞅争执不过，只好作罢。范鞅于公开场面拒绝赵鞅的建议，也觉得过意不去，就派人去对乐祁说：

"逮捕你不是与你个人为难，实在是晋国想要搞好与宋国的关系，不得已才出此下策。上面的意思，你可以让你儿子来替换你。"

乐祁提议与晋国发展关系，是第一错；到晋国后送礼予第二大夫，是第二错。做事一再出错，此时担心又弄错，就去请教于随行的陈寅。陈寅说：

"从国际形势看，晋国确实想拉拢我国。只不过，范氏作为正卿，不愿承认当初不该逮捕你，所以于朝廷上拒绝赵氏的建议。依我看，你不作答复，他仍然会放你。何必搭上你的儿子？"

这一回，乐祁总算没有出错。范鞅果真无条件释放了乐祁。然而，乐祁回国途经太行山的时候，偶感风寒，死于路途。讣告传到晋国，范鞅认为晋、宋关系已经无法修复，索性下令扣留乐祁的尸身，用作死的人质……

晋、宋外交纠纷之时，齐、鲁关系恶化。春秋 218 年，郑国入侵周朝。晋国抽不出兵力，所以命鲁国攻郑救周。春秋 219 年，鲁国攻取郑邑匡之后，献俘于晋国。此事引起齐国的反应。齐国于鲁昭公年代想通过挟持鲁昭公来控制鲁国。结果鲁昭公一再逃往晋国，最终死于晋国。当时，齐国借助鲁昭公的鲁国君主的名义，骗取了鲁国的郓和阳关。后来，想要扩大成果，又进攻成。因季氏行贿于齐国，齐军占尽上风，却没有取得战果。后来，季氏又行贿于晋国范鞅，让鲁昭公浪死他乡，季氏立鲁定公。齐景公威服鲁国的计划虽然失败，却得到了郓和阳关。齐景公想要以归还郓和阳关为条件，让鲁国背叛晋国，归顺于齐国。为此，他征询晏婴的意见。晏婴说：

"时代已经变了，不能再用霸道。早先，晋国扶持孙林父以控制卫国。结果怎么样？如今晋国反倒要防范卫国的进攻。

早先，楚国封建诸侯，视蔡国为最忠诚的手下。结果怎么样？结果是蔡国引来吴军，灭了楚国。去年，吴、楚两次交战，楚军都是大败。楚国领军贵族全部被俘。吓得楚国迁都于都。看来，楚国虽然重建，却再也不是早先的盟主。

"鲁之于齐，正犹如卫之于晋、蔡之于楚。你将郓和阳关还给鲁国，只会增加鲁国的实力，让鲁国反过来对付你。"

齐景公说：

"那怎么办？出兵讨伐鲁国？"

晏婴说：

"霸道虽然已经不实用，却有很多人像你这样老想着它。早先的人借用王道的名义。现在你可以借助霸道的名义。你想通过归还土地来收买鲁国，别人也相信你此举是为了做鲁国的老大。那你就真的归还土地，以此来掩饰另一个计划：

"郓和阳关是季氏的封地。你通知季氏，就说要还他的土地。再暗中联络季氏的管家阳虎，将郓和阳关交给阳虎。与此同时，另派军队进攻鲁国。故意不攻郓和阳关，只攻季氏的其他地方。由此，可以制造出季氏与阳虎之间的矛盾，让鲁国出现内乱。让鲁国因内乱而国力削弱，岂不强过于直接进攻？"

由这个计划，齐、鲁之间出现一种奇特的现象：

齐国对鲁国，既归还土地，同时又发起侵略。

晏婴的计划是否成功，这里且按下不表。季氏遭到齐国的进攻，求助于晋国。就在宋国乐祁死于太行山的时候，晋国由范鞅、赵鞅、中行寅三人率军救助鲁国。晋军一至，齐军自然退去。晋军回国的路上，驻扎于卫国都城附近，范鞅、赵鞅、中行寅会议以为：

既然带兵至此，正好趁机威服卫国。

于是，范氏、中行氏回国，留下赵氏以定晋、卫之盟。赵鞅召集手下，说：

"卫国私盟于齐国，其罪不可不伐！然而，值此多事之秋，主公愿求盟于卫。谁能定晋、卫之盟？"

下面的武士，书读得不多，容易被骗。大抵只听懂最后一句，不知道前面的两句话意味着什么。求功心切，就涌现出两个人来。一个叫成何，一个叫涉佗，自告奋勇：

"我能盟之！"

临行前，赵鞅交代成何、涉佗：

"我军驻扎于此，卫国不敢不与我结盟。场面上，卫国势必同意结盟；事后，它难免又要私交于齐国。你们此去，要打掉卫国的二心。具体怎么做，你们看着办！"

成何、涉佗与卫国议定盟誓的地点为卫国的一个邑，名叫郪泽。盟誓中，卫国以为：卫灵公为君主，当执牛耳。成何说：

"卫国犹如温县、原县，乃是我国的属下，怎能算君主？"

歃血的时候，涉佗上前阻止。他抓住卫灵公握牛耳的手。卫灵公尽力想要将手上的牛耳抹于嘴唇。二人较力。卫灵公平常与弥子瑕调情的时候多，习武的时候少；力气不如以武术为职业的涉佗。推攘间，卫灵公握不稳牛耳。牛耳上的血顺着手腕流入衣袖，将卫灵公的半支衣袖染红。涉佗虽代表着大国，毕竟只是一个普通贵族。卫灵公身为一国之君，被这种人欺侮，心中大怒，立马就要发作。卫国贵族赶紧上前相劝，总算完成了盟誓。

达成盟誓之后，成何、涉佗离去，卫灵公却停留于郪泽，召集手下心腹开会。卫灵公说：

"晋国命这两个莽夫来与我盟誓，分明是故意来侮辱我。我必叛晋！然而，我国臣服晋国长达百年，国内的人习惯了晋国的领导。我担心国人不与我同心。"

卫国贵族王孙贾教给卫灵公一计：

卫灵公回到卫国都城，故意不进城，而是驻扎于城郊。都城中的人纷纷到城郊来请示：

"君主为何不进城？"

王孙贾将盟誓中的场景告诉这些人。卫灵公则一脸悲愤，说：

"我出门做事，不能维护卫国社稷，给祖宗丢了脸。如果回到宗庙，我拿什么话向祖宗交代？你们都回去！回去问卜于神灵，另立国君。但凡是神灵认可，我即认他为我的君主！"

读者注意：自春秋201年石豹等人发动政变，至此已经将近二十年。这二十年间，卫灵公致力于集权，消灭了潜在的对手。此时的卫国，已经没有敢于发动政变的人。众人听了卫灵公的这个话，都以为是气话，就说：

"郓泽之盟，乃是卫国之祸，君主你并无过错，何至于此！"

卫灵公又说：

"涉佗逼迫我，我已经答应将我的儿子和你们的儿子都送到晋国去做人质。"

众人应答说：

"只要能保平安。君主的儿子都能去，我们的儿子怎敢不去？"

话说到这地步，卫灵公总算同意进城。进城之后，按约定安排卫灵公的太子、卫国众臣的门子做人质。此时，王孙贾又于朝廷上说：

"我国的工人有独特的技艺。我国的商人有独特的商业渠道。这两种人都是晋国想要的。不如将工人、商人一并送到晋国去，免得晋国为了他们来讨伐我国。"

此时，有人反对说：

"没有了工人，就没有人为我们制作器具。没有了商人，就无法得到我国所没有的东西。不能将他们送走！"

卫灵公却故意依照众臣的口气说：

"但凡能保平安，有什么不能舍弃？"

此事渐渐改变了卫国贵族的立场。到了为工人、商人送行的那一天，卫灵公派王孙贾代表自己问国人：

"如果我们不将这些人送给晋国，晋国来讨伐我们，怎么办？"

众人说：

"讨伐就讨伐，我们应战就是！"

王孙贾又问：

"要是因此晋国再次讨伐我们，怎么办？"

众人又应：

"应战就是！"

问到第三次，直到第五次，国人都说"应战"。这时，王孙贾说：

"既然如此，君主的意思是：大家愿意战斗，我们就不必送出人质。我们先战斗；实在不行，再送人质，如何？！"

至此，卫国贵族的心思出现连续地、递进式的演变：

最初有拥护晋国的心。渐渐考虑到儿子受质，心生迟疑。进而想到没有了工人商人，国将不国。进而生出爱国主义，不愿臣服。甚至，某些人已经走向极端，宁肯死，也不愿再做晋国之臣。

晋国方面先还以为靠了成何、涉佗的威胁，已经可以让卫国屈服。到后来，看卫国拒绝履行盟誓的约定，甚至集结军队、加强防守；才知道事情弄糟。晋国方面，主动请求卫国再次进行盟誓，重申鄟泽之盟。然而，此时的卫国，已经上下一心，坚决与晋国为。

自范鞅执政以来，晋国不但不能号召诸侯，而且遭到诸侯的围堵。寻找盟友，却发现只有周朝，还算是盟友；鲁国阳奉阴违，算是半个盟友。春秋 221 年秋，晋国正卿范鞅伙同周朝入侵郑国，报复郑国的入侵周朝。随后入侵卫国，讨伐卫国的不送人质。晋国知会鲁国，鲁国从东面进攻卫国，形成对卫国的夹攻之势。按理说，集晋、周、鲁之力，可以轻易拿下卫国。然而，国际关系的变化，改变了力量的对比。周朝的王子朝与王子猛内战长达十年，人口锐减，经济萧条，就连基础设施都遭到严重破坏。周朝虽然出兵，其实只具有象征意义，基本没有战斗力。鲁国不光心怀二心，并且其国内也发生内讧。鲁国出兵，也是敷衍的性质。晋国方面，除了应付卫国，还要防备中山、郑、宋的进攻。能够组织的兵力也有限。卫国方面，一则是国内经过整肃，已经上下一心，再则又有齐国的支持。为此，早先任由晋国揉捏，要方便方、要圆就圆的卫国，也能够抵挡晋国。宋、郑的演变，先按下不表。本回已经两次重复鲁国的事情，于此以重复叠加之式，再次补叙鲁国的内讧。

鲁昭公死于晋国之后，季氏因为与鲁昭公的矛盾，不愿立鲁昭公之子，故而立鲁昭公之弟公子宋，是为鲁定公。按儒教的礼仪，继承人即位时，必须面对先君的灵柩。公子宋要成立，必须先接回鲁昭公的灵柩。春秋 214 年夏，鲁国国内派叔孙婼之子叔孙不敢去晋国的乾侯接鲁昭公的灵柩回国。临行前，季孙意如对叔孙不敢说：

"先君固执己见，不愿回国，以至于浪死他乡。让你、我背上逼走君主的罪名。子家子是他的心腹忠臣。若能拉拢子家子为我们做事，可以消减我们的罪名。"

叔孙不敢之父叔孙婼在国际上原有贵族楷模之名。只因劝鲁昭公回国不成功，坏了一世的名声。为此，叔孙不敢到乾侯之后求见于子家子，转达季氏的意见：

"先君之所以出国，完全是公衍、公为造成。公衍、公为有首祸之罪，怎么能为君？为此，国内众臣议定：立公子宋。你对先君的忠诚，天下所共知。故国内公推你与季氏共同执政。季氏愿与乾侯的鲁国人冰释前嫌，并希望由你来转达对他们的赦免。"

这些条件，看起来特别地诱人，而且显得很真诚。然而，子家子予以拒绝。为什么呢？季氏与鲁昭公为仇敌关系。子家子如果公然回国与季氏共事，那就是背叛于鲁昭公。那将让子家子背上贰臣之名。

子家子拒绝回朝为官，让季孙意如心生怨毒。按惯例，他将鲁昭公葬于鲁国君主系的坟场。但是，却开挖出一条沟渠，将鲁昭公之墓隔离于其他墓地。他说：

"他自己抛弃了鲁国社稷，跑到外国去，又死于外国。他自己抛弃了祖宗，怎能让他与祖宗在一起？"

后来，孔子做鲁国司寇的时候，派人填平了沟渠。季孙意如又想给鲁昭公定一个恶谥。经鲁国贵族阻拦，总算没有成功。鲁昭公的"昭"字，意思为"威仪恭明"。儒教的谥号，就是当今所谓"盖棺定论"，是对一个人一生的总体评价。然而，也还是能够部分地反映出死者的性格。还在鲁昭公即位的第五年，也就是春秋186年，当时鲁昭公朝拜于盟主晋国。整个朝会之中，从郊外的接待到相互送礼，鲁昭公表现得合乎礼仪。此事是鲁昭公一生唯一的优点，所以，定谥之时就定成"威仪恭明"。这种定谥，犹如孔子的春秋笔法，虽没有杜撰事实，却有掩盖事实的行为。姑且不说鲁昭公智商低下、生性贪玩；就以礼仪而论，鲁昭公逃亡到晋国的时候，事先不通知晋国朝廷，就到晋国境内的乾侯住下。这种表现，怎能算是懂礼？国人对人的评价，十个当中有八个不合于事实。这种习俗，就是由古代的风气影响而成。

在鲁昭公流亡于外国期间，季孙意如借口国家宗庙不能断祀，以正卿之职代替君主祭祀于鲁国宗庙。对宗庙的祭祀权，是春秋君主最根本的权力。早先，卫国的卫献公依靠甯喜的帮助，得以回国。他对甯喜承诺"苟反，政由甯氏，祭则寡人。"他愿意将一切权力都将给予甯喜，却要保留祭祀于宗庙的权力，就是因为祭祀权是最根本的权力。正是因为他有这个权力，公孙免馀认为他是国家的最高统治者，主动请求刺杀甯喜。季孙意如在鲁昭公流亡期间主持祭祀，相当于做上了鲁国君主。然而，鲁昭公去世，鲁定公成立，他只好将这祭祀权归还鲁国君系。春秋218年，季孙意如去世，家业传至其子季孙斯。在季孙意如的葬礼之中，季氏管家阳虎提出：

季孙意如主祭于鲁国宗庙，是其一生最荣耀的事情。请将季孙意如祭祀于鲁国宗庙时佩戴的玉器作为陪葬品，让这荣耀永世伴随死者。

季氏另一家臣仲梁怀反对：

"新君已立，名分已定。主人的步伐已由接武改成继武，不可再享有君主的玉器！"

这是怎样的情况呢？按周朝礼仪，不同级别的人佩戴不同规格的玉器。国君级别，可以佩戴玙璠。季孙意如本是大夫，无权佩戴玙璠。然而，鲁昭公流亡期间，季孙意如代理国君，也佩戴玙璠。另外，祭祀的时候，国君跟随于祭司，走路用正常走路的步伐，号为接武。大夫则只能采取一种特殊的步伐：

左脚迈出第一步之后，右脚的第二步只能迈到与左脚平行的位置；之后的第三步，再迈左脚；以此循环。

这种步伐，号为继武。这种步伐前俯后仰，很像农夫锄地的样子。走起来滑稽好笑，犹如跳舞。后世史书中记载有"山呼舞蹈"。其中的"山呼"，是指采用从一个山头呼喊另一山头的最高音量来呼喊"万岁"。其中的"舞蹈"，则是指的继武。只不过，后世的礼仪已经简化：只是在表白忠心的特殊时候才采用古代的继武。季孙意如曾经代鲁昭公主持祭祀，所以在祭祀之中也曾经行接武。鲁定公成立之后，季孙意如就不再佩戴玙璠，在祭祀中也改行继武。

看到季孙意如以下犯上取得成功；阳虎心生艳羡，也想追求更高的地位。阳虎谋求季氏的政权，乃是家臣谋求卿的职权。不光会遭到季氏的反对，还会遭到叔孙氏、仲孙氏等其他卿的反对。为此，阳虎想通过拥护鲁定公来实现自己的政治理想。阳虎拥护君主系，何以反过来为季氏争取荣耀呢？这就是政治上的"欲取故予"，乃是一个测试。阳虎是季氏之臣，却试图通过拥护君主系，反对季氏。

阳虎推崇季孙意如，是为测试出季氏家臣之中哪些是敌、哪些是友。当时，阳虎对同党公山不狃说：

"我搞不清新主人有哪些党羽，故意提出以君主的玉器收敛先主。仲梁怀说改步改玉，此人应当可信？"

公山不狃说：

"什么是政敌？凡是你提出的，他就反对。这种人就是政敌。有的人性格直率，不能忍耐对手。此人公开反对你，很可能正是斯的心腹。且容我再测。"

季孙意如下葬之后，季孙斯巡行于季氏最重要的邑费。费的主管正是阳虎的党羽公山不狃。场面上，公山不狃热情接待季孙斯，季孙斯也礼貌地回应。仲梁怀随行于季孙斯。公山不狃趁机主动与仲梁怀打招呼，却被报以白眼。事后，公山不狃对阳虎说：

"前番他反对你，你说他可信；此番他的态度，看来是不希望我管理费。这就不是反对季氏。看来，此人真是季氏的心腹，不可不除！"

阳虎掌握着季氏的实权，鲁定公又有君主的名分。这两者联盟，照说应当取得成功。然而，三桓自春秋六十年代即开始掌权，至此时已经长达 160 年。期间，只有鲁宣公在位的十多年由东门氏掌权，其余时间，多数时候由季氏掌权。不是季氏掌权的时候，也是由三桓的另外两家仲孙氏、叔孙氏掌权。履霜则坚冰至。三桓掌权一百多年，渐积形成牢不可拔的势力。笔者以一人为例，说明这种情况。此人是谁呢？且看下回。

笔者想象子家子的晚景，诌成几句：

扶杖蹒跚到乡校，皓首龙钟说昭公。
此身誓不为贰臣，起坐整衿背对东。

顺反第八十五回

贤妇敦贵族本色　英雄死君主推毂

鲁国三桓掌权一百多年，无须特别地经营，自然形成牢不可拔的政治势力。这种势力的形成过程，一如春秋之初霸主的形成过程。它遵循儒教的规则，也是以血缘为纽带。早先，季孙纥生季孙意如、公父穆伯。季孙意如继承家业，公父穆伯分家出去，另建公父氏。公父穆伯生公父文伯。算起来，公父文伯与此时的季氏当家人季孙斯是堂兄弟关系。公父文伯之母，是个了不起的贤妻良母，教子有方。

公父文伯在朝为官，回家的时候看到母亲正在纺织麻线，就说：

"母亲，你好歹是贵族，是我家的内主，何必去干这种粗活？你这样做，显得我不会做事，不能养家，让自己的母亲来劳动挣钱！"

其母说：

"你懂什么？你知道什么才是贵族？讲享受、比奢华，游手好闲、横行霸道就是贵族？我来告诉你：贵族是怎样形成！

"早先，世间并没有贵族，人与人都是平等的。有的人更加地勤劳、更加的能干，能够生产出更多的产品。这种人将自己享用不完的产品送给别人。人们感激他们的馈赠；尊敬他们的才能；遇到困难的时候，又请求他们的帮助。渐渐地，人们遇事总是征求他们的意见，并且尊重他的意见。这使得他们成为人群之中的精英，与普通人有所不同。这种人渐渐就成了首领。做上首领之后，他们知道首领是由勤劳而得来，所以仍然比普通人勤劳。他们要管理部落的大事，同时仍然坚持劳动，并且比普通人的劳动成果更大。部落首领渐渐多起来，才有部落联盟大会。在部落联盟大会上，各部落首领进行比赛，看谁劳动的能力最强。劳动能力最强的人，就是部落联盟首领。最优秀的部落联盟首领，就是三皇五帝。再后来，三皇五帝演变成了天子。由天子封建诸侯，才有今天的贵族。西周时候，贵族沿袭部落首领的传统：周王本人，也亲自耕种籍田；周朝的王后，也亲自为自己的丈夫纺织纮绳。若论高贵，你能贵于周王？我能贵于王后？

"我们之所以比别人高贵，起因乃是我们比普通人更勤劳、更能干。我们于宗庙中祭祀的祖宗，正是那些特别勤劳的人。人们因为感激我们的祖宗的贡献，才让我们掌权。我们怎能忘却祖宗勤劳的传统？"

这个话，流传到社会上，就连孔子也不得不佩服：

"子弟们记住，季氏的这个妇人了不起！"

此时的孔子，已经是鲁国著名贤人。孔子都敬佩的人物，当然引起社会上的重视。季氏的当家人经常拜访于公父文伯之母，一则是慕贤，再则也是将国家大事，征询于贤达。公父文伯之母应答说：

"你若是想学做人；身为你的姑母，我可以教你一点：你要吃得苦，才做得成大事。

"至于说国家大事，一则我不是官，再则我是妇人。《周约》约定：勿使妇人与国事。国家大事，你可以与我的儿子商议。"

这个答复，表面上推崇儒教根本大法《周约》，暗中则是推销自己的儿子。按"夫死从子"之礼，这个推销又显得堂堂正正。季氏听了这教诲，越发仰慕得五体投地。对外推销儿子的同时，她又教育儿子：

"《洪范》敬用五事，是自内而外的过程。周文王打天下，是依照刑于寡妻、友于兄弟、以至于邦家的步骤。你要在社会上取得成就，首先要搞清交际的程序。阳虎跳过自己的主人，直接与君主联盟，违背了《洪范》，违背了周文王做事的步骤。此人必败。按文王打天下的步骤，你首先要拥护你的家长，其次才是效忠于君主。你的名分是季氏的偏房，你首先要结交于别家的偏房。"

在她的教导下，公父文伯宴请南宫敬叔。南宫敬叔何许人呢？前文提到，丘泉女生二子。长子仲孙何忌，为仲孙氏当家人。次子南宫敬叔，分家出去建南宫氏，为仲孙氏的偏房。

当时的饮食习惯，与当今类似，也是越稀有的东西，越显排场。鼋在当时比较稀有难得，所以公父文伯宴请南宫敬叔时以鼋为主菜。公父文伯家中养有几只鼋。因为东西珍贵，公父文伯有点舍不得，所以只选取其中较小的一只来宴请南宫敬叔。上菜的时候，南宫敬叔有点不高兴。南宫敬叔的管家露睹父说：

"这么小就杀了吃，我替你可惜。等它长大些的时候，再请我们吧！"

说完后，露睹父拱手离去，宴席随之不欢而散。公父文伯的母亲听说后，手提竹杖追打儿子：

"最好的东西，就是用来请最要好的客人。你留着它做什么？想要自己一个人吃？你不是我的儿子，你给我滚！"

她将公父文伯赶出家门。公父文伯四处请朋友帮忙说话，最终由南宫氏出面，才劝得她息怒……

因为家有贤母，公父文伯结交三桓的偏房，形成政治联盟。共同的身份形成共同的政治立场：

拥护三桓，拥护季氏。

在这种情况下，无须季孙斯费半点心力，就已经有了拱卫于他的四周的政治联盟。传统、血缘、共同的利益，这三样东西共同造就了这种联盟。它就仿佛一个"气场"，无形地环绕于季孙斯的周围。因为有一个了不起的母亲，公父文伯成了这个政治联盟的核心。当然，也就成了阳虎最忌惮的政敌。在公山不狃再次测试仲梁怀之后，阳虎发动政变，囚禁季孙斯，驱逐季氏党羽。公父文伯、仲梁怀首当其冲，被驱逐出国。之后，阳虎召集鲁国权贵进行盟誓，宣誓效忠于鲁定公。事在春秋 218 年秋冬之际。翻年，就碰上晋国请求鲁国出兵郑国，以解僵翩、郑国进攻周朝之急。鲁定公命阳虎出征。阳虎借道于卫国，侵郑取匡，献俘于晋。再过一年，至春秋 220 年春，齐景公用晏婴之计，将郓和阳关私下送给阳虎。交割的时候，却又命齐国使者于公开场合这样说：

"鲁国有人意图以下犯上，为鲁国社稷之忧，亦为寡君之忧。尊尊卑卑，是天下公义。早先，先君桓公心系苍生。诸侯有急难，而桓公不能救，则桓公耻之。寡君孝于祖、慕于贤，故不惜割让齐国土地以资鲁君。值贵国戡乱之际，若公送于贵国朝廷，恐为宵小之徒所乘。寡君素闻阳虎忠君爱国，公誓效忠鲁君，故而转圜变通，交割于阳虎……"

这一番话，造成以下影响：

其一，鲁定公本是非正常继位，原本被季氏用作傀儡。听了这话，鲁定公怀疑三桓要废除自己。

其二，三桓听了这话，深疑阳虎与齐国有私交。

其三，阳虎听了这话，以为自己结交君主对付季氏的行为已经得到国际上的承认和支持，就更加当仁不让，以鲁国忠臣自居。

播下这个离间计之后，齐、郑盟于鹹。之后，齐景公用北宫结之计，与卫灵公盟于琐。而后，齐景公又按晏婴之计命国夏讨伐鲁国。公开的说法，只说是帮助鲁国讨伐叛臣。具体哪个是叛臣，却不明说。鲁国方面，鲁定公没有兵权，议成由季氏、仲孙氏出兵迎战。季氏的主帅战车，居中坐的是季孙斯，阳虎作为季氏管家负责驾车。仲孙氏的主帅战车，居中坐的是仲孙何忌，公敛处父作为仲孙氏的管家负责驾车。鲁军计划趁齐军初至未稳，夜袭齐军军营。齐军得知消息，反于军营之外设下埋伏。鲁军中了埋伏，战败撤退。中埋伏之际，公敛处父对阳虎说：

"定是你故意将我军计划泄露于齐军。我也不等回去，现在就处决你！"

阳虎对齐国送邑心存感激，却也还没有想到投敌叛国。被公敛处父这么说，只好拼命战斗，保护季孙斯、仲孙何忌全身而退。此战之后，阳虎既感委曲，又感凶险……

次年，即春秋221年春，鲁国报复于齐国，围攻齐都临淄。此战由阳虎领军。战前，阳虎对手下将领说：

"我一番忠心，却为人猜忌。我何有于鲁、何恨于齐？尔等听我军令：战场上只消做做样子，不必拼死厮杀。"

鲁军攻打临淄阳城门。按阳虎的命令，将士跳下战车，环坐于城门之下。闲得没事做，有人说：

"听说颜高的弓最强，需六钧之力。且取来试试。"

钧这个计量单位，在有的朝代是指三十斤，在另外的朝代又是指的一百二十斤。此弓为鲁国最强，当是用后一种计量，六钧当指七百二十斤。另外，古代的一斤，也不同于当今。以当时的人的身体素质而言，此弓的力应当相当于当今的一千斤左右。

　　众人将颜高的弓取来：弓身长超过一米五，全重十斤。弓身以木为胎，以角为筋。弦取自一种海鱼的腰筋，直径将近一厘米。众人传观时啧啧称奇，议论纷纷：

　　"我看，弓胎是竹。"

　　"不对，竹有节。这上面没有节，定是木。"

　　"这肯定不是牛角，因为牛角禁不起这样大的力。"

　　"如此粗的弦，定是龙筋！"

　　"如此粗的弦，搭箭上去时，箭杆细于弓弦，还需要技巧。"

　　读者会问：今人即由古人演变而来，古人哪来如此大的力气？这其中的原因，除了苦练这一因素，还与技术动作有关。当时以弓箭为第一重要的兵器，箭术随之成为第一重要的武艺。箭的力度、射程，是箭术之中最基础的因素。为了使出人体最大的力，古代武士动用全身力气来拉弦。开弓所需的力，集脚、腿、腰、背、肩等多处的肌肉力量。而其中使力最多者，乃是臀、腿、背的肌肉。身体一侧的腿、臂都绷直；另一侧的腿、臀、腰、肩全力猛然往右下方倾沉。这样号为"弓步"。兵书上说什么开弓最讲究气定神闲，那是指弓步已经完全熟练之后，最重要的事情就变成集中注意力，拿捏合适的力度和准度。弓步使出全身的力气，其著力点极易拉伤、拉断。为此，开弓之时，箭手只用手指之中最强健的拇指来勾弦。其余四指，只是轻轻搭住箭杆，使之定位，并不发力。为保护着力点，于拇指上套戴金属或石头制成的护指。这护指于后世演变成为一种玩物，即"扳指"。今天的体育比赛之中的射箭没有了古代的杀敌、决斗的需求，对箭手的力量的要求并不高。按史书记载，三国时候吕布以为：吕布率领骑兵，刘备率领步兵，可以横行于天下。唐朝时候李世民以为：李世民率领骑兵，尉迟敬德率领步兵，可以横行天下。这个分工是如何得出的呢？古代的步兵练的是在地面上腾挪的功夫，故而要求身体轻而灵活。而骑兵以马代步，练的就主要是开强弓，故而要求身高体壮。吕布有辕门射戟的本事，为三国时候第一的箭手。而李世民天纵神武，身高、体重远超常人，也符合箭手的条件。箭术的这种演变，在书法之中同样出现。古人写字，最早是用刀在石板上刻字。毛笔出现之后，工具虽变，写字的姿势没有变：五指像握刀那样紧握毛笔。因为姿势是这样，写出的字就显得特别有力。到后来，因为纸的出现，文章的篇幅越来越大，这就让人感到用握刀的姿势写字太费体力，就演变出今天的书法启蒙之中捉笔的第一课：笔垂直于纸面，指形如握鸡蛋。由此一变，能够轻松写出更多的字，但是字的力度从此不如古人。

当时，人们对颜高的弓议论纷纷，就有人试着去拉此弓。有的人完全拉不开。有的人虽然拉开，却拉不满。为什么呢？只因弓太大。如果人的臂展不够，纵然力气足够，却还是拉不至满弓。颜高身高虽不是特别高，臂展却超过两米。在箭手之中算是难得的天赋。所以，他的弓比普通更长。众人都拉不开此弓，请颜高本人来开弓演示……

却说城门上的齐军看鲁军竟然将战争当作儿戏、战场当作游戏场，就组织起冲锋队，突然打开城门，冲向鲁军。颜高正乐呵呵地走去表演武艺，齐军的一乘战车已经冲到他面前。车上的主帅名叫子鉏，也是齐国的著名力士。颜高情急之中从同伴手中夺来一张弱弓。举弓正要拉弦，子鉏的戈已经挥了过来。戈的杆先打死了颜高前面的一名鲁军；余下的势力扫到颜高身上，将颜高打倒在地。就在倒地的一瞬间，颜高仍然不失箭诀，放出的箭射中子鉏脸颊，将其射死。

颜高之弟颜息，箭术不让乃兄。他一箭射中齐人的眉骨，却故作惆怅，说：

"今日状态不佳，原想射眼珠，误中眉骨。"

因为阳虎有令在先，鲁军稍作抵抗之后就趁机败退。著名武士冉猛，甚至假装右脚受伤，用左脚单脚跳上战车逃跑。

这一年秋季，鲁军再伐齐邑廪丘。鲁军已经攻破外城，齐军正在败退。此时，阳虎假意督战，大呼：

"冉猛何在？"

冉猛的战车冲向败退的齐军。冲了一阵之后，冉猛发现仅有自己一乘战车在追，身后并无鲁军。他这才明白阳虎只是装样子。冉猛故伎重演，假装中箭，自己从战车上摔下逃回。

阳虎的作为，并不是与鲁定公为敌，而是与三桓为敌。他的政治态度明朗起来，引起一些人的注意。这些人推举阳虎为首，形成一个共同对付三桓的政治联盟。这些人分别是：

季孙寤。此人是季氏当家人季孙斯的弟弟，平常与季孙斯关系不好。

公山不狃。此人是季氏最大的封地费的管家。此人很早以前就是阳虎的党羽。

叔孙辄。此人是叔孙氏的庶子，于叔孙氏家中很不得志。

叔仲志。叔牙之孙叔彭生分家另建叔仲氏。叔彭生之孙，是为叔仲带。叔仲志是叔仲带之孙。算起来，此人是叔孙氏的偏房。叔仲志与叔孙辄一样：自以为怀才不遇，想要有所作为。

鲁国经历数次改革，形成季氏占二分之一，仲孙氏、叔孙氏各占四分之一的权力分配。阳虎作为季氏管家，掌管着季氏大部分的兵权。此联盟之中又加入了叔孙氏。而叔孙辄和叔仲志至少可以保证叔孙氏保持中立。于是，阳虎认为自己已经控制了鲁国半数以上的兵权，可以起事。春秋221年冬十月，经阳虎等人筹划，鲁国接连进行祫祭、禘祭。读者会问：祭祀与阳虎起事有何关系呢？阳虎等人造反，需借助鲁定公的名义。而重大祭祀必须由鲁定公主持，且国中贵族都必须参加。两次祭祀聚集了鲁定公、阳虎的党羽，实际上是鲁定公与阳虎为首的政治联盟的两次秘密会议。会议定下政治目标：

其一，灭三桓当家人，维护鲁定公主权。

其二，由季孙寤接管季氏家业。

其三，由叔孙辄接管叔孙氏家业，重用叔仲志。

其四，由阳虎接管仲孙氏家业。

为了防止密谋泄漏，决定起事时间为禘祭之后的第三天，地点定为季氏家附近的蒲园，事由定为季氏当家人季孙斯于蒲园宴请仲孙氏当家人仲孙何忌、叔孙氏当家人叔孙不敢。公父文伯、仲梁怀被赶走之后，季氏当家人季孙斯遭到阳虎挟持，已经形同傀儡。所以，阳虎代表季氏分派人到两家请客。叔孙氏家中，有叔孙辄、叔仲志做内应，自然没有问题。仲孙氏家中，却警觉起来：

禘祭的第二天，阳虎四处征集军队，被仲孙氏管家公敛处父察觉。公敛处父问仲孙何忌：

"城里好像在戒严，你知不知道？"

仲孙何忌说：

"戒严？朝廷戒严应当通知我啊！我怎么不知道？"

公敛处父说：

"刚才，季氏的人请你明天去赴宴。而此时又在戒严。想必是阳虎设计于宴席上刺杀你！事不宜迟，你必须马上动手！"

二人仓促定计：

以为仲孙何忌之子公期修建房屋为由，拦断大街，修筑防御工事。同时，秘密通知季孙斯。同时，派人到仲孙氏的封地成组织武装，立即赶赴曲阜。

季孙斯收到密信的时候，已经遭到阳虎的严密监管。因为事变在即，阳虎时刻伴随于季孙期身边。这天下午，季孙斯、阳虎一行回家。此行共三乘马车：阳虎居于最前面一乘。中间一乘主位坐的是季孙斯，驾车的是林楚，另有两名甲士手执铍、盾，夹护于季孙斯左右。名目上是护卫，实际是监禁。最后一乘由阳虎的堂弟阳越断后。季孙斯已经收到仲孙氏的密报，知道明天就是自己的死期。为此，不得不孤注一掷。他对林楚说：

"你家世代都是我季氏之臣，为什么要跟着阳虎造反？"

林楚说：

"阳虎掌管家业多年，家里的人都听令于他。你在深宫之中，小人哪有机会来领受你的命令？况且，如果我不服从阳虎的命令，必遭处死。”

季孙斯说：

“你现在领受我的命令，为时不晚。我命你将车驾到仲孙氏去！”

林楚说：

“这两个甲士是我的人，倒还没有问题。前有阳虎，后有阳越，如何走得脱？那只会害死你！”

季孙斯说：

“现在还有一线机会，到了明天就是必死！你照我说的做！”

三乘车行至宽敞的路口时，林楚调转车头，猛鞭乘马，往仲孙氏家中冲去。前面的阳虎看不到后面，反应慢一步。后面的阳越一路追赶，一路放箭。仲孙氏家门口正假装扩建房屋，聚集有数十甲士。这些人放季孙斯进门之后，赶紧关门。看到仅有两乘车追来，众武士从门中放箭。阳越被门缝里射出的箭射死，阳虎转身逃脱。离开仲孙氏家门口，阳虎径直至宫中挟持鲁定公。此时，叔孙辄、叔仲志已经挟持了叔孙不敢之子叔孙州仇。阳虎组织起季氏、叔孙氏的军队反攻仲孙氏。双方战斗之际，有人报告于阳虎：

两路人马分别从东门、南门进攻城门。从旗号、徽章上看，是成邑的人。

阳虎问：

“我们的人呢？何时能到？”

有人回答：

“原计划明天上午到达。虽然派人去催，最快也得夜里才能到。”

阳虎兵分两路去守城。他与成人战于南门之闳，战败。又战于城中的棘下，又败。混乱之中，鲁定公、叔孙不敢逃脱。阳虎准备逃出曲阜。他到鲁定公的宫中盗走了“夏后氏之璜”和“繁弱”，然后退守曲阜城外的五父之衢，下令休息、开饭。手下问：

"追兵将至，我们不赶紧走吗？"

阳虎说：

"我虽战败，威名犹在。听说我出城，他们幸于脱祸，欢喜都来不及，哪敢来追我？何况，我们的人就要到达，我怕他作甚！"

仲孙氏方面，公敛处父之子公敛阳请求出城追击阳虎。仲孙何忌说：

"眼下第一重要的是找到君主，保护君主。第二重要的是联络叔孙氏。阳虎密谋在先，不知是否暗藏其他计划，我们宜守不宜攻。"

公敛阳又说：

"季氏当家人就在我们手中，何不趁此时机杀了他！"

仲孙何忌上下打量公敛阳，说：

"一乱未平，岂能再添新乱？你想做第二个阳虎？"

阳虎在五父之衢住了一夜，第二天到达自己的封地讙，组织起心腹退守阳关。经此事变，鲁国分裂为两部分：阳虎占据了讙和阳关，三桓占据其余地方。春秋222年夏，阳虎派人送还夏后氏之璜和繁弱。六月，三桓进攻阳关。阳虎寡不敌众，放火烧城门，趁火灾之乱逃脱至齐国。阳虎请求齐景公讨伐鲁国，说是以他的手下做内应，必能让齐国吞并鲁国。齐景公原想同意。齐国贵族鲍国进谏说：

"阳虎与三桓斗，无论谁胜谁负，于我国都是好事。由我国出兵，伤亡我国的将士，就不是好事。何况，阳虎有叛臣之名。助叛臣而伐邻国，道义上也说不过去。阳虎公开说拥护君主，实际的计划却是由他继承仲孙氏家业。他以鲁国君主为名，图的是他个人的利益。如今以你为名，当然仍旧图的是他个人的利益。这种人，谁有权势，就巴结谁。求的是其个人好处，哪有什么忠心可言？你不但不能听他的，并且不能重用他！本当杀了他。杀了他会让外国之士不敢投奔我国。然而，你要防着他！"

听了这建议，齐景公决定将阳虎封于齐国东部的东海边上，将其隔离于鲁国。阳虎能够于鲁国兴风作浪，也确有些心智。他不等齐景公开口，就主动请求封于东海。齐景公想：

"他想到东方，莫不是又暗藏有什么阴谋？他想到东方，我偏不让他到东方。"

于是，齐景公将阳虎封于齐鲁交界地方。名目上是封建，实际上是软禁。阳虎又生一计，他将看守他的齐国战车的车轴锯断之后用麻绳绑紧。然后驾一乘有车壁的马车逃跑。齐国人追阳虎的时候，战车偾于途中。阳虎得以逃出齐国。阳虎逃离齐国后，先到宋国。不受待见。转投晋国，臣于赵鞅。

阳虎的失败，第一原因是仲孙氏出于三桓共同的利益，于关键时候站于季孙斯的立场。第二原因是林楚临时反水。深层次看，则是因为季氏树大根深。冰冻三尺非一日之寒。季氏执掌鲁国政权长达百年。百多年间，季氏编织起了一张越来越厚、越来越密的关系网。阳虎不过是这张网之中的一部分。表面看来，阳虎掌握了鲁国半数以上的兵权。只因仲孙氏的管家偶然地察觉了阳虎的计划，才造成失败。实际上，纵然没有这个偶然因素，阳虎也不可能成功。为什么呢？因为阳虎纵然于鲁国政变成功，也还可能遭到国际上的反对。阳虎掌握了鲁国大半的兵力，却没有掌握天下大半的兵力。季氏很早以前就以鲁国大家族的身份，暗中建设自己在国际上的关系网。除非是，在季氏建设国际关系的历史之中，也完全由阳虎代行其身份。然而，那是不可能的。由于儒教的名分观念、礼仪制度，就连季氏的外交都是私下进行，阳虎则连私下的外交都没有。阳虎在国际上本没有声望，却想当然地以为齐国会帮他。齐国会帮他吗？当初，鲁昭公流亡于齐国的时候，是季氏悄悄向齐国送礼，而不是阳虎。好比做生意：生意人更愿意与长期交往的客户打交道。同时面对老关系和新客户，即使新客户能让自己多赚钱，出于风险的考虑，往往宁愿选择老关系。

齐国不愿采纳阳虎的建议讨伐鲁国，用的是早先齐桓公称霸时候的思路：

齐国要争霸于天下，必须先威服燕、卫、鲁。然后，以此三国为盟友，逐渐扩张势力。

齐景公即位以来，国际形势由晋、楚争霸逐渐转变为霸主消失、诸侯自治。而齐国则是在经历了五子乱齐、崔庆专权之后，政权转入齐景公手中。在这样的国际、国内背景下，齐景公很早就在扩张齐国的势力。

齐景公是齐灵公之子、鲁国浪子叔孙乔如的外孙。春秋175年，崔杼谋杀了齐后庄公，不愿立齐后庄公之子，才让齐景公坐上位子。齐景公即位以后，先后遭到崔氏、庆氏、惠公族人的挟持，没有实权。直到春秋191年，惠公族人倒台，齐景公才真正获得齐国政权。而恢复齐国霸业的行动，则早在此前就已经开始。

早在齐顷公年代，齐国结束了五子乱齐，就已经生发出恢复齐桓公霸业的理想。当时，齐顷公按桓公称霸的路线图，进攻鲁、卫。结果引起晋国的注意，由郤克大败齐军于鞌。战后，齐国被迫接受屈辱条约，国势一蹶不振。齐景公借鉴于顷公的教训，将扩张的线路尽量远离晋国方向，转图燕国。春秋184年，燕国内乱，燕简公逃奔齐国。齐景公想到先君威服燕、卫、鲁的计划，重启霸业路线图。为避免晋国反对，齐景公向晋国送礼，申请对燕国的管理权。当时，晋平公采纳子产的药方，用齐国女儿来治色痨，两度迎娶齐国女儿。晋平公对齐国有些感激，所以同意了齐景公的请求。齐景公于春秋187年冬出兵燕国。次年春，燕国送出女儿、玉器，求和于齐国。春秋195年，莒国君主著丘公去世。著丘公之弟庚舆赶走太子郊公，自立为君。郊公逃奔齐国。以此为契机，齐国于春秋200年、春秋203年、春秋204年三次出兵莒国，最终拥立了郊公。通过以上军事、外交，齐国霸业小有所成，可谓小霸于东方。其间的春秋197年，齐景公召集起齐、徐、郯、莒会盟于蒲隧，执牛耳于祭坛。

在这样的背景下，鲁国君主鲁昭公谋杀季氏失败，逃奔齐国。自春秋206年鲁昭公逃亡出国，至春秋213年鲁昭公客死于晋国境内的乾侯；这期间，齐景公出于争霸的思想，一再请鲁昭公到齐国。然而，晋国不愿看到齐国崛起，干涉此事。最终齐国在鲁昭公身上没有得到太多好处。此后，齐景公用晏婴之计，挑拨阳虎、三桓内斗，以此削弱鲁国国力。齐景公先是支持阳虎，后来又囚禁阳虎，不过是为了讨好执政于鲁国的三桓。讨好鲁国，正是威服燕、鲁、卫的霸业大计的一环。

春秋 201 年，卫灵公逃亡于死鸟。当时，公孙青请示于齐景公。齐景公考虑到霸业路线图，赌卫灵公能够反正，以"阿下执事"赢得卫灵公感激。之后，北宫结献执使侵卫之计，齐、卫盟于琐。继而赵鞅打压卫灵公，涉佗挼手及捥。晋、卫关系彻底破裂，而齐、卫之盟则越发牢固。

齐景公的上述作为，实现了威服燕、鲁、卫的霸业第一步。按管仲当初的设计，此时都还不能直接与大国交手，而应当用势力弥漫、浸润的方式，威服鲁、卫外围的小国。说具体点，齐景公此时应当致力于郑国、宋国。然而，齐景公没有这样做，而是直接进攻早先的霸主晋国。为什么呢？或许是因为他认为此时的晋国已经称不上大国，或许是因为他认为此时的地缘政治形势有所不同。阳虎逃奔晋国这一年，是卫灵公遭涉佗侮辱的第二年。齐景公于此时誓师伐晋，一则讨伐晋国吸纳齐国叛臣之罪，再则为盟友卫灵公报仇。齐景公对将士许以高官美爵，动员出一些英雄人物：

齐国贵族敝无存奉命出征。他的父亲担心他死于战场，让家中绝后，想赶在他出征之前为他娶媳妇，以便遗留下家庭的种子。敝无存说：

"我要好习武备战，没时间与女人同房。就算有时间，好不容易打熬出的力气，只能用到敌人身上，不能用到女人身上！你让弟弟来娶她。君主有命：如果一家之中只有两兄弟，其中一个可以不出征。弟弟在家中慢慢养，还怕没有后人？"

他的父亲说：

"依礼，兄长为大。只要你还没死，就轮不到他！焉有哥哥不娶，弟弟先娶的道理？你要实在不愿娶女人，且等战后再说。"

敝无存说：

"哪个男人不好色？然而，大丈夫患功名之不立，不患无妻。此番出征，我要么就战死；要么就建立功勋，请主公赐婚予我。我要娶高氏、国氏的女儿！"

这高氏、国氏，在齐桓公年代就已经分别执掌齐国政权的三分之一，好比东晋、南朝的王家和谢家，乃是齐国最高贵的贵族。敝无存这个话传了出去，齐景公正好大肆宣传：

"好男儿志在四方！子弟有此血性，寡人当以社稷、祭祀报之，又何止于高、国女儿！"

齐军围攻晋邑仪夷。敝无存以必死之志率先登上城墙。晋军防守甚严，跟随于敝无存身后的齐国将士全部被射下城楼。敝无存看自己后继无人，赶紧冲向城门，想要打开城门放齐军入城。敝无存练就了过人的武艺，于狭窄的道路上遭遇几人、十来人都可以轻松应付。然而，从城墙到城门开关位置，须经过一个宽敞约有一百平方米的台地。在这个地方，敝无存遭到包围。敝无存左手挟弓、以牙齿和脚配合拉弦放箭往前攻；右手拖长戈护后，鏖战血拼，杀死对方十多人，最终被晋兵从远处用箭射死。

城墙下，齐军第二波敢死队架云梯登城。冲在最前面的是东郭书和犁弥。登城前，犁弥对东郭书说：

"我们并肩登城，好彼此照应。登上之后，你往右招手，我往左招手。你、我的本事出类拔萃，后面的人肯定还没有赶上。这样，下面的人看到是我们同时先登，我们共享先登的头功。"

东郭书是齐国自敝无存之下的第二高手，原本仰慕敝无存，想争头功。敝无存登城之后杳无音信，显然已经阵亡。这让他想到自保。为此，他同意犁弥的建议。二人相互掩护，到达城墙。东郭书往下招手的时候，下面的齐军都看到。正在此时，犁弥违背约定、先一步跳进城内，争了首功。二人进城之后，齐军纷扑而上。晋军城墙失守。在战斗的间歇中，东郭书与王猛并肩歇息。王猛故意开玩笑：

"今天攻城，是我第一个登上城楼！"

因为犁弥的欺诈，东郭书一边战斗，一边生闷气。听到这话，东郭书拔剑而起，逼近王猛。说：

"攻城不易；看来，取功名比攻城更不易！"

王猛赶紧告饶：

"玩笑而已！我哪能与你争功！"

……

仪夷失守的消息传到晋国。此时的晋国，不但组织不起诸侯联军，反倒遭到诸侯的围攻。晋国有点想不通：

我本是天下盟主，如今为何众叛亲离？

考虑到北方诸侯大都与晋国为敌，晋国方面集结千乘兵力驻于中牟（按：孔颖达以为此中牟在温水之上，不是当今郑州市的中牟县。）。不光是对阵齐、卫，更兼防备楚国。

卫国方面，国力不济，急于与齐军会师。此时，齐景公驻于五氏。晋军从中牟分拨军队，一头阻截卫灵公，一头包围五氏。从卫都至五氏，须经过中牟。卫灵公问卜于神灵，结果龟背炙焦，问卜无相。卫灵公说：

"死鸟之时，寡人生死未卜。齐国使者执铎行撒，问我以上国之礼。此情难忘。今齐君亲征，为我复仇。纵有万般艰险，也要会师！"

春秋 201 年，卫国内乱，宣姜的情夫公子朝、褚师圃逃奔晋国。这其中的公子朝，长相和性功能不错，却没什么才干。褚师圃则有些本事，受到晋国重用。此时，褚师圃随晋军在中牟。褚师圃建议于晋军主帅：

"卫国君主受涉佗侮辱，以为生平之耻，势必拼死战斗。齐军刚刚攻下仪夷，骄而无备。听说，齐君命东郭书守卫仪夷。此人乃一介武夫，全凭率先登城的功劳晋升为主帅，胸无韬略。我们阻截卫军，即使成功，也会遭受巨大损失。不如以較少兵力拦截卫军，以主力偷袭仪夷。兵法有围点打援，此乃反其意而用之。"

晋军采用此计，以主力反扑夷仪。

......

齐军攻下仪夷之后，齐景公亲至仪夷犒劳将士。齐景公说：

"是哪一个勇士第一个登上城楼？我要犒以命大夫之礼！"

军人反映情况：

"第一轮进攻，是敝无存捷足先登！然而，此人不知去向，多半是战死了。第二轮进攻破城，是犁弥先登。"

齐景公要赏犁弥。王猛已经将自己的玩笑转告犁弥。犁弥怕东郭书找自己拼命，推辞说：

"我登上城墙时，看到有个人已经先上城。慌乱之中，看不太清。只记得他头戴白布帻巾，身穿狸皮大衣。"

齐景公巡视于军中，发现东郭书头戴白帻，身穿狸衣，说：

"原来是你！"

东郭书原本恼怒于犁弥。看对方礼让，也就说出实情：

"登城之前，我与犁弥约定好共同分享头功。我们是同时登城。"

......

为表彰烈士，齐景公出重金购得敝无存的尸身，亲自主持其葬礼。敝无存的尸身穿上三层礼服。敝无存的灵车享受特别的待遇：

车篷由犀牛皮制成。车盖用诸侯君主的礼制，特别高大。

仪夷城外，五百乘齐军全体穿黑色丧服，跪于地面，哭声震天。八名武士执绋挽椁至灵车之上，然后跪于车旁。齐景公亲自推动灵车的车轮转动三圈，然后灵车驶向齐国。

此举被视葬礼的最高待遇，号为"推毂"。而后世的葬礼之中，从此又添加上推毂礼。金正日的葬礼之上，金正恩的手置于灵车的车轮位置，仍然是行的这个古礼。

为了弘扬爱国主义，齐景公厚葬敝无存，并且将东郭书晋爵为一命大夫，命其驻守新攻取的夷仪。东郭书被荣耀冲昏了头脑，成天酒筵庆功。有人建议他加强城防，防止齐军的反攻。他说：

"主公在五氏，卫国君主也正赶往五氏。晋军求功，必将主力移至五氏。怎会弃君主不攻，来攻仪夷？"

此时，晋军用褚师圃之计，以主力偷袭仪夷。晋军全歼齐军五百乘，东郭书弃城而逃。经此一跌，齐景公并不气馁，反倒割让三个邑与卫国，酬谢卫灵公。卫灵公虽然为齐景公助阵，毕竟没有帮上忙。事情的结果是齐军大败，齐景公为何要割地与卫国呢？这仍然是效仿当初齐桓公的做法。早先的柯之盟，曹刿摽剑胁盟，齐桓公反倒遵守盟约，割让汶阳之田。这种做法，为的是让邻国成齐国的真心盟友。割让土地与卫国之后，齐景公又割让土地与鲁国。齐景公割地予鲁，与割地予卫是一个道理，乃是故意为之。然而，因为此事牵涉千古圣人孔子，事情就被传得变了样。相关情况，下回再叙。

笔者感于敝无存的豪气，吟成四句：

男儿眼中血，拒娶赴国难。
生为国高婿，死由君推毂。

正闰第八十六回

文圣人却莱堕费　武莽夫有罪无功

上回说到，齐景公为搞好邻国关系，决定给鲁国好处。照理说，白送好处给别人是很简单的事情。然而，在国际关系中却不是这样。齐国不可能通过外交主动将土地送给鲁国。因为，自己求着别人，所求的事情却是将自己的东西送给别人。这种事情若出现在公开的朝堂之上，会显得齐国大失脸面。为此，需要导演一出戏，让事情显得是齐国迫于某种压力，不得不割让土地。齐国方面会议此事。新晋级为命大夫的犁弥建议：

"鲁国的孔丘靠了学生的关系，做上司寇。此人有学者之名，其实是阳虎一流的人物，政治上无非是想以忠君为名，得点个人的好处。可将对付阳虎的办法，用到此人身上。"

齐景公说：

"阳虎名义上是季氏管家，却有实权。鲁国司寇名目上号为孤卿，其实是个闲职。你未免高看他了。"

犁弥道：

"不然。孔丘虽无实权，却已成名数十年。他开办私学，学生众多。仲孙氏的当家人何忌，是他的学生。季氏家臣之中，大半是他的学生。他要做的事情，学生们出于尊重，至少不会反对。"

齐景公说：

"威服鲁国，乃是图霸业的大事。量他孔丘一介文人，贪生怕死，哪敢做这等大事？"

犁弥说：

"正是要他贪生怕死。不然，他号召起他的学生，拼死与你斗，局势就不在你的掌握之中。

"我们用些武士来吓他一吓，让他知道点我国的厉害。然后再给他点好处。如此软硬兼施，会让他像阳虎那样，以为自己能够翻云覆雨。只要他生出政治上的抱负，就可以为我所用。"

春秋 223 年春，齐、鲁会于夹谷，议题是盟证齐、鲁之好。官居司寇的孔丘，以鲁国"三公"的身份，跟随鲁定公参会。孔丘本是源出宋国的没落贵族，曾经贫困到为别人做马夫。此会乃是他以高官身份于国际上崭露头角，所以他在心下抱定一个宗旨：

要像曹刿那样，拼死维护鲁国利益。

孔丘时年 52 岁，正当春秋鼎盛之时。胡须已经蓄了三十多年，虽不甚浓密，却也长至腰腹以下。身高原本超过两米，又戴了顶特别高的帽子。纵然是低头弯腰，也比普通人高出许多。他手执一杆三米高的长戈，腰胯一柄长达一米五的重剑，跟随于鲁定公身后，与鲁定公的距离，始终保持在两米与三米之间。那样子，很有点像楚灵王的设服离卫。犁弥在远处看到孔丘，说：

"鲁国人就是这点花架子！"

犁弥将手一招，预设下的武士蜂拥而至，将鲁定公一行包围。孔丘看一群野人身穿麻衣、布鞋，手执刀剑，阻住去路；赶紧扬戈拔剑，呵斥道：

"哪里来的野人，敢挡贵人道路！？"

来人答道：

"我等是莱国人，受齐国君主命令，特来迎接鲁国君主。"

说话间，这些人排成面对面的两列，形成一条通路。通路上，两边的人举起兵器，让兵器相交于离地约两米的高度。鲁定公身高不到一米八，从这兵器下走过去，倒还问题不大。孔丘连身高带帽子，足有两米二以上；如果不屈膝、弯腰，就走不过去。孔丘其人，书读得是比较多，却不曾参军打仗。这种阵仗，以他的博学，早就有所闻。然而，自己亲临其间，才觉得可怕。走到兵器前的时候，他暗中用曹刿的事迹来激励自己：

"不能屈膝！不能弯腰！不能低头！"

眼看他的发髻就要撞到兵器，兵器分开了。分开的时候，两边的人故意用力，让刀剑发出"仓啷"的声响。更有故意捉弄者，放下刀剑时假装不小心，让锋刃刮过孔丘的脖子。

会场上，孔丘指责齐国：

"齐、鲁君主盟誓，乃是大礼。贵国何以派野人相迎，又以兵刃胁迫我君！”

犁弥答道：

“大国盟誓，小国扈从。莱国人欲睹大国风采，故而主动来迎。东裔小国，备不齐礼服，是有点怠慢了贵国。至于说兵刃相迎，夫子你带的兵器，好像更长一些；短兵器胁迫了长兵器，不至于吧！”

孔丘听了这话，才陡然反应过来：

“是啊！我当时为何不以长戈来压下他们的刀剑？我怎么就没有想到呢？”

孔丘一愣之间，齐国的梁丘据说话圆场：

“夫子乃是讲礼，哪至于与这些人较武力！此会议的是齐、鲁交好，并非饮射讲武。依礼，衣裳之会概不携带兵器。既然双方都违反，就不宜再论此事。且讨论载书的誓言……”

会议达成如下条款：

其一，鲁国为齐国的军事盟友，鲁军追随齐军参加齐国组织的战争。齐国若出兵外国，鲁军以盟军身份派兵参加，兵力不得少于三百乘。

其二，齐国割让郓、谨、鬼阴三邑与鲁国。

考虑到孔丘华而不实，齐景公没有像对当初的阳虎那样，将土地私下给予孔丘；而是公开归还给鲁国。这三个邑回到鲁国，全部落入季氏手中。这三个邑之中的郓，是鲁昭公出逃齐国之后，齐国以鲁昭公之名入侵鲁国而抢占。当时，齐景公趁机抢占了郓和阳关。鲁昭公死于晋国之后，郓和阳关仍然由齐国占领。后来，齐景公用晏婴之计，将郓和阳关送给阳虎。阳虎败出曲阜之后，退守阳关。阳关被鲁军攻破，故而阳虎叛逃至齐国时，只献出了郓和阳虎本人的封地谨。阳虎流亡宋、晋，郓、谨继续为齐国所占领。至于鬼阴，则渊源久远。早先，齐国女儿文姜凭床上功夫控制了鲁桓公，让齐国攻取了鲁国的汶阳之田。后来，齐桓公为搞好齐、鲁关系，归还汶阳之田。归还的时候，选取汶阳之田中最好的一处，留下来，不还予鲁国。那就是鬼阴。鬼阴邻近于郓、谨，并且历史上是鲁国土地，所以于此一并归还。

　　土地是国家的命根。平白地割让土地，那肯定是因此能带来极大的好处。事前，齐景公与三桓秘密商议此事，经多次询盘、议盘，事先早就议定这两个条款。鲁定公和孔丘，不过是于公开场合最终确定此事。

　　头一年，齐景公于仪夷犒师之后，转攻五氏。卫灵公率卫国军队，也进攻五氏。驻于中牟的晋军用褚师圃之计，避重就轻，夺回仪夷。这让五氏的晋军承受巨大压力。驻守五氏的晋军将领赵午，乃是第一大夫赵鞅的堂弟，又是中行寅的外甥。因这两层背景，赵午受封于中原重镇邯郸。因五氏隶属于邯郸，故而赵午戍于五氏。

　　邯郸乃是战国时候的赵国的都城。春秋时候的晋国，原本位于黄土高原。然而，由晋国分裂而产生的赵、魏、韩三国，都城都在华北平原。这是为什么呢？这是因为晋国自晋文公以来的扩张：

　　齐桓公年代，当今的晋、冀、鲁、豫四省交界地带，是邢、卫、齐三国疆土。狄人南下，此地首当其冲。齐桓公用存亡续绝的王道思想，只求名、不求利，故而在救助邢、卫之后，组织诸侯出资重建邢、卫。到晋国做霸主的时候，用霸道思想，吞并邢国，建第二卫国。卫国都城本在朝歌。在晋国的侵略下，卫国先迁楚丘，后迁帝丘，都城越迁越东，疆土越迁越狭窄。至战国初期，卫国仅保有当今的河南濮阳。卫国的故国疆土，以及邢国、及其他华北小国，多为晋国兼并。晋国由此直接与中山、燕、齐交界。晋国经扩张得到的土地，多为晋国权臣瓜分；几经演变，最终分属赵氏、魏氏。赵氏在自己分得的华北平原的土地上建立起军事基地，那就是邯郸。在春秋末期、战国初期，赵、魏、韩为了抢占中原据点，都将重心从黄土高原迁至华北平原。于是，邯郸成为赵国的都城。以上为北部的情况。

　　还在城濮之战之前，晋文公以周王之命接收了阳樊、温、原、攒、茅。晋悼公于三驾之前建设虎牢，又吞并早先隶属于郑国的北制。由此，晋国得到洛阳以东，直至郑、宋的土地。这些土地几经演变，最终分属魏氏、韩氏。前面提到，韩起曾经用郑国退还的州来换取宋国的原。州、原正是前文周桓王送给郑庄公的 12 个邑之中的两个。至战国时候，韩国灭了郑国。韩国于虎牢、北制以东新建一城，用作都城，号为郑。那就是当今河南省会郑州。魏氏则得到韩氏所得土地的东部和北部，地跨河水、济水。魏氏也新建一城用作都城。此城号为大梁，就是当今河南开封。就当时而言，大梁是在济水岸边，而不是在河水岸边。以上是南部的情况。

且说当时，齐景公攻占仪夷的时候，赵氏的封地在黄土高原上的晋阳，邯郸则作为赵氏的封地，由赵氏内部分封给赵午。

因邯郸靠近五氏，赵鞅命赵午驻守五氏。晋军用褚师圃之计，没有派兵阻截卫灵公。卫灵公与齐景公会师于五氏，合攻赵午。赵午独自承受两国的主力，稍稍防守之后，于夜里弃城而逃。此战之后，齐景公感激卫灵公，割让三邑与卫。晋国方面则组织报复，于次年进攻卫国。五氏本是赵午的封地。因赵鞅不阻截卫灵公，造成赵午弃地而逃。赵午请求充当先锋，进攻卫国以找回颜面。卫灵公求救于齐国。齐景公此时正忙于齐、鲁关系，抽不出身。卫灵公只好独自坚守。赵午亲率步兵七十人，进攻卫都西门。卫军开门迎战，双方战于西门阓中……

赵午带着一身的血和伤，回到晋军大帐。赵鞅说：

"虽不能破城。然而以七十勇士挑战一国，勇气可嘉。可记头功！"

涉佗接口说：

"午确实是勇气可嘉。然而，如果是我做先锋，卫国人根本就不敢开门迎战！我请求再次挑战。"

为了压过赵午的风头，涉佗只带七十步兵出战。涉佗将七十步兵分作两列，步行至卫都城墙脚下站开。两列步兵面对面相向，形成通向城门的一个通道。守城将领通报于卫灵公。卫灵公说：

"鄟泽之盟，赵鞅派此人来侮辱我。现在又派他来，这是赵鞅想要寻鄟泽之盟，与我讲和。守城将士听令：

"只要涉佗不发起进攻，你们就不要放箭。"

于是，卫国城门前呈现出少见的场面：

城门紧闭。城外的晋军排列起夹道的队列，城上却不予理睬。

涉佗的七十人从早晨一直站到中午，然后回到晋军军营。涉佗满心以为会受到嘉奖。然而赵鞅却下令后撤三十里，与卫国议和。卫灵公回复说：

"鄟泽之盟，贵国使者说我算不上君主。我算不上君主，哪有资格与贵国结盟？贵国有涉佗那样的勇士，其武力足以征服天下，何须卫国军队加盟？"

话传到赵鞅那里，就有人建议逮捕涉佗、成何，然后将二人交付给卫国发落。成何听到点风声，赶紧逃奔燕国。涉佗反应慢一点，遭到死刑。死后，人头被作为礼物，送给卫灵公。处死涉佗时，赵鞅数涉佗之罪：

"鄟泽之盟，我命你结晋、卫之好。你违背我的军令，让卫国君主仇恨我国。你喜欢以武力胁迫人，我就同意你去挑战。你以为人家是不敢与你交战？人家是不屑于与你这样的莽夫交手！你只是一个下大夫，却与一国之君争执牛耳。此乃僭制之罪！

"《传》曰：苟焉以入人为志者，人亦入之也！眼下诸侯背叛晋国，正是尔等莽夫一味黩武的结果！"

直到死，涉佗都不知道自己因何得罪：

我所做的一切，都不过是按主人的意图去做。如今，主人却说我有罪？赵午攻城就是勇气可嘉，我攻城就是僭制。这是为什么呢？

因这有涉佗这样的例子，后世的士人信奉这样一点：

为人立身处事，任何书都可以不读，但一定要读《孝经》。因为，《孝经》能够提醒自己：不要忘了自己的身份！

晋国出兵卫国的时候，齐景公正在处理与鲁国之间的纠纷。齐、鲁是紧邻。与鲁国的关系，重于与卫国的关系。因此，齐景公舍远求近，没有出兵救助卫国。用晏婴之计，齐国对鲁国采取的是一种复杂的谋略：

主要思想是挑起鲁国内斗，让鲁国因内斗而无力参与国际局势，让鲁国内斗的各方都寻求齐国的支持。所要达到目的，第一是让鲁国放弃晋国，一心忠于齐国；第二是让鲁国变弱，无力进攻齐国。

在这个战略的指导下，齐、鲁之间政治关系时好时坏，军事上时战时和。鲁国的第一大政治势力是季氏。季氏得到齐国归还的土地，已经成为齐国的盟友。一个偶然的事件，让三桓之中的叔孙氏也成了齐国的盟友。什么事件呢？起因是：在晋军进攻卫国的时候，鲁国叔孙氏的当家人叔孙不敢去世。

叔孙不敢的继承人是其子叔孙州仇。叔孙州仇本是嫡出长子，其继承本是顺理成章。然而，叔孙氏家中的权力分配让叔孙州仇的继位变得复杂。

叔孙州仇是理所应当的继承人。然而，叔孙不敢在世的时候，迟迟不立世子。这让叔孙氏的管家公若藐形成势力。直到叔孙不敢快要去世的时候，叔孙州仇才成为继承人。叔孙州仇当家后，想要建立自己的心腹。公若藐却不愿放弃手中的权力。叔孙州仇派人暗杀公若藐。结果暗杀失败。之后，叔孙州仇任命自己的心腹公南为叔孙氏的军队首长，将公若藐贬为郈邑总管。公南做上军队首长之后，又密令郈邑的武将侯犯刺杀公若藐。侯犯长期以来都是在公若藐的领导下带兵，受了公若藐不少的恩惠，所以没有服从公南的命令。这时，有人向叔孙州仇建议：

"为了谋杀赵盾，晋灵公要求赵盾献剑。为了谋杀王僚，专诸于鱼腹之中藏剑。这些都是现成的计谋，只需稍做修改，就可以干掉公若藐。"

在鲁国朝廷上，叔孙仇州的心腹扮做奴隶，带一柄剑上朝。按规定，朝廷之上，除了君主，任何人不携带兵器。公若藐看到有人带剑上殿，就问：

"什么人？胆敢带剑上殿！"

那人说：

"我是州仇的奴隶。州仇得到一柄宝剑，要献给君主。"

公若藐说：

"什么宝剑？拿来我看一看！"

奴隶假装不懂礼仪：将剑拔出后，剑尖朝着公若藐递过去。公若藐伸手去接时，奴隶顺势推剑，杀死了公若藐……

在公若藐做管家的时候，侯犯是公若藐之下的第二号人物。看到公若藐出事，侯犯对新主人不敢再抱幻想，于郈邑组织防守。春秋223年秋，叔孙州仇、公南率军包围郈，不能破城。郈临近齐国。叔孙仇州请求齐国出兵支援。齐国对鲁国，用的是亦战亦和的策略。对于支援叔孙氏，齐景公倒也无可无不可。齐军虽参战，却只是摇旗呐喊，并不出力。郈邑久攻不下。又有人献计于叔孙州仇：

"侯犯担心步公若藐的后尘，所以拼死抵抗。他手下的人，并不是都像他那样。从外面攻不成功，可以考虑从内部攻破。"

叔孙州仇秘密会见郈邑工师驷赤，说：

"郈非唯叔孙氏之忧，社稷之患也！将若之何？"

驷赤见叔孙仇州前，得到升官发财的承诺。虽是秘密会见，他仍然担心走漏消息，为自己带来危险，就用隐语回答：

"我的态度，是《扬之水》最后一章中的四个字。"

《诗经》之中有两篇题目相同的诗，都名为《扬之水》。其中一篇最后一章是：

扬之水，不流束蒲。彼其之子，不与我戍许。怀哉怀哉，曷月予还归哉！

另一篇的最后一章是：

扬之水，白石粼粼。我闻有命，不敢以告人。

驷赤的意思，是指"我闻有命"四字，并暗含"不敢以告人"的保密承诺。然而，他的话涉及这许多文字，可以作多种解释。叔孙仇州看驷赤如此谨慎，觉得可以托付大事，赶紧向驷赤行稽首礼……

驷赤回到郈邑，对侯犯说：

"你以一邑对抗一国，虽眼下不致落败，长久下去，恐城中人心恼惧，出现哗变。为今之计，不如请求齐国出兵弹压。"

驷赤的话，正是侯犯最大的忧虑。侯犯已经叛变叔孙氏，已经成了叛臣。反正都是叛臣，索性叛变鲁国。侯犯向齐国求救。齐国方面，最想看到的就是这种情形，继续采用无可无不可的政策，派出使者至郈商议。

齐国使者到郈之前，驷赤于郈邑之中散布这样的话：

"听说侯犯要将此城献给齐国。齐国人哪能容得下我们？肯定会将我们迁到齐国内地，另派齐军驻守这里！侯犯与齐国已经办了交涉，不日就有齐国使者来此盟誓。"

齐国使者到郈的时候，遭到城里的人聚众嚷闹、围堵，只好折身回去。侯犯问计于驷赤。驷赤说：

"不出我所料，果真出现哗变。看来，此地不可久留。眼下，你只有用郈来换齐国的另一城市。你到齐国内地去，免得这些人害你。

"另外，你要预备下出逃所需的兵器，放在城门洞里，以备缓急！"

侯犯、驷赤与齐国讲好条件，齐国方面派人到郈清点人口、物资。齐国人来之前，驷赤派人于城中奔走高呼：

"齐军来了！齐军来了！"

人们跑到大街上准备战斗，驷赤的手下又指引：

"城门洞里有兵器！"

郈人拿起兵器，包围侯犯。驷赤假装效忠于侯犯，搭箭准备射郈人。侯犯说：

"不要打！赶紧想法救我！"

驷赤对郈人说：

"我们毕竟是你们的长官。你们不愿跟随我们，且放我们一条生路！我们走还不行吗？"

郈人让出路来。驷赤悄悄对侯犯说：

"我到前面去联络齐国人，你来殿后！"

侯犯、驷赤收拾起行李，分驾两乘马车出城。走到最后一道关口时，有人拦下他们，说：

"出此关，即不再是叔孙氏之臣。请留下车上的叔孙氏的兵器！"

驷赤分辩道：

"我们带的是自己私人的兵器。叔孙氏的兵器都有标志。你可以来查看！"

侯犯只想赶紧走脱，顾不及行李、兵器，就对驷赤说：

"你留下来与他们交割兵器，我先走一步！"

侯犯将自己车上的东西全部抛下车，驾着空车逃奔齐国。看着远去的侯犯，驷赤与关防的人相视而笑，说：

"若不是这最后一计，跟着你到齐国，我岂不真成了叛徒！"

……

驷赤此计，是典型的心理战。他利用侯犯心中所虑，两面架谎，挑拨起侯犯与郈人的矛盾。俗话所谓"捉鬼也是他，放鬼也是他"，就是指的这种计谋。

齐景公费尽心思威服鲁国，将晋国最忠诚的盟友争取到齐国的旗下。此时，晋国的另一盟友宋国又出现变故，让晋国越来越孤立。随后，晋国内部出现动乱，形成诸侯对晋国群起而攻之的局面。相关情况，下回再叙。

正闰第八十七回

争白马兄弟反目　戮忠臣赵鞅反正

　　上回说到，宋国出现变故，造成晋、宋关系破裂。此事的缘由，须连接上此前的历史。前文提到，春秋221年，宋国使者乐祁死于回国的途中。晋国扣留乐祁的尸身。晋、宋是友好国家，却闹出这种人命案。宋国君主宋景公相当重视，命第一大夫乐大心出使晋国，协调晋、宋关系。

　　乐大心何许人呢？算起来，他是乐祁的堂兄弟。早先，宋国的政权由桓公族人、戴公族人交替执掌。华元设计驱逐了桓公族人，桓公族人只剩下向戌一人。向戌与弃结盟，拥立宋元公。又促成了南北共和，名扬天下。此时，戴公族人之中出了个人物，名叫乐罕。乐罕是个孟尝君之类的人物，很得人心。从春秋201年至春秋203年，宋元公驱逐了华氏、向氏。乐氏于此填补真空，进入宋国权力的核心层。宋元公任命的六卿之中，有三人都是乐罕之孙。那是第一大夫乐大心、第四大夫乐祁、第六大夫乐挽。春秋206年，宋元公去世，其子宋景公即位。宋景公在位时间很长，从春秋207年直到春秋270年，任期从春秋延续至战国。春秋201年华氏挟持宋景公的时候，宋景公尚需哺乳。即位之初，也还只是不足十岁的小孩。从宋景公即位至此春秋221年，十多年间，宋国政权基本由乐氏控制。早先的乐罕，虽不是正卿，却已经于下层人民之中成名。如今又加上十多年的把持朝纲，让乐氏在政治上由蛇变龙，形成气候。当初，宋元公以决大的勇气驱逐权臣，如今戴公族人复活，权臣重现。宋景公有乃父之志，暗中想要处理乐氏。朝廷上，宋景公对乐大心说：

"乐祁为国捐躯，乃是国家的功臣。岂能让功臣的灵魂流浪他乡，成孤魂野鬼？然而，晋国扣押他的灵柩，想以此要挟寡人。此行务必由重臣出使，才显得我国重视晋、宋关系。你与他是兄弟，又是我国正卿。由你出使最好！"

乐大心比宋景公年长几十岁。宋景公的心思，乐大心焉能不知。乐大心想：

莫不是要趁此机会排挤我？

乐大心装病，推脱差事。乐大心很有权势，宋景公只好另委他人。乐大心对外宣称有病，在家中却歌舞不缀，陶情渔色。乐祁之子乐溷听说叔父有病，穿一身黑色丧服，手扶竹杖前来看望。看到乐大心穿一身艳色衣服，正在与女人调笑，乐溷说：

"我穿丧服，喝稀粥，走路都没有力气。听说你病了，仍然来看你。原来你这般快活！"

乐大心正在兴头上，不曾想到这情景，一时慌乱，说错了话：

"你是孝子，理当服丧。我、我凭什么就不能快活！"

这话激怒了乐溷。乐溷求见宋景公，说：

"右师（乐大心）根本没病。他不愿出使晋国，是想要造反！"

宋景公想：

我之所以没有公然处理他，正是担心你来反对。既然你不拥护他，还有好什么担心的！

春秋223年，宋国驱逐乐大心。乐大心逃奔曹国。就在这个时候，宋景公自家兄弟之间出了问题。前文提到，宋元夫人一生三子：宋景公、公子地、公子辰。君主的同父同母的弟弟，犹如秦国的鍼，地位相当尊贵。宋景公喜欢男色。他最宠爱的娈童是向戍的后人向魋。公子地仰慕大哥的情趣，附庸南风，宠爱一个名叫蘧富猎的娈童。公子地对蘧富猎爱得深沉，将自己家产的一半都分给了蘧富猎。他有四匹白马。这四匹马均是身高近接近二米五，且通体纯白、没有杂毛，跑起来如腾云驾风。为讨好佳人，公子地为这四匹马戴上羽饰的花冠、精致的铃铛。服之以豪华的海鱼皮马车。凤盖琴丽，和銮玲珑，恰好般配于美人。平常价，公子地亲自驾此马车，身边坐一个不足二十岁的男子：

身高约是一米七五，体重接近七十五公斤。胯部比普通男人宽，肩部却比普通男人窄，然而体形相当匀称。怎样的体形呢？类似于当今芭蕾舞男演员，只是肉更多一些。肌肉丰满、纤细、柔韧，如同女人一般，号为"骨不掩肉"。臀部丰满而上翘。肤色如玉，脸颊血气充盈，透出健康的红润颜色，号为"面若桃花"。完全没有胡须。头发不粗不细，却比普通人更黑、更浓密，透出油亮的颜色，号为"盛发如髯"。语言态度于豪爽的男人气之中，透着一股出人意料的妩媚。举手投足、回眸启齿之际，洋溢出生命的活力，暗示出期待、渴望的暧昧情绪。让人观之自失，忆之沉醉。那就是传说中的"妖态"……

此人穿一套纯白的礼服，就连帽子、靴子都是白色。只有领口、袖口、裙摆、靴尖饰以桃花图案的粉红色刺绣。此人的衣服和衣服之内的肉体，都每日用香料熏蒸；故而离他十米之外，已是香气袭人。此人是谁呢？就是蘧富猎。

这辆马车时常奔驰于商丘城中，路上的庶民、贵族惊为天人，望尘而拜……

公子地的马车经常在商丘城中招摇。向魋看到后，嫉妒得咬牙切齿：

"什么妖人！平白得为你家主人服丧？这打扮就是祸水、灾星！"

向魋请求宋景公：

"我不要你的花花江山，不要你的财宝，我只要公子地那乘白马马车。"

宋景公派人抢来这乘马车。为掩人耳目，将四匹白马的鬃毛和尾巴全部染成红色。向魋另立名目，穿一身大红礼服，梳妆打扮一番之后，也驾着这乘马车，于城里城外四处招摇。公子地得知马车被抢，带领手下于大街上拦下向魋，将向魋拖下马车，一顿暴打，然后夺回自己的马车。向魋遭此羞辱，感到无法存身，准备逃离商丘。宋景公闻讯，下令关闭商丘城的所有城门，寻找向魋。手下将向魋带到宋景公面前时，向魋一身尘土，衣服也扯烂了，脸上、身上尽是殴伤。宋景公看到爱人这般模样，情动于中，放声大哭，哭到双眼尽肿……

公子地一时冲动，打了君主的男妾。冷静下来之后，觉得事态严重，就找到弟弟公子辰，请公子辰出面调停。公子辰说：

"此事，你做得过于孟浪了！你爱一个人，愿意将家产与之平分。君主对自己的爱人，难道不是一样？

"也罢，我为你出个主意：你举家迁出商丘，做出要投奔外国的样子。我再到君主那里为你说话。都是一母所生的兄弟。想来，你还没有出境，君主就会请你回来。回来后，你一定要将马车献给君主，不要再带这起人四处招摇……"

公子地逃奔陈国。然而，宋景公并没有劝他回来的意思。公子辰一再求见，申明恺悌之情。宋景公不予理会。公子辰不像二位兄长。他不爱美人，爱的是江山。他有自己的党羽。其中包括仲佗（仲几之子，宋国第二大夫。）、石彄（石碏、石厚的后人，宋国世族。）。热衷于政治的人，自然熟知政治的规则。宋景公拒绝召回公子地，让公子辰想到乐大心：

君主对公子地的态度，是处理乐氏的政策的延续。这个政策延续下去，下一个就会轮到我！……

春秋 223 年冬，公子辰、仲佗、石彄出奔陈国。次年春，公子辰等人进入宋国第一大城市萧县，组织军备，叛出宋国。身在曹国的乐大心闻讯大喜，当即投奔萧县，同盟造反。宋景公与公子辰之间的战争自春秋 224 年延续至春秋 227 年。最终，公子辰战败，逃奔鲁国。在这期间，晋国权臣内斗，齐国趁机进攻晋国，齐景公邀盟于宋景公，宋国弃晋从齐。

上回说到，赵鞅以涉佗的人头换取与卫灵公的和好。晋、卫结盟。盟约之中，卫国献出五百家人口与晋国。战争是由赵鞅领导，得到的人口自然归赵氏。赵氏内部，因赵午的领地邯郸邻近卫国，就将新得到的人口安置于邯郸，由赵午管理。赵鞅用褚师圃之计，不救五氏，主攻仪夷，造成赵午丧失五氏。为此，赵午将卫国献出的人口视为对五氏的补偿。然而，赵鞅命令赵午：

"你将卫国上贡给我的那五百家人迁到晋阳。"

晋阳是赵鞅的封地，在太行山以西的黄土高原。而邯郸则在太行山以东的华北平原，邻近于卫国。赵鞅这个话，是要将这些人收归为自己的子民，于其中遴选出强壮男人，用做卫士；又选出美貌女人，用作性奴；其余的用做农奴，开发黄土高原上的农业。读者注意：当时，中国的政治体制从上到下都是采用封建诸侯。赵午与赵鞅之间的关系，就仿佛赵鞅与晋国君主的关系。名义上赵午是赵鞅所封的家臣，应当忠于赵鞅，服从赵鞅的命令；实际上，赵午将自己的封地视为个人私有，不愿意为了赵鞅的利益牺牲自己的封地。整个春秋史，早先是诸侯不服从周王，继而演变成卿不服从君主。至此时，已经演变成卿的家臣不服从卿。在这个权力重心逐渐下移的过程中，王道逐渐衰落，霸道兴起；继而霸道又逐渐衰落，形成一种新的政治形态：

列国之中普遍出现权力特别大的人物，代理国政。这种人物起用身份为士的低级贵族。人数众多的士有了参与国家大事的机会，苦修学术，形成诸子百家。霸道的继任者是什么？就是百家争鸣。诸子百家成为社会思想的主流，让身份为士的人掌握天下权重。那就进入了战国。战国时候的百家争鸣，不过是春秋时候的下陵上替的延续。以晋国为例，早先的晋武公，需要周王同意，才能组建军队。其权重在王道。后来，晋文公崛起，代周王号令天下。其权重在霸道。晋平公去世之后，赵、魏、韩、知、范、中行几大家族瓜分了晋国的权力。外国使臣朝拜晋国，于朝拜晋国君主之前，须先朝拜晋国的某个家族。这时，权重在卿。至此时，赵午开始对抗赵鞅，出现权重下移至家臣的苗头。战国时候的平原君赵胜，出身与赵午相同。赵胜养士多达数千，那就是权重在家臣。赵国的蔺相如出身为士，仅凭其胆识和才华，就可以跻身政坛，直升为赵国国相。那就是权重在士。

……

且说当时，赵鞅的话让赵午愤怒：

"你用外人的计策，对我见死不救。这点战利品，理当补偿于我！"

心下虽是这样想，主人的命令不能不听。赵午召集起自己的手下商量。众议以为：

他是家长。名义上，他是君，你是臣。你怎能不听他的号令？你口头上应承之后，先不行动，派人向他申诉……

赵午的使者申诉于赵鞅：

"午以为：五百家卫人居于邯郸，离故土尚不远。每当春秋节庆，回国祭祖，就是步行，也可以朝发夕至。祭祖是为人的底线。能够祭祖，就是人类；不能祭祖，则化为魑魅魍魉，不可以人道理喻。若远迁晋阳，至卫人不能祭祖，恐人心因此绝望，至铤而走险，以死抗争……

"午密谋偷袭齐国，引齐军兵临邯郸，借齐军来恐吓这五百家卫人，之后再迁其至晋阳。经此转折，虽远迁，卫人不敢有怨……"

赵鞅心下琢磨：

你能让齐人招之则来，呼之则去？除非是暗中私交于齐国。看来，你是宁愿将这点人口送给齐国，也不愿给我！

心下虽作此想，表面上，赵鞅不动声色，对赵午的使者说：

"偷袭齐国，乃是军国大事，须由中军大帐会议。你让午亲自来会议此事！"

赵午接到这个命令，明知此去危险，却也不敢不从。他带着自己的贴身卫士随行身后，晋见于赵鞅的军营。中军大帐之中，就是将领也不准携带兵器。然而，赵午的卫兵全部带剑进帐，紧跟于赵午身后。这里毕竟是赵鞅的地盘。赵鞅略施小计，秘密处死了赵午。处理赵午之前，送信至邯郸：

"午里通外国，以甲士掩袭中军大帐，谋杀主帅。现已按家法处理。诸位可问卜神灵，另立邯郸的主人。"

邯郸城中，赵午之子赵稷成为主人。赵稷背上不共戴天之仇，以邯郸叛出晋国，公开反对赵鞅。赵鞅组军征讨，然而有人不愿参战。什么人不愿参战呢？其一是中行氏。中行氏当家人中行寅，乃是赵午的嫡亲舅舅。赵午的母亲致书中行寅，申明血海深仇，请娘家协助报仇。中行寅看到赵氏内乱，虽不至于帮亲，且乐得坐观成败，收渔翁之利。早先，中行寅与范氏结交，将自己的女儿嫁与范氏当家人范吉射，成范吉射的老丈人。中行寅知会范氏，所以范氏也不愿参战。赵鞅是第一大夫，有权号令其他家族。范氏、中行氏不听号令，与赵氏的矛盾公开化。赵鞅召集心腹商讨对策。董安于说：

"先下手为强，后下手遭殃。我们要先发制人。"

赵鞅说：

"我知道这个道理。然而，先君悼公惩于权臣内斗，曾经立下个规矩：率先发动内乱的人，处以死刑。我们先动手，倒是能够取胜。只是，事后追查起原委，我有首祸之罪。"

董安于说：

"我家世代受主恩典，我早就有以身报主之志。如果事后追查首祸之罪，主人就说我是主谋。"

场面上，赵鞅说：

"那如何使得？！"

赵氏得了董安于的承诺，率先召集兵马，预备讨伐范氏、中行氏。范吉射、中行寅敢于不听号令，当然预防赵鞅会有行动。二人也用先发制人的思想，比赵鞅动手还要早一步。春秋226年秋七月，范皋夷、中行寅合攻赵鞅。赵鞅从新绛逃奔自己的封地晋阳。范吉射、中行寅乘胜追击，包围晋阳。晋国最大的三个家族都不在绛都。绛都之中出现变故。此时，晋国的权臣关系如下：

范氏内部，范吉射有个庶出的弟弟，名叫范皋夷。范皋夷与家长不和，暗中图谋篡位。

知氏内部，家长知跞是个同性恋，恋上个娈童名叫梁婴父。知跞承诺于梁婴父，要举荐梁婴父为晋国上卿。

韩氏家长韩不信与中行氏家长中行寅有私仇。

魏氏家长魏曼多则与范吉射有仇。

以上关系乱七八糟，总体而言，都是范氏、中行氏的政敌。赵、范、中行三家对峙于晋阳，让新绛城中的范皋夷、知跞、梁婴父、韩不信、魏曼多由共同的利益结成同盟，议成如下的计划：

其一，以中行氏、范氏不听号令为名，结交流亡于晋阳的正卿赵鞅，驱逐范吉射、中行寅。

其二，政变成功之后，立范皋夷为范氏继承人，继承范氏家业；由梁婴父接收中行氏家业，自立门户，晋级为晋国上卿。

这个计划之中，梁婴父得利最大，故而知跞最为卖力。知跞于朝廷上倡言：

"先君悼公与群臣刻玉牒、刑白马，于西河邀河神为证，立下誓言：始祸者死！泱泱大河尚在，此言如何能忘？若背此誓言，恐河神降罪，降下尧、舜时候的洪水来！

"赵氏与范氏、中行氏起恶，均为首祸。现鞅已经驱逐出都。同罪不可异罚，请驱逐吉射及寅！"

此时的晋国君主晋定公，手中所掌的土地和人口已经不及各大家族之中的任何一个。权臣的建议，他同意是执行，不同意仍然是执行。朝廷上的公议，不过是给执行赋予名分而已。场面上，晋定公说：

"众卿以为如何？"

韩氏、魏氏随声附和。于是，春秋226年冬十一月，知氏、韩氏、魏氏以晋定公之命，联合出兵，讨伐晋阳外围的范吉射、中行寅。范吉射、中行寅会议对策。中行寅说：

"知氏、韩氏、魏氏奉先君之盟、主公之命而来，其势不可挡。若正面迎战，我们必败。三家倾巢而出，绛都必然没有防备。我们以奇兵绕出他们背后，直取绛都。拿下绛都，控制住主公，则君主之命自我而出。三家之兵也不过是晋国臣民，岂能不听君主号令？挟持君主，让他们丧失名义，可不战而屈其兵！"

这时，下面站出一个人来，提出反对意见：

"俗话说：三折肱知为良医。进攻君主，乃是世间最干不得的事情。君主是国民的信仰所在。你去进攻君主，国中的任何人都会反对。我就是因为进攻君主，才流落到这里。我看知氏、韩氏、魏氏也并非铁板一块。宜用离间计，使三家彼此生疑。那同样可以不战而屈人之兵。"

此人是谁呢？就是齐国贵族子良。前文提到，田氏、鲍氏进攻惠公族人的时候，子良首倡挟持齐景公之议。结果被田氏嫁之以图谋弑君之名，败走鲁国。鲁国毕竟是齐国的邻国，子良于此随时可能受到齐国国内的追杀。所以，子良又转投晋国，托身于中行氏。中行寅听了子良的建议，不以为然：

"离间计需要派人到对方阵营散布谣言。疑心的生成，是一个缓慢的过程。而且，人心是最不可捉摸的，此计不能保证成功……

"不过，你的教训也确实值得注意。我们的奇兵绕过敌人之后，定要打出保护君主的旗号。知、魏、韩求的是私利，君主凭什么要向着他们？凭什么就不能接受我们？"

有的人性格固执、愎忿，不愿承认自己有错，不相信别人会有更好的建议。见别人有好的观点，心思暗中是嫉妒，于是吹毛索瘢，百般责难、诘隙；对自己的错误观点，心思暗中是护短，于是指鹿为马，多方遮掩、粉饰。愿意承认自己观点的次要方面有错，也愿意承认对方观点的次要方面正确；然而终究是以自己观点为主。

中行寅正好就是这种人。他照自己的想法亲自率兵绕至绛都，传信到城中，说是来保护君主。此时的晋定公，已经公开支持知、魏、韩，反对范、中行，哪能相信这种话，哪敢开城迎敌？晋定公立即组织防守，同时派人向知、魏、韩、赵寻求援助。范皋夷、中行寅撤围而走，让晋阳城中的赵鞅得以出城与知跞、韩不信、魏曼多会师，四家联手，反攻绛都。范氏、中行氏攻绛都不下，背后又遭到四家联攻。眼看战不能胜，只好出逃。范氏、中行氏逃奔朝歌。朝歌这地方，早先是卫国都城。卫国在晋国的蚕食下迁往当今的豫西北，朝歌成为晋国领土，为范氏的领地。范吉射、中行寅到朝歌之后，赶紧组织防守；并联络齐国，寻求外援。

赵鞅回到绛都，官复第一大夫。在绛都的各大家族按计划瓜分晋国政权，梁婴父得以荣登上卿。知氏、韩氏、魏氏的计划，赵鞅并没有参与。平白地涌现出一个新的权贵，让赵鞅感到诧异。赵鞅倒只是觉得奇怪，梁婴父却感到不安。不安生出恐惧。恐惧生出杀心。他对知跞说：

"人在落难的时候，为了保命，什么都愿意答应。等到转危为安之后，难免就会索还早先的一切，甚至还会想要更多的东西。

"早先，赵鞅被范氏、中行氏逼得出逃，就连身家性命也不能保证，哪在乎我们的计划？如今，范氏、中行氏已经出逃，他重返正卿之职。内顾无忧，势必会生出对你、我的敌意。此事，我们应提前预防。

"赵氏手下有个董安于。其人见识卓越，号为智囊。更兼世代为赵氏家臣，忠志不移。此人不除，赵氏必将独占晋国。"

知跞并没有认真倾听梁婴父的话，倒是将一双色眼，盯住对方的下半身不放。知跞说：

"做人不能太过分。你已经做了上卿，还想要什么？"

此情此景，梁婴父少不了装痴撒娇，扭腰展胯，故意将后突厥高。知跞跨身上去。二人交为一体……

知跞得了好处，于朝廷上说：

"范氏、中行氏率先进攻赵氏，有首祸之罪。然而，我听人说：两家之所以进攻赵氏，是因为赵氏的董安于提出先发制人。范氏、中行氏已受放逐之罚。赵氏也应当承担自己的责任。"

赵鞅回家后召集手下商议。董安于说：

"赵氏欠下一个罪责。我若不死，主人于朝廷上就说不起话。虽为正卿，也是有名无实。我若不死，国家还要继续乱下去。人谁不贪生？然而，今日之势，我不得不死！我死后，请处我以戮尸之刑，以赎赵氏之罪！"

说完之后，董安于解下腰带，套于脖子，左、右手各执一头，双手外拉，将自己勒死。赵鞅在台阶上面的位子上，扑身下来，解救不及，哭倒在地⋯⋯

场面上虽是做此演出，收敛之后，赵鞅还是依照董安于的建议，将其尸身陈列于市场，施以"戮尸"之刑。什么是戮尸之刑呢？后世的"弃市"，就是由它演变而来。它是将罪犯处死之后，将其尸身陈列于公众场合。让路人对尸身进行侮辱，甚至让野狗来啃，鸷、鸦来啄。尸身旁边，也派卫士进行全天候的管护。然而，这管护不是制止人、畜对尸体的糟蹋，而是防止罪犯的亲友前来收尸。据说岳飞墓前，有个秦桧的雕塑，跪于岳飞塑像面前。路人都可以向秦桧像上吐口水，以表达对奸臣的仇恨。这个，就是稍稍演变了的戮尸之刑。

读者试想，赵鞅要是真的舍不得让自己的手下去死，如何又忍心施以如此非人的刑罚？只不过，晋国人都畏惧赵氏的权势，不敢上前侮辱董安于的尸身，只是于远处指指戳戳。作为补偿，赵鞅重用董安于的后人，又为董安于建起宗庙，时常前去参拜、祭祀。

事后，赵鞅通告于知跞：

主命戮罪人安于。既伏其罪矣。敢以告。

知跞自觉欺人太甚，深表歉意，并且与赵氏结为盟友。赵氏的悔罪态度，使其赢得晋国众卿的谅解，重新执掌晋国政权。至战国初期，知氏伙同魏氏、韩氏进攻赵氏，反为赵、魏、韩所灭。事情的渊源，有此事为背景。

赵鞅处理好晋国内部的矛盾，转而追杀身在朝歌的范吉射、中行寅。此时，范吉射、中行寅早已联络齐国，与齐国结成同盟。早先，齐后庄公曾计划利用晋国叛臣栾盈来对付晋国。当时因鲁、卫掣肘，楚国违约，计划不成功。至此时，重启管仲的霸业路线图，鲁、卫已经完全弃晋从齐，齐景公怎肯错过时机？范氏、中行氏另派析成鲋、小王桃甲联络中山国。中山国与晋国是世仇，也愿意出力。

春秋227年，晋军包围朝歌。齐景公、鲁定公驻于脾、梁，声援朝歌。析成鲋、小王桃甲引中山军队偷袭晋都新绛。赵鞅接到间谍报告，分兵迎战中山。双方遭遇于绛。晋军获胜。析成鲋逃奔周朝。小王桃甲逃入朝歌……

因有外国干涉，赵鞅一时攻不下朝歌，与范氏、中行氏僵持。此时，齐国已经开始实施霸业路线图的第二步，致力于宋国。由此事，晋国内部的权臣之争，扩大为齐、晋之间的霸权之争。

宋景公与公子辰争夺萧的时候，公子地由陈国转郑国。

此前的春秋221年，郑国第一大夫子太叔去世。驷氏的驷歂继任正卿。早先，子产铸刑鼎，开创郑国的法治。驷歂踵接前贤，新制竹刑。所谓"竹刑"，就是将刑法刻于竹简之上。早先的鼎刑，将刑法条文铸于鼎身，民众都可以看到并遵照执行。然而，条文受载体所限，内容不多。竹刑以竹简为载体，既方便携带传播，又可以有更多的内容。这也算是一种普法的进步。

郑国自三驾以后，一直尊奉晋国，不再阳奉阴违。眼看晋国渐渐丧失盟主身份，郑国也生出自立的思想。公子地献地于郑，郑国正好扩张疆域，谋求富强。于是，驷歂接收公子地，与宋国为敌。郑、宋是邻国。历史以来，两国间存在疆界纠纷。郑国的子产执政的时候，子产与宋国议定如下条约：

其一，郑、宋之间存在争议的土地，其主权属于郑、宋，不属于任何第三国。

其二，在这有争议的土地上，郑、宋两国均不得驻兵，亦不得进行行政管理。这些地方作为双方的缓冲，只居住野人，不居住郑、宋国民。

其三，缓冲地方包括六个邑：弥作、顷丘、玉畅、嵒、戈、锡。

公子地到郑国后，提出让上述六个邑归属郑国，只求郑国出兵扳倒宋景公。

齐景公想要取代晋国的盟主地位，需要拉拢宋国。宋国的乐祁浪死于太行山，晋、宋之间生出嫌隙。郑、宋结仇，又让宋国急需盟友。齐景公驻于脾、梁之后，约会宋景公于洮。齐、宋达成共抗晋、郑的同盟意向。次年，郑国为公子地出兵，进攻宋国。齐景公率齐、卫联军救助宋国。宋国感恩图报，渐渐也弃晋从齐。

自春秋 227 年，赵鞅处理好国内的事情，包围朝歌；至春秋 231 年冬，晋军攻破朝歌；其间四年多，范皋夷、中行寅被困于朝歌城中，四面求救。对内召集两家党羽，对外寻求外国的帮助。赵鞅用围点打援的策略，对朝歌城围而不攻，分兵阻截前来救援的敌军。春秋 227 年冬，晋军于浊漳河打败前来救助朝歌的范氏、中行氏军队，擒获籍秦、子良。又于黄河打败前来救助的郑国军队。

郑国本是晋国的盟友，何以也加入到对抗晋国的队伍之中呢？因晋国权臣当道，外国与晋国的交往，成了与晋国权臣的交往。郑国结交的晋国权臣，不是赵氏，而是范氏。范氏求救于郑国。自从帮助王子朝的党羽入侵周朝，郑国就已经与晋国为敌。此时看晋国大势已去，选边站队，郑国站于范氏、中行氏的立场。至此，早先听令于晋国的中原诸侯，全部反过来与晋国为敌。形成诸侯围攻晋国的态势。好在晋国乃是天下第一大国，兵力雄厚。赵鞅坐镇朝歌城下，分兵阻截各路敌军，竟然游刃有余。齐景公看郑国救助朝歌不成功，转而率军进攻晋国本部，蚕食晋国疆土。晋国对抗诸侯之际，卫国出现变故，太子蒯聩逃奔外国。此时的卫国，已经成了晋国的敌人。赵鞅重启"第二卫国"的策略，纳蒯聩于戚。卫国的变故，与卫灵公的性倾向有关，相关事情，下回再叙。

　　笔者感于董安于的主动献身，诌成几句：

　　哪种信仰不是痴？不痴不能做大事。
　　生前报恩身后嗣，又建密谋又献身。

正闰第八十八回

蒯聩愤野人俚歌　　赵鞅誓桐棺三寸

　　卫灵公的第一夫人娶自于宋国，乃是宋元公之女，宋景公、公子地、公子辰的姐姐，名为南子。南子生有一子，即是太子蒯聩。卫灵公是纯粹的"男同"，迷恋弥子瑕，很少尽丈夫的义务。南子虽贵为第一夫人，却缺乏床第上的情趣。南子在宋国的时候有个相好，乃是宋元公的庶子，名为朝，史称宋朝（注意：与前文的公子朝不是同一人。公子朝是卫灵公的母亲的情夫，是卫国公子，为姬姓。宋朝是卫灵公的妻子的情夫，是宋国公子，为子姓。）。南子回家省亲的时候，将宋朝带到卫国，充当"男妾"。卫灵公对夫人带着歉意，所以对此事装聋作哑。更兼看到宋朝之后，觉得此子长得漂亮，可以算第二个弥子瑕，竟然向夫人提出共享宋朝。于是乎，宋朝下体的后面，用来接待卫国君主；下体的前面，又用来奉承卫国夫人。好算是物尽其用，各得其所。君主和夫人都离不开宋朝，宋朝因此成了卫国的第一红人，从此长住于卫国。此事成了卫国的笑柄，中原贵族背地里冷嘲热讽。尤其堪忧的是，蒯聩的身世因此变得迷离。有人说蒯聩是宋朝的儿子，不应当做卫国的继承人。

春秋 227 年，齐景公约会宋景公于洮。为了显出盟主身份，齐景公请盟友卫国派人参会。卫灵公命太子蒯聩带着礼物去参会。从卫国到洮，须经过宋国境内。蒯聩行至宋国郊外的时候，听到野人唱起一首新编的民歌。曲调倒没有什么了不起。只是听了那歌词的大意，让蒯聩无地自容：

既定尔娄猪，盍归吾艾豭？
译文：你的母猪已经产崽，为什么还不归还我的老种猪？

这是什么意思呢？卫灵公即位不久，即娶了南子。南子出嫁的当年，就将宋朝接到卫国。宋朝居于卫国，已经有三十年。这歌词的意思是：你卫国的男人没用，所以到我国来借男人帮你生儿子。如今儿子都快三十岁了，借给你的男人都老了。为什么还不将他归还？这种歌词，宋国人当作八卦故事唱着玩，却将蒯聩说成是"杂种"。特别是，诗意明显说蒯聩是宋朝的种。这将影响到蒯聩的政治地位。

蒯聩愤懑忧思，以为自己遭世人耻笑是因为摊上了一个特别骚的母亲。从洮回国后，他就定计谋杀南子。他找来一个武士，名叫阳速。蒯聩对阳速说：

"你跟着我去见夫人。我和她见面的时候，以回头为信号。我一回头，你就杀了她！"

阳速跟随蒯聩去拜见南子。蒯聩三次回头，阳速却不行动。南子看蒯聩神色有异，转身逃至卫灵公身边，哭诉于卫灵公：

"太子要杀我！"

卫灵公携南子登上高台，召集卫兵防卫。蒯聩想不到阳速临时变卦，赶紧逃奔宋国。卫国内部，卫灵公清洗蒯聩的党羽，或杀或逐。事变之后，阳速逃到野外，与野人为伍。蒯聩对人说：

"阳速害了我！我养他一场，望他知恩图报。哪知他临时变卦，坏我大事！如今的臣奴，已是为臣不臣！都照他这样子，谁还敢养臣？"

阳速则对人说：

"是太子害了我。他大逆不道，谋杀自己的亲生母亲。如果我不答应，他说我违令，要杀我；如果我答应他，杀了夫人，他还是要杀了我，用我来抵罪。无论如何，都是要我死。我不想死，所以表面答应，暗中准备逃跑。主子养人，是养生，不是养死。是他让我无所求生，是他为君不君！都照他这样子，谁还愿意做臣奴、事奉主子？今后，我再也不投靠任何人。宁愿做个野人。虽然清苦，倒还逍遥自在，倒还没有人逼着我去死。"

读者注意：早先晋灵公谋杀赵盾的时候，杀手鉏麑无所求生，头撞庭槐而死。当时，人的自保的意识还刚刚到达赵盾那样的正卿一级。像鉏麑这样的下层贵族，还只知道忠君，只知道服从。无所求生之际，鉏麑不敢想、也不能想死亡之外的其他出路。至此时，离鉏麑之死已经超过一百年。历史提供了太多的君不君、臣不臣的例子。上行下效，所以阳速有此举。到战国时候，普通的低级贵族能够思考天下大事，也能够担当天下大事。那是由春秋时候的下陵上替逐渐演变而形成。正是因为有阳速这样的先例，后来的范蠡更进一步：即使帮助君主建立了大功，也还是不愿继续为臣。人们不能够对抗儒教极其强大的尊卑思想，只能逃避。后世的"出世"思想，渊源于此。

卫国出现变故的时候，正当赵鞅包围朝歌之初。此时的赵鞅，刚刚处理好国内的事情，却面临中原诸侯的围攻。卫国的内乱，让赵鞅看到机会。赵鞅派人送信与身在宋国的蒯聩：

天难谌，命靡常。平王东迁以来，王道沦丧，霸道迭兴。掩耳盗铃，天王于狩河阳；欺世诳名，屈建竟执牛耳！小人下陵，嗤周约于涂中；君权上替，叹黍离于祭坛。名教扫地，妖道迭兴。衣冠人类，履周道为兽行；左衽夷狄，唱蛮歌为颂歌。时日曷丧？与子携藏！

尔来天王无权，盟主丧德。晋平荒淫，骨堆铜鞮之宫；楚灵乖张，尸流象舜之陵。三驾为霸道绝响，武军乃乱世萌芽。雅颂式微，中原亡国之音；礼义渐离，西戎九献之僭。鉏麑头撞庭槐，无所求生；阳速三顾不应，背弃人伦！兹父不义，兹母不慈，兹子何归？适彼乐土，适彼乐国，爰得我所！宋乃外姓敌国。卿本佳人；乃效飞燕，巢于帘幕之上？

鞅遭世不造，发愤幽思。欲与天下志士同荣同辱。阳虎，鲁国家臣，东裔浪人。顾其一技之长，用居中军司马。君乃上国元子，姬氏本枝。于晋可封建大邑，于卫当重居正统。谁谓河广？跂予望之！谁谓宋远？曾不崇朝！……（以上文字为笔者所写）

此时，卫国、宋国都认齐国为老大，有结成盟友的趋势。蒯聩在宋国，正担心遭到遣返。得了这封信，正好认晋国为乐国，投奔到赵鞅帐下。赵鞅也不失言，让蒯聩做自己的车右，用作心腹。

蒯聩出走，卫灵公考虑另立太子。蒯聩之外，卫灵公另有一子，名为公子郢。公子郢不是南子所生，乃是庶出。卫灵公出游于卫都城郊。公子郢跟随。看身边没有其他人，卫灵公说：

"我没有继承人，准备立你为太子。"

此事关系重大，公子郢不敢答复。卫灵又说：

"我没有继承人，准备立你为太子。"

公子郢说：

"请君主不要考虑我，考虑其他人！朝廷中堂之上，有夫人在；朝廷中庭之中，有众卿在。何至于私议于此！"

……

春秋 230 年夏，卫灵公去世。国不可无君。卫国朝议继承人之选。南子首先倡议。这倡议是一个测试：

"先君曾经下令：立公子郢为太子。请立郢！"

公子郢站出来，说：

"无有此事！先君病危以来，郢侍奉汤药，寸步不离。若有此令，郢岂能不知！

"先太子有子，名为辄，已立为先太子的继承人。先太子有罪，罪及其身。辄为嫡出长孙，潢派正统。宜立辄。"

读者注意：南子是辄的嫡亲祖母。辄成立，则南子以先君嫡妻、君主祖母身份，稳居第一夫人，执掌卫国实权。公子郢这个话，是站于南子的立场。郢曾经由君主私议为继承人。郢都不敢为君，卫灵公的其他儿子，就不敢有异议。

卫国朝廷立辄为君，让晋国的赵鞅想起早先的盟主大义。早先，孙林父为晋国外臣，居于戚，俨然"第二卫国"。赵鞅寻出这个典故，将戚分封予蒯聩，创建晋国所拥护的"卫国"。

按儒教规矩，继承人必须作为第一重要的人物，主持前任的葬礼。卫灵公的尸身在卫国，蒯聩则身在晋国。为了显出孝子身份，蒯聩将一些衣物装入一具空棺材之内，冒充说是卫灵公本人的衣冠。他在棺材上系上绋绳，亲自拖着这棺材步行由朝歌往戚，以示奔丧。当时的君主的棺材有内棺外椁，即便是里面不装死人，也相当沉重。蒯聩一人之力拖动棺材，极其吃力。然而，奔丧执绋乃是孝子的本分。蒯聩正是要以自己的艰辛来做宣传，以此来感动和说服卫国人、天下人：

父亲去世，理当由儿子继承家业。而今卫灵公去世，卫灵公的儿子却流亡在外，甚至不能亲自主持父亲的葬礼……

棺材毕竟太重。独自将其从一个城市拖到另一个城市，那是不可能的。虽不可能，蒯聩表面上还是要做成这种样子。暗地里，却又命手下心腹八人，冒充是来自卫都的人，穿着丧服前来迎接他。八人迎到蒯聩后，助绋于棺材的左右两边，共同将空棺材拖到戚。到了戚的城门口，又故意不进城。而是先哭祭先人。等到城里人的前来劝说"节哀顺变"，方才进城。

为防意外，赵鞅亲率大军，于蒯聩行程的两面夹护。名义上，说是感于蒯聩的孝思，行助绋之礼。实际上，则是意在创建第二卫国。赵鞅的军队行至半路途中，前哨通报：

大河挡道，不识路径。

赵鞅驻车踌躇。来自鲁国的阳虎说：

"小人前番自齐奔晋，行经这里。当时，此处并无大河。"

赵鞅道：

"那么，此河从何而来？"

阳虎道：

"早先大禹治水，理河水为九派，号为九河。所谓九河，乃概言之，实则时增时减。当夏季洪水，河水满溢，散成支流，远不止九条河。当冬季水枯，很多支流断流，又不足九条河。卫、邢以北，北燕以南，当九河区域，概为洪泛区，国家稀少。商王盘庚不识水径，定都太行以东，时遭洪泛，故而一再迁徙。近世以来，此地为山戎、鲜虞盘踞。然而山戎游牧生性，惯于以飞鸟、地动侦察军情，从不制作地图。故而九河虽处中原腹地，却无人知其径流分布。雨霖则河现，雨枯则河灭。如草木夏荣冬枯，时隐时现；又如木之枝叶，年年不同，虽同出于一木，今年的枝叶已非去年的枝叶。故而此地八年前无河，如今却有河。"

赵鞅道：

"据此说来，眼下为雨季，河水于此四出乱流，如何能辨东西南北？"

阳虎道：

"自大禹至今，九河所在地方洪水泛滥，国家稀少；而九河以东、以南的宋、卫、郑、鲁等地，国皆土著，少有迁徙。

"小人以为：此乃大禹弃北保南之计。大禹理水时，为保全南方，必是将九河理成南、北流向，使其经由燕国出海。因此，九河虽时隐时现，其流向却都是由南流北。我们渡河之后，往左行，可至燕国；往右行，即可至卫国。大方向是如此。只需渡河往右，再找野人打听，即可至戚。"

……

朝歌在晋国疆土以东。戚又在朝歌以东。赵鞅此举，乃是借卫国内乱，建戚为晋国的军事基地，从背后切断朝歌与诸侯的联系。朝歌城中的范吉射、中行寅得知情况，赶紧向列国求救，并告朝歌即将断粮。此前，齐国为了抵抗晋国，屯粮于郑国。齐军抽不出身，齐景公知会郑国，请郑国送粮至朝歌，先解朝歌城中的饥荒。郑国罕达、驷弘押小米一千车往朝歌。朝歌城中，范吉射出城迎粮。两路人马会师于戚郊。戚城之中赵鞅出兵挑战。晋军利用就近的优势，驻军于一处名叫铁的山丘，抢占了有利地形。郑军、范氏军队人马多于晋军。丧失先机之后，郑、范军队于夜里行军，一夜之间包围了铁。甲戌日之晨，赵鞅整军备战。晋军在高处。郑、卫军队在低处。晋军将士都看到了敌军的阵容。赵鞅以伯乐为御戎，蒯聩为车右。蒯聩看到对方的人马环绕于铁，阵营如山如海，一望无际。蒯聩吓得站立不稳，从战车上自投于车下。旁边的伯乐将登车绳递给他，耻笑道：

"简直是个女人！"

主帅战车这个样子，晋军将士都有退逃之意。蒯聩是卫国太子。赵鞅不好处理他。赵鞅的战车巡于三军。到开阔之处，赵鞅大声说：

范氏、中行氏反易天明，斩艾百姓，擅晋国而灭其君。寡君恃郑而保焉。今郑为不道，弃君助臣。二、三子顺天明，从君命，经德义，除诟耻，在此行也！克敌者，上大夫，受县；下大夫，受郡；士，田十万；庶人工商，遂；人臣隶圉，免。志父（赵鞅名）无罪，君实图之。若其有罪，绞缢以戮，桐棺三寸，不设属辟，素车朴马，无入于兆。下卿之罚也！

译文：范氏、中行氏违背天意，残杀百姓，专权于国家而谋害君主。寡君希望得到郑国的保护。然而，郑国不道，不助君而助臣。各位顺应天意，服从君命，遵从德义，雪除耻诟，在此行！如果打败敌人，身为上大夫者，封以县；身为下大夫者，封以郡；身为士者，封以方圆十里的耕地；身为庶人、工人、商人，晋级为不交赋税的贵族；身为奴隶，获得人身自由。我志父此行无罪，君主会考虑。如果我有罪，就让我身受绞刑，让我死后以三寸厚的桐木棺材来收敛，让我有棺无椁，让我的灵车不加装饰，让我的尸身进不了家中的坟场。让我接受这下卿的处罚。

晋国贵族赵罗为一乘战车的主帅。赵罗类似于蒯聩，吓得牙关打战，周身发抖。赵鞅眼角往车下一瞟。早有军吏携剑上前，要将赵罗军法从事。赵罗的御戎急中生智，将赵罗按倒于车中。对军吏说：

"且慢！罗并非胆怯！他昨夜受了风寒，此时疟疾发作。"

看到这种军情，赵鞅再次励军：

"诸位已经看到：敌军包围了我们。而且敌众我寡。此势敌军利于围守，我军则必须冲破包围。守者贪生，勇气不足。勇气，是我们唯一可用的优势！若无勇气，我等皆困死于此山。若有勇气，我军在高处，敌人在低处。以勇气冲锋而下，势如磐石下坡，必能冲破包围，且能以少胜多！

"我国先大夫毕万，本是个普通武士。他参加了七次重大的战役，每次都有斩获。国家将他晋级为大夫，让他享有百乘战马。最后，他寿终正寝于家中。战斗不会让人死，胆怯才会让人死！尔等何以就不如毕万？进一步，是生，是加官晋爵；退一步，就只能是在恐惧之中死去！何去何从？眼下必须立决！"

赵鞅身边的蒯聩，毕竟是贵族出身。听了这些话，蒯聩血气涌起。他跳下战车，用剑挖出一个坑，解下贴身佩玉，献祭于坑中，然后跪拜于天，发出一通著名的祷词：

曾孙蒯聩敢昭告皇祖文王、烈祖康叔、文叔襄公：郑胜乱从。晋午在难，不能治乱，使鞅讨之。蒯聩不敢自佚，备持矛焉。敢告无绝筋、无折骨、无面伤，以集大事。无作三祖羞。大命不敢请。佩玉不敢爱！

　　译文： 后人蒯聩明告于先祖文王（周文王）、康叔（周文王之子、周武王之弟、卫国开国君主）、襄公（蒯聩的祖父卫襄公）：郑国的胜（此时的郑国君主郑声公）作乱。晋国的午（此时的晋国君主晋定公）有难，不能处理动乱，让鞅（赵鞅）讨伐郑国的胜。蒯聩身为贵族，责无旁贷，持矛参战，为鞅之车右。请祖宗收下这贵重的佩玉，保佑我于此战之中不伤筋骨，不伤脸，完成讨伐动乱的大事，以免给三个祖宗丢脸！至于我的性命，不敢请祖宗保佑！

　　读者注意： 春秋贵族将贵族体面看得比性命更重要。宁肯死，也不愿意于战争之中受伤。另外，春秋贵族将战死视为身自为牲，献祭于神灵。作为献祭神灵的牺牲，死前身上不能有伤口。鲁迅的诗"我以我血荐轩辕"，就是源出这种身自为牲的儒教教义。蒯聩发出这通祷告，表现出必死的决心！此举感染了晋军将士。赵鞅率先跳下战车，学着蒯聩的样子祷告于祖宗。晋军全体将士都跟着跳下战车祷告，总算激励出斗志。

　　赵鞅回到军营，开会研究战术。阳虎建议：

　　"两军交战，实际只是冲在最前面的少数人之间的战斗。前面的声势，乃是全军的声势。我军来得匆忙，车兵不足。可将全部车兵布于前面。每车置双倍的军旗。于气势上压倒对方！待对方想到此计时，我军已占先机！"

　　……

　　晋军用阳虎之计，铺天盖地冲锋而下。郑、范军队组织起层层拦截。赵鞅的战车身先士卒，冲在最前面。赵鞅立于战车正中，双手各执一槌，尽全力擂鼓。郑军一名武士以戈击中赵鞅肩部，将赵鞅打倒于车中，顺势跳上赵鞅的战车，拔去车上的主帅战旗。蒯聩跳下战车，以戈击杀这名武士，抢回战旗。赵鞅身穿两层犀牛甲，故而戈刃没有割入身体。然而对方兵器的巨大力量将他撞成内伤，鲜血从他的口中涌出，洒于鼓上。赵鞅一边吐血，一边继续擂鼓。为保护主帅，蒯聩九次跳下战车阻截、追杀敌人。每次挥戈，都能将敌人打倒、打死。纷乱的战斗中，敌人的兵器割损了战车的车辕、皮带和缰绳。伯乐扔下缰绳，以口令和马鞭指挥战马，竟然能进退自如，旋转合度。

……

主帅战车如此拼命，晋军受到感染，激发出强大的战斗力。晋军一举冲破了包围，抢得了送往朝歌的千车小米，反过来追杀郑、范军队。郑军由姚般、公孙林断后，边战边退。姚般、公孙林组织弓箭手，一再射退晋军。赵鞅说：

"别看郑国是小国，郑国有人啊！"

赵鞅放弃追击，驻军休整。次日，有人献上郑军主帅战旗。此人不是晋军战士，而是范氏家臣公孙龙。早先，周朝与范氏的土地接壤，彼此间发生领土纷争。公孙龙凭借大国的势力，强占周朝土地，征税于周土。周朝照会于晋国，请晋国还公道。赵鞅身为正卿，判断此案。军吏将公孙龙逮捕，交由赵鞅定谳。赵鞅说：

"公孙龙身为范氏家臣，为范氏争利。此乃忠臣。何罪之有？"

赵鞅释放了公孙龙，只是告诫以后不要再有此举。公孙龙因赵鞅一句话，死而得生，故而伺机报答。铁之战中，公孙龙作为范氏的将领参战。郑、范败退的当夜，公孙龙组织心腹五百人偷袭郑军军营，抢得无数军资，转而投奔赵鞅。

……

此战之后，晋军将士各述战功：

赵鞅号为伏弢呕血、鼓音不衰。蒯聩号为九上九下，救主于车。伯乐更是一举成名。他说：

"如果没有战车，不能迅速进退，二位早就被杀死。战斗中，车辕、皮带和缰绳都快要断了，全靠我平常熟悉这四匹马，以口令驾马。如若不信，请看我再驾此车！"

他照平常驾车的方法，左执缰绳、右扬马鞭。一鞭下去，战马冲锋出去。缰绳绷断，车辕因马乱冲而断裂，车身仆于地、被四散的战马拖得四分五裂。

......

铁之战以晋国胜利告终。朝歌乏粮，范氏、中行氏再度告急于齐国。春秋 231 年，齐、卫联军包围戚，并联络中山国。此年冬，赵鞅再至朝歌，军于朝歌南门。此时，朝歌城中中行氏与范氏发生分歧。中行寅认为：

赵鞅前番截去军粮。此番再至，必有破城之志。城中人口众多，粮食难以为继。应当弃城，另谋居所。

范吉射认为：

眼下是天下诸侯围攻晋国。晋国之强、赵鞅之悍，又怎能与天下诸侯抗衡？朝歌之围不日可解。

从裙带关系上讲，范吉射、中行寅是翁婿关系。从政治上讲，两家又是同伙。然而，久围之下，粮食不能供应。只有让一部分人突围出去，才能生存。中行寅坚持自己的意见，独自离去。晋军主攻的方向是南门，北门方向兵力较弱。中行寅命自己的手下潜出北门外城，从背后进攻北门的晋军。他本人率军自北门出。里应外合，冲出朝歌城。赵鞅抱穷寇莫追之计，并且以为对方兵分则弱，于己有利，所以弃而不追，转而加强对朝歌的包围。一边加强围堵，一边又劝降于朝歌城中的范氏：

"吉射如能回归朝廷，鞅当主持公道，为范氏清理门户。"

为了显示诚意，赵鞅派人杀死了此时的范氏家长范皋夷，将其人头送给范吉射。赵鞅此举，乃是一石三鸟之计：

其一，以讲和的假象，让范氏与中行氏彼此猜疑。

其二，以讲和的假象，削弱朝歌城中的斗志和防备。

其三，趁机灭范氏，扩张赵氏在晋国的权势。

赵鞅的这些算计，范吉射岂能不知？范吉射向城中宣讲赵鞅的阴谋，又写信给出走的中行寅，表明心迹。然而，对于赵鞅一石三鸟的第三项，却无从化解。范氏自士蒍以来屹立于晋国两百年，从此消失于晋国政坛。

春秋 232 年秋七月，齐国田氏、弦施，卫国甯跪包围五氏以救助朝歌。赵鞅只好暂解朝歌之围，分兵救五氏。中行寅从

朝歌出走之后，逃到赵午的封地邯郸。赵午之子赵稷与赵鞅
有不共戴天之仇，当然要接纳中行寅。九月，赵鞅包围邯郸。
重兵之下，邯郸不战而溃。中行寅再逃至中山，赵稷逃奔临。
十二月，赵稷与齐将弦施会师于齐军军营。赵稷驻于临期间，
晋军包围临，却因临城防坚固，久攻不下。赵稷从临出走之
后，赵鞅效仿鲁国的孔子，下令毁去临的城防。此时，齐国方
面续用前计，也不派兵救助朝歌，而是侵略晋国疆土。齐军由
黄河运兵，逆黄河而上，侵占了晋国的邢、任、栾、逆、畤、
阴人、盂、壶口。这其中的壶口，乃是当今的壶口瀑布。齐军
已绕至晋都新绛的背后，形成对晋国的包围态势。在齐军的帮
助下，中行寅由中山转入柏人，另建基地。春秋233年春，赵
鞅包围柏人。中行寅弃城而逃，直接逃到齐国境内。在朝歌的
范吉射看赵鞅实在逼得太紧，也放弃朝歌，逃奔齐国。赵鞅赶
紧收复失地。至此，赵鞅总算将范氏、中行氏赶出了晋国。然
而，自春秋226年赵午首祸，引发范氏、中行氏之乱。晋国为
了追杀范氏、中行氏，用兵长达七年之久。晋国经此一乱，战
死了无数士兵，损失了大量疆土，虽仍是中原大国，却再也不
能恢复早先的盟主地位。

中国北方的晋国经范氏、中行氏之乱，完全丧失霸主地
位；中国的南方，却早在此前，就已经产生新的霸主。新的霸
主不是疆域广大的楚国，而是僻处东南的吴国。

春秋218年夏，吴王阖庐正在楚都郢之中。越国趁机入侵
吴国。此时的越王，不是勾践。直到春秋227年，勾践才即位
为越国君主。阖庐接到越国入侵的消息，命夫槩王回国却敌。
夫槩王回国后，轻松打败越军。夫槩王在楚国的时候，见识了
章华台的繁华，心下艳羡。进入郢都之后，吴国贵族依照周礼
所规定的名分，按各自的级别入住楚国贵族的家中，瓜分财宝
和女人。阖庐之子子山，抢先进住令尹囊瓦的家中。夫槩王闻
讯大怒：

"楚国令尹，乃是楚王之下第一号人物。子山何人，胆敢

入住？！"

　　他率军驱逐子山，抢占了囊瓦的家资和妻孥。囊瓦的家虽没有章华台的富丽，却比吴国的王宫还要辉煌。夫槩王到其间，才知道周礼的美妙：

　　酒本意在醉。然而周礼弄出许多名目，让饮宴成为表达尊卑级别的场所，让许多人来巴结你、献媚于你，宠得你乐开怀。音乐本意在抒情。然而周礼弄出许多名目，让音乐变成性的暗示——尤其有一个好处，这种暗示虽然时有时无，却不像性交那样短暂。建筑本意在于居住。然而周礼弄出许多名目，致力于建造上帝和神灵的居所。财富本来是用来消费。然而周礼弄出许多名目，创造出闻所未闻的无价之宝。

　　所有这一切，都共同指向一个世间最美妙的东西：占有！占有欲是无止境的。囊瓦家的房屋，不如章华台。囊瓦家的女人，不如章华台的女人。只有做上了王，才能享乐到最极致的快乐。为此一念执着，夫槩王回到苏州之后，即自立为吴王，组织军防，对抗阖庐。此时的阖庐，并没有太多的时间来享受快乐。吴军于春秋217年冬攻下郢都。就在这一年，申包胥以七天的不吃不喝，换取了秦哀公的同情，秦军出兵救助楚国。而此时的北方诸侯，看到吴国如此强盛，已经不再视吴国为盟友，不愿帮助吴国。秦、楚联军反攻郢都，而苏州城中又后院起火。阖庐只好舍弃楚国的花花江山，回国平定夫槩王的叛乱。夫槩王战败，逃奔楚国。此时的楚国正当用人之际，所以楚昭王不计前嫌，没有处理夫槩王。夫槩王的后人居于楚国，流传为堂谿氏。

　　……

　　眼看已经到手的半个中国，一年之间就丢失。阖庐心中不甘。春秋219年，吴国水军再伐楚国。楚国水军早先就打不过吴国。新经大创，更加不能抗拒。楚军水师全军覆灭。楚昭王庶兄子期以陆军挑战，吴、楚再战于繁阳。楚军又败。郢都大震。楚国君臣会议以为：

　　眼下无力与吴国抗衡。若再守郢都，恐再遭灭亡。可迁都于都。都在巫山之中。吴军虽强，毕竟生长于平原，不熟悉山地作战。

令尹子西闻言不惧反喜，说：

"国人向来自大，故而亡于自大。如今有了畏惧心，看来国家可以长久！"

楚国隐居大巴山以自保，吴国开拓疆土至长江中游。至此，吴国的疆土接近于早先的楚国。仅以疆域而论，达到了晋国的规模。然而，吴国强盛的时间并不长。至春秋250年，越灭吴，吴国从此消失。吴国的强盛，总共只持续了三十多年。

前面提到，越国的疆域，总共只包括当今的杭州湾平原。何以能够打败疆域几近半个中国的吴国？相关情况，且看下回。

笔者感于蒯聩的贵族情怀，吟成几句：

胸中流淌贵族血，自有豪气君四方。

纵使病至生命绝，要将全牲献神灵。

尊卑第八十九回

夫差谂杀父之仇　范蠡敦三才大计

上回说到，越国以较小的疆域，最终灭了疆域广大的吴国。

中国浙江省中部，有一座著名的大山，叫作会稽山。相传大禹治水时候，曾于此山大会天下部落。会稽山因此闻名。中国夏、商、周三代时候，会稽山的居民乃是从东南亚沿海岸迁徙而来的部落。从人种上讲，这些人杂合了黑色人种和褐色人种。

会稽山的人类，像其他人群一样，渐渐产生出部落首领，也渐渐形成贵族世袭的制度。春秋后期，越国首领第一次进入中原史书。此人名为允常。春秋218年，阖庐灭楚之际，允常率军入侵吴国。夫槩王打败了允常。春秋226年，允常去世，其子继位，是为勾践。允常坏了阖庐一统天下的大事，阖庐恨之入骨。听说允常去世，阖庐决定趁机报复。越国继承人勾践，此时正是二十郎当的小伙子，血气方刚，也有开拓万里波涛之志。勾践问计于手下谋臣范蠡：

"打天下，最重要的是什么？"

范蠡何许人呢？此人来自中原，是个学者，主修《洪范》第三畴的"农用八政"。学术上融会贯通，自成一家之言。范蠡应答说：

"世间万象，无外乎天、地、人三才。三才通而无不通。天道在于持盈。地道在于节事。人道在于定倾。"

勾践道：

"中原天书共九畴，其中有三德，却不曾听说什么三才。且为我一一道来。"

范蠡说：

"天行于黄道、赤道，错交而成四季。时当夏季，万物盈生。虽欲死之，蓁蓁刿尽还生。时当冬季，天行肃杀，虽欲生之，又何从得生？求生借于荣，求死借于枯。我持于盈，则生生不息；敌陷于枯，则无所求生。此之谓天道持盈。

"地在天之下，为天所覆盖。月从于星，好风好雨，方才有地产。且地性不动，束限所产。以有限资产争衡于天下，只有节俭。我国东限于鄞、西限于姑蔑、北限于御儿、南限于句无。统国之所有，仅为吴国十分之一。何以胜吴？唯有吴事于淫、我事于俭，方能以小胜大。此之谓地道节事。

"道心惟微、人心惟危。人道在天道、地道之下，且人性先天就有缺陷。圣人修德，仅得保全。普通人不修德，率皆乖谬。人性如钟摆，动之则倾，拨之则摇。我执其中，敌动于倾；此之谓人道定倾。

"独天不生、独地不生、独人不生。三才合而人生，缺一则死。故人生、国运，敬三才而已。静等以持盈，天不盈则不举。节俭积累以节事，财不足则不举。远计以定倾，敌不倾则不举。"

勾践道：

"先生所言，乃国家长久之计。我所问者，乃眼下边疆之事。先生所答，非我所问。阖庐兴师伐我，如何应敌？我没工夫听你这长篇大论！"

范蠡微微一笑：

"王欲灭吴，终须由我所论这三才做起。至于眼下战事，或守或降，战乃下策！"

……

春秋 227 年夏，阖庐兴师伐越，吴、越战于檇李。吴军乃是车兵，由申公巫臣、伯嚭、伍子胥、华登等人中原贵族调教近百年，阵列整齐。阖庐摆出荆尸阵，两翼展开，形如陷阱。勾践手下多是步兵，且没有阵形。勾践组织敢死队，发起几次冲锋。人还没有冲到车前，率皆被左据、右据从两边放箭射死。吴军战士射杀越国士兵之后哈哈大笑：

"你们这是冲锋？是不是找不到地方自杀，请我们帮忙？"

勾践其人，头脑极其灵活。听到"自杀"二字，勾践心生一计……

第二天对阵之时，越军排出三排敢死队。每排一百人，一字排开。三排顺次而进，仿佛一个"三"字。三百人全部不穿盔甲，只穿白衣。腰无弓箭，却又每人执一把短剑。吴军看越军排出这奇特的"三"字阵，却也不敢大意。第一排敢死队靠近箭程时突然停了下来。百人同时跪于地面，仰天大呼：

"两军交战之时，我等触犯军令，罪当死刑。越王欲借吴军之箭，为越国行刑！"

吴军将士听到这话，起初没回过神，倒还紧张。等听清这话，无不大笑。将士彼此交谈。有人说：

"越国君主真他妈窝囊！竟然想到这一出！"

又有人说：

"勾践就是个岛夷贱种，所以自认不如上国神兵！"

又有人说：

"我们为什么要帮他行刑？他让我射，我偏不射！"

吴军正在喧哗之际，跪着的百人中有人大呼：

"我等再往前行，必被射死！不如就地自杀，免得死于他人之手！"

说完之后，此人举起手中短剑，抹颈而死。其余九十九人跟着刎颈而死。这又引得吴军议论。有人说：

"这仗还用打么？！坐着看他们自杀就是了！"

又有人说：

"越国男人还算有种！只是这个勾践，太他妈窝囊。简直不是男人！"

第一排越军自杀之后，又上来第二排。第二排上来之后，又是第三排。都照第一排那样高呼、自杀。这种奇特的表演，乃是军事史上的奇观，人们都想上前观看。吴军将士渐渐放下兵器，解开盔甲。左广、右广的将士甚至跳下战车，步行到前面来观看。

就在第三排越军自杀之际，吴军背后突然骚动起来。在正面战场表演自杀的时候，勾践分派两路精兵绕到吴军背后，突然发起猛攻。吴军大败。越军组织追杀。逃亡之中，阖庐右脚掌受剑伤，右脚大拇指被斩断。剧痛之中，阖庐脱去战靴，赤脚逃跑。吴军后撤七里，驻于陉。当天夜里，阖庐因没有及时包扎伤口，失血过多而亡……

能够打败南方霸主的吴国，竟然被小小的越国打败，并且君主阵亡。吴国大震。阖庐之子夫差继任为吴王，发誓报杀父之仇。为申明复仇之志，夫差于寝宫门口安排两个卫士。每当自己进门、出门之际，两名卫士必大声问：

"夫差！尔忘越王之杀尔父乎？！"

夫差必大声回应：

"唯！不敢忘！"

……

春秋229年，正当勾践即位的第三年。这一年春天，夫差集吴军精锐讨伐越国，以报杀父之仇。越国兵力远不如吴国，迅速自越都杭州败退至会稽山。勾践清点手下战士，只剩下甲士三千。这点兵力，如果再战，已决无胜利的可能。至此，勾践不得不考虑战斗之外的其他出路。他召集手下，讨论形势，商量对策。大夫种说：

"吴、越同处于此三江之地，其势不可共生。吴国地近中原，感受中原风气之先，方方面面都强于我国。为此，我们不能与之正面争衡。

"愚计以为，眼下只有倾国家所有，降于吴国。若天意亡我越国，则夫差不允；若天意不亡越国，则夫差允我。是存是亡，在此一举！"

勾践问于范蠡：

"此前曾向先生请教。小子悖乱，不听君言，以至于此！请先生教我复国、复仇之计。若得复国、复仇，我宁愿将国家与先生平分。若得复国、复仇，我宁愿去死！"

范蠡道：

"小人命中不带富贵相，不敢想望江山。若能酬君之志，或许能成我之名。小人敢献越国复国、复仇之计。至于酬谢，只求君王事成之后还我自由之身！"

"大夫种所计，乃眼下救急之策。要复国、复仇，还须从三才做起。君王依我之计，大致可以成功。不过，有两点需要说明：

"第一，灭吴乃是长远大计，费时费功，请君王务必耐心。

"第二，我只是个读书人。任何事情，说得出来，却做不出来。君王手下能人甚多。具体怎样做，还须众人群策群力，不是我一人做得出来。"

读者注意：后来，勾践的国策，总体是由范蠡所设计。然而，越国的成功，也与伯嚭、伍子胥等人有关，甚至应当算成整个越国共同努力的结果。勾践灭吴之后，作为总设计师的范蠡逃离朝廷，隐居江湖。那又是因何而起呢？只因范蠡熟谙历史，深知打天下难，坐天下更难。他自知有打天下之计，却自认无坐天下之策。对于不懂的东西，切不能装懂。这是学者最根本的素质。历史上有很多鸟尽弓藏、兔死狗烹的例子。事到其间，反倒连做野人都不能够。为此，范蠡提早定下做野人的志向。

究竟范蠡有何大计呢？三才大计，牵涉长远。于此，笔者以尊卑之式，先叙其地道节事。天道持盈、人道定倾，于后面结合时局再叙。

范蠡所谓地道节事，反映出来的政策，最主要的是当今所谓计划生育。当今中国的计划生育更多的是计划减少人口；而古越国的计划生育则是更多的在于增加人口，简洁地说，相当于地道节事的主要方面类似于汉朝初期的休养生息。范蠡以为：人是一切国力的基础。没有人，任何事情都无从说起。而越国新经大创，人口凋零，尤其需要发展人口。自此春秋229年，至春秋250年，越国用计划生育政策，整整养育出一代多的人口。因越国疆域狭窄、地力有限，举国奉行"节事"的思想，又积累下巨大的财富。人口和财富，是越国壮大的最大基础。当时的计划生育政策如下：

其一，为保证人口质量，禁止年轻体健者与老、弱者婚配。

其二，为增加人口数量，女子十七岁不嫁、男子二十岁不娶，定其父母之罪。

其三，为保障产妇体质，由政府公派医生，监察产妇哺乳期前、后的身体调养。

其四，鼓励生育，而尤其重视女婴（因女婴即是将来的产妇）。妇女每生一女婴，立赐两壶酒，一头猪。妇女每生一男婴，立赐两壶酒，一只狗。妇女生育第二个婴儿，即由政府负责其饮食。生第三个婴儿，额外由政府提供乳母。

读者注意：由于没有现代的医疗技术，古代的新生儿存活率远比现代要低。生育过程之中，经常出现难产。难产的结果，时常造成产妇死亡，又减少了产妇的数量。为此，越国特别注重对产妇的保养。不光希望她们能够正常生育，更计划让她们一人生多子。当时，越国的人口所剩已经不多，特别重视产妇。

越国由政府出面，不光鼓励生，并且帮助养。二十年下来，越国的人口数量、质量均有极大地提高。到越国灭吴国的时候，越国士兵大多是在上述政策下出生的人。这些人之在勾践政府的帮助下长大，简直要视勾践为养父。国民有"生我者父母，养我者勾践"之叹。

庆生之外，又有吊死。政策如下：

任何家庭之中死了当家人，即免除这家人三年的赋税。死庶子，即免除三个月的赋税。任何家庭的丧事，均由政府承担费用。很多时候，勾践亲自参加葬礼，哭临于墓前，发表演讲。演讲的内容，由范蠡草成，其主题乃是儒教的核心价值观：

天地之大德曰生，圣人之大德曰孝。

于是，勾践于"养父"之外，又有"教父"之名。

吊死之外，又有济穷。政策如下：

但凡是孤儿、寡妇、因病不能工作者、因贫穷无法营生者，令其家中提供一名人选，就职于政府部门，领取工薪以养家。

此举源出儒教对大同世界的理解。所谓天下大同，有一个著名的标志。叫作"鳏、寡、孤、独皆有所养"。越国当时借用这种理念，是为了防止这类人因穷致死，以最大程度地提高人口的数量和质量。这好比家有果园，其中有健康结果者，又有遭受虫患、结果率低下者。岂能只要正常结果的果树，对病树弃而不理，任凭其自生自灭？反而言之，饥寒者易起盗心。若放任穷人饥寒、病痛、无所求生，势必造成社会的不安定因素。

济穷之外，又有养士。当时，霸道已经渐渐退出主流，天下局势渐成战国诸子百家的形态。列国的下层贵族人权意识上升、国家意识转弱。国与国之间人才的流动越来越频繁。对于国内、国外的人才，勾践总是于宗庙亲自接见。接收之后，无论是否重用，率皆赐予华美的居所、衣服和饮食，以示重视人才。得到这些好处的代价，是这些人必须接受勾践政府所宣扬的"知恩图报"的大义。此举开了战国四公子的先河，扬美誉于天下。受到供养的士人以为"生我者父母，知我者勾践"。

读者会问：勾践政府多方面包揽费用，政府哪来那么多钱财？这涉及三才大计之中的人道定倾的两个方面：

其一，勾践以身作则，历行节约，磨砺意志。杂史记载所谓"卧薪尝胆"，又有所谓"头悬梁、锥刺股"，那有夸张的成分。就可信、可揣测的历史而言，当时勾践至少对外宣传这样的噱头：

勾践新耕以率农夫。勾践只吃自己本人所耕、所产。勾践的第一夫人新织以率农妇。勾践只穿其夫人所织的衣物。

为扩大宣传，勾践时常乘舟巡于国中，船上满载粮食酒肉，随时赈济穷人、收买士人。国民见到君王，热情地进献各种食物。勾践必问食物的来源。若是进献者本人劳作的产物，则欣然接受；若非进献者劳作所产，则拒绝接受。如此，以鼓励生产，宣扬勤劳和节俭。越国举国有节约、勤劳之俗，财富当然越积越多。

其二，抱定民富则国强的思想。敢用这个思想，是因为勾践具备两个条件。一则是勾践已经养成节俭的习惯，其政府的花销远比当时的其他国家要少。二则是因为上述的惠民政策，越国国民由衷感激勾践，愿意为勾践付出一切，乃至生命。因此，当勾践需要用钱时，随时可以取之于民。勾践政府十年不收赋税，越国国民普遍积存下足够三年食用的粮食。正是因为有这些财富，后来勾践的军队包围苏州长达数年，而后勤补给不至断绝。

三才大计之中的人道定倾，理论上虽则深奥，其实之前、之后都有史例。于此之前，由余向秦穆公献计以销磨戎王的斗志，造就秦国霸于西方的功业。于此之后，汉朝的贾谊曾经向汉文帝进献"三表五饵"之计，号称能够用非军事手段实现灭匈奴的目标。汉朝在一定程度上采用了贾谊的计划。其具体史实就是汉女出嫁匈奴的"和蕃"大计。到唐朝，也曾采用此计，其具体史实就是文成公主、金城公主"和蕃"。

范蠡以为：吴国大，越国小。越要灭吴，必须让吴国大而空、大而虚，让越国小而强、小而实。越国在勾践的倡导之下，举国有勤劳之风，国民都有强健的体质、更有报效于勾践的信念和意志。按"定倾"的思想，同时要让吴国的国民体质变弱，战斗力低下，让吴国的战士丧失理想和信念。怎样造成这个结果呢？当时采用了一整套相关的计策。这些计谋，一则是事涉机密，史官无从得知；二则是纵然留下些蛛丝马迹，往往不能引起注意。史传伯嚭曾经向阖庐进献许多密计，率皆只闻其名，不传其文。史传陈平也曾经向刘邦进献许多密计（包括白登山之围），也是只闻其名，不传其文。

理论上如此，具体实施如下：

退守于会稽山的时候，勾践问范蠡：

"依先生所言，治国须三才齐备。请问何为人道定倾？"

范蠡道：

"人道在地道之下，为地道所包含。地道节事，讲的是越事于俭，吴事于淫。这其中的吴事于淫，就是人道定倾。

"眼下我们只有投降吴国一条路可走。然而，怎样投降，却大有讲究。我们可以通过投降，暗中削弱吴国。通过今天的投降，实现明天的成功。

"所谓人道定倾，可分三步。一则卑身买怜，二则是惯养娇气，三则是陷敌于淫。君主你曾说为了复仇可以去死。有此决心，能够做成定倾之计。

"第一步，你需要先保住性命。为此，请你先抛弃自己的人格，把自己视为夫差的奴隶。要让夫差感到你和你的国家都极其卑贱和弱小。只有让他感到你完全不能构成威胁，才可能保住性命。你要将仇恨隐藏于心底，只能表现出恐惧和贪生，不能将三才大计泄露一丝一毫！

"保住性命之后，你要表现出感恩戴德，随时到越国上贡。感激之余，尽量吹捧夫差。献尊号，献法器。具体怎样做，应当由专门的团队来研究。总之，要让夫差生出骄心，最好是让吴国君臣上下都生出骄心。

"向吴国上贡的东西，必须是能够让吴国人体质变弱、意志变弱的东西。我以为，最好是经过培训的女人。要让女人成为武器，慢慢消磨吴王的意志。"

"我是个读书人，说得出来，做不出来。这些计划，除你本人之外，还需另选专门的人去做！"

……

按范蠡的设计，勾践第一步先派使团求降于夫差。这一次外交，关系到勾践的身家性命，关系到越国的存亡，事前经过了精心设计。第一次出使，大夫种为使者。第二次出使，诸稽郢为使者。二人的说辞，稍有差异。大夫种的辞令如下：

寡君勾践乏无所使，使其下臣种，不敢彻声闻于天王，私于下执事曰：寡君之师徒不足以辱君矣，愿以金玉、子女赂君之辱。请勾践女女于王，大夫女女于大夫，士女女于士。越国之宝器毕从，寡君帅越国之众，以从君之师徒。唯君左右之。若以越国之罪为不可赦，将焚宗庙，系妻孥，沈金玉于江，有带甲五千人将以致死。乃必有偶。是以带甲万人事君也。无乃即伤君之所爱乎？与其杀是人也，宁其得此国也。其孰利乎？

译文：我国君主勾践找不到人做使臣，所以由我出面，不敢直接与天王交谈，私下对相关人说：我国君主的军队不值得你们讨伐。我国君主愿意用钱财、人口来请求休战。休战条款如下：让勾践的女人，做吴王的女人；让越国大夫的女人，做吴国大夫的女人；让越国的士的女人，做吴国的士的女人。献上越国所有的镇国之宝。勾践率领越国的男人，加入吴国军队。

如果你认为越国罪不可赦，那我国将烧毁宗庙，杀死女人、小孩，将所有钱财沉入江中，然后组织起最后的五千人的队伍来与吴国拼命。要消灭越国这五千人，吴国势必也要战死五千人。算下来，通过休战，你可以多得一万人的军队。是杀死这一万军队，还是得到这个国家，由你决定。

其实，此时的勾践，手下只有三千军队，并且多有伤残。说成五千，是外交上惯用的夸张。好在军情混乱，吴军也不知道越军的确切数目。此时的夫差，正致力于军事，故而大夫种从军队方面说利害关系。这一篇言辞虽是投降，态度却比较强硬。夫差正在组织追杀，忽接这样的条款。条款讲得实在，所以暂时停止追杀，召集手下会议此事。伍子胥进谏：

"不能许降。吴与越共处于吴江、钱塘江、浦阳江三江之间，习俗相同。一山不容二虎。有吴则无越，有越则无吴。其势不两立。譬如我们攻取了上党（今山西左权）地方，我国人民不适应那里的环境，不习惯北方人乘车的习俗。攻取越国之后，我们完全适应环境，也习惯越国乘舟的习俗。"

一方面是诱人的条款，一方面是伍子胥的进谏。夫差有点左右为难。决议采取折中方式：停止大规模军事行动，仍派小股军队继续进攻会稽山。通过军情，勾践看出了夫差心中的迟疑，赶紧派出第二个使团，由诸稽郢为使臣。诸稽郢随行带去八个装扮华丽的美女。至吴军军营后，诸稽郢先去拜望吴国第一大夫伯嚭，献上这八个美女。事前，这八个女人经过了临时的培训，得到这样的命令：

必须于一夜之间，竭尽所能，用性的快乐来确立伯嚭亲越的意向。

诸稽郢临行前，由大夫种和八个越女的家人送行。大夫种向第二批使团说：

"依范先生之计，我前番出使说要背水一战。据分析，吴国方面态度已经松动。国之存亡，在诸位此行！君王有令：此行若失败，即如我所言，战斗之前，先杀尽老弱妇孺……"

一个两三岁的小孩被捆绑起来，由一名越国武士当场挥剑杀死。这小孩，是八个美女之中的一个的同胞弟弟。行刑的武士，则是她的亲哥哥。武士对身负使命的美女说：

“妹妹，尽你所能，做家国之事。不然，我们全部都是弟弟这样的下场！”

在此情景下，八个美女侍奉伯嚭那一夜，强颜欢笑，歌舞献艺。舞台上色授神与，眉目、身体都是语言；席上八女将伯嚭团团围住。次日，诸稽郢早早前来拜见，对伯嚭说：

“来得匆忙，不曾仔细挑选。如果你能赦免越国之罪，下次进献的货色，肯定要好于这一批！”

伯嚭领诸稽郢拜见吴王夫差。诸稽郢拿出第二篇说辞：

寡君勾践使下臣郢不敢显然布币行礼，敢私告于下执事曰：昔者越国见祸，得罪于天王。天王亲趋玉趾，以心孤勾践，而又宥赦之。君王之于越也，繄起死人而肉白骨也。孤不敢忘天灾，其敢忘君王之大赐乎？今勾践申祸无良，草鄙之人，敢忘天王之大德，而思边陲之小怨，以重得罪于下执事？勾践用帅二三之老，亲委重罪，顿颡于边。

今君王不察，盛怒属兵，将残伐越国。越国固贡献之邑也。君王不以鞭棰使之，而辱军士使寇令焉。勾践请盟：一介嫡女，执箕箒以晐姓于王宫；一介嫡男，奉槃匜以随诸御；春秋贡献，不解于王府。天王岂辱裁之？亦征诸侯之礼也。

夫谚曰：狐埋之而狐搰之，是以无成功。今天王既封植越国，以明闻于天下，而又刈亡之，是天王之无成劳也。虽四方之诸侯，则何实一事吴？敢使下臣尽辞，唯天王秉利度义！

译文：我国君主勾践使下臣郢斗胆公然用钱财来送礼，竟敢私下告诉你的手下：我越国闯下大祸，得罪了天王。让至尊的天王亲移玉趾，用心来抛弃勾践。而后，又缓追逸贼以赦免勾践。君王对我越国，犹如将已经死去的人救活，让已经成为枯骨的死尸重新长出肉来。勾践自念往事：我得罪于天，受天之罚。只因天王一念悯然，死而得生。勾践是个闯祸的灾星，出身如小草般卑贱，性质是岛夷的鄙陋。无良边埵的野人，见识浅短，不识天国威严。从今以后，怎敢忘怀天王的大德，岂能再得罪天王的手下？勾践率领手下这几个老臣，于此边埵向天王行顿首礼，认罪服输！

近几天，因天王不知道我的这个态度，还在生我的气，故而令军队残杀越国。其实，我越国本来就吴国属下的一个邑，按尊卑关系向吴国上贡。天王之于越国，如驾驭牛、马，用鞭、用杖，驱使而已。哪至于动用天兵？用天兵来讨伐如此禽兽，简直是给天王丢脸！勾践请求进行盟誓。条款如下：勾践的嫡出女儿，手执扫帚，于天王的王宫为天王生孩子。勾践的嫡出儿子，手端洗脸盆，跟随于天王的奴仆身后，服侍天王。逢时过节，勾践向天王上贡，不得懈怠，不得推脱。请天王屈尊裁决此事，行此君临天下、统治诸侯的礼仪。

俗话说：狐狸性疑，总是于埋下食物之后，一再地重新挖掘出来重埋。结果往往将这食物搞丢。天王已经封建越国。此事为天下所尽知。现在又灭越国。这就放弃了已经建立的功绩。这样一来，天下的其他诸侯都不愿真心事奉吴国。勾践派了个下臣，命他说明这些情况。请天王看清好处、考虑大义，裁决此事。

这一番外交辞令，是典范的投降书。后世的人打不过别人、投降的时候，往往抄袭本文。其中的"亲趋玉趾"、"緊起死人而肉白骨"、"申祸无良"、"顿颡于边"，经常被后人引用。而进献亲生儿女，则成为臣服于人的标志。后世的成语"献妻贡子"，因循于此。

俗话说"杀人不过头点地"。人性的愤怒，往往因为对手的真心服软、认输而消弭。降书对夫差极尽讨好、巴结，又将勾践极力贬低。夫差感到这比杀死勾践还要痛快。他想要同意与越国盟好。伯嚭得了勾践的好处，帮着说话：

"中原名教乃是天地间的最高真理。依照名教的思想，王道有普济苍生之德，霸道有存亡续绝之义。大王该报的已经报了，不可做那斩尽杀绝的禽兽之举！"

伍子胥再度进谏：

"此乃遵养时晦之计。天王乃是周王的称号。周朝虽弱，却是中原诸侯的主子。勾践尊你为天王，乃是构造吴国与中原之间的矛盾。他这是让你与中原交战；待你战疲之后，实施复仇！灭越国的机会就在眼下。岂能错失？**为虺弗摧，为蛇将若何？**（还是条虫子的时候，不去一脚踏死，等到虫子变成长蛇时，怎么办呢？）"

听了伍子胥的话，夫差说：

"国中盛传，勾践就是个胆小怕事、贪生怕死的岛夷。就是打败了先君的那次战役，勾践用的也是上不得台面岛夷伎俩。大夫你的这些担心，其实多余。身边有这个卑贱的小国，才显出我吴国的上国尊贵。如果没有了越国，逢时过节，拿什么来向手下的人炫耀？"

人性之中，都有爱慕虚荣的一面。然而，中国史书盛传江东的人尤其爱慕虚荣，有沐猴而冠的习俗。这个传说，就是由夫差开创。继夫差之后，江东又出了个项羽，性格如夫差，结局也如夫差。就是到了今天，江苏一带的人也特别爱面子，喜欢炫耀，爱在身上戴金银饰件，被外省人讥为打肿脸充胖子。一方水土养一方人。邻近的浙江省，则继承了越国的性格，特别能吃苦，特别能完成艰巨的工作。自勾践之后，十六国之中的钱氏越国也神似于春秋越国。而近代的鲁迅、郁达夫、周恩来，性格之中都沾染有勾践卧薪尝胆的习气……

在诸稽郢出使之际，勾践用范蠡的策划，精心设计送给阖庐的礼物清单。这清单上面的头一项，乃是中国著名的四大美女的第一个。那就是西施。关于西施的传说，稗史记载甚多。笔者另辟蹊径，虽然也是臆造，主旨却定成还原历史原貌。历史原貌应当是怎样呢？且看下回。

包含第九十回

如墙而进服陈蔡　　至阳至刚战西施

上回说到，因为爱慕虚荣，夫差不灭越国。决议虽是如此，外交上做出来，却故意找碴。夫差的使者回复诸稽郢：

"我王说：我也不要他的儿女，让他两口子自己来吧！"

诸稽郢将这话带回越国。勾践组织臣下会议。勾践对范蠡说：

"比照先生的人道定倾，现已经完成第一步。我当亲赴吴都，做惯养娇气的第二步。国内的事情，就请先生全权代理。"

范蠡说：

"小人卑贱，自来不曾决断大事，担不起治国的重任。大夫种久居高位，素有威望，最好由大夫种代理国政。

"吴国网罗了许多中原的能人，其中定有人识得我三才大计。这种人随时都要暗害你。由我陪你前去，临时缓急之间，可以帮你策应。"

勾践道：

"就依先生之言：有劳先生陪我去吴，由大夫种代理国内。"

他扭头又问大夫种：

"具体怎样安排？"

大夫种道：

"按夫差的意思，是要你和夫人前去。夫人身怀六甲。若得生男，将是国家的未来。因此，夫人必不可往。大夫、士之中，选闲职前去，以免耽误国内的事情。钱财方面，眼下一切都不再爱惜，举国中宝器，悉数送去。唯有粮食，只能象征性送一点。大部分要留下来保命。

"你们在吴国的事情，我就不管了。国内方面，我来组织先生的养生大政。……"

范蠡接口道：

"你还有一项任务：于国内挑选、培训美貌女人。有她们，才能做第三步。美女之中，务必精选出一个绝伦者，我要用她换君王回国。"

大夫种说：

"此前的战争，越军已经掳去不少女人。现在又有许多贵族妻女跟随去吴。让我再送女人，会影响人口的生产。"

范蠡说：

"发展人口是下一步。先救眼下。君王不回国，人心不稳！贵族妇女少，何妨于民间搜罗？就是野人的女子，经过调教，也能变成尤物！"

……

大夫种另选一个贵族妇女，冒充勾践的夫人。一行人到吴国后，勾践对夫差说：

"越国举国事奉吴国。请夫人为天王之妾；大夫内子，为吴国大夫之妾；士妻，为吴士之妾。勾践及陪臣，为吴国贵族骖乘。"

在受降典礼上，勾践为夫差的车右。当时有一个规矩：战车的主帅上、下车时，由车右弯腰俯地，充当阶梯。主帅踏着车右的背上、下车。军旅之中的肃礼，就是由此演变而来。然而，肃礼只是一种礼让，意思是请对方踩背而上，对方哪至于真的踩？出于礼仪，对方都是还以肃礼。而且，肃礼之中，双腿绷直，手指尖点地，已经不是"人梯"的样子。勾践依照范蠡的话，放弃人格，充当夫差的人梯。夫差的脚踏到勾践背上时，夫差的亡父之痛变成快感。二十出头的勾践，打小就是踏着别人的背上车。如今面朝地面跪于地上，泪水迷糊了双眼，牙齿几乎要咬碎。不如此，不能够生存。然而，正是这个屈辱，让他后来坚决不愿放过夫差。范蠡代表越国上卿，由伯嚭踏于脚下。他用眼神暗示勾践：

不要流泪，要表现出贪生和胆怯。

夫差的车队巡行于苏州城。一路上，越国贵族行走于地面，手握缰绳，控制车速。看到路面有石头，往前跑去捡开。遇到坑淼，又往后跑去推车轮。道路两旁的吴国人夹道欢呼。整个吴国沉浸于成功的荣耀之中。

吴王夫差早先以杀父之仇励志，勤于政治。他每次进出大门都提醒自己，思想上的弦绷得很紧。勾践的表演，让他潜意识里感到终于可以放松。而越国人对他的吹捧，又让他生出争霸中原的志向。于是，报复越国之后，吴国开始北伐中原的计划。早先，吴国是在晋国的帮助下走向强大。而晋国又离吴国很远。为此，夫差的北伐不那么针对晋国。吴国计划如下：

第一步，威服陈、蔡、鲁、卫。

第二步，召集已经拿下的陈、蔡、鲁、卫，与齐国开战。

第三步，以打败齐国之功，召集诸侯大会，逼晋国为老二，称霸于天下。

读者注意：早先的楚国用绕出东方的战略，对东方大国齐国，采取的是结盟的方式。夫差以姬姓正统自居，视齐国为外姓，所用的战略更加强硬。

对于这个计划，伍子胥进谏：

"你这是在走楚灵王的老路。难道你忘了楚灵王的下场？

"楚灵王虽然骄傲，身边也还没有越国那样的世仇。你须知，勾践也是血性的男人！他做作得越丑，心中对你的怨毒越深。你北上中原，姑苏空虚，越国将伺机报复。你的下场将比楚灵王还惨！

"早先，齐桓公霸于天下，用的是由近及远的方式。不杀勾践，决不能北上！"

夫差说：

"楚灵王之败，败在兄弟内斗。我开国先祖太伯，自视儿子不如弟弟，故传位与仲雍。自诸樊以来，兄死弟及，必欲传位于季札。而季札又克让，故而至今。我国君主系的礼让，就是中原国家，都无不称道、赞叹，岂是楚国所能比拟？

"而且，齐桓公威服身边的鲁国，何尝将鲁国君主杀死？"

伍子胥道：

"齐桓公与鲁庄公有翁婿之谊。鲁国对齐国感恩戴德。越国不是这种情况。"

夫差说：

"我对勾践，于必死之中拯救其生命。你怎知勾践对我不是感恩戴德？不是感恩戴德，何以如此赤诚？"

沉吟片刻之后，夫差又说：

"你所虑，或许也有道理。我敢与你一赌。就赌我这北伐大计是否成功！待我成功之时，你不要忘了你今天的话！"

君主与臣下的赌博，因地位不对等，赌博的筹码也就不对等。君主的一句认错服输的话，等价于臣下的生命。后来，吴国完成了这三步走的战略。伍子胥为国家作想，并不想死。夫差却觉得伍子胥预测错误，不杀不足以纠错彰正，赐剑与伍子胥，令其自裁。从伍子胥的结局，可以理解范蠡为何早早定下隐居的后路。

柏举之役前，阖庐曾经向陈国征兵。当时的陈国君主，已由陈惠公传至其子陈怀公。陈国自庆虎、庆寅之乱，导致国家为楚灵王所灭。陈国与楚国之间有亡国之仇。陈怀公巴不得吴国灭了楚国，为自己报仇。接到阖庐征兵的通知，陈怀公很想参战。他想知道国中有多少人愿意出战，决定先进行测试。他召集国人公开宣言：

"吴、楚一个在东、一个在西，眼下将有大战。我国夹在中间，必须做出选择。支持吴国的，站左边；支持楚国的，站右边。封地在东方的，居左；封地在西方的，居右。国中官员以俸禄为生，没有封地，就以籍贯站边。籍贯在东者居左，籍贯在西者居右。"

陈怀公以为：吴、楚分别从东、西两面靠近陈国。家产在东部的人，处于吴国的势力范围，势必亲吴；家产在西部者，处于楚国的势力范围，势必亲楚。然而，事情并没有那么简单。陈国自春秋初期开始就一直是楚国附庸。亡国期间，又直接由楚平王统治。楚平王在陈国娶妻生子，养出许多党羽。这些人与楚都郢之间，有着千丝万缕的联系。陈国贵族中有人纵然是封地在东方，却不愿意为吴国而战。他们不敢公然反对君主的命令，就站在中间不动。

这一番测试，类似于当今的议会投票。投票的结果，愿意参战的人不过半数。于是，陈怀公只好回绝阖庐的邀请。陈国于吴国大举伐楚之际态度暧昧，而吴国则于灭楚之后很快丢掉了楚国。为此，吴国要报复陈国：

春秋229年秋八月，夫差接受了勾践的投降之后，讨伐陈国。讨伐的理由，就是陈国不参加柏举之战。吴国讨伐陈国，对吴国而言是北伐的第一步；对陈国而言，是又一个亲楚还是亲吴的选择；对楚国而言，则是再度吴国再度进攻楚国的前奏。吴军包围陈国，早有人将军情报到大山中的楚国朝廷。楚王说：

"阖庐败我于柏举，灭我宗庙。今其子又来，将若之何？"

令尹子西说：

"吴军擅长水战，陆战亦不弱。然而不惯山战。平原交战，胜负立见；而山地战争，则总是旷日持久。我居此大山之中，易于隐藏。非旷日持久，不能见分晓。我为夫差计，战略重心将在中原，不至于跋山涉水来与我争三峡、巴、蜀。

"听说吴国收用了大量的越国女人，开建各种游乐观台。吴国贵族内战于床闱，外战于刀兵。人身非铁石，岂能如此劳碌？吴国庶民疲于建设，荒废生产。如此下去，吴国再强，也将成外强中干之势。吴国不足惧！"

……

　　夫差围攻陈国，抢了些战利品之后就离去。次年，夫差命洩庸为使者，出使蔡国。蔡国君主蔡昭公，乃是柏举之战的始作俑者。吴灭楚，为蔡昭公报了仇。为此，蔡国年年向吴国送礼，蔡、吴成友好国家。春秋229年，正在吴国打败勾践的时候，楚国趁机讨伐蔡国，以报复柏举之战。楚军用九天九夜的时间，昼夜不停地施工，于蔡都周围建设起土墙。土墙厚达两米，高达四米，将蔡都包围起来。蔡国想要打，打不过；想要突围，冲不出去。眼睁睁看着土墙建成。想要求救于晋国，晋国因早先索贿不成功，对蔡国怀恨在心。想要求救于齐国，齐国自来是楚国的战略合作伙伴。想要求救于吴国，吴国方面此时正在报杀父之仇。仇报完之后，又忙着搞庆典、玩新接收的越国女人，顾不及蔡国。情急之中，蔡昭侯做两手打算：

　　一方面派使者偷出重围，告于夫差：蔡国愿举国迁入吴国境内，为吴国的臣妾，请求天王保护。另一方面眼看要困死于城中，只好打开城门，献出国宝。蔡国贵族穿着白衣，空着双手，按性别分作男女两列，走向楚军壁垒，正式投降。

　　子西不为已甚，收取财物、人口之后，勒令蔡国迁至长江、汝水之间，不得再与吴国勾搭。蔡国的演变，是不得已的选择，却让夫差心中大怒：

　　"先王举国为蔡国而战，并不曾得到多少好处。如今蔡国举国献于楚国，还能剩下多少油水？"

　　夫差命洩庸出使蔡国，公开的话说得很好听：

　　"杀父之仇，不共戴天；故贵国求援时，不曾施救。贵国新经大创，百废待兴。我王悯贵国情形，命我送来许多粮食和器用。"

　　一队队的马车、牛车开进城中。车身都用篷布覆盖。进城之后，篷布打开，从里面冲出无数甲士，四下抢劫、杀人。蔡昭侯只好哀告于洩庸，杀死蔡国贵族公子驷来抵罪，献出钱财和女人。洩庸效仿于子西，又勒令蔡国往东迁到州来，不得再与楚国勾搭。蔡昭侯早先因为一件皮衣、一个玉佩与楚国结怨，发誓要报复。起初很有血性，说什么不报楚国，决不再渡汉水。为了报复，先是遭到晋国要挟，继而请到阖庐出兵。之后的演变，越混越惨，命运类似于其祖宗蔡哀侯。哪怕是一国之君，毕竟也拗不过命运。蔡昭公早先的血性不复存在。从故都迁到汝水的时候，为了祭祀，将蔡国先祖的坟墓也迁来。几经折腾，一再献出钱财和人口，此时竟然无力迁墓。蔡昭侯只好到祖宗墓前哭诉遭遇，洒泪而别。

州来是吴国领土。蔡国迁到州来，由楚国附庸变成吴国附庸。春秋 232 年春，蔡昭侯从州来赴苏州，向夫差上贡。此事引发变故。

蔡国与陈国一样，早先是楚平王的领地。早先，楚灵王进取中原的时候，杀死了蔡国君主蔡灵公，又将蔡灵公的太子有用于祭祀。楚平王让蔡国复国的时候，蔡国既没有君主，又没有太子，所以立太子有的长子，是为蔡平公。楚平王用费无极的建议，驱逐朝吴，加强对蔡国的统治。为达到威服蔡国的目的，楚国采用当初建立"第二宋国"的宗旨，构造蔡国的内斗。春秋 201 年，蔡平公去世，原本应当立蔡平公之子朱。楚国横加干涉，故意立有的次子，是为蔡悼公。蔡悼公在位仅三年，就在上贡于楚国的时候死于楚都郢。蔡国内部，惩于朱的先例，不敢自立，征求楚国的意见。按楚国的意思，又立有的另一儿子，是为蔡昭公。

继承人的人选，是一国最大的内政。蔡国君主的人选完全由楚国决定，蔡国完全丧失主权。儒教认为子承父业才能够千秋万代，故而《周约》之中有"无易树子"的规定。楚国强迫蔡国用兄死弟及的规则，让历代蔡国君主感到自己甚至不如普通贵族。普通贵族尚且能够传家业与儿子，于死后得到儿子的祭祀；而蔡国君主死后，继承人是弟弟，而且得位于楚，所以不会祭祀先君。蔡昭公痛恨楚国的霸道，故而不献珮裘，誓报楚国。而楚国方面，则继续施行一贯的政策，于有的儿子之中，培植新的继承人。有的儿子共有七个，按年龄大小分别是：

蔡平公、蔡悼公、蔡昭公、公孙翺、公孙辰、公孙姓、公孙盱。

照楚国的政策，公孙翩、公孙辰、公孙姓、公孙盱将分别为蔡国的第一继承人、第二继承人、第三继承人、第四继承人。这四个人为了君主位，成为坚定的亲楚派。四人想趁蔡昭侯去苏州的时机发动政变。蔡昭公一走，公孙翩即宣言于州来城中：

"君主此去，名义是送礼，实际是要将我们迁到姑苏。迁到那里，是什么下场？无非是与越国一样，男人为奴，女人为妾。我们会像勾践那样，被吴国人踩于脚下；我们的妻、女将沦落为非人的性奴！你们愿意去吗？"

公孙翩组织党羽追杀正在送礼途中的蔡昭侯，射死了蔡昭侯。蔡昭侯的心腹文之锴率军为君主报仇。公孙翩战败，退到一户农户家门口。一路上手下或死或逃，最后只剩只身一人。他回身放箭，每箭必杀一人。退到门口，手抚箭衣，心中大惊——箭筒里只剩下两支箭。公孙翩弦搭双箭，注射于门前。众人逼近箭程，惮于其箭术，都不敢再往前行。文之锴赶到，大声说：

"如墙而进！多，而杀二人！"
译文：我们蜂拥而上，最多，他还能杀两人！

说完之后，文之锴率先冲上去。公孙翩箭力强于文之锴，故而先射。两支箭之中，一支射死了紧随于文之锴之后的武士，另一支被文之锴用弓格挡，稍稍偏向，然而也自掌而入、自肘而出，贯穿了文之锴的左前臂。文之锴强忍剧痛，连环放箭。众甲士跟着放箭。很快公孙翩就身如刺猬。

州来城中，公孙辰、公孙姓、公孙盱同时发难，全城内战。内战的结果，公孙姓、公孙盱战死，公孙辰逃奔吴国。至此，有的儿子只剩下公孙辰，并且不在国中。国人立蔡昭公之子，是为蔡成公。蔡国兄死弟及的传代，就此结束。

蔡国兄弟间的内斗，在国际上表现为亲楚、亲吴两种势力的斗争。蔡国迁至州来，在夫差看来，是吴国完成了威服蔡国的计划。按吴国的霸业路线图，已经拿下陈、蔡，接下来应当进军北方。就在这一年，齐国君主齐景公去世。当时，国君去世乃是国丧，举国都要服丧，势必疏于防备。按常理，夫差应当趁机进攻齐国，纵然不能灭齐，至少可以得到些战利品。此时出现一件事情，耽误了夫差的北伐。

······

勾践去吴之后，吴军从会稽山撤走，大夫种率越国人回到杭州，实施养生大计。按照与范蠡的约定，大夫种于越国贵族妇女之中遴选美貌者，培训后送到苏州。然而，准备送给吴王夫差的最美貌者，却一直没有选定。临行前，范蠡曾说可以于野人之中挑选女人。大夫种想：

"送给夫差的这个女人，必须能够换回君王，而且担负着将吴国引向灭亡的重任。从这两年的培训看，培训出的女人让我愿意为她消耗体质，却不至于为之舍弃一切。或许，这个让吴国灭亡的女人，真的如范蠡所说，存在于野人之中？"

为此一念，大夫种不惮艰险，亲自巡行于越国内外，于野人之中网罗美女。为逼迫野人女子接受任务，他将这些女子的家人逮捕、囚禁，用作农奴。一日，大夫种行至一条不大不小的江边，看到一户野人正在船上打鱼。一个十五岁左右的姑娘，只穿肚兜、短裤，随时从船头跳入江中，从水下帮着家人拖网。大夫种仔细打量这个姑娘：

身高大约只有一米五五，体型匀称而略显瘦削，只有大约八十斤重。皮肤因常年日晒，为红、黑、黄混合之色，类似青铜。是典型的油性皮肤。打湿了的肌肤上面，一粒粒的水珠自然凝结，在皮肤上缓缓下滑。

按近两年选人的经验，一看头发，二看眼睛，三看胸部，四看臀部。此女头发为黑色卷发，长及肩胛，发质粗而油，几乎入水不湿。太阳光下，黑油油的头发闪着光。看到这一点，伯嚭已经打算要这姑娘。

再看眼睛，大夫种心中一凛！此女的眼睛大而黑。顾盼之间，精光四射。乃是相书上说的帝王之相！

……

大夫种正准备派船掩袭过去，这只船竟然主动靠近过来。这个十多岁的小姑娘撑篙掌柁，移船至大夫种面前，说：

"你就是种？"

大夫种下意识避开她的眼神，回道：

"乡野女子，也识服色？"

小姑娘说：

"你到处抓捕女人，害得人一家人不得团聚，我正要找你！"

大夫种诧异起来，摆出贵族的谱：

"老夫是越国执政上卿，岂惧于你！今天看到你，你已经是我越国的女奴！你且报上你的部族名号，我好编入赴吴的团队！"

小姑娘说：

"我等渔猎为生，感上天之施舍，故号为施。此地有两山，向来为我族居住。为了区别，左边那山所居为东施；此山所居号为西施！"

……

这个小姑娘，乃是西施族族长的女儿。她和族中的其他美女被大夫种编入赴吴国的间谍培训班。来自西施族的女人的军事番号，就叫作西施。按当时通行的规则，族长的女儿代表整个部族的美女。千载而下，人们称她为西施。西施与大夫种讲成如下交易：

大夫种放过西施的家人，同意西施部落自由地渔猎于西山。西施负责色诱夫差，帮助越国完成灭吴大计。

春秋232年，西施作为专门进献给夫差的美女，被送到苏州。此时的夫差，差不多算是中原的第一号人物，阅尽了各种肤色的美女。起初，夫差以为：西施只是个不到二十岁的小姑娘。如同美玉、珍珠，美则美矣，终是玩物。然而，看到西施的眼神之后，夫差的第一印象，是《诗经》的一句：

倪天之妹。

西施作为间谍，帮助越国实现灭吴大计。相关情况，且看下回。

并列第九十一回

忌权臣反立权臣　嫡八子故养假子

范蠡的天道持盈，说白了，就是等待时机。勾践一行在吴国受尽凌辱，回国后立志报复。为了报复夫差，勾践足足隐忍了二十年。这二十年间，越国方面人口、财富逐渐积累，吴国方面则征战于中原，耗虚了国力。夫差最终取得了霸主的地位。然而，取得盟主称号的同时，即是吴国灭亡的开端。而且，吴国的称霸，并不完全因为国力的强盛；还因为此时的中原诸侯，已经不再团结。自从宋之盟以后，诸侯同时要向南、北两方的盟主上贡。列国为了生存而上交的"保护费"因此翻倍。而盟主国家又寻找出种种名目，增加上贡的数目。诸侯列国不堪重负，都有独立的思想。吴灭楚之后，陈、蔡等国复国，即不再上贡。晋国范氏、中行氏动乱，又引得北方国家独立，也不再上贡。在这种情况下，吴国的争霸天下，就具有各个击破的可能，不再像早先的楚国北伐，需要面对整个北方国家的联盟。在这种背景下，夫差与晋国推论早先的友谊，稳住晋国，让晋国保持中立的立场，然后分别进攻其他国家。

上回说到，春秋 229 年，夫差于打败勾践之后，曾经讨伐陈国。当时，楚国惩于柏举之战，不敢救助陈国。至春秋234年，夫差再伐陈国。此时，楚国的国力渐渐恢复，由楚昭王亲率军队出兵救陈。楚国的国力是如何恢复的呢？笔者以顺反之式，从柏举之战说起。

春秋219年，夫差因夫槩王造反，不得不退回吴国。楚国得以重新建国。国家虽然恢复，却再也不是霸主。还在秦、楚军队与吴军交战的时候，周朝就趁混乱之机，派出杀手杀死了逃亡于楚的王子朝。此事在国际上具有这样的象征意义：

楚国无力保护前来投奔的外国贵族。

由此联想，就会让人想到楚国无法保护附庸国家。春秋220年，郑国看楚国势弱，趁机吞并许国。楚国南迁荆山之前，曾居于许昌。楚国北伐中原的主要动力，就是想要重新回到许昌。楚国南迁之后，许昌为许国都城。楚灵王年代，因许国故都许昌在郑国治下，楚灵王试图让郑国主动奉献出许昌。因北方诸侯的威胁，楚国将许国一再南迁。此时的许国，都于当今河南叶县，邻近于郑国。郑国灭许国，对楚国而言，不是普通的势力范围收缩，而是具有伤及国家主权的意义。人们会这样看：

早先，周朝将原属于楚的许昌封建予许，造成许昌的主权纠纷。如今连许国都已不复存在。楚国要回许昌的声索，已经找不到原告。

为什么是这样呢？因为楚国若向郑国声索许昌，郑国会说：此地我得之于许国，并不是侵略你楚国而得来。你凭什么向我要许昌？你要声索许昌，应当找许国。早先，楚国为霸主，用的是霸道，可以无视这些国际准则。如今楚国已经丧失霸权，于国际交往中不得不守规矩。正是因为这一点，楚国总是尽力保全许国。如果许国灭亡，会导致楚国不再有声索许昌的理由。

郑灭许之际，吴军再伐楚国，楚军水军全军覆灭，陆军亦战败。在此情况下，楚国自顾不暇，那里还管得了附庸国家？楚军战败后，退缩至巫山，先求自保。经过好几年的调养，渐渐恢复些元气，开始对小的附庸国进行反攻倒算。

小国顿国早先是陈国的附庸。而陈国则是楚国的附庸。所以顿国向来跟随陈国向楚国上贡。楚国灭亡后，顿国同时背叛陈、楚，结交晋国。春秋227年，楚国联合陈国讨伐顿国。灭了顿国之后，将顿国君主带回楚都，用来告祭被吴军糟蹋得不成样子的楚国先祖。

小国胡国，比顿国更进一步。它趁楚国灭亡之机，吞食周边的楚国土地，挟裹楚国的人口。远在三峡的楚昭王致信与胡国君主：

你不朝拜于我，也就罢了！何以胆敢侵略我的土地？

胡国君主置若罔闻。春秋228年，楚国灭胡国。此前的春秋227年，阖庐报复越国，结果战败身亡。其子夫差发誓报复。至春秋229年，夫差集结举国兵力，灭了越国。此时，楚国抓住时机，召集楚、陈、随、许四国联军包围蔡国，以土墙战术逼得蔡国投降。事后，楚国将蔡国迁至汝水。

按楚国先祖的北伐计划，楚昭王决定先平定后方，然后再出中原。当时，楚国周边的异族主要是南蛮。南蛮是当时对南方部族的统称。南蛮的称号虽带着个"南"字，其实游走于秦岭、大巴山、武当山、伏牛山，零星部落甚至往北到达吕梁、太行。中原诸侯认为这些大山不适宜种植庄稼，对于居于山上的游牧部落，大抵采用西周传下来的策略：

只要你不下山来抢粮食，我也就容忍你生活在我周围的大山。

有些时候，游牧部落想要与诸侯交易产品，假装附庸国的样子，向中原诸侯进贡。诸侯也大都借用上贡、赏赐的名目，顺便用粮食交换些山上的特产。

楚国灭亡之际，南方部落照顾与华夏族之间的传统，并没有趁机下山来抢占楚国的土地和人口。只不过，看楚国灭亡，改为与其他中原国家做交易。这实际上也影响了楚国的经济发展。为什么这么说呢？早先，楚国是南方部落最大的进口国和出口国。楚国得以成为南方商品的集散地，可以将得到的南方部落的产品转售其他中原国家，做些转手贸易来赚钱。现在南方部落不再向楚国"上贡"，楚国就丧失了这一优势。

南方部落内部，用的是能者为王的习俗。名目上有一个王，其实是各部落自治。自春秋 220 年楚迁至巫山，至春秋 332 年，十多年间，楚国用各个击破的方法，逐一讨伐南方各部，以期重新成为南方商品的集散地。他们向来是打得赢就打，打不赢就跑。反正没有房屋、粮食、耕地之类的拖累，跑起来很方便。楚军在湖北一带清"剿"，他们就计划北移至河南、陕西、山西。对此，楚国设计出围堵防线：

重建许国于当今武汉一带，断其东路。重建蔡国于汝水，断其北路。将早先居于河南南部的军民迁至当今商洛山谷，断其西路。

读者会问，三面围堵，何以不堵南方？这正是沿用周朝的御戎思想。早先，周文王与西戎战争，故意留出北方一路，让山戎北逃。号为"网开一面"。楚国的南方，没有著名的农耕国家。让南方部落逃往南方，因南方没有适合交易的对象，南方部落只能找楚国做生意。

楚国的这个计划，其实是破坏南方部落的客户的广泛性，目的是让楚国掌握商品定价权。南方部落不愿南下，偏要往北。春秋 232 年，南方部落在王赤的带领下，经熊耳山、崤山、逃至晋国境内的中条山，与当地的山戎叙起同为游牧民族的友谊，结成联盟；非但没有灭亡，势力反倒壮大。楚国围堵失败，想到早先的宋之盟，致信与中条山附近的晋国大夫：

晋、楚有盟，好恶同之。若将不废，寡君之愿也。不然，将通于少习以听命。

译文：早先的宋之盟，你我约定：晋、楚对第三方抱相同的政治立场。我希望你履行条约。如果你不履行条约，那我就到少习来接受你的指令！

少习是晋国的一个军事基地。所谓"到少习接受指令"，是威胁要出兵进攻晋国。晋国大夫将情况上报赵鞅。此时的晋国，为了肃清范氏、中行氏，与诸侯胶着于戚，正处于四面受敌的状态。宋之盟后，晋、楚之间握手言和，彼此没有战争。赵鞅不敢平白地再增加一个对手。赵鞅致信与蛮子赤：

山戎在晋国羽翼之下，常得晋国周济。大王与山戎交好，焉能不与晋国交好？大王初来，无田土以养民，无屋舍以避风雨。寡君好客，愿尽地主之谊，将欲裂地以封之，卜水土而城之。

晋国一方面请蛮子赤参加卜居的典礼，另一方面又请蛮子召集所有遗民。晋国派官员为南方部落赐姓立庙，要变南方部落为中原人。

当时，南方部落听说从此可以拥有耕地，过上稳定的农耕生活，不再四处流浪，大喜过望。晋国方面埋伏下武士，将北上的南方部落一网打尽。选其贵族交付给楚国。

……

经过十余年的努力，楚国逐渐走出亡国的阴影。春秋234年，夫差按北伐路线图再伐陈国。此时，楚国君主楚昭王说：

"先君即真之前，身兼蔡国公爵、陈国公爵。即真之后，又与陈、蔡盟誓：患难与共、彼此相保！载书存于盟府。此誓不可忘！现在陈国有难，不可不救！"

此时的楚昭王，正在患病。此前，楚国贵族请求进行望祭，希望通过祭祀换回君王的命。楚昭王说：

"与其祭也，不如卜。听说周朝太史卜课极其灵验，且问卜于周！"

赶上楚国境内，天空出现异象：

时当黄昏，满天都是火烧云。一群红色的鸟围成一个圈，环绕就要西沉的落日绕圈飞翔，一直飞到夕阳消失的时候。连续三天，都出现这种情景。

通过学习现代的动物学，可以知道：动物的异常行为，大抵与动物的生存、生计有关。然而，儒教为了打造出人类社会的尊卑阶级，强说天子是上帝之子，拥有代替上帝统治世间一切生物的职权。于是乎，儒教学者将动物界、植物界的异常现象视为身为被统治者的生物与身为统治者的天子之间的交流、反馈。基于这种思想，孔子于《春秋》之中记载了一些既有趣又有科学价值的自然现象。身为孔门弟子的左丘明，秉承师训，就记载出这"赤鸟夹日"的自然现象。至汉朝，一代鸿儒董仲舒将这一规则发扬光大，做成一部《春秋繁露》，专门说明《春秋》经文上的自然现象所对应的"天人感应"。这种习俗和观念影响深远，严重阻碍中国的科学的昌明。迷信的思想流毒无穷，却又反过来形成一种优势：

到今天，对于上古自然现象的最确切的记载，只有中国的《春秋》。《春秋》中记载的陨石、火灾、动物迁徙、气候等等情况，为研究古代自然科学的第一手资料、最可信的资料。这种资料只此一家，别无分号。为什么呢？因为当时世界上的其他地方往往将历史与神话混为一谈，基本没有可信的史料流传下来。为了宣扬天人感应，《春秋》对自然现象的记载深入到细节。例如"雨木冰"、"六鹢退飞过宋都"、"陨石于宋五"，让我们得见两千多年前的自然场景，具有极高的科学价值。

因为上述思想，太阳的状况被视为君王的预兆。时当楚王患病之际，赤鸟夹日的异象尤其重大。按楚昭王的意见，楚国派出使者，带上礼物，请周太史卜楚昭王的命运。读者注意：楚国虽经大创，毕竟早先也是南方霸主，哪至于国中找不出个算命的巫师呢？只因这是楚昭王故意设的局：

楚国使者送出钱之后，对周太史说：

"先生也不须特别操心，卜课结果我们已经做好。只请先生宣告就是。"

周太史卜课的结果被带回楚国，宣读于朝廷之上：

赤鸟夹日，乃君王将崩之兆。楚王之死就在今年！若要化解，须以禜祭禳之。然而，天意难违，纵然君王不死，必移之至权臣！

按当时的习惯，此时的楚国权臣应当效仿传说中的周公，为君王进行祭祀，请求神灵答应用自己的死来换取君王的生。更有甚者，权臣应当于祭祀之中自杀以明心志。

楚国的第一权臣，乃是楚昭王的叔叔、官居令尹的子西。卜出这样的结果，子西当即请求由群臣进行禜祭。偏偏楚昭王却不批准。他说：

"用你们的死来祈祷我的生，犹如将心腹的病移至四肢。我虽得生，楚国犹病。似此，我不为也！上天判定我有罪，施以天之罚。我岂能违背天意，篡改天命！"

这一番做作，实际上是陷子西等人于死刑，继而又予以赦免。其目的，不过是收买忠心。

秋七月，楚昭王率军进驻城父。就在此时，他出现先君楚武王的症状，感到心神不宁。按照当时的习俗，楚昭问卜于天。以战为课，卜的结果不吉。以退为课，卜的结果仍然不吉。至此，楚昭王隐约之中预感到天意：

战亦不吉，退亦不吉。还能有什么其他结果？无非如同先君武王，战死于沙场！

天意已是如此，楚昭王决定先安排后事。楚昭王的妻妾之中，只有来自越国的女人产下一子，那就是后来的楚惠王。就在吴灭楚的时候，这个女人带着楚惠王逃难回越国去了。楚昭王密令楚国贵族子闾全权代理接楚惠王回国为君的大事。

楚昭王的父辈，康王、郏敖、灵王、平王四兄弟相继为君。而楚昭王又遭遇了亡国，多亏自己的弟弟子西、子期，才得以复国。子期为了达成与随国的盟誓，献出胸前的血。子西身为令尹，以国事为己任，差不多有鬬穀于菟毁家纾难的奉献精神。这种人物，于楚国有极大的威望。楚昭王死后，楚惠王能否驾驭子西、子期呢？想来想去，楚昭王想出一个制造内斗的法门：

他于自己的兄弟之中找出一个没有权势的人，名叫公子启。楚昭王对公子启说：

"卜战不吉，卜退不吉。还有一课，那就是死！已经有周太史的卜课，那也不需要再卜了！我的祖宗有战死沙场的传统。若能战死，幽冥之中，正好可以光彩地去见先人！我死而无憾。只是，偌大的国家，没有继承人，让我死后怎样面对先人？我已派人去接章（楚惠王）回国。他幼弱不经事。我死后，请你遇事多教他！"

公子启听这口气，是要让自己做托孤重臣。假意劝解之后，公子启说：

"纵然是君王有不测，国中见有子西为令尹，哪里轮得到我？"

楚昭王说：

"我在世的时候，他们为国事操劳了许多。他们也该享些清福了。况且，我儿与他们自来不曾共事，我担心他们与我儿之间彼此不能相容。到时候，我儿不懂事，错处了他们，那倒是我陷功臣于不义。我命你做我儿的令尹，辅佐我儿。至于他们，我有办法处理。朝廷上公议的时候，如果我说立你为继承人，你可以推辞，但是最终要答应下来……

"有些话，我也先说明：你若有自立之心，我自有法子应付！"

……

楚昭王召集楚国贵族会议继承人的人选。场面之上，楚昭王提出立子西为继承人。子西坚决推辞。楚昭王又提出立子期为继承人，子期也坚决推辞。至此，楚昭王说：

"你们这种态度，其实是害我！我儿身陷外国，多半不能为我送终。更何况，他无德无能，若为楚国君主，难免不是死的下场！我决不立他！既然二位都不同意，且立王子启！"

公子启按照密议，先是推辞。几番推辞之后，最终答应下来。至此，子西、子期心中诧异起来，心中难免生出盘算。

安排好后事之后，楚昭王领军出战，与吴军战于大冥。楚军战败，退守于城父。就在这个时候，楚昭王去世。国不可一日无君，楚国群臣当即召开会议，再议新君的人选。子闾说：

"君王舍子立臣，不过是因为太子不在国中。君王爱臣，宁愿自己去死，也不愿伤及臣下的性命。我等感戴君王，唯有立君王之子，庶几可以报答！"

按楚昭王死前的公议，此时的继承人乃是公子启。子西、子期原有做继承人的心思。楚昭王公议立公子启，让二人极其不满。子闾此议，乃是要废公子启。子西、子期当然赞成。二人的想法是：

不管是否立章，先废了启再说！

此时，公子启才知道，君主所谓有法子应付，正是眼下这一出。他也就干脆公开与楚昭王的约定，提出：

立章，才是先君的遗诏。我只是受命为令尹。

公子启拿出楚昭王的遗诏。至此，楚国群臣众议以为：

接章回国为君，是共识，也是眼下的急务。至于新的权臣，且等新君即位之后再说。

楚军封锁、破坏吴军进攻楚军的道路，停止一切军事行动，秘密接楚惠王至城父。楚惠王至城父后，才公开为楚昭王发丧，扶柩回国。

读者注意：楚昭王为了让自己的儿子坐稳王位，想出这一番计谋。这个计谋环环相扣，总体思想是：担心权臣威胁到楚惠王的地位，故而扶植起另一个权臣。一个人于自己在世的时候想出计划，而历史完全按照这个计划演变。这说明什么呢？这说明在权力集中的制度下，某些人具有掌控历史方向的能力。在这种情况下，历史是什么？历史是极少数贵人心中的想法。后世的《三国演义》，编造出"生诸葛吓退活司马"的故事，那不过是这一规则的更加通俗、更加生动的说明。

……

上回说到，因为忙于应付西施，夫差错过了进攻齐国的时机。这重要的时机，是齐景公的去世。齐景公的去世，导致几个后果：一则是让齐国争霸中原的宏图中断，二则让受到围堵的晋国缓过气来，三则让南方的吴国入主中原，四则让齐国政权落入田氏手中。这第一、第二条，读者从前面已经得知。这第三条，且待后面专门展开叙述。于此，先述第四条。

　　齐景公的第一夫人，是燕国女儿燕姬。燕姬曾经产下一子。然而此子早年夭折。齐景公仰慕先祖齐桓公，如夫人甚多，养下许多庶子。这些女人中，名叫鬻姒的女人最得宠。鬻姒有一子，名叫荼。齐景人爱人及乌，心下有立荼为继承人的意思。在荼还是小孩的时候，齐景公为了逗孩子玩，扮作牛，嘴里衔一根绳子在地上爬，让荼牵着走。爬的时候，齐景公摔了一跤。绳子拉断了门牙。当时称荼为"孺子荼"。鲁迅的诗"俯首甘为孺子牛"，就典故于此。

　　齐景公乃是鲁国贵族叔孙乔如的外孙。对齐国而言，叔孙乔如有私通国母之罪。因此，叔孙乔如的女儿，乃是性奴身份；叔孙乔如的外孙，自然也就是庶出。性奴的儿子，何以做上君主呢？当初，崔杼搞死齐后庄公之后，不愿立后庄公之子，就于齐灵公的儿子之中选择齐国的继承人。崔杼与叔孙乔如是同党。庆克又与叔孙乔如有同靴之谊。故而崔、庆与叔孙乔如的女儿结党，推举其子为君。齐景公即位之初，还是个孩子，国中政权掌握于崔杼手中。崔杼被庆封搞死之后，政权又落入庆氏手中。之后，惠公族人发动政变，驱逐庆封，齐景公才算真正执掌齐国政权。齐景公虽为君主，却遭到权臣的挟持，过着傀儡的生活，也算是历经磨难。越是曾经磨难的人，越能够产生雄心壮志。故而在齐景公在位这数十年间，齐国重启霸业路线图，与晋国争霸。春秋191年，田氏、鲍氏驱逐了惠公族人。之后，田氏渐渐有将君之势。齐景公重用晏婴，并且祖述齐桓公"三分起案"之策，重新起用齐国世族高氏、国氏，用以抗衡田氏。想不到田氏竟然用出一种奇特的招式，化解了"三分起案"，最终篡夺了齐国江山。这田氏有什么奇特的招式呢？

　　晏婴去世之后，国氏、高氏为齐景公最信任的权臣。齐景公晚年，国氏当家人名叫国夏，高氏当家人名叫高张。而田氏一族，已由田须无传至田无宇，又由田无宇传至田乞。田乞、田乞的嫡妻生殖能力都特强。二人共同育下八个儿子。读者注意：此事在古代贵族之中是极其了不得的事情。为什么呢？

按子以母贵的规则，嫡妻的儿子都很尊贵。按古代一夫多妻的制度，同父同母的兄弟之间又特别团结。很多贵族虽有嫡妻，却因为"妻不如妾"的观念，少有与之亲近，故而常常没有嫡子。田乞嫡出八子，造成田氏仅凭其嫡出的儿子，就有了不得的战斗力。这八个儿子大都遗传了父母的强健体质，武力过人。八子又分别遴选武士、组建党羽，就扩充、发展成为一支战斗力极强的军队。田乞继承田氏家业。他的八个儿子横行于齐国。不要说田乞，就是这八子的亲生母亲，也都成为齐国举足轻重的人物。

这八个儿子之中，长子后来做了田氏当家人。此人名为恒、字为常。史书出于对此人的尊重，一般称其为田成子。至少也称其字。田恒这个称呼，反倒少见。笔者为方便读者对照史书，称其为田常。田常凭借其八弟兄的武力，掌控了齐国政权。

在田乞嫡出八子的同时，齐景公嫡出无子。伟大的"三分起案"败于什么？就败于齐国君、臣的这种人口结构。三分起案，是管仲设计的驾驭手下的管理方法。按管仲的设想：举国分为三部分，君主与另外两个权臣各管理三分之一。臣下手中的政权只有三分之一，要取得压倒性的优势，势必要依靠君主本人手中的三分之一。通过这样的权力分割，既可以减少君主的工作量，又可以让君主始终掌握主动权和控制权。为此，国家的政权犹如等边三角形，牢不可破。齐景公延用这个思想，重新起用国氏、高氏。然而，齐国最终被田氏篡国。这是为什么呢？田氏的人口战略，乃是从根子上破坏"三分起案"的基础。无论怎样的政体，最终的决定性因素始终只有一个。那就是人心向背。田氏让姓田的人越来越多、越来越强，在人口比例上坐大。到得后来，纵然是再将国家分作三部，选派田氏之外的人为权臣。这权臣的手下之中，也难免充斥田氏的人。这就不再是体制问题，而是人口问题。

且说当时，齐景公为自己的生殖能力而懊恼；田乞则希望齐景公永远不要立太子，以便在齐景公死后，由自己选立傀儡君主。田乞故意对齐景公说：

"君主你春秋已高，却没有太子。这该如何是好？"

田氏主动表现出这种"好心"，让齐景公心惊：

若立太子，该不会遭到田氏的杀害？

于是，齐景公以假应假：

"诸位闲着没事干，忧于长远。也该操心自家生老病死之类的事情，何必担心没有君主？"

齐景公命国夏、高张做荼的监护人，并且将自己的其他儿子安置到莱州半岛，以防动乱。春秋233年秋，齐景公去世。国、高按计划拥立荼。众公子怕遭到处理。公子嘉、公子驹、公子黔逃奔卫国。公子鉏、齐悼公逃奔鲁国。有莱州贵族感叹国家的动乱，吟唱诗歌，流传于民间：

景公死乎！不与埋三军之事乎！不与谋师乎！师乎！何党之乎？

译文：景公死了。他再也不能管理军中的事情。他不管军中的事情，谁来管？谁来整肃军心？

所谓情动于中而发之为言，言之不足才有赋咏、吟唱。民歌每每能够反映最真实的心声。从诗意来看，作者可能是个军官，他不知道继任的君主将会是谁，担心田氏因此篡夺军权。

……

国夏、高张为托孤重臣，受到齐景公的遗训：

严防田氏篡权！

田乞需要表现出顺从，以麻痹对手。他假装与国氏、高氏很要好。每天上朝的时候，田乞都早早跑到国氏、高氏的家中，等着与之同行。乘车的时候，又故意表现出亲热，要与国夏、高张同乘一车。车上的座次，每每推让国、高坐主位，自己按剑执戈站于车右的位置，做别人的警卫。国夏、高张防着他，并没有过多地与之交谈。他却凭借这同乘一车的事情，在齐国贵族之中散布这样的话：

"我天天跟着这两位上朝，听到些风声：朝廷要进行清洗。清除旧人，选立新人！"

"国氏、高氏是先君选中的托孤重臣，行事总称君主的名义。君主倒未必有这意思，定是他们容不下我们！我们要赶早下手。此事切不可迟疑、延宕！"

在面对国夏、高张的时候，田乞又这样说：

"我与二位要好，引得国人忌恨。现在很多人都想杀我而后快！"

这样两边说话，国夏、高张与齐国群臣渐成格格不入之势。

春秋234年夏，田乞、鲍牧及齐国其他贵族挟持君主荼，与国氏、高氏战斗。国氏、高氏战败。国夏、高张、晏圉（晏婴之子）逃奔鲁国。赶走了国、高之后，田乞一面进行清洗，一面密谋废立的大事。早在齐景公去世之前，田乞就已经物色好他心目中的君主。那就齐悼公。齐景公没有嫡子。其庶子之中，最年长者正是齐悼公。齐景公在位长达58年，故而此时的齐悼公已到中年，也已经立了自己的世子。那就是后来的齐简公。田乞的密使潜入鲁国，向齐悼公传达田乞的意思，密谋接其回国。此时，鲁国既接收了齐悼公、公子鉏，又接收了田氏的政敌国氏、高氏、晏氏。齐悼公要想回国，诸事都须隐秘。为了拉拢公子鉏，齐悼公选了四匹好马，驾车去见公子鉏。见面时，他说：

"此前曾献马于季氏，不入于上乘。故而重新物色了这四匹，请你帮我斟酌。"

时值非常时期，公子鉏也感到其中有蹊跷。就说：

"既是如此，我就陪兄长到郊外试马！"

二人到达曲阜莱门时，齐悼公的家臣阚止已经在门口等候。三人同至曲阜郊外僻静处，定下如下计划：

齐悼公党羽分作两部分：齐悼公本人及少数亲信秘密回国，与田氏接洽，谋求君主位。齐简公留居鲁国，一则防止齐悼公出事之后绝了后，再则可以监视国、高的动向。

齐悼公到临淄后，被田乞藏到最宠爱的小妾房中。

某一天，田乞于下朝时对朝廷官员说：

"常的母亲备下些吃的，用以祭祀。愿与诸位共享！"

这个话，是要请国中重臣吃饭。此时的齐国官员，多数已经站到田乞一边。纵然有些人不是田乞的党羽，迫于田乞的势力，也不敢不去。众官员都到田乞家中。田乞说：

"我新制了一些甲，请大家来看！"

于是，田家搬出一个巨大的口袋，放置于中庭。口袋打开，里面钻出齐悼公来。田乞带头下跪，说：

"参拜君主！"

众官员迫于形势，只好都跪拜于齐悼公。之后，田乞挟持众官员进行盟誓，誓言拥护齐悼公。田乞说这是鲍牧的意见。鲍牧说：

"早先，先君自己扮作牛在地上爬，让荼骑在自己背上玩耍。为此还摔断了门牙。你忘了吗？"

然而，鲍牧拗不过田乞，参加盟誓。

齐悼公成立后，将荼流放到外地。他对田乞说：

"没有你，事情不会是今天这样。然而，君主不是一种器具。有两个器具，可以装更多的东西。有两个君主，则国家多难。为这事，特意知会大夫你。"

这话的意思，是要田乞出面弄死荼。田乞却假哭起来，说：

"君主不相信我们吗？齐国出现忧心的事。年幼的君主不好找，偏偏找个年长的。这样，还容得下我们吗？如果说容得下人，那么荼有什么罪，非得要对他下手？"

有人对齐悼公说：

"大事情，与田氏商量。这种小事情，自己考虑就行了！"

于是，荼被刺死。

鲍牧支持荼，与齐悼公为敌。他认为荼为正统，认为齐悼公乃是非法的君主。他对于齐景公的其他儿子说：

"如果让你来做君主，那也可以吗？"

那意思，如果不立茶，其他的公子，立哪一个都可以。听说这话的公子，觉得事关重大，就将这话告知齐悼公。齐悼公召来鲍牧，对他说：

"有人到我这里说你的坏话。我替你着想：

"你且将家迁到都城之外的潞，暂避风头。由我来处理此事。

"要是这些人得势，你可以免于被他们迫害。等这些人败了，你再回来。"

在齐悼公的安排下，鲍牧带着三分之一的家产、家人奔赴潞。走到半路的时候，两乘战车从背后追上他。来者说奉君主之命，前来护卫。在这两乘战车的挟持下，鲍牧一家进入潞。进入潞之后，鲍牧及其家人遭到杀害。鲍牧在都城之中的家人、家产，当然也被瓜分。著名的鲍叔牙的后人，就此淡出政坛。

……

夫差错过了进攻齐国的时机，事后亡羊补牢，挺进山东半岛。军锋所指，首个目标是鲁国。齐国方面感到威胁，外交上拉拢鲁国，以期结成齐、鲁同盟。这其中，又演变出一个以色救国的故事。相关情况，下回再叙。

放散第九十二回

三踊士一夕三迁　卫社稷夭不为殇

春秋235年，夫差率军挺进泗水。军锋所指，乃是礼仪之邦鲁国。吴军先吞并郧国，然后请鲁国君主到郧国相会。早先，鄫国曾经是鲁国的附庸。吴军先灭鄫国，再约会鲁国，用的是震慑的战略。鲁国方面做足主人家的礼数，又是宴席，又是歌舞，先礼后礼，一扛扛、一车车，陆续呈上。不料吴王夫差看了这些礼物，竟然从鼻孔发出一声冷笑，对身边传话的使者说：

"都什么年代了，鲁国还在用这老掉牙的一套？我大老远来一趟，专门来保护你。手下的将士都很辛苦。我也不要那些玉器、丝绸，只消让将士吃顿饱饭。我手下有三万甲士。一人吃一斤牛肉，那是三万斤牛肉，需要一百头牛。你让他们送百牢为礼。"

何谓"百牢"？一猪一羊为少牢。一牛一猪一羊为太牢。夫差声明要吃牛肉，故而这所谓百牢，是一百个太牢，合计一百头牛、一百口猪、一百只羊。就是在今天，这也不是个小数目。更何况，吴王说要吃饱饭，那是要粮食。百牢只是名目。这名目之下有配套的其他要求。配套的结果，差不多要耗去鲁国小半年的生产总值。鲁国方面承受不起这种负担，找借口推脱：

"按礼，诸侯献礼于王，最高不过十二牢，并且只有献祭的牲口，没有粮食。武王立约：无巫籴。那是说天下粮食不用于交易。因为这个约定，祭祀之中只用酒，不用粮食。一年只有十二个月。十二乃是天数。自古以来，从无献百牢之礼。"

吴国方面回复说：

"我王此行经过宋国。宋国已献百牢。何谓自古无此礼？武王立约无巫籴，那是天下粮食公有的意思。我军不远千里至此，来不及运粮。故而借粮于贵国。天下粮食公有，鲁国正应当赈济我军的饥荒。当然，酒也是不可少的。贵国既然提到酒，那就再添上酒这一项！

"还在三十多年前，贵国接待接待晋国大夫，就已经用十一牢。大夫差君主一等。君主差王一等。天数十二，乃是以月论。天意难测，焉知天数不是一百？如今我王新至，用百牢正好合适。"

这话中说的十一牢，指的是春秋 202 年，晋国正卿范鞅出访鲁国。当时，鲁国为了巴结晋国，提出献十二牢的最高礼仪。范鞅觉得用王者之数不祥，故而减损为十一牢。好在只减一牢，对实惠影响不大。此时，吴军已驻于泗水南岸。军事逼迫下，没有理可讲，也没有礼可讲。鲁国只好强忍剧痛，献出夫差要求的百牢。

根据大鱼吃小鱼，小鱼吃虾米的规则，鲁国于这年秋天入侵邻近的邾国，以找补款待吴军所造成的损失。面对入侵，邾国国内分裂成主战、主和两派。邾国权臣茅成子主张忍辱求和，然后求救于吴国。邾国君主邾隐公主战。他说：

"我与鲁国接壤。而吴国去我足有三千里远。吴国兴师救我，要三个月才能赶到，哪里赶得及救我？更何况，我军何以就不能一战！"

读者注意：在当时的体制之下，往往都是君主战，臣主和。为什么呢？君主凭借其血统继承家业，并且家业能够世代流传下去。所谓国，其实是君主的家。为子孙计，君主势必维护国家的传承。为臣者则不一样。只要自己有本事，到哪里都可以做臣。如果国家灭亡，自己可以另投新主。战争到来的时候，君命臣出战。不战到最后，君主本人不可能受到伤害。为此，君主主战。战争到来的时候，首先让臣去做炮灰。即使战胜，得利最大的也是君而不是臣。为此，臣往往主和。赤壁之战前，鲁肃对孙权的一番话，最能说明这个问题。鲁肃说，降于曹操之后，他本人可以"累官不失州郡"；然而孙权则必然是身死人手、国破家亡的下场。那就是说的这个道理。

且说当时，茅成子拗不过邾隐公，却又不愿意为了国家去战死，就赶在鲁军到达之前回到自己的封地绎宣告独立，叛出邾国。邾国的军事力量原本就不如鲁国，再加上国内又叛变，就更加不堪一击。鲁军攻入邾国都城，带走了邾隐公，将其献俘于亳社。鲁军主攻对象是邾隐公，绎晚一步沦陷。茅成子得以搜集起钱财，逃奔于吴国。茅成子到吴国后，假称君命，请求吴国讨伐鲁国、为邾国复国。交换条件是邾国举国为吴国附庸。按夫差的霸业路线图，此时的战略重心正是在山东半岛。得了这得由头，夫差再次北伐。

春秋236年春，夫差在邾国的求救之下进攻鲁国。战前，夫差向叔孙辄、公山不狃请教。（前面提到，春秋225年，鲁国的叔孙辄、公山不狃逃奔齐国。之后，二人转而逃奔吴国。）公山不狃难忘故国，不希望祖国受到侵略。他说：

"鲁国虽小，向来是北方著名国家，且被晋、齐视为南方门户。君王已经与楚国为敌。今欲灭鲁，必遭致齐、晋大举反攻。是吴国以一国而与齐、鲁、晋、楚四国为敌。此乃以东南一隅而与天下抗争，必不可成！

"君王去年伐鲁，已让晋、齐、楚忌惮。如今再伐鲁国，将速成以寡敌众之势！"

殊不知夫差听了这话，竟然仰天长笑：

"不遇盘根错节，何以识利器！？假设我如楚王，率半个天下争衡于中原，那算什么本事？正是要以我太湖、三江的健儿，横行于天下，方才显得出我的智、力……"

读者注意：夫差的这种豪言壮气，并非一味地妄自尊大，而是因为一种名为"儌"的战略。何谓"儌"呢？这是吴国霸业路线图之中的一个指导思想。吴国本是东南沿海的一个小国，向来被中原国家视为东南岛夷，与晋、楚那样的传统霸主不可同日而语。吴国的崛起，就仿佛当今所谓"暴发户"。如果吴国成了天下盟主，总让人觉得不伦不类。中原的贵族纵然表面服输，内心也会这样想：

光头、刺青的海岛蛮夷，竟然来领导衣冠华族？

这种内心的歧视，会外发而影响重大事件。例如：柏举之战后，楚王逃奔随国。吴军包围随国，要求随国交出楚王。当时，秦军还没有出兵，夫槩王也还没有造反。正是因为吴国没有楚国历史以来的声望，随国宁愿冒亡国之险，也拒不交出楚王。外国瞧不起吴国，而吴国也确实对做霸主的方方面面都不熟悉。吴国需要在政治、军事、外交、文化等各方面打造出大国的声威，让人一闻吴王之名，即肃然起敬。人而起敬，合成即是一个"儆"字。季札评乐，是儆的外交和文化方面。征求百牢，是儆的政治方面。一再出兵北方，则是儆的军事方面。儆的军事方面，号为"儆师"。儆师不光是为王者之师造势，还有实际的意义：吴军虽然经常与楚军交战，却多是战于南方的江、湖。对于在华北平原上作战，吴军并不熟悉。吴国的战略目标是齐国，却一再进攻鲁国，这就是通过与鲁国的战争来演练平原作战。最有效的军事演习，乃是用真正的战争来练兵。正是因为儆师打出了名气，后来的黄池之会中，吴军才能够全身而退。正是因为儆师练就了真本事，后来的艾陵之战才能取胜。儆师还有更具体的意义：熟悉山东半岛的地形。鲁国远在苏州三千里之外，吴军不熟悉鲁国一带的地理状况。夫差原本想让公山不狃做向导加先锋。为此，不得不另外寻找向导。吴军逼近鲁邑武城。

······

早先，吴国势力还没有到达鲁国边疆，两国间存在没有主权的荒地。当时的农民，珍视那种经过平整、建有灌溉设施的熟田。若非不得已，总不愿意耕种广种薄收的荒地。然而，列国之中有流亡在外、无家可归的人。这种人在投靠无门的情况下，只好到荒地上开荒。有一个流亡的鲁国人在鲁、吴之间的荒地上安家开荒。早先到达的一个郯国人在鲁国人的上游沤麻，弄脏了河水。鲁国强于郯国，流亡的鲁国人也要欺负流亡的郯国人。鲁国人带了家奴，将郯国人暴打一顿，然后将其羁押。这个郯国人回去后暗思报复。得知吴军伐鲁，此人投靠于夫差，充当吴军向导。

吴军在郯国人的带领下攻入鲁国，克武城，克东阳，克五梧，克蚕室，克夷，进驻于泗水。泗水北岸，即是鲁都曲阜。鲁国已至危急存亡的时刻。季氏当家人季孙肥召集鲁国贵族会议，决议如下：

吴强鲁弱，最终只能是议和。然而，要以拼死卫国的决心，来做议和的筹码。为展示这种决心，公开招募敢死队，秘密泅至泗水南岸刺杀夫差！

　　鲁国大夫微虎，受命组建敢死队。微虎私属的甲士共有七百人。受命之后，微虎召集这七百甲士于讲武堂，以跳高的方式选拔强健者。经过三次考试，选拔出三百人。微虎对这三百人说：

　　"瓶之罄也，惟罍之耻！有鲁国，方才有我的家。有我的家，方才有诸位。眼下鲁国危亡，乃国士效命之时。我有一言：

　　"请诸位于今天白天再享一次生的乐趣；今夜至我营房之后，即断绝生的乐趣，接受必死的任务！"

　　当夜黄昏，微虎率这三百甲士步出鲁国南门。季孙肥于门口拦下敢死队，私语于微虎：

　　"做做样子就行了，不必成行！三百人投入吴军三万大军，以一敌百，那得侥幸！这三百人是你所有的家当。不要说你不忍心，我也不忍！……"

　　鲁国的这些动静传到泗水南岸，夫差吓得夜不能寐，一夜间三次更换住处。次日上午，鲁国使者至吴营求和。靠了微虎的表演，谈判的时候鲁国又一再申明国家频献贡赋、已经积贫积弱，结果这一次的"保护费"比头一年少了许多。议和之后，吴军退去。然而，吴军乍去，齐军又至。

　　就在这一年的夏天，齐国讨伐鲁国，攻取了鲁国的谨、阐。鲁国曾经收留齐悼公，齐悼公何以讨伐恩主呢？这与女人有关。春秋 233 年，齐景公去世之际，齐悼公逃奔鲁国。按当时的习俗，季氏当家人季孙肥将自己的妹妹季姬嫁与齐悼公。春秋 234 年，田乞废荼，接齐悼公回国为君。齐悼公安顿好国内的事情后，派人到鲁国接自己的女人季姬。在齐悼公离开鲁国之后，季姬耐不住寂寞，与季氏族人季鲂侯私通。她害怕此事暴露，遭到处理，就在齐国使者面前反咬一口，说：

　　"季鲂侯强奸了我！"

　　听说老婆被搞，齐悼公大愤。现在鲁国吞并周边小国，又影响到齐国利益。为此两种缘由，齐悼公出兵伐鲁。出兵之前，齐国知会吴国，请求吴国出兵声援。

　　背地里有这些名堂；表面上，齐悼公却说是来主持公道，是来救助邾国。鲁国打不过齐国，只好释放邾隐公。邾隐公回国，屁股还没有坐热，吴军又至。因齐悼公约吴国共讨鲁国，夫差命伯嚭为将，再次北伐。这一次北伐，吴军既不打鲁国，也不打齐国，却是进攻邾国。为什么呢？伯嚭说：

　　"邾国求助于我国，我王为之亲征。如今齐国逼着鲁国释放了邾国君主，显得齐国才是这地方的老大。教训邾国，是让这里的人知道：当今天下，谁才是老大！"

　　伯嚭攻入邾国，强制推行霸主的主张：

　　其一，废现任君主邾隐公，听候吴王处理。

　　其二，命邾国太子为君，是为邾桓公。

　　（此后十二年期间，邾隐公不在祖国，其子邾桓公为邾国君主。之后，邾隐公回国，邾桓公流亡越国。）

　　读者注意：当初邾国求助于吴国，吴国出兵救助。那显得邾、吴本是友好。如今何以又讨伐这友好国家呢？其实，这种处理意见，沿袭的是霸道的规则。所谓霸道，没有规则可讲，只讲究一点：证明霸主能够左右天下局势。怎样处理邾隐公，关系到夫差的霸主声望。为此，伯嚭专门上报于夫差。夫差颇有巧思，想出个奇特的名目：

　　将邾隐公囚禁于楼台，楼台下用荆棘封堵，禁止其下楼。取用"上不沾天，下不着地"之意。这其中含有地缘政治的争锋：

　　这就是追随齐国的下场！

　　小国的君主，说起来也真惨：先是被反绑着充当鲁国神灵的点心，后又住进这种出不去的空中楼阁。

　　却说鲁国，因季姬偷人丧失两城，只好向齐国认错、求和。春秋236年秋，季姬被送到齐国。临行前，鲁国朝廷对季姬委以调解齐、鲁争端的重任。

　　早先，齐悼公在鲁国的时候，是流亡公子，成天为性命担忧。所以，娶了季姬，却无心与之恋爱。季姬于齐悼公那里得不到情趣，所以才有勾搭季鲂侯之举。她到齐国之后，与已经做上君主的齐悼公重逢，不再有少女的羞涩，平添出女人的风韵。齐悼公迷上了季姬。因季姬的要求，他归还鲁国土地，与鲁国讲和。因为与鲁国讲和，齐悼公命使者向吴国推辞早先的联吴抗鲁。吴王夫差一则想要进取中原，再则也觉得自己遭到齐国戏弄，就派人对齐悼公说：

昔岁寡人闻命。今又革之。不知所从。将进。受命于君。
译文：去年，我听从你的命令。现在，你的命令又变了。我不知道该服从你哪一个命令。我要到你那里，亲自来接受你的命令。

说完这种客套话，夫差计划大举伐齐。

接下来的几次战役，奠定了夫差的霸主地位。于此，笔者总览此时的国际局势：

晋

此时的晋国，摆脱了范氏、中行氏的困扰，然而仍处于世族争权夺利的状态。赵鞅为正卿，赵氏为晋国第一大家族，相当程度上代表着晋国。然而，由于内斗，晋国对外的战斗力已经大不如前。有霸主的余威而无霸主的实力。

楚

此时的楚国，已经摆脱亡国的阴影，正在重新壮大。鉴于楚灵王的强势导致了亡国，此时的楚国用"遵养时晦"的国策，积攒力量而不露声色。

齐

齐景公一代，基本上算是霸于东方。齐景公死后，政权由田乞、田常父子掌握。齐国的田氏犹如晋国的赵氏，关心的是家族的权势而不是齐国的国威。齐悼公连谋杀荼这点事情都要征求田氏的意见，让田乞觉得此人不足惧。

秦

秦国是西方大国。由于晋国对秦国施行隔离战略，秦与东方的联系取道商洛谷地和西汉水，仅限于楚国。此时楚国收缩于三峡，无心争霸中原，秦国也就基本不参与中原政局。

郑

子产奠定了郑国的治国思想。这个治国思想讲究民主和法治。在此思想之下，郑国的体制类似于近代的君主立宪，政权掌握于穆公族人手里。此时的郑国正卿，乃是罕氏的罕达。此人是子皮之孙，继子太叔之后执政。郑国处于中原正中，先天的位置造成其不可能长久生存。靠了子产的精神遗产，郑国国运延续至战国，那已经很不容易。自晋国内乱以来，郑国寻求自立，因此与早先的霸主晋国结仇。

宋

此时的宋国，历经桓公族人、戴公族人掌权之后，政权回归君主。在天下无霸主的大背景下，宋国采取与郑国类似的国策，寻求自立。然而，宋国国力相对较弱，故而仍旧相当程度地依附于早先的霸主晋国。

陈、蔡

这两个国家早先是楚国附庸，此时已经投靠于吴国。

（另有鲁国和越国。鲁国即将叙及，越国则由后面专门介绍。）

在此大背景之下，吴国定下争霸中原的基本路线：

继续打压楚国，联合晋国，讨伐齐国。

吴国之所以强大，其军事上的核心竞争力乃是水军。夫差决定用水军进攻齐国。由吴至齐，直线路途大致与当今的京杭大运河重合。当时，由淮河转其支流泗水可至鲁国。然而，泗水与济水（当今黄河的下游段）之间并不通航。以上是北段。南段，淮河与长江之间也不通航。在这样的地理条件下，夫差定下一正一奇两条战线。

所谓"奇"，是于事先计划的总攻时间之前提前用船沿中国东部的海岸线经东海、黄海、渤海运兵至莱州湾。等总攻号令发起之时，又分两路。一路水军溯济水而上，抢至当今的济南，断齐国北路。一路海军陆战队于莱州湾抢滩登陆，直取齐都临淄。

　　所谓"正"，乃是走后世的京杭大运河一线，计划运兵至鲁国之后弃船登陆，以陆军正面进攻齐国南部。为实施这个计划，春秋237年，吴国修成邗沟，连通长江、淮河。这条人工河，是后世的京杭大运河最初的渊源。

　　这个战略，总体思想近似于刘邦的"明修栈道，暗度陈仓"。海军的出奇制胜，大致不会出问题。而正面战场是否成功，于鲁国一带由水军改为陆军尤其是关键。正是因为这一点，夫差于总攻之前一再进军山东半岛，号为"徼师"，实际是踩点、熟悉地形。

　　以上为军事。军事之外，联合晋国是第一重要的外交。晋国是早先的霸主，并不希望出现新的霸主。好在晋国君权式微，权臣当道。赵鞅舍不得将自己的"赵家军"投注于无谓的霸主名号。夫差一再向赵鞅送礼，申明共同伐齐的意向。

　　外交之外，有大战之前的导火索。事在春秋237年。

　　这一年春季，郑、宋之间发生战争。郑国正卿罕达养了个娈童，名叫许瑕。性方面的花销，是个无底洞。为什么说是无底洞呢？因为情人的要求与性欲具有相同的特点。什么特点呢？那就是没有止境。罕达爱许瑕至深，恨不得为之付出一切。许瑕靠了屁股上的这点缘分，充分地予以运用，向罕达提出越来越多的经济上的要求。罕达凭借自己的家产应酬不过来，不得已，想到侵略宋国。早先，郑国子产与宋国达成双边谅解备忘：

　　郑、宋两国疆域之间，留出一个缓冲地带。郑、宋两国均不占有这个缓冲地带。郑、宋两国同时共同保证这个缓冲地带不为第三国所占有。

　　按子产的初衷，此举乃是为了保证两国之间不至于发生疆界上的争端。然而，没有主权的土地，最容易引发主权之争。此前的春秋223年，宋国的公子地逃奔郑国，提出将缓冲地带的土地献予郑国。许瑕向罕达请求封地。罕达给不出封地，就将这缓冲地带封给许瑕。许瑕得了这地方，仍然不知足，征得罕达同意之后，又进攻宋国城市雍丘。宋国方面，戴公族人皇瑗带兵迎战。皇瑗发明出一种类似于串联珍珠的战术：

宋军驻扎于郑军旁边，每天迁一次驻地。每驻一地，即修筑防御工整。迁驻地的路线，环绕郑军。十多天之后，宋军将十多处防御工事连接起来，形成对郑军的包围圈。宋军围而不战。郑军不能突围，在包围圈中痛哭。宋军全歼郑军。眉目清扬的许瑕，沦为宋国俘虏。

郑国主动挑事，引起宋国的报复。这一年冬季，宋景公亲征伐郑，以报复郑国。郑国方面求救于晋国。消息传到晋国，赵鞅正面临三方的借兵：

其一，这一年夏季，楚国进攻陈国。陈国求救于晋国。

其二，刚刚接到吴国密信，夫差约赵鞅联军伐齐。协约灭齐之后平分战利。

再加上郑国的请求，赵鞅面临三种选择。按当时的习俗，赵鞅问卜于天，得出的结果是"利以伐姜，不利子商"。根据《洪范》的"明用稽疑"，遇到大事应当"三人占，则从二人之言"。此时，鲁国大夫阳虎已成为赵鞅心腹。所以，赵鞅又命阳虎用《周易》进行筮。阳虎找出几十根著草，按一种莫名其妙的规则，将草在两掌十指之间分来分去，最终分出一个数目，得出个名为《泰》的卦。此卦第五爻的卦词为：

六五，帝乙归妹以祉，元吉。

这帝乙，是商朝倒数第二个王，是纣的父亲，也是宋国始祖微子的父亲。《周易》乃是周文王所著。周文王与帝乙大致处于同一时代，故而卦词之中记载帝乙嫁妹妹的事情。天意显示帝乙之相，那就应当尊重帝乙的后裔宋国。于是乎，认定不能讨伐宋国。所谓《易经》，讲究的是变化。故而《泰》卦又转入《需》卦。《泰》卦的总体卦相为：

泰。小往大来。吉。亨。

意思是得此卦所失者小，所得者大。《需》卦总体卦相为：

需。有孚光。亨。贞吉。利涉大川。

这其中的"孚"字，训为"罚"；"光"字，则训为"觥"。因此，"孚光"训为"罚酒"。按国人的酒文化，酒席上的罚酒，针对的是非礼的行为。对贵族而言，轻易不称其有罪。罚酒之说，其实是警告贵族不得非礼。而"利涉大川"四字，向来都只有一种解释：所问之事将取得成功。结合所问之事，得出如下结论：

其一，问筮者所问之事最终的结果是所失者小，所得者大。

其二，问筮者面临选择。在选择时，须考虑帝乙的神灵，因此，不得危害帝乙的后裔宋国。

其三，问筮者必须做出正确选择。若不做出正确的选择，上天会怪罪。而做出正确选择之后，事情将无往而不利。

迷信活动，从来都遵从权衡利益的规则。按儒教学者的说法，这叫作"所谓天意，无非人事"。《周易》的卦词，讲究的是同一卦词可以做出许多种解释。按现代数学的理解，这叫作变数。变数，被视为《周易》的精髓。因为，"易"字的意思，就是"变化"。上述结论，是如何参照人事呢？所谓"小往大来"，当结合此时的中原局势：

吴国国势蒸蒸日上。看架势，夫差若不坐上盟主之位，决不会干休。而近来夫差屡屡用兵于山东半岛，可见吴国视打败齐国为成为盟主的第一途径。吴军伐齐，是此时的天下第一大事。比较而言，郑、宋的疆境之争则是小事。政治上的选择，应当抓住重点。天下大国所争急所，就是晋国应当关注的急所。伐宋所得者小，伐齐所得者大。另外，晋国此前遭受以齐国为首的诸侯的围攻。讨伐齐国，具有报复的意义。晋国此前丧失了盟主的地位。讨伐齐国，还可以重塑晋国的大国地位。

读者通过以上分析，可以明白一些《周易》的价值所在：此书不过是提供出一些基本的规律，让问筮者在面临选择的时候遵循事物发展变化的基本规律。打天下者应当重点学习掌握这些基本规律，其次才是学习那故弄玄虚的宗教形式。

综合天意、人事，晋国赵鞅决定联合吴国，共伐齐国。结合陈国的请求，晋、吴秘密协议如下分工：

晋国出兵陈国，拖住楚国，扰乱楚军计划，以防止楚国在吴国北伐的时候抄吴军的身后。晋国另遣一军从西北方向进攻讨伐齐国，与吴军合成南北夹击的钳形攻势。

以上是西、北战线。东、南战线，夫差按计划先遣海军，自己本人于春秋238年冬组织南线主战场的正面进攻。夫差此行，公开的说法是讨伐齐悼公的朝三暮四。然而，吴王亲至，引起整个山东半岛的连锁反应。困于郑国的郑隐公，担心受到进一步的处理，从空中楼阁出逃至鲁国。鲁国方面，一再遭到吴军的威逼，已经被吓怕了，哪敢接收吴国处理的人？眼下夫差又至，鲁国贵族会议之后，有人提议将郑隐公羁押至吴军军营，以献媚于夫差。郑隐公听到些风声，赶紧再逃至齐国。郑隐公痛恨鲁国的待客之道，见到齐悼公后说：

"齐、鲁之间，自周公、姜太公以来，世代交往，号为睦邻。然而，眼下鲁国舍近求远，勾结东南岛夷，践踏中原衣冠。请盟主为我做主！"

齐悼公说：

"先君去世之后，这世道已经变了。不要说夫差至泗水，听说晋国起兵，已出太行。据其动向，大抵是与我国为敌。近几个月来，临淄北面的海湾上，又出现大批海盗，搞不清是什么背景。这临淄城中，从来就不是我说了算。我也不知身死在何时，大约也见不到国家的灭亡了！任凭他们去吧……"

齐国权臣田乞，看到国家遭受围攻，想出个一举两得的方案：

只将主力部队设防于莱州湾，保住都城临淄。莱州湾的所谓"海盗"，正是夫差派出的海军，由吴国贵族徐承统率。为了麻痹齐军，徐承没有打出吴国旗号。遭遇田乞主力的抵抗，徐承败走。

对于其余方面的进攻，田乞并不设防——倒是想出了个简洁的却敌之策：他于此时谋杀了齐悼公，然后派人对夫差说：

"先君得罪于大王，二三老臣不忍胁从，故公推新主，雪罪于大国。"

这新主是谁呢？乃是齐悼公之子齐简公。齐悼公已经是田乞立的傀儡。齐悼公之子，当然是继续做傀儡。夫差想不到齐国竟然用这种方式来应战。按国人的习惯，杀人不过头点地。别人对自己不讲信用，也不至于就将其弄死。田乞这话，显得齐悼公是被夫差逼死。此时若再进攻齐国，恐为天下贵族所非议。于是，夫差派人做出一篇祭文，于军门之外公祭齐悼公。灵堂摆了三天之后，吴军回国。

田乞此举，一方面解了围，另一方面巩固了田氏的权势。然而，讨伐齐国是吴国不变的策略。齐国不能总是用这种非军事手段来应对。田乞秘密联络楚国，请楚军于西南方向牵制吴军，然后组织对鲁国的讨伐。春秋239年春，齐国贵族国书、高无丕率军讨伐鲁国。这两个人，分别是齐景公的心腹国夏、高张的儿子。国氏、高氏向来被田氏视为政敌。田乞何以重用这两个人呢？国氏、高氏自齐桓公年代就成为三分起案之中的一分子，历史以来，为执掌齐国政权的最权威的世族。田氏忌其树大根深，于赶走国夏、高张之后，用存亡续绝的道义，立其子为继承人。

齐军侵鲁的时候，鲁国内部并不团结。早先，鲁昭公进攻季氏的时候，叔孙婼不在曲阜，仲孙何忌则是看到君主方面已经战败，才站于季氏立场。叔孙婼回到曲阜后，季孙意如对他说自己无意于废立，是鲁昭公主动挑事。当时，叔孙婼听信了季孙意如的话，专程去找鲁昭公做调解工作。后来，叔孙婼发现自己被季氏当枪使，心中愤懑，郁郁而终。此后，季氏立鲁定公，独揽大权。为此，仲孙氏、叔孙氏对季氏的心态由拥护变成了嫉妒。两家在政治上冷淡了心肠，不再管国事。鲁国成了季氏一家的天下。鲁国的权力分配是季氏占二分之一，仲孙氏、叔孙氏各占四分之一。仲孙氏、叔孙氏虽然不管国事，对自己的利益却很上心。面对季氏的政策，两家觉得有好处，就支持；觉得没有好处，就不予支持。季氏管家子路按孔子的教导，要毁掉曲阜之外的军事基地，仲孙氏就不予支持。鲁国对外而言是一个国家，其实内部分裂成了三股政治势力。现在，齐国田氏弑齐悼公，立齐简公，迫切需要一个大胜仗来掩盖自己的罪行，论证弑君的合法性。故而此次伐鲁，齐国志在必得。鲁国原本弱于齐国，国内心又不齐，为此季氏当家人季孙肥问计于总管子路：

"齐军已至我国的清。如何是好？"

子路说：

"三家（季氏、叔孙氏、仲孙氏）之中，一家留守，另外两家跟随主公去迎战！"

季孙肥说：

"我倒没问题。问题是，他们两家可能不会同意。"

季孙肥征求仲孙氏、叔孙氏的意见。此时的叔孙氏，当家人是叔孙不敢之子叔孙州仇。仲孙氏，当家人是仲孙何忌之子武伯彘。这两家人看不惯季氏专权，不愿意为国家出力，拿出些阴阳怪气的话来应酬：

"君为鲁国正卿，国家栋梁，临敌应战，非君而何？"

"我等位卑权轻，智识浅薄，担当不起这种大事！"

"当初是你家建议毁掉军事基地。如今城外已经没有现成的军垒，我等出战，乃是用肉身迎接箭雨。本是主军，倒成了客军作战。不知你家主人有何庙算？"

这种话传回来，季氏只好另谋对策。子路说：

"国之存亡，在此一战。他们不肯出力，我们应战就是。

"兵力相当，可以言战。你一家的兵力少于敌人，不能主动迎战，只能防守。曲阜以外，已经没有可用的军事基地，我们只能于曲阜郊外进行防守。好在就近防守，后勤补给更省力。这样还有一个好处：

"齐军兵临城下，我就不信他们眼看着城破国亡！"

……

季氏独家组军备战，仲孙氏、叔孙氏也感到悻悻然。一日上朝，叔孙州仇问子路：

"眼下军情如何？"

子路愤然，说：

"我等小人，只知道接受命令，执行命令。至于军情如何，非我所知！"

叔孙州仇说：

"听这话的口气，是说我苟且偷生，不是男人！"

眼看齐军渐近，仲孙氏、叔孙氏只好带领起自己的亲兵，到季孙肥那里参军，接受指挥。因为孔子的建议，鲁国的三大军事基地毁去了两个。这让齐军入鲁国如入无人之境，很快临近曲阜。感受到亡国之忧，曲阜城中全体动员，共赴国难。叔孙氏留守宫中，做保卫社稷的最后一道屏障。季孙肥统率中军。武伯彘为右军主帅，颜羽御戎，邴泄为车右。子路为左军主帅，管周父御戎，樊迟为右。鲁国向来只有三军。此时于仓促之间凑成四军，故而人手不足。季孙肥统率的中军，乃是从半个鲁国之中选拔出的正规军队，甲士达到七千人。算起来，有车兵两千乘。子路所率左师，则临时由子路的党羽手下组建而成，多是孔子的子弟和士人。这些人大约有两、三百名。他们都学过驾车和射箭，可以做车兵。备上战车，可以凑成数十乘。然而，一时间找不到那么多步兵。前番夫差入侵，鲁邑武城的人逃亡至鲁都曲阜。子路于这些人中精选出三百人为步兵，再杂以城中的奴隶，总算凑成一军。然而，这让曲阜城中保卫鲁哀公的兵力显得薄弱。情急之中，子路于城中老弱者中选拔出一队人，驻于南门。子路的车右樊迟，乃是孔子的弟子，子路的师弟。此人只有十五岁。季孙肥对子路说：

"须（樊迟）太小，如何能统率一军的车右？"

子路说：

"眼下需要勇武之士，选人不能拘于礼。他是我这些人中最勇敢的一个。"

鲁哀公也派出君主系的人参加。统帅为鲁昭之子公为。前文提到，公为曾经是鲁国太子。季氏痛恨鲁昭公，所以不立公衍、公为，立鲁定公。按说，公为是季氏的政敌。然而，此时的情形，让人不得不放下这些私怨。公为与留守宫中的人话别：

"诸位上不能谋定国事，下不能统帅军人，只能以所有的家当和一身的精血留守于此。我与你们相约：

"你们战死于城中，我战死于城外。今日一别，就让我们再见于黄泉之下！"

齐、鲁战于曲阜郊外。双方都于阵营之前开挖出战壕。主帅季孙肥决定主动出击，下令越过齐军战壕。几批敢死队都被射死于齐军战壕之前。此时，樊迟主动请战。季孙肥说：

"为何此时才请战？"

樊迟说：

"迟到，不是因为怕死，是为了向你证明子路的话。请主帅以沙漏计时。三刻之内，我必逾此沟！"

读者注意：中国最早的计时器具，乃是根据太阳照射的影子而设计。于庭院之中立一竹竿，根据阳光照射竹竿之后形成的影子的轨迹、长短和方位，来计算时间。后来，渐渐发明出一种不依赖于日光的器具。那是一个大的容器。容器里面装上水、细沙之类的介质。让介质匀速地下流。在容器外壳刻上刻度，标志出一天的十二个时辰。这就是沙漏。沙漏比较笨重，不适宜于行军打仗。而军事活动对时间的要求又很大。于是，军队里面往往使用一种简易的沙漏。那是一个两头大中间小的容器，沙从容器的上面部分流入下面部分所需时间为一个定量（例如两个小时）。当到达这个定量时，将容器倒置，开始新的计时。按当时的习俗，季氏所带的沙漏应当总共十二个刻度。如果沙漏一次计时定量为两小时，则三刻指的是半小时。

樊迟立下军令状之后，带十多人的敢死队步行逼近齐军战壕。他本人身穿两层犀甲，全身防护得只剩一双眼睛。他身上的防具加兵器重达近百斤。然而，他仍然能够奔跑、跳跃。樊迟用迂回战术，命手下从正面分散齐军的注意力，自己本人选取一个最薄弱的突破口，一跃跳进齐军战壕。此时，子路举起一杆只有一米五长的短矛，冲向齐军战壕。季孙肥积蓄起全身力气，拼命擂鼓……

鲁军于正面和左面冲破了齐军防线，俘获了八十人。然而，齐军早先就预算出仲孙氏所率右军是鲁军的薄弱环节。田乞假子田瓘、田庄潜伏于泗水南岸。齐军在正面战场失利的时候，田瓘、田庄偷渡泗水，猛攻武伯龁所率右军。鲁军右军败退。子路建议再战以定胜负。季孙肥说：

"右边的田氏精兵，才是齐国精锐。有田氏兄弟在，即使我们取胜，也要付出巨大的代价。田氏的精兵，最好是留给吴国人应付……"

季孙肥与齐军议和。齐国方面看鲁军有拼命的架势，也同意撤军。双方归还战俘和尸体，离开战场。樊迟战死。公为战死。公为的手下汪锜，也独为一乘的主帅，战死于战场。樊迟只有十五岁，汪锜也只有十六岁。按儒教礼仪，此二人属于未成年人，不应当享有正式的葬礼。为弘扬爱国情操，特意为二人举行成人的葬礼。主持葬礼的人，乃是孔丘。孔丘于葬礼上说：

能执干戈以卫社稷，可无殇也！
译文：能够手拿武器保卫国家，死了不算短命！

此战之后，鲁国联络吴国，请求吴军讨伐齐国。夫差率军与齐军战于艾陵，完成了霸业路线图的第二步。相关情况，下回再叙。

感于春秋的沙漏，笔者抄译南朝陆倕所著《新刻漏铭》，用作本回的结尾，也让读者了解古代的计时器：

一暑一寒。有明有晦。神道无迹。天工罕代。乃置挈壶。是惟熙载。气均衡石。晷正权概。世道交丧。礼术销亡。遰迁

水火。争倒衣裳。击刀舛次。聚木乘方。爰究爰度。时惟我皇。方壶外次。圆流内袭。洪杀殊等。高卑异级。灵虬承注。阴虫吐喻。倏往忽来。鬼出神入。微若抽茧。逝如激电。耳不辍音。眼无留眄。铜史司刻。金徒抱箭。履薄非兢。临深罔战。授受靡忒。登降弗爽。惟精惟一。可法可象。月不逾来。日无藏往。分以符契。至犹影响。合昏暮卷。蓂荚晨生。尚辨天意。犹测地情。况我神造。通幽洞灵。配皇等极。为世作程。

译文：一年之内，气候要冷一次，又要热一次。一天之内，天空要亮一次，又要黑一次。上天的旨意无迹可寻，人性对于天意的认知，极难！壶漏是描述时间的器具，它是人世间一切行为的基准。由于社会的动荡，学术湮灭，造成既有的壶漏不能准确报时。我们的皇帝下令重新制作壶漏。新壶漏的外形是方的，水流的形状是圆的。容积的上下部分大小相同，所以壶箭的刻度均匀而整齐。入水处是龙形，出水处是虫形。看起来像抽蚕茧一样的细流，倾泻到承水处时，就像闪电一样迅速。壶盖上是一个金铜仙人做把手，靠左边。壶的右边雕刻一个小吏。小吏左手抱着箭，右手指着箭上的刻度。有了这个时间的基准，一切世事得以有时间进度表。它是天意的翻版，能够描述日月的运行、晨昏的更替。我们的皇帝制作了这样伟大的器具。这器具将成为永远的规范。

正闰第九十三回

战艾陵齐师败绩　会黄池姑苏沦陷

　　经过最近几年的测试，夫差已经有了总攻齐国的把握。鲁、齐战于曲阜郊外之后，鲁国求救于吴国。夫差决定就此发起总攻。伍子胥进谏说：

"越国已经休养生息数年，已积聚起力量。如果我们倾国而出，恐越国趁机入侵。"

夫差说：

"我先前曾经与你约赌。眼下赌最后一注。就赌我此行北上时，勾践是否敢来！"

说出这种话之后，夫差也有些担心，就派使者到杭州对勾践说：

"我最近要北伐齐国。有人说你会趁机侵我疆土。请你为我考虑：

"怎样才能打消这种人的顾虑？"

……

却说勾践回国之后，头悬梁、锥刺股，卧薪尝胆以求报复。人性之中常常有这样的情况：

面临苦难的时候立下志向，当时以为宁愿去死也要实现志向。苦难结束之后，起初倒还是坚守自己对自己的承诺，为了理想愿意吃尽人间一切的苦。到得后来，远大的理想不能很快实现，心中就渐渐焦躁。由焦躁的情绪，渐生改变初心。

范蠡曾经对勾践说：

"地道节事，人道定倾，都不甚难。难的是天道持盈。必须将越灭吴的胜势做到十足，才能够发起报复之战。这需要耐心。然而，耐心是最难得的。"

在越国休养生息的时候，吴国不断北伐。局势正一步步按范蠡的计划在演变。夫差总攻齐国的时候，勾践吃了几年的苦，已经有些扛不住了。夫差临行前故意带话给勾践。于是，勾践针对吴军北上一事召集手下会议。会上，大夫种说：

"使者的话，透露出这样的消息：吴国有人建议防范我国，但是夫差并不采纳。姑苏那边有西施出力，我们只需送出钱财以犒吴师，另外再请求作为附庸参战。"

勾践说：

"就不能趁此时机报仇？"

范蠡接口说：

"结合眼下局势，我已做一卜：此战吴军将胜，战后吴王将霸。越国眼下的实力，远不足以抗衡天下盟主。必至玄月之时，方可伐吴。"

勾践已经习惯了听从范蠡的建议，公开场合表示同意。然而，他心中生出疑虑。恰逢楚国大夫申包胥出使越国。勾践向其请教：

"我对吴国之恨，痛入骨髓。我要与夫差一赌天命！然而不知何时才是报复的时机？请先生教我。"

申包胥说：

"我是个卑鄙下臣，哪懂这些？"

勾践坚问不止。申包胥不得已，说：

"吴国乃是当今天下数一数二的强国，威服了大半个中原。敢问君王凭什么来与之一战？"

勾践说：

"每当我饮酒、吃肉、听歌观舞，都压制自己的欲望。我要求自己不能享受，而是将这些东西分给愿意帮助我报仇的臣下。由此，我手下有无数谋臣、武士，愿舍弃生命，效忠于我。"

申包胥说：

"这是常见伎俩，远远不足以报吴！"

勾践说：

"吴国残害我民。我赡养越国庶民，凡民生、老、病、死，我必慰问。凡鳏寡孤独，我皆有所养。为此，越国举国上下一心，皆有报吴之志！"

申包胥说：

"这算是很不错的了。然而，凭此不足以报吴！"

勾践说：

"我视民如伤，如养伤一般养民；我视民如子，如养子一般养民。我处处替庶民作想：他们想要吃饱饭，我就大力发展农耕；现在国民已储蓄下足够一年吃的粮食。他们想要减少劳役，我就严格控制游乐设施、甚至基础设施的建设。他们想要政治地位，我就设立凭本事晋升贵族的制度。他们于得到物质上的一切之后，又想要精神上的信仰。我就为他们设立宗庙、祭祀的场所，教导他们孝道，为他们规划出千秋万代的大同世界。由此，四方野人、游民，无不希望归化于越国。"

申包胥说：

"此乃儒教的本色当行！君王手下定有来自中原的岩穴之士。不然，做不到这个境界！然而，凭此仍不足以报吴。"

当初范蠡草制出文稿，要勾践于国中宣扬儒教的教义。勾践以为这种事情乃是闲来无事的粉饰太平，与灭吴大计相去甚远。这种文教工作，勾践当时虽也照做，心中却不以为然。听了伍子胥这话，勾践才算暗中服了范蠡。做到如此，旁观者仍然以为不足以战胜吴国。勾践心下终于明白：

范蠡说三才大计最难的在于耐心。看来此话不假。

勾践又说出了最近大夫种、范蠡等人的建议。因为勾践有疑虑，这些政策此时还没有施行。勾践说：

"越国之中，有贫有富。贫穷者希望走向富裕，而富裕者不愿失去既有的财富。我裁损富者的部分财富，以赈济最贫穷者。限度定为富者不至于因此跌入贫穷，而贫者因此足以感受生的乐趣。"

申包胥闻此言，长跪而起，说：

"此乃学生学所不及！若得如此，才真正是《洪范》传说的大同世界。此乃经书不载的学术，堪称踵实增华的一家之言！若得如此，吴不足惧也！"

勾践心中一凛，又说出范蠡的另一建议：

"以越国之力，不足以报吴。故而遍交天下大国，陷吴国于积年不断的战事。待吴国战疲之时，即是越国复仇之时。"

申包胥听了这话，竟然起身整理衣冠，然后向勾践行再拜、稽首之礼。然后说：

"君王有此庙算，终将为天下盟主。小人不敢施礼于此，以贺盟主！"

稍歇之后，申包胥又说：

"君王有天命在身，小人敢不附和天意，进献几点补充意见。绝不敢比拟君王的大计，只能算小人的一点穷心：

"战争有三大要素：第一是智谋，第二是仁义，第三是勇气。

"所谓智谋，并非谲诈的战术，其主要方面在于掌握敌、我双方军民的信仰、情操和精神生活。通过权衡这方面的人心向背，计算出支持我方的精神力量的比例。

"所谓仁义，不是指施舍了多少东西与战士，而是要君主、将帅与战士拥有共同的志向，愿意像战士一样吃苦、舍命。

"所谓勇气，不是指面临危机时候敢于做无谓的伤亡，而是于转瞬即逝的时机果敢地做出正确的选择。"

……

咨询于申包胥，只是勾践无数次的纳谏之一。于此之外，勾践还大量征求越国谋臣的意见。这其中最著名的有五个大夫。那分别是：

大夫舌庸、大夫苦成、大夫种、范蠡、皋如

大夫舌庸建议严明军队的奖赏。大夫苦成建议严明军队的处罚。大夫种建议规范军队的番号和建制。范蠡建议加强军队的防守。皋如建议整顿军队的条令和军令的传达执行。这些建议让越国举国犹如一支纪律严明的军队。这些建议的影响，将出现在后面的战备、战事之中。这里且按下不表。

……

打消了疑虑之后，勾践按大夫种的建议为夫差的北伐出粮、出兵。夫差以为自己就是要仅凭吴国的勇士横行于天下，高傲地拒绝越国参战。他以为：

以此足以威慑越国，让越国绝不敢存一点报复的私心！另外，也以此证明伍子胥的预测错误。

春秋 239 年五月，夫差向齐国发起总攻。夫差将此战视为谋求霸主地位之战，故而战略上比照早先的齐桓、晋文：

其一，取消先前的海军陆战队，由水军取道邗沟、淮河、泗水进入山东半岛。之后弃船登陆，转为陆军，与齐国进行战车战阵的较量。这一决策，因为要用船运送马和马车，造成运输上的沉重负担。另外，以陆军较量，吴军没有优势，双方实际是进行消耗战。

其二，比照早先的盟主，需要号令中原诸侯做友军，做成号令天下、以石击卵的态势。为此，征集鲁、徐、邾等小国率军扈从。实际上，就是在齐桓、晋文的时代，这种盟军也是观望态度，起不到实际的作用。只不过，它能够在政治上造成一些声势。

其三，公开向齐国挑战，明里说是讨伐齐国的不守信，又说早先不灭齐国乃是遵周礼不伐丧。实际于言辞中透露出明显的争霸之战的意味。按霸主的习惯，夫差又将战争的道义移檄于天下诸侯。

当时，周朝虽已微弱，也被中原诸侯习惯性地视为正统。吴国这篇檄文，在中原国家看来，显得不伦不类。好在世俗已经不那么讲究王道、霸道，诸侯得知吴、齐之间大战在即，大多抱观望心态。夫差在政治上造势，多少起了些作用。它让齐国周边的国家至少于表面上站在了吴国一边，齐国不得不孤身应战。齐国内部，犹如这一年春天的鲁国，感受到亡国的危机，各种政治势力都团结起来。

此时的齐国，表面上仍然采用三分起案的体制。只不过，权力的三部分，都已经变了味。其中最重要的一点是：君主不再领军。为了推奖世族，田氏让国氏的国书担任中军主帅，又让高氏的高无丕担任上军主帅。另选齐国贵族宗楼为下军主帅。实际上，国书、高无丕都是田氏所立，受田氏挟持。而宗楼直接就是田氏的心腹。以田氏的势力，完全可以于此战之中充当中军主帅。田乞之所以不出面，一则是因为国氏、高氏乃是当初三分起案的两支。用此两家，能够号召起战斗力。二则是用国、高的专权来掩盖田氏的专权。

吴军方面，又想做出王的体制，又不敢公然称王，做出个不伦不类的四军：夫差本人自将，充当中军主帅。吴国贵族胥门巢为上军主帅。夫差之子、王子姑曹为下军主帅。吴国贵族展如为右军主帅。

吴军按计划于泗水弃舟登陆，与齐国约战于齐国境内的艾陵。

……

齐国田氏的密室内，田乞密命其弟田书总督三军。两兄弟歃血立誓：

田书发誓以必死的决心督导齐军战斗。田乞发誓夺取齐国政权。

出了密室，田乞来到誓师大会。为了渲染出卫国战争的悲壮，场面上做出一些煽情的名目：

齐国贵族公孙夏率一个战车方阵全体步行，服甲执戈，齐声高唱挽歌《虞殡》。曲调哀婉，催人泪下。每辆战车之上，只装一样东西：一个巨大的棺材。伴着这歌曲，车队开赴战场。其实此举开头即是不祥：唱着挽歌，载着棺材去战斗。摆明了是竖着出去，横着回来。

田乞为一队甲士分发玉含。发完之后，他站到一辆战车之上，大声说：

"战斗中若有余力，不能用来逃跑，只能用于战斗。拼尽最后一分力量，死，则含此玉含，为你们殉葬的口实！我将以此为信物，为诸位举行国葬！"

齐国贵族公孙挥给自己所率车队分发绳子。他说：

"吴国人头发短，人头不好系。发给你们每人一根绳子，绳子上若没有吴人的人头，就不要回来！"

……

北朝鲜仅凭精神的力量不能战胜南朝鲜。同样的道理，齐军不能战胜吴军。齐、吴战于艾陵。田书意识到整体实力不如吴军，决定向吴军薄弱环节发起猛攻。他采用的战术类似于后世"田忌赛马"：

其一，由齐下军应对吴中军和吴下军。（吴军这两支的主帅是夫差父子。两军在一处。）明知其必败，只要求其尽量拖延时间。

其二，齐中军猛攻吴上军。以为齐军最精锐的部队，足以战胜吴军第二的部队。

其三，齐上军猛攻吴右军。以为齐国第二的部队，足以战胜吴军第四的、最差的部队。

如此，三个战场之中，有两个取胜。就可以形成压倒的胜势。凭借这个胜势，再拼死一搏，或许可以战胜吴军。

读者注意：后世的田忌赛马，乃是分别进行的三场比赛，定下三打二胜的规则，三场比赛之间互不干涉。此时的战斗，乃是同时进行，并且各军之间可以相互支持。所以，战斗的结果是：

齐中军按计划争得上风。齐上军却落败。最糟糕的是，齐下军应对吴国最精锐的中军和下军，根本无法支撑，还在另外两场见分晓之前，就败得一塌糊涂。吴中军、下军乘胜夹击齐中军，齐中军无力支撑，也迅速败退。最后反倒成了吴军成功运用了"田忌赛马"之计：

由吴右军拖延齐上军。另外两场大获全胜。

战斗的结果，齐军大败。齐军参战将领几乎全部被俘。其中著名者有：

国书、公孙夏、闾丘明、田书、东郭书。

另有甲士三千人、战车八百乘。

夫差这人，最是爱慕虚荣。得此胜利之后，为显盟主的威风，即命于鲁国国内举行受俘大典，建筑"京观"骷髅台。鲁国方面，还在战前就期待着这一天。战争之前，叔孙仇州带领千把人的鲁国军队，名目上加入到吴军之中助阵。夫差也不认识他，就问：

"你在鲁国是什么爵位？"

叔孙仇州哪敢说自己是卿？只回答说：

"相当于大吴的司马。"

夫差说：

"既是司马，我赏你一剑一铍！战斗中，你须奋勇杀敌！"

叔孙州仇得到两件兵器，一时间回不过神来，竟然忘记谢恩。好在他身边有个助手。此人名叫子贡，乃是孔子的得意门生。子贡一脚踢向仇州的膝弯，将其踢来跪下，自己同时跪下，代替仇州回复说：

"州仇奉甲从君而拜！"

鲁国著名的"三桓"，著名贵族叔孙得臣、叔孙婼的后人，在面对这新兴霸主的时候，变成了这般情态……

到吴军大胜之后，鲁国抖擞百倍的精神，把吴军的胜利，视为鲁国的胜利。鲁哀公让太史固将齐军主帅国书的首级送还齐国。首级放在崭新的竹篋中，下面垫上黑布，外面系上组带。人头上是一牍，牍上写有这样的字样：

天若不识不衷。何以使下国。
译文：如果说上天不保佑我鲁国，何以让我国得胜？

在夫差进军齐国之前，勾践向吴国送礼。自夫差以下，直到普通贵族，都有馈赠。得了勾践的好处，吴国贵族都感到高兴。伍子胥却说：

"如同人喂养牲口，这是越国在豢养吴国。越国之于我国，乃是心腹之疾。它邻近我国，而且想占有我国。它之所以服从吴国，不过是为了最终占有吴国。我们应当对付越国，而不是齐国。得志于齐国，犹如得到石头的耕地，没有用。而越国。它存在一天，吴国就一天没有安全！"

此前，伍子胥于出访齐国的时机，将自己的儿子托付给齐国鲍氏，命其改姓王孙氏。艾陵之战时，夫差从齐国人口中得知此事。夫差想：

他一再阻止我讨伐齐国，原来与齐国早就有勾结！此人既不能忠于楚，又焉能忠于吴？

自艾陵回吴国后，夫差赐给伍子胥名为"属镂"的名剑。

那意思是要伍子胥以此剑自杀。他很看得起伍子胥，承认伍子胥是当世名人。名人要自杀，得用名剑。伍子胥曾经与哥哥伍尚立誓：

伍尚赴难于父，伍子胥报仇并保存伍氏血脉。

现在父仇已报，后人也已经安置。生平志愿已偿，可以死而无憾！伍子胥以属镂自裁，让颈血洒于一册竹简。竹简之上，是他告慰父兄的绝笔：

孝男胥泣血告慰父兄之灵：

阖门立誓，胥当拼尽毕生精血，灭楚国，报家仇！胥只身挟弓去国，远窜至吴。血色黄昏，长江渡头，几不知此身复在人世，那得知此誓感及鬼神？

胥计天下诸侯，惟吴足以灭楚。何者？晋自三驾以来，以楚卜命。人性生于忧患，死于安乐。晋自以为以静制动，殊不知死水生臭。晋命得以保全，晋病终至溃疡。晋将自顾不暇，遑论霸权？齐以桓公之后，根基原足。迭遭晋国先、后之计，病、痒缠身。何为病？五子乱齐，兄弟内斗，演成湟派凋零，权臣涌现。犹如急火攻心，咳喘不断。何为痒？田氏处心积虑，思欲以妫代姜。辨之似不足以伤身，挠之则指所不及。如痒在背，每念难耐！东吴乃太伯之后，于姬姓之中名分自尊。其水师得天独厚，楚国与之较量多年，有败无胜。先申公巫臣恨大才不展，宗庙屠焚，以战车教导吴军，又留亲子馆居师爷。致吴军车阵，得楚国荆尸阵原貌。寿梦四子俱是奇才，然最贤者季札不王。此乃含苞未放、劲气内敛之态，故其国势当阳！

至吴之后，吴王接我以国士之礼。胥穷搜肺肠，献计灭楚。适遇王僚不省，阖庐有心。故躬耕东亩，先成专诸刺王僚之计。其间，权衡吴、楚之势，苦成亟肆以疲、多方以误之案。蔡国受辱，凄惨颇类我家。蔡侯请师于吴，胥即极力总成。大别、小别、柏举之战，遂成灭楚大计。胥亲鞭仇家，以泄十六年之恨。当是时，即命胥粉身碎骨，亦所甘心！然我之所为，大得吴王之助。受人滴水之恩，必当涌泉相报。故苟活残身，以报恩主。

勾践其人，自称大禹之后，实乃荒裔岛夷。以蚁虫之策，侥幸胜吴。吴王恚此败、恨彼诈，自惭自愧，痛骂小人，故伤口破裂而亡。胥丧恩主，思欲助其子夫差灭越。夫差其人，抱负直追其父，而很气绝伦！"九德"谓"刚而塞"。此子坐刚而不塞之弊！至刚则至柔。故越国灭而复兴，西施小而胜大。胥每进谏，内则受阻于西施，外则受阻于佞人。胥岂不知当谏则谏，当去则去？惟弥天之仇得报，盖世之恩必酬耳！今受赐剑之诏，分当自绝；然以死酬恩，亦含笑九泉也！

胥得罪天下，举世目之为"贰臣"！我子亦改名改姓，遗种于民间。每当元日、裕祢，子孙当祭祀先祖：无忘先祖身世，无忘伍氏之名！

（笔者的《春秋枯华》，受教于蔡东潘《通史演义》。蔡先生身在清朝，官为县令。于书案文牍之中，带有明清时候文风，尤精于析理。笔者效蔡先生的风格，为此一文。自觉不伦不类，算是学习蔡先生的纪念。）

临死前，伍子胥说：

"我坟头的树成材的时候，大约就是吴国灭亡的时候！"

伍子胥这人，是个极具争议的人物。有人说他的做法对，有人说他的做法不对。只有一点是公论：他是个快意恩仇的人。

……

齐国向来是东方大国。此前的齐景公年代，齐国与晋国争霸，占尽上风。吴国此前灭了楚国，如今又大败齐国，其声威已为天下第一。如果说还有哪个国家不服，那就是太行山以西的晋国。晋国历史以来就是吴国的盟友。而吴国的霸业路线图也强调拉拢晋国。为此，夫差决定以比较讲礼的方式威服晋国。要威服晋国，先要折其羽翼。鲁、卫向来是晋国的死党。

为此，春秋 240 年，夫差分别向鲁、卫发出照会，说是要与之进行盟誓。

鲁国方面，知道此时的所谓"盟誓"，实质乃是称臣，故而寻找借口来推脱。恰好这一年五月，鲁昭公的大人孟子去世。孟子乃是吴国女儿。当初，鲁昭公为了巴结吴国，娶同姓的孟子。至此时，鲁国称国君为孟子服丧，穿一身丧服，不好出席国际会议。并且，此前鲁、吴之间差不多每年都在相会，若盟可寻，亦可寒也。吴国方面，看对方为本国的女儿服丧，不好追究，只好作罢。

卫国方面，因处于太行山脚下，近于晋而远于吴，故而对吴国的态度向来是搪塞。因晋国威胁，卫国还曾经杀死过吴国的使者。

春秋 240 年秋，夫差请卫国君主到郧进行盟誓。此时的卫国君主，乃是蒯聩的儿子辄。夫差口信说是"请"，因为艾陵之战的军威，辄其实不得不去。因为曾经杀害吴国使者，辄担心自己此去凶多吉少。他联络与自己命运相似的鲁国和宋国，请求帮助。鲁哀公、宋国贵族皇瑗、辄秘密会议。会上，鲁国方面答应替辄求情。之后，辄按夫差的要求来到郧。到郧之后，即遭到软禁。鲁国方面，派孔子高徒子贡为使者，到郧去为辄说情。子贡对吴国太宰伯嚭说：

"卫国夹在晋、吴两个大国之间，两面为难。卫国内部，也分成了两派。一派支持他来，一派阻止他来。支持他来的，是吴国之党；阻止他来的，是吴国之仇。现在你逮捕他，岂不成了毁党崇仇？

"贵国此来，是要做天下盟主，号令天下诸侯。听从贵国号令，随叫随到的人遭到逮捕，岂不让其他人寒心？"

所谓"似是之言，蔚为动听"。说客伎俩，大抵是混淆概念。伯嚭听了子贡的话，总算释放了辄。

次年，夫差约会晋定公。吴、晋、鲁等国会盟于黄池。后世以这一次会盟为标志，认夫差为春秋霸主。黄池之会期间，越国入侵吴国。

头一年夫差伐齐，因范蠡等人阻止，勾践没有趁机入侵吴国。至此时，勾践再也忍不住。越军分海路、江路两路伐吴。海路以范蠡为主帅、舌庸为副帅，率海军出杭州湾由东海转黄海，然后溯淮河而上，于淮河上阻止夫差南下。江路由勾践本人做主帅，通过吴、越之间的水路直取苏州。

晋、吴、鲁三方于五月就已经到达黄池，却于秋季的七月会议才结束。之所以拖这么长的时间，主要是因为晋、吴之间争执牛耳；另外，也是因为夫差将此会视为称霸之会，看重排场。当时的国与国之间的宴请，往往一次宴席就要吃几天。夫差要做出霸主的规格，这种宴席的时间拖得更长。

六月丙子，勾践的先锋队由畴无余、讴阳率领，抵达苏州外城。留守于苏州的吴国贵族组织抵抗，双方对峙于苏州外城。九天后的乙酉日，吴军率先发起进攻。双方开战。越军先锋队全军覆灭，畴无余、讴阳被俘。就在此时，勾践赶到。吴军转攻为守。次日，勾践发起进攻，大败吴军，俘获夫差的太子。再次日，越军进入苏州。越军将苏州洗劫一空，抢走了许多东西。其中最重要的乃是一艘夫差本人乘坐的大船。

读者注意：勾践的部队何以先弱后强呢？这是赢师诱敌之计。当时，吴军主力被夫差带到北方去了，勾践有绝对的把握战胜苏州城里留守的吴军。勾践担心的是吴军坚守城中不出战。实际上，苏州城里的吴国贵族也看到了这一形势，故而坚守城中长达九天。到后来，夫差的孙子王孙弥庸年轻气盛，忍不住了。王孙弥庸率五千军队出战。吴国贵族王子地担心他出现不测，出兵助阵。二人刚刚俘获越军先锋，早已等待于后方的勾践的主力就出现。王孙弥庸、王子地来不及撤退回城，只好就地防守。苏州城里的人为了救助二人，也只好出城战斗。就在这个时候，原本驻于淮河的范蠡看夫差无南下的可能，挥师南下，转而进攻苏州。两面夹击，苏州城破。

······

吴国内部赶紧派人通告远在黄池的夫差。此时，夫差正在与晋定公为盟誓之中谁执牛耳而争执不下。夫差深恐苏州沦陷的消息影响到自己做盟主的大事，接连杀死了七个提到败况的人。国内首都沦陷，这里又争执不下，夫差急得吃不下东西，睡不好觉，脸色都憔悴了许多。七月辛丑，夫差组织手下会议，说：

"黄池离姑苏远达千里，救助是来不及了。眼下的问题是：如果姑苏沦陷的消息传到晋国人那里，不但争不到盟主，甚至可能引起晋军对我们的进攻。我想，只有两条路可走。一是秘密离开黄池，赶紧回国；二是同意让晋国做盟主。这两条路，哪一条更有利？请诸位详议！"

夫差的孙子王孙雒率先发言：

"眼下是危急时刻，我就不讲发言的顺序了。

"依我看，这两条路都不可行！如果离开会场，势必走漏消息。黄池以南地方听说我国首都沦陷，势必叛吴。到时候，不要说姑苏已在越军控制下，就是姑苏以北的地方，也都会变成敌国！我们想回去，又回哪里去呢？齐国、宋国、徐国、淮夷等听说这种情况，会派军队追杀我们。如果有人于邗沟两岸埋伏下弓箭手，以火箭夹射我们的船队，我等将死于水火！

"推举晋国为盟主也不可行！如果晋国做上盟主，按例要率诸侯去朝拜周王。到时候，他已经是盟主，我们不好不听他的号令。这样拖延下去，姑苏沦陷的消息很快就会传开，我们的附庸仍然会背叛。

"眼下只有拼尽一切，在最短的时间内解决争执，做上盟主。我们做了盟主，事情就由我们说了算。这条路才最有利！"

此言一出，会场哗然。为什么呢？盟主之争，乃是黄池之会的核心议题。吴军于五月在黄池建起祭坛。至六月，与会各方到达黄池。之后，晋、吴之间为了争夺盟主的位子，互不相让。故而会议一直拖到七月。争了一个多月的事情，王孙雒说要立即解决。众人以为王孙雒年少无知，口出狂言。夫差也不觉动容，走下阶级来到王孙雒身边，问：

"问题是，如何才能让晋国同意我为盟主？为这事，我们都争了很久了。若能让晋国让步，何至于等到现在？"

究竟王孙雒有何计策？且看下回。

对等第九十四回

处绝地如火如荼　养时晦天道持盈

上回说到，在苏州沦陷的情况下，王孙雒提出尽快争为盟主，与会众人一片哗然，夫差也走到他身边逼问。此时，王孙雒站起身来，大声说：

"眼下只有这一条路，王其无疑！"

之后，王孙雒四向行揖礼，又说：

"如果诸位之中谁有更好的主意，我请自杀于此！"

"仓啷"一声，王孙雒将随身佩剑拔出，置于案前。话说到这地步，会场渐渐安静。待会场完全安静，王孙雒才又说：

"眼下要的是转危为安、变死为生，而不是哗众取宠。此事关系所有人的安危。如果我不发言，按王说的那条路走，那是让我去死！与其死后头颅置于骷髅台，不如死在这里！……"

停顿片刻，又说：

"晋国人、吴国人，都是人。只要是人，那都有人性的贪生怕死、趋利避害。晋国人离其祖国近，可以有多种选择。我们远离祖国，并且国都已经沦陷。我们没有退路！就此离去，我等必死；于此一搏，最坏的结果也无非是一死！我们所处的绝境，恰好是我们的优势！为什么这么说呢？因为晋国人不愿与我们拼命！"

听到这里，不少人开始默默点头。

"我们今晚就组织军队，与晋军决战！请王搜集军中所有，收买必死的死士。告诉他们：拼命可能会带来高官厚禄，拒命将受到酷刑，并且诛及家人！

"晋国如果决定战，那我们就一赌生死！如果胜利，直接乘胜越过太行，攻取新绛。只要有兵，天下何处不是国都？如果晋国不愿冒战争之险，那就只好推让我国为盟主。做上了盟主后，我们于会议中免去各国的贡赋，以买其欢心。之后，我们立即回国。回国的路上，夜间急行军，白天则必须做出悠闲的样子，故意缓行。不但要缓行，还要进攻沿途的诸侯，声称要将其迁于江、淮之间，做我吴国的奴隶！沿途诸侯心中恐惧占了上风，必不至于叛吴！如此，方才可以平安回国！"

会议接受了王孙雒的建议，不少人提出补充意见，形成一个死里求生的成功案例：

当日黄昏，夫差下令戒严，秣马食士，声明军纪。当夜，吴军毁去军灶，捆住马舌，全体到营外站队。吴军死士分作中军、左军、右军三部分，每部分有步兵一万人。一万步兵又分作一百个纵队，每个纵队一百人。横向百人，纵向百人，形成方阵。每个纵队的排头，是一个武士充当头目。都是怀抱木铃，手掌战旗，身前竖立一面木盾。每十个纵队，由一贵族充当头领。此人立于一辆战车之上。车上建战鼓、战旗。这个贵族手里握鼓槌，还拿着一册书。这书上记载的是战阵变化规则，还记载着临时做了补充的军队条令和奖惩规则。每十个这样的贵族又由一个将军统领。此人也站于战车之上，行头与十纵队头领类似，只是战旗的规格不同。中军除将军之外，夫差本人乘战车居于阵的正中。按王制，夫差左执黄钺，右执白旄。

中军全军将士都穿白色战裙、白色盔甲，其战旗全以白色为底色。左军全军都穿红色战裙、红色盔甲，其战旗全以红色为底色。右军全军都穿黑色战裙、黑色盔甲，其战旗以黑色为底色。

当夜，三军打着火把进行演练，只演习进攻，不演习撤退。为什么呢？按军官手中那本书中的规定，对后退者的处理是就地正法。演习一直进行到鸡叫的时候才结束，之后的指令是就地休息。天快亮的时候，三军重新站队，行进至晋国军营之外一里停了下来。夫差于中军的正中亲自打锣、敲钟、擂鼓。按军令，各军、各纵队在夫差的指令之后分别打锣、敲钟、擂鼓。乐器的声音结束之后，轮到最基层的战士。战士齐声长啸，高呼"打啊"、"杀啊"之类的口号。三万人的呼喊声，响彻天地。

吴军这样折腾的时候，天色已经渐渐发白，到了壬寅日的早晨。晋军没有想到吴军会在如此短的时间之内做好进攻的准备。遇到这种阵仗，晋军赶紧关闭营门，临时于营内组织起弓箭手，注射以防突袭。吴军却并不进攻，只是摇旗呐喊。声音是不消说，那战旗的摇晃，犹如海浪一般。中间一军，望之如荼（白色芦苇）；左边一军，望之如火；右边一军，望之如墨。成语所谓"如火如荼"，就是出自这一阵仗……

晋营里面，看吴军并不进攻，派晋国贵族董褐为使者，抱着木铃，举着白旗出来。董褐走到夫差面前传话：

"昨日会议议定：今日中午重新会议。现在还是早晨，贵国就逼近我军垒。我国君主命我来请问贵国君主：这是什么缘故？"

按外交程序，与使者的交流应当由传话人来传话。此时，夫差不遵此例，亲自回答。只是，仍按体制用夫差与晋定公说话的口吻：

"天子有命，周室卑约，贡献莫入，上帝鬼神而不可以告。无姬姓之振也，徒遽来告！孤日夜相继，匍匐就君。君今非王室不平安是忧，亿负晋众庶，不式诸戎、狄、楚、秦。将不长弟，以力征一二兄弟之国。

"孤欲守吾先君之班爵，进则不敢，退则不可。今会日薄矣，恐事之不集，以为诸侯笑。孤之事君在今日，不得事君亦在今日。为使者之无远也，孤亲用听命于藩篱之外！"

译文：周天子通告天下诸侯：周室卑弱，诸侯都不向周上贡，天子没有东西来祭祀上帝鬼神。此乃天下姬姓的职责，还用得着再问？我想到这一职责，吃不好，睡不着，爬着来见老大！你不忧心王室，不去讨伐楚国、秦国那样的戎狄，而是仗着你晋国的人多，强征我姬姓兄弟！你算什么老大？！

我的祖宗是姬姓的大哥。我想担起老大的职责，你不答应。然而我若不担当；事情就没人管！与你商量得已经够久了。我担心事情没个结果，让姬姓蒙羞。你是同意，在今天；是不同意，也在今天。我也不想让下面的人跑来跑去传话，瞎耽误时间，所以亲自到你门口来听你的意见！

天下姬姓谁做老大的问题，董褐哪敢参与半点意见？只好说是回去请示。董褐正准备走，夫差扭头向身边的人说：

"人呢？何不上来？"

六个人分别手提一柄剑走上来，面对董褐，一字排开。从服色上看，领头一个是军中少司马，其余五个是士。董褐心想：

"完了！这样子不是要我的命，至少也要割下我的耳朵留作纪念！"

正在恐慌之际，这六人却拟剑于颈，自杀于董褐面前。从六人颈中溅出的血，污染了董褐的靴面和裙摆。董褐竭力保持镇定。然而双腿兀自发抖。好在礼服长及靴面，掩盖了情况。……

董褐虽然吓得险些失禁，毕竟带回去了一个重要信息。他对赵鞅说：

"贵族以肉为食，脸有血色。我看夫差眼带血丝，脸色发灰。这是缺乏饮食、睡眠所致。他哪至于真的为了王室忧心？必是另有隐情！"

赵鞅说：

"有这个可能。南方人性子急。也有可能是他等不及了。

"按以往经验，南人越是急，我们越是要拖延。然而，今天的情况不一样。夫差的话已经说明：必于今天议定谁做老大！他当着你的面杀自己人，正是表明这个决心……

"我们的动静在他的监视之下。我们于营内调遣兵马，外面从尘土上就可以看出。我们一动，吴军就要进攻。特别是，我们的人都没有作战的心理准备……

"上午还可以用话来拖延。至午后，吴军很可能就要进攻！仓促之间，如何应敌……"

晋国方面定下对策：

其一，悄悄整顿军队，预备抵抗吴军的进攻。同时做最坏的打算：为晋定公、赵鞅等晋国重要人物备下最快的马车，预备逃跑。这一切工作，必须于中午之前完成。

其二，由董褐再去见夫差，可以同意尊夫差为盟主，但必以吴军于中午之前撤离为条件。

晋国贵族正准备散会分头行动，听得外面喊杀声渐高。营门口的卫兵来报：

"吴军前排已经挟盾张弓，看样子马上就要进攻！"

至此，赵鞅只好命董褐出去同意尊吴国为姬姓老大，晋国屈居老二。夫差与董褐讲定：夫差当即撤兵，下午即进行盟主大会，让夫差执牛耳。

……

于公开的会盟上压倒晋国，让吴国成为天下第一大国。然而，黄池之会上，著名的诸侯只有晋、鲁、吴三国，其余都是些小国。为了显示天下第一大国的身份，夫差会见晋定公，并要求鲁哀公做其随从，以显示自己是老大，手下有小弟跟随。鲁国贵族子服何对夫差的使者说：

"当今的吴、晋，犹如早先的晋、楚。吴执牛耳，故而我国对吴国的上贡多于对晋国的上贡。

"按照礼仪，如果最高贵的人是周王，应当由盟主率领侯爵以下的君主朝拜周王。如果最高贵的人是盟主，应当由侯爵率领子爵以下的君主朝拜盟主。做了别人的附庸的诸侯，只认直接的宗主，只上贡于一国。你让我国君主做你的随从，是视鲁国为侯爵。按侯爵的级别，上贡应为一千一百乘，但这样鲁国就要让邾国做鲁国的随从，邾国就不再单独上贡于吴国。早先，邾国上贡吴国为六百乘，鲁国上贡吴国为八百乘。两者合计，吴国可得一千四百乘。鲁国率领邾国，吴国就不能得到邾国的单独上贡，只得我国的一千一百乘。你为什么要这虚名，放弃实利呢？"

读者注意：早先，晋文公的被庐之蒐创立起一人管一人的军制。后来，晋国长期做中原盟主，就在征收诸侯赋税的时候采用这种体制：由大国代替小国上贡。然而，大国要代小国上贡，须征得盟主的同意。就是代替小国上贡之后，上贡的数目也是由盟主来定。正是因为这一点，早先鲁国为了得到对鄅国的宗主权，一再地到晋国送礼。此时，吴国率鲁国见晋国，会将宴会上的费用摊派到鲁国头上。子服何为避免出钱，故意找出邾国的由头。吴国近年才与中原国家进行这种会议，不了解这些情况。夫差听说经济上吃亏，就不让鲁哀公做随从。事后，得知自己被骗，夫差派人逮捕子服何。子服何说：

"我家在鲁国立有继承人。要我去，我带手下这几个人去就是。"

到了吴国军营后，子服何行贿于吴国太宰伯嚭，说：

"我鲁国自周公以来，得赐命郊天。那是与上帝和先王神灵交流的事情。今年十月，又有这郊天的仪式。在这仪式中，向来由我担任助祭的角色。要是我不在场，上帝鬼神怪罪下来。不光我担当不起，对贵国君主，也有大不利之处。"

鲁国推三阻四，说白了是不想给钱。吴国后院起火，不敢拖延，又支使吴国贵族申叔仪面见季氏的公孙有山。申叔仪唱起一种南方歌曲：

佩玉蘂兮。余无所系之。旨酒一盛兮。余与褐之父睨之。

这诗的意思，是说他没有衣服来系佩饰，眼巴巴看着好酒，却喝不到嘴中。这是要鲁国送钱财给他……

因为顾念着苏州，夫差来不及计较"保护费"的多少，胡乱收了些钱财，按计划赶紧回国。夫差命王孙雒率精兵急行，自己本人则缓行。王孙雒按计划虚张声势，于行经宋国的时候进攻商丘外城，四处杀人放火；扬言要灭了宋国，杀死其男人，掠夺其女人。又声称要将淮河一带的小国迁至淮南的吴国境内。王孙雒在前面制造恐怖气氛，就没有人敢于拦截后面的夫差，夫差得以安全回到苏州。勾践攻下苏州之后，并没有派兵戍守；所以夫差得以顺利进城。这一年冬天，吴国主动向越国求和。越国方面认为灭吴的时机未到，同意和好。至此，越国表面上是吴国的附庸，实际已经独立。

春秋 242 年春，夫差命其孙子王孙苟带礼物去朝拜周敬王，让周朝承认其霸主地位。虽然此后的越国也做上霸主，但越国称霸的细节没有史料记载，故而王孙苟的朝拜周朝，乃是霸道的绝唱。会上，吴国方面的话是：

昔者楚人为不道，不承共王事，以远我一二兄弟之国。吾先君阖庐不贳不忍，被甲带剑，挺铍搢铎，以与楚昭王毒逐于中原柏举。天舍其衷，楚师败绩，王去其国，遂至于郢。王总其百执事，以奉其社稷之祭。其父子、昆弟不相能，夫槩王作乱，是以复归于吴。今齐侯壬不鉴于楚，又不承共命，以远我一二兄弟之国。夫差不贳不忍，挺铍搢铎，遵汶伐博，簦笠相望于艾陵。天舍其衷，齐师还。夫差岂敢自多，文、武寔舍其衷。归，不稔于岁，余沿江泝淮，阙沟深水，出于商、鲁之间，以徹兄弟之国。夫差克有成事，敢使苟告于下执事。

译文：早先，楚人不服从周王，不向周朝上贡，与我姬姓兄弟国家为敌。我先君阖庐不忍心看到王室微弱，不肯放纵这种行为。他身披甲、腰带剑，手执铍、怀拥铎，与楚昭王在中原的柏举拼死交战。上天助善伐恶，故而楚军战败，楚王流亡，我先君进入楚都郢。先王总管楚国的同时，依礼存亡续绝，保持楚国宗庙的祭祀。只因楚国君主系内部争权夺利，一时无从立楚国新君。而我国内部，夫槩王又造反。为此，先王回到吴国。

现在齐国侯爵壬，无视楚国的前车之鉴，又不服从周王，不向周朝上贡，与我姬姓兄弟国家为敌。我夫差不忍心看到王室微弱，不肯放纵这种行为，手执钺、怀拥铃，沿着汶水，进讨博州，戴着斗笠，冒着风雨，登临于艾陵。上天助善伐恶，故而齐军败退。这不是我夫差的本事，是周文王、周武王在天之灵的保佑。从艾陵回来后，赶上我国内出现饥荒。我不顾自己国家的安危，开辟邗沟，运水军至宋国、鲁国之间，组织诸侯大会。我做成了一些事情，所以命苟为使者，来通告于王的手下。

这一番话，文采倒是不错，只是于儒教第一看重的名分上头，弄得含混不清、不伦不类。既尊周王为王，又称阖庐为王，甚至也称楚国为王。自己以王制自尊，却又屈尊做霸道的事情。既与周王推论同根之谊，又与周王分庭抗礼。何以如此呢？在夫差看来，当初太伯、仲雍出走，才有季历当家。周朝是季历的后人，而他却是仲雍的后人。照此算来，吴国本是周朝的哥哥，名分上头周王不得视之为臣。此时的周王，国力已经比鲁国、宋国还要弱小。唯一的值得称道的东西，就只是天子的称号。得此机会，周敬王将记载先王语录的《尚书》翻出来，照着天子答复盟主的款式，把文辞弄得古雅如西周，回复如下：

苟，伯父令女来，明绍享余一人，若余嘉之。昔周室逢天之降祸，遗民之不祥，余心岂忘忧恤？不唯下土之不康靖。今伯父日戮力同德。伯父若能然，余一人兼受而介福。伯父多历年以没元身，伯父秉德已侈大哉！
……

夫差与周王相互推奖，把自己的名气做到了鼎盛。然而，争霸中原耗虚了吴国的国力。此前此后的二十年间，吴国渐渐虚弱，导致最终为越国所灭。吴国的衰落，是整体的衰落。究其原因，越国的三才大计是最重要的诱因：

其一，西施按计划怂恿夫差北伐，说是做上了盟主，才是天地间最伟岸的男人。夫差本好虚荣。每夜受到这种鼓励，性格变得越发汰侈自傲。这是影响吴国国策的最重要因素。与此同时，越国向伯嚭之类的吴国贵族送出美貌性奴。这些女人与西施一样，怂恿吴国贵族去打仗。由此，吴国举国有自大、黩武的情绪。人的体能和意志犹如刀刃：不经锻炼，不成精钢；不经磨砺，不能锋利。然而，若是过度地锻炼和磨砺，则会让刀体受损，反而不能用。战争让吴国贵族的体能过度地消耗，纵欲让吴国贵族的精神过度消耗。积年下来，吴军的意志和战斗力越来越弱。

其二，为了北伐，吴国荒废了生产。吴国本土，大致只包括当今的长江三角洲。能够集结的精壮士兵，只有三到五万。并且，这三、五万人一走，其国内就没有了主要劳动力，其农业生产因此荒废。吴国年年征伐。姑且不说战斗减员。即使战争之间的闲隙，将士也多在修养，没有多少精力参加生产劳动。另一方面，越国等附庸国家向吴国上贡粮食、女人、玩乐物资，越发鼓励了吴国人，让吴国人觉得自己仿佛军事贵族一般，只需战斗和享乐，不必进行生产。这种习惯一旦形成，很难改变。黄池之会以后，越国不再向吴国上贡。此时，吴国不事生产的习惯已经养成，只好靠战争和掠夺来维持国家的花销。然而，这只是让吴国走入恶性循环。早在春秋240年，吴国国内就出现灾荒。因为水田长期无人耕种，田中生出无数的螃蟹，而水稻却几乎绝收。上层贵族依靠小国的上贡和战争中取得的战利品继续奢侈的生活，而底层的庶民仅靠蒸食螃蟹无法维持生命，纷纷跑到东海海岸，靠捡拾蚌、贝，打渔维持生计。所谓"人之云亡，邦国殄瘁"。一个国家的人口大量外逃，离灭亡就已经不远。

其三，在夫差的统治下，吴国庶民承受着巨大的徭役。邗沟的建设，连通淮河、长江，乃是特大的工程。艾陵之战，吴军以船运送大量陆军。按当时的技术水平，这种水运，主要是以拉纤的方式进行。另外，夫差及吴国贵族以大国自居，建设大量的楼台馆所。当时的徭役，死亡率不亚于兵役。大量的庶民死于建设工地、死于拉纤的途中。这造成一种严重的后果：

在工地上长久地熬夜工作，不得休息，让人脸发肿、眼生疮。长久的浸于水中工作，让人腰部以下生蛆。艰辛的拉纤让人渴死、热死、累死。人们不愿接受这种苦难，就宁愿造反。这种情况下，如果有人进攻夫差，吴国庶民就会拼命支持。

……

在吴国越来越弱的同时，越国越来越强。黄池之会后，夫差向勾践讲和。这传达出一个信号：吴国已经无力进攻越国。以此为始，勾践开始正式组建灭吴之师。此时的勾践，正当盛年，其性格已经打磨得成熟。尤其难得的，是其坚忍和耐力。

春秋244年周历九月，当夏历的七月，正是螃蟹繁殖的季节。来自吴国的间谍报于勾践：

"太湖沿岸的稻田之中，生出无数的螃蟹，爬出农田，四下弥漫。螃蟹如同洪水一般涌入住宅。吴人纷纷逃离农庄，到东面的大海边去谋生……"

勾践召见范蠡，说：

"吴国的这个情况，已经有数年了。现在是九月，今年又快要结束了。复仇大计，是否又推明年？"

范蠡说：

"就算君王不找我，我也正想求见。眼下就是我所说的玄月，请君王立即组建军队，预备伐吴！"

……

勾践走到后宫去见自己的嫡夫人。他站于屏风之外，背对屏风。夫人跪于屏风之内，面向屏风。勾践说：

"从今天开始，直到灭吴之前，我不再进后宫。后宫的一切事情，就托付给你。宫外的事情我负责，宫内的事情你负责。你我就此别过！"

勾践出宫之后，夫人将后宫大门的左边门扇关闭，并且于门扇后面用土堵门。这是什么讲究呢？按当时的习俗，进门由右，出门由左。封堵左阖，意在永不出门。留下右阖，意在等待夫君回家。此外，夫人摘下自己所有的妆饰，从此不再梳头、洗脸。这当然是源自一种著名的诗意：

自君之出，首如飞蓬。岂无膏沐，谁适为容？

勾践的夫人只开半边门，是为了等男人回来。

勾践往外走，来到朝廷，一直走到中庭靠门的屋檐。勾践背对屋檐站立，朝中文官于中庭面向屋檐下跪。勾践说：

"从今天开始，直到灭吴之前，我不再到朝廷。朝中一切政治，就托付给诸位。我要去领军打仗，专心于军事。军事由我负责。军事之外的一切内政，包括后勤补充、兵员补充，都由诸位负责。我与诸位就此别过！"

……

勾践继续往外走，走到杭州城外的讲武台。早已有人擂起战鼓，集结起越国所有的精壮男人。按五大夫的建议，勾践亲自颁布第一条军令：

"凡是父母年老，且又没有兄弟的独子，上前！"

这些人来到讲武台前。勾践对他们说：

"我要做的，是拼性命的事情。诸位是独子。如果跟着我出去拼命，父母将无人送终。请诸位回家去，为父母送终之后，再来报到。"

第二条军令：

"凡是一家几弟兄全部都来的，上前！"

这些人来到讲武台前。勾践对他们说：

"我要做的，是拼性命的事情。诸位全部都跟着我去拼命，家中就不再有人传宗接代。请诸位推选出一个兄弟回家，其余的参军。"

第三条军令：

"凡是身体有残疾、体弱不胜甲兵者，上前！"

这些人来到讲武台前。勾践对他们说：

"我要的是能够战胜敌人的强壮战士。诸位的体质不宜参军，请诸位回去。国家将养育诸位，诸位可做其他力所能及的事情。"

第四条军令，是针对选择之后剩下的人。勾践对他们说：

"你们称我为养父、教父，愿意为我付出生命。你们的家人死于吴人的蹂躏，无数次地请求我报复吴国。我已问卜于天：吴国必亡，越国必兴。然而，非武力不能灭吴。自今日始，我将带领诸位兴伐吴之师。此乃性命相搏的危事！诸位之中有不愿冒险者，请就此回家。为国家生产人口、粮食、物资，亦是助军！剩下者，必须遵我号令。遵军令建功者，按军书赏格晋级。违军令者，本人斩首，其妻、其子黜为奴隶！"

勾践带领这些越国人开始练兵。第二天，公开处死一批战士。执行前，勾践说：

"这些人于军中行贿。今后再有此行，都是这种处罚！"

第三天，又公开处死一批战士。执行前，勾践说：

"这些人不服从其伍长的指挥。今后再有此行，都是这种处罚！"

第四天，又公开处死一批战士。执行前，勾践说：

"这些人不遵守我的号令。今后再有此行，都是这种处罚！"

每五天，又公开处死一批战士。执行前，勾践说：

"这些人于军中开小差。今后再有此行，都是这种处罚！"

……

勾践何以如此坚忍呢？性格的演变有一个过程。笔者以顺反之式，从勾践回国说起。春秋232年，西施至苏州。次年，在西施的劝说下，夫差释放勾践。勾践回国后，按范蠡的计划致力于内政，发展人口，恢复生产。回国的第四年，也就是春秋237年，勾践觉得自己已经隐忍得够久了，问范蠡：

"按先生的计划，我致力于国内生产。四年来，我检括亡人，招徕四裔，开荒地，复熟田，养民庆生，惠及鳏寡。现在的越国，已恢复至亡国之前的状态。亡国之前，我即能打败阖庐。现在是否可以组军备战，以报吴国？"

范蠡说：

"君王赶紧打消这念头！报仇的事情，现在连想都不能想！想到了难免就会去做。就算不去做，老想着这事情，感情难免流露。现在的越国，人心都还不稳。要是你的想法传到夫差那里，就一切都完了！

"我早就告诉你：灭吴一事，最终会成功。然而，它需要特别的忍耐力。天道有盛有衰，国家时强时弱。接下来吴国将霸。而最终越必灭吴。现在吴国正处于蒸蒸日上的时期。犹如时之春夏，万物盈生。若欲杀之，势如划春草，萋萋划尽还生。

"眼下是四月。请君王眺望楼下。这满眼的绿芜，远至无边无际。你能够铲灭这无边春色？此时备战伐吴，即如同四月的天气里，修磨铲镰，意欲伐尽春色。此乃逆天而行，此事不可问！"

……

次年的一天，有人向勾践报告：吴国贵族收用越国美女之后，为了满足女人的虚荣，也为了满足自己的虚荣，大量开建各种楼台馆所。吴国举国有奢靡、淫乐之风。勾践又问范蠡：

"此时是否可以建军战备？"

范蠡说：

"此乃人道定倾之功。还远没有到天道持盈之时。"

……

又过一年，至春秋239年。这一年，夫差遵汶伐博，簦笠相望于艾陵，取得了北伐的最大成果。之后，伍子胥受赐属镂。此时，勾践问范蠡：

"伍子胥乃是天下第一的快意恩仇的人物！他感激阖庐，忠于夫差，每每计划谋害于我！吴国第一大忠臣已死，只剩下伯嚭那样的酒色之徒。吴国已不足惧！现在是否可以组军备战？"

范蠡回答说：

"人之云亡，邦国殄瘁！伍子胥之死，乃是吴国灭亡之征！然而，这还只是人事，不是天时。请君王继续等待。"

就在这一年，因苏州新破，勾践挟裹走了大量的吴国人，造成吴国的耕地无人耕种，吴国出现饥荒。饥荒延续了几年，一直到春秋242年。此时，勾践问范蠡：

"我每欲组军伐吴，先生则以天时未至相阻。现在，吴国的农田只生螃蟹，不生稻谷。此乃上天罚吴，故生此螃蟹以食稻谷。这该算天时已至？"

范蠡说：

"天应至矣，人事未尽，王姑待之！"

听到这话，勾践再也忍不住了，破口大骂道：

"你是什么狗先生！讲的什么歪理！？妄欺寡人！

"我跟你讲人事，你说天时未至。现在天时到了，你又反过来说人事未尽。依你这道理，将永无伐吴之时！"

范蠡却一点不惶恐，不愠不火地继续说理：

"事情做到九分九，毕竟还不是十分！要成大事，不光要既有天时，又有人事；还要天时与人事恰当配合。吴王已经称霸，吴国国势已至盛极转衰的拐点。听说吴王命其孙朝拜周王。此事耐人寻味：每任霸主都是亲自朝拜周天子。夫差命手下去宣告霸权，直欲与周王分庭抗礼！此举不要说上天不容，就是他姬姓兄弟，恐怕都恨其悖乱！夫差的头脑已经不清醒了，你想于此时提醒他、让他清醒过来？那样的话，恐怕会让你大事不成。所以说，眼下的天时、人事不是最好搭配，你还须再忍。

"既然不能提醒他，那就应当麻痹他！君王回国以来，吃的苦已经够多了。现在我要你效仿早先的夫差，饮酒作乐，游山玩水，好让夫差认为你忘记了仇恨。

"我已问卜于天，必至玄月，方可组军备战！"

……

范蠡口口声声说"必至玄月"，这其中有什么玄机呢？按

《尔雅》："九月为玄"。那么，每年都有玄月。而范蠡所说的玄月，则专指春秋244年的周历九月。此时，是勾践即位后的第十八年，离勾践回国已经有十二年，离勾践退守会稽山已经有十五年。在越国政府的养生政策之下出生的第一批男婴，此时已经十四五岁。按范蠡的计算：

十五岁参军，之后经过几年的军训和实战磨炼，一方面年龄至二十来岁、体能达到人生的巅峰，另一方面又有了作战的经验，即成为精兵。靠这一批视勾践为养父的越国战士，即可完成灭吴的重任。

所谓"天道持盈"，说起来玄妙，其实是于战斗力的巅峰状态组织起最强大的攻势。这与曹刿的"一鼓作气"道理相通。只不过，曹刿的等待，只是三通鼓的时间；而范蠡的等待，却足有十五年之久。范蠡找出种种理由阻止勾践，其实是在等这些孩子长大。这些孩子出生之前，恰逢吴灭越。之后，越国向吴国贡献女人。这些孩子的父兄，往往被吴国人杀死。这些孩子的姐姐，往往被送到吴国做性奴。这些孩子出生的过程，受到勾践政府的悉心呵护。这些孩子成长过程中受到的教育，贯穿了国仇家恨这一主题。这样的身世，让这些越国士兵无须号召，即愿意为灭吴而战。

相关情况，且待下回再叙。

笔者感于王孙雒的建议，凑成四句：

疾风知劲草，困境出英才。
绝地无苟且，勇气徹天衰。

正闰第九十五回

石乞乞焚库弑王　勾践建弱军强军

　　上回说到，春秋244年九月，勾践正式组建军队，预备伐吴。军事行动已经公开，外交上即需要在国际上寻找盟友。越国的疆域，东面是海，南面是蛮荒之地，西面、北面都与吴国交界。越国要寻找盟友对付吴国，只能通过绕出南方至长江中游。长江中游则是吴、楚交界地带。楚国又恰好是吴国的仇敌，所以越国首选楚国为盟友。勾践在练兵的同时，派出使者向楚国送礼，申请共抗吴国。此时的楚国，新经大乱。什么大乱呢？事情要从楚平王之子太子建说起：

　　楚平王年代，费无极陷害太子建，太子建自城父逃奔宋国。至宋国仅一年，又遭遇华、向之乱。当时，楚平王派芮越进军宋国。身处商丘城中的太子建听说祖国军队到来，深恐遭遇不测，赶紧逃奔邻近的郑国。郑国人对他原是不错。他却觉得郑国离楚国还是太近，就又逃到晋国。太子建于晋国住了一段时间后，觉得自己本是楚国的继承人，应当有所作为。他主动申请到郑国去做间谍，说是"曾经到过郑国，关系处不得错。可以借用这些关系，为晋国监察郑国。"于是，他又折回郑国。郑国方面待之如初。再至郑国后，太子建立功心切，密报晋国说"郑国某地空虚，可以实施偷袭"。偏偏传话的线人被郑国方面截获。郑国人根据线人的供述展开调查，发现了太子建的间谍身份。郑、楚关系原本就不好，何况太子建又是楚国叛臣，所以郑国方面直接将太子建处死。此时，太子建已经有了个儿子，那就是王孙胜。王孙胜漏网出逃，远奔吴国。

王孙胜到吴国后，与此前逃到吴国的伍子胥谈到费无极、楚平王，既是同仇敌忾，又是同为天涯沦落人，彼此间惺惺相惜。二人闲来无事，讲论箭术。伍子胥将其一身武艺传授予王孙胜。

……

楚昭王继承楚平王的时候，曾经有人建议立楚平王的长庶子子西。只因楚昭王是秦国女儿所生，最终立了楚昭王。此事让子西生出一种疑惑：

我是不是应当做王呢？

阖庐灭楚之际，子西以为时机到来，就打出了王的旗号。重新建国之后，楚昭王既往不咎，子西继续为令尹。楚昭王去世前，担心自己的儿子不能驾驭子西，故而演出立公子启的一幕。楚国灭亡之后，先是退守于三峡。后来渐渐恢复元气，又重新回到郢都。此时，子西想到身在吴国的王孙胜，向朝廷提出：

"国家之亡，坏就坏在费无极。如果不是费无极谋害太子建和伍氏，那得先王鞭尸之辱？现在托先王洪福，返于旧都，重振山河，岂能忘记亡国之由？先太子有子，名曰胜，身在吴国。可招之回国，以示国家承认当初处理伍氏有错！

"胜久居吴国，熟悉吴国的情况，可封于吴、楚边境，守卫边疆。"

子西何以想到这一出呢？这要从身世说起。太子建初聘秦嬴。只因费无极作梗，秦嬴成了楚平王的女人。秦嬴与楚平王一起生楚昭王。楚昭王生楚惠王。算起来，太子建及王孙胜与楚国君主系既有夺位之仇，又有夺妻之恨。而子西乃是楚平王的儿子，算起来是太子建的兄弟、王孙胜的叔叔。因为这些关系，子西阴存这样的想法：

召回王孙胜，让王孙胜与楚惠王斗争，自己渔翁得利——当然，最好是坐上王位。

当时，楚国朝廷有人反对此事。此人是叶县公爵，名子高。子高不敢直指子西的阴谋，却说是：

　　"王孙胜打自出世就不在楚国。后来又久居于吴国。怎能保证他忠于楚国？况且，听说此人秉性狠直，睚眦必报。召他回来，难保不是灾星！"

　　然而，子西乃是三朝元老，又有让国之名，朝廷拗不过他的意见。王孙胜回国后，被封为司马。其封地在当今河南汝水的一个叫白的地方，号为"白公"。意思是"白这个地方的公爵"。这个选地也是耐人寻味：此地离吴都苏州很远，倒是离郑都新郑较近。因当时吴国疆土甚广，此地当时是吴、楚交界地带。王孙胜到白之后，想起杀父之仇（郑国处死了王孙胜之父太子建），当即请求讨伐郑国。身为令尹的子西回复说：

　　"我国才回到郢都不久，国力尚未恢复，且稍待。"

　　王孙胜一再提出这个请求。子西私下同意，却于公开的朝廷上不置可否。某一年，晋国讨伐郑国，威胁到楚国。楚国出兵救助郑国。事后，郑、楚结盟。这让王孙胜心中大怒：

　　"答应为我报仇，现在却与仇家结盟！此仇不报，枉为人子！"

　　子西的儿子子平造访于王孙胜，看到王孙胜正在磨剑，就问：

　　"王孙，你身为贵族，何以做这下人做的事情？"

　　王孙胜扭头瞪眼，愤然道：

　　"天下皆知胜，乃是著名的耿直！如果我不对你说实话，就对不起这个名气！跟你实说：磨这剑，是准备杀你的父亲！"

　　子平将这话告诉子西，子西竟然莞尔一笑：

　　"他本是一枚待孵的卵，是我用羽翼呵护他长大。按国家惯例：令尹去世，由司马继任令尹。我已经老了。很快他就会成为楚国第一权臣。我用他为司马，封他为公爵，乃是将他从泥涂之中推举到九重云霄之上。他报答我还来不及，哪至于为了这点小事来杀我？小孩子家，一时思想转不过弯，那是有的。听说他生平最仰慕伍子胥。伍子胥岂是恩将仇报的人？"

　　子平道：

"只恐其志不止于权臣！伍子胥要的是家，不是国。如果他要的是国，那又该如何？"

子西不再说话。他心里想：

就是要他去谋求国家政权。这与我何干？反正，夺了他父亲位子的，不是我；害得他父亲浪死他乡的，也不是我。他要报仇，总不至于先想到我！

……

王孙胜与其心腹石乞密议。王孙胜说：

"先君灵王所行之事（楚灵王弑其侄并取而代之），眼下是否可行？"

石乞道：

"主公与灵王，身世有所不同。灵王有肘压玉璧之谶，而主公则是流亡王孙。灵王长居于国都，于国中一呼百应；主公最近才回国，且身在边疆。因此，灵王得国的手段，不适用于主公。"

王孙胜道：

"可有其他手段？"

石乞道：

"我国无现成的事例，可参照于他国。齐国田氏，定的是长久之计，将来其享国亦必长久。参照于田氏，主公应当做长远打算，不可急于求成。臣以为：第一步，先去子西、子期，取令尹之位。第二步，行废立大事，挟傀儡以令楚国。第三步，待势力巩固之时，即真为王。"

王孙胜道：

"依你这计划，不知要等到猴年马月？！我虽不才，风云际会，曾师从先大夫伍子胥，尽得其一身箭术，敢以一张弓横行于乱军之中，以一身抵挡五百武士！

"无论他们怎样地防备，我敢保证只身取其性命！只是，他们有三人（楚惠王、子西、子期），我却只有一人。我不能同时杀死他们三个。你为我招徕勇士！以天下之大，难道找不出两个身手如我的人？"

石乞道：

"找出这样的人，应当不难。难的是让他效命于主公。"

……

石乞按王孙胜的要求找到一个武士。此人名叫熊宜僚，学的是外家腾挪的功夫，能够赤手空拳冲入箭雨之中而身不负伤。石乞许之以财富和高官，请熊宜僚助王孙胜做大事。熊宜僚直言相告：

"李以酸存，象以齿毙。伍子胥的箭术号为天下第一，然而最终受赐属镂。小人要的是平安的一生，不要伍子胥那样的轰轰烈烈。请你转告贵族：小人命贱，成不了贵人。天下能人志士甚多，请另求高明！"

石乞道：

"我已将大事相告，事情就由不得你！答应下来，将来或许你会死；不答应的话，眼下你就要死！"

不料这熊宜僚竟然挺身而起，大声说道：

"小人学的是武。武学第一要义就是不怕死！我生平的本事，正是死中求生！你有什么手段，何不拿出来试试？"

石乞将情况报告王孙胜，说：

"此人不可留。一则怕他走漏消息，二则怕他为政敌所收买！"

王孙胜毕竟是贵族出身，也有些见识和肚量。他说：

"照你说来，此人倒真的是我要找的人。他的志趣在于恬淡，不愿参与这种大事。既然回绝了我，也就不会答应他人。他已有防备，杀他颇费周折，可能要我亲自去办。眼下我有大事要做，没工夫与他计较！武艺只是一个方面。没有他，难道就做不成事情？"

……

王孙胜既不愿意等待时机，也不能收买武学高手，只好在计谋上下功夫。他有什么计谋呢？按他的算计，自己不能同时杀死三人，那就想法让三人同时处于同一地方。春秋244年夏，王孙胜故意挑战吴国，引得吴军入侵。吴军至白附近的慎县，遭到王孙胜的伏击，大败而归。事后，王孙胜请求献俘于楚惠王。王孙胜打败吴军，可以用来说明子西当初的举荐是正确之举。子西对于献俘一事当然极力支持。当年秋七月，郢都举行献俘大典。慎县之战，俘虏的吴国将士并不多，只是得到了许多吴军抛弃的兵器。王孙胜于车中藏下甲士，甲士的身上，先覆以稻草，稻草之上，再铺上进献的战利品。

献俘大典，乃是国之大事。楚国主要的贵族都要参加。在这大典之上，王孙胜得以接近子西、子期。王孙胜取出藏好的弓箭、宝剑，直取子期。车中的甲士围攻子西。子期也是楚国著名的力士，力能扛鼎。然而，仓促之中，他手中没有兵器。面对箭术绝伦的王孙胜，子期赶紧拔出庭中一棵碗口粗细的树，凭借树的枝叶来扰乱王孙胜的视线，阻挡其利箭。王孙胜知道此人力气大，故而不敢靠近，站于十多步之外放箭，命手下武士逼近与之缠斗。凭借手中的这棵树，子期打死了几个人，却最终被王孙胜射死。

子西预料到王孙胜可能会发难，却没有想到会这么快。他以为王孙胜此举是为了向自己示好，以便取得信任。事发时，他完全没有防备。自己为了权势，谋划了一生。如今自作自受，被自己安排的棋子所杀。子西仰天长叹：

"恨不听子高之言！"

他觉得召回王孙胜是生平最大的错误，让自己没脸见人，所以于死前撩起衣摆来遮掩自己的脸。

王孙胜杀死了子西、子期，挟持楚惠王。此时，石乞建议：

"赶紧放火烧掉兵器库，杀死王！"

王孙胜道：

"先前，你说不能按灵王的方式做，如今为何又要杀王？"

石乞道：

"事情有缓有急，当临机而变！不杀王，会有人以拥护王为名，号召国人进攻你。不烧掉武库，会有人用这些兵器进攻你！"

王孙胜道：

"郢都已在我的掌握之中，有谁敢进攻我？烧了兵器，拿什么来打仗？派信得过的人去仔细守护就是！"

石乞道：

"你必为此举后悔！你怎么就不明白：我们带来的人，手中都有兵器，哪还需要更多的兵器？除了我们的人，这城中的人，都不可信任！留下兵器，是为这些人留下武装！"

王孙胜道：

"得楚国，乃是得楚国人。若不能让他们效忠于我，得个空城，于我何益！"

争执的结果，王孙胜没有接受石乞的意见。他召集城中的贵族，按石乞早先的计划行废立君主的大事。仓促之中，找不出合适的人做新任楚王，就找到公子启。公子启何许人呢？前文提到，楚昭王去世前，曾经托孤于公子启，令公子启假意为王。要说这公子启，年轻时候确实也曾梦想王位。曾经有一段时间，这梦想好像已经实现。当梦想实现的时候，才发现那个位子自己实在坐不了。就是让出位子之后，楚惠王的猜疑，子西、子期的监视，也让他惶惶不可终日。十年来，他克己复礼，韬光养晦，总算没有被人害死。每当公众聚会，可与人言者，只有那楚昭王托孤的遗诏。故而其公众形象，乃是楚惠王的忠实老臣。现在，再次摊上做君王的事情，公子启知道：

答应王孙胜是死，不答应王孙胜也是死。答应王孙胜，死得稍晚一点，然而会得个千古的骂名。不答应王孙胜，面前就是黄泉路，然而可以成为忠臣的典范。

经过比较和权衡，公子启拒绝王孙胜。为了彰显自己是忠臣的典范，需要于死前说一番大义凛然的话。所以，他回复说：

王孙若安靖楚国、匡正王室而庇焉，启之愿也！敢不听从？若将专利以倾王室、不顾楚国，有死不能！

自从发大宏愿以来，王孙胜每每遇到这种硬扎的角色。熊宜僚是这种人，公子启又是这种人。听了这回复，王孙胜再也按捺不住，狞笑一声，说：

"没有你，我就找不出人来做君王？

"想死还不容易？我成全你的美名！"

盛怒之下，王孙不待手下动手，自己抬起一只脚，足蹬弓身，齿咬箭、弦。只听得"呸"的一声，箭洞穿了公子启的左胸……

由于找不到合适的人选，王孙胜只好暂且认楚惠王为王。他将楚惠王软禁起来，命石乞总管郢都的城防。公子启的态度，让王孙胜想起石乞的话：

郢都城里的人，都不可信任！

为了防止城里的人反对自己，王孙胜秘密地分批处死城里的一些厉害角色。然而，此举越发引起郢都贵族的恐慌和敌意……

郢都事变的消息很快传到外地。叶县公爵子高此时身处蔡国。子高移檄楚国各地，召集楚王封建的诸侯，共谋勤王事宜。有人建议立即进军郢都。子高说：

"胜正在对郢都进行清洗，听说管仲的后人管修已经被杀。他这样干，于我们有两个好处：一则是这些人被逼得狗急跳墙，会不择手段地谋杀他。这是胜在帮我们树立战友。他逼得越紧、越久，我们的盟友就越多。

"再则，我请诸位想一想，如果勤王成功，君王会论功行赏。到时候，你们希望分功的人多一些，还是少一些？何不多等一等，让胜帮我们除掉些分功的人？

"我的建议是静观其变，但要做好战备，随时准备开拔。待郢都城里出现变故时，立即大军围城！"

此言一出，众人无不叹止，服其老到……

王孙胜带到郢都的兵，只相当于郢都城人口的百分之一。他实在无力同时处死太多的人，只好分批次进行。然而，每杀一批人，就要增加一分恐怖气氛。郢都城笼罩于血雨腥风，让人心的力量胜过了武装力量。有人想出办法来：

开挖地洞至宫中，救出楚惠王。只要能得到楚惠王的公开号召，王孙胜立即就会丧失对郢都的控制。

城里的人实施这一计划时，秘密通告于蔡国的子高。子高没有得到惠王得救的确信，又不愿丧失时机，权衡利弊，决定改变初衷：

进军郢都，然而故意缓行，随时观察动向。

子高下令：

"随时收集途中路人的言论，通报于我！"

前几日，侦察兵报告：

"路人说：叶公为什么不戴头盔？现在形势如此复杂，他不怕遭暗箭？"

听了这报告，子高戴起头盔，下令缓行。快要到郢都北门时，侦察兵报告：

"路人说：叶公为什么戴着头盔？郢都人盼着他出现，他何以让头盔遮住自己的脸？"

听了这报告，子高脱去头盔，下令发起冲锋，进攻北门……

郢都城中，围公阳通过地洞将楚惠王移至昭夫人宫中。这昭夫人，乃是越国女儿、楚昭王嫡妻、楚惠王之母、此时的楚国第一夫人。到了母亲身边，楚惠王双脚终于踏定实地。他立即下令：

所有楚人，拿起武器，共伐王孙胜！

此时的此令，真是王言如丝，其出如纶！在此令之下，人们用肉身冲破层层设防的武库，拿起武器，围攻王孙胜。内外交逼之下，一身足抵五百人的王孙胜无论如何也无法抵挡，只好出逃。郢都城外，也是一片反对的声音。王孙胜感到天地之大，无所安身，就于路边一棵歪脖子树，自缢而亡。他身边还有几个亲信，将其秘密掩埋，防其尸身遭到死后之辱。他的弟弟王孙燕，逃奔吴国。石乞被活捉。有人逼问石乞王孙胜埋葬的地方。石乞破口大骂：

"你是什么东西？也来拷问我？如果主公听我的建议，这里哪有你说话的地方？

"事情成功，我当为楚国令尹；事情不成功，我将失去一切！我已经赌输，已经失去一切，你拿什么来逼我？"

······

楚惠王反正之后，先是任命子高兼任令尹、司马。待国中稳定之后，又命子西之子子国，继任为令尹；子期之子宽，接替王孙胜的司马之职。叶公子高是勤王的第一功臣，何以不得好报呢？只因他在蔡国会议上的高论，流传到了楚惠王那里。楚惠王认为他故意缓兵，乃是视君主为弈棋，将君主的安危当作龟背的征兆、以卜个人的吉凶。其实，子西的心计，比子高还要凶险。然而子西的算计隐藏不露，子高则于公开场合自诩高明。子西的实际言行，乃是为国捐躯。而子高的话，则是妄测天威、篡夺君主作威作福之权。因为这些春秋大义，子西的后人继续为令尹，子高则最终老死于叶县。子西的心计，楚惠王也并非完全不知。子国继承父职，也是权力平衡的结果：

就在王孙胜发动内乱的时候，陈国趁机入侵楚国。平定王孙胜之后，楚国进行报复。以楚国的力量打陈国，有十拿九稳的胜算。因此，伐陈势必建立军功，其领军主帅的人选是个美差。此时，子西、子期、王孙胜都已经去世，而子高身兼令尹、司马，被视为国家的柱石，须坐镇郢都。于是，这领军主帅的人选就成了个问题。朝廷公议此事，楚国太师子縠说：

"右领差车是先令尹子西的助手。左史老是先司马子期的助手。此二人曾经跟随子西、子期讨伐陈国。可命此二人为帅。"

子高当即反驳：

"此二人素来卑贱，怎能服众？打仗是性命相搏的事情，将士不愿为了自己不服的人去拼命。"

子縠道：

"先大夫观丁父，是鄀国战俘。武王用他为帅。结果他打败了州国、蓼国，收服了随国、唐国，威服了南方部落。

"先大夫彭仲爽，是申国战俘。文王命他为令尹。结果他灭了申国、息国，威服陈国、蔡国。

"用人主要应当看是否有本事，不能看出身。"

子高道：

"前年我国讨伐吴国，陈国就向着吴国，派人送礼于吴。如今陈国又趁乱入侵，故而朝议伐陈。前年伐吴是由子西、子期领军。此次伐陈应当用子西、子期的后人，才显得是报复。"

读者注意：子高这个话，拐弯抹角，道理实在是牵强。子高何以非要与子毂争执呢？这涉及权力之争。右领差车、左史老二人，对楚国权力核心层而言，算是新人。用此二人，即是让楚国出现新贵。新贵的出现，势必危及此时的第一权臣子高的权势。子毂的建议，乃是暗测楚惠王的心意，于大乱之后重新为君王挑选重臣。子高则以为：用子西、子高的后人，因其资历不如自己，总不至于危及自己的位子。

且说当时，子高、子毂争执不下，最后由楚惠王拍板：

"久议不下，且问卜于天。"

春秋时候的以卜决疑，其实相当于当今社会的面试。说白了，乃是暗箱操作。卜的结果，楚惠王将就子高的意见，用子西之子公孙朝领军伐陈。春秋445年秋七月，公孙朝领军伐陈，一举灭了陈国。此前，陈国就已经多次灭亡、迁徙。然而，事后往往重新封建为诸侯。此战之后，楚国不再重建陈国。陈国就此灭亡。

经历此事，子高认识到君王并不愿意重用自己，就以年老为由，请求卸任回叶。楚惠王假意挽留，并且说：

"你实在要走，总要为我推荐继任的人。"

按楚惠王的意思，要用自己的亲弟弟子良为令尹。此时，子高想到自己已经与富贵无缘，总算站到国家的角度说话：

"自庄王以后，国家往往用母弟为令尹。从那以来，楚国的变故，大多因母弟权力过大、觊觎王位而起。为社稷稳定计，建议君王最好不要用子良。"

子高主动退位，让楚惠王感到有些过意不去。至此，楚惠王再次将就子高此前的意见，用子西之子子国为令尹。

　　王孙胜的余党在逃于吴国，楚国方面也想予以讨伐。无奈国中新经大乱，亟须整顿，故而楚惠王对勾践的使者热情接待，对其建议满口应承，却一时间不能出兵。得不到外国支持，勾践决定先单独伐吴，一则测试吴军实力，再则测试越军战力。春秋445年三月，隐忍了十六年的勾践终于开始其复仇之战。此战的地点，是一条名为笠泽的江。夫差、勾践夹笠泽而阵。两军船队战于江上。一天之中，吴、越在江面上进行了五次战斗，都是越军战败。凭着战场的胜利，夫差主动求和。当日黄昏，勾践心中气闷，约范蠡于笠泽江边散心。勾践说：

　　"看来，我军组建时间太短，斗不过身经百战的吴军。是否同意结盟，暂且撤兵？"

　　范蠡道：

　　"谋之廊庙，岂能失之中原？所谓天予不取，反为之灾！战场的势态，瞬息万变，岂能以一时的胜负放弃十多年的规划？战争的胜败，并不仅在于战斗力，还在于计谋！"

　　勾践道：

　　"先生对兵法，有何心得？"

　　范蠡道：

　　"臣不善于领兵打仗，只是总结了些古人用兵的思想。臣以为：战争第一重要的是造势。而造势必须依据于天地阴阳，变易刚柔之态。

　　"敌国伐我，必有其战力，其势阳刚。若挺身应战，徒伤我将士，故受敌则守。守至何时？必至其阳刚之气丧尽、阴死之气萌生。不至此时，不可反攻。此之谓变易刚柔。

　　"战争总是发生在一定的时间和空间之内，故而掌控时间、空间，于其中选择最佳的进攻点，最能够取得胜利。以时间而论，当选敌国遭遇天灾、人民饥饿之时。就空间而言，敌近于我，则示之以弱；敌远于我，则示之以强。主军作战，宜于持重。看似柔弱，而弱不可迫。犹如虎守于穴，人不敢轻进。客军作战，则须刚猛疾进。即使有极大的胜势，并不轻易发动歼灭战。迅速行军于敌国，犹如飞龙蜿蜒在天，其势当阳！此之谓造势。

"敌军先动，必侍我有可攻之处，故而宜作柔弱之态，以诱其入。我军先动，敌必以为我有刚猛之力，故而宜夸大强盛之势，如搭箭在弦，持而不发。阵法之中，必设一弱一强，随时根据情况示弱、示强。此之谓阴阳。

"伍子胥论夫差刚而不塞。此人必死于这一性格。他向你求和，适见其阳气丧尽、阴气萌生。此乃我军的胜势，何言撤兵？"

读者注意：后世出现一部兵法，叫作《孙子兵法》。传说是阖庐手下孙武所著。孙武本是齐国人，学的是司马穰苴的兵法。而司马穰苴则是学的管仲的兵法。《孙子兵法》主要讲军事思想而不是编制、兵器之类的实际东西。这本书开篇第一章所讲的内容，大致与范蠡的这番话雷同。特别是说什么造势如山顶的磐石，无非灵感来自《诗经》的"我心匪石，不可转也"。其中的军事思想，比起范蠡这番话，并没有多少新意。为什么是这样呢？因为中国的一切思想，无不出自五经。五经之中，《易经》最契合于兵法。故而中国的兵法，无论是哪一家，都讲阴阳变易。由此造就的军事思想，如曹操的官渡之战，用的就是刚柔转换的理论。如十六国中的姚苌，用的就是客军飞龙在天的理论。据说美国的智库专门研究《孙子兵法》，又由上述理论之中我军先动、夸大强盛的理论，制定出号为"震慑"伊拉克之战……

且说当时，勾践听了这一通讲义，活学活用，当即想出了对策：

其一，针对吴军阳气丧尽的情况，拒绝与夫差议和。

其二，根据范蠡阵法一强一弱的理论，于军中选拔出最精锐的六千人，由勾践亲自统帅，作为强军。其余为弱军。

其三，将弱军分为两部。次日黄昏，一部沿笠泽江上溯五里，另一部沿笠泽江下行五里。至半夜，弱军两部同时渡江。

渡江的同时擂鼓，大声呐喊。这是用的弱则示强的理论。

其四，待吴军兵分两路，分头迎战两路弱军之后，强军用强则示弱的理论，从正中秘密而迅速地渡江，直取吴军大营。

此战术犹如用"双凤贯耳"虚晃一招，然后从正中重拳出击。只要吴军派出军队迎战两头的弱军，这出营迎战的吴军必遭"川"字形的越军分割包围。吴军多派兵出战则大营空虚，少派兵出战则必遭歼灭。唯有坚守大营，或能保全。

且说当时，吴军侦察兵报告：

"越军于上游、下游两路鼓譟而来！"

夫差说：

"昨日拒绝讲和，就是为了这一出！这是要两面夹攻。"

夫差下令分两路迎敌。笠泽江对岸的勾践看到两路火光从吴军船坞分路而出，即命令六千强军熄灭灯火、勒住马舌，潜行渡江，直捣吴军水寨……

六千强军突然到来，且攻势猛烈。情急之中，夫差向派出营外的军队发出求救信号。两路吴军又折转回救大营。此时，越军强军由勾践亲自擂鼓。鼓声的特殊节奏，传达出总攻信号。强军按计划的指令弃营不攻，转攻回救吴营的两路吴军。上、下游的越军接到信号，也发起总攻。至此，"川"字形包围圈形成。营外的吴军跑来跑去，已经消耗许多体力，再遭遇越军精锐，就无力抵挡。刚刚萌生出逃跑念头，背后又有越军到来。战斗持续至天明，营外的吴军悉数被歼。天明时候，夫差意识到已经无力防守，只好弃寨而逃。越军乘胜追击，再败吴军于没县，三败吴军于苏州郊外。勾践正要围攻苏州，范蠡进谏：

"困兽犹斗，不可再战！灭吴不在此时，请君王撤兵！"

勾践道：

"今日不灭吴，何时灭吴？"

范蠡道：

"小人另有一计。"

范蠡又有什么计谋呢？且看下回。

笔者揣测石乞临死时候的心理，吟成几句：

造反从来是豪赌，输赢得失关一切。
已失一切无所惧，世间何物能动心！

对等第九十六回

比禽兽助天为虐　用母弟八男成军

上回说到，越军已经包围了苏州，范蠡却说另有一计，请求勾践撤兵。按范蠡"天道持盈"的思想，此时的越国，国力还没有发育到十足，还需要再等。平白地等待，会让勾践觉得难熬。于是，范蠡故意说自己另有一计。他对勾践说：

"天道循环，报应不爽。早先，伍子胥为吴国献计灭楚，用的是多方以误之之计。遵从于天意，当用此计还报于吴国。"

勾践道：

"何谓多方以误之？"

范蠡道：

"人性于绝境之中，会生出拼命的念头。黄池之会，夫差的处境何等危机？然而，正是因为处于绝境，反倒让他拼死一搏，夺得盟主之位。可见此人吃软不吃硬，不能将他往绝路上逼。越国已经取得大胜。此时再逼吴国，会逼出吴国人的血性来，于你大大不利。

"譬如拳术。一记最重的重拳，会激发对手最强的抗打击能力。而一记虚晃的勾拳，对方不那么在意，应激而起的抗打击能力就较小。要打倒对手，你的用力要重，他的抗打击能力要小。眼下你的用力重，他的抗打击能力也最强；故而不是打倒他的最好时机。

"要让他的抗打击能力变小，就要让他以为你用的是虚晃的勾拳。前番你联合楚国，楚国没有响应。这个情况，正好加以利用。你派使者与楚国达成秘密合作的计划：你以楚国不配合出兵为由，讨伐楚国。请楚国配合表演，又报复于越，讨伐越国。由此演成楚、越交战的假象，就会让夫差以为你意在争霸于天下，而不是意在报复十多年前的耻辱。那样一来，夫差就会疏于防备。人的拼命的念头，只能产生于让人绝望的绝境，不能够持久。夫差其人，性格极其刚强，其拼死决斗的爆发力，天下无敌。然而，这种极强的爆发力不能持久。

"按西施的报告：夫差性欲勃起之态，如雄狮猛虎，西施不堪承受。西施每每做出心不在焉的样子，以性欲之外的事情分散其注意力，待夫差阳气稍泄，方才能够与之交接。请君王假意伐楚，以泄其阳气！"

勾践派使者向楚惠王说明此计。楚国方面，并不完全相信越国使者的说法，只是听其言，观其行。春秋447年春，越军取道当今的江西、湖南，兴师伐楚。楚国方面预先知道此事，设下羸师诱敌之计以待越军。越国水师沿湘江而下，转溯长江，与楚国陆军对峙于江岸。楚军弃坞而逃，越军于船坞收拾战利品，却并不上岸追敌。夏，楚国新任司马公孙宽于长江上游率船队顺流而下，冲击越军水寨。越军又弃寨逃跑。楚军乘胜追击，追越军至赣江。此时的赣江流域，是越国附庸东夷的领地。楚军俘虏大量东夷的人口，得胜而归。

范蠡的三才大计，早就流传于吴国贵族之中。伍子胥很早就识破此计，曾多次建议夫差杀死勾践。伍子胥之外，夫差之子庆忌也主张灭越国。看到伍子胥的下场，庆忌担心遭到处理，主动请求出居边疆。庆忌出居于吴、楚交界的艾县，趁机逃亡到楚国。楚国抢走了越国的人口，担心勾践报复，于春秋248年冬十月派使者求和于越国。庆忌看到祖国灭亡在即，请求充当楚国使者，到杭州去见勾践。完成使命之后，庆忌偷逃回苏州，对夫差说：

"楚军东至赣江，勾践却并不报复。越、楚之战，非勾践本意。勾践意在报吴！请君王召集中原诸侯，集天下大半之力，联合抗越！"

夫差听了这话，仰天长啸，道：

"天幸大吴，我祖、我父崛起于太湖！为何到寡人身上，迭遇不忠、不义之人？

"勾践报复寡人，倒还在情理之中。寡人生你、养你，你是寡人的儿、臣。为何去年臣楚，今年臣越？勾践给了你什么？又让你来帮他实施诡计？"

庆忌道：

"上天何尝亏待君王！伍子胥难道不是忠臣？"

这个话触到夫差的痛处，夫差下令处死庆忌。

庆忌死后仅一月，越军再次伐吴。这一次，越军倾国而出，将苏州城团团包围。越军的后续部队和后勤补给源源不断地从杭州赶赴苏州。与此同时，勾践的使者分赴吴国背后的所有国家，献上厚重礼物，请求天下诸侯：

"勾践曾屈身为奴，让夫差踏于脚下。二十年来，此辱念念不忘！勾践将与夫差徼天之衷，生死了断！些许微礼，不求贵国声援，只请作壁上观，即是勾践承情。若有助吴者，勾践将仇视如夫差，举国相报！"

这种狠话，吓退了大多数人。列国都不愿掺和吴、越间的恩怨。只有晋国，看到新的霸主就要产生，派出使者斡旋。此时，赵鞅已经去世，晋国正卿换成了赵鞅之子赵无恤。赵无恤命楚隆至苏州，一则观察战况，再则视情况斡旋于吴、越。晋国于黄池之会认夫差为老大，已经不再是早先的盟主。这种出面，不是以盟主身份裁判诸侯间的纠纷，只是以大国身份出面调解。楚隆到苏州的时候，苏州城已经被越军完全包围。楚隆只好先求见城外的勾践。他对勾践说：

"黄池之会，夫差威逼晋国。晋国恨之！今越国为晋国报复，晋国欣喜，唯恐君之志不遂！小人请求入城，为君王侦察情况。"

勾践听了这话，微微一笑：

"大国使者远来辛苦了！寡人已经将整个越国搬到这姑苏城外，这里吃、住俱便。寡人当为使者洗尘，使者何必匆忙？"

楚隆一行只有十多人，不可能做什么。勾践明知楚隆不怀好意，却也不在乎，就放楚隆进城。楚隆见夫差，传达赵无恤的话：

"黄池之役，君之先臣志父（赵鞅）得承齐盟，曰：好恶同之。今君在难，无恤不敢惮劳。非晋国之所能及也。使陪臣敢展布之王！"

译文：黄池之会，我国君主的先臣志父有幸与君王你一起进行盟誓。誓言之中说：好恶同之。现在君王你有难，无恤想起誓言，想要帮忙。无奈晋国离这里太远，帮不上忙，请君王体谅！

夫差并不直接回应楚隆，却提起另外的事情：

"四十年前，晋国史官史黯预言越将灭吴。你可知此人是个什么样的人？"

楚隆心想：

都什么时候了，还问这些无聊的问题。可见此人离死不远！我若直指他的毛病，他必不悦。不如借题发挥……

楚隆回答说：

"史黯其人，没什么特别的地方。也没有人说他好，也没有说他不好。"

夫差天资聪明，当即明白话中有话。他说：

"使者的话，我懂。早先，勾践说我好，将我捧上了天！今天，他说我不好，要让全天下都视我为仇人！此人隐藏得太深，非我所及。死于此人之手，是天命！

"我为天下盟主，困于姑苏，竟无一国相问。难得赵孟忆及旧情，其赐使者……"

说到这里，强势一生的夫差全身颤抖，抽泣起来。他赐给楚隆整整一竹筐的珍珠……

自春秋248年十月，至春秋250年十一月，越国包围了苏州两年出头。这期间内，城里的人陆续外逃，甚至是向越军投诚。吴人的离去，是以等级高低不同为序。最卑贱的奴隶，随时可能在劳役之中死去，而且得到的粮食配给最少，所以最先开始逃离。为贵族耕种土地的农奴，原本可以更加接近粮食。而今农田里只收获螃蟹，无法生存，所以第二个离去。最低级的贵族是士。他们是军队之中占比例最大者。然而，此时受命守城，随时可能战死。而且，久困之下，他们也得不到足够的粮食。所以也大量逃离。再高一级的是大夫。他们都存有多年积存下来的财富和粮食。而且，实在没有吃的时候，可以杀死手下的奴隶，以人为食。然而，这种人之中，也有人看到吴国必亡，秘密投诚于勾践。大夫以上的卿，以及越国君主系的家人，情况也与大夫类似。

苏州城里的人陆续逃离，剩下的人越来越少。至春秋250年11月，因无人守城，越军攻入城中。夫差及其心腹携带最贵重的财物退守于当今苏州城中的虎丘公园。军事上有千古不变的规则：

能战则战。不能战则守。不能守，唯有逃与降耳。

越军团团围住苏州城，逃这条路走不通。夫差命王孙雒为使者，乞降于勾践。这一番求降，情形与二十年前勾践的求降类似，笔者就不再赘述。所不同者，勾践求降之际，心下定有复仇的三才大计；而夫差的求降，已经只剩下求生的本能。在使者的苦苦哀求下，勾践想到当初夫差曾经放过了自己，思想渐渐松动。范蠡进谏说：

"你此时放过夫差，就完全成为第二个夫差！你想成为他那样的人，得到他那样的结局？

"早先，夫差立志报杀父之仇，起初心何尝不如你？只因一念心慈，致有今日。今天你又想效尤于他，岂不是与他一样？"

勾践道：

"我也知道这个道理。然而，使者总是提起当年夫差不杀我的事情。我无法面对使者。要不，你去打发他？"

范蠡站于战车之上，手执鼓桴，召王孙雒至前，说：

天命亡吴，非人亡吴。吾王敢无听天之命，而听吴王之命乎？

王孙雒说：

"子范子，为人不可做绝！古人有言：无助天为虐，助天为虐者不祥。吴国水田之中螃蟹吃尽稻谷。这是天降灾于吴。你助天为虐，不怕遭报应么？"

范蠡回答说：

"贵国向来以岛夷看待越国。越国人其实就是岛夷。岛夷乃是禽兽、鱼鳖之类的生物，不通人性，不懂人道。我们都不是人，怎能采取你们上国人类的标准？"

这个话，实属耍无赖。然而，此时此地，正是这个话让王孙雒哑口无言。王孙雒寻思半天，只好说：

"你实在要助天为虐，我回去汇报于君王。"

范蠡道：

"你的君王早已在我的控制之下，是我的阶下囚。你不能向他汇报，只能向我汇报。"

说完之后，范蠡也不请示勾践，直接逮捕王孙雒，擂鼓进军，直逼虎丘。范蠡将夫差等人囚禁起来，烧了吴国的宗庙。与此同时，他却做了一件在当时来讲很难得的事情：

他只逮捕吴国的贵族，不伤及吴国的庶民。他让吴国的庶民归顺于越国，做越国子民。

夫差毕竟曾经是一代霸主、天下第一的人物。勾践不能将普通的死刑施于如此高贵的人身上。逮捕夫差之后，勾践的使者传话于夫差：

"上天要灭吴国，我不敢不从于天命。请君王不要去死。我送君王到甬东（今浙江省属下舟山岛），分给你三百男、女。你到那里颐养天年。"

读者注意：勾践的这种话，是想让夫差自杀。如果不自杀，也没什么。那三百男女，不是服侍夫差的奴隶，而是用来监视夫差的卫兵。夫差真的到那里去，将是拿破仑晚年的结局，而且还随时可能遭到侮辱。

曾经做到天下盟主的人，不同普通的草根。草根原本过的是就蝼蚁一般的生活，如果遭到这种待遇，甚至会觉得幸运。天下盟主得到这种待遇，就仿佛我们普通人被变成了蚂蚁，随时会被人踩死。夫差不愿过生不如死的生活，当即自杀。

夫差死后，范蠡按当初的说法请求离开越国朝廷。勾践苦苦挽留。范蠡说：

"王孙雒说我必遭天谴。我在回话中说：越国人不是人类，不怕报应。君王心中，也总是担心恩将仇报引来报应。我想，如果有报应，报应第一个就会落我身上。我若再居于朝廷做人，必遭报应。我将自罚为野人，像禽兽一样奔走于山林，象鱼鳖一样游行于江湖，就此了却残生。

"灭吴之计，犯了天忌。但愿我的自罚，能够换取君王和越国的吉祥、长远……"

范蠡的这些话，只是借口。他离开勾践的原因，前面已经讲过，就不再赘述。《史记》记载了很多范蠡离去之后的事迹，说什么"范蠡三徙，成名于天下，非苟去而已，所止必成名"。按司马迁这人编故事的风格，那些事迹不可信。司马迁为什么要编造这些故事呢？这道理其实与春秋早期的介之推类似。任何统治者都最喜欢那种忠心为君主做事、事后却不要任何回报的人。如果范蠡没有特别美好的结局，谁还愿意去做这种只付出、不索取的圣人？司马迁已经因为不小心倒了大霉，指望靠一本书千古留名。为此，《史记》的创作必须小心，必须巴结朝廷。为了巴结朝廷，用点"虚则实写"的春秋笔法，那是也就是必需的。《本纪》以五帝为第一，那是光宗耀祖。《世家》以吴太伯为第一，那是"无易树子"的初衷。《列传》以伯夷为第一，那是"忠臣不事二主"。凡此种种，虽不是《春秋》，却又哪有丝毫悖于儒教的名分？有人从司马迁的身世出发，论《史记》的文学价值，以为司马迁对荆轲之类人物的描述，堪为普罗文学的先驱；忽略了司马迁不巴结当局、书就不能出世的苦衷？

　　……

　　勾践灭吴国之后，北伐中原，声威到达宋、鲁。他也像夫差那样上贡于周朝，让周朝承认其霸主地位。史书对勾践灭吴之后的越国历史，没有详细记载。按《史记》记载，至大约春秋 280 年左右，越国走向衰落，其领地大部分被楚国侵占。至楚威王年代，楚国灭了越国。勾践的后代流亡海岛，转徙当今的福建。至秦朝末年，勾践的后人无诸、摇追随刘邦。汉初，无诸被封建为闽越王，摇被封建为东瓯王。

　　上回说到，春秋 445 年，楚国灭了陈国。此后，陈国不再重建，永远消失。第三回提到，陈国开创于周武王年代。至此时，存续了六百年。陈国虽然灭亡，陈国公子敬仲的后代最终取代姜太公的后代，成为齐国的主人。就在陈国灭亡前后，敬仲的后人田常彻底掌握了齐国政权。田常之后，父死子继，分别是田盘、田白、田和。田和当家的时候，用勾践对待夫差的方式，将齐国君主齐康公迁到黄海海岛。后来，田和请魏国君主魏文侯出面，到周王那里提出申请，立田和为齐侯。由此开创田氏当家的齐国。田和即为齐太公。齐太公传子齐桓公（不是春秋霸主齐桓公，而是田氏的齐桓公）。齐桓公传子齐威王，那已经是战国时期的重要人物。以上为总体演变。笔者以尊卑之式，细述如下：

　　前面提到，春秋 234 年，田乞废荼，立齐悼公。至春秋238 年，因夫差大举伐齐，田乞杀死齐悼公以退吴军。次年，齐悼公之子正式即位，是为齐简公。齐简公的命运，类似于其父。

　　齐景公年代，初期遭到权臣崔杼、庆封的挟持，弄得饭都吃不饱。为了对抗权臣，齐景公重用惠公族人。惠公族人被田氏搞垮，齐景公又提拔晏婴、国氏、高氏。齐景公寿命比较长，在位的时间也长。经历了这许多变故，齐景公就算再笨，也搞懂了政治上的规则。他在位期间，虽不能处理田氏，却也能够压制住田氏。齐悼公成立之后，也想象其父那样树立起支持自己的力量。齐悼公位子还没有坐热，就被田氏搞死。新任的齐简公，又面临相同的问题。齐简公任命阚止为齐国正卿，想要以此来对抗田氏。阚止何许人呢？前文提到，齐悼公回国的时候，就曾经与阚止密谋。此人是齐国君主系的心腹。

此时的田氏，田乞已经去世。其子田常当家。阚止成为正卿，让田常忌惮。每当朝会的时候，田常时常侧目窥视阚止，观察其举动。齐简公的心腹诸御鞅对齐简公说：

"你注意到没有？阚止、田乞之间相互忌惮，从彼此的眼神上都可以看出。阚、田不可并立，你只能选其中一个。"

国君的位子，居于九级阶梯之上，乃是朝廷上视野最开阔的地方。阚、田的神情，齐简公比任何人都清楚。齐简公心下以为：

按管仲的三分起案，就是要让手下的两个权臣意见不同。唯有那样，君主才能成为决定性的权衡力量。

为此，齐简公坐视阚、田恶化。阚止的优势，在于正卿的职权。而田氏的优势，则在于得人心。田氏立身于齐国，已有一百多年。百多年来，田氏致力于收买人心，甚至有"家贷公收"的典故。为此，临淄城中的贵族、士人，很多都曾得到田氏的接济，视田氏为恩主。

田氏采用择优育种的方法，养出许多姓田的假子。田氏很早就采用了这个方法，只是到田常身上，养假子的策略显得尤其突出。在这种生育政策下，出现一个人物，名叫田豹。田豹是田氏的假子，被田常选为间谍，以打入阚止内部。田豹结交阚止的手下，乞为阚止之臣。适遇田豹的母亲去世，田豹居家服丧三年。三年丧满，田豹再次联络阚止。传话人收了田豹的钱，瞒下服丧一节，对阚止说：

"有个叫田豹的人，长得很高，驼背，脸常仰起望天。三年前，这人向我提起，说想要做你的臣。我想他姓田，或许是田氏派来的间谍，故而抑而不报。

"这两天他又来说这事。我想，若是间谍，何至于潜伏三年？所以才敢向你报告。"

阚止道：

"普天下的贵族，唯有田氏才干得出这种禽兽行径：让自己的女人陪别人睡，生了孩子认作自家儿子！弄得临淄城中，尽是姓田的人。这个田豹，虽是田乞的小老婆所生，哪里是田氏的种？！

"照你所说，这倒是个奇人。尤其难得的是：三年不改初衷……"

田豹得到阚止的重用。阚止与之密谋：

"借你的身世，可以接近田常。你为我刺探田常的情况，灭了田常之后，我让你继承田氏家业！"

田豹道：

"这何须说起！？田氏之中，唯与田常同母的八兄弟算是团结。其余的人，都与在下一般，遭到田常的排挤，巴不得搞死田常！"

接到阚止的任务，田豹摇身变为双面间谍，得以进出阚、田两家而不疑，得以掌握双方的情报。

……

田氏另一假子田逆当街行凶，适遇阚止。阚止以执行王法为由，逮捕田逆，并公告于朝廷。朝廷上，田常并没有太多争执。私下里，田氏的人到阚止家中看望被囚的田逆。田逆称久囚深室，发中生虱，积成癞癣，欲求米汤以沐头。田氏家人以送米汤为由，顺便带去酒肉，于囚室之中吃喝。吃喝的时候，免不了请阚氏的卫兵共享。卫兵平常价清汤寡水，哪享过这种一整只羊做出的大肉、一整坛酒来尽着喝够？推杯换盏之际，田逆与卫兵论起酒肉之情。田逆灌醉了卫兵，逃回田氏。阚止担心田逆报复，请田豹斡旋。田豹道：

"这事，须请得田氏之中几位老成的人出面。请你亲自与他们盟誓，你也好借此机会结识田氏的人。"

田豹约了几个田氏假子与阚止进行盟誓。场面上，非但田逆、阚止冰释前嫌，更有其他田氏假子生出效忠于阚止的意向。阚止以为自己成功策反了田常的人，心中窃喜，放松了警惕。

春秋442年夏五月壬申，当陈国灭亡之前的三年，田常命田逆潜伏于齐简公的宫中，然后与田豹密议。田豹说：

"按田逆密报：现在阚止在宫中，与君主在一起。按规矩，级别不够不准进宫。此时，阚止身边的人最少！"

田常以为：

阚止行事，靠的是正卿之名。而正卿之职，乃是君主所封。只要控制了齐简公，阚止将如鱼失水。事不宜迟！赶紧挟持君主！

田常组织起同母所生的七个弟弟。八兄弟每两人为一乘，合成四乘战车。地面跟随以田氏假子组成的步兵，形成一支小小的部队，直奔宫中。

此时，齐简公正在内宫的高台上与女人喝酒调情，阚止则在外宫与朝中大臣议事。田氏四乘战车突然闯到。阚止出去察看情况，发现情形不对，转向回来，下令关闭宫门。正在此时，只听一声怒吼：

"哪个敢关门？！"

一条大汉手执短铍，在几秒之内杀死了阚止身边的卫兵，控制了宫门。此人正是田逆。田逆打开门，放田常等人进入外宫。阚止与田常激战于外宫。凭了身边心腹的保护，阚止逃脱出去……

田常及其七个弟弟，都是田乞的嫡出儿子，身份尊贵，有资格晋见君主。八兄弟按进宫的规矩，解除身上的武装，脱下鞋袜，步行走进内宫。八兄弟到齐简公面前，一起行拜手礼，老大田常说：

"阚止造反，臣已将其控制。此处高敞，易遭暗箭，请君主转入寝宫！"

外面的喧哗，引起了齐简公的警觉。齐简公早已撇开女人，下令戒严，此时正左手挟弓、右手执戈。按宫中的保安政策，除君主而外，任何人不得携带兵器。齐简公仗戈直指田常，雪亮的戈刃，就在田常头顶三寸之处。齐简公道：

"我只见你八人未经召见闯进来。是阻止造反，还是你造反？"

场面紧张起来。齐国太史子馀，此时跟随进到内宫。他出面圆场：

"事情紧急，田氏护主心切，所以不请自到。田氏是忠臣。若有害主之心，何至于空手、赤脚？"

说完之后，他走近齐简公，低声说：

"主公自思：以你一戈一弓，能否应付这八条大汉？而且，你以为来的就只有这八人？"

齐简公的体质，原本不如身体强壮的田氏弟兄。虽有兵器，哪斗得过这八人？齐简公不敢冒险，只好按田常的话转入由田常控制的寝宫。田常安顿好齐简公后，率七个弟弟直奔宫中的武器库，守于武库门口。田常随时打探齐简公的情况，派人请求齐简公下令处理阻止，拥护田氏。传话人一再回复说：

"君主还在生你的气，不愿接受你的建议。"

田常不得要领，与家人计议。田常道：

"我有将君之罪！齐国人人得而伐之。再留在临淄城，恐有危险。我意欲出居外地，伺机而行。"

听了这话，田逆拔剑而起，剑尖直指田常的鼻尖，破口大骂：

"呸！你还算是田氏的人？我家以英豪闻名于天下，我等哪一个是孬种？亏你还是大妈所生，竟然没点男人气！父亲能做的事（田乞弑齐悼公），儿子怎么就做不得？

"你不敢做大事，我这就杀了你。这里另有七个先主之子，何必非得要你当家！"

田逆被囚于阚家的时候，险些被杀死。田逆与阚止的矛盾不可调和。所以，田氏之中，此时要数田逆的阳气最盛。田常闻言哈哈大笑：

"我不知兄弟们的心意，故意以此相试罢了！庶子都有血性，田氏何患不兴？"

……

阚止逃脱之后，组织起队伍反攻外宫的田氏。据守宫中的田常，也分派出手下，组军备战。阚、田战于宫门。阚止战败之后出逃。田氏追杀阚止。阚止躲藏于临淄城外的一个名叫丰丘的村庄。丰丘地方上的人曾得田氏恩惠。他们活捉了阚止，献于田氏。混乱之中，有人不经请示即处死了阚止。阚止的心腹纷纷外逃。田常下令：

尽可能招募、收编阚止的人。如果这些人不愿臣于田氏，不必赶尽杀绝，任其出逃。

别人对付政敌，都是斩草除根，田常何出此举？一则是田氏家大业大，不怕别人的进攻。二则是阚止已死，田常觉得阚氏已经不可能复兴。三则是故作"仁义"的姿态，收买人心。

田常将齐简公囚于舒州。囚了一个月，觉得此人老是不听话，索性将其毒死，另立齐简公之弟，是为齐平公。至此，田氏接连杀死了三个齐国君主。新任的齐平公再也不敢不听话，他命田常为齐国国相，总管齐国国政；又将齐国安平以东地方，悉数封为田氏私邑。后来，齐平公传齐宣公，齐宣公传齐康公。齐康公即是姜氏的末代君主，最终被田常的曾孙田和囚于黄海海岛。春秋362年，齐康公死于海岛，姜太公的灵位从此湮灭于浩渺的海涛之中。此前的春秋355年，魏国君主魏文侯出面请示周王，周王封田和为齐国君主，开始田氏的齐国。在战国的历史之中，田氏的齐国为秦国所灭。然而，因田氏冒选贵族的育儿方式，致使田氏为太行山以东第一大姓，"真命天子"刘邦也为之忌惮。著名的田横，游亡东海与刘邦抗礼，颇有田乞、田常的遗风。

战国七雄之中的齐国，是由大姓取代；战国七雄之中的赵、魏、韩，则是权臣瓜分晋国的结果。早先，晋国采用任人唯贤的新规则，致使晋国望族林立。更多的世族，造成更多的内斗。至春秋后期，栾氏、郤氏、中行氏、范氏都已经在内斗之中消失，只剩下赵、魏、韩、知四大家族。这其中的知氏，渊源于靠出色的驾车技艺而发迹的荀林父。荀林父照顾自己的家族，其弟荀首分家开创知氏。荀林父一房，传至中行寅，被赵鞅追杀，流亡外国。知氏与中行氏本是同根生，故而暗中视赵氏为政敌。赵氏、知氏斗争的结果，是赵氏拉拢魏氏、韩氏，赵、魏、韩三家联合起来，灭了知氏。相关情况，下回再叙。

顺第九十七回

计子孙茧丝保障 守晋阳沈灶产蛙

上回说到，战国初期，晋国的望族只剩下赵、魏、韩、知四家。其中的知氏，在与赵氏的斗争之中灭亡。赵氏与知氏的矛盾，起因于赵午之乱。前文提到，春秋226年，中行寅、范吉射将赵鞅赶至晋阳。后因新绛城中各大家族的矛盾，让赵鞅重新回到新绛。当时，知氏当家人知跞逼迫赵鞅杀死了赵氏忠臣董安于，并对董安于施以戮尸之刑。为此，赵鞅忌恨知氏。

赵鞅主持晋国政治三十年，期间与晋国世族结下许多恩怨。他担心自己的子孙遭到别人的报复，决定建立一个危难时刻的避难所。这个地方，选定于晋阳，也就是当今的山西省会太原。当时，赵氏差不多可以算是天下第一望族，其领地跨越黄土高原和华北平原。选址于晋阳，有其特别的考虑：

其一，晋阳与晋国国都新绛都在汾河岸边，两地间通水路。晋阳在上游，新绛在下游。由晋阳运兵至新绛，顺水行舟，更容易；由新绛运兵至晋阳，须借助人工拉纤，很困难。地理上，晋阳与新绛先天就是晋阳呈攻势、新绛呈守势。赵氏作为晋国的权臣，总是在新绛做官。如果新绛出现动乱，赵氏的兵从晋阳顺流而下，可以为赵氏出力。

其二，晋阳位于黄土高原的腹心地带，位于汾河上游的河谷，左太行、右吕梁，易守难攻。

其三，晋阳正东不远地方，即是著名的娘子关。出娘子关即是一望无际的华北平原，可争衡于天下。晋阳东南不远地方，即是漳河的两大支流：清漳河、浊漳河。这两条河顺流而下，合流而成漳河，流经华北平原。由此造成晋阳出中原的水、陆两路。而这两路所夹之地，又正好是赵氏的领地。这两条路的终点，又有赵氏的另一领地，那就是著名的邯郸。

其四，相对于中原的其他地方，晋阳既寒冷又贫瘠。当地的农业广种薄收。农民必须付出更多的劳动，才能养活自己。这造成此地风俗勤俭而吝啬。直到今天，说起土老财，人们都会想到山西人。这种风俗，最宜于国家的稳固和长久。

赵鞅的选址，可谓高瞻远瞩。然而，至战国前期，赵鞅的后人禁不住富庶的华北平原的诱惑，迁于邯郸。邯郸位于华北平原中心位置，周边环境四通八达，极宜于商业流通，差不多算是战国时候的中原第一大城市。其富庶可想而知。越是这样安乐的环境，越是容易遭到攻击。赵国在秦灭六国的进程之中排名第二，与此有关。

且说当时，赵鞅身在新绛，不可能亲自监督晋阳的建设，就命自己的心腹尹铎总管晋阳。尹铎问赵鞅：

"你想要让晋阳为你做什么？为你收取茧丝做赋税，还是为你提供保障？"

赵鞅道：

"我要它成为我赵氏最后的避难所，保护我赵氏的安全。我要让它为我提供忠诚。要让晋阳城里的人愿意为赵氏战斗至最后一刻！

"你知道怎样做吗？"

尹铎道：

"我为你选练武士。"

赵鞅道：

"可以，但是还不够。"

尹铎道：

"我为你修建强固的城墙，积存战、守所需兵器。"

赵鞅道：

"可以，但是还不够。"

尹铎道：

"我为你豁免晋阳人的赋税、徭役，为你收买人心。"

赵鞅道：

"对，这一点最重要！记住：我不问你要粮，要兵，只要你为我打造晋阳人的忠心。"

······

知氏的知跞去世后，家业传至其子知甲。知甲去世，传其子知瑶。知瑶继承了祖宗知罃的基因，长得相当英俊。知罃虽然漂亮，毕竟曾经是娈童身份，一则个子不够高，二则性格之中有阴影。知瑶只遗传优点，不遗传缺点；不但长相漂亮，而且武力过人，性格坚定而果敢。此人人如其名，几乎是美玉无瑕，所以就有点瞧不起人。以后世的人物来比拟，知瑶有点像三国时候的周瑜。

春秋 259 年，因郑国支持出逃于齐国的中行寅、范吉射，知瑶以晋国正卿之职，率军讨伐郑国。此时，赵鞅已经老得动不了，所以命其太子赵无恤作为副手，跟随知瑶出战。在进攻郑国的城门时，知瑶对赵无恤说：

"你先上？"

赵无恤说：

"有主帅在此，我哪敢抢头功？"

知瑶说：

"果真是狄奴（白人奴隶）！长得又丑，又还没有勇气。

不知你是凭什么做继承人？！"

赵无恤的母亲是狄奴。赵无恤听了这话，忍住怒气，不吱声。知瑶将下巴抬起，眉毛上扬，又逼问道：

"嗯？我问你凭什么做赵氏继承人，为何不回答？"

赵无恤看自己不开口不行，只好回答说：

"我不回答，只因我正是凭的忍气吞声，才做上继承人。"

知瑶闻言哈哈大笑，赵无恤则挟恨于心。身世和身体的缺陷，最容易激发人的志气。赵无恤遭到知瑶的侮辱，表面上隐忍，心下发誓报复。

知瑶打败郑国之后，又打败了卫国。凭借这两次战役，清除了范氏、中行氏的残余势力。

⋯⋯

春秋 265 年，赵鞅去世。赵鞅的嫡出太子名叫伯鲁。传说赵鞅为了挑选出优秀的继承人，分发给自己的儿子每人一册书，要求他们背诵书中的内容。到考试的时候，伯鲁不能背书，并且把书弄丢了。赵无恤考试成绩最好，故而废伯鲁而立赵无恤。临终前，赵鞅嘱咐赵无恤：

"我为后人建设晋阳为最后的避难所。如果将来赵氏有难，可信任尹铎，可避难于晋阳。"

赵鞅去世之前，将赵无恤的姐姐嫁予代王。所谓代王，是当今大同一带的一个游牧民族。游牧民族没有儒教天无二日的思想，自号为王。赵无恤即位之前，北游至夏屋山，致信至代，一则请姐姐来共祭亡父，再则邀姐夫代王共同围猎。游牧民族没有华夏族那么多的消遣方式，打猎、喝酒是其最爱。代王夫妇率手下主要贵族来到夏屋山。赵无恤请代王喝酒的时候，尊重游牧民族豪放的习俗，席上用大杯大壶。赵氏的奴隶每人抱一个可以装好几斤酒的大铜壶，侍于代王及其手下的身边，随时斟酒。喝到高兴的时候，赵无恤大喝一声：

"何不动手？！"

奴隶都是由武士假扮而成。这些武士同时甩起大铜壶，猛击代王一行的头部。杀死代王之后，赵无恤率围猎部队直奔大同，灭了代国。赵无恤的姐姐死了男人，痛哭于夏屋山。赵无恤怕她寻短见，命人侍于她身边。她将头上的玉簪磨尖之后，趁侍者不注意自刺而死。赵无恤痛失亲人，将此山更名为摩笄山。

此时，伯鲁已经去世。赵无恤感念伯鲁让位之德，封伯鲁之子赵周于代，是为代成君。

……

赵鞅死后，知瑶成为晋国第一大夫。赵鞅在世的时候，知瑶慑于赵氏的威望，不敢做什么。赵鞅死后，知瑶觉得赵无恤是个猥琐的人物，根本看不在眼里。知瑶主持瓜分范氏、中行氏的领地。在瓜分方案中，知、赵、魏、韩均占一定比例，知氏所占比例最大。晋顷公年代，魏舒主持了对于祁氏、羊舌氏的瓜分。瓜分的结果，是世族更加强盛，君主更加软弱。如果再进行这种瓜分，晋国的君主将类似于鲁国君主，晋国的权臣将类似于"三桓"。权臣架空君主，是此时流行的慢性病，列国都是患者，列国君主都感受到病痛。此时的晋国君主晋出公，不愿国家在慢性病之中慢慢死去，决定下猛药。晋出公秘密写成一封致天下诸侯的信，号召诸侯团结起来，共同对付国中的豪族。其文曰：

天明畏，自我民明威。故元首明，肱股良，庶事康。河图五在正中，洛书五建皇极。五之口，吾也。高祖对越在天，匍匐在地；挟玉册，受彩土；封金匮，锢石室；体元居正，郊天望祭；以作民父母，近天子之光。吾等继体之臣，续叶天麻，故而代天牧民。兹乃天意立辟、人道尊君之正义。而今，吾不居五也。

君主以好生之德，豢养黔黎，是天工人代之义。君主删刘大乱，去芜存菁，是惟天无亲之义。养子者，欲求供奉；豢狗者，欲为指使。而今子为骄子，狗为狂犬，而主人无聊矣！兹乃天意降杀之机，而非习玩女乐之时！

当今天下，三桓为鲁国骄子，田氏为齐国狂犬，乐氏为宋国赘疣，屈氏为楚国病灶。晋国同病，生知、赵、魏、韩之疾！

群犬同吠，抱团结伙；陪臣谋私，私卖公权；主人何辜，情类傀儡？赵盾何物，与君同盟？屈建何人，竟执牛耳？季氏何德，敢用八佾？庆封饿杀君主，子产俨然教父，乐罕号为恩主！普天同病，而群龙无首；见龙在田，而乾纲不振。

知氏本中行氏之弟，反追杀中行。天钟此人之德，比于饕餮，只生嗜欲，不生仁德。故而灭其兄之祀，而取其封土。此时晋国，情近于鲁；长此以往，必至于齐！

……

寡人不堪闷瘵，孤债忧思。思欲与诸君同济共计，平国患，振家威。故命陪臣某悉达心意，祈重光先祖之德，再塑立辟之威！（以上楷体字是笔者所写）

晋出公将这种心意传达至列国君主手中，倒也引起许多同感。齐国、鲁国，都答应出兵声讨知氏。事情反馈到知瑶那里，知瑶看了复制的信件后大怒，骂道：

"什么吾不五，陆不六？冥顽不化的东西！你不在后宫享你的清福，自来寻死？"

知瑶知会赵、魏、韩。四家稍稍会议之后，即率兵包围晋出公。晋出公倒也有些防备，通过逃生通道逃离出宫。离开新绛后，晋出公决定投奔齐国。在逃亡的路上，有人杀死了晋出公，带其尸身到知瑶那里请赏。知瑶援引晋国的故例，立晋国君主系的远房为君，是为晋哀公。晋哀公为晋昭公的曾孙，算起来是晋出公的远房侄子。晋哀公远没有晋悼公那样的魄力。更何况，他面对的是更加强盛的世族。自此以后，晋国君主系一蹶不振，任凭权臣为云为雨。

知瑶立晋哀公之后，按晋出公文中为他"设计"的政治路线，准备像齐国的田氏那样一家独霸晋国政权。他以知氏、中行氏本是一家为由，要求接管中行氏的全部领地。按此前的瓜分方案，中行氏的土地被零散地分到四家。至此，知瑶要求其他三家将手中原属中行氏的土地转交知氏。相对而言，知氏与魏氏、韩氏没有更多的矛盾，所以知瑶先找韩氏。韩氏内部会议此事。当家人韩康子（韩不信之孙）说：

"已经议定的事情，现在又翻案，此人忒霸道了点！看来，知氏想要称霸于晋国。他与赵氏有仇，不敢找赵氏说这事，先找到我家。"

家臣段规建议：

"要是不给他，必遭他报复。那样一来，相当于韩氏一家独自承担赵、魏、韩三家共同的风险。那样于韩氏不划算。

"同意他的要求，他会继续向魏、赵两家提要求。且不说魏氏。赵氏与他有仇，肯定不会同意。那样一来，知、赵之间会打起来，其中一家要灭亡。他们两家开仗，势必都要寻找盟友，都要找寻求韩氏的帮助。到那时候，我们根据情况，支持能够取胜的一方。胜利之后，再分失败方的土地，韩氏于其中有份。那样一来，今天的付出，可以于明天找补回来。"

韩康子道：

"按说，只能这样办。然而，我们怎么能够提前知道谁能获胜？"

段规道：

"臣以为：不必提前得知，只需与魏氏结盟。"

韩康子道：

"咦？这是什么缘故？"

段规道：

"魏氏的处境，与韩氏相同。我们请魏氏也同意割让土地与知氏，并且与魏氏达成攻守同盟。等知氏与赵氏打起来的时候，凭借韩、魏两家联合的力量，韩、魏支持哪家，哪家就会取胜。控制权在我们手中，何须预测呢？而且，韩、魏联合之后，才能够于战胜之后取得更多的话语权，分得更多的土地。

"臣与魏氏家臣任章有点私交。韩、魏联合之事，可通过任章来完成。"

　　按照这种算计，韩氏割让土地与知瑶。知瑶首战告捷，按部就班又向魏氏提要求。魏氏已经与韩氏达成密谋，也按计划割让土地与知瑶。知瑶得了魏氏土地之后，又要求赵氏割让土地。他以为韩氏、魏氏都已经献出了土地，而赵无恤又是个忍气吞声的人，不至于不同意。其实，赵无恤为了土地，逼得自己的同胞姐姐自杀，也是晋出公说的饕餮一类的人物。赵无恤也有点不堪闷痒，孤愤忧思之后，拒绝割地。知瑶兴兵讨伐赵氏，同时知会韩、魏：

　　要么帮忙，要么中立。如果支持赵氏；灭赵之后，才是最终的决斗！

　　韩、魏两家商量之后，以为：

　　眼下的情形知强赵弱，支持知氏，可以以更少的代价换取战果。

　　于是，韩、魏也不中立，主动站到知氏一边。三家围攻之下，赵无恤独力难挡，预备逃出新绛。赵无恤与心腹张谈商议。张谈道：

　　"我已清点家里财物，历代先主积攒下颇多财富。凭这些财富，到外国去，尽够用一生！你可以派人带着这些财富到外国，请求外国收留。"

　　赵无恤道：

　　"大难之中，人心难测。别人归属于我，不过是为了我的钱。如今我将钱交给别人，别人已经得到了钱，还用得着为我卖命？"

　　张谈道：

　　"长子（今山西省东南的长子县）城是离新绛最近的赵氏属地，而且城防坚固。到长子去如何？"

　　赵无恤道：

　　"城防坚固，是繁重徭役的结果。城防越坚固，城里的人越恨我。"

　　张谈道：

　　"邯郸城为赵氏属地之中最富的地方，存有许多粮食和财物。去邯郸如何？"

赵无恤道：

"那些钱财，无非是民脂民膏。已经刮去了邯郸人的脂、膏，再让邯郸人为我去拼命，他们愿意？"

停顿片刻之后，赵无恤说：

"先主宏规庙算，早就建设晋阳为终极避难所。晋阳虽远，只要能够到达，一切都还可以重来！"

……

赵无恤历尽艰险，到达晋阳；知、韩、魏三家的追兵尾随而至，包围晋阳。知瑶于晋阳上游堰塞汾河，引水灌晋阳。晋阳成为泽国。

自春秋226年至此时，尹铎经营晋阳四十年。按赵鞅的指示，尹铎将赵氏最勇武的甲士积聚于晋阳，又屯集了可供应数年的粮食和物资。为了打造晋阳人的忠心，尹铎采用后世建设首都的强本弱末政策，让晋阳人的一切待遇高于赵氏的其他属地。此时，人造的洪水淹没了晋阳。晋阳城中街道成为溪流。晋阳人驾船行于街道，仿佛水城威尼斯。然而，这里没有威尼斯的浪漫。一则随时担心城防失守，遭到屠城；二则从城外射进来的箭雨，随时可能取人性命。因为建设晋阳的标准是终极避难所，城中各方面的准备相当充分。城里有兵有粮，又有坚固的防御工事和足够的兵器、军用物资。所以，晋阳之围足足延续了四年。晋阳的地理属性原本是黄土高原，干燥少水。经过四年的洪水的浸润，晋阳变成了湿地、沼泽。原本用来生火煮饭的土灶，因长期不用，且浸于水中，竟然生出青蛙、乌龟之类的两栖动物……

春秋269年的某一日，知瑶、韩康子、魏桓子（魏曼多之孙）三人共乘，驾行巡视于晋阳城外的高地。知瑶为主帅，居于左边靠前位置。魏桓子为御戎，居中驾车。韩康子为车右，与魏桓子并排于后面。他们看到城里的人用门板之类的建材做成简易的船，往来穿梭于城中。知瑶说：

"为何不见战马？"

韩康子道：

"想必没有吃的，将马杀来吃了。况且，晋阳早就成了水岛，这些人仿佛岛夷、水禽，马对他们没有用处。"

知瑶闻言哈哈大笑，说出一句名言：

吾乃今知水可以亡人国也！

说者无心，听者有意。听了这话，韩康子、魏桓子同时心中有所触动。他们在知瑶身后，小动作可以不被发现。魏桓子用手肘撞韩康子。韩康子则用脚踩魏桓子。二人相互提醒。提醒什么呢？

战国时候的韩国都城，在郑，也就是当今河南郑州附近。在此之后的历史中，韩国灭了郑国，也像赵氏那样，从黄土高原迁到华北平原，故而迁于郑。而此时的韩氏的宗庙，则在平阳。平阳位于当今的山西运城一带，在绛水（大约是当今涑水河）岸边。战国时候的魏国都城在大梁，也就是当今河南开封。那也是从黄土高原迁到华北平原的结果。此时的魏氏宗庙，则在安邑。安邑位于汾河岸边。

知瑶说水可以亡国。而韩、魏的宗庙都在水边。此时知瑶以水攻赵氏。灭了赵氏之后，大约就可以用相同的方法灭韩、魏。赵氏此时的处境，就是韩、魏将来的下场。想到这一点，韩康子、魏桓子感到心惊。

……

犹如后世的官渡之战，久围之下，必出转机。被围四年，晋阳城里的物资也已经消耗殆尽，赵无恤不得不考虑出路。赵无恤命张谈为密使，潜出晋阳，会见韩、魏。张谈向韩、魏诉说唇亡齿寒的道理。韩康子、魏桓子计议：

按当初的计划，韩、魏联合，充当知、赵之间的权衡力量。眼下，赵氏有灭亡之虞，只求自保。而知氏则以为胜券在握，踌躇满志。这两种不同的心境，会影响战争结束之后的战利品的分配：助赵，则灭知之后赵有感激之心，会多分战利与韩、魏。助知，则灭赵之后知有吞并韩、魏之心，会按照此前瓜分范、中行战利的故技，先予后取；还会复制水淹晋阳的战术，水攻以灭韩、魏。

经过这种分析，韩、魏同意与赵氏结盟，与张谈约定共同发难的时间。时间选定为一天夜里。赵氏负责引汾水反灌知氏大营，韩、魏负责于知氏大营混乱之机夹攻知氏。这样的分工，有点类似赤壁之战中孙、刘的分工。只不过，结果有所不同。曹操虽败，却逃脱回北方。知瑶战败之后，遭到赵无恤复仇之师的猛攻，被杀死于乱军之中。赵无恤铭记知瑶的侮辱，生出暴戾的报复心。他将知瑶的头骨剔洗干净，漆上油漆，装配上辅材，制成一个喝酒用的酒器，随时用这酒器来喝酒。一边喝酒，一边把玩这特制的玩具。这是出于怎样的心理呢？大约是说：

你骂我丑，觉得自己漂亮？你这漂亮的头颅，如何成了我的玩具？

……

以上故事发生的时间，已经出了春秋，进入战国时期。司马光所著《资治通鉴》，第一卷就记有此事。司马光其人，是孔子一流人物，喜欢进行褒贬，弘扬大义。他记完晋阳之战后，评价知瑶，说知瑶之败，败于"才胜德"。然后引申发挥，说到君王的用人。说君王用人，宁肯用忠心的笨蛋，也不决不能用"才胜德"的小人。宋朝之后的历代皇帝都将《资治通鉴》当作教科书，深刻领悟司马光的这个教诲。究竟才与德是个怎么样的关系，笔者不敢评论。只是说明一点：当今中国，似乎仍然深信司马光的教诲，宁肯用笨蛋，决不用"小人"。

……

灭了知氏之后，赵氏成为晋国第一世族。春秋298年，赵无恤去世。临死前，赵无恤感念伯鲁让位之德，命伯鲁之孙、代成君之子赵浣为赵氏继承人，是为赵献侯。春秋313年，赵献侯去世，传其子赵籍。此时，赵无恤之弟发动政变，抢夺了赵氏家业，是为赵桓子。赵桓子在位仅一年就去世，赵籍反正。

　　晋出公去世后，晋哀公于春秋266年即位。春秋283年，晋哀公去世，传其子晋幽公。晋幽公年代，赵、魏、韩已经相当强大。晋幽公只拥有新绛、曲沃两座城市。其余的晋国土地，悉为赵、魏、韩瓜分殆尽。晋幽公不但不敢收取赵、魏、韩的上贡，反倒反过来向赵、魏、韩上贡。春秋298年，魏桓子之孙继承魏氏家业，是为魏文侯魏斯。此人即是《资治通鉴》上出现的第一个人物。此时，魏文侯为三晋之中的强者。晋幽公政治上不得志，转而追求女色。他经常于夜里出城去与女人幽会。春秋301年，晋幽公在一次与女人幽会的时候，被女人的情夫杀死。魏斯作为晋国的老大，出面立晋幽公之子，是为晋烈公。春秋320年，魏斯、赵籍、韩虔（韩康子之孙）三家联合上书周威烈王，请求建国。由此开创战国之中的赵、魏、韩三国。晋烈公之后，晋国君主系又传了晋孝公、晋静公两代。晋静公沦落为奴隶，晋国消失。赵、魏、韩三国是由晋国世族演变而成，故而史称"三晋"。这其中的赵国，血统之中有白人的基因。韩国源出晋国先祖仇，是姬姓。魏国则是魏犨的后代，多出勇武的人物。周朝封建"三晋"，是于既成事实之上加一个正式的名号，却被司马光看作特别重大的事情，将其作为《资治通鉴》的开端。后世甚至有人将此事视为战国的开端。其实，此前的周王曾经很多次给出名分。春秋时候的每一个霸主称霸之时，周王都给出名分。勾践原本是东南沿海的少数民族，无论血缘还是身世，都与周朝毫无瓜葛，周王照样承认其霸主地位。那又作何评论？

　　战国七雄之中，秦国因为政治原因，被晋国隔离于中原之外，史料流传甚少。而燕国则因为地理原因，也是史料流传甚少。什么地理原因呢？春秋、战国时候，黄河中、下游的径流还是大禹治水之后的样子，号为"九河"。"九河"所在的区域，时常洪水泛滥。洪泛区将燕国隔离于中原以北，故而与中原的交流也较少。秦、燕之外的楚、齐、赵、魏、韩五国的历史，大致已经衔接于战国。

笔者感于知瑶的性格，吟成几句：

神如玉树临风，气比虎啸龙吟。
家传百年基业，位登第一权臣。
质地如瑶自贵，心很欺人太甚。
至美即为天妒，漂亮头颅成器。

附：

《洪范》十二式

　　何为尊卑？《天人合一图表》从上到下就是由尊到卑。

　　何为对等？《天人合一图表》的五行与人就是对等，五福和六极也是对等。

　　何为包含与被包含？《天人合一图表》的天包含人，人被天包含。

　　何为并列？《天人合一图表》的念、农、协、建、乂、明、向威处同一水平线是并列；斜看，八政、五纪、皇极、三德、稽疑、五福六极也是并列。

　　何为递增递减？《天人合一图表》的从天到人，从人到八政是递减，反过来就是递增。

　　何为循环？《天人合一图表》从天到人，从人到庶征，从庶征又到天就是循环。

　　何为顺反？《洪范》顺文为顺，回文为反。

　　何为重复叠加？五福六极存在于皇极之中，皇极连带五福六极存在于人之中，人连带皇极、连带五福六极存在于天之中，这就是重复叠加。

　　何为阶级？八政大于五纪，五纪大于皇极，皇极大于三德，三德大于稽疑，稽疑大于五福六极就是阶级。

　　何为正闰正副？三德的正直为正，刚克和柔克为闰。从现代思维理解，这叫正副。

　　何为放散？《天人合一图表》的由人同时进行敬、念、农、协、建、乂、明、向威就是放散。

　　何为利用？上述一切为利，世上不包括于上述之内的东西即为用。

天人合一图表

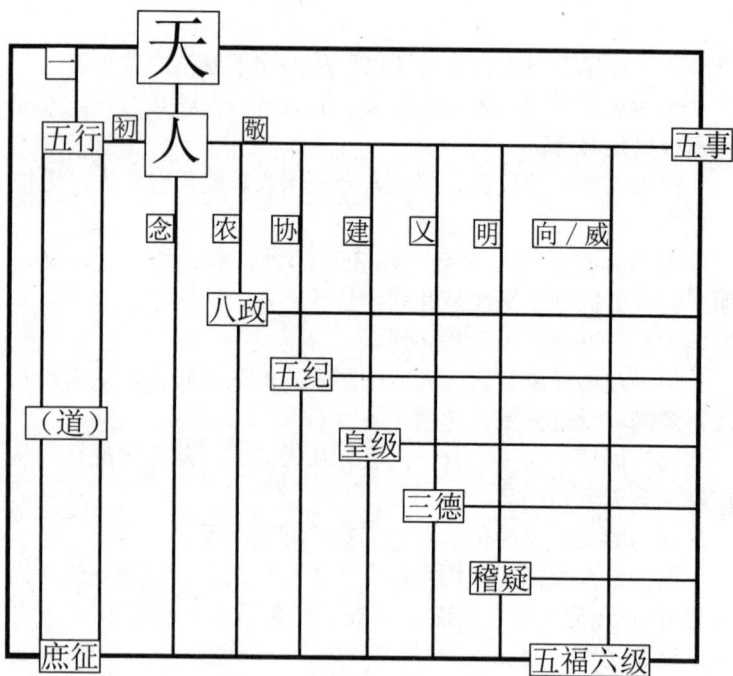

天							
一							
五行	初 人 敬						五事
		念	农	协	建	乂	明	向／威
			八政					
				五纪				
（道）				皇级			
					三德		
					稽疑		
庶征							五福六级